# BERLIN

Également chez Economica

**Jean LOPEZ**

*Stalingrad – La bataille au bord du gouffre*, 2008

*Berlin – Les offensives géantes de l'Armée Rouge. Vistule – Oder – Elbe (12 janvier-9 mai 1945)*, 2009

*Le chaudron de Tcherkassy-Korsun – Et la bataille pour le Dniepr (septembre 1943-février 1944)*, 2011

*Koursk – Les quarante jours qui ont ruiné la Wehrmacht (5 juillet-20 août 1943)*, 2e édition, 2011

*Opération Bagration – La revanche de Staline (été 1944)*, 2014

Collection CAMPAGNES & STRATÉGIES
dirigée par
Philippe RICALENS et Jean LOPEZ

*Les Grandes Batailles*

**Jean LOPEZ**

# BERLIN

## Les offensives géantes de l'Armée Rouge
## Vistule – Oder – Elbe
## (12 janvier-9 mai 1945)

ECONOMICA
49 rue Héricart, 75015 Paris

*À ma mère, Maria Carmen Lopez, l'une des premières Européennes à avoir éprouvé dans sa chair l'effet des bombes de la Luftwaffe. C'était à Barcelone, en 1937.*

# LISTE DES ABRÉVIATIONS UTILISÉES

B.A.K : *Bombardirovochniy Aviatsioniy Korpus*, Corps d'aviation de bombardement
FLAK : *Fliegerabwehrkanon*, canon antiaérien ou DCA
G.B.A.K (voir B.A.K), Corps d'aviation de bombardement de la Garde
G.I.A.P (voir I.A.P) : régiment d'aviation de chasse de la Garde
G.Sh.A.P (voir Sh.A.P), Régiment de la Garde d'aviation d'attaque au sol
I.A.K, *Istrebitelnii Aviatsiony Korpus*, Corps d'aviation de chasse
I.D : *Infanteriedivision*, division d'infanterie allemande
I.A.P : *Istrebitelnii Aviatsiony Polk*, régiment d'aviation de chasse
Il-2 : Iliouchine-2 *Sturmovik*, avion biplace d'attaque au sol
KG : *Kampfgruppe*, groupe de combat allemand
PAK : *Panzerabwehrkanon*, canon antichar
PzDiv. : *PzDiv*, division blindée allemande
PzGrDiv. : *Panzergrenadierdivision*, division de grenadiers blindée
PzK. : *Panzerkorps*, Corps blindé allemand
Sh.A.K, *Shturmovoy Aviatsiony Korpus,* Corps d'aviation d'attaque au sol
Sh.A.P, *Shturmovoy Aviatsiony Polk,* Régiment d'aviation d'attaque au sol
STAVKA : *Shtab Verkhovnogo Komandovanya*, Grand Quartier-général (*VGK*, du Haut commandement suprême)
StG. : *Sturmgeschütze*, canon d'assaut d'infanterie
V.A : *Voiskovaia Aviatsia*, Armée aérienne
V.G.D : *Volksgrenadierdivision*, division de grenadiers du peuple
V.V.S : *Voyenno-Vozduschnye Sily*, Forces militaires aériennes soviétiques







# AVANT-PROPOS

# *La guerre oubliée*

Les Soviétiques repèrent trois périodes dans ce qu'ils nomment la « Grande Guerre patriotique ». La première commence avec l'attaque surprise du 22 juin 1941 et se clôt à la veille de la contre-offensive autour de Stalingrad, le 18 novembre 1942. La deuxième, qui voit le Reich perdre définitivement l'initiative, court de Stalingrad au franchissement du Dniepr, à la fin de 1943. Autant ces deux périodes ont donné lieu à une masse de publications, autant la troisième période – celle des grandes offensives de la victoire, 1944-1945 – fait, en comparaison, figure de « guerre oubliée » des historiens occidentaux qui, sur ce point comme sur beaucoup d'autres, ont longtemps suivi les mémorialistes de la Wehrmacht.

Ceux-ci, en effet, expédient généralement en quelques pages les batailles de l'année 1944 et, plus encore, celles de 1945. Pour eux, l'histoire s'arrête, à l'ouest, à l'offensive manquée des Ardennes ; à l'est, ils s'en désintéressent dès après les batailles défensives menées dans le grand coude du Dniepr (automne-hiver 43-44). À quoi bon, selon ces thuriféraires de la *Ostheer*[1], se donner la peine d'analyser une affaire jouée d'avance, où l'art militaire teuton se trouve muselé par le poids écrasant d'une coalition disposant des ressources de la planète entière ? À cela s'ajoute qu'en 1945, une bonne part de ces mémorialistes (Manstein, von Mellenthin...) étaient retirés du service actif et que ceux qui ont mené les dernières batailles (Heinrici, Model, Schörner, Manteuffel) n'ont pas laissé de mémoires. À l'exception notable de Guderian dont les cent der-

1. *Heer* désigne en allemand l'armée de Terre, *Ostheer*, la fraction majoritaire de cette armée engagée à l'est. La *Heer* est la partie principale de la *Wehrmacht,* aux côtés de la *Ersatzheer,* armée de remplacement, de la *Luftwaffe* et de la *Kriegsmarine*.

nières pages des *Souvenirs d'un soldat* résument bien ce qu'il faudrait selon lui retenir de la fin du conflit germano-soviétique : la *Ostheer*, a perdu 1. à cause des erreurs d'Hitler ; 2. du fait de l'énorme supériorité numérique et matérielle de l'Armée rouge ; 3. en dépit d'une supériorité tactique jusqu'au bout confirmée.

Du côté soviétique, en revanche, on constate sans s'étonner que les années 1944-1945 ont généré une montagne d'ouvrages et de publications. Par ordre d'intérêt figure au premier rang l'opération Vistule-Oder. *Stricto sensu*, cette offensive ne dure que trois semaines, du 12 janvier au 3 février 1945. L'historiographie soviétique en fait une des plus importantes de la guerre par ses objectifs politico-stratégiques, par le succès qu'elle rencontre et par l'échelle[1] à laquelle elle est menée, échelle supérieure à tout ce qu'ont pu connaître les nations occidentales. Surtout, elle semble aux yeux des Soviétiques fixer les grandes caractéristiques de leur Armée pour les années qui suivent la Seconde Guerre mondiale : le nombre élevé des combattants engagés, la puissance de feu gigantesque, l'existence d'Armées blindées encadrant près d'un millier de chars, une flotte aérienne rivée au service du champ de bataille, une doctrine résolument offensive[2] jouant sur l'étendue du front concerné (de 500 à 1 500 km), la violence du premier coup et la pénétration dans la profondeur (500 km).

Cette offensive géante de l'Armée rouge mérite la plus grande attention. Elle représente le modèle quasi parfait[3] de la « bataille en profondeur » théorisée par les Soviétiques dès les années 1920 au sein de cette « révolution opérative » qui forme le gros de leur apport à l'histoire de la pensée militaire. La percée conceptuelle est si puissante qu'elle sera à la base du manuel d'opérations FM 100-5 adopté par l'*US Army* en 1986.

Les procédures de concentration et d'introduction des forces, l'accompagnement logistique, le contrôle de masses blindées lancées en profondeur (entre 550 et 600 km[4] en 17 jours), tout a été repensé par les

1. David Glantz donne dans cet ordre le trio des super offensives soviétiques. N° 1, Berlin avec 2,5 millions d'hommes, 6 250 blindés (chars et canons d'assaut), 41 600 canons et lance-roquettes multiples, 7 500 avions. N° 2 : Vistule-Oder, 2,2 millions d'hommes, 6 460 chars, 32 000 canons, 4 772 avions. N° 3, *Bagration* (Biélorussie, juin 1944) avec 1,2 millions d'hommes, 4 070 blindés, 24 363 canons, 5 327 avions. Si l'on inclut dans Vistule-Oder les forces du 2ᵉ Front de Biélorussie de Rokossovski, cette opération prend la première place.

2. La bataille de Budapest (novembre 1944-mars 1945), également dédaignée par les historiens occidentaux, représente quant à elle, aux yeux des Soviets, le modèle de la bataille défensive suivie d'une contre-offensive à caractère stratégique.

3. Selon Jacques Sapir, un des meilleurs connaisseurs français du sujet, le modèle « parfait » est celui de la campagne de Mandchourie en août 1945.

4. C'est aussi la performance réalisée par la *Ostheer* dans les 17 premiers jours de l'opération Barbarossa, secteur nord, mais l'ampleur de l'offensive allemande était supérieure. Mieux fondée serait la comparaison entre Vistule-Oder et l'Opération *Blau*, la marche vers Stalingrad et le Caucase, à l'été 1942.

Soviétiques pour cette offensive Vistule-Oder. L'effort par eux consenti servira à préparer la « bataille d'Europe centrale » qui hantera les états-majors de part et d'autre du rideau de fer durant la guerre froide.

L'opération Vistule-Oder est probablement et par ailleurs l'opération militaire la plus lourde de conséquences politiques de toute l'histoire du XX^e^ siècle. L'introduction de quatre Armées de tanks par Koniev et Joukov, entre le 12 et le 15 janvier 1945, a en effet provoqué directement la partition de l'Europe en deux blocs, partition qui a duré jusqu'en 1990. Elle a aussi effacé huit cents ans d'implantation démographique allemande à l'est, provoquant en Europe le plus gigantesque déménagement humain (16 millions de personnes !) depuis les invasions germaniques de 406.

Enfin, du point de vue de l'histoire militaire *stricto sensu*, si cette expression a un sens, les interminables colonnes de T-34/85, de JS-2, d'automoteurs SU 100 et JSU-122, leur cavalcade de 500 kilomètres jusqu'à l'Oder, ont réparé en partie une sorte d'injustice conceptuelle. La propagande nazie a en effet réussi l'exploit d'estampiller d'un mot allemand – *Blitzkrieg* – une façon de conduire la guerre mécanisée qui s'est, en réalité, développée en parallèle en Union soviétique et en Allemagne depuis les années 1920, et qui a été menée à son aboutissement – l'art opératif – seulement en Union soviétique. C'est à l'illustration et à l'analyse de ce triomphe de la *Blitzkrieg* à la Soviétique, que le lecteur est convié.

Cet ouvrage décrit et analyse les quatre grandes opérations offensives menées par l'Armée rouge en Pologne et en Allemagne en 1945 :

– Vistule-Oder (12 janvier-3 février) à quoi s'ajoute un volet méridional, la conquête de la Silésie (18 janvier-31 mars).

– Prusse-Orientale (13 janvier-25 avril).

– Poméranie orientale et Prusse-Occidentale (10 février-4 avril).

– Berlin. Cette ultime opération de la guerre se décompose en bataille de l'Oder (16-21 avril) et bataille de Berlin (22 avril-2 mai).

Les cartes et les schémas ont été exécutés par Davy Lopez. Laurent Henninger, chercheur au Centre d'études d'histoire de la défense, qui y anime notamment la commission « Nouvelle histoire bataille », a bien voulu relire la partie consacrée à l'art opératif. Qu'il soit aussi remercié pour les multiples informations et documents dont il m'a abreuvé.

# PROLOGUE

# *La horde rouge de Nemmersdorf*

Le 21 octobre 1944, à l'aube, la pointe de la 25e Brigade blindée de la Garde, commandée par le colonel Bulyguine, s'empare d'un pont intact sur la rivière Angerapp, passe sur la rive occidentale et entre dans Nemmersdorf, à 10 kilomètres au sud-ouest de Gumbinnen. Le petit bourg prussien compte 637 âmes selon le recensement de 1939, dont les deux tiers ont fui durant la nuit précédente. L'unité mère de la 25e Brigade, le 2e Corps blindé de la Garde, hérite ainsi d'une tête de pont inattendue, idéale pour pousser vers l'ouest ou le nord-ouest. La grande offensive lancée cinq jours plus tôt par le 3e Front de Biélorussie du colonel-général Tcherniakhovski arrive à son point décisif. Après avoir souffert sang et eau pour pénétrer la formidable ceinture de défenses élevées entre Gumbinnen et Goldap, le 3e Front de Biélorussie tient enfin l'occasion de déboucher en terrain libre. De Nemmersdorf, les blindés à l'étoile rouge vont pouvoir se répandre sur les arrières de la 4e Armée allemande, balayer les unités incohérentes du *Volkssturm* et déchirer le front sur des dizaines de kilomètres. Cette déchirure, les Allemands n'ont plus les moyens de l'aveugler. Elle contiendrait en germe l'isolement de la Prusse-Orientale du reste du Reich, puis sa conquête ; elle offrirait à Staline le « balcon » dont il a besoin pour marcher sur Berlin. Le 18 octobre, Tcherniakhovski avait d'ailleurs reçu du maître du Kremlin un télégramme le félicitant d'être le premier[1] chef soviétique à entrer sur le territoire allemand, et lui rappelant l'immense importance de sa mission.

---

1. Ce n'est pas tout à fait exact à ce moment. Deux jours plus tôt, le 16 octobre, la 39e Armée avait déjà occupé la petite ville frontière de Schirwindt. Le 17 août précédent, une patrouille soviétique avait, la première, franchi la frontière du Reich près de Stallupoenen.

Mais, ce 21 octobre 1944, l'histoire militaire bégaye puis dérape. Non seulement cette belle occasion n'est pas saisie mais un lourd échec tactique va survenir et, surtout, le lieu sera le témoin d'horreurs aux conséquences majeures. La brigade Bulyguine ne bouge pas durant 36 heures. Le major-général Burdeiny, commandant le 2e Corps blindé de la Garde, voit ainsi s'envoler sa chance de percer jusqu'à la Baltique. Au lieu d'une victoire facile, il va subir un désastre, tenu caché par l'historiographie soviétique[1] puis russe. Le général Hossbach, chef de la 4e Armée, met en effet à profit l'étrange immobilité des Soviétiques pour pousser de chaque côté de leur pointe blindée la 5e *PzDiv* et des éléments bien équipés de deux formations nouvelles, la Brigade *Führer-Grenadier* et la *PzDiv* parachutiste *Hermann Goering*. Avec 116 chars et canons d'assaut, il monte un grand classique du combat à l'allemande, la *Zangenangriff*, l'attaque en tenaille. Le 23 octobre, les deux pinces se referment le long de la rivière Rominte, derrière le Corps blindé de Burdeiny et plusieurs unités de la 11e Armée de la Garde. Surpris, effrayé – bluffé, en réalité –, Tcherniakhovski abandonne à l'anéantissement son Corps encerclé et renonce à donner un coup de pointe vers Königsberg. Le 27 octobre, il place l'ensemble de ses forces sur la défensive. Ce succès local permet aux Allemands de stabiliser enfin le front oriental dans sa partie nord. Les Russes sont maintenus en lisière du Reich et se comptent un millier de chars détruits, 16 819 tués et disparus[2]. Staline est mortifié. Le traumatisme de l'été 14 – les désastres jumeaux de Tannenberg et des lacs Mazures – se réactive d'un coup. Il va peser sur les deux offensives qui forment le cœur de cet ouvrage, l'opération Vistule-Oder, puis la prise de Berlin.

Mais Staline perd à Nemmersdorf bien plus qu'un Corps blindé. Il subit un échec politique et psychologique de première grandeur, dont l'écho n'a toujours pas disparu soixante ans après. Lorsque les soldats du général Hossbach entrent dans Nemmersdorf, ils trouvent les maisons pillées, saccagées et incendiées. Dans les rues, dans les fossés, sur la place du marché, se décomposent des corps de vieillards, de femmes et d'enfants, certains portant d'atroces mutilations au crâne et à la face. À l'évidence, les femmes ont toutes été violées, quel que soit leur âge. À la sortie du village, une file de charrettes chargées de réfugiés[3] a été réduite en bouillie, au sens propre, par les chenilles des T-34.

1. Voir sur ce point David Glantz, *The failures of Historiography...*

2. Les pertes allemandes pour repousser la première offensive contre la Prusse-Orientale s'élèvent à 115 chars et canons d'assaut et 6 801 tués et manquants. Chiffres in K-H. Frieser, *Das deutsche Reich und der Zweite Weltkrieg*, vol. 8, p. 619.

3. Koch, le Gauleiter de Prusse-Orientale, a refusé de donner aux civils l'ordre d'évacuer et a même interdit toute circulation sur les routes. La rapidité de l'avance soviétique n'a pas permis à tous les habitants de fuir à temps. Plusieurs prisonniers de guerre français seraient parmi les victimes écrasées par les chars.

Dès que l'événement est connu à Berlin, Goebbels dépêche sa presse. Les corps suppliciés sont photographiés et filmés. On donne des consignes pour diffuser les images dans le Reich : ce seront les premiers « vrais » cadavres allemands vus au *Deutsche Wochenschau*[1] depuis le début de la guerre[2]… Les journaux nazis parlent de centaines de morts, dont quarante prisonniers de guerre français. Des soldats auraient vu des corps de femmes nues cloués sur les portes des granges. Magistral coup du ministre de la propagande : le Reich tout entier est traversé par un frisson d'horreur et de haine. Plutôt mourir que subir cela !

Quelques jours plus tard, une commission internationale composée, notamment, de médecins suisses et suédois, vient sur place, constate, enquête et remet un rapport, malheureusement perdu. Des journalistes neutres sont également présents, dont le correspondant du *Courrier de Genève* qui livre ainsi ses impressions :

> « Mutilation et pendaison de prisonniers, liquidation à peu près complète de la population paysanne allemande restée sur place (…). À Brauersdorf, j'ai vu de mes yeux deux ouvriers agricoles d'origine française, des anciens prisonniers de guerre, qui avaient également été massacrés. L'un d'eux put être identifié. Non loin de là, trente prisonniers allemands avaient subi le même sort. Je vous épargne la description des mutilations[3]. »

En 1997, un historien amateur allemand, Bernhard Fisch[4], entreprend une enquête minutieuse sur le massacre. Il met au jour l'action déformante de la propagande nazie, démontre la fausseté de certains témoignages (les femmes clouées[5]) et fait admettre qu'on n'a pu compter des centaines de tués à Nemmersdorf. Le chiffre qu'il avance – 23 à 26 victimes – semble cependant trop faible, la vérité se situant plutôt vers 65[6]. Les mutilations, les viols répétés, les tortures ne peuvent, eux, être contestés.

L'affaire de Nemmersdorf – une goutte d'eau dans l'océan d'horreurs qu'a été le conflit germano-soviétique – a des conséquences importantes et durables, au point que l'historien allemand Karl-Heinz Frieser parle

---

1. Ces images, incluses dans un documentaire en allemand, sont visibles sur Internet à : http://www.youtube.com/watch?v=nRnPCEUcOqE

2. Cependant, quelques mois plus tard, Goebbels doutera de cette idée. Jouer à fond de la publicité autour des horreurs soviétiques pourrait, explique-t-il à plusieurs reprises dans son journal (23 janvier, 6 février 1945), provoquer une terrible panique qui jetterait sur les routes les douze millions d'Allemands des provinces de l'Est. Mais il sera trop tard pour inverser le cours des choses : les images de Nemmersdorf ont déjà marqué les consciences et le grand exode aura lieu.

3. In Heinz Nawratil, *Le livre noir de l'expulsion*, p. 42.

4. B. Fisch, *Nemmersdorf, Oktober 1944*, éditions Ost, Berlin, 1997.

5. Il faut néanmoins citer l'enquête de l'historien américain Alfred de Zayas qui, recoupant de nombreux témoignages de réfugiés et de prisonniers belges, conclut que des crucifixions ont probablement eu lieu en différents points des territoires occupés par l'Armée rouge.

6. Manfred Zeidler, *Flucht und Vertreibung der Deutschen aus Ostpreussen, Westpreussen, Dantzig, dem Warthegau und Hinterpommern,* Hamburg, 2004.

d'« effet Nemmersdorf ». Pourquoi un tel retentissement ? Peut-on isoler cet événement local des nombreux crimes de guerre commis par l'Armée rouge durant la campagne d'Allemagne (13 janvier-8 mai 1945) ? Sans doute. C'est à Nemmersdorf, en effet, que, pour la première fois, l'Armée soviétique se trouve en contact avec un groupe important de civils allemands. À cet endroit et à ce moment se joue quelque chose de déterminant pour l'avenir du rapport occupant-occupé : c'est le pire qui en est sorti. Nemmersdorf est aussi le seul bourg à être REPRIS durablement par la *Ostheer*, alors que les traces des crimes sont encore fraîches. Le seul où, matériellement, les services de cinéma de Goebbels ont eu le temps de filmer, monter puis projeter dans tout le Reich. L'horreur s'étale sur les écrans, dans toutes les villes, des photos abominables circulent parmi la troupe. Avec Katyn, Nemmersdorf est certainement le crime soviétique le mieux documenté. En revanche, les exactions commises en Prusse, en Silésie, en Poméranie, entre janvier et mai 1945, le seront DERRIÈRE le front soviétique. Elles n'ont pas laissé d'images. C'est bien le drame de Nemmersdorf qui a marqué la conscience allemande au fer rouge, parce qu'il est le premier et le plus visible.

L'« effet Nemmersdorf » va peser sur l'action des Soviétiques de plusieurs façons.

Tout d'abord, il raidit la volonté de combat de la *Ostheer*. Les défaillances, la lassitude, observées à l'automne 1944, laissent place à une farouche résolution. Une part plus importante du peuple allemand et de son armée se met à l'unisson du jusqu'auboutisme suicidaire de son chef. On relève cette détermination même chez les unités de troisième ordre du *Volkssturm*, issues des provinces orientales menacées de nombreux Nemmersdorf ; en de multiples occasions, adolescents et hommes mûrs mourront les armes à la main ou soutiendront de longs sièges comme à Breslau et à Posen. Le commandant du 289e Régiment de fusiliers de la Garde, Youri Naumenko, se souvient ainsi d'un jour de février 1945 :

> « Passer l'Oder était une tâche très difficile... Je me souviens que, devant un bourg, un père et ses trois fils ont retardé la progression de notre bataillon, le 1er bataillon, pendant un long moment. Quand nous sommes entrés dans le bourg, les unités adjacentes à la nôtre y étaient déjà. Elles nous dirent que la résistance qu'elles avaient dû affronter était le fait... d'un père et de ses trois fils[1]. »

Alors que les Anglo-Américains s'offrent, à peu de choses près, une promenade militaire en avril et mai 1945, les soldats soviétiques devront se battre à fond jusqu'à la dernière heure du dernier jour. À Nemmersdorf, le Troisième Reich s'est vu accorder par son adversaire un sursis de plusieurs mois. L'Armée rouge paiera cet esprit de lutte à outrance de dizaines de milliers de morts supplémentaires. Frappant est le parallèle entre l'attitude allemande en 1941 et celle des Soviétiques en 1945. Un peu de réflexion politique aurait dû incliner les uns et les autres à un comporte-

1. In *Red Army officers speak*, p. 114.

ment correct[1] des populations ; le gain militaire aurait été considérable. Au lieu de quoi, les crimes de l'envahisseur ont soudé les peuples autour de dirigeants largement contestés.

Comment répondre à la question posée plus haut : pourquoi la 25e Brigade blindée de la Garde demeure-t-elle inactive 36 heures à Nemmersdorf ? S'agit-il d'un dysfonctionnement radio ? Difficile à croire : Bulyguine ne transmet-il pas par voie hertzienne à ses supérieurs que

> « (la ville) a été nettoyée de l'infanterie ennemie et de sa paisible (sic) population[2] » ?

Peut-on parler d'un cafouillage, d'une bévue du commandement, somme toute assez fréquente durant les opérations mobiles ? Mais Bulyguine, comme son supérieur, Burdeiny, sont des tankistes expérimentés, et Tcherniakhovski leur a communiqué des ordres clairs : avancez au plus vite vers la Baltique ! Ces réponses d'ordre technique, que l'on ne peut cependant écarter d'un revers de main, ne seront pas fondées tant que les Russes n'auront pas ouvert leurs archives sur l'affaire de Nemmersdorf. En l'état actuel des sources, il ne reste bien qu'une seule explication à l'inaction des soldats du colonel Bulyguine : ils ont oublié leur mission. Au lieu d'avancer vers l'ouest, ils se sont livrés à une orgie de pillages, de viols et de meurtres. Chez ces hommes qui sont doublement l'élite de l'Armée rouge – Gardes et tankistes – s'est produite une explosion de haine et de violence primitives, incontrôlable par l'encadrement, à supposer que celui-ci en soit resté lui-même indemne. Quoi qu'il en soit de l'explication de ce comportement, du strict point de vue militaire, une troupe en maraude est toujours au bord de la dissolution. Ce relâchement de la discipline est incompatible avec le « sens de la mission », la vitesse de progression et la concentration des forces indispensables à la manœuvre en profondeur ; il aura des conséquences lourdes sur les opérations durant la seconde partie de la grande offensive Vistule-Oder. En forçant un peu le trait, disons que la dissolution morale de la troupe ajoutée à la dissolution du lien logistique explique que les Soviétiques n'aient pas pris Berlin, dans la foulée de leur grande offensive hivernale, en février 1945.

L'« effet Nemmersdorf » a miné la position soviétique vis-à-vis des deux Allemagnes[3] nées dans l'après-guerre. Il a empêché, dans les représentations mentales, l'adhésion de la majorité des citoyens de la RDA à

---

1. Les Allemands ont, en 1914, commis la même erreur monumentale en Belgique et dans le nord de la France, s'aliénant d'entrée les populations par leurs exactions. Leur comportement *« korrekt »* en 1940 montre qu'ils ont compris la leçon, pour un certain temps tout au moins.

2. Citation in Fisch, *Nemmersdorf*..., p. 80.

3. Il est à noter, en revanche, que, dans l'immédiat après-guerre, les exactions de 1945 n'ont joué quasiment aucun rôle dans la perception de l'Armée rouge par les Occidentaux. Le sentiment dominant est alors celui de l'admiration.

« l'amitié germano-soviétique ». Il a développé un antisoviétisme extrême en République fédérale, entretenu par les associations de réfugiés des provinces orientales[1], ces « pieds-noirs » de l'Allemagne, politiquement bien plus actifs que les titulaires de l'expression. Il a peut-être même constitué la raison profonde de l'acceptation de la nucléarisation de l'Allemagne par les concitoyens d'Adenauer. Pour beaucoup, mieux valait une nouvelle bataille d'Allemagne, même atomique, que le déferlement des tankistes russes. *Besser tot als rot* : plutôt mort que rouge. Enfin, les atrocités soviétiques ont permis aux Allemands de se poser en principales victimes de la guerre et, pendant plus de vingt ans, de fermer les yeux sur les crimes du nazisme commis en leur nom.

Comment Staline, formé à l'école bolchevique, pénétré de l'importance de la propagande comme facteur politique et militaire, a-t-il pu concéder pareille défaite ? Par la suite, n'a-t-il rien pu faire contre la survenue de centaines de Nemmersdorf ? Ne l'a-t-il pas voulu ? A-t-il instrumentalisé la haine de ses soldats ? Quoi qu'il en soit, et c'est la raison d'être de ce prologue, l'affaire de Nemmersdorf garde bien tendu jusqu'au bout le ressort de l'extrême violence et de la pire inhumanité qui sont la marque du conflit germano-soviétique depuis son premier jour.

1. L'histoire regorge d'exemples de ce type. Que l'on pense, entre autres, aux terribles effets croisés des massacres de Sétif, en Algérie, en mai 1945, et de ceux du Constantinois, à l'été 1955. Ou bien à l'affaire de Nankin (1937) qui pèse encore sur les relations sino-japonaises, trois quarts de siècle après l'événement.

## PREMIÈRE PARTIE

# Une lutte inégale

Durant l'hiver 1944-1945, Hitler lit et relit Clausewitz. Il rumine la définition de la guerre comme un « combat de volontés opposées », répète à son entourage que Staline et Roosevelt devraient méditer ces mots « Tant que je n'ai pas écrasé l'adversaire, je dois craindre qu'il ne m'écrase [1] » et il trouve dans ces axiomes une raison d'espérer en la victoire finale. A-t-il sauté les pages où il est question de la guerre comme calcul rationnel ?

> « L'évaluation de l'énergie déjà dépensée et de celle qu'il faudra encore déployer pèse d'un poids encore supérieur sur la décision de conduire la paix. Comme la guerre n'est pas un acte de fureur aveugle, mais un acte dominé par la fin politique, la valeur de cette fin politique doit décider de l'ampleur des sacrifices au prix desquels nous voulons l'acquérir. Cela ne vaut pas seulement pour leur étendue mais aussi pour leur durée. Donc, dès que la dépense d'énergie devient trop importante pour être équilibrée par la valeur de cette fin politique, cette dernière doit être abandonnée et la paix doit s'ensuivre[2]. »

Bien entendu, pour le Führer, il n'y a d'autre paix que victorieuse, d'autre négociation qu'en position de force, fut-elle relative. Si cette posi-

1. Clausewitz, *De la guerre*, Rivages Poche, Petite bibliothèque, p. 24. Cette fermeture à la raison militaire n'est pas le propre de Hitler. Presque tous les chefs de la Wehrmacht en sont infectés. Jusqu'au calme et réfléchi Halder, qui écrit encore en 1951 dans une lettre à son ex-collègue Blumentritt : « la guerre n'est perdue que lorsqu'on s'abandonne ».

2. *Idem*, p. 51-52.

tion de force ne peut être atteinte, alors aucun compromis, aucun abandon n'est pensable. Le prix de cette intransigeance n'a pas d'importance, car une défaite totale signifierait de toute façon la destruction du Reich et de la germanité. Son programme, qui vaut pour 80 millions d'Allemands, est fort simple : vaincre ou disparaître, *Sieg oder Untergang*.

Pour autant, Hitler ne sort-il jamais du monde irrationnel et illusoire si souvent décrit par les mémorialistes qui l'ont fréquenté ? A-t-il jamais perçu que la guerre était irrémédiablement perdue ? À ces questions posées par un officier de la *Royal Navy* à l'été 1945, le prisonnier Karl Dönitz, Grand Amiral et ex-favori d'Hitler, répond :

> « À ce sujet personne n'avait besoin de lui ouvrir les yeux ou de s'armer de hardiesse pour lui dire : *mein Führer*, la guerre est perdue[1]. »

Dönitz a raison et peu d'historiens en doutent : au moins depuis 1943, Hitler n'entretient plus d'illusions sur la victoire militaire du Reich. Jodl, le plus proche conseiller militaire du Führer, fait remonter à janvier 1942 la prise de conscience par son maître, après l'échec devant Moscou, que la guerre ne pouvait plus être gagnée par l'Allemagne[2]. Après sa condamnation à mort à Nuremberg, le même Jodl dictera ces mots :

> « Aucun homme sur cette terre n'a, avant Hitler, pensé et su que la guerre était perdue[3]. »

Pour autant, Hitler n'est pas qu'un chef de guerre. Il est avant tout un idéologue qui s'est attribué, une fois pour toutes, une « mission historique », exterminer le judéo-bolchévisme, puis remodeler la démographie de l'Europe. Ces objectifs, il les renvoie d'abord à un après-guerre victorieux. Mais la défaite de Moscou, si l'on en croit le témoignage de Jodl donné ci-dessus, lui apprend que la guerre ne peut plus être gagnée. Dès lors, la seule « mission historique » à sa portée devient l'extermination des Juifs, décrétée tâche urgente et prioritaire et qui reçoit le pas même sur les impératifs militaires. Rappelons, pour mémoire, que Hitler fait mobiliser de gros moyens en carburant et chemins de fer pour arrêter, déporter et exterminer 430 000 Juifs hongrois durant l'été 1944, alors que la *Ostheer* encaisse des coups terrifiants à 300 km de Budapest, que plusieurs *Panzerdivisionen* éprouvent de graves difficultés de ravitaillement en essence et qu'on ne trouve pas assez de locomotives pour convoyer des munitions vers la Roumanie. En août 1944, à Lodz, 120 km à l'ouest des éléments de pointe de l'Armée rouge, une « action spéciale » détruit les 25 000 derniers juifs du grand ghetto, qui travaillaient aux fabrications militaires, au moment où Speer se lamente sur le manque de main-d'œuvre.

La « vraie » guerre de Hitler, à partir de 1942, est sans doute celle-là. Et c'est pour cette raison que le « point de détail » de Jean-Marie Le Pen est, avant d'être un problème moral, une grossière erreur historique.

1. In *Seelower Höhen 1945*, Förster, p. 9.
2. *KTB OKW*, vol. 4, entrée du 15.5.1945, p. 1503.
3. *KTB OKW*, vol. 4, p. 1721.

L'extermination des juifs présente, aux yeux de Hitler, un autre avantage de taille : elle exclut toute paix de compromis. Après Stalingrad, Joseph Goebbels l'exprime crûment dans son journal :

> « Nous nous sommes tellement engagés, surtout dans la question juive, qu'il n'est plus possible de reculer désormais. Et cela vaut mieux ainsi. Un mouvement et un peuple qui ont coupé les ponts derrière eux combattent – l'expérience le prouve – plus résolument que ceux qui ont encore une possibilité de retraite[1]. »

L'idéologue Hitler ne pouvait être convaincu par ses généraux ni par quiconque d'arrêter la guerre. Au-delà des péroraisons stratégiques dont il assomme son entourage en 1944, au-delà des fantasmagories sur les armes miracles ou autre « miracle de la maison de Brandebourg » – des idées qu'il n'utilise que pour maintenir la Wehrmacht au combat – son programme est arrêté définitivement : mener le « combat du destin », se battre jusqu'au dernier homme pour égaler les héros germaniques dans leurs luttes titanesques. L'exemple de la « race allemande » succombant sans reproches sera le levain des futures générations de héros. Il est donc indispensable que cette lutte soit apocalyptique, qu'elle soit digne d'un opéra car elle doit entrer tout droit au panthéon des légendes germaniques. Là est le grand œuvre de Hitler et le ressort de son jusqu'auboutisme. Le 2 avril 1945, il tient ces propos à Bormann :

> « Elle m'épouvante l'idée que notre Reich va tomber en morceaux et que notre peuple va être livré aux excès brutaux des bolcheviks et des gangsters américains. À dire vrai, cette vision n'ébranle pas ma foi indomptable en l'avenir du peuple allemand. PLUS NOUS SOUFFRONS, PLUS GLORIEUX sera le relèvement de l'Allemagne éternelle. Cette caractéristique de l'esprit allemand à tomber en léthargie quand son existence est en jeu nous bénéficiera une fois de plus[2]. »

Dans ces conditions, aucune démarche rationnelle, au sens clausewitzien, ne peut avoir prise sur Hitler. Les conjurés du 20 juillet ont vu juste : le préalable indispensable à la recherche d'une solution politique, c'est l'assassinat du Führer. Que les grands chefs de la Wehrmacht – à l'exception de Rommel[3] – n'aient pas clairement reconnu cette évidence et acquiescé à cette nécessité, est leur faute majeure, inexcusable, indélébile.

Car le plus étonnant n'est pas l'attitude de Hitler. Avec le recul, lorsqu'on considère les dix derniers mois de la Seconde Guerre mondiale – mi-juillet 1944 à mai 1945 –, l'on reste frappé par la paralysie incompréhensible des élites militaires allemandes. Pour l'Allemagne, continuer la guerre n'a plus de sens depuis l'été 1943. À ce moment, après l'échec de l'attaque vers Koursk, l'initiative est définitivement abandonnée aux Soviétiques tandis que le retrait des loups de Dönitz de l'Atlantique nord

1. Goebbels, *Journal*, 2 mars 1943, édition Tallandier, p. 78-79.

2. Martin Bormann, *The testaments of Adolf Hitler*, in Peter Gosztony, *op. cit.*, p. 150.

3. Sans parler, naturellement, du général Beck, à la retraite depuis 1938, ni des pitoyables atermoiements de von Kluge.

laisse toute latitude aux Américains pour amasser d'énormes moyens dans les îles britanniques. La défaite n'est plus qu'une question de temps, plus rien ne peut l'éviter. Après la réussite du débarquement allié en Normandie et le désastre de l'opération *Bagration*, il n'y a plus un colonel-général ni un *Feldmarschall* qui ne sache que tout sera fini pour le pire avant quelques mois. Comment Hitler a-t-il pu imposer son programme insensé à des hommes formés peu ou prou aux doctrines rationnelles toujours observées par la tradition militaire prussienne ? Comment ces chefs ont-ils pu accepter que soient engloutis des centaines de villes et de villages, des millions d'hommes, de femmes et d'enfants allemands, dans une lutte menée sans ressources matérielles et humaines adéquates, sans la moindre chance de succès, sans autre fin possible que l'anéantissement pur et simple ? Comment ont-ils pu planifier la combustion intégrale de leurs Armées, faire passer avant le calcul froid du rapport des forces les slogans du Führer sur « la puissance de la volonté fanatisée et la croyance ferme en la victoire finale » ?

L'immobilité politique suicidaire des chefs de la Wehrmacht est d'autant plus étrange que TOUS ces hommes ont vécu, vingt-sept ans auparavant, une sortie de guerre rationnelle. En 1918, en effet, les chefs de l'Armée impériale ont su trouver un chemin pour terminer un conflit devenu sans issue pour eux. Mais l'Allemagne de 1944-1945 ne trouvera pas son général Groener[1].

1. À la place de Ludendorff, remercié le 26 octobre 1918, Hindenburg fait nommer Wilhelm Groener Premier Quartier-maître général. Wurtenbourgeois, fils de sous-officier, d'inclination libérale, Groener n'est pas du sérail de l'aristocratie prussienne. À l'instar d'un Fellgiebel ou d'un Guderian, il est un technicien et un organisateur hors pair, responsable des chemins de fer puis des fabrications de guerre. Groener commet l'impensable, ce qu'aucun officier supérieur prussien n'aurait fait, ce à quoi les généraux d'Hitler diront n'avoir pu se résoudre : IL ROMPT LE SERMENT DE FIDÉLITÉ DE L'ARMÉE A L'ÉGARD DU CHEF SUPRÊME, L'EMPEREUR. Le 9 novembre, au Q.G de Spa, il jette à Guillaume qui imagine ramener l'ordre, à la tête de son armée, dans une Allemagne en proie à la révolution : « L'armée rentrera au pays dans le calme et l'ordre sous la conduite de ses chefs et des généraux, mais pas sous les ordres de Votre Majesté : car l'armée n'est plus derrière Votre Majesté ! » À Guillaume qui lui rappelle son serment de loyauté, Groener réplique : « De nos jours, les serments ne sont que des mots. » Le Kaiser abdique peu après cet échange définitif.

# CHAPITRE 1

# Le Reich acculé

Après la défaite de Koursk et le franchissement du Dniepr par les Soviétiques (été-automne 1943), Hitler, s'il n'avait pas été Hitler, aurait donc dû chercher la paix à tout prix. Mais le Führer tire de la situation une autre conclusion, en apparence paradoxale : le front ouest devient désormais prioritaire, l'est devra se débrouiller. Cette décision forme la toile de fond des événements militaires de décembre 1944-février 1945.

## I. Priorité à l'ouest !

### *1. Le tournant de l'automne 1943 : la directive 51*

Le 3 novembre 1943, Hitler fait connaître à ses généraux sa directive N° 51. Ce document marque un retournement de la stratégie du Reich, jusque-là marquée par la priorité absolue donnée au front de l'est. Il constitue même, selon Jürgen Förster, « la dernière décision stratégique du Reich[1] ». Voici les premières lignes de la directive :

> « Le danger à l'est demeure mais voici qu'un danger encore plus grand se dessine à l'ouest : le débarquement anglo-saxon ! À l'est, la profondeur de l'espace permet, à la rigueur, de céder du terrain y compris à grande échelle, sans pour autant mettre en péril de mort le centre vital de l'Allemagne. Il en va autrement à l'ouest ! Ici, l'ennemi viendrait à réussir une large pénétration de nos défenses, que les conséquences en seraient incalculables à court terme. Tout démontre que l'ennemi passera à l'attaque à l'ouest au plus tard au printemps prochain, peut-être même plus tôt[2]. »

Hitler met donc fin à la priorité absolue accordée au front russe depuis l'automne 1940. Le temps est passé où la victoire sur l'Armée rouge

1. In *Seelower Höhen 1945*, Förster, p. 2.
2. Cité par Bernd Wegner, in *Das deutsche Reich und der Zweite Weltkrieg*, vol. 8, p. 249.

occupait toutes ses pensées. Dorénavant, le centre de gravité de la défense de la « forteresse Europe » (*Festung Europa*) se situera à l'ouest, son point d'application se plaçant, à l'initiative de l'adversaire, quelque part entre Oslo et l'estuaire de la Gironde. Face aux Soviétiques, un lent recul, une politique de terre brûlée menée sans égards pour rien ni quiconque, devront gagner la seule chose que le Reich soit encore capable de gagner : du temps.

Ce virage à 180 degrés s'explique sans difficultés. La géographie donne le premier élément de réponse. Près de la moitié du potentiel industriel lourd allemand est dans la Ruhr. Entre la Manche et cette région, où l'ennemi peut surgir en quelques heures depuis les côtes anglaises, on mesure 300 km à vol d'oiseau. Cet espace est riche en routes, ports, voies ferrées, ponts, aptes à faciliter la progression d'armées mécanisées à 100 %. En revanche, pour atteindre la Haute-Silésie ou la Moravie, les autres centres industriels du Reich, l'Armée rouge a, en octobre 1943, mille kilomètres à parcourir, à travers un territoire pauvre en infrastructures, que son adversaire s'acharnera à dévaster au-delà de l'imaginable.

L'échec de l'offensive contre le saillant de Koursk[1], en juillet 1943, la contre-offensive victorieuse de l'Armée rouge en août et septembre, constituent l'autre cause majeure du changement de stratégie face à l'Union soviétique. Hitler et ses principaux conseillers analysent qu'ils ne pourront plus reprendre l'initiative à l'est, tant que pèsera dans leur dos le danger d'un débarquement à l'ouest.

Le patient travail de harcèlement du *Feldmarschall* von Rundstedt, commandant du théâtre occidental, et, surtout, du général Jodl, chef d'état-major de l'OKW[2] (Haut-commandement des forces armées), est une autre raison de la volte-face de Hitler. Depuis Stalingrad, Jodl répète inlassablement que l'investissement prioritaire doit se faire à l'ouest. En octobre 1943, il donne un exposé devant les Gauleiters du Reich où il explique que la « Forteresse Europe » développe un périmètre de 15 000 km. Pour sa défense, la Wehrmacht engage 6,8 millions d'hommes, mais avec une répartition totalement déséquilibrée : 3,9 millions sont sur les 2 500 km du front russe, 1,4 million sur les 5 500 km de côtes menacées par un débarquement allié, en Norvège, au Danemark et en Europe occidentale. Hitler est impressionné par l'exposé de Jodl et il en reprend la conclusion presque mot pour mot dans sa directive 51. Il ordonne que soient alloués au front de l'ouest :

> « rapidement et en quantités suffisantes matériels et personnels et, grâce à une instruction poussée, (que soient) constituées des réserves de haute

1. Voir, dans la même collection, notre ouvrage : *Koursk, les 40 jours qui ont ruiné la Wehrmacht (5 juillet-20 août 1943)*.

2. Rappelons que l'OKW gère tous les fronts, à l'exception du front russe, dévolu à l'OKH, le haut-commandement de l'armée de Terre. La rivalité ouverte qui oppose les deux organismes n'est pas pour rien dans l'acharnement de Jodl à ramener le regard d'Hitler vers l'ouest.

valeur, à forte capacité offensive et pleine mobilité, dans l'objectif d'empêcher tout élargissement de têtes de pont et de rejeter l'ennemi à la mer[1] ».

Le résultat concret de la directive 51 ne se fait pas attendre. Tout transfert d'unités de l'ouest vers l'est cesse. Les allocations de matériels modernes (chars Tigres et Panthers, par exemple), les unités nouvellement constituées, vont à l'ouest. Dès janvier 1944, alors que la retraite s'accélère en Russie, plusieurs divisions, dont de précieuses unités mobiles, sont retirées et envoyées vers la Belgique ou la France : la 1re *PzDiv* SS *Leibstandarte Adolf Hitler*, la 2e *PzDiv* SS *Das Reich*, les 2e, et 9e et 11e *PzDiv*. Une partie des renforts destinés à remplacer les pertes croissantes de la *Ostheer* vont de même s'investir à l'ouest. Dans ces conditions, le nombre des soldats engagés face aux Soviétiques dégringole de façon continue entre juillet 1943 et janvier 1945, ainsi que le montre ce tableau.

**Effectifs de la *Ostheer*** (sans le front de Finlande, sans les alliés, sans les troupes d'occupation mais SS inclus).

| | |
|---|---|
| 22.6.1941 | 3 300 000 hommes |
| 1.7.1942 | 2 700 000 |
| 1.1.1943 | 2 900 000 |
| 1.7.1943 | 3 138 000 |
| 1.9.1943 | 2 676 000 |
| 1.12.43 | 2 619 000 |
| 1.1.1944 | 2 528 000 |
| 1.3.1944 | 2 340 000 |
| 1.5.1944 | 2 235 000 |
| 1.7.1944 | 2 200 000 |
| 1.11.1944 | 1 840 000 |

*Source* : B. Kroener, in *Das deutsche Reich und der Zweite Weltkrieg*, vol. 5/2, p. 948 et 955 ; Magenheimer, *Abwehrschlacht an der Weichsel*, p. 46.

La détérioration du rapport des forces en personnels face à l'Armée rouge est la conséquence immédiate de cette dégringolade. De 1:1,7 à l'été 1943, il passe à 1:2,9 en novembre 1944.

1. Cité par Bernd Wegner, in *Das deutsche Reich und der Zweite Weltkrieg*, vol. 8, ndbp p. 250.

## 2. *L'été 1944 : un cauchemar allemand* (carte 1)

Durant l'été 1944, la Wehrmacht subit de sanglantes défaites qui l'obligent à abandonner en dix semaines les deux tiers de l'empire qu'elle tenait encore au 1er juin.

Le 6 juin 1944 se produit l'événement autant redouté qu'espéré par Hitler et ses généraux : le débarquement en Normandie. En quelques jours, la bataille des côtes est perdue. Deux mois d'une défense acharnée et intelligente ne peuvent empêcher les forces aériennes et terrestres anglo-américaines de faire sentir tout leur poids. Le 31 juillet, la percée d'Avranches puis le « chaudron de Falaise » (13-20 août) ouvrent à deux battants le chemin vers le Reich. Les débris du Groupe d'Armées B, réduit à quelques dizaines de milliers d'hommes et moins de 100 chars, se lancent dans une fuite éperdue vers l'est. La poursuite ne cesse qu'en septembre derrière la Meuse, la ligne Siegfried, les Vosges et le Rhin. À l'exception de rectifications mineures en Hollande du Sud, dans le Palatinat et en Alsace-Lorraine, la ligne de front demeure inchangée jusqu'en décembre 1944. À ce moment, les forces allemandes à l'ouest, fortes de 420 000 hommes et 1 034 chars (dont 775 en état de combattre), s'échelonnent sur 700 km, réparties en quatre Groupes d'Armées : H, B, G et *Oberrhein* (Haut-Rhin).

En Italie, Le Groupe d'Armées C (*Feldmarschall* Kesselring) recule de 200 km durant ce même été fatidique, lâchant Rome (4 juin) et Florence (4 août). À l'entrée de l'automne, de La Spezia à Ravenne (Ligne Gothique) mais aussi dans les Alpes face à la France, le Groupe C aligne 31 divisions et brigades pour un potentiel de combat estimé à 151 000 hommes[1].

Un Groupe F (*Generaloberst* Löhr) tient le flanc sud-est, entre Split, sur l'Adriatique, et la rivière Drava (confins magyars), avec les unités échappées durant l'été de Grèce et de Yougoslavie du Sud : 30 divisions et brigades, pesant moins de 110 000 hommes[2].

En Union soviétique, les revers essuyés durant l'été 1944 atteignent des proportions sans précédent.

Le 22 juin, jour anniversaire de l'invasion de 1941, l'Armée rouge déclenche l'opération *Bagration* qui se solde en quelques jours par la destruction complète de 28 divisions allemandes (sur 40) en Biélorussie et la perte de 350 000 hommes. En privé[3], Goebbels admet qu'il s'agit de la plus grave défaite de toute l'histoire allemande, qui relègue même celle de Stalingrad dans l'ombre. Jamais, sauf sur la Somme en 1916, l'armée allemande n'a connu un été aussi mortifère. En août, un nouvel assaut ramène les Groupes d'Armées Centre et Nord-Ukraine (bientôt rebaptisé Groupe A) sur une ligne approximative Niemen-Narew-Vistule-contre-

1. Chiffres tirés du *Kriegstagebuch des OKW*, vol. IV-2, Frankfurt/M, 1961, page 1892.
2. *Idem.*
3. Journal de Goebbels, entrée du 12 juillet 1944.

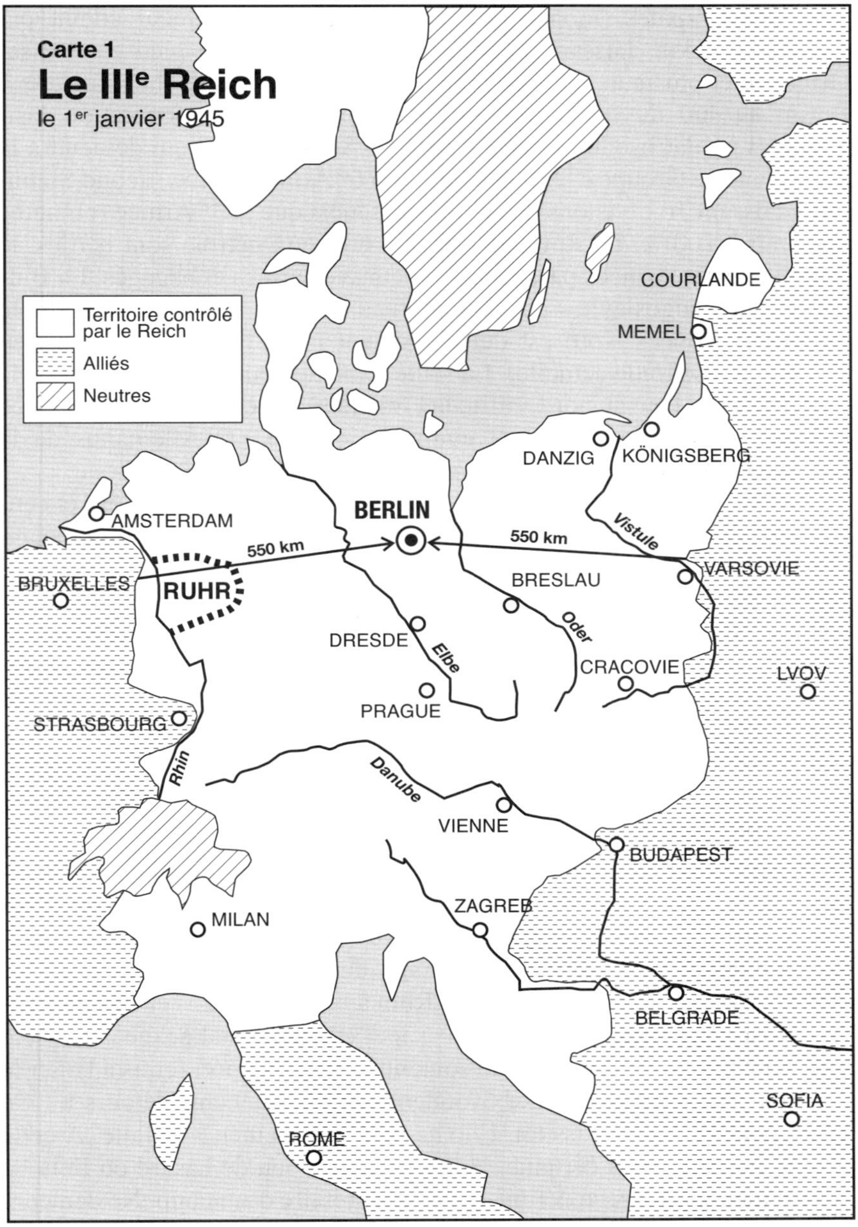
Carte 1
Le IIIe Reich
le 1er janvier 1945
Territoire contrôlé par le Reich
Alliés
Neutres
COURLANDE
MEMEL
DANZIG
KÖNIGSBERG
AMSTERDAM
BERLIN
550 km
550 km
Vistule
VARSOVIE
BRUXELLES
RUHR
BRESLAU
DRESDE
Elbe
Oder
CRACOVIE
LVOV
PRAGUE
STRASBOURG
Rhin
Danube
VIENNE
BUDAPEST
MILAN
ZAGREB
BELGRADE
SOFIA
ROME

forts des Carpates (monts Tatra, en Slovaquie). Le recul atteint par endroits 600 km, laissant l'Armée soviétique avec un pied en Prusse-Orientale et plusieurs têtes de pont au-delà de la Vistule et de la Narew. Enfin, au sud du front, un terrible coup de boutoir (opération Iasi-Kichinev) volatilise le Groupe d'Armées Sud-Ukraine (qui deviendra le 25 septembre Groupe d'Armées Sud). La 6e Armée vit son second Stalingrad, laissant 16 divisions dans l'affaire tandis que la 3e Armée roumaine disparaît à 100 %. La Roumanie et son précieux pétrole sont perdus, le reliquat de ses Armées passe aux Soviets avec armes et bagages. La Bulgarie et la Yougoslavie s'ouvrent aussi aux Russes. En octobre, enfin, le Groupe d'Armées Nord est définitivement isolé, avec 30 divisions, en Courlande (Lettonie actuelle). La seule issue demeure l'évacuation par la mer Baltique. Tout au nord, enfin, la Finlande à genoux signe un armistice à Moscou le 19 septembre et contraint les 200 000 Allemands de la 20e Armée de montagne à se retirer vers la Norvège par la Laponie.

À compter du 1er novembre, le calme revient sur la partie nord et centre du front de l'est, entre la Baltique et les Carpates ; la Hongrie demeure, elle, le théâtre de combats acharnés pour la possession de Budapest. Après être passée à deux doigts du désastre total, la *Ostheer* profite de la pause accordée par les Soviétiques pour affermir sa défense. Hitler va saisir ce rare moment de répit prolongé (le précédent remonte au printemps 1943, avant la bataille de Koursk) pour tenter, sur un coup de dés, de reprendre l'initiative à l'ouest et d'éviter une défaite que tout annonce comme prochaine.

### 3. *Le coup des Ardennes : le tout pour le tout*

Il eut été théoriquement possible d'envisager une « défense stratégique » de la « forteresse Allemagne ». En bétonnant lignes fortifiées après lignes fortifiées, en épargnant une réserve centrale d'une quinzaine d'unités mobiles et en jouant de l'avantage des lignes intérieures pour les déplacer de la Vistule au Rhin et du Rhin à la Vistule, la Wehrmacht pouvait offrir une résistance tenace, une super « bataille du bocage ». C'est le sens d'un plaidoyer de Guderian soutenu dans un rapport remis à Hitler le 27 mars 1944[1]. Jodl et Hitler évoquent cette option sans détours à l'été 1944, pour la rejeter aussitôt. Elle ne peut que freiner la défaite. À cette défaite retardée mais certaine, Hitler préfère le jeu de hasard où l'élu de la Providence – ainsi se définit-il – peut se refaire d'un coup. Ne demeure donc que l'option offensive. Mais sur quelle table jouer la dernière carte ?

1. Le rapport de Guderian se termine par un vigoureux appel à reprendre l'offensive. Pour cela, le colonel-général demande la constitution d'une « réserve opérationnelle » de 8 divisions Panzers ou Panzergrenadiers, 6 D.I et plusieurs bataillons spéciaux de chars et de chasseurs de chars lourds. La pensée de Guderian dérape ici dans la fantasmagorie la plus totale : les 1 000 chars modernes, les 120 000 hommes de *Panzertruppen* et les 70 000 fantassins qu'il demande sont bien au-dessus des moyens industriels et humains du Reich.

## La seule offensive possible

*Faut-il attaquer à l'est ou à l'ouest ?*

Dans ces conditions, et à ce moment précis, pourrait se poser la question d'un réexamen de l'option choisie en novembre 1943 par la directive 51 : faut-il maintenir la priorité à l'ouest alors que l'Armée rouge a déjà un pied en Prusse-Orientale ? En réalité, ni Hitler ni Jodl, son principal conseiller, n'envisagent autre chose qu'une posture défensive face aux Russes. Lancer les dernières réserves en hommes et en chars contre eux n'aboutirait à rien de décisif. Ce front interminable (2 500 km de long) et massivement continental ne laisse espérer, au mieux, que des encerclements locaux[1], qui seront toujours sous la menace de contre-attaques par les flancs. L'immensité même absorberait promptement l'énergie des quelques *Panzerdivisionen* aptes à l'offensive. Bref, à côté des 140 divisions engagées à l'est, vingt de plus ou de moins ne changeraient pas grand-chose.

En réalité, dès le 19 août 1944, au moment où les *Panzerdivisionen* se font massacrer dans la poche de Falaise, Hitler et Jodl ont en tête la direction de la seule offensive stratégique, selon eux, à la portée d'une Wehrmacht diminuée : vers l'ouest, contre les Anglo-Saxons. Ils la souhaiteraient en novembre, quand le mauvais temps clouera les avions ennemis au sol. Hitler revient sur le sujet le 16 septembre en présence de Guderian, chef de l'OKH et « représentant » des intérêts du front russe, puis à nouveau le 25. L'offensive, précise-t-il, traversera les Ardennes et visera Anvers, séparant ainsi les forces britanniques et américaines. Privés d'approvisionnement par la chute du grand port flamand[2], le 21e Groupe d'Armées de Montgomery ainsi que les 1er et 9e Armées U.S seraient promis à l'anéantissement ou à un « second Dunkerque[3] ». On mesure sur la carte seulement 185 km à vol d'oiseau entre Anvers et les premières positions allemandes à l'est de Saint-Vith : nul autre secteur du front ne présente une géographie aussi favorable à un second « coup de faux ». L'affaire engagera 30 divisions, dont une dizaine de Panzers. Hitler et Jodl réaffirment que, ce coup réussi, l'ensemble des forces mécanisées sera alors retourné pour parer l'offensive d'hiver des Soviets.

1. Plusieurs notes d'orientation stratégique de l'OKW ébauchent cependant une attaque en tenailles réalisée, d'une part, par les troupes sorties de Courlande, d'autre part, par les unités rameutées de l'ouest et appelées à percer au nord de Varsovie. Les deux pinces se rejoindraient à Vilnius, encerclant les 1er et 2e Fronts de la Baltique. Hitler ne donne pas suite.

2. À ce moment-là, en septembre, Hitler anticipe. Le port d'Anvers ne sera ouvert au fret allié que dans la dernière semaine de novembre.

3. Dans son ouvrage *The other side of the hill. Germany's Generals...*, Liddell Hart ne dissimule pas son admiration pour l'offensive des Ardennes qui « aurait été une pensée éblouissante si elle avait encore disposé des forces et des moyens nécessaires pour offrir une perspective raisonnable de succès ».

Guderian proteste aussitôt : cette offensive ne peut se monter qu'au détriment du front est, ce en quoi il a absolument raison.

Le moment est propice, affirme Hitler en ignorant le chef d'état-major de l'OKH, la 9e Armée américaine se saigne devant Aix-la-Chapelle[1] et les Britanniques viennent d'essuyer un grave revers à Arnhem. Frapper les Anglo-Saxons permettra d'empocher un gain politique substantiel sous la forme de fortes tensions entre Alliés, non seulement entre Staline et le duo Roosevelt-Churchill mais aussi entre ces deux derniers. À leur tour, les Occidentaux se trouveraient dans la position de quémandeurs vis-à-vis de Staline. Ou bien celui-ci monnaiera trop cher son aide, indisposant ses partenaires, ou bien il refusera purement et simplement de tirer les marrons du feu pour le compte de ses « amis » défaillants. Dans les deux cas, l'Allemagne aura enfoncé un coin dans une coalition qu'Hitler croit déjà chancelante. En outre, à toute occasion, le Führer exprime en termes méprisants ce qu'il pense de la capacité combative des divisions américaines.

La consultation du *Kriegstagebuch* (journal de guerre) de l'OKW montre une grande attention aux frictions interalliées à propos de la Pologne, de la Grèce, de l'Iran, de la Roumanie, de la Bulgarie, bientôt de la Hongrie. Hitler y trouve un aliment quasi quotidien à son optimisme, entretenu par la revue de presse que lui concocte chaque jour Goebbels[2]. On peut aisément le comprendre lorsqu'on sait qu'en décembre 1944 le *Field-Marshal* Alexander retire des troupes britanniques stationnées en Italie FACE AUX UNITÉS ALLEMANDES pour les envoyer combattre les résistants communistes grecs de l'E.L.A.S à Athènes et dans l'Attique. Hitler, l'homme qui a su mieux que tout le monde jouer de la peur du bolchevisme dans les années 30, retrouve là son cheval de bataille préféré.

Le 10 novembre, l'ordre de concentration des forces pour l'offensive est donné, sous le nom de code *Wacht am Rhein* (Garde sur le Rhin)[3]. Le 2 décembre, les généraux Model et von Manteuffel tentent de convaincre Hitler de réduire les objectifs de l'offensive. « Pas de demi-solution ! », refuse Hitler[4]. « Nous jouons tout sur une carte », ajoutera Jodl[5], comme toujours lucide et complaisant.

1. Allusion à la bataille de la forêt de Hürtgen, véritable folie de Bradley, qui coûte 33 000 pertes aux 1er et 9e Armées américaines pour un gain dérisoire. Gavin décrit cette affaire comme le « Passchendaele de l'Amérique ».

2. Outre les frictions entre alliés, Goebbels se plaît à croire, parmi les populations du camp allié, à une lassitude telle, qu'il suffirait de faire durer la guerre encore quelques mois pour les voir craquer. Deux exemples pris dans son journal. 23 janvier 1945 : « Du Canada, on signale également des désertions en masse de soldats qui refusent de partir pour le front de l'ouest. » 5 mars : « Plus dures sont les grèves de travailleurs qui se déclenchent ça et là en Angleterre et aux États-Unis. Elles témoignent d'un fléchissement préoccupant du moral. »

3. Le nom de code sera changé en *Herbstnebel*, brouillard d'automne, le 16 décembre, au moment du déclenchement.

4. W. Warlimont, *Im Hauptquartier der deutschen Wehrmacht*, p. 517.

5. *Das Deutsche Reich und der Zweite Weltkrieg*, vol. 7, p. 620.

Le 10 décembre, Hitler quitte Berlin et emménage dans le P.C construit pour la campagne de France, en 1939, à l'*Adlerhorst*, près de Bad Nauheim, en Hesse. Ce rapprochement de la zone des combats est un signal fort qui marque l'importance vitale de l'offensive à venir.

Le 11 et le 12, Hitler renoue avec une tradition du début de la guerre : il rassemble tous les généraux, jusqu'au niveau divisionnaire, et leur tient un discours[1] sur les raisons de croire en la victoire. Il en donne trois. L'une se place sur un terrain politique : la coalition de nos adversaires est contre-nature ; elle ne PEUT PAS résister aux épreuves de la guerre si nous savons faire durer les combats. La deuxième est d'ordre psychologique : la guerre est une épreuve entre des volontés opposées, c'est-à-dire une affaire de nerfs. Le Reich peut compter sur les nerfs de son chef, ceux de l'adversaire craqueront avant les siens. La troisième raison s'apparente à la croyance aux miracles : si nous tenons, tenons toujours, il se produira un événement imprévu qui changera le cours de la guerre. Et, comme il le fera cent fois par la suite, Hitler raconte, comme on raconte une histoire merveilleuse à des enfants, le « miracle de la maison de Brandebourg[2] », le jour de Noël 1761... Enfin, le cœur du message délivré aux généraux se comprend en référence directe à la demande d'armistice de 1918 :

> « Se retrouve-t-on contraint à la défensive, alors la première tâche est, au moyen de coups frappés périodiquement en retour, de faire encore une fois comprendre clairement à l'adversaire qu'il n'a malgré tout rien gagné et que la guerre sera encore et toujours menée sans relâche. De même est-il important de renforcer l'effet de ce moment psychologique en ne négligeant aucune occasion de faire comprendre à l'ennemi que peu importe ce qu'il fait, il ne pourra jamais compter sur une capitulation, jamais, jamais. »

Malgré les vibrants *Heil Hitler* lancés par l'assistance, les principaux chefs militaires savent en leur for intérieur que le Reich n'a pas les moyens militaires de s'emparer d'Anvers, c'est-à-dire d'obtenir une décision majeure à l'ouest. Mais même les plus fortes personnalités encore en place, le *Feldmarschall* von Rundstedt et le *Generaloberst* Heinz Guderian – malgré toutes ses protestations –, marchent dans l'affaire. À leurs

1. On trouve de larges extraits dans W. Warlimont, *Im Hauptquartier der deutschen Wehrmacht*, p. 518-521.

2. Durant la guerre de Sept ans (1756-1763), un bloc austro-franco-russe affronte l'alliance Angleterre-Hanovre-Prusse. En Silésie, les Armées de Frédéric II de Prusse sont battues et, en 1759, premier « miracle », les Russes marchent sur Cottbus au lieu de s'emparer de Berlin pourtant sans défense. Le 25 décembre 1761, second « miracle », la Tsarine Elisabeth meurt. Son neveu Pierre III rompt l'alliance avec la France et l'Autriche, signant une paix séparée avec la Prusse. Ce « second miracle » est une interprétation fort discutable des événements. En réalité, tous les adversaires sont épuisés et cherchent à liquider le conflit par une paix blanche. Hitler fait une fixation sur cet épisode, s'identifiant à Frédéric II dont le portrait fin de règne par Anton Graff ne le quitte plus.

yeux, les chances de réussite sont certes très minces[1] mais, en l'absence de solution politique, il n'y a simplement plus rien d'autre à tenter. Peu ou prou, tous les chefs de la Wehrmacht s'accordent sur ces mots prononcés en 1946 à Nuremberg par Jodl :

> « Dans une situation désespérée, seule, peut-être, une décision désespérée peut encore sauver la situation. »

## Le oui mais de Guderian

Guderian est nommé chef d'état-major de l'OKH le 21 juillet 1944, au lendemain de l'attentat contre Hitler, après avoir passé dix-sept mois à la tête de l'Inspection générale des troupes blindées. Le poste est vacant depuis trois semaines, après la crise cardiaque qui terrasse Zeitzler au cours d'une violente altercation avec Hitler sur les causes de l'effondrement du front est. L'atmosphère est irrespirable. Chaque jour voit un chef de département arrêté par les SS, un officier d'état-major se suicider. Hitler crie à qui veut l'entendre :

> « Je me suis souvent amèrement reproché de ne pas avoir nettoyé mon corps des officiers comme Staline a fait avec le sien[2]. »

Guderian est triplement un « homme de l'Est » : il est né à Kulm, en Prusse-Occidentale, possède un splendide domaine (volé à une famille polonaise) offert par Hitler, à Deipenhof, non loin de Hohensalza (*Reichsgau* du Wartheland) et il a joué un rôle de premier plan lors de l'offensive contre l'Union soviétique. Sa nomination à la tête de l'OKH, responsable du front oriental, ne peut que conforter son rejet profond de la directive 51. L'urgence absolue lui semble dictée par l'énorme puissance de l'Armée rouge et la terrible menace qu'elle fait peser sur les 12 millions d'Allemands qui vivent à l'est de l'Oder. Aussi plaide-t-il sans cesse auprès d'Hitler pour l'investissement du maximum d'unités entre la Baltique et les Carpates. Pour autant, il est en plein accord avec le fond de la pensée de son chef. Une défensive stratégique sur les DEUX FRONTS ne peut que retarder la défaite ; seule l'offensive permet d'espérer un CHANGEMENT de la situation. Aussi ne s'oppose-t-il pas au coup de

---

1. Très minces mais non nulles : ainsi en jugent Rundstedt et Model. En réalité, les chances de succès de l'offensive des Ardennes sont nulles. Comment espérer réussir ce qui, dans de bien meilleures conditions, a échoué à Koursk en 1943, en Normandie à l'été 1944 ? L'affaire des Ardennes demeure un des nombreux exemples de cette recherche illusoire de l'*Entscheidungsschlacht,* la bataille décisive, propre à la Wehrmacht mais aussi à un Ludendorff (voir son « offensive de la victoire » au printemps 1918). Il a manqué aux chefs allemands l'apport d'un Svietchine qui explique, dès les années 20, la nature de la guerre au XX^e^ siècle, l'immense résilience des armées modernes, la nécessité d'une organisation militarisée des arrières, notamment de l'économie. Ce bloc gigantesque Armée-nation-industrie, aucune bataille, aussi brillante soit-elle, ne peut espérer le renverser en un coup, pas plus qu'en dix. Pour le dire plus nettement, l'offensive des Ardennes ne repose sur aucune stratégie, elle n'est qu'illusion.

2. Heusinger, *Befehl im Widerstreit*, p. 367.

corne des Ardennes. Il y met simplement cinq conditions qui, explique-t-il à Hitler, maintiendront la sécurité du front est tout en forçant la décision à l'ouest.

1. L'ensemble du front de l'est doit être stabilisé avant toute offensive à l'ouest. Il faut notamment bloquer les Russes en Hongrie, éliminer les têtes de pont qu'ils ont jetées au-delà de la Vistule, les obliger à renoncer à pousser vers Königsberg en Prusse-Orientale et aménager de puissantes positions défensives sur les arrières du front allemand.

2. Les forces d'infanterie nécessaires à cette stabilisation existent : elles se trouvent enfermées, inutiles, dans la poche de Courlande. Il faut entamer leur retrait et leur acheminement par mer vers le Reich[1].

3. L'offensive à l'ouest doit avoir lieu au plus vite, en tout cas pas après la mi-novembre. En effet, le gel durable apparaît en Prusse et en Pologne orientale vers la mi-décembre et cette apparition est, en général, le signal du déclenchement de l'offensive d'hiver des Soviets. En tout état de cause, il faut laisser à l'est une réserve blindée suffisante.

4. Dès que les objectifs auront été atteints à l'ouest, il sera impératif d'envoyer aussitôt le gros des blindés vers l'est. Si l'offensive s'enlise ou échoue, il faudra rompre rapidement et réaliser la manœuvre de transbordement. À noter que cela suppose de pouvoir déterminer avec certitude le « point culminant » de la bataille, chose difficile entre toutes, Guderian a payé pour le savoir[2]. Autre facteur à intégrer, le temps de transport sur 1 100 km, des Ardennes à la Vistule. L'avantage des nombreuses lignes ferroviaires intérieures sera quasiment annulé par l'action de l'aviation alliée, maîtresse du ciel. Si bien que la bascule du centre de gravité d'ouest en est demandera entre dix et quinze jours au lieu de quatre à cinq au temps où la Luftwaffe comptait encore.

5. Les blindés récupérés à l'ouest doivent être positionnés entre la Prusse-Orientale et les Carpates, et plus précisément sur une ligne Lodz-Hohensalza, c'est-à-dire dans l'axe de Berlin où, selon Guderian, le Russe ne manquera pas de frapper son coup le plus puissant.

Ce « programme Guderian » ne sera pas rempli. Son exécution demande du temps et Hitler n'en a plus. Guderian n'est d'ailleurs pas cohérent dans sa demande de frapper tout de suite à l'ouest mais seulement après qu'auront été réalisés... de longs préparatifs à l'est ! La seule satisfaction accordée au chef de l'OKH sera le lancement d'un gigantesque programme de fortifications entre la Vistule et l'Oder, sur lequel nous

---

1. L'encerclement du Groupe d'Armées Nord date du 9 octobre 1944 ; la dernière tentative pour rétablir un lien terrestre (attaque du XXXIX$^{e}$ *Panzerkorps*) est du 13 octobre ; la demande de retrait de Courlande est formulée par Guderian dès le 18 octobre dans un document intitulé « Réflexions sur la continuation de la lutte à l'est ».

2. Nous faisons ici allusion à l'incapacité de l'OKH de voir, à la mi-novembre 1941, que la force offensive du Groupe d'Armées Centre était épuisée, le « point culminant » de la bataille pour Moscou dépassé.

reviendrons car il est d'une importance majeure pour comprendre les arrière-pensées politiques de l'OKH et de son chef. Pour le reste, Hitler accepte ce que Guderian voulait éviter : un haut niveau de risque pour le front est, une plage d'insécurité d'un mois et plus.

## *4. L'échec à l'ouest*

### Le chemin de croix de Guderian

La première déconvenue du chef de l'OKH est la date de déclenchement de l'affaire des Ardennes. Initialement prévue pour le 25 novembre, l'offensive est remise au 10 puis au 16 décembre. À ce moment, la Vistule est déjà gelée, assez pour laisser passer l'infanterie des divisions soviétiques. Finalement, ce sont 19 divisions (dont 7 Panzers) regroupées en deux Armées Panzers (la 5e et la 6e SS, Groupe d'Armées B), soit 200 000 hommes, 1 800 chars et canons d'assaut et plus de 2 470 avions qui se jettent le 16 décembre à l'aube sur les défenses américaines[1]. Cela représente toute la production de chars, de chasseurs de chars et de canons automoteurs des mois de septembre, octobre et novembre, et les deux tiers de tous les chasseurs opérationnels de la Luftwaffe. Hitler est dans un état de grande excitation – il joue sa peau et celle de son régime – et suit heure par heure l'avancée des troupes. Très vite, les mauvaises nouvelles le mettent dans un état d'exaspération, de rage et de frustration. Le récit qui suit s'appuie sur les souvenirs de Guderian[2].

Aux environs du 20 décembre, Guderian a en mains l'estimation des forces soviétiques massées le long de la Vistule : 225 divisions d'infanterie et 24 Corps blindés ! Le général Gehlen, chef du FHO, le service de renseignements de l'OKH, fait partager à son supérieur la certitude que les Soviets déclencheront la foudre le 12 janvier. Dans les jours qui suivent, Guderian comprend que l'affaire des Ardennes est irrémédiablement bloquée :

> « Le 24 décembre, il était évident à tout soldat clairvoyant que l'offensive avait échoué. Il était immédiatement nécessaire de changer de direction et de faire face à l'est avant qu'il ne soit trop tard. »

Le 24 décembre, Guderian quitte le camp Maybach, près de Zossen, non loin de Berlin, où se trouve l'OKH, et fonce à l'*Adlerhorst* voir Hitler.

---

1. Ici se pose la question de savoir pourquoi Staline n'a pas attaqué sur la Vistule au moment où la Wehrmacht frappe dans les Ardennes. N'était-ce pas le moment propice : aucune réserve n'est plus disponible pour le front de l'est ? Staline n'a esquissé aucun geste en ce sens. Cela peut s'expliquer de deux façons, qui se combinent d'ailleurs sans difficultés. Un : laisser Anglo-Saxons et Allemands s'épuiser dans une bataille hivernale est doublement intéressant pour le Kremlin dans la perspective d'une course Armée rouge-*U.S Army* pour l'Allemagne centrale. Deux : les généraux soviétiques n'ont pas terminé leurs préparatifs offensifs. Leur minutie rencontre la prudence de Staline qui ne veut en aucun cas risquer un échec militaire à ce stade des hostilités.

2. Guderian, *Panzer leader*, p. 380-385.

Keitel et Jodl sont là aussi. Le chef d'état-major de l'OKH commence la séance par un exposé sur les chiffres de Gehlen et provoque derechef la colère du Führer.

> « Hitler déclara que ces rapports se basaient sur un bluff de l'ennemi. Il assura qu'une division d'infanterie russe n'atteignait pas 7 000 hommes au maximum[1], que leurs formations de tanks n'avaient pas de tanks. C'est la plus grande imposture depuis Gengis-Khan, hurla-t-il. »

Au cours du dîner qui suit l'altercation, Himmler glisse à Guderian de sa voix de fausset :

> « Vous savez, mon cher *Generaloberst,* je ne crois pas vraiment que les Russes vont attaquer. C'est un bluff énorme. Je suis convaincu que rien ne se passera à l'est. »

Mais le plus acharné à rejeter la demande de transfert des Panzers vers l'est est Jodl, qui encaisse mal l'échec de la seule offensive d'importance menée de toute la guerre par l'OKW, c'est-à-dire par lui-même.

> « Jodl ne souhaitait pas perdre l'initiative soi-disant reprise à l'ouest. Il voyait bien que l'offensive des Ardennes était enlisée, mais il croyait que cette attaque avait rendu caduc le planning de l'ennemi. Il croyait qu'en lançant de nouvelles attaques, là où l'ennemi les attendait le moins, il serait possible d'obtenir de nouveaux succès limités[2]. »

Les objectifs de l'offensive des Ardennes ne seront officiellement abandonnés que le 3 janvier. Pire, Guderian apprend qu'une nouvelle attaque est décidée à l'ouest, en Alsace cette fois, dans la région Bitche-Saverne. Date de lancement prévue : 1er janvier. Guderian fait alors valoir que

> « la Ruhr avait déjà été paralysée par les bombardements alliés, que les moyens de transport avaient été détruits par la suprématie aérienne alliée et que cela ne s'arrangerait pas. D'autre part, je fis valoir que la région industrielle de Haute-Silésie pouvait encore travailler à plein régime, que le centre des industries d'armements était déjà à l'est et que la perte de la Haute-Silésie devait amener notre défaite en l'espace de quelques semaines. Mais rien n'y fit. (...) Je fus renvoyé avec pour instructions que le front de l'est devait se débrouiller tout seul ».

Durant le voyage de retour de Guderian vers Zossen, Hitler prend sans l'avertir la décision de transférer à Budapest le puissant IVe *Panzerkorps* SS (*Totenkopf* et *Wiking*, sous le commandement de l'*Obergruppenführer* Herbert Gille), positionné au nord de Varsovie. À l'évidence, la stabilisation du front en Hongrie se fait aux dépens des seuls Groupes d'Armées A et Centre. Pour alourdir la note, Hitler prélève encore les brigades de

---

1. Ce qui est exact pour les divisions de la Garde. Les autres divisions comptent souvent pas plus de 4 000 à 5 000 hommes. Si bien qu'un Corps soviétique d'infanterie équivaut, du point de vue des effectifs, à une division allemande type 1942.

2. Cette fine réflexion de Warlimont (*Im Hauptquartier*..., p. 512) montre que jusqu'au bout la rivalité OKW/OKH aura été un facteur important de la faiblesse du Reich à penser stratégiquement.

*Panzergrenadieren Führer-Begleit* et *Führer-Grenadier,* envoyées à l'ouest. Le 31, Guderian retourne affronter Hitler. Grâce à des indications fournies par von Rundstedt, il réussit à lui soutirer quatre divisions. Mais Hitler enverra ces unités en… Hongrie, alors que Guderian les voulait sur la Vistule. Une dernière tentative, le 9 janvier, se solde par un nouvel échec[1]. Juste avant son départ, Guderian lâche à son Führer :

> « Le front de l'est ressemble à un château de cartes. Si le front est percé en un point, tout le reste s'effondrera, car une réserve de douze divisions et demie est bien trop maigre pour un front aussi étendu. »

## Les raisons de Hitler

Pourquoi Hitler s'est-il entêté à ce point à frapper à l'ouest alors qu'une énorme menace pointe à l'est, sur la Vistule ? Affirmer qu'il n'a pas vu que le « point culminant » de la bataille des Ardennes était passé n'a pas de sens. La meilleure preuve en est que, dès le jour de Noël, le Führer fait retirer des unités de l'Ardenne centrale pour les repositionner face à l'Alsace. L'aurait-il fait s'il avait cru encore possible de passer la Meuse ?

On peut relever que, à six reprises, la date prévue de l'offensive d'hiver soviétique s'est révélée fausse et qu'Hitler ironise plusieurs fois à ce sujet devant Guderian. Mais il y a certainement des raisons plus profondes à ce refus d'apprécier la menace russe à sa juste mesure.

Joachim Fest[2], qui a livré une des meilleures biographies de Hitler, croit possible qu'il ait sciemment laissé les Russes attaquer et avancer dans les provinces orientales du Reich. Il aurait ainsi cherché à galvaniser l'esprit de résistance face aux « hordes rouges », dont il ne doute pas un instant que leur comportement aidera, grâce à la multiplication des Nemmersdorf, à affermir les volontés. Ce en quoi, il faut en convenir, il a vu juste. Les fragments de comptes-rendus sténographiques qui nous sont parvenus montrent, lors de l'incident du 9 janvier, après le départ de Guderian, un Hitler faisant des remontrances « à ceux qui commencent à pleurnicher » et qui feraient bien de s'inspirer de ce que les Russes ont supporté à Léningrad[3]. On voit poindre là le darwinisme social (« seuls les forts survivent ») consusbstantiel au nazisme, et dont les manifestations injurieuses à l'égard du peuple allemand se multiplieront dans les

---

1. Dans ses *Mémoires* p. 100, Gehlen dit avoir recommandé le 8 janvier à Guderian l'évacuation de la Prusse-Orientale pour sauver Berlin. Le chef de l'OKH, Prussien lui-même, ne fera pas part au Führer de cette idée pourtant fort sensée du point de vue militaire. Mais il lui communique les nouvelles estimations de Gehlen sur les forces soviétiques et la date d'attaque probable, le 12 janvier. Fou de rage, Hitler demande à Guderian, qui refuse, de relever le chef du FHO de son poste.

2. Joachim Fest, *Hitler, eine Biographie*, Frankfurt-Berlin-Wien 1973, p. 983.

3. Cité par Ziemke, *Stalingrad to Berlin*, p. 418.

dernières semaines de la guerre. On ne peut par ailleurs exclure que l'Autrichien Hitler ait cherché à punir la vieille Prusse dont il abhorre plus que tout la caste militaire qui en est très souvent originaire. Intéressante à cet égard est une déclaration faite par Keitel lors d'une audition devant le tribunal de Nuremberg :

> « Hitler accordait à la sécurité de Vienne et de l'Autriche une importance décisive. Il préférait risquer la chute de Berlin que la perte de l'Autriche et des pétroles hongrois[1]. »

Guderian avance quant à lui une explication de type « régionaliste », valable pour Jodl le Bavarois comme pour Hitler.

> « Je ne sais pas jusqu'à quel point leur incompréhension tenait au fait que tous deux étaient originaires de régions situées loin des zones menacées. Lors de ma dernière conférence (avec Hitler, ndla), j'en vins à la conclusion que ce fait n'a pas joué un rôle mineur dans les décisions qu'ils prirent. Pour nous Prussiens, c'était notre patrie la plus proche qui était en jeu, cette patrie qui avait été acquise à un tel coût et qui était restée attachée aux idéaux de la culture occidentale et chrétienne à travers tant de siècles d'efforts, la terre où gisent les ossements de nos ancêtres, la terre que nous aimions. Nous savions que si l'assaut venu de l'est réussissait, nos foyers étaient perdus. Après les exemples de Goldap et de Nemmersdorf, nous craignions le pire pour les habitants. Mais même ces craintes pour les nôtres tombaient dans l'oreille de sourds. Une requête des généraux du front demandant l'évacuation des régions immédiatement menacées fut rejetée par Hitler... Les zones opérationnelles des Groupes d'Armées demeuraient limitées à l'étroite bande de territoire s'étendant sur 10 kilomètres derrière le front[2]. »

Mais l'explication la plus convaincante de la cécité de Hitler à la menace russe est à chercher du côté de l'action psychologique dont il fait son ultime « arme miracle ». Depuis l'automne 1943, Hitler est dans une impasse totale. Il n'a plus aucune perspective de victoire, pas de solution politique. L'initiative est définitivement passée dans le camp d'en face. Le seul espoir qu'il lui reste, c'est que la coalition de ses adversaires se défasse, par lassitude de la guerre ou, plus certainement, par méfiance mutuelle. L'offensive des Ardennes visait à aggraver la discorde chez l'ennemi. Chiffres en mains, Hitler sait qu'il ne pourra plus jamais attaquer, s'il échoue cette fois. La fin ne sera plus qu'une question de mois. En ce sens, il a pensé l'offensive des Ardennes sur une base rationnelle, même si les buts militaires qu'il lui a assignés sont chimériques. La presse anglo-saxonne n'a cessé d'annoncer la victoire pour Noël 1944 ; elle s'effraie des pertes croissantes à mesure que les Armées alliées s'approchent de la frontière du Reich. Le comportement timoré de certaines unités américaines et britanniques trahit cette lassitude. Peut-être la seule carte à jouer est-elle là : dans l'action psychologique, ou plutôt dans le bluff psychologique en direction des opinions publiques anglo-saxonnes.

---

1. Warlimont, *Im Hauptquartier...*, p. 531.
2. Guderian, *Panzer Leader*, p. 388.

Comment qualifier autrement l'idée d'attaquer dans les Vosges du Nord (Opération *Nordwind*) ? Militairement, il n'y a rien d'autre à saisir dans ce secteur qu'une poignée de divisions américaines. Un recul allié mettrait Saverne et, peut-être, Strasbourg, à portée des Panzers, mais à quoi cela servirait-il ? Avec ce culot terrifiant qui ne l'a jamais quitté, Hitler lance le 1er janvier 1945 l'opération *Bodenplatte*. À l'aube, 1 035 appareils de la Luftwaffe se jettent sur vingt aérodromes alliés aux Pays-Bas, en Belgique et en France. Une Luftwaffe qui n'a plus de pilotes et qui dépense dans cette seule affaire toute son allocation en essence du mois de janvier ! Bilan : entre 370 et 507 (estimation OKW[1]) appareils alliés détruits contre 300 aux Allemands. L'historien allemand Detlef Vogel[2] ramène les pertes alliées à 150 machines détruites et 110 endommagées. Une égratignure pour l'*U.S Air Force* et la R.A.F. En revanche, les 232 pilotes allemands perdus, dont 18 chefs d'escadre et d'escadrille, sont irremplaçables. Cette nouvelle folie ne peut avoir qu'un sens : frapper l'esprit des Anglo-Saxons, les amener à anticiper une campagne d'Allemagne sanglante.

Pures chimères bien entendu. La réalité, elle, est accablante. La dernière offensive stratégique pensée et mise en œuvre par Hitler a fait faillite dans les Ardennes. Les forces allemandes restent coupées en deux, une grosse moitié face aux Soviétiques, le reste devant les Anglo-Saxons. La dernière réserve blindée a été en partie dépensée (600 à 700 engins détruits), les 67 461 soldats perdus (dont 10 749 tués et 22 487 prisonniers) ne seront jamais remplacés.

L'invasion du Reich par l'ouest a-t-elle été repoussée de plusieurs semaines, voire de plusieurs mois, par l'offensive des Ardennes, comme on le lit encore souvent, et comme le général Gehlen l'écrit dans une note[3] du 20 janvier (« pas d'offensive majeure à l'ouest avant le 1er mai 1945 ») ? Nous ne le pensons pas. Si les préparatifs alliés subissent un retard certain, il est largement compensé par l'affaiblissement de l'adversaire. Sans cela, on ne s'expliquerait pas que les Anglo-Américains aient pu franchir le Rhin si aisément en mars 45 et pousser presque la fleur au canon jusqu'à l'Elbe. Le 15 novembre 1944, le général Oshima, ambassadeur du Japon, avait rencontré Ribbentrop à Berlin. Son message était clair : l'offensive des Ardennes ne ressemble-t-elle pas à « l'offensive de la victoire » menée par Ludendorff en mars-juin 1918 ? Le Reich ne devrait-il pas méditer ce précédent catastrophique ? Le parallèle avec 1918 peut être mené jusque dans le domaine psychologique. Il est certain que l'échec des Ardennes, comme celui de Ludendorff, a amené une baisse sensible du moral de l'Allemagne, à la mesure de l'attente suscitée. Ce découragement est relevé dès février 1945 par les observateurs de l'*US Army,* et il sera évident sur le terrain militaire le mois suivant.

1. *KTB OKW*, 2.1.45, p. 25.
2. In *Das Deutsche Reich...*, vol. 7, p. 631.
3. In *Seelower Höhen 1945*, Förster, p. 4.

Le 14 janvier seulement, alors qu'Hitler retourne dans son bunker[1] berlinois, le Journal de guerre de l'OKW admet que :

> « dans les zones de l'offensive (*i.e.*, Ardennes, Alsace) l'initiative est passée à l'adversaire[2] ».

À ce moment-là, les tanks du maréchal Ivan Koniev abattent déjà des étapes de 40 km par jour vers les frontières du Reich.

## II. Le Reich en état de survie

Faire un tableau de l'armée allemande au début de 1945 est un exercice paradoxal. Après avoir situé l'ampleur de l'effondrement économique et de la crise des effectifs, après avoir montré le déséquilibre des forces, à l'est comme à l'ouest, on se trouve gêné pour rendre compte de la résistance acharnée des quatre derniers mois, surtout face à l'Armée rouge. Il faut alors faire machine arrière et montrer que les Armées du Reich disposent toujours d'un excellent matériel, qu'il y a toujours plusieurs millions d'hommes sur le terrain, dont beaucoup possèdent une expérience sans égale de la guerre moderne et une maîtrise tactique qu'aucun de leurs adversaires n'a acquise au même degré. Pour l'avoir ignoré, les Américains l'ont payé cher en Ardenne et les Soviétiques auront à en souffrir sur l'Oder, à la mi-avril 1945. Les services du *War Department* se trouvent face à ce « paradoxe de la Wehrmacht » lorsqu'en mars 1945 ils rédigent un *Handbook on german military forces*. Après avoir décrit une armée en lambeaux, les rédacteurs s'empressent d'ajouter :

> « En dépit des divisions supposées au sommet, du mécontentement dans le corps des officiers et de la déloyauté dans la troupe, en dépit du manque aigu d'armes, de munitions, de carburant, de transports et de réserves humaines, l'armée allemande semble fonctionner avec son ancienne précision et surmonter ce qui semble d'insurmontables (*sic*) difficultés avec une vitesse remarquable. Seul un patient pilonnage de tous les côtés pourra amener son effondrement[3] ».

1. Le 16 janvier, Hitler emménage dans un bunker exigu situé sous l'ancienne chancellerie, dans la Wilhelmstrasse. Il passera les 110 derniers jours de sa vie dans une atmosphère bruyante, saturée d'humidité et viciée par une ventilation défectueuse. Les moyens de transmission sont aussi très réduits : un petit central téléphonique manuel, un transmetteur radio, un radio-téléphone dépendant d'une antenne suspendue par ballon. Si Keitel, basé à Berlin-Dahlem, n'est pas trop loin, Jodl et Guderian doivent sans arrêt faire les 30 km qui séparent leurs bunkers Maybach I et II, à Zossen-Wunsdorf, de la Wilhelmstrasse, soit près de 3 heures d'auto par jour si l'on en croit Guderian.
2. Warlimont, *Im Hauptquartier*..., p. 524.
3. In Andreas Kunz, *Wehrmacht und Niederlage*, p. 2.

## *1. L'état catastrophique des effectifs*

Le tableau ci-dessous situe l'ampleur de la saignée subie par la *Ostheer* en 1944.

**Tués allemands sur le front de l'est**

| Année | Tués | % du total 1941-44 |
|---|---|---|
| 1941 | 302 000 | 11 % |
| 1942 | 507 000 | 18,4 % |
| 1943 | 701 000 | 25,6 % |
| 1944 | 1 233 000 | 45 % |
| Total | 2 743 000 | 100 % |

*Source* : Rüdiger Overmans, *Deutsche militärische Verluste*..., p. 277.

Les trois mois d'été 1944 – juin, juillet, août – ont à eux seuls tué 589 425 combattants de l'est ! Ajoutons par avance que les quatre derniers mois de la guerre (1er janvier-8 mai 1945) seront encore deux fois plus meurtriers pour l'Allemagne[1] : elle comptera 1 230 045 tués, dont, d'après le spécialiste Rüdiger Overmans, les deux tiers au moins tomberont face à l'Armée rouge !! Autrement dit, en 120 jours, autant de morts qu'entre août 1914 et décembre 1917 ! Ou encore : un ou deux Stalingrad par mois ! En septembre 1944, un officier d'état-major note laconiquement :

> « À l'est, une division vit onze jours[2]. »

Comme toujours, les pertes touchent davantage l'infanterie, les combattants les plus expérimentés et capables entre 22 et 35 ans, les sous-officiers et officiers (317 meurent chaque jour en septembre 44 !). Outre la diminution du nombre de grandes unités, on voit baisser les effectifs réglementaires des divisions d'infanterie[3] de 16 792 hommes en 1941 à 13 463 en octobre 1943 et environ 10 000 en janvier 1945.

Pour pallier cette crise des effectifs, le 25 juillet 1944, Hitler confie à Goebbels des pouvoirs étendus. Le ministre de la propagande reçoit pour mission d'imposer enfin la mobilisation générale de la main-d'œuvre, d'en diriger une partie vers le front, une autre vers les usines d'armement. On retire des centaines de milliers d'hommes des usines travaillant dans les secteurs de la consommation, des mines, des bureaux de poste, des

1. Rüdiger Overmans, *Deutsche militärische Verluste*..., p. 337. Août 1944, avec 348 960 tués, et janvier 1945 avec 451 742 tués, sont les deux mois les plus mortifères de toute l'histoire militaire allemande. Entre juin 1944 et mai 1945, les pertes de la *Ostheer* sont constamment supérieures à celles de l'Armée rouge, ce qui était bien loin d'être le cas entre juin 1941 et mai 1944.

2. Cité par Andreas Kunz, *Wehrmacht und Niederlage*, p. 162.

3. B. Kroener, in *Das deutsche Reich und der Zweite Weltkrieg*, vol. 5/2, p. 960.

bureaux d'études, des transports, pour combler les vides béants apparus dans les unités combattantes. Suite à l'appel sous les drapeaux de 500 000 travailleurs, la population active baisse de 30,6 à 30,2 millions de personnes entre août et novembre 44, ce qui suffirait à interdire d'augmenter la production. Entre janvier et mars 1945, Goebbels enlève encore des usines 80 000 travailleurs chaque mois pour les envoyer dans les casernes. Speer s'élève contre cette politique : on manque partout de bras dans l'économie. En mars 1945, il se plaint de n'avoir que 180 000 travailleurs pour réparer les dégâts commis chaque nuit aux voies ferrées, alors qu'il lui en faudrait… 2 millions ! Cette chute ne peut plus être compensée par l'appel aux travailleurs étrangers, aux prisonniers ou déportés.

La Luftwaffe est « peignée » plusieurs fois. À l'été 1944, elle doit céder 160 000 hommes à l'armée de Terre et en consacrer 30 000 autres aux remplacements à l'intérieur de ses unités parachutistes par ailleurs appelées à se multiplier (il y a 196 000 paras au 15 février 45). En septembre et octobre, nouvelle saignée de 140 000 hommes. On incorpore des jeunes gens et des jeunes filles pour servir les pièces de FLAK[1], ce qui libère des dizaines de milliers d'hommes en état de servir au front. La *Kriegsmarine*, quant à elle, paie un écot de 200 000 hommes à l'armée de Terre. Marins et aviateurs, on s'en doute, ne feront pas forcément de bons fantassins. De même, plusieurs dizaines de milliers de canonniers affectés à la DCA sont transformés en artilleurs antichars au service des Groupes d'Armées. Leurs pertes seront ahurissantes : 3 000 tués, 575 pièces de 8,8 cm perdues entre le 12 et le 31 janvier 45 face aux troupes de Joukov et Koniev[2]. De ce fait, la Luftwaffe enregistrera 30 % de toutes ses pertes durant les derniers 9 mois de la guerre.

Mais les pertes du second semestre 1944 sont si ahurissantes, que toutes ces mesures ne suffisent pas. On ne parvient, en 1944, à incorporer que 800 000 hommes à l'armée de Terre, le plus bas niveau depuis 1939. Une partie de ces forces s'en va regonfler les divisions saignées, la majorité sert à lever de nouvelles unités (73 divisions pour l'année 1944). À l'est, selon Guderian, il manque 700 000 hommes pour atteindre les effectifs réglementaires. Pour l'ensemble de l'armée de Terre, le déficit en officiers atteint 41 000 et 77 800 pour les sous-officiers. En janvier 1945, la classe 28 est appelée : des jeunes gens de 17 ans, dont un bon tiers est déclaré inapte pour manque de développement physique. Un décret du 25 septembre 1944 donne aux Groupes d'Armées le pouvoir d'enrôler sans autre forme de procès tout homme entre 16 et 60 ans qui viendrait à se trouver sur les arrières immédiats du front. Le général de la *Waffen-SS* Felix Steiner regarnira ainsi les rangs de sa 11e Armée Panzer en mars 45. Le 5 de ce mois, Keitel soumet au service actif la classe 29 : 16 ans !

1. La *Heimatflak* protège l'intérieur du Reich. Elle utilise 490 000 hommes et 20 000 femmes au 1er juin 1944. Les demoiselles sont en général affectées au maniement des projecteurs.

2. Kunz, *Wehrmacht und Niederlage*, p. 190.

Plusieurs milliers de ces enfants seront formés en bataillons de marche ou dans la Brigade *Hitler-Jugend,* et expédiés, *Panzerfaust* à l'épaule, directement sur le front de l'Oder.

Parmi la masse des expédients imaginés pour tirer toujours plus de soldats, trois méritent une analyse un peu plus détaillée : l'appel au *Volkssturm,* à l'Armée de remplacement et au recrutement étranger au sein de la SS.

## Le *Volkssturm* : la levée en masse

Le *Volkssturm* serait, selon Guderian, une idée avancée par son bras droit, le général Adolf Heusinger (département opérations de l'OKH). Mais, en 1956, après la mort de Guderian, Heusinger a rejeté cette paternité encombrante. Il semble en fait que le vrai père du *Volkssturm* soit Koch, le Gauleiter de Prusse-Orientale. Le moteur de l'affaire est la crainte de voir les Russes déferler sans opposition sur Königsberg, après l'effondrement du Groupe d'Armées Centre. Koch prend deux mesures nouvelles. Le 13 juillet 1944, il mobilise les hommes de 15 à 65 ans pour construire des fortifications de campagne sur la frontière de la province menacée. L'idée d'ériger un *Ostwall*, un « mur de l'est », sera reprise par Guderian, par son ordre du 27 juillet, et étendue à toutes les provinces orientales du Reich. Le 19 juillet, en réponse à l'exigence de lever deux divisions supplémentaires en Prusse-Orientale, Koch demande à y enrôler des affectés spéciaux non indispensables à l'économie de guerre. Poussant plus loin, le Gauleiter propose le 21 juillet à Hitler et Bormann

> « d'appeler et armer une levée en masse opérée dans la population masculine de Prusse-Orientale et de la jeter sur la frontière. »

Koch appelle ces forces nouvelles une « sorte de *Landsturm* », évoquant ainsi la vieille milice territoriale de l'époque napoléonienne. L'idée fait florès et, le 25 septembre, un décret signé Hitler et publié dans la presse crée le *Volkssturm* allemand. Tous les hommes de 16 à 60 ans y sont soumis. La levée et la conduite des hommes sont de la responsabilité du parti nazi (Friedrichs, chef d'état-major), leur équipement, de celle d'Himmler (général de la *Waffen-SS* Gottlob Berger, chef d'état-major) ; l'armée est écartée. Le 9 novembre, tous les hommes assujettis prêtent serment de loyauté au Führer.

Sur le papier, le *Volkssturm* concerne 13,5 millions d'hommes, plus que les 11,2 millions incorporés dans la Wehrmacht. Mais, en réalité, seuls six millions sont visés. Ils seront appelés selon un système de levées, qui correspondent plus ou moins à l'urgence de la situation.

– Première levée : tous les 20-60 ans aptes au service armé et qui n'occupent pas de « fonction vitale à l'arrière ». 1,2 million d'hommes concernés.

– Deuxième levée : tous les 20-60 ans aptes au service armé qui occupent « une fonction dans les usines de guerre, les transports, les communications et autres secteurs vitaux ». 2,8 millions d'hommes concernés.

– Troisième levée : tous les 16-19 ans. Soit 600 000 adolescents, la plus grande partie ayant 16 ans, les 17 et 18 ans étant déjà affectés dans la Wehrmacht, la Jeunesse hitlérienne ou le Service du Travail du Reich.

– Quatrième levée : les inaptes au service armé néanmoins capables de tâches de surveillance et de sécurité. 1,4 million d'hommes concernés.

Seule une petite fraction de ces levées sera réellement utilisée. Sachant qu'en 1945, la Croix Rouge allemande recensera 31 000 membres du *Volkssturm* tués[1] et 175 000 disparus, on arrive à un total minimum de 206 000 hommes appelés. Mais de nombreux témoignages montrent que, plus d'une fois, les membres du *Volkssturm* ont tout simplement défait leur brassard et sont rentrés chez eux, avant, pendant ou après un combat, ce qui les a soustraits à la mort et à la captivité. Le nombre réel d'appelés se situerait donc bien au-dessus, peut-être entre 350 000 et 400 000 hommes.

Le *Volkssturm* s'organise théoriquement en bataillons à 2, 3 ou 4 compagnies d'infanterie plus une compagnie lourde, soit un effectif variant entre 400 et 800 hommes. L'armement lourd (MG, mortiers, canons d'infanterie) fait largement défaut ; quand il est présent, c'est sous la forme de quatre canons antichars soviétiques de 45 ou 57 mm avec quelques dizaines de coups par pièce. L'armement léger est lui-même un tel casse-tête, qu'on ne lèvera que les effectifs susceptibles d'être au moins dotés d'une arme individuelle. L'armée ne peut rien prendre sur ses stocks. L'industrie ne lui livre mensuellement que 200 000 fusils 98 K à la fin 44 alors que les besoins s'élèvent à 300 000. Pour se conformer aux ordres, la *Ostheer* en est réduite à enlever fusils et pistolets à ses unités de l'arrière si bien que, sur une division de 10 000 hommes, on compte souvent 3 000 à 4 000 désarmés ! Les bataillons du *Volkssturm* ne seront équipés que grâce à des expédients, armes prises sur les « second choix » d'usine et surtout sur les stocks italiens capturés en 1943 (avec 60 cartouches maximum). On verra parfois des sections dotées de mitraillettes MP 3008 connues sous le nom de *Volksmaschinenpistole*. La seule arme abondante est le *Panzerfaust*. Il n'y a pas de roulantes, pas d'uniformes, pas de service médical. La formation militaire est très limitée : 2 à 4 semaines, au mieux, mais les trois quarts des bataillons se contenteront des six heures du dimanche. Les exercices de tirs ont notamment souffert du manque de cartouches et de grenades. L'encadrement est très insuffisant et la plupart du temps peu compétent (15 jours de formation).

Guy Sajer, un Français de mère allemande versé dans la division *Grossdeutschland*, décrit le premier bataillon du *Volkssturm* qu'il rencontre.

> « Certaines silhouettes, voûtées, jambes arquées et rides abondantes, portaient, par-dessus leurs soixante ou soixante-cinq ans, le *feldgrau* et le mauser à l'épaule. Mais plus surprenants encore étaient les jeunes (...). Il s'agissait vraiment d'enfants qui côtoyaient ces vieillards aux regards souffreteux. Des enfants dont le plus vieux atteignait à peine seize ans. Mais je ne mens pas en affirmant que certains avaient treize ans à peine. On les avait

1. Yelton, *Hitler's Volkssturm*, p. 167.

vêtus hâtivement d'uniformes usagés destinés à des hommes et armés d'un fusil parfois aussi grand qu'eux. (...) Certains riaient et chahutaient, oubliant totalement l'enseignement militaire – inassimilable pour leur âge – qu'on leur avait enseigné en trois semaines à peine. (...) Nombre d'entre eux portaient dans le cartable récemment vidé de toutes les affaires scolaires quelques provisions ou vêtements fourrés à l'intérieur par une main maternelle. On s'échangeait même des bonbons à la saccharine accordés par les répartitions alimentaires aux moins de treize ans[1]. »

Qu'on ne s'y fie pas. Un certain nombre de ces enfants-soldats se battront avec une folle bravoure. D'une façon générale, les bataillons du *Volkssturm* se comporteront incomparablement mieux face aux Russes que face aux Anglo-Américains, à condition d'être épaulés par des éléments d'infanterie expérimentés, et particulièrement en milieu urbain ou sous fortifications. Le *Volkssturm* a donné ses meilleures prestations militaires à Königsberg, Posen, Küstrin, sur l'Oder, en Silésie, à Berlin et, surtout, lors du siège de Breslau où, de l'avis du major général Ahlfen, « sans lui, la défense eut été impensable[2] ». Ce jugement ne vise que les bataillons du *Volkssturm* comme tels. En réalité, de nombreux isolés, des sections ou des compagnies entières ont été incorporés dans les grandes unités de la *Ostheer* au titre de remplacements où ils se sont aussi bien comportés que leurs camarades. C'est vrai sur l'Oder en février-avril 1945 mais aussi à Forst, sur la Neisse, où un bataillon de quinquagénaires détruit un régiment de T-34 au *Panzerfaust* dans les ruines de sa ville (18 avril 45), au prix de pertes exorbitantes il est vrai. Si, globalement, le *Volkssturm* n'a pas eu un grand poids militaire, localement, il a permis d'organiser une défense qui aurait été impossible sans lui.

### Les bataillons *Gneisenau*

Le vivier de l'armée de Terre, c'est l'*Ersatzarmee*, ou Armée de remplacement, commandée par Himmler. Son rôle est à la fois de police intérieure (répression d'éventuels soulèvements de prisonniers ou de travailleurs forcés, lutte contre les parachutistes), de formation (instruction en casernes, écoles, cours et formations diverses) et de remplacement (accueil des convalescents, constitution de bataillons de marche acheminés vers les unités combattantes, levée et équipement de nouvelles unités). À l'automne 1944, il est décidé que, dans les régions militaires abordées par l'ennemi, la *Ersatzheer* lèvera directement des groupes de combat, l'action se déclenchant à réception du mot de code *Gneisenau*. En janvier 1945, avec les progrès foudroyants de l'offensive soviétique, *Gneisenau* est déclenché dans toute l'Allemagne orientale : 155 000 soldats formés en bataillons sont jetés dans la fournaise et 70 000 autres envoyés en renforts dans les unités en retraite. Ces hommes ont un armement hétéroclite, beaucoup occupaient des fonctions administratives dans

1. Sajer, *Le soldat oublié*, p. 592-593.
2. Ahlfen et Niehoff, *So kämpfte Breslau*, p. 26.

les casernes. 33 500 officiers et sous-officiers sont tirés des écoles et, groupés en 12 régiments de la « relève du Führer », expédiés boucher les trous. Les unités *Gneisenau* dévorent donc la substance et l'organisation mêmes de l'armée de Terre. Le 19 mars 1945, par l'« action Leuthen », Hitler met fin à l'existence de la *Ersatzheer* dont toutes les forces (300 000 hommes, sur le papier) sont incorporées à l'armée de Terre. En mars 1945, celle-ci tend à devenir un magma indifférencié, une masse de porteurs de fusils et de *Panzerfausts*, pionniers, artilleurs, hommes du train et des transmissions, personnels sanitaires et vétérinaires, tous transformés en fantassins en quelques semaines, voire en quelques jours.

## Une armée de plus en plus « noire »

La montée numérique de la *Waffen SS* est aussi remarquable, non seulement en valeur absolue, mais aussi parce que sa croissance ne s'opère qu'en incorporant des dizaines de milliers de ressortissants étrangers.

**Effectifs totaux de la Waffen SS**

| | |
|---|---|
| 1938 | 23 406 hommes |
| 1939 | 70 546 |
| 1940 | 117 557 |
| 1941 | 171 215 |
| 1942 | 246 717 |
| 1943 | 501 049 |
| 1944 (juin) | 594 443 |
| 1945 (mars[a]) | 830 000 ? |

a. Ce dernier chiffre est une estimation donnée par B. Müller-Hillebrandt, *Das Heer*, 1933-1945.
*Source* : B. Kroener, in *Das deutsche Reich und der Zweite Weltkrieg*, vol. 5/2, p. 993-994.

Si, à la fin 1944, les SS ne représentent que 5 % du total du personnel de la Wehrmacht, ils s'attribuent un quart des *Panzerdivisionen* et deux tiers des divisions de Panzergrenadiers. En 1945, la *Waffen SS* enrôle 17,3 % des adolescents des classes 1927 et 1928, un chiffre décuplé par rapport à 1941 !

Il n'est pas possible de donner la part exacte des étrangers dans les chiffres du tableau ci-dessus mais il est évident que cette part va croissant avec le temps et finit par devenir prépondérante. Ainsi, au 1er janvier 1943, sur 10 divisions SS, une seule est à recrutement étranger. Avec les pertes terribles de l'année 1944, l'appel aux étrangers devient massif[1] : de 5 divisions « étrangères » sur un total de 17 au 1er janvier 1944 on passe

1. Leleu, *La Waffen-SS*, annexes, tableau 3.

à 11 sur 23 le 1er juin 44, 20 sur 34 le 1er janvier 45 et 27 sur 44 le 1er mai 1945 ! Durant les combats sur l'Oder, plus du quart des divisions ressortent de la SS ; dans les rues de Berlin, ce sera près de la moitié. Durant l'année 1944, 410 000 Allemands sont entrés dans la SS pour 300 000 *Volksdeutschen*, 50 000 « Germaniques » et 150 000 étrangers non germaniques. Ces 500 000 combattants supplémentaires, en général très motivés, sont une aubaine pour le Reich en cette fin de guerre. Les *Volksdeutschen* sont les membres des minorités de langue allemande que l'histoire a éparpillées en Europe orientale : Roumains, Hongrois, Baltes, Croates, Serbes, Sud-Tyroliens... tous enrôlés de force. Les contingents d'Europe occidentale (Néerlandais, Wallons, Flamands, Français hors Alsaciens-Lorrains, Scandinaves) pèsent bien moins lourd. Ils étaient 37 367 au 1er janvier 1944, la plus grosse part revenant aux volontaires néerlandais, qui sont encore 21 908 au 1er janvier 1945[1]. Il est cependant à noter qu'à mesure qu'approche la fin de la guerre, le taux de désertion augmentera de plus en plus vite aux seins des unités SS. En mars 1945, il atteint ainsi un tiers de l'effectif de la 17e *SS-PzGrDiv Götz von Berlichingen.* Cela s'explique surtout par la peur de tomber aux mains des Soviétiques, dont aucune pitié n'est à attendre.

## *2. L'économie en voie d'effondrement*

### Une production impressionnante[2] et... branlante

L'Allemagne atteint dans la seconde moitié de 1944, au moment de ses pires défaites, des pics de production d'armements si étonnants que les historiens parlent de « miracle ». Le miracle tient en fait à la concentration de pouvoirs économiques quasi dictatoriaux dans la main d'Albert Speer[3] et la mise au travail de millions de déportés et de travailleurs forcés[4]. De 1 104 unités en février 1944, la production d'avions de chasse bondit à 3 375 en septembre. En décembre 1944, sortent des chaînes 1 854 tanks, canons d'assaut et canons automoteurs (dont 450 Mark IV, 285 Panthers, 30 Tigres, 1 090 canons d'assaut), record mensuel de toute la guerre. En novembre, 1 354 canons d'infanterie. En décembre, 1 414 tubes de FLAK et 104 000 armes automatiques, 4 287 mortiers, 1 279 tubes PAK et 1 280 000 *Panzerfaust* ; en octobre, 1 273 *Nebelwerfer* (l'équivalent de la production de toute l'année 1943 !). Dans un

1. Leleu, *La Waffen-SS*, p. 188-189.

2. Les chiffres proviennent de Rolf-Dieter Müller, in *Das deutsche Reich und der Zweite Weltkrieg*, vol. 5/2, p. 545 et sq.

3. Après-guerre, Speer se présentera comme l'homme qui a fait échec aux projets de « guerre totale » des nazis. C'est l'inverse qui est vrai. Aux côtés de Goebbels, il force les bonzes du parti nazi à accepter l'idée de sacrifier l'économie civile à l'économie de guerre totale.

4. Rappelons qu'en septembre 1944, le tiers de la main-d'œuvre dans l'économie allemande est étrangère : travailleurs volontaires ou forcés, prisonniers de guerre, déportés.

rapport du 27 janvier 45, Speer calcule que, durant l'année 1944, les sorties d'armes lourdes représentent l'équipement complet de 225 divisions d'infanterie et de 45 *Panzerdivisionen* !

Mais les points noirs ne manquent pas. L'infanterie souffre du manque de mitraillettes, de mitrailleuses, de vêtements et, surtout, de moyens de transports. Le nombre de motos, autos, camions, est six à dix fois (!) inférieur à celui de 1941, les pertes de l'année 1944 s'avérant irréparables (90 000 camions perdus durant la retraite de l'été). La situation des munitions est critique. Il se consomme 1,5 million d'obus de chars et d'antichars par mois ; janvier n'en verra que 367 000 manufacturés. Le quartier-maître général de l'OKH lance un cri d'alarme, le 14 janvier 1945 :

> « Que l'Armée puisse remplir ses missions de l'année 1945 avec la situation actuelle des munitions, cela dépend largement du comportement de l'adversaire. Des combats de forte intensité simultanément sur tous les fronts ne pourront pas être alimentés en munitions et doivent conduire à la catastrophe[1]. »

La situation est telle que les commandants d'Armées n'hésitent pas à s'attribuer des équipements qui ne leur sont pas destinés. Ces détournements sont si courants qu'en janvier 1945 Himmler décide de faire escorter les trains de matériels et de carburant destinés au Groupe d'Armées Vistule afin

> « qu'en route aucun wagon ne soit décroché illégalement, ou volé, qu'aucun train ne soit envoyé dans une fausse direction ou mis sur une voie de garage[2] ».

Malgré les pénuries et la désorganisation rampante, l'armement lourd demeure d'une excellente qualité et relativement abondant. À la fin de l'année 1944, on compte aux Armées 4 053 *Sturmgeschütze*, 1 630 Mark IV, 1 966 Panthers, 409 Tigres I et II, 243 *Flakpanzer*, 1 411 *Panzerjäger*. Si l'on additionne tous ces matériels, on s'aperçoit que, jamais, l'armée allemande n'a été aussi bien dotée. Même la Luftwaffe est loin de faire aussi mauvaise figure qu'on l'a souvent écrit. Au 10 janvier 1945, elle recense sur ses aérodromes 2 587 chasseurs (record de la guerre : 3 484 en novembre 44) et 1 029 avions d'attaque au sol (record : 1 078 en décembre 44).

Ces chiffres vont permettre à la Wehrmacht de faire encore relativement bonne figure dans les combats du début 1945. Mais, comme le chant du cygne, ils masquent la réalité profonde : l'ensemble de l'économie allemande est au bord du gouffre.

### La base industrielle sapée

La base de la pyramide industrielle est en train de s'effondrer. Sans entrer dans le détail, c'est le résultat conjugué de la destruction par l'aviation alliée des usines les plus importantes (aluminium, roulements à

1. In *Das deutsche Reich…*, vol.10/1, p. 496.
2. In Andreas Kunz, *Wehrmacht und Niederlage,* p. 204.

billes, aciers spéciaux, caoutchouc et essence synthétiques), et surtout des installations de production électrique et des chemins de fer[1]. En mars 1945, les quadrimoteurs anglo-saxons déversent 130 000 tonnes de bombes, soit 20 % de plus que ce que le bombardement stratégique allemand a réussi à lâcher durant toute la guerre, V1 et V2 compris ! D'août 1944 à février 1945, le nombre de wagons utilisables par la *Reichsbahn* tombe de 3,9 millions à 1 million. Dans le même temps, les wagons à charbon passent de 127 000 à 15 000 ! Or, il en faudrait au moins 36 000 pour maintenir la production industrielle à son minimum indispensable. De ce seul fait, l'économie du Reich se trouve quasiment paralysée. Des centaines de locomotives restent dans les dépôts en février, alors que 104 sont détruites par les aviations alliées ; sur un stock de 23 000, 7 000 sont en fonction. Il faut se résoudre à brûler du lignite dans les chaudières, ce qui diminue de moitié vitesse et autonomie des machines.

Faute de courant et de charbon, la production de toutes les matières premières dégringole en février 1945 des deux tiers par rapport à juillet 44. Même tendance pour les armements : les sorties de chars et de canons d'assaut chutent d'un tiers (1 200 unités), dont celles des Panthers de moitié, la quantité de nouveaux canons d'infanterie se réduit des deux tiers. L'effondrement général des sorties d'armements se produira en mars, sauf pour les *Panzerfaust*, faciles à fabriquer n'importe où. Dès lors, l'activité des usines se limite à terminer les séries de véhicules de combat déjà commencées, à réparer ceux qui reviennent du front, à produire des munitions.

Le carburant constitue le talon d'Achille de la Wehrmacht. L'OKW fait savoir au premier janvier 1945 :

> « En janvier, nous disposons de 50 000 tonnes de carburant essence contre 185 000 tonnes en août, c'est-à-dire 28 %. Il y a 12 000 tonnes de carburant avion contre 198 000 tonnes au mois de mai précédent, c'est-à-dire 6 %[2]. »

Les importations de brut s'effondrent en août 1944 quand les Russes s'emparent des gisements roumains. Les sources d'huiles se résument aux petits champs de Zistersdorf, en Basse-Autriche, de Nagykanizsa, près du lac Balaton, en Hongrie. Le gros de l'approvisionnement vient désormais des usines de carburant synthétique, très vulnérables aux attaques aériennes. En mai, septembre et décembre 1944, puis à la mi-janvier 1945, la production s'arrête pour plusieurs jours, le temps de réparer les dégâts causés par des dizaines d'attaques aériennes. En novembre, un dernier pic est atteint avec 39 000 t pour avions et 337 000 tonnes de brut extraites (c'est d'ailleurs une des raisons qui ont poussé Hitler à lancer

1. En 1945, les Alliés découvriront que l'industrie allemande – hors énergie – est debout à 83 % ! Celle – stratégique – des machines-outils s'avère intacte à 93,5 % ! Même les houillères de la Ruhr sont en bon état. À cela rien d'étonnant : les quadrimoteurs ont largué sept fois plus de bombes sur les quartiers d'habitation que sur les usines.

2. G. Gunter, *Letzte Lorbeer*, p. 187.

l'offensive des Ardennes). Mais, en mars, tout compris, le Reich produit 10 000 tonnes de carburants, soit… 2,5 % de ce qu'il obtenait un an auparavant. En réalité, depuis l'été 1944, on vit sur les stocks et, en janvier 45, les niveaux sont si bas que 90 % des appareils de la Luftwaffe sont cloués au sol et que la *Panzerwaffe* est condamnée à ne mener que des actions défensives ou des contre-attaques locales.

L'enchevêtrement des compétences, la concurrence des différentes autorités – entretenue par Hitler –, sont source d'une pagaïe qui aggrave l'effet des pénuries. Voici, par exemple, un extrait d'un rapport rédigé par le colonel Mendrzyk, *Oberquartiermaster* (responsable des approvisionnements) de la 3e Armée Panzer en Prusse-Orientale.

> « Il y avait bien un *Oberquartiermeister* pour la Prusse-Orientale auprès de l'autorité militaire à Königsberg (…) mais il n'avait pas autorité sur les dépôts des autres unités. Aussi n'existait-il pas d'échelon qui assurerait de façon unique l'approvisionnement de la province et qui se préoccuperait de savoir si les choses arrivaient bien là où l'on avait le plus besoin d'elles. Par exemple, les magasins de la marine dépendaient d'un bureau de Kiel ! Les divisions de *Volksgrenadieren* dépendaient, pour leur logistique, de l'armée de Terre, mais aussi du *Reichsführer* SS (Himmler, ndla). Même situation pour les divisions SS. Si bien que les unes et les autres avaient souvent beaucoup trop quand d'autres unités manquaient de l'essentiel. À côté de l'armée, entretenaient aussi des magasins la *Kriegsmarine*, la Luftwaffe, les SS, le service du travail du Reich, l'Organisation Todt, le Commissariat à la défense du Reich, le *Volkssturm*, etc.
>
> Quand l'ennemi déclencha son attaque en janvier 1945, la dotation des Armées (en Prusse-Orientale) en carburant et munitions suffisait à trois jours de combats. Ensuite, peu de choses arrivèrent. Le premier jour de bataille, on consomma, pour un seul Corps, trois trains de munitions. Quand on ne disposa plus de pareilles quantités (…), le front s'écroula.
>
> Après que le reste des défenseurs fut refoulé dans la région autour de Pillau, l'Armée de terre découvrit avec effroi qu'il y avait dans les bois d'énormes magasins, en partie souterrains, pleins de munitions et de carburant qui appartenaient à la *Kriegsmarine* et à la Luftwaffe, et dont l'armée n'avait jusque-là pas soupçonné l'existence. Ni leur utilisation ni leur évacuation n'étaient plus possibles, du fait de la situation. Pour empêcher l'ennemi de s'en emparer, il fallut les faire sauter ou les répandre, comme ces deux millions de $m^3$ de gazole pompés et rejetés dans les sables[1]. »

Le 15 mars 1945, Speer adresse à Hitler et à l'OKW un « mémoire sur la situation économique en mars-avril 1945 et ses conséquences ». En termes directs, il annonce que, faute de charbon et, surtout, de trains pour le transporter, la navigation maritime, les chemins de fer, les centrales thermiques, devront cesser leurs activités. Sa conclusion est nette :

> « À compter d'aujourd'hui, dans les quatre à huit semaines, on doit s'attendre avec certitude à l'effondrement total de l'économie allemande[2]. »

1. Dieckert et Grossmann, *Der Kampf um Ostpreussen*, p. 95-96.
2. In Andreas Kunz, *Wehrmacht und Niederlage*, p. 91.

## III. La *Ostheer* avant le combat final

Guderian, Gehlen, Speer, les commandants de Groupes d'Armées, le croient et l'écrivent : la *Ostheer* peut durablement arrêter les Soviétiques sur la Vistule. Avec 20 à 30 unités en réserve derrière les Groupes d'Armées Centre et A prises à l'ouest et en Hongrie, demande Gehlen dans son « mémorandum de la Saint Sylvestre » ; avec une tactique repensée dans le sens d'une défense élastique et d'une réhabilitation de la fortification, crie haut et fort Guderian à toute occasion ; moyennant des rectifications de front, suggère-t-on dans les Groupes d'Armées. Sous ces trois conditions, le Bolchevique peut être maintenu aux lisières de l'Europe. Et tous de rappeler le dogme quasi religieux qui soutend déjà l'opération Barbarossa en 1941 : le soldat allemand de l'est, le *Ostkämpfer*, est le meilleur combattant de toutes les histoires.

Ces plaidoyers, justifications, revendications des chefs de la *Ostheer*, ne pèsent plus très lourd dès lors qu'on se penche sur la réalité du rapport des forces.

### *1. Le front oriental, de la Courlande au lac Balaton* (carte 2)

Du nord au sud, entre Baltique et Carpates, de Tuckum (Tukums), en Courlande, au lac Balaton, en Hongrie, quatre Groupes d'Armées[1], groupant douze Armées (plus deux hongroises), tiennent un front de 2 200 km de long (il était de 3 100 km en mai 1943). Au 1er décembre 1944, ces forces terrestres inscrivent 1 840 000 hommes, 1 079 Panzers et 1 853 canons automoteurs opérationnels ; la Luftwaffe n'a pas 900 appareils disponibles. L'ensemble des forces de la Wehrmacht sur le front est s'établit à 3 076 016 hommes.

### Groupe d'Armées Nord : un balcon sur la Baltique

Le 9 octobre 1944, les Soviétiques réussissent à couper définitivement le Groupe d'Armées Nord du reste de la *Ostheer*. Ce Groupe (16e et 18e Armées), commandé par le colonel-général Schörner, s'enferme dans la péninsule de Courlande (l'ouest de l'actuelle Lettonie), dans une poche de 240 km de périmètre. Il aligne à ce moment 32 divisions (dont 5 mécanisées), brigades ou « groupes de combat divisionnaires », ces derniers équivalant à la valeur d'une demi-division avec peu d'armes lourdes. Le tout représente environ 500 000 hommes, services compris, 510 Panzers et *Sturmgeschütze*, 178 avions[2] (213 au 10 janvier 45). Cette force d'infanterie très importante bloque certes des éléments soviétiques mais dans une proportion trop faible pour pénaliser l'effort de l'Armée rouge sur les autres portions du front. Sans l'ombre d'un doute, ces deux

1. Un cinquième Groupe d'Armées – le Groupe E, commandé par Löhr – fait face aux Soviétiques et aux Yougoslaves de Tito sur les confins serbo-croates. Il ressort de l'autorité de l'OKW et non de celle de l'OKH.

2. *Das deutsche Reich und der Zweite Weltkrieg*, vol. 8, p. 670.

**Carte 2**

## Les Armées sur le front Est

le 1er janvier 1945

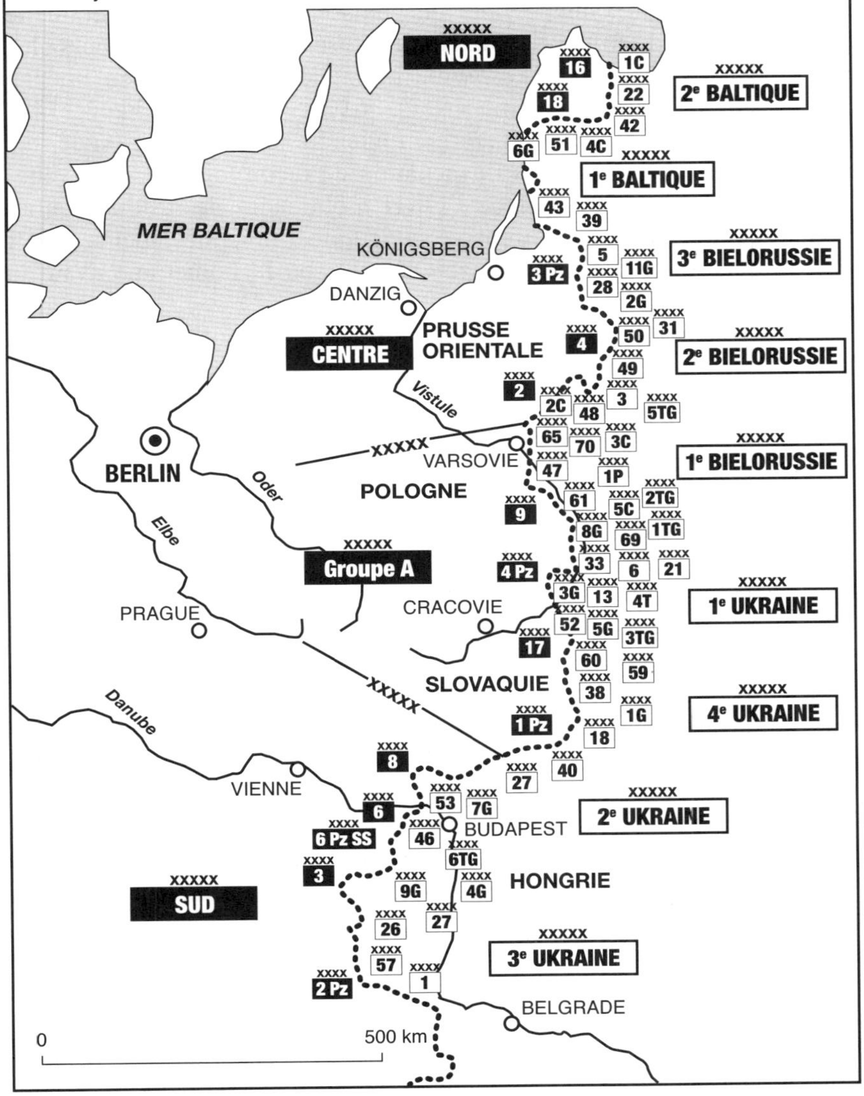

Armées allemandes seraient mieux employées ailleurs, d'autant plus que la charge de leur ravitaillement incombe à la *Luftwaffe* – déjà moribonde – et à la *Kriegsmarine*, bientôt surmenée.

Dès le 18 octobre, Guderian demande l'évacuation des deux Armées concernées dont il souhaite faire une puissante réserve opérationnelle pour l'ensemble du front oriental. Hitler refuse et ordonne trois jours plus tard de tenir la « forteresse (*Festung*) Courlande ». Il consent seulement à rapatrier trois divisions d'infanterie (11$^{e}$, 61$^{e}$ et 121$^{e}$) et une Panzer (4$^{e}$), au profit du Groupe Centre. Guderian reviendra une douzaine (!) de fois à la charge et Hitler refusera l'évacuation de façon toujours plus véhémente. Le chef d'état-major de l'OKH n'obtiendra de résultats qu'au compte-gouttes, une fois l'offensive soviétique d'hiver déclenchée : neuf autres unités rejoindront la Prusse-Orientale ou la Poméranie avant le printemps 1945.

Quels sont les arguments d'Hitler pour garder la Courlande ? Le maintien de la neutralité suédoise ? Mais la Suède ne présente déjà plus d'intérêt pour le Reich : elle a fermé ses ports aux navires allemands et ne livre plus de fer. Entraîner les équipages des nouveaux U-Boot types XXI et XXIII dont Hitler attend une reprise de la guerre maritime ? Mais, contrairement, à ce qu'on lit souvent, l'Amiral Dönitz ne soutient pas Hitler sur ce point, et il le dit à Guderian le 17 mars 1945 : l'espace compris entre les détroits danois et les bouches de la Vistule lui suffit amplement[1].

Mais, si Dönitz dit vrai, alors pourquoi Hitler ne consent-il pas à évacuer la Courlande ? La réponse peut surprendre : la péninsule joue un rôle important dans sa stratégie globale. L'idée majeure de Hitler, c'est de battre d'abord les Anglo-Saxons avant de se tourner vers les Russes. Si l'affaire des Ardennes réussit, il espère monter au plus vite un encerclement géant des Armées rouges entre des forces parties de la Vistule et celles de Schörner sorties de Courlande. Après l'échec de l'offensive des Ardennes, cette vision tombe à l'eau. Hitler se réfugie dans la croyance aux miracles : il attend l'éclatement de la coalition de ses adversaires. Dans ce contexte, les deux Armées de Courlande changent de statut. Dans l'esprit surchauffé du Führer, la Courlande devient le cadeau fait aux Occidentaux pour aller attaquer les Soviets, elle se transforme en « porte-avions » situé à 300 km de Leningrad pour mener une nouvelle croisade antibolchévique !! Hitler fait fi des réalités mais il est cohérent : la guerre ne peut se gagner qu'avec des intentions offensives. Et la seule planche d'appel pour une offensive profonde à l'est, c'est la Courlande.

En attendant, ces rêveries privent Guderian de toute réserve opérationnelle.

1. Modérons malgré tout : avec 25 000 hommes, plus de la moitié des capacités de formation des sous-mariniers se trouvent, en 1944, sur les côtes orientales, entre Hela et Libau. Ces moyens peuvent certes se serrer dans la partie occidentale de la Baltique, mais au prix d'un déménagement d'une grande ampleur, qui surchargera un peu plus la *Kriegsmarine*.

Pour autant, le chef d'état-major de l'OKH n'attend-il pas trop des deux Armées de Courlande ? Était-il vraiment possible d'évacuer l'ensemble de la tête de pont, aussi facilement que le prétend Guderian ? L'enfermement du Groupe d'Armées Nord date du 9 octobre 1944. Si la décision avait été prise immédiatement, hypothèse la plus favorable, le général Schörner aurait dû entamer une manœuvre à hauts risques. Il lui aurait fallu replier par bonds successifs ses divisions, de façon à en libérer certaines qui auraient été dirigées vers les ports de Windau (Ventpils) et Libau (Liepäja), bombardés en permanence par la V.V.S, l'Aviation rouge. Au sol, les Soviétiques à n'en pas douter ne seraient pas restés passifs. Dès le mouvement de retrait détecté, leurs six Armées présentes dans le secteur (1er et 4e Choc, 6e Garde, 22e, 42e et 51e) auraient lancé de violentes attaques, talonnant des unités mises à découvert. La percée eut été possible à chaque instant, avec la menace d'une catastrophe de grande ampleur.

De plus, l'évacuation d'une seule division avec ses armes lourdes nécessite la formation d'un convoi de cinq ou six transports de troupes, escortés par des chasseurs de mines et des destroyers de lutte anti sous-marine. Les moyens de la *Kriegsmarine* étant limités, la cadence de retrait n'aurait guère pu excéder, selon l'estimation soviétique[1], une grande unité toutes les trois semaines (12 jours aller, 12 jours retour). Au moment de la grande offensive soviétique, le 12 janvier 1945, seule, au mieux, une demi-douzaine de divisions aurait pu être rassemblée en Prusse-Orientale ou sur la Vistule. Dans quel état se seraient-elles trouvées après avoir subi un véritable Dunkerque puis une traversée périlleuse à travers mines, bombes et torpilles ? Il n'est qu'à penser que le seul mois d'octobre voit 19 navires allemands aller par le fond[2]. Le 30 octobre, deux vagues d'avions à l'étoile rouge coulent le gros transport *Bremerhaven*, avec 3 171 passagers, la plupart des militaires blessés. Bilan : 410 disparus, des centaines de grands brûlés… Enfin, il est plus que douteux que la *Kriegsmarine* ait disposé à la fin de 1944 des réserves en mazout et charbon nécessaires au transport des 510 000 soldats (et quelques civils) candidats au rembarquement. Ces données sur les capacités de transport doivent amener à tempérer le jugement de Guderian qui, dans ses mémoires, clame *urbi et orbi* que les Armées de Courlande étaient LA solution au renforcement de la partie centrale du front oriental.

### Groupe d'Armées Centre

Le chef de ce Groupe est Georg-Hans Reinhardt, un des meilleurs spécialistes des Panzers (il commandait le XXXXIe *Panzerkorps* pour le

1. Bagramian, *So schritten wir zum Sieg*, p. 432. Schaüffler in *1945 Panzer an der Weichsel* donne six jours – tout compris – pour amener la 4e Division Panzer de Courlande à Dantzig (17-22 janvier 1945). Mais sans aucune arme lourde, lesquelles n'arriveront que 15 jours plus tard.

2. *Ostsee'45*, Heinz Schön, p. 43.

malheur de la France, en mai 1940), reconverti fin 1943 à la défensive où il se montre tenace et sans pitié pour la population civile (ce qui lui vaudra 15 ans de prison à Nuremberg). De la Baltique à Modlin, au confluent Bug-Vistule, Reinhardt gouverne depuis son P.C de Wartenburg un secteur de 580 km (Memel compris) distribué, du sud au nord, entre trois Armées :

– La 2e Armée (colonel-général Walter Weiss), du nord de Varsovie à Novogrod. Dans ce secteur, le 2e Front de Biélorussie (maréchal Rokossovski) tient deux têtes de pont, sur la rive ouest de la Narew, à Rozan et Serock.

– La 4e Armée (*General der Infanterie* Friedrich Hossbach) s'accroche à un gros saillant entre les rivières Narew et Pregel.

– Au nord-est, la 3e Armée Panzer (commandée par l'excellent colonel-général Erhard Raus), retranchée derrière la rivière Memel, protège la capitale de la Prusse-Orientale, Königsberg.

Cet ensemble comprend, au début de décembre 1944, 35 divisions d'infanterie en bon état, une douzaine de grandes unités mécanisées[1], une division de sûreté, un groupe de combat de la police. Avec 49 divisions ou groupes de combat divisionnaires pour 580 km de front, le Groupe d'Armées Centre est le mieux loti de tout le front russe, et le seul à posséder des Panzers à suffisance. Mais, durant le mois de décembre, 2 unités d'infanterie et 5 unités mécanisées sont retirées (4 pour la Hongrie[2], 1 pour l'ouest), malgré les hauts cris de Guderian et de Reinhardt. Le 4 janvier 1945, la 20e Panzer, unité de première classe, est à son tour enlevée vers la 8e Armée (Hongrie) et remplacée par les restes de la 24e Panzer[3] laminée devant Budapest. Comme la *Grossdeutschland* est aussi hors d'état de combattre et la 18e *PzGrDiv* en reformation, il ne reste que 4 unités rapides au Groupe Nord, les 5e et 7e Panzer ainsi que la Hermann *Goering* et la *Brandenburg*. Au total, 1 450 chars et chasseurs de chars environ[4], les trois quarts non endivisionnés, une force néanmoins fort respectable.

---

1. À savoir les 3e, 5e, 6e, 7e, 8e et 20e *Panzer,* les deux *Panzer SS Totentkopf* et *Wiking*, la 1re division blindée aéroportée *Hermann Goering*, la *PzGrenDiv. Grossdeutschland* (en cours de reconstitution), la 18e *PzGrenDiv.* (en formation), la *PzGrenDiv Brandenburg,* plus la Brigade *Führergrenadier* et la 10e Brigade de chasseurs cyclistes.

2. La Brigade *Führer-Grenadier* part dans les Ardennes comme, avant elle, la *Führer-Begleit* ; la *Wiking*, la *Totenkopf*, les 6e et 8e Panzer vont en Hongrie avec deux bataillons de Panthers à effectifs pleins.

3. Ce transfert de la 24e Panzer n'a guère de sens, l'unité perdant 15 jours à voyager. La seule justification à cette décision d'Hitler pourrait être que la 24e est originaire de Prusse-Orientale et qu'elle s'y battrait mieux, malgré son mauvais état.

4. *Das deutsche Reich und der Zweite Weltkrieg*, vol. 10/1, p. 503.

## Groupe d'Armées A

Échelonné entre le confluent Vistule-Bug et la Slovaquie, ce Groupe, commandé depuis le 24 septembre 1944 par le colonel-général Josef Harpe (P.C à Cracovie), a la tâche la plus rude, celle de garder les trois têtes de pont soviétiques de Baranov (appelée Sandomierz par les Soviétiques), Pulawy et Magnuszev, par où va surgir le danger principal. Les angoisses de Guderian concernent avant tout ce secteur. Harpe est un excellent officier, connaissant le Russe sur le bout des doigts, après trois ans et demi de combat à la tête de tous les types de formation, de la brigade au Groupe d'Armées. Le brillant lieutenant-général von Xylander dirige son état-major.

Au 26 novembre, Harpe a autorité sur 34 divisions, dont 6 mécanisées. Mais, en décembre, il reçoit ordre d'étendre son aile droite de façon à ce qu'elle couvre la Slovaquie et aille donner la main au Groupe Sud en Hongrie. Son front s'en trouve rallongé à 700 km, la densité de combattants tombe de 200/km en juillet 44 à 133/km le 1er janvier 1945.

Le Groupe d'Armées A aligne, du sud au nord :

– La 1re Armée Panzer (colonel-général Gotthard Heinrici), flanquée de la 1re Armée hongroise, plus ou moins déliquescente. Les deux forment le Groupe d'Armées Heinrici : deux Corps, sept divisions d'infanterie, de chasseurs ou de skieurs.

– La 17e Armée (*General der Infanterie* Friedrich Schultz). Deux Corps, huit I.D ou V.G.D.

– La 4e Armée Panzer (*General der Panzertruppe* Fritz-Hubert Gräser). Deux Corps, six I.D, une division de réserve hongroise.

– La 9e Armée (*General der Panzertruppe* Smilo Freiherr von Lüttwitz). Trois Corps, sept I.D et V.G.D.

L'ensemble compte en janvier 1945 trente-deux divisions et 2 Brigades d'infanterie, et toujours 6 unités mécanisées (réparties en 2 *Panzerkorps*). Soit 93 075 combattants, 1 816 pièces d'artillerie, 318 chars en état de combattre, 616 *Sturmgeschütze*, 793 pièces de PAK lourde. Le centre de gravité est placé sur la 4e Armée Panzer qui commande 596 canons et 474 Panzer et *Sturmgeschütze*[1]. À la disposition de l'OKH se tient un Groupe de combat de la 10e *PzGrDiv.* en cours de reconstitution. Sur la Vistule, chaque division doit défendre 20 à 25 km. Mesuré à l'aune de l'expérience des batailles défensives des années précédentes, c'est assurément 10 km de trop.

## Groupe d'Armées Sud

Fin novembre, et si l'on ne tient pas compte des unités hongroises, la *Ostheer* ne peut aligner que 17 divisions, dont 7 mécanisées pour couvrir la Hongrie et la route de Vienne. Incontestablement, et n'en déplaise à Guderian, le point faible est là. Au 31 décembre, l'arrivée de nombreux

1. Chiffres in Magenheimer, *Abwehrschlacht...*, p. 77.

renforts a porté l'effectif à 31 divisions, dont 11 mécanisées. Les 14 grandes unités accourues sont venues des Groupes Centre et A ainsi que de l'ouest.

Enfin, globalement, si le front russe aligne 132 divisions à la fin novembre 1944, dont 30 mécanisées (totalisant 1 500 chars), il en compte 145 à la fin décembre (avec 1 800 Panzers). Le gain de 13 unités ne se traduit pas par un renforcement net : il s'explique par l'allongement du front de 300 km, dû à l'offensive soviétique du début décembre qui pénètre largement en Hongrie et en Slovaquie.

Le tableau ci-dessous récapitule et permet d'apprécier les poids relatifs des différents secteurs du front oriental.

**Répartition des grandes unités allemandes sur le front de l'est**

| | **Gr. Ar. Nord** | **Gr. Ar. Centre** | **Gr. Armées A** | **Gr. Ar. Sud** | **Total front Est** |
|---|---|---|---|---|---|
| Le 26.11.44 | 32 (5) | 49 (12) | 34 (6) | 17 (7) | 132 (30) |
| Le 1.01.45 | 32 (5) | 42 (7) | 40 (5,5) | 31 (11) | 145 (28,5) |

Le premier chiffre donne le nombre total de grandes unités (divisions, brigades, groupes de combat divisionnaires). Le chiffre entre parenthèses, compris dans le précédent, est celui des grandes unités mécanisées.
*Source* : H. Magenheimer, *Abwehrschalcht an der Weichsel*, 1945, p. 38-41.

Les chiffres portés dans ce tableau sont, grosso modo, connus du commandement soviétique. Le déséquilibre dans la disposition des forces allemandes saute aux yeux. Au début janvier 1945, les deux ailes – Groupe Centre et Groupe Sud – sont plus fortes que le centre, le Groupe A. En Prusse-Orientale, chaque division occupe un secteur de 16,6 km et l'on trouve une batterie d'artillerie pour 1,1 kilomètre de front, 2,5 chars ou chasseurs de chars par kilomètre. Au centre, les chiffres sont respectivement de 22 km, 1,5 kilomètre et 1,7 char.

Ce déséquilibre s'explique aisément.

Dans le secteur centre du front – en gros, entre Varsovie et les Carpates – les Soviets sont passés sur la défensive dès le mois d'août. En revanche, ils lancent plusieurs offensives en Prusse-Orientale, jusqu'en novembre 1944, drainant les réserves allemandes vers le nord. En Hongrie, la bataille fait rage sans discontinuer entre août 44 et janvier 45. Une fois la percée décisive obtenue dans le secteur Iassy-Kichinev (20-29 août 1944), la poursuite dure quatre mois et s'achève le 27 décembre par l'encerclement de Budapest. Vienne est à 200 km. Cette menace rappelle à Hitler celle que l'Armée d'Orient a fait peser à l'automne 1918, après sa percée sur le Vardar, et qui n'a pas été pour rien dans l'effondrement du II^e^ Reich. Hitler consacre dès lors au Groupe d'Armées Sud le maximum d'effectifs compatibles avec ses plans à l'ouest.

Cet effort en faveur de la Hongrie, Hitler va le maintenir durant tout le mois de janvier, alors même qu'en Pologne les Soviétiques, écrasant tout sur leur passage, rouleront à 50 km par jour vers Berlin. Cet entêtement se base en partie sur un calcul économique. En effet, entre le 13 et le 15 janvier, les bombardiers américains mettent hors service une dizaine d'usines de carburant synthétique, dont celles de Pölitz (Stetttin), Leuna, Brüx, Blechhammer, Zetz, les plus importantes. Dans un mémorandum du 19 janvier, Speer, ministre de l'industrie et de l'armement, prévient que la production d'huiles synthétiques va s'effondrer de 754 000 à 456 000 tonnes. Dans le même temps, la Luftwaffe informe qu'elle a fourni son dernier effort de défense des usines, perdant, pour le seul 14 janvier, 150 appareils et 106 pilotes (pour 16 appareils américains abattus !). À l'avenir, les B-17 pourront viser tout à leur aise. De ce sombre tableau, Hitler tire une conséquence : il faut tout faire pour sauver les quelques centaines de milliers de tonnes de brut extraits de Zisterdorf, près de Vienne, et autour du lac Balaton, dans le district de Nagykanizsa. C'est la raison qu'il donnera à Guderian pour expliquer l'envoi de la puissante 6e Armée Panzer SS en Hongrie – TOUTE la réserve stratégique du Reich – et non dans l'axe de Berlin.

En résumé, la double poussée soviétique de l'automne 1944, au nord et au sud, a tendu à l'extrême le dispositif allemand, l'épaississant aux ailes, l'amincissant au centre.

## *2. La doctrine défensive*

Pensée et organisée autour des *Panzerdivisionen* pour mener une guerre offensive, la *Ostheer* doit remettre ses principes en question à partir de l'été 1943.

### Un bagage doctrinal qui remonte à 14-18

En 1939, l'armée de Terre allemande entre en guerre avec un manuel doctrinal, le *Truppenführung,* dont la portion menue consacrée à la défensive s'inspire pour l'essentiel du manuel de 1921 (*Führung und Gefecht der verbundenen Waffen*). Ce dernier avait tiré les leçons du long combat défensif mené à l'ouest par l'armée impériale, entre 1915 et 1918, et les avait synthétisées dans l'expression « défense élastique ». Son objectif était de défendre au moindre coût humain, tout en conservant l'intégralité des positions et en faisant payer à l'adversaire le prix d'une bataille d'attrition.

La défense élastique repose sur trois principes de base : la profondeur défensive, la manœuvre et la contre-attaque.

– La profondeur des aménagements prend la forme de lignes de résistance successives – réseaux linéaires de tranchées ou, plus tard, réseaux de points d'appui discontinus – disposés sur 10 à 15 km de profondeur voire 20 à 40 km. Défendu par l'artillerie, cet espace doit graduellement absorber l'énergie de l'assaut adverse, en lui infligeant des pertes et en le privant de la protection de ses propres canons mis progressivement hors de portée.

– La manœuvre concerne l'évacuation préventive des premières lignes dès que sont détectés les derniers préparatifs ennemis, à l'exception de quelques postes. Ainsi, la préparation d'artillerie adverse tombera dans le vide. Nivelle en fit l'amère expérience en avril 1917 au Chemin des Dames. Le *Führung und Gefecht* recommande aussi la libre circulation de groupes de combat lourdement armés entre les premières et secondes lignes.

– La contre-attaque surgit de la ligne arrière avec des forces tenues en réserve. Au niveau tactique, elle évite l'attaque frontale, lui préférant l'infiltration et la réalisation d'encerclements locaux.

Cette expérience précieuse et, aux dires même des Alliés, remarquablement efficace, ne trouve guère à s'employer entre 1939 et 1941. La bataille défensive de l'hiver 1941 est menée dans l'improvisation la plus totale ; elle n'empêche ni d'importants reculs ni de lourdes pertes en infanterie ; son succès relatif tient surtout aux insuffisances de l'Armée rouge à ce moment de la guerre. D'autres offensives soviétiques sont brillamment contenues grâce à une véritable guerre de positions, appuyée par des contre-attaques blindées. C'est le cas notable, en 1942, des saillants de Rjev et de Demiansk, ou de l'interminable combat pour maintenir le siège de Leningrad.

Après l'été 1943, le temps de la *Blitzkrieg* est révolu, la *Ostheer* recule sans cesse. La pensée défensive revient en force dans les états-majors qui viennent d'éprouver, à leur détriment, qu'une défense puissante et bien pensée peut faire obstacle à un assaut du couple blindé-aviation : c'est la grande leçon donnée par les Soviétiques à Koursk. Mais l'effort doctrinal allemand est dispersé. L'OKW ne produit que quelques directives générales ; l'OKH se montre plus précise mais pas assez pour dissuader chaque état-major de Groupe d'Armées de coucher sur le papier ses propres réflexions concernant les fortifications, les hérissons, l'usage des mines, les contre-attaques blindées, l'artillerie de réserve, le groupement des chasseurs de chars, etc.

À l'automne 1943, l'OKH commence à plaider de plus en plus fort pour un *Ostwall*, un « mur de l'est » capable de contenir les Soviétiques en attendant le débarquement anglo-saxon. L'élévation d'un *limes* germanique est terriblement compliquée par l'efficacité nouvelle de l'Armée rouge. Partie intégrante de l'art opératif (voir p. 75), la percée utilise des groupes de choc inter armes qui combinent l'artillerie, utilisée en « murs de feu » dévastateurs, des régiments et des brigades blindées d'accompagnement d'infanterie, des régiments de canons automoteurs et des unités du génie à foison. Le vieux *Führung und Gefecht* du général von Seeckt donne néanmoins des réponses doctrinales encore valables, telle l'évacuation préventive de la première ligne. Ses prescriptions antichars restent aussi en partie d'actualité. Il faut voir notamment dans ce manuel la source de la recherche systématique de la séparation chars/infanterie dont les Soviétiques feront souvent les frais. Terré dans son trou, le *Landser* laisse passer les tanks et s'en prend aux fantassins qui suivent. À ces prescriptions venues des champs de bataille des Flandres et de la Somme, la *Ostheer* ajoute quelques leçons tirées de son expérience sur le front russe.

Des obstacles, au premier chef des champs de mines, doivent canaliser les chars lancés en avant vers les points d'appui truffés de tubes capables de lancer à tir tendu des munitions spéciales à très haute vitesse initiale. Sur les axes opérationnels les plus importants, on fait ensuite donner les *Panzerdivisionen* en contre-attaque. Mais ce schéma, qui produit encore de bons résultats au printemps 1944 dans le secteur nord du front, montre ses limites au cours de l'opération *Bagration*. En 1945, les généraux allemands sont dans l'angoisse de voir se répéter les mêmes percées profondes. Pourquoi ce qui a bien fonctionné pendant trois ans à l'ouest entre 1915 et 1918 a-t-il obtenu de moins bons résultats à l'est en 1943 et 1944 ? La réponse tient en quelques mots. En octobre 1943, chaque division de la *Ostheer* tient 16 km de front : elle en tenait 3,5 km en France en 1918 ; là où Ludendorff plaçait une division, Zeitzler puis Guderian étaleront un bataillon…

## La défense antichar : la PAK atteint ses limites

L'année 1944 démontre l'inadéquation entre la doctrine et les moyens. Alors que, jusqu'au printemps, la *Ostheer* recule pied à pied, à l'été, le recul devient fuite sur 400 km. Le glacis protecteur du Reich se dérobe, les frontières sont bordées en Prusse-Orientale, la Silésie et le Wartheland approchées à 200 km. L'analyse de cet échec est rapide et ses conclusions valent pour la bataille qui s'annonce sur la Vistule. Il n'y a plus assez d'infanterie pour meubler des lignes de défense en profondeur ; il n'y a plus assez de moyens antichars pour saigner l'ennemi dans la zone de défense tactique ; il n'y a plus assez de chars pour casser les pointes blindées parvenues en terrain libre.

Arrêtons-nous sur le problème de la défense antichar, qui illustre bien les limites inhérentes à toute technologie. Depuis 1939, l'infanterie compte, outre l'aviation tactique, sur sa PAK pour tenir tête aux blindés adverses. La PAK connaît une montée en puissance constante de ses matériels à mesure que les chars opposés à la Wehrmacht augmentent l'épaisseur de leur blindage, ainsi qu'on peut le constater dans le tableau ci-dessous, qui récapitule les principales caractéristiques des matériels les plus fabriqués.

**Capacités des principaux canons antichars en service dans l'armée de Terre allemande**

| Dénomination de l'arme | Mise en service | Poids de la pièce (kg) | Munition courante | Poids de la munition kg | Vitesse initiale m/s | Pénétration[a] |
|---|---|---|---|---|---|---|
| 3,7 cm-Pak-36 | 1936 | 435 | Pzgr. | 0,685 | 745 | 29 |
| 5 cm-Pak-38 | 1940 | 930 | Pzgr.39 | 2,06 | 1 180 | 59 |
| 7,5 cm-Pak-40 | 1942 | 1 425 | Pzgr.40 | 4,1 | 920 | 96 |
| 8,8 cm-Pak-43 | 1942 | 5 000 | Pzgr.40/43 | 7,27 | 1 130 | 192 |

a. La capacité de pénétration se lit en mm de blindage incliné à 30 degrés et à 500 m de distance. Sauf pour le 8,8 cm (pénétration à 1 000 m et blindage vertical).

L'évolution est quasi linéaire. Poids de l'arme, calibre, poids de la munition, tout est sans cesse revu à la hausse pour accroître la capacité de pénétration des blindages. Le 3,7 cm-Pak-36 est dépassé dès 1940, le 5 cm-Pak-38, n'est plus de taille face au T-34 l'année suivante. Si, techniquement, l'évolution aboutit au meilleur antichar de la guerre – la pièce de 8,8 cm[1] – elle se fait au prix d'une production toujours moins nombreuse. La fabrication du modèle initial, le 3,7 cm-Pak-36, coûtait 5 730 Reichsmarks, le 8,8 cm-Pak-43, vingt fois plus ! Trop chères, trop sophistiquées, dépendantes de la production de tracteurs lourds (notamment le Sd Kfz 8 de 12 tonnes), les pièces de 7,5 et de 8,8 ne peuvent sortir en nombre suffisant pour protéger l'infanterie face aux vagues de blindés soviétiques. Ajoutons qu'une fois approchées par les T-34, ou par l'infanterie, ces pièces sont souvent condamnées à la destruction, la durée d'attelage étant trop longue (15 à 20 minutes). Résultat, ces armes rares sont employées au compte-gouttes, disposées en bouchons au sein de points d'appui d'où elles tiennent en respect tous les types de chars dans un rayon de 1 500 à 2 500 mètres. Mais le problème de la protection de l'infanterie le long d'un front immense demeure entier.

## Une révolution : l'arme antichar individuelle

À Leipzig, un ingénieur de la firme HASAG, Heinrich Langweiler, s'est familiarisé avec l'effet Monroe, aussi appelé effet de charge creuse, connu depuis la fin du XIX^e^ siècle. Il a notamment regardé de près le fonctionnement des charges creuses statiques utilisées par les parachutistes allemands contre les coupoles d'acier du fort d'Eben Emael, le 10 mai 1940. En 1942, il réussit à mettre au point une arme portative d'infanterie d'un type nouveau, le *Panzerfaust*. Alors que les obus antichars comptent sur l'énergie cinétique (celle de la vitesse) pour percer une cible d'acier, le *Panzerfaust* profite de l'énergie chimique. Son efficacité tient à la géométrie conique de la charge explosive – située dans la tête – dont la détonation concentre toute l'énergie à son point focal. Il en résulte un jet de gaz étroit à haute température (10 000 degrés durant quelques instants), haute vitesse (8 000 m/s) et très haute pression (entre 1 et 5 millions de bars). Si la charge explose à quelques centimètres en avant d'un blindage, le jet de gaz (à l'état de quasi-plasma) le perce, jusqu'à 300 mm d'épaisseur, et se répand à l'intérieur avec un terrible effet de choc, projetant à haute vitesse des milliers de fragments de métal brûlant. Peu importe la vitesse de la charge, l'important est la nature de l'explosif (Langweiler choisit un mélange TNT-Hexogène), la forme conique de son moulage, la distance à la cible et la qualité du jet de gaz. Pour éviter la dispersion de celui-ci, Langweiler dote le projectile de son *Panzerfaust* de petites

1. Le canon 8,8 cm FLAK (DCA) est employé avec succès en antichar dès 1940. Mais, à partir de 1943, le gros de la production va à la défense du Reich contre les quadrimoteurs alliés et, à l'est, contre l'aviation rouge renaissante. Le 8,8 cm-Pak 43 a été dessiné spécialement à l'intention de l'armée de Terre.

ailettes de stabilisation, qui limitent sa rotation en vol. Mais la faible vitesse et la stabilisation précaire du projectile rendent la précision de l'arme très problématique avec la distance. Le *Panzerfaust* est donc par nature une arme de combat rapproché. Il n'est utilisable qu'une fois.

Le premier engin fabriqué par Langweiler – le *Faustpatrone* 30 m – a déjà les caractéristiques des modèles suivants : une tête vissée portant la charge (400 g d'explosif), un tube lanceur (80 cm de long, avec 54 g de poudre propulsive) ; la mise à feu se fait par percussion d'une cartouche. La charge part à 28 m/s et perce 140 mm d'acier à 30 mètres. Les premiers exemplaires sortent des usines HASAG en août 1943. Mais la troupe répugne à les utiliser : ne faut-il pas approcher le char à 30 mètres, et à l'air libre, car la mise à feu éjecte vers l'arrière un souffle de gaz brûlant, dangereux jusqu'à 10 m ? De plus, il n'y a pas de viseur. Or, si le char est manqué, c'en est fini du tireur repéré par le nuage des gaz expulsés.

Un des modèles suivants – le *Panzerfaust* 60 – connaîtra le succès. En augmentant la charge propulsive, la vitesse du projectile et sa stabilisation, Langweiler parvient à percer 200 mm à 60 mètres. La production démarre en septembre 1944 et grimpe à 1,3 million d'exemplaires en décembre. Ce chiffre énorme s'explique par la rusticité de l'engin, fabriqué en 2 heures sur des machines simples. Un autre modèle – le *Panzerfaust* 100 – sera distribué à partir de novembre, mais en moins grand nombre. Au total, 8 millions de tubes seront livrés à la Wehrmacht. Ils seront omniprésents dans l'infanterie, le *Volkssturm*, les *Panzertruppen* et les échelons arrière. Les Russes en saisiront des stocks importants, dont ils feront un large usage entre la Vistule et l'Elbe.

Pour la première fois, le fantassin n'est plus désarmé face au char. En une heure, l'apprentissage de l'arme est terminé. Pour autant, on ne peut dire avec précision quelle a été l'efficacité réelle du *Panzerfaust*. Une enquête réalisée pour l'OKH ne lui attribue qu'une très faible proportion des chars soviétiques détruits en 1944. De nombreux témoignages montrent que les tubes sont utilisés principalement en combat d'infanterie pour éliminer un nid de mitrailleuses, démolir un bâtiment, obliger l'ennemi à se mettre à couvert. C'est en milieu urbain – où les couverts sont nombreux – ou en embuscade, que son efficacité est avérée en 1945, sans que l'on puisse fournir de chiffres. Mais les témoignages de Joukov et de Koniev, ceux des grands tankistes soviétiques – Katoukov, Rybalko, Dragunski – vont tous dans le même sens : le *Panzerfaust* est un engin redoutable[1]. Par exemple, durant la bataille pour la Poméranie-0rientale,

1. Voici ce qu'en dit le général Gavin, commandant la 82e *Airborn,* qui en découvre un stock près d'un char Tigre abandonné devant la cathédrale de Cologne. « Nous décidâmes d'utiliser ce char pour tester tous les types d'armes antichars que nous avions, y compris notre bazooka, le nouveau canon de 57 mm et le *Panzerfaust*. Le *Panzerfaust* était de loin la meilleure arme, si l'on se montrait prêt à laisser le char approcher à 50 mètres », in *On to Berlin*, p. 279.

le 2e Corps mécanisé de la 2e Armée de tanks de la Garde lui doit 60 % de ses pertes[1] ! Dans les rues de Berlin, ce sera 75 %.

La principale limite de l'arme tient dans le danger auquel il expose le tireur, limite souvent franchie par les adolescents de la Jeunesse Hitlérienne qui, sur l'Oder, en Silésie, en Prusse-Orientale, s'en iront avec un entrain sportif « faire un carton » à 60 m sur des JS-2 de 46 tonnes… Les scores ont été assez élevés pour obliger, des photos en font preuve, les tankistes soviétiques les plus avertis à monter autour des points vulnérables de leur machine des obstacles (panneaux grillagés, ressorts de matelas, sommiers métalliques, plaques de tôles, éléments de chenille, etc.) destinés à provoquer l'explosion prématurée de la charge.

Plus sophistiqué, le *Panzerschrek* est dérivé du bazooka américain. Il consiste en un tube de tôle projetant une roquette à charge creuse. À la différence du *Panzerfaust*, c'est une arme rechargeable et servie par deux hommes. Un système électrique met à feu une charge de propulsion qui part à une centaine de m/s. Livrés en septembre 1943, les premiers modèles sont jugés trop dangereux. La seconde génération se dote d'un bouclier protecteur percé d'une fenêtre protégée par une feuille de mica. Le modèle le plus utilisé – le RpzB.54 – est fabriqué à 289 000 exemplaires entre fin 1943 et juillet 1944. Pesant 11 kg, long de 164 cm, il pénètre 230 mm (160 mm avec un blindage oblique) à 180 m de distance. Un modèle plus court et plus léger sera livré au début de 1945. Très repérable (à sa traîne de gaz brûlants), le *Panzerschrek* est souvent utilisé de trop loin par ses servants. Fin 1944, pour rassurer ceux-ci et les encourager à tirer à moins de 200 m, les chefs de bataillons regroupent deux escouades de 3 *Panzerschreks* en *Panzerzerstörergruppen*, groupes de destruction antichar.

À noter la formation de *Panzerjagdkommandos* : environ une centaine d'hommes à vélo, équipés de deux *Panzerfaust* chacun et commandés par un lieutenant ou un sous-officier.

## Canons d'assaut et chasseurs de chars

La *Panzerdivision* a connu plusieurs réorganisations (1935, 1938, 1941, 1944). Celles de 1941 et 1944 ont pris acte de l'impossibilité de maintenir un nombre suffisant de grandes unités avec une dotation en chars élevée. Il en est résulté la suppression d'un régiment de chars sur deux. Si la division de 1940 a entre 240 et 300 chars, celle de 1941, comme celle de 1944, en compte à peine la moitié. Et encore, malgré une hausse permanente de la production, les pertes sur le front russe sont telles que les grandes unités n'atteindront que rarement leur dotation réglementaire.

Le « plan d'organisation[2] » type de la *Panzerdivision* 1944 s'établit ainsi : 13 213 personnels, 165 chars de combat et FLAK blindée sur

1. *Voyenno-Istoricheskiy Zhurnal*, N° 10, octobre 1983, A. Tsynkalov, *Percer la défense antichar de l'ennemi…*, p. 20.
2. Magenheimer, *Abwehrschlacht…*, p. 78.

chenilles, 288 half-tracks, 22 *Jagdpanzer* et 16 chars de reconnaissance. Cette structure reste très proche de celle des années précédentes, sa nature est toujours offensive. La plupart des matériels blindés produits restent endivisionnés. C'est seulement en 1945 que se renforce vraiment le souci de multiplier et de déconcentrer les chasseurs de chars et autres *Sturmgeschütze* au sein de formations plus petites :

– niveau Armée : un bataillon de chasseurs de chars lourds (45 *Jagdpanther*) ;

– niveau Corps : un bataillon de *Sturmgeschütze* (45 engins) ;

– niveau *Panzerdiv.* et *Pz.Gren.Div* : deux compagnies de *Jagdpanzer* IV (20 matériels) ;

– niveau division d'infanterie : une compagnie de *Jagdpanzer* (14 *Hetzer*).

Cette tendance se reflète dans les chiffres de production. Entre 1941 et 1944, l'évolution des fabrications se fait toujours plus en faveur des armes sous casemate, moins chères à usiner que les chars à tourelle pivotante. Ainsi, en 1944, l'on fabrique 7 908 chars mais 8 885 *Sturmgeschütze*, *Jagdpanzer* et *Panzerjäger*[1].

En mars 1945, après l'hécatombe de l'hiver, la *Panzerdivision* subit sa dernière réorganisation. On ne compte plus qu'une soixantaine de chars et canons automoteurs et un ou deux bataillons de *Panzergrenadieren*. Encore s'agit-il de dotations théoriques. Dans la grande majorité des cas, les divisions blindées auront moins.

### *3. La retour de la fortification*

Le 27 juillet 1944, dans un de ses premiers actes en tant que chef d'état-major de l'OKH, Guderian ordonne la remise en état des fortifications sur l'ancienne frontière germano-polonaise et la construction de nouvelles lignes défensives dans toute l'Allemagne orientale, entre l'Oder à l'ouest et la ligne Vistule-Narew-Memel à l'est. Pour ce faire, quelques jours plus tard, il ressuscite le vieux département Fortifications au sein de l'état-major-général de l'Armée, dissous par son prédécesseur, Zeitzler. Le lieutenant-colonel Karl-Wilhelm Thilo en prend la tête. Guderian agit avec une urgence telle qu'il transgresse les règles du commandement et fait valider ces deux décisions par Hitler *a posteriori*.

#### Une révolution dans la conduite de la guerre à l'est

Étendons-nous sur le problème de la fortification. Ce n'est qu'à la fin du XIX^e^ siècle que, dans la perspective d'une guerre sur deux fronts, le grand état-major se préoccupe de muscler sa frontière orientale, Königsberg et Lötzen recevant l'essentiel des aménagements. En 1919, le traité de Versailles n'autorise l'Allemagne à couler du béton que face à la Pologne, dans la zone Oder-Warthe (*Ostwall*) et en Poméranie (*Pommernwall*).

1. Chiffres in Magenheimer, *Abwehrschlacht...*, p. 77.

Durant les années 20 et 30, la *Reichswehr* définit le concept d'« Allemagne intérieure », *Innerdeutschland*, zone vitale qui s'étend entre Elbe et Oder, où l'on implantera les usines de guerre et qu'il conviendra de défendre par la fortification. Hitler balaie cette idée et, entre 1939 et 1941, a beau jeu de démontrer qu'aucune fortification ne peut résister à l'assaut d'un *Panzerkorps*. Par la suite, il continuera à s'opposer à la construction de lignes défensives arrière – mauvaises pour le moral des troupes, juge-t-il – préférant la formule des *Festungen*, ces villes-forteresses à tenir coûte que coûte en cas de percée russe. Son attitude a été étonnamment constante sur ce point. Il refuse ainsi en janvier 1942 l'érection de positions de recueil et de défense sur les arrières du Groupe Centre attaqué de toutes parts. À l'automne 1942, la construction d'un « mur de l'est » le long du Don, ardemment discutée dans les hautes sphères, est aussi écartée par la Führer qui, au même moment, décide de tout jouer à l'ouest sur le Mur de l'Atlantique. En 1943, l'OKH plaidera pour une « position *Panther* », de l'embouchure de la Narva à la Crimée. Nouveau refus. Au début de 1944, Jodl lui-même demandera le retrait de la *Ostheer* sur la ligne la plus courte entre Riga et Odessa, où l'on se retranchera en attendant le débarquement allié. Hitler refusera encore ce plan de bétonnage, de même qu'il luttera jusqu'à la dernière minute contre toute « rectification » du front, toute élimination des saillants et rentrants.

En tant qu'inspecteur général des troupes blindées, Guderian est dans la droite ligne de l'OKH : il plaide lui aussi, à partir de 1943, pour la multiplication des lignes défensives en profondeur. Ses arguments sont peu ou prou ceux qu'on entendait déjà en 1915 : la fortification épargne le personnel ; échelonnée en profondeur, elle ralentit et saigne l'adversaire, contraint de renouveler plusieurs fois son effort de percée. Nécessairement, le Russe finira par lancer ses forces blindées sur des axes étroits, où elles seront anéanties par les réserves tactico-stratégiques de Panzers judicieusement placées. Surtout, martèle Guderian, la fortification seule permet d'économiser les hommes et les matériels indispensables à la création d'une réserve stratégique sur le front russe, qu'il estime à 8 divisions Panzers ou Panzergrenadiers, 6 I.D et plusieurs bataillons spéciaux de chars et de chasseurs de chars lourds. Mais Hitler refusera d'accéder à ses demandes en janvier 1944 avec ces mots :

> « Croyez-moi ! Je suis le plus gros bâtisseur de forteresses de tous les temps. J'ai édifié la ligne Siegfried ; j'ai édifié le Mur de l'Atlantique. J'ai fait couler tant et tant de tonnes de béton. Je sais ce que signifie construire des fortifications. À l'est, nous manquons de main-d'œuvre, de matériaux, de moyens de transports. Les chemins de fer ne suffisent déjà pas à alimenter le front. Je ne peux pas encore surcharger les trains destinés au front avec des matériaux de construction. »

Le 27 juillet 1944, six jours après sa nomination à la tête de l'OKH, Guderian emporte enfin l'adhésion d'Hitler à son idée de mur de l'est. En réalité, celui-ci a déjà commencé à bouger, donnant l'ordre, le 19 juillet 1944, de remettre en état les fortifications orientales dans le cadre de « préparatifs pour la défense du Reich ». Nul doute que le désastre de Biélorussie, la fonte de l'espace stratégique à la disposition du Reich, la menace sur les bouches de la Vistule et sur la zone industrielle de Haute-Silésie, aient une grosse part dans ce changement. Mais il y a une autre raison à la volte-face de Hitler, qui va se traduire par un formidable quiproquo avec Guderian. Si le Führer veut bétonner, c'est pour économiser, comme Gudérian, des unités mobiles. Mais, alors que le chef de l'OKH veut les maintenir à l'est pour nourrir sa réserve stratégique, Hitler les destine au front ouest où il espère bien battre les Alliés. Si l'on suit l'historien Rolf-Dieter Müller, c'est lorsqu'il se rend compte qu'il a été berné que Guderian va donner un sens nouveau aux fortifications érigées à l'est.

### Des fortifications pour liquider la guerre ?

La thèse de l'historien allemand est audacieuse : Guderian voit dans les fortifications de campagne qu'il fait élever fébrilement à partir de l'été 1944 le seul moyen pour sauver des griffes de Staline l'*Innerdeutschland* – cette Allemagne vitale définie naguère par la Reichswehr – et la *Ostheer*. Dans un premier temps, le chef de l'OKH aurait été animé de l'idée qui agite aussi Rommel en juin et juillet 1944, puis von Kluge en août : il faut rechercher avec les Occidentaux les conditions d'un compromis analogue à celui de novembre 1918. À savoir, cessation des combats à l'ouest, évacuation de toutes les conquêtes (Scandinavie, Benelux, France, Italie) mais autorisation de ramener l'armée sur le territoire du Reich pour y empêcher la propagation de la « peste rouge ». Non pas, comme en 1918, une peste endogène, véhiculée par les groupes spartakistes, mais une peste encore plus primitive, celle qui dort dans les bagages de l'Armée rouge. Mais l'on comprend que, pour que cette politique soit viable, il faut retarder le Russe le plus possible, d'où la nécessité de multiplier les lignes d'arrêt fortifiées.

Mais, en attaquant dans les Ardennes, en refusant d'évacuer la Courlande, Hitler ruine cette stratégie de compromis avec l'ouest, tout en favorisant l'avance des Soviétiques vers l'Oder. Dès lors, Guderian – et son allié Albert Speer, représentant les intérêts de l'industrie – infléchit sa pensée à partir de janvier 1945 : il ne s'agit plus que de sauver les meubles. On ouvre tout grand le front ouest, on tient sous le béton à l'est, laissant ainsi aux Alliés occidentaux le temps d'occuper sans combat l'espace entre Elbe et Oder. Si les Occidentaux s'y refusent, il faut alors sauver au moins la *Ostheer* en la ramenant progressivement vers l'ouest, de lignes défensives en lignes défensives.

Cette thèse de Rolf-Dieter Müller[1] fait table rase des idées défendues par ses collègues d'hier et d'aujourd'hui, Andreas Hillgruber, Jürgen Förs-

1. On trouvera une bonne synthèse (en allemand) des idées de Müller dans Künzel Werner, Lakowski Richard (sous la direction de), *Niederlage-Sieg-Neubeginn. Frühjahr 1945,* Eine gemeinsame Konferenz des Landkreises Märkisch-Oderland und der Brandenburgischen Landeszentrale für politische Bildung, Seelow, 31.1.2005.

ter ou Manfred Messerschmidt. Une partie importante des chefs militaires n'a aucune intention d'accomplir le programme hitlérien, à savoir lutter jusqu'à la dernière goutte de sang du dernier soldat ; il n'est pas question pour eux de mener un combat désespéré dans cette *Innerdeutschland* entre Elbe et Oder ; toutes les déclarations en ce sens sont de pure rhétorique, pour complaire au Führer. Et d'ailleurs ajoute l'historien, l'armée allemande, travaillée par des ferments de désagrégation, ne s'est battue jusqu'au bout ni sur le Rhin ni sur l'Oder ; elle n'a pensé qu'à se retirer, a refusé de mener la bataille pour Berlin (voulue par Hitler seul), a cherché son salut dans une retraite massive vers l'Elbe pour y signer des capitulations partielles. Le « combat final » entre Oder et Rhin s'est réduit finalement à une avance somme toute rapide des Soviets et des Anglo-Saxons, et la capitulation est venue peu de temps après le suicide de Hitler.

Dans ce cadre de pensée nouveau, la politique de fortifications de Guderian prend une signification nouvelle. Les six ou sept lignes bâties derrière la Vistule n'ont pas d'autre fonction que d'accueillir la *Ostheer* dans sa grande migration vers l'ouest. Comment expliquer, sinon, l'ordre de Guderian du 28 novembre 1944, de préparer une « dernière » ligne, baptisée *Nibelungen*, entre Pressburg-Brünn-Olmutz-Francfort/Oder-Stettin ? Ou, mieux encore, l'érection d'une « nouvelle dernière » ligne, en février 1945, qui reçoit le nom de *Hagen*[1], le long de l'Elbe entre Prague-Dresde-Magdebourg-Stendal ? Hitler laisse faire parce qu'il imagine que ces lignes en profondeur prouvent la volonté de résistance à outrance de l'armée. Mais, si l'on en croit Rolf-Dieter Müller, elles ne seraient qu'une façon habile de tourner le *Haltbefehl* du Führer, la concrétisation d'une liquidation masquée du conflit.

Les grands travaux lancés par Guderian cacheraient aussi des enjeux de pouvoir. La nécessité de mettre du personnel dans les lignes défensives arrière aurait ainsi eu pour but de soustraire à Himmler le maximum d'unités de l'Armée de remplacement – *Ersatzheer*, dont le *Reichsführer SS* est le chef – et d'ôter au parti nazi son pouvoir sur les formations du *Volkssturm,* pour intégrer les unes et les autres aux divisions de l'armée de Terre et/ou aux bataillons de garde des fortifications. Ainsi privés de

1. Étrange ligne *Hagen* dont Guderian demande qu'elle soit couverte par une zone tampon de 30 km, située de part et d'autre de l'Elbe, où l'armée de Terre pourrait se retirer en cas de nécessité. Bien évidemment la zone tampon occidentale n'est qu'un bluff destiné à faire accroire à Hitler que l'on se défendra aussi contre les Américains. De la même façon, Dresde est mise en état de défense tous azimuts avec des approvisionnements pour quatre divisions, non pas pour en faire une *Festung* prête à se battre contre tout adversaire, mais simplement pour recueillir les éléments des Armées de Heinrici et de Schörner qui se replieront à travers la Saxe. Enfin, le 21 février 1945, Guderian a réussi à faire signer à Hitler un ordre plaçant sous l'autorité directe de l'OKH les têtes de pont de Dresde, Riesa, Torgau et Wittenberg. On le voit, l'ensemble de ces petits faits prend une signification nouvelle à la lueur de l'interprétation donnée par R-D Müller.

moyens humains, SS et parti nazi seraient hors d'état de mener une guerre totale dans l'*Innerdeutschland*. Plus la zone couverte par les villes-forteresses et les lignes fortifiées s'étend en profondeur, plus se restreignent les zones d'emprise directe d'Hitler et des organisations nazies.

La thèse de R-D Müller va loin, et dans toutes les directions. Ainsi, l'on peut se demander pourquoi en février 45 Speer et Guderian insistent auprès d'Hitler pour qu'il demeure à Berlin et organise de là la défense du front oriental. Alors que Himmler, Bormann et Goering pressent le Führer de se réfugier qui à Berchtesgaden qui à son nouveau P.C de Jonastal. La réponse de R-D Müller est que la présence de Hitler dans les Alpes ou en Thuringe galvaniserait la défense dans ces régions et gênerait la progression des Anglo-Américains dans l'*Innerdeutschland*, ce que les deux compères ne veulent à aucun prix. À ce niveau, on peut donc parler de véritable complot Speer-Guderian, l'un s'occupant de sauver l'industrie, l'autre la *Ostheer*, tous les deux dans l'optique de favoriser par tous les moyens la pénétration occidentale le plus loin possible vers l'est.

En mars 1945, après la consitution d'une tête de pont américaine à Remagen et l'échec de la contre-offensive en Hongrie, Hitler semble perdre la main. Ribbentrop[1], Goebbels, Himmler, Goering, mais aussi Speer et Guderian, cherchent désespérément des contacts avec les Occidentaux. Les deux derniers font directement pression sur Hitler pour avoir les mains libres, liquider les avant-postes (Scandinavie, Italie, Yougoslavie, Courlande), renforcer le front est et chercher l'ouverture à l'ouest. Un moment ébranlé, Hitler reprend les rênes, vire Guderian, met Speer à l'écart, retire sa confiance à Goering et Himmler et menace de mort quiconque osera parler de faire la paix. Avec un instinct politique intact, Hitler reprend le commandement direct de la ligne défensive clé de l'Elbe, au détriment de l'OKH. Pour autant, la stratégie Speer-Guderian n'aurait pas, selon R-D Müller, été un échec. Speer continue à torpiller les initiatives hitlériennes de guerre à outrance, avec l'aide de nombreux officiers de la Wehrmacht et aussi des SS. Il parvient ainsi à saboter plus ou moins complètement diverses initiatives comme l'ordre de destruction de toutes les infrastructures en Allemagne, la mise sur pied du *Wehrwolf*, d'unités suicide de la Luftwaffe, et il parvient à mettre sous contrôle les gros stocks de gaz de combat dont Hitler aurait pu tenter de se servir *in extremis*.

1. En février 1945, avec l'accord à contrecœur de Hitler, le ministère des Affaires étrangères du Reich entreprend les premières démarches de paix officielles depuis le début de la guerre. Les ambassadeurs allemands à Madrid, Stockholm et Berne font tout pour rencontrer des officiels britanniques ou américains par l'intermédiaire de diplomates de pays neutres. Leurs offres de pourparlers de paix posent une condition : le respect du caractère national-socialiste de l'Allemagne ; et font une offre : le combat commun contre le bolchevisme. Ces tentatives de contacts ne rencontreront que le silence des Alliés.

Empressons-nous d'ajouter que la thèse de Rolf-Dieter Müller est controversée et qu'elle n'est pas toujours fortement étayée par des documents. Mais elle a l'immense avantage de renouveler l'interprétation traditionnellement donnée aux derniers mois du conflit. Examinons maintenant en détail les travaux réalisés par Guderian en collaboration étroite avec Thilo et le général Jakob, patron des pionniers à l'OKH, sans perdre de vue qu'ils n'auraient jamais été possibles sans le long répit sur le front central accordé par les Soviétiques à partir de septembre 1944.

**Plus de 2 000 km de lignes fortifiées** *(carte 3)*

574 000 hommes âgés ou réformés, Jeunesses Hitlériennes[1], prisonniers de guerre, déportés, civils polonais, sont mobilisés par les Gauleiter des régions menacées, nommés pour l'occasion *Reichsverteidigungkommissaren*, Commissaires à la Défense du Reich, armés des pleins pouvoirs. Les commandants de régions militaires doivent apporter leur collaboration aux responsables nazis, mais sans pouvoir s'immiscer dans les travaux. Le 1er septembre, Hitler ordonne que la priorité la plus haute soit donnée à ces fortifications. Entre août et novembre, en dépit d'un manque de moyens de levage et d'excavation, on réussit à bâtir ou à remettre en état plusieurs centaines de kilomètres de lignes défensives sur 200 à 300 kilomètres de profondeur, entre Vistule et Oder. Ces lignes sont désignées A, B, C et D, chacune se dédoublant sur certaines portions en A-1 et A-2, B-1 et B-2, etc.

La première série d'ouvrages court sur 400 km, du coude de la Vistule – au nord de Varsovie – jusqu'aux montagnes de Slovaquie. Elle consiste en quatre lignes, grossièrement orientées nord-sud. La première ligne, baptisée « position Hubertus » barre le saillant qui fait face aux trois têtes de pont soviétiques, Magnuszev, Pulawy, Baranov-Sandomierz. Elle raccourcit le front de 100 km ; ses excellents aménagements ont été réalisés sous la direction d'officiers du génie. Au nord, le « verrou de la Pilica » protège Varsovie par le sud, avant de rejoindre la ligne A-1 à Tomaszow. Installé sur la berge surélevée de la rivière Pilica, il représente un obstacle sérieux, s'il est défendu, à une poussée soviétique partant de Magnuszev.

Vingt à quatre-vingt kilomètres derrière ces deux lignes, la position A-1 dite « de Groupe d'Armées », court parallèlement au front, du confluent Rawka-Vistule, jusqu'en Slovaquie, en s'appuyant pour les trois quarts de son parcours sur les cours d'eau orientés nord-sud. Elle protège Lodz et Cracovie et, à partir de Prezdborz, elle se dédouble en A-2, qui correspond à la ligne atteinte par les troupes de Hindenburg en décembre 1914. Moins étoffées que les précédentes, A-1 et A-2 accumulent néanmoins un nombre impressionnant de tranchées, fossés antichars, champs de mines, réseaux barbelés, positions d'artillerie, nids de mitrailleuses, P.C, avec équipement en lignes téléphoniques et aménage-

1. Chiffre tiré de R. Lakowski, *Das deutsche Reich*..., vol. 10/1, p. 500.

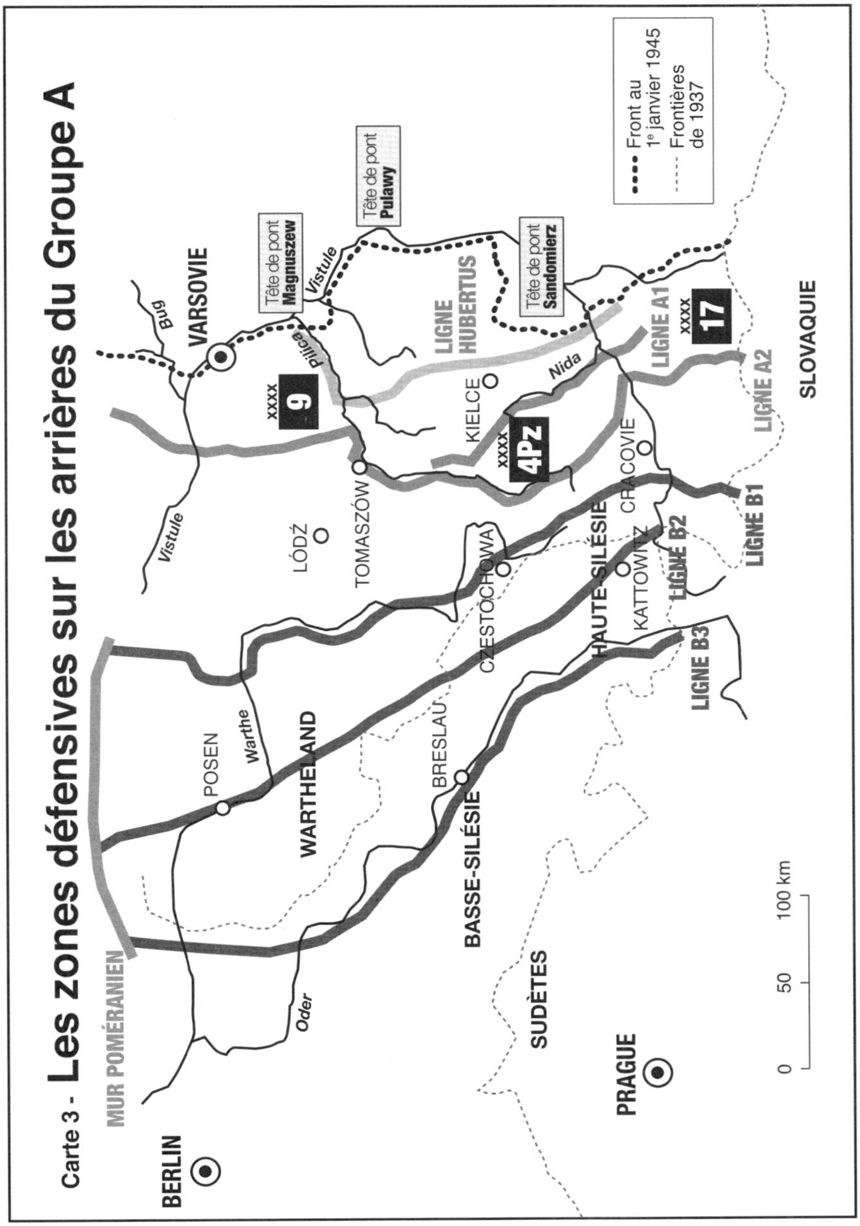


Carte 3 - **Les zones défensives sur les arrières du Groupe A**

ment de dépôts. Aux carrefours, sur les flancs de colline ouverts au levant, plusieurs centaines de bunkers bois-terre ou béton sont construits. Tous ne sont pas idéalement placés, la coopération entre *Reichsverteidigungkommissaren* et officiers de la *Ostheer* ayant été exécrable et se traduisant par l'interdiction faite aux seconds de valider les plans signés par les premiers[1]. Néanmoins, le colonel Thilo les certifie « bien construites[2] », quelques jours avant l'attaque soviétique. Le major-général des Pionniers, Hans von Ahlfen, juge cependant la « science de la bonne fortification de campagne », largement en recul par rapport à celle de l'Armée impériale de 14-18[3]. Il n'empêche : c'est la première fois, depuis le 22 juin 1941, que la *Ostheer* dispose de vraies lignes défensives sur une profondeur de 150 à 200 km.

L'avant-dernière ligne de résistance suit la frontière du Reich, en lisière de la Haute-Silésie et de la province annexée du Wartheland. La B-1 coupe à travers la grande plaine en suivant grosso modo le cours de la rivière Warthe. La B-2, décrochée de 30 km vers l'ouest, garde directement les approches de la région industrielle silésienne. Thilo juge cette dernière « la meilleure ligne de tout l'est du Reich », avec des positions pour l'artillerie et les armes automatiques terminées à 100 %. Son jugement est en revanche négatif sur la portion centrale, à la frontière du Wartheland. C'est précisément là que la masse des chars soviétiques va frapper. À noter la présence d'un profond fossé antichar avec rebord de barbelés sur 150 km de long (!), interrompu seulement au passage des routes, où des barrières mobiles en acier font office de portes.

La ligne C reprend le « mur de l'est » (*Ostwall*), édifié entre 1927 et 1938, le long de l'ancienne frontière germano-polonaise. Prolongé au nord en Poméranie et au sud le long de l'Oder, le *Ostwall* garde avant tout la *Lebuser Tor*, le couloir de 100 km de large, entre Oder et Warthe, qui donne accès à Berlin en venant de Pologne. Cet ensemble de fortifications denses et modernes se tient au niveau de la ligne Maginot. Comme elle, il est constitué d'une ligne discontinue d'ouvrages bétonnés souterrains (jusqu'à 40 mètres de profondeur), reliés par tunnel (avec 40 km de voies ferrées), où peuvent s'entasser hommes, munitions, vivres. En surface, appuyé sur des lignes de hauteurs, des bois, des marais, des cours d'eau, on compte, sur 3 km de profondeur, plusieurs centaines de tourelles d'artillerie sous cloche d'acier, de coupoles d'observation, de casemates

1. Encore plus typique de l'anarchie inhérente au Troisième Reich est la guerre que se livrent le Gauleiter de Haute-Silésie, Bracht, et son camarade de Parti, Frank, gouverneur-général de Pologne. Comme certains aménagements de la ligne B-2 empiètent de quelques kilomètres sur « son » territoire, Frank interdit aux travailleurs et aux camions de franchir la frontière, allant jusqu'à disposer à cet effet un cordon de police et de douane ! Les télégrammes d'Hitler ne feront qu'envenimer la querelle,… qui sera tranchée en deux heures par les T-34.

2. R. Lakowski, *Das deutsche Reich…*, vol. 10/1, p. 500.

3. H. von Ahlfen, *Der Kampf um Schlesien*, p. 26.

pour PAK, lance-flammes fixes, mitrailleuses. Correctement armé et garni de troupes, ce verrou de la *Lebuser Tor* constituerait un obstacle majeur, qui préoccupe plus que tout le maréchal Joukov.

Enfin, nous l'avons déjà signalé, le 28 novembre 1944, Guderian étoffe encore son système en ordonnant l'érection d'une ultime position, baptisée *Nibelungen*. Elle doit protéger l'ensemble Berlin-Dresde-quadrilatère de Bohême-Vienne, en courant sur une ligne Bratislava-Brno-Olomouc-Klodzko-Francfort sur l'Oder-Küstrin-Stettin. Nous retrouverons la partie nord de cette ligne lors de la dernière grande offensive soviétique vers Berlin, dans la troisième partie de cet ouvrage.

Les défenses de Prusse-Orientale, les plus denses de toutes, seront abordées p. 252.

L'ensemble de ces fortifications impressionne sur le papier. Mais Guderian n'est pas dupe. Le *Ostwall* a été démantelé en 1942-43 : 100 % de l'armement – et même les barbelés – sont partis sur le mur de l'Atlantique. Les autres lignes n'ont de valeur que peuplées par des divisions de forteresse, équipées en armes automatiques, antichars, artillerie de campagne. En ponctionnant les rangs des réformés (pieds plats, sourds, malades de l'estomac, arthritiques...), Guderian parvient à constituer 53 bataillons de forteresse et à réunir 327 batteries d'artillerie (2 000 pièces) prises dans les parcs de matériels récupérés sur les Français, Belges, Tchèques, Soviétiques, Italiens, plus 217 batteries de PAK. En septembre 1944, 80 % de ces moyens sont jetés par Hitler devant les Armées anglo-américaines, où ils disparaîtront en pure perte. On ne laisse à Guderian que les armes d'un calibre inférieur à 75 mm, sans effets sur les chars soviétiques.

Au 1er janvier 1945, le Groupe d'Armées A dispose pour garnir ses lignes de défense arrière de 65 bataillons de sécurité[1], soit environ 35 000 hommes, dont seulement 16 tiennent la ligne A-1. Tout le reste a été mobilisé à des tâches diverses : garde des ponts, des routes, des voies ferrées, lutte contre les partisans...

Tenace comme à son habitude, Guderian réussit peu à peu à constituer des dépôts de carburant et de munitions, et à tendre une chaîne radio reliant entre eux les différents éléments des lignes fortifiées. Mais le problème des garnisons reste entier. C'est alors que Guderian se souvient

> « d'une idée suggérée longtemps auparavant par le général Heusinger, chef du département opérations de l'OKH et rejetée par Hitler : c'est la formation d'un *Landsturm*, une milice territoriale de défense des provinces menacées de l'est. J'étais intéressé par cette idée de lever des unités, encadrées par des officiers et peuplées d'hommes issus des territoires de l'est capables d'un service actif mais jusque-là exemptés parce qu'ils tenaient des emplois spéciaux ; ces unités pourraient être appelées en cas de percée russe. Je fis la proposition à Hitler et suggérai que la S.A (...) se voit confier la tâche de lever cette force. Je m'étais déjà assuré la collaboration de Schepman, le

1. Magenheimer, *Abwehrschlacht...*, p. 79.

chef d'état-major de la SA, un homme sensé et qui était plutôt bien disposé vis-à-vis de l'Armée. Hitler commença par approuver ma proposition mais le jour suivant il m'informa qu'il avait reconsidéré sa position, et souhaitait confier l'affaire au Parti, c'est-à-dire à son chef, Bormann ; il souhaitait également que cette force prenne le nom de *Volkssturm*[1] ».

Dans l'immédiat, Guderian n'est que moyennement rassuré. Comment sera armé et entraîné le *Volkssturm* ? Sera-t-il appelé à temps ? Les Russes lui accorderont-ils un délai suffisant pour qu'il s'installe sur les lignes fortifiées ? Pourra-t-il tenir le temps de recueillir et intégrer à la défense les unités de la *Ostheer* en retraite ? Nous verrons plus loin pourquoi et comment les énormes travaux défensifs réalisés durant l'automne 1944 ont eu des destins fort différents. Un effet quasi nul au centre, dans l'axe de Berlin, très faible au sud, devant la Silésie où, pourtant, 40 bataillons[2] du *Volkssturm* sont en place depuis la Noël 1944. En revanche, la fonction de freinage sera assurée avec efficacité en Prusse-Orientale. De même, de façon inattendue, les vieilles forteresses[3] du XIX^e^ siècle plus ou moins modernisées – Posen, Breslau, Glogau, Küstrin, Marienburg, Graudenz, Thorn, Stettin – rendront les plus grands services à la *Ostheer*.

Quel curieux paradoxe de voir Guderian, apôtre de la guerre mobile, se faire le chantre d'une conception purement défensive, héritée des années 1915-1917. Jamais dans ses mémoires, le chef de l'OKH n'avoue s'être demandé comment, avec une Armée très diminuée et une Luftwaffe agonisante, il pourrait réussir, en 1945, une stabilisation du front constamment refusée par les Soviets entre août 1943 et septembre 1944. Comment prôner une défensive linéaire, dévoratrice d'unités, quand le problème principal est précisément celui du manque de personnel ? Comment croire à la possibilité même de contre-attaques quand manquent les Panzers et, plus encore, les avions ? Ni la « défensive stratégique », chère au Manstein de l'an 1943, ni la « défense élastique », objet des discours de 1944, ne sont plus d'actualité face à un assaut soviétique de l'ampleur annoncée par Guderian lui-même. Le chef de l'OKH s'abuse sans doute sur l'efficacité de ses fortifications. Ou bien, si la thèse de Rolf-Dieter Müller est la bonne, est-il au contraire lucide et ne cherche-t-il, au mieux, qu'à freiner l'avance soviétique, à gagner du temps pour laisser les Américains avancer au plus loin et à préparer les conditions qui permettent à la *Ostheer* une retraite ordonnée. Est-il même réaliste de croire à cette

1. Guderian, *Panzer leader*, p. 361-362.

2. Hans Kissel, *Das deutsche Volkssturm 1944-1945*, Wehrwissenschaftliche Rundschau, avril 1960, 4^e^ cahier, p. 209 et sq.

3. Hitler déclarera *Festungen*, c'est-à-dire forteresses à tenir jusqu'au bout, les villes de Königsberg, Lötzen et Pillau en Prusse-Orientale ; Stettin, Schneidemühl, Kolberg et Köslin, en Poméranie ; Breslau, Glogau et Oppeln, en Silésie ; Küstrin, Francfort/Oder et Guben, dans le Brandenburg ; Dantzig, Bromberg, Thorn, Graudenz, Elbing, Marienburg, en Prusse-Occidentale ; Posen, dans le Warthegau ; Varsovie, dans le Gouvernement général.

possibilité ? Comment penser que les divisions de première ligne, matraquées par l'artillerie rouge, seront capables de se replier, de ligne défensive en ligne défensive, en bon ordre et avec leur matériel, des centaines de chars sur leurs talons et des nuées de *Sturmoviks* au-dessus d'elles ?

## Les réflexions tactiques du général Harpe

Dans une directive[1] du 26 novembre 1944, le colonel-général Harpe, chef du Groupe d'Armées A, fait connaître la façon dont, selon lui, la bataille défensive se mènerait au mieux. D'entrée, il se trompe sur l'intention des Soviétiques. Il postule une attaque CONVERGENTE des forces rouges issues des trois têtes de pont sur la Vistule, attaque visant à l'encerclement des divisions postées sur le fleuve. Erreur typiquement germanique : la *Ostheer* ne connaît guère que ce type de manœuvre, l'enveloppement, sur une ou deux ailes (*Flügel-* ou *Zangenangriff*). Or, les Soviétiques iront TOUT DROIT dans la profondeur du système allemand ; ils abandonneront la tâche de réduire l'infanterie dépassée par leurs chars aux unités de second échelon. La conquête de la Haute-Silésie n'est pas non plus l'objectif prioritaire de l'Armée rouge, contrairement à ce qu'écrit Harpe : c'est dans l'axe de Berlin qu'ils entendent progresser en priorité.

Du point de vue tactique, les réflexions du colonel-général se concentrent sur le problème d'un retrait partiel de ses troupes depuis les premières tranchées vers la ligne principale de grande bataille (*Grosskampflinie,* ou *GKL*) : faut-il l'autoriser, et quand ? Harpe laisse le choix à ses commandants d'Armée. Son souci principal va à la constitution d'une réserve blindée tactico-opérative : où doit-on la stationner ? Quand faut-il l'engager ?

Pour mener la bataille défensive, le champ de bataille le moins mauvais, selon Harpe (mais Guderian et l'OKH partagent cette analyse), s'organiserait ainsi, de l'avant vers l'arrière *(voir schéma)* :

– Sur 1,5 à 2 km de profondeur, la « ligne de combat principale » (HKL, *Hauptkampflinie*) est un ensemble de points fortifiés, reliés par des tranchées en zig-zag, précédés de champs de mines. Selon la tradition établie en 1916-1917, cette zone d'avant est susceptible d'être évacuée dès que sont détectés avec certitude les signes annonçant l'attaque soviétique. L'objectif du mouvement est de soustraire les bataillons aux feux d'artillerie. La HKL n'a donc d'autre fonction que d'ABSORBER progressivement le premier choc de l'ennemi en reculant, de ligne en ligne, à l'abri des champs de mines, jusqu'à parvenir à la GKL où aurait lieu le combat décisif.

– Derrière la HKL, précédée d'un large fossé antichar, la GKL (*Grosskampflinie*) ou « ligne de grande bataille », située idéalement à 20 km de l'avant. Elle consiste, elle aussi, en un ensemble de points fortifiés interconnectés par tranchées. Ces points sont situés en des

1. *Weisung für die Vorbereitung der Abwehrschlacht zwischen Beskiden und Warschau*, in Magenheimer, *Abwehrschlacht...*, p. 65.

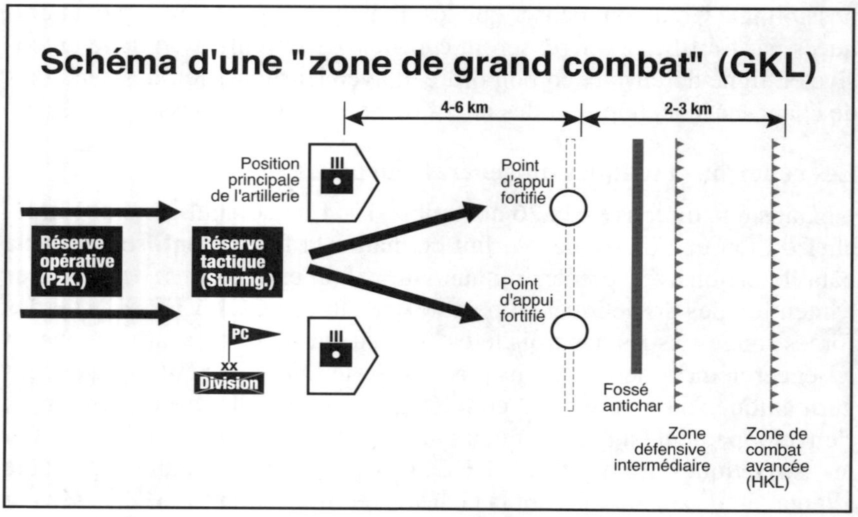


endroits importants (carrefour, pont, gué, bourg, colline, etc.). Leurs abords sont densément minés, les routes surveillées par des sections de pionniers prêts à semer des mines antichars à la première alerte. Les entrées sont barrées, gardées par de la PAK sous béton. Quelques centaines de mètres en arrière se trouvent les batteries d'artillerie de campagne et la réserve antichar tactique. Celle-ci consiste, par division, en un bataillon de *Sturmgeschütze* et/ou de *Jagdpanzer (Jagdpanzer* IV, *Jagdpanther*), chargé de mordre les brigades blindées soviétiques qui parviendraient à s'infiltrer entre les points d'appui. Harpe est favorable au maintien d'une importante réserve d'infanterie sur la GKL pour parer à toute surprise : un régiment par division.

Plus en arrière, toujours selon le schéma théorique d'organisation du champ de bataille, cantonne la réserve des *PzDivisionen*. Dans la conception de Harpe, il s'agit clairement d'une réserve opérative. Sa mission est d'empêcher la percée des Armées de tanks de l'ennemi, lui interdire l'accès aux arrières profonds. Comme telle, elle doit être située à bonne distance du front – 40 à 75 km, selon les généraux, et donc 20 à 55 km de la GKL – où elle attendra deux ou trois jours pour être engagée, sur ordre du Groupe d'Armées, le temps de déterminer avec certitude l'axe de l'offensive ennemie.

Cette conception défensive ne plaît pas à Hitler qui objecte la faible mobilité et la rareté de l'infanterie. Qu'adviendra-t-il des régiments fixés sur la HKL ? Comment empêcher leur destruction ? Comment imaginer qu'ils pourront reculer en bon ordre, à pied, de 20 à 55 km au milieu des brigades de T-34 et de SU ? Enfin, où trouver l'essence pour donner à la réserve opérationnelle un rayon d'action d'une bonne centaine de kilomètres AVANT tout engagement ?

Ces objections, ni Harpe ni Guderian n'ont les moyens de les lever. Il faudrait au Groupe d'Armées A à la fois une réserve tactique ET une réserve opérative, et il lui faudrait de l'essence. Aussi, l'ambiguïté demeure-t-elle : les deux *Panzerkorps* à la disposition de Harpe forment-ils une réserve tactique ou opérative ? C'est la peste et le choléra... Le premier choix met la réserve Panzer sous le feu des Soviétiques dès le début de la bataille ; le second garantit la perte de l'infanterie. Hitler tranchera en faveur de la première réponse : les Panzers disponibles sont une réserve tactique. Et il tranchera aussi pour le reste. Pas plus de 2 à 4 km entre HKL et GKL et envoi d'un *Führerbefehl* aux Groupes d'Armées : interdiction à l'infanterie de reculer AVANT le déclenchement de la contre-attaque des Panzers. Comme devant Moscou, se bat bien une troupe qui a le dos au mur.

La défense allemande sera donc linéaire et peu flexible. Le sort de la bataille dépendra non de l'infanterie mais des deux *Panzerkorps* en réserve.

## Opération *Schlittenfahrt*

Au début de décembre 1944, Harpe, commandant du Groupe d'Armées A, et von Xylander, son chef d'état-major, invitent dans leur P.C de Cracovie tous les commandants d'Armées et de Corps sur lesquels ils ont autorité. Objet de la réunion : un *Kriegspiel* sur cartes simulant une attaque soviétique sur la Vistule. En arrière-plan, il s'agit de discuter de la directive de Harpe émise une semaine plus tôt. Durant douze heures, ces messieurs compulsent chiffres, cartes, photos aériennes, et concluent à la forte probabilité de voir les Russes arriver en Silésie, et même de franchir l'Oder, six jours après le début de leur offensive. Ce qui se révélera parfaitement exact. Xylander, notamment, croit les positions allemandes incapables de supporter les préparations d'artillerie soviétiques – qui n'ont cessé de monter en puissance depuis Stalingrad – et les réserves de Panzers trop faibles pour contrer le déferlement des chars. Le problème, explique Xylander, est de parvenir à soustraire l'infanterie au feu adverse, infanterie sans laquelle aucune bataille défensive n'est possible.

Les jours suivants, Xylander propose un plan d'opérations, plus tard baptisé *Schlittenfahrt* (promenade en traîneau). L'idée, sur le fond, n'est pas nouvelle : les Armées de Ludendorff l'ont pratiquée en 1917 et 1918. Il s'agit, quelques heures avant l'assaut soviétique, d'évacuer les premières lignes à la faveur de l'obscurité et de faire reculer l'infanterie. En trois bonds, celle-ci gagnera une position de recueil (préparée à l'avance et soustraite à la curiosité des Soviétiques), baptisée *Hubertus*, allant de Warka à Szczucin, *via* la Pilica, Nowe Miasto, Przysucha, Rzucow et Gorno. Plus courte, mieux appuyée sur les obstacles, cette ligne ramènera les secteurs divisionnaires de 20-25 km à 15-20 km. Inutile de pleurer la perte de la Vistule, explique Xylander : avec l'arrivée du gel, elle n'est plus un obstacle pour l'infanterie. En revanche, la préparation d'artillerie soviétique tombera dans le vide puis l'infanterie et les pointes blindées ennemies s'avanceront dans un paysage dévasté : ponts, carrefours, chemins de fer, points d'eau potable, bâtiments, routes en surplomb, tout aura été rasé en quelques minutes par l'actionnement de milliers de charges de démolition[1]. L'avance des Bolcheviks sera en outre retardée par des dizaines de milliers de mines enterrées sur tous les axes de progression. Ce délai permettra d'achever les concentrations qui écraseront les chars russes une cinquantaine de km à l'ouest des têtes de pont. Car, et c'est le second volet de *Schlittenfahrt*, l'ensemble des réserves blindées, appuyée par trois divisions d'infanterie, tendra un piège à Joukov dans la région de Radom, prenant ses Armées de tanks en sandwich entre les XXXX^e^ et XXIV^e^ *Panzerkorps*. Encore et toujours la *Zangenangriff*, l'attaque en pince !

> « Si nous réussissons à bloquer l'attaque russe soit sur la ligne A-1 soit sur la frontière silésienne grâce à une bataille mobile où nous lui sommes encore supérieurs, conclut Xylander, alors nous pourrons dire que notre mission aura été remplie. La région industrielle de Haute-Silésie demeurera capable de travailler, l'ennemi sera tenu à distance du sol allemand et du temps aura été gagné pour permettre à la direction supérieure du Reich d'entrer dans des discussions politiques sur la base de la situation militaire ainsi obtenue[2]. »

Ce vœu et cette proposition de von Xylander sont accueillis avec un scepticisme désabusé à l'OKH, qui approuve tout en prévenant qu'Hitler n'acceptera jamais de planifier un repli sur la ligne *Hubertus*. Sollicité, Frank, Gouverneur général de Pologne, refuse son entremise auprès d'Hitler. En revanche, Reinhardt, chef du Groupe d'Armées Centre, est séduit et fait aussitôt élaborer un plan semblable : abandon de la ligne de la Narew, repli sur la frontière fortifiée de la Prusse-Orientale, constitution d'une réserve mobile avec les troupes économisées. Par contagion, Von Lüttwitz, commandant la 9^e^ Armée, planifie à son tour un abandon de Varsovie et l'établissement de son Armée sur une ligne solide, 30 kilomètres en arrière. Le même von Lüttwitz fait également jeter sur le papier, avec Gräser, chef de la 4^e^ Armée Panzer, une opération *Entlausung*, l'abandon de l'espace dangereux entre les têtes de pont de Baranov et de Warka.

Ces messieurs à pantalon rouge essaient donc de trouver par eux-mêmes les réserves qui leur manquent.

Le 9 janvier, à l'*Adlerhorst*, Guderian, qui a vu Harpe à Cracovie deux jours avant, n'obtiendra d'Hitler que des vitupérations contre ces généraux seulement occupés à regarder vers l'arrière.

Rétrospectivement, il est assez facile de juger utopique le plan de Xylander. Il se focalise sur les deux têtes de pont de Magnuszev et Pulawy et néglige celle de Baranov, d'où viendra pourtant le premier coup. Posi-

1. On entend là un écho de l'opération *Alberich*, le repli du front allemand sur la position *Siegfried* en février-mars 1917, qui s'était traduite par la dévastation « scientifique » de la zone Arras-Bapaume-Péronne-Soissons.

2. Ahlfen, *Der Kampf um Schlesien*, p. 39.

tionnés au nord, comme le voudrait Xylander, les Panzers auraient été incapables de venir en aide au XXXXVIII^e^ *Panzerkorps* (dénué de chars, malgré son nom) et l'on ne voit pas ce qui aurait empêché Koniev de percer en profondeur. Peu réaliste apparaît l'idée d'un recul ordonné du LVI^e^ *Panzerkorps* coincé entre Magnuzsev et Pulawy. Où les fantassins trouveraient-ils le temps de parcourir 25 km dans la nuit pour se soustraire aux coups qui ne manqueront pas de pleuvoir sur leurs arrières et leurs flancs ? La seule idée forte de Xylander, partagée par Guderian, est la nécessité de placer la réserve de Panzers à l'abri d'une irruption soviétique, en la camouflant à 50 km en arrière du front. Ce que Hitler refuse aussi, nous l'avons vu.

### 4. Les hommes

L'état moral de la Wehrmacht en 1945 fait l'objet de discussions passionnées. À l'image de ce qu'ont été, en France, les affrontements de spécialistes sur la guerre de 14-18, les chercheurs allemands se séparent sur le problème de la coercition et du consentement. Pourquoi se fait-on tuer sur la Vistule et l'Oder en 1945 : par peur du *Feldgendarme* ou par conviction ? S'ajoute à ce questionnement celui de l'adhésion ou du rejet de l'idée selon laquelle la Wehrmacht possède, jusqu'au bout du conflit, une capacité combative (*Kampfkraft*) quasi intacte.

En 1999, Robert Rush[1] a étudié en détail le LXXIV^e^ Corps (7^e^ Armée, Groupe B, front ouest) durant l'automne 1944. Sa conclusion est nette : le moral y est aussi mauvais qu'à la fin de 1918. La seule différence avec l'Armée du Kaiser, c'est que le commandement manifeste la volonté implacable d'intimider les soldats par des exécutions et des menaces contre les familles. Plus récemment, Andreas Kunz (voir bibliographie) a donné un remarquable ouvrage sur « Wehrmacht et défaite », où il s'évertue à démolir le mythe d'une armée combative jusqu'à la dernière minute.

Remarquons immédiatement que l'article de Rush ne vaut que pour le front ouest, pour une certaine période (l'automne 44) et pour quelques divisions de constitution récente, notamment les *Volksgrenadierdivisionen*. Ses remarques ne concernent guère la 6^e^ Armée Panzer SS ou la 5^e^ Armée Panzer de Manteuffel. Kunz, pour sa part, a magnifiquement analysé la misère matérielle des unités et l'effondrement spectaculaire du niveau d'instruction militaire de la troupe et de l'encadrement subalterne. Avec lui, on ne peut que convenir de l'érosion massive du savoir-faire de l'armée allemande. En revanche, à notre sens, il ne met pas suffisamment en lumière le maintien, au moins relatif, du moral, maintien qui ne vaut que pour le front est. Notre jugement s'appuie sur les centaines de témoignages de combattants soviétiques qui, au moins jusqu'à ce que soit

1. Robert S. Rush, *German Army, Fall 1944*, Armed Forces and Society, vol. 25, N° 3 (1999), p. 477-508.

crevée la ligne de l'Oder, font état d'une résistance acharnée, de contre-attaques locales et d'un nombre relativement peu élevé de prisonniers.

## L'état moral

Les spécialistes s'accordent à dire que la crise du moral des *Ostkämpfer* a duré environ un an, de septembre 1943 à août 1944, le temps de la grande retraite du Dniepr à la Vistule et au Boug. Cette crise et ce recul de 1 000 km n'ont pas empêché, d'ailleurs, la troupe de se battre le plus souvent avec ténacité. On connaît cette dégradation du moral grâce aux études menées par les Armées elles-mêmes à partir des contrôles postaux. Une ligne extraite d'une lettre de soldat résume tout :

> « Nous sommes fatigués de la Russie. Quand allons-nous une fois pour toutes sortir de ce maudit pays ?[1] »

En juillet 1944, après l'immense désastre de *Bagration*, la retraite vers le *Heimat* prend par endroits l'allure d'une déroute. On abandonne ou on détruit sans nécessité ses armes, on décharge des camions de munitions pour fuir au plus vite, des dizaines de milliers d'isolés, de déserteurs[2], se répandent partout sur les arrières, le nombre d'auto mutilations monte en flèche. Le 13 juillet, le Gauleiter Koch informe Hitler que ces fuyards, qui arrivent en Prusse-Orientale, produisent la pire impression sur une population de ce fait apeurée et à son tour prête à déménager en masse. Le 10 août, Hitler ordonne de rétablir l'ordre par tous les moyens. Les isolés, les fuyards, sont rassemblés en plusieurs points, triés par la *Feldgendarmerie* et renvoyés sous escorte à leurs unités. Le 23 septembre, un ordre de l'OKW parle encore de « signes de dissolution dans la troupe », d'« officiers qui ne remplissent pas leur devoir et abandonnent les matériels à eux confiés ». L'ordre recommande de passer sur le champ par les armes et devant la troupe tous ceux qui s'abandonnent ainsi, quel que soit leur grade. À partir de juin 1944, chaque mois verra en moyenne l'exécution de 350 membres de la Wehrmacht.

Fin octobre, la reprise en main est achevée et, avec l'échec de Tcherniakhovski en Prusse-Orientale, avec la découverte des atrocités de Nemmersdorf, la résolution revient. En novembre et décembre, sur le front central, les unités peuvent souffler. On reprend l'instruction, le matériel arrive, les hommes et les chefs font connaissance. Avec la reprise des combats au début de 1945, les mémorialistes soviétiques, Joukov au premier chef, relèvent que le moral (*i.e.* sa volonté de combattre) du *Landser* ne faiblit pas et qu'aucun signe de détérioration grave n'apparaît avant la mi-avril au plus tôt. Les engagements demeurent partout acharnés, on n'enregistre aucune reddition de forces importantes avant le 20 mars en Poméranie (X$^{e}$ Corps SS), le 28 avril dans la Spreewald (éléments de la

1. Contrôle postal de la 2$^{e}$ Armée, novembre 1943. Cité par M. Messerschmidt, *Ende des dritten Reiches…*, p. 227.
2. Dans son étude sur la justice militaire, Fritz Wüllner estime à 300 000 le nombre de déserteurs dans le second semestre 1944, pour l'ensemble des fronts.

9e Armée). En général, l'on cherche à percer si l'on est encerclé, les unités demeurent commandées même après avoir perdu les deux tiers de leurs effectifs.

Il serait abusif de penser que la *Ostheer* a tenu quasiment jusqu'au bout par la seule crainte du peloton d'exécution. Sans doute plus efficace a été la peur et la haine du Russe mais aussi, chez beaucoup, la foi nationale-socialiste, la croyance persistante au génie du Führer, à la « communauté nationale » (*Volksgemeinschaft*) et à la Grande Allemagne.

À cette crise profonde, Hitler ne voit d'autre remède que dans l'imitation du modèle bolchevique : il faut renforcer le contrôle politique sur l'armée. Le *Führerbefehl* du 22 décembre 1943 institue les NSFO, « les officiers commandants nationaux-socialistes », chargés de veiller, sous le commandement (près l'OKW) du général Wilhelm Reinecke, au durcissement de la troupe et au contrôle de la détermination de l'encadrement. En 1945, ils seront 50 000 à être passés dans les rangs de cette organisation.

Le 27 janvier 1944, Hitler réunit à Rastenburg plusieurs centaines d'officiers du front de l'est, chose exceptionnelle. Il y a là ses commandants d'Armée et de Groupes d'Armées ainsi que de nombreux autres officiers de toutes armes, jusqu'au niveau divisionnaire. Il les exhorte à intensifier le travail d'endoctrinement nazi de la troupe. Plus la situation militaire devient sérieuse, plus grande devient l'importance de la « foi nationale-socialiste » en la victoire, explique-t-il en substance. Et d'ajouter venimeusement :

> « Si la fin devait survenir un jour, ce devrait vraiment être aux maréchaux et aux généraux de se tenir près du drapeau jusqu'au dernier[1]. »

En février 1945, un tract rédigé par le NSFO illustre bien le retour à la phraséologie originelle du nazisme :

> « Révolution contre révolution !
>
> À la volonté révolutionnaire de l'ennemi (...), nous devons opposer désormais toute la force du national-socialisme (...). Wehrmacht, Parti, *Volkssturm* sont la révolution national-socialiste. Le soldat allemand combat seulement en tant que national-socialiste en armes. Mener la guerre d'un point de vue purement militaire ne suffit pas[2]. »

Outre le mouchardage et l'endoctrinement, les officiers NSFO sont responsables de la propagande. Ils empruntent leurs techniques aux *zampolit* staliniens. Quand la guerre aura atteint le sol du Reich, on verra ainsi fleurir d'énormes slogans peints sur les murs et les véhicules : « La victoire ou la Sibérie ! » « Nous combattons pour nos femmes et nos enfants ! » « Vaincre ou disparaître ! » De nombreux journaux et tracts sont distribués (par des enfants), des causeries organisées dans les unités, les gares, les points de transbordement. Le mot « Russe » est banni : on

1. Manstein, *Lost victories*, p. 511. Ce qui valut à Hitler d'être interrompu publiquement par Manstein, qui se sentit humilié et insulté par cette remarque.
2. In Kunz, *Wehrmacht und Niederlage*, p. 240-241.

ne parle que de « hordes asiatiques » ou « bolcheviques », de « sous-humanité rouge », de « dégénérés à la solde des Juifs », etc.

Il n'y a pas, comme en 1918, de « contamination » du front par l'arrière car l'arrière est, en grande partie, à l'unisson du front. Le dernier rapport des services de sécurité sur l'état d'esprit de la population date de la fin mars 1945. Il note une désaffection certaine pour les « bonzes du parti », objets de colère et de mépris, mais, pour la majorité des Allemands, ces sentiments épargnent la personne de Hitler. Dans un gros tiers de la population, le rapport relève, au contraire, une confiance encore plus aveugle dans le Führer, dernier espoir et seul homme au monde à pouvoir éviter le pire au pays. Dans la troupe, l'ascendant personnel de Hitler demeure fort.

Chez les soldats les plus âgés (1,5 million de plus de 45 ans), la résignation, le fatalisme, l'emportent, mais l'énergie du désespoir reparaît promptement. Chez les plus jeunes – soldats et officiers –, le fanatisme est réel et la détermination à lutter jusqu'au bout n'est pas de pure rhétorique. Ces générations, nées entre 1918 et 1930, ont subi, depuis leur plus jeune âge, l'endoctrinement massif des organisations nazies et apparentées : Jeunesse Hitlérienne, Service du Travail du Reich, préparation militaire, incorporation dans la Wehrmacht. L'idéal du soldat est le seul que connaît cette jeunesse, la guerre son unique horizon depuis six années.

On ne l'a pas assez souligné, la grande majorité de l'encadrement restera fidèle au national-socialisme, même après la mort d'Hitler. Lorsque, le 6 mai, Jodl fait connaître la demande de capitulation sans conditions posée par Eisenhower, il provoque un tollé. Le général Böhme, qui commande l'Armée de Norvège (400 000 hommes), le général Lindemann, son homologue au Danemark (231 000 hommes), le *Feldmarschall* Schörner en Bohême (600 000 hommes, qui ne capituleront que le 11 mai), tous exigent la continuation du combat. Après la signature de l'acte final à Berlin, le 9 mai, Dönitz devra envoyer par avion un officier d'état-major, De Maizière, pour ramener à la raison l'encadrement des 400 000 hommes encerclés en Courlande. Nombre d'officiers voulaient, avec l'aide des Lettons, se former en corps-francs et continuer la lutte contre le bolchevisme.

Les Alliés ont laissé subsister, entre le 9 et le 23 mai, le gouvernement du Grand-Amiral Dönitz, successeur désigné de Hitler. Durant ce laps de temps, ce Troisième Reich bis est demeuré entièrement fidèle à l'idéologie de son prédécesseur, tout au moins parmi les cadres militaires. Les bustes d'Hitler demeureront en place ; l'ordre d'abolir le « salut allemand » (*Heil Hitler* !) suscitera des protestations véhémentes et toute critique du Reich national-socialiste sera rejetée. Ces quelques semaines préfigurent la réalité des années qui suivront : les Allemands ne se laisseront dénazifier qu'à contrecœur et les anciens combattants de l'est tisseront en toute bonne conscience la légende dorée de la *Ostheer*.

## Le ressort militaire détendu ?

Le moral est une chose, la compétence au combat une autre. Deux éléments ont fait de l'Armée allemande une machine de combat remarquablement efficace au niveau tactique et tactique-opératif, au moins jusqu'à l'été 1944.

Le premier est un puissant esprit de corps, le sentiment d'appartenance à un groupe. Toute l'organisation militaire s'efforce de ne pas briser ces « liens primaires » développés entre les hommes. La conscription se fait sur une base régionale, le *Wehrkreis*, ce qui ne peut qu'augmenter la cohésion : divisions souabe, bavaroise, wurtemburgeoise, tyrolienne, berlinoise, etc. Les bataillons sont entraînés, transportés, attribués aux divisions puis envoyés au repos toujours d'un seul bloc : c'est le régiment d'origine, et non un système centralisé de gestion des personnels, qui est seul responsable. Les convalescents ne sont pas affectés au hasard, comme dans l'armée américaine : ils reviennent dans leur bataillon. De même les renforts, formés en bataillons recrutés et entraînés dans la ville où caserne le régiment-père. En arrivant, les nouvelles recrues sont prises en main par les anciens, qui y retrouvent des amis, des voisins, et rapidement intégrées au groupe primaire. Malgré les pertes, ce système assure une grande stabilité aux groupes primaires et, de là, aux grandes unités. Si, jusqu'en 1945, l'armée de Terre choisit de maintenir des divisions à effectifs réduits et, avec les renforts, d'en créer de nouvelles plutôt que de remplumer systématiquement les anciennes, c'est dans le but de ne pas diluer les précieux groupes primaires.

Mais cet élément de cohésion existe-t-il encore en 1945 ? Peut-être dans les anciens régiments, où l'on trouve quelques noyaux d'*Ostkämpfer*. Mais sans doute pas dans les *Volksgrenadierdivisionen* ou dans ces unités levées entre janvier et mars 1945, qui juxtaposent des hommes d'âges trop hétérogènes (trop de moins de 19 ans et de plus de 35 ans) et d'origines très différentes (Service du travail, rampants de la Luftwaffe, policiers, *Volkssturm*, affectés spéciaux, etc.). Si ces unités tiennent à peu près leur place, elles le doivent au petit noyau d'officiers et de sous-officiers expérimentés que les planificateurs essaient d'inclure dans les régiments, sans toutefois y parvenir toujours et au prix, il faut le redire, de pertes énormes. Mais, globalement, Andreas Kunz a raison : la qualité de la troupe et celle des officiers n'ont plus grand-chose à voir avec leurs devanciers de 1943, pour ne rien dire de ceux de 1941.

Le second principe à l'origine de l'efficacité tactique de l'Armée de terre allemande est un système de commandement « orienté mission » (*Auftragtaktik*). En clair, les commandants sont formés de telle façon qu'ils confient une mission à un subordonné en lui assignant un objectif et des délais, mais en disent le moins possible sur les moyens. Ces moyens, le subordonné doit les trouver sur le terrain, en fonction des circonstances. Esprit d'initiative, responsabilité, liberté de décision dans le cadre de la mission, sont exigés à tous les niveaux. Pareil système ne peut fonctionner que si officiers et sous-officiers sont fortement liés par une confiance réciproque et une unité de pensée. L'une et l'autre ne s'obtiennent qu'après un long entraînement et une sélection sévère. Or, après les saignées de 1944, les officiers subalternes et les sous-officiers expérimentés sont devenus denrées rares : on compte 25 900 officiers à l'automne 1944 sur le front de l'est, il en faudrait 15 500 de plus pour réunir l'encadrement réglementaire[1]. Et, surtout, ces hommes n'ont pas eu le temps de se familiariser avec leurs collègues, leurs subordonnés.

Le temps de formation d'une division Panzer tombe de 21 semaines en 1939 à moins de 5 semaines fin 1944 ! En 1945, les choses empirent. Faute de matériel, dans les casernes et les camps, il y a 70 hommes pour 1 mitrailleuse d'instruction, parfois 1 canon – sans obus – pour 100 artilleurs. Les pertes effroyables de la période juin 44-avril 45 ne laisseront à ces hommes tirés des usines et des services arrière guère de chances d'acquérir l'expérience et le sang-froid indispensables. L'efficacité tactique des unités engagées sur le terrain en 1945 s'en ressentira beaucoup, encore une fois plus fortement dans les nouvelles formations. L'ordre de Hitler du 19 janvier 1945 – donné après l'abandon de Varsovie – contraint les officiers supérieurs jusqu'au niveau divisionnaire à ne prendre de décisions qu'avec un préavis tel que le Führer puisse toujours contre-mander. À ces niveaux d'encadrement, l'*Auftragtaktik* a alors cessé d'exister. Aux niveaux inférieurs, le dogme de la « lutte jusqu'au dernier homme », le refus de tout recul, le soupçon et la répression, finiront aussi par tirer un trait final sur le plus beau fleuron de la tradition militaire prussienne.

### 5. *Des formations malgré tout encore solides*

#### *Infanterie Division* : l'exemple de la 252e I.D [2]

En janvier 1945, la 252e I.D, unité parfaitement ordinaire, appartenant au XXVIIe Corps d'Armée[3] stationné en Prusse-Orientale, se présente ainsi.

– Un Q.G divisionnaire.
– Trois régiments d'infanterie bâtis sur un même modèle. À savoir :
  - deux bataillons d'infanterie (au lieu de trois jusqu'en 1941) à 3 compagnies + 1 compagnie de mitrailleuses (6 lourdes, 3 mortiers de 120 mm, 4 mortiers de 80 mm), soit 1 322 hommes par régiment (1 008 combattants) dont 27 officiers et 280 sous-officiers, plus 136 auxiliaires, 569 chevaux. Ce qui place la force de combat du bataillon entre 300 et 350 hommes ;

1. Chiffres in R. Lakowski, *Das deutsche Reich*..., vol. 10/1.
2. Colonel von Garn, In *Employment of Inf.Reg.7*, in *Symposium*..., p. 436-437.
3. La Wehrmacht désigne toujours ses Corps d'Armée par des chiffres romains (le XL étant remplacé par un curieux XXXX). Afin de bien les distinguer des Corps soviétiques, nous conservons cette convention.

- une compagnie de commandement avec une section transmissions, une compagnie de pionniers ;
- une compagnie antichar à deux canons PAK de 7,5 cm tractés, une section à 12 *Panzerschreck* ;
- une compagnie d'armes lourdes avec 2 canons de campagne lourds et 6 légers.

– Un bataillon de transmissions avec deux équipes spécialisées dans les écoutes téléphoniques et radioélectriques.

– Un bataillon de pionniers à deux compagnies, dont une motorisée.

– Un bataillon antichar avec une compagnie de 8 pièces tractées de 7,5 cm, une compagnie de DCA équipée de 8 pièces de 2 cm, une compagnie de 10 redoutables chasseurs de chars *Hetzer* (un 7,5 cm PAK 39, longueur 48 calibres, monté sur châssis de Skoda 38).

– Un bataillon de fusiliers particulièrement bien équipé (création de 1943) : 3 compagnies à 2 mitrailleuses lourdes chacune, 2 mortiers de 80 mm, 1 compagnie lourde (8 mitrailleuses lourdes, 4 mortiers de 120 mm, trois PAK 7,5 cm).

– Un régiment d'artillerie à 40 obusiers hippotractés.

– Un bataillon de remplacement, services médicaux, train, etc.

L'ensemble représente une force respectable de 10 000 hommes dont 6 000 combattants, environ 500 mitrailleuses MG 34 et 42, 60 canons de campagne, 39 tubes PAK 7,5 cm, 60 mortiers de 120 et de 80 mm, 36 *Panzerschreck*, 24 pièces de DCA de 2 cm, 30 chasseurs de chars *Hetzer*... et environ 2 000 chevaux. Car, en 1945, plus encore qu'en 1939, les divisions d'infanterie allemande comptent surtout sur la traction animale pour bouger l'artillerie et déplacer le train. Au 12 janvier 1945, les registres de la *Heer* répertorient 1,1 million de chevaux, dont 923 000 sur le front.

À partir de l'automne 1944, les unités d'infanterie nouvellement créées sous l'égide de Himmler (chef de l'Armée de remplacement) et par Goebbels (au titre de Commissaire à la guerre totale) portent le nom de Divisions de grenadiers du peuple (*Volksgrenadierdivision*). Elles n'ont rien de particulier si ce n'est leur nom national-socialiste, un certain encadrement en officiers politiques et une plus grande misère en transports, services médicaux et artillerie.

Les unités des dernières vagues, formées entre janvier et avril 1945, comptent plus de chevaux (3 600), de charrettes (1 641) et de vélos (1 456), moins d'engins à moteur (138 motos, 146 véhicules légers, 185 camions[1]), moins de canons de campagne (45) et de FLAK (10 pièces de 3,7 cm) et seulement 14 canons d'assaut ou chasseurs de chars. Cette dotation théorique est en réalité rarement atteinte.

---

1. La division d'infanterie de 1940 comporte dans ses tableaux d'effectifs 600 camions, celle de 1944, 370 camions, celle de 1945 en général moins de 100 camions. Chiffres in DiNardo, *Mechanized Juggernaut*, p. 93.

## La *Panzerdivision* en 1945

Que n'a-t-on écrit sur l'état lamentable de la *Panzerwaffe* en 1945 ! Mais l'affirmation est trop vague et trop générale pour que nous puissions y souscrire. L'analyse détaillée des tableaux d'effectifs réels des principales *Panzerdivisionen* alignées à l'est au 1er janvier 1945 contredit toute vision misérabiliste.

Prenons l'exemple d'une bonne unité, la 5e *PzDiv*, cantonnée à Breitenstein en Prusse-Orientale. Elle se situe EN DESSOUS de la moyenne de la *Panzerwaffe* 1945, du point de vue de ses dotations. Au 1er janvier 1945, elle aligne 32 chars Mark IV à canon long, 40 Panthers et 130 half-tracks. Un de ses bataillons d'artillerie comprend 8 *Wespe* (un 10,5 cm monté sur un châssis de Mark II) et 8 puissants *Hummel* (un 15 cm monté sur la caisse du chasseur de chars *Nashorn*) ; l'autre a droit à 12 obusiers tractés de 10,5 cm. Les tableaux d'effectifs donnent 11 000 hommes.

Considérons maintenant, la 7e Panzer, également en réserve en Prusse-Orientale. On trouve 14 918 hommes (dont 387 officers et 3 146 sous-officiers, soit un taux d'encadrement exceptionnellement élevé, comparé à celui de l'infanterie) pour servir 45 Mark IV et 45 Panthers, 21 *Jagdpanzer Hetzer*, 29 pièces PAK 7,5 cm tractées, 12 pièces PAK/FLAK 8,8 cm, 60 canons de DCA de 30 mm, 50 mortiers lourds, 40 canons de 105 (dont 4 *Wespe*) et 155 mm. Terrible puissance de feu ! Un des régiments de grenadiers est porté sur half-tracks Sd.Kfz.251 à 100 %, l'autre sur camions[1].

Veut-on d'autres exemples ? Au Groupe d'Armées A, sur la Vistule, la 16e et la 17e *PzDiv* sont à pleine puissance avec respectivement 114 et 113 chars, chasseurs de chars et canons d'assaut. Avec environ 13 000 personnels, 2 500 véhicules et une puissance de feu dévastatrice, chacune de ces divisions se place au niveau d'un Corps blindé soviétique.

Même situation, à peu de choses près, pour les 19e et 25e Panzer, également sur la Vistule : la première possède 14 888 hommes et 115 chars, la seconde 13 076 hommes et 100 chars[2].

---

1. Chiffres in Brigadier général Condné, *1986, Art of War Symposium...*, p. 463-464. Voici le jugement porté par le commandant de la 7e Panzer sur l'état de son unité au 1er janvier 1945 :
– niveau d'entraînement/efficacité améliorés,
– effectifs à 100 %,
– nombre de chars non satisfaisant,
– état des Panthers non satisfaisant,
– manque de pétrole,
– esprit de corps de tous les personnels bon, confiance en notre force,
– division capable d'accomplir des opérations offensives limitées.

2. Tous les chiffres de dotation sont tirés de R. Lakowski, *Das deutsche Reich...*, vol. 10/1, p. 504-509.

Certes, il y a moins de chars endivisionnés en 1945 qu'en 1943, mais ils sont de meilleure qualité : les Mark III et Mark IV à canons courts ont disparu, remplacés par les Panthers, certainement le meilleur char de la guerre. Les bataillons portés sont devenus de véritables unités antichars comme en témoigne la composition, au 25 décembre 1944, du 2e Bataillon du 6e Régiment de *Panzergrenadieren* de la 7e Panzer : 889 hommes, 97 half-tracks, 66 mitrailleuses, 12 mortiers de 80 mm et 4 de 120 mm, 12 PAK 7,5 cm, 6 *Panzerschreck,* 24 lance-roquettes de 280 mm montés sur half-tracks, plus de 50 radios portatives ou à poste sur les véhicules…

La dégringolade des effectifs correctement entraînés et des matériels (notamment du nombre des half-tracks) ne devient évidente qu'en février-mars 1945. Le 5 février, par exemple, le 1er Bataillon du *Panzerinfanteriereregiment* (21e Panzer) arrive devant Küstrin avec un lot de matériel certes flambant neuf mais numériquement insuffisant : 11 *Jagdpanzer* IV, 4 *Wespe* (autopropulsés 105 mm), 8 mortiers de 80 mm et seulement 30 half-tracks Sd.Kfz.251 portant 9 MG 20 mm et 30 MG 7,65 mm[1]. Le reste des 600 grenadiers va… à pied.

Le vrai problème des Panzers, en janvier comme en mars 45, c'est le carburant. Les quantités stockées en divers points de la chaîne logistique sont trop faibles. Le moindre problème de transport, la moindre destruction de dépôt, peut condamner les chars à la panne sèche. Mais, pour le reste, au moment où s'engage la grande offensive d'hiver des Soviétiques, la *PzDiv* demeure un redoutable instrument à la fois en défense et en contre-attaque.

Pour illustrer la souplesse et la résilience de l'unité reine de la *Ostheer*, reprenons l'exemple de la 5e Panzer. Depuis le printemps 1944, elle a pris l'habitude d'opérer avec deux *Kampfgruppe*, qui sont donc particulièrement rôdés. Le premier enrôle le *Panzergrenadierregiment* 13, les Panthers du 1er Bataillon du *Pz.Regt.*31, les *Hummel* et les *Wespe* du *Pz.Art.Regt.*116. Le second rassemble le reste de l'unité mère, à savoir le *Panzergrenadierregiment* 14 avec les half-tracks Sd.Kfz.251, les Mark IV et l'artillerie tractée.

Relevons avec le major Baumann, qui commande en 1945 une batterie du *Pz.Art.Regt.*116 de la 5e Panzer, que la *Panzerwaffe* dispose toujours d'excellentes transmissions et que cet état de chose favorise grandement la tactique défensive dite du « hérisson ».

> « Au fil des années et des combats, de forts liens d'amitiés se sont tissés parmi l'encadrement des deux *Kampfgruppe* de la 5e Panzer. Entre commandants des bataillons de chars, de *Panzergrenadieren* et les artilleurs, ces liens ont été d'une valeur immense lors des batailles de 1945.
>
> En cette phase de totale supériorité de l'ennemi, le *Kampfgruppe*, à la fois en attaque et en défense, combattait sur des fronts très étroits exactement comme un hérisson qui dresse ses pointes. Cette disposition nous permettait non seulement d'être sûrs de pouvoir concentrer notre puissance de feu en n'importe quel point mais elle nous permettait en outre de maintenir de

1. Brigadier général Liebeskind, in *1986, Art of War Symposium…*, p. 650.

bonnes communications même au milieu des pires batailles. C'était vrai autant des liaisons courtes entre P.C que de la phonie entre véhicules. Ces transmissions opérationnelles à l'intérieur de notre *PzDiv* ont vraiment contribué de façon significative à notre capacité à réagir vite, y compris au milieu de la confusion d'un combat en retraite. À l'évidence, c'est aussi vrai des opérations de contrôle du tir de l'artillerie. Les positions des batteries étaient situées aussi proches que possible l'une de l'autre, immédiatement étudiées et dotées des transmissions nécessaires. Chaque fois qu'un observateur à l'avant découvrait une cible intéressante, le bataillon était aussitôt prêt à fournir des feux concentrés[1]. »

L'efficacité de la 5e Panzer durant les combats sur l'axe Gumbinnen-Königsberg est avérée. En 15 jours de bataille incessante (13-28 janvier), souvent de jour et de nuit, le groupe blindé de la division (avec son bataillon de chasseurs de chars 53) revendique 250 chars soviétiques mis hors de combat pour la perte de 42 Panzers. Soit un rapport de 1:6, qui se réduit à 1:3 au mieux, le taux de récupération rapide des matériels touchés étant, en 1945, supérieur à 50 % côté soviétique. Ce score est très bon, si l'on tient compte de la supériorité aérienne de la V.V.S. Il est cependant à minorer si l'on a à l'esprit que la 5e Panzer a bénéficié à plusieurs moments critiques de l'appui considérable du 505e Bataillon de chars lourds, équipé de 40 Tigres II.

Si les divisions Panzers sont encore solides en janvier 45, il s'agit d'un véritable chant du cygne car leur état se dégrade beaucoup par la suite. Un rapport de la 9e Armée, en date du 7 mars 1945, décrit ainsi l'état des unités blindées qui lui sont subordonnées :

> « Les officiers les plus jeunes, pour la plupart sans expérience de la guerre, ne se connaissent pas, d'où une cohésion encore amoindrie. Niveau d'instruction dans l'ensemble des divisions : sous la moyenne, pas de cohésion à cause d'un temps de formation trop court. La troupe n'a aucune expérience du combat interarmes dans un régiment de Panzergrenadiers pas plus que dans la collaboration chars-infanterie blindée. Les conducteurs manquent d'heures de pratique en tous terrains et de nuit. Les équipages ne se connaissent pas. (…) La masse des chars, half-tracks et camions n'est pas rôdée. Pas de pièces détachées. Bataillons de FLAK sans véhicules. Sur une allocation en moyens de transports de 120 tonnes, il n'y a réellement que 56 tonnes disponibles. (…) Aux divisions Panzers, il manque : un bataillon de chars, un régiment de grenadiers, un état-major et deux compagnies de pionniers, un état-major et une compagnie de *Sturmgeschütze*, un état-major de régiment d'artillerie, un bataillon d'artillerie automotrice, un bataillon d'artillerie lourde[2]. »

### *6. La Luftwaffe un genou à terre*

La Luftwaffe et son adversaire, la V.V.S, ont des courbes de vie inverses. Parties d'une position de supériorité absolue en juin 1941, les forces

1. *1986, Art of War Symposium*, p. 396-397.
2. In Kunz, *Wehrmacht und Niederlage*, p. 213.

de Goering arrivent au plus bas en 1945, et les deux courbes se sont croisées à l'automne 1943. Les pertes ont été chaque année plus lourdes (3 650 appareils perdus ou endommagés entre juin et octobre 1944 !), les renforts plus maigres. Cette érosion constante de la puissance est encore plus rapide à l'ouest, face à la R.A.F et à l'*US Air Force*, notamment dans la bataille aérienne pour la protection du Reich. Par exemple, le journal de guerre de l'OKW rapporte, pour le mois de décembre 1944, 409 pertes aériennes face aux Soviets mais 1 124 face aux Alliés occidentaux (dont 795 sur le front ouest et 352 au-dessus des villes du Reich). Le second semestre 1944 voit tomber au total 20 200 avions à croix noire !

Écartelée entre trop de fronts, trop de missions différentes, attaquée sur ses bases et dans ses usines, la Luftwaffe est en outre handicapée par le manque de carburant. Les attaques alliées contre les usines de carburant synthétique font passer la production d'essence avion de 180 000 tonnes en mars à 5 300 tonnes[1] en septembre 1944 ! On vit sur les stocks et il faut restreindre le nombre de missions. Mais le pire est sans doute l'effondrement des livraisons d'essence aux écoles de pilotage : 3 300 tonnes en janvier 1944 et... 500 tonnes en décembre[2]. Le résultat est l'effondrement parallèle du nombre d'heures d'entraînement. Deux fois supérieur à celui de la R.A.F en 1939, il lui est deux fois inférieur fin 1944 et cinq fois inférieur à celui de l'*US Air Force*. D'où une terrible hécatombe de jeunes pilotes à l'est comme à l'ouest. L'année 1944 voit plus de pilotes tués à l'entraînement ou durant les vols de routine qu'au combat[3] !! Aussi incroyable que cela puisse paraître, à l'été 44, les équipages de bombardement en formation sont versés DIRECTEMENT dans la chasse et envoyés intercepter les B-17 ou les meutes de Yaks ! En janvier 1945, un nouveau venu dans une escadrille de chasse engagée sur le front russe a une dizaine de jours d'espérance de vie...

Cet état d'anémie finale, toujours relevé par les historiens, ne doit pas masquer un fait moins bien connu : sur le front est, en 1945, la Luftwaffe a joué un rôle de premier plan, notamment dans le ralentissement du rouleau compresseur russe à la fin janvier-début février. Moyennant la concentration de tous ses moyens, en hommes, machines, carburant, consommant sa propre substance – instructeurs, jeunes recrues – l'armée de l'Air du Reich a tenu sa place dans la dernière bataille. Elle l'a fait avec d'autant plus de cran qu'elle a trouvé en face d'elle un adversaire redoutable. Sur ce point, il faut aussi abandonner le stéréotype colporté par une certaine littérature de guerre occidentale (et notamment allemande), rivée de façon obsessionnelle aux victoires faciles de l'été 1941. En 1945, la V.V.S – les forces aériennes soviétiques – est devenue, sur le plan de la chasse et du bombardement tactique, un bon instrument de guerre, servi

1. Magenheimer, *Abwehrschlacht an der Weichsel...*, p. 23.
2. Stilla, *Die Luftwaffe im Kampf...*, p. 221, nbdp 1237.
3. Boog, *Strategischer Luftkrieg*, p. 109. Cité par Kuntz, *Wehrmacht und Niederlage*, p. 72.

par des pilotes en progrès constants. Si la cinquantaine d'*Experten* blanchis sur le front de l'est demeure jusqu'au bout la machine à tuer de la Luftwaffe, il n'en va pas de même pour les pilotes versés du front de l'ouest sur les bases de Prusse, de Poméranie, de Silésie et du Brandenburg. L'un d'entre eux confiera à l'historien de la chasse allemande, Jochen Prien :

> « La supériorité numérique des Soviétiques n'était pas aussi grande que celle que nous avions rencontrée à l'ouest, mais leurs pilotes étaient souvent meilleurs[1]. »

## Les forces engagées

Examinons les moyens de la Luftwaffe sur le front est. À la suite des très lourdes pertes de l'été 1944, le nombre d'appareils de combat disponibles passe de 2 085 en juin 1944 à 1875 au 1er janvier 1945 face à 14 000 appareils soviétiques (pour 1900 avions à l'ouest face à 23 000 machines anglo-saxonnes). Mais le gros de l'aviation d'attaque au sol est cependant massé à l'est et le nombre de ses appareils (Fw 190, Stukas, Me 110, Henschel 129) passe de 520 en juillet 1944 à 620 en janvier 1945.

Au 10 janvier 1945, les forces de la Luftwaffe à l'est se ventilent en trois *Luftflotte*.

– La *Luftflotte* 1 (commandant *General der Flieger* Kurt Pflugbeil), en Courlande, dispose de 242 appareils de combat (213 opérationnels).

– La *Luftflotte* 4 (Colonel-général Otto Dessloch), en Hongrie, commande à 616 machines (dont 70 Ju-52).

– La *Luftflotte* 6 (colonel-général Robert Ritter von Greim), qui nous intéresse dans cet ouvrage, a en charge la Prusse-Orientale et la Pologne. Sa dotation en appareils de combat est de 669 unités, dont 204 Messerschmitt Bf 109, 94 Bf 110 et Ju 88, 294 Fw 190, 79 Stukas Ju 87. À quoi s'ajoutent 36 Ju 52 de transport et une cinquantaine d'appareils de reconnaissance.

La *Luftflotte* 6 s'articule en 4e *Fliegerdivision* (Colonel Franz Reuss) en Prusse-Orientale, 1er *Fliegerdivision* (Major-général Robert Fuchs) en Pologne centrale et VIIIe *Fliegerkorps* (général Hans Seidemann) en Pologne méridionale. Celui-ci abrite à son tour l'escadre d'assaut (*Schlachtgeschwader*, ou SG) 77, à Cracovie, l'escadre de chasse (*Jagdgeschwader)* JG.52, trois Groupes de reconnaissance et un Groupe d'assaut nocturne.

La dotation en FLAK est généreuse : 10e et 17e Divisions en Pologne méridionale, 23e Division derrière la 9e Armée et 11e Division en Haute-Silésie. Ces centaines de tubes – souvent utilisables en antichars – joueront un rôle considérable dans la bataille, comme la FLAK l'a fait durant toute la guerre.

1. Prien, Rodeike, Stemmer, *Geschichte der Jagdgeschwader 77*, von Struve's Buchdrückerei u.Verlag, t. 4, p. 2277.

Si Hitler refuse de renforcer les défenses terrestres le long de la Vistule, est-ce vraiment par cécité, par le refus obtus de croire à la réalité d'une attaque soviétique ? Comme souvent avec lui, une décision dans un secteur vient remettre en question une autre décision dans le même secteur. Ainsi, le 10 janvier, alors qu'il rejette quotidiennement les demandes de renforts de Guderian, Hitler accepte que Goering transfère PRÉVENTIVEMENT de gros moyens de chasse sur le front russe, ce qui livre quasiment l'ouest du Reich aux avions alliés[1]. Ce jour-là, en effet, il est décidé de transférer d'ouest en est six *Jagdgeschwader* (escadres de chasse), soit 650 appareils, à la *Luftflotte* 6. Laquelle reçoit en outre la SG 4 (*Schlachtgeschwader* 4, 4^e^ escadre d'avions d'attaque au sol), 100 Fw 190 supplémentaires. Quelques jours après le début de l'offensive soviétique, les forces de la Luftwaffe à l'est feront un bond à 2 600 appareils (dont 1 700 Bf 109 et Fw 190), dont 1 800 pour la seule *Luftflotte* 6. Plus encore qu'au sol, le centre de gravité de l'effort aérien allemand est dorénavant à l'est.

### Un matériel de première classe

Le Messerschmitt Bf 109 demeure l'épine dorsale du combat. Il est mis à toutes les sauces : intercepteur, escorteur, chasseur de nuit, tout temps, chasseur-bombardier, attaque au sol… Les versions G-6, G-14 et G-10 restent majoritaires dans les escadrilles et font bonne figure. Ce n'est pas un hasard si les trois plus grands as de tous les temps – Hartmann 352 victoires, Barkhorn 301 et Rall 275 – ont réalisé leurs exploits au sein de la *Jagdgeschwader* 52, équipée de Bf 109 à 100 %. À l'automne 1944, entre en service l'excellent Bf 109 K-4 équipé du moulin Daimler Benz 605 DM (puis DB/DC) développant 1 800 à 2000 chevaux. Allégé, redessiné pour gagner en aérodynamisme, le K-4 atteint 715 km/h à 7 000 m d'altitude avec une vitesse ascensionnelle sans égale. Un puissant canon de 30 mm et deux MG 13 mm logées dans le nez lui permettent de tenir en respect n'importe quel appareil de l'époque. Le quart des Me en service à l'est appartient à ce type.

L'autre mulet de la Luftwaffe est le Focke-Wulf 190. Au printemps 1945, les unités basées à l'est reçoivent quelques exemplaires du dernier-né, le chasseur D-9 « long nez », motorisé par le remarquable Jumo 213 A à refroidissement liquide (686 km/h à 6 600 m). Mais la majorité appartient aux types chasseur bombardier (versions F et G), qui remplacent le vieux Stuka à partir de 1943. Le ventre blindé, armé en base de 2 MG 20 mm dans les ailes et 2 MG 13 mm fixées au-dessus du moteur, cet excellent appareil d'attaque au sol se spécialise dans la chasse aux chars en emportant des bombes à charge creuse et/ou des roquettes spéciales types *Panzerschreck* et *Panzerblitz*. La première de ces munitions

1. Dans le premier trimestre de 1945, sur 47 jours de météo favorable, les aviateurs anglo-saxons ne signalent aucun appareil allemand en l'air PENDANT 34 JOURS !

est une charge creuse de 88 mm, montée à raison de 3 ou 4 tubes sous chaque aile : elle perce 160 mm de blindage à 60 degrés. Mais sa précision très relative exige que l'avion s'approche à 150 m de sa cible ! La roquette *Panzerblitz* 1 – une douzaine par avion – est une charge creuse guidée par moteur-fusée, ce qui permet de la tirer à 400 mètres avec de bonnes chances de succès. La *Panzerblitz* 2 (charge creuse de 130 mm), encore plus dévastatrice, ne sera livrée qu'à partir de mars 1945, et les T-34 ne feront sa connaissance que durant la bataille pour Berlin.

Autre appareil d'attaque au sol performant, le bimoteur Henschel He 129 *Panzerjäger* monte un canon antichar de 75 mm PAK 40 L, mais au détriment de ses qualités manœuvrières. Plus surprenante pour les Soviétiques, la bombe guidée Hs 293 est une bête de 3,8 m de long, lourde de 975 kg, propulsée à 950 km/h par moteur-fusée et guidée par radio vers sa cible (qui peut se trouver jusqu'à 18 km de distance du bombardier !).

Enfin, ultime excentricité des ingénieurs germaniques, le système de bombardement *Mistel* prévu en 1945 contre des centrales électriques soviétiques (opération *Eisenhammer*, 7 janvier, contre Moscou et Gorki) et contre les ponts sur l'Oder, à Küstrin (16 avril). L'idée consiste à fixer un chasseur de guidage (généralement un Fw 190) au-dessus d'un bombardier Ju-88 sans pilote affublé sur le nez d'une énorme charge creuse de 1800 kg (dite « trompe d'éléphant »). *Eisenhammer* ne sera jamais exécutée mais le pont de Steinau sur l'Oder est touché et sérieusement endommagé.

Nous ne dirons rien des prouesses techniques représentées par les Me 262, Me 163 Komet (sans parler de l'incroyable mais anecdotique intercepteur Bachem Ba 349 *Natter*) car elles ne concernent que la défense du Reich contre le bombardement anglo-américain.

# CHAPITRE 2

# *L'Armée rouge au plus haut*

L'Armée rouge possède, dès les années 30, le bagage doctrinal qui lui permet de penser la guerre mécanisée à grande échelle. De ce point de vue, elle est, comme son futur adversaire, très en avance sur les armées du monde occidental. Pour autant, un de ses théoriciens, Boris Chapochnikov, chef de l'état-major général à la fin des années trente, puis en 1941 et 1942, a conscience du retard soviétique dans la bataille réelle, dans les procédures et les moyens de contrôle et de commandement, dans les méthodes d'entraînement, dans la structure des unités et, dans une moindre mesure, dans leur équipement. À ses yeux, tout l'enjeu de l'an 41 est là : les Allemands laisseront-ils le temps à l'Armée rouge de combler le fossé qui sépare la théorie de la pratique ?

L'autre inconnue, Chapochnikov ne peut l'évoquer, même devant son dauphin et ami, Vassilevski : Staline, abasourdi par les premières défaites, assassinera-t-il une seconde fois l'Armée rouge, comme il le fit durant les purges de 1937-1938 ? Réagira-t-il avec sa violence habituelle en fusillant les généraux battus ? Auquel cas il creuserait sa tombe et celle de l'Union soviétique. Très malade, retiré dès la fin 1942, Chapochnikov verra néanmoins le fossé entre Wehrmacht et Armée rouge se combler et le paranoïaque du Kremlin le surprendre... en bien.

Staline en effet saura faire montre d'une relative patience avec ses chefs d'Armées et de Fronts, tous dominés par l'ennemi de la tête et des épaules. Passées les heures noires de 1941 qui voient régner la « discipline du révolver », héritée de la période de la révolution et de la guerre civile, il admet la nécessité de leur laisser le temps d'apprendre. Les sanctions contre les généraux battus sont légères et le plus souvent réversibles. À la STAVKA, l'organe de direction de la guerre, se fait entendre la voix des grands chefs, Joukov, Vassilevski, Meretskov,

Voronov, Vatoutine[1]. Une voix toujours respectueuse et blanchie par la crainte.

Depuis l'été 1942, déjà, l'industrie soviétique a gagné son pari. Elle sort à flots un matériel de qualité. Et les Américains amènent, par les livraisons au titre du prêt-bail, un gros complément en munitions, fournitures industrielles et alimentaires, en matériels de transport.

Les structures des unités et des différentes armes ont été entièrement repensées, les méthodes de combat rapprochées, dans la réalité, des doctrines des années trente. Après trois ans et demi d'une lutte abominable, les généraux soviétiques se sont globalement hissés au niveau de leur maître-adversaire. Les tableaux de pertes en font foi : pour la première fois de la guerre, le nombre de tués de la *Ostheer* dépasse d'environ un quart celui de l'Armée rouge de juin à septembre 1944, puis d'un tiers entre janvier et mai 1945, sans parler des prisonniers. S'ils sont tactiquement moins souples, notamment dans l'usage des formations de niveau divisionnaire et inférieur, si leur infanterie n'a pas l'encadrement et l'entraînement de celle de la *Ostheer*, les chefs soviétiques se montrent meilleurs dans la conduite globale des opérations, au niveau des Armées et des Fronts. À leur tour, ils excellent dans le maniement des Armées de tanks et ne trouvent en face rien qui se puisse comparer à leur artillerie. Mieux que les chefs allemands, les généraux rouges ont compris qu'une guerre moderne ne se gagne pas en une bataille. Ils ne rêvent pas de refaire Cannes ou Sedan ; ils n'imaginent plus abattre le Reich en une seule campagne aussi brillante soit-elle. Ils ont appris la patience et la mesure, la prudente gestion du temps et de l'espace. Tous partagent le même credo : la *Ostheer* – et le Reich qu'elle défend – tombera, assommée de coups, rongée par l'attrition, étouffée par le rétrécissement de son espace stratégique. En 1945, aucun n'en doute : l'heure de l'estocade est arrivée.

## I. La plus grosse armée du monde

L'histoire, a-t-on coutume de dire, est écrite par les vainqueurs. Le conflit germano-soviétique contredit ce dicton. Ce sont les Allemands, vaincus à plates coutures, qui ont écrit l'histoire de leur combat contre l'Armée rouge. Leurs préjugés, leur recherche frénétique d'excuses et d'alibis, ont modelé la perception et le jugement des Occidentaux sur la valeur de l'Armée rouge. Les généraux battus de la *Ostheer* ont toujours mis en avant leur supériorité tactique. Ce qui est globalement juste mais qui montre aussi qu'ils n'ont pas saisi les raisons profondes de leur défaite à l'est : à quoi bon, en effet, aligner les victoires tactiques obtenues par de subtiles combinaisons, si c'est pour voir *in fine* leurs résultats engloutis dans des catastrophes « opérationnelles » ? Il a fallu attendre les années 1985-1995 pour voir, aux États-Unis, une génération d'historiens et de

1. De cette liste, Joukov est seul membre de la STAVKA. Les autres sont conseillers de l'« Institut » qui, de façon informelle, conseille la STAVKA sur les questions opérationnelles.

théoriciens faire émerger une réalité cachée : ce que les Allemands croyaient être leur force constituait leur faiblesse ; et les faiblesses qu'ils relevaient chez leur ennemi cachaient une formidable révolution dans la conduite des batailles.

## *1. Le bagage doctrinal : l'art opératif*

Les performances de la Wehrmacht dans la période initiale de la guerre (1939-1941) ont semblé si extraordinaires aux contemporains (surtout s'ils figuraient au rang des vaincus) qu'elles sont entrées tout droit dans le livre sang et or des légendes militaires. Alors même que l'armée de Hitler subit une défaite totale dans le second conflit mondial, elle conserve jusqu'à aujourd'hui, dans un large public, le crédit d'avoir inventé une nouvelle forme de guerre, proprement révolutionnaire et quasi magique, la *Blitzkrieg*. En revanche, les Soviétiques sont placés par l'opinion commune dans une situation inverse. Ils ont beau avoir gagné la guerre, remporté vingt batailles majeures à partir de novembre 1942, le doute, la suspicion, voire le mépris, s'attachent encore trop souvent à leurs performances militaires. À l'opposé du grand art qu'auraient déployé les états-majors allemands, ces performances se caractériseraient par la brutalité, l'absence d'intelligence tactique, le primat du nombre et de la puissance de feu.

Ces deux visions contraires et associées sont le produit d'un intense lobbying de guerre froide, alliant les mémorialistes majeurs de la Wehrmacht – les Guderian, Manstein, Mellenthin – à un spécialiste britannique influent et renommé, Basil Liddell-Hart, et à l'innombrable piétaille des écrivains militaires, majeurs ou mineurs, saisis par une trouble fascination pour l'armée du Troisième Reich. Aujourd'hui, tout au moins dans la majorité des cercles professionnels de la guerre, la vision est inversée. On fait un sort à la *Blitzkrieg* ; elle est un mythe, certainement pas une théorie ou une doctrine, tout juste une recette agglomérant diverses bonnes pratiques antérieures de l'armée allemande avec des innovations technologiques, le tout servi par une excellence tactique. Et l'on découvre avec une certaine stupéfaction que l'Armée rouge doit en partie sa victoire à une pensée militaire en avance de cinquante ans sur le reste du monde.

### *Field Manual* 100-5, 1986

Qui affirme cette supériorité doctrinale de l'Armée rouge ? À la fin des années 1970, tous ceux qui, aux États-Unis, font profession de penser la guerre : les officiers supérieurs du TRADOC (*Training and doctrine command*), les historiens spécialisés, une poignée de penseurs civils tels Bill Lind, John Boyd, Steven Canby... Dans le sillage de sa défaite au Vietnam, le Pentagone traverse alors une crise morale et conceptuelle profonde, que l'on pourrait ainsi résumer : sur la base de la doctrine d'emploi des forces consignée dans leur manuel de 1976, les chefs américains réalisent qu'ils ont peu de chances de vaincre l'Armée soviétique dans une guerre classique, et même nucléaire-classique. Les premières recherches montrent du doigt la faille, béante : la pensée militaire américaine – occidentale, en général – continue à s'écarteler entre deux niveaux de réalité fort éloignés, le stratégique et le tactique, qu'il est quasiment impossible d'articuler. Il manque, entre ces deux extrêmes, un niveau essentiel pour penser et mener efficacement la guerre.

Les Britanniques montrent le chemin à leur grand allié. Un groupe de penseurs et d'historiens – Christopher Donnelly, P.H. Vigor, Charles J. Dick, John Erickson – concentrés au sein du *Center for Soviet Studies* à l'Académie militaire royale de Sandhurst, s'intéresse de près aux débats internes à l'Armée soviétique. En substance, ils expliquent à leurs collègues américains plongés dans l'introspection que ce niveau, intermédiaire entre stratégie et tactique, les Soviétiques l'ont découvert, formalisé, exploré, dans les années 1920 et 1930. Ils l'ont en partie mis en œuvre contre la Wehrmacht entre Stalingrad et Berlin, et ils le redécouvrent avec profit dans les années 1965-1985. Ce niveau est qualifié en anglais par l'adjectif *operational*, que l'on rendra en français par opératif plutôt qu'opérationnel, trop vague. On parle ainsi d'art opératif (ou « opératique »), de pensée opérative, de manœuvre opérative... Le groupe de Sandhurst sert de modèle à l'établissement d'un *Soviet Army Study Office* (SASO) à Fort Leavenworth, Kansas, où toute une génération de jeunes chercheurs et officiers redécouvre avec passion ce continent inconnu (des Occidentaux) de la pensée militaire, l'art opératif. Pour ne pas nous laisser entraîner trop loin, disons brièvement que l'art opératif soviétique sert de matrice au *FM* (pour *Field manual) 100-5 Operations, 1986,* qui signe l'entrée des États-Unis dans la « révolution des affaires militaires », renouvelle le débat sur la nature profonde des opérations et accouche de la doctrine de l'*Airland Battle*. En 1991, dans le désert irakien, le général Schwarzkopf utilise peu ou prou le même cadre conceptuel qu'un Joukov, un Rokossovski, un Vatoutine ou un Malinovski. Lors de son briefing final, juste avant l'entrée en vigueur du cessez-le-feu le 27 janvier 1991, il le reconnaîtra implicitement : les officiers de l'armée des États-Unis, souhaite-t-il, « devront être élevés à l'école de l'art opératif ».

## La crise de la Grande Guerre et de la guerre civile

Deux groupes d'officiers sont à l'origine de la révolution opérative soviétique. Le premier est formé d'anciens brevetés d'état-major de l'armée tsariste, ralliés au nouveau pouvoir bolchevique : les généraux Boris Chapochnikov, Alexander Sviétchine, A. Verkhovskii. Le second groupe, beaucoup plus jeune et parvenu à de hauts commandements grâce à la révolution, gravite autour de Mikhail Toukhatchevski, adjoint puis chef de l'état-major général de 1923 à 1928, et de son plus proche collaborateur, V. Triandafillov[1]. Les deux groupes sont repérés, patronnés et

1. L'œuvre majeure de Triandafillov a été traduite en anglais. *The nature of operations of modern armies*, éditions Kipp, London 1992. Elle est au programme de Westpoint et les experts de Fort Leavenworth s'accordent à y voir l'analyse du niveau opératif la plus complète et la plus profonde jamais produite.

mis au travail au sein de l'état-major général par son chef (1923-1925), le réformateur Mikhail Frounzé. Il est à noter que ces hommes n'ont pas grand-chose d'autre à faire qu'à élaborer doctrines et théories : en 1928 l'Armée rouge est au plus bas avec 500 000 hommes et 87 tanks dans ses hangars ! Il leur a fallu cependant beaucoup d'audace et un grand courage intellectuel pour résister au poids de l'autorité des grands penseurs (allemands) de la guerre et rejeter le mythe de la « révolution mondiale qui avance sur les baïonnettes de l'Armée rouge ».

En 1924, une chaire d'études opératives est créée au sein de l'académie militaire, elle-même ressuscitée entre 1918 et 1921 ; elle sera un peu plus tard transformée en faculté sous la direction d'Isserson, un autre brillant collaborateur de Toukhatchevski.

La réflexion de ces hommes passe par l'analyse critique d'une double expérience : la Première Guerre mondiale et la Guerre civile en Russie (1917-1921).

La critique de l'impasse à laquelle aboutit la guerre de 14-18 est, en même temps, et implicitement, la critique de Clausewitz, maître à penser des chefs allemands et français, principaux responsables de l'impossibilité militaire dans laquelle s'est engagé ce conflit sur le front ouest. Côté allemand, les opérations ont commencé par une manœuvre (le plan Schlieffen) qui se caractérise par trois aspects inchangés depuis Napoléon : sa linéarité (disposition des personnels et des moyens de feu), sa recherche exclusive de l'enveloppement sur une aile, sa croyance en un dénouement du conflit par UNE SEULE bataille d'anéantissement (*Vernichtungschlacht*). Passés les premiers mois, la guerre se fige, chacun renonce à toute forme de mobilité et accepte que la décision puisse surgir de l'attrition réciproque. Surtout, la focalisation sur la destruction (but universel de la guerre, selon Clausewitz) confère au niveau tactique une supériorité absolue : l'accumulation de batailles, c'est-à-dire de destructions tactiques qui s'enchaînent sans ordre ni buts opérationnels, débouche mécaniquement sur la destruction stratégique, c'est-à-dire la victoire d'un des deux camps par épuisement de l'autre. Les schémas tactiques sont eux-mêmes stéréotypés : l'infanterie est reine ; on avance en ligne, la colonne est rejetée ; la cavalerie est abandonnée, la mobilité par la mécanisation[1] ignorée alors que ses moyens techniques sont disponibles.

La Première Guerre mondiale a revêtu un aspect beaucoup plus fluide sur le théâtre oriental. Si la rupture du front s'obtient assez aisément, des

1. L'erreur la plus commune est de penser qu'en 1914 les adversaires n'avaient pas les moyens techniques de développer la guerre de mouvement. Mais, d'une part, celle-ci pouvait se mener, dès 1914 avec de la cavalerie (repensée dans ses formations et son équipement) et des autos, dès 1917 avec les blindés, les camions, les canons tractés. C'est parce que la DOCTRINE n'accordait pas droit de cité au mouvement que l'apparition de ces matériels – avec leurs caractéristiques techniques étroitement dictées par la bataille linéaire d'infanterie – n'a pas rendu la guerre plus mobile.

deux côtés, le problème s'est rapidement posé de comprendre pourquoi les percées ne débouchent sur rien de décisif. L'offensive de Broussilov (1916, Front du Sud-Ouest) sera de ce point de vue disséquée en tout sens par les premiers *genshtabisty*, officiers d'état-major soviétiques.

La guerre civile russe n'a rien de commun avec le schéma défini sur le front occidental. Tout d'abord parce que, dans un pays immense et ruiné, avec une infrastructure routière minimum, le nombre des combattants et des matériels est faible. Il n'y a pas à proprement parler de front. Les opérations sont fluides ; les mouvements, rapides, s'effectuent, dans les deux sens, sur des centaines voire des milliers de kilomètres. Les Bolcheviques lèvent des Armées de cavalerie (ce qui n'a jamais été fait en Occident) qui forment l'élément mobile des Fronts avec des trains blindés, des bataillons d'autos blindées, des escadrilles d'aéroplanes et même des embryons d'infanterie portée sur *tachanky* attelées. Ces Fronts, responsables d'un axe stratégique majeur, élaborent indépendamment leurs plans dans le cadre stratégique fixé par le pouvoir politico-militaire. Ces plans sont de nature opérative, et non tactique. Ils ne visent pas à détruire l'ennemi, dilué dans l'immensité et difficilement fixable ; ils ne cherchent pas une quelconque bataille décisive car la concentration des forces est trop faible en un point donné pour que leur destruction ait un effet décisif. Les opérations dessinées par les Fronts visent un but opératif clairement défini et imaginent, pour y parvenir, l'articulation de divers moyens tactiques : très rarement des batailles, le plus souvent des manœuvres, des actions de guérilla, des raids, etc. Ces moyens, liés les uns aux autres dans une vision opérative, ont pour théâtre la PROFONDEUR du dispositif ennemi, ses ravitaillements, ses villes politiquement ou militairement importantes, ses communications avec l'étranger, ses zones de recrutement, ses P.C, ses liaisons ferroviaires, ses silos à grains… Le but n'est pas forcément de détruire physiquement l'ennemi, mais, par un ensemble d'opérations menées successivement et simultanément par les Fronts, de le paralyser, le désorganiser, le démoraliser en agissant dans les zones les plus sensibles de son dispositif profond.

De la confrontation de deux expériences opposées vécues entre 1914 et 1921 en Europe, l'élite pensante de l'Armée rouge va tirer un ensemble de propositions extraordinairement novatrices[1].

Dans l'Allemagne vaincue, en revanche, la recherche et l'innovation[2] vont se polariser quasi exclusivement sur les leçons tactiques à tirer de la Grande Guerre.

---

1. Le débat n'est pas clos de savoir si l'art opératif doit un peu ou beaucoup à certains penseurs militaires de l'époque tsariste, comme le major-général Alexandre Alexandrovitch Nezmanov (1872-1928), qui a saisi l'ampleur du gouffre séparant stratégie et tactique. De lui vient également l'accent porté sur l'étude critique de l'histoire militaire la plus récente comme élément moteur du développement de la théorie militaire.

2. Sigismund von Schlichting (1828-1909) et son disciple August von Caemmerer se sont approchés près d'une conception opérative de la guerre, mais n'ont pu faire basculer l'idolâtrie schlieffenienne des cadres supérieurs de l'armée impériale.

**La guerre comme choc de systèmes**

Alexander Sviétchine note que, depuis le début du XIX^e siècle, la guerre se structure en SYSTÈME : le concept fondamental est lâché. Un système est un ensemble d'éléments qui interagissent de façon complexe en vue d'atteindre un but. Il y a un système guerrier comme il y a des systèmes biologiques et physiques. Ces éléments en interaction sont en nombre quasiment infini, recouvrant une bonne partie des moyens des États modernes : les différentes unités, leurs échelons de commandement hiérarchisés, la logistique, les voies de communication, les zones industrielles, les centres politiques, les ressources en carburant, les positions fortifiées, les obstacles naturels, etc. Le système vit de communication : il donne sans cesse des ordres, fait circuler des flux entre ses constituants, et ceux-ci, par l'échange incessant, accomplissent une fonction qui représente plus que la somme des parties. En d'autres termes, un système fabrique de la synergie entre ses éléments. Cette synergie, ces flux, bref ce fonctionnement du système, n'existent que s'il est mis en tension par un OBJECTIF opératif.

Cette approche de la guerre comme système révèle le niveau auquel se décident les conflits, étant entendu que la stratégie est globalement cohérente et raisonnable : ce niveau est le niveau opératif. Varfomoléev, premier titulaire de la chaire d'études opératives, définit ainsi les trois niveaux de la guerre :

> « Les batailles sont les moyens de l'opération. La tactique est le matériau de l'art opératif. Les opérations sont les moyens de la stratégie, et l'art opératif est le matériau de la stratégie. C'est l'essence de la formule tripartite (de la guerre, ndla)[1]. »

Sviétchine, à qui l'on doit l'invention du concept d'art opératif (*operativnoe iskusstvo*), utilise une autre image pour exprimer la même idée :

> « La tactique constitue les pas à partir desquels s'assemblent les bonds opérationnels. La stratégie montre le chemin que doivent suivre ces bonds[2]. »

De ces définitions d'ordre très général, les penseurs soviétiques tirent des conséquences concrètes.

1. Dans les conditions modernes de gigantisme et de complexité des affrontements, on ne peut détruire un système militaire d'un seul coup par une bataille qui, par définition, ne peut viser qu'une de ses parties. La *Vernichtungschlacht*, cette bataille géante d'anéantissement (par encerclement, obsession allemande) après laquelle la Wehrmacht court en 1941 et 1942 est par conséquent un leurre[3], un mythe ; elle ne peut rien décider par elle-même

---

1. Varfomoleev, cité par Shimon Naveh, in *Pursuit of military excellence*, p. 182.
2. *Id.*, p. 183.
3. On ne saurait trop insister sur ce talon d'Achille de la pensée militaire allemande qui est, ô paradoxe, encore un objet d'admiration. La Wehrmacht est aussi clausewitzienne que l'étaient les Armées de Moltke le vieux et celles de Guillaume II : elle croit que le camp qui inflige les pertes les plus élevées est mécaniquement vainqueur. Or, la destruction la plus poussée est assurée par la

car elle laisse le système adverse certes amputé mais néanmoins en état de marche, avec la capacité de trouver de nouveaux moyens, de nouvelles lignes de résistance, etc. À la *Vernichtungschlacht*, les Soviétiques substituent l'imposition au système adverse d'un *udar*, un « choc opératif », qui désorganise le système, provoque son blocage puis son effondrement.

2. L'art opératif, parce qu'il raisonne en terme de systèmes, va chercher à appliquer l'*udar* à la PROFONDEUR du système, c'est-à-dire au lieu d'où le front tire sa force, ses ordres, où s'étalent tous ses moyens. Plutôt que d'arracher un morceau du système par des moyens tactiques – morceau bientôt remplacé – mieux vaut empêcher la synergie entre les parties. C'est-à-dire TRONÇONNER, FRAGMENTER le système, SÉPARER, DISSOCIER, ses éléments constitutifs, pour amener non pas la destruction physique, mais la paralysie du système. Cette fragmentation s'opère selon deux dimensions. Horizontale : les unités ennemies sont séparées physiquement les unes des autres. Verticale : le front est séparé de l'arrière, le commandement n'agit plus sur les unités. La synergie des parties n'opère plus, le système se décante en morceaux indépendants. Il n'a alors plus d'autres ressources que d'essayer de sauver physiquement ses constituants (= la retraite générale), ce qui aggravera la dissociation : quand le système s'est effondré, il n'y a plus d'armée, seulement un flot de particules élémentaires.

3. Outre la fragmentation, l'autre moyen de paralyser le système adverse est la simultanéité : le front et l'arrière ennemis doivent être engagés en même temps. Ce qui signifie, pour l'« école » Toukhatchevski, deux choses. A : PÉNÉTRER le système avec un « MOMENT » maximum, le moment étant égal à vitesse fois masse fois surprise. Ce moment est appliqué à des moyens mobiles, bien armés, bien protégés ; en 1943, ce sera les Armées de tanks, outil opératif de la bataille en profondeur. B : Larguer à l'autre bout du système des armées aéroportées et les faire marcher à la rencontre des éléments mobiles. L'Armée rouge n'aura jamais, à la différence des Anglo-Saxons, les moyens matériels de monter ces grandes unités parachutistes.

4. L'application de l'*udar*, le choc opératif, nécessite que le commandement calcule la juste profondeur à atteindre pour parvenir à paralyser le système ennemi. L'irruption d'une masse en ce point du système l'empêche

---

*(Suite note 3)*

bataille d'encerclement, d'où nul ne s'échappe. La recherche de cette bataille doit donc être l'objectif unique, obsessionnel, du commandement. CQFD. Comme la destruction est le but universel et supérieur de la guerre elle-même, elle rend inutile tout dialogue entre politique et militaire. Il n'est même pas besoin de déterminer à l'avance des objectifs opérationnels : il suffit de courir au son du canon d'encerclement en encerclement. C'est le triomphe absolu de la tactique. La campagne de Russie en 1941 a suivi exactement ce schéma. La déesse tactique, si excellemment servie par les Armées allemandes depuis un siècle, a creusé le tombeau de sa fille préférée.

de reprendre son équilibre, par exemple de ramener ses troupes sur une nouvelle ligne de défense. La fin de l'opération survient lorsque le but opératif est atteint : l'ennemi a abandonné la zone jugée stratégiquement importante. Le système rival retrouvera peut-être un équilibre un peu plus en arrière. Mais de nouvelles opérations le priveront peu à peu de son espace stratégique, de cette PROFONDEUR dont le système a un besoin vital. Le nombre d'opérations dépendra de la résilience du système adverse et de la profondeur stratégique dont il dispose au départ. Si les Soviétiques ont mis trois années à reprendre ce que les Allemands ont conquis en six mois, c'est précisément parce que la Wehrmacht a triplé la profondeur stratégique dont elle disposait à l'est et augmenté d'autant sa résilience.

## Les cerveaux assassinés

Le groupe mené par Toukhatchevski mais fédéré par Frounzé connaît ses premières difficultés avec la mort prématurée de celui-ci, en 1925. Certes, Toukhatchevski devient alors chef d'état-major mais il suscite vite méfiances et oppositions. En 1927, il propose un colossal effort d'armement avec priorité absolue donnée à des forces mobiles, mécanisées et offensives, mais aussi à une artillerie diversifiée et à une aviation de combat moderne. Il est aussitôt pris à partie par les vieilles gloires de la 1re Armée de cavalerie – Vorochilov et Boudienny –, ineptes défenseurs du cheval. S'appuyant sur ce groupe, Staline mène l'offensive contre ce qui, dans sa paranoïa[1] sans limite, lui semble une menace potentielle pour son pouvoir : un noyau de chefs militaires d'élite, respectés et obéis, qui commanderont bientôt à d'énormes moyens. En 1928, Staline démet Toukhatchevski de son poste et l'exile dans une fonction exécutive à Leningrad. Un proche du dictateur, Ordjonikidzé, futur patron de l'industrie lourde, parvient à le convaincre du bien-fondé du programme de réarmement et lui fait accepter le retour de Toukhatchevski et sa nomination à la Direction de l'Armement[2].

1. Ajoutons que Staline éprouve une vive hostilité envers Toukhatchevski depuis que celui-ci a accusé publiquement la *Konarmiia*, la 1re Armée de cavalerie de Boudienny, d'avoir, par son refus d'abandonner la direction de Lvov, provoqué l'échec de l'opération contre Varsovie en 1920. Staline était le commissaire politique de cette Armée.

2. Ce retour s'accompagne d'une interdiction d'aborder les problèmes stratégiques, domaine réservé au seul Staline. Cette scission entre le stratégique et l'opératif dénature déjà l'art opératif qui suppose échanges constants à l'intérieur du système, et donc unité de commandement en vue de définir au mieux les objectifs des opérations. Nul doute que nous soyons là à l'origine d'une des faiblesses de l'Armée rouge entre 1941 et 1943. Staline sera le seul à pouvoir formuler les objectifs stratégiques, que son volontarisme forcené fera souvent sortir du domaine rationnel. Sans pouvoir discuter ces objectifs, Joukov, Vassilevski, l'état-major général, dessineront le contour des opérations, avec la participation très active des commandants de Fronts.

Entre 1929 et 1936, le groupe Toukhatchevski-Isersson-Triandafillov-Varfoloméev, pour ne citer qu'eux, fait pénétrer la révolution opérative dans l'esprit de grands chefs militaires comme Iakir, Uborevitch, Bliukher, Gai, Primakov, qui acceptent de diffuser à leur tour les nouvelles connaissances chez les officiers supérieurs en poste dans les districts militaires. C'est ainsi que Joukov a appris ce qu'il sait d'opératique auprès d'Uborevitch. Une quantité prodigieuse d'études théoriques, historiques, techniques et organisationnelles est publiée, explorant toutes les facettes de l'art militaire. Les controverses sont vives et l'on s'exprime librement. Sviétchine croit encore aux vertus de l'attrition, Toukhatchevski la voit comme une défaite de la pensée ; Iakir relève les avantages de la percée étroite, Issersson et Triandafillov imposent l'idée d'offensives plus larges, déclenchées en cascade d'un point à l'autre du front. Tous insistent sur la nécessité de penser la guerre moderne de façon méthodique, quasi scientifique, sans jamais perdre des yeux le fanal de la doctrine. Ces quelques lignes de Varfolomeev, écrites en 1936, semblent prophétiquement décrire « le plan incliné vers la victoire » sur lequel roulera l'Armée rouge de juillet 1943 à mai 1945 :

> « (La victoire s'obtient par) une série entière d'opérations chaînées entre elles, se développant consécutivement l'une après l'autre, logiquement liées entre elles, unies par un but final commun, chacune atteignant des buts limités, intermédiaires. (…) Les buts de l'opération : la destruction et la déroute complète des forces armées de l'ennemi ; la méthode : une offensive ininterrompue ; les moyens : une poursuite opérative prolongée, évitant pauses et haltes et réalisée par une série d'opérations consécutives, dont chacune est une étape intermédiaire sur la route du but final, atteint dans l'opération finale et décisive[1]. »

Au début des années trente, la théorie des opérations en profondeur (*glubokaia operatsiia*) est achevée ; elle préside à la mise sur pied, entre 1932 et 1938, de la première force mécanisée, aéroportée et aérienne au monde[2], qui doit énormément à l'implication personnelle de Toukhatchevski. Au même, on peut attribuer le crédit de n'être pas tombé dans le piège de la « théorie » naissante de la *Blitzkrieg*, à savoir que la mécanisation serait l'antidote à la guerre totale.

> « Il n'est pas encore clair pour tous que ces discussions sur le rôle majeur de petites mais très mobiles Armées mécanisées sont des contes à dormir debout. Seuls des gens frivoles peuvent les prendre au sérieux[3]. »

---

1. Cité par Richard W. Harrison, *The russian Way of War : Operational Art, 1904-1940*, University Press of Kansas, 2001, p. 157.

2. L'art opératif n'est pas sans retentir sur la définition des matériels. Ainsi, le T-34, développé en 1939-1940, possède un avantage net sur ses concurrents allemands en termes d'autonomie : 300 km contre 190 pour le Mark IV. Ce n'est pas l'effet du hasard ou d'une quelconque lubie d'ingénieur : c'est la concrétisation d'une demande opérative qui privilégie la profondeur et les capacités tout-terrain.

3. Article de 1931 contre les idées de Fuller, cité par J.W. Kipp, *Mass, Mobility, and the Red Army's Road to Operational Art*.

Mais, en 1937, Toukhatchevski et tous[1] ceux qui l'ont accompagné dans l'invention de l'art opératif sont arrêtés et exécutés dans le cadre des grandes purges[2]. Leurs écrits deviennent introuvables, toute référence à l'art opératif est interdite, les Corps mécanisés mis sur pied entre 1932 et 1938 seront dissous en novembre 1939. Selon l'expression du maréchal Zakharov :

> « Dans son essence, la théorie militaire se résuma dès lors à une mosaïque de citations de Staline sur la chose militaire. La théorie des opérations en profondeur devint un objet de suspicion parce que Staline n'avait jamais rien dit là-dessus et que son créateur était "un ennemi du peuple" (...) On en revint aux formes linéaires du combat[3]. »

Privée de ses élites pensantes, désorganisée, sans boussole doctrinale, l'Armée rouge se verra acculée au désastre[4] en 1941 et à l'été 1942.

## Théorie et pratique

Ce n'est qu'à partir de l'automne 1942 que l'art opératif fait son retour en catimini dans les états-majors[5]. Quasiment toutes les mesures de réorganisation prises alors – création de Corps puis d'Armées blindées, offensives d'artillerie, offensives inter-Fronts, création de réserves centrales, etc. – en proviennent en plus ou moins droite ligne, sans que jamais ne soit

1. À l'exception de Triandafillov, tué dans un accident d'avion en 1931, et d'Isserson, miraculeusement épargné, et qui conservera, au pire moment, son poste à l'Académie militaire, où il continuera à publier ! On le verra même s'élever contre les mauvaises conclusions tirées de l'emploi des chars dans la guerre civile espagnole, un domaine dans lequel Staline se montre pourtant chatouilleux. Il y a une énigme Isserson... Quant à Varfoloméev, il meurt dans les geôles du NKVD en 1941.

2. Sviétchine présente un cas particulier. Il est un des premiers à définir le niveau opératif mais, en 1925, il rejoint le groupe réactionnaire de Vorochilov pour des raisons théoriques. Il ne croit pas à la possibilité d'opérations décisives, juge inévitable l'attrition, à moins d'accepter l'idée de guerres limitées, et n'adhère pas, par conséquent, à la bataille en profondeur. Logiquement, le développement de l'artillerie lui semble plus important que celui des forces mobiles. Il reste néanmoins un penseur de premier plan par l'accent qu'il met sur la militarisation de l'économie en temps de guerre, le nécessaire développement d'une logistique mécanisée, la folie (typiquement germanique, dit-il) qui consiste à croire en une guerre courte grâce aux tanks et à l'aviation. Il sera lui aussi exécuté en 1938.

3. Cité par D. Glantz, *Soviet military Operational Art*..., p. 25.

4. Le rejet de l'art opératif, de même que les purges de 1937, ne suffisent pas, cependant, à expliquer l'ampleur de la déroute de 1941. Les problèmes d'encadrement, d'entraînement, de discipline, tous liés à l'augmentation trop rapide des effectifs, ont joué un rôle sans doute aussi considérable.

5. Selon Naveh (*op. cit.*, note p. 297), les travaux du cercle d'Uborevitch ont formé la base doctrinale du développement du concept de groupe mobile (*podvizhnaia gruppa*) durant l'été 1942. Le groupe Bliukher a étudié l'application de l'opératique au théâtre particulier de l'Extrême-Orient. C'est vers ces travaux que se tournera Vassilevski pour dessiner l'opération de Mandchourie en 1945.

fait mention de Toukhatchevski. On ne peut que mettre à l'actif[1] des bonnes pratiques opératives (défensives puis offensives) le fait que l'Armée rouge remporte une victoire exceptionnelle à Koursk en dépit des prouesses tactiques d'une *Ostheer* au sommet de son art. De même, c'est à l'art opératif qu'on doit la présence parmi les 26 opérations qui s'enchaînent entre août 43 et août 45 de quelques-unes des plus créatives manœuvres de l'histoire militaire : Dniepr-Carpates décembre 43-avril 44, *Bagration* juin 44, Lvov-Sandomierz 13 juillet-29 août 44, Iasi-Kichinev 20-29 août 44, Vistule-Oder janvier 45, Mandchourie août 45.

Les concepts élaborés dans le cadre de l'art opératif sont de nature théorique. Lorsqu'ils reviennent en force en 1942 et surtout en 1943, leur concrétisation intégrale demeure au-delà des moyens de l'Armée rouge. Jusqu'en 1945, l'application de ces concepts avancés butera sur certaines déficiences :

– L'incapacité à utiliser comme telles les grandes formations aéroportées prévues par Toukhatchevski. Les 5 magnifiques Corps aéroportés de 1941, chacun capable de projeter 10 419 hommes, 50 chars, 18 canons de campagne, sont utilisés comme des unités d'infanterie. Plusieurs tentatives pour les reconstituer échoueront devant la pénurie croissante de soldats bien entraînés[2] et la difficulté à maîtriser les subtiles techniques de vol, de largage et de communications.

– L'incapacité à mécaniser l'infanterie, ce qui réduira sa capacité à participer au développement de la pénétration en profondeur.

– Les pertes colossales de l'an 1941, qui obligent à sacrifier la culture doctrinale des officiers sortant des écoles à la vitesse de leur formation.

– La profondeur du glacis défensif de la *Ostheer*, profondeur concédée à l'été et l'automne 1941. Toukhatchevski a à plusieurs reprises expliqué que le visage d'une guerre contre l'Allemagne serait dessiné par la « quantité de profondeur » abandonnée au système adverse. Cette situation obligera l'Armée rouge à engager, en 1943 et 1944, de nombreuses opérations de percée, toujours coûteuses en temps et en moyens.

– Un attachement persistant à la bataille d'attrition. Sviéchine avait jugé qu'elle était inévitable mais que ce mal pouvait devenir un bien, la Russie en ayant seule les moyens humains.

### L'opération en profondeur *(schémas)*

Concrètement, en 1945, pour asséner le choc opératif, l'Armée rouge configure ses unités tactiques en colonnes échelonnées en profondeur. Sur le schéma 1 ci-contre sont représentés les dimensions et les compo-

1. Il n'est évidemment pas dans notre intention d'affirmer que la victoire soviétique s'explique SEULEMENT par la redécouverte de l'art opératif. Bien d'autres facteurs ont joué : prêt-bail, erreurs allemandes, pression aérienne alliée sur le Reich, etc.

2. Le fiasco de Bukrin, sur le Dniepr, le 24 septembre 1943, qui voit la destruction des 3e et 5e Brigades aéroportées, a conduit Staline lui-même à interdire ces largages massifs.

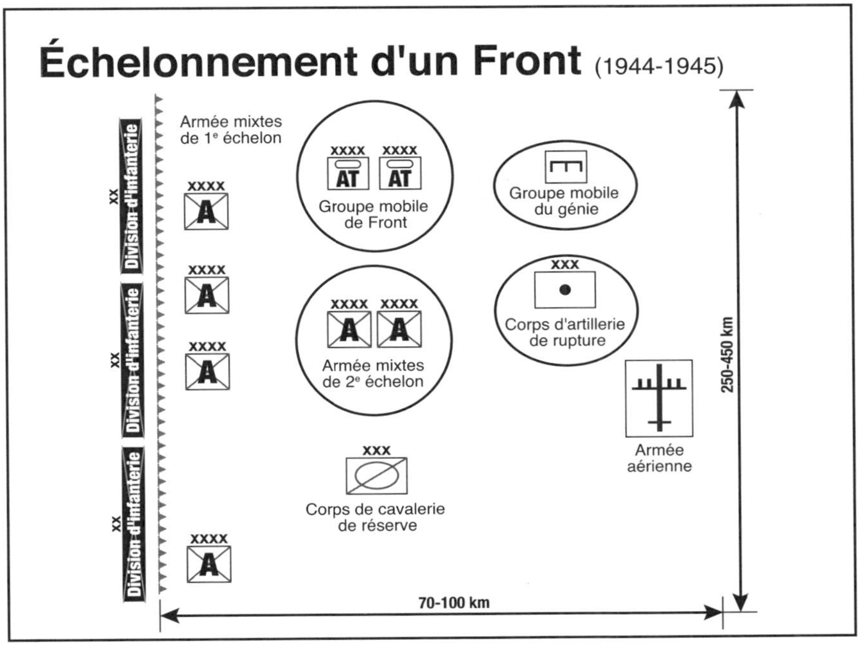
Échelonnement d'un Front (1944-1945)
Armée mixtes de 1e échelon
Division d'infanterie
Division d'infanterie
Division d'infanterie
XX
XXXX
A
XXXX XXXX
AT AT
Groupe mobile de Front
Groupe mobile du génie
XXX
Corps d'artillerie de rupture
Armée mixtes de 2e échelon
Armée aérienne
Corps de cavalerie de réserve
250-450 km
70-100 km

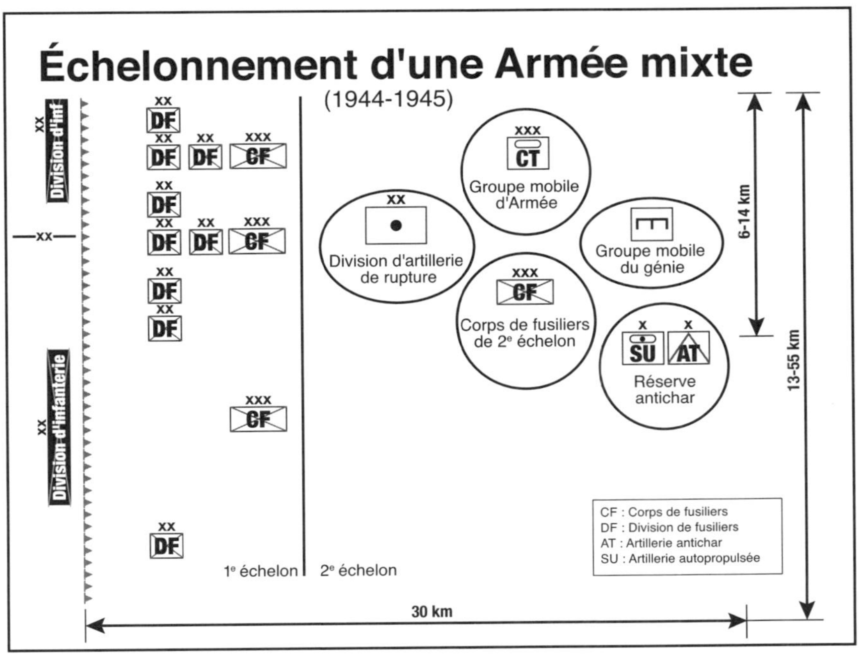
Échelonnement d'une Armée mixte (1944-1945)
Division d'inf
Division d'infanterie
XX
DF
CF
XXX
CT
Groupe mobile d'Armée
Division d'artillerie de rupture
Groupe mobile du génie
Corps de fusiliers de 2e échelon
X
SU
AT
Réserve antichar
6-14 km
13-55 km
CF : Corps de fusiliers
DF : Division de fusiliers
AT : Artillerie antichar
SU : Artillerie autopropulsée
1e échelon
2e échelon
30 km

sants du système formé par un Front. Le schéma 2 est un zoom sur une Armée, montrant qu'elle obéit également au principe de la disposition en profondeur.

Les Soviétiques définissent très précisément les tâches et les capacités opératives de leurs formations. Le Front est ainsi conçu pour opérer sur une profondeur allant de 150 à 300 km, l'Armée, de 100 à 150 km. Mais chaque opération amène à reformuler ce tempo opératif qui dépend de la géographie, de la résistance du système adverse, de la flexibilité logistique, de la présence de fortifications, etc.

La pénétration (*bresh*) du système adverse est confiée à un échelon d'attaque (*eshelon atakii*), groupant le gros de l'infanterie des Corps de fusiliers appuyés par une artillerie diversifiée, un Corps aérien et de nombreuses unités de chars d'accompagnement. Dans un deuxième temps, l'engagement d'un Corps blindé attaché à l'Armée précipite la transformation de la pénétration en percée (*proryv*) et amène le débouché (*razrazitsiia*).

Est alors introduit l'« échelon d'exploitation » (*presledovanie*), dit aussi « échelon de frappe opérative » (EPR, selon le sigle russe). L'instant de cette introduction fait l'objet de nombreuses études, et chaque commandant de Front semble avoir ses habitudes. Koniev envoie son EPR au tout début de la percée, Joukov attend généralement que le débouché en terrain libre soit assuré (sauf sur l'Oder, ainsi que nous le verrons). L'enjeu est de taille : il s'agit de maximiser le « moment », c'est-à-dire l'inertie emmagasinée par l'EPR et qui doit l'amener à creuser un long couloir dans la profondeur ennemie à la distance désirée. Engagé trop tôt, l'EPR souffre d'attrition (= perte de masse) : son « moment » (vitesse × masse × surprise) va donc diminuer. Engagé trop tard, il risque de perdre le bénéfice de la surprise opérationnelle procurée par la percée : « le moment » se réduit également.

Concrètement, l'EPR désigne les Armées de tanks (et les formations aériennes rattachées) chargées d'appliquer le choc opératif dans la profondeur du système ennemi. Ces Armées sont conçues (voir plus bas) comme des systèmes inter armes (avec intégration de l'aviation d'assaut à tous les stades de la manœuvre) capables d'opérer nuit et jour, d'abattre 50 à 60 km par 24 heures. Tout est mis en œuvre pour limiter la friction subie par l'EPR – notamment grâce à un intelligent échelonnement des brigades[1] et à un

1. Le détachement avancé est une spécialité soviétique. Malgré ses dimensions tactiques – généralement une brigade, parfois un régiment –, c'est un élément opératif clé qui assure la conservation du « moment » acquis par l'Armée de tanks. Placé loin devant (jusqu'à 80 km), il possède une furtivité intrinsèque accrue par une progression nocturne systématique et la large indépendance accordée à son chef. En se saisissant des ponts, des gués, des carrefours, de passages dans les lignes fortifiées, en masquant la progression des gros, il évite à ceux-ci d'avoir à abandonner leur formation en colonne, épargnant ainsi les ressources en hommes, en matériels et en temps. L'*Aufklärungabteilung* de la *PzDiv* est trop léger pour faire autre chose qu'éclairer et, surtout, localiser la masse averse. Ses moyens radios lui permettent alors de remplir la fonction pour laquelle il a été conçu : diriger les gros de la *Panzerdivision* vers la bataille de destruction.

usage diversifié du génie[1] –, assurer la conservation du « moment » le plus longtemps possible. Il s'agit de « tourner » (*obkhod*) le système défensif en occupant les coupures, les fortifications et en sectionnant les routes de retraite, ce qui empêche les formations ennemies de l'avant de se retirer EN ORDRE (peu importe si elles laissent échapper des éléments isolés par définition négatifs pour le fonctionnement du système). Ainsi, l'ennemi sera contraint d'utiliser sa réserve seule contre l'EPR. Privé de capacité de manœuvre et de bases de départ suffisamment proches du front, obligé de mener des combats séparés pour chacun des éléments de son système, il engagera sa contre-attaque dans les pires conditions. Nous verrons, à propos de l'opération Vistule-Oder, que l'engagement de la réserve blindée allemande ne sera même pas possible, l'isolement et la fragmentation l'ayant paralysée en quelques heures.

Les Soviétiques insistent sur un point capital : les encerclements ne doivent pas dépasser le niveau tactique-opératif (une division allemande, un Corps au maximum), et ne jamais aller, sauf cas exceptionnel, jusqu'au niveau supérieur, opératif-stratégique (une Armée, un Groupe d'Armées). L'encerclement est une figure tactique parmi d'autres, de l'ordre de la simple attraction mécanique, qui peut se produire dans le cours de la pénétration de la profondeur par l'EPR. En aucun cas, il ne faut distraire des forces opératives pour envelopper et réduire les poches ennemies. Nous sommes aux antipodes des pratiques de la *Ostheer*, dont l'encerclement représente l'alpha et l'oméga de sa pensée opérative.

Ces formations et ces procédés opératifs, repérables dès l'opération *Uranus* en novembre 1942, étaient déjà présents dans le Règlement du service en campagne de 1936, entièrement supervisé par Toukhatchevski et dont voici un extrait :

> « Les moyens offensifs modernes, avant tout l'emploi à grande échelle, par des forces mécanisées, de tanks, d'avions et de troupes aéroportées, donnent la possibilité d'attaquer l'ennemi simultanément sur la profondeur entière de son dispositif, dans le but de l'isoler (...). En engageant en même temps toutes les armes et toutes les formes de soutien, une opération offensive devrait se baser sur la neutralisation simultanée de la profondeur adverse. On peut y parvenir par : (1) des frappes aériennes sur ses arrières et ses réserves ; (2) l'emploi de l'artillerie sur toute la profondeur de la zone défensive ; (3) des pénétrations profondes du dispositif tactique ennemi par des groupes de chars à large autonomie ; (4) des pénétrations dans la zone tactique par de l'infanterie soutenue par des chars d'accompagnement ; (5) des frappes lointaines sur les arrières menées par des formations de cavalerie mécanisée de nature opérative-stratégique ; (6) l'usage massif d'écrans de fumée pour couvrir l'action de nos forces et tromper l'ennemi dans les secteurs secondaires[2]. »

1. Le génie soviétique remplit deux types de missions dans le cadre opératif. 1 – Limiter la friction rencontrée par l'EPR en déminant et déblayant les routes. 2 – Former des « détachements mobiles d'obstacle » (chars, antichars, génie de combat) qui empêchent les formations ennemies d'interférer avec la route suivie par l'EPR.

2. Shimon Naveh, *In Pursuit of military excellence*, p. 190.

Ce détour par la doctrine va permettre au lecteur de mieux appréhender la logique qui préside à la composition des différentes unités de l'Armée rouge. Elle facilitera aussi le repérage des traits opératifs qui apparaissent à l'état quasiment pur dans l'opération Vistule-Oder.

## *2. Les structures*

Le marxisme, dans la vulgate léniniste, insiste lourdement sur la dialectique théorie/pratique. Si la théorie opérative est au point depuis le début des années trente, la pratique de la guerre va être l'objet, de la part de l'état-major général, d'enquêtes approfondies et minutieuses. Ces enquêtes se condensent en soixante gros volumes publiés durant la guerre. Chaque opération réelle y est disséquée, livrant cartes, diagrammes, tableaux d'effectifs, analysant forces et faiblesses, recommandant ou proscrivant telle ou telle solution. Ce formidable retour d'expérience est largement diffusé auprès des états-majors de Fronts, d'Armées et de Corps, ceux-ci relayant à leur tour vers le bas de la pyramide des études de cas tactiques. Cette analyse permanente de l'expérience de la guerre débouche sur plusieurs réorganisations de la structure des forces. Nous livrons ici leur description valable pour l'année 1945.

### Fronts et Armées

La formation chargée d'atteindre les objectifs opératifs-stratégiques du commandement suprême est le Front, qui correspond grosso modo à un Groupe d'Armées occidental qui serait, en outre, doté d'un pouvoir discrétionnaire sur l'aviation. À lui la charge d'imaginer, organiser et diriger toute opération portant sur une portion de front majeure, entre 450 et 1 400 km (ce sera 4 000 km en Mandchourie !), visant une profondeur de 500-600 km, cherchant à détruire ou affaiblir un ou deux Groupes d'Armées allemands, à atteindre un objectif politique (par exemple, obliger la Finlande à se retirer de la guerre, libérer la Pologne, etc.) ou économique (s'emparer de la région industrielle de Haute-Silésie).

En janvier 1945, on compte dix Fronts (qui ne seront plus que huit en avril après la suppression des 1er et 2e Fronts de la Baltique), qui organisent une soixantaine d'Armées et s'appuient sur treize Armées aériennes (*Voiskovaia Aviatsia*, ou V.A). On retrouve dans la structure du Front les deux concepts clés de l'art opératif, la profondeur et le système.

L'échelonnement en profondeur atteint la centaine de kilomètres. On y repère :

– un premier échelon, qui groupe le gros des Armées combinées ; sa mission est de percer les défenses tactiques, de tenir les côtés de la pénétration, de suivre dans la profondeur ;

– un deuxième échelon, où figurent une ou deux Armées de réserve ;

– un échelon mobile, soit une ou deux Armées de tanks ou, en leur absence, un ou deux Corps blindés et/ou mécanisés. Mission : appliquer le choc opératif dans la profondeur du dispositif ennemi ;

– des réserves de tous types : artillerie, *katiouchas*, détachements mobiles d'obstacles, brigades de canons automoteurs, unités chimiques, etc. ;

– une Armée aérienne.

« L'esprit de système » se reflète dans la composition interarmes et multifonctions des sous-ensembles du Front (de l'Armée au régiment), dans leur mise en œuvre simultanée ou successive, dans leur commune dépendance à l'égard de l'objectif opératif. Ainsi, une Armée de tanks lancée dans la profondeur doit veiller sans cesse à collaborer avec son homologue et/ou les Corps des Armées combinées, avec les éléments avancés de celles-ci, avec la ou les Armées aériennes, avec l'état-major de Front qui dispense, si besoin est, des éléments supplémentaires permettant de maintenir le moment opératif (aviation à long rayon d'action, renseignements, carburant et munitions, maintenance, etc.).

Les quantités d'hommes et d'armes allouées globalement aux Fronts sont proprement colossales, de deux à trois fois supérieures (sauf pour l'aviation) à ce qu'alignent les Anglo-Saxons en Europe : au 1er janvier 1945, 6,4 millions de combattants, 8 300 chars et canons automoteurs, 114 600 canons et mortiers lourds, 21 500 avions. Dans les parcs et magasins arrière attendent 27 000 chars, 130 000 tubes d'artillerie et 20 000 avions[1] ! Nous laissons au lecteur le soin d'imaginer le degré de complexité des organes militaires, administratifs et politiques qui gèrent ces masses et ces flux à l'intérieur d'un Front. Cette capacité à organiser (et à improviser « à la russe »), les Allemands, en 1941 et 1942, en croyaient les Soviets tout simplement incapables. Cette sous-estimation de l'adversaire n'a rien d'anecdotique. Elle fait fi de tous les enseignements de l'art militaire depuis 2 000 ans et du simple bon sens. Elle signe une sérieuse lacune intellectuelle des élites guerrières germaniques. On ne dira jamais assez à quel point le mépris dont a constamment témoigné la Wehrmacht – mépris basé sur des préjugés à caractères culturels et racistes – constitue une des deux causes essentielles de sa défaite à l'est, l'autre étant la faiblesse de la pensée opérative.

En janvier 1945, sur l'Axe central (Berlin-Dresde), le 1er Front de Biélorussie (Joukov) et le 1er Front d'Ukraine (Koniev) sont les deux poids lourds de l'Armée rouge. Ils comptent un peu plus d'un million de combattants chacun. Ce qui représente, pour le premier, 10 Armées, 7 Corps blindés et mécanisés, 63 divisions d'infanterie ; pour le second, 12 Armées, 9 Corps blindés et mécanisés, 65 divisions d'infanterie. Sur l'axe nord (Prusse-Orientale-Poméranie), les 3e (Tcherniakhovski) et 2e (Rokossovski) Fronts de Biélorussie recensent respectivement 708 000 et 881 000 combattants. Les autres Fronts sont nettement moins puissants : entre 214 000 et 536 000 pour les Fronts ukrainiens 2, 3 et 4 ; moins de 100 000 pour les Fronts baltiques.

1. Chiffres in Krivosheev, *Soviet casualties…*, p. 101 et 245.

Si le Front – ou le Groupe de Fronts – est chargé de poursuivre les buts opératifs-stratégiques, l'Armée, elle, a vocation à travailler au niveau intermédiaire entre le tactique et l'opératif. Sa zone d'intervention est de l'ordre de 13-55 km et elle est dimensionnée pour s'enfoncer de 100 à 180 km dans le dispositif adverse. On distingue deux types d'Armées : l'Armée de tanks et l'Armée combinée, parfois appelé Armée mixte – et ses variantes renforcées, Armée de la Garde[1] et Armée de Choc.

L'Armée combinée est un assemblage de Corps d'infanterie (supprimés en 1941 puis ressuscités à l'été 1942), de divisions et/ou de Corps d'artillerie ; elle est très souvent accompagnée d'un Corps blindé ou mécanisé, qui lui sert de groupe mobile, soit pour achever la percée, soit pour mener la poursuite, généralement les deux. Le tableau ci-dessous donne sa composition en 1945, en sachant que les variations autour de ce modèle peuvent être importantes.

**Composition d'une Armée combinée soviétique en 1945**

| |
|---|
| 80 000-100 000 hommes, 300-460 chars, 1900-2500 canons et mortiers lourds, 30-225 canons autopropulsés, 12 000 à 20 000 chevaux, 1000 à 1500 véhicules |
| 3 Corps de fusiliers, soit entre 7 et 12 divisions |
| 1 ou 2 brigades d'artillerie à 2 régiments chacune |
| 1 brigade de chasseurs de chars |
| 1 division de DCA |
| 1 régiment de mortiers |
| 1 brigade du génie |
| 1 régiment de transmissions |
| 2 ou 3 brigades ou régiments blindés |
| 1 Corps blindé ou mécanisé attaché |

D'après D. Glantz, *Soviet military operational art*, p. 142.

1. Garde est un titre honorifique accordé depuis l'été 41 aux unités qui se sont distinguées au combat. Leur encadrement est meilleur, les renforts leur sont destinés en priorité et l'allocation de nouveaux matériels se fait d'abord à leur profit. L'Armée de Choc est un legs des années 20, lorsque l'absence de gros moyens mécanisés avait amené à la création d'Armées spécialement chargées de conduire des opérations dans la profondeur. Elles étaient plus puissantes que les Armées ordinaires à tous points de vue, notamment en artillerie, automitrailleuses et blindés légers. Cinq Armées de choc seront créées pendant la guerre. Mais, à l'instar des Armées de la Garde, en 1945, l'Armée de Choc ne diffère plus vraiment des autres Armées combinées.

**Infanterie : effectifs et qualité en berne, puissance de feu explosive**

À compter du premier semestre 1944, le plus grave problème de l'Armée rouge est sans conteste celui des effectifs des 450 divisions d'infanterie répertoriées. Les pertes depuis 1941 ont été si lourdes (10,4 millions de combattants[1] irrécupérables) qu'il n'y a plus assez d'hommes mobilisables pour peupler les unités à leur niveau réglementaire. Si une division doit, sur le papier, disposer de 11 780 hommes, elle en compte le plus souvent entre 4 500 et 5 500, 7 000 au mieux, la différence entre unités de la Garde et les autres s'étant, de ce point de vue, à peu près estompée. Avec ces chiffres, on voit qu'un Corps d'infanterie soviétique vaut, pour le nombre, à peine une division britannique ou américaine, une division pèse moins qu'une brigade. Selon le colonel Portugalskiy, en cours d'opération, les palliatifs de cette pénurie humaine pouvaient aller jusqu'à une déconstruction partielle de l'organisation régimentaire :

> « Durant l'opération de Poméranie-orientale, l'état-major de la 372e Division de fusiliers (2e Front de Biélorussie, ndla) dut prendre toute une série de mesures, incluant l'organisation dans chaque unité (= régiment, ndla) de deux détachements mixtes comprenant chacun deux compagnies d'infanterie et une batterie de mortiers. Par ailleurs, les régiments de fusiliers incorporèrent des sous-unités du régiment d'artillerie, un bataillon de chasseurs de chars et une partie significative du personnel des services arrière. Cela s'expliquait par les lourdes pertes en hommes (bataillons à 80-120 hommes), par des pertes encore plus graves en officiers (60 %) et par des difficultés à maintenir les liaisons (au début de l'opération, 20 radios sur 89 fonctionnaient)[2]. »

Moins étoffé, l'effectif de la division d'infanterie voit aussi la qualité baisser, ainsi que le relèvent tous les mémorialistes allemands. Les meilleurs sont morts. Les vides sont compensés par des paysans, âgés ou trop jeunes, sans réelle formation militaire, par des recrues levées en hâte dans les territoires reconquis, et souvent hostiles au pouvoir des Soviets, par des prisonniers de guerre[3] et des travailleurs forcés libérés. Ainsi, à l'automne 1944, sur 881 000 hommes, le 2e Front de Biélorussie compte 53 000 hommes recrutés dans les territoires récemment repris, 10 000 sortis tout droit d'un Stalag et 40 000 tirés des hôpitaux[4]. Lors d'une interview donnée en 1986, le colonel-général (colonel en 1945) Youri Naumenko, chef du 289e Régiment de fusiliers de la Garde (32e Corps de la Garde, 5e Armée de la Garde)

1. Krivosheev, *Soviet casualties...*, p. 96-97.
2. Col. R. Portugalskiy, *Contrôle et commande des divisions en situation de poursuite...*, VIZh, N° 12, décembre 1983.
3. Une note de Beria à Staline (27.01.1945) donne le nombre de 5 827 incorporés parmi les prisonniers de guerre et déportés libérés au 30 décembre 1944. Le nombre sera évidemment bien supérieur dans les premiers mois de 1945 lorsque des dizaines de *Stalags* tomberont aux mains de l'Armée rouge. In Hill, *The Great patriotic War,* p. 248.
4. Cité par Manfred Zeidler, *Das deutsche Reich...*, vol. 10/1, p. 706.

répond avec franchise à une question sur le personnel de remplacement alloué à son unité :

> « Le régiment a compté jusqu'à 3 000 hommes, dont il restait 21 combattants à Stalingrad… Les commissariats militaires nous ont envoyé des compagnies de remplacement. En Ukraine, nous les recevions directement en plein combat. Après avoir capturé un endroit peuplé, nous enrôlions immédiatement tous les adultes capables de combattre, on les équipait et on les envoyait directement au feu. Durant les accalmies, on faisait leur instruction, on les entraînait un peu, quand c'était possible. (…) Nous avions aussi les traditionnels bataillons d'entraînement. (…) Mais ils n'auraient pas suffi à combler les pertes. (…)
>
> Notre régiment a été formé à Stavropol, en second échelon, c'est-à-dire après le début de la guerre. (…) L'âge des recrues était élevé : 38-40 ans, des dirigeants de kolkhozes, des responsables locaux. Puis ça a changé. Il faut vous dire qu'après 7 500 kilomètres en combattant, il ne restait au régiment que 16 anciens de Stavropol. Je les préservais comme des « reliques », tout simplement je ne les envoyais plus à la bataille. Bref, le personnel du régiment changeait très souvent. Les pertes étaient très significatives. On a eu des gars de 40-45 ans. J'étais alors commandant de compagnie, j'avais 22 ans, mes hommes étaient des pères de famille de 45 ans. (…) La composition ethnique aussi a beaucoup changé. Il y avait de tout, des Kazakhs, des Ouzbeks, des Tatars, des Arméniens, des Géorgiens, des Azeris… (…) 25 nationalités dans le régiment (…). Et puis il y avait des femmes, 15 à 20 en permanence, opératrices radio, médecins, infirmières[1]… »

La discipline se ressent de ces modes de recrutement sauvage, la fermeté au feu également. L'encadrement est souvent défaillant. Officiers trop jeunes ou trop vieux, peu formés, desquels est requise une obéissance stricte aux ordres, au détriment de l'initiative. Les défaillants sont versés dans les unités pénales, où leurs chances de survie sont faibles. Pourtant, un élément de coercition disparaît le 29 octobre 1944 : l'ordre N° 0349 du Commissariat du peuple à la Défense abolit les fameux « détachements de blocage » et leurs procédures de traitement expéditives des soldats isolés, égarés ou en retraite. Constamment à l'offensive, l'Armée rouge a d'autant moins besoin de ramener sans cesse ses troupes vers l'avant que celles-ci trouvent dans le viol et le pillage[2] de nouvelles raisons d'avancer vers le cœur du Reich.

L'allure des unités d'infanterie de la Garde demeure martiale, facilitée qu'elle est par une priorité en matière d'habillement, de transports. Il n'en va pas de même des divisions ordinaires. Les uniformes sont sales, souvent en lambeaux, constitués de morceaux divers. On vit sur le pays, si

1. In *Red Army officers speak*, p. 114-117.
2. Ce pillage est la règle de bas en haut de l'échelle. En janvier 1945 sont ainsi créés, au niveau des Fronts et des Armées, des « départements des ressources économiques capturées ». Même le maréchal Joukov s'est servi à pleines mains. Lorsqu'il tombera en disgrâce en 1947, une des charges retenues contre lui sera d'avoir expédié pour son compte des wagons entiers de butin en Russie.

bien que les unités sont suivies de convois pittoresques de troupeaux de vaches et de moutons, de chevaux, d'ânes, de chameaux, de charrettes chargées d'un butin hétéroclite.

Cet affaiblissement en qualité et en quantité est compensé par une puissance de feu en augmentation constante. Un Corps d'infanterie modèle 1945 compte 300 à 400 canons et 450 à 500 mortiers, un régiment de *katiouchas* et un régiment de SU-76 à 21 pièces. De même, depuis 1944, la division d'infanterie reçoit à demeure un bataillon de SU-76 (à 16 pièces) ; en 1944 et 1945, c'est bien souvent le bataillon antichar de 66 pièces (57 et 76 mm) qui domine les débats défensifs. L'importance de la PAK est primordiale pour les planificateurs soviétiques si l'on en juge par comparaison avec l'effort nettement moindre fourni en faveur de la DCA (12 pièces). En 1943, le renforcement de la puissance de feu touche aussi l'équipement en armes automatiques de l'infanterie divisionnaire : 1 500 pistolets mitrailleurs[1] (Sudaev Modèle 1943 ou le toujours apprécié Shpagin 1941), 500 mitrailleuses légères (Degtarev DP et DPM modèle 1944), 120 à 150 mitrailleuses lourdes (majoritairement la Goriunov SG-43), 212 fusils antichars.

Le deuxième problème majeur de l'infanterie soviétique, c'est sa faible mobilité. Il n'y a pas assez de camions, malgré les livraisons du prêt-bail : 665 000 aux Armées en 1945, dont 427 000 d'origine américaine, pour plus de 6 millions d'hommes. Pour comparaison, les 1,5 million d'hommes de l'*US Army* prêts à passer le Rhin en 1945 peuvent compter sur 1 million de véhicules de tous types ! Les fantassins soviétiques vont à pied, l'artillerie et le train sont largement hippomobiles ; les unités spécialisées, elles, ont droit au moteur (canons autopropulsés, DCA, sapeurs, transmissions, maintenance). Nous sommes à 1 000 lieues des divisions britanniques et américaines motorisées à 100 % et capables de garder leur cohésion en parcourant 300 km en une journée. Comme à son homologue allemande, on ne peut demander à la division de fusiliers plus de 15-20 km/jour. Le progrès est sensible par rapport à 1941 (7 à 8 km/jour). Il s'explique en partie par la constitution de détachements rapides (*peredovoi otryad*) pouvant emporter, avec l'aide de quelques dizaines de camions et le régiment de SU-76, 10 % des effectifs, 20 à 50 kilomètres devant les gros.

Autre problème non résolu en 1945 : l'infanterie soviétique n'a rien de comparable au *Panzerfaust*, au *Panzerschreck*, au *bazooka* américain, voire au *PIAT* britannique. Ses fusils antichars sont inefficaces dans la plupart des situations de combat depuis 1942. Une unité sans couverture d'artillerie proactive et sans moyens blindés n'a d'autre solution que de décamper si des Panzers attaquent.

---

1. Parmi les belligérants, l'industrie soviétique a fourni le plus gros effort pour équiper ses soldats en PM. Ainsi, en 1941, l'Armée rouge a en stock 9,3 millions de fusils et carabines pour 200 000 PM. En 1945, les chiffres sont 8,3 et 3,6 millions. In Krivosheev, *Soviet casualties*..., p. 246-247.

Le contrôle des unités d'infanterie est la plaie de l'Armée rouge en 1941. On ne compte alors que sur les estafettes et le téléphone. Il n'existe de lien radio qu'entre le chef du Corps d'Armée et le commandant d'Armée. Le lieutenant Binder, chef de section à la 213e Division de fusiliers (52e Armée) décrit la situation des transmissions en avril 1945.

> « Durant les offensives, il y avait un lien radio entre le régiment et la division. Également entre le régiment et les bataillons. Mais bataillons et compagnies communiquaient par messagers. Le chef de section utilisait des signaux manuels pour diriger ses escouades. En défense, tout le monde était connecté par téléphone. Les stations de radio écoutaient mais ne pouvaient transmettre[1]. »

Les progrès sont donc nets. Mais le retard sur les Armées anglo-saxonnes demeure important puisque, dans celles-ci, le chef de section possède aussi un porteur radio. L'infanterie de la *Ostheer* de 1945 est logée à la même enseigne que l'Armée rouge en termes de quantités d'équipement de radio-communications mais elle en fait un usage semble-t-il plus intensif.

Inséparable de la division d'infanterie et/ou du Corps d'infanterie, la brigade blindée indépendante est l'outil universel de la manœuvre tactique. C'est elle qui exploite la percée réalisée par l'infanterie et l'artillerie jusqu'à 20-25 km de profondeur, qui emporte la seconde ligne ennemie, qui aide à la défense contre les Panzers, qui joue le rôle de transport de troupes en embarquant sur ses tourelles et ses plages arrière entre 500 et 1 000 hommes. En 1945, la brigade blindée encadre 1 354 hommes servant 65 chars répartis en 3 bataillons d'engins moyens (21 T-34). Un bataillon monté sur camions, une compagnie de DCA, une compagnie antichar et une section sanitaire forment l'accompagnement. Depuis la mi-1943, l'infanterie soviétique n'attaque plus seule. Ses sections se groupent autour du bataillon de SU-76 et, bien souvent, autour d'un régiment blindé indépendant (35 T-34 et 401 hommes).

## L'artillerie, la reine rouge

Dès la fin de 1941, les Soviétiques comprennent qu'un des antidotes à la *Blitzkrieg*, c'est l'artillerie disposée en masse et en profondeur. Aussi décident-ils en 1942 de concentrer les deux tiers de leur production de tubes non pas au sein des unités d'infanterie mais à l'intérieur d'unités spéciales placées sous le contrôle de la STAVKA et commandées par un puissant chef de l'artillerie de l'Armée rouge, le futur maréchal Nikolai Nikolaievitch Voronov. Jouant un rôle équivalent à celui de Novikov pour l'aviation et de Fedorenko pour les blindés, Voronov a l'oreille de Staline qui apprécie l'obstination de ce géant placide et accepte de donner

1. In *1986, Art of War Symposium*, p. 71. Selon le colonel Portugalskiy (VIZh, N° 10, décembre 1983, p. 19), les unités d'infanterie de premier échelon ont un lien radio à 70-75 % lors de l'opération Iasi-Kichinev (cas de la 27e Armée) et à 90-93 % lors de l'opération Berlin (cas de la 8e Armée de la Garde).

à la production de canons et d'obus la même haute priorité qu'à celle des chars. De même Voronov arrache-t-il la livraison de milliers de tracteurs et de stations radios, de batteries antichars et antiaériennes, de matériels optiques et de moyens de repérage. Dès 1943, l'artillerie allemande est surclassée, pour la quantité comme pour la qualité des matériels. Alors que le *Landser* a les moyens de se défendre contre un assaut blindé ou aérien, il doit subir, impuissant, des barrages de plus en plus terrifiants, à l'image de ceux, historiques, des 12 et 14 janvier, ou du 16 avril 1945.

Après avoir bâti en octobre 1942 des divisions d'artillerie, Voronov forme en mars 1943 le premier des cinq Corps d'artillerie de pénétration qui parviendront presque à tout coup à écraser les défenses allemandes, ouvrant la voie à l'infanterie et aux blindés. Voici la composition de cette formation :

**Corps et division soviétiques d'artillerie de pénétration – Structure 1945**

| Unité | Sous-unités | Quantités |
|---|---|---|
| Corps d'artillerie de rupture | 2 divisions de rupture<br>1 division de mortiers de la Garde (*katiouchas*)<br>1 bataillon de reconnaissance | 728-800 canons/mortiers lourds<br>864 lance-roquettes multiples |
| Division d'artillerie de rupture | 1 brigade d'art.légère (48 pièces de 76 mm) à 2 régiments | Total divisionnaire : 364-400 canons/mortiers lourds |
| | 1 brigade d'obusiers à 3 régiments | 84 pièces de 122 mm |
| | 1 brigade d'art.lourde à 2 régiments | 36 × 152mm |
| | 1 brigade d'obusiers lourds à 4 bataillons | 32 × 152mm |
| | 1 brigade d'obusiers « grande puissance » à 4 bataillons | 24 × 203mm |
| | 1 brigade de mortiers à 3 régiments | 108 × 120mm |
| | 1 brigade de mortiers lourds à 4 bataillons | 36 × 160mm |
| | 1 brigade de *katiouchas* à 3 bataillons | 36 × BM-31 |

D'après 1986, Art of War Symposium..., p. 39.

Aucune autre armée de l'époque ne possède une telle diversité d'unités. Outre les régiments d'artillerie légère et moyenne (76, 107, 122 mm) et les régiments classiques d'obusiers (122 et 152 mm), les Fronts et les Armées peuvent disposer de régiments « lourds » (152 mm BR-2),

« haute puissance » (obusiers 203 mm B-4) et « spécial puissance » (210 et 280 mm). À quoi il convient d'ajouter une unité particulièrement crainte des Allemands, la brigade de mortiers lourds. Formée de quatre régiments motorisés, elle aligne 108 mortiers de 120 mm modèle 1938, du type classique Stokes-Brandt. Cet engin pèse 265 kg mais, démontable en trois parties, il est transportable aisément grâce à ses roulettes et positionnable partout. Il délivre des obus de 16 à 23 kg à des distances variant entre 1 380 et 6 000 m. À raison de 20 coups/minute, une brigade peut cracher 4 320 projectiles – 33 tonnes d'explosif ! – en 120 secondes, sur un rectangle de 2 000 m par 400 m. De quoi stopper net n'importe quel assaut d'infanterie ou de blindés[1].

Les unités de « mortiers de la Garde », plus connues sous le nom de *katiouchas*, sont groupées en divisions, brigades, régiments et bataillons. La division lourde type 1945 consiste en trois brigades (chacune à 4 bataillons de 3 batteries) regroupant 864 lanceurs capables d'éjecter en une volée 3 456 roquettes BM-31 de 300 mm (320 tonnes d'explosif) à 4 325 m. Une seule brigade sature une aire de 42 hectares, à raison de 7 à 8 fusées par unité de surface égale à un terrain de football ; une fusée creuse un cratère de 7 à 8 m de diamètre sur 2 à 3 m de profondeur. Une seule division de BM-31 vaut, pour la quantité d'explosifs déversés, 38 régiments d'artillerie classique, ce qui représente une énorme économie en personnels et en transmissions. Cette arme a cependant des défauts : elle est fragile, assez peu précise, relativement lente à recharger (15 minutes) comparée à un canon de calibre moyen.

Mais les avantages l'emportent. Elle est bon marché. Elle est très mobile grâce à son montage sur le camion tout-terrain US6 *Studebaker* de 2,5 t, ce qui lui permet d'échapper aux tirs de contre-batterie et, surtout, d'accompagner les opérations en profondeur. Insistons sur ce dernier point. Une brigade parvient à avancer de 3-4 km, à se positionner et à tirer, le tout en 30 minutes : c'est un bon instrument pour protéger tout du long la progression de l'infanterie dans la zone de défense tactique de l'ennemi. En outre, grâce à ses camions porteurs, la brigade de *Katiouchas* devance les gros des Armées et des Corps blindés dans l'exploitation en profondeur ; elle brise les résistances, encage les passages de rivières, bref, elle participe à la conservation du « moment » opératif. Employée en arme de saturation (avec têtes explosives, à fragmentation ou à charge creuse), elle a de nombreuses fois tué dans l'œuf une contre-attaque en dévastant la zone de concentration, séparant du même coup les chars ennemis de leur infanterie portée. Lors des préparations à la percée, le bruit épouvantable qui accompagne la mise à feu provoque un effet de terreur qui laisse la troupe en état de choc durable.

1. Tenu secret, le mortier 120-HM 38 fut une des mauvaises surprises rencontrées par la *Ostheer* en 1941. L'engin parut si efficace que les Allemands le copièrent et en lancèrent la fabrication en série sous la dénomination *12 cm GrW 42*.

La DCA connaît la même courbe ascensionnelle : un matériel de plus en plus abondant, groupé dans des unités de dimensions croissantes. En 1945, la division de DCA comprend 64 tubes, répartis en 1 régiment de DCA médium (16 canons de 85 mm) et 3 régiments de DCA légère (16 × 37 mm). Dans le cadre de la bataille en profondeur, les Soviets n'ont pas mégoté sur la dotation en DCA de leurs Armées et de leurs Corps de tanks qui doivent pouvoir avancer dans le système ennemi, y compris sous un ciel hostile. Ainsi, lors de l'offensive sur l'Oder, les Armées de tanks de Joukov disposent chacune de 5 régiments de DCA de petit calibre et d'une division complète avec toute la gamme des calibres. Le 1er Front de Biélorussie d'ailleurs est dans son ensemble richement doté : 13 Divisions de DCA tirées des réserves de la STAVKA et 20 régiments, soit 5 000 tubes[1] !! Mais la DCA soviétique aura grand mal à mettre au point des matériels efficaces au-delà de 3 000 m.

Enfin, depuis avril 1943, les brigades d'artillerie antichar réunissent les forces de 3 régiments antichars (72 tubes Zis-2 de 57 mm et Zis-3 de 76 mm) et de 2 régiments autopropulsés (SU-76 et SU-85). Elles sont les unités les plus craintes de la *Panzerwaffe*, particulièrement lorsqu'elles sont couplées à des « détachement d'arrêt mobile » où, à la PAK se joignent les SU et les sapeurs mineurs. En 1945, les brigades voient arriver les premières centaines de tubes BS3-ATG de 100 mm, destinés à remplacer le 76 mm. Longue de 59 calibres, cette arme perce n'importe quel blindage allemand avec sa munition spéciale BR 412-D (140 mm sous 30° à 300 m, encore 100 mm sous 30° à 2 000 m).

## Une armée moderne ?

Afin de modérer notre propos sur les progrès de l'Armée rouge tant en matière d'artillerie que de radiocommunications, citons cet ordre (N° 052) du 27 février 1945 diffusé auprès des forces de la 1re Armée de Choc (en Courlande) en vue d'améliorer la conduite des opérations.

> « Les récentes attaques de l'Armée durant les opérations menées en février 1945 ont montré que de nombreuses unités participant à la percée des défenses ennemies souffrent de nombreuses inadéquations de leur préparation et de leur entraînement à la conduite d'opérations offensives dans des conditions militaires complexes et en présence d'une résistance ennemie acharnée.
>
> Les inadéquations les plus importantes sont les suivantes :
>
> (...)
>
> 2. D'une façon générale, l'artillerie du bataillon et du régiment traîne derrière l'infanterie qui avance, limitant le taux de progression, ce qui parfois laisse à l'ennemi l'opportunité de solidifier sa défense tactique et empêche par là nos unités d'atteindre leur objectif du jour.

---

1. Tromozov et Tokarskiy, *Organisation de la DCA pour les groupes mobiles, Armées et Fronts*, Voyenno-Istoricheskiy Zhurnal, N° 4, avril 1983, p. 25.

3. L'infanterie est incapable de faire face avec ses armes de manière indépendante aux contre-attaques ennemies appuyées par des chars et des canons automoteurs. Parmi les unités d'infanterie et d'artillerie, il y a eu des cas de « peur des chars ».

(…)

6. L'artillerie n'a pas appris à engager de sa propre initiative les points de tirs de l'ennemi en vue de soutenir l'avance de l'infanterie. Les officiers d'artillerie ne sont pas bons pour suivre le cours du combat et ils réagissent pauvrement et tardivement au feu ennemi et à ses contre-attaques. En règle générale, les commandants d'artillerie attendent que les officiers d'infanterie leur adressent des demandes de tirs, et ces derniers ne demandent pas directement l'appui de l'artillerie attachée à leur unité ou affectée à leur soutien, mais passent par l'intermédiaire d'officiers d'infanterie plus gradés.

(…)

8. Les unités ne savent pas utiliser correctement les radio-communications, les appareils étant utilisés particulièrement mal aux niveaux régimentaire et bataillonnaire. En règle générale, le gros des échanges radio se fait en clair [1]. »

Ce qui se dégage de ce texte est essentiel. En 1945, l'Armée rouge a parcouru un long chemin pour devenir une armée PUISSANTE. Elle a su bouleverser de fond en comble la structure de ses forces et leur organisation. Avec l'art opératif, elle dispose d'un bagage doctrinal de première force, sans équivalent au monde. Pour autant, est-elle une armée MODERNE, c'est-à-dire homogène du point de vue de sa qualité et de ses performances ? Non, si l'on en juge par ses taux de pertes constamment élevés. Ceux-ci tiennent à des rigidités, des comportements parfois stéréotypés, qui ne peuvent être aisément surmontés car ils sont de nature politique, sociale et culturelle. Par exemple, si l'on utilise relativement peu la radio, y compris dans les unités mobiles, c'est par peur de l'interception[2], par goût du secret. Dès 1940, les Allemands ont compris, eux, qu'il importe peu que les liaisons en phonie soient entendues par l'ennemi, la vitesse imprimée aux opérations rendant très vite obsolètes les informations interceptées. Si les officiers artilleurs demeurent trop souvent passifs face aux besoins de l'infanterie, c'est parce que l'initative individuelle n'a jamais été valorisée dans l'Armée rouge. Pour la même raison, les officiers subalternes d'infanterie assaillis par des chars ne prennent pas la responsabilité de déranger eux-mêmes l'artillerie : ils se couvrent en faisant jouer la hiérarchie. Les règles d'engagement du feu sont donc encore assez souvent lentes, rigides, peu adaptées à la vitesse des opérations modernes.

1. Alexander Hill, *The Great Patriotic War…*, p. 262.
2. Dans l'Armée rouge, en l'état actuel des sources, il semble que le cryptage et le décryptage aient été manuels. Il n'y a rien de comparable à la machine *Enigma*. C'est un puissant facteur de ralentissement du trafic. Ajoutons que les personnels spécialisés sont notoirement insuffisants. Si bien que, souvent, l'on préfère recourir… aux estafettes.

D'une façon générale, le corps des officiers souffre de déficiences persistantes aux niveaux subalternes (compagnies, bataillons). On peut voir là une conséquence de la perte quasi totale de l'encadrement initial en 1941, et du raccourcissement du temps de formation des nouveaux promus, au moins entre 1941 et 1943. Le poids important de la paysannerie (50 % des recrues en 1939) et le très bas niveau d'instruction d'un prolétariat industriel fraîchement arraché aux campagnes, ne facilitent ni le recrutement ni la formation des officiers.

Dans la troupe d'infanterie, l'hétérogénéité est la règle. Dans une même division, tel régiment présente de bonnes performances, tel autre se signale par sa médiocrité. Mais, l'année suivante, les effectifs s'étant renouvelés par attrition, la situation entre ces deux unités peut se trouver inversée. C'est l'indice du poids dominant des origines sociales et géographiques des conscrits. Le caractère monstrueusement répressif du stalinisme pèse ici de tout son poids. Un contingent d'ouvriers sibériens ne se comporte pas comme une troupe de paysans baltes ou ukrainiens, hostiles au régime ; une unité de garde-frontières ne peut avoir la même motivation qu'un groupe d'hommes sortis du GOULAG, ou de fils de koulaks tirés de leur relégation.

Ces attitudes – peur de l'initative, goût du secret, passivité, hyper valorisation de la hiérarchie et du « collectif » au détriment de « l'individualisme » – font partie du bagage mental du citoyen soviétique. Elles le gênent autant dans l'art moderne de la guerre que dans celui de l'économie. On ne s'étonnera pas que la société stalinienne, hautement répressive, minée par l'espionnite, la délation, le mensonge, le vol, la dissimulation, ait engendré une Armée à son image. On n'oubliera pas non plus que l'appel au sacrifice, la capacité à se mobiliser en permanence, à vivre dans le chaos et à se débrouiller – qualités ô combien utiles dans le domaine militaire – sont aussi des caractéristiques de l'*homo sovieticus*.

Ces critiques s'adressent essentiellement à l'infanterie. De l'avis même des Allemands, les unités blindées rouges affichent un niveau de performances élevé et régulier.

## Les Corps et les Armées de tanks : l'outil de la victoire

Après de douloureux tâtonnements[1], la structure des Armées de tanks soviétiques est arrêtée dans ses grandes lignes par un ordre du GKO en date du 28 janvier 1943, celle des Corps blindés et mécanisés le sera avant la fin de la même année.

1. Pour une description du processus de déconstruction/reconstruction de l'arme blindée soviétique avant 1943, voir notre *Stalingrad, la bataille au bord du gouffre*, même éditeur.

Les trois tableaux suivants décrivent la constitution de ces unités qui sont la composante offensive essentielle de l'Armée rouge, le véritable instrument de sa victoire sur l'Allemagne nazie.

**Composition d'une Armée de tanks soviétique en 1945**

| |
|---|
| 620 chars, 188 canons autopropulsés, 50 000 hommes, 850 canons/mortiers lourds, 7 000 véhicules au total |
| 2 Corps blindés |
| 1 Corps mécanisé |
| 1 régiment motocycliste |
| 1 brigade légère d'artillerie (2 régiments 76 mm + 1 régiment 100 mm) |
| 2 régiments de mortiers (82 et 120 mm) |
| 2 régiments antiaériens |
| 1 brigade légère d'artillerie autopropulsée |
| 1 régiment de lance-roquettes multiple (katiouchas) |
| 1 brigade du génie motorisée<br>1 régiment de transmissions |
| 1 régiment de transport/observation aériens |
| 1 régiment du train |
| 2 bataillons de réparation/construction |

D'après *1986, Art of War Symposium*…, p. 34., et D. Glantz, *Colossus reborn*, II-7.

**Composition d'un Corps blindé soviétique en 1945**

| |
|---|
| 228 chars, 42 canons autopropulsés, 11 788 hommes, 182 canons/mortiers lourds, 1 500 véhicules au total |
| 3 brigades blindées (207 T-34) |
| 1 brigade de fusiliers motorisés |
| 1 régiment d'artillerie autopropulsée (21 SU-76) |
| 1 régiment d'artillerie autopropulsée (21 SU-85/SU-122) |
| 1 régiment de mortiers (82 et 120 mm) |
| 1 régiment DCA |
| 1 régiment d'artillerie légère |
| 1 régiment blindé lourd (21 JS-2) |
| 1 bataillon de lance-roquettes multiples (8 lanceurs katiouchas) |
| 1 bataillon motocycliste |
| 1 compagnie du train |
| 2 compagnies de réparation (artillerie, chars) |

**Composition d'un Corps blindé soviétique en 1945** ***(suite)***

| |
|---|
| 1 bataillon médical |
| 1 bataillon du génie |
| 1 bataillon de transmissions |
| 1 compagnie d'aviation |

D'après *1986, Art of War Symposium...*, p. 36, et D. Glantz, *Colossus reborn*, II-7.

**Composition d'un Corps mécanisé soviétique en 1945**

| |
|---|
| 183 chars, 63 canons autopropulsés, 16 314 hommes dont 4 500 fusiliers portés |
| 3 brigades mécanisées à 3 bataillons motorisés et 1 régiment de char |
| 1 brigade blindée (65 chars) |
| 3 régiments d'artillerie autopropulsée (1 légère SU-76, 1 medium SU-85, 1 lourde SU-152) |
| 1 régiment de mortiers (82 et 120 mm) |
| 1 régiment de DCA |
| 1 bataillon de lance-roquettes multiples (katiouchas) |
| 1 bataillon motocycliste |
| 1 bataillon de transmissions |
| 1 bataillon du génie |
| 1 bataillon médical |
| 1 compagnie du train |
| 1 compagnie de réparation/construction |

D'après *1986, Art of War Symposium...*, p. 37, et D. Glantz, *Colossus reborn*, II-7.

Six Armées de tanks sont en ligne en 1945. Elles organisent 17 Corps blindés et mécanisés, ce qui laisse encore à disposition de la STAVKA et des Fronts 16 Corps blindés ou mécanisés « indépendants », une cinquantaine de brigades et plus de cent régiments de chars et d'artillerie autopropulsée « indépendants ». Après 1943, les changements consistent en une augmentation substantielle du nombre des canons automoteurs, de l'artillerie antichar, dans une moindre mesure des moyens de transports d'infanterie d'origine américaine (*half-tracks* M-5, camions *Studebaker*, jeeps *Willies*). Le plus important est sans doute l'accroissement très substantiel des services : transmissions, maintenance-réparation, génie, services médicaux.

Les Soviétiques ont pensé leurs unités blindées au sein de la doctrine de « la bataille en profondeur ». Ils ont soigneusement codifié dans le manuel d'utilisation *PU-44* l'emploi des Armées et des Corps blindés en leur attribuant des capacités de pénétration précises mises au service de différents horizons opératifs.

Le Corps blindé ou mécanisé est ainsi capable d'exploiter la percée réalisée par l'Armée combinée sur une profondeur moyenne de 150 à 200 km. L'Armée de tanks peut survivre après s'être enfoncée de 500-600 km dans le dispositif ennemi, qu'elle est chargée de disloquer. Pour autant, il ne s'agit plus, comme en 1942-1943, d'autoriser de grandes chevauchées mécaniques solitaires[1] qui se terminent, invariablement, par la destruction de l'unité. En 1945, Corps et Armées combattent à l'intérieur d'un système interarmes, où l'aviation est omniprésente, et chaque formation cherche toujours le lien avec ses voisines (ce qui, nous le verrons, ne sera pas le cas lors de la marche sur Berlin, mais pour une raison très particulière). Matériels, maintenance, procédures de commandement et de contrôle[2], permettent, en 1945, de mener des opérations au rythme de 50 à 100 km de progression quotidienne, de jour comme de nuit. Ce sont là les performances réalisées par les *Panzerkorps* durant l'été 1941 mais celles de Soviétiques sont mises au service d'une véritable pensée opérative.

Les commandants d'Armées de tanks n'ont plus rien à envier à ceux de la *Panzerwaffe* en termes de maniement : les concentrations, les éclatements, les regroupements, les changements brutaux de direction n'ont plus de secrets pour les vedettes de l'Armée rouge que sont devenus les Katoukov, les Rybalko, les Bogdanov. Ainsi que nous le verrons, le général Rybalko fera opérer en janvier-mars 1945 à sa 3e Armée de tanks de la Garde plusieurs virages à 90 % parfaitement réussis, qui déstabiliseront à chaque fois la défense allemande. Le progrès est immense par rapport à l'été 1942 où, passée les premières heures, les Corps et les Armées blindées étaient abandonnés à eux-mêmes, ne laissant d'autre alternative aux chefs que de foncer tête baissée ou de s'arrêter, les deux décisions équivalant le plus souvent à la destruction.

---

1. Le type même du raid solitaire et suicidaire est celui qu'opère le 24e Corps blindé du général Badanov, à la Noël 1942, contre l'aérodrome de Tatsinskaïa. Il est vrai que la destruction de cette base vitale pour le ravitaillement de la 6e Armée enfermée dans Stalingrad pouvait, aux yeux de la STAVKA, valoir les 180 chars et 5 000 hommes perdus par Badanov.

2. Chaque Corps possède un « groupe opérationnel de commandement ». C'est un P.C mobile qui suit la brigade de tête ; il abrite le commandant du Corps, celui de l'artillerie, le chef des opérations, le responsable du renseignement, des éléments de transmission, l'officier de liaison avec l'aviation. Dans les opérations les plus rapides, il change de localisation deux à trois fois par jour. Le P.C principal, où se trouve l'état-major, reste en milieu de formation, à 15-25 kilomètres de l'avant, et progresse par bonds quotidiens opérés de nuit. Le P.C arrière (30-35 km de l'avant) se préoccupe particulièrement des services et il déménage tous les deux jours. Les trois P.C sont en communication permanente *via* un canal radio réservé. Quand les distances dépassent la portée des radios, on communique par petits avions Po-2.

## Trois grands tankistes

Arrêtons-nous un instant sur ces trois chefs d'Armées de tanks qui demeurent ignorés en occident et qui sont sans doute ce que l'Armée rouge a produit de meilleur au niveau tactico-opératif. Deux d'entre eux – Katoukov et Bogdanov – commandent des brigades ou des divisions blindées en 1941. Ils mesurent de près – tous deux ont été blessés durant le terrible été – l'étendue de leur retard sur la *Panzerwaffe* et, surmontant la crainte d'un pareil adversaire (qui paralysera un Volsky lors de l'opération *Uranus)*, ils s'attachent à améliorer sans cesse l'outil qui leur est confié.

L'Ukrainien Pavel Semionovitch Rybalko (1892-1948) est soldat en 1914, partisan dans la guerre civile, commandant d'un escadron de cavalerie durant la grande offensive sur Varsovie en 1920. Il se forme aux tâches supérieures du commandement à l'Académie Frounzé de 1931 à 1934, où il suit les cours d'Isserson sur l'art opératif. À la sortie, on l'affecte à la Direction des blindés à Moscou où il étudie Fuller et Guderian, Triandafillov et Toukhatchevski, du moins tant que les écrits de ces derniers ne sont pas interdits. Il est le dernier attaché militaire à l'ambassade soviétique à Varsovie en 1939. L'attaque de 1941 le trouve professeur de tactique à l'école des chars de Kazan, ce qui lui épargne la vision du massacre des Corps mécanisés de Timochenko. Son premier poste opérationnel date de mai 1942, comme commandant adjoint de la toute nouvelle 3$^{e}$ Armée de tanks. Il en est commandant en titre d'octobre 1942 à avril 1943 ; il en conserve la direction jusqu'à la fin de la guerre sous le nom de 3$^{e}$ Armée de tanks de la Garde. À l'exception de l'offensive sur Orel (opération Koutouzov[1]) à l'été 1943, où Staline, par des ordres irréfléchis, démolit littéralement la 3$^{e}$ Garde, Rybalko est un acteur majeur de tous les succès obtenus sur la partie sud du front. Il franchit magistralement le Dniepr et prend Kiev en novembre 1943, après avoir opéré une belle rocade de nuit. Il fait un sans faute durant les offensives Lvov-Sandomierz (été 44) puis Vistule-Oder (janvier 45) et Oder-Berlin (avril 45). Agressif, impatient, souvent dur avec ses subordonnés, Rybalko réveille ses tankistes à coups de bottes pour leur expliquer sa manœuvre et relance en avant, de sa voix de stentor, les colonnes épuisées. Il a la fougue, la vista, la rapidité de décision et les nerfs d'acier d'un Patton ou d'un Hoth. Staline le récompensera d'un bâton de maréchal et le fera deux fois Héros de l'Union soviétique.

Mikhail Efimovitch Katoukov (1900-1979) témoigne de la même longévité que Rybalko puisqu'il prend la 1$^{re}$ Armée de tanks (bientôt de la Garde) en janvier 1943 et ne la lâche plus jusqu'à Berlin. Mais, à la différence de son collègue ukrainien, il est sur le champ de bataille dès le 22 juin 1941 à la tête de la 20$^{e}$ Division blindée (9$^{e}$ Corps mécanisé, Front du Sud-Ouest) lors de la féroce bataille de chars de Rovno. En octobre, à

1. Voir notre *Koursk, les quarante jours qui ont ruiné la Wehrmacht*, même éditeur.

Mzensk, à la tête de la 4e Brigade blindée, il est le premier tankiste soviétique à infliger un revers à Guderian[1] : son unité sera aussi la première dans l'Armée rouge à recevoir le titre de Garde. Il montre une opiniâtreté exceptionnelle face aux terribles assauts de Manstein contre le flanc sud du saillant de Koursk, en juillet 1943. Les journaux soviétiques en font une star en mars-avril 1944 lorsqu'il engage sa formation dans une chevauchée de 500 km sur les arrières de la 1re Armée Panzer (offensive Proskurov-Tchernovtsy). Prudent, méthodique, calculateur, prenant toujours l'avis de ses chefs de Corps, Katoukov cherche à éviter l'assaut frontal et on lui doit quelques-unes des plus belles manœuvres de l'année 1944 (encerclement de Lvov) et 1945 (infiltration du « Triangle de l'Oder »). On imagine son désespoir lorsque Joukov lui donne l'ordre d'avancer vers les hauteurs de Seelow, sans attendre la percée, le 17 avril 1945 puis de s'engager dans les rues de Berlin.

Semen Illitch Bogdanov (1894-1960) est la bravoure et l'intelligence tactique incarnées. Comme Katoukov, il suit dans les années 30 les cours de l'Académie militaire des forces blindées et mécanisées à Moscou. Comme Katoukov toujours, il fait partie, en 1941, de cette équipe de colonels commandant une division blindée à l'intérieur d'un des Corps mécanisés première manière, de triste mémoire. D'une résistance physique exceptionnelle, il est constamment avec ses éléments de pointe depuis l'été 1941, expliquant en détail ses ordres à ses chefs de brigade qui l'apprécient pour son égalité d'humeur et sa politesse. Blessé deux fois en 1942, il prend la 2e Armée (future 2e Garde) en septembre 1943, et jusqu'à la fin de la guerre. Il est encore blessé devant Lublin en 1944 et abandonne son commandement à son chef d'état-major, le très remarquable Radzievski, auteur du raid vers Varsovie en juillet. À peine remis, Bogdanov sert magistralement l'exploitation de Joukov lors de l'offensive géante Vistule-Oder puis tient son rôle dans Berlin. Il est fait maréchal de l'Union soviétique en 1945.

Outre la valeur des chefs, cette souplesse tactique enfin trouvée s'explique en partie par la meilleure dotation en radios[2], qui permet beau-

1. Dans ses Mémoires (*Panzer Leader*, p. 234-23), Guderian rend hommage à cette brigade inconnue : « Les rapports sur la qualité et, par-dessus tout, sur la nouvelle tactique de cette unité blindée, nous préoccupaient beaucoup. Les Russes (…) envoyaient leurs chars groupés contre nos flancs. Ils apprenaient. L'âpreté du combat se fit sentir sur les hommes et les officiers. (…) Les pertes en chars des Russes furent considérablement moins élevées que les nôtres. »

2. D'après Krivosheev, *Soviet casualties…*, p. 258, le nombre de postes de radio livrés aux Armées, toutes fréquences confondues, est de 3 000 en 1941, 8 000 en 42, 13 000 en 43 et 18 000 en 44. En 1945, les unités blindées sont équipées d'émetteurs-récepteurs au moins jusqu'au niveau des chefs de peloton (mais aussi dans chaque JS-2 et T-34/85, si l'on en croit le témoignage d'A. Smirnov, chef d 'état-major de la 100e Brigade blindée), l'artillerie jusqu'au niveau groupe, l'infanterie jusqu'au régiment (plus les moyens propres des observateurs d'aviation et d'artillerie détachés par le commandant de division).

coup plus de possibilités d'actions interarmes que par le passé, ainsi que le confirme ce témoignage du colonel Alexander Smirnov, chef d'état-major de la 100e Brigade blindée (31e Corps blindé) :

« (Pour soutenir nos chars), il y avait deux régiments d'artillerie autopropulsée. À côté de ça, deux brigades d'artillerie avaient pour instruction de nous appuyer spécifiquement lors de la percée. Et il y avait des représentants de ces brigades au sein de notre formation. L'aviation d'un Corps d'attaque au sol et d'un Corps de chasseurs nous soutenait aussi. Cinq de leurs représentants étaient avec notre brigade. C'était fait de telle façon que nous avions la communication directe avec l'artillerie, l'aviation, et que ces armes pouvaient répondre sur l'heure à nos demandes, à nos besoins. Les communications étaient bonnes, le soutien était bon, et c'est pourquoi nous n'avons subi que des pertes insignifiantes, vraiment insignifiantes (durant l'opération Vistule-Oder, ndla). Oui, nous avions un contact radio permanent avec les unités qui nous soutenaient[1]. »

En revanche, comme déjà relevé, la motorisation reste insuffisante sur un point important : les véhicules de transport blindés d'infanterie. Les 7 078 engins (dont 80 % de faibles *Universal Carrier* et M3A1 *Scout cars*) livrés en trois ans par le prêt-bail sont une goutte d'eau dans un océan de besoins qu'on peut estimer à au moins 50 000 véhicules du type USM3 pour l'ensemble des Corps blindés et mécanisés. Les Russes n'auront jamais ces bataillons portés, rendus autonomes par l'emploi de véhicules au moins résistants aux balles et aux schrapnels, transportant radio, munitions, vivres et une mitrailleuse lourde voire un canon sans recul. Les fusiliers iront par grappes de 10 à 20 accrochés aux superstructures des T-34, sans rien pour les protéger. Au moins, en 1944 et 1945, ne sont-ils plus laissés à eux-mêmes : les SU-76 les entourent, à peine ont-ils sauté à terre.

Le général Friedrich von Mellenthin, un des grands mémorialistes de la Wehrmacht, peu enclin à célébrer les faits d'armes soviétiques, termine son célèbre ouvrage *Panzerschlachten* par ces mots :

« Le développement extraordinaire de l'arme blindée soviétique mérite la plus soigneuse attention de la part de tous ceux qui étudient la guerre. (...) Dans la fournaise furieuse du combat, les équipages de tankistes soviétiques se sont élevés au-dessus de leur niveau originel. Un tel développement doit avoir exigé une organisation et une planification du plus haut niveau. (...) Cette force blindée est devenue un instrument hautement mobile et supérieurement affûté, manié par des chefs audacieux et capables[2]. »

1. Interview in *Red Army officers speak*, p. 30-31.
2. F.W. Mellenthin, *Panzer battles*, p. 302-303.

### *3. Les armes*

Selon le colonel-général Krivosheev[1], en 1944 l'Union soviétique produit 29 000 chars et canons d'assaut, 33 200 avions de combat, 47 300 pièces d'artillerie et lance-roquettes ainsi que 184 millions d'obus, mines et bombes pour avions et 7,5 milliards de cartouches. Cette masse inouïe de matériels connaît en outre une mutation qualitative. D'après les Allemands eux-mêmes, les avantages des deux armes blindées s'équilibrent bien. À la *Panzerwaffe*, une meilleure vision (ergonomie et matériel optique) et un meilleur équipement radio, permettant un contrôle tactique plus assuré, une cadence de feu plus élevée. Aux tankistes russes, la puissance des tubes, l'épaisseur des blindages, la meilleure mobilité tout-terrain, la plus grande autonomie. En 1944 et 1945, l'avantage tactique des Panthers et des Tigres ne pèse pas lourd face à l'utilisation opérative des tanks soviétiques au sein des Armées mobiles.

Du point de vue technologique, en nous bornant aux véhicules de combat, voici les innovations les plus marquantes intervenues en 1944-1945.

#### La modernisation du T-34

En 1943, le T-34/76 est surclassé par les Tigres et les Panthers. Son canon F-34 de 76,2 mm long de 42,4 calibres n'a plus la puissance requise. En perçant 61 mm de blindage incliné à 30° à 500 m (et 54 mm à 1 000 m), il est impuissant contre les 80 mm de blindage frontal du Panther et les 100 mm du Tigre, sans parler de leurs tourelles impénétrables même à bout portant. Il ne peut toucher le seul Panther que par le côté (à 500 m) et par l'arrière (1 500 m). Du 25 au 30 avril 1943, des essais sont menés sur un Tigre capturé à l'institut de recherche sur les blindés, à Kubinka. Il apparaît vite que, parmi les canons immédiatement disponibles, seul le tube antiaérien 52-4 de calibre 85 mm (modèle 1939) perce les 100 mm de blindage frontal à 1 000 m. Des essais pour adapter ce tube sur un prototype médiocre, le T-43, et sur un T-34 courant, font perdre plusieurs mois. La solution adoptée conserve l'essentiel du dessin de base du T-34/76 (chassis, moteur identiques, blindage avant augmenté de 45-52 mm à 60-90 mm) mais avec une tourelle entièrement redessinée pour accommoder le nouveau canon, au prix d'un léger alourdissement du véhicule (32 tonnes au lieu de 30,9). Plus vaste, cette tourelle permet de loger trois hommes (chef de char, chef de tourelle, chargeur), portant l'équipage à cinq, ce qui augmente globalement l'efficacité au combat.

Le nouveau char moyen de l'Armée rouge apparaît sur les champs de bataille en avril 1944 et se comporte plutôt bien. Sa cadence de tir (5-8 coups/minute pour le canon D5T ; 6-10 coups/minute pour le Zis-S-53)

---

1. Krivosheev, *Soviet casualties...*, p. 244. Le nombre de pièces d'artillerie grimpe à 122 500 si l'on y inclut les tubes montés sur les chars, les canons automoteurs, les avions, les navires. Le nombre de projectiles est cité par Erickson, *The road to Berlin*, p. 405.

est inférieure à celle du Panther (12 coups/minute), son optique, son équipement radio demeurent de moindre qualité. La tourelle électrique rend 2 secondes sur 180° à la tourelle hydraulique de son principal compétiteur. Mais, malgré ces défauts, et au prix de pertes toujours importantes, la nouvelle version du T-34 est au moins capable de détruire Tigres et Panthers sans approcher à une distance suicidaire.

**Le nouveau char lourd**

Le JS-2 (ou IS-2 pour Iossif Stalin) entre en service en avril 44, en même temps que le T-34/85. Si l'on considère la crainte des tankistes allemands à rencontrer cet animal, on peut en déduire qu'il est une réussite incontestable. L'Armée rouge entre en guerre avec un char lourd, le KV-1 dont les 42,5 tonnes ne parviennent à accommoder qu'un tube ZIS-5 de 76 mm, insuffisant face aux Tigres dont les Soviétiques capturent un exemplaire près de Leningrad en septembre 1942. Aussi lui cherche-t-on un successeur. Le bureau d'études de la nouvelle usine Tcheliabinsk 100 cherche d'abord la solution du côté d'une augmentation de l'épaisseur du blindage (modèle KV-13) mais le problème du canon demeure entier. Plusieurs mois se passent à essayer un 85 mm, abandonné après un voyage d'étude de l'ingénieur Kotin sur le champ de bataille de Koursk. L'analyse attentive des coups mortels portés aux Tigres du Groupe d'Armées Manstein démontre que le canon de campagne A-19 de 122 mm est la seule arme efficace en tir direct à 1 000 m. Adapté aux caractéristiques d'une arme antichar et équipé d'un frein de bouche, ce tube prend le nom de D-25 T et c'est autour de lui que se construit le JS-2. Ses 46 tonnes sont manoeuvrées par 4 hommes ; il possède 3 mitrailleuses de 7,62 mm (coque avant, avant et arrière tourelle) et, chose nouvelle dans l'Armée rouge, une arme de DCA (DshK 12,7 mm). L'avant et la tourelle sont puissamment blindés à 90-120 mm, les côtés annoncent encore 60-100 mm. 3 385 unités seront fabriquées jusqu'en mai 45.

Le point faible du JS-2 est sa faible cadence de tir (2 à 3 coups/minutes) et un magasin trop petit (28 obus). En septembre 1944, une édition du *Nachrichtenblatt der Panzertruppen*[1] relate les conclusions d'une unité de Tigres après sa rencontre avec des JS-2 : le blindage frontal ne se perce qu'à moins de 500 m ; il faut absolument manœuvrer pour se placer sur les côtés ou derrière et déclencher un feu concentré ; l'engagement d'un JS-2 ne doit pas se faire avec moins d'un peloton (3 chars) ; employer un Tigre seul signifie sa perte ; il apparaît utile d'essayer d'aveugler le JS-2 en tirant des obus explosifs juste après les premiers coups au but, qui se révèlent rarement décisifs.

1. Sharp, *Soviet Armor Tactics in WWII*, p. 91-92.

## La famille SU et JSU

Depuis 1943, l'Armée rouge s'équipe en canons automoteurs, qui montent en puissance en 1944-45. À l'origine, en 1942, l'arme est pensée pour détruire à distance les pièces de PAK de l'ennemi, son profil surbaissé en faisant une cible moins facile pour celles-ci, et pour fournir un appui-feu classique lors des opérations en profondeur et notamment en zone urbaine. Les SU et JSU sont donc une pure artillerie autopropulsée, maniable et robuste. Mais, comme ces engins peuvent, à masse égale, monter des calibres supérieurs à ceux des chars, ils vont conquérir un nouveau domaine d'emploi, celui de la défense antichar. On retrouvera les SU et JSU en couverture des flancs des unités de tanks, en réserve antichars des Corps et Armées de tanks. Ne possédant pas de mitrailleuses, les automoteurs soviétiques sont impuissants face à l'infanterie : ils ne peuvent donc mener l'attaque, à la différence du *Sturmgeschütz* qui, de ce point de vue, forme une alternative plus convaincante au char.

Les premiers modèles (1943) sont :

– Le SU-76 M : 10,5 t, monté sur le châssis du char léger T-70. Blindage 25-35 devant. Un canon de 76,2 mm. Près de 14 000 exemplaires construits.

– Le SU-122 : 30,9 t, monté sur le châssis du T-34-76. Blindage avant 45 mm. Rapide : 55 km/h. Obusier de 122 mm. 638 exemplaires.

– SU-85 : 29,6 t, châssis du T-34-76, blindage avant 45 mm, 55 km/h, un canon de 85 mm. 2 339 exemplaires.

– SU-152 : 45,5 t, châssis du KV-1, 60-90 mm blindage avant, obusier 152 mm. 671 exemplaires.

Les nouveaux venus (1944-1945) portent des armes plus puissantes, sont mieux blindés, notamment sur les flancs, tout en restant, du point de vue de la vitesse, à l'unisson des autres armes des groupes mobiles (entre 37 et 45 km/h) :

– SU-100 : 31,6 t, châssis T-34/85, blindage avant 45-75 mm, excellent canon de 100 mm. 2 495 exemplaires construits durant le conflit.

– JSU-122 : 46 t, châssis de JS-2, 60-90 mm blindage avant (75-90 mm sur les côtés), 1 mitrailleuse 12,7 mm, un canon de 122 mm (avec frein de bouche sur les versions 1945, JSU-122S). Environ 3 000 exemplaires.

– JSU-152 : 46 t, châssis de JS-2, 60-90 mm blindage avant (75-90 mm sur les côtés), un canon de 152 mm. Environ 1 600 exemplaires.

JSU-122 et JSU-152 sont des matériels puissants, mécaniquement fiables, particulièrement dangereux dans le combat antichar où leur énorme munition peut arracher une tourelle par son seul souffle.

La doctrine d'emploi des chars est claire. Soit ils servent à accompagner l'infanterie : ils sont alors groupés en bataillons, régiments et brigades (usage tactique). Soit, massés en Corps et en Armées, ils ont à percer le dispositif ennemi dans sa profondeur (usage opératif). La lutte antichar n'est pas, comme dans la Wehrmacht, principalement le fait des chars.

Depuis octobre 1942[1], il est entendu que cette lutte doit être laissée à l'artillerie et à l'artillerie antichar, tractée ou autopropulsée. La décision est sage : les engagements chars contre chars ont presque toujours tourné à l'avantage des Allemands (rapports de pertes moyens, 1:4).

Les planificateurs soviétiques ne semblent pas avoir eu le culte du char comme leurs homologues allemands, ou plus exactement le culte exclusif et jaloux de la *Panzerdivision*. L'usage du tank est plus inventif, plus souple, plus diversifié du côté soviétique. On le groupe en tous types de formations, depuis le bataillon indépendant de 20 véhicules jusqu'à l'Armée de 800 machines. Les Soviétiques n'attendent pas du char qu'il soit l'immuable exécutant de la percée préalable à la bataille d'encerclement fétichisée par les Guderian et autres : dans leur système de pensée, il est une arme, parmi d'autres, chargée d'aider l'infanterie à percer la défense, de déboucher en terrain libre, de creuser ces longs couloirs opératifs qui doivent désarticuler le système militaire ennemi dans sa profondeur. Construit à bas prix, manié par des équipages formés au moindre coût, le tank est un objet de grande consommation dans l'Armée rouge et, en même temps, l'instrument privilégié des grandes opérations, non tant par sa capacité à détruire, que par son aptitude à rouler longtemps, de nuit comme de jour, sur tous les terrains, à maintenir l'insécurité générale qui caractérise le « choc opératif » cher aux disciples de Toukhatchevski.

### *4. La supériorité aérienne*

90 % des unités aériennes soviétiques se consacrent à la chasse et à l'appui tactique au sol (70 % dans la Luftwaffe, 40 % dans l'*US Airforce*) ; le bombardement stratégique est peu développé, de même que l'usage aéronaval. Il s'ensuit une subordination marquée à l'armée de Terre. Chaque Front dispose pour son usage propre d'une Armée aérienne à laquelle il assigne des missions spécifiques, supériorité aérienne, reconnaissance, bombardement tactique, etc.

La supériorité aérienne a été la clé des victoires remportées par la *Ostheer* de juin 1941 à octobre 1942. Dans la première moitié de 1943, la Luftwaffe est encore capable de se concentrer assez puissamment pour peser sur une bataille (contre-attaque de Manstein en Ukraine en mars, opération *Citadelle* à Koursk en juillet) si ce n'est sur l'ensemble du front. Mais, à la fin de cette même année, la V.V.S[2] – l'aviation soviétique –

1. Ordre N° 325 du Commissariat à la défense, daté du 16 octobre 1942.

2. V.V.S est le sigle de *Voyenno-Vozduschnye Sily*, Forces militaires aériennes. Elle se subdivise en a) V.V.S KA, KA pour *Krasnaya Armiya*, Forces militaires aériennes de l'Armée rouge. Son chef est le colonel-général, plus tard Maréchal de l'Air, Alexander Novikov ; b) A.D.D, aviation à long rayon d'action (commandée par le major-général Alexander Golovanov) ; c) I.A PVO, aviation de chasse pour la défense du territoire (major-général Osipenko) ; d) V.V.S VMF, Forces aériennes navales (lieutenant-général Zhavoronkov) ; e) G.V.F, Aviation civile (lieutenant-général Astakhov).

acquiert une supériorité numérique marquée qui tient à la fois au déclin de l'investissement de la Luftwaffe à l'est et aux très bons résultats de l'industrie aéronautique soviétique. Au 1er janvier 1944, il n'y a plus que 1 683 appareils de combat allemands face à 13 400 avions soviétiques. Ce dernier chiffre, donné par Krivosheev[1], inclut les appareils non disponibles, fort nombreux traditionnellement dans la V.V.S. Un avantage réel de 4 ou 5:1 est cependant probable[2].

Sur le front de la production, les usines allemandes livrent 25 527 appareils en 1943 et 39 807[3] l'année suivante ; l'aéronautique soviétique en comptabilise 29 900 et 33 200[4] pour ces deux mêmes années. Même en faisant la part des appareils mis au rebut pour défauts, nombreux au pays des plans quinquennaux, l'avantage de la V.V.S reste énorme si l'on garde présent à l'esprit que seul un quart à un tiers de la production allemande va sur le front est. Aux 100 000 avions produits pendant la guerre dans les usines soviétiques, il convient d'ajouter 14 000 appareils livrés au titre du prêt-bail, bombardiers Boeing B-25 et A-20 Boston, chasseurs R-40 E *Kittyhawk* et P-39 *Airacobra*, avions de transports *Douglas*…

Cet avantage de la V.V.S est en partie corrigé par le rapport des pertes. Pour prendre l'exemple de l'année 1943, la Luftwaffe raye de ses listes 1135 chasseurs abattus, la V.V.S, 5 600. Si l'on défalque 10 à 15 % de ce dernier chiffre au titre des accidents, on arrive à un rapport de 1:4,5 en faveur des Allemands, en 1943. Cet écart important s'explique par un meilleur matériel et des pilotes plus expérimentés. Fin 1943, environ 60 pilotes de chasse allemands comptent plus de 100 victoires à l'est. Une demi-douzaine atteint le double (dont Gehrard Barkhorn), et deux – Walther Novotny et Günther Rall – dépassent 250. À eux seuls, ces *Experten*, qui accumulent une expérience jamais vue dans aucune guerre (entre 1 000 et 2 000 missions de combat[5] !), abattent 1 500 avions rouges en douze mois ! Le chiffre monte à 2 400 si l'on compte les as à plus de 50 victoires. Face à ces tueurs, les pilotes soviétiques ont rarement le temps d'acquérir assez d'expérience.

En 1944, l'avantage qualitatif du matériel allemand disparaît, celui des pilotes s'atténue beaucoup, ainsi que le reconnaîtra le général Robert Ritter von Greim, chef de la *Luftflotte* 6, en janvier 1945. Sur ce second point, les Soviets parviennent à tenir deux Armées aériennes entières en réserve (6e et 14e), ce qui permet à 4 000 pilotes de s'entraîner intensivement. Le résultat ne se fait pas attendre : des *Experten* apparaissent aussi

1. Krivosheev, *Soviet casualties…*, p. 245.

2. C. Bergström, in *Bagration to Berlin*, cite 8 800 appareils rouges disponibles au 1er janvier 1944, sans donner ses sources.

3. Horst Boog, *Strategischer Luftkrieg…*, in *Das deutsche Reich und der Zweiten Weltkrieg*, vol. 7, p. 103.

4. Krivosheev, *Soviet casualties…*, p. 244.

5. Record du monde toutes époques pour le célèbre pilote de Stuka Hans-Ulrich Rudel : 2 530 missions de guerre !

au sein de la V.V.S, tels Ivan Kozhedub, 62 victoires individuelles, Alexander Pokrichkine et Kiril Yevstigeïev, 53 victoires, V.M Neydenko, 99 dont 42 individuelles, Alexei Aleliukhine, 40, Sultan Hamet-Han, 30, Pavel Chepinoga, 28, Lev Chestako, 65 dont 23 en solo…

Par ailleurs, les matériels soviétiques se hissent au niveau, et souvent au-dessus, de leurs équivalents allemands.

En matière de chasse, un tiers des escadrilles de la V.V.S est équipé de Yak-9. Si les premiers modèles étaient un peu inférieurs aux Bf109 et Fw190, la version Yak-9U (mise en service en avril 1944) fait mieux que ses deux rivaux avec un nouveau moteur de 1 500 chevaux qui propulse la machine à 672 km/h à 5 000 m d'altitude. Un quart de la chasse rouge vole sur les différentes versions du La-5, notamment la meilleure, le La-5FN, dessiné par Lavochkine et Gorbunov, un des plus petits (9,8 m d'envergure) et des plus légers (2 600 kg) chasseurs de la Seconde Guerre mondiale. Doté d'une excellente vitesse ascensionnelle, capable de virer sur 360 degrés en 18 secondes, il est difficile à contrer en dessous de 3 000 mètres, malgré une avionique peu adaptée. Enfin, un chasseur sur 10 est un Yak-3, un appareil excellent apparu en juin 1944. Bien armé, très léger, il peut atteindre en cas de coup dur la vitesse considérable de 720 km/h à 5 750 mètres. Le reste de la chasse consiste en Yak-1, Yak-7 et *Airacobra* américains, inférieurs aux Me et Fw.

En septembre 1944, apparaissent les premiers chasseurs La-7, une bête de guerre d'une manœuvrabilité peu commune avec une forte puissance de feu (5 canons de 20 mm + 200 kg de bombes), le tout propulsé à 680 km/h (1 000 km d'autonomie). Sa première apparition au sein du 63e G.I.A.P se solde par 17 *Focke-Wulf* abattus, sans une perte. Le 16 septembre, le capitaine Nicolai Tchernousov (32e G.I.A.P) descend 4 *Focke-Wulf* en quelques heures et, le 22, le major Ivan Kozhedub, toujours sur La-7, empoche ses victoires N° 47 et 48.

Le bombardement tactique continue à reposer sur l'Iliouchine-2 *Sturmovik*, dont la résistance est augmentée, à partir de mars 1944, par des ailes en duralumin. Son moteur et son cockpit protégés par une gaine d'acier de 5 à 12 mm d'épaisseur lui valent auprès des Allemands le surnom de « tank volant » ou « bombardier en béton ». La version 1944 emporte souvent, outre 600 kilos de bombes antichars, 4 roquettes RS-132 dont l'efficacité n'est relativement avérée que lors des tirs en salve. En revanche, le nouveau lance-grenades DAG-10, monté à l'arrière, est très apprécié des équipages. En cas de poursuite par des chasseurs, le pilote peut ainsi lâcher 10 grenades sphériques AG-2 de 2 kg. Équipées de parachutes, elles explosent 100 mètres derrière la queue, éparpillant à grande vitesse 130 éclats d'acier dans un rayon de 10 à 50 m. En 1945, le successeur du *Sturmovik*, le Il-10, entre en service. Équipé d'un moteur de 2000 chevaux, il atteint 550 km/h à 2 300 m d'altitude, soit 140 km/h de mieux que le Il-2 ! Encore plus que son prédécesseur, il mérite le titre d'armurerie ambulante avec 2 canons NS-23 mm, 2 mitrailleuses d'ailes 7,62 mm et une 12,7 mm montée dans une tourelle arrière rotative ; il emporte 600 kilos de bombes à fragmentation ou 144 charges creuses antichars PTAB-2,5-1,5. Le blindage est encore revu à la hausse avec le renforcement du cockpit (4-8 mm d'acier et 64 mm de verre spécial).

L'épine dorsale du bombardement demeure le piqueur Pe-2B. Il emporte 1 600 kg de bombes à 580 km/h à 8 800 m. Autonomie : 1 200 km. L'équipage de 3 hommes a 3 mitrailleuses pour se défendre, plus le rack de grenades DAG-10. La nouveauté de l'année 1944 est le retour du bimoteur Tupolev Tu-2, dont la production avait été arrêtée en 1942 et les lignes affectées au Yak-9. Il est plus rapide que le Pe-2 de 80 km/h mais n'opère qu'en vol horizontal. Le vieil Il-4 à long rayon d'action (3 800 km) conserve de la valeur comme torpilleur. Le Yer-3 réapparaît en 1945, après 3 ans d'éclipse. Sa capacité d'emport de 5 000 kg de bombes sur 4 100 km de distance lui permet de faire bonne figure, sous protection de la chasse, en missions diurnes.

Enfin, l'amélioration des communications radio, déjà signalée dans l'arme blindée, vaut aussi pour la V.V.S, dont tous les appareils sont équipés d'émetteurs-récepteurs à la fin 43, pendant que le nombre de stations sol-air grimpe de 180 en 1942 à plus de 600 en 1944. Voici quelques détails donnés par le colonel Odintsov, adjoint au commandant du 155e Régiment d'aviation d'assaut de la Garde.

> « Nos *CCC* (*Combat control communications*) s'organisaient de la façon suivante. Un poste de commandement mobile au service du chef de Corps aérien était déployé dans la zone d'action de l'Armée de tanks, directement auprès de Rybalko, et, de plus, nous dépêchions nos représentants auprès de chaque commandant de Corps blindé. Il existait en outre un second réseau, qui contrôlait les missions aériennes. Chaque Corps aérien avait son réseau propre, de façon à ne pas interférer avec celui des autres. À l'intérieur du Corps, chaque division de chasseurs, opérant en compagnie, disons, de deux divisions de *Sturmoviks* et de régiments aériens, avait aussi son propre réseau (différent de ceux des unités avec qui elle coopérait). Ainsi nous ne pouvions interférer les uns avec les autres. Mais le chef de régiment, lui, savait sur quelles fréquences opéraient les unités voisines. En revanche, il lui était impossible de caler son émetteur sur la fréquence des voisins. Il pouvait seulement caler son récepteur. L'émetteur était placé dans le fuselage et on ne pouvait modifier son réglage en vol, alors que le récepteur était entre les jambes du commandant de groupe[1]. »

Rappelons enfin pour la bonne compréhension de cet ouvrage la structure des formations aériennes soviétiques, entièrement refondue à la mi-43. L'unité tactique de base est le régiment (*Polk*), lui-même composé de deux, puis de trois (à partir de la mi-43) escadrons (*Eskadrilya*) de 9 appareils. Chaque escadron est à son tour divisé en 3 *Zveno* de 4 appareils (deux « paires », un leader plus un équipier). Deux à cinq *Polk* de 32 appareils forment une division aérienne (*Diviziya*), qui compte donc, selon le lieu et l'époque, de 60 à 150 appareils. Le Corps (*Korpus*), qui regroupe deux ou trois *Diviziya*, peut dépasser 300 appareils. Enfin, à

1. In *Red Army officers speak*, p. 92.

l'ultime niveau d'organisation figure l'Armée aérienne (*Vozdushnaya Armiya,* ou V.A), dont les effectifs varient de 5 à 10 Corps, plus des divisions et des régiments indépendants.

### 5. *Les hommes : moral, discipline et crimes de guerre*

Pourquoi se battent les soldats soviétiques ? Staline répond à cette question dans un discours du 6 novembre 1941.

> « Nous n'avons pas et ne pouvons pas avoir de buts de guerre tels que la prise de territoires étrangers et l'assujettissement de peuples étrangers. (…) Notre but est de libérer nos territoires et nos peuples du joug des fascistes allemands[1]. »

Mais, à l'évidence, ce but de guerre réduit au retour au statu quo territorial est dépassé lorsque la 1re Armée de tanks (1er Front d'Ukraine) franchit la frontière roumaine près de Kolomiya, le 27 mars 1944. Le 1er mai suivant, Staline adresse aux peuples soviétiques son ordre du jour N° 70, où il dévoile la suite du programme :

> « (…) notre tâche ne peut se terminer avec l'élimination des troupes ennemies encore présentes à l'intérieur des frontières de notre mère patrie. Aujourd'hui, les troupes allemandes font penser à une bête blessée qui doit ramper jusqu'aux limites de sa tanière, l'Allemagne, pour lécher ses blessures. Mais une bête blessée qui revient vers sa tanière ne cesse pas d'être une bête blessée. Si nous avons à libérer notre pays et ceux de nos alliés de la menace de l'esclavage, nous devons poursuivre la bête allemande blessée et lui donner le coup de grâce dans sa propre tanière. À la poursuite de l'ennemi, nous devons délivrer des chaînes germaniques nos frères Polonais et Tchèques et les autres peuples d'Europe occidentale, nos alliés, qui sont sous la botte de Hitler.
>
> À l'évidence, cette tâche sera plus difficile que d'expulser les troupes allemandes d'Union soviétique (…).
>
> Frères et sœurs qui êtes temporairement tombés sous le joug des oppresseurs allemands et de ceux qui vous ont forcés à partir vers les travaux forcés en Allemagne, (…), je vous salue et vous félicite à l'occasion de la fête du 1er mai ! (…) Mort aux envahisseurs allemands !
>
> J. Staline, maréchal de l'Union soviétique, commandant en chef[2]. »

Ce discours annonce un tournant dans la situation psychologique et morale des soldats soviétiques, qui concernera tous les secteurs du front à la fin de l'été 1944 lorsque, sur 2 000 km de long, la frontière de 1941 sera partout franchie. Au mois d'août, des rapports[3] du FHO du général Gehlen, fondés sur des interrogatoires de prisonniers et des saisies de courrier, indiquent deux choses : une immense fatigue de la guerre, un trouble certain à l'approche de la frontière. Tout se passe comme si nombre de soldats soviétiques estimaient avoir rempli leur devoir et désiraient

1. J. Staline, *Sur la grande guerre patriotique de l'Union soviétique*, éditions en langues étrangères, Moscou, 1946, p. 35-36.
2. J. Staline, *Sur la grande guerre patriotique de l'Union soviétique*, éditions en langues étrangères, Moscou, 1946, p. 147-148.
3. Cité par C. Merridale, *Ivan's War*, p. 281.

rentrer chez eux. La corde patriotique, qui a tant vibré, se détend, une fois atteint l'objectif sacré, répété *ad nauseam* par la propagande depuis trois ans : libérer le sol de la patrie.

Sans doute Staline a-t-il senti qu'il fallait infléchir le discours officiel. Mais on peut douter de l'efficacité des raisons qu'il donne de continuer le combat. Sur des soldats soviétiques martyrisés par trois ans d'une guerre épouvantable, quel effet peut avoir l'appel à libérer la Pologne, dont la propagande soviétique a toujours dit pis que pendre, ou la Tchécoslovaquie ? La libération des deux à trois millions de Soviétiques prisonniers ou travailleurs forcés en Allemagne touche sans doute une corde plus sensible. Mais cela ne peut effacer l'effet qu'a dû produire cette phrase du discours de Staline :

> « À l'évidence, cette tâche sera plus difficile que d'expulser les troupes allemandes d'Union soviétique. »

Aller à Berlin, plus difficile qu'une tâche qui, à la mi 1944, a déjà tué au combat, par maladie ou accident, dans les stalags ou du fait des pelotons d'exécution, près de sept millions d'hommes, et blessé onze millions, dont près d'un million plus d'une fois[1] ? Comment les *frontoviki* n'auraient-ils pas senti vaciller leur volonté de se battre ? Ce ressort détendu, les 87 000 « travailleurs politiques aux Armées [2] » vont s'efforcer de le comprimer à nouveau.

On peut douter que les mots d'ordre strictement politiques (écarter définitivement le danger allemand, libérer les peuples frères slaves, traduire les criminels fascistes en justice) aient pu toucher d'autres cercles que les communistes convaincus. Plus de succès, surtout parmi les jeunes soldats, ont sans doute rencontré les appels exaltants à « l'aventure » que représente l'entrée sur des terres étrangères. En septembre 1944, on remarque sur les T-34 l'apparition d'un curieux slogan, qui reprend un mot prononcé plusieurs fois par Staline dans l'ordre du jour cité plus haut : *A Berlog !* Tanière en russe se dit *berlog* et le jeu de mots avec Berlin se comprend immédiatement. D'une façon générale, les officiers politiques notent que l'évocation de la capitale allemande exerce un pouvoir certain de mobilisation.

Mais la meilleure arme psychologique et morale réside dans la poursuite de la propagande de haine anti-allemande. Lancée à l'été[3] 1942, elle voit s'illustrer dans une surenchère inquiétante tout ce qui, en Union soviétique, pense et écrit. La violence des propos ne baisse pas avec le temps. Tous les discours, à tous les niveaux de la société et de l'armée, se terminent rituellement par « mort à l'envahisseur allemand ! ». Aucun soldat ne peut espérer échapper à cette prose enflammée. Outre les cinq journaux quotidiens nationaux accessibles, chaque Front possède son organe propre, mais aussi chaque région militaire, chaque Armée, chaque

1. Ces chiffres sont extraits de Krivosheev, *Soviet casualties*…, en comptant les pertes jusqu'au troisième semestre de 1944 inclus.
2. Chiffre in *Histoire de la Grande guerre patriotique,* vol. 10, p. 452.
3. Voir notre *Stalingrad,* p. 274 et sq., même éditeur.

Corps, presque chaque division et chaque brigade. Au total 1 400 journaux et magazines, dans toutes les langues de l'Union ! Mais les appels au meurtre sont aussi diffusés par des dizaines de millions de tracts, une profusion de banderoles, calicots, journaux muraux, slogans peints partout, discours innombrables, appels, mots d'ordre…

Parmi les agitateurs, aucun n'est plus célèbre que le journaliste et écrivain Ilya Ehrenburg, éditorialiste à *L'étoile rouge*, l'organe central du Commissariat du Peuple à la Défense, mais aussi correspondant du *Sovinformburo* et de Radio-Moscou. Sa plume, a-t-on dit, vaut un Corps d'Armée. Chacun de ses articles est repris en cascade par les journaux du front. Ehrenburg n'a rien pour faire un bon stalinien. Il a fréquenté avant-guerre les milieux bohêmes de Montparnasse, parle une demi-douzaine de langues, répond à des centaines d'interviews pour la presse étrangère, reçoit, pour sa contribution à la lutte antinazie (et pour sa francophilie notoire), la Légion d'honneur en mars 1945. Toujours suspecté d'hérésie par Béria et consorts, Ehrenburg est le seul propagandiste à ne pas reprendre la distinction entre « Allemands » et « nazis », ligne officielle du régime. Sa plume confond les deux mots dans une même barbarie qui menacerait mortellement l'humanité tout entière.

Après Stalingrad, dans leur progression vers l'ouest, les Armées soviétiques découvrent l'ampleur des crimes nazis (charniers de Kharkov, de Babi Yar). Un nouveau thème apparaît alors sous la plume des propagandistes : l'« expiation », la « vengeance ». Au célèbre cri d'Ehrenburg : « Tue, tue des Allemands ! » (*L'étoile rouge* du 13 août 1942) se subtitue celui du 22 août 1944 : « A Berlin, au nom des victimes ! ».

C'est ce désir de vengeance qui va retendre le ressort combatif de l'Armée rouge. Il est sans cesse alimenté, en 1944, par les récits relatant la découverte de centaines de charniers laissés derrière elles par les troupes allemandes dans les pays baltes, en Biélorussie, en Ukraine occidentale. On tient dans les divisions des « meetings de la vengeance ». Des expositions montrent des photos d'atrocités nazies, notamment des viols suivis de meurtre. Les soldats savent que, durant des années, femmes et jeunes filles ont été livrées sans défense à la soldatesque. Des milliers, voire des dizaines de milliers d'entre elles, ont travaillé de force comme *Einsatzfrau* dans les bordels de la Wehrmacht. Il n'y a pas eu d'étude sur les crimes sexuels de l'armée allemande mais tout indique qu'ils ont été d'une ampleur gigantesque, d'autant plus que le viol, et toutes les formes de violence sexuelle, ne sont pas considérés comme un crime dans la *Ostheer*. À la fin de 1942, Himmler estime lui-même qu'un million d'enfants sont nés en Ukraine de père allemand[1] ! Plus de deux millions de travailleuses déportées de nationalité soviétique ont subi des avortements forcés en Allemagne, où elles n'étaient pas plus protégées que dans la zone des Armées.

1. Voir Oleg Zarubinsky, *Collaboration of the population in occupied ukrainian territory*, Journal of Slavic military Studies, N° 2 (1997), p. 138-152.

Selon le mot de l'écrivain Mikhaïl Cholokov, toute l'Armée rouge se « met à l'école de la haine ». On demande aux soldats de jurer collectivement de faire payer sans pitié les Allemands, tout en exhortant chacun à ouvrir « un compte-vengeance » personnel. Dans la partie nord du front, les soldats de Tcherniakhovski sont conviés à envoyer des délégations visiter les bûchers de Klooga, en Estonie. On imagine quel effet a pu avoir la vision de dizaines de piles d'hommes, de femmes et d'enfants juifs hautes de 3 mètres, imbibées d'essence et prêtes à flamber. Avec la découverte du camp d'extermination de Maïdanek, près de Lublin, en juillet 1944, ce sont des unités entières de la 1re Armée de tanks de la Garde qui défilent devant les fours crématoires, les tas d'ossements, les champs couverts de cendres[1]. En février 1945, à Auschwitz-Birkenau, les soldats des Armées du flanc sud de Koniev scruteront à tour de rôle les immenses piles de cheveux, de chaussures, de vêtements, de valises.

Sans doute une partie des hommes étaient-ils déjà anesthésiés par les horreurs rencontrées en Biélorussie. Durant leur retaite, les troupes du Groupe d'Armées Centre ont en effet détruit des milliers de villages, arraché arbres fruitiers, poteaux télégraphiques et rails, détruit les kolkhozes, abattu des centaines de milliers d'animaux domestiques, empoisonné les puits. Dans les bois autour des villages incendiés, les soldats de l'Armée rouge découvrent des survivants terrorisés, squelettiques, frappés par le typhus. Le plus impressionnant a dû être l'expérience du grand silence rencontré lors de la traversée de larges zones rurales et forestières d'où la lutte anti partisans a fait disparaître toute vie, notamment dans le triangle Minsk-Gomel-Pinsk. Ce thème des victimes innocentes qui suivent, telle une longue cohorte d'ombres, les Armées de tanks soviétiques se retrouve dans presque chaque article d'Ehrenburg :

> « L'Allemagne est une sorcière... Nous sommes en Allemagne, les villes allemandes brûlent. J'en suis heureux. (...) Les divisions et les Armées ne sont pas seules à avancer vers Berlin. Il y a avec elles les fosses communes, les fossés, les ravins, remplis de cadavres d'innocents, les champs de choux de Maïdanek (fertilisés avec les cendres des déportés, ndla), et les arbres de Vitebsk où les Allemands ont pendu tant de malheureux. Les bottines, les petits souliers et les chaussons des petits enfants assassinés à Maïdanek : tous marchent sur Berlin. (...) Nous dresserons des gibets à Berlin. (...) Nous n'oublierons rien. (...) Allemagne, tu peux tourner en rond, tu peux brûler, tu peux hurler dans ton agonie ; l'heure de la vengeance a sonné [2]. »

À ces propos de journaliste font écho de nombreuses lettres de soldats, dont celle-ci, du 8 février 1945 :

> « (...) Je combats maintenant en territoire ennemi quelque part sur l'Oder. Quelle joie c'est de voir que tous ces terribles combats se déroulent maintenant non sur le sol de notre patrie mais sur celui de l'ennemi. L'Allemagne brûle, l'Allemagne est en flammes. Nos soldats se vengent de tout ce qui est arrivé à notre peuple durant l'occupation allemande, et pour tout ça nous allons faire payer l'addition. (...) Ici, en Allemagne, nous l'avons encore

1. A. Kh. Babadjanian, *Dorogi Pobedy*, trad. all. *Hauptstosskraft*, p. 202.
2. In A. Werth, *La Russie en guerre*, t. 2, p. 281-282.

meilleure que les Allemands l'on eue chez nous, et nous ne nous interdisons rien. Nous prenons ce qu'il nous plaît car durant l'offensive les Allemands ont tout laissé en plan et ont seulement cherché à échapper à notre justice. Mais aussi loin pourront-ils s'enfuir, que nos soldats les retrouveront et leur feront payer, ainsi que l'ordonne la loi du soldat : vengeance, sang pour sang… Je frappe les Allemands sans faire grâce, j'ai l'œil qui vise bien, et je n'aurai de pitié pour aucun de ces Fritz pouilleux[1]. »

La proportion de soldats ayant souffert directement des Allemands est très élevée. Dans un seul Régiment de 183e Division de la Garde (11e Armée de la Garde) par exemple, sur 1 400 hommes environ, en janvier 1945, 158 comptent un proche assassiné, 56 autres ont leur famille déportée en Allemagne, 162 ont perdu leur toit, 293 se sont vus voler leurs biens et leur bétail[2] : 40 % de l'effectif ont donc un compte personnel à régler. Des milliers de lettres de combattants en témoignent :

Vassili Turenko : « J'ai fait la route de Stalingrad au Donbass. J'ai vu les horreurs perpétrées par les Allemands. J'ai vu des choses jamais écrites dans l'histoire humaine. Ils paieront pour tout. »

Nikolai Kopodiazhnyi, 16 ans : « Tordu par la colère et la rancune, chacun nourrit sa haine de l'ennemi au plus profond de son cœur. »

Ivanov, sergent dans un régiment de la Garde, échappé d'un camp de prisonniers : « Depuis le moment où j'ai rejoint mon unité, ma vengeance a commencé. »

Ivan Efreitor : « Les larmes ne resteront pas sans réponse. Chaque Hitlérien paiera pour avoir semé pareil carnage sur notre terre sacrée. Je leur ferai payer la mort de mon père et le viol de ma sœur. »

Grigori Reznikov : « Quand je suis entré dans ma ville natale de Kirovgrad, les barbares fascistes avaient tué mon père, ma mère, ma sœur et son bébé. Ils ont emmené tous les autres. Je ne peux pardonner tout ce mal. Quand j'arriverai à Berlin, je trouverai les coupables et je les compterai comme un cuisinier compte les patates qu'il tranche[3]. »

À la haine brûlante qui anime la majorité des soldats, la propagande du régime va donc offrir l'exutoire de la vengeance. D'une vengeance illimitée, aveugle, sans contrôle. Ehrenburg franchit même les limites du racisme pur et simple lorsqu'il écrit, à propos d'un soldat allemand, réel ou imaginaire, qu'il nomme Karl Peters :

« Tue l'Allemand avant qu'il ne mettre le feu à des centaines d'autres villages. (…) Tue-le pour tout ce qu'il a fait et tout ce qu'il s'apprête à faire. Tue-le si ton fils a été tué, ou même si ton fils est encore vivant, car l'Allemand veut sa vie. Si Karl Peters a manqué ton fils, rappelle-toi bien : il aura lui-même un fils et ce fils sera un assassin. Aucun fils ne doit naître de Karl Peters[4]. »

1. Cité par Kurt Arlt, *Die rote Armee vor Berlin*, in *Niederlage-Sieg-Neubeginn, Eine gemeinsame Konferenz des Landkreises Märkisch-Oderland…*, p. 38.

2. In Manfred Zeidler, *Das deutsche Reich…*, vol. 10/1, p. 706.

3. Jeffrey Burds, *Sexual violence in Europe in World War II*, Politics & Society, 2009, vol. 37, n° 1, mars 2009, p. 35-74.

4. Goldberg, Anatol, *Ilya Ehrenburg*, Londres 1984. Cité par Manfred Zeidler, *Das deutsche Reich…*, vol. 10/1, p. 692.

Ces appels au meurtre et à la vengeance vont armer un ressort dont la détente, en Prusse, en Silésie, en Poméranie, dans le Brandebourg, va provoquer une épouvantable vague de crimes de guerre. Ces crimes ont souvent été racontés (voir *Berlin*, de A. Beevor) ; ils sont avérés, bien documentés et nous n'y reviendrons pas.

Contentons-nous de préciser que des centaines de milliers de femmes seront violées (deux millions pour toute l'Allemagne selon Barbara Johr[1]) avec une sauvagerie extrême, 90 000 à 100 000 civils assassinés[2], des centaines de villes et de villages brûlés après les combats. Le pillage atteint des sommets inouïs et une majorité de soldats soviétiques vit dans une ébriété quasi permanente depuis l'entrée dans le Reich. La plupart des viols se produisent en bande, en présence de témoins allemands, pères et/ou enfants. Des expériences similaires en Bosnie et au Rwanda à la fin du XX^e^ siècle permettent d'avancer que les soldats soviétiques témoignent d'une compréhension viscérale du pouvoir du viol comme arme de guerre. La femme allemande, placée au centre du délire raciste hitlérien, est souillée, désacralisée ; le viol est public pour déshonorer, castrer symboliquement, les maris et/ou les pères incapables de protéger. La recherche d'une fécondation des victimes est sans doute aussi présente, réponse à la hantise nazie du métissage.

L'Armée rouge s'est à peine mieux comportée à Vienne (70 000 à 100 000 viols) ou à Budapest (50 000 à 200 000 viols[3]). On compte aussi plusieurs milliers de viols dans les pays amis ou passés dans le camp soviétique : Pologne, Roumanie, Bulgarie, Tchécoslovaquie, mais aussi parmi les déportées et les travailleuses forcées libérées. Ce qui incite à penser que la propagande n'est pas la cause unique de ces comportements. Le ressort profond est à chercher dans la psyché du *frontoviki*, dans ses souffrances, ses frustrations, mais aussi dans la criminalisation rampante d'une bonne partie de la société soviétique.

Ces crimes demeurent la plupart du temps impunis, malgré le chiffre de 400 000 condamnations avancé par l'historien russe Michail Semirjaga[4]. Ils sont le fait de toutes les unités, mais surtout, semble-t-il, des divisions d'infanterie de deuxième et troisième échelons ; les seuls hom-

1. B. Johr, *Befreier und Befreite : Krieg, Vergewaltigungen, Kinder*, éd. Kunstmann.

2. Tiré d'une enquête officielle réalisée en Allemagne fédérale : *Dokumentation von Vertreibungverbrechen*, p. 39.

3. Pour l'Autriche, voir G. Bischof, *Austria and the First Cold War, 1945-1955*, Macmillan, Londres, 1995, p. 30-34. Pour la Hongrie, M. Mevius, *Agents of Moscow : The hungarian communist party…*, Oxford University Press, p. 60-63.

4. Michail Semirjaga, in *Erobern, Vernichten,* Argon, 1991, p. 206. Les « condamnations » en question s'élèvent au pire à 5 ans d'emprisonnement, le plus souvent elles sont suspendues pour « bonne conduite au combat ». Selon C. Merridale, en général, il s'agit d'arrêts de rigueur et de blâmes décernés par l'officier politique.

mes auprès desquels les victimes peuvent espérer trouver du secours sont les officiers politiques ; tous les témoignages parlent de soldats ivres agissant en bandes, refusant d'écouter leurs officiers voire les menaçant d'une arme. C'est ainsi que le colonel Gorelov, héros de l'Union soviétique, commandant une brigade blindée de la Garde, est abattu début février par une bande de soldats ivres, alors qu'il tente de faire libérer la route pour son unité[1]. La reprise en main, lancée en mars 1945, ne donnera guère de résultats avant la fin des combats et l'enfermement des hommes dans les casernes, et ce, malgré plusieurs centaines d'exécutions tardives[2]. Ehrenburg sera même directement attaqué le 14 avril par un article de la *Pravda* signé par le grand maître de la propagande, Georgi Alexandrov, et titré « Le camarade Ehrenburg simplifie ». L'écrivain se voit rappeler que le régime hitlérien et le peuple allemand sont deux choses différentes. Ehrenburg est prié de se taire. Le 20 avril, Staline lui-même doit se fendre d'une directive appelant l'armée à agir de façon à ne pas s'aliéner les Allemands. Mais le mal est fait, et les excès ne cesseront que progressivement.

Les autorités soviétiques, militaires et civiles, ayant nié puis dissimulé l'ampleur de ces crimes (jusqu'à aujourd'hui), il est difficile de savoir à quel point ils ont entraîné un affaiblissement de la discipline et pénalisé l'efficacité au combat. Un des rares témoignages émane… d'Ehrenburg qui consigne pour *L'étoile Rouge* ce qu'il a vu en Prusse-Orientale :

> « Le second échelon de l'Armée rouge est au bord de la décomposition : les hommes sont entièrement occupés à voler, à détruire des objets de valeur, à boire et à se laisser attirer par les charmes des femmes allemandes[3]. »

Nombre d'officiers, si l'on en croit le témoignage du capitaine Grigori Klimov (1^er^ Front de Biélorussie), sont moralement malades de ce qu'ils voient.

> « Souvent, je pensais à la culpabilité et à l'expiation, je réfléchissais aux critères du meurtre et de la vengeance. Où finit la vengeance légitime, où commence le meurtre ? Qui pouvait garder le cœur froid au spectacle d'un corps de jeune fille étendu dans la rue, sans sous-vêtements, une bouteille de bière enfoncée entre les cuisses ? En files interminables, les troupes passaient devant elle. Tous voyaient le corps dans le fossé, la plupart détournait la tête, mais il ne vint à personne de le sortir de là. Le cadavre gisait dans la rue comme un symbole. Mais un symbole de quoi ? Tant de cruauté autour de nous, une cruauté dénuée de sens. Les Allemands seront plus tard emplis de colère par cette cruauté. Ils pourront demander réparation à Dieu[4] ! »

---

1. Vassili Grossman, *Carnets de guerre*, Le Livre de Poche, 2005, p. 469.
2. Par exemple, quarante soldats et officiers fusillés sur le front des troupes en Silésie en avril 45, selon un jeune officier, Leonid Rabichev. Cité par C. Merridale, *Ivan's War*, p. 320.
3. In Manfred Zeidler, *Das deutsche Reich…*, vol. 10/1, p. 719.
4. In G. Klimov, *Berliner Kreml*, Kiepenheuer et Witsch, 1951, Köln. Klimov fait partie de la vague de déserteurs des forces d'occupation soviétiques en Allemagne, passés à l'ouest en 1947.

Le 22 janvier 1945, la situation semble déjà si dégradée que Rokossovski doit lancer un ordre N° 6 où l'on peut lire :

« Suite à la saisie d'un énorme butin, en particulier en alcools, dans de nombreuses unités la troupe n'est plus commandée. » (...) « Des cas de pillage sauvage ont été observés, des refus d'obéissance établis. Accrochés sur les chars de la 5e Armée de tanks, on voit des tonneaux de vin ; des véhicules, destinés au transport de munitions, sont pleins à craquer d'ustensiles ménagers, de vivres, de vêtements civils, etc. La conséquence est que cette unité devient une charge, sa liberté de mouvement se réduit et la capacité de pénétration des blindés s'érode[1]. »

Les mesures prises ont dû être peu efficaces car, le 6 février, le général Orokov, officier politique en chef du 2e Front de Biélorussie, rapporte à ses collaborateurs :

« La guerre n'est pas encore terminée, mais beaucoup d'officiers s'occupent surtout de chiffons. Il faut prendre un tournant énergique et combattre le mal avec tous les moyens possibles. Le danger est très grand. Nous pouvons perdre l'Armée. Ce bazar peut accabler nos gens. Les combats et les armes n'ont pas arrêté nos troupes mais le tulle et la soie peuvent être des obstacles plus redoutables que le béton et le fer. Ce n'est pas par hasard que les Allemands nous abandonnent leurs distilleries intactes[2]. »

Mais un peu plus loin, on lit, toujours sous la signature d'Orokov, cette remarque qui donne toute la mesure de l'impasse dans laquelle s'est enfermée la propagande officielle :

« Naturellement, il est violent le sentiment de vengeance de nos gens, mais c'est ce sentiment qui les conduit dans la tanière de la bête fasciste et qui nous amènera plus profondément encore en Allemagne. Mais on ne doit pas confondre la vengeance avec les beuveries et les incendies[3]... »

On peut aussi soutenir que, dans l'esprit des chefs soviétiques, les viols et les vols ont été les « récompenses » qui ont fait marcher les soldats à la mort jusqu'au bout, voire constituer entre eux une sorte de ciment viril et criminel. Il est probable que ce comportement des soldats tient aussi du défoulement général : les civils allemands auraient alors été les boucs émissaires d'un système frustre et brutal. La discipline dans l'Armée rouge est rude, la vie quotidienne, misérable, les chances de survie, faibles. Le soldat subit une violence permanente, sur le front, à la caserne, au cantonnement. L'esprit « droit commun » est répandu dans l'Armée : on vole, on tue, on viole, bien avant d'entrer en Allemagne. Voici deux témoignages illustrant cette brutalité généralisée.

« J'ai été mobilisé à 18 ans et l'on m'a envoyé en Ouzbékistan en janvier 1944 dans un régiment dit de réserve pour y être instruit comme mitrailleur. On nous a d'abord désinfectés puis dépouillés de tout ce qui pouvait rappeler

1. *Id.* p. 727. On relève un ordre et des remarques semblables au 1er Front d'Ukraine, le 27 janvier.

2. Cité par Manfred Zeidler, *Das deutsche Reich...*, vol. 10/1, p. 730.

3. Cité par Kurt Arlt, *Die rote Armee vor Berlin,* in *Niederlage-Sieg-Neubeginn, Eine gemeinsame Konferenz des Landkreises Märkisch-Oderland...*, p. 39.

notre vie civile. Nos affaires devaient être renvoyées à nos familles nous a-t-on dit mais les sergents ont tout volé puis tout vendu au bazar local. De ma vie précédente, il me restait un dictionnaire de poche anglais-allemand. Nous étions la meilleure compagnie du régiment, nous disait-on. Pour le prouver, il fallait sans arrêt se battre contre les autres compagnies, même quand on faisait la queue devant les roulantes. Il y avait une incroyable animosité entre les soldats. Pas seulement entre sous-offs et deuxièmes classes, mais entre deuxièmes classes. La moitié des effectifs étaient ouzbeks ou des autres républiques minoritaires. Il y avait de terribles bagarres entre eux et nous, les Russes et les Ukrainiens. Quand on en attrapait un, on lui faisait subir le "fox-trot" : on lui collait des bandes de papier entre les orteils et on y mettait le feu.

Deux sergents de la compagnie se sont suicidés, je ne sais pas pourquoi.

On avait toujours faim. Le vol était très encouragé. Si ça arrivait dans notre compagnie, il fallait aller voler l'équivalent chez les voisins. C'était une méthode d'éducation : devenir courageux jusqu'à l'insolence.

J'ai demandé à aller au front. On m'a mis dans un bataillon de marche et direction de la Roumanie, 53ᵉ Division, 40ᵉ Armée. Nous étions terriblement en sous-effectifs, notre chef de section était sergent, il n'y avait pas assez d'officiers. Un officier instructeur vint nous expliquer qu'il fallait se comporter correctement avec les Roumains, qui étaient maintenant nos alliés. Le soir même, on l'attrapait avec deux sergents en train de voler son sac et sa montre à une femme. On nous dit officiellement que nous étions libres de prendre tout ce que nous voulions dans les maisons abandonnées et l'on nous permettait d'envoyer chez nous deux paquets par mois. En fait, on envoyait sans arrêt des colis car les gens en Russie étaient affamés, alors on prenait le maximum. En arrivant devant la rivière Tisza, le commandant se rendit compte que nous transportions trop de choses. On avait toutes sortes de vêtements civils et on a dû jeter presque tout. Les officiers envoyaient en Russie des camions entiers de butin et Joukov lui-même s'est monté une collection d'un millier d'armes anciennes.

Je n'ai pas été témoin de beaucoup d'actes de vandalisme, mais il est vrai que je n'ai pas mis les pieds en Allemagne.

Vous savez, la Roumanie était très pauvre. Mais c'était déjà un tout autre monde que dans les villages russes. Et ça avait un effet terrible sur l'esprit simple du soldat russe de base. Il se rendait compte que dans ces zones de combat on vivait bien mieux que dans les régions d'Union soviétique qui n'avaient pas été touchées par la guerre. Ils le voyaient de leurs yeux et c'était une expérience qui les écrasait.

En 1971, mon neveu a fait son service dans l'Armée soviétique. Ça n'avait pas changé[1] ».

Et une scène ordinaire racontée par le lieutenant Binder, chef de section à la 213ᵉ Division de fusiliers (52ᵉ Armée)[2] :

1. In *1986, Art of War Symposium*, p. 54-65. L'interview a été condensée largement par l'auteur. Tarassuk, entré en dissidence en 1959, arrêté par le KGB, a émigré aux États-Unis en 1973.

2. In *1986, Art of War Symposium*, p. 70.

« En avril 1945, près de Görlitz, nous avons reçu une compagnie pénale. Elle était à effectif plein, 76 hommes. La majorité était des criminels, bandits, voleurs mais aussi des officiers démis. La plupart étaient des soldats qui n'avaient pas obéi aux ordres. Chaque membre de la compagnie devait se racheter par son sang. S'il était blessé, il était absous de son crime. La compagnie prit position sur une colline, chacun se coucha et montra ses jambes et ses bras dans l'espoir d'être touché par les Allemands et de recouvrer ainsi la liberté. Le commandant de cette compagnie remplit les ordres donnés par le chef de bataillon. Sa première préoccupation était qu'aucun de ses hommes ne passe à l'ennemi. Et il avait le droit, comme tout officier, de tuer l'homme sur le champ s'il tentait quelque chose de la sorte. Cette compagnie a combattu deux semaines avec nous et je sais que son commandant a abattu quatre de ses hommes. »

Les généraux soviétiques peuvent au moins constater un effet immédiat de ces débordements massifs : les soldats allemands se battent, de la Vistule à la Spree, avec une détermination égale à celle dont les Soviétiques ont fait preuve en 1941 et 1942. L'effet Nemmersdorf s'est démultiplié et il donne une part de sa résilience au « système » que l'art opératif s'efforce à grande douleur de démanteler.

## II. Les plans soviétiques

Un coup d'œil rétrospectif fait apparaître la campagne de l'hiver 1945 comme un chef-d'œuvre de l'art opératif. Sur les cartes à grande échelle de l'état-major général à Moscou, le « système militaro-économique », pour reprendre le vocabulaire de Sviétchine, qui assure la survie de la *Ostheer* mais aussi de la *Kriegsmarine* et de la Luftwaffe dans leurs composantes orientales, prend avant toute chose l'apparence d'un front en arc de cercle long de 1 800 km, de la Baltique aux confins hungaro-yougoslaves. Derrière ce front, quatre objectifs majeurs sont à prendre par l'Armée rouge.

Le premier se compose d'unités économiques vitales : la région industrielle de Haute-Silésie (30 % des moyens industriels utilisables, si l'on y ajoute les centaines d'ateliers disséminés en Pologne centrale), les champs pétrolifères de Hongrie et d'Autriche, qui pèsent 80 % des moyens en carburant liquide encore accessibles à l'Allemagne.

Le deuxième objectif est stratégique : le Reich a besoin de la libre disposition de la mer Baltique, de ses ports majeurs (Pillau, Hela, Dantzig, Gotenhafen, Stettin) qui assurent la survie des deux Armées enfermées en Courlande, abritent les arsenaux de la marine et les moyens d'entraînement des sous-mariniers.

Le troisième objectif est politique : enlever deux des trois dernières capitales d'Europe centrale et orientale sous influence allemande, Varsovie – où Staline est pressé d'installer SON gouvernement polonais – et Budapest, ultime allié de l'Axe en Europe.

Le dernier objectif, enfin, est de nature strictement territoriale : arracher au Reich ce qu'il lui reste de profondeur stratégique devant son territoire national, et plus exactement devant cette *Innerdeutschland* d'entre Elbe et Oder à protéger à tout prix.

La possession de ces quatre objectifs, estime-t-on à Moscou, laissera le « système » offert dans ses œuvres vives, et dans un état d'affaiblissement tel qu'il suffira d'une estocade portée à sa capitale et d'une jonction avec les Armées anglo-saxonnes pour provoquer à très brève échéance son effondrement politique et militaire.

Ce système militaire, les Soviétiques vont l'écarteler d'abord, le démembrer ensuite. L'écartèlement des forces est assuré par deux attaques d'ailes, qui doivent fixer des forces et affaiblir le centre. Le démembrement est l'affaire d'un bélier à trois têtes, qui va tronçonner le centre du dispositif de la *Ostheer* en éléments séparés, deux têtes marchant en parallèle vers l'Oder sur les axes de Berlin et de Dresde, la troisième allant couper la Prusse du reste du Reich.

Cette vision grandiose est rétrospective, avons-nous dit. Dans la réalité de la planification, les tâtonnements, les demi-mesures, les sous-estimations, n'ont pas manqué, comme nous allons le voir maintenant.

## *1. Finir la guerre en 45 jours*

Les deux immenses victoires que sont les opérations *Bagration* et Lvov-Sandomierz[1] surprennent les Soviétiques eux-mêmes qui ne s'attendaient pas à bondir de 500 km vers l'ouest en huit semaines. Dès la fin de juillet 1944, les discussions vont bon train entre Staline, Joukov et l'état-major général, représenté par Antonov, adjoint au chef d'état-major, et Chtemenko, chef du département des opérations. Plusieurs questions se posent. Est-il possible que la *Ostheer* s'effondre complètement à l'automne ? Faut-il porter l'estocade au Reich en misant sur le « vieil » axe sud-ouest, c'est-à-dire foncer vers l'Allemagne du sud *via* la Hongrie et l'Autriche ? Ou doit-on, comme le voudrait Joukov, choisir l'axe central, la route directe vers Berlin par Varsovie et Posen ? Corollaire de cette dernière question : quels moyens consacrer à la conquête de la Prusse-Orientale ?

### Berlin ou Vienne ? *(carte 4)*

La lecture des mémoires de Chtemenko semble indiquer qu'en août Staline croit possible un délitement si complet de la *Ostheer* que la route directe vers Berlin pourrait s'ouvrir à la première poussée. Mais il lui faut déchanter rapidement. En septembre, les Allemands se ressaisissent sur la Vistule puis, en octobre, en Prusse-Orientale. Joukov et Rokossovski plaident avec vigueur pour un arrêt des offensives décousues le long de la Vistule et de la Narew. Antonov et Chtemenko font valoir à Staline que

1. L'opération baptisée *a posteriori* Lvov-Sandomierz est lancée le 13 juillet 1944 par le 1er Front d'Ukraine du maréchal Koniev. Elle commence par une frappe à l'est de Lvov qui fixe les gros du Groupe d'Armées Nord-Ukraine, suivie d'une poussée N-O vers Rava-Ruska qui amène trois Armées soviétiques à franchir la Vistule à Sandomierz.

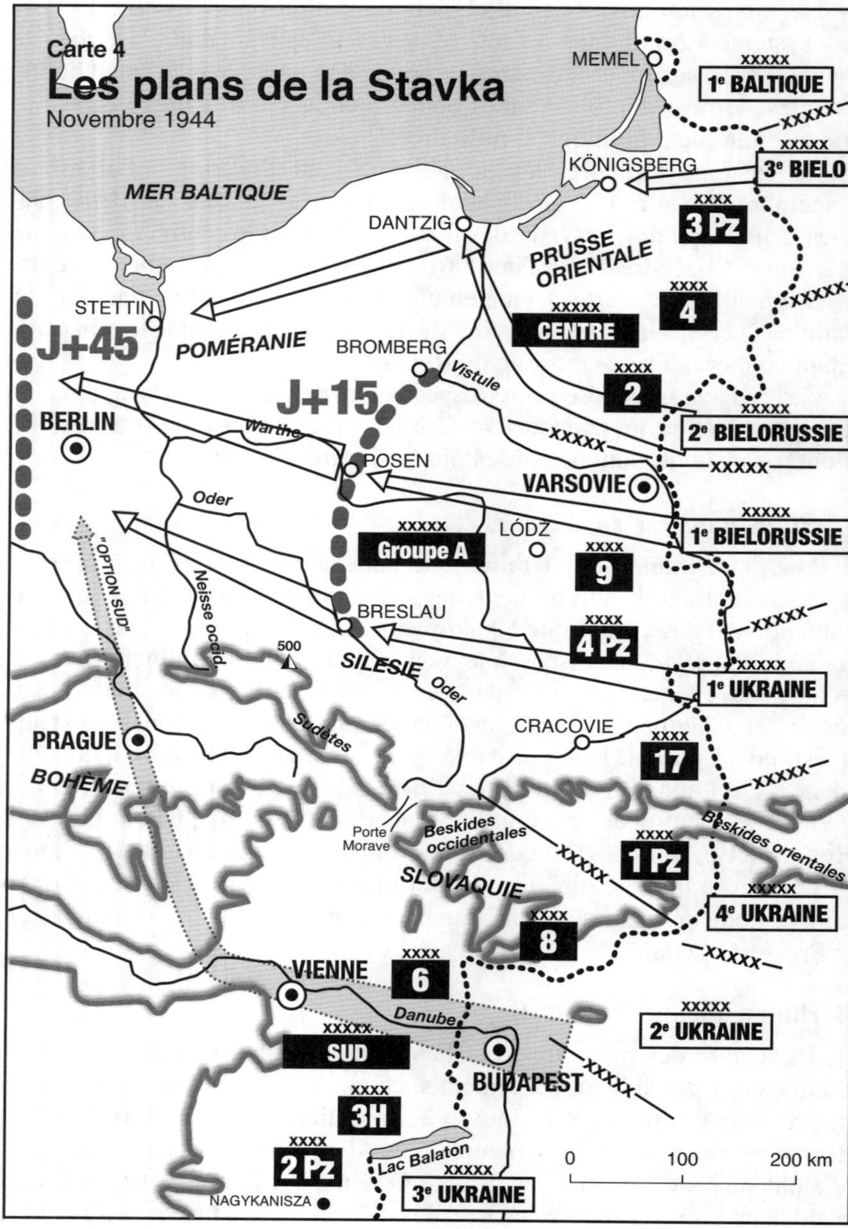
Carte 4
Les plans de la Stavka
Novembre 1944
MER BALTIQUE
MEMEL
1e BALTIQUE
KÖNIGSBERG
3e BIELO
3 Pz
DANTZIG
PRUSSE ORIENTALE
STETTIN
4
CENTRE
J+45
POMÉRANIE
BROMBERG
Vistule
2
J+15
2e BIELORUSSIE
BERLIN
Warthe
POSEN
VARSOVIE
Oder
1e BIELORUSSIE
Groupe A
LÓDŹ
9
"OPTION SUD"
Neisse occid.
BRESLAU
4 Pz
500
SILESIE
Oder
1e UKRAINE
Sudetes
CRACOVIE
17
PRAGUE
BOHÈME
Porte Morave
Beskides occidentales
Beskides orientales
1 Pz
SLOVAQUIE
4e UKRAINE
8
VIENNE
6
Danube
2e UKRAINE
SUD
BUDAPEST
3H
2 Pz
Lac Balaton
3e UKRAINE
NAGYKANISZA
0
100
200 km

l'on ne gagnera rien à poursuivre l'effort : l'Armée rouge n'a tout simplement plus de logistique.

> « Les résultats très limités obtenus en octobre montraient que nos divisions avaient besoin de repos. Aucune n'avait été relevée depuis longtemps. Elles devaient être regroupées, les services arrière rapprochés, les ressources nécessaires à une percée et une exploitation, accumulées. Finalement, sur la base d'un examen général de la situation, nous devions choisir les lignes de progression les plus prometteuses et établir les plans pour la destruction rapide et finale du nazisme. Tout cela demandait du temps.
>
> Au tout début de novembre 1944, la STAVKA examina de très près la situation des 2^e^ et 1^er^ Fronts de Biélorussie et du 1^er^ Front d'Ukraine. Ces Fronts étaient opposés au groupement principal de l'ennemi, les Groupes d'Armées Centre et A, dont aucun des deux n'était cependant à pleine puissance. Nos Fronts ne possédaient pas la supériorité nécessaire à une offensive. De là, il s'ensuivait que l'avance vers Berlin ne pouvait se poursuivre et que nous devions temporairement retourner à la défensive.
>
> Dans son rapport au Commandant suprême, Antonov insista particulièrement là-dessus et demanda la permission de préparer les directives appropriées. La permission fut accordée. La nuit du 4 novembre, une directive ordonna aux 2^e^ et 3^e^ Fronts de Biélorussie de se placer en défense. Quelques jours plus tard, une instruction similaire fut envoyée à l'aile droite du 1^er^ Front de Biélorussie[1]. »

La bonne surprise viendra-t-elle alors de la Hongrie ? Sans nul doute, Staline caresse, en septembre-octobre, cette option sud qui frapperait en dehors du territoire allemand, c'est-à-dire en Hongrie, Autriche et Tchécoslovaquie. Dans ces pays, l'Armée rouge pourrait compter sur un environnement politique et social plus favorable à sa progression. Staline a pu être conforté dans cette idée par la « surprise » du 9 octobre 1944, lorsque la 3^e^ Armée hongroise se désintègre lors de l'assaut de la modeste 53^e^ Armée qui, de ce fait, avance de 80 km en trois jours. Il reçoit également les télégrammes trompeurs de Lev Zacharovitch Mekhlis[2], responsable politique du 4^e^ Front d'Ukraine, qui décrit la « déliquescence de l'Armée hongroise ». Serait-ce les prémisses d'un effondrement politico-militaire du flanc sud, comme cela avait été le cas en Roumanie quelques mois plus tôt [3] ? Joukov fait valoir que cette « route sud » vers les centres vitaux du Reich comporte d'importants désavantages par rapport à SA route de Berlin : elle est deux à trois fois plus longue et se trouve barrée de reliefs favorables à la défense. L'option sud s'évanouit à son tour lorsque la reprise en main de l'Armée hongroise par les Croix fléchées

1. Chtemenko, *The soviet general staff…*, p. 299.
2. Cité par Chtemenko, *The Last six months*, p. 260.
3. C'est sans doute la raison qui amène les planificateurs de l'Armée rouge à fixer l'arrivée devant Vienne aux alentours de la Noël 1944. En réalité, à ce moment-là, les forces de Tolboukhine et de Malinovski seront coincées à 200 km à l'est de Vienne, à Budapest.

après le « coup[1] » du 16 octobre éloigne la perspective d'une avance rapide. Comme ils l'avaient déjà fait en 1943 et 1944, les Allemands trouvent assez de forces pour bloquer l'avance de Soviétiques fatigués par leur offensive. Le 2e Front d'Ukraine devra se battre à fond pendant trois mois et demi pour entrer dans Budapest.

En novembre seulement, si l'on en croit les mémoires des principaux chefs soviétiques (Joukov, Vassilevski, Chtemenko), Staline fait le choix définitif : l'effort principal se portera vers Berlin par la voie la plus directe. Antonov et Chtemenko sortent alors des cartons le schéma général dessiné l'été précédent par les deux adjoints de ce dernier, les généraux Gryzlov et Lomov.

La bataille finale se déroulera en deux étapes et engagera six Fronts. La première étape, prudente, durera 15 jours, et s'apparentera à une percée ; la seconde, menée à la vitesse de la poursuite, prendra un mois. La première étape articule trois poussées. Les deux premières fixent les forces allemandes aux deux ailes, ainsi que l'explique Chtemenko :

> « Nous décidâmes que le groupement central de l'ennemi devait être étiré. Nous devions donc développer une activité maximum sur les flancs du front stratégique. Ce qui signifiait non seulement (d'attaquer en) Hongrie et en Autriche mais aussi en Prusse-Orientale. Une offensive vigoureuse dans les directions de Budapest et de Vienne devait se combiner avec une poussée vers Königsberg. Nous savions que l'ennemi était particulièrement sensible sur ces points[2]. »

Au sud, la bataille pour la Hongrie, engagée dès octobre et menée par le 3e Front d'Ukraine (Tolboukhine) et le 2e Front d'Ukraine (Malinovski), doit donc être alimentée sans cesse. Au nord, une deuxième poussée (2e et 3e Fronts de Biélorussie) vers les bouches de la Vistule visera à couper la Prusse-Orientale du reste du Reich. La troisième poussée, qui est la principale, aura lieu au centre. L'état-major général, qui anticipe une très forte résistance sur cet axe, donne prudemment comme objectif une avance de 150-200 km en 15 jours, qui placerait le 1er Front de Biélorussie et le 1er Front d'Ukraine (Koniev) sur une ligne Bromberg-Posen-Breslau.

La seconde étape de l'« offensive de la victoire » n'est pas développée par l'état-major général qui indique simplement qu'elle visera « les centres vitaux du Reich », c'est-à-dire Berlin et l'Elbe. À la mi-novembre, l'état-major général affine un peu ses plans :

> « Le fait que le front stratégique de l'ennemi avait acquis une forme aussi étrange, avec de forts groupements sur chaque flanc et un centre relativement

---

1. Le 24 septembre 1944, le régent Horthy commence des négociations avec l'URSS et accepte, le 11 octobre, de déclarer au plus vite la guerre à l'Allemagne. Mais Hitler est au courant de ces tractations et, le 16 octobre, il ordonne au SS Otto Skorzeny d'arrêter Horthy et de faire nommer Szalasi, chef du parti fasciste des Croix fléchées, « ministre président » de Hongrie. Szalasi parvient à empêcher la désintégration de l'Armée hongroise et proclame la mobilisation générale du pays dans la lutte contre le bolchevisme.

2. Chtemenko, *The soviet general staff…*, p. 301-302.

faible, doté de peu de réserves, nous amena à reconsidérer la façon d'attaquer sur l'axe principal. Ne serait-il pas plus avisé d'abandonner l'idée d'une avance continue sur toute l'étendue du front, ce qui n'aboutirait qu'à repousser frontalement l'ennemi ? Ne serait-il pas meilleur de frapper tout droit à travers son centre affaibli, trancher son front stratégique et, sans perdre de temps, développer l'offensive sur Berlin ? Cela ferait éclater les forces ennemies et rendrait plus facile leur réduction, ce qui hâterait la réalisation de l'objectif ultime. Ce fut le cours choisi par l'état-major général. Nous étions convaincus que l'attaque sur Berlin devait être portée le plus vite possible et sans interruption. Les théories apparues récemment[1] affirmant que l'état-major général avait remis à une date indéterminée la capture de Berlin sont sans fondements. Tout était bien défini et c'est seulement le cours des événements qui a modifié notre plan[2]. »

## Quatre Fronts mis à la peine

Une fois l'objectif stratégique choisi, reste à définir les tâches dévolues à chaque Front. Le problème de la Prusse-Orientale préoccupe l'état-major général au premier chef. On peut y voir l'effet conjugué de l'échec de l'offensive d'octobre 1944 et le fantôme de la déroute de Tannenberg, en août 14, indéfiniment ressassée dans les écoles de guerre soviétiques. Les présupposés sont les suivants. Un : les forces allemandes seront difficiles à réduire car elles s'abritent derrière les meilleures fortifications du front est. Deux : il n'est pas question de poursuivre vers Berlin sans avoir isolé ces forces du reste du Reich et les avoir détruites. Aussi est-il décidé d'affecter deux Fronts à cette tâche, les 2^e^ et 3^e^ Fronts de Biélorussie. Mais Rokossovski et Joukov jugent insuffisantes les forces allouées à cette entreprise et demandent qu'on tire du monde des 1^er^ et 2^e^ Fronts de la Baltique. Contre l'avis de ses conseillers, Staline a affecté ces deux formations à la liquidation de la tête de pont de Courlande. Il commet là son traditionnel péché contre le principe du *Schwerpunkt* : les deux Fronts baltiques sont trop faibles pour liquider les forces de Schörner, trop forts pour faire de la simple surveillance. En refusant de renforcer le 2^e^ Front de Biélorussie de Rokossovski, le chef suprême crée un point faible dans l'offensive finale, dont nous verrons qu'il sera très chèrement payé.

La marche vers Berlin sera l'affaire des deux autres Fronts à la disposition de l'état-major général, le 1^er^ Front de Biélorussie et le 1^er^ Front d'Ukraine. Ce choix est d'autant plus incontestable que ces forces tiennent déjà les têtes de pont nécessaires à l'ouest de la Vistule. La seule difficulté est de les doter de la masse de tanks (Armées et Corps indépendants) nécessaire à l'exploitation en profondeur. La vitesse étant le meilleur gage de succès de l'opération, l'état-major général met en garde les chefs de Front d'avoir à foncer sans arrêt vers l'ouest, à tronçonner et disloquer les forces ennemies par des coups droits, et non à chercher les

1. Chtemenko vise les articles de Tchouikov. Voir p. 289.
2. Chtemenko, *The soviet general staff…*, p. 302.

encerclements, par définition dévorateurs de temps. Mais sur quel tempo régler la marche des forces blindées ?

> « La direction d'attaque de chaque Front, leurs zones d'attaque et la profondeur des objectifs immédiats et plus lointains étaient exactement définies dans les trois derniers jours d'octobre et le début de novembre. À ce même moment, nous estimâmes la durée nécessaire à la destruction complète de la machine de guerre nazie. Cela pourrait se faire en 45 jours d'une offensive qui se développerait sur une profondeur de 600-700 km, en deux efforts consécutifs, sans pause opérationnelle entre les deux. Quinze jours furent alloués à la première étape, et trente à la seconde. Les taux de progression prévus n'étaient pas très élevés parce que nous attendions une résistance acharnée dans les batailles finales[1]. »

Chose inhabituelle, les commandants de Fronts ne sont pas conviés à un échange de vues collectif avec l'état-major général, comme cela avait été le cas, en juin, pour l'opération *Bagration*. Chacun est convoqué individuellement et travaille, en compagnie de son état-major propre, avec une section spécialement commise au sein du département opérations.

Le 7 novembre, après le départ des commandants de Fronts, l'état-major général passe en revue la totalité des plans et fixe le début de l'offensive finale à la période 15-20 janvier 1945. Le plan des 45 jours suivrait alors ce calendrier : 20 janvier-3 février pour atteindre une ligne Bromberg-Posen-Breslau ; 4 février-5 mars pour prendre Berlin et toucher l'Elbe. C'est très ambitieux. Sans doute ce plan, élaboré en octobre-novembre 1944, est-il enclin à l'optimisme du fait de la vitesse de progression des Anglo-Américains en France et en Belgique : il ne s'agirait pas de voir les Occidentaux arriver à Berlin les premiers. Autre hypothèse : l'état-major général veut en finir avec la *Ostheer* avant les boues[2] qui surviennent fin mars-début avril.

Depuis la fin octobre, Antonov et Chtemenko savent – et ce fut pour eux une surprise – que Staline se réserve personnellement la coordination de l'offensive des quatre Fronts.

## Staline reprend la main

Depuis l'été 1942, la STAVKA coordonne les opérations impliquant plusieurs Fronts grâce à des « envoyés spéciaux ». Même si Staline se réserve le droit d'appeler directement les chefs de Front et d'Armée, de les déplacer ou de les révoquer, les *missi dominici* de la STAVKA sont munis de larges pouvoirs. Ils les exercent avec d'autant plus d'efficacité qu'il s'agit, quatre fois sur cinq, de personnalités respectées et admirées dans toute l'Armée rouge : les maréchaux Joukov et Vassilevski. Le premier est, depuis août 1942, adjoint au commandant suprême et premier

1. Chtemenko, *The soviet general staff*..., p. 303.
2. On trouve, notamment chez Antonov et Chtemenko, de fréquentes mentions du « facteur *raspoutitsa* ». Véritable obstacle en Russie et en Pologne orientale, ce phénomène de dégel est pourtant loin d'offrir la même ampleur en Allemagne.

Commissaire du peuple adjoint à la Défense, le second, chef de l'état-major général (depuis juin 1942) et Commissaire du peuple adjoint à la Défense (octobre 1942). Tout les qualifiait pour tenir le rôle d'organisateurs de l'assaut final contre le Reich. Or, Staline n'en fait rien.

À leur grande surprise, en effet, le 29 octobre 1944, Staline informe les deux maréchaux par téléphone que, désormais, la STAVKA – c'est-à-dire Staline – concentre la coordination de l'action de tous les Fronts ; les envoyés spéciaux sont supprimés. Néanmoins, en compensation, Joukov recevra le 16 novembre le commandement du 1er Front de Biélorussie ce qui, en théorie, lui attribue le premier rôle dans la prise de Berlin. En novembre, Vassilevski est cantonné à la direction des 1er et 2e Fronts de la Baltique, dans le secteur secondaire de Courlande, puis, le 18 février 1945, à la direction du 3e Front de Biélorussie en remplacement de Tcherniakhovski, mortellement blessé. À sa demande, il est remplacé à la tête de l'état-major général par son adjoint, Antonov. Staline acquiesce d'autant plus vite qu'il a déjà indiqué à Vassilevski sa prochaine et fort importante mission : battre les Japonais en Mandchourie. En lot de consolation, le 19 février, Staline le fait membre de droit de la STAVKA par révision du décret GKO du 10 juillet 1941.

Les historiens s'accordent à voir dans ces changements une décision de nature politique. Staline justifie la suppression des envoyés spéciaux de la STAVKA par le raccourcissement du front (3 400 km au début 44, 2 200, début 45) et par la diminution du nombre de Fronts (de 13 à 10 puis à 8), qui permettent une gestion directe par Staline et l'état-major général. En réalité en se réservant la direction – nominale – de la guerre depuis son bureau du Kremlin, Staline se prépare à apparaître comme le chef victorieux des Armées soviétiques, le plus génial généralissime depuis Koutouzov. Il n'entend pas partager ce rôle clé avec deux des principaux architectes de la victoire, Joukov et Vassilevski. Dans la pratique, la charge du travail de coordination des Fronts retombe sur Antonov, le nouveau chef de l'état-major général de l'Armée rouge, inconnu des Soviétiques, et sur Chtemenko, son chef des opérations, tout aussi inconnu. Indépendamment de la paranoïa stalinienne et du culte de la personnalité, il apparaît assez normal qu'à l'approche de la fin de la guerre en Europe, les préoccupations politiques l'emportent sur l'aspect opérationnel. Le maréchal Koniev, commandant du 1er Front d'Ukraine, cite un exemple de ce glissement du militaire au politique lorsqu'il examine avec Staline, à la fin novembre 1944, à Moscou, les opérations devant mener à la capture de la Haute-Silésie :

> « Je me rappelle exactement avec quelle attention Staline étudia ce plan. Il scruta particulièrement la carte du bassin industriel de Haute-Silésie avec sa concentration d'entreprises performantes et de houillères bien équipées. (...) Tout cela gênait les capacités manœuvrières de nos troupes. Même sur la carte, l'étendue et les moyens de cette région industrielle impressionnaient. Staline, qui voulait particulièrement insister là-dessus, entoura la région avec son doigt posé sur la carte et dit : « *Zoloto* ! De l'or ! » avec une intonation

qui n'appelait aucun commentaire. (...) Comme commandant en chef du Front, il m'apparut clairement (...) que ce potentiel industriel devait autant que possible tomber intact entre nos mains, d'autant plus qu'il devait plus tard revenir à la Pologne[1]. »

Offrir la Haute-Silésie intacte aux Polonais et ainsi faire passer la pilule de l'amputation d'un tiers de son territoire de 1939 au profit de l'URSS, telle est en effet l'idée de Staline. Et tant pis si cela doit être une source de complications militaires.

Selon la tradition instaurée en 1942, les chefs de Fronts élaborent indépendamment leur propre plan, puis le font remonter à l'état-major qui l'intègre, avec ou sans amendements, au plan final. La signature de Staline transforme le plan en directive. Joukov comme Koniev voient leur plan avaliser sans peine. Mais, chose curieuse indiquée par Joukov[2], Staline ne fixe pas dans sa directive de date précise au début des opérations offensives.

## La supplique de Churchill : avancez l'offensive !

À l'ouest, les Anglo-américains sont encore sous le coup du choc psychologique que leur a causé l'offensive des Ardennes. Pourtant, dès le 26 décembre, ils ont repris l'initiative face à des *Panzerdivisionen* épuisées, privées de carburant et harcelées par des nuées de chasseurs-bombardiers. N'eut été la mauvaise volonté – ou l'incompétence – de Montgomery, ils auraient pu, avant le 1er janvier, encercler toutes les divisions blindées avancées par les Allemands vers la Meuse. Mais, quoi qu'il en soit des vicissitudes tactiques, les Alliés ont la situation bien en mains. Pourtant, la seconde offensive allemande – *Nordwind*, en Alsace du nord – ébranle sérieusement leur confiance et même l'ordre de retraite générale de Rundstedt, lancé le 3 janvier aux troupes engagées dans les Ardennes, ne la restaure pas.

C'est dans ce contexte de nervosité bien excessive qu'Eisenhower envoie son adjoint l'*Air Marshal* Tedder quémander de l'aide à l'état-major général soviétique à Moscou. Mais Tedder est coincé au Caire par le mauvais temps. Apprenant cela, Churchill, toujours impulsif, propose à Eisenhower d'envoyer un message directement à Staline. En voici le texte :

« Premier ministre au Maréchal Staline. 6 janvier 1945.

La bataille à l'ouest est très dure et, à tout moment, de graves décisions pourraient être prises par le *Supreme Command*. Vous savez vous-même d'expérience à quel point une situation peut être tendue lorsqu'on doit défendre un large front après la perte temporaire de l'initiative. C'est le plus profond désir et le grand besoin du général Eisenhower de savoir en gros ce que vous avez l'intention de faire car cela affectera évidemment ses décisions les plus importantes et les nôtres. (...) Au cas où (Tedder) ne serait pas déjà chez vous, je vous serais reconnaissant de me dire si nous pouvons compter sur une

1. Koniev, *1945*, p. 5-6.
2. Joukov, *Mémoires*, t. 2, p. 291.

offensive russe majeure sur le front de la Vistule, ou ailleurs, durant le mois de janvier (…). Je ne transmettrai cette information top secret à personne hormis le *Field-Marshal* Brooke et le général Eisenhower, et seulement sous la condition du secret le plus absolu. Je considère cette affaire comme urgente[1]. »

On imagine sans peine le plaisir immense que cette missive a dû procurer à Staline. Lui qui, durant trois ans, a mendié du secours auprès des Alliés, le voici à son tour sollicité par ses bailleurs d'aide militaire et économique. La lettre de Churchill vaut reconnaissance de la puissance militaire dominante de l'Armée rouge en cette fin de conflit. Avec une célérité remarquable, Staline répond le lendemain :

« Maréchal Staline au Premier ministre. 7 janvier 1945.

J'ai reçu votre message du 6 janvier 1945 dans la soirée du 7 janvier.

Malheureusement, l'*Air Marshal* Tedder n'est pas encore arrivé à Moscou.

Il est de la plus haute importance que nous soyons capables de tirer avantage de notre suprématie en artillerie et aviation. Cela demande de bonnes conditions de vol et l'absence de brouillards bas, qui handicapent les feux d'artillerie. Nous préparons une offensive mais la météo est pour l'instant défavorable. Néanmoins, prenant en compte la position de nos alliés sur le front occidental, la STAVKA a décidé d'accélérer l'achèvement de notre préparation et, sans souci de la météo, de commencer des opérations offensives de grande envergure contre les Allemands sur tout le front central, pas plus tard que dans la seconde moitié de janvier Vous pouvez être assuré que nous ferons tout le possible pour aider les glorieuses forces de nos alliés[2]. »

Si l'on en croit Koniev, les Fronts sont prévenus seulement le 9 janvier de l'avancement de l'offensive du 20 au 12 janvier[3]. Toujours selon Koniev, ce changement a été source de « graves difficultés » pour ses unités. Mais il n'en cite que deux : raccourcissement du programme d'entraînement et renoncement à une météo plus favorable dans « la deuxième décade de janvier[4] ». Sur ce second point, vu les performances des prévisions météo à l'époque, l'argument ne peut valoir. Un excellent historien britannique du conflit germano-soviétique, Chris Bellamy, soutient que ce délai, coût inévitable pour maintenir la coalition, a fait manquer à Staline la prise de Berlin à la fin février[5] : ses Armées n'étaient pas prêtes,

1. Cité par W. Churchill, *Triumph and Tragedy*, 1953, p. 278-279.

2. *Idem*, p. 279.

3. Il n'y a pas de document qui prouve avec certitude que la date du 20 janvier était fermement établie au moment où Churchill demande de l'aide. Dans ses mémoires, Chtemenko, l'homme clé dans la détermination de la date en sa qualité de Chef du département opérations de l'état-major général, ne dit rien de précis, pas plus qu'Antonov, son supérieur.

4. Koniev, *1945*, p. 16-18. Si Koniev insiste sur le problème de la météo, c'est surtout pour rappeler que les Anglo-Saxons ont sans cesse mis cet argument en avant pour justifier les nombreux reports de l'ouverture du second front. Où l'on vérifie que Koniev, ancien *Politrouk*, est le plus politisé des grands chefs soviétiques.

5. Chris Bellamy, *Absolute War*, p. 640.

artillerie et aviation n'ont pu jouer leur rôle à fond. David Glantz[1], pour sa part, attribue à cette modification de date le décalage des offensives lancées par les quatre Fronts, sans citer de documents. On peut lui objecter que cet échelonnement chronologique est, depuis Stalingrad, une habitude dans les offensives multi-Fronts.

Un historien russe, V.N. Kiselev[2], a relancé le débat en exhumant des archives plusieurs documents issus des Fronts impliqués dans l'Opération Berlin. Il apparaît que Joukov devait attaquer le 8 janvier, Koniev le 9 et Rokossovski le 10. C'est durant les premiers jours de l'année 1945 que, en raison d'une météo détestable, l'opération aurait été REPOUSSÉE de 4 jours. Staline aurait donc menti. L'avancement de date demandé par Churchill n'aurait jamais eu lieu, l'Armée rouge n'en aurait donc subi aucune pénalité.

Pour les Allemands, le changement de date est sans effet : ils attendent l'offensive dans la première quinzaine de janvier, une semaine de plus ne leur aurait pas permis de se renforcer. En revanche, l'appel de Churchill consolide la position politique de Staline à la veille de la conférence de Yalta. C'est un élément qui renforce l'argument mille fois répété par le solitaire du Kremlin : l'Union soviétique a porté seule le poids de la Wehrmacht, il est normal qu'elle en retire le maximum de bénéfices, territoriaux ou autres. De toute façon, l'essentiel aux yeux du Chef suprême est que l'Armée rouge ait, au moment où s'ouvrira la conférence de Yalta (4 février 1945), libéré la Pologne, pris des gages territoriaux en Prusse et en Silésie et avancé dans la direction de Berlin. Avant que s'engagent les discussions sur l'avenir de l'Europe centrale et orientale avec les Anglo-Saxons, la politique du fait accompli semble à Staline plus efficace que celle des grands principes.

## 2. *Des préparatifs longs et gigantesques*

Par la minutie des préparatifs, l'opération qui prendra *a posteriori* l'appellation « Vistule-Oder » est sans équivalent dans l'histoire du conflit germano-soviétique… si l'on excepte l'attaque surprise du 22 juin 1941.

### Zéro risque

Entre le 27 octobre 1944 et le 12 janvier 1945, les Soviétiques passent sur la défensive entre la mer Baltique et les montagnes de Slovaquie, soit un front de 1 200 kilomètres. L'arrêt des opérations offensives se situe même, pour le secteur Vistule, entre le 29 août et le 23 septembre. Pourquoi une pause aussi longue ? Reinhard Gehlen, patron du FHO, le service de renseignements de l'OKH, donne en décembre 1944 une réponse qui ne manque pas de pertinence.

1. D. Glantz, *When Titans clashed*, p. 240.
2. *Voyenno-istoricheskiy Zhurnal*, 1993, n° 6, p. 30.

« Durant ces mois (septembre-décembre 1944, ndla), l'Armée rouge exhibe un comportement qui laisse clairement voir combien la direction soviétique ne désirait plus, après tant d'années d'investissement, rudoyer son instrument de puissance et ainsi l'affaiblir. À Moscou, déjà, l'on pensait ouvertement à la conférence de paix et à la nécessité de se présenter en position de force aux négociations sur l'ordre d'après-guerre en Europe et en Asie[1]. »

Le 15 février 1945, dans un long rapport à l'intention de Guderian, Gehlen reprend la même idée sous une forme plus explicite :

« Tandis que jusqu'à présent, le commandement soviétique a été guidé presque exclusivement par des considérations stratégiques, il est désormais influencé chaque jour davantage par des préoccupations politiques. Dans cet esprit, je discerne clairement la tentative de l'ennemi de s'emparer des positions de force les plus favorables, sans se soucier le moins du monde des accords de Téhéran ou de Yalta, afin de placer les Alliés devant des faits accomplis et d'avancer le plus loin possible en territoire allemand[2]. »

Avec cette idée en tête, l'on s'explique facilement que la STAVKA et l'état-major général de l'Armée rouge aient accordé aux commandants de Fronts tout le temps nécessaire pour assurer le succès de l'offensive de janvier 1945. Ni improvisation ni précipitation ni risques inconsidérés : à ce stade de la guerre, aucune erreur ne peut plus être commise. Car la facture en serait payée aussitôt en termes politiques.

## Trois têtes de pont sur la Vistule

Les Soviétiques ont d'autant plus intérêt à marquer une pause qu'ils ont conquis trois têtes de pont sur la Vistule, qu'il leur faut défendre, aménager et ravitailler pour en faire le tremplin de l'attaque vers le Reich.

Point d'orgue de l'opération Lvov-Sandomiercz, la tête de pont de Sandomiercz (appelée Baranov par les Allemands) est acquise le 29 juillet 1944 par les pointes du 1er Front d'Ukraine et immédiatement dilatée vers le nord. Une série de contre-attaques de Panzers, menées du 10 août au début septembre, réduit sa superficie sans pouvoir l'éliminer. Ses dimensions s'établissent alors à 75 km de long sur 50 au plus large, ce qui est considérable. Les combats pour Sandomiercz ont été d'une rare violence, les Allemands ayant conscience des développements gravissimes que son maintien pouvait entraîner. Vassili Dontsov, chef d'état-major du 504e Régiment de fusiliers (60e Armée) se souvient de sa réaction lorsqu'il apprend que son unité doit gagner la tête de pont.

« Avant d'y arriver, nous savions qu'on appelait cette tête de pont « l'enfer ». L'enfer, l'enfer. Un enfer où ils vous frappaient nuit et jour, où ils ne vous laissaient même pas une chance de lever la tête. C'était un endroit de combats terribles. Nous prîmes la responsabilité de continuer à repousser les contre-attaques ennemies. Nous avions en tête que tous ceux qui étaient là étaient enfoncés, épuisés et que nous devions leur venir en aide[3]. »

1. Magenheimer, *Abwehrschlacht...*, p. 64.
2. Gehlen, *Mémoires*, p. 103.
3. *Red Army officers speak*, p. 54.

À peu près au même moment, concluant l'opération *Bagration*, le 1er Front de Biélorussie parvient lui aussi à franchir la Vistule et à consolider deux petites têtes de pont, à Warka-Magnuszew et à Pulawy. Les tentatives de soudure des deux enclaves se heurtent à une 19e Panzer intraitable. Warka-Magnuszew mesure 40 km sur 18, Pulawy 30 sur 10.

**Le cauchemar logistique**

Entre Minsk et la Vistule, les Allemands ont laissé derrière eux un désert. Ponts, gares, dépôts, triages, carrefours routiers, tout a été détruit quasiment à 100 %. Des centaines de kilomètres de rails ont été arrachés par une machine spéciale dotée d'un soc éventreur de traverses. Entre août 44 et janvier 45, les services de construction ferroviaire et routière du seul 1er Front de Biélorussie, forts de 50 000 hommes, réparent 3 000 km de routes, 11 000 km de lignes télégraphiques et téléphoniques, jettent 562 ponts nouveaux, notamment sur le Dniepr, le Pripat, la Sosh, la Berezina, le Bug et d'innombrables affluents, et en réparent 626 autres[1]. Le plus gros travail est sur la Vistule. Pour ravitailler les têtes de pont de Magnuszew et de Pulawy, on jette six ouvrages de 60 tonnes, cinq de 30 tonnes et deux de 16 tonnes, tous de 1 000 m de long. En décembre, le niveau de la Vistule monte, la glace se rompt et s'accumule contre les piles des ponts qui sont à deux doigts de céder. En catastrophe, quatre compagnies du génie sont affectées à chaque ouvrage et, deux fois par jour, pendant un mois, elles dynamitent les glaçons les plus dangereux. Chaque Armée se voit attribuer trois routes en propre, construites en mobilisant la population polonaise. Deux sont soigneusement camouflées, et servent au trafic entrant ; la troisième, à l'air libre, n'accepte que le trafic sortant.

Les quantités de matériels transportées sont phénoménales, à la hauteur de la pénétration espérée, 500-600 km jusqu'à l'Oder : 160 000 tonnes de munitions, 60 000 tonnes de gazole, 200 000 tonnes de nourriture. Pour concentrer tout cela, le général Antipenko, chef des services arrière de Joukov, donne 1 400 trains (et 68 000 wagons) entrant, entre le 28 novembre 44 et le 10 janvier 45, et 15 à 20 circulant chaque jour à l'intérieur de la zone du 1er Front de Biélorussie. Mais l'on manque toujours de fret et Joukov décide d'introduire un second jour sans viande (d'où une économie de 1 000 t/mois).

Dans les deux petites têtes de pont du 1er Front de Biélorussie, l'entassement est inimaginable. À Magnuszew, sur 800 km$^2$, on compte 23 divisions, soit 220 000 hommes avec les troupes de Corps, 5 348 tubes d'artillerie, 10 000 véhicules et 30 000 chevaux ! Partout, on bute sur des montagnes de caisses, de fûts, des pyramides d'obus, des murs de bottes de foin, d'énormes alignements de moyens de pontage. Les aérodromes sont bourrés d'appareils, de munitions, de pièces de rechange, de montagnes de réservoirs largables (4 200, selon Antipenko) pour approvisionner les brigades blindées. Faute de place, celles-ci doivent demeurer sur

1. Chiffres in Antipenko, *In der Hauptrichtung*, p. 218.

la rive orientale de la Vistule, dissimulées dans les forêts. La concentration dans la tête de pont de Baranov est compliquée par l'absence quasi totale de couverts : le paysage est nu comme la main. Hommes et matériels s'entassent dans des tranchées boueuses, sous des kilomètres carrés de filets de camouflages et de toiles peintes ; la chasse patrouille en permanence, une dizaine d'escadrons se relayant et se complétant aux différentes altitudes et au-dessus des différents secteurs.

Les allocations de munitions sont calculées sur la base du *boekomplet*, qui correspond à la quantité transportée par un homme ou une arme (casiers d'artillerie, de char, etc.) ; celles de carburant sont un multiple du *napravka*, le plein obtenu par addition des réservoirs internes et externes des véhicules. Le goulet d'étranglement des transports ne permet pas d'emmagasiner plus de 1,5 à 2,5 *boekomplet* par homme, 3 à 10 par tube d'artillerie.

La situation est plus tendue pour les carburants : 4 à 4,5 *napravka* par Front, ce qui, pour le seul 1^er^ Front de Biélorussie, représente 60 000 tonnes de gazole, la capacité maximum de stockage. Il manque 40 000 tonnes pour espérer amener à l'Oder 2 500 avions, 4 000 chars et canons automoteurs, 70 000 camions et 3 000 tracteurs, si l'on en croit Antipenko[1]. Cela explique en bonne partie l'arrêt sur l'Oder en février et l'impossibilité de poursuivre l'offensive d'une traite jusqu'à Berlin. Nous sommes là devant un des freins principaux de l'art opératif[2]. Les planificateurs soviétiques le savent. Ils savent aussi que la capacité de largage aérien de citernes est trop faible (200 à 300 t/jour) pour faire la différence. Aussi comptent-ils sur le système D, comme cela a été observé durant l'automne 1944. Souvent les tankistes mettent la main sur des dépôts de carburant allemand. Mais les T-34 et les JS-2 utilisent du gazole, les Panzers, de l'essence. Le truc mis au point consiste, lorsque l'on fait main basse sur du kérosène, utilisé comme moyen de chauffage par les Allemands, à le mélanger à de l'essence dans la proportion de 2:1. La mixture permet de rouler mais au prix d'une surchauffe des moulins. On cite aussi plusieurs cas de bataillons roulant, en Pologne, avec un mélange kérosène… vodka !

Malgré ces expédients non négligeables (qui représentent 25 % de la consommation de la 2^e^ Armée de tanks de la Garde durant Vistule-Oder !), l'approvisionnement en carburant va se révéler un frein plus efficace que la résistance allemande. En 16 jours d'offensive, la 2^e^ Armée de tanks de la Garde est immobilisée 5 jours réservoirs vides, la 4^e^ Armée de tanks, 6 jours. Au moment où il entame sa manœuvre d'encerclement de la Haute-Silésie, Rybalko doit faire siphonner les citernes et les réservoirs du 9^e^ Corps mécanisé pour garder une mobilité suffisante aux deux autres Corps de sa 3^e^ Armée de tanks de la Garde.

---

1. Antipenko, *In der Hauptrichtung*, p. 241.
2. Après guerre, les Soviétiques arriveront à la conclusion que le transport routier ne sera jamais capable de soutenir sans hiatus une opération en profondeur. Ils opteront alors pour un système de « brigades de pipe-line », capables de poser 30 km de tubes par jour.

## La préparation des hommes

Durant trois mois, la troupe est soumise à un dur entraînement. C'est d'autant plus indispensable que des centaines de milliers d'hommes sans formation militaire – Baltes, Biélorusses, Ukrainiens – ont été incorporés à la va-vite. Des écoles à feu sont mises en place mais l'on recourt aussi au fameux « repassage », raconté par David Abramovitch Dragunski, alors colonel commandant la 55e Brigade blindée de la Garde (7e Corps, 3e Armée de tanks de la Garde).

> « Les tranchées étaient bien construites et si habilement camouflées que les équipages des chars pouvaient à peine y distinguer les soldats. "Tous au baptême du feu !" déclara le chef du bataillon (de fusiliers motorisés, ndla) et il fit occuper les tranchées par l'ensemble de sa formation. Il invita aussi à y prendre place, poliment mais fermement, le médecin, les infirmiers, les cuisiniers, les intendants et les camarades des armes chimiques.
>
> Vague après vague, les chars roulaient au-dessus des têtes des fusiliers. Sous le poids les parapets des tranchées commencèrent à s'écrouler. Mais les fantassins opposaient une farouche résistance et frappaient durement. Les grenades d'exercice volaient sous les chenilles, sur les tourelles et les volets d'aération des moteurs. La moindre hésitation aggravait le danger de tomber sous le char. Les hommes se comportaient comme dans un vrai combat. (…) Le "repassage" dura plus d'une heure[1]. »

On n'ose imaginer le nombre d'accidents… Le témoignage du soldat Nikolai Litvine, 65e Armée, 354e Division, rappelle qu'il n'y a guère d'autre armée au monde où la différence guerre-exercice est plus mince :

> « En plusieurs occasions, on a entraîné les nouveaux avec des munitions réelles. Des obus à haut pouvoir explosif étaient tirés sur les tranchées où les gars se serraient. Les explosions les arrosaient de saletés et de fragments divers, il y avait des cas de blessures, et même des morts, parmi les recrues[2]. »

Les généraux et leurs états-majors se préparent aussi avec le plus grand soin. Du 8 au 10 décembre, à Siedlce, Joukov convoque ses chefs d'Armée pour un *Kriegspiel* géant sur cartes[3]. On y vérifie la capacité des Armées à s'appuyer mutuellement, les moyens de communications prévus, les zones d'implantation des P.C. On répète les mesures à prendre pour assurer le secret. Malinine, le chef d'état-major du Front, donne les objectifs, le calendrier, le rythme de progression : 10 à 12 km par jour durant les deux premières semaines. Tchouikov, qui conserve toujours son franc-parler, s'étonne d'un rythme aussi peu soutenu : n'a-t-on pas avancé de 20 km par jour durant l'opération *Bagration* ? Moscou anticipe une très forte résistance, lui est-il répondu. Puis le commandant de la 8e Armée de la Garde remet en cause le schéma de la préparation d'artillerie, qu'il juge stéréotypé. Pourquoi ne pas reprendre, en la renforçant, la

---

1. D. A. Dragunski, *Godi v Bronie*, p. 190-191.
2. Litvin, *800 days on the eastern front*, p. 110.
3. Bokov, *Viesna pobiedy i osvobojdenia*, trad. all., p. 49.

solution testée durant l'opération de Kovel[1] ? Pourquoi, puisque l'on connaît parfaitement les premières lignes allemandes, ne pas les attaquer en pleine nuit ? Tchouikov s'en prend ensuite à Antipenko, quartier-maître général du Front, qui veut se décharger sur les Armées de l'acheminement des munitions et du carburant à travers la grande plaine polonaise. Les échanges sont vifs, les simulations sur cartes donnent lieu à quelques échauffements de tempérament, apaisés par la vodka du soir. Entre ces généraux qui se connaissent pour la plupart depuis 1941, une véritable communauté s'est créée, où l'on parle librement métier, où l'on ose avancer critiques et solutions novatrices. Le changement avec l'ambiance du début de la guerre est on ne peut plus frappant.

Quelques jours après les exercices de Kielce, l'opération reçoit son nom de baptême : Varsovie-Posen, qui n'est pas celui sous lequel elle est entrée dans l'histoire. Des *Kriegspiele* sont aussi tenus sur caisses à sable jusqu'aux régiments. Les états-majors se familiarisent avec les obstacles, les limites entre unités, les objectifs, la coopération inter armes. Des cartes au 1:100 000$^{e}$ d'une qualité remarquable, dressées à partir de photos aériennes et imprimées en hâte à Moscou, sont livrées à tous les échelons. Du 1:25 000$^{e}$ renseigné deux fois par quinzaine sur le dispositif ennemi permet aux artilleurs de « voir » sur 10 kilomètres de profondeur, indépendamment des conditions météo, ce qui se révélera très précieux le jour venu. Le 4 janvier, Joukov reconvoque pour un nouveau *kriegspiel*, outre les aviateurs, les commandants des Armées tenant les rôles majeurs dans l'opération : Berzarine (5$^{e}$ Choc), Tchouikov (8$^{e}$ Garde), Katoukov (1$^{re}$ Armée de tanks) et Bogdanov (2$^{e}$ Armée de tanks). Les quatre états-majors répètent plusieurs fois la manœuvre délicate et essentielle d'introduction des Corps blindés.

## 3. *Razvedka et Maskirovka*

Savoir tout de l'ennemi et manipuler ce qu'il croit savoir, cet adage, les Soviétiques, comme toute Armée, en font un idéal. De ce double point de vue – renseignement et intoxication – l'Opération Vistule-Oder semble un succès, même si, dans l'après-guerre, les militaires ne se sont pas appesantis sur le détail technique des opérations menées.

### *Razvedka* : le renseignement

En matière de renseignement tactique et opérationnel, les Soviétiques sont, jusqu'au début de 1944, surclassés par les Allemands dans deux domaines clés : l'observation aérienne et les écoutes radio. Le seul point

1. À Kovel, en juin 1944, la reconnaissance en force ne s'était pas réduite à l'occupation de la première ligne de tranchées : les bataillons avaient conquis l'ensemble des positions de la HKL (trois lignes de tranchées). Après, et seulement après, la préparation d'artillerie avait frappé la seconde position. La percée avait été obtenue avec une facilité inhabituelle.

sur lequel, depuis le 22 juin 1941, ils dament le pion à leurs adversaires est la collecte d'informations par agents. La primauté du renseignement humain s'explique aisément : tant que l'Armée rouge est sur son sol, elle dispose de l'appui massif de groupes de partisans et d'observateurs infiltrés dans toute la machine de guerre allemande, notamment dans la police supplétive et les chemins de fer. Au début de 1945, cet avantage a disparu : la guerre s'est déplacée sur le territoire de la Pologne et de la Hongrie, où la population, en dehors de quelques milieux, est souvent aussi hostile à ses « libérateurs » qu'à ses anciens occupants, ainsi que l'avoue Joukov dans ses mémoires :

> « La préparation de l'opération Vistule-Oder différait sensiblement des opérations précédentes de même échelle menées sur le territoire soviétique. Autrefois nous recevions de bons renseignements des détachements de partisans opérant sur les arrières de l'ennemi. Ici, il n'y en avait pas.
>
> Maintenant, les renseignements sur l'ennemi, il fallait les obtenir principalement d'agents, de l'aviation et des reconnaissances effectuées par les troupes terrestres. (...) Nos itinéraires ferroviaires et nos routes conduisant à l'arrière passaient maintenant en territoire polonais où se trouvaient des agents de l'ennemi mêlés à nos véritables amis et à des habitants loyaux[1]. Les nouvelles conditions exigeaient de nous une vigilance particulière, elles exigeaient que les concentrations et les regroupements de troupes et de matériels soient effectués dans le secret[2]. »

Le lecteur devra garder en mémoire cette disparition d'un avantage très important du renseignement soviétique, disparition qui éclaire certaines décisions importantes du commandement, notamment l'arrêt sur l'Oder en février 1945, basé pour une part sur une certaine surestimation du danger sur les flancs. De même, les maladresses tactiques lors de la dernière offensive, celle du 16 avril, peuvent s'expliquer par la myopie nouvelle du renseignement humain.

En revanche, les progrès de l'observation aérienne et de l'écoute radio soviétiques sont impressionnants, au moment même où la Luftwaffe franchit plus difficilement la ligne de front[3]. À tel point qu'à la veille de la

1. Joukov fait évidemment allusion aux dissensions entre groupes de résistance polonais reconnaissant le gouvernement de Londres (*Armia Krajova)* et groupes placés dans l'orbite du comité de Lublin, pro-communiste (*Armia Ludova*). En janvier 1945, le FHO aura recensé 20 « régiments » de la première obdience et 8 à 10 « Brigades » de la seconde.

2. Joukov, *Mémoires*, t. 2, p. 291-292.

3. À noter qu'à l'ouest, les reconnaissances de la Luftwaffe ne sont plus capables de s'enfoncer dans les arrières des Armées anglo-américaines : le ciel leur est interdit à 100 %. Ce ne sera jamais tout à fait le cas à l'est. C'est d'ailleurs sans doute une des raisons du lourd investissement consenti par les Soviétiques dans l'art de l'intoxication. De même, les Anglo-Saxons se reposent-ils entièrement sur l'électronique et l'aviation, négligeant l'infiltration et la reconnaissance, souvent coûteuses en vies humaines.

grande opération Vistule-Oder, le commandement sait quasiment tout du dispositif ennemi.

Si l'on en croit le colonel Glantz, le spécialiste occidental de la question, le concept russe de *razvedka* recouvre à la fois la reconnaissance et ce que les Anglo-saxons appellent « *intelligence* ». Dans l'Armée soviétique, la *razvedka* est un impératif ; on en retrouve les traces organisationnelles partout, à l'intérieur de chaque arme, depuis la direction centrale de la guerre, à Moscou, jusqu'au niveau du bataillon. Au sein de l'état-major général de l'Armée rouge, la direction principale du renseignement, le G.R.U, a la haute main sur l'ensemble de la collecte et du traitement de l'information par les canaux militaires. Le SMERSH, qui dépend directement du NKO, le Commissariat du peuple à la défense, s'occupe du contre-espionnage, tâche essentielle en territoire étranger où les arrières ne sont plus « naturellement » sécurisés. Le NKVD, Commissariat du peuple aux affaires intérieures, prend en charge nombre d'« opérations spéciales », avec des moyens allant jusqu'à la brigade motorisée. Chaque Front, Armée et division se dote d'un ensemble de services impressionnants, sans équivalent dans les Armées de l'époque. Ainsi, dans une division (moins de 7 000 hommes en 1945), 150 à 200 personnels ne s'occupent que d'interrogatoires des prisonniers, d'aide à l'infiltration d'agents, de mise à jour des cartes du dispositif ennemi. Au niveau des régiments et des bataillons, les artilleurs, le génie, les cavaliers, ont leur propre organisation de *razvedka.*

Entre août 1944 et le 11 janvier 1945, veille de l'attaque, l'ensemble des services de *razvedka* fournit un effort colossal. Dans chacun des deux Fronts principaux, quatre régiments aériens effectuent 3 500 missions de reconnaissance dont une moitié photographiques, depuis les abords immédiats du front (par petit biplan Po-2) jusqu'aux arrières profonds (Yak-9, Il-4, C-47 équipés pour les vols de nuit). Au total, entre Vistule et Oder, plus de 200 000 km² sont largement photographiés par les 189 appareils (plus 150 Po-2) engagés par les 2ᵉ et 16ᵉ Armées aériennes. Villes, aérodromes, carrefours, ponts et gués, noeuds ferroviaires, fossés antichars, inondations, emplacements d'artillerie et de DCA (vrais et faux), lignes fortifiées, dépôts, tout est enregistré, assemblé en mosaïques photos puis reporté sur des cartes mises à jour deux fois par quinzaine. Le commandement soviétique jouit ainsi de l'immense avantage d'avoir une vue claire et complète du dispositif ennemi sur 400 à 500 km de profondeur ! Dans le domaine clé du renseignement, l'Armée rouge réalise donc, avec l'opération Vistule-Oder, un pas de géant dans la modernité.

L'effort aérien est encore plus intense le long de la ligne de front. Les positions allemandes sont non plus photographiées mais filmées et chaque équipage repasse toutes les 72 heures au-dessus d'une même zone pour y détecter les changements. Dans les jours précédant l'offensive, les avions d'observation tiennent l'air pratiquement 24 heures sur 24, malgré une mauvaise météo.

Des centaines (!) de groupes d'observateurs formés par le G.R.U et le NKVD, souvent parlant allemand, sont infiltrés loin en profondeur. C'est le cas étonnant du groupe Groznyi, une équipe spéciale du NKVD (OMSBON) formée d'une quinzaine d'hommes parachutés dans la nuit du 1er janvier 1945 près d'Althorst, à 100 km au nord-est de Berlin. D'autres agents, souvent des communistes polonais, slovaques ou ukrainiens, ont été infiltrés à la faveur de la grande retraite allemande de l'été 1944 et sont restés « dormants » dans un village ou une maison isolée. Un rapport du contre-espionnage allemand du Groupe d'Armées A atteste de l'existence, en novembre 1944, de 26 de ces groupes avec une forte concentration entre Litzmannstadt (Lodz) et Radom, axe d'avance commun au 1er Front de Biélorussie et au 1er Front d'Ukraine. Mais le plus étonnant, c'est la façon dont, en décembre et janvier, le G.R.U va intoxiquer les Allemands en déposant ses groupes de parachutistes DANS LES ZONES D'ATTAQUES SIMULÉES. À savoir, à l'ouest de Varsovie, d'une part, au sud de Cracovie, d'autre part. Dans ce cas précis, la *razvedka* rejoint la *maskirovka*, l'art russe de la désinformation.

Au niveau du renseignement tactique, chaque Armée envoie aussi ses éclaireurs, qui mènent raids, coups de main et embuscades, ainsi que le narre Vassili Tchouikov, commandant la 8e Armée de la Garde :

> « Le chef du département reconnaissance de l'Armée, le colonel Gladki, mit sur pied un plan d'organisation de reconnaissances en profondeur. Plusieurs groupes furent envoyés derrière les lignes ennemies et maintinrent une surveillance constante, de jour et de nuit, des mouvements de troupes ennemies ainsi que des services arrière, sur 25 à 40 km derrière le front. La plupart de ces hommes passaient à pied à travers les lignes. Nous maintenions le contact avec eux par radio et par liaisons nocturnes de nos Po-2.
>
> Le premier groupe de deux éclaireurs (sergent Bachek et soldat Bychkov) fut envoyé au début d'octobre. Il traversa le front au nord de Cecylowka, atteignit les bois 12 km à l'ouest de la petite ville de Warka et nota les troupes établies dans ces bois ainsi que tous les travaux défensifs qu'il croisa. Le temps alloué à cette mission fut de deux jours et trois nuits.
>
> Nos deux éclaireurs remplirent leur tâche avec succès. Il n'y avait pas de troupes ennemies dans ces bois. Nous décidâmes d'y implanter une base d'observation permanente, d'où l'on pouvait voir les deux routes qui contournaient le massif boisé.
>
> Le nouveau groupe se composait de sept hommes, menés par le lieutenant Kistayev (...). Ce groupe fonctionna avec succès pendant deux mois, maintenant le contact avec le Q.G de l'Armée et transmettant des données de bonne qualité sur l'ennemi, acquises par observation directe ou interrogatoires de prisonniers[1]. »

Au 1er Front de Biélorussie, en novembre et décembre, 509 actions de ce type sont menées, parfois en silence, parfois en force avec accompagnement de chars et feux d'artillerie. Elles laissent des documents intéressants, notamment des croquis des plans de feux, et 78 prisonniers (des

1. Tchouikov, *The fall of Berlin*, p. 66-67.

*yazyk*, des « langues[1] », dans l'argot des *frontovniki*) entre les mains des experts du G.R.U Le Génie mène ses propres reconnaissances, attentives aux fossés antichars et, surtout, aux champs de mines. Les artilleurs repèrent les tranchées, les systèmes de feu, les lignes téléphoniques, les bunkers, les nids de mitrailleuses[2]. Tout est, là encore, reporté sur des cartes au 1:25 000 et 1:50 000, diffusées à J–10 à tous les chefs jusqu'au niveau de la batterie et de la compagnie.

> « Quand nous arrivions sur une position, l'unité relevée nous passait ses cartes de renseignements qui décrivaient le système de feux de l'ennemi, ses regroupements supposés. Puis nous organisions nos propres observations. Chaque compagnie, chaque bataillon, chaque batterie de mortiers avait ses propres postes d'observation. Ceux-ci relevaient absolument tout, reportaient tout sur la même carte, intégraient les informations aux diagrammes, décrivaient le comportement de l'ennemi dans tous ses détails : à quelle heure ils mangeaient, à quelle heure ils allaient se coucher, quand ils chantaient... Tous ces relevés étaient obligatoires. Et puis, chaque régiment devait avoir sa compagnie de reconnaissance, dont la première obligation était de capturer une « langue ». (...) Bien sûr, la division avait ses propres reconnaissances et elle nous faisait chaque jour parvenir toutes les informations récoltées la veille[3]. »

Le général Moskalenko, chef de la 38e Armée, reconnaîtra avoir eu une connaissance détaillée de 70 % de l'ensemble des plans de feux des unités allemandes qui lui font face. Au Jour J, les officiers connaîtront souvent les lignes de suture exactes entre divisions, régiments, bataillons et parfois même compagnies, et ils dirigeront leurs attaques sur ces points faibles par nature. Au début de janvier, Zhadov, commandant la 5e Armée de la Garde, sait que :

> « Dans le secteur de pénétration de mon Armée, défendaient les 168e, 304e et 68e Divisions d'infanterie allemandes (...). Leur force atteignait 6 000 hommes, les compagnies avaient 60 à 80 hommes, essentiellement des Allemands, mais avec des groupes d'Autrichiens. La densité moyenne d'artillerie atteignait 10-12, et dans certains secteurs 20-25 canons par kilomètre de front, et jusqu'à 10 mitrailleuses, 3 chars et 150 à 170 armes individuelles. Dans la zone Buska-Zdrui, la réserve en chars – le 501e bataillon indépendant – avait 50 machines[4]. »

---

1. Les patrouilles spécialisées dans la capture appellent leurs membres les « chasseurs » et leur activité la... « linguistique » ! Ces petites unités de 10 à 50 hommes sont spécialistes de la planque, de la survie et du corps à corps. Elles veillent particulièrement à récolter les livrets de solde de leurs victimes, ce qui aide à dévoiler les limites entre unités. Persuadés que les Russes vont leur faire subir mille supplices tartares, les « langues » ne se font guère prier pour dire tout ce qu'elles savent.

2. Bien sûr, ces passages de l'autre côté de la ligne de front n'excluent pas le recours aux moyens d'observation traditionnels : aérostats, détection sonore et optique (caméras périscopiques), opérations de démasquage des feux adverses, etc.

3. *Red Army officers speak*, p. 55.

4. Glantz, *Soviet operational intelligence*, non-publié, p. 152.

Du côté de Koniev, cette connaissance fine du dispositif allemand est confirmée par l'historien et analyste militaire allemand, Eike Middeldorf[1], lui-même vétéran de la bataille :

« L'ennemi disposait d'une carte au 1:50 000e sur laquelle, suite à une vaste reconnaissance aérienne du 20 décembre 1944, étaient imprimés les tracés de notre HKL, de la GKL, des deuxième et troisième positions ainsi que la ligne A-1.

Ces cartes contenaient tous les détails possibles, y compris les positions d'artillerie, de FLAK, de PAK, de mitrailleuses. Leurs unités de chars disposaient de cartes particulières. La composition de nos divisions lui était connue jusqu'au niveau du bataillon, de même que les zones de stationnement exactes de nos *PzDiv*. »

Quatre bataillons de détection électromagnétique écoutent les communications allemandes 24 heures sur 24. Ils repèrent plusieurs P.C divisionnaires, toutes les unités de réserve, le transfert du LVIe *Panzerkorps* de la 4e Armée Panzer à la 9e Armée. Mais leur plus beau fait d'armes demeure le repérage du mouvement du IVe *Panzerkorps* SS, le 30 décembre 1944. Après avoir noté un silence inhabituel de 24 heures, les opérateurs soviétiques retrouvent le contact avec les émissions des 3e (*Totenkopf*) et 5e (*Wiking*) *PzDiven* SS mais à 100 km au sud de leur emplacement précédent. Les deux unités sont « logées » trois jours plus tard à Komarno, au nord-ouest de Budapest. La crainte d'être trompé amène les responsables *razvedka* du 1er Front de Biélorussie à recouper l'information. Des agents sont dirigés vers Czestochowa où des SS portant insigne de la *Wiking* sont en effet aperçus, ainsi que des wagons plats bâchés transportant des blindés à l'emblème de la Tête de mort. Un prisonnier de la *Totenkopf*, pris à Komarno, confirme le transfert de son unité. L'organisation soviétique est assez efficace pour que ce renseignement, obtenu par le 3e Front d'Ukraine, se retrouve dans les 24 heures sur le bureau de Joukov, 700 km au nord.

De la même façon, c'est la concomitance d'observations aériennes et de repérages au sol par agents qui amène Joukov à modifier son plan de marche, lors d'une réunion tenue à la STAVKA, à Moscou, le 27 novembre 1944, ainsi que le raconte un témoin de choix, le chef d'état-major-général, Chtemenko.

« Sur la base des données fournies par les reconnaissances du 1er Front de Biélorussie, (Joukov) arriva à la conclusion qu'il serait très difficile pour ce Front d'attaquer plein ouest à cause des nombreuses lignes défensives barrant cet axe. Il pensait que le succès serait plus assuré en dirigeant les forces vers Lodz puis Posen (c'est-à-dire vers le nord-ouest, ndla). Le Commandant suprême se déclara d'accord et les aspects opérationnels du plan du 1er Front de Biélorussie furent légèrement modifiés.

1. E. Middeldorf, *Wehrwissenschaftliche Rundschau*, Heft 4, avril 1953, p. 189.

Ceci affecta la position du Front situé à gauche. Il n'y avait plus aucune raison pour que le 1er Front ukrainien vise Kalisz ; aussi le maréchal Koniev reçut-il Breslau comme objectif principal[1]. »

L'épisode est intéressant car il donne la clé de l'attention particulière portée par les Soviétiques au renseignement en profondeur (les lignes défensives dont il est question dans le texte de Chtemenko sont celles qui bordent la rivière Warthe, à 200 km de la Vistule). Le bréviaire doctrinal de l'Armée rouge est dominé, à cette étape finale de la guerre, par le concept de « manœuvre en profondeur », traduction offensive de l'art opératif, dont nous avons parlé plus haut. Dit simplement, mener des Armées de tanks sur 300 à 400 km à l'intérieur du dispositif ennemi ne peut se faire que si TOUS les obstacles ont été préalablement repérés, les moyens de les neutraliser ou de les contourner, définis, assemblés et distribués aux unités de pointe : il faut tout entreprendre pour empêcher l'ennemi de se rétablir sur une rivière ou une ligne fortifiée. Pour filer une métaphore physicienne, les frictions doivent être réduites au maximum afin que l'énergie emmagasinée par les deux Fronts soit suffisante pour les porter au plus près de l'Oder.

## Maskirovka[2] : dissimulation et intoxication

L'énormité des préparatifs soviétiques, l'entassement des hommes et du matériel dans trois têtes de pont étroites, ne peuvent laisser croire un instant à l'aveuglement des Allemands. Guderian, Gehlen, patron du FHO, les commandants de Groupe d'Armées et d'Armée, tous savent que l'adversaire arme un formidable coup pour la mi-janvier. Dans ces conditions, les Soviétiques cantonnent leurs ambitions à trois objectifs :

– masquer au mieux l'importance des concentrations ;
– dissimuler la profondeur des objectifs visés ;
– brouiller la perception du centre de gravité réel de l'offensive.

Force est de constater que, là aussi, le programme a été rempli.

Les techniques de dissimulation sont classiques, bien rôdées depuis l'opération *Uranus*, à Stalingrad. Les mouvements d'unités s'effectuent de nuit ou par brouillard durable. Le silence radio est complet pour tout nouvel arrivant tandis qu'un faux trafic est entretenu dans sa zone originelle de stationnement suivant le schéma suivant, communiqué par le colonel Vassili Andreïevitch Dontsov, chef d'état-major du 504e Régiment de fusiliers (60e Armée) :

> « Quand mon régiment était relevé, celui qui arrivait reprenait exactement les mêmes positions, le même secteur et l'ennemi pensait que nous étions restés là à défendre ou à préparer une attaque. Mais, en fait, nous avions laissé notre secteur durant la nuit, en silence. Nous n'étions simplement plus

---

1. S.M. Chtemenko, *The soviet general staff at war*, p. 306.
2. Pour des considérations plus générales sur le concept de maskirovka, nous renvoyons le lecteur à nos deux ouvrages, chez le même éditeur, *Koursk, les quarante jours qui ont ruiné la Wehrmacht* et *Stalingrad, la bataille au bord du gouffre*.

là. Mais toutes nos positions étaient occupées par la nouvelle unité. Toutes : mêmes emplacements d'artillerie et de mortiers, mêmes nids de mitrailleuses. Tout était occupé de façon rigoureusement identique. Le commandement suivait en outre la règle selon laquelle tous les indicatifs radio que nous avions utilisés pour nos communications étaient transférés à l'unité qui nous relevait et celle-ci ne pouvait en utiliser aucun autre. Ainsi créait-on l'illusion que la même unité restait toujours au même endroit[1]. »

Les ordres sont communiqués verbalement et au dernier moment. Ainsi, le colonel Dragunski, commandant la 55e Brigade blindée, affirme n'avoir reçu des ordres détaillés que quelques heures avant le déclenchement de l'opération[2] ! Des milliers de fausses positions d'artillerie, des dizaines d'aérodromes « Potemkine » sont aménagés[3], 500 chars et 1 000 canons en bois simulent des concentrations le long de routes aménagées exprès. Plusieurs unités – brigades d'infanterie mais aussi le 4e Corps blindé de la Garde tout entier – créent un vrai faux trafic loin des zones d'attaques. Pour toute reconnaissance sur un axe réel d'attaque, une autre se tient loin de tout axe, etc.

Les deux points d'application préférentielle de la *maskirovka* sont devant Varsovie d'une part, dans l'axe Tarnow-Cracovie, d'autre part. De chaque côté de la capitale polonaise, les 47e et 61e Armées, la 1re Armée polonaise, se donnent du mal pour simuler une attaque concentrique de très grande ampleur. De même, dans la tête de pont de Magnuszev, la 5e Armée de Choc et la 8e Garde orientent leurs préparatifs factices vers le nord-ouest, en direction de Varsovie, alors que l'axe de progression réelle est plein ouest, vers Lodz.

Le plus gros effort de tromperie se tient entre la fin décembre et le 10 janvier dans le secteur du 1er Front ukrainien. L'idée de Koniev est d'amener l'adversaire à croire qu'il va frapper au sud de la Vistule, dans l'axe Tarnow-Cracovie puis vers Kattowitz (Katowice). Cette direction est plausible dans la mesure où la région industrielle de Haute-Silésie, dont Kattowitz garde la porte orientale, est la dernière, avec celle de Moravie, qui soit relativement à l'abri des bombardements alliés. Les Allemands sont prêts à jouer gros pour conserver ce potentiel vital. Pour créer l'illusion de la présence de deux Armées de tanks au complet et de quatre Corps blindés supplémentaires, les Soviétiques utilisent plusieurs brigades d'infanterie de la faible 60e Armée et les 200 chars – bien réels – du 4e Corps blindé de la Garde. Les fausses positions sont aménagées de façon à laisser deviner une attaque en pince contre la ville de Tarnow,

---

1. In *Red Army officers speak*, p. 54-55.
2. Témoignage personnel de Dragunski in *Red Army officers speak*, p. 62.
3. Le colonel Odintsov (155e Régiment d'aviation d'assaut de la Garde) donne, in *Red Army Officer speak* (p. 88), 80 vrais aérodromes et 50 faux pour la 2e Armée aérienne (1er Front d'Ukraine). Parmi ces derniers, une quinzaine voit se dérouler de fausses missions aériennes. La Luftwaffe bombardera 15 faux aérodromes à plusieurs reprises.

cœur du dispositif de la 17e Armée allemande. Plusieurs faux déserteurs – mais vrais agents du G.R.U – révèlent l'ampleur du pseudo dispositif, tandis que des groupes d'officiers d'état-major d'Armée sont aperçus dans les villages polonais non évacués, où sont aménagés de faux P.C d'Armées, qui entretiennent un faux trafic radio.

## Les Allemands ont-ils mordu à l'hameçon ?

Pour savoir si les comédies soviétiques ont produit l'effet escompté, il faut se tourner vers les évaluations périodiquement fournies par le général Gehlen à l'OKH mais aussi aux Groupes d'Armées et aux Armées.

En octobre 1944, Gehlen croit à une offensive d'hiver qui prendrait la forme d'une attaque aux ailes suivie d'une éventuelle tenaille : à travers la Hongrie, vers Vienne, au sud ; depuis la Narew vers la basse Vistule (Dantzig), au nord, pour détruire les forces accumulées en Prusse-Orientale. Son jugement est le fidèle reflet des combats alors en cours.

Le 11 novembre, dans un exposé de situation, il situe toujours le centre de gravité de l'offensive en Hongrie – où les combats font rage devant Budapest – mais raffine son analyse en postulant la probabilité de voir une nouvelle pince partir depuis Tarnow vers Cracovie puis la Haute-Silésie et la Bohême. La prévision est alors totalement fausse : l'objectif réel – la ligne Breslau-Posen, et si possible l'Oder – n'apparaît jamais. Mais les Allemands envoient deux précieuses divisions d'infanterie (344e et 359e) épauler inutilement les deux Corps de la 17e Armée.

Le 5 janvier 1945, une semaine avant l'attaque, Gehlen abandonne l'idée d'un centre de gravité de l'effort soviétique situé en Hongrie. Les difficultés des 3e et 4e Fronts ukrainiens dans la plaine hongroise, la non relève des Armées de tanks engagées là, lui semblent des éléments suffisants pour écarter cette hypothèse. Il conclut son analyse par ces mots :

> « On doit s'attendre, à cause du long délai accordé à l'ennemi pour compléter ses unités et à cause de l'extension des objectifs (Prague, Breslau, Posen, Graudenz, Dantzig et finalement Berlin), à voir les chefs soviétiques tenter, pour l'opération à venir, d'emporter la décision définitive et de détruire la *Ostheer*[1]. »

Voilà donc Guderian conforté dans son analyse de départ : l'offensive stratégique de l'Armée rouge vise à s'emparer de Berlin et déferlera donc entre la Prusse-Orientale et les Carpates.

Mais il s'agit là d'une orientation très générale. Où se situera l'effort principal de l'ennemi ? Gehlen oriente les chefs des Groupes d'Armées A et Centre sans hésitation : le 1er Front ukrainien est la menace principale. À partir de la tête de pont de Baranov, il visera en premier lieu la ligne Tschenstochau (Czestochowa)-Kattowitz, en second lieu un axe au sud de la Vistule, Cracovie-Moravie du nord. Quant au 1er Front de Biélorussie, sa tâche sera de s'emparer de Varsovie puis d'aller vers le

1. Colonel Van Nes, *German Intelligence appreciation*, in *Symposium Vistula-Oder*, non publié, p. 491-492.

nord-ouest pour couper les forces de Prusse-Orientale du reste du Reich. Là encore, Gehlen méconnaît la profondeur de l'objectif visé par les Soviets et se trompe complètement sur l'importance et la direction de la poussée du 1er Front de Biélorussie. De plus, il affaiblit encore son propos en ajoutant les éléments suivants, qui suffisent à montrer le succès de la *maskirovka* :

> « D'une part, tous les rapports de nos agents désignent l'ouest et le nord-ouest de la tête de pont de Baranov comme étant de première importance, d'autre part toutes les autres informations (reconnaissances aériennes, interrogatoires de prisonniers, tirs de découverte) pointent vers la partie nord de la tête de pont. Ce fait nous laisse avec la question de savoir si cette discordance est due à un excellent camouflage à l'ouest et au nord-ouest, ou à une exploitation insuffisante des rapports de nos agents.
>
> Dans tous les cas, on doit prendre en compte que l'ennemi pourrait tenter de nettoyer le grand saillant de la Vistule à partir des têtes de pont de Baranov, Pulawy et Warka (…) pour agrandir l'espace nécessaire à ses déploiements à l'ouest de la Vistule[1]. »

À l'évidence, la désinformation recherchée par les Soviétiques a atteint son but : Gehlen est dans le flou. En postulant une attaque en pince pour élargir la tête de pont, il témoigne qu'il juge les têtes de pont existantes inaptes à fournir aux Soviets la base de départ d'une offensive directe : première erreur. Il leur prête une intention typiquement allemande, une *Zangenangriff* (attaque en tenaille) entre Baranov et Magnuszev : deuxième erreur. Il aboutit à cette conclusion en analysant la carte des parachutages de groupes spéciaux du G.R.U et du NKVD : leur densité est en effet maximum au nord de Varsovie, et dans le quart de cercle N-O/S-O devant Baranov, et nulle dans l'axe majeur Lodz-Posen, qui est l'axe réel. L'hameçon est entré jusqu'à la gorge ! À sa décharge, relevons qu'il n'a pas été aidé par les *a priori* de l'OKH, certain que les Soviets vont reprendre le schéma de *Bagration*, à savoir des percées sur les ailes avec rabattement au centre. Le terrain disséqué par de nombreuses vallées, souvent occupées par des forêts épaisses, qui prévaut vers Kielce et Cracovie ainsi que le long de la Pilica, ne semble pas de nature à permettre l'introduction d'une importante masse blindée. N'est-ce pas dans cette *Malopolska* qu'en novembre 1914 Ludendorff a arrêté net deux Armées russes en route vers la Silésie ?

Le tableau suivant compare l'estimation allemande des forces soviétiques à la situation réelle.

---

1. *Idem*, p. 492.

**L'estimation allemande des rapports de force et leur réalité**

| **Magnuszev** | | **Pulawy** | | **Baranov** | |
|---|---|---|---|---|---|
| **réel** | **estimé** | **réel** | **estimé** | **réel** | **estimé** |
| 2 Armées | 1 A | 2 A | 1 A | 6 A | 3-5 A |
| | | | | | |
| 8 Corps d'inf. | 3 CI | 5 CI | 3 CI | 16 CI | 10 CI |
| 24 div. d'inf. | 9 DI | 15 DI | 6 DI | 46 DI | 26 DI |
| – | – | 2 Corps blindés | 1 CB | 3CB | 3 CB |
| | | | | 2 Armées de tanks | 1 AT |
| **Équivalent en Divisions** | | | | | |
| 33 | 18 | 20 | 11 | 68 | 35-40 |
| **Rapports de force** | | | | | |
| 5:1 | 3:1 | 6:1 | 3,5:1 | 7:1 | 3,5:1 |

D'après D. Glantz, *1986, Art of War Symposium*, Vistula-Oder, non publié, p. 508.

Les Allemands ont donc sous-estimé de 40 % les forces d'infanterie soviétiques, de 60 % ses moyens blindés[1].

Dans la tête de pont de Magnuszev, la 5e Armée de choc a échappé au renseignement allemand (qui la situe 50 km à l'est de la Vistule), de même que la moitié de la 61e Armée, également entassée à l'ouest du fleuve. Beaucoup plus grave, la puissante 1re Armée de tanks de la Garde, dissimulée sur la rive orientale de la Vistule, tout près des ponts qui mènent à Magnuszev, est placée par Gehlen à… 200 km au sud, loin derrière la 60e Armée. Quant à la 2e Armée de tanks de la Garde, également serrée derrière la tête de pont, le FHO la voit à 100-150 km au nord-est.

À Pulawy, la 33e Armée et un Corps blindé sont oubliés.

Dans la tête de pont de Baranov, manquent à l'appel la 52e Armée, les 21e et 59e Armées (placées en seconde vague), la 4e Armée de tanks et 3e Armée de tanks de la Garde, positionnées outre Vistule beaucoup trop

1. On retrouve cette erreur, à peine atténuée, dans l'estimation globale des forces de l'Armée rouge. Au 1er janvier 1945, Gehlen accorde 5,32 millions d'hommes à l'armée de Terre soviétique (6,289 millions en réalité) et 7 200 chars et canons automoteurs (15 100). Du premier au dernier jour de la guerre, les services de renseignements allemands auront donc sous-estimé l'adversaire ! Voir Magenheimer, *Abwehrschlacht…*, p. 52-53.

en arrière. Le 4e Corps blindé est vu exactement là où les Soviets voulaient qu'il soit vu, face à Tarnow, au sud de la Vistule.

L'échec de Gehlen[1] n'est pas aussi affligeant qu'à Stalingrad ou en Biélorussie, mais il est quand même très net. Il faut avant tout en créditer la qualité des mesures prises par l'adversaire. Il est certain que, même sans ces mesures, les Soviétiques l'auraient emporté, tant la disproportion des forces est importante. Mais que les Allemands aient ajouté à leur faiblesse une sous-estimation flagrante de la force et des intentions de l'ennemi n'a pu que transformer un succès certain en une victoire écrasante obtenue, qui plus est, vite et à peu de frais.

1. Dans la version simplifiée de ses mémoires, établie par David Irving, Gehlen expédie la grande offensive soviétique de janvier 1945 en quelques lignes. Il ne dit mot de son action, se contentant d'indiquer qu'il a correctement prévu la date de l'attaque, le 12 janvier, et recommandé le 8 janvier à Guderian, son chef, d'évacuer la Prusse-Orientale pour constituer des réserves dans l'axe de Berlin.

DEUXIÈME PARTIE

# De la Vistule à l'Oder

*« Nous nous trouvons à présent dans les pires semaines de la guerre. Cette situation dramatique survenue à l'est mérite véritablement le qualificatif de mortelle »*

Joseph Goebbels[1], 23 janvier 1943.

D'un coup initial d'une violence inouïe, en quatre jours – du 12 au 16 janvier 1945 – entre la Baltique et les Carpates, quatre Fronts soviétiques percent, sur la Vistule et la Narew, la croûte d'hommes et de matériels péniblement accumulée par la *Ostheer*. Très vite, Koniev et Joukov engagent les Armées de tanks dans la profondeur et celles-ci parcourent de 300 à 500 kilomètres en quinze jours. Le gros de deux Armées allemandes – 9e et 4e Panzer – est anéanti pendant que deux autres Armées – 4e et 3e Panzer – sont encerclées en Prusse-Orientale et font face à une

1. *Journal 1943-1945*, p. 688.

destruction certaine. Les faibles réserves blindées de la *Ostheer* sont détruites, ou réduites à une furtive retraite par des chemins de traverse.

Si l'on compare Vistule-Oder à Barbarossa, une différence essentielle saute aux yeux. En 1941, les Allemands manient leurs *Panzergruppe* de façon à réaliser SYSTÉMATIQUEMENT des encerclements géants ; en 1945, les Soviétiques lancent leurs Armées de tanks et leurs Corps blindés sur des bissectrices parallèles qui fragmentent le corps de bataille adverse : point de mouvement tournant, on va tout droit[1] ! Il s'agit pour ces formations de gagner au plus vite la profondeur du dispositif ennemi, d'y rendre impossible toute concentration de forces ou toute constitution de ligne d'arrêt. La destruction des unités dépassées est abandonnée à des forces de seconde vague. Les Allemands cherchent l'ANÉANTISSEMENT total des hommes et du matériel ; les Soviets visent à DÉSARTICULER LE SYSTÈME guerrier dans ses parties humaines, économiques et militaires. Le sous-système militaire doit être à son tour démembré dans toutes ses composantes : P.C., dépôts d'armes et de munitions, lignes fortifiées, aérodromes, centres ferroviaires, nœuds routiers, centres d'entraînement et de conscription…

Il faut noter que, depuis Stalingrad et jusqu'à l'été 1944, la STAVKA a toujours pêché par optimisme et sous-estimation des moyens adverses. C'est d'ailleurs un défaut congénital du système stalinien dans son ensemble. Si bien qu'aucune offensive soviétique n'a jamais pu atteindre ses objectifs à 100 %, à l'exception de *Bagration*, en juin-juillet 1944. L'opération Vistule-Oder est donc une surprise aussi de ce point de vue : pour la première fois, les résultats d'une offensive dépassent, et de beaucoup, les attentes de la direction. Joukov et Koniev ne seront pas longs à analyser les causes profondes de cette prouesse : l'ennemi ne dispose pas, sur cette partie du front, de réserve blindée de niveau opératif-stratégique.

---

1. Cela ne signifie pas, bien entendu, que l'Armée rouge ne procède pas à des encerclements. Elle en a réussi de magnifiques, à Stalingrad, autour de Minsk (opération *Bagration*), en Roumanie (destruction de la 6e Armée allemande). Le choix entre poussées rectilignes multiples et mouvement tournant dépend aussi de la géographie du front et des circonstances. Si l'on considère le nombre d'opérations menées entre 1943 et 1945, il faut cependant conclure que l'encerclement n'est pas la forme dominante des offensives soviétiques.

# CHAPITRE 1

# *Une offensive dévastatrice*

Le 10 janvier 1945 au soir, le maréchal Koniev, commandant le 1er Front d'Ukraine, pénètre sous la tente camouflée où se trouvent réunis Rybalko, patron de la 3e Armée de tanks de la Garde, le chef d'état-major de celui-ci, Bachmetiev, les chefs de Corps et de brigades. Koniev vérifie les diagrammes de marche des unités, fait répéter à chacun l'objet de sa mission, insiste sur les conditions d'introduction du groupe mobile. Puis, se tournant vers l'assistance, il synthétise ainsi l'esprit de l'offensive qui doit débuter 36 heures plus tard :

> « Les Armées blindées de Rybalko et de Leliouchenko, les Corps blindés et mécanisés de Fomine, Polouboiarov et Kouznetsov, ont la mission d'avancer, de s'emparer EN MARCHANT des obstacles de la Nida, de la Pilica, de la Vistule et de l'Oder, de conquérir les lignes défensives et les nœuds ferroviaires importants de Kielce, Radomsko, Czestochowa et Cracovie, de paralyser les services arrières et de désorganiser le commandement de la troupe.
>
> Ne vous laissez pas embarquer dans des escarmouches, tournez les points de résistance, ne vous arrêtez pas dans les villes, avancez dans la profondeur opérative, ne regardez pas trop souvent autour de vous et ne vous préoccupez pas de vos flancs[1]. »

Au même moment, 200 km au nord, Joukov reçoit un par un les chefs de Corps blindés. Au tout jeune colonel Babadjanian (34 ans), il adresse ces mots :

> « Les unités blindées doivent éclater la défense ennemie, pousser aussi vite et aussi loin que possible dans son dispositif, désorganiser son commandement et sa logistique, répandre la panique. L'ennemi ne doit pas pouvoir se ressaisir ni construire de nouveaux points de résistance. Poussez droit devant.

1. Cité par D.A. Dragunski, commandant la 55e Brigade blindée (7e Corps de la Garde), qui assiste à cette réunion, in *Godi v Bronie*, p. 212.

Ne vous préoccupez pas de vos flancs, nous ne vous laisserons pas tomber. Tout est clair ? Alors en avant, rien d'autre qu'en avant [1] ! »

## I. Les forces en présence

### *1. Les ordres de bataille*

Au matin du 12 janvier 1945, et en nous en tenant aux secteurs des 1er Fronts de Biélorussie et d'Ukraine, 2,2 millions[2] de soldats soviétiques et 6 460 chars (tanks + canons automoteurs) appuyés par 32 000 bouches à feu (canons et mortiers lourds) et 4 772 avions s'apprêtent à affronter 520 000 Allemands équipés, selon leurs propres dires, de 800 chars (tanks + canons automoteurs), 2 000 tubes d'artillerie de campagne et environ un millier de pièces antichars d'un calibre supérieur à 50 mm. Les Soviétiques donnent le chiffre de 1 220 Panzers ; Glantz, Frieser et Lakowski, les meilleurs spécialistes occidentaux de l'offensive Vistule-Oder, se rallient à celui de l'OKH. À eux seuls, les deux super Fronts soviétiques concentrent un tiers de toute l'infanterie disponible dans l'Armée rouge et la moitié des chars.

Commençons notre revue à partir du nord, en partant de la petite ville de Novy Dvor, au confluent Vistule-Narew. Cette dernière rivière marque la limite entre le 2e Front de Biélorussie (maréchal Rokossovski) et le 1er Front de Biélorussie (maréchal Joukov). Nous l'achèverons 350 km plus au sud, face à Jaslo, au pied de la chaîne des Beskides, non loin de la frontière slovaque, où la STAVKA a placé la limite entre le 1er Front d'Ukraine (maréchal Koniev) et le 4e Front d'Ukraine (colonel-général Ivan Petrov).

#### Secteur du 1er Front de Biélorussie *(carte 5)*

Franchir la Vistule ou pousser depuis les têtes de pont ? L'état-major de Joukov a hésité entre ces deux options. La première offre l'avantage de prendre les Allemands par surprise, là où ils n'ont que des troupes de couverture. Mais Joukov la refuse car la nécessité de lancer des dizaines de ponts laissera aux Allemands le temps de rameuter du monde ; il faudra donc remonter une opération de rupture et cela retarderait par trop l'introduction des deux Armées de tanks. On se rabat donc sur le « coup téléphoné » d'une sortie en force depuis Pulawy et Magnuszev.

Du nord au sud, on trouve, côté soviétique :

– Les 47e Armée (général Perkhorovitch) et 1re Armée polonaise[3] (Stanislas Poplawski), étirées sur plus de 100 km au nord et au sud de

---

1. A. Kh. Babadjanian, *Dorogi Pobedy*, trad. all. *Hauptstosskraft*, p. 200.
2. Dont 1 565 000 combattants, d'après Glantz, *Symposium*..., p. 516.
3. Formée initialement de soldats faits prisonniers en 1939, gonflée de partisans communistes, la nouvelle Armée polonaise recourt à la conscription dans les territoires libérés dès novembre 1944. Mais le manque de cadres oblige à recourir, notamment dans les services spécialisés, à des officiers soviétiques d'origine polonaise ou parlant plus ou moins le polonais.

Carte 5

**Ordre de bataille - 1e Front de Biélorussie**

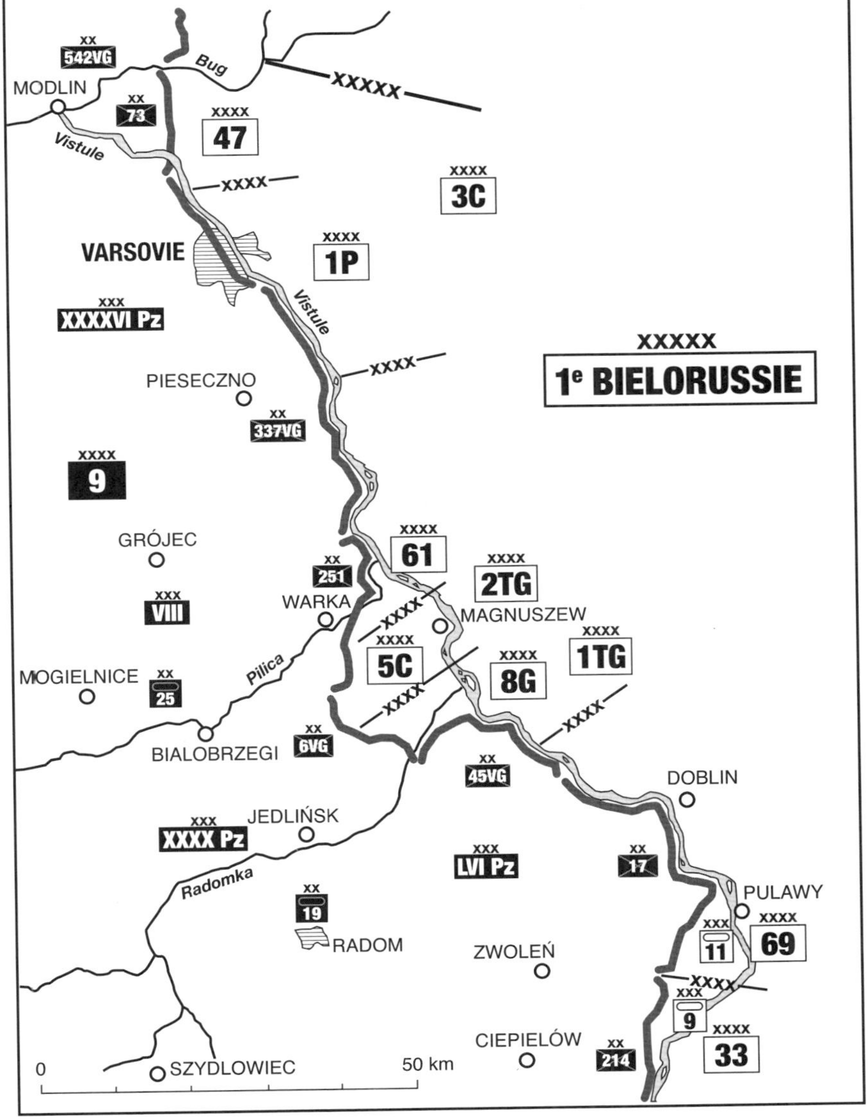

Varsovie. Leur incombe une mission secondaire : faire tomber la capitale polonaise. L'attaque est retardée de 24 heures sur celle des gros du Front, afin de tenir la garnison allemande de Varsovie le plus longtemps possible au fond du sac. En arrière, la 3e Armée de Choc est mise en réserve. L'ensemble, non compris la 3e Choc, pèse 130 000 hommes et 240 blindés[1]. Les 250 mètres de largeur de la Vistule (gelée, mais pas assez pour laisser passer des chars) forment ici l'obstacle le plus sérieux. Si la résistance de Varsovie s'avère forte, Joukov prévoit une variante : un Corps blindé de la 2e Armée de tanks s'en ira encercler la capitale en remontant vers le nord à partir du carrefour de Sochaczew.

– Dans la tête de pont de Magnuszev (appelée aussi Warka), on rencontre au nord le gros de la 61e Armée de Belov (avec, dans son dos, le 2e Corps de cavalerie de la Garde du général Krioukov), à l'ouest, la 5e Armée de Choc (Berzarine), au sud, la 8e Armée de la Garde (Vassili Tchouikov). Joukov a laissé chaque commandant libre de son dispositif d'attaque. Ainsi, Berzarine tient un front de 12 km et doit obtenir une percée de 6 km, confiée aux 24 000 hommes du 26e Corps de fusiliers de la Garde (major-général Firtsov). Les flancs, boisés et vallonnés, difficiles d'accès, sont confiés aux deux autres Corps. À droite, le 9e Corps reçoit la responsabilité de 2,5 km, à gauche, le 32e Corps hérite de 3,5 km. La totalité du 26e Corps est placée sur un seul échelon avec 70 % de l'artillerie, 100 % des chars et des canons automoteurs. La tête de pont étant congestionnée au-delà de toute mesure, la 1re (Katoukov) et la 2e Armée de tanks de la Garde (Bogdanov) attendent sur la rive orientale de la Vistule le signal de leur introduction sur le champ de bataille. La première de ces puissantes unités compte 752 chars et canons automoteurs, la seconde, 873. L'introduction de Katoukov doit se faire à travers la percée réalisée par Tchouikov ; celle de Bogdanov aura à choisir entre la 61e Armée et la 5e Choc, selon la situation. Le centre de gravité de Joukov est ici : 520 000 hommes et près de 2 200 blindés.

En réserve de Front, le 7e Corps de cavalerie du général Konstantinov.

L'objectif premier du Front est Lodz, à 140 km, et l'objectif final la ligne Bromberg-Posen (300 km), où se réalisera la liaison avec le 1er Front d'Ukraine.

> « La progression ultérieure n'avait pas été prévue, écrit Joukov, car la STAVKA ne pouvait savoir à l'avance comme la situation se présenterait au moment où les troupes du 1er Front de Biélorussie auraient atteint la ligne Bromberg-Posen. L'offensive du 2e Front de Biélorussie pouvait être retardée et, dans ce cas, la mission d'enveloppement et d'isolement du groupement ennemi de Prusse-Orientale, fixée par le Commandement suprême, pouvait ne pas être accomplie. Et alors, il se pouvait que le 1er Front de Biélorussie

1. Tous les chiffres concernant les effectifs proviennent de *Das Deutsche Reich...*, vol. 10/1, p. 505. Et de Glantz, *Symposium*, p. 516. Ils sont tous approximatifs – à 10 voire 20 % près –, auteurs allemands et soviétiques n'étant pas d'accord sur le mode de comptage.

soit obligé de jeter une partie importante de ses forces en direction du nord pour aider le 2e Front de Biélorussie[1]. »

L'on voit ici que le problème de la réduction des Armées allemandes de Prusse est une véritable épée de Damoclès qui pèse sur l'effort de Joukov depuis sa conception, et que nous retrouverons sans cesse jusqu'à la fin mars. Staline comme la STAVKA savent que l'affaire sera rude pour les Fronts de Tchernakhovski et de Rokossovski et, pourtant, les deux demandes de Joukov de liquider le problème AVANT l'avance vers l'Oder (en août), ou de renforcer Rokossovski (le 1er novembre), ne sont pas écoutées. Il en découlera les plus sérieuses conséquences pour l'opération Berlin.

– La plus petite des têtes de pont, Pulawy, abrite le gros de la 69e Armée et la menue portion de la 33e, qui s'allonge surtout sur la rive orientale du fleuve. La 69e est appuyée par le 11e Corps blindé et le 7e Corps de cavalerie de la Garde, la 33e, par le 9e Corps blindé. 160 000 hommes et 600 chars environ. L'objectif : Radom puis Lodz.

Les forces terrestres de Joukov s'abritent sous le parapluie de la 16e Armée aérienne (Rudenko) : 2 396 appareils, dont 2 000 machines de combat.

L'adversaire direct du 1er Front de Biélorussie est la 9e Armée (général von Lüttwitz). Elle rassemble sur 222 km 4 divisions d'infanterie et 3 divisions de *Volksgrenadier*, réparties en trois Corps (LVIe *Panzerkorps*, VIIIe et XXXXVIe). À l'ouest et au sud-ouest de la tête de pont de Magnuszev, le XXXXe *Panzerkorps* se tient en réserve avec deux grandes unités, la 19e (stationnée autour de Radom) et la 25e *Panzer* (à Bialobrzegi, sur la Pilica), fortes, à elles deux, de 215 chars et canons automoteurs. Leur mission est de contre-attaquer les unités blindées qui sortiront des têtes de pont de Pulawy et de Magnuszev et, si nécessaire, de se porter vers le sud, devant Baranov, où le gros de la 20e *Panzergrenadier* (dissimulée autour de Starachowice, 91 chars et canons d'assaut, commandée par le lieutenant-général Jauer) pourra les rejoindre. La 9e Armée a réussi à compléter ses divisions d'infanterie à 10 500 hommes en moyenne, ce qui est mieux qu'en 1944. Mais l'infanterie manque, tous les bataillons sont en ligne, chaque division ne peut en épargner qu'un ou deux pour sa réserve. Sa force totale s'élève à 110 930 hommes, en comptant les 6 900 personnels de la garnison de Varsovie[2], dont 57 800 combattants, 338 chars et chasseurs de chars. Il faut cependant relever l'excellent moral, les effectifs au complet, le plein de munitions et de carburant.

### Secteur du 1er Front d'Ukraine *(carte 6)*

Koniev a massé 90 % de ses forces dans la tête de pont de Baranov (Sandomierz). Sont entassées, en descendant le fleuve, la 6e Armée (lieutenant-

1. Joukov, *Mémoires*, t. 2, p. 294-295.
2. Auxquels on peut ajouter les 2 000 hommes de l'« unité de barrage von Ahlfen », assemblage hétéroclite d'artilleurs et de pionniers.

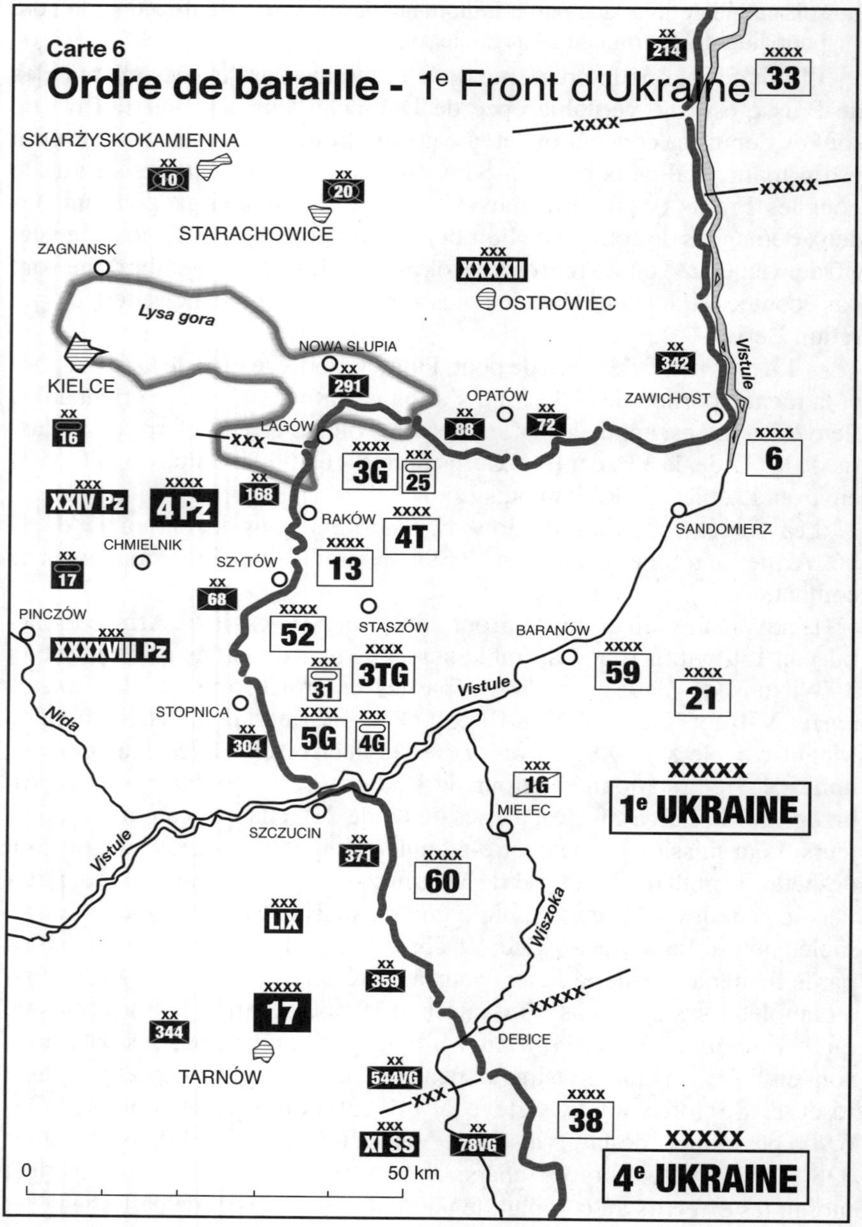
Carte 6
Ordre de bataille - 1e Front d'Ukraine
SKARŻYSKOKAMIENNA
STARACHOWICE
ZAGNANSK
OSTROWIEC
Lysa gora
NOWA SLUPIA
KIELCE
OPATÓW
ZAWICHOST
LAGÓW
RAKÓW
SANDOMIERZ
CHMIELNIK
SZYTÓW
PINCZÓW
STASZÓW
BARANÓW
Vistule
Nida
STOPNICA
MIELEC
SZCZUCIN
Wiszoka
DEBICE
TARNÓW
0
50 km
1e UKRAINE
4e UKRAINE
XX 214
XXXX 33
XXXX
XXXXX
XX 10
XX 20
XXX XXXXII
XX 342
XX 291
XX 88
XX 72
XX 16
XXX
XXXX 3G
XXX 25
XXXX 6
XXX XXIV Pz
XXXX 4 Pz
XX 168
XXXX 4T
XXXX 13
XX 17
XX 68
XXXX 52
XXX XXXXVIII Pz
XXXX 3TG
XXX 31
XXXX 59
XXXX 21
XX 304
XXXX 5G
XXX 4G
XXX 1G
XX 371
XXXX 60
XXX LIX
XX 359
XXXX 17
XX 344
XX 544VG
XXXX 38
XXX XI SS
XX 78VG

général Glusdowski), la 3e Armée de la Garde (colonel-général Gordov[1]), la 13e Armée (colonel-général Pukhov), la 52e Armée (colonel-général Korotejev) et la 5e Armée de la Garde (colonel-général Chadov). La 3e Garde est assistée dans sa mission de rupture par le 25e Corps blindé, la 5e Garde, par le 31e Corps blindé. Sur la rive est, largement étalée, la 60e Armée (colonel-général Kurochkine). Derrière la tête de pont, deux Armées en réserve, la 59e (lieutenant-général Korovnikov) et la 21e (colonel-général Gussev), plus le 4e Corps blindé de la Garde et le 1er Corps de cavalerie de la Garde, qui seront lancés vers Cracovie et la Haute-Silésie à J+2 et J+3. L'état-major de Koniev (dirigé par Sokolovski) a réussi l'exploit de faire passer deux Armées de tanks au complet dans une tête de pont déjà surpeuplée : la 4e (colonel-général Leliouchenko) et la 3e Garde (colonel-général Rybalko). La première compte 750 blindés, la seconde est la mieux dotée de l'Armée rouge : 920 chars et canons automoteurs. Au total, pour le Front, 10 Armées, 755 000 combattants (1 083 000 avec les services), 3 660 chars et canons automoteurs, 17 000 canons, mortiers et lance-roquettes multiples. La 2e Armée aérienne (Krasovsky) héberge 2 580 appareils[2].

L'objectif du Front est Czestochowa (180 km à vol d'oiseau), puis Breslau, la capitale de la Silésie allemande (350 km).

En face, les sept Divisions d'infanterie de la 4e Armée Panzer (général Gräser), réparties en deux Corps (XXXXVIIIe *Panzerkorps*, général von Edelsheim, et XXXXIIe, général Recknagel) s'alignent sur 187 km. Elles s'appuient au nord sur le massif boisé de Lysa Gora, au sud sur la Vistule. Chaque division a 20 km à défendre (3-4 km par bataillon de 300 hommes), ce qui, dans les circonstances habituelles du front russe, est plutôt ordinaire mais que le commandement considère comme très insuffisant face à une offensive majeure[3]. La conséquence de cet étirement est que l'ensemble des régiments et des bataillons sont en première ligne, ce qui ne laisse à chaque régiment qu'une compagnie en réserve, à chaque division une douzaine de *Sturmgeschütze*, aux Corps, un bataillon de grenadiers par division, une brigade de *Sturmgeschütze* (30 engins en état) et une compagnie de 14 puissants *Jagdpanthers*.

La HKL est du type « pointillé ». Tous les 300 m, on trouve un point d'appui fortifié occupé par une compagnie ou une demi-compagnie avec MG, PAK et mortiers et un abri bétonné ; les points d'appui, connectés les uns aux autres par tranchées, sont conçus pour se défendre à 360°, se couvrir mutuellement et battre l'espace intersticiel. On note la présence systématique d'un observateur d'artillerie, d'une installation radio et de moyens optiques moder-

1. V.N. Gordov, ancien commandant du Front de Stalingrad, puis rétrogradé chef d'Armée, a, pour son malheur, droit à la détestation de Staline. Suite à des paroles jugées offensantes pour le maître du Kremlin, il sera arrêté et fusillé en 1950 en compagnie du maréchal Koulik.

2. Tous les chiffres sont de Koniev, *Jahr Fünfundvierzig*..., p. 7.

3. Pour l'OKH, le modèle de la bataille défensive est Rjev (hiver 42-43) : chaque division allemande y tenait un secteur compris entre 5 et 10 km.

nes. 500 à 3 000 m en arrière, vient la GKL particulièrement bien conçue. Au début de la bataille, elle n'est occupée que par les détachements bataillonnaires (une compagnie plus la compagnie lourde) qui devront faire obstacle à toute percée ; mais ces détachements laissent entre eux des vides allant jusqu'au kilomètre, le complément en personnel devant retraiter de la HKL.

En réserve tactico-opérative, face à la tête de pont, se tient le XXIVe *Panzerkorps* (général Nehring) avec plus de 300 chars endivisionnés (16e et 17e *Panzer*) ; un peu plus au nord, un fort groupe de combat de la 10e *Panzergrenadier* (Colonel Vial), une brigade de *Sturmgeschütze* (30 engins) et une brigade complète de *Nebelwerfer*, lance-roquettes multiples.

L'ensemble de la 4e Armée Panzer compte 133 474 hommes (dont 50 000 combattants), 635 chars et canons automoteurs opérationnels[1].

La 17e Armée (général Schultz), qui barre la route de Cracovie aligne six divisions (dont quatre de *Volksgrenadier*), soit 57 088 hommes (25 000 combattants) et 149 blindés, plus la 344e Division en réserve à Tarnow, une force deux fois trop importante pour tenir en respect les 60 000 hommes de la faible 60e Armée soviétique. Où l'on vérifie le succès de la *maskirovka*…

Le tableau d'ensemble est net et clair. Les Soviétiques ont bâti deux puissants *Schwerpunkte*, l'un dans la tête de pont de Magnuszev, l'autre dans celle de Baranov, chacun équipé de deux Armées blindées pour procéder à l'exploitation en profondeur. Le principe d'économie des forces est strictement respecté (voir tableau p. 159), bien loin des errements calamiteux de 1941-1942. Le cas de la 69e Armée est caractéristique. Cinq de ses divisions sont massées dans la tête de pont de Pulawy sur 12 km ; la sixième garde seule 50 km de fleuve. Même intention pour la 8e Armée de la Garde et la 61e Armée. Résultat, si les rapports de forces globaux vont, pour l'infanterie, de 5 à 7:1 selon les têtes de pont, ils peuvent atteindre localement 15:1 (face à la 68e I.D assaillie par la 52e Armée) et 16:1 (6e Division de *Volksgrenadier* contre 8e Armée de la Garde).

Le dispositif allemand est, quant à lui, linéaire. Le rideau d'infanterie ne peut, en cas de rupture, compter que sur deux *Panzerkorps*, le XXXXe à la 9e Armée, le XXIVe à la 4e Armée Panzer, forts, au total, de 625 chars et canons d'assaut, dont environ une moitié de matériels de premier choix (Tigres, Panthers, *Jagdpanthers*). Constatons une nouvelle fois qu'il s'agit là des seules réserves. Numériquement non négligeables, elles voient cependant leur avenir obéré par leur disposition sur le terrain : éclatées en sept unités, disséminées sur 150 km, positionnées trop près de la ligne de front (20-25 km). Si on les définit comme réserve tactique/opérationnelle engageable deux ou trois jours après l'attaque, force est de constater qu'il n'y a pas de réserve opérationnelle/stratégique entre la Vistule et l'Oder qui serait, elle, engageable à J+6 ou J+7. Les unités du *Volkssturm* (environ 80 bataillons) disséminées dans la grande plaine ne peuvent, quant à elles, prétendent à ce titre. Ce vide est connu des

1. Chiffres in *Das deutsche Reich*…, 10/1, p. 504.

Soviétiques ; son existence a beaucoup contribué à définir des objectifs de pénétration ambitieux.

**Densité des forces soviétiques pour l'opération Vistule-Oder**

| **Fronts** | | **1er Front Biélorussie** | **1er Front d'Ukraine** |
|---|---|---|---|
| Longueur | Générale | 230 km | 250 km |
| | Secteur de percée | 30 km | 36 km |
| Nombre de Div. d'infanterie | Total | 68 | 66 |
| | Secteur de percée | 37 | 34 |
| Km/Div. d'inf. | Moyenne générale | 3,4 | 3,8 |
| | Secteur de percée | 0,8 | 1,06 |
| Nb de canons + mortiers lourds | Total | 13 706 | 13 717 |
| | Secteur de percée | 7 318 | 8 626 |
| Canons/km de front | Moyenne | 60 | 55 |
| | Secteur de percée | 244 | 239 |
| Nb de chars et canons autopr. | Total | 3 220 | 3 244 |
| | Secteur de percée | 2 942 | 3 181 |
| Tanks/km de front | Moyenne | 14 | 13 |
| | Secteur de percée | 98 | 88 |

*Source : Vislo-Oderskaia operatsiia v tsifrakh*, VIZh, 1965-1, p. 75.

## Secteur du 4e Front d'Ukraine

Le Front, commandé par le colonel-général Petrov, a pour fonction première de lier le 2e Front d'Ukraine, en combat incessant depuis octobre dans la plaine hongroise, à celui de Koniev, qui va entrer en éruption. Composé de trois Armées (38e, 1er Garde et 18e) seulement, il se déploie dans une zone barrée de sommets à plus de 2 000 m (monts Tatra), en Slovaquie orientale. Ses perspectives de percée sont nulles et sa mission se réduit à accrocher les forces allemandes au sud de la Vistule, la 17e Armée (général Schulz) et le Groupe d'Armées Heinrici (composé, pour l'essentiel, de la 1re Armée Panzer). L'avantage défensif du terrain, l'absence de chars dans les rangs soviétiques, font potentiellement de ces deux Armées allemandes une RÉSERVE, sur laquelle l'OKH pourra tirer pour boucher les trous apparus au nord.

La 17e Armée allemande aligne, derrière le fossé de la rivière Wisloka, le LIXe Corps (371e, 359e I.D) et le XIe Corps SS (544e et 545e V.G.D, 320e et 78e I.D) avec la 344e I.D en réserve. La 1re Armée Panzer a, quant à elle, 13 divisions d'infanterie et deux brigades de *StG.* à sa disposition.

## Une historiographie tendancieuse

Depuis 1945, TOUS les auteurs allemands qui ont étudié ou évoqué l'opération Vistule-Oder, qu'ils soient anciens généraux de la Wehrmacht (Guderian, Ahlfen, Nehring…) ou historiens (Lakowski, Gunter…), mais aussi tous les auteurs occidentaux (à l'exception de David Glantz), ont expliqué le formidable succès soviétique par la monstrueuse disproportion des forces, exprimée dans des rapports vertigineux, s'échelonnant entre 7 et 20:1, selon les armes. C'est la masse, la puissance brute, l'accumulation pure, qui auraient donné aux Soviets des lauriers faciles. Ce discours vise encore et toujours, d'une part à perpétuer le mythe de la Wehrmacht, d'autre part à dénigrer le niveau d'efficacité atteint par les chefs et la troupe soviétiques. Il n'est pas question, évidemment, de nier la supériorité numérique de l'Armée rouge mais de prévenir de ce qu'elle ne doit pas dissimuler. Après tout, Samsonov et Rennenkampf avaient, ensemble, 4 à 5 contre 1 pour l'infanterie, ce qui ne les a pas empêchés d'être écrasés en août et septembre 1914 à Tannenberg puis aux Lacs Mazures. De même, le 30 novembre 1939, Meretskov joue à 7 contre 1 face aux Finlandais (12:1 pour les chars et l'artillerie), et l'on connaît le résultat.

La seule opération, pour nous en tenir au front est, qui se laisse comparer à Vistule-Oder, c'est Barbarossa. En juin et juillet 1941, les Allemands ont avancé de 500 à 600 km en trois semaines sur la moitié nord de leur front, là où les Russes ont fait 300 à 600 km en dix-sept jours. Le 22 juin, du fait de la disposition linéaire des unités soviétiques, les RAPPORTS DE FORCE, tant pour les blindés, l'artillerie et l'infanterie, SONT DU MÊME ORDRE que le 12 janvier 1945 : entre 6 et 20:1, mais en faveur de la *Ostheer*. Ajoutons que la profondeur de la pénétration des quatre *Panzergruppen* s'explique en bonne partie par l'effet de surprise et la domination écrasante du ciel par la Luftwaffe, deux facteurs qui n'ont pas joué en faveur des Soviets en 1945 ou à moindre échelle. Il y a donc un paradoxe à « vanter » la prouesse de la *Ostheer* en juin 41 et, d'un même souffle, à rabaisser celle des Armées de Joukov et de Koniev en janvier 1945[1]. Ce paradoxe révèle une évidente mauvaise foi, qui n'a cependant pas égaré les chefs de l'OTAN qui ont su, dans les années 1950-1980, discerner la performance de Vistule-Oder sous les chiffres bruts et analyser précisément les bases techniques et opératives de ce succès soviétique.

## 2. *Un impératif : huiler la progression des groupes mobiles*

Toukhatchevski le dit et le répète : une fois le groupe mobile introduit sur le champ de bataille, il ne faut plus rien ménager pour faciliter sa pénétration dans la profondeur du système. Trois éléments clés sont

1. En revanche, que le succès soviétique entre Vistule et Oder ait été acquis avec deux fois moins de pertes en hommes et en matériels n'est pas un argument à mettre au passif de l'attaque allemande de 1941. Car la *Ostheer* a dû, passée la première quinzaine, affronter de nombreuses réserves, toujours renouvelées, ce qui n'a pas été le cas des Soviets en 1945.

chargés de la lubrification des couloirs opératifs et de la maîtrise de la géographie : l'aviation, la maintenance et le génie.

## La géographie

L'Opération Vistule-Oder va balayer un parallélogramme déformé dont les deux petits côtés (Tarnow-embouchure de la Pilica à l'est, Küstrin-Görlitz, à l'ouest) mesurent environ 200 km, et les deux grands côtés plus de 450 km. Cet espace qui correspond aux deux tiers occidentaux de la Pologne d'aujourd'hui est, dans sa partie centrale et septentrionale, globalement plat et forme un charodrome idéal. Les Allemands peuvent néanmoins appuyer leur défense sur plusieurs obstacles.

– Au sud, des alignements de collines, allant de 200 à 1 000 mètres : « massif » de Lysa-Gora autour de Kielce, Jura cracovien entre Tarnow et la Haute-Silésie, prolongé à l'ouest par les Beskides et les Monts des géants.

– Les fleuves et les rivières, souvent précédés de poches marécageuses, dont de larges portions coulent nord-sud : Vistule, Nida, Pilica, Warthe, Prosna, Neisse, Oder.

– Les villes de Lodz, Cracovie, Bromberg, Schneidemühl, Posen, Breslau et la conurbation de Haute-Silésie.

– Les forêts, en massifs de taille réduite mais nombreux. Elles ne deviennent favorables aux Allemands qu'à partir des frontières du Reich, le reste étant infesté de partisans polonais.

– Les éléments climatiques jouent un rôle majeur dans ce tableau. Le temps froid avec gel et soleil est tout en faveur des Soviétiques, tandis que les Armées allemandes guettent le moindre signe de redoux avec son cortège de pluie et de boue. Enfin, dans l'esprit des chefs allemands, la distance devrait, comme toujours, prélever par usure une bonne partie des moyens blindés de l'adversaire.

Les obstacles représentés par les cours d'eau et les grandes villes jouent un rôle important dans la planification soviétique qui les a soigneusement étudiés. Les caractéristiques majeures de l'Opération Vistule-Oder étant la vitesse et la profondeur de la pénétration, pour maintenir le rythme de l'avance, il importe avant tout de ne pas se laisser accrocher et d'empêcher l'ennemi de se rétablir sur quelque ligne que ce soit.

En ce qui concerne les villes importantes et les zones urbaines, sauf exception, les groupes mobiles (Armées et Corps blindés) ne doivent s'y aventurer sous aucun prétexte. Siège et combats de rues sont des tâches d'infanterie, Berlin constituant l'exception qui confirmera la règle.

## La préparation aérienne

Deux Armées aériennes couvrent Vistule-Oder : la 16e, commandée par le colonel-général Rudenko, avec 2 190 appareils, est au service de Joukov ; la 2e, sous les ordres du colonel-général Krasovskiy, aligne 2 582 avions pour le compte de Koniev. Les deux Armées ont d'abord à remplir un programme extensif de près de 6 000 missions dans la semaine précédant l'attaque. À J–2, les 4 772 appareils emménagent sur une trentaine d'aérodromes de l'avant, tandis que les chefs d'unité prennent contact avec leurs collègues des formations terrestres. Le gros des Corps aériens est engagé dans l'axe principal, quasiment tous les moyens vont à l'appui au sol (sauf les bombardiers, gardés en réserve) et sont rattachés aux grandes formations terrestres. Par exemple, 80 % des avions de la 16e Armée aérienne sont destinés à la tête de pont de Magnuszew ; la 5e Armée de Choc et la 8e Armée de la Garde reçoivent chacune en propre l'assistance d'un Corps de *Sturmoviks* et d'un Corps de chasseurs, plus deux divisions de bombardiers ; les 61e, 69e et 33e Armées prennent chacune une division de *Sturmoviks* et une de chasseurs. Il reste le 3e Corps de chasseurs augmenté de deux divisions pour assurer les tâches de couverture des concentrations et de suprématie aérienne.

Les Armées de tanks ne sont pas oubliées, chacune bénéficiant de l'assistance exclusive de deux divisions de *Sturmoviks* et deux de chasseurs, les Corps blindés et de cavalerie ayant droit à la moitié de cette allocation. Les P.C de ces formations aériennes sont rattachés au P.C des Armées ou Corps blindés le temps de l'opération (même chose pour les Armées combinées) ; s'ils utilisent le réseau des tankistes pour communiquer avec les avions, ces P.C disposent de radios longue portée STR-399 pour rester en communication avec l'état-major de l'Armée aérienne. À noter que la V.V.S expérimente lors de Vistule-Oder ses premiers avions-relais hertziens.

Un effort considérable est prévu pour les trois premiers jours de combat, 12 080 sorties pour la seule 2e Armée aérienne. À l'aube du 12 janvier, un raid surprise doit frapper les 12 principaux aérodromes de la Luftwaffe ; deux heures avant l'attaque, 200 *Sturmoviks* s'en prendront par groupes de cinq appareils aux P.C, aux postes d'observation et aux centres de communication.

Ce plan massif sera ruiné par les conditions météo exécrables. Les deux Armées aériennes n'effectueront que le cinquième des missions préalables à l'offensive, essentiellement de reconnaissance. Au jour J, Krasovskiy comptera 466 sorties au lieu de 4 760, et Rudenko, 276 sur deux jours au lieu de… 7 000 !! Les attaques sur les centres névralgiques et les aérodromes devront également être annulées.

En revanche, une innovation aura un effet notable sur la bataille : des bataillons motorisés de pionniers de l'air, des unités de service, de maintenance, des camions-citernes, un convoi de vivres et de munitions, le tout accompagné, ô luxe, par des half-tracks, sont placés au sein des Armées de tanks. Ces unités ont pour mission d'occuper et d'aménager au plus vite les aérodromes de la Luftwaffe en Pologne centrale, de façon à assurer aux brigades blindées une couverture au moins jusqu'à la Warthe.

**La bataille de la maintenance**

La plaie de l'arme blindée, c'est la fragilité relative des mécaniques, notamment des chenilles et des trains de roulement, ainsi que la faible espérance de vie des moteurs. La Wehrmacht, grâce à un service d'entretien remarquable, est souvent parvenue à maintenir un taux élevé de disponibilité de ses matériels. Remorquages et réparations se réalisent en des temps records, proches de ceux de l'*US Army*, modèle du genre. Il n'en va pas de même des Soviétiques. Sans remonter bien loin dans le temps, l'offensive de la 3e Armée de tanks (2e Front d'Ukraine) vers Kichinev suffira à montrer l'ampleur du problème. Partie le 5 mars 1944 avec 580 chars, la formation, par simple attrition mécanique, en compte 110 trois semaines plus tard, après avoir parcouru 250 kilomètres ! Les planificateurs estiment que 8 à 10 % du parc total d'engins tombent en panne chaque jour[1] ! Ce taux d'attrition est si élevé que la direction du Front fait savoir à l'état-major général à Moscou qu'il y aura toujours péril à utiliser les formations blindées pour la bataille en profondeur, tant que les problèmes de maintenance n'auront pas été résolus.

En 1945, les choses vont beaucoup mieux, ainsi qu'en témoigne Boris Petrovitch Ivanov, commandant d'un bataillon de chars au sein de la 40e Brigade blindée de la Garde (11e Corps blindé de la Garde).

> « Sur les 31 chars de mon bataillon, j'en ai perdu 12 en tout (durant l'opération Vistule-Oder, ndla). (…) Au début, nous avons reçu beaucoup de matériel de remplacement. Ils réparaient vite. Les ateliers et les dépanneuses se déplaçaient derrière nous. Ils réparaient vraiment très vite et, quand nous sommes arrivés à la Baltique, j'avais à nouveau mes 30 chars. Nous ne demandions pas de renforts. Ils nous les accordaient très rapidement. Sans délais[2]. »

Une série de réformes est mise en route entre juillet et décembre 1944, la plus remarquable étant un ordre de la STAVKA du 11 novembre, qui place tous les organismes de maintenance sous un commandement unifié ce qui, selon Christopher Duffy[3], « suffit à accroître leur productivité de 50 % ». Chaque Armée combinée reçoit enfin des moyens de dépannage organiques (deux bases mobiles pour les chars et les engins à moteurs) pour ses chars d'accompagnement d'infanterie, ce qui lui évite de capter les ressources du Corps blindé qui lui est attaché ; ces moyens sont stationnés 30 km derrière la zone des combats.

Les Corps mobiles voient leur bataillon de maintenance transformé en base mobile de réparations de chars et de véhicules à moteur avec des moyens globalement doublés (notamment création d'un atelier d'artillerie et d'un autre pour les radios), le tout devant s'installer à 20 km du front

---

1. Les informations données ici sur la maintenance sont tirées de *Voienno-Istoricheskiy Zhurnal*, n° 6, juin 1982, p. 31-37, article de l'ingénieur-major A. Krupchenko.

2. *Red Army officiers speak*, p. 51. Il faut savoir que le filtre à air d'un T-34 doit être nettoyé toutes les cinq heures si l'atmosphère est poussiéreuse, que toutes les 12-15 heures, il faut reprendre la tension des chenilles. Dans une interview donnée en 1985, le général Karpenko, commandant adjoint des troupes blindées de Koniev, avoue avoir rencontré plusieurs fois des difficultés graves dues à un gazole de mauvaise qualité. L'Armée rouge souffre elle aussi des problèmes de malfaçon chroniques dans l'industrie soviétique.

3. C. Duffy, *Red Storm…*, p. 349.

maximum. Au départ de chaque opération, de gros travaux sont entrepris, de façon à ce qu'aucun moteur de char n'affiche plus de 40 heures. Durant la pénétration, un système d'équipes de repérage des chars en panne ou touchés est organisé dans chaque bataillon. La compagnie de réparation de la brigade transporte ses pièces de rechange, possède ses tracteurs de dépannage et réalise sur place les réparations les plus simples. Les cas plus graves sont évacués vers les points de rassemblement des Corps. On y retape encore une partie des matériels en quelques jours.

Le manque de pièces détachées contraint les équipes de maintenance, souvent constituées des mécaniciens virtuoses des MTS (station de machines et de tracteurs), formés à l'école soviétique des pénuries, à cannibaliser les engins irréparables pour réparer les autres. Cette pratique concerne plus de la moitié des réparations ! De même pour le remorquage, toujours déficitaire en tracteurs, on recourt à des chars dont l'arme est hors d'usage. Les cas les plus sérieux sont laissés aux ateliers de parc d'Armée ou de Front. Mais ceux-ci, par définition, sont loin derrière : les tanks réparés, faute de remorques porte-chars, doivent rejoindre par leurs propres moyens ou emprunter une navette ferroviaire improvisée (10 wagons plats et une locomotive).

L'addition de ces moyens génère, dans les quinze jours, un total de réparés (pannes et coups au but) aux alentours des deux tiers[1]. Durant les six premiers jours de l'opération Vistule-Oder (14-20 janvier 45), la 8e Armée aura 159 tanks et canons automoteurs mis hors d'usage mais 88 sont rendus à nouveau opérationnels dans les huit jours. La 2e Armée de tanks de la Garde a 126 engins à chenilles en panne le 20 janvier, 194, le 24. Les réparations de routine et celles de complexité moyenne sont réalisées de telle façon qu'en en moins de 3 jours Bogdanov récupère 70 % de ces matériels. Il n'est pas rare qu'un même T-34 passe trois fois en atelier durant une même opération[2], ce qui explique les chiffres époustouflants donnés par la direction de la maintenance des 1er Fronts de Biélorussie et d'Ukraine : 3 786 chars et automoteurs réparés en janvier 1945 pour le premier, 4 267 pour le second ! Ces résultats, qui font l'admiration du

1. Col. V. Syropyatov, *De certaines questions ayant trait au support technique des chars au cours de l'opération Vistule-Oder*, VIZh n° 1, janvier 1985, p. 49.

2. Les Soviétiques apprécient les situations ou l'on mobilise dans l'urgence tout ce qu'on peut : cela semble être un trait du régime. Par exemple, à la fin décembre 1944, la 5e Armée de tanks de la Garde mise à la disposition de Rokossovski est dans un état pitoyable. 171 chars et canons automoteurs demandent des réparations importantes et il ne reste que 17 jours avant le début de l'offensive. L'Armée de tanks mobilise tous ses moyens : 4 bataillons (otrb), 2 bases mobiles (ptrb) et 2 compagnies de réparation des chars, sur 6 points de rassemblement. Jugeant ces moyens insuffisants, la Direction de la maintenance à Moscou envoie une brigade de spécialistes qui vient des usines de l'Oural en avion. Dans les délais impartis, 160 engins sur 171 seront prêts pour l'offensive. In *VIZh*, 7 juillet 1982, p. 66-72.

général Hasso von Manteuffel, explique qu'il demande à ses troupes d'incendier systématiquement les chars russes touchés.

L'on manque de pièces détachées pour la même raison qu'on manque de vivres : priorité absolue est donnée au carburant et aux munitions. Il en faut 600 à 700 tonnes par jour pour une Armée de tanks, soit 270 à 300 camions dans la colonne, plus un millier qui fait le va-et-vient avec les dépôts de l'arrière. Le largage de fûts par avion ne sera pratiqué qu'à une échelle insuffisante. Résultats : des pannes sèches, la chasse aux stocks allemands qu'on bricole avec les moyens les moins orthodoxes. La même pénurie de moyens de transports explique que blessés et malades soient laissés temporairement dans des hôpitaux de campagne, souvent dans les bois, en attendant l'arrivée des Armées d'infanterie.

**80 000 hommes du génie !**

Toukhatchevski avait déjà insisté sur l'importance du génie dans l'art opératif dans son règlement pour le service en campagne de 1936 :

> « La tâche du génie dans la bataille de rencontre est de préserver le mouvement des colonnes (nettoyage et amélioration des routes) mais aussi d'ériger des obstacles et des lignes de défense si le besoin s'en fait sentir[1]. »

Le génie soviétique a montré sa compétence lors de la bataille défensive de Koursk, mais il sait aussi s'adapter aux conditions de l'offensive. Dans ce dernier cas, leur structuration correspond à une double fonction, comme l'indique Toukhatchevski :

– Détachements de soutien du mouvement (OOD, selon l'acronyme russe) : assaut de fortifications, sapeurs, pontonniers, génie routier, déminage (manuel, électromagnétique ou par T-34 à fléaux).

– Détachements d'obstacles mobiles (POZ) : autour d'un convoi de poseurs de mines émérites se constitue un détachement de chars et de canons automoteurs dépêchés sur les axes de progression des contre-attaques ennemies. Là aussi l'objectif est la conservation du « moment » acquis par l'Armée de tanks. La grande force du génie soviétique, outre le combat urbain, est dans les opérations de minage et de déminage plus que dans l'entretien et la construction de routes (faute d'engins mécaniques lourds). La panoplie des mines est impressionnante, la dotation des unités, considérable. Une gamme moderne de « poêles à frire » est disponible depuis 1944 (le modèle DIM-186 peut opérer durant 48 heures et débusquer des engins à 75 cm de la surface). Lors de l'offensive Vistule-Oder, par exemple, la 3e Armée de tanks de la Garde se fait accompagner par la 42e Brigade motorisée du génie (avec 20 camions bourrés de mines) et la 4e Armée de tanks, par la 16e Brigade du génie de combat.

Ajoutons une troisième fonction, propre à la grande offensive de janvier 1945 : le siège des villes-forteresses dépassées par la progression des unités soviétiques. Ainsi, pour sécuriser ses arrières, la 5e Armée de tanks de la Garde, fait bloquer la ville d'Elbing par la 33e Brigade moto-

1. Cité par Naveh, In *Pursuit of military excellence*..., p. 231.

risée du génie qui pose en quelques jours 20 000 mines antichars, 1 500 mines antipersonnels, 27 km de barbelés électrifiés et mine les 27 ponts susceptibles d'être utilisés pour une sortie en force[1].

Jamais, sur aucun front, autant de troupes du génie ne seront utilisées que dans l'opération Vistule-Oder. Des réserves de la STAVKA, Joukov et Koniev reçoivent chacun trois brigades du génie de combat, une brigade du génie motorisée, une brigade, deux régiments et six bataillons de pontonniers. En comptant leurs unités organiques, les deux Fronts alignent 321 bataillons du génie. Quatre-vingt mille hommes, l'effectif complet d'une bonne Armée ! Chez Joukov, à l'exception d'une poignée de bataillons gardés en réserve de Front, tout est devant, avec les unités de combat. Koniev, en revanche, conserve deux brigades de pontonniers pour ne les lâcher qu'aux approches de l'Oder qui va couper en diagonale ses axes de progression. Pour garder les flancs de ses deux Armées de tanks, Joukov commet la 2e Brigade de la Garde du génie motorisé, Koniev, la 42e Brigade motorisée et la 16e Brigade d'assaut. Pour l'assaut initial, l'effort consenti est époustouflant : 17 compagnies du génie par kilomètre de front chez Joukov, 13 chez Koniev ! La tâche est énorme : déminer des milliers d'axes (2 000 au 1er Front de Biélorussie, dont 800 dans les champs allemands), aider à la destruction des bunkers et des obstacles antichars. À noter que le 1er Front de Biélorussie touche les 166e et 92e Régiments de chars de déminage, soit 54 engins à fléaux. Le génie routier reçoit également des moyens massifs pour déminer, viabiliser et marquer les quatre routes réservées à chaque Armée de tanks, les deux à trois préparées pour les Corps blindés indépendants. Il est étonnant de constater que, durant les trois premiers jours d'offensive des deux Fronts, on ne déplore aucune perte de chars du fait des mines.

Les cours d'eau sont nombreux entre la Vistule et l'Oder : on en compte un d'importance tous les 50 à 90 km selon les axes. Le génie soviétique ne dispose pas en général de moyens techniques aussi sophistiqués que ceux de son homologue américain (ponts métalliques transportés, DUCKW, embarcations d'assaut blindées et motorisées). Mais il a tout de même réussi à standardiser son matériel de pontage, en général en bois, sur bateaux gonflables ou pontons, avec des capacités variant de 16 à 60 tonnes pour 46 à 160 m de long. Mais faute de matériels tout-terrain, les pontonniers sont souvent à la traîne et, le temps d'arriver et de construire, il peut s'écouler 12 à 24 heures avant qu'un ouvrage de 60 tonnes ne soit lancé[2]. Aussi les Soviétiques mettent-ils l'accent sur la recherche

---

1. M. Zlatkovski, *Utilisation des obstacles du génie en temps de guerre*, Voyenno-Istoricheskiy Zhurnal, n° 2, février 1982, p. 25-32.

2. Le record de vitesse semble devoir être attribué à l'ouvrage sur la Pilica, près de Palchev : 60 tonnes, 120 m de long en 7 h 30. Les conditions hivernales aident à accélérer le mouvement. Les ponts flottants sont assemblés directement sur la glace, comme un Meccano, puis l'on découpe la glace directement sous les éléments.

systématique des gués et des ponts encore intacts ou mal démolis. Ce travail incombe aux unités motocyclistes attachées au *nachalnik radvedki*, l'officier du renseignement, mais aussi aux éléments avancés des brigades blindées de tête et, surtout, aux éclaireurs des brigades du génie. Ceux-ci ont pour consigne une discrétion absolue à l'approche des cours d'eau. On repère et on appelle la brigade qui, elle, a les moyens d'opérer le coup de main, de déminer et renforcer, si besoin, le point de passage.

Cet investissement en hommes et en moyens matériels du génie est la condition sine qua non de la vitesse de progression des Armées de tanks. Mais l'énormité même des effectifs du génie (12 % de la totalité des effectifs[1] au 1^er^ Front de Biélorussie en avril 1945) pose problème. En avril 1946, à l'occasion d'une conférence donnée au Q.G des forces soviétiques à Berlin, le colonel-général Proshlyakov, patron du génie du 1^er^ Front de Biélorussie, reconnaît franchement que son arme a RELATIVEMENT manqué d'efficacité dans les derniers mois de la guerre. De son discours, il ressort que la faible motorisation, la mécanisation insuffisante des unités (engins de levage, de déblaiement), la rareté des matériels préfabriqués (ponts notamment) et sophistiqués (déminage), ont parfois provoqué un « décrochage » entre génie et brigades blindées. Ce décrochage s'est traduit par une trop grande lenteur dans les franchissements et les déminages, par des cas d'engagements des bunkers par les chars eux-mêmes, par un recours trop systématique à l'improvisation et au système D. En d'autres termes, l'on est encore loin, en 1945, du modèle américain.

### Le point délicat : l'introduction des Armées de tanks

Dans l'art opératif soviétique, le moment clé est celui de l'introduction des groupes mobiles chargés d'aller ravager le système ennemi dans sa profondeur. Réalisée trop tôt, c'est-à-dire avant l'obtention de la rupture par l'Armée combinée, cette introduction peut piéger l'Armée de tanks dans des combats pour déboucher, qui lui feront des pertes et la retarderont ; ordonnée trop tard, elle peut laisser à l'ennemi le temps de se réorganiser en défense et il faut remonter une opération de rupture. Faire passer 60 000 hommes et 6 000 véhicules dans une zone minée, bouleversée par des combats à peine terminés et au beau milieu d'une Armée d'infanterie de 80 000 hommes avec son train, son artillerie, ses propres unités blindées, le tout en quelques heures, sans embouteillage ni pertes, est une tâche immense et délicate qui rend toujours nerveux les chefs soviétiques.

Le 8 décembre 1944, nous l'avons vu, Joukov reçoit à Siedlce les états-majors au grand complet de ses cinq Armées combinées, ainsi que ceux des deux Armées de tanks, de la 16^e^ Armée aérienne et des 2^e^ et 7^e^ Corps de cavalerie de la Garde. Durant 72 heures, 150 officiers supérieurs se

1. A.I. Proshlyakov, VIZh n° 3, mars 86, p. 54.

livrent à des *kriegspiele* étudiant les diverses situations qui pourraient se présenter lors de l'introduction des groupes mobiles dans la profondeur. Joukov se montre particulièrement cassant, exigeant que l'on examine aussi les pires cas de figure. On se sépare, épuisés et tendus, avec ordre de poursuivre l'exercice entre formations appelées à coopérer : la 8e Garde avec la 1re Armée de tanks, la 5e Choc et la 61e avec la 2e Armée de tanks, la 69e avec le 2e Corps de cavalerie, la 33e avec le 7e Corps de cavalerie. Pour chaque secteur de percée, une « ligne d'introduction préférentielle » est choisie, une maquette détaillée du secteur confectionnée, les procédures de coopération établies. Le commandant de Front sera présent au P.C de la 5e Choc, avec le chef de cette Armée et Bogdanov, le patron de la 2e Armée de tanks ; les chefs de la 8e Garde et de la 1re Armée de tanks feront P.C commun ; chaque chef de Corps blindé se tiendra auprès du chef de Corps de l'Armée combinée. Tout est vu et revu dix fois en détail : horaires de l'introduction, routes réservées aux groupes mobiles, protection des flancs par l'artillerie et le génie de l'Armée combinée, dégagement et marquage des champs de mines, attribution des observateurs d'artillerie et de leur équipe radio à chaque Corps blindé, nombre et nature des missions du groupe aérien commis à l'introduction, choix des canaux radio et des codes de cryptage entre Corps blindés et détachements avancés des Armées combinées, etc.

## II. La percée au centre

En trois jours, 12, 13 et 14 janvier, la défense allemande sur la Vistule est éventrée et, déjà au bout de 48 heures, deux Fronts, quatre Armées de tanks et quinze Armées combinées s'élancent dans la profondeur.

Comme à Stalingrad (opération *Uranus*, 19-20 novembre 42) ou lors de la cinquième bataille de Kharkov (opération *Rumantsiev*, août 43), la STAVKA impose aux Fronts des attaques échelonnées dans le temps, de façon à maintenir l'ennemi partout en déséquilibre et à l'empêcher de bouger ses réserves d'un point à l'autre. Koniev démarre le premier, le 12 janvier. Joukov suit à Pulawy et Magnuszev le 14, ainsi qu'au sud de Varsovie. Le 15, la seconde pince de la tenaille contre Varsovie se met en branle. Au nord de la Narew, en direction de la Prusse-Orientale, le 3e Front de Biélorussie (Tcherniakhovski) s'élance le 13 janvier, le 2e Front de Biélorussie (Rokossovski), le 14 janvier. Nous traiterons de cette offensive un peu plus loin.

### *1. L'assaut de Koniev* (carte 7)

#### Une monstrueuse préparation d'artillerie

À minuit, le 12 janvier, des centaines de haut-parleurs commencent à diffuser des marches militaires tonitruantes. Les Allemands ne ferment pas l'œil de la nuit mais ils ne sont pas surpris. C'est une déjà vieille habitude d'Ivan, apparue à Stalingrad. Plusieurs semaines avant l'attaque, à

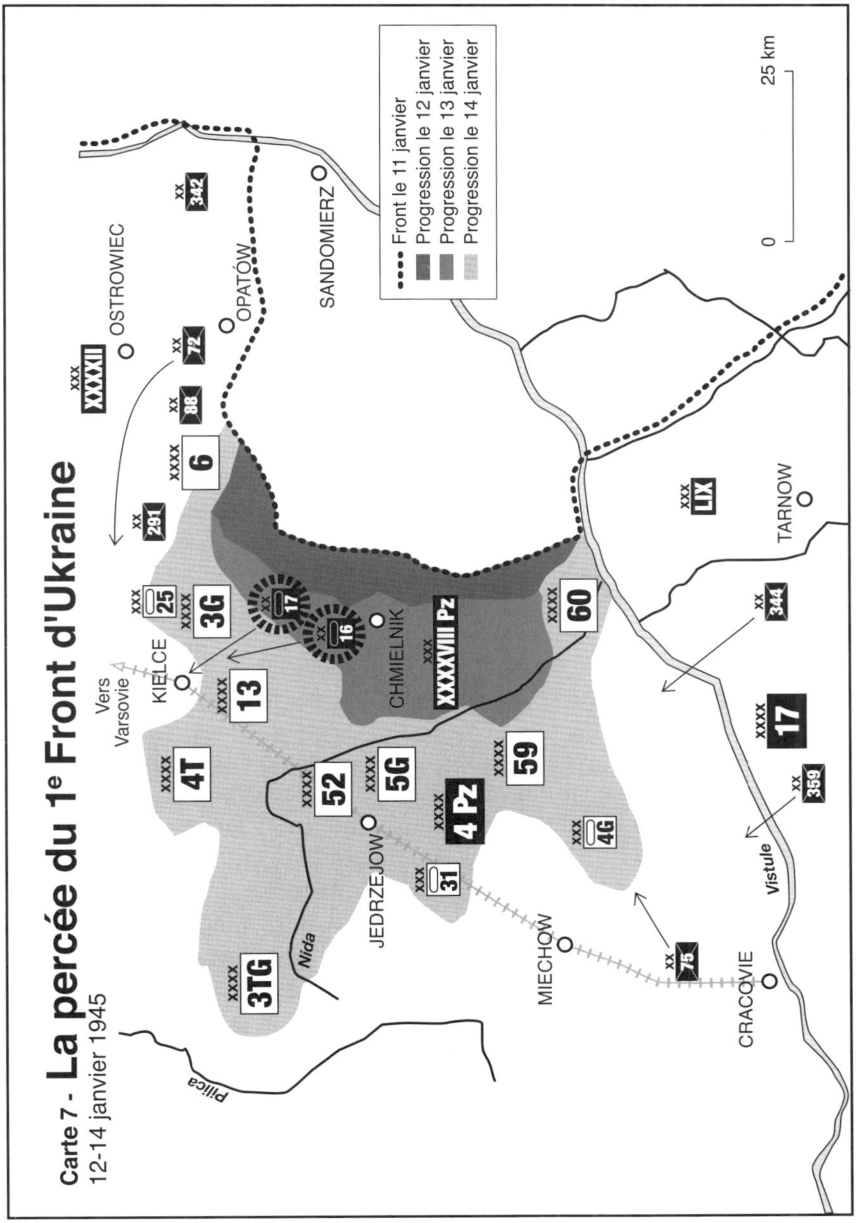


**Carte 7 - La percée du 1e Front d'Ukraine**
12-14 janvier 1945

intervalles irréguliers, les sections soviétiques de propagande donnent de la musique entrecoupée de discours, de mots d'ordre, de lectures de lettres de prisonniers, jusqu'au jour où le concert sert à couvrir le vacarme des milliers de moteurs diesels des chars, tracteurs d'artillerie et canons automoteurs en route vers leurs positions de combat. Les *Landsers* sont donc en alerte. Les Soviets ne s'attendent d'ailleurs pas à surprendre leur adversaire car, ainsi que l'affirme le major-général Ahlfen, en position au sud de Varsovie :

> « Depuis la fin décembre 1944, un gel durable avait rendu traversable – sauf pour les chars – la Vistule elle-même, et fait des chemins, des labours et des prés, un excellent terrain pour tous les types d'unités. Il n'y avait qu'une légère couverture neigeuse sur les bois et les champs. Le thermomètre ne tombait pas en dessous de – 15 °C. C'étaient donc des conditions météo idéales pour la grande offensive russe. Nous la savions proche depuis les premiers jours de janvier, à cause des innombrables déplacements d'artillerie, dont l'ampleur s'accrut visiblement à partir du 10 janvier. Grâce à d'excellentes photos aériennes, nous disposions d'une vision quasiment exhaustive des groupements de l'artillerie ennemie. (...) Le 11 janvier, à 23 heures, dans le secteur de la 304e I.D (XXXXVIIIe *Panzerkorps*), on amena un prisonnier qui donna le 12 janvier pour début de l'attaque depuis la tête de pont de Baranov[1]. »

Mais, faute d'obus en quantités suffisantes[2] pour harceler efficacement la mise en place russe, les Allemands se bornent à lancer des centaines de fusées éclairantes.

Koniev s'installe avec Sokolovski, son chef d'état-major, dans une petite maison perchée sur une éminence en lisière d'un bois. Dehors, les camions radio déploient leurs antennes. Par une des fenêtres ouvrant vers l'ouest, le maréchal aurait pu, tel Koutouzov à Borodino, découvrir à la lunette le futur champ de bataille trois kilomètres à la ronde. Mais il ne voit rien. Le temps est exécrable. Plafond bas, vent fort, nappes de brouillard, rafales de neige, la visibilité au sol se réduit à 100 mètres. On annule les missions aériennes prévues, l'artillerie fait savoir qu'elle visera les cibles d'après ses cartes. Le maréchal grimace : la percée risque de se compliquer.

Deux mille mètres en arrière des premières tranchées soviétiques, le spectacle est inouï : les canons de campagne moyens et lourds forment un mur continu, littéralement roue contre roue. Trois cents pièces au

1. H. von Ahlfen, *Der Kampf um Schlesien*, p. 46.

2. La réserve d'obus a été en partie dépensée (50 000 coups sur 150 000 disponibles) entre le 7 et le 11 janvier lors de tirs intenses menés par l'artillerie allemande contre des concentrations d'infanterie repérées par la Luftwaffe. D'après les dires de prisonniers, ces harcèlements auraient provoqué un début de panique. Le journal de guerre du Groupe d'Armées A rapporte la réaction soviétique en prêtant ces mots à un officier supérieur : « Tous les Ukrainiens de l'ouest, filez dans les tranchées arrière ! Avec vous, on ne gagnera pas une guerre ! », in Magenheimer, *Abwehrschlacht...*, p. 94-95.

kilomètre[1] ! Plus en arrière, les équipages des dizaines de milliers de véhicules des unités blindées font les dernières vérifications, repassent du blanc sur tous les matériels, de façon à ce qu'ils ne soient pas visibles à plus de 200 mètres. Nerveux, craignant un assaut surprise de la Luftwaffe au pire moment, le chef d'état-major du 31e Corps blindé ordonne à Alexander Smirnov, chef d'état-major de la 100e Brigade blindée :

> « Fonce à l'aérodrome, débrouille-toi un avion, survole ta brigade, ses positions, regarde de quoi elle a l'air vue d'en haut et reviens vite prendre les mesures de camouflage qui s'imposent[2] ! »

Après trois ans et demi de lutte, Koniev connaît son Allemand sur le bout du doigt, comme Harpe connaît le Russe par cœur. Aussi le patron du 1er Front d'Ukraine est-il condamné à innover tactiquement s'il veut surprendre.

> « Ainsi que nous l'avions plusieurs fois expérimenté, l'adversaire allait, pour les épargner, retirer ses troupes dans les profondeurs de son système défensif juste avant le début de notre attaque ; comme il allait laisser en première ligne quelques faibles éléments de sécurité, nous décidâmes de mener une puissante reconnaissance en force avec nos bataillons avancés. Cela n'avait en soi rien de nouveau (...). Avec le temps, c'était même devenu une routine, les Allemands avaient le temps de s'y préparer et de trouver une parade. La routine consistait en cela, que nous menions habituellement la reconnaissance en force UN JOUR avant l'attaque, pour pouvoir profiter des informations glanées, préparer les points de sortie (...).
>
> Cette fois, nous décidâmes de faire autrement, c'est-à-dire d'empêcher l'ennemi de réorganiser sa défense après notre reconnaissance. S'il apparaissait que l'ennemi n'avait pas retiré ses troupes, alors notre artillerie devait cogner de toute sa puissance sur ses positions. Mais s'il avait retiré ses forces, nous voulions, sans tirer dans le vide, masser notre feu immédiatement dans la profondeur de son système, où ses troupes de première ligne se seraient réfugiées[3]. »

Voilà pourquoi Koniev ordonne que, quel que soit le temps, les biplans Po-2 doivent prendre l'air et aller voir chez les Allemands : de leurs comptes-rendus visuels dépendra le choix entre les deux plans de feux. Il en ira différemment dans la réalité : les Allemands ne retireront pas leurs

1. Pour comparaison, les deux plus puissantes concentrations d'artillerie de la Première Guerre mondiale sont celle de Pétain, le 23 octobre 1917, à La Malmaison (166 pièces/km, mais sur une longueur de front trois fois inférieure à celle de Koniev), et celle de Ludendorff (opération *Michel*), le 21 mars 1918. Notons que le chef d'orchestre de la préparation d'artillerie de l'offensive Ludendorff est le fameux général Georg Bruchmüller, lequel a d'abord expérimenté son système de bombardement éclair (*Feuerwalze*) sur le front est au lac Naratch (1916) et à Riga, en 1917. Cette leçon n'a, à l'évidence, pas été perdue pour les écoles soviétiques d'artillerie. À noter que l'offensive d'artillerie contre Kiev, à l'automne 1943, semble détenir le record avec 450 pièces par kilomètre, animant un QUADRUPLE barrage roulant au profit du 51e Corps de la 38e Armée.
2. Interview in *Red Army officers speak*, p. 28.
3. Koniev, *God Pobedy*, trad. all., p. 20.

troupes des premières lignes, mais les Soviétiques exécuteront quand même le gros de leur préparation dans la profondeur des défenses de la 4e Armée Panzer.

Le 11 janvier au soir, en effet, le XXXXVIIIe *Panzerkorps* fait savoir au Groupe d'Armées A que les signes d'une attaque imminente se multiplient. À 23 h 00, une section de la 304e I.D ramène un prisonnier qui annonce l'assaut pour le lendemain 5 h 00. Au niveau divisionnaire, on se dit certain de l'information. Mais Harpe (Groupe d'Armées A), aussitôt appelé par Gräser, doute : les faux déserteurs sont une pratique classique de la *maskirovka*. Les chefs se font confirmer par la météo qu'une attaque aérienne d'ampleur sera impossible le lendemain. Pourquoi les Soviets renonceraient-ils à leur énorme supériorité aérienne ? Pourquoi déclencheraient-ils leur préparation d'artillerie à l'aveuglette ? Improbable, illogique ! Et pourquoi n'ont-ils pas procédé à leurs habituelles reconnaissances en force ? C'est le signal le plus sûr d'un assaut imminent ! De réflexions en réunions, on laisse tourner l'heure. À 01 h 30, il est déjà trop tard. Le temps de toucher toutes les unités, le déménagement ne pourrait avoir lieu qu'à partir de 4 h 00 et le pire se produirait : les bataillons seraient surpris par l'artillerie à découvert entre HKL et GKL. La 4e Armée Panzer demeure donc sur ses positions de la HKL. Cette décision de Harpe condamne des milliers de ses soldats à mourir à l'aube.

5 h 00[1] : 7 000 bouches à feu se déchaînent en une première frappe (*ognevoi udar*). Tous les calibres de campagne se mêlent : 76, 107, 122, 157 mm mais aussi les gros tubes des régiments spéciaux de la réserve générale de la STAVKA, 203, 210, 280, 305 mm. Derrière un des Corps d'infanterie de la 5e Armée de la Garde, par exemple, les 712 tubes et lance-roquettes d'un Corps d'artillerie de pénétration lâchent 350 tonnes d'explosifs haute puissance en quelques secondes sur un front de 1 000 mètres sur 500 à 2 000 m de profondeur. Côté soviétique, les lueurs de départ sont si rapprochées qu'on y voit comme en plein jour. Les positions du XXXXVIIIe *Panzerkorps* (304e, 68e et 168e I.D) sont labourées comme par une gigantesque herse. La terre est retournée des centaines de fois, les bunkers explosent, les tranchées s'écroulent, les routes sont coupées, les dépôts de munitions sautent sous les coups directs, des villages entiers sont rayés de la carte en quelques minutes.

À peine le silence est-il revenu – après 27 minutes de bombardement – que les fantassins allemands, commotionnés, voient surgir du brouillard, à 100 mètres devant eux, des bataillons d'assaut lourdement armés. Au lieu de vagues hurlantes, arrivent en silence des hommes en tenue blanche regroupés en petits paquets autour de leurs armes de soutien, chars ou SU (à raison de 10 chars par bataillon d'infanterie, cela fait 20 à 30 hommes par engin). Le génie soviétique a déminé assez pour laisser passer ces « reconnaissances renforcées ». Vassili Andréievitch

1. Il s'agit de l'heure de Moscou. Pour Berlin, il est 3 h (heure d'hiver). Certains auteurs donnent 5 h 30 pour le début du pilonnage.

Dontsov, chef d'état-major du 504e Régiment de fusiliers (15e Corps, 60e Armée) se souvient, lors d'une interview accordée en 1986, des méthodes utilisées pour déminer sous le feu.

> « On allait chercher sous les toits des maisons des planches, de longues planches. On les assemblait sur des longueurs de 5, 6, 10 mètres. On plaçait dessus des pots de toluène. Puis on fixait l'assemblage de planches sur des patins, des skis ou des roulettes. Au moment de l'assaut, on poussait le tout à fond sous les barbelés, parfois on en ajustait une seconde bout à bout avec la première. Puis on mettait le feu à la charge par un moyen électrique. Tout explosait et vous aviez un passage de 5 à 6 m de large sur toute la longueur de la planche. On a fait ça pour la première fois à Sandomierz. Pourquoi là ? Parce qu'il y avait un enchevêtrement à peine croyable de champs de mines. On n'avait plus les relevés. Les allers-retours du front avaient multiplié les semis dans tous les sens, mines en bois, en verre, en métal, mines antichars et antipersonnel. Personne ne s'y retrouvait plus.
>
> Quand on ne pouvait pas utiliser les planches, on envoyait des chars avec des tambours rotatifs à l'avant, qui actionnaient des chaînes comme un fléau.
>
> Enfin, ce qui restait était déminé avec les corps des soldats. L'infanterie se ruait en avant et le gars qui ne marche pas sur une mine est un veinard et celui qui n'a pas de chance démine pour les autres. Oui, on faisait comme ça à cette époque. (...) L'essentiel des pertes de mon régiment lors de l'offensive a eu lieu dans ces champs de mines[1]. »

En quelques minutes, la première ligne de tranchées, puis la deuxième, 500 mètres en arrière, sont écrasées sous les chenilles des SU-76 et SU-85 puis nettoyées au lance-flammes, à la grenade et au pistolet-mitrailleur par une infanterie particulièrement mordante, où l'on compte plusieurs *Strafbats*, ces unités pénales mues par l'énergie du désespoir. Par endroits, sur des centaines de mètres, les tranchées et leurs occupants ont été réduits à l'état de boue sanglante par la préparation d'artillerie. Dans le ciel où les nuages filent à toute allure, on entend le cliquetis caractéristique du moteur 5 cylindres des biplans Po-2, qui volent à 200 m d'altitude avec une visibilité minimale, ce que leur permet leur très faible vitesse. Il n'y a pas une minute à perdre : Koniev attend de connaître l'état des dégâts sur les lignes allemandes et d'éventuels nouveaux indices de localisation du XXIVe *Panzerkorps*. Appuyés par des concentrations de feu opérées littéralement sous leur nez, les bataillons ont pénétré de 700-800 m dans le dispositif allemand vers 8 heures. À 10 heures, plusieurs d'entre eux ont parcouru 3 km et envoient par radio les coordonnées précises des premiers points fortifiés qu'ils rencontrent.

Croyant avoir affaire à l'attaque principale, vers 9 h 30, l'artillerie divisionnaire allemande ouvre le feu sur le no man's land où elle imagine les vagues de fantassins rouges se ruer à l'assaut épaule contre épaule. Mais les bataillons de reconnaissance se sont abrités dans les tranchées conquises et le feu allemand ne sert qu'à dévoiler les batteries, repérées au son par les Soviétiques. C'est le moment qu'attendait Koniev, nanti

1. *Red Army officers speak*, p. 57.

des informations livrées par les Po-2, pour déclencher le gros du barrage d'artillerie. Le choc psychologique est terrible : les Allemands croyaient la préparation terminée… Durant 1 heure 47 minutes, les 7 000 canons se déchaînent. Les 15 premières minutes s'en prennent à toute la profondeur du dispositif tactique ennemi, lignes de défense, routes, carrefours, P.C, points d'appui, villages, zones de rassemblement des 16e et 17e Panzers. Les 40 minutes suivantes attaquent les lignes les plus en avant, les 2 000 canons de DCA se mêlant de la partie en tirs tendus. Puis, pendant 7 minutes, tout le feu sert à contre battre les canons allemands qui tirent tout ce qu'ils peuvent et les dépôts d'obus repérés. Ces salves sont suivies par 30 minutes de marmitage sur les 2e et 3e positions allemandes. Les quinze dernières minutes se font à cadence maximum à nouveau contre la première ligne et les batteries d'artillerie.

Quand le feu cesse, le système nerveux de la 4e Armée Panzer est détruit, son Q.G en premier lieu. À l'intérieur d'une bande de 10 km de large, il n'y a plus de communications. Plus du tiers des batteries est hors de combat, les bataillons ont perdu jusqu'à un quart de leurs effectifs[1]. Les divisions d'infanterie sont isolées de leur Corps, mais aussi de leurs régiments et ceux-ci, de leurs bataillons. Le XXIVe *Panzerkorps*, seule réserve à disposition, n'a plus le contact avec l'état-major d'Armée, ni avec celui du Groupe d'Armées. Les milliers de tonnes de terre soulevées en aérosols et la fumée des explosifs se mêlent aux nuages libérés par les obus fumigènes pour tout noyer dans un brouillard grisâtre qui s'étend sur 10 km de profondeur. Les yeux brûlent, on tousse, les estafettes se perdent, les mitrailleurs ne voient plus leurs repères. Les plus endurcis prennent peur devant ce paysage aux teintes d'apocalypse.

> « En plein jour, les conditions d'observation n'étaient pas meilleures que par une nuit de demi-lune[2]. »

Les blessés, les hommes aux visages couverts de poussière, rendus fous par le bombardement, commencent à affluer vers l'arrière. Les 68e (11 697 hommes) et 168e I.D (9 978 hommes) sont déjà sérieusement ébranlées.

À 11 heures 47, la masse des fantassins des quatre Armées soviétiques de première ligne se jette contre les 168e, 68e et 304e I.D. Aussitôt, un double barrage roulant (*ognevoi val*[3]) s'abat devant les axes de pénétration des

---

1. Toutes les unités n'ont pas autant souffert. Ainsi de la 304e, qui ne se compte que cinq blessés. Mais cette division n'est pas placée dans l'axe de la préparation d'artillerie principale. D'après Middeldorf, elle subit néanmoins de plein fouet l'effet moral du bombardement.

2. H. von Ahlfen, *Der Kampf um Schlesien*, p. 47.

3. Standard de l'artillerie soviétique depuis l'opération Bobruysk (24 juin 1944), le double barrage est fourni par deux groupes d'artillerie échelonnés. Le groupe A s'en prend à la ligne ennemie n° 1, le groupe B à la ligne 2 et à l'espace intermédiaire. Dès que l'infanterie d'assaut arrive à 200 m de la première ligne défensive, elle avertit par fusée (signal dupliqué par téléphone). Aussitôt, le groupe A cesse les tirs et s'en prend à la ligne 3 et à l'espace qui le précède, tandis que le groupe B continue à matraquer la ligne 2. Et ainsi de suite jusqu'à 10-14 km de profondeur.

troupes d'assaut, permettant à celles-ci de commencer leur progression à l'abri d'une muraille de feu qui avance au même rythme qu'elles. On comptera cinq vagues échelonnées. D'abord deux vagues de chars lourds JS-2 et de canons automoteurs, puis deux vagues d'infanterie : l'ensemble emprunte des couloirs pré repérés, ne s'attarde pas et file droit vers les lignes de défense situées plus loin dans la HKL. Les bataillons de chars et d'infanterie sont accompagnés par des « groupes de correction de tir » en liaison radio constante avec l'artillerie[1] ; par leur entremise, en quelques minutes, un appui feu se déclenche contre tout obstacle à la progression, jusqu'à 12 km à l'intérieur des lignes. Le nettoyage complet de la HKL est laissé à la cinquième vague, composée d'infanterie[2].

> « Une nouveauté surprenante, et dont nous n'avons reconnu que trop tard la signification, consista en ceci que la préparation d'artillerie avait épargné des couloirs d'environ 150 mètres de large. Sans que nous ne nous en apercevions à cause des énormes quantités de poussières, l'ennemi les utilisa avec adresse et de façon déterminante pour pénétrer et percer profondément (notre dispositif) DURANT MÊME LA PRÉPARATION D'ARTILLERIE[3]. »

À midi, les onze Corps d'infanterie soviétique ont avancé de 8 à 10 km sur toute la longueur du front d'attaque, entre Korczyn, sur la Vistule, et les contreforts sud du massif (600 m) boisé de Lysa Gora, soit 40 km. La HKL est emportée, la GKL abordée. Là, les points d'appui détruisent les premiers T-34 et SU d'accompagnement quasiment à bout portant, étant donné la faible visibilité. Mais, sitôt repérés, ils sont arrosés au mortier, pris d'assaut par l'infanterie et détruits les uns après les autres. On cite[4] plusieurs cas de destruction de PAK 7,5 et 8,8 par éperonnage de chars. Le major-général von Ahlfen[5] estime que les deux tiers des pièces ont été perdues au corps à corps, situation rarissime durant toute la Seconde Guerre mondiale. À 13 h 50, Leliouchenko juge le démantèlement des défenses ennemies assez avancé et demande la permission d'introduire son Armée de tanks. À 13 h 57, Koniev lui donne le feu vert, ainsi qu'à son collègue Rybalko.

### Koniev lâche ses deux Armées de tanks

À la différence de ce que fera Joukov, Koniev se hâte donc d'engager ses Armées de tanks mais aussi ses trois Corps blindés indépendants (31^e^, 25^e^ et 4^e^ Garde), alors même que la percée n'est pas encore complètement réalisée.

Les 27 brigades blindées concernées ont été tenues au secret en novembre et décembre 1944 dans leur « zone de concentration », sur la

1. Interview du colonel M.S. Grichine, in *Red Army officers speak*, p. 3.
2. Ce scénario est celui que reconstitue le FHO en février 1945 après interview des survivants. In Magenheimer, *Abwehrschlacht…*, p. 96.
3. H. von Ahlfen, *Der Kampf um Schlesien*, p. 46.
4. Par exemple in G. Gunter, *Letzte Lorbeer*, p. 84.
5. H. von Ahlfen, *Der Kampf um Schlesien*, p. 47.

rive est de la Vistule, dissimulées dans les forêts. Avec la plus grande discrétion, elles passent l'une après l'autre la Vistule au début de janvier 1945 pour gagner la « zone de rassemblement », à 15 km du front. Trois ponts leur sont réservés. À la tombée du jour, les chars passent l'un après l'autre toutes les deux minutes, le trafic étant réglé par clignotements lumineux. En deux heures, tout le monde a changé de rive. Les régulatrices de trafic aiguillent au fanion chaque unité vers les très rares espaces couverts naturels et vers les zones abritées sous filets de camouflage saupoudrés de neige. Hommes et véhicules s'entassent de façon inimaginable. Les traces de chenilles sont soigneusement effacées, puis silence radio (on va jusqu'à sceller les émetteurs !), pas de feux, pas de lumières durant dix jours. Les sentinelles ont ordre de tirer sans sommation sur les véhicules qui circulent phares allumés ! Le général Rybalko passera ainsi à deux doigts de la mort[1].

À midi ce 12 janvier, tandis que s'éteint la préparation d'artillerie, les deux Armées de tanks reçoivent l'ordre de se préparer à marcher. Commence alors le cérémonial politico-militaire apparu en 1942, mais qui rappelle, par son aspect processionnel, celui de l'ancienne Armée tsariste :

> « Garde à vous ! Au-dessus des hommes flotte la bannière rouge de la Garde avec le visage de Lénine. Elle est portée par un Héros de l'Union Soviétique, le sergent-chef Novikov (...). Durant un court meeting, les vétérans de la brigade racontent comment ils ont combattu en 1941 à Bialystock et Kovel, sur la Baltique et à Leningrad, à Moscou et à Odessa. (...).
>
> Selon l'ancienne tradition, le responsable politique Dmitriev, le chef d'état-major Sverbichine et moi-même (le colonel Dragunski, commandant la brigade, ndla), nous nous mettons à genoux. La brigade se tient devant nous, pétrifiée. (...) Novikov (...) fixe la bannière sur le char du commandant. À travers la forêt roule un tonnerre de hurrah en écho à la canonnade. Puis retentit le commandement "A vos chars ! "[2]. »

La 3e Armée de tanks de la Garde traverse la tête de pont de Baranov et passe la rivière Nida sous le regard du général Rybalko. Levant sa canne, le chef d'Armée hurle :

> « De la vitesse ! Nous avons besoin de vitesse ! Demain, vous devez être à 60 ou 80 kilomètres d'ici ! (...) Tout doit aller vite ! (...) M'avez-vous compris ? ! (...) Quelques minutes plus tard, nous retrouvons (notre chef d'Armée) devant un pont à moitié détruit (...). Les pionniers y travaillaient et, un peu sur la droite, on faisait sauter la glace afin que nos chars puissent traverser la rivière[3]. »

La 3e Armée de tanks de la Garde passe ensuite à travers la 52e Armée, remontant ses colonnes sur cinq files. Juste à sa droite, la 4e Armée de tanks fait la même chose avec la 13e Armée. À sa gauche, le 31e Corps blindé et le 4e Corps blindé de la Garde rattrapent puis dépassent par les ailes la 5e Armée de la Garde. Les T-34/85, JS-2, SU-76, SU-85, SU-100,

1. D. A. Dragunski, *Godi v Bronie*, p. 195.
2. D. A. Dragunski, *Godi v Bronie*, p. 215-217.
3. D. A. Dragunski, *Godi v Bronie*, p. 218.

JSU-122 et JSU-152, sont aussitôt contre-attaqués frontalement par la réserve du XXXXVIII^e *Panzerkorps* : la 3^e compagnie du 616^e Bataillon de chasseurs de chars et la 300^e Brigade de *StG.*, environ 50 tubes, dont une douzaine de redoutables *Jagdpanthers*. Une vingtaine d'engins soviétiques reste sur le carreau mais, vite tournés, les canons automoteurs allemands doivent décrocher d'urgence avec de lourdes pertes. Le freinage a été minime : les chars rouges ont parcouru 20 km en trois heures tout en combattant. Leliouchenko n'est pas plus retenu par les tubes du 51^e *Panzerbataillon*. Au soir, Koniev est rassuré : la contre-attaque des éléments tactiques ennemis a échoué, l'introduction des deux Armées de tanks est réussie. Le grand embouteillage n'a pas eu lieu.

À la nuit, l'avance totale atteint 20 à 25 km sur un front de 45 km. La HKL, la GKL et plusieurs positions intermédiaires ont été emportées sans retour, malgré le sacrifice de plusieurs compagnies de fantassins en retraite, qui cherchent le corps à corps avec les chars.

> « Nous n'obtenions pas de succès avec les *Panzerfausts*, pourtant si dangereux dans le combat rapproché contre les chars, parce que l'ennemi avait disposé (autour de ses chars) des nuées de canons d'assaut dont la mission évidente était de maintenir notre infanterie au-delà de la portée utile du *Panzerfaust*[1]. »

Encore plus grave pour la 4^e Armée Panzer, les brigades de tête des deux Armées de tanks soviétiques sont, d'une part, déjà au contact de la réserve opérationnelle, le XXIV^e *Panzerkorps*, d'autre part, tout proche de la ligne de défense A-1, sur la Nida, où les reconnaissances notent avec étonnement qu'il n'y a… pas âme qui vive sur de vastes portions. Le gros de l'infanterie soviétique est déjà décroché de dix kilomètres. Toute la nuit, les chars de tête roulent vers l'ouest pour faire de la place à ceux qui poussent derrière. À J+1, la percée est donc déjà obtenue[2].

L'état-major de la 4^e Armée Panzer réagit à cette situation catastrophique avec ses faibles moyens. Il tente d'amener du monde sur la position A-1 et/ou A-2. Ainsi, la 72^e I.D, cantonnée à l'est d'Opatow, sur le flanc nord de la tête de pont (non attaqué), reçoit l'ordre de détacher des groupes de combat régimentaires vers les bords de l'artère sectionnée par les Soviétiques ; mais elle ne sera pas sur place à temps pour participer au combat du XXXXVIII^e *Panzerkorps*. Au sud, dans le secteur de la 17^e Armée, la 344^e I.D (major-général Kossmala) est mise en route vers le nord depuis Tarnow, de même qu'un groupe de combat de la 359^e I.D

1. H. von Ahlfen, *Der Kampf um Schlesien*, p. 47.

2. Dans son analyse de la bataille, Eike Middeldorf donne 200 chars russes mis hors de combat le 12 janvier. Les deux Armées de tanks n'ayant subi que de très faibles pertes, d'après plusieurs témoignages soviétiques, il ne peut s'agir que de chars et d'automoteurs d'accompagnement d'infanterie. Si le chiffre est exact, ce que nous n'avons pu vérifier, et si on lui applique le coefficient habituel, on obtient environ 60 chars et/ou canons d'assaut définitivement perdus. Ce n'est pas cher payé pour une percée aussi nette et aussi rapide.

(lieutenant-général Arndt). Mais ces unités arrivent à pied et sont largement devancées par les chars de Koniev. Schulz, le patron de la 17e Armée, leur demande alors d'attaquer plein nord dans le flanc de l'adversaire. Autant jeter une planche en travers d'un torrent ! Durant la nuit, les débris des trois divisions d'infanterie du XXXXVIIIe *Panzerkorps*, détruites aux deux tiers, coupées de toute liaison, se lancent dans une interminable retraite vers l'ouest. Des éléments de la 168e I.D gagnent aussi l'abri relatif offert par le XXIVe *Panzerkorps*. La seule unité à garder une valeur combative est la 300e Brigade de *StG.* ; son chef, le Major Herbert Martin, parvient à sauver 25 de ses 45 engins et à percer vers l'ouest. Il rattrape et prend sous sa protection l'état-major du XXXXVIIIe *Panzerkorps,* dont le commandant, le général von Edelsheim, accompagné de quelques compagnies rescapées des 68e et 304e I.D. Nous retrouverons ces fragments sur l'Oder et en Haute-Silésie.

Ritter von Greim, le chef de la 6e *Luftflotte*, ne peut pas faire grand-chose, alors même qu'il est à peu près le seul à percevoir l'ampleur du désastre. La masse de ses appareils est bloquée au sol. Il pare au plus pressé en faisant réaliser 63 missions de reconnaissance, ce qui lui permet de livrer un minimum d'informations à l'état-major de la 4e Armée Panzer. Au péril de se perdre ou d'entrer en collision, 47 chasseurs et 57 *Focke-Wulf* d'attaque au sol essaient de repérer les colonnes soviétiques. Le journal de guerre de la *Luftflotte* 6 fera état… d'un char détruit. La seule bonne nouvelle de la journée est le transfert sous l'autorité de von Greim d'escadres de chasse et d'appui au sol prélevées à l'ouest et en Hongrie. Mais elles ne seront sur les bases polonaises qu'à compter du 14-18 janvier.

## Le 13 janvier : la neutralisation du XXIVe *Panzerkorps*

Le XXIVe *Panzerkorps* est une formation puissante placée en réserve du Groupe d'Armées A derrière le XXXXVIIIe *Panzerkorps* (qui n'a pas de chars, malgré son nom) et le XXXXIIe Corps, face à la tête de pont de Baranov. Il est commandé par un des chefs les plus doués de la *Panzerwaffe*, le lieutenant-général Walther Nehring, à la fois théoricien[1] et praticien hors pair du combat mécanisé. Il se subordonne les 16e (major-général von Müller) et 17e (colonel Brux) *Panzerdivisionen*, cantonnées au nord et au sud de Chielmnik (sud-est de Kielce), la 20e *PzGrenDiv.* (lieutenant-général Jauer) placée à Ostrowiec, la moitié de la 10e *PzGrenDiv.* (à Skarzysko, 35 km N-E de Kielce, colonel Vial) et le Bataillon de Tigres 424 (ex 501, commandé par le major von Legat). Les deux Panzers sont à pleine puissance avec respectivement 114 et 113 chars, chasseurs de chars et canons d'assaut, nombre élevé à cette époque de la guerre. Avec environ 13 000 personnels, 2 500 véhicules et une puissance de feu

1. Son *Panzerabwehr*, paru en 1936, est alors aussi connu que le *Achtung Panzer !* de Guderian. Nehring a fait ses classes de tankiste à l'école des chars de… Kazan au temps de la coopération secrète germano-soviétique (1929-1933).

dévastatrice, chacune de ces Divisions se place au niveau d'un Corps blindé soviétique. Au total, le XXIVe *Panzerkorps* fait 40 000 hommes et 415 chars ou canons automoteurs (dont 52 Tigres II « royaux », une centaine de Panthers, une quarantaine de *Jagdpanther*), de quoi mater, sur le papier, une Armée blindée soviétique au complet.

Ce ne sera pas le cas, pour deux raisons :

1. Les sous-unités sont éparpillées sur 80 km, la droite du Corps derrière la 68e I.D, sa gauche derrière la 168e I.D. Il faut un minimum de 1 heure pour se mettre en marche, 2 heures de plus pour opérer la concentration, si l'aviation rouge n'interfère pas.

2. Le *Panzerkorps* est trop proche de la ligne de front (15 à 25 km). Hitler a imposé ce placement contre l'avis de tous les chefs, Bux, Nehring, Gräser (4e *Panzerarmee*), Harpe (Groupe d'Armées A), Guderian (voir p. 56-57).

La suite de la bataille est catastrophique pour les Allemands. Le magnifique XXIVe *Panzerkorps* ne pèsera en rien sur la bataille ; il ne se préoccupera que de sa survie. Ni Nehring ni Harpe ni l'OKH n'ont prévu que Koniev insérerait ses deux Armées de tanks dès le premier jour de l'offensive ni que, côté allemand, mutisme et cécité allaient dominer la bataille.

Le 12 janvier, donc, les canons à longue portée soviétiques détruisent les communications entre les Panzers et leur Corps, et leur font des pertes sensibles, notamment au 40e Régiment de Grenadiers (17e Pz.). La 68e I.D, placée devant l'aile droite du Corps, est volatilisée, comme la 168e, placée à gauche : le XXIVe *Panzerkorps* se retrouve totalement à découvert sur 60 km, sans même en avoir conscience. Malgré le temps exécrable, les Soviets ont fait décoller leurs meilleurs pilotes de *Sturmoviks* et de bombardiers bimoteurs Pe-2. Les Allemands comptabilisent 549 appareils, qui s'en prennent aux colonnes, aux P.C d'unités et retardent les rassemblements. Brux attend l'ordre de contre-attaque depuis le matin : ni le Corps, ni l'Armée, ni le Groupe d'Armées ne sont joignables. Quand, en fin d'après-midi, le contact est rétabli, Brux a juste le temps de transmettre un ordre de marche au bataillon de Tigres. Cinq minutes après, un parti de T-34/85, accompagné de SU-100, surgit dans son P.C et le fait prisonnier avec son état-major. Sur sa droite, alors que la nuit est tombée, les chars rouges démolissent à bout portant une partie des 52 Tigres royaux[1] du 424e en train de sortir de leurs garages ou de faire le plein, le major von Legat est tué. Un peu avant, vers 15 h 00, plus au nord, à Szcecno, le 2e Bataillon du 64e Régiment de grenadiers de la 16e Panzer, occupé à préparer ses munitions dans une cour de ferme, est quasiment anéanti par des T-34 qui semblent surgis de nulle part.

À 18 heures seulement, Nehring reçoit l'ordre du Groupe d'Armées de « s'accrocher au pilier défensif de Kielce »[2]. Curieuse façon d'utiliser des

1. Le 424e Bataillon de chars lourds est en fait le 501e, dont le nom a été changé pour égarer le renseignement soviétique.

2. Walther K. Nehring, *Das Wandernde Kessel…*, p. 145-146.

chars, en leur demandant de renoncer à leur atout majeur, la mobilité. Sans doute Harpe croit-il encore possible de bloquer le déferlement des tanks russes ; il ignore que les têtes de leurs colonnes caracolent déjà 20 km à l'ouest. Il est aussi probable qu'il a voulu protéger la logistique et les ressources, notamment l'essence, entreposées à Kielce.

Mais Nehring, conformément à la pratique classique de la *Ostheer*, sait qu'il faut sceller immédiatement la percée soviétique, quoi qu'il en coûte. Le 13 à l'aube, la 17e Panzer, épaulée par la moitié survivante du Bataillon 424 de Tigres royaux, sort de Chmielnik et vient encorner le flanc du 10e Corps blindé de la Garde (4e Armée de tanks) déjà étiré sur 30 kilomètres ; au nord, à 20 kilomètres de là, la 16e Panzer, qui couvre Kielce, s'en prend au 6e Corps mécanisé de la Garde. Mis au courant par ses reconnaissances, Leliuchenko opte pour l'attitude la plus risquée mais qui démontre la confiance et l'agilité tactique acquises par les Corps blindés soviétiques : son Armée garde globalement le cap à l'ouest, que les Corps menacés se débrouillent avec les forces du second échelon !

Mais la 17e Panzer oblige néanmoins la brigade de tête du 10e Corps, la 63e de la Garde, à se déployer en formation de combat. De proche en proche, l'ensemble du Corps rompt à son tour ses colonnes et fait donner tout son feu pour arrêter les Panthers et les Tigres. Malgré cela, les 63e et 61e brigades sont isolées dans l'après-midi. Au nord, la 16e Panzer, gênée par l'ordre de s'accrocher à Kielce, tente un combat de rencontre contre le 6e Corps mécanisé de la Garde. Mais deux brigades lancées à pleine vitesse la prennent en étau, appellent le 4e Corps de bombardiers et le 2e Corps de *Sturmoviks*, avec l'aide desquels ils détruisent deux bataillons de grenadiers et rejettent l'ensemble de la formation 10 km vers l'ouest. Du coup, l'isolement de la 17e Panzer s'accentue. Leliuchenko introduit à droite du 10e Corps la 93e Brigade blindée indépendante – sa réserve d'Armée – tandis qu'arrive par le sud le 6e Corps blindé de la Garde, élément mobile de la 13e Armée. Ainsi épaulé, l'ensemble du 10e Corps passe à l'offensive, soutenu par trois régiments de *katiouchas* du second échelon et plusieurs dizaines de missions de la 2e Armée aérienne qui, en dépit du temps toujours exécrable, fait décoller tout ce qu'elle peut (400 missions au total le 13 janvier). La 17e Panzer est écrasée par des feux venus de tous les horizons. Le 1er Bataillon du 39e *Panzergrenadier Regiment* perd la moitié de ses half-tracks. Pour avoir eu ses citernes démolies, le bataillon de chasseurs de chars saborde la moitié de ses *Hetzers* pour concentrer les jerricans sur l'autre moitié. Le 4e B.A.K (Corps de bombardement) et le 2e Sh.A.K (Corps de *Sturmoviks*) revendiquent une bonne partie des cinquante carcasses de Panzers laissées sur le terrain. Le 424e Bataillon de chars lourds tombe dans une embuscade à Lisow, qui liquide le gros des Tigres royaux survivants[1]. Les restes de la 17e sont encerclés le 14 janvier à Wloszczowice. Fidèle aux consignes opératives,

1. Quelques Tigres rejoindront le chaudron mobile de Nehring ; un seul parviendra au-delà de l'Oder.

Leliuchenko décide que le XXIVe *Panzerkorps* ne représente plus de danger : il presse le gros de ses deux Corps de reprendre leur progression vers l'ouest. Que les deux Armées qui suivent (13e et 3e de la Garde) fassent leur affaire des survivants de Nehring.

Courageusement, la 16e Panzer vient au secours de son unité sœur en marchant au sud : ce faisant, elle ouvre la porte de l'ouest à Leliuchenko qui ne demande pas mieux. Finalement, le 15 janvier, après quatre tentatives, la 17e Panzer parvient à rompre l'encerclement et à prendre contact avec l'arrière-garde de la 16e Panzer qui tient ouvert un pont sur la Nida. Elle rend compte à Nehring de ses pertes énormes, à peine inférieures à celles de la 16e Panzer qui a laissé 75 % de ses chars et le gros de ses moyens de transport sur le terrain.

Quant à la 20e *PzGrenDiv.*, située plus au nord, elle ne prend aucune part au combat des 16e et 17e Panzers : elle est simplement entraînée dans la retraite précipitée du XXXXIIe Corps.

Ritter von Greim essaie désespérément de venir en aide à Nehring. Mais, le 13 et le 14 janvier, lors des rares éclaircies, la plupart de ses aérodromes sont bloqués par les Lavochkine, les Yaks, les Airacobras, qui tournoient en attendant des proies. Les rares pilotes qui réussissent à décoller et à revenir font des récits épouvantés, comme le lieutenant Walter Krause, pilote de Hs 129 :

> « La situation était effroyable : des véhicules allemands brûlaient de tous côtés. Pas trace d'unités cohérentes. Durant une de ces missions, nous volâmes au-dessus de la lisière d'une forêt de bonne taille d'où les Russes étaient sur le point de lancer une attaque avec un paquet de T-34, 50 ou 60 au jugé. Immédiatement, nous avons viré au-dessus d'eux, nous sommes placés en position et avons détruit trois T-34 avec le restant de nos munitions. Devant une ferme près de la forêt, il y avait un unique Panzer, qui venait de prendre feu. Un membre de l'équipage, dans l'uniforme noir des *Panzertruppen*, sortit par la tourelle et s'éloigna de ce cercueil brûlant, traînant les pieds d'un air abattu. Le tank russe le plus proche était à 200 m mais je fis un crochet à 10 m au-dessus du Panzer en flammes et agitai mes ailes pour encourager ce malheureux si seul. Il regarda vers moi et fit un geste désespéré avec la main. Je n'oublierai jamais son regard. C'était un jeune lieutenant à peu près de mon âge[1]. »

Par petits paquets, le fantôme du XXIVe *Panzerkorps* parvient à se faufiler à travers les itinéraires de la 4e Armée de tanks et à se rassembler autour de Kielce. Il a certes échappé à l'étouffement mais il a perdu les trois quarts de ses matériels de combat. En se repliant vers le nord, il laisse sur sa droite un trou béant de 50 km : il n'y a plus rien entre Kielce et l'aile gauche de la 304e I.D, arc-boutée au confluent Nida-Vistule, la seule unité d'infanterie à avoir pu conserver quelque force.

Le 13 janvier encore, le 31e Corps blindé franchit la Nida, à 30 km de son point de départ, le dernier obstacle physique sur la route de Cracovie ; il est imité plus au nord par les deux Armées de tanks : la position A-1 est

1. Pegg, *Hs 129 Panzerjäger*, cité par Bergström, p. 95.

crevée. Un malheureux régiment tiré de la 344e I.D[1] – en réserve à Tarnow – est jeté par Harpe en travers du flot, où il disparaît corps et biens. Trente kilomètres derrière les pointes soviétiques, la 59e Armée, jusque-là tenue en réserve, s'immisce entre la 60e et la 5e Garde, en prévision de la bataille pour Cracovie. Koniev n'en revient pas : à J+1, il a déjà détruit les XXXXVIIIe et XXIVe *Panzerkorps*. Et un trou de 60 kilomètres ouvre grand devant lui la plaine polonaise. Chose inhabituelle, les pertes soviétiques sont très légères. Ainsi de la 100e Brigade blindée (31e Corps) qui abandonne 5 chars pour les deux journées du 12 et du 13 janvier[2].

**14 janvier : l'exploitation commence**

Tous les Corps blindés se sont dégagés de l'ennemi, sauf le 25e, occupé à refouler le XXIVe *Panzerkorps* vers Kielce. Ces formations se placent alors en mode exploitation. Arrêtons-nous quelques instants sur cet aspect de l'organisation soviétique, tel qu'il apparaît sur les diagrammes[3] de route de l'époque.

Chaque Corps détache une brigade spécialement renforcée pour tenir le rôle d'avant-garde. Il s'agit d'un groupement inter armes entièrement mécanisé. La brigade de chars originelle (65 engins) en forme le cœur. Elle reçoit en outre de l'infanterie – 1 000 hommes portés par les chars ou mis sur camions – des sapeurs (avec, souvent, mais pas toujours, des moyens de pontage), des canons antichars tractés, des automoteurs SU-100, 12 lance-roquettes multiples montés sur Studebakers tout-terrain, plus une compagnie de mortiers lourds de 120 mm. La brigade doit marcher de jour comme de nuit, éviter les agglomérations, se saisir des carrefours importants, surprendre les passages sur les rivières, liquider les partis rencontrés ou chercher la ligne de moindre résistance s'ils sont trop forts, devancer l'ennemi sur les coupures et dans ses lignes fortifiées. Son commandant roule de concert avec un officier aviateur qui dispose d'une fréquence réservée pour appeler les *Sturmoviks* à l'aide. Par radio toujours, le chef de brigade rapporte en permanence ce qu'il voit au commandant de Corps.

Devant la brigade de tête, des éléments de reconnaissance classique rayonnent à partir de la route réservée à leur unité mère ; il s'agit en général d'un bataillon interarmes : 20 chars emportant 300 fusiliers, une batterie de JSU-152, suivis par 8 à 10 camions chargés d'essence et de munitions. Le bataillon et sa patrouille de tête battent un espace de 10 km de largeur maximum, dix à vingt kilomètres devant la brigade de tête.

1. La 344e I.D n'est autre que la malheureuse 91e *Luftlande Division,* qui recevra deux Divisions aéroportées américaines sur la tête au jour J puis sera saignée lors des terribles combats de la forêt de Hürtgen, en novembre 1944. En janvier 1945, la 344e est une unité « brûlée », en cours de reconstitution.

2. Témoignage de A. Smirnov, in *Red Army officers speak*, p. 32.

3. In *Symposium*…, p. 532-535.

Tous les deux jours, le bataillon de tête est remplacé par un autre, plus frais.

Derrière la brigade de tête, viennent les trois autres brigades qui composent le Corps blindé, en marche échelonnée ou frontale. Le Corps s'étire ainsi sur 40 km (près de 100, si l'on inclut les reconnaissances), l'Armée de tanks – formée de 3 Corps blindés ou mécanisés –, s'allonge, elle, sur 120 km.

Il est à noter que si certaines Armées combinées se voient attribuer un Corps blindé, d'autres, comme la 5e Armée de Choc (au 1er Front de Biélorussie), n'ont en propre qu'une ou deux brigades. Celles-ci seront utilisées en éléments de pointe chargés de patrouiller l'espace en dilatation rapide qui se crée entre la queue des Armées de tanks et les Corps d'infanterie qui vont à pied (le train est hippomobile et l'artillerie mototractée). Voici à quoi ressemble le détachement précurseur de la 5e Choc, détachement constitué de la 220e Brigade blindée indépendante, du 89e Régiment blindé lourd indépendant et du 1006e Régiment de fusiliers :

> « L'un après l'autre les chars se mettent en branle sur la route verglacée, suivis par 300 camions. Le colonel Esipenko plaça la force principale, incluant le régiment blindé lourd, non pas en tête de colonne mais en queue. Au cours de sa retraite, l'ennemi viendrait-il à apparaître derrière le détachement, que l'on serait paré à le recevoir. Les katiouchas voyageaient au milieu de la colonne. C'était un spectacle imposant que de voir passer cette colonne. Ceux qui s'y trouvaient allaient subir un test sévère[1]. »

Au soir du 14 janvier, cinq Corps s'enfoncent parallèlement dans la profondeur du dispositif allemand. Du sud au nord, le 4e de la Garde a des automitrailleuses devant Miechow où passe la grande voie ferrée Varsovie-Cracovie ; il est déjà à 100 km de sa base de départ. Le 31e Corps blindé devance de 30 km les trois Corps d'infanterie de la 5e Armée de la Garde. Les 6e et 7e Corps blindés de la Garde emmènent la 3e Armée de tanks de la Garde et la 52e Armée ; ils ont dépassé Jedrzejow, important carrefour ferroviaire, et abordent la haute Pilica, dernier obstacle avant Czestochowa. Le colonel Dragunski raconte ainsi la prise de Jedrzejow :

> « Au deuxième jour de la gigantesque offensive, le Front atteignit la Nida. L'artillerie et les mortiers avaient détruit un barrage et brisé la couche de glace. Le niveau de l'eau avait beaucoup baissé et les T-34 purent traverser à gué. Passant devant des bunkers de terre détruits et autres installations défensives, nous fonçâmes sur les routes déminées. Le chemin de Jedrzejow s'ouvrait à nous.
>
> Par radio, j'ordonnai de quitter la route principale. Nous procédions selon la tactique éprouvée du contournement. L'ensemble de la brigade rampa à travers les ravins et une campagne sans chemins. Le 1er Bataillon avança vers la ville par le sud et le sud-ouest. Nous marchions avec une certaine vitesse et nous ménagions un effet de surprise tel que les fascistes n'en revinrent pas. Une compagnie occupa la gare, une autre s'en fut vers l'aérodrome. Les fascistes ne tentaient même pas de se défendre. Au début, ils

1. Bokov, *Viesna pobiedy i osvobojdenia*, trad. all., p. 80-81.

prirent même nos chars pour les leurs. Lorsqu'ils réalisèrent la situation, il était trop tard : les forces principales de la brigade attaquaient de l'est et du sud. Les conditions nécessaires au succès de mon plan étaient réunies. Je voulais déployer la brigade et prendre la ville en marchant, sans attendre les fusiliers de Golovatchov.

Soixante-cinq chars et 20 canons automoteurs se placèrent en ligne. Les balles traçantes brillaient dans le ciel et des centaines de tirs s'entrecroisaient. Après un feu à volonté de 10 minutes, les chars attaquèrent. Une demi-heure après, ils étaient à la lisière de Jedrzejow. L'enthousiasme me gagnait aussi. Je me hâtai vers les fusiliers qui menaient l'assaut en poussant les hurrahs. (...) Nos chars pénétrèrent dans les rues à grande vitesse. La ville était entre nos mains. Nous fîmes des milliers de prisonniers et capturâmes sur l'aérodrome des avions en état de marche ainsi que des dépôts énormes[1]. »

Le « choc opératif » est en cours d'application...

À 40 km au sud-ouest de cet engagement, et quelques heures plus tard, le colonel Alexander Smirnov, chef d'état-major de la 100e Brigade blindée (31e Corps blindé), livre un combat pour passer la haute Pilica.

« Après la percée, notre première mission fut d'atteindre la Pilica et de prendre Szczekociny, un point important. (...) Devant, il y avait un détachement de reconnaissance avec son support. Les gars approchèrent d'un pont sur la Pilica, près de la ville, regardèrent et ne virent personne. Ils décidèrent simplement de continuer. Mais ils remarquèrent que le pont était équipé de charges de démolition. Ils commencèrent à les enlever mais cela demande du temps, alors ils décidèrent de passer par ailleurs, 500 m à droite mais ils tombèrent sous le feu ennemi. Ils perdirent plusieurs pionniers et quelques éclaireurs, alors ils firent demi-tour. Ils nous rapportèrent que l'ennemi était sur la rive opposée.

Le commandant de la brigade et moi-même nous demandions quoi faire : enlever les charges ou passer en force ? La 9e Division parachutiste[2] arriva sur ces entrefaites (...), contacta des habitants du coin, leur demanda s'il existait un autre passage sur la Pilica. Ils apprirent qu'il y avait un pont de bois à 10 km au nord. Nous décidâmes d'aller y voir. La nuit tombait (...). Le pont avait été incendié au point qu'il était inutilisable. On le répara rapidement, nous traversâmes et tombâmes en plein sur une ligne de défense. Mais elle n'avait pas été entièrement occupée par l'ennemi. On l'examina avec soin, un beau réseau de tranchées, bien équipé, des abris, vides. Nous les évitons et atteignons la route qui file vers l'ouest, vers Szczekociny, puis, toujours de nuit, nous tournons vers Naglow, une petite ville non loin de Szczekociny. Nous n'aimions pas rouler de nuit, et comme personne ne nous

1. D.A. Dragunski, *Godi v Bronie*, p. 220-221. Dans une interview donnée en 1986, Dragunski affirme n'avoir eu aucune perte dans ce combat mais reconnaît avoir perdu 10 chars par accident. En effet, au passage d'un gros fossé antichar sablonneux, les canons de certains T-34 embarquèrent du sable en quantité, ce qui provoqua l'explosion des tubes au premier tir.

2. Cette unité agit comme une division d'assaut. Elle est entièrement motorisée et suit le 31e Corps blindé comme son ombre, lui prêtant assistance en cas de besoin. Ce genre d'association, pas très courant dans l'Armée rouge, s'explique par le manque d'infanterie mécanisée au sein des Corps blindés.

tirait dessus, alors nous allumons les phares et nous entrons dans la ville toutes lumières dehors. Les Allemands étaient là mais ils ne s'attendaient pas à ça. Ils ont tiraillé puis pris la fuite. Ils ont abandonné 6 chars, 12 canons, 2 batteries de DCA, une douzaine de véhicules. Au matin, alors que nous nous demandions quoi faire, une colonne approcha par la route de Czestochowa. Il y avait des half-tracks et environ 15 chars. Nous prenons rapidement position sur ses flancs, nous nous déployons et, lorsqu'ils sont à notre hauteur, nous ouvrons le feu. Ils furent complètement surpris. Nous avons détruit la colonne[1]. »

Le 14 janvier au soir, la rupture du front allemand est irrévocable, la 4e Armée Panzer éliminée du jeu. Avec la coupure des grandes artères ferroviaires et routières Varsovie-Cracovie, la saisie de nombreux dépôts et ateliers, la destruction de six bases aériennes, le succès tactique de Koniev est devenu succès opératif. Mais le Groupe d'Armées A n'a pas encore bien conscience de la catastrophe : la plupart de ses liaisons sont rompues ou précaires. « Où est passé le XXXXVIIIe *Panzerkorps* ? » Harpe pose la question au général Schulz, patron de la 17e Armée, à qui il donne autorité sur le Corps fantôme. Schulz, parti en personne reconnaître la zone jusqu'à Cracovie, ne croise pas un seul uniforme allemand ! Pourtant mis au courant, Harpe fait savoir à l'OKH qu'il compte reprendre la position A-1 avec les moyens de la 1re Armée Panzer (208e, 75e et 97e I.D) et du XXXXVIIIe *Panzerkorps.* Or, ce dernier n'existe plus, et les trois autres unités sont à 200 km de l'action ! Quand elles seront à pied d'œuvre, la situation sur le terrain aura changé du tout au tout. Comme Gamelin en son temps, Harpe est toujours en retard sur l'adversaire ; sa perception de la vitesse n'est pas la même que celle de Koniev. Saoulé de mauvaises, et parfois de fausses, nouvelles, il finit par agir dans un monde idéal où le numéro d'une unité posé sur une carte DEVIENT cette unité, avec son effectif, sa mobilité et sa dotation théoriques. Les états-majors continuent à produire des plans de contre-attaques, comme si la production de ces plans était l'objectif final de leur activité. Cette tendance ne va pas cesser de s'amplifier jusqu'à l'effondrement final en mai 45, prenant des formes de plus en plus déconnectées de la réalité.

À noter l'immobilité du gros de la 17e Armée, toujours l'arme au pied derrière la Wisloka, à attendre une attaque soviétique… qui ne vient pas, tandis que 800 000 soldats soviétiques défilent sur sa gauche sans lui faire l'aumône d'une attaque. L'opération de *maskirovka* montée par Koniev donne encore des dividendes.

Au nord, Harpe compte acheminer des forces pour boucher le trou entre le XXIVe *Panzerkorps* et le XXXXIIe Corps (72e, 88e et 291e I.D), toujours l'arme au pied sur la face nord de la tête de pont. Ces forces ne peuvent venir que de Prusse-Orientale, c'est dire qu'elles auront 150 à 200 km à parcourir. Pas facile quand l'aviation russe bourdonne partout. Des dizaines de patrouilles de *Sturmoviks* et de chasseurs tiennent l'air en

1. In *Red Army officers speak*, p. 32-33.

permanence. Dès qu'un trou dans la brume laisse voir le sol, c'est l'attaque contre les colonnes en retraite qui encombrent les routes. Une de ces missions de la 2e Armée aérienne détruit les ponts routiers autour de Koniecpol, provoquant un énorme embouteillage devant la rivière Pilica et l'abandon de centaines de véhicules dans une atmosphère de panique.

Malgré les bonnes intentions de Harpe, Guderian ne se leurre pas. Le 13, dans un projet de rapport à Hitler, il note que « la situation est déjà extraordinairement sérieuse[1] ». Tenant pour inefficace toute contre-attaque au niveau des Groupes d'Armées A et Centre, il demande une décision stratégique à Hitler : ramener le IVe *SS-Panzerkorps* de Hongrie, où il faut passer sur la défensive, et jeter à l'est les réserves encore présentes à l'ouest. De ces dernières, Hitler accepte de mettre en route deux divisions d'infanterie, les 712e et 269e ; la première sera chargée sur rails le 16 janvier et n'arrivera pas en Silésie avant le 19. Rien d'autre. Ulcéré, Guderian fait, faute de mieux, déclencher par Hitler l'appel du *Volkssturm* dans toutes les provinces orientales du Reich.

Avant le 20 janvier, le Groupe d'Armées A recevra 32 bataillons[2] (450 à 500 hommes pièce) du *Volkssturm* originaires du Wartheland, au titre de la « première levée ». Mais les Soviétiques vont si vite, et les camions sont si rares, que ces hommes n'auront pas le temps d'arriver sur la position A-2. La plupart seront dispersés en rase campagne. La même mésaventure attend les 21 bataillons *Gneisenau* levés dans la XXIe région militaire (Posen) et envoyés sur la ligne de défense B-1. Celle-ci étant percée par les chars de Joukov dès le 17 janvier, lesdits bataillons sont disposés sur des morceaux de lignes déjà tournés à raison d'un pour 10 à 12 kilomètres. Soit dix mille hommes sans instruction là où la *Ostheer* demandait 14 divisions régulières ! On comprend pourquoi les commandants de brigades blindées soviétiques jurent n'avoir rencontré PERSONNE sur les positions A-2 et B-1.

## Le 15 janvier : l'appel au *Panzerkorps Grossdeutschland*

Sur le flanc nord du 1er Front d'Ukraine, le XXIVe *Panzerkorps* est lentement repoussé vers le massif de Lysa Gora au cours de durs combats (voir plus bas). Kielce tombe aux mains des Soviets. La chute de ce point fortifié, base arrière de la 4e Armée Panzer, sécurise le flanc droit de Koniev qui peut désormais lancer sans souci ses forces vers l'ouest. Le 21e Corps blindé est accroché mais des éléments d'infanterie des 6e et 13e Armées ainsi que de la 3e Armée de la Garde viennent l'aider. De ce fait, la 4e Armée de tanks ne peut vraiment dégager que son 10e Corps de la Garde qui file à allure modérée vers le pont de Przedborz sur la Pilica, suivi à 10 km par le 6e Corps mécanisé de la Garde. En revanche, la 3e Armée de tanks de la Garde roule à tombeau ouvert en direction de Czestochowa-Radomsko. Elle réussit à passer la Pilica en deux points, à

1. R. Lakowski, *Das deutsche Reich*…, vol. 10/1, p. 518.
2. Chiffres in Magenheimer, *Abwehrschlacht*…, p. 102.

l'instar du 31^e^ Corps blindé, au sud : la position A-2 est emportée. À noter que les Corps en question ignorent superbement le bouchon de FLAK et d'éléments survivants de la 10^e^ *Panzergrenadier* posés autour du pont de Koniecpol : ils passent au nord et au sud. Mais Koniev, agacé par le retard de la 4^e^ Armée de tanks, freine le tempo imposé par Rybalko à ses tankistes. Comme Joukov, il veillera à ce que ses deux Armées blindées marchent le plus longtemps possible de front pour parer à toute mauvaise rencontre venue des profondeurs du système adverse.

La seule résistance notable est face aux 59^e^ et 60^e^ Armées soviétiques, où arrivent deux groupes de combat régimentaires tirés de la 17^e^ Armée dont le Groupe d'Armées A commence à renifler, un peu tard, qu'elle a été leurrée par les Soviétiques. Mais hâtivement jetés dans la bataille avec quelques tubes FLAK, ils n'opéreront qu'un maigre freinage. Ainsi, à Miechow, petite ville pivot de la ligne A-2, à 50 km au nord de Cracovie, la 344^e^ Compagnie de *StG.*, placée seule face au 4^e^ Corps blindé de la Garde, perd 11 de ses 12 engins le 14 janvier, lors d'un combat de nuit. La ville tombe après une courte canonnade, dépôts intacts, wagons-citernes pleins. Du coup, quelques kilomètres au sud, les premiers éléments de la 75^e^ I.D, à peine installés sur la ligne A-2, sont contraints de battre en retraite vers la ligne B-1, distante de 30 km. Enlevée le 11 janvier au Groupe d'Armées Heinrici, cette grande unité vient juste de débarquer à Cracovie. Emportée dans la débâcle, elle ira grossir les rangs des défenseurs de la Silésie orientale. Le seul succès des Allemands est dans les airs, précisément au-dessus de la 75^e^ I.D en retraite. Le *Fliegerkorps* VIII revendique 13 chars détruits par ses *Focke-wulf* F-8 : les victimes appartiennent sans doute à l'avant-garde du 1^er^ Corps blindé de la Garde parvenu à 25 km de Cracovie. La plus célèbre unité du *Fliegerkorps*, la *Jagdgeschwader* 52, est aussi la première, depuis le début de l'attaque générale des Russes, à annoncer plus de victoires que de pertes : 10 rouges abattus contre 2 Bf 109.

L'avance des Soviets au nord de la Vistule étire de plus en plus le flanc de la 17^e^ Armée, qui craint désormais pour ses arrières. Pour prévenir cette éventualité, le général Schulz fait passer la Vistule à la 359^e^ I.D et aux éléments rapides de la 344^e^ I.D. Ces deux unités se contentent de border au sud l'avance de Koniev et d'envoyer leurs bataillons de reconnaissance observer sa marche et détecter un éventuel infléchissement vers le sud. Quant aux 40 bataillons du *Volkssturm* (environ 30 000 hommes de la première levée) installés à Noël 1944 sur les lignes A2 et B1-B2, ils se sont volatilisés. Plusieurs d'entre eux ont subi 100 % de pertes, tués, blessés et prisonniers.

À Berlin, Guderian harcèle Hitler avec des scènes à la Cassandre : « le danger pour la Haute-Silésie est brûlant ! » Mais le Führer ne renonce toujours pas à attaquer en Hongrie et donc à lâcher les SS. À la place, il décide le 15 janvier d'acheminer l'unité la plus prestigieuse de la *Ostheer*, le *Panzerkorps Grossdeutschland*, vers la rive nord de la Pilica pour prendre les Soviets de flanc. Guderian, affolé, accepte cette solution qui ne résout rien. Positionné en Prusse-Orientale, le Corps ne pourra en effet être sur place avant le 19 janvier. Cette décision étrange d'Hitler fait fi de la mauvaise nouvelle du 15 janvier, qui rend caduque toute idée d'attaque par le flanc : Joukov a réussi à passer la basse Pilica.

## *2. Joukov attaque*

En deux jours, Koniev a détruit la 4e Armée Panzer[1], une des trois composantes du Groupe d'Armées A. À Joukov revient la tâche d'éliminer une deuxième composante, la 9e Armée du général von Lüttwitz.

### Von Lüttwitz sur le qui-vive

Après l'assaut de Koniev, von Lüttwitz ne peut plus être surpris : il sait qu'il est le prochain sur la liste. Il fait mettre son monde en état d'alerte maximum et propose au Groupe d'Armées A des mesures pour sécuriser son flanc droit menacé par la pénétration sauvage de Koniev. Soit, explique-t-il, on lui subordonne le XXXXIIe Corps de la 4e Armée Panzer et on lui permet de le disposer en potence avec son LVIe *Panzerkorps* ; soit on accepte que ce dernier se décolle de 20 kilomètres de la tête de pont de Pulawy pour parer à toute irruption venue du sud. Mais le Groupe d'Armées ne consent à aucune des deux propositions.

Von Lüttwitz prend alors quelques mesures qui ressortent de sa seule autorité. Pour neutraliser l'effet de la préparation d'artillerie soviétique, première cause de l'effondrement de sa voisine de gauche, il fait reculer sa réserve[2] blindée, le XXXXe *Panzerkorps*, tout en le concentrant sur les arrières de la 6e V.G.D. Le plan de contre-attaque des deux Panzers (19e et 25e) est minutieusement revu car, von Lüttwitz n'en doute pas, c'est dans le secteur de la 6e V.G.D que Joukov introduira ses Corps blindés. Quant à l'autre tête de pont, celle de Pulawy, si un Corps soviétique en sort, le groupe de combat de la 10e *PzGrenDiv* (colonel Vial) et les deux bataillons divisionnaires de *Sturmgeschütze* s'en débrouilleront, en attendant que le XXXXe *Panzerkorps* en ait fini à Magnuszew.

Faut-il évacuer la HKL, le moment venu ? Les états-majors de divisions font remonter à von Lüttwitz l'opinion des commandants de régiments et de bataillons. En substance : la HKL est très bien conçue, ce serait folie de l'abandonner. Tous les officiers manifestent leur confiance en une position dont les plans de feux, jugés excellents, présentent de nombreuses redondances, sur une profondeur suffisante ; le terrain boisé

1. Le XXXXVIIIe *Panzerkorps* est anéanti le 12 janvier, le XXIVe *Panzerkorps* mis hors course à Kielce le 14. La troisième et dernière composante de la 4e Armée Panzer, le XXXXIIe Corps, lâche ses positions au nord de la tête de pont de Baranov le 15 janvier pour rejoindre en catastrophe les débris du XXIVe *Panzerkorps* à Kielce.

2. Dans la nuit du 12 au 13 janvier, von Lüttwitz s'est vu attribuer le groupe de combat de la 10e *PzGrenDiv.*, qui se trouvait derrière le front de la 4e Armée Panzer.

et accidenté jusqu'aux rives sinueuses de la Pilica est bien quadrillé de points d'appui ; les positions d'arrêt et de recueil ont été multipliées jusqu'à 9 km en arrière, devant la GKL. Von Lüttwitz renonce donc à la manœuvre préventive. Le 13, il inspecte personnellement la jonction entre la 251e I.D et la 6e V.G.D, qui lui semble le point faible de son dispositif. Il repart rassuré après une visite à l'excellente position d'arrêt tenue par un régiment de la 45e V.G.D, 10 km en arrière. À minuit, von Lüttwitz fait déclencher de violents feux d'artillerie contre les concentrations présumées de l'ennemi. On ignore l'effet de cette initiative. Seul résultat certain, l'amoindrissement des stocks de munitions (– 33 % à la 6e V.G.D, par exemple[1]).

### Le 14 janvier : une attaque nouveau style *(carte 8)*

Dans les deux camps, la nuit du 14 janvier est éprouvante pour les nerfs. Personne n'arrive à fermer l'œil. Les commissaires politiques tiennent des meetings sur l'importance de cette offensive qui sonne l'heure de la vengeance et rapproche la fin de la guerre. On remplit les casiers, les magasins, les jauges, on vérifie une dernière fois le matériel et, surtout, on guette la météo. À partir de 2 heures, le ciel devient nuageux puis un épais brouillard s'installe. On n'y voit pas à dix pas. Bientôt, il faudra annuler les missions de combat planifiées par la 16e Armée aérienne de Rudenko. À la fin de la journée, le général n'en comptabilisera que… 85 ! Du côté allemand, on joue la provocation. Les tirs à balles traçantes se multiplient. Mais Ivan ne répond pas : l'inquiétude monte chez les *Landser*…

Joukov a massé ses forces dans deux têtes de pont, Pulawy (30 km de périmètre) et Magnuszev (50 km de périmètre). Les deux attaques partiront exactement au même moment, pour empêcher von Lüttwitz de manœuvrer son XXXXe *Panzerkorps* de l'une à l'autre. Comme Koniev, Joukov compte sur le coup de massue de l'artillerie pour ruiner le gros de la défense ennemie. 53 000 tonnes d'obus sont prêtes à être consommées.

Le coup secondaire part de Pulawy. Les reconnaissances ont repéré le système de défense des deux divisions allemandes qui font face, la 17e (10 828 hommes) et la 214e (10 328), du LVIe Corps : il est serré mais peu profond. Dès lors, la préparation d'artillerie est d'une conception simple : deux heures d'une canonnade ininterrompue concentrée sur une bande de terrain de 3 000 mètres de profondeur sur les 13 km du front d'attaque. Le feu commence à 8 h 30. À 15 km de la première ligne, le général major von Ahlfen, dans son bunker souterrain, sent le sol trembler si fort que les rouleaux de cartes tombent des tables.

> « De toute la Seconde Guerre mondiale, on n'avait pas vécu une chose pareille, se souvient le colonel Paul Arnhold, patron des pionniers du LVIe *Panzerkorps*, qui commande un point d'appui face à la 33e Armée russe. La terre grondait et tremblait sous les impacts des innombrables obus. On ne

1. Magenheimer, *Abwehrschlacht…*, p. 107.

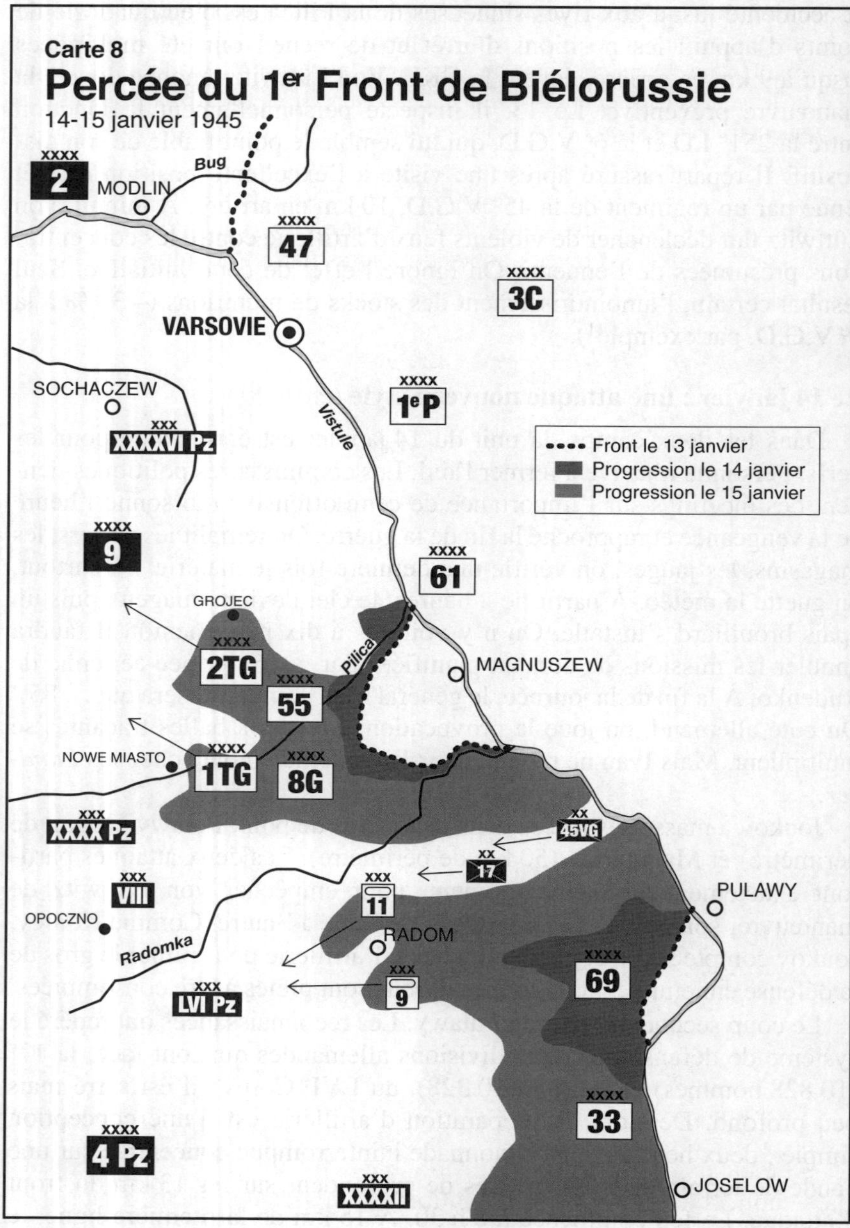

**Carte 8**
## Percée du 1er Front de Biélorussie
14-15 janvier 1945

pouvait plus distinguer les coups ni par leur lueur de départ ni par leur détonation. Une unique lueur rouge d'incendie dessinait le contour de la ligne de front. Un hurlement continu s'abattait sur les positions allemandes. (...) Bientôt, le vent d'est poussait devant lui des nappes de fumée et de poussière impénétrables. Un mur gris-noir enlevait toutes les vues et rendait aveugle les observateurs d'artillerie[1]. »

À 10 h 30, les brigades de chars des 33e et 69e Armées se ruent à l'assaut. L'infanterie suit. Les tranchées sont bouleversées. La densité d'obus déversés est si élevée que les premiers champs de mines ont littéralement disparu. Après un combat courageux, qui se solde par la destruction de plusieurs dizaines de chars soviétiques, le major-général Sachsenheimer (35 ans) extrait sa 17e Division des premières lignes percées de toutes parts, se forme en hérisson et tente une anabase vers la frontière du Reich. Quelques centaines d'hommes (sur 10 828 !), affamés, en loques, y parviendront après une marche de 300 km. À la 214e I.D, c'est le général commandant qui se met en personne à la tête d'une contre-attaque désespérée. L'intervention de l'artillerie soviétique alertée par les Po-2 se traduit par des centaines de cadavres en *Feldgrau*. À midi, le groupe de combat de la 10e *PzGrenDiv*. se lance à son tour en avant, reprend une position importante à Ciepielow ; une heure plus tard, il éclatera en une demi-douzaine de petits groupes sous l'effet du choc – imprévu – avec le 11e Corps blindé déjà en cours d'introduction.

Dès midi, quatre des cinq Corps d'infanterie[2] engagés ont balayé les défenses du LVIe *Panzerkorps* et détruit au canon antichar la plupart des 33 pièces de la 210e Brigade de *StG*. À 14 heures, les avant-gardes sont déjà à 14 km à l'ouest. Devant elles, le troupeau des fuyards se jette dans tous les chemins de traverse, évitant la grand-route de Radom. Derrière, on entend monter les bruits de moteurs des 400 chars des 9e et 11e Corps blindés, qui s'apprêtent à lancer la poursuite.

### À Magnuszew

Le coup principal de Joukov part de la tête de pont de Magnuszew. À l'instar de Koniev, Joukov innove dans son schéma d'attaque, sur une idée du colonel-général Kazakov, maître canonnier du 1er Front de Biélorussie, un des meilleurs experts soviétiques. Comme Koniev, les deux hommes craignent de voir la préparation d'artillerie tomber dans le vide, les Allemands se retirant de leurs premières lignes sitôt l'intention d'attaque établie avec certitude. La solution est un assaut en deux temps. Un :

1. P. Arnhold, *Der gnadenlose Weg*, p. 15.

2. À la 69e Armée, les 350 hommes du 1er bataillon du 215e Régiment de la Garde (77e Division de la Garde) sont les premiers à percer les quatre lignes de défense allemandes et à déboucher en terrain libre. En combattant, ils ont parcouru 8 km en 5 heures. Leur chef de 23 ans, le major Yemelyanov, est fait héros de l'Union soviétique, tous les soldats reçoivent la médaille *Pour la Gloire* et le bataillon prend la désignation spécifique de « Bataillon de la Gloire ».

à une courte mais très violente préparation d'artillerie doit succéder une reconnaissance en force[1] nocturne de grande envergure, suivant en cela le règlement de combat de 1944. Deux : si la résistance demeure importante, une seconde préparation d'artillerie de 70 minutes sera alors déclenchée ; si la résistance s'avère faible, on lancera l'assaut général dans la foulée avec le traditionnel barrage roulant d'accompagnement. La reconnaissance en force est menée avec les meilleurs éléments d'infanterie de chaque division : un à deux bataillons lourdement armés (mitrailleuses, lance-flammes, mortiers de 82 mm), accompagnés par des chars et des canons automoteurs.

Durant la nuit, les haut-parleurs font leur office habituel. Marches militaires et chansons populaires russes couvrent les derniers préparatifs. Les sapeurs[2], protégés par le brouillard, commencent à déminer 800 passages pour l'infanterie : 90 000 mines antichars et anti personnels sont dégagées ! Un repas chaud est distribué à tous à 7 h 00. La brume est aussi épaisse qu'à Pulawy. Berzarine, commandant de la 5e Armée de choc, partage son P.C avec Bogdanov, le patron de la 2e Armée de tanks de la Garde, et avec Joukov en personne. Le maréchal veut vérifier que la 5e Choc s'assure bien de passages sur la rivière Pilica, le secteur d'attaque le plus difficile. Important affluent de la Vistule, ce cours d'eau ne dépasse pas 60 mètres de large, mais ses abords sont marécageux – il faut les ponter – et l'épaisseur de glace ne permet que le passage d'hommes à pied. Battu par l'artillerie allemande, ce pourrait être un obstacle de taille. À la 8e Garde, Tchouikov a pour invité Katoukov, chef de la 1re Armée de tanks de la Garde. Dans un nuage de fumée de *makhorka* et de vapeurs de thé brûlant, les deux tankistes suivent anxieusement la progression de l'infanterie dont dépend directement l'introduction de leur formation sur le champ de bataille. À 8 h 25, heure de Moscou, si l'on suit Tchouikov[3], l'ordre de charger les canons est donné. À 8 h 29 : prêt ! À 8 h 30 : *Ogon* ! (feu).

La préparation est encore plus terrifiante qu'à Baranov-Sandomierz, car concentrée sur les étroits couloirs qu'emprunteront les 22 bataillons

1. Selon le colonel Anatoli Siniaiev, chef d'état-major adjoint chargé du renseignement au sein de la 5e Armée de Choc, deux ou trois jours avant l'assaut, son Armée a déjà conduit une reconnaissance en force, consistant en un régiment d'infanterie, un bataillon de chars, deux compagnies de mitrailleuses, une compagnie de pionniers, le tout soutenu par une division d'artillerie. « L'objectif, explique Siniaiev, était d'appeler le tir allemand sur nous, de façon à découvrir leur système de feu ». In *Red Army officers speak*, p. 95. Ce que décrit ce colonel est la pratique classique des Soviétiques. La 5e Armée de choc semble la seule à avoir procédé ainsi, les autres formations suivant le schéma innovant de Joukov. On ne peut exclure une mémoire défaillante du témoin, dont les dires ne sont pas confirmés par Bokov, l'officier politique de Berzarine.

2. Joukov a concentré pour l'assaut jusqu'à 17 compagnies (environ 1 500 hommes) de pionniers par kilomètre de secteur de percée.

3. Ces détails sur l'attaque et ses préparatifs proviennent de Tchouikov, *The Fall of Berlin*, p. 76.

renforcés. Puis, le feu s'étend à toute la largeur du front d'attaque (16 km) jusqu'à une profondeur de 7 km. Les tirs ne durent que 25 minutes, le temps pour 10 000 pièces de déverser un demi-million d'obus et de fusées de tous calibres. Sur les 5 540 tonnes d'explosifs délivrées, 825 tonnes (15 %) sont dévolues aux tirs de contre-batterie et plus de 800 tonnes reviennent aux *katiouchas*. Ayant reçu en catastrophe l'ordre de se replier, les premières lignes allemandes sont surprises à découvert par un feu abominable et contraintes de regagner leurs tranchées à reculons littéralement au milieu d'un volcan en éruption.

À 8 h 55, le feu s'éteint brutalement. Profitant du choc donné à l'adversaire, les 22 bataillons et les 25 compagnies d'assaut quittent leurs positions de départ. Les fusiliers repèrent les piquets de déminage puis s'engagent dans les allées. Les fantassins accrochés aux T-34[1] ou aux SU-85 guettent les lueurs de départ des mitrailleuses ennemies et des pièces antichars survivantes. Ils guident le feu en retour. Les pièces automatiques encore en place sont vite muselées par les tirs tendus. En de nombreux endroits, personne ne répond au feu. L'artillerie allemande ne donne pas : ses réseaux téléphoniques ont été détruits. Les boyaux sont à peine reconnaissables. Les cadavres, les armes, les équipements gisent épars.

> « Le sort des servants des quelques pièces encore en état sera encore pire, raconte Paul Arnhold, témoin oculaire. À cause de la visibilité nulle, les canonniers ne repéraient les Russes que lorsqu'ils étaient déjà à l'intérieur du point d'appui. Des deux côtés, il n'y eut pas de quartier. Il n'a pas fallu 24 heures avant que le dernier canon allemand ne soit réduit au silence[2]. »

En quelques minutes, alors que le jour se lève, les deux premières lignes de tranchées sont sous contrôle sur un front de 16 km. Les deux divisions de *Volksgrenadieren* – 6e et 45e, 19 554 hommes à elles deux – ont été martyrisées par le barrage, leurs systèmes de feux détruits ou désorganisés. Les pertes sont de l'ordre de 30 % dans les régiments 18 et 37 de la 6e V.G.D, une proportion extraordinairement élevée. Après la bataille, les artilleurs soviétiques analyseront leur performance[3] : 86 abris et 25 postes

1. Joukov n'a pu s'empêcher d'affecter 46 % de ses 3 220 chars aux unités blindées d'assaut (régiments et brigades de soutien des Armées d'infanterie) là où Koniev se borne à 23 % de ses 3 660 engins. D'une façon générale, Joukov se montre, durant toute l'opération Vistule-Oder, plus lent, plus méthodique, plus prudent, que son rival du 1er Front ukrainien.

2. P. Arnhold, *Der gnadenlose Weg*, p. 28.

3. En 1941 et 42, l'artillerie rouge était rigidement répartie en unités spécialisées dans l'appui d'infanterie, la contre-batterie, les frappes en profondeur, etc. À partir de 1943, une réorganisation complète redistribue les matériels entre des « groupes » placés aux niveaux de l'Armée, du Corps, de la division, du régiment, et aux ordres des commandants de ces unités. Les groupes sont dorénavant capables d'effectuer tous les types de mission, selon le choix du « client » qui commande la frappe, et d'y répondre vite grâce à l'usage systématique de la radio et/ou du téléphone.

d'observation détruits, 82 batteries démolies ou réduites au silence, 49 batteries de mortiers et 347 mitrailleuses mises hors de combat.

Après une conversation avec Antipenko, son chef des services arrière, Joukov renonce à reprendre la préparation d'artillerie. Le Front économise près de 30 000 tonnes de munitions[1], qui se révéleront d'une importance cruciale sur l'Oder. Mais les Allemands n'en ont pas fini avec la panoplie de l'artillerie rouge. Car, à 11 h 00, 1 000 batteries (!) déclenchent un barrage roulant de 60 minutes qui devance de 400 m la progression des trois Armées combinées lancées en avant (8e Garde, 5e Choc, 61e). La reconnaissance en force s'est transformée sans hiatus en attaque générale contre l'infanterie du VIIIe Corps.

Les Allemands sont en état de choc, révèle le colonel Tolkaniouk :

> « Dans le secteur de l'attaque principale (de la 8e Armée de la Garde, ndla), l'ennemi ne tira pas un obus. Tout était comme gelé et nos troupes avançaient, avançaient. L'ennemi (…) ne recommença à devenir vivant que dans la profondeur de son front, deux-trois heures après[2]. »

Deux kilomètres en arrière de la première ligne défensive, les Allemands s'accrochent désespérément à leur deuxième ligne. Aux croisements routiers, derrière les ponts, sur les collines, il faut réduire les points d'appui un à un. Les Allemands les ont garnis de huit compagnies de PAK lourde, 91 pièces de 7,5 cm et 96 pièces de 8,8 cm, un vrai mur de feu. Heureusement pour les Russes, le bombardement a haché les lignes téléphoniques sur 7 km de profondeur et les points d'appui sont hors d'état de se couvrir mutuellement, condition sine qua non de leur survie. Si le feu en retour est trop intense, la méthode est expéditive. Ainsi, à la gare de Grabow, la 5e Armée de Choc tombe sur un os. Le patron de l'artillerie de l'Armée, le major-général Kosenko, a prévu la situation. Sur un simple coup de téléphone donnant les coordonnées du point, trois brigades d'artillerie (180 pièces !) expédient en 5 minutes 1 150 obus sur le point fortifié, dont il ne reste rien[3].

> « Les chefs n'avaient plus de vues sur leurs formations et plus de liens avec leurs voisins. Des unités entières devaient être considérées comme anéanties, tout au moins complètement dispersées. Les isolés erraient dans la campagne, se cherchaient les uns les autres ou allaient vers l'arrière dans l'espoir de retrouver une unité constituée. Presque tous furent écrasés par les chars russes. (…) (Devant mon point d'appui de Zwolen), les pionniers attendaient devant la sortie des allées ménagées dans les champs de mines que soient passés nos derniers *Sturmgeschützen*, ensuite ils mineraient définitivement les accès. À la faveur de l'obscurité, dix chars russes méconnaissables sous la poussière se faufilèrent incognito à travers une allée. Avant que les pionniers ne soient revenus de leur erreur, des half-tracks déboulèrent et débarquèrent du monde pour tenir le passage ouvert. À la lueur de fusées

1. Antipenko, *In der Hauptrichtung*, p. 250.
2. In *Red Army officers speak*, p. 12.
3. G. Peredelskiy et G. Korochilov, *L'artillerie durant l'opération Vistule-Oder*, VIZh, n° 1, janvier 1985, p. 32.

vertes, toute une colonne rouge se répandait maintenant dans le point d'appui. Il s'ensuivit une indescriptible confusion. Amis et ennemis ne se reconnaissaient plus dans l'obscurité. Ce fut un bain de sang. (...) C'est ainsi qu'un point fortifié tenu pour imprenable fut pris[1]. »

À midi, le gros de la 6e V.G.D est déjà anéanti (il reste 200 hommes sur 2000, par exemple, au régiment 58), deux de ses états-majors régimentaires faits prisonniers, son régiment d'artillerie et un régiment de *Nebelwerfer* (Specht) subordonné, écrasés sous les chenilles des chars ; les survivants s'enfuient vers le sud. Au soir du 14, la 61e Armée et sa voisine de gauche, la 5e Choc, ont conquis des têtes de pont de l'autre côté de la Pilica et avancé sur 12 km. Le seul espoir de von Lüttwitz réside maintenant dans l'action du XXXXe *Panzerkorps*.

Mais, avant d'examiner la réaction allemande, regardons plus en détail les combats de la 5e Armée de Choc.

## La 5e Armée de Choc à l'assaut

La préparation d'artillerie se déclenche à 8 h 30. Dix minutes plus tard, les compagnies et les chars de déminage[2] s'avancent, déblayant le passage. À 8 h 55, précédées par un double barrage roulant, les bataillons d'assaut sortent des tranchées et s'emparent sans difficulté de la première ligne adverse. À 9 h 30 abritées derrière un nouveau barrage, elles s'installent dans la deuxième ligne de tranchées après des combats brefs mais violents ; les Allemands sont encore sous le choc du bombardement. Tenu au courant de demi-heure en demi-heure, Berzarine décide d'avancer de 20 minutes l'assaut général. À 9 h 45, les trois Corps, moins une division renforcée gardée en réserve, s'élancent. Les radios soviétiques interceptent les messages affolés de l'adversaire :

> 9 h 45. « Besoin urgent de tirs d'arrêt, l'ennemi a percé devant la 3e section !
>
> 10 h 15. Les Russes ont percé ! Situation très sérieuse ! Envoyer une compagnie pour colmater. Où sont les tirs d'arrêt ?
>
> 10 h 45. Exige renforts de toute urgence. La situation dans mon secteur est critique[3]. »

À 11 h 00, la 94e Division de fusiliers de la Garde (colonel Chostazki) perce en totalité la HKL et s'avance de 3 km jusqu'au terre-plein de la voie ferrée. Les canons de 76 et de 85 autopropulsés, les mortiers de 120 doivent donner pendant une heure pour chasser les Allemands vers le nord. À 12 h 15, la 94e Division se cogne contre le point fortifié de Boska Wola, sur la GKL. Feux de mitrailleuses et tirs de PAK obligent les

1. *Idem*, p. 31-32.
2. Ces chars, munis à l'avant d'un tambour à fléau, ressemblent à ceux, bien connus, utilisés par les Britanniques en Normandie. Leur existence dans l'Armée rouge est bien attestée. Voir, entre autres, Litvin, *800 days on the eastern front*, p. 112.
3. Bokov, *Viesna pobiedy i osvobojdenia*, trad. all., p. 59-60.

bataillons à se laisser tomber sur le fond du fossé antichar où l'eau est gelée. Une marche de 300 m sur la droite révèle un trou dans le plan de feux. Les *frontoviki* escaladent la berge et se ruent dans le village. Derrière le fossé, cinquante JS-2 et SU-85 les couvrent en tirant à vitesse maximum sur le village. Plusieurs hommes du colonel Chostazki s'effondrent en essayant de museler une mitrailleuse sous bunker de terre. Impossible de lever la tête. Un coup direct de 122 volatilise machine et servants. Un nouveau mouvement tournant de Chostazki vers la droite oblige les défenseurs à fuir en laissant sur place les pièces de PAK. Ils contre-attaquent un peu plus loin avec des *Sturmgeschütze*, mais JS-2 et SU-85 ont réussi à passer le fossé et les Allemands s'arrêtent net, avec plusieurs engins en feu. Profitant de leur désarroi, la 94^e^ Division les rejette au-delà de la Pilica où se trouve une excellente ligne de défense. Emportés par l'élan de la poursuite, les soldats des 1^er^ et 3^e^ Bataillons du 283^e^ Régiment de la Garde atteignent le cours d'eau à 16 heures et passent aussitôt sur la glace.

À cet endroit, le cours de la rivière est tortueux, précédé de bras morts. Il est difficile aux défenseurs de tout surveiller, surtout lorsque 90 % d'entre eux se battent depuis déjà sept heures, ont reculé de 12 km, doivent trouver les positions aménagées, mettre leurs armes en batterie, établirent les liaisons. Par chance, les Gardes s'infiltrent dans un secteur battu par une seule arme, vite muselée à la grenade, puis s'enfoncent dans les bois. Averti du passage de ses deux bataillons, Chostazki appelle sur ce point toute sa division et pousse au sud-est, vers Palczew, les Gardes du 283^e^ Régiment avec ordre d'élargir la tête de pont au plus vite. Ainsi que le note un témoin oculaire :

> « La nouvelle de la traversée de la Pilica se répandit à la vitesse du vent. Les collaborateurs du colonel Kusovkov, officier politique de la 94^e^ Division, téléphonèrent aux sections politiques des régiments. Déjà couraient parmi les tirailleurs les premiers tracts : "Les bataillons de Gorbunov et Demtchenko ont forcé la Pilica. En avant, camarades !" [1]. »

À 17 heures, un nouveau franchissement permet d'élargir à 3 000 m la tête de pont. Mais Chostazki n'a plus l'artillerie pour le protéger. Firtsov, commandant du 26^e^ Corps de la Garde, lui ordonne de s'enterrer pour la nuit. La journée s'est soldée pour la 5^e^ Armée de Choc par une avance de 19 km sur 12 de large. Mais, déjà, une contre-attaque allemande menace les Gardes de Chostazki qui ont le plus grand mal à maintenir leurs positions. Berzarine comprend qu'il ne faut pas s'arrêter, nuit ou pas, fatigue ou pas. Il fait bouger vers l'avant toute l'artillerie possible. Les pièces légères (antichars, 76 mm) passent la Pilica sur des cheminements de rondins et, à minuit, déclenchent un feu concentré contre les positions allemandes. Puis les *hurrah* des Gardes retentissent, les compagnies foncent vers le sud-ouest tirant à bras canons de 45 et de 57 mm. Avec des pertes

1. *Id.*, p. 60.

importantes, elles parviennent au corps à corps avec les *Landsers* surpris par cette violente attaque nocturne.

Mais le plus important se passe à gauche de cette action, près du village de Budy Michalovskié. Vers 16 h 00, alors que tombe la nuit, le 2e Bataillon de la 220e Brigade blindée, monté par une compagnie du 270e Régiment de la Garde (lieutenant-colonel Petrov), profite du vacarme des tirs de l'artillerie soviétique à longue portée pour emprunter un chemin qui serpente à travers bois vers la Pilica. À l'abri des derniers arbres, les soldats voient une longue colonne de véhicules allemands se diriger vers un pont de 60 tonnes, intact ! En dix minutes la décision d'attaque est prise. Trois T-34 chargés de 13 fusiliers s'en vont littéralement éperonner la colonne allemande, semant la panique. Faisant feu de toutes leurs armes, les chars restants et les fusiliers protègent une section de pionniers qui parcourt 300 m au pas de course. Une partie gagne l'entrée du pont et abat le soldat chargé d'actionner le détonateur, d'autres pionniers se jettent sur la glace de la rivière, passent sous le pont et en arrachent les charges de démolition. Les Allemands se ressaisissent. S'ensuit un combat de 40 minutes à courte distance. Plusieurs dizaines de fusiliers rouges sont tués, des T-34 sautent. Mais le bataillon blindé est sauvé par l'arrivée des gros du 270e Régiment de la Garde, qui met les Allemands en fuite. Les *Landsers* passent la Pilica en catastrophe avec leurs seules armes individuelles, tout le matériel est abandonné sur la berge.

Un peu plus tard dans la nuit, le 9e Corps s'empare à son tour par surprise d'un pont de 20 tonnes à Biala Gora. Aussitôt, à la faveur de l'obscurité, les 248e et 301e Divisions de fusiliers passent sur l'autre rive, suivies de l'artillerie légère et de tous les SU-76 qu'on peut trouver. Le 32e Corps réussit également son franchissement mais avec plus de difficultés. Joukov qui est, rappelons-le, au P.C de Berzarine est satisfait : la Pilica a été forcée sur 12 km par l'ensemble de la 5e Armée de Choc et l'on tient un précieux pont lourd par lequel s'opèrent déjà les premiers passages de blindés. Le lendemain, à 9 h 30, une contre-attaque allemande visant le pont s'arrête net sous un feu terrible. Le malheureux bataillon engagé vient de donner en plein dans l'assaut mené exactement à la même heure par la 220e Brigade blindée indépendante renforcée d'un régiment de SU-122. Une dizaine de *Sturmgeschütze* sont éventrés. En une heure, les 90 engins à étoile rouge s'en vont couper la grande rocade Radom-Varsovie et poussent plein ouest jusqu'au carrefour de Goszczyn. La tête de pont déborde alors de la zone boisée et accidentée, elle mord sur la plaine agricole. Devant, à perte de vue, les tankistes contemplent l'immense charodrome polonais.

## La réaction du XXXXe *Panzerkorps*

L'OKH donne le feu vert pour la contre-attaque dès 9 h 40, le 14 janvier. Cinq minutes plus tard, von Lüttwitz demande aux deux Panzers de marcher vers le nord ou le nord-est, selon la situation. Mais, lorsque la 19e Panzer (Lieutenant-général Källner) arrive vers 12 h 30 sur ses positions de départ, elle est immédiatement engagée par la 8e Armée de la Garde de Tchouikov. Elle passe donc sur la défensive jusqu'au soir, repoussant les assauts d'un Corps d'infanterie et de deux brigades blindées. Sous le feu des 115 Panzers et canons d'assaut, renforcés par les 73 *StG.* et *Jagdpanthers* de différentes petites unités[1], le Corps de gauche de l'Armée de Tchouikov, le 4e, s'arrête net entre la deuxième et la troisième ligne défensive de la HKL, tandis que sa droite parvient à percer et à s'emparer d'une des bonnes positions de la GKL, la petite ville de Stromiec. La 25e Panzer, quant à elle, hésite, perd du temps, s'engage simultanément sur les deux rives de la Pilica et, finalement, s'en prend de front à des éléments de la 5e Armée de Choc, juste avant la tombée de la nuit. Puis l'on s'arrête pour faire le plein et on attend le jour. Les deux composantes du XXXXe *Panzerkorps* sont donc désynchronisées, l'une attaquant, l'autre défendant, chacune aux prises avec un adversaire différent. La contre-attaque de la réserve de von Lüttwitz a fait long feu.

Aux yeux de Joukov, ces combats sont secondaires car l'objectif essentiel est acquis par la 5e Armée de Choc. Pour lancer sa 2e Armée de tanks de la Garde vers Kutno (NO, route de Posen), il lui fallait s'emparer des passages sur la rivière Pilica au jour J. La bonne nouvelle du franchissement amène Joukov à décider dans la nuit l'introduction de la 2e Armée de tanks dès le lendemain. La 1re Armée de tanks de la Garde, elle, attendra 24 heures de plus que Tchouikov ait sécurisé son flanc sud, où le 4e Corps peine à s'emparer de la troisième ligne de défense, piquée par d'incessantes contre-attaques sur les flancs. Celui-ci y parviendra non sans mal, perdant une cinquantaine de chars. Il lui faudra avancer une puissante artillerie et faire procéder à une préparation en règle (l'aviation, rappelons-le, est paralysée par le brouillard) le 14 à 11 heures puis, à nouveau, le matin du 15 janvier, pour voir s'écrouler la défense allemande et refluer les éléments de la 19e Panzer pourchassés par de terribles salves roulantes de *katiouchas*. Ses deux Corps de droite ont avancé de 20 km sur la route de Bialobrzegi, son Corps de gauche est en retrait sur la ligne ferroviaire Radom-Warka. Mais, partout, la zone de défense allemande est emportée à J+1.

La 25e Panzer décide de s'engager à fond dès l'aube du 15 janvier par le sud, contre les têtes de pont sur la Pilica conquises par la 5e Armée de Choc. Le temps est toujours brumeux. Durant la nuit, l'artillerie soviétique s'est repositionnée dans cette direction, anticipant le coup. Panthers, Mark IV, canons automoteurs, sont pris sous un déluge d'obus déversés par les 356 tubes de la division d'artillerie du général Kovalevski. À quoi s'ajoutent les tirs tendus d'une centaine de SU-85 et les milliers de fusées d'un régiment de *katiouchas* renforcé. Le champ de bataille entre en éruption. La progression est impossible, les pertes élevées. Après plusieurs

1. Soit les bataillons de *StG.* des 45e et 6e V.G.D, de la 251e I.D, plus la *Sturmgeschütz Lehr Brigade* 920 et la 1re Compagnie du 743e Bataillon de chasseurs de chars.

tentatives, il faut reculer, d'autant plus qu'une éclaircie amène des paquets de 2 à 4 *Sturmoviks* à piquer sur les colonnes. À 16 h 00, Bogdanov fait franchir la Pilica aux brigades de tête des 9e (major-général Popov) et 12e (major-général Teltakov) Corps blindés de la Garde, suivis par les gros et, en second échelon, par le 1er Corps mécanisé (lieutenant-général Krivoshein). Ce sont 873 chars et canons d'assaut qui menacent maintenant les arrières et le flanc gauche de la 25e Panzer, également pressée sur sa droite par la 61e Armée. Il ne reste pas d'autre solution que de rompre le combat. La 25e ne pourra plus reprendre contact avec la 19e. Les deux unités, détruites à plus de 50 %, se retirent vers l'ouest, entraînant avec elles les débris de trois divisions d'infanterie (251e I.D, 6e et 45e V.G.D).

## L'introduction des Corps blindés

Au débouché de la tête de pont de Pulawy, l'introduction des Corps blindés s'est faite plus rapidement qu'à Magnuszev. Dès l'après-midi du 14 janvier, les 69e et 33e Armées ont réussi à dépasser la dernière ligne de défense allemande. Joukov décide d'engager aussitôt les 9e et 11e Corps blindés et de leur faire traverser, l'un l'infanterie de la 33e Armée, l'autre celle de la 69e. Arrêtons-nous un instant sur cette manœuvre délicate, fort bien réussie, qui deviendra un standard dans l'Armée soviétique de l'après-guerre.

Dès avant l'attaque, chaque Corps blindé se scinde en deux colonnes qui s'étirent sur 20 à 25 km et marchent parallèlement le long de deux itinéraires soigneusement repérés. Ceux-ci sont calculés[1] de telle sorte que les unités mécanisées puissent avancer sans friction majeure entre les Corps d'infanterie. Le passage exige la présence d'une nombreuse gendarmerie routière. Au moment où les colonnes de tanks se trouvent à portée d'un éventuel feu ennemi, l'artillerie des Corps d'infanterie doit fournir les tirs d'appui. L'ordre de marche mêle les armes de façon à pourvoir le Corps des moyens de se protéger lui-même dans tous les azimuts. Une brigade de chars ouvre la voie, suivie et soutenue par un bataillon d'infanterie portée puis des canons automoteurs, du génie et enfin de l'artillerie antichar. Au centre, le gros des fantassins sur camions. En arrière-garde, l'artillerie de campagne et les *katiouchas*, les éléments de DCA, les colonnes de ravitaillement, les ateliers mobiles de dépannage, à nouveau un bataillon porté puis un régiment blindé lourd ferme la marche. Cet ordre n'est pas immuable dans le détail, chaque chef de Corps (ou d'Armée de tanks) recherche son propre dosage en fonction de sa

1. Chaque opération soviétique accouche de centaines de diagrammes montrant la marche détaillée des différentes unités constituant les Corps et les Armées blindées. La longueur des convois, les horaires d'arrivée aux points cruciaux (carrefours, ponts), les points de ravitaillement, les limites à respecter entre unités voisines, tout est couché sur le papier avec la meilleure précision.

mission et des renseignements sur l'adversaire. L'avantage de cet ordre en colonne est triple.

1. L'unité avance vite mais pas TROP vite, contrainte qu'elle est de conserver ses relations avec les unités sœurs de façon à pouvoir réagir ENSEMBLE à une menace d'envergure. À noter que la présence de radios *made in USA* jusqu'au niveau du peloton (voire de chaque tank s'il s'agit de T-34/85 ou de JS-2) facilite cette progression collective. L'avantage est énorme par rapport aux Corps blindés de 1943, qui ne disposaient souvent que d'une demi-douzaine de postes à courte portée, et se perdaient rapidement de vue les uns les autres.

2. Cet ordre imposé évite la dissociation si souvent observée entre chars, infanterie et artillerie et qui a été, jusqu'en 1944, la vraie source de l'infériorité de l'arme blindée soviétique face à la *Panzerwaffe*. En 1943 encore, les brigades de chars foncent sans se préoccuper de savoir qui suit ou ne suit pas. Il a fallu trois ans de pertes terribles pour aboutir à la coopération constante, organique, entre les différentes armes qui constituent une grande unité blindée. C'est la grande nouveauté de l'opération Vistule-Oder et sans doute la cause première de la capacité nouvelle des Corps à survivre après une marche de 450 km.

3. Cet échelonnement permet, grâce à l'intégration complète du génie (pontage, réduction d'obstacles, déminage), des citernes et des ateliers mobiles, de progresser à une allure modérée mais constante, longtemps et sans érosion mécanique excessive.

Ajoutons un autre élément, peu souvent évoqué, qui permet de conserver le « moment » des groupes mobiles, qu'il s'agisse de Corps ou d'Armée : le renseignement. L'officier responsable de cette fonction, le *nachalnik razvedki*, tient un rôle discret mais important dans le modèle opératif soviétique. C'est vers lui qu'arrivent les comptes rendus de l'unité de reconnaissance aérienne attachée à l'Armée. C'est lui qui lance plusieurs dizaines d'unités de reconnaissance dans les « secteurs d'observation » qui couvrent l'Armée à 270 degrés, y compris sa pointe la plus avancée, dans un rayon de 35-50 km. Ces unités sont souvent des compagnies taillées dans le bataillon motocycliste, mais l'information est recueillie par une multitude de sources. Ces sources et les éléments d'informations sur l'ennemi sont portés sur une carte actualisée en permanence. Un code littéral permet de connaître l'origine du renseignement et un système de points d'interrogation, son degré de fiabilité. Cette carte porte ainsi les lettres P (prisonniers), D (document capturé), KR (reconnaissance), A (reconnaissance aérienne), F (photo aérienne), AIR (observations d'artillerie), TP (écoute téléphonique), RP (écoute radio), M (population locale), etc. Avec ce système méthodique, qui mobilise plusieurs centaines d'hommes par formation, à aucun moment, durant l'offensive Vistule-Oder, l'un des commandants d'Armées ou de Corps de tanks n'a été surpris par une initiative allemande.

Ainsi constitué en colonnes « type 1945 », le 11$^{e}$ Corps entame sa course vers Radom en suivant la voie ferrée venue de Deblin. Au soir du

14 janvier, le groupe de combat de la 10e *PzGrDiv.*, seule réserve dans le secteur, mais aussi la 214e et la 17e I.D sont déjà en danger d'encerclement. Le lendemain, ces trois unités essaient de rallier Radom et le parapluie du XXXXe *Panzerkorps* ; mais celui-ci a déjà décampé et la retraite s'achève, pour l'infanterie privée de moyens de transport, par une destruction quasi totale 48 heures plus tard.

Paradoxalement donc, si la percée n'est pas encore complètement réalisée face à la tête de pont de Magnuzsew, où Joukov a mis ses plus gros moyens, elle est complète face à la tête de pont de Pulawy, où le LVIe *Panzerkorps* a cessé d'exister.

### Le 15 janvier : les deux Armées de tanks en terrain libre

Le temps est toujours mauvais. La 16e Armée aérienne ne peut guère aplanir la route devant les T-34. À peine 181 sorties pour la journée, essentiellement des groupes de 2 ou 4 *Sturmoviks* qui harcèlent les itinéraires de retraite des Allemands.

À 16 heures, avons-nous dit[1], la 2e Armée de tanks de la Garde passe la Pilica. Ses trois Corps constitutifs marchent sur quatre routes parallèles, les 9e et 12e devant, le 1er Corps mécanisé derrière avec les services. Les 873 chars et canons d'assaut, les 5 000 véhicules divers transportant 132 lance-roquettes multiples et tirant 667 canons de campagne et 132 pièces de DCA, le tout monté à la diable par 58 000 hommes[2], tout cela s'avance sur 60 km de long et 15 km de large. Au soir du 15 janvier, les reconnaissances ont déjà abattu 50 km vers le nord-ouest, s'emparant du carrefour routier de Grojec, qui offre une bonne rocade vers Varsovie, qui est à 45 km au N-E. Alors que l'attaque contre la capitale par la 47e Armée n'a commencé que la veille, se traduisant par l'évacuation de la rive gauche de la Vistule par la 73e I.D, la manœuvre d'encerclement de la ville par le sud s'esquisse déjà.

À gauche de la 2e Armée de tanks de la Garde, la 1re, sans s'occuper des problèmes de Tchouikov toujours aux prises avec la 19e Panzer, gagne les positions avant, au-delà de la ligne principale de défense des Allemands. À 13 h 00, Katoukov donne le signal d'introduction au 11e Corps blindé de la Garde du colonel Babadjanian. Celui-ci délègue en éclaireur la 44e Brigade de chars du bouillant colonel Gusakovski, renforcée d'un régiment d'artillerie autopropulsée. Gusakovski atteint la moyenne Pilica dans la nuit du 15 au 16, vers Nowe Miasto, et pousse son infanterie sur la glace de la rivière, trop mince pour supporter des chars. Une tête de pont est gagnée. On signale des éléments de la 25e Panzer en maraude. Vite, il faut faire passer des antichars et des T-34 sur l'autre rive ! On découvre un gué, deux kilomètres en amont. La glace est brisée, 26 chenillés s'engagent. Six restent au fond mais l'appui feu est suffisant pour éloigner un moment la demi-douzaine de Panthers signalés. Les gros

1. Pour suivre Bokov, *Viesna pobiedy i osvobojdenia*, trad. all., p. 71.
2. Chiffres in Glantz, *Colossus reborn*, p. 261.

du 11e Corps blindé de la Garde arrivent peu après. Les pionniers dynamitent la glace et lancent un pont de 60 tonnes prêt en dix heures. Leurs JS-2 et SU-100 sont de taille à briser un retour offensif de la 25e Panzer. Dans la nuit du 16 janvier, von Lüttwitz donne l'ordre au XXXXe *Panzerkorps* tout entier de s'échapper à toute vitesse vers l'ouest, sous peine d'encerclement. Les 25e et 19e Panzer prennent aussitôt la route de Lodz par Nowe Miasto. Aux tourelles des chars s'accrochent les grappes de fantassins hagards ramassés au hasard d'une retraite qui tourne à la déroute.

Dans la nuit, les forces issues de Pulawy entrent en contact avec la 8e Armée de la Garde, venue de Magnuszev : Joukov a soudé ses deux têtes de pont et se saisit du gros de la 45e V.G.D prise en flagrant délit de retraite. C'est à ce moment, comme nous l'avons signalé plus haut, que la 17e I.D (LVIe *Panzerkorps*), menée par un énergique général de 35 ans, Sachsenheimer, tente de percer vers l'ouest. Elle y parvient une fois, est de nouveau enfermée, rompt à nouveau le cercle. Cinq fois en cinq jours ! Moins d'une centaine d'hommes (sur 10 000) parviendront à rejoindre le « chaudron mobile » de Nehring. La déchirure dans le ventre de la 9e Armée atteint 100 km de large. Tchouikov contemple les premiers résultats de la bataille en profondeur. Non loin du village d'Olszowa, 12 *Nebelwerfer* intacts, avec un gros stock de fusées ; surpris par les chars, les artilleurs n'ont eu que le temps de décamper en camions. À Czarny Lug, 1 000 hommes de la 45e V.G.D se rendent avec deux lieutenants-colonels. Sur la route de Tomaszow, des centaines de véhicules abandonnés sur les bas-côtés. À Strykow, 1 500 hommes se constituent prisonniers, plusieurs centaines d'autres sont ramassés, errants, dans les bois. Un peu partout, des paquets de blessés laissés en arrière avec un médecin. À Rawa Mazowiecka, un aérodrome intact, avec du carburant, des montagnes d'obus de FLAK.

Au sud de Pulawy, le XXXXIIe Corps tout entier risque à son tour d'être pris en tenailles entre la 4e Armée de tanks (Koniev) et la 33e Armée (Joukov). Dans l'après-midi du 15, son chef, le général Recknagel, reçoit l'ordre de retraite générale. Quarante mille hommes prennent la route de l'ouest. À 4 km/h, leurs chances semblent minces face aux unités blindées qui fusent de tous côtés à 40 km/h.

D'une haleine, le 11e Corps blindé soviétique, précurseur de la 69e Armée, s'empare au crépuscule de Radom, où se croisent huit routes et voies ferrées. Il perd quatre chars touchés par six *Sturmgeschütz* en embuscade, appuyés par 300 hommes d'un bataillon de travailleurs et 280 soldats de toutes armes ralliés par un colonel énergique, Paul Arnhold[1] : c'est là toute la garnison de la ville… Rompant le combat, la brigade de tête choisit de contourner Radom, obligeant ainsi ses défenseurs à décamper ; ils seront anéantis en rase campagne un peu plus loin. Arnhold et quatre hommes sont les seuls rescapés. Puis les T-34, chargés

1. P. Arnhold, *Der gnadenlose Weg*, p. 32 et 41.

de 3 fûts supplémentaires de 200 litres de gazole, filent à fond de chenilles sur la grand-route de Lodz, à 150 km par Piotrkow.

En trois jours, le Groupe d'Armées A subit une des plus terribles défaites de l'histoire militaire allemande, sans même sauver la face. La suite risque d'être plus terrible encore. Le 15 janvier, Warlimont note dans le journal de l'OKW cette phrase pathétique :

> « 19 h 20 : Guderian appelle (Jodl) et demande que tout soit jeté d'urgence à l'est. »

## III. La poursuite

Les Soviétiques sont surpris par le rapide effondrement du Groupe d'Armées A. L'état-major général doit revoir les plannings en hâte, tout avancer de six à huit jours. Le nouveau calendrier définit pour chacun des deux Fronts un objectif intermédiaire (phase 1) et un objectif final (phase 2). Ce dernier clôt, comme il a été prévu en novembre 1944, la première étape de la marche vers Berlin, dite des « quarante-cinq jours ».

La phase 1, pour Joukov, est la prise de Lodz ; pour Koniev, c'est l'arrivée sur une ligne Cracovie-Czestochowa. Date fixée : le 19 janvier.

La phase 2 vise, respectivement, la ligne Bromberg (Bydgoszcz)-Posen (Poznan), le 2/4 février au plus tard, et Breslau-fleuve Oder, le 30 janvier.

La suite prouvera que ce calendrier N° 2 est encore trop timoré.

Remarquons que Joukov ne reçoit pas l'Oder comme objectif mais, plus modestement, Posen. Ce n'est que le 20 janvier, après l'investissement de Posen que l'opération Vistule-Posen deviendra Vistule-Oder. En attendant ce changement d'échelle, les ordres sont clairs : aller le plus vite possible, ne pas se laisser freiner par des actions de détail. L'Armée rouge atteint ses progressions les plus élevées enregistrées jusque-là : 25 à 30 km par jour pour les Armées combinées, 45 à 80 km pour les Armées de tanks.

Contre vents et marées, Hitler reste fidèle à l'esprit de la directive 51 : « le front est doit s'aider lui-même. » Pour boucher l'axe de Berlin et défendre la Haute-Silésie, des unités sont retirées d'urgence de Slovaquie, de Hongrie, de Prusse-Orientale et de Courlande (où deux Panzers et deux divisions d'infanterie reçoivent le 15 janvier leurs ordres d'acheminement vers le port de Libau). Le front ouest ne cède que deux divisions d'infanterie.

Quant à la Luftwaffe, elle comptabilise ce que lui coûte l'abandon de la Pologne en termes d'usines, d'ateliers, d'équipements, d'aérodromes, de réserves en carburant, d'appareils en révision et réparation. Le 22 janvier, par exemple, trois terrains à l'est de Posen sont surpris par les chars soviétiques. Les « rampants » s'enfuient comme ils le peuvent, pendant que les appareils des escadres d'assaut S.G. 9 et S.G. 77 décollent en catastrophe. Mais les T-34 s'emparent de 20 précieux *Henschel* Hs 129 et Fw 190 F-8, de centaines de moteurs neufs et de beaucoup d'essence. Le lendemain, la S.G. 9 perdra encore deux Hs 129 sur la base de Kleineichen. Au sud de Posen, la 1re Armée de tanks de la Garde découvrira

700 autres appareils sur plusieurs aérodromes. La STAVKA refuse de croire ce chiffre que lui communique le général Katoukov et envoie une commission spéciale, qui confirme. Nous n'avons pu trouver la source de ce fait, cité par Christopher Duffy[1]. Qu'il s'agisse d'appareils neufs est fort douteux. Il nous semble plus probable que les Russes aient mis la main sur des appareils abîmés, plus ou moins cannibalisés, en attente de dépeçage ou de réparations lourdes.

L'inexpérience des jeunes pilotes allemands sortis d'école avec un nombre d'heures insuffisant se traduit par des pertes très élevées : 21 appareils abattus le 16 janvier[2], par exemple, 32 le 19, 107 du 31 janvier au 2 février. Un ordre du commandant de la *Luftflotte* 6, en date du 17 janvier, dit la détresse de l'arme aérienne allemande :

> « Le commandement de la Luftflotte 6 informe les états-majors subordonnés de la Luftwaffe et les états-majors de l'Armée de la situation tendue des approvisionnements en carburant. La Luftwaffe est seulement en mesure de remplir un minimum de missions (reconnaissance et lutte antichar) et doit renoncer aux missions de soutien demandées par les unités terrestres, quand la situation ne l'exige pas absolument et que n'existent pas d'autres moyens de remplir ces missions. »

C'est pourtant maintenant que la *Ostheer* va avoir besoin d'aide dans le ciel. À compter du 16 janvier, en effet, le temps se met au beau. Les deux camps font décoller tout ce qu'ils ont.

## 1. *La chevauchée du Premier Front de Biélorussie (16 janvier-2 février 1945) (carte 9)*

Les forces de Joukov suivent deux grands axes. Au sud, la 1re Armée de tanks, suivie par la 8e Armée de la Garde, vise Lodz et Posen. La 2e Armée de tanks emmène les 3e et 5e Armées de Choc, les 61e et 47e Armées combinées et la 1re Armée polonaise sur une voie nord qui passe par Varsovie, Bromberg, Schneidemühl.

### La chute de Varsovie

Le 16 janvier, dans la nuit, la brigade de tête du 9e Corps blindé de la Garde (2e Armée de tanks de la Garde) entre dans Sochaczew, une ville carrefour sur la Bzura, à 50 km à l'ouest de Varsovie, par où passent la grand-route et la voie ferrée à haut-débit vers Posen. La capitale est donc déjà aux trois quarts encerclée. À Sochaczew, un détachement spécial de la 16e Armée aérienne s'empare de l'aérodrome et retape la piste juste à temps pour voir atterrir les premiers Yaks du 402e Régiment de chasse. Comme l'on se bat toujours dans le quartier nord-ouest de la ville, Bogdanov laisse

1. C. Duffy, *Red storm…*, p. 101.

2. Du 12 au 17 janvier, les 2e et 16e Armées aériennes soviétiques n'ont guère eu d'opposants si l'on en croit les pertes de la Luftwaffe : 44 avions abattus en combat, 86 sur les aérodromes. L'activité des avions allemands ne redevient significative qu'à partir du 19-20 janvier.

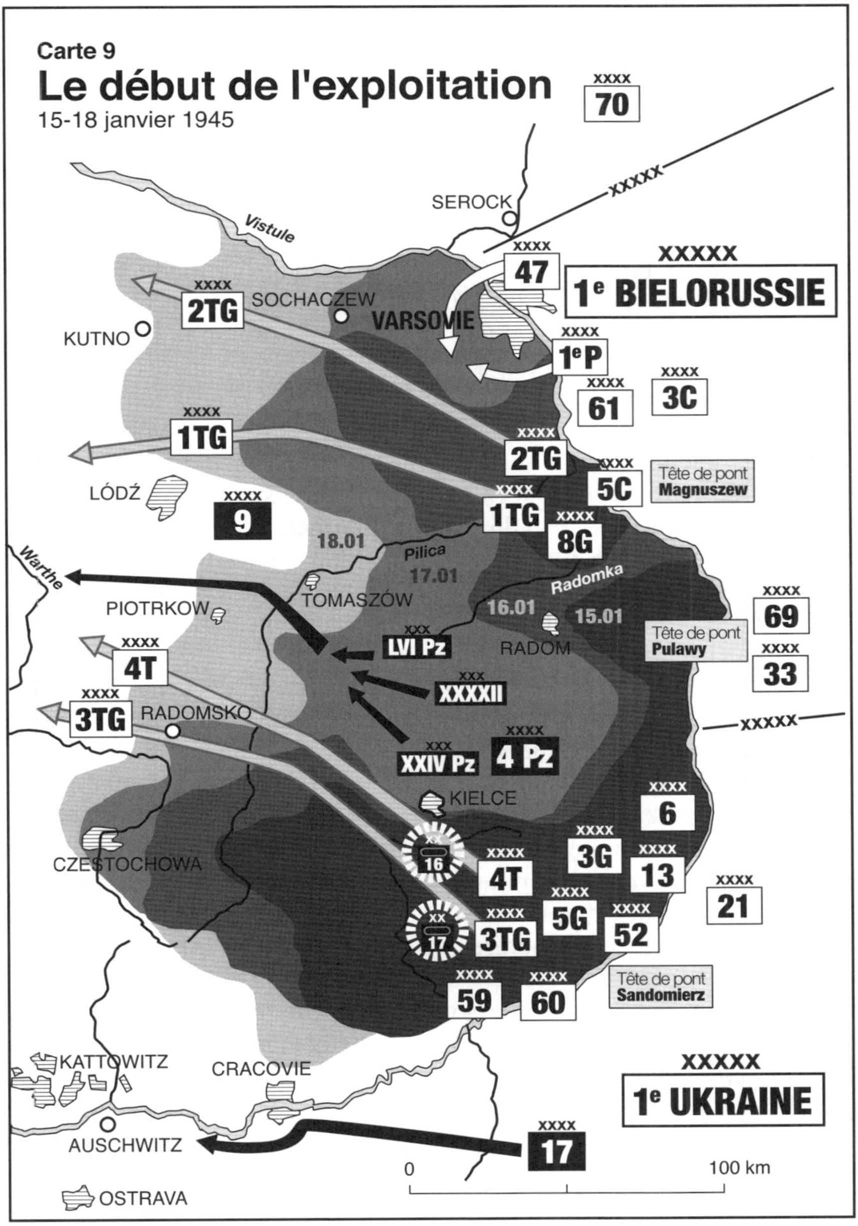


Carte 9

**Le début de l'exploitation**

15-18 janvier 1945

une brigade blindée aux aviateurs. C'est son intérêt : de Sochaczew décolleront les *Sturmoviks* qui le protégeront jusqu'à la Warthe.

La veille, la 1re Armée polonaise est passée à l'attaque depuis le faubourg de Jozefow, situé sur la rive orientale de la Vistule. Les défenses de la « forteresse Varsovie » consistent en une ligne de barbelés et un fossé antichar ; le régiment d'artillerie de forteresse est équipé de canons de capture de tous modèles et les dotations en obus sont insuffisantes. Aussi l'infanterie polonaise, protégée par des nuées artificielles, appuyée par les tubes des trains blindés du 31e Bataillon spécial d'artillerie ferroviaire, franchit-elle sans encombre les 250 mètres de la Vistule. La 337e Division de *Volksgrenadier* recule, imitant sa voisine de droite, la 251e, assaillie par la 61e Armée. Au nord, la 47e Armée relance son attaque et passe le fleuve en plusieurs endroits. Le XXXXVIe *Panzerkorps* tout entier est menacé d'encerclement. Le patron de la 9e Armée, von Lüttwitz, demande frénétiquement à sa hiérarchie la permission d'abandonner Varsovie et de retirer ses troupes les plus à l'est sur la position A-2. À 20 h 13, von Lüttwitz reçoit du Groupe d'Armées A l'ordre d'évacuation de Varsovie ; le XXXXVIe *Panzerkorps* doit percer vers le nord-ouest pour aller se lier vers Wyszogrod (confluent Bzura-Vistule) à l'aile sud du Groupe d'Armées Centre ; armes et équipements intransportables doivent être détruits.

L'ordre de retraite du XXXXVIe *Panzerkorps* est dépêché par l'OKH, suite à une discussion au cours de laquelle Guderian apprend de son département Opérations que Varsovie est « certainement déjà tombée ». Or, durant l'exposé de situation que Guderian donne à Hitler le soir même, on apporte un câble du commandant de la place de Varsovie informant que l'évacuation est en cours : Hitler apprend ainsi que la ville est toujours allemande, contrairement à ce que Guderian vient de lui dire ! Fou de rage, il exige que l'ordre d'évacuation soit contremandé, la ville tenue à tout prix. Le contre-ordre ne parvient qu'à 23 h 00 à von Lüttwitz. La ville résonne des charges de démolition et les quatre bataillons de forteresse – dont un bataillon de sourds récupérés en bloc à la sortie de l'hôpital – ont déjà quitté leurs positions de combat. Le commandant de la place refuse de les faire revenir et maintient l'évacuation, qui est complète au matin du 17 janvier. Ses hommes rejoignent bientôt le XXXXVIe *Panzerkorps* lancé dans une retraite chaotique, avec des scènes vécues quelques années auparavant par les troupes de Weygand.

> « On ne voyait plus nos avions. Aussi était-ce pour les Russes des vols d'agrément durant lesquels ils bombardaient les routes. Puis ils retournaient à leurs aérodromes refaire le plein de munitions et de carburant. Ils n'avaient même pas besoin de se presser. Ils pouvaient être sûrs que les colonnes coincées sur les routes bondées ne pouvaient leur échapper. Un massacre en règle[1]. »

1. P. Arnhold, *Der gnadenlose Weg*, p. 50-51.

Ce récit est confirmé par les données soviétiques. Le 16 janvier au matin, en effet, un groupe de bombardiers en piqué Pe-2 détruit le pont-carrefour d'Inowlodz, sur la Pilica et appelle aussitôt du renfort. Bloqués dans leur fuite vers l'ouest et le nord, 5 000 véhicules allemands se retrouvent coincés pendant que le génie tente fébrilement de réparer. Trois vagues de *Sturmoviks* et de Pe-2 surviennent à basse altitude, les soldats entendent les moteurs trop tard. En quelques minutes, 500 engins sont détruits, chaque bombe faisant mouche dans cet océan de métal et de corps imbriqués. Cette technique, dite du bouchon, sera employée à plusieurs reprises avec succès par les escadrilles soviétiques, sur la route de Radomsko, sur l'axe Skierniewice-Tomaszow et Radom-Opoczno.

Hitler prend fort mal l'évacuation de Varsovie. La première capitale qu'il a conquise les armes à la main, abandonnée sans combattre et contre sa volonté ! Harpe, le patron du Groupe d'Armées A, est limogé, remplacé par Schörner, le très nazi chef du Groupe d'Armées Nord. À peine arrivé de Courlande, celui-ci sanctionnera von Lüttwitz, qui laissera la 9e Armée à Busse. Dans une nouvelle scène, Hitler signifie à Guderian sa volonté « d'écraser le système de l'état-major-général », « ce groupe d'intellectuels » ! Les trois plus proches collaborateurs de Guderian sont arrêtés mitraillette au poing. Deux sont mutés au front, le troisième – le colonel von Bonin – part en camp de concentration. Guderian lui-même est interrogé deux jours durant par la Gestapo et les SS. Le chef de l'OKH, cardiaque, est au bord de l'effondrement. N'a-t-il pas par ailleurs appris le 16 que la meilleure part des réserves, la 6e Armée Panzer SS, chargée sur 200 trains, part pour… la Hongrie ?

L'affaire de Varsovie est symptomatique d'une détérioration grave du haut-commandement de la *Ostheer*. Les liaisons sont défaillantes, les ordres discutés longtemps ou accomplis à reculons. La lutte OKH-OKW, rendue plus absurde encore par le rapprochement géographique des fronts ouest et est, se fait incessante. L'absence d'unité de vue entre Hitler et l'OKH, mais aussi entre généraux, est devenue une évidence de chaque jour. La méfiance règne à tous les échelons, empoisonnant un air déjà chargé des relents de la défaite. Le 21 janvier, Hitler fait connaître, *via* l'OKW, une directive qui met un point final à sa longue entreprise de domestication de l'Armée de terre. En voici des extraits :

> « J'ordonne :
>
> 1. Les chefs d'Armées, de Corps et de divisions sont personnellement responsables devant moi de ce que :
>
> a) chaque décision concernant un mouvement opérationnel, b) chaque projet d'attaque, à compter du niveau divisionnaire, qui sortirait du cadre des instructions générales (données par moi), (…) d) chaque mouvement de repli ou de recul, e) tout projet d'abandon d'une position, d'un point fortifié ou d'une forteresse, me soient communiqués suffisamment à l'avance, de façon à ce qu'il me soit possible d'intervenir dans cette décision et qu'un contre-ordre ait encore le temps d'atteindre les troupes de l'avant.
>
> 2. Les chefs d'Armées, de Corps et de divisions, les chefs de l'état-major-général (…), sont personnellement responsables devant moi de ce que

tout rapport qui me parvient, directement ou par la voie hiérarchique, reflète la réalité sans fard. Je punirai de façon draconienne toute tentative de déguisement, par intention, négligence ou inattention[1]. »

## La V.V.S se déchaîne

Le 16 janvier, la 1re Armée de tanks de la Garde est toute entière de l'autre côté de la Pilica. Le lendemain, elle abat 70 km en marchant vers le nord-ouest. Sur la rivière Radomka, à Przysucha, à 33 km à l'ouest de Radom[2], sa 65e Brigade blindée est arrêtée par des tirs tendus venus de plusieurs batteries bien camouflées. Un appel radio et, vingt minutes plus tard, une douzaine de *Sturmoviks* détruisent posément les canons dont aucun n'aura le temps d'être raccroché à son tracteur. La brigade passe à gué et, un peu plus loin, elle surprend les restes du LVIe *Panzerkorps*, ainsi que le relate Paul Arnhold, un témoin allemand, placé sur une colline à 800 mètres du combat.

> « (L'état-major du Corps) fut brusquement encerclé par une masse de chars russes qui déversèrent un feu violent. À droite, à gauche, entre les chars, venaient des colonnes d'infanterie. Repéré, Paul Arnhold doit s'enfuir dans son *Kubelwagen*. Le seul survivant, un major, lui racontera la suite. "Un officier de l'OKH nous dit qu'il fallait partir, que le point de rassemblement du Corps était à Glogau (à 350 km à l'ouest !!). Hors de question, hurla le général commandant le Corps. Je reste ici en défense. Ce furent ses derniers mots, couverts par le bruit du combat qui se rapprochait. Il n'y avait pas de doute à avoir : tout l'état-major de notre célèbre *Panzerkorps* venait d'être massacré jusqu'au dernier homme[3]. »

À droite, Tchouikov fouette les avant-gardes de sa 8e Armée de toute sa colossale énergie. Celles-ci parcourent 25 à 30 km le 16 janvier, 30 à 40 km le lendemain où elles s'emparent de Rawa-Mazowiecka et poussent jusqu'à 12 km de Lodz. La ville est défendue vers le sud et l'est par des éléments épars de la 25e *Panzer* ainsi que par les premiers éléments de la *Panzergrenadier Brandenburg* et de la *PzDiv. Hermann Goering*, rassemblées sous l'autorité du *Panzerkorps Grossdeutschland*[4] (général von Saucken). La nouvelle mission de ces forces d'élite est de tenir autour de Lodz pour laisser aux unités battues sur la Vistule – notamment au Corps de Nehring – le temps de rejoindre. Ce sera un défilé ininterrompu de véhicules surchargés roulant sur les jantes, de charrettes remplies de blessés ensanglantés, de petites unités épuisées menées par un sous-officier, d'états-majors sans troupes à l'instar de celui du VIIIe Corps, arrivé à Pietrikau le 17, et aussitôt envoyé par le Groupe d'Armées à Oppeln avec une mission urgentissime : organiser la défense de la frontière silésienne du Reich.

---

1. Warlimont, *Im Hauptquartier…*, p. 532.
2. Bergström, *Bagration to Berlin*, p. 95.
3. P. Arnhold, *Der gnadenlose Weg*, p. 43-44.
4. À ne pas confondre avec la *PzGrenDiv Grossdeutschland*, demeurée en Prusse-Orientale avec quelques éléments de Corps.

Sur la route entre Opoczno et Tomaszow, un pilote de Po-2 repère un embouteillage de plusieurs milliers de véhicules. Prévenus, plus de 200 *Sturmoviks* et Pe-2 attaquent pendant 4 heures en plusieurs vagues. C'est un massacre estimé, pour le seul 300e Sh.A.D du général Kovaliov, à 3 500 véhicules et 15 chars. Un peu plus loin, près de Radom, les hommes de la 65e Brigade blindée pourront vérifier, à s'en rendre malades, le résultat d'une attaque de 30 *Sturmoviks* lorsqu'ils découvrent les carcasses calcinées, inextricablement enchevêtrées, de 12 chars et 120 camions, *Kubelwagen*, ambulances, fondues avec la chair de 200 soldats allemands. La 25e Panzer vit aussi un calvaire ce 16 janvier ensoleillé. Du matin au soir, les appareils soviétiques s'acharnent sur elle, détruisant un précieux matériel chenillé et des dizaines de camions qui mettent grenadiers et fusiliers à pied alors que les T-34 rugissent quelques kilomètres en arrière.

Ce 16 janvier est donc le premier jour de l'engagement massif de l'aviation rouge : 3 431 missions de combat (dont 1 481 pour les unités de *Sturmoviks*) pour la seule 16e Armée aérienne, qui soutient l'effort de Koniev. Le VIIIe *Fliegerkorps* est défié en 24 combats aériens, où il laisse 18 appareils. Un des affrontements met nez à nez une formation de *Focke-Wulf* 190 F-8 avec 6 La-5 et Yak-9 escortant 10 *Sturmoviks*. L'escorte soviétique engage aussitôt les Fw qui, pour s'alléger, se délestent de leurs bombes. Elle en abat quatre, dont l'appareil du lieutenant Otto Hulsch (SG 1), un tueur de chars avec 34 destructions certaines.

### Lodz et le Corps Panzer *Grossdeutschland*

Le *Panzerkorps Grossdeutschland* a été constitué en toute hâte en Prusse-Orientale le 10 janvier 1945. Il réunit les *PzGrenDiv Grossdeutschland* et *Brandenburg* et se tient à la disposition de l'OKH. Au soir du 12 janvier, le Corps est placé en état d'alerte. Dans la nuit du 13 au 14, il est chargé sur une centaine de trains et aussitôt... démembré. La *PzDiv.GD* part pour Praschnitz, en Prusse-Orientale, la *PzDiv.Brandenburg* est dirigée, en compagnie de la *Hermann Goering* et de l'état-major du Corps, du côté de Lodz. Dans le cadre de la mission assignée le 16 janvier par l'OKH aux Groupes d'Armées A et Centre – contenir les Russes sur la ligne A-2-Pilica-Varsovie –, les deux Panzers ont à culbuter les chars de Joukov devant Lodz et à les rejeter de l'autre côté de la Pilica. Une mission qui ne tient tout simplement pas compte de la vitesse de progression de Joukov.

La *FallschirmPzDiv. Hermann Goering* (HG), commandée par le major-général von Necker, appartient à la Luftwaffe mais, sur le champ de bataille, comme toutes les troupes parachutistes, elle est employée sous le contrôle de l'armée de Terre. C'est une des unités les plus puissantes encore en action sur le front de l'est. Son épine dorsale se constitue d'un régiment blindé à deux bataillons, l'un à 40 Panthers, l'autre à 40 Pz *Mark IV*, plus 12 *StG.* et 12 chasseurs de chars. Les deux régiments de grenadiers sont transportés par camions, le bataillon de fusiliers et le bataillon de pionniers sont partiellement montés sur half-tracks, alors que la totalité du bataillon de reconnaissance bénéficie de ces moyens tout-terrain.

Le 13 janvier, la *PzDiv.HG* est retirée de Prusse-Orientale ; le 14 à l'aube, elle est envoyée en Pologne par fer en même temps que la *Brandenburg*, *via* Deutsch-Eylau et Thorn. Les 3e B.A.K et 221e B.A.D. attaquent ponts et gares sur le parcours, obligeant les rames à se disperser. Dans la nuit du 15, les Panzergrenadiers des deux unités débarquent à Pietrikau (Piotrkow), 40 km au sud de Lodz, la seconde ville de Pologne. La gare est encombrée de milliers de civils allemands[1] qui fuient vers l'ouest ; sur des quais réquisitionnés par Albert Speer, on charge fiévreusement des machines-outils retirées des nombreuses usines d'armement de la ville. Les régiments de chars arrivent dans trois gares différentes, entre Lodz et Kutno (40 km au nord) et tombent aussi dans une cohue indescriptible. À Lodz, plusieurs wagons chargés de matériel divisionnaire sont détruits par un raid aérien qui tue des centaines de civils massés sur les quais. Les deux divisions ne parviennent pas à se regrouper, faute de carburant mais aussi parce qu'elles sont en plusieurs endroits engagées par les avant-gardes soviétiques dès leur descente de train. Un bataillon de *Mark IV* est sévèrement accroché à Zgierz. Incapables de se regrouper pour contre-attaquer, les unités se défendent où elles sont, par petits paquets réduits à se former en hérisson. La puissance de feu des *KG* tient les T-34 en respect mais, dès le 16 janvier, les arrières sont coupés tandis que deux trains portant la logistique de la GD sont interceptés en rase campagne et détruits par les T-34 d'une brigade avancée. L'état du carburant et des munitions permet de rester 48 heures près de Lodz, puis la retraite devient inévitable. Le scénario est fort proche de celui qui a réduit à l'impuissance XXIVe *Panzerkorps* de Nehring. Le lieutenant-colonel Erasmus, chef d'état-major de la *PzGrDiv. Brandenburg*, imagine une autre histoire.

> « Une planification correcte aurait dû débarquer les deux divisions dans la région de Glogau ou au sud-ouest de Posen (soit 200 km à l'ouest des débarquements réels, ndla). Après un regroupement complet, solidement liées, elles auraient poussé le 20 janvier jusqu'à Kalisch (90 km, ouest de Lodz, ndla). De là, elles auraient pu frapper les pointes blindées ennemies largement écartées les unes des autres, et auraient pu en détruire au moins une bonne partie.

1. Lodz – Litzmannstadt –, capitale de la province de colonisation du Wartheland, comptait alors 100 000 habitants allemands et 250 000 Polonais. Le 12 janvier, Naumann, secrétaire d'État à la Propagande, a tenu un discours à Posen affirmant que JAMAIS la position de la Vistule ne serait perdue et qu'en conséquence il n'y avait aucune mesure d'évacuation à prévoir. Le résultat, c'est que le départ des Allemands du Wartheland se fait dans le plus grand désordre et la plus totale improvisation. Les souffrances des civils sont aggravées par un ordre du général Schörner exigeant des troupes qu'elles libèrent par tous les moyens les routes encombrées par les réfugiés et qu'elles réquisitionnent l'essence dont disposent ceux-ci.

Ensuite, les divisions d'infanterie russes n'auraient pu marcher tranquillement vers l'ouest mais auraient été mises en grand désarroi, coincées entre le *Panzerkorps Grossdeutschland* et le "chaudron mobile" de Nehring[1]. »

Comme beaucoup d'anciens officiers de Panzers, Erasmus a rêvé une autre guerre dans les années 1950 et 1960, à grands coups de « et si ». Toutes ces reconstructions partagent un double postulat implicite. Un : le Russe est irrémédiablement inférieur dans les opérations mobiles. Deux : même si les conditions avaient été autres, l'ennemi aurait adopté le même comportement. Si le *Panzerkorps GD* avait frappé à partir de Kalisch, il aurait engagé le combat contre la 1reArmée de tanks de la Garde. Mais les dispositions opérationnelles prises par les Soviétiques sont telles qu'un double mouvement d'encerclement aurait alors sauté aux yeux de Joukov et de Koniev. Au nord, un Corps de la 2e Armée de tanks de la Garde aurait plongé vers le confluent Warthe-Prosna, imité au sud par un Corps de la 4e Armée de tanks : rien n'aurait pu les en empêcher. Les chefs soviétiques n'auraient même pas eu besoin de détourner les quatre autres Corps blindés de leurs missions opératives. Par ces simples mouvements, le *Panzerkorps GD* aurait été coupé de ses arrières et rapidement forcé de former un nouveau « chaudron mobile » en retraite. Aurait-il quand même réussi à écharper l'Armée de Katoukov, qu'il aurait payé ce succès tactique de pertes irremplaçables pour le Reich.

Revenons aux faits. La retraite du *Panzerkorps GD*, auquel se sont joints des éléments des 19e et 25e Panzers, s'opère lentement et en bon ordre. Kutno est perdue le 18, Lodz, le 19. Le mouvement rétrograde est ponctué de coups de pattes (comme à Sieradz, le 18) des arrière-gardes, qui saisissent toutes les occasions de monter des embuscades retardatrices. Ainsi, le 25 janvier, l'aspirant Wolfgang Hartlet[2] dissimule ses cinq Panthers dans des granges et sous des abris de branchages de part et d'autre de la route empruntée par les Soviétiques. La vue est dégagée sur 800 mètres. Vingt-cinq T-34/85 se présentent avec de l'infanterie sur le dos. Les cinq premiers obus tirés par les 75 mm des Panthers font mouche. L'infanterie s'égaye, tandis que les chars se lancent dans une charge folle. Posément, jouant de l'immobilité de ses engins et de leur système d'armement supérieur (canon, viseur, dispositif de chargement, vitesse de tir), Hartlet immobilise les vingt T-34 engagés. Des bruits de moteurs sur ses arrières l'avertissent qu'il doit décrocher d'urgence. Il trouvera sur sa route les caisses d'obus et les jerrycans laissés à son intention par ses gros. Quatre heures ont ainsi été gagnées. La *PzDiv. HG* reculera jusqu'à l'Oder, traversée sur un pont de fortune près de Glogau dans la nuit du 31 janvier au 1er février 1945. Peu après, Hartlet sera grièvement blessé, ses équipiers tués et son Panther détruit lors d'un duel avec un JS-2.

Après la chute de Varsovie, occupée par la 47e Armée et la 1re Armée polonaise, la 2e Armée de tanks de la Garde reprend sa marche vers l'ouest

1. In G. Gunter, *Letzter Lorbeer*, p. 98.
2. In *Symposium*…, p. 627.

en suivant la rive sud de la Vistule. Sachant qu'il y des unités allemandes au-delà du fleuve, Bogdanov se fait garder à droite par la 47e Armée dont deux Corps marchent de front et, surtout, par le 2e Corps de cavalerie de la Garde. À cette unité revient la réduction des bouchons placés à Kutno (*GD*), Gostynin (251e I.D) et Gabin (237e *Volksgrenadier*). Cette prise en charge des frictions par les unités voisines permet à la 2e tanks de la Garde de remplir sa tâche essentielle, foncer au plus vite, empêcher l'ennemi de se rétablir où que ce soit. Le 18, marchant nuit et jour, elle parcourt ainsi 80 km, approchant la Netze (Notec) vers Inowroclaw.

La chute de Lodz montre le même souci d'éviter toute perte de temps à la 1re Armée de tanks de la Garde. Le 18 janvier, la brigade de tête du 8e Corps mécanisé de la Garde attaque le faubourg de Zgierz, au nord-ouest, en chasse les défenseurs en quelques salves de *katiouchas*, sectionne les communications vers l'ouest mais ne s'engage pas plus avant. L'important est alors de couper les défenseurs de Lodz des éléments du *Panzerkorps GD* repérés au nord-ouest, derrière Kutno, mais aussi au sud, à Pietrikau. La prise d'une grande ville n'est pas l'affaire des chars. Des éléments d'infanterie motorisés, sécurisés par des antichars et des canons d'assaut, sont laissés à Zgierz tandis que le gros de la brigade repart vers l'ouest, vers la Warthe, son prochain objectif. Au soir, les premiers éléments d'infanterie de la 8e Armée de la Garde sont là et les tankistes rétrocèdent Zgierz pour rejoindre leur unité au plus vite. Il est frappant de constater que nulle part les Soviétiques ne tentent de monter des encerclements à l'aide de leurs Armées blindées, à la mode germanique. Il est vrai qu'il n'y a pas de grosses prises à réaliser. Dérouter, même partiellement, une Armée de tanks pour saisir un régiment ou une brigade, ou même une Panzer, n'entre pas dans les intentions des Rybalko et autre Leliouchenko : ce sont là des objectifs tactiques. Or, la mission de l'Armée de tanks est de niveau opératif, répétons-le : s'enfoncer dans les profondeurs du système ennemi, détruire tout ce qui permet à son organisation militaire de survivre, saper toute possibilité de défense, rogner sans cesse sur l'espace à la disposition des forces adverses.

Ainsi que nous l'avons dit plus haut, au sud de Lodz, les 11e et 9e Corps blindés, forçant l'allure, engagent les éléments avancés de la *HG* et de la *Brandenburg*. À leur gauche, ils peuvent compter sur les trois Corps de la 4e Armée de tanks. L'affaire est décidément mal engagée pour les deux Panzers. Elles viennent à peine de débarquer. Une partie des chars est encore sur les wagons plats, les canons d'assaut ne sont pas arrivés, les *Panzergrenadieren* sont ailleurs, et voici que fondent par le nord, l'ouest et le sud un millier de chars et de canons automoteurs suivis comme leur ombre par les Studebakers porte-*katiouchas*.

La 8e Armée de la Garde pointe devant Lodz le 18 janvier. Les colonnes de fantassins arrivent en ordre dispersé. Pour maintenir un rythme de marche de 30 à 40 km par jour, on fait flèche de tout bois. Les hommes sont montés sur des chevaux, des *Panjewagen*, des calèches (!), des autocars, des camions sans moteurs tirés par chapelets de 2 ou 3 par des tracteurs d'artillerie... À la binoculaire, Tchouikov voit fumer des centaines de cheminées d'usines. Il pense trouver à Lodz une puissante garnison : il s'agit tout de même de la deuxième ville de Pologne, du premier centre industriel, du plus gros carrefour ferroviaire du pays, qui voit passer la grande route Varsovie-Berlin. Plus de 80 000 personnes y travaillent dans les usines d'armement. Sans liaison avec Joukov ni avec l'aviation, inquiet de laisser ce gros morceau dans son dos, il décide de prendre la cité d'assaut le 19, par le nord et l'ouest. Mais il n'y aura pas de combat : la petite garnison file vers l'ouest sans demander son reste. Les hommes de Tchouikov prennent la cité intacte. Les magasins sont ouverts. Dans les rues, les Polonais commencent la chasse aux civils allemands demeurés dans la ville, terrible retour de bâton après 5 ans de germanisation à outrance. Les 980 Juifs survivants d'un ghetto de 200 000 personnes sortent lentement des caves et des greniers où ils se dissimulaient depuis des mois. Ainsi que le relève Tchouikov, Lodz est prise à J+6 : le planning du Front prévoyait J+12...

## L'anabase du XXIVe *Panzerkorps*

Pour bien comprendre les événements étonnants qui vont suivre, il faut avoir deux choses à l'esprit. Les Soviétiques, parce qu'ils privilégient la profondeur et la vitesse, laissent subsister sur leurs arrières des fragments d'unités, des poches ou « chaudrons », dont ils ne doutent pas qu'elles mourront d'attrition, avec l'aide de leurs unités d'infanterie de second échelon. Il faut aussi rappeler ce qu'est une *PzDiv.*, notamment sa composition interarmes, sa capacité à générer des groupes de combat et, de là, son étonnante résilience, sans laquelle on ne peut expliquer le phénomène de *Wandernde Kessel* (« chaudron » ou poche mobile) qui va nous retenir. Grâce au témoignage du chef de la 17e Panzer, le colonel Albert Brux[1], nous pouvons nous faire une idée exacte de la composition de cette unité au moment de la grande percée soviétique.

– Un régiment de chars à deux bataillons (40 Panthers et 40 *Pz.Mark IV/lg*).

– Le 40e Régiment de *Panzergrenadieren*, renforcé par un bataillon du 63e Régiment. Un des bataillons est monté sur 56 half-tracks, un autre sur camions, le troisième va à pied. 1 500 hommes au total (compagnies à 90 hommes).

– Un régiment d'artillerie blindée à trois bataillons. Le premier, renforcé, compte deux batteries de 10,5 cm autopropulsées (12 pièces) et une batterie de six 17,5 cm autopropulsées. Les deux autres, 12 tubes de 10,5 cm également sur affût chenillé. 42 tubes au total.

– Un bataillon de DCA à deux batteries de 8,8 cm et une batterie renforcée de tubes quadruples 2 cm, toutes autopropulsées et à capacités antichars, soit 14 engins.

1. *17e PzDiv. Operations*, par le colonel Liebisch, in *Symposium...*, p. 610 et sq.

– Un bataillon du génie blindé monté sur half-tracks, avec une compagnie de lance-flammes.

– Un bataillon antichar doté de 30 chasseurs de chars neufs *Jagdpanzer 38 Hetzer*.

– Un bataillon blindé de reconnaissance avec un mélange chasseurs de chars, half-tracks, automitrailleuses, peloton radio.

– Une section de transmission en partie blindée.

– Une compagnie médicale et une compagnie de réparation.

– Un état-major de division avec une compagnie d'accompagnement.

Chacune des sous-unités listées ci-dessus peut céder un bataillon ou une compagnie qui, aggloméré autour d'une compagnie de chars ou de chasseurs de chars, forme un groupe de combat interarmes autonome (*Kampfgruppe* ou KG). Le commandant dessine spécifiquement chaque *KG* pour une mission donnée. Le nombre de combinaisons possibles est très élevé. Cette capacité à mixer les sous-unités assure à la *PzDiv.* une flexibilité remarquable ; elle lui permet de rester opérationnelle même après avoir encaissé de lourdes pertes.

Revenons au 14 janvier, lorsque la 17e Panzer rejoint en catastrophe la 16e à Kielce. Avec les débris des deux divisions, on réussit à constituer un *KG* respectable (sous les ordres de von Müller) avec Panthers, *Hetzers*, half-tracks, génie, DCA. Mais tout ce monde est encerclé, sans nouvelles de l'extérieur, sans avion de liaison.

Dans la nuit du 14 au 15 janvier, Nehring capte un ordre de la 9e Armée, qui ne lui est pas destiné, mais qui est clair pour tous : retraite générale vers le Reich. Nehring demeure cependant deux jours de plus à Kielce pour récupérer le maximum d'hommes du XXXXVIIIe *Panzerkorps* et du XXXXIIe Corps, autrement promis à la destruction. Demeuré à l'écart de l'attaque de Koniev, le XXXXIIe Corps du général Recknagel s'accroche inutilement à la Vistule, enveloppé au nord et au sud par des forces soviétiques infiniment supérieures. Harpe donne à Recknagel l'ordre de repli le 15 dans l'après-midi. Pour la plupart à pied, les 40 000 hommes des 342e, 72e, 88e et 291e I.D, se mettent en marche vers l'ouest. Une partie de ces forces (291e et 88e I.D, mais aussi 168e I.D du XXXXVIIIe *Panzerkorps*), sans doute moins du tiers, parvient à Kielce à l'aube du 18 janvier mais Recknagel, von Drabich-Wächter, son chef d'état-major, et Finger (commandant la 291e I.D), sont tués lors d'un combat de nuit.

Nehring prend alors le commandement de l'ensemble et forme une sorte de hérisson mobile, passé dans l'histoire sous le nom de *Wandernde Kessel*, le « chaudron mobile » ou la « poche mobile[1] ». Son intention est simple et en apparence déraisonnable : ramener tout le monde derrière les

1. Il y a d'autres exemples de ces chaudrons mobiles durant le conflit germano-soviétique, tels ceux de Tcherkassy (février 44) et de Hube (1re Armée Panzer, mars 44). Mais celui de Nehring est le plus spectaculaire par sa durée et par le chemin parcouru.

lignes allemandes. Le *KG* principal, avec les chars embarquant le maximum de fantassins, se place en tête. Les côtés sont gardés par des KG mineurs, groupant éléments de reconnaissance et quelques canons automoteurs. À l'arrière, le *KG* secondaire constitué autour de la 20e *PzGren-Div*. Au centre des colonnes, la majorité des fantassins, les blessés, les services.

Dans la nuit du 17 au 18 janvier, Nehring donne l'ordre de percer vers le nord. Il neige fort. Les Russes sont surpris : ils attendaient la sortie vers l'ouest, et non vers le massif boisé de la Lysa Gora. Bousculées, deux divisions d'infanterie rouge s'écartent pour mieux s'en prendre aux flancs. Harcelé de tous côtés par les obus des 76 mm, laissant derrière lui un sillage de croix casquées et de véhicules en panne, le chaudron mobile se traîne plein nord à travers des collines accidentées. Il fait – 20 °C la nuit. Sans cesse, il faut siphonner puis dynamiter des véhicules pour permettre aux chenillés de rouler dix, vingt km plus loin. L'aventure aurait dû s'arrêter rapidement si, par chance, le major Blüthgen n'avait découvert en gare de Nieklan (ligne Varsovie-Kattowitz) un train de carburant intact au milieu d'un chaos de wagons détruits. On fait le plein grâce à un système de gouttières et on empile le maximum de fûts sur tout ce qui doit demeurer mobile.

Arrivé au carrefour d'Odrowaz (route Radom-Lodz), Nehring se heurte au gros des fuyards du XXXXIIe Corps (291e, 88e, 72e) et de quelques éléments du LVIe *Panzerkorps*, dont le moral semble bas. Il craint un instant la dissolution de son propre groupe sous l'effet du désordre mis dans les colonnes. Mais la peur du Russe s'avère un agrégatif puissant et l'ordre revient tant bien que mal.

À 20 km au nord d'Odrowaz, à Ruski Brod, le chaudron donne contre une unité motorisée soviétique du 21e Corps (3e Armée de la Garde). Les obus pleuvent. Des Panthers brûlent, des dizaines de véhicules explosent. Pour éviter le désastre, Nehring, toujours à l'avant, ordonne un brutal quart de tour gauche, plein ouest, à travers bois.

> « Dès le début, racontera Nehring[1], mon intention a été d'éviter autant que possible le combat durant la retraite pour réduire les pertes, économiser le carburant, ménager nos stocks de munitions et consacrer le maximum de temps à la marche.
>
> J'ordonnai de marcher de nuit, tous phares éteints, de contourner les localités importantes où l'ennemi se trouvait sans doute. Pour cela, je choisis de passer par des chemins champêtres et forestiers, qui n'apparaissaient pas sur la carte, qui semblaient impassables à une unité motorisée et où les Russes ne nous attendaient pas. Nous marchions "à travers landes et bois", où le froid nous protégeait. »

Vision idyllique. En réalité, à Ruski Brod, si la tête de la colonne – où se trouvent Nehring et le *KG* blindé – s'en tire, l'infanterie devra se battre à fond pendant deux jours pour sortir du piège. Il y a là le gros du

1. Walther K. Nehring, *Das Wandernde Kessel...*, p. 147.

XXXXIIe Corps et des éléments du LVIe *Panzerkorps*, avec une colonne de véhicules sanitaires et logistiques. Les attaques russes sont fauchées par les M.G. mises en batterie à l'orée des bois. Puis les Allemands donnent à leur tour l'assaut au bourg. On se bat maison par maison, au corps à corps. 80 % des bâtiments sont détruits. Les Russes n'insistent pas, reculent et font alors donner leur artillerie sur les soldats qui filent vers l'ouest à travers bois. D'après une enquête réalisée sur place en 1999 par des historiens amateurs polonais, c'est un massacre. Les taillis sont jonchés de centaines, voire de milliers de cadavres en *feldgrau*. Les commandants du LVIe *Panzerkorps* (général Block), de la 10e *Panzergrenadier* (colonel Vial), de la 72e I.D, sont parmi les tués et les prisonniers. Une grosse partie des armes et équipements est abandonnée par les fuyards, notamment sur la route entre Ruski Bord et Bokow, également couverte de cadavres[1]. Certains se rendront aux Russes.

À l'ouest de Ruski Brod, à Bialaczow, Nehring prend contact radio avec un autre « chaudron mobile », peuplé de nouveaux survivants du XXXXIIe Corps, dont au moins deux unités, la 342e I.D (général Nickel) et le groupe von Ahlfen, possèdent une valeur combative, amenant avec eux quelques *StG.* et douze obusiers tractés avec leurs munitions. Ce renfort est bienvenu et permet à Nehring de pouvoir compter, à quelques kilomètres sur sa gauche, sur un nouveau *KG* de 8 000 hommes. D'après le colonel Liebich :

> « L'on ne saura jamais combien il y avait de monde dans la poche. Certaines estimations montent à plus de 100 000 hommes. Les half-tracks de mon bataillon transportaient à eux seuls huit à dix commandants de division[2]. »

La retraite se poursuit, profil bas. Le jour, tous les véhicules sont camouflés, les hommes se reposent. À la nuit (vers 17 heures), le chaudron se remet en route, jusqu'à six heures du matin. La neige réverbère le clair de lune, si bien que les phares peuvent demeurer éteints. De façon étonnante, le moral reste élevé, alors que les hommes sont coupés de tout. Une brève conversation radio avec une unité de la Luftwaffe captée par hasard ne donne aucune information précise sur la situation générale. Mais les aviateurs rapportent le fait à Guderian, qui fait ordonner à la *GD* d'attendre vers Lodz pour recueillir le groupe Nehring.

Outre les qualités de la troupe et du commandement, la chance du chaudron mobile est de s'être calé, comme sur des rails, sur la limite séparant deux Fronts soviétiques en marche rapide vers l'ouest. Encagé à droite par les échelons arrière de la 8e Garde, des 69e et 33e Armées du

1. En1999, des groupes de volontaires germano-polonais ont entrepris d'exhumer les Corps des *Landsers* tués à Ruski Brod. Ils les ont trouvés enterrés par lots de 150 dans d'anciens trous d'obus. Les témoins issus de la population locale parlent de milliers de victimes, sans compter les nombreuses exécutions sommaires d'isolés pris dans les bois par les Soviétiques.

2. *Symposium*…, p. 620.

1er Front de Biélorussie, à gauche par ceux de la 6e Armée, de la 3e Garde et de la 13e, le XXIVe *Panzerkorps* va marcher parallèlement aux Soviétiques pendant 250 km. Souvent, le flot des colonnes russes défile à moins d'un kilomètre des Allemands ! Ni Joukov ni Koniev n'ont de temps à perdre en actions d'arrière-garde ; l'on sait par ailleurs que la zone de contact entre deux Groupes d'Armées est souvent un « noman's land », où l'on a du mal à savoir qui exerce le commandement. Koniev détache bien un Corps mécanisé et quelques divisions d'infanterie pour mener la chasse ; ces unités monteront des embuscades mais leur action consistera surtout à tenir les fuyards hors des grands axes. Ainsi que le dira dans ses mémoires le général Babadjanian, alors colonel commandant le 11e Corps blindé de la Garde :

> « Je ne sais pas si un de ces généraux (Guderian et Nehring, ndla) vit encore aujourd'hui. Si c'est le cas, ils peuvent remercier leur Créateur d'avoir pu sauver leur peau dans cette affaire. Mais ça n'a pas dépendu de leur habileté : nous avions simplement autre chose à faire qu'à donner la chasse dans les bois à des groupes d'isolés[1]. »

Le 19 janvier, les Russes attendent le débouché du chaudron mobile vers Paradys, passage obligé pour aller à la Pilica. Nehring n'a d'autre choix que de combattre. Mais c'est le *KG* de la 342e I.D, à 5 km sur la gauche, qui croise le fer le premier, à 5 heures du matin. On se bat comme des chiens jusqu'à midi. Impossible de percer, le Russe tient bon et contre-attaque. Une panique éclate : trente T.34 écrasent deux compagnies de la 342e I.D, tandis que 40 autres s'en prennent à sa droite. C'est à ce moment que paraissent les Panthers, les *Mark IV*, *Hetzer* et *Sturmgeschütze* de Nehring, qui chassent les tanks russes et sauvent les fantassins de la 342e. La route de la Pilica est ouverte, encore une fois au prix de centaines de pertes. Mais il faut vite déchanter : le pont de Sulejow est solidement tenu par l'ennemi.

> « C'est alors que dans ma mémoire s'est ravivé le souvenir d'un pont auxiliaire, que j'avais repéré lorsque j'étudiai notre système de défense sur la Pilica. Je décidai de faire une surprise à l'adversaire et tournai nos chars vers le nord-ouest, entre Tomaszow et Sulejow, pour passer sur la glace de la rivière et sur ce pont imaginaire dont personne à mon état-major ne se souvenait. »

Exaltés à l'idée de passer la rivière, les hommes de Nehring bousculent une unité soviétique placée sur leur passage et arrivent à la nuit (19-20 janvier) au bord de l'eau. Aussitôt, les pionniers entreprennent de jeter un pont de glace[2] sur les 50 mètres de largeur de la Pilica, tandis qu'un parti s'en va à la recherche du pont rêvé. Ils le trouvent au matin, intact et

1. A. Kh. Babadjanian, *Dorogi Pobedy*, trad. all. *Hauptstosskraft*, p. 209.
2. Le « pont de glace » est un passage de fortune au-dessus de la partie demeurée liquide de la rivière. Des planches, des pierres, des fascines arrosées d'eau forment en quelques heures un pont suffisamment résistant pour laisser passer hommes et chevaux.

non gardé ! Mais l'ouvrage de bois ne supporte pas plus de 2 tonnes. Les pionniers, travaillant dans l'eau glacée, le renforcent avec des troncs d'arbre jusqu'à 12 tonnes. Plusieurs chars sont sacrifiés pour servir au soutènement. Les véhicules passent lentement, un à un ; les *Mark IV* le franchissent en dernier, alors qu'il s'effondre déjà à moitié. Les Panthers traversent directement la rivière, profonde de 3 mètres seulement. L'infanterie passe en amont, sur le pont de glace.

De l'autre côté, on entend des bruits de moteurs : une reconnaissance de la Luftwaffe ! À la hâte, on confectionne une croix gammée géante avec des bottes de paille auxquelles on met le feu. Une heure après, par l'intermédiaire du réseau de la Lufwaffe, Nehring parle avec l'OKH. Il apprend que le Corps *Grossdeutschland* l'attend du côté de Lodz. En route ! La traversée du système défensif de la Pilica – la ligne A-2, que les Allemands n'ont pas eu le temps d'occuper – est difficile : mines, fossés antichars. Un Ju-52 largue des bidons d'essence : de quoi tenir 50 km de plus. On avance jusqu'à Dlutow : pas trace du Corps *Grossdeutschland*, pourtant aperçu deux jours plus tôt par des paysans polonais. A-t-il été repoussé par les Russes ? Mais alors, Lodz, à 20 km au nord, doit être bourrée de troupes rouges. À gauche, même chose à Pietrikau, à droite, idem à Pabianice. Impossible de s'avancer à découvert dans la plaine, d'autant que le temps redevenu clair amène un grouillement d'avions à l'étoile rouge.

Mais Nehring a la baraka. Le 21 à l'aube, un brouillard à couper au couteau occupe la plaine et se maintiendra deux jours durant. Nehring décide d'éviter Lodz, de couper à travers un grand bois, en direction de Plask. L'immense colonne se met en route. Le brouillard étouffe les bruits de moteurs, on n'y voit pas à 30 mètres, les hommes gardent le silence, interdiction de fumer. À Dlutow, des panneaux routiers marqués de l'insigne de la *GD* rendent un peu d'espoir. Un bataillon russe entre à ce moment précis par la route opposée dans le village. Il est chassé après de violents combats de rues en aveugle, qui font de lourdes pertes des deux côtés. Le régiment blindé de la 16<sup>e</sup> Panzer fait sauter son dernier char, réservoir à sec.

Enfin, le 22 janvier, au sud de Lask, Nehring prend contact avec des éclaireurs de la *GD*. Le *Panzerkorps* attend derrière la Warthe, autour de Sieradz et s'est donné une petite tête de pont devant l'ouvrage de Chojne. Mais il reste à franchir une autre rivière, la Grabia. Pendant que Nehring cherche comment éviter les renforts russes qui ne manqueront pas d'arriver de Lodz, des avions sanitaires atterrissent et emmènent une centaine de blessés. Au soir, le *KG* blindé annonce qu'il a détruit deux SU-122 qui tenaient le pont sur la Grabia. C'est la ruée. Faute d'essence, il faut abandonner des centaines de véhicules. Les dix derniers kilomètres sont parcourus au pas de chasseur. À 500 mètres devant le pont, des éléments de la Division *Brandenburg* attendent les miraculés. Ils défendront l'endroit durant trois jours, attendant l'arrivée de l'arrière-garde du « chaudron mobile ».

Mais, si la tête du chaudron s'en tire, l'arrière de la colonne, plus lent, vit un martyr. Le 23 janvier, par exemple, la 291e I.D perd ses communications avec le Corps. Munitions et carburant sont quasiment épuisés, on fait sauter les derniers *Sturmgeschütze*. Il faut abandonner 500 blessés avec le médecin-chef de la division. Suite à une attaque de T-34, le régiment d'artillerie puis le régiment de grenadiers 504, le train enfin, disparaissent corps et biens, à l'exception d'un lieutenant et de 6 hommes qui parviendront sur l'Oder.

Inconsciente du drame qui se joue en arrière, la tête de la colonne est désappointée malgré la jonction avec la *Brandenburg*. Les Soviets sont déjà loin vers l'ouest, et la *Brandenburg* n'a pas de carburant à céder. Il faut encore faire sauter du matériel roulant, dont les précieux half-tracks Sd.Kfz.251. Par chance, le temps est redevenu exécrable, empêchant l'activité aérienne des Soviétiques. L'anabase durera encore quatre jours, jusqu'à Glogau, sur l'Oder. La retraite du chaudron mobile aura duré 14 jours sur 450 km. On n'a aucune idée des pertes totales, pas plus que du nombre des hommes qui ont réellement, à un moment ou à un autre, appartenu au chaudron. Werner Conze[1], l'historien de la 291e I.D, donne 1 500 rescapés sur 10 000 hommes. Le colonel Liebisch, chef du 1er Bataillon, 40e Régiment de *Panzergrenadieren* (17e Panzer) donne quant à lui pour seule indication :

> « Dans l'après-midi du 25 janvier, nous rencontrons le KG Nehring, à l'ouest de Kalisch. Le groupe consistait en environ 20 half-tracks, des automoteurs de FLAK (2 cm) et les éléments survivants de l'état-major du XXIVe *Panzerkorps*[2]. »

Pendant que les débris de la 9e Armée et de la 4e Armée Panzer en sont réduits à se cacher, imitant en cela les Armées rouges de l'été 1941, le flot soviétique continue de rouler vers l'ouest. Dans ce contexte de débâcle, le rapport de situation quotidien adressé le 18 janvier à l'OKH par le Groupe d'Armées A a quelque chose de surréaliste :

> « La tâche de couvrir la région industrielle de Haute-Silésie sera assurée par l'entrée en lice rapide des 20e et 8e Panzer (voir plus bas, p. 241). L'attaque de la 4e Armée de tanks de l'ennemi en direction de la région située de part et d'autre de Posen s'opère dans une large déchirure (de notre front ndla) et exige la mise en route rapide de nouvelles forces dans l'espace compris entre Breslau et Thorn, qui, après absorption de ce coup, pourront attaquer la tête et les flancs de l'ennemi[3]. »

Ou Harpe, qui fait déjà ses bagages, ne sait rien de la quasi absence de réserves sur le front de l'est – chose bien difficile à croire – ou bien les états-majors allemands manifestent déjà cette propension à une « pensée

1. W. Konze, *Die Geschichte der 291. Infanterie-Division 1940 bis 1945*. Bad Nauheim 1958, Verlag Hans Henning Podzun.
2. In *Symposium*…, p. 622.
3. Von Ahlfen, *Der Kampf um Schlesien*, p. 68-69.

chimérique », décollée de toute réalité, dont nous trouverons des exemples de plus en plus fréquents à mesure que la fin de la guerre approchera.

**La ligne Netze-Warthe** *(carte 10)*

Le 19 janvier, l'avance soviétique prend une allure torrentielle.

Au nord, la 2e Armée de tanks de la Garde, toujours flanc-gardée par le 2e Corps de cavalerie, atteint la source de la Netze (Notec), un affluent de la Warthe. Les 47e et 61e Armées, la 5e Choc, sont 50 km en arrière. Ce qui les oblige, sur ordre de Joukov[1], à trouver des ressources mobiles pour former un détachement précurseur chargé de garder le contact avec les tankistes. Ainsi de la 5e Choc, qui commet à cet effet le 1006e Régiment porté de fusiliers (266e Division), la 220e Brigade blindée indépendante, le 360e Bataillon indépendant de canons autopropulsés, les JS-2 du 89e Régiment blindé lourd indépendant, le 507e Régiment d'artillerie antichar, un bataillon de mortiers lourds, un régiment de FLAK, une compagnie du génie motorisé. Soit 500 fantassins, 90 chars dont 21 JS-2, 12 SU-85, 42 canons et mortiers lourds, 12 lance-*katiouchas*. En tout, 300 véhicules plus un précieux camion radio avec 100 km de portée et trois avions de liaison Po-2 pour les contacts plus lointains.

> « Ca n'est plus un bataillon précurseur, s'écriera Berzarine, mais une petite Armée sur roues[2] ! »

La 1re Armée de tanks de la Garde est à portée de canons de Kolo, dans le grand coude de la Warthe, sur la grande route Varsovie-Posen. Une partie de l'Armée longe la rive droite, itinéraire direct vers Posen, le reste prépare ses franchissements pour filer rive gauche. À cet endroit, le fleuve est large de 80 mètres et malgré le froid intense (– 18 degrés), le milieu du courant n'est pas encore gelé. Katoukov, le commandant d'Armée, n'a rien à craindre de la *GD* qui, à 70 km au sud, a dû s'enfuir de la région de Lodz pour se former en hérisson à Sieradz, autour d'un passage sur la Warthe (sa mission reste inchangée : attendre Nehring). De l'autre côté de la rivière, ont pris position des unités du *Volkssturm* et deux centaines d'aspirants tirés de leur école au titre de l'opération *Gneisenau*. Après une brève préparation d'artillerie, les engins amphibies russes commencent la traversée. Quelques mitrailleuses sont muselées par les mortiers de 120 mm en embuscade. Le pont de Kolo a sauté mais celui de Chelmno est pris par un coup de main du génie de combat. À midi, le gros de l'Armée de tanks a repris sa cavalcade sur les deux rives de la Warthe. Les 27 bataillons[3] du *Volkssturm* (soit environ 18 000 hommes) appelés pour

1. Avant l'offensive, les Armées combinées avaient prévu de former des détachements précurseurs pour les Corps, les divisions, les régiments. Mais c'est l'ordre de Joukov, le 18 janvier, qui décide du rassemblement d'un élément rapide devant précéder l'Armée de 100 km.

2. Bokov, *Viesna pobiedy i osvobojdenia*, trad. all., p. 79-80.

3. In Alastair Noble, *The Phantom Barrier : Ostwallbau 1944-45*, War in History, 2001, 8, p. 465.

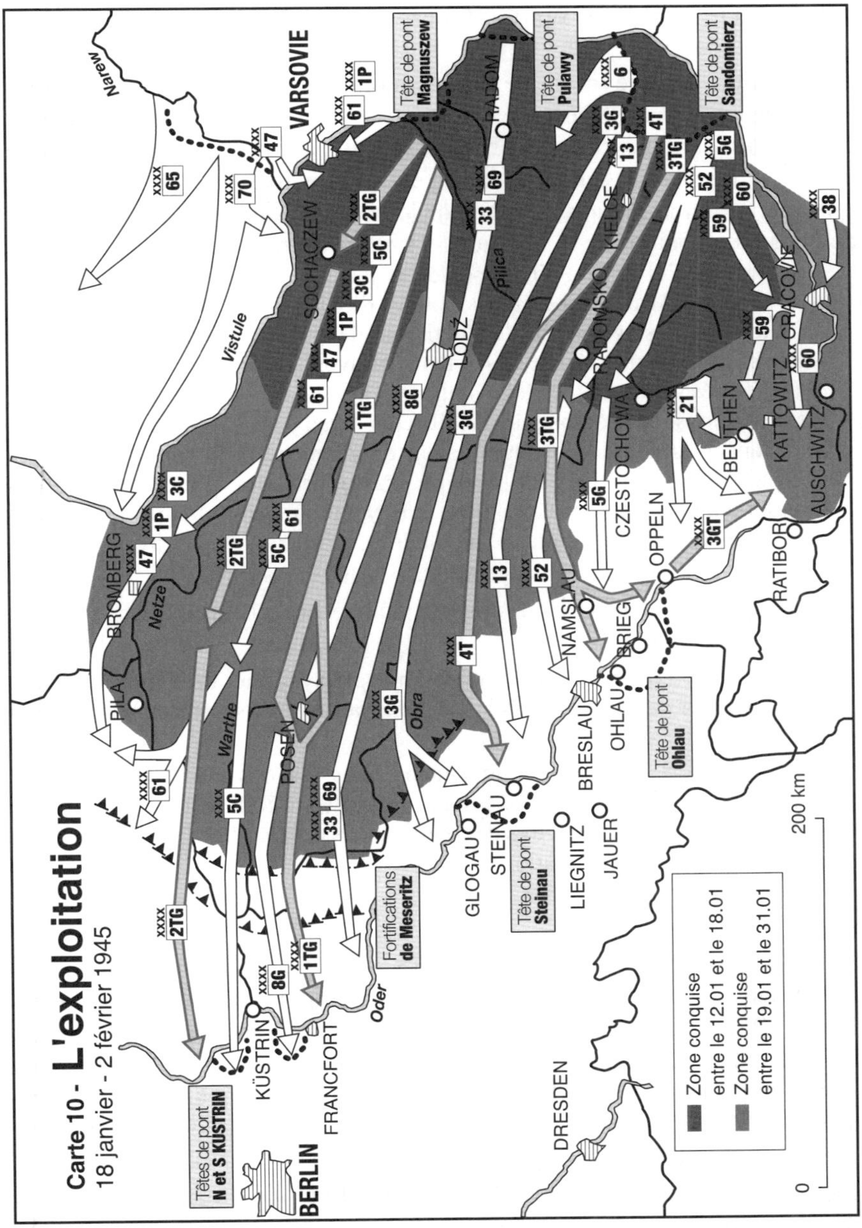
Carte 10 - L'exploitation
18 janvier - 2 février 1945
Têtes de pont
N et S KUSTRIN
BERLIN
KÜSTRIN
FRANCFORT
Oder
Fortifications
de Meseritz
GLOGAU
STEINAU
Tête de pont
Steinau
LIEGNITZ
JAUER
DRESDEN
BRESLAU
OHLAU
Tête de pont
Ohlau
BRIEG
NAMSLAU
OPPELN
RATIBOR
CZESTOCHOWA
BEUTHEN
KATTOWITZ
AUSCHWITZ
CRACOVIE
RADOMSKO
KIELCE
LODZ
Pilica
RADOM
SOCHACZEW
VARSOVIE
POSEN
Obra
Warthe
PILA
BROMBERG
Netze
Vistule
Narew
Tête de pont
Magnuszew
Tête de pont
Pulawy
Tête de pont
Sandomierz
Zone conquise
entre le 12.01 et le 18.01
Zone conquise
entre le 19.01 et le 31.01
0
200 km

défendre la ligne de la Warthe fondront en 48 heures comme neige au soleil.

Signalons ici une initiative typiquement soviétique du service de renseignement de la 5e Armée de Choc, qui vise à limiter une pratique sans doute motivée, pour certains officiers, par la peur du châtiment en cas de retard ou d'échec : la tendance à exagérer, voire inventer, le résultat d'une mission. Voici la parade, décrite par le colonel Anatoli Siniaiev, adjoint au chef d'état-major de la 5e Choc, et chargé du renseignement.

> « Avec l'opération Vistule-Oder, et jusqu'à Berlin, nous avons créé au sein de notre Armée des équipes mobiles d'observation. Nous avons pris les officiers de renseignement d'un régiment de réserve, leur avons donné une radio et deux ou trois éclaireurs et nous les avons dispersés. Les sept groupes ainsi formés sont partis sur les avants des Corps, des divisions, des régiments, des bataillons, des compagnies, où ils étaient les yeux et les oreilles du commandant d'Armée. Ils lui rapportaient directement de l'endroit où ils opéraient. C'était une chose de recevoir une information d'un chef de Corps tranquillement assis quelque part… Il y eut un cas où le commandant d'Armée demanda le commandant du 26e Corps :
>
> – « "Où est Firtsov, Paven Andreievitch ? Où est-il ?"
>
> – "Me voici, nous avons pris telle colline, et ceci et cela".
>
> – "Très bien".
>
> Alors le commandant d'Armée appela Kaynuline, un Tchouvache qui était l'officier de l'équipe mobile qui observait dans ce secteur, il lui demanda confirmation et celui-ci répondit :
>
> – "Camarade général commandant, nous n'avons même pas atteint ce village, il n'y a pas la moindre compagnie sur cette colline. Le chef de Corps est très loin, à deux kilomètres de ce village, de cette colline." (...) Ce système était pour nous une innovation[1]. »

## La ligne Posen-Bromberg

Le 21 janvier, la 2e Armée de tanks de la Garde remonte la rivière Notec sur sa rive droite en direction de l'importante ville de Schneidemühl (Pila), la porte de la Poméranie. Le 23, elle est devant sa ligne de défense extérieure et passe la journée du lendemain à se regrouper. À sa droite, son fidèle gardien, le 2e Corps de cavalerie de la Garde, approche Bromberg (Bydgoszcz). La cité, qui compte 100 000 âmes, verrouille un interfluve de 20 km de large entre la Vistule et la Notec, porte d'un magnifique couloir qui mène, 160 km plus loin, à Dantzig. Au soir, les premiers cavaliers entrent en contact avec une unité allemande retranchée dans les faubourgs de la ville. Mais le 9e Corps, détaché par Bogdanov, frappe comme l'éclair. Un mouvement tournant par l'ouest prend les défenseurs à contre-pied. Le 24, cavaliers et infanterie mécanisée ont nettoyé la ville, non sans payer tribut aux *Panzerfausts*.

1. In *Red Army officers speak*, p. 97.

À gauche, la 1re Armée de tanks de la Garde s'avance jusqu'à 35 km de Posen. La ville est en proie à une panique folle. La population n'apprend l'arrivée des Russes qu'en voyant le *Gauleiter* Greiser et ses séides s'enfuir vers l'ouest. On s'entre-tue pour monter dans les derniers trains tandis que des soldats isolés, rescapés du désastre de la Vistule, pillent sans vergogne. Le 21, Posen est déclarée « forteresse » par Hitler et son commandant, le général de police Mattern, chargé de la « défendre jusqu'au dernier souffle ». Le 22 janvier, la 1re Armée de tanks de la Garde tente de se saisir de la ville par un coup de main. Echec. Il y a là environ 15 000 hommes bien retranchés, issus de formations disparates : divisions du Groupe d'Armées A en retraite, divers services arrières, police locale, ainsi que les restes des forces[1] chassées de la ligne de défense B-1, à savoir 11 bataillons de Jeunesses Hitlériennes, 17 bataillons du *Volkssturm*, 2 000 élèves de l'école d'officiers d'infanterie N° 5. Ordre est donné à la 1re Armée de tanks de la Garde d'ignorer l'obstacle, où l'on ne laisse que des sûretés, et de le contourner. La 8e Armée de la Garde et la 69e Armée, qui s'essoufflent 80 km en arrière, doivent cravacher et venir investir la cité au plus vite.

Le 24, le 1er Front de Biélorussie est donc déjà sur la ligne Bromberg-Posen, une semaine en avance sur le planning – déjà remanié – décidé le 17 janvier ! Staline se dit surpris et demande à Joukov s'il ne va pas trop vite. Le 25 janvier, Tchouikov laisse un de ses Corps, le 29e, avec toute l'artillerie, investir Posen, mais expédie les deux autres vers l'ouest en soutien de la 1re Armée de tanks de la Garde qui s'attend à souffrir pour passer les défenses de Meseritz : les nouvelles réglementations opératives proscrivent, rappelons-le, la dissociation du « système » offensif, c'est-à-dire, avant tout, la création d'un trou trop important entre groupe mobile et Armées combinées.

Le 24, la 2e Armée de tanks franchit la Notec au sud-ouest de Schneidemühl (Pila), et lance un Corps pour tourner la ville, pendant que la 61e Armée entreprend le même mouvement par l'est : 26 000 hommes seront pris au piège[2] quelques jours plus tard alors que l'évacuation de 52 000 civils, pris à partie par les *Katiouchas*, tourne au désastre sanglant. Mais le gros des tanks de Bogdanov ne s'attarde pas. Longeant la rive nord de la rivière, il fonce vers son nouvel objectif, l'Oder. Il n'a presque rien devant lui. Le gros carrefour de Czamikau tombe le 26 suite à une manœuvre d'enveloppement par deux brigades, qui met en fuite la petite

---

1. Chiffres donnés dans son journal par le général Petzel, commandant de la région militaire de Posen, et cités par Thorwald, *Es begann…*, p. 77-78.

2. La garnison encerclée de Schneidemühl, dont les meilleurs éléments sont les SS des Divisions *Niederland* et *Feldherrnhalle*, ainsi que les élèves sous-officiers de l'école de Schwerin, tiendra deux semaines. Le 13 février à 22 h 00, le colonel Remlinger, commandant la place, ordonne une sortie en dépit des ordres d'Himmler. Après avoir parcouru quelques kilomètres dans la vallée du Küddow, la garnison sera quasiment anéantie par la 47e Armée soviétique.

garnison. Le lendemain, une étape de 50 km dépasse Kreuz sans coup férir. On y trouve des prisonniers soviétiques aussitôt embarqués, en haillons, sur les plages arrière des chars. Six brigades poussent un rateau de 25 km de large, traversant bourg et villages à 40 km/h. On s'arrête seulement pour faire le plein ou donner du 85 et du 122 mm sur quelques obstacles mal gardés. Le 28, il faut s'activer un peu plus contre le groupe de combat Scherer qui s'accroche jusqu'à destruction complète aux bois de Kreuz et à la rivière Dragge. Au soir le bouchon saute, les immenses colonnes roulent toute la nuit sur la large *Reichsstrasse* 1. Berlinchen tombe le lendemain avec une salve de katiouchas et une courte canonnade des blindés, Landsberg (50 000 habitants) est pris sans combat le 29. L'Oder est atteint le 31 janvier, on jette une tête de pont au nord de la forteresse de Küstrin. Bogdanov a rempli sa mission au-delà de toute attente.

## Meseritz-Tirschtiegel, dernier verrou avant l'Oder

La 1re Armée de tanks – et les Armées adjacentes – a encore un obstacle à sauter, la meilleure portion du *Ostwall*, appelée « ligne de Meseritz » par les Soviétiques, « verrou de Tirschtiegel[1] » par les Allemands, qui suit grosso modo la frontière de 1939 entre Allemagne et Pologne. Convenablement garnie, elle peut, à elle seule, bloquer indéfiniment la route de Francfort sur l'Oder. La zone, modelée par les glaciers, est un dédale de lacs et de cours d'eau, densément boisé, surveillé par des positions bétonnées, et dont les circulations, très étroites, sont barrées par des obstacles antichars. Un cauchemar pour les blindés. Par ailleurs, les bois pullulent de milliers de soldats des unités disloquées sur la Vistule. Par petits groupes, sans officiers la plupart du temps, ils tentent de gagner l'Oder, attaquent les véhicules soviétiques isolés pour se procurer de la nourriture. Quelques-uns se joignent aux unités chargées de défendre le verrou, mais cet apport est une goutte d'eau dans la mer. Un rapport du 16 janvier 1945 remis à l'OKH estime à six divisions l'effectif minimum que devrait compter la garnison : il n'y a pas l'équivalent de deux grandes unités en position.

Le 23, la 1re Armée de tanks franchit la Warthe au sud de Posen, où elle prend contact avec les éléments de pointe du 11e Corps blindé. Le 27, elle est devant Tirschtiegel. La ligne est occupée de façon discontinue par les bataillons des 433e et 463e Divisions allemandes ; de nombreux ouvrages sont vides, des ponts et des barrières antichars ouverts. Mais, en plusieurs endroits, l'accueil est moins sympathique. Le 28, par exemple, les Soviétiques tâtent les défenses à Starpel, 10 km au sud-ouest de Meseritz. Au point fortifié (*Panzerwerk*) 712, le capitaine Friedrich Helmigk, propriétaire terrien à Pinnow, commandant une compagnie du *Volkssturm* et six tourelles sous coupole blindée, les observe :

1. Ce « verrou » est lui-même la partie centrale de la ligne fortifiée du saillant Oder-Warthe, parfois appelée ligne Nischlitz-Obra.

« Le premier tank émergea de la route inondée, suivi par un deuxième et un troisième. Ils s'arrêtèrent devant la barrière. En plus de mes jumelles de chasse, j'avais mon fusil avec viseur télescopique, qui venait d'être réglé avec précision. La trappe du tank de tête s'ouvrit et plusieurs Russes sautèrent au sol. Un officier corpulent avec à la main un bâton tordu marcha avec deux hommes vers la barrière et inspecta l'obstacle (...). Ils se comportaient comme s'ils étaient en temps de paix. Après avoir dit quelques mots à mon sergent-major, j'ajustai l'officier, visai le nombril et ouvris le feu. La distance était inférieure à 150 m et il se plia en deux comme un canif. Les Russes couraient dans toutes les directions et nos mitrailleuses les poursuivaient. Nous avions décidé que le coup de feu était le signal du feu à volonté pour les six tourelles et nos mortiers poivrèrent les Russes d'une douzaine d'obus. Le sergent-major et moi nous glissâmes dans l'abri en quatrième vitesse. Nous étions à peine à l'intérieur que 5 ou 6 obus de 152 mm bloquèrent notre porte avec des décombres. La mitrailleuse se tut, détruite par le tir ennemi, et un de nos hommes était légèrement blessé. Nous ne savions pas si les Russes avaient eu des pertes. Ils avaient disparu et seuls les tanks étaient restés là[1]. »

Deux jours avant cette escarmouche, le 26 janvier, le 11$^{e}$ Corps blindé de la Garde du général Babadjanian atteint la zone fortifiée.

« Dans la soirée du 26, la 45$^{e}$ Brigade blindée de la Garde (colonel Morgunov), détachement éclaireur du 11$^{e}$ Corps blindé de la Garde, atteignit la ville de Tirschtiegel sur l'ancienne frontière germano-polonaise. Devant nous coulait l'Obra et derrière commençait l'Allemagne.

Combien de temps avions-nous attendu ce moment : maintenant il était là. Nous avions encore un pas à faire et nous serions sur le sol allemand. Notre ardeur augmentait. L'avant-garde essaya de forcer la rivière dans son mouvement mais ce n'était pas si facile, l'ennemi avait dans sa retraite fait sauter tous les ponts et opposait une farouche résistance.

Le 26, la 45$^{e}$ Brigade attaqua Tirschtiegel sans succès. Dans la nuit du 27, la 44$^{e}$ Brigade de la Garde du colonel Gussakovski tourna la ville par le nord, força l'Obra et fonça vers Hochwalde sans rencontrer de résistance. À 3 heures, les éclaireurs de la brigade, le 3$^{e}$ Bataillon du major Karabanov, donnèrent dans un barrage routier composé de dents de dragon. Les pionniers partirent en reconnaissance. Ils découvrirent à droite et à gauche de la route un fossé antichar continu et très profond, couvert par des champs de mines et encore des dents de dragon. Par chance, les dents branlaient dans les coffrages bétonnés. Les gars du génie arrachèrent les supports et les tanks reprirent la route.

Gussakovski arriva au « triangle de l'Oder », la zone fortifiée qui couvrait l'Oder. La ligne de résistance principale se trouvait 20 km à l'ouest entre Schwerin, Meseritz et Schwiebus.

Après guerre, nombre de « témoins oculaires » ont raconté la percée du triangle de l'Oder et leur imagination s'est donnée libre cours. (...) Mais ça n'a été qu'un hasard heureux si Gussakovski est venu cogner en plein sur une « porte » du glacis qui s'étend devant la zone fortifiée de Meseritz (...) L'ennemi n'avait pas garni ses positions de façon continue si bien que nous

1. C. Duffy, *Red Storm...*, p. 109.

parvînmes à nous glisser entre les bunkers. De nombreux blockhaus étaient occupés par des troupes en retraite qui ne connaissaient pas l'ensemble du système fortifié et ne savaient pas servir les ouvrages blindés (*Panzerwerke*). Un des *Panzerwerke* était totalement désert.

La brigade de Gussakovski se faufila à travers la « porte », mit à profit l'inactivité de l'ennemi et poussa plus loin vers l'ouest sans en informer le Corps. Lorsque l'ennemi découvrit le trou, il le referma immédiatement. Quand la 45e Brigade se présenta, elle fut accueillie par un feu d'enfer. La tentative de percer avec toutes les forces du Corps échoua.

Des reconnaissances furent alors envoyées vers l'ouest et le sud. Elles établirent que les bunkers au sud d'Hochwald n'étaient pas occupés, passèrent sans encombre les obstacles et rétablirent le contact avec Gussakovski (...). Le Corps se regroupa en vitesse au nord de Schwiebus et parvint, sans rencontrer de forte résistance, sur les arrières de la région fortifiée. Quand l'adversaire reconnut qu'il était encerclé, beaucoup de ses garnisons se rendirent aux Armées combinés qui nous suivaient[1]. »

Le 30 janvier, l'avance reprend, impétueuse. Quatre Corps blindés avancent de front (9e Garde, 11e, 8e Garde mécanisée, 11e Garde) vers l'Oder. Les 1er et 2 février, le fleuve est atteint de part et d'autre de Küstrin. Berlin est à 65 km par la *Reichsstrasse* 1 !

Le même jour, la STAVKA annonce que l'opération Vistule-Oder est pour l'essentiel terminée.

À Berlin, Hitler affronte toujours Guderian. De façon inattendue, le 23 janvier, le chef d'état-major de l'OKW, le général Winter, vient au secours de l'OKH. Dans un mémorandum, il propose que tout s'efface devant la priorité absolue à donner à la défense de Berlin. Il faut, quel qu'en soit le coût, en Hongrie ou à l'ouest, rassembler toutes les forces disponibles devant l'Oder pour briser les quatre Armées de tanks des Soviets. Hitler refuse, reprenant son argumentation politico-économique :

> « En premier lieu viennent les zones pétrolifères hongroise et autrichiennes, car sans ce brut (80 % de notre production) la poursuite de la guerre n'est plus possible. En second lieu vient (la défense des) bouches de la Vistule (Dantzig), préalable indispensable à la poursuite de la guerre sous-marine, ainsi que (la défense de) la zone industrielle de Haute-Silésie en tant que centre économique et charbonnier[2]. »

Cet échange est intéressant à deux titres.

1. Il montre l'incompatibilité de conceptions entre Hitler (appuyé par le duo Keitel-Jodl) qui pense encore à mener une guerre longue, et les

---

1. A. Kh. Babadjanian, *Dorogi Pobedy*, trad. all., p.218-220. Gussakovski possède certainement une copie de la carte détaillée des fortifications. C'est en effet en rejoignant son poste vers Meseritz que le général SS Ballauf, commandant la 21e SS *Gebirgsjäger Division*, est surpris par un T-34. Il s'enfuit en abandonnant son *Kubelwagen*... et les précieuses cartes à l'intérieur. Le résultat de ce coup du sort : la percée de la « ligne Maginot orientale » n'a causé aucune perte à Babadjanian !

2. *Das deutsche Reich*..., vol. 10/1, p. 524, ndpb.

généraux de l'OKH, voire de l'état-major de l'OKW, qui ne songent plus qu'à éviter la chute de Berlin aux mains des Soviets, quel qu'en soit le prix, et à sauver la *Ostheer.*

2. L'orientation stratégique donnée par Hitler explique la suite des actions de l'OKH : renforcer d'abord les ailes (Prusse-Poméranie au Nord, Silésie au sud). Ce refus de masser du monde au centre va poser un vrai dilemme à la direction soviétique à partir du 25 janvier, lorsqu'elle détecte les premières concentrations sur ses flancs : faut-il s'en inquiéter ou foncer droit vers Berlin ? Nous verrons plus loin que Staline a finalement validé la conception d'Hitler en bloquant son avance au centre au profit d'un nettoyage des ailes.

## *2. Le Premier Front ukrainien plus à la peine*

Si Joukov remplit assez aisément sa mission essentielle – atteindre l'Oder –, Koniev est freiné sur son flanc gauche dès le 20 janvier. Il parvient lui aussi à l'Oder mais doit s'en détourner rapidement et reporter son centre de gravité vers le sud où l'attend une dure bataille pour la conquête de la Haute-Silésie.

### La course de Rybalko

16 janvier : le 31e Corps blindé aborde les faubourgs de Czestochowa par le sud, tandis que le 7e Corps blindé de la Garde (3e Armée de tanks de la Garde) entame un mouvement tournant par le nord. Ce Corps diverge donc de son unité mère qui marche vers le nord-ouest, en direction de Radomsko. Sur sa droite, utilisant les bois, circulant surtout de nuit, des milliers d'isolés de la 4e Armée Panzer marchent dans la même direction pour échapper à la captivité. Il n'y a là rien qui puisse inquiéter les Soviets qui pénètrent dans Czestochowa dans la soirée du 17 janvier. Harpe et tout l'état-major du Groupe d'Armées A, déjà chassés de Cracovie, parviennent à s'enfuir in extremis et à gagner Oppeln, sur l'Oder. À l'ouest de la ville, plusieurs centaines de membres du *Volkssturm* sont écrasés dans leurs tranchées en quelques minutes. Appelés au son du tocsin le matin du 14 janvier, ces hommes, originaires de Haute-Silésie, ont quitté leurs villes et leurs villages en costumes civils. Au bras, ils portent un brassard *Deutscher Volskssturm-Wehrmacht*, qui doit leur éviter le peloton d'exécution en cas de capture. La plupart n'ont pas de manteau et ont touché un fusil italien réalésé pour recevoir des cartouches allemandes. Il n'y a ni roulante ni médecin ni téléphone, une pelle pour dix hommes. Presqu'aucun des *Gruppenführer* n'a la moindre expérience du front. La moitié des hommes a plus de 50 ans, un tiers moins de 17 ans, le reste souffre de maladies diverses[1].

1. Ces informations sont données par Viktor Paschenda, un des seuls survivants de ce massacre. Cité in Georg Gunter, *Letzter Lorbeer*, p. 81.

Au sud, les fusiliers de la 59e Armée, emmenés par le 4e Corps blindé de la Garde, approchent Cracovie par le nord. Le VIIIe *Fliegerkorps* envoie ses *Focke-Wulf* armés des redoutables roquettes antichars *Panzerblitz* 1. La SG 77 détruit sept chars mais à un coût exorbitant. Cinq appareils sont abattus par la chasse russe, et trois autres détruits lors d'une attaque surprise du terrain de Glinik.

Sans se préoccuper des réalités militaires, Himmler fait savoir au général Schulz qu'il a à défendre la ville « jusqu'à la dernière cartouche ». Le lendemain, une des unités constitutives du 4e Corps blindé, la 13e Brigade de la Garde, atteint la Vistule à l'ouest de Cracovie, après avoir coupé la route et la voie ferrée vers la Silésie. La ville n'est plus défendable et Schulz n'entend pas y risquer un seul bataillon. Elle tombera le 18 janvier, intacte : les Allemands n'ont pas eu le temps d'activer les charges de démolition. À l'aéroport, un très gros stock d'essence avion tombe également entre les mains des officiers précurseurs de la V.V.S.

Les 18 et 19 janvier, la 3e Armée de tanks de la Garde emballe ses moteurs, parcourant 110 km. Comme ce fut le cas depuis le début de l'offensive, elle est la plus en pointe des quatre Armées de tanks. La Warthe a été franchie en marchant sur des éléments du *Volkssturm.* La Prosna, frontière du Reich à cet endroit, est à son tour passée : les vétérans de la 52e Armée et ceux de Rybalko se disputent encore aujourd'hui l'honneur d'être entrés les premiers en Silésie. Pourtant, le cours de la rivière était fortifié, les pionniers allemands ont correctement fermé les barrières antichars, positionné les réseaux de barbelés, actionné les charges de démolition des ponts et des carrefours. Mais à quoi bon ? Personne ne défend la ligne B-1, qui est sautée sans coup férir, moyennant la sueur du génie soviétique et diverses acrobaties comme celles réalisées par la 55e Brigade blindée. Cet élément de pointe du 7e Corps de la Garde passe la Prosna en faisant entrer les T-34 dans 2,5 m d'eau, ce qui inonde les habitacles et contraint les équipages trempés à grelotter toute la nuit. La Warthe est sautée tranquillement en suivant au pas un bataillon d'infanterie allemand qui mène les T-34 droit… sur un pont intact[1].

Le 19 janvier 1945, le 7e Corps blindé de la Garde est devant Kreuzburg, 30 km à l'intérieur du territoire allemand. Dès le lendemain, les tankistes soviétiques doivent quitter leur formation en colonnes et se déployer durablement en ordre de combat. On se bat maintenant dans le Reich, Breslau n'est plus qu'à 75 km. La résistance se durcit. À l'entrée des premiers villages allemands, les officiers politiques font dresser des panneaux : « Vous entrez dans la maudite Allemagne », « Nous allons donner le coup de grâce aux fascistes ! », « En avant vers Berlin ![2] » Et les atrocités commencent. Paul Arnhold vient de parcourir 300 km à pied par – 20 degrés avec un petit groupe d'hommes pour échapper à la captivité.

1. D.A. Dragunski, *Godi v Bronie*, p. 223.
2. Bokov, *Viesna pobiedy i osvobojdenia*, trad. all., p. 83.

Une nuit, affamé, il pénètre dans Freyhan, le premier village allemand après la frontière, à 50 km à l'est de Breslau.

> « Pas une cheminée ne fume. Aucun être humain. Les maisons sont soit brûlées soit complètement pillées. Devant l'une d'entre elles, sont couchés un homme et sa femme, tous deux plus de soixante ans. Morts. Le cadavre de la femme n'était vêtu que du strict nécessaire. L'homme avait reçu quatre balles dans la tête. Il avait sans doute voulu empêcher le viol de son épouse[1]. »

## Les Russes à l'ouest de l'Oder ! Les têtes de pont d'Ohlau et Steinau

Au nord et au sud de Breslau, le 1er Front d'Ukraine conquiert deux importantes têtes de pont au-delà de l'Oder.

Au sud de la métropole silésienne, face au petit village de Linden, le 32e Corps de fusiliers de la Garde (5e Armée de la Garde) atteint le fleuve dans l'après-midi du 22 janvier. À pied, trois bataillons passent sur la glace, entrent dans le village et poussent jusqu'à la route Brieg-Ohlau. Le lendemain, toujours sans armes lourdes, les fusiliers soviétiques se répandent au nord, vers Ohlau, au sud, vers Brieg, et à l'ouest, en direction de l'*Autobahn* Berlin-Haute-Silésie. L'avance est ralentie par des groupes de combat de la Jeunesse hitlérienne, puis bloquée par la 208e I.D venue des Carpates. Mais ces unités ne pourront empêcher la tête de pont d'Ohlau d'atteindre 80 km de long sur 25 km de profondeur.

Un peu en arrière de la tête de pont d'Ohlau, sur la route Markstädt-Ohlau, une avant-garde russe tombe sur une longue colonne en capotes brunes : six mille prisonniers de guerre soviétiques, mis en route par erreur vers l'usine Krupp de Markstädt ! Selon l'habitude de l'Armée rouge, ces hommes sont aussitôt enrôlés, armés et envoyés qui au siège de Breslau qui vers Steinau.

La 4e Armée de tanks, freinée 48 heures par l'obstacle du XXIVe *Panzerkorps*, peine à s'aligner sur sa voisine de gauche. Elle est à Radomsko le 17 janvier, saute Piotrkow Trybunalski le 18, atteint Kepno le 20, où le colonel Alexei Dementiev vit une scène, dont on retrouve d'autres témoignages dans cette campagne très fluide. À la tête de sa 93e Brigade blindée indépendante, Dementiev marche de nuit en reconnaissance de la 4e Armée de tanks, lorsqu'il s'aperçoit qu'au bruit des chenilles de ses tanks fait écho, sur sa droite, un autre cliquetis, qu'il identifie comme allemand :

> « Chacun des deux commandants – moi et l'Allemand – comprend à ce moment-là ce qui se passe. Nous, nous marchions vers l'ouest sur une route et les Allemands se retiraient vers l'ouest par une route parallèle. Et les deux chemins se rejoignaient au centre de Klepno. La clé du problème était de savoir lequel des deux apercevrait l'autre le premier. Ce fut nous. À l'avant (de la colonne) nous ouvrîmes le feu sur les chars, les camions, les canons, à 50-100 m, et à 500 m en queue. Je n'ai pas perdu un seul véhicule, simplement parce que j'ai, le premier, été informé de la position de l'ennemi. Notre feu incendia plusieurs de leurs véhicules. Quand les incendies se déclarèrent,

1. P. Arnhold, *Der gnadenlose Weg*, p. 188-189.

ils furent incapables de tirer autrement qu'à l'aveuglette parce qu'ils étaient éblouis par la lumière des incendies alors que moi je pouvais tirer sur leurs silhouettes depuis l'obscurité. (...) C'est le genre de situation qu'on rencontre lorsqu'on opère sur les arrières profonds de l'ennemi[1]. »

La 4e Armée de tanks (6e Corps mécanisé de la Garde) entre dans Rawitsch dans la matinée du 22 janvier, où elle trouve un train chargé de 36 Panthers flambant neufs. Constatant que ses réservoirs sont presque à sec, le colonel Chourilov, commandant la brigade de tête du Corps (17e Brigade mécanisée de la Garde), décide d'abandonner la moitié de ses chars après en avoir siphonné les réservoirs. Avec le carburant récupéré, il monte en toute hâte un détachement de 20 tanks sur lequel il fait grimper un demi-bataillon de fusiliers et se fait suivre d'un bataillon d'artillerie dont les tracteurs embarquent l'autre demi-bataillon. Sans ordre, il décide d'aller jusqu'à l'Oder, à 35 km de là, par les petites routes qui mènent à un bac, face au bourg de Köben (15 km au nord de Steinau et 80 km au nord de Breslau). Il arrive sur la berge dans la nuit, fait arrêter les moteurs et saisit ses jumelles.

« (Je vis) que le ferry était malheureusement amarré sur l'autre rive et hors d'usage. La glace dérivait sur la rivière, rendant impossible un passage à pied. Nous n'avions à la brigade aucun moyen de franchissement. Nous informons rapidement de la situation par radio et demandons qu'on nous envoie des moyens de pontage. Voici ce qui arriva. Notre percée était complètement inattendue. J'observai le bourg de Köben sur une colline, de l'autre côté. Tout était allumé, les gens allaient et venaient, des véhicules circulaient. Personne ne se doutait que nous étions là. Comment demeurer caché ? Je dispersai mon détachement sur les routes alentours, de façon à permettre aux civils de traverser dans notre direction ou de se rendre vers l'embarquement, sans éveiller leur méfiance mais sans laisser sortir quiconque de notre secteur. C'est ainsi que nous avons rempli une pleine étable de voyageurs nocturnes. Au matin, même scénario après avoir camouflé tous les tanks. (...)

Vers 10 h 00, un vapeur arriva de l'amont, de Breslau, mais des tankistes incapables de se dominer ont tiré sur le navire, une sorte de cargo, qui fut touché près de la salle des machines puis, désemparé, il fut drossé par le courant sur la rive ouest. (...) Après le tir du premier obus, tout se figea dans la ville et ils commencèrent à comprendre que quelque chose n'allait pas. (...) Sans doute l'ennemi avait-il localement perdu ses moyens de contrôle et de commandement car, deux heures plus tard, un autre steamer arriva, de la même direction. C'est seulement à partir de là qu'ils ont commencé à réagir. Un Messerschmitt vint nous attaquer. Que faire ? Dans une étable, nous avions trouvé deux barriques de résine. Nous entreprîmes de construire des embarcations primitives à fond plat, que nous enduisimes de résine (...). C'est avec ça que nous avons commencé notre franchissement en force dans la soirée du 24 janvier[2]. »

1. In *Red Army officers speak,* p. 76.

2. Témoignage du colonel Chourilov, 17e Brigade mécanisée de la Garde (6e Corps méc.de la Garde), in *Red Army officers speak,* p. 80-84. Chourilov se trompe sans doute d'un jour dans la date de traversée (23 au lieu du 24 janvier).

Le 23 au soir, grâce à l'arrivée de la 13e Armée, la petite tête de pont gagnée à Köben par le colonel Chourilov est élargie vers le sud, en direction de Steinau, ville équipée de deux franchissements sur l'Oder. À l'OKW, on juge vite cette tête de pont comme « la plus dangereuse de toutes[1] ». Les premières unités allemandes apparaissent : un bataillon de l'Armée de réserve, du *Volkssturm*, des compagnies d'isolés arrivées épuisées de la lointaine Vistule. Malgré leur supériorité numérique, les Soviets ne peuvent guère avancer sur la rive gauche : tout leur matériel lourd est coincé rive droite. Aussi la 13e Armée essaie-t-elle de s'emparer des ponts de Steinau par un coup de main blindé, mais les ouvrages sautent sous son nez. De très durs combats s'engagent à l'intérieur de la ville, tenue par les 1 000 élèves sous-officiers d'infanterie de l'école de Jauer (*Wehrkreis* VIII). Les corps à corps sont rendus encore plus épouvantables par l'apparition, côté soviétique, du 47e Bataillon indépendant de lance-flammes. La ville sera conquise entièrement le 8 février, malgré l'arrivée de la *Panzerbrigade* 103 (colonel Mummert). Encore aura-t-il fallu aux Russes effectuer une traversée surprise de l'Oder sur engins amphibies au sud de la ville. À ce moment-là, la tête de pont de Steinau s'étire sur 70 km et est profonde de 30 km, atteignant Lüben.

L'épisode le plus étonnant est celui de la tentative d'attaque montée par l'OKH avec deux unités de revenants, la 16e Panzer refourbie, âme du chaudron mobile de Nehring, et le *Panzerkorps Grossdeutschland* (général von Saucken). Nehring, qui a traversé l'Oder à Glogau, longe la rive ouest en direction de Köben où sont les Russes. Mais, faute de Panzers et d'artillerie, il ne peut passer le bouchon antichar camouflé dans le village de Gaffron. Quant au *Panzerkorps GD*, Hitler lui ordonne de rester sur la rive orientale et d'aller prendre à revers les troupes soviétiques qui assaillent Steinau. Mais la *GD* est incapable de passer l'obstacle du Bautsch Niederung, au sud de Guhrau, un petit affluent de l'Oder. L'histoire de la *GD* aurait pu s'arrêter là si Nehring n'avait fait jeter en urgence un pont de bateaux sur le fleuve, ouvrant une voie de retraite à la prestigieuse unité qui gagne la rive occidentale le 2 février. Mais les derniers Panthers sont perdus. Von Saucken sera relevé de son commandement pour cet échec.

## Les Allemands se renforcent au sud

La STAVKA s'inquiète. À l'évidence, les trois Armées du sud – 21e, 59e et 60e – avancent de plus en plus lentement. Devant elles, le front se solidifie. Schörner a reçu de Hitler, qui a toute confiance en lui, « les mains libres » pour défendre la Haute-Silésie. Celui-ci en confie la défense à la 17e Armée du général Schulz. Au cours d'une visite à Schörner, Speer, ministre des Armements, prévient : il ne saurait être question d'abandonner la dernière zone industrielle intacte, d'où l'on tire 95 millions de tonnes de charbon par an, 2,4 millions de tonnes d'acier, le

1. *Die Niederlage 1945*, p. 123.

quart de la production de carburant synthétique du Reich (région de Heydebreck), sans parler de l'usine de Kattowitz qui tourne les célèbres tubes de 8,8 cm. Privé de cet arsenal, le Reich serait dans l'incapacité de poursuivre le combat. Joignant le geste à la parole, Speer envoie un télex à Hitler lui demandant de faire parvenir au Groupe d'Armées Centre « au moins 30 à 50 % de la production (d'armement) de janvier ».

Dans l'immédiat, la 17e Armée qui, rappelons, tient 200 km entre feu la 4e *Panzerarmee*, au nord, dans la plaine polonaise, et la 1re *Panzerarmee* (Heinrici), au sud, dans les montagnes slovaques, doit se soustraire à l'encerclement qui menace. Ses deux Corps (LIXe et XIe SS) sont en effet pris à partie le 15 janvier par la 38e Armée (Moskalenko) du 4e Front d'Ukraine (Petrov). La pression est en réalité peu vigoureuse et n'a d'autre but que de retenir les sept divisions du général Schulz (du nord au sud : 371, 320, 78, 544, 370, 359 et 344e I.D). La vraie menace est portée sur le flanc gauche par les Armées de Koniev ; dans leur progression vers la Silésie, elles peuvent à tout moment franchir la Haute-Vistule et couper la 17e Armée de ses arrières.

Aussi, le 15 janvier, Schulz obtient-il de Harpe (qui reste en fonction jusqu'au 17, avant de céder la place à Schörner) de pouvoir abandonner la ligne fortifiée de la Wisloka et de se reporter, 50 km plus à l'ouest, sur celle de la Dunajec[1] (ligne A-1), affluent de la Vistule. La retraite s'exécute en bon ordre au milieu de violentes bourrasques de neige. Mais, le 17 janvier, il faut encore reculer sur la Raba, non loin de Cracovie, derrière la ligne A-2. Dans l'esprit de Guderian, les divisions de Schulz vont porter le gros de la défense de la Haute-Silésie. Mais elles restent en nombre insuffisant et la voisine de droite, la 1re Armée Panzer, doit être mise à contribution. La retraite de la 17e Armée oblige à son tour celle-ci à évacuer la Slovaquie orientale. Kachau (Kosice) est abandonnée, le front se stabilise 100 km plus à l'ouest mais avec des effectifs réduits. Heinrici doit en effet céder pour la Haute-Silésie la 97e Division de chasseurs, la 75e I.D (déjà derrière Cracovie), la 1re Division de chasseurs à ski, la 100e Chasseurs et la 208e I.D, de même que les états-majors des XIe et XVIIe Corps. Les 20e et 8e Panzers sont également promises mais elles ne peuvent quitter la Hongrie dans l'immédiat.

Les renforts affluent donc vers le segment sud du Groupe d'Armées A, rebaptisé Centre, le 25 janvier (l'ancien Groupe Centre devenant Nord, l'ancien Groupe Nord prenant le nom de « Courlande »). Ces renforts amènent avec eux un double risque pour les Soviétiques. Militaire : un coup dans le flanc du 31e Corps blindé, qui devance la 5e Armée de la Garde, devient possible. Politique : les combats pourraient détruire les mines et les hauts fourneaux silésiens, frustrant Staline du magnifique cadeau de

1. C'est à l'occasion de ce décrochage difficile que le plus jeune général de la Wehrmacht – Harald von Hirschfeld, 32 ans, commandant la 78e I.D – est tué par une bombe d'avion sur le pont de la Dunajec avec deux de ses commandants de régiment.

fiançailles qu'il destine à sa « nouvelle » Pologne. Mais, en fait, tout dépend de l'habileté et de la rapidité de Koniev : à lui de poser les bases d'un succès AVANT l'arrivée des renforts venus de Slovaquie et de Hongrie.

## IV. Koniev conquiert la Haute-Silésie *(carte 11)*

Dans la soirée du 18 janvier, le 31ᵉ Corps blindé, en tête de la 5ᵉ Armée de la Garde, et le 7ᵉ Corps blindé de la Garde (3ᵉ Armée de tanks de la Garde) pénètrent dans la province allemande de Silésie. Allongée sur 250 km selon un axe nord-ouest/sud-est marqué par le cours haut et moyen de l'Oder, la Silésie couvre 45 000 $km^2$ et compte, en 1939, 4,6 millions d'habitants. On la divise en Basse-Silésie, au nord-ouest, dont la capitale est Breslau (650 000 habitants), et en Haute-Silésie, au sud-est, capitale Kattowitz (126 000 habitants). Cette Silésie méridionale est remarquable par la grande conurbation industrielle Kattowitz-Sosnowitz-Beuthen-Gleiwitz-Hindenburg-Königshütte, le meilleur arsenal du Reich depuis la mise hors jeu de la Ruhr par l'aviation alliée. Le 19 janvier au soir, Koniev a en mains les plans de marche de ses Armées. Objectif général : s'emparer de la Haute-Silésie et border l'Oder sur tout son cours, de Rothenberg à Ratibor.

Koniev va trouver en face de lui un officier d'un genre relativement nouveau dans l'Armée allemande, le colonel-général Ferdinand Schörner. Nommé le 18 janvier, à 53 ans, à la tête du Groupe d'Armées A (rebaptisé « Centre », le 25 janvier), Schörner se présente le 20 à Oppeln pour prendre ses fonctions. Il est précédé d'une réputation de médiocre stratège (il a cependant démontré un certain coup d'œil opérationnel en Russie) et de nazi fanatique et brutal. Il arrive officiellement pour sauver la Haute-Silésie : son chef d'état-major, Wolfdietrich von Xylander, lui fera vite comprendre qu'il est déjà bien tard pour espérer y parvenir. Pour la conduite des opérations, Schörner s'en remet intelligemment à son état-major et se réserve la mission la plus difficile. Si le combat décisif et final aura lieu avant peu sur l'Oder, l'essentiel à ses yeux est d'y préparer la troupe, une troupe qui a reculé de 300 km en huit jours et dont le moral baisse dangereusement à constater la supériorité de l'adversaire.

Sorti du rang, ancien de Verdun, plusieurs fois grièvement blessé, Schörner est le type même de l'officier plébéien qu'affectionne Hitler. En tant que Bavarois, il reste longtemps cantonné aux unités de montagne et sa carrière avance lentement. Général en 1940, il lui faut attendre octobre 1943 pour commander un *Panzerkorps*. Son ascension commence vraiment avec sa nomination, le 1ᵉʳ février 1944, à la tête du nouvel état-major national-socialiste de l'Armée, responsable de l'éducation politique de la troupe. À ce poste, il noue des rapports étroits avec des hommes importants du Troisième Reich, comme Martin Bormann ou le général Burgdorf, patron de la direction des personnels militaires à l'OKW. En mars 1944, il prend le Groupe d'Armées Sud-Ukraine puis le Groupe Nord en juillet. Schörner est perpétuellement sur le front à visiter les unités, à tenir discours et causeries, tel un *zampolit* stalinien, mais avec un

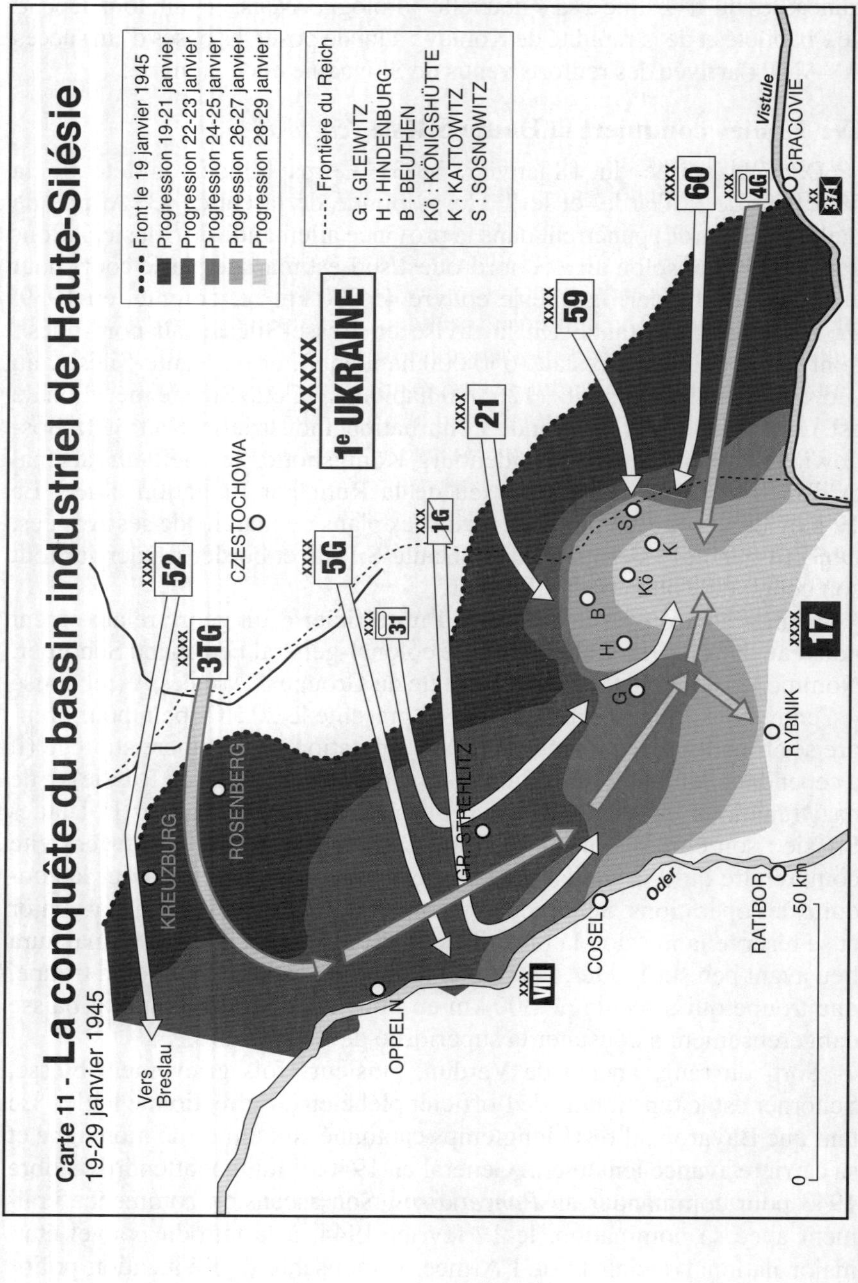

**Carte 11 - La conquête du bassin industriel de Haute-Silésie**
19-29 janvier 1945

art consommé du discours national-populiste, démagogique et « anti-élites ». Il est très populaire parmi les jeunes officiers et soldats encore pénétrés d'une admiration inconditionnelle pour le Führer. À tous, de bas en haut de l'échelle militaire, il inspire de la peur car ses méthodes expéditives sont connues. Dès son arrivée en Silésie, il envoie ces mots à ses commandants d'Armée :

> « Nous ne devons pas fermer les yeux sur certains secteurs du front où il n'y a pas que les unités improvisées à manquer de la volonté de tenir leurs positions au prix de leur vie. Et, ce qui est encore pire, c'est (...) qu'il nous faut cogner sur les officiers supérieurs qui manquent souvent de courage. (...) Le nombre de ceux qui ont tout simplement déguerpi est TRÈS élevé. À la fin nous devons dire à notre brave soldat du front, qui tient l'avant d'une main de fer, qu'il ne sera pas le dindon de la farce comme en 1918, pendant que les lâches et les malins ne pensent qu'à se garder en vie, tout ça parce que CHAQUE officier allemand n'intervient pas avec l'énergie nécessaire[1]. »

L'usage du mot « repli » est interdit aux officiers et toute mention d'unité soviétique doit être obligatoirement précédée de la mention « soi-disant ». La troupe est clairement prévenue qu'aucune défaillance ne sera tolérée. La perte d'une arme (y compris la pelle de tranchée) entraîne les plus lourdes peines ; tout refus ou retard à attaquer amène le récalcitrant devant le peloton d'exécution. Gendarmes et SS écument les arrières, les dépôts, les gares à la recherche de déserteurs et de faux permissionnaires. Plusieurs dizaines sont fusillés ou pendus en février sur les arrières du seul Groupe d'Armées Centre. Hitler apprécie si fort ce style qu'il fait de Schörner, le 5 avril 1945, l'avant-dernier[2] *Feldmarschall* de l'histoire allemande.

## *1. Oppeln, le point faible*

Le 19 janvier, la 17e Armée allonge l'équivalent de quatre divisions sur 150 km entre Cosel et les abords de Cracovie. La longueur de ce front, mais aussi le labyrinthe des villes, des terrils, des carreaux de mines, des usines, exigeraient, pour espérer bloquer les Soviétiques, au moins douze grandes unités, si l'on en croit le général von Ahlfen. Le gros des forces – 371, 75, 97 et 712e [3] I.D, ces deux dernières à demi-puissance – est positionné au sud, devant la région industrielle. Schulz, le patron de la 17e Armée, doit tenir cinq à six jours avec ces moyens insuffisants, le temps de laisser arriver les unités mises en route par l'OKH : la 1re Division de chasseurs à ski, la 100e Chasseurs et la 208e I.D, plus tous les bataillons-école de l'Armée de remplacement (*Ersatzheer*[4]). Si la

1. Andreas Kunz, *Wehrmacht und Niederlage*, p. 265.
2. Le dernier *Generalfeldmarschall* sera Robert von Greim, le 25 avril 1945, ultime commandant en chef de la Luftwaffe.
3. La 712e I.D est, avec la 269e, la première unité retirée du front de l'ouest pour être jetée à l'est.
4. Ce n'est que le 17 janvier que l'Armée de remplacement cède aux adjurations de Harpe et de l'OKH en lançant tout ce qu'il lui reste dans la mêlée.

20e Panzer est en marche vers ses gares d'embarquement, il apparaît douteux que la 8e Panzer, toujours au contact des Soviets en Hongrie, puisse se dégager à temps pour sauver les usines et les mines de la pentapole silésienne.

Au nord, autour d'Oppeln, le VIIIe Corps du général Hartmann ne commande qu'à un rassemblement hétéroclite de bataillons du *Volkssturm*, de la police, de la gendarmerie, de compagnies de convalescents et de permissionnaires rassemblés sous les numéros des divisions volatilisées sur la Vistule (304e et 68e I.D). S'ajoutent des personnels d'instruction comme ceux de l'école à feu de la 4e Armée Panzer. Quelques bataillons de *StG.* et de *Jagdpanzers* rejoignent à mesure qu'ils reçoivent leurs matériels de remplacement. Eu égard à cette poussière de moyens, la tâche de Hartmann est désespérée : ralentir au maximum les chars de Koniev pour laisser aux renforts le temps de venir défendre le cours de l'Oder.

**Une manœuvre impeccable de Rybalko**

Koniev, pour sa part, ne voit pas d'un bon œil une bataille de grand style s'engager en milieu urbain, où son infanterie risquerait d'être aspirée. Comme tous les chefs soviétiques, il a appris de l'expérience de Stalingrad ce qu'il en coûte en hommes et en temps. Il élabore alors un plan audacieux combinant vitesse, mouvement et… psychologie, le même qui lui a réussi à Cracovie : envelopper la 17e Armée sur trois côtés, lui faire sentir le danger d'encerclement, l'obliger ainsi à se retirer vers le sud, laissant mines et usines intactes. L'affaire doit être rondement menée pour refuser à l'ennemi le temps de rameuter de nouvelles divisions. Koniev ne sait pas que Hitler a donné l'ordre de détruire 100 % du potentiel industriel. À son tour, le Führer ignore qu'il n'y a plus assez d'explosifs ni de pionniers pour exécuter un tel ordre.

Koniev donne mission à ses deux Armées de gauche – la 60e et la 59e – de presser la 17e Armée par l'est. La 21e Armée forme le deuxième côté de l'encerclement, poussant du nord vers le sud. Reste à trouver du monde pour former le piston qui comprimera la région d'ouest en est. Il n'y a qu'un acteur possible pour ce rôle : la 3e Armée de tanks de la Garde de Rybalko, dont la mission originelle est d'avancer dans l'axe de Breslau, la métropole silésienne.

Le 20 janvier, avec l'accord de Staline, Koniev renonce donc à marcher en force sur l'axe de Breslau pour régler d'abord le problème de la Haute-Silésie. Ce changement du centre de gravité du 1er Front d'Ukraine prive momentanément d'appui méridional le 1er Front de Biélorussie en marche vers l'Oder. Mais Koniev, comme Joukov, croit encore la marche sur Berlin jouable en février, si les forces engagées en Silésie en finissent rapidement.

En attendant, vers où diriger Rybalko ? Les reconnaissances aériennes ne laissent guère place au doute : le gros des forces allemandes est au sud, devant la région industrielle ; il n'y a pas grand-chose sur l'axe d'Oppeln.

C'est donc là que l'on frappera. La mission donnée à Rybalko est claire mais techniquement complexe.

Un : laisser croire à l'ennemi que Breslau reste l'objectif de ses chars.

Deux : faire brutalement tourner son Armée de 90 degrés vers le sud, pour prendre l'ennemi par surprise.

Trois : s'emparer d'Oppeln, important passage sur l'Oder et pivot de la manœuvre. Les trois Corps blindés de Rybalko sont ainsi ventilés : le 6e Garde visera l'Oder, au nord d'Oppeln, le 7e Garde, au sud de la même ville, le 9e mécanisé demeure en second échelon, faute d'essence.

Quatre : pendant la marche vers Oppeln, le 31e Corps blindé, qui fait maintenant pointe pour la 21e Armée, poussera vers la ligne Ratibor-Rybnik, sur les arrières de la région industrielle ; il sera rejoint au plus vite par l'ensemble des Corps blindés et de cavalerie disponibles. Au nord, la 4e Armée de tanks vient masquer la région de Basse-Silésie, d'où l'ennemi pourrait prétendre frapper.

**Vingt-quatre heures à Rosenberg**

En deux heures, Rybalko rédige ses ordres et fait marcher de nuit les trois brigades renforcées de ses trois Corps. Des éléments précurseurs continuent vers Breslau pour tromper l'ennemi. Le changement de direction s'opère dans l'ordre. C'est le VIIIe Corps du général Hartmann qui doit se sacrifier pour freiner ce rouleau compresseur. Les Allemands occupent les villes, les bourgs, les croisements de routes. Partout, on se bat avec acharnement. Les Soviétiques choisissent l'infiltration et l'encerclement des points durs. Les combats sont émiettés et n'engagent pas de gros effectifs. Prenons l'exemple de la petite ville de Rosenberg[1], à 45 km au nord-est d'Oppeln, immédiatement derrière la frontière du Reich.

La garnison, commandée par un major à la retraite, Rudolf Pratsch, consiste au départ en trois bataillons du *Volkssturm*. En arrivant près de la ville, les hommes sont pris dans un embouteillage de charrettes chargées de vieillards, de femmes et d'enfants qui fuient l'avance soviétique. Il y a 40 cm de neige, il fait – 20 °C. Reconnaissant leurs familles, voisins ou amis, la moitié des hommes de Pratsch jettent leurs armes et leur brassard, se joignent aux colonnes et disparaissent dans la nuit. En arrivant sur place, le major trouve les routes menant au bourg équipées de douze grosses barrières antichars, que ses hommes, trop âgés, n'ont pas la force de fermer. Le 18 janvier, quatre jeunes officiers de la Wehrmacht amènent en renfort 100 hommes tirés d'un parc de matériel, quelques canons PAK de 3,7 cm et deux *Sturmgeschütze*. Puis 200 soldats de la 168e I.D, épuisés au-delà de tout par leur marche depuis la Vistule, prennent position autour de deux batteries d'obusiers légers et plusieurs précieuses pièces de FLAK 2 cm quadruples motorisées. Enfin, deux compagnies de police

1. L'épisode est raconté par G. Gunter, *Letzte Lorbeer*, p. 110-118.

urbaine, bien fatiguées par 50 km de marche, se joignent à la garnison. Chaque homme possède un ou deux *Panzerfausts*, chose plus facile à trouver qu'un fusil. On creuse des trous individuels, on tend des barbelés. Le 20 janvier, à l'aube, les 800 hommes de Pratsch entendent les chenilles des half-tracks de reconnaissance du 7e Corps blindé de la Garde ; sans le savoir, ils se trouvent en plein dans le virage à 90 degrés effectué par l'Armée de Rybalko.

Les fusiliers russes commencent par tâter le terrain, tentent une infiltration par le sud, repoussée par le feu dévastateur de la FLAK blindée. À midi, ils font donner canons de 76 mm et mortiers lourds, incendiant une partie de la ville. Au soir, une panique éclate parmi les hommes du *Volkssturm*, terrorisés par des bruits de chenilles et les cris de leurs camarades prisonniers, torturés à 200 mètres d'eux. Peu après, Pratsch, qui n'a plus de lien avec les villes voisines ni avec les compagnies qu'il a disposées à l'extérieur, décide d'évacuer Rosenberg. Il part avec environ les deux tiers de son effectif. Le reste a été encerclé au nord du bourg, il n'y aura pas de prisonniers. Ralenti par les réfugiés, Pratsch rejoint finalement Oppeln, à 45 km, et participe à la défense de l'Oder après avoir ramassé en route égarés et isolés, permissionnaires et convalescents, Jeunesses hitlériennes terrorisées ou, au contraire, pressées d'en découdre.

Bilan : un freinage de 24 heures d'un des éléments de pointe de Rybalko au prix de 250 tués et disparus.

Une action de taille un peu supérieure se déroule le 21 janvier à Kreuzburg. Un groupe de combat formé du 561e Bataillon de *Panzerjäger* (équipé de 30 automoteurs 7,5 cm-Pak 40, *Marder* III) et de la 655e Brigade de pionniers, toutes deux unités de réserve du Groupe d'Armées, affronte le 7e Corps blindé de la Garde. Les JS-2 et T-34/85 tentent le passage. Les obus claquent, plusieurs chars soviétiques s'immobilisent. Le chef de brigade n'insiste pas et envoie ses éléments lourds encercler le bourg en attendant l'appui-feu des SU-85, SU-122, mortiers de 120 mm, *katiouchas*… Après avoir subi trente minutes de tirs concentrés, les Allemands se retirent à la faveur de l'obscurité, non sans laisser plusieurs engins sous le feu des chars russes embusqués. Une compagnie de pionniers s'égare dans un bois et se fait anéantir. Cette fois, l'action a bloqué une brigade soviétique durant 8 heures, au prix de pertes élevées.

Le 21 janvier, le commandant du VIIIe Corps, Hartmann ne peut empêcher le reflux général vers l'Oder des unités placées en bouchon devant Rybalko.

Ces actions de détail, totalement improvisées, sont symptomatiques de la surprise de Schulz : il n'a pas anticipé le virage opéré brutalement par Rybalko. Tout comme l'OKH, il pensait que Breslau était la destination privilégiée du 1er Front d'Ukraine. C'est une mauvaise nouvelle pour lui, c'en est sans doute une bonne pour les gens de Breslau et de Berlin. Mais la situation est telle que, même s'il avait deviné l'axe d'attaque des chars russes, il n'aurait pu leur opposer qu'une cinquantaine de blindés et deux ou trois bataillons : fétus de paille…

**Des renforts qui arrivent trop tard**

Le 22 janvier, comme prévu, tandis que le 7e Corps blindé tourne Oppeln par l'est, le 6e de la Garde atteint l'Oder 40 km au nord de la ville. L'infanterie passe sur le fleuve gelé, au nord et au sud de la petite ville de Brieg. Mais, le lendemain, alors que les fusiliers s'apprêtent à pousser vers l'autoroute Breslau-Oppeln, la 208e I.D arrive à marches forcées et bloque toute velléité d'expansion à partir de la première tête de pont. Des éléments de la 20e Division SS de volontaires estoniens font de même avec la seconde. À la gauche des hommes de Rybalko, le 1er Corps de cavalerie de la Garde et le 31e Corps blindé prennent et dépassent Gross Strehlitz, important carrefour et centre géographique de la Haute-Silésie.

En faisant riper la 371e I.D (général Niehoff) de 50 km vers l'ouest, Schulz parvient, vaille que vaille, à former un front continu d'Auschwitz à Gleiwitz, couvrant ainsi la zone industrielle (XIe Corps à droite, XXXXVIIIe *Panzerkorps* à gauche). Mais ses unités épuisées doivent faire aussitôt face aux assauts de la 59e Armée soviétique, dont c'est le premier combat sérieux. Il est impossible de dégager une seule unité pour renforcer la gauche. Au contraire, les percées soviétiques ne peuvent être colmatées qu'en jetant contre elles les régiments, les bataillons, les compagnies à peine débarqués des trains. Comment boucher le trou de 70 km entre Oppeln et Gleiwitz, où il n'y a qu'une poussière d'unités tenant les villages ? Où défendre en priorité ? Schulz est écartelé. Le Groupe d'Armées A choisit pour lui : ce sera Oppeln, dotée de 20 km de défenses extérieures, au nord de laquelle se reconstitue peu à peu un front continu.

Le 23 janvier, à 8 heures, le 6e Corps blindé de la Garde se présente devant la ceinture nord d'Oppeln, où il se collette avec du *Volkssturm* bien équipé en *Panzerfausts* et appuyé par des chasseurs de chars *Hetzer*. Une dizaine de T-34 restent sur le carreau. Mais la 3e Armée de tanks n'a plus le comportement de taureau entêté qui fut par le passé celui des unités soviétiques. L'assaut blindé est remplacé par un barrage d'artillerie, pendant qu'une des brigades glisse vers l'Oder, cherchant le point faible. Justement, une unité du *Volkssturm* ne répond au feu que par quelques vieux tubes de 10 cm. L'artillerie de Corps intervient pour les réduire au silence puis matraque les points d'appui. Durant la nuit, le chef de l'unité de police la plus proche du fleuve perd le contrôle de ses nerfs et évacue sans ordres sa position. Alertés par le bruit, les fusiliers rouges foncent dans le trou et s'infiltrent par les quais jusqu'au centre de la ville. Le vieux pont saute in extremis. Hartmann refuse de laisser ses hommes encerclés et leur donne ordre de passer à pied sur la glace, sous le feu des chars soviétiques, et de rejoindre la moitié de la ville située sur la rive occidentale du fleuve.

Le lendemain à l'aube, les fusiliers s'emparent d'une nouvelle tête de pont au sud de la ville. Le 25, un autre pied est encore mis sur la rive gauche, à Krappitz. Mais la progression vers l'ouest se heurte de plein fouet à la 100e Division de chasseurs, qui contre-attaque et rejette les Soviets de l'autre côté de la rivière. Moyennant deux divisions d'infanterie fraîches

(20e et 100e chasseurs), le Groupe d'Armées Centre tient bon sur l'Oder. Par effet de vase communiquant, cependant, c'est le bassin industriel qui va en payer les conséquences.

## 2. *La conquête du bassin industriel*

En même temps qu'Oppeln est investie, le 1er Corps de Cavalerie de la Garde et le 31e Corps blindé avancent de front sur une largeur de 30 km en direction de l'axe Rybnik-Ratibor. C'est le ventre mou des défenses de Schulz. Le 1er Corps parvient devant Cosel, grand port fluvial sur l'Oder, dispersant des bandes de Jeunesses hitlériennes ; le second roule dans l'après-midi sur le pavé de Gleiwitz, la plus à l'ouest des villes de la région industrielle. Stupéfaits, les tankistes constatent que les usines tournent à plein régime, les cheminées fument, les trains de charbon roulent vers l'intérieur du Reich. Le 24, Cosel n'offre pas la même résistance qu'à la Grande Armée, en 1807 ; en quelques heures, les vieilles murailles sont percées et prises d'assaut, la garnison mise en fuite. Au même moment, le 31e Corps blindé entre dans Hindenburg. Soucieux de ne pas affaiblir sa poussée vers Ratibor, Koniev fait monter en ligne le 9e Corps motorisé de Rybalko, à la droite du 31e Corps blindé. À l'est de la poche en formation, la 59e Armée, menée par le 4e Corps blindé de la Garde, enfonce la 371e I.D et l'oblige à un nouveau recul vers Kattowitz. À ce moment, les deux ailes de l'enveloppement soviétique ne sont plus éloignées que de 28 km.

Dès le 20-22 janvier, la V.V.S s'en prend systématiquement aux gares de chemins de fer, aux points de triage, aux gros embranchements. L'objectif est d'empêcher le déménagement du matériel industriel vers le centre du Reich.

Le 23, le général Schulz reçoit cet ordre d'Hitler, *via* le *Gauleiter* de Haute-Silésie, Bracht :

> « La forteresse Haute-Silésie (entendez : la région industrielle, ndla) doit être défendue quelles que soient les circonstances. »

### L'axe Rybnik-Ratibor : la clé de la Porte morave

Schulz entend bien le message du Führer : il doit rester sur place, au péril d'un encerclement. Peut-il encore l'éviter ? C'est la question qui le taraude en tant que chef d'Armée. Mais Guderian a en vue d'éviter un scénario encore pire : comment empêcher les Soviétiques de s'emparer aussi de la ligne Ratibor-Rybnik ? Car cette ligne, tirée à travers l'interfluve Oder-Vistule, est la clé de la porte arrière de tout le front allemand en Slovaquie et en Hongrie. Le battant serait-il poussé par Koniev, que le bassin industriel d'Ostrava, peuplé de Tchèques et de Polonais, et distant de 25 km, s'offrirait de lui-même. En suivant le Haut-Oder et la trouée de la Morava, les Russes seraient sur les arrières des Armées de Heinrici. Et Vienne dort au bout de la trouée ! La *Ostheer* serait irrémédiablement coupée en deux, sa composante sud détruite.

Le sort de l'industrie de Haute-Silésie, celui de la 17e Armée, la sécurité du front hongrois et slovaque, tout dépend, croit-on à l'OKH, des deux divisions Panzers en route, la 20e et la 8e. L'OKH décide d'utiliser les deux unités à des fins différentes, renonçant, par la force des choses, au punch d'un regroupement en *Panzerkorps*. La 20e doit tenir ouverte la pince blindée soviétique qui se referme par Gleiwitz et Hindenburg (31e Corps blindé) ; la 8e, appuyée par la 1re Division de chasseurs à ski, doit verrouiller l'axe Rybnik-Ratibor devant le 7e Corps mécanisé de la Garde, le 1er Corps de Cavalerie de la Garde et le 9e Corps mécanisé. L'OKH espère donc conserver et le bassin industriel et le vestibule de la porte morave. En réalité, le sort du bassin industriel est déjà scellé, et celui de la 17e Armée dépend d'une décision de retraite, *a priori* impossible à arracher à Hitler. L'action de la 20e Panzer n'a d'autre but, dans ces conditions, que de gagner un peu de temps. L'on notera que la fixation d'objectifs profonds et vitaux aux Corps rapides soviétiques oblige l'adversaire à se disperser, à parer les coups et à se préoccuper sans cesse de colmater. Belle illustration de ce qu'est l'art opératif.

La 20e Panzer a été chargée sur ses wagons plats à Neuhäusl, en Hongrie, le 21 janvier. Elle roule sans interruption trois jours et trois nuits. Le 24, le *Panzerregiment* 21 se présente enfin à la gare de Kochlowitz, entre Hindenburg et Kattowitz ; les Russes sont à 7 km. Les autres éléments arriveront dans la journée en divers points de la région industrielle. Commandée par le major-général von Oppeln-Bronikowski, figure légendaire des *Panzertruppen*, la 20e Panzer est une des plus belles unités de la Wehrmacht. Son régiment blindé compte 100 chars, dont 50 Panthers et 50 Mark IV. Les deux régiments de *Panzergrenadieren* sont au complet, de même que le régiment d'artillerie blindée. Le puissant 273e Bataillon de FLAK (*Heer*) renforce l'ensemble de 12 canons antichars de 8,8 cm et d'une vingtaine de pièces de 2 cm doubles ou quadruples sous tourelle blindée.

À l'exception de l'unité de FLAK, la 8e Panzer est la copie conforme de la 20e. Son chef, le colonel Heinrich-Georg Hax, vice-champion olympique du tir au pistolet, met son Q.G à Ratibor, près de celui de Schulz qui lui communique sa mission le 25 janvier :

> « Construire et tenir une tête de pont à l'est de Ratibor, avec Rybnik comme limite à droite, et Cosel, à gauche[1]. »

Ce même jour, la 8e Panzer commence à arriver à Ratibor. Hax va voir les défenseurs de Rybnik et fait la grimace (*Volkssturm*, police), puis se préoccupe de trouver un peu d'infanterie pour les renforcer. Il doit se contenter de la seconde levée du *Volkssturm* de l'arrondissement (*Kreis*) de Ratibor, les plus âgés, les moins aptes physiquement, les moins bien armés.

## L'attaque de la 20e Panzer

Le 25 janvier, le gros de la 20e Panzer attaque au sud-est de Gleiwitz. À ce moment, la 21e Armée soviétique a pris Hindenburg en entier et

---

1. In G. Gunter, *Letzte Lorbeer*, p. 165.

pénétré dans Kattowitz ; Beuthen est sous le feu des canons lourds. Le 9e Corps blindé de la Garde marche en direction d'Auschwitz, menaçant de fermer la nasse autour du gros de la 17e Armée (le XIe Corps et le XXXXVIIIe *Panzerkorps*). La puissance de feu de la *PzDiv.* bloque la progression de l'adversaire, lui détruisant une trentaine de chars. Mais ce succès ne sert à rien. Car, sur toute la longueur du flanc gauche de la 20e, se pressent le 31e Corps blindé, le 9e Corps mécanisé et le 6e Corps blindé de la Garde. Irrésistiblement, les Allemands sont rejetés de Hindenburg en totalité et reculent dans Beuthen.

Le 26 janvier, le 7e Corps blindé de la Garde se présente devant Rybnik, rassemble en vitesse une importante artillerie, déclenche un terrible barrage et entre au crépuscule dans les faubourgs de la ville minière. *Volkssturm*, police, tubes de 8,8 cm du Bataillon de FLAK I/33, sont toute la nuit aux prises avec les T-34/85, les canons d'assaut et les fusiliers de Rybalko. Le lendemain 26, la bataille reprend, encore plus féroce. Les combats de rues se déroulent au milieu d'une ville en flammes.

On peut se poser la question de savoir si Koniev dit vrai quand il affirme dans ses mémoires qu'il ne voulait pas encercler la 17e Armée dans la région industrielle mais l'obliger à évacuer sans avoir le temps de procéder à de graves destructions. L'analyse des cartes quotidiennes des unités soviétiques montre clairement une temporisation. Rien, le 25, le 26 ou le 27 janvier, n'aurait empêché le 9e Corps mécanisé de marcher sur Tuchy puis Auschwitz. Mais les chefs de Corps ont ordre de refouler frontalement et sans répit, non de percer ni de déborder.

Conscient de la situation, le général Schultz envoie son premier S.O.S. au groupe d'Armées Centre (ex-A) : demande évacuation de la région industrielle et repli sur une ligne Pless-Rybnik-Cosel. Refus : Hitler a déclaré la région « Forteresse » (*Festung*). Singulière forteresse[1], défendue par des ouvrages seulement vers l'est et, plus faiblement, vers le nord, qui abrite un million d'habitants, dont un quart de Tchèques, Polonais et travailleurs venus de toute l'Europe, éléments peu sûrs pour les Allemands.

Le 26, la situation s'aggrave d'un coup. Tandis que la 20e Panzer est immobilisée en défense face à l'ouest, la 59e Armée perce au sud de Kattowitz. Toute l'aile droite de la défense allemande vacille, après que le 671e Régiment de Grenadiers (371e I.D) a été chassé des derniers blockhaus de la ligne B-2. De jour comme de nuit, 24 heures durant, les grenadiers se sont défendus au *Panzerfaust* et à la MG. Une dernière charge de T-34 emporte la cohésion du régiment. Pêle-mêle, véhicules militaires, chevaux, soldats épuisés et charrettes bourrées de civils, femmes et

1. En décembre 1944, le général Benicke, alors commandant la Forteresse Haute-Silésie, tient un long « exercice sur cartes » qui démontre qu'en l'absence d'une forte garnison de troupes de ligne, et en ne comptant que sur les forces locales, les chars soviétiques mettraient 24 heures à traverser la conurbation d'est en ouest.

enfants à demi-morts de froid, forment un immense embouteillage sur la route de Tuchy. À ce moment surgit une brigade du 4e Corps blindé de la Garde. Lancés à 40 à l'heure, les 32 tonnes des T-34/85 écrasent tout sous leurs chenilles. Piétinant dans la boue sanglante, les fusiliers soviétiques exécutent sur le champ tous les membres de la Wehrmacht. Les corps en *feldgrau* roulent dans les fossés où se trouvent déjà des centaines de cadavres décharnés et gelés, en tenue rayée : la trace du passage de la marche de la mort des 20 000 détenus d'Auschwitz chassés par les SS huit jours auparavant.

L'ouverture du « sac » de Haute-Silésie se réduit alors à un goulet de 15 km de large. Schulze lance un second S.O.S. à Schörner, le chef du groupe d'Armées Centre :

> « En n'acceptant pas (la retraite), il faut compter avec l'anéantissement des forces au contact de l'ennemi. Ensuite on n'en aura pas moins perdu une région industrielle de toute façon intenable, mais aussi des divisions de la plus haute valeur. (...) La perte de ces troupes créera un énorme trou que l'on ne pourra plus raccommoder[1]. »

## L'évacuation

Le 27, Beuthen, Königshütten et Kattowitz sont perdues. La totalité du bassin industriel est aux mains des Soviets. La 20e Panzer est complètement tournée par le sud. Panthers et *StG.* maintiennent ouvert un « boyau » de 5 km de large, battu par le feu soviétique. Sur la face est de la poche, la 78e Division du *Volkssturm* (LIXe Corps, rattaché à la 1re Armée Panzer) est encerclée ; une partie est anéantie mais le reste parvient à percer avec l'aide d'un bataillon de *StG.* demeuré à l'extérieur de la poche. L'ensemble des unités allemandes est épuisé. Les compagnies n'ont pas plus de 40 à 50 hommes. Schulz supplie Schörner d'ordonner la retraite. Celui-ci s'y résout malgré l'ordre express de Hitler de défendre la Haute-Silésie en toutes circonstances. Puis il téléphone à Berlin :

> « Mon Führer ! Je viens d'ordonner l'évacuation de la région industrielle de Haute-Silésie. Les troupes ont livré un dur combat pendant 17 jours, et elles ne peuvent faire plus. Si nous ne nous retirons pas, nous perdrons l'Armée en entier (...). Nous reculons vers l'Oder. C'est là que nous tiendrons bon. »

Au lieu de l'explosion de colère attendue, Hitler se contente de répondre :

> « Oui, Schörner, si c'est ce que vous pensez. Vous faites bien[2]. »

On peut se demander si tout autre que Schörner aurait pu obtenir ce résultat. Toujours est-il que l'ordre d'évacuation arrive deux jours trop tard. Les divisions se retirent précipitamment vers le goulet de sortie sous le feu de l'artillerie soviétique. Tout le matériel lourd est abandonné, les

---

1. In G. Gunter, *Letzte Lorbeer*, p. 177.
2. Raconté par un témoin placé près de Schörner, le colonel von Weitershausen, de l'état-major de Schulz. In G. Gunter, *Letzte Lorbeer*, p. 196.

pertes sont sévères : les Soviétiques annoncent 70 000 tués et prisonniers sur 100 000 estimés dans la poche[1]. Les *Horniss* et les Panthers de la 20e Panzer sont les derniers à décrocher. Ils laissent le bassin industriel intact. Les pionniers n'ont pas eu le temps d'opérer le minimum de destruction. Si bien que, sans hiatus, les usines se mettent à tourner pour le compte des Soviétiques.

De Bielitz à Ratibor, en passant par Pless et Rybnik, le nouveau front de la 17e Armée est plus court que le précédent. Mais ses unités sont exténuées et sans artillerie ; une grosse partie de la FLAK lourde est aussi restée dans la poche. Derrière elles se trouvent les derniers bassins charbonniers (Rybnik, Ratibor, Troppau, Ostrava, Teschen) à la disposition du Reich, des mines de fer, des raffineries, des hauts-fourneaux et le plus grand train de laminoir d'Europe, le tout à peu près épargné par les B-17 et les Lancasters. L'aviation rouge se garde bien de bombarder, la zone industrielle représentant un potentiel qui pourrait participer à la reconstruction de l'Union soviétique.

Tout dépend du sort de Rybnik et de Ratibor. Dans la première de ces deux villes, le Bataillon de FLAK I/33 réussit, grâce à ses 12 pièces de 8,8 cm, à tenir en respect le 7e Corps blindé de la Garde durant 24 heures : une vingtaine de T-34 flambent. Mais, au moment où la dernière batterie est submergée, les défenseurs reçoivent l'appoint d'une division fraîche, une troupe d'élite venue de Slovaquie, la 1re Division de chasseurs à ski (général Gustav Hundt), aux trois quarts de ses effectifs (8 000 hommes) mais avec une artillerie renforcée. Au prix de 24 heures de combats intenses, l'avance des Soviets est bloquée à l'est de Rybnik et dans la ville même. Les canons de montagne de 7,5 cm, les terribles mortiers lourds de 120 mm (pris aux Soviétiques puis fabriqués en Allemagne), de nouvelles batteries de FLAK 8,8 cm, donnent un appui-feu conséquent. Malgré cela, on en vient à de violents corps à corps entre fusiliers et chasseurs, tous de blanc vêtus. L'assaut soviétique perd de son élan en fin d'après-midi : on annonce l'arrivée de la 8e Panzer par l'ouest.

## La stabilisation

L'infanterie mécanisée parvient à repousser les Soviétiques en lisière de la ville. Les tirs d'artillerie fusent des deux côtés. Il faut des heures pour réduire les snipers soviétiques au silence, repousser une nouvelle attaque de chars, reprendre les positions avancées et les remettre en état. Mais ce rassemblement de la 8e Panzer à Rybnik a laissé tout son flanc gauche dégarni sur 20 km. Le 7e Corps blindé de la Garde en profite pour occuper le grand complexe de fabrication de carburant synthétique de Blechhammer (*Hydrierwerken*, dépendant d'Auschwitz III) et pousse vers l'Oder entre Cosel et Ratibor. Conscient du danger, le colonel Hax envoie un bataillon de chasseurs de chars accompagné de grenadiers montés sur camions sécu-

1. In John Erickson, *The Road to Berlin*, p. 472.

riser le point de passage Oderbrück-Oderhaüser. Le 29 à l'aube, alors que le major responsable est en train de déterminer les plans de feux d'une unité du *Volkssturm*, une trentaine de T-34/85 déboulent à 40 à l'heure devant Buchenau, traversent le village en trombe, incendient plusieurs half-tracks et se ruent vers le pont sur l'Oder, situé entre les villages d'Oderbrück et d'Oderhaüser. L'ouvrage en pierre est truffé de TNT mais les Russes saturent la zone d'obus explosifs, obligeant les pionniers à se mettre à couvert. Puis les chars avancent tranquillement sur le pont, dispersent les requis du *Volkssturm* et conquièrent trois villages sur la rive ouest de l'Oder sans perdre un engin. Très alarmée, la 8e Panzer dépêche un nouveau groupe de combat, qui tombe dans une embuscade meurtrière. Des centaines d'obus lâchés par les SU-85, et SU-100, les JS-2 et les T-34, détruisent à 500 mètres une file entière de Pz Mark-IV et d'automitrailleuses huit roues.

Protégé au nord par cette tête de pont, le 7e Corps blindé de la Garde arrive devant Ratibor le 29 et prend aussitôt la ville sous son feu, rendu précis par une nuée d'avions d'observation. Schörner décide de faire liquider la tête de pont par la 8e Panzer cette fois rassemblée. L'assaut est lancé depuis Ratibor mais il est impossible d'approcher. Un mur de PAK démolit une compagnie entière du bataillon de reconnaissance. Schörner envoie alors en renfort la 20e Panzer. Une série de coups de boutoir réduit la taille de la tête de pont, au prix de lourdes pertes des deux côtés. Les villages changent de mains à plusieurs reprises. Pour la première fois depuis trois semaines, les *Landsers* voient réapparaître les Stukas tueurs de chars, armés d'un canon de 3,7 cm. Malgré une débauche d'efforts, les deux Panzers doivent cesser leurs attaques le 3 février et laisser les Russes sur la rive gauche de l'Oder.

À noter, côté allemand, une réorganisation du commandement. La 1re Armée Panzer de Heinrici s'étend des confins slovaco-hongrois jusqu'à l'Oder, à la hauteur de Cosel. À elle la charge de garder la Porte morave et la dernière base d'industrie lourde du Reich. À sa gauche, la 17e Armée prend position entre Cosel et Striegau. Au-delà, la 4e Armée Panzer va jusqu'à la ligne Sorau-Freystadt.

**Conclusion**

L'opération Vistule-Oder est un succès énorme pour l'Armée rouge, qui fait un sans-faute. Elle a avancé en 17 jours de 300 à 600 km selon les secteurs du front. Même si la *Ostheer* n'est plus ce qu'elle a été, on a vu les généraux soviétiques manier remarquablement la coopération inter armes et inter Armées. L'organisation a permis d'écouler vers l'ouest sans problème majeur 2,2 millions d'hommes et 300 000 véhicules. Les pertes sont les plus faibles jamais enregistrées par l'Armée rouge dans aucune opération : 43 251 tués et disparus (17 032 pour Joukov, 26 219 pour Koniev[1]), 150 000 blessés et malades. C'est un quart du coût de l'Opéra-

1. Krivosheev, *Soviet casulaties...*, p. 153. Les pertes plus importantes de Koniev sont dues aux opérations d'infanterie en Haute-Silésie.

tion *Bagration* ! Si cela s'explique en partie par la faiblesse de l'opposition, il faut aussi relever que les assauts frontaux – plaie soviétique par excellence – ont été rares, le contournement, l'esquive, la manœuvre, employés comme jamais auparavant. Le point étonnant est sans doute la capacité à lutter contre l'attrition des unités mécanisées. Après 17 jours d'avance menés à une vitesse infernale, la 3e Armée de tanks dispose encore de 750 chars opérationnels, contre 921 au départ[1]. La moitié des chars endommagés – par avarie ou du fait des combats – sont réparés sur place et renvoyés vers l'avant dans les 72 heures. Jusque-là, seules la Wehrmacht et l'*US Army* pouvaient se vanter d'un tel score.

Les pertes allemandes sont difficiles à estimer. Le chiffre de 350 000 prisonniers donné par Staline dans son discours du 27 février 1945 semble exagéré. D'une part, une autre source soviétique[2] donne 60 308 prisonniers tombés, entre le 14 janvier et le 4 février, aux mains du 1er Front de Biélorussie ce qui, en supposant que Koniev ait fait aussi bien que Joukov, donnerait 120 000 prisonniers. D'autre part, selon l'habitude soviétique, les chiffres de prisonniers incluent tout ce qui porte un uniforme, *Volkssturm,* Service du Travail du Reich, Jeunesses hitlériennes, policiers, douaniers, garde-forestiers…

Le nombre de tués allemands lors de l'opération Vistule-Oder se laisse approcher avec une forte marge d'incertitude. Rappelons que, selon le meilleur spécialiste de la question, Rüdiger Overmans[3], janvier 1945 est, de loin, le mois le plus meurtrier de la guerre pour la Wehrmacht : 451 742 tués, février approchant les 295 000. Les deux tiers de ces pertes – soit 500 000 tués – sont imputables au front russe. Les estimations courantes donnant environ 60 000 tués en Hongrie, il vient, après provision de 20 000 tués en Courlande, pour la zone nord et centre, le chiffre[4] énorme d'environ 420 000 tués, tombés en Prusse-Orientale, lors de la grande poursuite entre Vistule et Oder, contre les têtes de ponts soviétiques sur ce dernier fleuve, en Silésie enfin. Le nombre de chars et de canons automoteurs détruits doit être très élevé, pas très loin des 2 356 engins comptés par les Russes. Si l'on ajoute les 120 000 prisonniers supposés plus haut et au bas mot 500 000 blessés, on voit qu'en janvier-février 1945, la *Ostheer* est détruite à 75 % pour la seconde fois en six mois.

1. Dans un témoignage de 1986 (In *Red Army officers speak*, p. 66), le colonel Dragunski, chef de la 55e Brigade blindée de la Garde (7e Corps de Rybalko), reconnaît la perte de 28 chars sur 65 à la date du 1er février. Mais il en récupérera 10 sortis des ateliers de réparation mobiles dès le lendemain. Ce qui peut laisser supposer 18 pertes définitives. Aucune autre opération soviétique ne s'est faite à aussi bas coût.
2. A.V. Vasilev, *Visla-oderskaia operatiia*, Moscou, V.A.G.F., 1948.
3. Overmans, *Deutsche militärische Verluste…*, p. 238.
4. À Yalta, le 4 février, lors d'un exposé devant les missions militaires alliées, Antonov donne 300 000 tués allemands en janvier sur l'ensemble du front est, ce qui recoupe remarquablement les comptages les plus récents de Overmans. Si l'on applique un coefficient de proportionnalité (fonction de l'effectif), on obtient 80 000 à 100 000 tués allemands pour Vistule-Oder *stricto sensu*.

Pour les amateurs d'uchronie, la question peut se poser de savoir si les choses auraient pu se passer différemment pour les Allemands s'ils avaient conservé dans le secteur central le IVe *Panzerkorps* SS (envoyé en Hongrie), positionné la Division *Grossdeutschland* (gardée en Prusse-Orientale), voire la 6e *Panzerarmee* SS toute entière (également dirigée vers Budapest). David Glantz apporte une réponse pondérée :

> « (même dans ce cas), je doute que le tempo de l'avance soviétique eut été altéré de façon significative. La profondeur de l'avance, oui, mais pas le tempo. Sans doute les Allemands auraient pu stabiliser leur front un peu en avant de l'Oder, peut-être même les Soviétiques n'auraient pu empocher que 50 % de ce qu'ils ont réussi[1]. »

Le lieutenant-colonel von Humboldt, chef de section au service opérations de l'OKH (et en charge du Groupes d'Armées A), ne pense pas différemment :

> « Si l'on considère que les unités allemandes, après 2 ou 3 ans en Russie, étaient usées à l'extrême et si l'on sait que les remplacements expédiés n'avaient pas la valeur combative nécessaire, je ne pense pas que la fin (du Reich) aurait pu être repoussée de beaucoup si nous avions pu regrouper les formations (celles envoyées en Hongrie et à l'ouest, ndla) sur le front (est). Elles étaient simplement trop faibles et le front oriental trop long[2]. »

Ajoutons que, si les Allemands n'ont pas jeté toutes leurs forces blindées au centre, c'est en partie à cause de la piètre performance de leur service de renseignements, le FHO du général Gehlen. Mais comme tout se paie cash, si Hitler avait choisi de défendre en force sur la Vistule, la Hongrie aurait été dégarnie des meilleures troupes allemandes (six *Panzerdivisionen* !). Il nous paraît alors certain que le front sud se serait effondré dès la mi-janvier, Vienne et Brno (Moravie) prises au plus tard le 1er février. Du coup, les deux Armées allemandes (17e et 1er Panzer) positionnées en Slovaquie se seraient retrouvées en danger de mort. Pour barrer la route sud de Berlin, Hitler aurait quand même dû affaiblir sa défense sur l'Oder. À ce point de la guerre, au final, les choses n'auraient pas été très différentes.

## V. La Prusse-Orientale : une noix dure à casser (13 janvier-3 février 1945)

En octobre 1944, le 3e Front de Biélorussie (colonel-général Tcherniakhovski) échoue piteusement à conquérir la Prusse-Orientale par un coup droit porté dans l'axe Gumbinnen-Königsberg. La raison essentielle en est le manque de moyens[3] attribués par la STAVKA. Pourtant, à l'été

1. Glantz, *Symposium.*, p. 606.
2. In *1986, Art of War Symposium*, p. 96.
3. Ajoutons-y le manque d'allant du général Zakharov, commandant du 2e Front de Biélorussie, qui devait appuyer Tcherniakhovski par le sud en direction d'Allenstein, tenant ainsi le rôle du général Samsonov en 1914 à Tannenberg. Ce précédent fâcheux a-t-il paralysé Zakharov ? En tout cas, Staline le remplace par Rokossovski et le rétrograde commandant d'Armée.

1944, Joukov avait prévenu : il faut s'emparer de la Prusse-orientale dans la foulée de l'Opération *Bagration*, avant que l'ennemi ait le temps de se ressaisir. Mais Staline refuse et donne en priorité des moyens à la poussée vers les Balkans et la Hongrie. Ce choix est peut-être un indice supplémentaire indiquant que Staline n'a pas encore fait, en août-septembre 44, le choix d'axer la poussée principale vers Berlin. Quoi qu'il en soit, l'écharde prussienne demeure enfoncée dans le flanc des Soviétiques et elle va occuper leur esprit durant de longs mois.

En novembre, l'État-major général de l'Armée rouge reprend ses plans et intègre l'offensive contre la vieille province teutonique au cadre général de l'opération Vistule-Oder. Deux Fronts – 2e et 3e de Biélorussie – reçoivent alors une quintuple mission :

– isoler la Prusse-Orientale du reste du Reich ;
– prendre Königsberg, la capitale ;
– s'emparer des ports de ravitaillement de la Courlande : Pillau, Hela, Gotenhafen, Dantzig ;
– annihiler les 600 000 hommes de la 2e Armée, de la 4e Armée et de la 3e Armée Panzer ;
– protéger l'aile droite de Joukov lancé à travers la grande plaine polonaise.

À l'évidence, cela fait trop de missions, et l'on voit se profiler un écartèlement du 2e Front de Biélorussie entre le nord et l'ouest. D'autant plus que, si Staline veille à coordonner l'action de Joukov et celle de Rokossovski, il ne fait rien pour mettre celui-ci bien en phase avec Tcherniakhovski. Au moment où la STAVKA, c'est-à-dire Staline, élabore ce plan, Joukov et Rokossovski protestent *mezzo voce* : on disperse vers le nord des forces qui devraient aller vers l'ouest, vers Berlin ; on recommence les erreurs des années 41-43. Mais rien n'y fait : le 2e Front de Biélorussie est enfermé dans une double mission impossible à atteindre[1]. Pour l'historien Max Hastings, cette direction donnée à Rokossovski, à 90 degrés de celle prise par Joukov, est

> « la pire décision stratégique de la STAVKA dans la phase finale de la guerre[2] ».

L'incapacité des deux Fronts à atteindre TOUS ces objectifs aura en effet de lourdes conséquences sur l'appréciation de la situation par Joukov ; elle entraînera un arrêt des forces qui roulent vers Berlin et, de

1. En août 44, le 2e Front de Biélorussie peut compter sur trois Armées combinées, les 3e, 48e et 50e. Durant l'automne, l'état-major lui donnera la 2e Armée de Choc enlevée au 3e Front de la Baltique puis la 5e Armée de tanks de la Garde venue de Courlande (2e Front Baltique). Suivront les 49e, 65e et 70e Armées, lorsque le secteur de Rokossovski sera allongé jusqu'au confluent Narew-Vistule. Rokossovski et Joukov estiment alors qu'il manque deux Armées mixtes et un Corps blindé pour réaliser l'ensemble des missions confiées au 2e Front de Biélorussie. Mais Staline refuse de déshabiller plus les Fronts de la Baltique.

2. Hastings, *Armaggedon*, p. 275.

proche en proche, elle enlèvera aux Soviets la possibilité de pénétrer d'une seule poussée jusqu'au cœur du Reich, au-delà même de l'Elbe. C'est le visage de l'après-guerre qui se joue dans les pinèdes, les marais et les lacs qui ceinturent la vieille forteresse royale de Königsberg, le « cœur du militarisme prusso-allemand », pour reprendre la terminologie soviétique et… celle de Winston Churchill. Par peur d'essuyer un nouveau Tannenberg, Staline compromet sa chance de pénétrer d'un coup jusqu'au centre nerveux du Reich, d'isoler et de désarticuler les composantes de son système, de lui asséner ce « choc opérationnel » si bien décrit par Toukhatchevski.

## *1. Intentions, intelligence, rapports de force*

Les Allemands ne se font pas d'illusions : Königsberg demeure en tête de liste des objectifs stratégiques de Staline, l'attaque n'attend que le gel pour démarrer. Les Soviétiques ne se cachent pas non plus la réalité : il sera plus difficile et plus coûteux d'arriver à la Baltique que de marcher sur l'Oder.

### Une cible de choix

La Prusse-Orientale est un balcon long de 240 km, profond de 190 km, suspendu le long de la grande plaine polonaise. Elle compte en 1939 2,5 millions d'habitants. La Prusse-Occidentale et la Poméranie (1,5 million d'habitants) prolongent ce balcon d'encore 200 km vers l'ouest, de Dantzig à Stettin. Dès septembre 1941, Staline déclare au communiste bulgare Dimitrov :

> « Si nous gagnons cette guerre, je rendrai la Prusse-Orientale aux Slaves à qui elle appartient. Nous peuplerons toute la région avec des Slaves[1]. »

Du point de vue stratégique, la Prusse-Orientale a servi de base d'attaque contre la Russie en 1914-1915, puis contre l'URSS en juin 1941. S'en emparer, quelle que soit l'Allemagne future, supprime cette planche d'appel vers l'est et donne au contraire aux Russes une avancée vers l'ouest dissuadant une nouvelle attaque par la Pologne. Churchill, en 1944, ne trouvera rien à redire à un partage polono-russe de la région. Le changement de propriétaire annoncé par le Kremlin va avoir des conséquences abominables pour la population allemande. Tout sera mis en œuvre pour qu'elle parte ; rien, en termes de destructions, ne sera épargné pourvu que soit affaibli le caractère germanique de la région. La Prusse-Orientale a subi un nettoyage ethnique à grande échelle, mené avec un radicalisme et une sauvagerie terrifiantes. La volonté d'opérer ce nettoyage explique l'investissement militaire démesuré effectué entre janvier et mai 1945 dans une zone qui n'est pourtant pas située sur l'axe du *glavny udar*, l'effort principal, vers Berlin.

1. Cité par Mawdsley, *Thunder in the east*, p. 371.

## Ce que savent les Allemands

Dès le 10 novembre, le général Gehlen apprécie correctement les intentions de l'adversaire.

> « L'opération contre le Groupe d'Armées Centre en Prusse-Orientale et Occidentale vise à s'emparer de la partie ouest de la province ainsi que de la Basse-Vistule à partir de la zone située autour et au nord de Varsovie (front Vistule-Narew) en coopération avec une opération à partir de la frontière orientale dans le but de détruire les forces allemandes rassemblées en Prusse[1]. »

Dans son exposé sur la situation de l'ennemi du 5 janvier 1945, Gehlen prédit correctement la date de déclenchement de l'attaque (mi-janvier) et donne Dantzig et la Basse-Vistule pour axe principal de la poussée du 2e Front de Biélorussie. Le patron du FHO devine donc bien les intentions générales de l'adversaire. En revanche, son estimation de l'ordre de bataille comporte plusieurs lacunes importantes. Concernant le 3e Front de Biélorussie, qui doit attaquer au nord, Gehlen « loupe » la puissante 11e Armée de la Garde, cachée à 30 km en arrière dans les forêts, ainsi que le 1er Corps blindé. Une reconnaissance en force d'éléments de la 5e Panzer (Opération *Flocon de neige*, 5 et 6 janvier) dans la région de Treuburg permet d'affiner la connaissance du dispositif avant de Tcherniakhovski mais les prisonniers capturés ne disent rien des réserves soviétiques… car ils ne savent rien.

L'erreur du FHO est plus importante dans le secteur sud, où se masse le 2e Front de Biélorussie du maréchal Rokossovski. Il manque au tableau allemand la 70e Armée, deux Corps blindés sur trois et, surtout, le fer de lance de l'offensive, la 5e Armée de tanks de la Garde du général Volsky. Ses 580 chars et canons automoteurs, le FHO les localise toujours au sud de Riga, d'où ils sont venus en cinq étapes nocturnes se tapir dans les forêts de l'outre-Narew : ils ne figureront sur les cartes de situation que le 18 janvier, 24 heures après leur apparition sur le champ de bataille. Ce tableau, juste sur l'aspect opérationnel, très lacunaire sur la disposition des forces, est symptomatique de la situation du FHO depuis 1942 : un chef brillantissime, doté d'un égo encombrant mais aussi d'un nez peu commun ; un service et des méthodes constamment dominés par l'adversaire.

## Ce qui attend les Soviétiques *(carte 12)*

Le problème auquel font face Tcherniakhovski et Rokossovski est un grand classique de la guerre : comment conduire une opération stratégique contre un ennemi puissamment retranché ? Comment pénétrer dans une région où les défenses et les obstacles naturels abondent comme nulle part ailleurs dans le Reich ? Comment percer six à sept lignes de défenses successives et battre trois Armées allemandes, très motivées (« l'effet

1. Colonel van Nes, *German intelligence appreciation*, in *1986, Art of War Symposium…*, p. 282.

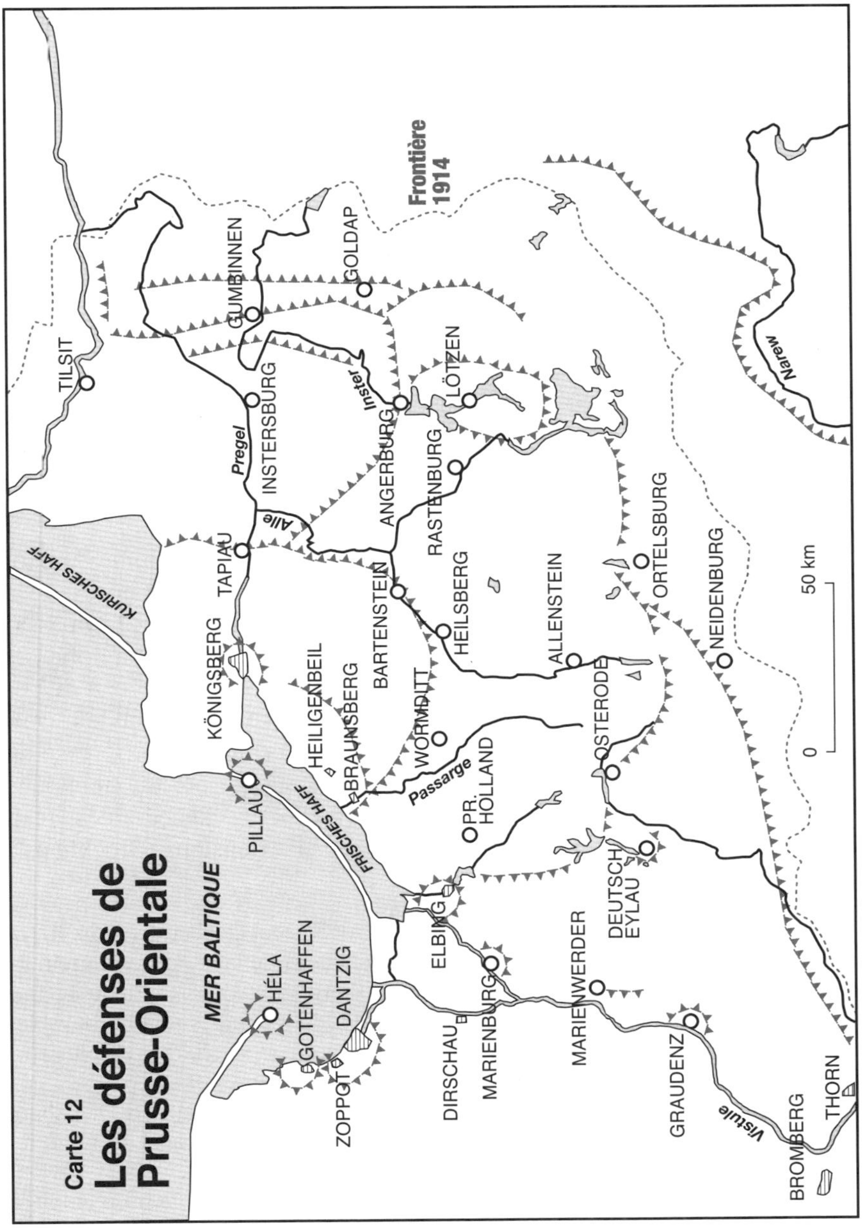
Carte 12
Les défenses de Prusse-Orientale
MER BALTIQUE
KURISCHES HAFF
FRISCHES HAFF
Frontière 1914
TILSIT
GUMBINNEN
GOLDAP
INSTERSBURG
Pregel
Inster
ANGERBURG
LÖTZEN
RASTENBURG
Alle
TAPIAU
KÖNIGSBERG
PILLAU
HEILIGENBEIL
BRAUNSBERG
BARTENSTEIN
HEILSBERG
WORMDITT
Passarge
PR. HOLLAND
ALLENSTEIN
ORTELSBURG
NEIDENBURG
OSTERODE
DEUTSCH EYLAU
ELBING
MARIENBURG
MARIENWERDER
DIRSCHAU
HÉLA
GOTENHAFFEN
DANTZIG
ZOPPOT
GRAUDENZ
Vistule
THORN
BROMBERG
Narew
0
50 km

Nemmersdorf »), bien retranchées et reposées après deux mois d'inactivité ? Un coup d'œil à la carte n'est guère encourageant. L'eau est partout : tourbières, marais, rivières nombreuses (Wkra, Narew, Pregel, Inster, Angerapp, Alle...) et mal orientées (nord-sud), lacs par milliers, qui forment une formidable barrière de Angerburg à Deutsch Eylau (210 km !). Les forêts sont profondes, souvent effilochées sur des dizaines de kilomètres. La défense peut aussi s'accrocher aux villes les plus importantes (Königsberg, Gumbinnen, Insterburg, Elbing, Allenstein, Graudenz, Thorn, Dantzig), souvent dotées de fortifications et bien desservies par chemin de fer et route.

Le cœur du système défensif prussien est constitué par la ligne dite du « triangle de Heilsberg[1] », longue de 200 km, qui protège Königsberg et un tiers de la province dans toutes les directions. Érigé après la Première Guerre mondiale, c'est un ensemble de 1 100 points d'appui en béton armé, bien camouflés, s'apportant l'appui mutuel de leurs armes ; en 1944, un profond fossé antichar et de vastes champs de mines défendront le glacis du système.

Les invasions, comme celle de 1914, progressent traditionnellement par les deux trouées d'Allenstein, au sud, et d'Insterburg, au nord-est, la zone située entre les deux – les lacs Mazures – étant quasiment impassable. En 1938-1939, une nouvelle série de lignes défensives[2] englobe ces deux zones dangereuses en s'appuyant sur toutes les lignes d'eau disponibles, notamment les lacs[3] Mazures eux-mêmes, verrouillés en leur centre, au seul point de passage praticable, par la formidable forteresse de Lötzen. La densité et la profondeur des fortifications sont maxima dans l'axe Insterburg-Gumbinnen-Königsberg (six lignes successives !) et, dans une moindre mesure, devant la trouée d'Allenstein. Blockhaus[4],

1. Si l'on en croit le témoignage du major von Knebel Doeberitz (*1986, Art of War Symposium...*, p. 419), lorsque les unités épuisées de la 4e Armée en retraite recevront l'ordre d'occuper le « triangle d'Heilsberg », on s'apercevra qu'aucune carte des installations n'est disponible, que les clés des ouvrages sont introuvables et que les vues des postes de tirs sont obstruées par une végétation de plusieurs années. Mais, de cet état précaire, les Russes ne savent rien.

2. D'ouest en est : positions de Christburg, d'Hohenstein, d'Ortelsburg (datant d'avant 1914), forêt de Johannisburg, verrou de Lötzen, canal de Mazurie.

3. En décembre 1944, inquiet d'un débarquement de parachutistes soviétiques, le *Gauleiter* Koch investira une énergie considérable dans la mise en place d'obstacles sur tous les plans d'eau gelés : charettes chargées de pierres, outils agricoles lourds, milliers de pieux...

4. On lit ici et là que plus de 5 000 bunkers ont été construits en Prusse-Orientale durant la période juillet-décembre 1944. Mais les trois quarts de ces ouvrages sont des « pots de Koch » (*Koch Töpfe*), du nom du Gauleiter Erich Koch. Ils consistent en un tube de béton garni de deux mitrailleuses et planté dans la terre. Incapables d'encaisser un coup direct, ces abris sommaires se transforment en trous à rat si l'infanterie ennemie approche. Aussi les *Landsers* éviteront-ils ces abris comme la peste.

champs de mines, obstacles antichars, abris bétonnés (pour PAK, MG, observatoires d'artillerie...), abattages d'arbres, réseaux de barbelés, inondations, sont omniprésents. Ces difficultés opposées par la nature et par l'homme aux invasions venues de l'est sont sans doute une des origines de la confiance d'Hitler concernant la Prusse-Orientale et de la désinvolture avec laquelle il en retire hommes et matériels pour le front ouest ou la Hongrie.

Les généraux soviétiques auront sans cesse à l'esprit les énormes difficultés rencontrées en 1914 par leurs prédécesseurs tsaristes – Rennenkampf et Samsonov – et leur désastre final. L'échec d'octobre 1944 les amène aussi à faire preuve du plus grand sérieux dans la préparation de l'offensive. Ils observent notamment que les fortifications sont plus minces et la circulation plus aisée le long de la vallée de la Vistule, qui contourne la Prusse-Orientale dans un grand coude est-ouest puis nord-sud. Mais, quoi qu'ils fassent, même dans ce secteur sud, il leur faut s'élancer à partir de deux têtes de pont très étroites, à Pultusk et Rozan, face à des défenses habilement aménagées. Sur la portion nord, l'attaque ne peut partir que d'une tête de pont minuscule – Augustow – ou de la zone Goldap-Schirwindt, en plein dans l'axe Gumbinnen-Insterburg. Forcément, le début de la bataille prendra la forme d'un assaut frontal, suivi d'un grignotage coûteux, à l'image de ce que fut l'attaque du 16-27 octobre 1944... terminée en fiasco.

Mais si les Soviétiques peuvent perdre des chars en grand nombre, il n'en est plus de même pour l'infanterie. Ni Tcherniakhovski ni Rokossovski ne sont prioritaires dans l'allocation des renforts. En décembre 1944 encore, le 2$^{e}$ Front de Biélorussie commande à des divisions étiques, de 3 000 à 4 000 hommes. Pour lui attribuer les 120 000 personnels nécessaires à un fonctionnement normal des unités, l'état-major général doit prélever 20 000 hommes sur les services arrières, affecter 39 000 convalescents et 10 000 prisonniers de guerre fraîchement libérés. Une bonne part des 60 000 restants viendra de la conscription forcée des Baltes et des Biélorusses. Un « matériel humain » qui est loin d'être de premier choix.

### L'ordre de bataille soviétique : Tcherniakhovski *(carte 13)*

Côté soviétique, du nord au sud, on trouve, en solo, la 43$^{e}$ Armée (général Beloborodov) alignée derrière le Niemen sur 90 km de long. Elle appartient au 1$^{er}$ Front de la Baltique, commandée par le colonel-général Bagramian, dont la tâche est de contrôler l'espace entre le groupe d'Armées Nord du général Schörner, enfermé en Courlande, et la Prusse-Orientale. Ses 79 000 hommes vont faire de la figuration durant la première phase de l'offensive.

Du Niemen à la tête de pont d'Augustow (exclue), le 3$^{e}$ Front de Biélorussie du colonel-général Tcherniakhovski se subordonne six Armées. Du nord au sud, toujours, on rencontre :

– la 39$^{e}$ Armée (général Lioudnikov) : 90 000 hommes répartis en trois Corps d'infanterie, dotés, à l'extrême gauche, d'un poing blindé, le

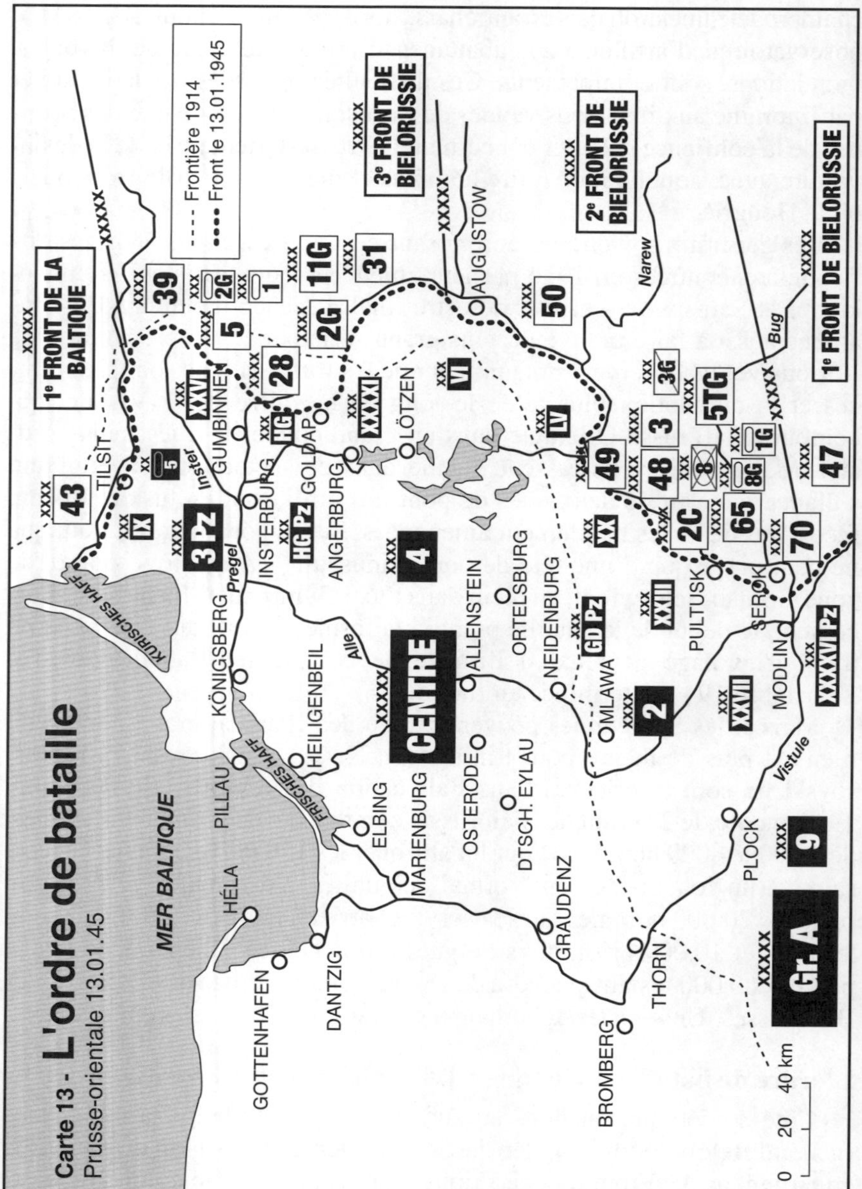


**Carte 13 - L'ordre de bataille**
Prusse-orientale 13.01.45

2e Corps de la Garde du général Burdeiny (228 chars), celui-là même qui s'est tristement signalé à Nemmersdorf ;

– la 5e Armée (général Krylov), trois Corps d'infanterie, 70 000 hommes. En appui, le 1er Corps blindé (général Boutkov), 178 chars ;

– la 28e Armée (général Luchinski), également à trois Corps, 90 000 hommes ;

– la 2e Armée de la Garde (général Chanchibadze), trois Corps, 80 000 hommes ;

– la 31e Armée (Chafronov), étirée sur 70 km avec seulement 50 000 hommes ;

– en réserve derrière la 28e Armée, la 11e de la Garde de l'excellent général Galitsky.

Au total, le 3e Front de Biélorussie compte 708 000 hommes, dont 484 000 combattants, 836 chars et 762 automoteurs, plus une artillerie considérable. À noter l'allocation massive en moyens du génie : 55 bataillons du génie de combat, de pontonniers, démineurs/mineurs, etc, soit 14 compagnies du génie par kilomètre de front dans les secteurs d'attaque. La 1re Armée aérienne est à disposition, sous le commandement du général Krioukine : 1 504 appareils, dont 449 *Sturmoviks*, 605 chasseurs et 343 bombardiers.

Le centre de gravité de l'attaque est dans la zone dévolue aux 39e (dans son secteur sud seulement), 5e et 28e Armées (+ la 11e Garde en second échelon) et 2e Armée de la Garde, qui concentrent 250 000 hommes sur 65 km de front (340 000 avec le second échelon). Le plan est simple : marcher plein ouest, suivant l'axe Gumbinnen-Insterburg, droit sur Königsberg, distant de 120 km. La tâche est ingrate : il y a 12 à 15 lignes de fortifications à percer avant d'arriver à Königsberg. D'où la dotation relativement faible en chars et les énormes concentrations de tubes de tous calibres. Tcherniakhovski a préféré affronter le béton que le terrain impossible situé plus au sud, où il faudrait se frayer un chemin à travers un dédale de plus de 500 lacs, des forêts, des marais. Il se donne 4 jours pour percer les défenses principales, 10 à 12 jours pour atteindre Königsberg.

## L'ordre de bataille soviétique : Rokossovski

De la tête de pont d'Augustow (incluse) à celle de Serok-Pulutsk, sur le Bug (40 km au nord de Varsovie), le maréchal Rokossovski a disposé les huit Armées de son 2e Front de Biélorussie. Du nord au sud,

– la faible 50e Armée (Boldin), à deux Corps, soit 45 000 hommes étirés sur 120 km. Sa fonction : occuper 45 % de la longueur du front pour permettre de meilleurs rapports de force plus au sud. Rokossovski explique personnellement au général Boldin qu'il doit, dès la percée obtenue au sud, accrocher avec agressivité les unités postées face à lui, afin d'empêcher que les Allemands les fassent riper ailleurs ;

– la 49e Armée (Grichine), à trois Corps en sous-effectifs, soit 60 000 hommes sur 45 km ;

– la 3e Armée (Gorbatov[1]), trois Corps, 90 000 hommes. Derrière elle, le 3e Corps de cavalerie de la Garde ;

– la 48e Armée, qui coopérera avec le 8e Corps mécanisé (Firtsovitch, 240 tanks). Elle se serre, avec la 3e Armée et une partie de la 2e Choc, dans la tête de pont de Rozan (20 km de large au mieux) ;

– la 2e Armée de Choc, la plus puissante avec trois Corps et 102 000 hommes. Ses 11 divisions ont un effectif correct : 7 000 hommes au lieu de 4 000 à 5 000 pour les autres Armées. Elle peut compter sur les 250 chars du 8e Corps blindé de la Garde (Popov) ;

– la 65e Armée (Batov) à trois Corps, appuyée par le 1er Corps blindé de la Garde (Panov) équipé de 250 chars. Ce Corps mobile, comme les deux précédents, doit entrer en lice à J+2 pour élargir la percée de l'infanterie et conquérir la zone d'introduction prévue pour l'Armée de tanks de Volsky. L'Armée s'entasse dans la tête de pont de Serok-Pulutsk (18 × 12 km), en compagnie de la 70e et d'un Corps de la 2e Choc ;

– la 70e Armée (Popov) à deux Corps ;

– sur les arrières, à la charnière des 2e Choc et 65e Armée, la 5e Armée de tanks de la Garde (Volsky) se subordonne deux Corps (10e Corps blindé de la Garde et 29e Corps blindé) équipés de 585 chars et automoteurs. Cette Armée, célèbre pour son engagement à Prokhorovka sous le commandement de Rotmistrov, lors de la bataille de Koursk (1943), est plus faible d'un tiers que ses consoeurs engagées auprès de Joukov et de Koniev. À J+4, elle passera au travers des Armées combinées, dépassera les Corps mobiles, débouchera en terrain libre et s'en ira chevaucher en profondeur jusqu'à son objectif, Dantzig.

Au total, le 2e Front de Biélorussie compte 881 000 hommes (671 000 combattants), 1 178 chars et 1 017 canons automoteurs. Comme ses homologues Joukov, Koniev et Tcherniakhovski, Rokossovski peut compter sur un génie particulièrement étoffé : 77 bataillons, soit 17 compagnies par kilomètre de front actif ! La 4e Armée aérienne lui est attachée. Sous le commandement du général Verchinine, elle groupe 1 593 machines : 652 chasseurs, 566 *Sturmoviks*, 316 bombardiers, 59 appareils de reconnaissance. Le centre de gravité de l'offensive est dans la tête de pont de Rozan, réparti entre les 48e, 2e Choc et 65e Armées, qui doivent préparer le terrain à l'introduction de la force d'exploitation, la 5e Armée de tanks de la Garde. L'axe de progression du Front est orienté au nord-ouest, en direction des passages sur la Basse-Vistule (entre Bromberg et Marienburg) et, au-delà du fleuve, vers Dantzig. Pour

1. Le lieutenant-général A.V Gorbatov fait partie, comme Rokossovski, des 250 officiers arrêtés en 1937, affreusement torturés puis jetés en prison avant d'être, en janvier 1941, et sur demande de Timochenko, affectés de nouveau à un commandement. Sans jugement ni excuses. Selon l'historien V.E. Korol (*The Price of victory*), Gorbatov partagerait avec Rokossovski, Petrov, Grechko et Tcherniakhovski, le titre, rare dans l'Armée rouge, de général le plus avare du sang de ses soldats.

la STAVKA, une des raisons d'aller à Dantzig le plus vite possible est d'enlever aux Allemands leur meilleur port, celui par où pourraient accourir des unités retirées de Courlande[1].

Un second axe d'exploitation, légèrement divergent du premier, part de la tête de pont de Serok-Pultusk, vise Kulm et la Poméranie. Ce dernier point est très important aux yeux de la STAVKA : *Rokossovski doit garder la meilleure partie de ses forces sur sa gauche pour protéger le flanc droit des Armées de Joukov*. Il y a là clairement un problème de conception. En effet, pour que le gros du 2e Front de Biélorussie se retrouve de l'autre côté de la Vistule, il faut supposer que les forces allemandes stationnées en Prusse-Orientale soient incapables de rien entreprendre contre son flanc droit alors entièrement exposé. Percer les défenses allemandes, détruire le gros de la 2e Armée ainsi que la réserve de Panzers, parcourir 200 km jusqu'à la mer, isoler la Prusse-Orientale et EN MÊME TEMPS pénétrer en Poméranie : n'y-a-t-il pas là trop de missions pour les forces de Rokossovski, comme celui-ci le fait savoir à la STAVKA ? Mais, à Moscou, on a gratté les fonds de tiroir et on n'a plus rien de consistant à lui adjoindre : de la Courlande à la Yougoslavie,

**Forces soviétiques au début de l'opération Prusse-Orientale**

| | **3e Front Biélorussie** | **2e Front Biélorussie** | **43e Armée (1er Front Baltique)** | **Total (combattants)** |
|---|---|---|---|---|
| Personnel combattant | 483 978 | 671 016 | 67 662 | 1 222 656 |
| Tanks | 836 | 1 178 | 21 | 2 035 |
| Canons auto-propulsés | 762 | 1 017 | 45 | 1 824 |
| Antichars (45-57 mm) | 1 611 | 2 088 | 286 | 3 985 |
| Artillerie supérieure à 76 mm | 4 213 | 5 793 | 778 | 10 784 |
| Mortiers (82-120 mm) | 4 490 | 5 411 | 756 | 10 657 |
| Lanceurs de Katiouchas | 567 | 970 | 26 | 1 563 |
| Pièces DCA | 704 | 1 026 | 114 | 1 844 |
| Véhicules à moteur | 23 069 | 32 864 | 3 948 | 59 881 |

*Source Vostochno-Prusskaia operatsiaa v tsifrak*, VIZh, 1965-2, p. 81-82.

1. Comme nous le verrons plus loin, la 4e Panzer, les 32e et 227e I.D arriveront en effet de Courlande à Dantzig.

toutes les Armées sont en ligne. Le temps n'est plus où la STAVKA gardait une demi-douzaine de grandes formations en réserve. Le seul point du front où existent des forces surnuméraires est la Courlande où, sans risques, Staline aurait pu prélever les 1re et 4e Armées de Choc. Mais le « petit père » s'y refuse.

## L'ordre de bataille allemand

Au 29 décembre 1944, le Groupe d'Armées Centre (Q.G à Wartenburg, commandant : colonel-général Reinhardt) tient 580 km (en incluant Memel) de la Baltique à Modlin, au confluent Boug-Vistule.

– Au nord, la 3e Armée Panzer (colonel-général Raus) défend entre la Baltique et Gumbinnen. Il lui incombe de tenir les approches de Königsberg[1] par le nord et le nord-est. Du nord au sud, on trouve le IXe Corps d'Armée du général d'artillerie Wuthmann (286e Division de sécurité, 551e, 548e et 561e *V.G.D*, 56e I.D), puis le XXVIe Corps commandé par le général Matzky (69e et 1er I.D, les 349e et 549e *V.G.D*). En réserve, la très aguerrie 5e Panzer (commandée, jusqu'au 5 février, par le major-général Rolf Lippert), cachée dans la forêt de Breitenstein (voir description de l'unité p. 66).

– Au centre, la 4e Armée (général Hossbach), la plus puissante, tient le front entre Gumbinnen et Nowogrod avec quatre Corps. Le Corps parachutiste *Hermann Göring* défend la partie sud de la route directe Gumbinnen-Insterburg-Königsberg avec la 61e I.D et la 2e Division parachutiste *Hermann Goering*. Derrière lui, en réserve, le *Panzerkorps* parachutiste *Hermann Goering* (1 Panzer + 1 *Panzergrenadier*). Ces deux Corps, de concert avec le XXVIe (3e Armée Panzer), tiennent le front le plus dangereux, entre Gumbinnen et Goldap, dans l'axe de Königsberg, face au centre de gravité de Tcherniakhovski. Puis vient le XXXXIe *Panzerkorps* (général Weidling) : 21e I.D, la 28e Chasseurs, les 50e, 367e et 170e I.D, la 558e V.G.D. Le VIe Corps (général Grossmann) compte la 131e I.D, le Groupe de police du SS-*Oberführer* Hannibal, la 541e V.G.D. Au sud, le LVe Corps (Herrlein) commande aux 541e V.G.D, 203e I.D, 562e et

1. L'enchevêtrement des compétences à Königsberg offre un bon exemple de l'anarchie typique du système hitlérien. Reinhardt commande au front et dans une bande de 10 km en arrière. Le général Lasch, commandant la 1re circonscription militaire, ne dépend pas de Reinhardt mais de Himmler, à Berlin : à lui, la responsabilité de la constitution et de l'instruction des réserves. Mais, pour tout ce qui touche à la population civile et aux travaux défensifs, le *Gauleiter* Erich Koch n'a de compte à rendre qu'à Bormann et à Hitler ; ce dernier lui a en outre délégué des pouvoirs de police militaire. Pire, Koch place et déplace à sa guise les unités du *Volkssturm* qui tiennent les positions arrière, si bien que Reinhardt ne sait jamais sur quelle ligne d'arrêt il peut compter. Quant à la défense des côtes, elle incombe à la *Kriegsmarine*, qui rapporte à Dönitz seul. À noter qu'en 1914-1915, TOUTE l'autorité était concentrée dans les mains du seul Hindenburg.

547e V.G.D. En réserve, les 23e et 83e I.D, la 10e Brigade de chasseurs cyclistes, toutes trois en mauvais état.

– Au sud, la 2e Armée (colonel-général Weiss) s'articule en trois Corps. Le XXe (Freiherr von Roman) : 102e, 14e et 292e I.D. Le XXIIIe Corps (Melzer) : 129e, 299e, 7e I.D et 5e Chasseurs. Le XXVIIe Corps (Felzmann) : 35e et 252e I.D, 542e V.G.D. En réserve, sous l'autorité de l'OKH, le *Panzerkorps Grossdeutschland*, en formation (*PzDiv. GD + PzGrenDiv. Brandenburg*), et la 7e Panzer (voir description p. 66). Un de ses chefs juge la 7e Panzer « en excellente condition[1] » mais souligne le manque de carburant. Le 507e Bataillon de chars lourds, « gonflé » à 51 Tigres royaux, appuie la 7e de toute sa puissance.

Au total, le Groupe d'Armées Centre compte entre 520 (estimation allemande) et 580 000 hommes (estimation soviétique, qui ajoute les principales unités du *Volkssturm*[2]) et 700 chars. La couverture aérienne n'est pas négligeable : le Groupe Centre partage la *Luftflotte* 6 (Colonel-général Ritter von Greim) avec le Groupe A. Il n'y aura jamais moins de 300 avions à croix gammée disponibles en Prusse – et parfois plus de 500 –, bien abrités sur d'excellents aérodromes en dur. Outre la mission de protection des routes et des voies ferrées principales, von Greim demande à ces forces de s'en tenir à des attaques brèves mais violentes contre les pointes blindées rouges.

Le rapport de force global en personnel s'élève à 3:1 ou 3,5 : 1, ce qui, en tenant compte des fortifications, n'est pas écrasant[3] ; il s'aggrave pour les chars (5 à 6:1) et s'envole pour l'aviation (12:1). Mais les Allemands ne détenant pas l'initiative ne peuvent être faibles nulle part, ce qui amène une certaine dilution de leurs forces, alors que les Soviétiques peuvent concentrer le gros des unités là où ils veulent, et dégarnir ailleurs, ce qui produit, localement, des rapports de force en personnels de 8 à 9:1 (au niveau d'une Armée) et 15 à 20:1 (niveau divisionnaire). Il est frappant à cet égard de constater que, dans le saillant Lomscha-Augustow, tenu par deux Corps de la 4e Armée, les Allemands ont la supériorité numérique.

---

1. Brigadier général Condné, *Employment of 7th Panzer*, in *Symposium*..., p. 452.

2. Les Soviétiques comptent 60 000 hommes du *Volkssturm* ; en réalité, il y en a 80 000 en ligne au moment de l'offensive et 120 000 en réserve. D'une valeur faible à découvert, cette force, encadrée par des unités de la *Ostheer*, et protégée par le béton, est d'une réelle utilité.

3. Dans son ouvrage, *Der Kampf um Ostpreussen*, et à l'instar de tous les mémorialistes allemands et de nombre d'historiens, le général Grossmann donne un rapport de 11:1 pour l'infanterie, qui est faux d'un facteur 3. Outre l'usage idéologique qui est fait de ce genre de surestimations (les Soviets n'ont gagné que par la force du nombre), il faut savoir que Grossmann parvient à 11 en faisant le rapport entre le nombre des divisions allemandes et celui des divisions soviétiques. Or, les premières comptent, en 1945, entre 9 000 et 10 000 hommes, quand les secondes en recensent entre 3 000 et 6 000. Rappelons que Guderian estimait qu'en défense la *Ostheer* pouvait encaisser un rapport de 1:5.

En termes d'effectifs, le général Grossmann, chef du VI$^{e}$ Corps de la 4$^{e}$ Armée, juge d'ailleurs la situation du Groupe d'Armées pas si mauvaise :

> « La largeur des secteurs défensifs (pour l'ensemble du Groupe d'Armées, ndla), d'à peine 20 km par division, n'était pas défavorable selon les critères en vigueur dans la *Ostheer*[1]. »

La situation des réserves en chars n'est guère brillante, sans être aussi désastreuse que le clame Reinhardt. Si la 5$^{e}$ Panzer, tout au nord, et la 7$^{e}$, au sud, sont un peu isolées, les deux *Panzerkorps HG et GD*, distants de 120 km, seraient à même, s'ils se rassemblaient, de tenir tête à un surgissement de la 5$^{e}$ Armée de tanks de la Garde. Mais Reinhardt ne croit pas que cela suffira. Le *Panzerkorps GD* est en effet en pleine formation, de même que la 18$^{e}$ *Panzergrenadier*[2]. Quant à la 24$^{e}$ Panzer (général von Nostitz), mise en route depuis la Hongrie le 4 janvier, elle ne sera en Prusse-Orientale que le 15 et ne pourra être engagée avant le 18, sous la forme d'un groupe de combat mal équipé. Elle a en effet laissé ses chars à la 23$^{e}$ Panzer et doit se rassembler à Rastenburg pour en toucher de nouveaux et compléter ses effectifs. Elle n'aura finalement que 40 blindés, un millier de recrues trop jeunes et peu entraînées, trop peu de camions, seulement une trentaine de half-tracks.

À la mi-décembre, Reinhardt fait savoir à Hitler et à l'OKH qu'il n'a plus les moyens, après le départ de quatre divisions Panzers vers la Hongrie, de garantir le maintien du front. Il propose donc, comme son collègue du Groupe d'Armées A, de procéder à un raccourcissement des lignes, en supprimant le saillant entre Nowogrod et Goldap, d'autant plus que les marais qui protègent le secteur seront bientôt gelés, n'offrant plus d'obstacle aux fantassins soviétiques. Refus catégorique de Hitler. Reinhardt demande à pouvoir au moins récupérer le XXVIII$^{e}$ Corps (95$^{e}$ et 58$^{e}$ I.D, général Gollnick) isolé dans la tête de pont de Memel. Nouveau refus. Reinhardt essaie de faire partager son inquiétude au *Gauleiter* Koch, en suggérant de préparer un plan d'évacuation des populations. Refus indigné. Koch restera fidèle à cette attitude durant toute la bataille, devenant ainsi le premier responsable, côté allemand, des terribles souffrances qui vont s'abattre sur les deux millions de Prussiens de l'est.

## 2. *Une résistance farouche (13-20 janvier)*

### L'assaut de Tcherniakhovski *(carte 14)*

L'attaque du 3$^{e}$ Front de Biélorussie se déclenche le 13 janvier. La veille, selon l'habitude, chaque division de fusiliers a fait tâter l'ennemi par des reconnaissances en force menées par un bataillon ; il ne saurait donc être question de surprise lors de l'assaut du lendemain, d'autant plus

1. Dieckert-Grossmann, *Der Kampf um Ostpreussen*, p. 72.
2. Pour cette unité, anéantie durant l'opération *Bagration*, il s'agit d'une reformation à 100 %.

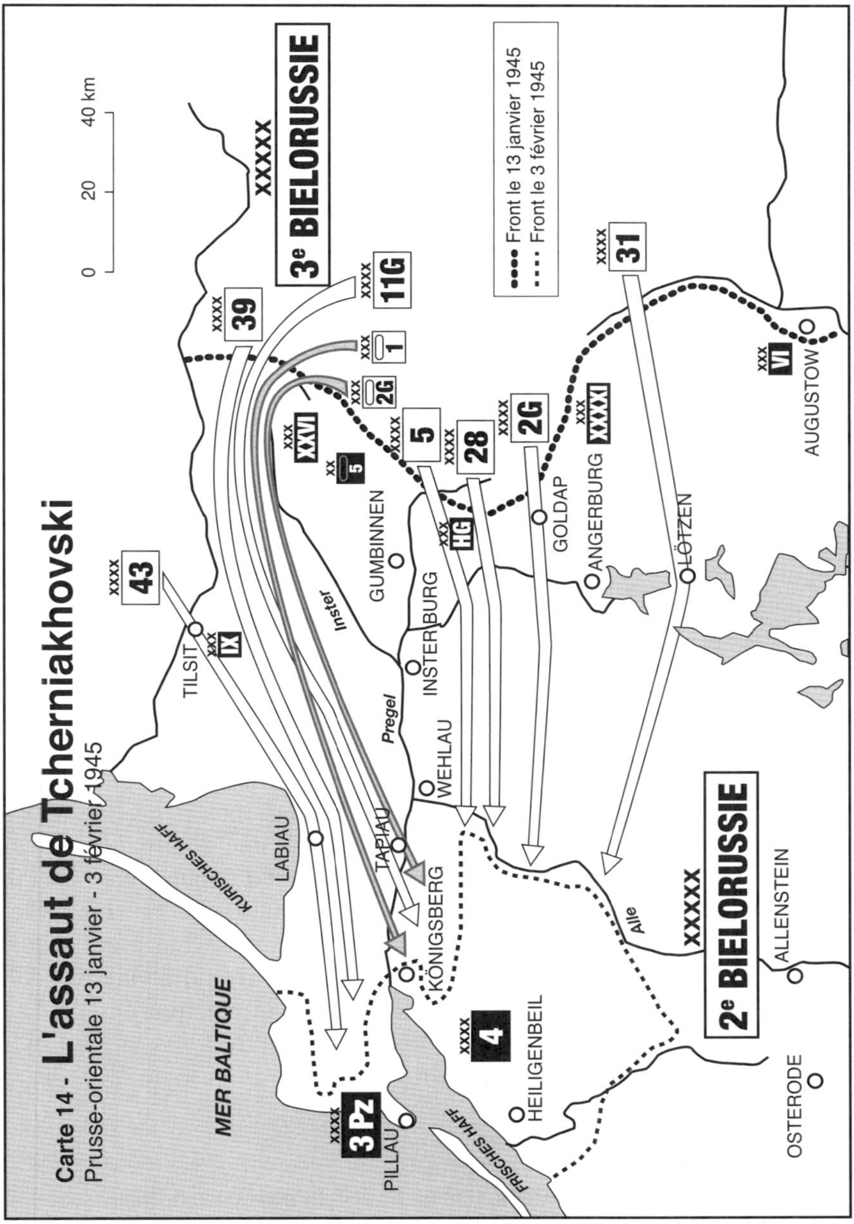

**Carte 14 - L'assaut de Tcherniakhovski**
Prusse-orientale 13 janvier - 3 février 1945

que des déserteurs et des prisonniers cassent le morceau. Aussi, Raus (3e Armée Panzer) et Hossbach (4e Armée) font-ils déclencher une préparation d'artillerie sur les aires de rassemblement des unités soviétiques, et évacuent le gros de la première ligne défensive. Puis, en pleine nuit, une partie des canons est déménagée et installée sur des positions inconnues de l'adversaire. La préparation de Tcherniakhovski semble donc plus routinière que celles de Joukov et de Koniev, alors que les Allemands se montrent plus réactifs. De nuit, la 1re Armée aérienne de la V.V.S parvient à réaliser 740 missions de bombardement groupées sur les défenses de Goldap.

Mais, le 13, le brouillard empêche le décollage des avions soviétiques : les 1 500 missions prévues dans la matinée sont annulées. Après une courte préparation d'artillerie, les bataillons d'assaut s'élancent à 6 h 00. Ils trouvent la première ligne vide mais toute tentative de pénétration de la deuxième ligne est bloquée net par des tirs nourris. En hâte, la direction soviétique reprend ses diagrammes, réorganise tout selon le système PSO[1] et communique les nouvelles coordonnées aux batteries. À 9 h 00, la préparation commence : cent vingt minutes – et 120 000 obus – d'un feu violent qui semble concentré en priorité sur le XXVIe Corps du général Matzky, au nord du grand axe Gumbinnen-Insterburg. Le grondement s'entend à 120 km à la ronde. À 11 h 00, le gros de l'infanterie s'élance avec ses chars et ses automoteurs d'accompagnement. Avec furie, elle vient battre le point le plus dur de la défense allemande, entre Schlossberg et la source de la Pregel, le fleuve de Königsberg. Mais, sous les feux croisés venus des très nombreux bunkers, les soldats russes sont contraints de se coucher ou de chercher l'abri des chenillés, eux-mêmes tirés par une PAK agressive. Il faut monter toute une affaire, convoquer chars, génie et artillerie, pour enlever un seul point d'appui. Vers 14 h 00, une courte éclaircie laisse passer 490 missions aériennes de bombardement contre les blockhaus, les nids de mitrailleuses, les carrefours fortifiés. La *Luftflotte* 6 réplique par l'envoi de 140 avions d'attaque au sol, qui s'en prennent à l'artillerie soviétique. Mais la réaction des La-7 et Yak-3 est vigoureuse : 19 appareils descendus contre 4 russes, de l'avis même du journal de guerre de la *Luftflotte*. Rien qui pèse de façon décisive, ni d'un côté ni de l'autre.

1. L'anagramme PSO désigne le plan de feu dit des concentrations successives. Le front d'attaque est arbitrairement divisé en secteurs verticaux (lignes 1, 2, 3, 4) larges de 300-500 m et horizontaux (a, b, c, d). Les batteries sont groupées sur deux lignes, A et B. Le groupe A s'en prend successivement aux secteurs ennemis où l'on a repéré des points fortifiés (par exemple : a1-c1-e1) puis aux zones arrières dont on sait ou dont on peut penser qu'elles abritent P.C et dépôts (par exemple : a3-c3-e3) ; le groupe B, aux secteurs b2-d2 puis b4-c4. Ce système, étalé dans le temps, a le mérite de délivrer une grande quantité d'explosifs par secteur en un court laps de temps. Mais il suppose une connaissance poussée du dispositif ennemi en profondeur.

Les 5e et 28e Armée progressent de 5 à 10 km le premier jour, au prix de lourdes pertes. Encore le gros de cette avance s'explique-t-il par le repli des premières lignes allemandes sur la deuxième ligne de résistance. La ville fortifiée de Schlossberg, située tout près du front, est l'objet de violents combats de rues. Au soir, la 39e Armée n'en tient que la moitié ; le 22e *Infanterieregiment* en reprend même une partie au cours d'une attaque de nuit menée à la lueur de l'incendie qui embrase tout. On signale des liquidations de blessés et de prisonniers des deux côtés.

Le seul succès soviétique est obtenu dans le secteur de Kattenau : une percée permet à la 28e Armée de s'emparer de la ville située à 5 km à l'intérieur du front (nord-ouest d'Ebenrode). La 349e V.G.D, responsable de la zone, perd 50 % de son effectif, notamment sous les assauts de l'aviation engagée vers midi après dissipation du brouillard. Matszky appelle Raus au secours. Le lendemain à l'aube, après une marche nocturne de 25 km, la 5e Panzer (colonel Lippert), renforcée d'un bataillon de fusiliers, lance la contre-attaque. Venus de Kattenau, des centaines d'obus antichars s'abattent sur les blindages. En quelques minutes, Lippert perd 12 de ses 30 *StG.* ; plusieurs half-tracks, atteints de plein fouet par des obus incendiaires, grillent avec leurs dix hommes à bord. Il faut une journée entière de violents combats pour chasser le Russe de Kattenau.

Le lendemain, 14 janvier, même scénario, malgré l'engagement des divisions russes de second échelon : une nouvelle préparation d'artillerie, des assauts frontaux, de très lourdes pertes, au mieux 6 km d'avance pour la 28e Armée.

La déception soviétique est évidente. Mais, sans que Tcherniakhovski le sache immédiatement, Hitler annonce à Guderian une décision qui va peser lourd : le *Panzerkorps Grossdeutschland*, formé de la *Panzergrenadier Grossdeutschland* et de la *Panzergrenadier Brandenburg*, est coupé en deux. La *Brandenburg*, flanquée de la *Hermann Goering*, prend la route de la Pologne centrale (voir plus haut). Le meilleur des réserves prussiennes s'en va sans espoir de retour. Le lieutenant-général Heidkämper, chef d'état-major du Groupe d'Armées Centre, note dans son journal :

> « 15 janvier : à trois heures du matin, le lieutenant-général Wenck me donne l'ordre depuis Zossen de céder immédiatement le *Panzerkorps Grossdeutschland* au Groupe d'Armées A. Je fais remarquer à Wenck que ce retrait de notre dernière réserve aura des conséquences catastrophiques. Il aura pour suite une percée dans le secteur de la 2e Armée, à laquelle nous ne pourrons rien opposer. Wenck répond qu'au sud de la Vistule la percée est déjà complète et qu'une aide urgente est nécessaire en ce point. Comme je réplique qu'il faudrait chercher à tenir au moins dans notre secteur et qu'ainsi, au sud, l'ennemi serait contraint de s'arrêter bientôt, Wenck se montre nerveux et impatient. Il me dit que je n'ai pas besoin de réveiller mon commandant en chef (Reinhardt, ndla) et que les réclamations sont inutiles car le Führer a déjà donné l'ordre du retrait et qu'il s'y tiendra[1]. »

1. Cité par J. Thorwald, *Es begann…*, p. 145.

Le 15, Tcherniakhovski ne peut toujours pas lancer ses Corps blindés ni engager sa puissante réserve, la 11ᵉ Armée de la Garde. Tout son plan est en l'air. L'infanterie s'empêtre dans les défenses, grignote cent mètres par cent mètres, malgré les centaines de milliers d'obus déversés par les divisions d'artillerie (10 trains complets par jour !). Au soir, la 28ᵉ Armée mesure 5 000 mètres d'avance en moyenne. Kattenau est reprise après engagement d'un bataillon de chars lourds JS-2. Les quatre divisions allemandes du XXVIᵉ Corps reculent pas à pas, de ligne fortifiée en ligne fortifiée, sans concéder la moindre ouverture.

Le 16, l'aile sud de la 28ᵉ Armée avance péniblement de 2,5 km : à ce rythme, il faudrait près d'une semaine pour atteindre Gumbinnen dont les artilleurs voient le clocher dans leurs lunettes (12 km) ! Pourtant, ce jour-là, la météo change et le poids de la 1ʳᵉ Armée aérienne va commencer à se faire sentir. La *Luftflotte* 6 frappe la première en tentant deux missions ambitieuses pour ses moyens : un groupe de 18 puis un autre de 50 Fw 190 F-8, protégés par quelques Me 109, prennent l'air pour aller tirer les T-34 à la roquette *Panzerblitz*. Mais les deux formations sont interceptées par une centaine de La-7 et La-5. Bilan : 11 avions à croix noir au tapis, aucun T-34 touché. La 9ᵉ G.I.A.P se distingue particulièrement avec un doublé du major Borisov et du capitaine Golovachiov[1] au-dessus de Gumbinnen.

Sur le front de la 5ᵉ Armée, lors d'une dernière attaque au crépuscule, le général Krylov sent un flottement dans la défense autour de Schlossberg, à la charnière de la 1ʳᵉ I.D et de la 349ᵉ V.G.D. Une centaine de missions aériennes mêlant *strafing* et lâchers de roquettes ont démoralisé ces deux unités dont les hommes dorment littéralement debout après 72 heures de combats ininterrompus. Faut-il tenter l'introduction du glorieux 2ᵉ Corps blindé de la Garde *Tatsinskaïa* ? Tcherniakhovski, harcelé par Staline, consent en maugréant, le Corps gagne ses positions de départ. Le 17, à l'aube, un violent assaut des 250 chars grignote péniblement 4 km. Les brigades, employées en soutien d'infanterie à la grande fureur de leurs chefs, se font écharper par la PAK sous abris bétonnés puis contre-attaquer encore une fois par la 5ᵉ Panzer. Une cinquantaine d'épaves de T-34/85 fument sur la lande. Pourtant, la 1ʳᵉ Armée aérienne se dépense sans compter pour épauler la *Tatsinskaïa*. 342 bombardiers pilonnent la zone, suivis par une seconde vague de 284 ! L'assaut blindé est appuyé directement par trois divisions de *Sturmoviks*, une de chasseurs, cinq de bombardiers. Les appareils sont guidés vers leurs cibles par les officiers d'observation équipés de radio. Et pourtant, malgré 2 800 sorties, le Corps blindé ne débouche pas.

Mais Tcherniakhovski ne renonce pas et ripe le 1ᵉʳ Corps blindé du général Boutkov sur l'aile gauche de la 39ᵉ Armée (général Lioudnikov) où il se passe quelque chose.

Le général Raus a en effet demandé l'évacuation du saillant de Schilkelde, tenu par trois divisions de l'aile droite du IXᵉ Corps. Il s'agit de

1. Bergström, *Bagration to Berlin*, p. 96.

raccourcir les lignes pour récupérer de l'infanterie fraîche, le saillant n'ayant guère été inquiété par les Soviétiques. Après un refus[1], Hitler accepte l'évacuation le 16 janvier. Raus choisit d'affecter la 56e I.D à la défense de l'axe de Gumbinnen et donne ordre aux 69e I.D et 561e V.G.D de se retirer vers l'ouest, derrière la position de la rivière Inster. Mais le général Lioudnikov, commandant la 39e Armée, renifle le décrochage et ordonne à ses troupes de suivre et d'attaquer à outrance. Si bien que le retrait de la 69e I.D et de la 561e V.G.D est considérablement ralenti durant la nuit par des attaques d'infanterie, puis, au matin, pris à partie par des nuées de Yaks et de *Sturmoviks*. Des paniques éclatent, des trous apparaissent dans le tissu défensif.

Quand Tcherniakhovski apprend que la 39e Armée a avancé de 50 km les 16 et 17 janvier, fait des prisonniers, saisi une nombreuse artillerie et dispersé l'état-major de la 69e I.D, il décide de renforcer la victoire. Le 18, il déchire son plan d'opérations, jette son Armée de réserve, la 11e Garde, dans le secteur de la 39e Armée, lance le 1er Corps blindé en avant de celle-ci, retire le 2e Corps blindé de la Garde, très abîmé, à la 5e Armée et l'envoie aussi dans la trouée nord. Galitsky, commandant la 11e Garde, a douze heures pour mettre en route ses 100 000 hommes et vingt-quatre heures pour couvrir entre 60 et 80 km ! En attendant, il s'agit de maintenir la pression sur Gumbinnen pour masquer le changement du centre de gravité soviétique. La 1re Armée aérienne s'en charge. La ville est tabassée pendant 4 heures par 300 bombardiers, pendant que 130 autres s'acharnent sur la gare de triage d'Insterburg, plaque tournante de la 3e Armée Panzer.

La 561e V.G.D essaie de se lier à ses voisines, les 548e V.G.D et 69e I.D, pour résister à la pression qui s'accroît d'heure en heure. La *Luftflotte* 6 jette toutes ses forces pour casser l'élan nouveau des Russes. Des formations de 20 à 50 avions d'assaut interviennent mais leur action est terriblement gênée par les La-7 du 9e G.I.A.P. La première vague essuie 5 pertes, dont un quadruplé pour le capitaine Golovachiov ! L'as russe ajoute encore un Fw 190 une heure plus tard, portant son score à 26 victoires. Le courage des pilotes allemand ne peut empêcher l'irréparable. Le 18 janvier au soir, en effet, le 1er Corps blindé s'empare d'un bon passage sur l'Inster, à Breitenstein, et dispose son artillerie dans la tête de pont. À sa droite, la 11e Garde pénètre dans le couloir de 12 km de large qui s'ouvre au nord de l'Inster, ses 12 divisions côte à côte, emmenées par le 2e Corps blindé de la Garde. Tcherniakhovski comprend alors que toute son affaire, si mal engagée, va se débloquer dans une sorte de réaction en chaîne. Il n'y a plus en effet d'obstacle important entre Breitenstein et Königsberg, pas de cours d'eau notable et le gros massif forestier de Stefanhöfer-Eichwald est

1. Voici les motivations de ce premier refus d'Hitler (in Dieckert et Grossmann, *Der Kampf um Ostpreussen*, p. 88-89) : « Sur la foi de cinq années de combats, ce type de repli ne conduit pas à une économie des forces mais mène à une percée de notre front et a déclenché une catastrophe à chaque fois qu'il a été entrepris en un point du front de l'est. » Pour l'occasion, il ne s'est pas trompé.

déjà contourné par Galitzky. Il ne semble pas que les Allemands perçoivent immédiatement ce glissement du centre de gravité russe vers le nord, puisqu'ils continuent à renforcer le secteur de Gumbinnen, enfournant leurs unités dans un sac déjà en cours d'enveloppement.

Le 19 janvier, au soir, Reinhardt comprend enfin la manœuvre. Pendant qu'il tente de joindre ses chefs d'Armées, le 1^er^ Corps blindé soviétique fonce au nord-ouest, parcourt 15 km d'une haleine, s'empare de Schillen dans la nuit, disperse des bouchons de *Volkssturm* livrés à eux-mêmes ; le 2^e^ Corps blindé de la Garde, suivi par trois Corps d'infanterie, va au sud-ouest, vise les arrières d'Insterburg, cherchant à couper la retraite aux cinq divisions allemandes qui protègent Gumbinnen par le nord. Et ce que cherchait Tcherniakhovski se produit enfin : les Allemands abandonnent leurs précieuses lignes défensives au nord de Gumbinnen, ils reculent de 15 km – sur la ligne forêt d'Eichwald-Inster-rivière de Memel – pour se soustraire à l'encerclement tandis que la 5^e^ Panzer se désengage de Gumbinnen pour marcher au nord contre le 2^e^ Corps blindé de la Garde. Au cours de durs combats, elle parvient, à Aulenbach, à empêcher les tankistes rouges d'aller couper la voie ferrée Königsberg-Gumbinnen, vitale en cas d'évacuation. Mais elle laisse encore une vingtaine de ses engins chenillés sur le champ de bataille. Il n'empêche : à J+7, Tcherniakhovski a enfin réussi à sortir de la bataille de grignotage et à donner du mouvement à ses formations rapides.

### La progression de Rokossovski *(carte 15)*

Pour le 2^e^ Front de Biélorussie, les choses sont plus faciles que pour son voisin du nord, même si la surprise ne joue pas du tout : les Allemands sont en état d'alerte maximum dès le 13 après-midi. Leur organisation défensive ne peut, comme face à Tcherniakhovski, s'appuyer sur d'importants obstacles naturels ni sur d'anciennes fortifications modernisées. Pourtant, elle ne manque pas de profondeur. À l'instar du secteur de la 252^e^ I.D[1], en effet, quatre lignes de défense ont été établies, la première comptant trois tranchées parallèles interconnectées, sur une profondeur de 1,5 à 2 km. Deux kilomètres en arrière, la deuxième ligne abrite l'artillerie, des points fortifiés avec nids de M.G. et de PAK. La troisième ligne, à 6-8 km de l'avant, est suivie d'un profond fossé antichar. La quatrième ligne serpente 4 km plus loin, puis vient le cours de la rivière Wkra, défendu par des positions aménagées, et enfin, à 24 km des Soviets, un second fossé antichar. Les préceptes défensifs du *Truppenführung*, de 1939 sont donc ici encore appliqués ; mais l'infanterie manque pour meubler les lignes arrière, et la réserve blindée n'a pas un poids suffisant.

Selon le général Grossmann[2], chef du VI^e^ Corps, dans la soirée du 13 janvier, un déserteur prévient les Allemands de l'imminence de l'attaque ; à la suite de quoi, la première ligne est évacuée. Le 14 janvier,

---

1. Colonel von Garn, *Employment of inf. Reg. 7...*, in *Symposium...*, p. 441.
2. Dieckert et Grossmann, *Der Kampf um Ostpreussen*, p. 98.

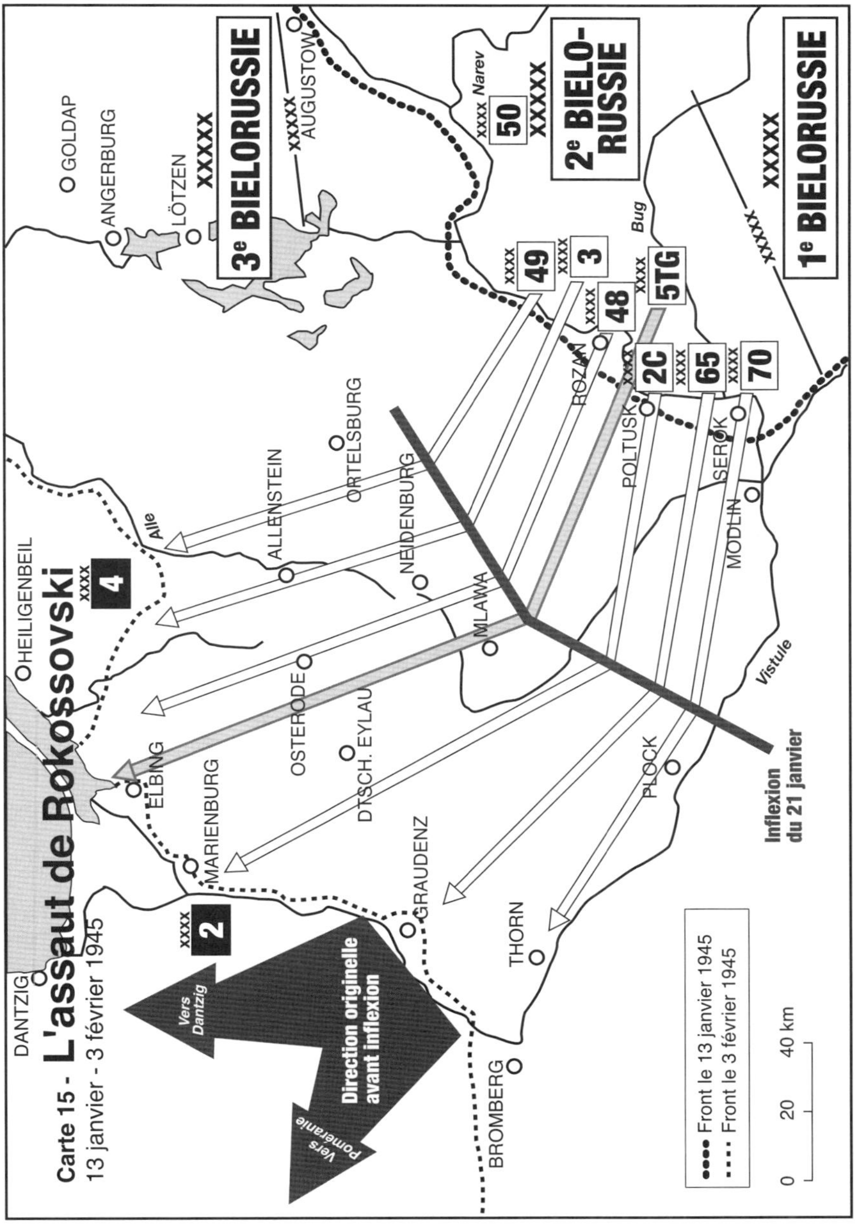


**Carte 15 - L'assaut de Rokossovski**
13 janvier - 3 février 1945

le jour se lève péniblement, éclairant à peine un épais brouillard traversé de bourrasques de neige. Le millier de missions aériennes préparées par le général Verchichine est annulé. À 8 h 00, après 1 h 25 d'une violente préparation d'artillerie, l'assaut soviétique se concentre sur des secteurs étroits situés à la suture entre divisions et entre régiments.

> « Le bombardement a détruit dans une large mesure les communications depuis les unités de première ligne et vers elles[1] », reconnaît un chef de bataillon de la 7e Panzer placée en réserve à Ciechanow.

En trois heures, matraquées par un double barrage roulant portant sur 2 km, les deux premières lignes de défense qui font face aux deux têtes de pont sont percées. Une contre-attaque de la 190e Brigade de *StG.* (Major Kröhne) limite les dégâts dans le secteur de Pultusk. Au centre, la 7e I.D est si malmenée qu'il faut lui envoyer dès 10 heures la 7e Panzer en pompier. Mais les 90 chars de celle-ci, renforcés des 51 Tigres royaux du 507e Bataillon lourd, doivent arrêter leur contre-attaque au bout de quelques centaines de mètres, cueillis par un formidable feu antichar venu des bois. Plusieurs Panthers flambent. Le bataillon de *Panzergrenadieren* monté sur half-tracks relance l'assaut, chasse les Russes du bois, mais doit s'arrêter en lisière, littéralement assommé d'obus de 57 mm et de balles antichars de 14,5 mm. Au crépuscule, la 7e Panzer abandonne le champ de bataille, sans même avoir rencontré un char soviétique. C'est la dernière fois que l'unité sera utilisée en bloc. À compter du 15 janvier, ses quatre éléments constitutifs principaux (un régiment blindé, deux régiments de grenadiers, un bataillon de reconnaissance) seront envoyés individuellement jouer les pompiers, parfois à des distances considérables les unes des autres. Quant à l'unité de Tigres, elle aura la malchance de donner dans un nid de *Zveroboi*, le canon automoteur JSU-152, dont les obus super lourds (48,9 kg !) lui renversent plusieurs engins et l'obligent à se dérouter vers un marais. Incapable de manœuvrer dans le brouillard, craignant de perdre ses citernes et de voir ses monstres enlisés, le 507e Bataillon fait demi-tour. Sa retraite, ponctuée de coups de pattes en retour, sera sanglante pour les T-34 : du 16 au 19 janvier, 96 chars à l'étoile rouge seront détruits pour seulement 4 Tigres. Mais ces succès tactiques sont de peu d'importance et n'éviteront pas au 507e le sort des unités mises sans cesse sur le reculoir. Dix-neuf engins seront perdus entre le 19 et le 30 janvier, la plupart détruits par leurs équipages (embourbés, pannes d'essence, problème de chenilles, etc.). Les 22 derniers, acculés à la Vistule, seront dynamités juste avant capture. Le 13 février, on comptera seulement deux survivants[2].

Les forces des XXVIIe et XXIIIe Corps se replient au crépuscule sur la troisième ligne, une dizaine de kilomètres en arrière. Mais, à l'étonnement des Allemands, l'assaut se poursuit toute la nuit sans désemparer. Les fantassins rouges s'infiltrent par tous les points possibles, coupant les commu-

1. B. Gen. Condné, *Employment of 7th Panzer*, in *Symposium*..., p. 475.
2. Wolfgang Schneider, *Tiger im Kampf I*, p. 354-355.

nications entre P.C divisionnaires et régiments, attaquant par les arrières. Le 15 janvier à l'aube, le gros des 35e et 7e I.D, 5e chasseurs, 299e, 129e et 292e I.D, est enferré dans des combats d'infanterie, sans plus savoir ce que font les unités voisines. Rokossovski saisit ce moment de confusion pour introduire ses Corps mobiles, le 1er de la Garde en tête de la 65e Armée, le 8e de la Garde devant la 2e Choc, le 8e mécanisé à la pointe de la 48e Armée, le 3e de cavalerie de la Garde avec la 3e Armée. En plusieurs endroits, le recul des divisions allemandes laisse apparaître des trous qui sont aussitôt mis à profit par les T-34, notamment par ceux du 1er Corps blindé de la Garde qui prennent la route de Plonck, à 75 km de là, sur la Vistule. Au soir, l'avance se monte globalement à une quinzaine de kilomètres. La 5e Division de chasseurs abandonne la ville de Pultusk, par crainte d'être étouffée entre les tentacules de la 2e Armée de Choc et de la 65e. Au soir, les deux têtes de pont soviétiques se fondent en une seule.

Jusque-là, le temps a réduit l'activité aérienne à quelques missions de reconnaissance (40 sorties pour la 4e Armée aérienne le 15 janvier, par exemple). Mais, le 16, le temps tourne. Il fait grand soleil et – 10 degrés. La *Luftflotte* 6 fait tout ce qu'elle peut, réussissant à exécuter 587 sorties, dont 414 attaques au sol. Mais elle ne peut empêcher les escadrilles de *Sturmoviks* de se relayer pendant huit heures pour ameublir le terrain devant le 8e Corps mécanisé, qui fait le trou et se précipite vers Mlawa, au nord-ouest. Hossbach, patron de la 4e Armée, appelle Reinhardt au secours, qui dépêche la 18e *Panzergrenadier* à la rencontre du 8e Corps mécanisé. L'enjeu est de taille : la mission du 8e mécanisé est en effet de dégager un espace suffisant pour permettre l'entrée en lice de la 5e Armée de tanks de la Garde. D'ailleurs, ce même jour, le chef de cette grande unité, le général Volsky, fait avancer ses deux Corps blindés, le 29e et le 10e Garde, et lance l'ordre d'introduction pour le lendemain. La 18e *Panzergrenadier* n'obtient aucun résultat. Elle freine une des brigades du 8e Corps mécanisé mais les deux autres manœuvrent vers ses arrières, saignant un des régiments de grenadiers. Au sud, la 7e Panzer engage le 1er Corps blindé de la Garde pour éviter l'éclatement du front du XXVIIe Corps. Mais, ainsi que le reconnaît un de ses cadres :

> « Toutes les contre-attaques de la 7e Panzer ont été, en pratique, mises hors jeu par la manœuvre de l'ennemi, et, bien qu'elles leur aient causé de lourdes pertes en chars et personnels, elles n'ont pu ni briser l'élan des Soviétiques ni ralentir leur avance de façon décisive. » Cette unité n'a été utilisée que « dans des actions de détail ». Elle a été terriblement surmenée : « employée nuit et jour sans interruption ni le moindre repos pour quiconque du 14 au 31 janvier, soit 18 fois 24 heures, 432 heures au total[1]. »

Le 17, Rokossovski lâche la 5e Armée de tanks de la Garde en direction de Mlawa. En quelques heures, la 18e *Panzergrenadier* se retrouve dépassée, à gauche et à droite, par des Corps tout frais qui ne regardent pas même leurs flancs. Une contre-attaque de sa part serait d'autant plus

1. B. Gen. Condné, *Employment of 7th Panzer*, in *Symposium*..., p. 480-481.

suicidaire que les chars de Volsky sont accompagnés dans leur course par les trois autres Corps présents dans le secteur (8e mécanisé, 8e Garde, 1er de la Garde). Sur un front de 50 km, près de 900 chars, essentiellement des T-34 (/76 et/85), foncent vers les arrières profonds de la 2e Armée. Nous retrouvons ici le schéma rencontré lors de l'opération Vistule-Oder. Une brigade de tête devance de 20 km le gros du Corps blindé, qui devance lui-même de 20 km l'avant-garde (camions + SU-85) des Corps d'infanterie si sûrs d'eux qu'ils adoptent la marche en colonnes. Chaque Corps veille à maintenir ses liaisons avec ses voisins de droite et de gauche, de façon à ne pas « sortir du paquet » et faire bélier. L'effet est irrésistible. Ciechanow est prise, Mlawa est en vue, la rivière Wkra franchie face à Plonsk. Nulle part, les régiments allemands en retraite ne peuvent stabiliser leur défense. À peine installés, ils sont repérés par l'aviation, écrasés à la roquette ou à la bombe. La 4e Armée aérienne réalisera 2 500 missions de combat ce 17 janvier, lâchant 1 800 tonnes d'explosif sur tout ce qui peut s'opposer à la progression des chars dans un rayon de 100 km en avant. En face, les 350 sorties de la *Luftflotte* 6 ne pèsent pas plus lourd que la destruction revendiquée de 12 chars et 52 véhicules.

À l'extrême gauche, la 70e Armée de Popov s'empare de la vieille forteresse de Modlin, sur la rive droite de la Vistule. Dans le secteur de la 252e I.D, le commandant d'un des bataillons du 7e Régiment, le capitaine von Garn, observe de la rive nord de la Wrka l'arrivée des fantassins soviétiques, dans le secteur de Nasielsk. Le pont a sauté.

> « À 9 heures, une attaque contre le village fut repoussée. Mais, individuellement, des Russes se débrouillèrent pour traverser la rivière sur des débris du pont détruit. Dans le cours de la journée, environ une compagnie parvint à traverser de cette façon. Les Russes réussirent des brèches dans l'après-midi au centre de la 252e I.D au pont de chemin de fer et à travers la droite de la division voisine. À travers ces brèches et depuis Borokowo, ils essayèrent d'enrouler la position du 7e Régiment. Le bataillon de fusiliers et le 3e Bataillon furent repoussés par les flancs. Durant la nuit, ces deux bataillons lancèrent des contre-attaques qui conduisirent à de féroces combats maison par maison. Mais ils ne réussirent pas à reconquérir l'ancienne position ni même le village[1]. »

À ce rythme, en 8 jours, le 7e régiment perd 310 hommes sur 802, et la moitié de ses sous-officiers.

> « Dans les cinq premiers jours de l'offensive soviétique, les divisions russes furent capables d'avancer de 25 km. Mais dans la période du 19 au 26 janvier, nous reculâmes de 150 km, déplaçant le P.C du 7e Régiment à douze reprises. En cinq jours, une ou plusieurs colonnes durent se battre pour se frayer un chemin. Le combat de nuit de la compagnie d'artillerie est resté célèbre. Elle s'arrêta sur un chemin, laissant passer une colonne non identifiée sur la route principale, à 200 m. Puis elle lui emboîta le pas jusqu'au prochain village. Près de la laiterie stationnait la fin de la colonne inconnue et nos hommes descendirent au sous-sol chercher du fromage. Dans l'obscurité, ils se

1. Colonel von Garn, *Employment of inf.Reg. 7…*, in *Symposium…*, p. 446.

cognèrent dans les soldats de la colonne qui les précédait et virent soudain qu'ils étaient russes ! Il s'ensuivit une mêlée et les deux groupes remontèrent les escaliers en courant[1]. »

Le 18, on avance de 30 km. Mlawa, Prasnysc et Plonsk tombent. C'est seulement ce jour-là que la 5e Armée de tanks de la Garde apparaît sur les cartes de l'OKH, créant la surprise. Le 19, on fait 40 kilomètres. La brigade de tête du 10e Corps blindé de la Garde est devant Neidenburg, ville-frontière avec la Pologne, le 8e mécanisé devance la 23e I.D à Soldau, le 8e Garde entre dans Lautenburg. À droite de la pénétration soviétique, à peine replacée devant Willenberg, la *Pz.Gren.Div. Grossdeutschland* est abordée par le 35e Corps de fusiliers de la 3e Armée. Une puissante brigade antichar déploie ses 60 tubes Zis 3-76 mm et Zis 2-57 mm, deux régiments d'artillerie autopropulsée embusquent leurs SU-85 et SU-100, les *katiouchas* balaient la zone de concentration. Après avoir démoli une trentaine de machines ennemies au prix d'une douzaine des siennes, von Saucken doit ordonner le repli vers Ortelsburg (20 km), emmenant avec lui les débris de la 129e I.D, la plus mal en point des unités du XXe Corps. À Neidenburg, une partie du régiment d'artillerie blindée du Corps *GD* tombe dans une embuscade et perd ses automoteurs sous les coups des tubes de 122 mm des JS-2. La garnison et la population de Neidenburg s'enfuient, épouvantées, par les routes enneigées qui montent vers le nord.

Le 3e Corps de cavalerie de la Garde de l'énergique Oslikovski en profite pour se faufiler vers Allenstein par les petites routes. Les bouchons placés aux carrefours, notamment à Passenheim, ou dans les bourgs, sont écrasés ou ignorés. À l'aube du 20, Oslikovski rameute ses cavaliers sur la route 134 qui file vers Allenstein, à 31 kilomètres. Avec l'énergie du désespoir, Reinhardt envoie tout ce qu'il peut stabiliser le flanc droit de la pénétration soviétique, empêcher une pince d'obliquer au nord-est, vers Königsberg. Nous avons vu que ce mouvement n'entrait pas dans la planification de la STAVKA qui assigne à Rokossovski une orientation nord-ouest. Le patron du LVe Corps commence à retirer du monde (562e et 558e V.G.D) du saillant de Vizna-Augustow au nez et à la barbe du général Boldin, commandant la 50e Armée.

Reinhardt apprend que sept Corps mobiles soviétiques sont présents sur le champ de bataille où ils écrasent tout sur leur passage. Où frapper pareil éléphant ? Comment bloquer sa charge, ou l'obliger à dévier de sa route et à se déployer ? La 7e Panzer, la 18e *Panzergrenadier*, la 24e Panzer, la *Grossdeutschland*, sont prises dans un tourbillon, mises sans cesse sur le reculoir, placées dans l'impossibilité de se regrouper. Chacune lutte pour sa vie et fait ce qu'elle peut pour protéger les dix divisions d'infanterie des XXVIIe, XXIIIe et XXe Corps plus ou moins en déliquescence. Cette progression en lignes parallèles est pire qu'un encerclement car, jamais, les *Panzerdivisionen* n'entrent en contact entre elles, jamais, par conséquent, elles ne peuvent élaborer une riposte commune. Sagement,

1. Colonel von Garn, *Employment of inf.Reg. 7…*, in *Symposium…*, p. 449.

plutôt que de chercher à décapiter le mouvement, le chef du Groupe d'Armées Centre décide de former, sur le flanc droit de Rokossovski, un front suffisamment fort pour faire peser une menace constante. Pour l'instant, il ne peut rien pour aveugler la déchirure de 100 km qui correspond à la droite du secteur tenu par la 2e Armée en voie d'éclatement.

Bien renseigné sur ce redéploiement, Rokossovski informe la STAVKA. Sa situation est paradoxale. D'un côté, il a déchiré le front allemand sur 100 km ; entre Drobin et Willenberg, il n'y a rien d'autre devant lui que des bouchons posés dans les villes (7e Panzer à Drobin, 18e *Panzergrenadier* à Neidenburg, *GD* vers Ortelsburg). La voie est donc libre pour permettre à la 5e Armée de tanks de la Garde de remplir sa mission en marchant au nord-ouest, vers la Basse-Vistule. Mais, d'un autre côté, à droite, la 4e Armée ennemie n'a pas été accrochée comme elle aurait dû, on annonce des premiers retraits et des regroupements. Y a-t-il vraiment danger ? Rokossovski ne s'alarme pas, il entend exécuter le plan originel. Mais, le 20 janvier, son télescripteur crache un ordre urgent de la STAVKA, qui va profondément affecter la suite des opérations non seulement pour Rokossovski mais aussi pour Joukov et, par ricochet, pour Koniev.

### 3. *Rokossovski détourné vers l'est ; le premier siège de Königsberg (21 janvier-3 février)*

L'ordre de la STAVKA du 20 janvier 1945 demande en substance à Rokossovski : vos quatre Armées de gauche – 80 % des forces du 2e Front de Biélorussie –, les 3e, 48e, 2e Choc et 5e Armée de tanks de la Garde, doivent sur le champ infléchir leur marche vers le nord et le nord-est et participer à la destruction des trois Armées allemandes de Prusse-Orientale ; ces trois Armées représenteraient une menace grave sur l'ensemble de notre manœuvre si nous les laissions se remettre du choc opératif et reprendre l'initiative. Dans ses mémoires, écrits sur un ton glacial de technicien, Rokossovski avoue :

> « L'ordre était plus que surprenant, car il modifiait totalement nos plans, qui s'appuyaient sur la directive de la STAVKA du 28 novembre 1944. (…) Toute la directive, mais aussi les avis donnés personnellement par le Commandant suprême (ndla : Staline), visaient à une coopération étroite entre le 2e et le 1er Front de Biélorussie[1]. »

Mais on ne résiste pas à Staline, tout maréchal qu'on soit, surtout lorsqu'une condamnation[2] à mort pèse toujours sur votre tête. Remarquable

1. Rokossovski, *Soldatskiy dolg*, p. 375.
2. Rokossovski, accusé d'être un « agent des services secrets japonais et polonais », est arrêté en août 1937 par le NKVD. Il est condamné à mort mais la sentence n'est pas exécutée. Il endure 31 mois de détention, de tortures abominables, de simulacres d'exécution capitale. Il est relâché en mars 1940 sans explications, envoyé se retaper à Sotchi puis est nommé à la tête du 9e Corps mécanisé. Mais, toujours sous le coup d'une peine capitale, il fera longtemps l'objet d'une surveillance spéciale de la part de Béria.

intelligence militaire, Rokossovski sait bien, à ce moment-là, que son rôle historique dans la défaite finale du nazisme tiendra à sa participation à l'opération Vistule-Oder et non à la conquête de la Prusse-Orientale. Furieux, il analyse les ordres donnés en novembre et découvre l'origine de la décision de Moscou. La directive du 28 novembre 1944 stipulait expressément :

> « Le gros des forces (projeté vers le nord-ouest, ndla) devra assurer sa protection vers le nord par l'attaque d'une Armée vers Myszyniec[1]. »

Or, Rokossovski croit cette attaque en train et, même si l'objectif n'est pas atteint ce 20 janvier, il pense les LV^e^ et VI^e^ Corps d'Armée allemands hameçonnés dans le saillant de Wizna-Augustow.

> « Pour contenir les troupes du 2e Front de Biélorussie, l'adversaire commença à retirer des forces de sa ligne de défense méridionale, sur le canal Augustow. Il n'y laissa qu'une faible couverture. Le commandant de la 50e Armée (le général Boldin, ndla), qui n'avait pas remarqué à temps cette manœuvre, rapportait, avant comme après, que l'ennemi se défendait avec acharnement. C'est seulement deux jours plus tard que me parvint l'information brutale, selon laquelle l'Armée n'avait qu'un espace vide devant elle. Un tel manquement était impardonnable. Le chef d'état-major, le général Oserov, prit le commandement de la 50e Armée. (…) Ce faux rapport nous coûta cher[2]. »

Ivan Boldin, 53 ans, un des plus anciens généraux d'Armée en activité, a craqué et envoyé de faux rapports de situation. Il a laissé en l'air toute l'aile droite du Front, compromettant l'ensemble de la manœuvre. Constamment sur le front depuis juin 1941, il a vu son Armée plusieurs fois encerclée, anéantie, saignée. Lui-même s'est échappé in extremis de deux chaudrons, à Minsk et Viazma, en 1941, montrant un grand courage, avant de voir de près la terrible retraite de l'été 1942. Le ressort combatif de cet homme semble donc brisé en cette cinquième année de guerre. Staline ne lui en tiendra pas rigueur et le fera adjoint du commandant du 3e Front d'Ukraine.

Le 21, les gros de Rokossovski s'orientent donc vers une manœuvre d'enveloppement des forces allemandes de Prusse-Orientale. Seules les 65e et 70e Armées poursuivent, à gauche, leur mouvement vers la Vistule, en attendant le renfort de la 19e Armée en cours d'embarquement en Finlande. Le Front est écartelé entre deux directions divergentes et, à gauche, 150 000 hommes sont laissés avec un seul Corps blindé, le 1er de la Garde, pour remplir la mission démesurée de passer la Vistule, pénétrer en Poméranie puis de progresser plein ouest, parallèlement à Joukov. Avec cette décision, la STAVKA met en jeu, sans en avoir conscience sans doute, la cohérence de toute l'opération Vistule-Oder ; elle ne s'en rendra compte que quinze jours plus tard, lorsque les aviateurs lui révéleront des concentrations allemandes sur le flanc droit de Joukov. En apprenant la nouvelle du « lâchage » forcé de Rokossovski, Joukov pique une de ses célèbres colères. Ses forces sont déjà devant Bromberg, où elles

1. *Idem*, p. 375-376.
2. *Idem*, p. 376-377.

devaient être rejointes par l'aile gauche de Rokossovski. Mais celui-ci n'est pas au rendez-vous. Le 1er Front de Biélorussie va devoir filer vers l'Oder à flanc découvert. Pire encore, l'aviation soviétique signale l'arrivée au large de Dantzig des premiers transports de troupes en provenance de Courlande : c'était l'autre mission originelle de Rokossovski, s'emparer de Dantzig, et il ne pourra non plus la remplir dans les temps.

La décision de jeter Rokossovski à l'est était-elle nécessaire ? Nous pensons que non. La STAVKA aurait-elle attendu 48 heures de plus que la réussite de la percée de Tcherniakhovski au nord d'Insterburg serait apparue en pleine lumière. Avec le recul des unités allemandes vers la côte baltique, une solution plus économique serait peut-être apparue : céder trois des Armées combinées de Rokossovski à Tcherniakhovski, qui aurait pu avec ces moyens contenir les vélléités de contre-attaque de la 4e Armée ; laisser Rokossovski filer en Poméranie-Orientale avec trois Armées combinées et la 5e Armée de tanks de la Garde, soit 75 % de ses moyens. Cette décision – peu risquée – aurait évité de réorienter Joukov vers le nord.

## La course à la Baltique

Le 21 janvier, la 5e Armée de tanks de la Garde avale 50 kilomètres plein nord. Osterode et Deutsch Eylau sont investies ; la prise de Frödenau (10 km N-E Deutsch Eylau), où Hindenburg avait son P.C en 1914, est annoncée et commentée avec joie à Moscou, où le complexe de Tannenberg est en train de se dissoudre à jamais. Au sud, les 65e et 70e Armées sont ralenties par le flot des six divisions en retraite devant elles. Aux 35e I.D, 252e I.D et 542e V.G.D s'ajoutent en effet trois unités (337e, 251e et 73e I.D) du XXXXVIe *Panzerkorps* chassées par Joukov vers la rive nord de la Vistule. Certes, ces unités ont déjà beaucoup souffert. Ainsi du 7e régiment de la 252e I.D, qui enregistre déjà la disparition du tiers des combattants, de la moitié des officiers et sous-officiers et d'un quart des armes lourdes[1]. Mais avec ces 30 000 hommes commandés en face d'elles, il ne saurait plus être question pour les 65e et 70e Armées d'aller donner la main à Joukov dans les délais prévus.

Le 22, bond de 40 km des deux Corps de tête de Volsky, les 29e et 10e Garde. Allenstein, gros carrefour routier et ferroviaire, est prise par le 3e Corps de cavalerie de la Garde. Les hommes d'Oslikovski arrivent à la gare au beau milieu du déchargement de plusieurs trains de chars et d'artillerie. Un furieux combat s'amorce, on se tire dessus dans la gare de triage, on se bat au corps à corps dans les quartiers alentours. Un bataillon blindé de la *Grossdeutschland* paraît et mêle ses feux à ceux des Panthers qui tirent depuis les wagons plats. Oslikovski est sauvé par l'arrivée de la brigade rapide qui éclaire la 48e Armée.

Le 23, après une étape de 50 kilomètres courue sur l'excellente route 130, le 29e Corps blindé entre par l'est dans les faubourgs d'Elbing, coupant la

1. In Colonel von Garn, *Employment of Inf.Reg.7… Symposium…*, p. 438.

grande voie ferrée Königsberg-Marienburg. Dissimulés au milieu d'un flot de réfugiés, sept T-34 couverts de boue, montés par des fusiliers russes portant casque allemand, pénètrent jusqu'au cœur de la ville tous phares allumés. Les trams circulent, les ménagères font leurs courses, les policiers règlent le trafic, et tous prennent les tanks russes pour des Panzers. Il s'agit d'une compagnie du 3e Bataillon (31e Brigade blindée) menée par le capitaine Diachenko. Les premiers obus provoquent l'effroi et la panique. Mais le commandant de la place, le colonel Schöpffer, garde la tête froide et fait donner le tocsin. Quelques chasseurs de chars, et surtout des dizaines de *Panzerfausts* maniés par du *Volkssturm* et des éléments de remplacement de la division *Feldherrnhalle*, parviennent à détruire cinq engins. Les deux survivants, Diachenko à leur tête, poursuivent crânement, traversent toute l'agglomération et à minuit atteignent la lagune du Frisches Haff. Le reste de la brigade, chaudement accueillie, contourne la ville par l'est et rejoint Diachenko au bord de l'eau. Chars et fusiliers, isolés, se forment en hérisson et attendent l'arrivée de l'Armée de tanks, se contentant de couper la *Reichsstrasse* 1.

Sur la gauche de Rokossovski, en revanche, la 23e I.D contient le 8e Corps mécanisé par la tête tandis que la 7e Panzer pique ses flancs. Si Thorn[1] est encerclée dès le 22 janvier, c'est seulement le 25 que les avant-gardes soviétiques sont devant Marienwerder, à 12 km de la Vistule, et non loin de la forteresse teutonique de Marienburg, sur la Nogat, bras droit du delta vistulien : il leur faudra encore quatre jours pour prendre Marienwerder, six jours pour border la Vistule, de Schwetz au sud-est d'Elbing (à l'exception des têtes de pont allemandes de Graudenz et Marienburg). L'arrivée de l'excellente 4e Panzer (général Betzel), tout juste débarquée[2] de Courlande, n'est pas pour rien dans ce durcissement de la résistance allemande. Mais, au moment où s'engage cette puissante unité, la 5e Armée de tanks de la Garde a déjà accompli l'essentiel. Le 25 janvier, en effet, elle atteint la Baltique vers Tolkemit, où l'attendent Diachenko et la 31e Brigade. La Prusse-Orientale est coupée du Reich, la 4e Armée, la 3e Armée Panzer et huit divisions de la 2e Armée sont prises dans la nasse. Le reste de la 2e Armée est rejeté vers l'ouest et rattaché le 24 janvier au Groupe d'Armées Vistule commandé par Himmler. La

1. Déclarée forteresse par Hitler, Thorn, défendue par deux divisions, sera assiégée jusqu'au 2 février puis évacuée après la réussite d'une tentative de percée vers l'ouest. Le général Popov, commandant la 70e Armée, n'a laissé pour tenir l'encerclement qu'une division à 4 000 hommes et un régiment… sans artillerie. Cette demi-mesure s'explique par les appels incessants de Rokossovski à passer au plus vite la Vistule pour entrer en Poméranie où Joukov ronge son frein.

2. Un des officiers de la 4e Panzer, Hans Schaüfler, note avec effroi que les avant-gardes de son unité sont mal accueillies par les fantassins en retraite, qui refusent de se ranger sur le bas-côté de la route et montrent le poing aux tankistes en leur criant : « Imbéciles ! Vous prolongez la guerre ! », in 1945 *Panzer an der Weichsel*, p. 24.

5e Armée de tanks de la Garde de Volsky a, à cette date, laissé en route la moitié de ses 585 chars[1]. 280 engins perdus en 15 jours au cours d'une avancée de 220 km est une bonne performance. En 1943, les mêmes conditions auraient conduit, par simple attrition mécanique, à 90 % de pertes. Le 31 janvier, les sorties d'ateliers feront remonter le compteur de Volsky à 350 blindés, juste au moment de faire face à la contre-attaque allemande.

L'arrivée des Russes à Elbing est un séisme pour la logistique des 4e Armée et 3e Armée Panzer, dont tout le trafic devra dorénavant passer par le port de Pillau, bientôt mis en ruines par l'aviation soviétique. C'est aussi un jour noir pour le moral des combattants mais encore plus pour celui des civils. Les centaines de colonnes affamées et frigorifiées lancées sur les routes avaient eu jusque-là une direction naturelle vers où s'écouler, le nord-ouest, porte de sortie vers le reste du Reich. À partir du 23 janvier, les colonnes n'obéissent plus qu'à la rumeur. Certaines vont toujours vers le nord-ouest, d'autres vers l'ouest, d'autres enfin vers le nord et le nord-est. On se croise, on tourne en rond, on embouteille routes et carrefours durant des journées entières. Le chaos est général. Puis, sans qu'on sache bien ni comment ni pourquoi[2], la rumeur désigne le Frisches Haff comme la nouvelle porte qui mène hors de l'enfer. Gelée, la grande lagune est traversable[3], à grand péril il est vrai, par des véhicules légers, qui rejoindraient ainsi le Nehrung (cordon littoral) puis, au-delà du delta de la Vistule, les grands ports de Dantzig et de Gotenhafen. Un demi-million de vieillards, de femmes et d'enfants entreprennent alors un voyage où des dizaines de milliers d'entre eux perdront la vie.

## La retraite vers Königsberg

Revenons au 3e Front de Biélorussie de Tcherniakhovski que nous avons laissé le 19 janvier en train de développer une percée sur les arrières de la 3e Armée Panzer.

Le 20 janvier, la 11e Armée de la Garde, emmenée par le 1er Corps blindé, et le 2e Corps blindé de la Garde infléchissent leur marche vers le sud-ouest et vont sur Wehlau, au confluent de la Pregel et de la Alle.

1. Estimation de D. Glantz, in *Symposium 86*…, p. 390.

2. L'idée est tout de même connue des Prussiens dont on peut supposer que beaucoup possédaient ou avaient croisé une reproduction d'un célèbre tableau de Wilhelm Simmler. On y voit le Grand Prince-électeur Frédéric Guillaume traversant le Frisches Haff gelé sur un traîneau, suivie par son Armée qui retraite devant les Suédois (1678-1679).

3. Le Groupe d'Armées fait son possible pour sonder la glace, aménager des rampes, baliser les chemins les plus solides avec des perches et, la nuit, avec des lampes. Mais, comme l'aviation et l'artillerie soviétiques tirent sur la glace, il ne se passe pas une demi-heure sans qu'une famille entière soit engloutie dans les eaux glacées. On estime le nombre de victimes du Frisches Haff entre 10 000 et 25 000.

Devant eux, la route nationale N° 1 mène droit à Königsberg, à 55 kilomètres. Deux opportunités se présentent ce jour-là aux chefs soviétiques : prendre Königsberg dans les 24 heures par un coup de main, ou chercher l'encerclement de la 4e Armée. Rokossovski au sud, Tcherniakhovski au nord, pourraient en effet se rejoindre dans le dos de la 4e Armée et saisir les 11 divisions massées entre Treuburg et l'Inster : 200 000 hommes à capturer en comptant les services ! La chute rapide de Königsberg, suivie de celle de Pillau, dernier port de sortie de la Prusse-Orientale, rendrait le même service : la 4e Armée et les débris de la 3e Armée Panzer seraient clouées sur place, privées d'approvisionnements et promises à une destruction rapide.

Les cartes de progression des unités soviétiques ne permettent pas de savoir clairement quelle option choisit Tcherniakhovski. Il semble que la seconde – l'encerclement – ait d'abord été tentée, puis qu'on soit revenue à la première, mais dans de moins bonnes conditions. L'engagement de la V.V.S reflète la même incertitude. La 1re Armée aérienne cogne sur l'axe de Königsberg mais aussi dans le secteur d'Allenburg. Consciente du moment critique, la *Luftflotte* 6 se jette à corps perdu dans la mêlée : 575 sorties, 19 victoires aériennes, 23 chars rouges détruits. Mais les pertes sont intenables : 24 manquants, dont l'as Gustav Schubert (1 100 missions, 70 chars détruits).

Cette agressivité amène le général Krioukov à jeter une partie des forces de la 1re Armée aérienne contres les aérodromes de la région de Königsberg. L'effort sera maintenu trois jours : 65 appareils allemands détruits au sol, 40 endommagés.

Le 21 janvier, marchant jour et nuit, la 11e Armée[1] balaie la rive nord de la Pregel, chassant devant elle les débris des 1er et 69e I.D, des 561e, 548e et 349e V.G.D, soit le gros de la 3e Armée Panzer qui, à l'évidence, a perdu sa cohésion. Au nord-ouest de Taplaken, une compagnie antichar du *Volkssturm* est anéantie jusqu'au dernier homme sans avoir pu toucher à ses 8,8 cm. De l'avis du général Grossmann :

> « La volonté de résistance, si extraordinairement forte jusque-là, s'affaisse en de nombreux endroits et la résignation pointe[2]. »

Mais les deux Corps blindés soviétiques ne foncent pas immédiatement vers Tapiau, le long de la nationale 1. Ils tentent de franchir la Pregel pour aller vers le sud. Ils échouent à Saalau (30 km ouest Insterburg), où la 5e Panzer s'arc-boute sur une tête de pont, pour permettre le passage des derniers éléments d'infanterie et des colonnes de réfugiés. Puis le grand pont ferroviaire est dynamité. Cette mission d'arrière-garde de la 5e Panzer n'est pas une affaire pour le général Hossbach, commandant de

1. La 11e Garde fait large usage d'une spécialité de la guerre à la russe, le combat de nuit. Du 19 au 26 janvier, cette formation bataillera sur 110 km, dont 60 en nocturne, notamment sous bois. Le combat de nuit a un effet puissamment délétère sur les formations allemandes épuisées et démoralisées.

2. Dieckert et Grossmann, *Der Kampf um Ostpreussen*, p. 90.

la 4e Armée. Car, libre de ses mouvements, le 1er Corps blindé rouge fonce jusqu'à Wehlau, s'empare de la ville le 22, écrase une colonne de réfugiés qui tente d'en sortir et établit une tête de pont au sud de la Pregel. La 5e Panzer ne réussira qu'à perdre ses derniers Panthers dans une contre-attaque trop tardive.

Hossbach est conscient du danger dès le 19 janvier. Le 20, il demande à Reinhardt[1], et obtient, la permission de s'échapper vers l'ouest par bonds successifs opérés de nuit. Gumbinnen est abandonnée le 20, Insterburg, le 21, Goldap, le 22. En toute hâte, le lieutenant-général Oskar von Hindenburg déménage du mémorial de la victoire de Tannenberg les cercueils[2] de son père, Paul Hindenburg, et de sa mère, ainsi que les reproductions des drapeaux des vieux régiments prussiens. Le monument est dynamité peu après. Le complexe russe de la défaite de Tannenberg s'envole avec la pluie de débris enlevés par 40 tonnes (!) d'explosifs.

La 4e Armée demeure cependant sous la menace d'un encerclement. Le 22, on mesure 110 km entre la pince avancée par Rokossovski, qui prend Mohrungen (nord d'Osterode), et le 1er Corps blindé de Tcherniakhovski, à Wehlau. Le 24, les Russes sont à Allenburg et à Wormditt : le trou par où peuvent s'échapper les divisions allemandes se réduit à 80 km de large. La retraite s'accélère. Elle est rendue épouvantable par le verglas, les chutes de neige, le froid intense. À l'approche de chaque ville, de chaque village, la troupe entend les cloches sonner à la volée. C'est le signal d'évacuation ! Trompées par les nazis locaux – eux-mêmes manipulés par leur chef, le *Gauleiter* Koch[3] – les populations partent ainsi à la dernière minute, dans les pires conditions, hantées par les images de Nemmersdorf. À la hâte, on enterre ce qu'on a de plus précieux ; sans le savoir, la population laisse ainsi derrière elle des armes plus utiles qu'une mine, les soldats russes perdant un temps fou à creuser à la recherche des magots. Entre l'Angerapp et le Frisches Haff, d'innombrables convois de réfugiés avancent sur trois colonnes, bloquent routes et carrefours dans un enchevêtrement de carrioles, de camions, de traîneaux, de poussettes d'enfant. Même les estafettes à moto n'arrivent pas à se frayer un chemin

1. Du 18 au 21 janvier, Reinhardt mène une lutte épique pour obtenir d'Hitler un repli profond de la 4e Armée vers l'ouest. Décidé à se passer de l'accord du chef suprême, il obtient, au téléphone, un *Ja*, le 21, alors que l'ordre de retraite a déjà été communiqué au général Hossbach. Ce premier accroc à la discipline préfigure et explique la décision de Hossbach dont il sera question plus loin.

2. Rapatriés à Stettin, les deux sarcophages seront cachés dans une mine de sel de Thuringe où les Américains les découvriront. Les deux dépouilles reposent aujourd'hui à l'église Sainte-Elizabeth de Marburg.

3. L'attitude de Koch est d'autant plus inexcusable qu'il ne croit pas un mot des discours lénifiants qui justifient ses refus de lancer les ordres d'évacuation. Alors qu'il répète encore en pleine débâcle « la Prusse-Orientale n'est pas menacée », il a mis sa famille et ses biens considérables en lieu sûr, conserve une voiture blindée et un *Fieseler Storch* à sa disposition, ainsi que deux brise-glace sous pression dans le port de Pillau.

à travers ce flot compact. On met ainsi vingt heures pour couvrir les 15 km entre Wehlau et Allenburg[1] !

Ce spectacle désolant détermine beaucoup d'unités de l'arrière – *Volkssturm*, Luftwaffe, train, bataillons de remplacement – à abandonner leurs postes. Les barrages de *Feldgendarmerie* arrêtent des milliers de soldats isolés, qui sont reformés sur place en compagnies d'urgence et renvoyées vers l'avant au son du canon. La retraite est si rapide que l'on ne peut emporter plusieurs dizaines de milliers de chevaux et de bovins, qui résoudront à point nommé les problèmes alimentaires du 3e Front de Biélorussie. De précieux dépôts d'essence et de munitions sont détruits en catastrophe, un important matériel roulant abandonné dans les gares. À Waldau, les soldats russes découvrent émerveillés un gigantesque magasin bourré de chocolat, de café, de spiritueux ; dans le butin, on relève aussi des milliers de toiles de tentes et de couvertures, aussitôt partagées entre les bataillons de fusiliers.

Le 24, la retraite s'arrête provisoirement sur une ligne Tapiau-Pregel-rivière Angerapp-lacs mazures. La percée de la 11e Armée de la Garde contraint aussi le IXe Corps à évacuer toute la région entre Niemen et Pregel. Le 24, cette formation s'aligne derrière un petit fleuve côtier, la Deime, entre Labiau et Tapiau, à 35 km de Königsberg. Mais l'obstacle ne tient que quelques heures ! Car, maintenant, Tcherniakhovski réoriente ses unités rapides vers la capitale prussienne. Une tête de pont est gagnée autour de la gare de Tapiau, contre laquelle la 5e Panzer épuise ses dernières forces. Labiau tombe le 24, Kaymen, le 25. Le même jour, des T-34 sont signalés à Neuhausen, à dix km de Königsberg, où ils sont bloqués par un régiment de la 367e I.D tout juste débarqué à la gare, en provenance de Goldap (4e Armée). Prenant conscience de la menace sur la base navale de Pillau, Hitler se décide, le 22, à ordonner l'évacuation du XXVIIIe Corps bloqué à Memel ; le dernier soldat allemand quittera la ville le 28 janvier. Après une courte traversée en bac, les 95e et 58e I.D, la 607e Division de Sécurité, s'échappent à pied le long du Nehrung, l'étroit cordon lagunaire, long de 50 km, qui clôt le Kurisches Haff. Elles se regroupent dans la péninsule du Samland, au nord de Königsberg, où l'on attend l'irruption de l'ennemi.

La manœuvre de Tcherniakhovski a donc effondré la défense allemande en Prusse du nord, rendu inutiles des centaines de kilomètres de lignes fortifiées, abandonnées sans combattre. Mais, nulle part, les unités allemandes ne sont anéanties.

### La contre-attaque allemande : l'affaire Hossbach *(carte 16)*

Revenons au 21 janvier, lorsque le général Reinhardt, chef du Groupe d'Armées Centre, obtient de Hitler un retrait de la 4e Armée sur la ligne des lacs mazures. Le commandant de la 4e Armée, le général Friedrich Hossbach, veut aller beaucoup plus loin qu'une simple manœuvre

1. Dieckert et Grossmann, *Der Kampf um Ostpreussen*, p. 123.

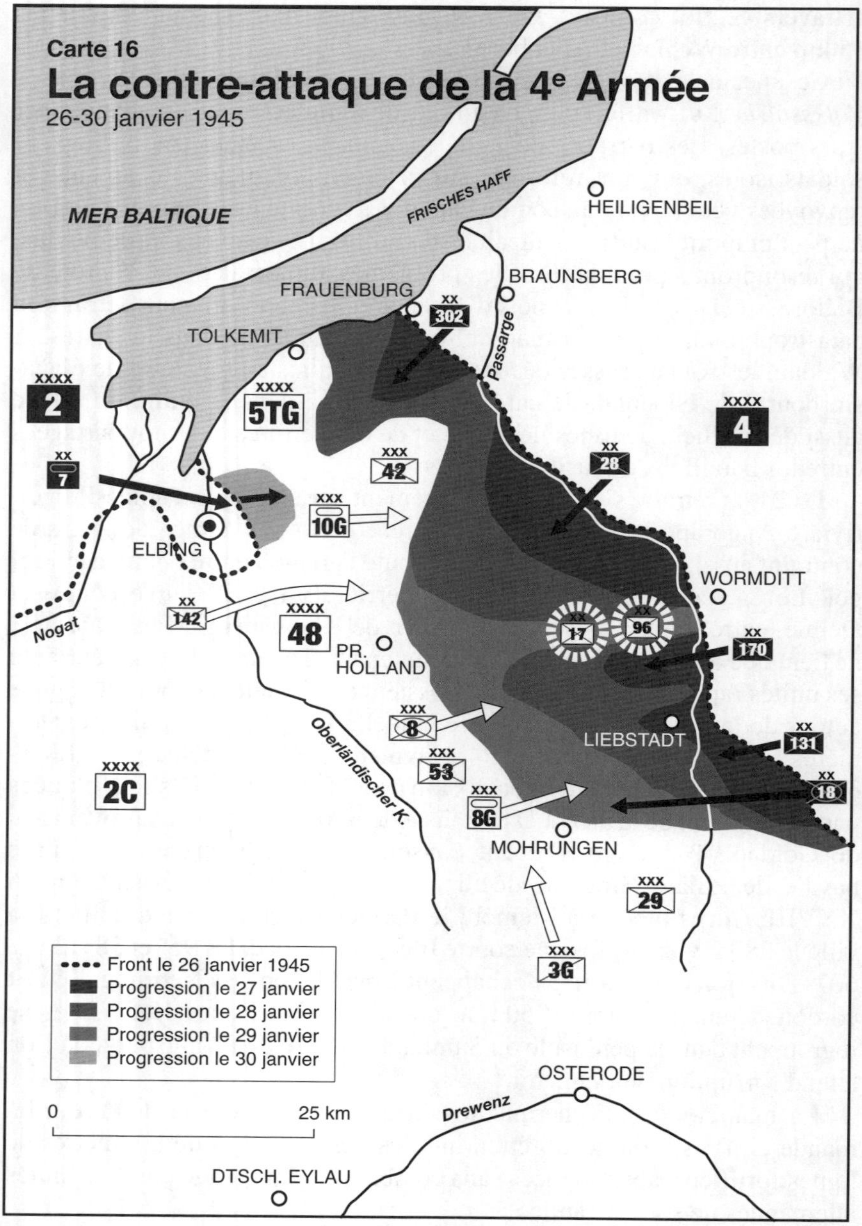
Carte 16
La contre-attaque de la 4e Armée
26-30 janvier 1945
MER BALTIQUE
FRISCHES HAFF
HEILIGENBEIL
BRAUNSBERG
FRAUENBURG
TOLKEMIT
Passarge
302
2
5TG
4
42
28
7
10G
ELBING
WORMDITT
Nogat
142
48
PR. HOLLAND
17
96
170
8
LIEBSTADT
131
53
18
2C
Oberländischer K.
8G
MOHRUNGEN
29
3G
Front le 26 janvier 1945
Progression le 27 janvier
Progression le 28 janvier
Progression le 29 janvier
Progression le 30 janvier
0
25 km
OSTERODE
Drewenz
DTSCH. EYLAU

d'ajustement. Devant ses yeux s'agite le spectre d'un nouveau Stalingrad. Toutes les informations en sa possession lui montrent, à sa gauche, une 3e Armée Panzer en voie de décomposition, à sa droite, une 2e Armée en retraite vers le nord-ouest. Malgré ce danger pressant de débordement par les ailes, le 21 janvier, le gros de ses unités s'aligne encore dans un cul-de-sac, le long de la rivière Bobr, à 250 km d'Elbing, tandis que les pointes de Rokossovski ne sont qu'à 55 km de la même ville.

À situation désespérée, remède désespéré. Hossbah réunit trois de ses chefs de Corps – les généraux Grossmann (VIe), Herrlein (LVe) et Weidling (XXXXIe *Panzerkorps*) – et leur fait part de son intention. Au lieu d'occuper en force la ligne des lacs mazures, comme le lui demande Reinhardt, il n'y enverra que le strict minimum (*KG* Hauser, Groupe de police Hannibal, éléments de la 367e I.D). En revanche, le maximum d'unités doit marcher au nord-ouest VERS ELBING, pour empêcher les Russes d'aller à la Baltique. Quand ceux-ci seront parvenus sur les plages, le 25, tout naturellement, la mission (occulte) de la 4e Armée deviendra la percée vers l'ouest, le rétablissement du lien terrestre avec le Reich. S'ensuit une conséquence inéluctable : l'abandon de la Prusse-Orientale et de sa population, la perte probable de la 3e Armée Panzer. Mais de ces conséquences, Hossbach ne souffle mot.

À Grossmann, Hossbach ordonne d'amener au plus vite son VIe Corps près de Guttstadt, 30 km au nord d'Allenstein, à 200 km de ses positions du moment ! Fort des 170e et 131e I.D, des 558e et 547e V.G.D, de fragments de la 299e I.D, de deux bataillons d'artillerie, de deux bataillons de *StG.*, d'un bataillon de chasseurs de chars et d'un groupe de destruction de chars (*Panzerzerstörergruppe*), le VIe Corps frappera la droite de la 48e Armée soviétique, dont les Corps, décrochés les uns des autres, couvrent mal la 5e Armée de tanks de la Garde, coupera les arrières de Volsky et rejoindra les unités de la 2e Armée qui défendent pied à pied les approches de la Vistule. Il sera couvert au nord par des éléments du XXVIe Corps (général Matzky, retiré à la 3e Armée Panzer) dont l'excellente 28e Division de chasseurs, au sud par divers éléments du VIIe *Panzerkorps*.

Les divisions susnommées s'acheminent donc à l'autre bout de la poche, sur le flanc droit de Rokossovski. Les hommes de Hossbach abattent 150 à 200 km en quatre jours, au milieu d'une tempête de neige quasi permanente. Un véritable exploit qui égale celui de la 2e Armée soviétique de la Garde en décembre 1942, au sud-est de Stalingrad.

Reinhardt, mis au courant le 23 janvier, alors que les unités de Hossbach sont déjà sur les routes, couvre l'initiative inouïe de son subordonné mais amoindrit ses chances de réussite en lui ordonnant d'expédier deux de ses divisions vers Königsberg (562e V.G.D et 367e I.D[1]), où sombre la 3e Armée Panzer. Sans doute effrayé par les conséquences de sa complicité, Reinhardt essaie d'obtenir un nouveau repli de la 4e Armée auprès de Guderian. Refus. Une demande de percée vers l'ouest reçoit la même réponse ;

1. Lasch, *So fiel Königsberg*, p. 33.

de plus, ajoute le chef de l'OKH, si la 4e Armée parvient à libérer des forces, il faudra les acheminer à la 3e Armée Panzer arrivée au bout de son rouleau. Guderian découvre le pot aux roses le 24 janvier :

> « Hossbach n'informa pas son Groupe d'Armées de sa décision jusqu'à ce que les premiers mouvements aient débuté le 23 janvier. Quant à Hitler et à l'OKH, ils n'en surent tout simplement rien. Le premier écho que nous en perçûmes fut que la forteresse de Lötzen, le plus puissant boulevard couvrant la Prusse-Orientale, avait été abandonnée sans combat. Il n'est guère étonnant que la nouvelle de la perte de notre forteresse la mieux armée, la mieux construite et la mieux pourvue en hommes, fit l'effet d'une bombe parmi nous et qu'Hitler en perdit tout self-control. Cela se produisit le 24 janvier[1]. Simultanément, les Russes percèrent sur le canal de Mazurie, plus loin au nord, et attaquèrent le flanc nord de l'Armée de Hossbach avec le résultat que son mouvement de désengagement ne pouvait plus être mené selon son plan. Le 26 janvier, Hitler réalisa que quelque chose se passait dans le secteur du Groupe d'Armées Centre, dont il désapprouvait le principe mais dont, en plus, il n'avait pas été informé. Il décida qu'il avait été trompé et il réagit en conséquence. Il fut pris d'une explosion de rage incontrôlable contre Reinhardt et Hossbach : "ces deux-là sont à mettre dans le même sac que Seydlitz[2] ! C'est de la trahison ! Ils méritent la cour martiale. Ils doivent être démis sur le champ, avec leurs états-majors parce que ceux-ci savaient de quoi il retournait et n'ont rien dit[3]. »

Ce 26 janvier, Reinhardt manifeste auprès de Guderian et d'Hitler son intention de replier la 4e Armée de 50 km, le long de la rivière Alle. À 19 h 00, ne recevant aucune réponse malgré plusieurs appels, il envoie un radiogramme annonçant le début du repli. À 21 h 00, il réceptionne un télex l'informant de son limogeage[4], son chef d'état-major, Heidekämper,

1. En réalité, Hitler et Guderian ont reçu, ce 24 janvier, du Groupe d'Armées Centre la DEMANDE d'abandon de Lötzen. Ce n'est que le 26 au soir que parviendra la nouvelle de la chute de la forteresse. Guderian est ici mal informé lorsqu'il parle d'un abandon sans combat : il y a eu trois jours de furieuse bataille autour et dans Lötzen. Le 27, Hitler apprendra la chute de son ancien Q.G de Rastenburg, soigneusement dynamité par les SS.

2. Le général Walther Seydlitz von Kurzbach, ancien chef de Corps de Paulus fait prisonnier à Stalingrad, a joué le jeu de la collaboration antinazie avec les Soviétiques. Il fonde la Fédération des Officiers allemands en septembre 1943, mouvement absorbé peu après dans le Comité national pour une Allemagne libre. Ce dernier, peuplé de communistes allemands en exil (Weinert, Pieck, Ulbricht), mène des activités de propagande, d'espionnage, directement au service de l'Armée rouge. On verra même des « troupes de Seydlitz », ainsi qu'on les appelle dans la *Ostheer*, participer en 1945 à des sabotages et des combats. Le général Seydlitz a toujours refusé de cautionner toute activité autre que la propagande.

3. Guderian, *Panzer Leader*, p. 400.

4. Le 27 ou le 28 janvier, Koch, *Gauleiter* de Prusse-Orientale, cesse pendant quelques heures de chercher le moyen de quitter Königsberg et ses dangers, pour expédier à Hitler le télégramme suivant, qui mettra le Führer dans une rage folle : « 4e Armée en fuite vers le Reich. Tente lâchement de percer vers l'ouest. Je continue à défendre la Prusse-Orientale avec le *Volkssturm*. »

partageant la même charrette. Le Groupe d'Armées Nord (nouveau nom depuis le 25 janvier) passe sous les ordres du colonel-général Rendulic (chef d'état-major, von Natzmer), le préféré de Hitler avec Schörner. Quand Rendulic se présente le 27 au Q.G de Reinhardt, celui-ci lui jette d'un air las : « Ne parlons plus de tout cela. » Rendulic respire ; il était certain de tomber au milieu d'une bande de mutins et, sur le conseil de Hitler, il avait amené avec lui une garde rapprochée[1].

Toujours le 26 janvier, à 19 h 00, par une pleine lune reflétée par la neige, Hossbach lance ses trois divisions à l'assaut. Les hommes sont épuisés mais la perspective de briser l'encerclement les galvanise, la présence de 50 000 réfugiés dans les bois alentours les charge d'une lourde responsabilité. Entre Guttstadt et Wormditt, la 28e Chasseurs (à droite), les 170e (au centre) et 131e I.D (à gauche) viennent donner contre le 42e Corps de la 48e Armée. Surprise par cette attaque nocturne, la 96e Division de fusiliers, à court de munitions, recule en désordre vers le sud-ouest. Des compagnies sont saisies au bivouac, une centaine de pièces d'artillerie prises intactes. Une colonne de SU-85 est détruite à l'arrêt. On avance de 7 km dans la nuit. L'objectif, Elbing, où s'est organisée une défense efficace[2], est à 28 km.

Le lendemain, la 24e Panzer, la 18e *Panzergrenadier*[3], la 558e V.G.D, se joignent à l'affaire. Derrière elles, des dizaines de milliers de civils, impatients de sortir de la poche, s'approchent trop près du front et seront pris à partie par l'artillerie. La 96e Division de fusiliers soviétiques, une partie de la 17e, sont encerclées. Mais l'infanterie allemande n'a pas les moyens de réduire ces poches, qui continuent à tirailler sur les arrières et tiennent fermement leur hérisson. Le gain de ce deuxième jour n'est que de 6 km. La réaction soviétique est rapide et se traduit par de multiples mouvements d'unités. Les divisions de la 48e Armée se regroupent et se déploient face à l'est, tandis qu'accourent au canon le 10e Corps blindé de la Garde, le 3e Corps de cavalerie de la Garde[4], le 8e Corps mécanisé, le 8e Corps blindé de la Garde et une division du 98e Corps de fusiliers (2e Armée de choc).

La bataille, confuse et acharnée, dure huit jours. Les Allemands réussissent encore quelques percées, avancent même jusqu'à Preussische Holland, à 20 km d'Elbing, au moment où la 7e Panzer sort de la place et

1. Cité par J. Thorwald, *Es begann…*, p. 157.

2. C'est à Elbing que la *Kriegsmarine* reprend les missions de soutien aux troupes terrestres, inaugurées en octobre 1944 en Courlande, et que l'on retrouvera à Dantzig, Gotenhafen et Pillau. Les deux navires de ligne *Lützow* et *Prinz Eugen*, guidés par radio par des observateurs placés à Elbing, aideront beaucoup à tenir les Russes en respect en lâchant des bordées dévastatrices de leurs 40 pièces lourdes (de 280 à 100 mm).

3. La 24e Panzer est si mal en point qu'on lui alloue les restes de la 18e *Panzergrenadier* et de la 23e I.D.

4. Trop mal en point, le 3e Corps de cavalerie ne sera finalement pas engagé.

gagne à son tour 10 km vers l'est. Le 1er février, un mince couloir de 7 km sépare les forces allemandes mais le 8e Corps mécanisé intervient pour étouffer ces pointes, qui sont ensuite lentement réduites par l'infanterie et l'artillerie. Le 3e Corps de cavalerie de la Garde parvient à pénétrer sur les arrières allemands et à ramener la 17e Division de fusiliers encerclée. Après 15 jours de combat, la 7e Panzer, meilleure unité allemande du secteur, a perdu définitivement 48 de ses 90 chars, 40 % de sa PAK lourde, entre un tiers et la moitié de son artillerie et de sa DCA[1], sans compter 2 000 hommes ; les 722 arrivées nouvelles sont le fait de jeunes de 17 ans, sans instruction poussée, dont beaucoup tomberont dans les quinze jours. Le 2 février, le coup de poker du général Hossbach a définitivement échoué. Mais il n'est déjà plus là pour s'en attrister. Le 30 janvier, en effet, Hitler l'a limogé[2] et remplacé par le général Friedrich-Wilhelm Müller, qui a passé la moitié de la guerre en garnison en Crète[3]. Le 3 février, le Führer ordonne l'arrêt de toute offensive vers l'ouest. La 4e Armée est définitivement encerclée et doit consacrer tous ses efforts à défendre ce qu'il lui reste d'espace : un carré de 60 km de côté dont les sommets sont Frauenburg, Guttstadt, Bartenstein, Brandenburg (10 km ouest Königsberg). On note une terrible baisse de moral[4] parmi la troupe qui vit mal l'arrêt de l'offensive vers l'est, l'acceptation de l'encerclement et le renvoi de Hossbach.

## Tcherniakhovski sous Königsberg

Le 25 janvier, alors que les Allemands croient pouvoir souffler, le 3e Front de Biélorussie relance son attaque. Au nord, la 39e Armée force la ligne Labiau-Tapiau : les divisions de l'aile gauche du IXe Corps sont rejetées sur Kaymen, 20 km en arrière. Königsberg est à 25 km. Au sud de Tapiau, le 2e Corps blindé de la Garde réussit une percée de 10 km avant de s'expliquer avec la 5e Panzer ; il y laisse une trentaine de véhicules chenillés mais la 5e Panzer, épuisée, doit malgré tout abandonner le combat. Le 27, la division se compte 15 chars en état de combattre contre

1. Brigadier général Condné, *Employment of 7th PzDiv.*, in *Symposium…*, p. 464.

2. Singulier personnage que ce Hossbach. Le 5 novembre 1937, alors qu'il est aide de camp de l'armée de Terre auprès du Führer, il assiste à la fameuse réunion où Hitler dévoile ses plans d'expansion aux chefs de l'Armée. Hossbach couchera sur le papier des notes de la réunion cinq jours plus tard ; elles deviendront le « protocole Hossbach », pièce essentielle du procès de Nuremberg. Le 8 avril 1945, Hossbach se défend au pistolet contre un groupe de SS et de gestapistes venus l'arrêter. L'arrivée des chars américains le sauve in extremis.

3. Capturé par les Britanniques, Müller sera livré aux Grecs en 1947 et fusillé en Crète, sur le lieu de ses exactions. D'après Thorwald (in *Es begann…*, p. 158), il aurait déclaré au chef d'état-major de Rendulic au moment de sa prise de fonction : « Je suis un bon sous-officier et je peux exécuter des ordres. Mais je n'entends rien à la stratégie et à la tactique. Dites-moi ce que je dois faire. »

4. Colonel Binder, in *1986, Art of War Symposium…*, p. 430.

72, treize jours plus tôt[1]. Face à ces 57 pertes, pour la plupart définitives (celui qui recule ne récupère pas ses matériels endommagés), elle revendique 250 chars russes (dont la moitié, cas général, seront réparés), soit un rapport de pertes de 5:1 (2:1, en nombres d'irrécupérables), un peu inférieur à ce qui s'est observé depuis 1942. Le dernier coup de tête de la 5e Panzer n'a rien freiné : la 11e Armée de la Garde s'est engouffrée dans la brèche réalisée par le 2e Corps blindé de la Garde. Le 26, la retraite allemande continue sur tout le front.

Le 28 janvier, les forces de la 39e Armée (Lioudnikov) et de la 11e Armée (Galitzky) de la Garde viennent cogner sur la ceinture orientale des forts qui défendent Königsberg. Au sud, le 16e Corps de fusiliers de la Garde réussit à opérer un mouvement tournant qui aboutit, le lendemain, sur la côte du Frisches Haff, la lagune de Königsberg. Au nord, les divisions soviétiques longent les faubourgs d'où partent des tirs d'artillerie et parviennent à Charlottenburg, sur la grand-route de Cranz, où se dresse un des forts. Il est étrangement silencieux. Et pour cause, à l'intérieur, il y a en tout et pour tout trente hommes, « malades de l'estomac ou des oreilles », selon le général Lasch, commandant la place : là s'arrête le secteur réellement défendu. Toute la partie ouest de la ville est dégarnie de défenseurs – à l'exception d'un bataillon décimé de la 367e I.D –, et le centre-ville est à 5 km. On compte plus de soldats isolés cachés dans les caves au milieu des civils que de combattants désireux d'en découdre. Si la majorité de ces déserteurs accepte de se laisser réincorporer, certains se défendent les armes à la main contre les patrouilles d'officiers qui ratissent Königsberg. Plusieurs dizaines de ces mutins seront pendus aux réverbères. Une occasion unique s'offre donc aux Soviétiques. Il est minuit. La centaine de soldats du bataillon de la 367e I.D entend avec angoisse monter les bruits de moteurs et les cliquetis de chenilles. Lorsque…

> « ... Voilà les StG., envoyés par le ciel ! Sur la route de Cranz, à la lueur des phares, ils reconnaissent à temps les chars russes qui viennent vers eux. Les 5 ou 6 canons d'assaut tournent habilement à droite et vont s'embosser dans un pli de terrain, d'où ils touchent en quelques instants 6 à 8 tanks, dont des Staline. Tout le paysage est illuminé a giorno par les chars qui explosent et brûlent. Ce fut le tournant. Encore aujourd'hui je vois la lueur de soulagement dans les yeux des soldats après la terrible impression des derniers jours, leur cortège de combats sans fin et leurs dures privations. Avec les M.G. et les deux dernières pièces de PAK de la 14e Compagnie, on se mit à cogner sur l'infanterie russe qui avait suivi ses chars et maintenant refluait. C'était un succès dont on pouvait être fier. Cette nuit-là, Königsberg fut sauvée d'un coup de main par les StG. de la 367e I.D, car derrière, il n'y avait plus aucune unité combattante. Visiblement, les Russes n'avaient pas pris conscience de leur supériorité[2]. »

1. Major Baumann, *Armored group of 5th Panzer division*, in *Symposium…*, p. 396.
2. Témoignage du major Schaper, in Lasch, *So fiel Königsberg*, p. 51.

Une simple escarmouche, dont le résultat démontre en effet que Tcherniakhovski ne pense pas à un coup de main. Si l'on en croit les mémoires de son successeur, Bagramian, la direction soviétique exagère la force de la forteresse Königsberg. Aussi Lioudnikov, chef de la 39e Armée, n'insiste pas et se contente de piquer vers l'embouchure de la Pregel. Le 30 janvier, l'équivalent de cinq divisions allemandes est enfermé dans la ville. Une nouvelle attaque donne en trois jours à la 39e Armée le contrôle des trois quarts du Samland, la péninsule à l'ouest de Königsberg. Privée d'accès terrestre au port de Pillau, la ville n'a alors plus d'autre communication avec l'extérieur que par l'estuaire de la Pregel, placée sous le feu soviétique ; dans ces conditions, son asphyxie est certaine. Le 30 janvier, au sud, une attaque de la *Grossdeutschland* restaure un lien entre la capitale prussienne et la poche d'Heiligenbeil, où est enfermée la 4e Armée. Une contre-attaque soviétique du 6 février n'en laisse subsister qu'un « couloir de la mort » de 600 mètres de large (!), le long du Frisches Haff.

Après trois semaines de combats meurtriers, 70 % de la Prusse-Orientale sont donc aux mains des Soviétiques. Les forces allemandes sont sectionnées en trois morceaux : la 4e Armée est enfermée dans un carré de 60 km de côté, bordé par le Frisches Haff, Königsberg est assiégée, cinq divisions sont acculées, dos à la mer, dans la péninsule du Samland. Malgré une difficile bataille d'attrition initiale (qui coûte 70 % des pertes soviétiques de toute l'opération), Tcherniakhovski a su adapter son attaque au développement de la situation sur le terrain. Rokossovski a réussi aussi bien que Koniev et Joukov à maîtriser l'introduction de son Armée de tanks. L'analyse détaillée des progressions de ses brigades blindées montre de la flexibilité, une bonne capacité d'adaptation (on ne reste pas confiné à la zone délimitée par l'échelon Armée), une grande vigilance à garder le contact avec les unités voisines[1]. Le bilan, pour impressionnant qu'il soit, ne satisfait pas la STAVKA. Pour deux raisons :

1. Il reste une Armée allemande de 200 000 hommes à réduire (4e Armée) autour de Heiligenbeil, plus 50 000 autres retranchés dans la forteresse de Königsberg et 100 000 dans le Samland, ce qui va mobiliser le 3e Front de Biélorussie pendant un certain temps (trois mois, en

1. Pour les amateurs de *What if*, la question peut se poser de savoir si Rokossovski aurait fait aussi bien avec le *Panzerkorps GD* en face. On peut en douter. La 5e Armée de tanks de la Garde est la plus faible de l'Armée rouge : aurait-elle résisté à une attaque de flanc, qui serait survenue quelque part entre Osterode et Elbing ? Elle aurait beaucoup souffert, mais le *PanzerKorps* aussi, notamment du fait des *Sturmoviks*. Le *PzK. GD* aurait dû également s'occuper des quatre Corps mobiles placés à droite de la 5e Garde. En revanche, il n'est pas certain du tout que le *PzK. GD* aurait pu après de telles missions empêcher la 2e Armée de Choc – très bien dotée en moyens antichars – d'arriver à la Baltique. En Pologne, l'absence du *PzK. GD* aurait condamné à mort le « chaudron errant » de Nehring et hâté de 24 heures à peine l'arrivée de Joukov sur l'Oder. La conquête de la Poméranie aurait probablement duré plus longtemps du fait des difficultés de Rokossovski en Prusse.

réalité !). L'ennemi peut encore communiquer avec l'extérieur par le port de Pillau, sur le petit cordon lagunaire du Frisches Haff, protégé au nord par le Samland.

2. Le 2e Front de Biélorussie n'a rempli qu'une moitié de sa mission, l'isolement de la Prusse-Orientale. L'autre moitié, la conquête de la Poméranie-Orientale, n'a pas reçu un commencement d'exécution. Les 150 000 hommes des 65e et 70e Armées sont tenus en échec par l'aile droite de la 2e Armée – XXXXIIe *Panzerkorps* et XXVIIe Corps – entre Kulm et Graudenz. Les divisions soviétiques ont trop de tâches à remplir : maintenir le siège de Thorn et de Graudenz, pousser vers le nord à partir de l'axe Bromberg (conquise le 24 janvier)-Kulm (prise le 21 janvier), passer la Vistule pour aller vers Konitz puis les profondeurs de la campagne poméranienne. L'objectif de la STAVKA – revenir à la hauteur des Armées de Joukov qui sont à 250 km plus à l'ouest – est totalement irréaliste. Une tête de pont péniblement conquise à Schwetz est même réduite par une habile contre-attaque[1] du XXVIIe Corps (5 février) et des éléments de deux divisions (73e et 31e I.D) parviennent à s'échapper de Thorn.

La STAVKA se retrouve devant un choix stratégique. À quoi donner la priorité : Prusse-Orientale ou Poméranie ? Les décisions prises le 6 février, sur instructions de la STAVKA, par le maréchal Vassilevski, nommé coordonnateur des opérations baltiques quelques jours auparavant, réorganisent profondément le dispositif soviétique mais ne tranchent pas clairement du point de vue stratégique. Vassilevski confie la liquidation du « groupement de Königsberg et du Samland » au 1er Front de la Baltique de Bagramian, qui reçoit en dotation trois Armées de Tcherniakhovski (43e, 39e et 11e Garde). En compensation, celui-ci en prend trois autres à Rokossovski, dont la 5e Armée de tanks de la Garde et le 8e Corps blindé ; sa mission : détruire la 4e Armée. Ce remaniement semble avoir pour but premier de permettre à Rokossovski, patron du 2e Front de Biélorussie, de se consacrer entièrement à la Poméranie-Orientale. Rokossovski a cependant le sentiment d'être le dindon de la farce et de ne pas recevoir, une fois encore, les moyens de sa mission. Il perd en effet trois Armées et n'en reçoit qu'une seule en compensation, la 19e, plus un Corps blindé. Sans prendre une heure de pause, avec des forces très diminuées, il est engagé dans une nouvelle opération en Poméranie-Orientale, pour enfin couvrir l'avancée de Joukov.

## VI. Fallait-il foncer vers Berlin ?

Le 3 février 1945, l'Oder est bordé sur 100 km par le 1er Front de Biélorussie, dans la partie de son cours la plus proche de la capitale du Reich. Si les Allemands gardent deux têtes de pont sur la rive orientale, à Francfort et

1. La seule analyse, à notre connaissance, de ces combats se trouve dans un article ancien de Willemer (*WW Rundschau*, mai 1953, cahier 5).

Küstrin, les Soviétiques en conquièrent deux, dans les mêmes secteurs, sur la rive occidentale.

À l'ouest de l'Oder, des dizaines de milliers de fuyards et d'isolés offrent le spectacle de la déroute. Un rapport du Groupe d'Armées Vistule signale le 5 février que la troupe n'est plus tenue. Des milliers d'hommes abandonnent l'uniforme, s'habillent en civil, tentent de se fondre dans les colonnes de réfugiés, se cachent dans les bois et les villages ruinés. D'énormes quantités de matériels sont abandonnées devant les passages du fleuve. Himmler mais aussi l'OKW mettent en place des « lignes d'arrêt » sur les arrières de la *Ostheer*. Des compagnies de gendarmes et de SS dotés de pouvoirs de justice militaire sillonnent les routes, contrôlent les soldats, arrêtent les suspects et en exécutent un certain nombre. Cette initiative répond à une angoisse des généraux, héritée des événements d'octobre et novembre 1918 : éviter toute éventuelle contagion défaitiste de l'arrière vers l'avant, ou de l'avant vers l'arrière, en isolant le front par un cordon sanitaire. Ainsi, le commando de chasse motorisé N° 2, posté dans le secteur du Groupe d'Armées Centre (Schörner), arrête en février 136 000 hommes (!) en situation irrégulière. La moitié est immédiatement renvoyée au front, trente-deux sont condamnés à mort, vingt-quatre pendus ou fusillés, vingt-deux autres soldats sont sommairement exécutés[1]. Aux niveaux divisionnaire et régimentaire, les officiers exercent aussi leur droit de justice avec sévérité. Par exemple, à la 337ᵉ *Volksgrenadierdivision*, en 14 jours, 15 hommes sont fusillés. Il n'y a rien d'autre à leur reprocher qu'une incapacité à attaquer, due à un épuisement total[2].

Face à ce chaos, résultat du « choc opératif » qu'il a administré à la *Ostheer*, Joukov a sous la main deux Armées de tanks et quatre Armées combinées, Berlin n'est qu'à 65 km et ses reconnaissances aériennes ne repèrent aucune concentration de troupes allemandes à l'ouest du fleuve. Et pourtant, le maréchal soviétique s'immobilise sur l'Oder. Prévu pour 10 jours, cet arrêt durera deux mois et demi, accordant au Troisième Reich un répit inespéré. Pourquoi le « Plan de 45 jours » élaboré à l'automne 1944 est-il soudain jeté aux orties ?

Cet arrêt de l'Armée soviétique à une heure d'autoroute de Berlin peut sembler aussi curieux que la décision prise par Hitler le 23 janvier 1945. Ce jour-là, en effet, le Führer met fin à la priorité accordée au front occidental depuis novembre 1943. Il fait transférer à l'est la seule réserve blindée du Reich, la 6ᵉ Armée Panzer SS de Sepp Dietrich. Mais, alors que, OKH comme OKW, Guderian comme Jodl, lui demandent d'investir ces 600 chars modernes dans l'axe de Berlin sur lequel peuvent d'un moment à l'autre s'engouffrer un million de soldats soviétiques, le Führer décide calmement que ses intérêts stratégiques sont ailleurs. C'est au Grand

1. In *Seelower Höhen 1945*, Förster, p. 10-11.
2. In *Seelower Höhen 1945*, Förster, p. 11. Ce fait se rapporte à la première quinzaine de mars mais tout indique que la situation est pire encore à la fin janvier.

amiral Dönitz, significativement, et non pas à Guderian, qu'il expose ses deux priorités.

1. Investir l'Armée Panzer SS en Hongrie pour conserver les pétroles, tenir la route de Vienne et maintenir dans l'alliance ce qu'il reste de l'armée magyare. C'est autour du lac Balaton, non loin des gisements d'huile de Nagykanizsa, qu'aura lieu la dernière offensive allemande de la guerre, le 6 mars 1945.

2. Protéger coûte que coûte les bouches de la Vistule pour y entraîner les équipages sur les nouveaux submersibles type XXI et, ainsi, être en mesure de reprendre la guerre sous-marine contre les Anglo-Saxons.

Alors que le Russe n'est plus qu'à une étape de sa capitale, Hitler continue donc à faire de la « grande stratégie », dans la perspective d'une guerre longue.

Pourquoi, dans ce contexte qui lui semble si favorable, Staline n'a-t-il pas poussé Joukov et Koniev jusqu'à Berlin, déjà à moitié abandonnée par son Führer ?

## *1. Une polémique interne à l'Armée rouge*

En novembre 1944, Joukov reçoit ordre de l'état-major général de prendre pour objectif de la grande offensive d'hiver la ligne Bromberg-Posen. La mission est accomplie avec 8 jours d'avance sur le calendrier prévu : Bromberg tombe le 24 janvier et Posen est investie le 25. Ce même jour, Staline téléphone à Joukov. Dans son rapport, celui-ci fait preuve de confiance dans la suite des opérations.

> « L'ennemi est démoralisé et n'est plus actuellement en mesure d'opposer une résistance sérieuse, répondis-je, nous avons décidé de continuer l'offensive pour porter les troupes du Front sur l'Oder. Küstrin constitue la direction principale de l'offensive, où nous essaierons de conquérir une tête de pont. L'aile droite du Front se déploie en direction du nord-nord-ouest, face au groupement de Poméranie-Orientale qui ne représente pas pour l'instant de menace sérieuse et directe. »

Sur le principe, Staline accepte, ce qui, nous l'avons vu, transforme l'opération Vistule-Posen (300 km de pénétration) en opération Vistule-Oder (500 km). Pour autant, dans sa réponse à Joukov, Staline ne fait pas montre de l'optimisme qui, souvent pour le pire, a été sa marque depuis le 22 juin 1941. C'est d'autant plus surprenant que l'opération Vistule-Posen a atteint ses objectifs plus vite que prévu et avec un minimum de pertes, ce qui est une double première depuis 1941. Le maître du Kremlin relève en effet :

> « – Si vous atteignez l'Oder, entre le 2e Front de Biélorussie et vous un vide de plus de 150 km va se créer, dit J. Staline. Actuellement c'est à ne pas faire. Il faut attendre que le 2e Front de Biélorussie termine son opération en Prusse-Orientale et regroupe ses forces au-delà de la Vistule.
>
> – Combien de temps cela prendra-t-il ?
>
> – Environ dix jours. Prenez en considération, ajouta J. Staline, que le 1er Front d'Ukraine ne peut actuellement aller plus loin et assurez votre

couverture sur la gauche, étant donné que pendant un certain temps ce Front sera occupé par la liquidation de l'ennemi dans la région Oppeln-Kattowitz.

– Je vous demande de ne pas arrêter l'offensive des troupes du Front, étant donné qu'il nous sera plus difficile par la suite de franchir la ligne fortifiée de la Meseritz. Pour couvrir notre flanc droit, il suffit de renforcer le Front d'une Armée encore.

Le commandant suprême promit d'y penser, mais de réponse nous n'en reçûmes pas ce jour-là[1]. »

En soldat discipliné, Joukov se garde donc à gauche et, surtout, à droite, où il affecte à la garde de son flanc interminable la 3e Armée de Choc, la 1re Armée polonaise, les 47e et 61e Armées, le 2e Corps de cavalerie de la Garde. Mais, en chef conscient que les occasions en or sont à saisir sur le champ, il pousse tout de même une partie de ses forces jusqu'à l'Oder, initiative que Staline avalisera d'ailleurs sans difficultés trois jours plus tard. Il parvient facilement au fleuve entre le 1er et le 4 février, et s'empare, comme prévu, d'une tête de pont de part et d'autre de Küstrin.

À ce moment précis, Joukov peut-il franchir les 65 km qui le séparent de Berlin et prendre la grande métropole ?

## La mauvaise foi de Tchouikov

La polémique a été lancée par les Soviétiques eux-mêmes, sous la plume de leur plus célèbre général d'Armée, Vassili Tchouikov, le lion de Stalingrad. Dans ses souvenirs *De Stalingrad à Berlin*, parus en 1964 à Moscou, le patron de la 8e Armée de la Garde ne doute pas un instant que, fin janvier 1945,

« L'Allemagne de Hitler était vraiment dans un état de choc stratégique et vivait ses derniers jours. (...) Avec la chute de Berlin, l'état hitlérien s'effondrerait. La ville devait être prise sans délai. Le moment était venu. Il fallait de la résolution[2]. »

À peu près au même moment, à 600 km à l'ouest, Montgomery explique la même chose à Eisenhower, quasiment en des termes identiques.

Dans un long réquisitoire contre la prudence excessive de Staline, Tchouikov affirme :

« Qu'il y avait des forces suffisantes pour continuer l'opération Vistule-Oder jusqu'à l'assaut contre Berlin.

Que les craintes pour le flanc droit du 1er Front de Biélorussie étaient sans fondements, car l'ennemi n'avait pas de réserves suffisantes à sa disposition pour monter une contre-attaque sérieuse. (...)

Qu'au début de février Hitler n'avait pas de forces suffisantes pour défendre sa capitale, ni de lignes défensives correctement agencées ; la route de Berlin était en conséquence ouverte[3]. »

1. G. Joukov, *Mémoires*, t. 2, p. 302-303.
2. V. Tchouikov, *The Fall of Berlin*, p. 103-104.
3. *Idem*, p. 117.

À plusieurs reprises, il répète :

« Berlin aurait été prise en dix jours » et « la prise de Berlin signifiait la fin de la guerre [1]. »

Tchouikov ajoute que Joukov, son supérieur, planifiait bel et bien l'offensive de Berlin, et c'est l'insistance de Staline qui l'en aurait dissuadé. Pour preuve, il cite de mémoire une conversation téléphonique dont il est témoin, assis tout près de Joukov, le 6 février 1945.

« Staline : où êtes-vous ? Que faites-vous ?

Joukov : Je suis au Q.G de Kolpakchi (commandant la 69e Armée, ndla) et tous les commandants d'Armées du Front sont présents. Nous sommes en train de planifier l'opération sur Berlin.

S : Vous perdez votre temps. Nous devons consolider sur l'Oder et ensuite tourner toutes les forces possibles vers le nord, vers la Poméranie, pour unir nos efforts à ceux de Rokossovski et écraser le Groupe d'Armées Vistule de l'ennemi[2]. »

L'autre élément de preuve avancé par Tchouikov est une instruction opérationnelle générale signée Joukov, datée du 4 février, fixant les objectifs du Front pour les jours suivants :

« La mission des troupes du Front est que dans les six jours les succès acquis soient consolidés, de presser vers l'avant les troupes à la traîne, de constituer des réserves au niveau de deux pleins complets par véhicule et deux allocations complètes de munitions pour toutes armes, et d'entreprendre un mouvement rapide le 15-16 février pour prendre Berlin[3]. »

Tchouikov est sans aucun doute un soldat hors du commun mais il n'est que chef d'Armée, et sa vision des choses est restreinte à cet horizon ; il ne peut savoir grand-chose de l'état réel de l'ennemi ni de celui du 1er Front de Biélorussie. Ses mémoires sont empreints d'une forte hostilité à l'égard de Joukov, et il verse souvent dans la mauvaise foi. Il a connu Khrouchtchev à Stalingrad et lui devra d'être nommé en 1960 commandant en chef des forces terrestres de l'Armée soviétique. Son intérêt personnel le pousse à épouser la querelle de son mentor contre Joukov et c'est dans ce cadre du début des années soixante qu'il faut comprendre la polémique sur « l'offensive manquée » vers Berlin. Il est d'ailleurs à noter que Tchouikov est le premier grand capitaine à avoir reçu du Comité central du P.C l'autorisation de publier des mémoires. Ce n'est sans doute pas un hasard si l'ouvrage traite de la prise de Berlin et s'orne principalement d'une attaque contre Joukov. Celui-ci et la plupart des grands chefs de l'Armée rouge protesteront énergiquement contre les allégations de Tchouikov. Ils ne cesseront d'affirmer que les difficultés logistiques et les concentrations allemandes sur le flanc nord et sur l'Oder sont les vraies causes de l'arrêt soviétique sur ce fleuve. Joukov se dit avoir été sur ce point en parfait accord avec les ordres de Staline. En 1964,

1. *Idem*, p. 119.
2. *Idem*, p. 120.
3. *Idem*, p. 118.

Khrouchtchev est renversé par le groupe Brejnev, Tchouikov envoyé à la retraite. Il se rétractera à la fin des années 60, adoptant dans les éditions suivantes de ses ouvrages la version officielle : l'Armée rouge NE POUVAIT PAS prendre Berlin en février 1945.

Mais qu'en est-il vraiment ?

## La prudence de Staline

Avant d'examiner la thèse de Tchouikov, relevons que Staline se montre très prudent durant les derniers mois de la guerre, bien plus qu'il ne l'a jamais été depuis le 22 juin 1941, ainsi qu'en témoigne cet extrait de son ordre du jour n° 5, du 23 février 1945, en célébration du 27$^{e}$ anniversaire de la fondation de l'Armée rouge :

> « La victoire complète est proche. Mais elle ne viendra pas toute seule ; elle ne sera atteinte que par un dur combat et un labeur incessant. L'ennemi condamné jette ses dernières forces dans la bataille et oppose une résistance désespérée pour échapper à un châtiment sévère. Il s'agrippe et s'agrippera encore, utilisant les méthodes de combat les plus extrêmes et les plus méprisables. Nous devons garder à l'esprit que plus notre victoire approchera, plus aigüe devra être notre vigilance et plus puissants les coups que nous porterons à l'ennemi[1]. »

Non seulement, Staline doute que Berlin puisse être prise par un coup de main mais encore il ne voit pas la guerre se terminer avant l'été 1945. Il le dit le 15 janvier au maréchal d'aviation Tedder[2], envoyé par Eisenhower prendre des informations sur les plans stratégiques soviétiques ; il le répète à Yalta devant Churchill et Roosevelt. À Tedder, il explique même que la faim aura sans doute une grande part dans l'effondrement de l'Allemagne. L'arrivée des boues de printemps, au début février, lui semble signifier à coup sûr un arrêt de son Armée sur l'Oder. Ment-il à ses alliés, comme on l'a dit, pour s'assurer, seul, de la victoire à Berlin ? Il n'y a aucune raison, à ce moment, de le penser, et aucun document pour le prouver. Staline reproduit simplement le schéma des années 1942, 1943 et 1944 : une offensive hivernale russe qui perd son allant dans les boues de printemps, suivie d'une période de préparation pour une nouvelle offensive d'été.

L'autre assertion de Tchouikov – prendre Berlin, c'est terminer la guerre – ressemble fort à un jugement *a posteriori*. La STAVKA pense autrement à l'époque, ainsi que le confirme Chtemenko, chef de l'état-major-général de l'Armée rouge, qui voit Staline deux fois par jour :

> « En janvier-février 1945, on ne pouvait pas encore identifier la chute de Berlin à la reddition complète de l'Allemagne. L'ennemi avait de puissantes forces en Europe occidentale et en Hongrie (...). Nous avions des informations sur l'intention d'Hitler de continuer le combat dans un "réduit alpin". Les Alliés le savaient aussi. Churchill nous demanda ce que nous ferions si

1. J. Staline, *Sur la Grande Guerre patriotique de l'Union soviétique*, p. 182-184.

2. Cité par Geoffrey Roberts, *Stalin's wars*, p. 258-259.

Hitler "allait vers le sud". Mais, dans tous les cas, bien sûr, la capture de Berlin ébranlerait les fondations du Troisième Reich[1]. »

La chronologie permet d'éclairer le débat entre Tchouikov et Joukov.

– Au début de novembre 1944, Staline avalise le planning de l'état-major-général de l'Armée rouge : la prise de Berlin exigera 45 jours d'une offensive menée en deux temps. Ce qui place la conquête de la ville au plus tard fin février.

– Les 26 janvier et 27 janvier 1945, à la requête de l'état-major-général, Joukov puis Koniev déclarent leur intention de franchir l'Oder « dès les 1er-2 février » et de poursuivre sur Berlin puis vers l'Elbe, qui devrait être atteint vers le 25-28 février. Le 29, la STAVKA approuve. Les deux commandants de Fronts sont donc encore en phase avec le canevas général dressé trois mois plus tôt. Dans leurs mémoires, Joukov, Koniev, Chtemenko, sont d'accord sur un point : à ce moment, le 29 janvier, Staline se dit toujours favorable à une avance rapide sur Berlin.

– Le même jour, cependant, si l'on en croit Joukov (voir plus haut), Staline demande que l'on mette une sourdine à la poussée vers l'ouest durant dix jours et que l'on porte son attention vers le flanc nord.

– Le 31 janvier, Joukov commence à s'inquiéter à son tour. Il envoie à Staline ce rapport :

> « 1. Du fait du retard important pris par l'aile gauche du 2e Front de Biélorussie sur l'aile droite du 1er Front de Biélorussie, la ligne de front, au 31 janvier au soir, a atteint 500 km d'extension. Si le flanc gauche de K. Rokossovski continue à marquer le pas, l'ennemi entreprendra certainement des opérations vigoureuses contre le flanc droit, étiré, du 1er Front de Biélorussie. Je demande qu'il soit prescrit à K. Rokossovski d'attaquer immédiatement avec sa 70e Armée en direction de l'ouest, fut-ce en échelon refusé par rapport au flanc droit du 1er Front de Biélorussie[2]. »

– Le 2 février au soir, une directive signée Joukov, ordonne au général Katoukov d'abandonner son secteur sur l'Oder et de gagner à marches forcées la région d'Arnswalde avec sa 1re Armée de tanks. Le 9e Corps blindé, le 7e Corps de cavalerie et plusieurs unités d'artillerie sont aussi mises en route.

– Le 4 février, conformément au délai demandé par Staline, Joukov émet l'instruction opérationnelle générale citée par Tchouikov et qui prépare un assaut sur Berlin. Mais la lecture de ce document, cité par Joukov dans ses Mémoires[3], laisse perplexe. L'instruction demande en effet que, du 4 au 8 février, les 5e Choc, 8e Garde, 69e et 33e aient soudé leurs têtes de pont ; que la 1re Polonaise, 47e et 61e, la 2e Armée de tanks, aient rejeté le groupement ennemi d'Arnswalde vers le nord.

> « Après quoi, ayant laissé un bouchon jusqu'à l'arrivée des Armées du 2e Front de Biélorussie, elles se regrouperont sur l'Oder en vue de la rupture.

1. S.M. Chtemenko, *The soviet general staff at war*, p. 307.
2. Joukov, *Mémoires*, t. 2, p. 308-309.
3. Joukov, *Mémoires*, t. 2, p. 312-313.

(...) Il est aussi nécessaire d'avoir terminé la liquidation du groupement ennemi de Posen-Schneidemühle, pour le 7-8 février. (...) Puis l'on se jettera à l'assaut de Berlin vers le 15 ou le 16 février. »

Programme extraordinairement ambitieux et calendrier si serré qu'il confine à l'irréalisme !

– Le 6 février, toujours selon Tchouikov, Staline annule *de facto* l'instruction de Joukov et lui demande de se tourner franchement vers le nord où les choses ne se passent pas comme prévu[1].

– Le 7 février, à la quatrième session plénière de la conférence de Yalta, Staline découvre non sans irritation que Churchill et Roosevelt semblent moins enclins à accepter la ligne Oder-Neisse occidentale comme la future frontière entre Allemagne et Pologne[2]. Par ricochet, leur attitude remet aussi en cause la cession des territoires orientaux de la Pologne à l'URSS. Ce point est capital pour Staline, qui fait de la constitution d'un glacis oriental le principal de ses buts de guerre. Un compromis entre les trois Alliés établit que ce point sera déterminé lors d'une future conférence de la paix. Dans quelle mesure ce problème politico-stratégique a-t-il joué ? Les documents n'apportent pas de réponse directe. Mais on peut à bon droit penser que Staline préfère s'emparer du maximum de gages territoriaux dans l'immédiat, sans attendre le résultat d'une hypothétique conférence où il serait forcément en minorité. En portant la bataille entre les bouches de la Vistule et l'Oder, mais également en Silésie entre Oder et Neisse Occidentale, il procède *DE FACTO* à un nettoyage ethnique. Dans son esprit et dans celui des Polonais, c'est un prélude indispensable à un transfert de souveraineté sur ces régions. C'est là sans doute une des raisons majeures des actions de « nettoyage » des deux ailes de Joukov et, par conséquent, de l'arrêt sur l'Oder.

---

1. L'historien allemand Erich Murawski soutient dans son ouvrage classique *Die Eroberung Pommerns durch die Rote Armee* (1969) que c'est le colonel-général Sokolovski, adjoint de Joukov (auparavant chef d'état-major de Koniev), qui attire l'attention de Staline sur la position aventurée du 1er Front de Biélorussie. Joukov aurait voulu aller à Berlin d'une traite mais Sokolovski aurait demandé l'arrêt sur l'Oder. Une violente querelle aurait éclaté entre les deux hommes, que Staline aurait tranchée contre Joukov. Mais Murawski n'apporte aucune source à l'appui de sa thèse.

2. À la réunion des ministres des Affaires étrangères du 9 février, Eden lâchera la bombe : le *War cabinet* et l'opinion publique britannique expriment un scepticisme croissant sur les demandes territoriales du gouvernement de Lublin. Il serait souhaitable que tout transfert de terres allemandes soit discuté lors de la future conférence de la paix. Le lendemain, lors de la session pléniaire finale, Churchill s'appuiera sur le même télégramme du *War Cabinet* s'opposant à la fixation de la frontière sur la Neisse occidentale et proposant que l'on ne fasse pas mention d'une implantation polonaise au-delà de l'Oder. Roosevelt refuse pour sa part toute mention précise de frontières. Staline n'obtiendra que quelques lignes sur la fixation de la frontière orientale de la Pologne sur la vieille ligne Curzon et la cession, en compensation, de « territoires substantiels » au nord et à l'ouest.

– Le 10 février, Joukov envoie à Staline, qui est toujours à Yalta, un plan détaillé pour amener son Front autour de Berlin à la date du 18-19 février. Joukov semble donc encore croire une offensive possible ; pourtant, aucunes des conditions préalables à cette offensive qu'il émet dans sa directive du 4 février, ne sont alors remplies… Aurait-il voulu simplement que Koniev déclare forfait pour Berlin le premier ? Ce document[1] du 10 février n'a été révélé qu'en 1995. Il confirmerait tout au moins l'affirmation de Joukov dans ses mémoires[2], selon laquelle Tchouikov aurait inventé la réunion du 6 février et le coup de téléphone de Staline.

– Le 16 février, Koniev fait savoir qu'il n'est pas en mesure de poursuivre vers Berlin. Ses troupes bataillent durement en Basse-Silésie (du 8 au 24 février) pour amener le 1^er^ Front d'Ukraine sur la Neisse occidentale, dans l'alignement du moyen Oder tenu par Joukov.

– Le 20 février, selon Chtemenko, Joukov abandonne à son tour toute idée de passer l'Oder, où ses troupes rencontrent une résistance acharnée. Il place le 1^er^ Front de Biélorussie sur la défensive face à l'ouest et tourne ses moyens offensifs vers le nord, en grand secret. Les stations radio des deux Armées de tanks, notamment, demeurent près de l'Oder et continuent d'émettre, pendant que les déplacements d'unités se font exclusivement de nuit.

Il se produit donc, dans les quinze premiers jours de février, une série d'événements qui conduisent Staline, Koniev et Joukov – ce dernier avec retard – à annuler l'attaque vers Berlin. Ces raisons sont-elles suffisamment sérieuses du point de vue militaire ? Avant d'examiner la situation, on peut remarquer que le dictateur a sans doute été échaudé par les sérieux revers essuyés par l'Armée rouge en mars-avril 1942 (front centre), février 1943 (à Kharkov), mars 1944 (invasion manquée de la Roumanie) et octobre 1944 (Prusse-Orientale). Tous ces échecs ont en commun d'être survenus pour avoir poussé trop loin un effort offensif, avoir négligé les contraintes logistiques et les intentions de l'ennemi. Staline, il n'est pas inutile de le répéter, a aussi vécu de très près l'échec foudroyant et inattendu de l'offensive de la jeune Armée rouge sous Varsovie, en 1920 : Toukhatchevski ne lui a-t-il pas reproché en public d'être un des responsables de cet « échec de la révolution mondiale » ? Le dictateur sait que toute la mise peut être perdue sur un coup, au moment même où l'on croit tenir la victoire décisive[3]. Or, politiquement, il ne veut plus prendre de risques. Un échec en 1945 pourrait en effet avoir des conséquences

1. *Voyenno-istoricheskiy Zhurnal*, 1995, n° 2, p. 4-6.
2. Joukov, *Mémoires*, vol. 2, p. 317-318.
3. On retrouve l'écho de ce traumatisme ressassé par des générations de léninistes dans les mémoires de Joukov (tome 2, p. 314 de l'édition française). « L'expérience de la guerre montre qu'il convient de risquer, mais qu'on ne peut pas s'emballer. De ce point de vue est très instructive la leçon à dégager de l'offensive de l'Armée rouge sur Varsovie en 1920, offensive au cours de laquelle la progression non couverte et imprudente des troupes de l'Armée rouge aboutit, au lieu d'un succès, à une lourde défaite sur notre front ouest. »

graves sur ses plans de contrôle de l'Europe orientale et centrale en laissant le champ libre aux Anglo-Saxons. Chtemenko le reconnaît avec une remarquable franchise :

« Je ne crois pas hors de propos de rappeler encore une fois ici les manœuvres politiques de l'Allemagne nazie. Juste à ce moment (février 1945, ndla), elle explorait activement les voies d'une paix séparée avec les États-Unis et la Grande-Bretagne. Nombre de leaders du Troisième Reich tissaient une toile complexe de négociations visant à semer la discorde parmi les membres de la coalition anti-Hitler, pour gagner du temps et tenter de trouver un arrangement sur le dos de l'Union soviétique. Dans une telle situation, qui plaçait chacune de nos décisions devant une responsabilité historique spéciale, nous ne pouvions risquer aucune action mal préparée. Encore et encore, la STAVKA, le grand quartier-général et les conseils militaires des Fronts comparaient notre force à celle de l'ennemi et se rangeaient unanimement à notre précédente conclusion : sans l'accumulation de moyens suffisants sur l'Oder, sans la disposition complète de notre artillerie et de notre aviation, sans avoir sécurisé nos flancs, nous ne pouvions pas lancer nos Armées dans une offensive contre la capitale de l'Allemagne. Ce n'était pas le moment de prendre des risques. Les conséquences politiques et militaires d'un échec à ce stade final de la guerre pourraient être extrêmement graves, sinon irrattrapables[1]. »

Enfin, dernier argument[2], si Staline préfère remettre l'assaut sur Berlin, c'est qu'il pense avoir encore du temps. L'offensive des Ardennes n'a-t-elle pas largement dérangé les plans anglo-saxons ? Le 7 février 1945, ceux-ci ne touchent au Rhin qu'à Nimègue et en Alsace. Les opérations jumelles de Montgomery, « *Véritable* » et « *Grenade* », lancées à ce moment, éprouvent les pires difficultés à franchir la forêt de Reichswald et les champs de mines qui couvrent la rive gauche du Rhin. Berlin est alors à 550 km des Sherman… et à 65 km des T-34.

À la fin 1945, au cours d'une conférence de « science militaire », Joukov est interrogé sur le problème de l'arrêt sur l'Oder par le major-général Yeniukov, de l'état-major de l'armée, qui soutient pour sa part les mêmes vues que Tchouikov vingt ans plus tard. La réponse est franche mais moins catégorique qu'elle ne sera lors de la polémique des années 1960.

« Il aurait été possible d'envoyer les Armées de tanks de Bogdanov et de Katoukov droit vers Berlin et elles auraient pu atteindre la ville. Bien sûr, il est beaucoup plus difficile de répondre à la question de savoir si elles auraient pu la prendre (…). Mais, camarade Yeniukov, il aurait été impossible d'en revenir car l'ennemi aurait pu facilement couper nos arrières. En attaquant du nord, l'ennemi aurait facilement percé à travers notre infanterie, atteint les passages de l'Oder et placé les troupes du Front dans une situation embarras-

1. S.M. Chtemenko, *The Soviet General Staff at War*, p. 313-314.

2. Une thèse voudrait que Staline ait renoncé à Berlin pour ne pas effrayer ses deux alliés durant la conférence de Yalta. Mais rien n'étaye cette supposition. Surtout, la décision de remettre la poussée vers Berlin a été prise APRÈS la fin de la conférence (11 février).

sante. Laissez-moi insister sur le fait qu'on doit être capable de se contrôler, de résister à la tentation et d'éviter de se jeter dans des aventures hâtives. Quand un chef prend une décision, il ne doit jamais s'éloigner du bon sens[1]. »

## 2. *L'affaiblissement des forces soviétiques* (carte 17)

Le 12 janvier, le 1^er^ Front de Biélorussie et le 1^er^ Front d'Ukraine se lancent au-delà de la Vistule avec chacun dix Armées. Quatre jours après, ils avancent de concert sur un front de 450 km. Au début de février, sur l'Oder, il n'y a plus que cinq Armées à s'aligner sur un front réduit à 120 km, traînant derrière lui deux flancs longs de 300-400 km.

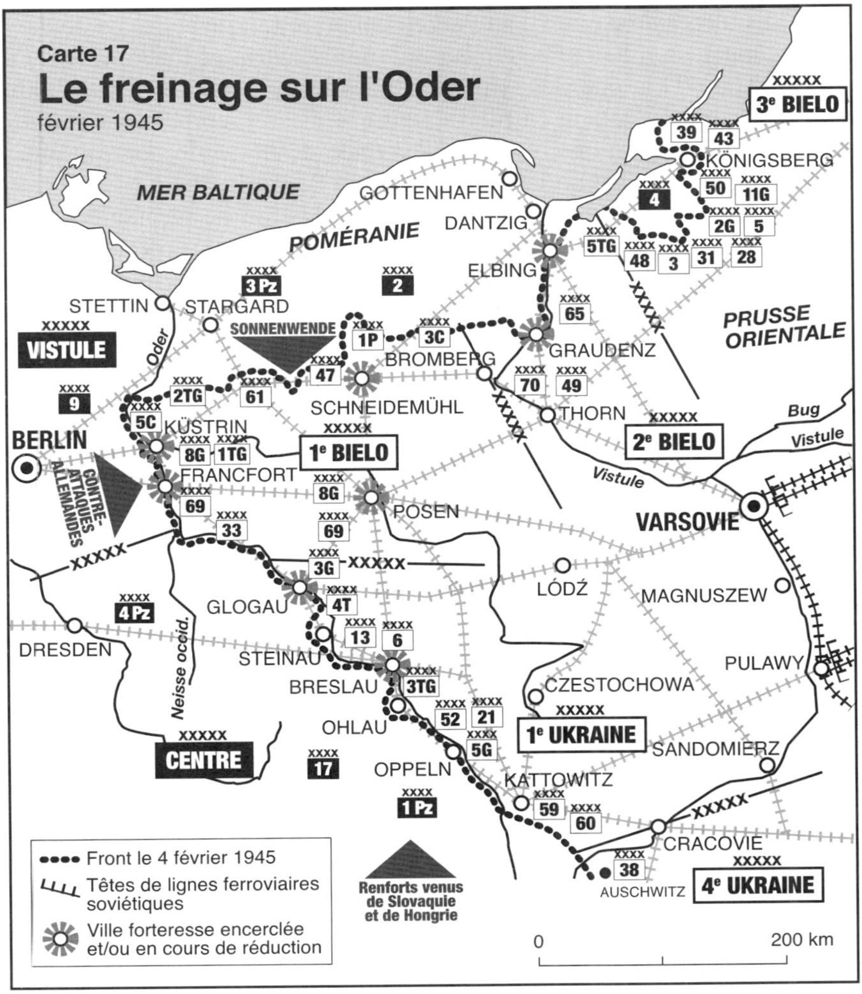


Carte 17
Le freinage sur l'Oder
février 1945

---

1. *Voyenno-istoricheskiy Zhurnal*, 1988-1, p. 14-15.

– Chez Joukov sont en ligne sur l'axe de Berlin, du sud au nord, la 33e Armée, la 69e, la 8e Garde et la 5e Choc. Encore la 8e Garde et la 69e ont-elles laissé chacune un tiers de leurs forces à Posen, à 170 km en arrière, où elles maintiennent un siège qui durera jusqu'au 23 février ; la 5e Choc, elle, doit consacrer un Corps complet et les trois-quarts de son artillerie à la réduction de la forteresse de Küstrin (qui tiendra jusqu'au 29 mars). Une partie de la 2e Armée de tanks de la Garde, la 61e Armée, la 47e Armée, la 1re Armée polonaise et la 3e Armée de Choc font face à la Poméranie, au nord, sur un front de 240 km de long où l'on attend Rokossovski. Au total, les deux tiers des forces, 90 % des chars, NE SONT PAS SUR L'ODER à partir du 2 février.

– Les forces de Koniev sont largement en retrait de celles de Joukov qui occupent un « balcon » sur Berlin entre Küstrin et Furstenberg. Le retrait va de 80 km pour les Armées situées autour de Glogau, à 280 km pour celles qui ferraillent en Silésie, entre Breslau (non occupé) et Ratibor. Dans ces conditions, seule la 3e Armée de la Garde pourrait aider Joukov à gauche si celui-ci décidait d'aller à Berlin.

Manifestement, Joukov n'a plus en main les forces nécessaires pour s'emparer d'une agglomération de 4 millions d'habitants, protégée vers l'est par une ceinture lacustre et boisée profonde de 50 km.

### La dissolution de la discipline

Un des facteurs principaux du blocage de l'Armée rouge devant l'Oder n'est jamais évoqué par les historiens soviétiques : la discipline se relâche si brutalement dès le passage de la frontière allemande que l'on peut parler de dissolution partielle des unités. On ne peut en même temps se battre et violer ; on ne peut à la fois charger son camion de munitions et de pièces de mobilier volées ; on ne saurait s'enivrer sans mesure et exécuter les ordres. M. Koriakov, officier au 1er Front d'Ukraine remarque dans un bataillon blindé :

> « Les tanks étaient si bourrés de butin que les membres des équipages ne pouvaient plus bouger à l'intérieur et qu'ils auraient été incapables d'agir en cas de nécessité. (...) J'ai entendu une histoire au sujet de membres d'équipage qui étaient si saouls qu'ils s'en furent avec leur tank sur la ligne de front, ouvrirent le feu sur les unités russes, détruisirent quatre emplacements d'artillerie et écrasèrent un canon[1]. »

De tout cela, les mémoires d'officiers soviétiques ne soufflent mot. Le meilleur, et le plus célèbre, des (rares) témoignages est le fait d'un officier du Front de Joukov, Boris Oljschanski[2], passé à l'ouest durant la guerre froide. Dans la première ville traversée par son Armée, la 5e Choc, au

1. M. Koriakov, *I'll never go back*, p. 61.
2. Oljschanski, Boris, *My prichodim v wostoka* (Nous venons de l'est), Buenos Aires, 1954, cité par Peter Gosztony, *Der Kampf um Berlin 1945 in Augenzeugenberichten*, p. 65-67.

début de février, Oljschanski est témoin de scènes de pillage et de destruction effrénés.

> « La masse des soldats s'agglomérait dans les rues. Il semblait que toutes les armes étaient rassemblées là. On rencontrait de l'infanterie mécanisée, des fantassins, des pionniers, des hommes des services arrière et médicaux, etc.
>
> – Es-tu ici sur ordre, fais-je à un sergent des transmissions ? Depuis combien de temps es-tu dans cette ville ?
>
> – C'est déjà la troisième semaine, répond-il.
>
> – Et ton unité ?
>
> – Le diable seul le sait. Quelques-uns des gars sont ici.
>
> – Mais c'est de la désertion !
>
> – Qu'est-ce que ça veut dire ici, désertion ? Tous font pareil ! »

Oljschanski est sur l'Oder le 8 février. La tête de pont de la 5^e^ Armée de Choc atteint déjà 10 km de profondeur :

> « Aurions-nous eu des tanks à ce moment-là, que nous aurions pris Wriezen. Mais de l'arrière ne venait aucun appui. La machine qui avait jusque-là si bien fonctionné tombait en morceaux. (...) La transmission des ordres de combat se faisait avec retard. En même temps disparaissaient ce dont nous avions le plus urgent besoin, l'infanterie, l'artillerie, le train. Son équilibre perdu, l'insulte aux lèvres, le commandant de la 5^e^ Armée de Choc, le lieutenant-général Nicolas Berzarine, se mettait lui-même à la recherche de ses troupes. Lorsqu'il trouvait les soldats, il relevait les chefs et dégainait son pistolet. Devait-il les abattre ? Mais quel sens cela pouvait-il avoir ? (...) Au cours d'un entretien entre quatre yeux avec son chef d'état-major, il disait, courroucé : « On ne peut courir deux lièvres à la fois : se venger et combattre. Par le diable, l'armée se décompose ! »
>
> L'offensive s'est arrêtée net. L'adversaire, qui jugeait bien de la situation, a jeté ses maigres réserves dans la bataille et a repris Neu-Barnim et Ortwig et a tenté de nous jeter dans l'Oder. Les Allemands nous criaient en russe : vous n'avancerez plus d'un pas ! C'est bientôt fini d'envoyer les petits paquets à la maison ! »

Oljschanski a connaissance d'un rapport envoyé par Berzarine au général Sokolovski, chef d'état-major du 1^er^ Front de Biélorussie :

> « 30 % du personnel de premier échelon de la 5^e^ Armée de Choc sont hors contrôle et sans ordres. Dans la 8^e^ Armée de la Garde, 25 % des troupes n'ont pas exécuté l'ordre d'occuper les positions de combat. C'est à peu près la même chose dans les autres Armées. Le chaos ne s'arrête pas à la porte de l'état-major du Front. Même les diverses unités du train et de l'intendance ne peuvent donner aucune indication sur la localisation de leurs colonnes.
>
> Quelques exemples de l'état des troupes combattantes doivent dresser un portrait clair de la situation :
>
> La 3^e^ Brigade blindée a refusé après l'occupation de Schwerin de pousser aussitôt vers Landsberg-Hohenwalde. Malgré les tentatives de leur commandant pour rétablir l'ordre, les soldats ont quitté leurs chars sans permission et ont commencé à se livrer à une orgie alcoolique générale. La brigade est restée, inutile, à Schwerin jusqu'au 8 février. Les soldats et officiers du 63^e^ escadron de chasse écument la région de Landsberg à la recherche de butin. Leur

commandant les a tout simplement assommés. À Schwibus, la 373e Brigade d'artillerie, les 185e et 187e Régiments de fusiliers se sont organisés un séjour à l'hôpital de campagne N° 68. »

Koniev comme Joukov, atterrés par les rapports des officiers politiques qui préviennent du relâchement général, essaient de reprendre en main la troupe. Le 27 janvier, Koniev fait ainsi connaître à ses hommes nombre de manquements graves à la discipline et donne une longue liste d'officiers défaillants versés dans les bataillons pénaux. Mais, à l'évidence, les mesures disciplinaires n'ont eu qu'un faible effet dans l'immédiat.

Il ne fait aucun doute que l'efficacité de l'Armée rouge ne cesse de décroître à partir du 20 janvier (franchissement de la frontière allemande) et au moins jusqu'à la fin mars, date d'une certaine reprise en mains.

## La panne logistique

Sans aucun doute aggravée par l'effondrement de la discipline, la situation logistique est par ailleurs rendue très difficile pour des raisons matérielles. Les Allemands ont détruit, au moins en partie (Lodz, Cracovie, Kattowitz, Varsovie, Thorn), ou occupent encore (Posen, Breslau, Glogau), les principaux carrefours ferroviaires. Les têtes de lignes soviétiques sont encore sur la Vistule ! Des norias de camions font la navette sur les routes verglacées pour maintenir un flux minimum de livraisons. On aménage des groupes de tranports spéciaux, rassemblant 600 camions pour chaque Armée de tanks, mais ils n'arrivent à acheminer qu'une demi-allocation feu et un tiers d'allocation carburant par voyage. Or, le trajet aller-retour fait 1 200 km pour les pointes de Joukov, soit 20-24 jours de voyage[1]. Les vivres sont sacrifiés, obligeant le soldat à fourrager comme ses devanciers d'Ancien régime. Tous les commandants d'Armées bombardent Joukov de télégrammes, comme ceux-ci, qui émanent de Tchouikov :

> « Les unités de transport de l'Armée sont incapables de maintenir les lignes de ravitaillement depuis la Vistule. (…) Je demande, en liaison avec l'accroissement de l'activité ennemie contre mes têtes de pont et les combats incessants pour Posen, une assistance pour la fourniture de munitions d'ici 2 à 3 jours. (…) La 43e Brigade d'artillerie ne peut plus bouger. Les tracteurs sont tombés en morceaux. Réparations impossibles, pas de pièces de rechange[2]. »

Il n'y a plus assez d'obus pour, selon les mots de Chtemenko, alimenter « notre principale arme à ce moment, l'artillerie[3] », pas de carburant pour la 1re Armée de tanks de la Garde, en grande partie bloquée, réservoirs vides, autour de Landsberg. Katoukov n'a plus que 567 chars en état, qui ont tous entre 1 300 et 1 600 km au compteur et des moteurs à bout de souffle qui ont tourné entre 180 et 200 heures. Les pertes – rela-

1. Antipenko, *In der Hauptrichtung*, p. 255.
2. Chtemenko, *The soviet general staff at war*, p. 310.
3. *Idem.*

tivement légères : 15 000 tués, 60 000 blessés pour les deux Fronts principaux – mais surtout les malades, les égarés, les déserteurs, ont fait tomber les bataillons d'assaut à moins de cent hommes. Chtemenko donne, malicieusement, l'exemple de la 8e Armée de Tchouikov :

« Ses régiments, qui avaient couvert 500 km, en se battant durement tout le long du chemin, pouvaient aligner seulement deux bataillons, avec des compagnies à 22-45 hommes (au lieu de 80-100, ndla)[1]. »

Enfin, pour mettre un comble au problème logistique et couper court aux ambitions berlinoises des Soviétiques, après deux jours d'un épouvantable blizzard, le 29 janvier, survient un brusque redoux. Le 1er février, Wilfred von Oven, conseiller de Goebbels au ministère de la propagande, note dans son carnet :

« La situation périlleuse devant Berlin a littéralement changé en notre faveur en une nuit. Depuis hier, il s'est mis soudain à dégeler. Le clapotis dans les gouttières résonne à nos oreilles comme la musique des anges. L'Oder et la Warthe, les marais de l'Oder, de la Warthe, de la Netze, avec leurs innombrables cours d'eau, sont devenus des obstacles à quoi notre défense peut s'accrocher dans les zones menacées. Non seulement les Soviets n'ont pu avancer mais encore ils ont dû reculer leurs forces par endroits. Le point le plus dangereux pour Berlin, la tête de pont de Kienitz, a été réduite même si elle n'a pas été éliminée[2]. »

Quelques jours plus tard, le colonel Antonov, de la 5e Armée de Choc, absorbé par la lecture de ses cartes, entend brusquement une détonation.

« Je ne comprenais pas ce que c'était et je sortis dans la rue Il n'y avait pas d'explosions d'obus et pourtant je sentais le sol trembler sous mes pieds. Le mitrailleur cosaque Sergei Kurkov montait la garde.

– Que se passe-t-il, camarade sentinelle, lui demandai-je d'un ton léger ?

– Ça craque, camarade colonel et il se retourna vers l'Oder.

– Qu'est-ce qui craque, camarade sentinelle ?

– Quoi ? Mais la glace sur l'Oder ! (…) Serguei Kurkov exhala un soupir anxieux :

on ne peut pas lutter contre la nature[3]. »

Quelques jours auparavant, Himmler avait écrit à Guderian :

« À ce stade de la guerre, l'arrivée du dégel est pour nous un don du destin. Dieu n'a pas oublié le courageux peuple allemand[4]. »

La Vistule, l'Oder dégelés, deviennent en une nuit de sérieux obstacles. Les ponts routiers et ferroviaires géants lancés sur la Vistule sur les arrières de Koniev sont détruits par les amoncellements de glaces dérivantes, de même que l'unique ouvrage à la disposition de Rokossovski, à Thorn. Il faut acheminer en urgence des spécialistes de Moscou, faire

1. Chtemenko, *The soviet general Staff at war*, p. 310.
2. W. von Oven, in W. Kempowski, *Das Echolot, Fuga furiosa…*, 29-1/5-2-45, p. 309-310.
3. In *Red Storm on the Reich*, C. Duffy, p. 180.
4. Earl Ziemke, *Stalingrad to Berlin*, p. 427.

bombarder les minis icerbergs par les Po-2 de la V.V.S, pour sauver les ponts ferroviaires de Varsovie et de Deblin[1]. Le trafic rail est bloqué une semaine entière, des centaines de trains s'accumulent à l'est, entre Brest-Litovsk et Varsovie. À travers la grande plaine polonaise, d'immenses files de GAZ, de ZIS, de Studebaker à l'étoile rouge avancent à 10 km/h, embourbés jusqu'aux essieux. Au retour, chaque camion en remorque un autre, pour économiser l'essence. L'alcool pris dans les distilleries (si les *frontoviki* n'ont pas déjà fait la distribution) est mis sous séquestre et employé à faire de savants mélanges avec les carburants saisis pour tenter de faire tourner les moteurs soviétiques et américains. Les 1 000 camions-citernes à la disposition du Front consomment le quart de ce qu'ils transportent, si bien qu'ils ne livrent à eux tous que 3 800 tonnes en 20 jours, 10 % des besoins… On voit même des centaines de tracteurs d'artillerie abandonner leurs pièces pour aller chercher des obus… à Varsovie ! Pendant la première quinzaine cruciale de février 1945, la logistique soviétique s'enraye. Là aussi le pillage n'arrange pas les choses, comme le raconte le général Tchouikov :

> « Les yeux des soldats des unités logistiques s'allumaient au spectacle des dépôts capturés, pleins de fourrage, d'uniformes, d'équipements et de toutes les choses dont nos troupes avaient besoin. Avant que l'on comprenne ce qui arrivait, les voitures d'état-majors, les autos et les camions des unités de dépannage, tout fut plein jusqu'au toit de tout un tas de choses non nécessaires au front. Pour vider les véhicules de ces excédents et laisser la place aux approvisionnements militaires, on établit des barrages aux ponts sur la Warthe. Tous les véhicules, dans les deux sens, étaient inspectés et l'on n'acceptait le passage que des chargements destinés à nourrir la troupe et à lui fournir de quoi se battre. Tout le reste était déchargé et mis en pile, près de la rivière[2]. »

Si elle ne se bloque pas complètement, c'est grâce à l'exceptionnelle énergie du général Antipenko, chef des services arrière du Front. En faisant travailler ses 25 000 hommes nuit et jour, il parvient à reconstruire la gare de triage et le grand pont ferroviaire sur la Vistule, à Varsovie, en dix jours. Le 29 janvier, les 300 km de voies Varsovie-Posen sont remis en état, moyennant un clouage précaire des rails sur les traverses plutôt que le vissage en usage en occident. Puis Antipenko concentre sur la capitale polonaise les 15 000 wagons et 380 locomotives prises intactes durant l'offensive et fait ramasser tous les hommes capables de conduire les machines. En empruntant un itinéraire compliqué, sans signalisation ni moyens de communication, en remplaçant le charbon de chauffe par du bois, 8 à 10 trains par jour réussissent à acheminer peu à peu (du 23 janvier au 10 février) vers l'avant les 30 000 tonnes d'obus économisés par Joukov et demeurés sur la Vistule, de même que les 20 000 tonnes de carburant venus d'urgence d'URSS. C'est suffisant pour éviter le

1. Antipenko, *In der Hauptrichtung*, p. 277.
2. Tchouikov, *The Fall of Berlin*, p. 101.

blocage des opérations, mais pas pour imaginer une offensive vers Berlin, ainsi que l'affirme le général Antipenko dans ses mémoires :

> « L'approvisionnement en munitions et carburant amena sur l'Oder 0,3 à 0,5 "dotation de combat[1]" dans les unités et 0,5 en réserve. Cela suffisait juste pour construire et défendre des têtes de pont. Cela suffisait si l'on restreignait la consommation au plus serré. Dans cette situation, pousser directement sur Berlin, pour s'en emparer le 10-12 février, aurait été pour le moins faire preuve de légèreté[2]. ».

Au fond, qu'y-a-t-il d'étonnant à voir l'Armée rouge s'arrêter après un bond de 500 à 600 km ? N'est-ce pas, déjà, le scénario qui a conclu les grandes offensives de l'été 1944 ? L'Armée américaine elle-même, avec sa logistique surpuissante, n'est-elle pas contrainte à marquer une pause après avoir parcouru une distance équivalente à travers la France ?

## *3. Le retour de la Luftwaffe*

Parmi les facteurs de freinage de l'offensive soviétique, il faut placer à la troisième place, derrière l'indiscipline et la logistique, l'effort énorme fourni par la *Luftflotte 6.* On peut situer aux alentours des 18-20 janvier le retournement de situation qui va rendre – provisoirement – une relative maîtrise de l'espace aérien à la Lufwaffe.

### Tout ce qui vole, à l'est !

Le 18 janvier, l'OKW décide de concentrer à l'est toutes les réserves disponibles en carburant pour avion, avec cette justification sans doute agréable aux oreilles de Guderian :

> « Les opérations aériennes sur les autres théâtres d'opérations sont en comparaison d'une importance négligeable[3]. »

Si l'on compulse le journal de guerre de l'OKW[4], la disproportion est éclatante. Le nombre de missions réalisées à l'ouest ne dépasse qu'exceptionnellement 300 quand, entre le 15 janvier et le 22 février, sur les jours renseignés, il s'établit à l'est en moyenne à 939. Bien évidemment, on est loin de l'activité déployée à l'est les années précédentes, 2 700 sorties[5] par jour durant les dix jours de la bataille de Koursk (5-15 juillet 1943), par exemple.

Le même 18 janvier 1945, la concentration décidée par Goering juste avant et juste après l'offensive de Koniev est achevée. S'ajoutent donc aux forces initiales de la *Luftflotte* 6 l'escadre d'assaut SG 4 (Fw 190, de l'ouest), les escadres de chasse JG 1 (Fw 190 et Bf 109, de l'ouest), JG 11

1. Pour comparaison, les quantités préparées pour Vistule-Oder s'élevaient à 2,6-6 « dotations de combat », selon les postes.
2. Antipenko, *In der Hauptrichtung,* p. 260.
3. Bergström, *Bagration to Berlin*, p. 97.
4. *Die Niederlage 1945*, voir les données citées en fin des rubriques quotidiennes *Osten.*
5. *Kursk 1943*, Zetterling et Frankson, p. 77.

(Fw 190 et Bf 109, de l'ouest) et II/JG 52 (de la *Luftflotte* 4, de Hongrie), soit 296 Focke-Wulf et 102 Bf 109 supplémentaires[1].

Pour sa part, le 18 et le 19 janvier, la V.V.S commence son grand déménagement. Ses appareils décollent des bases qui se trouvent toutes au-delà de la Vistule. Avec des unités blindées qui filent à 60 km par jour, la distance aller-retour bases-lieux d'engagement augmente de 120 km par jour. Dès le 17 janvier, les chasseurs ne peuvent rester sur zone plus de quinze minutes. Ordre est alors donné d'occuper les aérodromes abandonnés par la Luftwaffe. Mais la situation est si fluide, les isolés si nombreux, qu'en plusieurs endroits les escadrilles se posent au beau milieu des troupes allemandes ! C'est la mésaventure vécue notamment par le major Anatoli Rubakhin (402e I.A.P) à Sochaczew. Mais la progression de Joukov ne faiblit pas. Si bien qu'à la fin janvier, il faut déménager à nouveau, remettre sur les routes les infrastructures essentielles (essence, ateliers, appareils de préchauffage, stations radios et météo…). On peut estimer à un mois (18 janvier-17 février[2], environ) la durée de l'affaiblissement relatif des capacités d'intervention de la V.V.S suite à ces déménagements répétés.

La V.V.S ne peut opérer depuis les bons aérodromes de Posen et de Breslau, occupés par l'ennemi. Elle doit se contenter de pistes en terre, sans abris au milieu des bourrasques de neige. Surtout, à compter du dégel qui survient le 6 février, ces aérodromes de fortune deviennent impraticables. La boue rend impossible – ou très périlleux – les décollages et les atterrissages. Durant quinze jours, la V.V.S perd plus d'appareils par accident qu'au combat[3] ! Décoller demande un savoir faire particulier, selon le colonel Odintsov, commandant adjoint du 155e Régiment d'aviation d'assaut de la Garde :

> « Avec le redoux, nos aérodromes se sont transformés en mers de boue. Probablement personne autant que nous n'a développé de savoir-faire dans cette situation. Aujourd'hui, il est difficile d'imaginer ou de croire ce que nous avons dû faire à l'époque. L'avion, enfoncé dans la boue jusqu'au ventre, était remorqué en bout de piste. Le pilote emballait le moteur jusqu'à ce que l'eau de refroidissement se mette à bouillir. Il décolle de cette façon si bien que, souvent, l'eau bouillante vient gicler sur son pare brise et qu'il ne voit plus rien. En d'autres termes, il a dû couper le ventilateur du radiateur, pour qu'il n'aspire pas la boue, et le voilà en l'air avec un moteur bouillant. S'il peut nettoyer son pare-brise, il continue sa mission ; s'il ne peut pas ou si son moteur ne se refroidit plus, il revient en urgence à la base. (…) Pour nous alléger au décollage, nous renoncions à emporter notre charge de 600 kg de

1. Chiffres in Horst Boog, *Die strategische Bomberoffensive…*, in *Das deutsche Reich*, vol. 10/1, tableaux p. 877-883.

2. Nous choisissons le 17 février car, ce jour-là, l'OKW note que les forces aériennes soviétiques se sont rapprochées de l'Oder. In *Die Niederlage 1945*, p. 184.

3. Bergström, *Bagration to Berlin*, p. 99.

bombes (...) et nous employions seulement le canon, la mitrailleuse et les roquettes[1]. »

Le génie soviétique travaillera d'arrache-pied pour bétonner et/ou équiper de grilles métalliques les principales bases de l'avant. On en vient même à aménager des morceaux d'autoroute près de Posen et de Breslau. Mais, tout au moins dans l'axe de Berlin, l'infrastructure ne sera opérationnelle qu'au début de mars. À l'inverse, la Luftwaffe profite à partir de la fin janvier des excellentes installations en dur de Berlin et de Dresde.

Le retournement se lit aussi dans les pertes croissantes essuyées par les Soviétiques, qui restent cependant en deçà de celles des Allemands. Le 19 janvier, en 813 sorties (1 900 pour les Soviétiques), la *Luftflotte* 6 abat 36 avions rouges mais au prix de 32 pertes, dont un expert du combat antichar, le major Theodor Nordmann (1 200 missions). Le 20, en 575 sorties, 19 victoires pour 24 pertes, dont deux *Experten*, le major Ernst-Christian Reusch et l'adjudant-chef Hans Ludwig, éperonné par un *Sturmovik*. Le 27 janvier, 30 appareils sont perdus pour seulement 8 chez les Soviétiques. Du 28 janvier au 7 février, la Luftwaffe perd 250 avions, plus que durant la bataille de Koursk (193), pour un nombre de missions quatre fois moindre et un même laps de temps. Si l'on veut une preuve de l'efficacité de la V.V.S, la voilà.

Avec l'arrivée à l'avant de toutes leurs unités de DCA (5 divisions et 3 régiments pour la seule 5e Armée de Choc), les Soviétiques infligent des pertes de plus en plus lourdes à la *Luftflotte* 6. D'après le journal de guerre de l'OKW, 19 avions allemands abattus le 8 février, contre 9 Soviétiques. 43 contre 8 le lendemain ! Ce jour noir pour l'aviation d'assaut est symboliquement marqué par la chute du célèbre Hans-Ulrich Rudel, commandant de la SG 2. Abattu aux commandes de son Ju 87 G équipé d'un canon antichar de 37 mm, Rudel s'en sort avec une amputation de la jambe. À 29 ans, cet expert des experts totalise 2 530 missions de guerre et revendique la destruction de 519 chars russes, la dotation de deux Corps au complet ! Le 13 février, encore 25 Allemands au tapis, contre 12 Russes, le 14, 21 contre 5, le 15, le successeur de Rudel, Lang, est mis hors de combat. Deux autres *Experten* de l'attaque antichar – Kaubisch, SG 1, et Otto Ritz, SG 9 – sont tués à leur tour. La plupart de ces hommes sont à l'est depuis le 22 juin 1941.

Mais cette hécatombe n'est pas vaine. La plupart des avions perdus sont des Fw 190 F-8, c'est-à-dire des *Jabos*, des chasseurs-bombardiers qui traquent les véhicules au sol. Entre le 19 janvier et le 20 février, ils matraquent les pointes blindées de Joukov et de Koniev, attaquent à la bombe, au *Panzerblitz*, au canon de 30 mm tout ce qui avance vers l'Oder. Puis ils s'en prennent aux positions d'artillerie le long du même fleuve, empêchant la constitution de têtes de pont trop importantes, tâche la plus urgente du moment. Les unités de pontonniers sont harcelées sans cesse et les Soviétiques reconnaissent la destruction de 126 éléments flottants

1. In *Red Army officers speak*, p. 90.

pour le seul mois de février[1]. Encore une fois au prix de lourds prélèvements exercés par une DCA russe très dense : 7 appareils abattus en moyenne quotidienne entre le 24 et le 31 janvier.

« À 9 h 00, le matin du 2 février, j'étais au poste d'observation du commandant du 4e Corps de la Garde, le lieutenant-général Glazounov. Les troupes étaient déjà déployées le long de la digue entre Küstrin et Görlitz, se préparant à traverser. À travers des lunettes stéréoscopiques, j'observais l'Oder. Un gros fleuve, corseté de digues. (...) La glace était si traîtresse que même l'infanterie, sans parler du matériel, ne pouvait s'y aventurer sans risques.

Malgré cela, les Gardes commencèrent à tracer leur chemin vers la rive ouest. Ils portaient des pieux, des planches et des brassées de branchages. Tout en progressant ils utilisaient tout cela pour renforcer le passage. À certains endroits, ils se débrouillaient pour faire passer des canons antichars. Ils les tiraient à la main sur la glace et avaient posé les roues sur des skis.

Mais le franchissement ne dura pas longtemps. Au-dessus des Gardes, les avions allemands commencèrent à tournoyer. Des chasseurs-bombardiers Focke-Wulf arrivaient sur les points de passage par vagues de sept ou neuf et commencèrent à bombarder et mitrailler ceux qui se trouvaient sur la glace. Comme nous aurions besoin de la DCA du général Seredine ! Mais elle n'était pas là. (...) Et les aviateurs allemands jouaient littéralement avec nous, volant incroyablement bas. (...)

Aucun de nos chasseurs n'était là ; ils étaient en train d'emménager sur leurs nouvelles bases près de l'Oder ; ils n'avaient pas assez de carburant.

En dépit de tout, nous parvînmes à saisir une petite tête de pont sur la rive ouest[2]. »

Avec le redoux qui contraint les Soviétiques à rouler sur le pavé en interminables colonnes, les Fw 190 détruisent par milliers GAZ, ZIS et Studebakers chargés de carburant, de munitions, de pièces de rechange. Le 1er Front de Biélorussie s'en trouve un peu plus étranglé.

Les dégâts infligés aux Soviétiques sont considérables. Le colonel Dementiev[3], commandant la 93e Brigade blindée indépendante (4e Armée de tanks), perd, près de Glogau, 7 chars en un seul jour du fait de la Luftwaffe et déplore l'impuissance de son unique batterie de DCA. Le journal de l'OKW donne, pour les 28 et 29 janvier, journées record, les chiffres suivants :

« 28 janvier. 1 403 sorties des nôtres, la plupart dans le secteur Centre, dont 8 victoires pour 30 pertes de notre côté (en partie des manquants). Huit chars soviétiques, 300 véhicules et 20 canons ont été détruits.

29 janvier. 608 missions. Ont été détruits 14 chars, 40 canons, 800 véhicules[4].

10 février. 1 425 missions, particulièrement en Silésie et sur le bas-Oder. 26 chars, 276 véhicules et 25 canons. Nos victoires aériennes demeurent peu

---

1. A.M. Sokolov, Voyenno-istoricheskiy Zhurnal, *Renforcer, élargir les têtes de pont durant l'opération Vistule-Oder* n° 4, avril 1986, p. 36-42.
2. Tchouikov, *The fall of Berlin*, p. 110-111.
3. *Red Army officers speak*, p. 74.
4. *Die Niederlage 1945*, p. 115, 118, 162.

nombreuses car la Luftwaffe est engagée exclusivement au sol et en vient au combat aérien seulement en défense.

15 février. 1 000 missions en Silésie et Poméranie, dont 700 au nord de Bunzlau. 25 chars, 350 véhicules, 12 canons détruits. »

Durant les deux premiers jours de février, l'OKW enregistre encore la destruction de 35 chars et de 1 440 véhicules. Sans doute ces chiffres sont-ils exagérés : il est difficile de certifier une destruction lorsqu'on vole à 200 m d'altitude à près de 600 km/h. Mais les mémoires de Tchouikov et de Joukov l'attestent : la Luftwaffe, plus que la *Ostheer*, a contribué à l'arrêt des Soviétiques sur l'Oder.

Le 20 février, la *Luftflotte* 6 change de tactique. Les Russes sont devenus trop forts sur l'Oder : trop de chasse, trop de DCA. Les *Jabos* partent en révision, les Bf 109 sortent des hangars : Ritter von Greim a décidé, à la demande de l'OKW, de lâcher la bride à toutes ses escadrilles de chasse. *Freie Jagd* ! Chasse libre ! L'objectif est d'affaiblir l'adversaire en prévision des batailles à venir en Prusse et en Silésie, notamment. Le premier jour, 54 rouges abattus pour 11 pertes, 20 contre 7 le lendemain, 7 contre 1 le 23[1]. Puis, dès le 24, devant la progression des T-34 en Poméranie et en Prusse-Orientale, il faut en revenir à la priorité au bombardement antichar. Ce même jour, le rapport des pertes s'inverse logiquement : 6 Allemands abattus contre 1 Russe. Le 3 mars, dans le seul secteur de Stargard, l'escadre de chasse JG 3 perd 17 appareils ! Le lieutenant Vladimir Velichko[2] (233e *I.A.P*) aligne 1 Ju-52 et 3 Fw 190. Au même moment, le lieutenant Walter Brandt (*JG 3*), l'as à la jambe artificielle, abat 3 avions russes (victoires 40 à 42) et détruit 3 chars avant d'être abattu. Le 5 mars, la *SG 3* perd encore 10 Bf 109 en Poméranie, auxquels Velichko ajoute un nouveau triplé de Fw 190. Le 8, il est à son tour porté manquant. Entre le 3 et le 11 mars, la *JG 3* perd à elle seule 37 chasseurs, la plupart du fait de la 176e *G.I.A.P*, la formation d'élite où opère Kozhedub.

Si les nouveaux pilotes de la Luftwaffe tombent comme des mouches (56 pertes le 10 mars, 110 le 22 et le 23 mars !), les experts poursuivent leurs cartons. Parmi eux, on compte même un nouvel arrivant, l'adjudant Helmut Mischke (III/SG 1), qui inscrit ses 43e et 44e victoires le 8 mars sur FW 190 contre deux Yaks. Le 9, en deux missions, il abat 9 appareils rouges puis 5 autres le 18 mars portant son score à 58 victoires !

La lutte aérienne revêt le même formidable acharnement qu'au sol. Jamais les Anglo-Américains – ni en Italie ni en Normandie ni sur le Rhin – n'ont eu affaire à si forte partie.

Le 4 mars, l'OKW abat sa dernière carte. Il n'y aura plus de chasseurs – à l'exception des Me 262 à réaction – envoyés contre les bombardiers lourds de la *R.A.F.* et de l'*US Air Force*. Tout part vers l'est. En faisant sortir tout ce qu'elle a, la *Luftflotte* 6 est ainsi capable de mener 1 718 missions le 9 mars, un chiffre qu'elle ne rééditera plus jamais.

1. Chiffres OKW in *Die Niederlage 1945*, p. 198, 202.
2. In Bergström, *Bagration to Berlin*, p. 103.

## La bataille des ponts

Le 1er mars, Hitler confie au lieutenant-colonel Baumbach, patron de la *KG 200*, les pleins pouvoirs pour diriger les opérations contre les têtes de pont soviétiques sur l'Oder. Sa mission, dont il n'a à rendre compte qu'à Goering, consiste à détruire un maximum des 26 ponts qui franchissent le fleuve. Le patron de la 6e *Luftflotte*, Ritter von Greim, est à l'unisson si l'on en juge par son ordre du 6 mars :

> « Les ponts jetés (par l'ennemi, ndla) sur l'Oder et la Neisse sont un préliminaire critique pour toute offensive majeure contre Berlin et le cœur du Reich. C'est pourquoi leur destruction immédiate par tous les moyens valables et toutes les composantes de la Wehrmacht revêt une signification décisive pour cette bataille et possiblement pour la guerre[1]. »

Baumbach utilise diverses unités de la *Luftflotte* 6 mais il constitue également un groupe de combat Helbig, mixant des Ju-88 et Ju-188 de la *LG 1* – une des dernières unités de bombardement de la Luftwaffe – avec des éléments de la *KG 200*, dont une vingtaine de systèmes composites *Mistel*.

Entre le 1er mars et le 16 avril, on compte une quinzaine d'attaques documentées contre les ponts (il y en a probablement eu plus d'une centaine, si l'on en croit les sources soviétiques), essentiellement ceux qui alimentent la tête de pont de Küstrin. Le 1er mars, 33 FW-190 réussissent un coup au but contre l'ouvrage de Göritz. Mais les dégâts sont rapidement réparés et, le 6, il faut remettre ça. Quatre He-111 équipés de bombes guidées Hs-293, et escortés par 8 Bf-109, ne parviennent pas à se mettre en position convenable, gênes par une FLAK du diable. Le lendemain, 19 Fw-190 et 8 *Stukas* s'en prennent au pont d'Aurith (sud de Francfort) mais sans effet. Même échec à Zellin pour 16 FW-190. À Ratibor, les FW-190 ratent aussi leur coup. L'escorte de 6 Bf-109 menée par l'expert Erich Leie (119 victoires) est contrainte d'engager un groupe de Yak-3 et Yak-9. Leie en abat deux mais il est tué, accroché volontairement par sa seconde victime. Le 23 mars, plusieurs missions visent encore le pont de Göritz par où passe le ravitaillement de Tchouikov. Le capitaine Ivan Cherbakov (176e G.I.A.P) sur La-7 descend 3 FW-190. Dans le même secteur, la III/JG 54 perd 7 appareils de plus en combats. Le 6 avril, 48 FW-190 attaquent encore le même objectif en trois vagues : un coup au but. Trois coups au but deux jours plus tard mais rien le 10 et le 14 alors que quatre jeunes pilotes sont encore tués.

Les *Mistel* réussissent mieux. Le 31 mars, six de ces engins escortés par 24 Bf-109 coupent le pont ferroviaire de Steinau en deux endroits. Le 16 avril, jour de l'offensive générale des Soviétiques, 39 pilotes suicides du *KG 200* se dirigent vers les ponts de Joukov : plusieurs flanchent et font demi-tour, le reste semble s'être sacrifié en pure perte[2]. Puis 3 *Mistel*

1. Cité par Le Tissier, *Marshal Zhukov*…, p. 47.

2. In Horst Boog, *Das deutsche Reich*…, vol. 10/1, p. 834-835. Bergström, *Bagration to Berlin*, p. 118, donne 100 kamikaze recrutés dont 60 se jettent vraiment sur les ponts.

accompagnés de 3 Ju 188 se présentent devant les trois ponts de Küstrin. Plongeant au milieu de centaines d'éclatement d'obus, les Junkers obligent les artilleurs à se mettre à couvert en lançant des bombes à fragmentation, puis les *Mistel* approchent, l'un est abattu, les deux autres décrochent leur charge : un coup porte, le pont principal est détruit.

Mais l'ensemble de ces missions ne semble guère avoir affecté les Soviétiques, dont les nombreuses unités du génie réussissent toujours à réparer... même pendant les alertes. L'artillerie de Busse ne réussira pas mieux, pas plus que les hommes-grenouilles de la *Kriegsmarine*, les bidons d'essence et les mines dérivantes, tous rendus inoffensifs par les filets de protection tendus par les pontonniers de Joukov.

## *4. La défense de l'Oder : une bataille oubliée*

Dans son plaidoyer pour la thèse « Berlin pouvait être prise en février 1945 », le général Tchouikov « oublie » un fait dont il a pourtant été un témoin privilégié : le raidissement de la défense allemande sur l'Oder. Mieux que quiconque, le chef de la 8e Armée sait que, sans tête de pont importante sur la rive ouest, sans une demi-douzaine de ponts lourds sur le fleuve et ses divers bras, la poussée vers l'ouest n'est tout simplement pas possible. Or, gagner cette tête de pont va se payer d'un effort long et éprouvant. Ce qui exclut que l'assaut sur Berlin ait pu se faire sans solution de continuité. Côté allemand, le meilleur signe de l'investissement consenti sur l'Oder est la visite surprise du Führer au Q.G du CIe Corps, à Wriezen, le 13 mars.

### L'Oder : une vraie coupure physique *(carte 18)*

L'Oder prend sa source en Tchécoslovaquie, arrose Moravska Ostrava puis traverse l'Allemagne du sud au nord sur 725 km. C'est l'obstacle majeur pour les envahisseurs venus de l'est. Au confluent avec la Warthe, se dresse la fortresse de Küstrin, qui garde la route directe vers Berlin en compagnie de sa voisine Francfort/Oder. Au sud, Breslau, également fortifiée, barre le chemin de Prague et de deux grandes villes de Saxe, Dresde et Leipzig. Entre Küstrin et Breslau, Glogau verrouille une porte dérobée vers l'Allemagne centrale.

Entre le 30 janvier et le 7 février, le 1er Front de Biélorussie atteint l'Oder sur une longueur de 200 km, entre Schwedt, au nord, et le confluent Oder-Neisse Occidentale, au sud. Le fleuve est large de 200 à 300 mètres sur cette portion de son parcours, profond de 2,5 à 4,5 m. Depuis une dizaine de jours, entre Küstrin et Francfort, des bataillons de FLAK venus de Berlin et de Dresde ont, chaque jour, tenté de dynamiter la glace et/ou de l'affaiblir en l'entaillant à la scie à moteur ; mais la couche de glace se reforme en quelques heures. Leur ordre de mission stipule clairement : empêcher les chars russes de passer l'Oder. À partir du 4-6 février, le dégel provoque l'inondation sur 400 à 500 m de large, par-dessus les digues (abîmées) qui enserrent les berges.

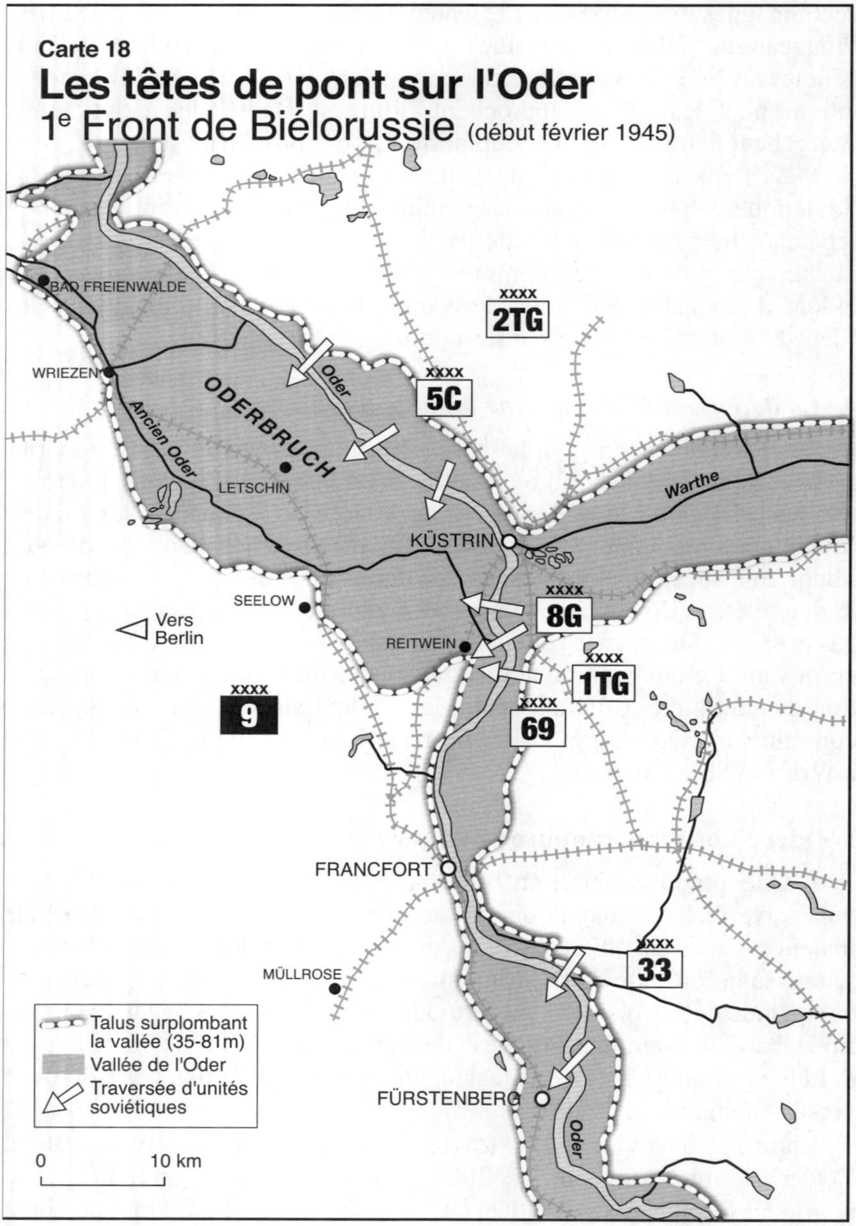
Carte 18
Les têtes de pont sur l'Oder
1e Front de Biélorussie (début février 1945)
BAD FREIENWALDE
WRIEZEN
ODERBRUCH
Ancien Oder
Oder
LETSCHIN
XXXX
2TG
XXXX
5C
Warthe
KÜSTRIN
SEELOW
Vers Berlin
XXXX
8G
REITWEIN
XXXX
1TG
XXXX
69
XXXX
9
FRANCFORT
XXXX
33
MÜLLROSE
FÜRSTENBERG
Oder
Talus surplombant la vallée (35-81m)
Vallée de l'Oder
Traversée d'unités soviétiques
0
10 km

De Francfort à Bad Freienwalde, sur 70 km, la portion occidentale de la vallée, appelée *Oderbruch*, large de 12 à 15 km, est plate comme la main, souvent en dessous du niveau du fleuve, sillonnée en tous sens par des canaux, des fossés de drainage, des bras plus ou moins morts (« l'ancien Oder » et ses affluents), des zones marécageuses, où l'on s'enfonce dans la boue jusqu'aux genoux. Il y a peu de bois, les seuls vrais couverts sont fournis par les villages et les fermes isolées. Routes et voies ferrées sont exhaussées par un talus ou protégées par des digues. Surtout, de Francfort à Bad Freienwalde, la rive occidentale domine le fond de vallée de 40 à 60 mètres (hauteurs dites de Seelow, plateau de Lébus...). On compte seulement 4 ponts sur 150 km, les plus importants étant ceux de Küstrin et de Francfort/Oder. La possession d'une de ces deux villes est par ailleurs indispensable pour disposer d'une ligne ferroviaire à haut-débit, par où passeront les centaines de milliers de tonnes d'approvisionnements nécessaires à l'ultime offensive.

C'est devant cette forte coupure que se présentent les détachements avancés de Joukov. D'entrée de jeu, les deux points de passage clés – Küstrin, par où passe la *Reichsstrasse* 1, et Francfort/Oder, qui est reliée à Berlin par l'autoroute –, tenus par de fortes garnisons, demeurent interdits aux Soviets. Il va donc falloir franchir l'Oder à des endroits qui, le dégel survenu, se révéleront peu praticables, exposés aux vues et aux tirs de l'ennemi et où il sera malaisé de construire des ponts.

Si la *Ostheer* semble ne pas réagir aux tout premiers franchissements, la situation change rapidement et les renforts affluent. Du 12 janvier au 12 février, au vu du désastre en Pologne et en Prusse-Orientale, la Wehrmacht affecte ou prévoit d'affecter sous peu 33 divisions[1] au front oriental. Ces unités proviennent d'autres fronts (Courlande[2], Hongrie, Ouest) ou sont de constitution récente. Ce qui, soit dit en passant, montre qu'en cette fin de guerre la Wehrmacht est encore capable d'un effort important. Sur ces 33 grandes unités, 12 – dont 7 blindées – plus des groupes de combat, vont à la défense de l'Oder[3] moyen, dans le secteur de la 9ᵉ Armée.

1. Magenheimer, *Abwehrschlacht...*, p. 126.

2. Au 1er mars, il reste 22 divisions ou groupes de combat divisionnaires, dont deux Panzers, en Courlande. Huit grandes unités ont donc été transférées depuis le 12 janvier.

3. Vingt-et-unième Panzer, 25e *PzGrenDiv.* (toutes deux venues d'Alsace), *Führer-Begleitbrigade*, *Führer-Grenadierbrigade*, *Pz Müncheberg*, (formée le 5.03.45), *PzGrenDiv. Kurmark* (formée le 31.01 à Francfort/Oder), 18e *PzGrenDiv.*, 303e I.D « *Döberitz* » (créée le 31.01.45 à Döberitz), la 309e I.D « *Berlin* » (rassemblée le 1.02.45 à Döberitz), les 606e et 712e I.D, la 32e Division SS « *30 janvier* » (formée à Kurmark le 30.01.45). À cela s'ajoutent trois formations d'artillerie retirées du front ouest, les 404e, 406e et 408e *Volks-Artillerie-Korps*, chacune équipée de 72 pièces de campagne de 7,5 à 15,2 cm.

Ces unités comptent trois faibles régiments[1], gonflés par l'adjonction d'aspirants d'infanterie, d'élèves des écoles de sous-officiers, de membres du *Volkssturm*, du Service du Travail du Reich et de divers éléments provenant de l'Armée de remplacement.

### Les premiers franchissements : Staline *ante portas* !

Le 31 janvier 1945, à 6 h 00 du matin, deux bataillons du 1 006e Régiment de fusiliers (266e Division, 26e Corps de la Garde, 5e Armée de Choc) arrivent sur le bord de l'Oder, 15 km au nord de Küstrin. Aux jumelles, les deux majors, Platonov et Tcherednik, aperçoivent deux paysans allemands chargés de bois qui traversent le fleuve figé dans la glace. Aussitôt, deux bataillons s'engagent prudemment sur les traces laissées par les deux hommes… Pas un bruit. Les premières compagnies parviennent sur la digue qui clôt la rive occidentale. Les soldats se découpent à contre-jour, offrant des cibles magnifiques. Pas un coup de feu. On avance vers les premières maisons de Kienitz : tout dort, sauf le boulanger. En une heure, les deux bataillons s'emparent en silence du village, du château et de plusieurs fermes. Un train de FLAK avec 13 officiers et 63 jeunesses hitlériennes est capturé sans violence. Puis, dans une grange, on libère 57 prisonniers soviétiques héberlués, astreints aux travaux des champs et, dans le bourg même, un petit camp de femmes soviétiques déportées. Quelques hommes du Service du travail du Reich s'enfuient en courant vers le village voisin de Letschin, où ils donnent l'alarme. Dans une scène surréaliste, le chef de gare, pris au saut du lit, demande au colonel Kharitonov tout juste arrivé avec le 1 006e Régiment :

> – « Laisserez-vous partir le train de Berlin ?
>
> – Désolé, monsieur le chef de gare, mais c'est impossible, réplique le colonel. Le service passagers pour Berlin va connaître une interruption momentanée, au moins jusqu'à la fin de la guerre. Et maintenant faites descendre tout le monde à la cave et dans les abris[2]. »

Le régiment traverse l'Oder à son tour et s'établit en défense dans la tête de pont qui, au soir, mesure 4 km de long sur 2 de large. La glace, épaisse au mieux de 40 cm, ne peut accepter ni véhicules ni pièces lourdes (un T-34 se noie en tentant le passage) mais 15 canons antichars de 76,2 mm (507e Régiment antichar) et 16 mortiers de 120 mm (489e Régi-

1. Ces régiments des dernières levées comptent deux bataillons seulement, sans les deux compagnies d'armes lourdes normalement en dotation. Leur relative valeur provient de la motivation des 400 aspirants (*Fahnenjunker)* et 400 élèves sous-officiers qui représentent la moitié de leur effectif. Six de ces régiments de la dernière heure sont formés à Dresde, sept à Potsdam, trois à Wetzlar, deux à Vienne. Sur l'Oder, nous en trouvons quatre au sein de la division *Kurmark*, de la 309e Division *Berlin* et de la 712e I.D.

2. Bokov, *Viesna pobiedy i osvobojdenia*, trad. all., p. 85.

ment de mortiers) réussissent à passer sur un chemin de planches[1]. Le lendemain, deux autres régiments (94e Division de la Garde) arrivent sur la rive occidentale et s'emparent, à droite, du village de Gross Neuendorff, à gauche, du hameau de Sophienthal, portant les dimensions de la tête de pont à 6 × 2,5 km. Les gros du 26e Corps rejoignent dans la journée, le lendemain ce sera le tour du 9e Corps. Le 31 janvier, dans l'après-midi, un bataillon allemand (345e) accourt de Küstrin en catastrophe ; un autre (203e), rassemblé à Spandau le matin, arrive de Berlin en autobus et est jeté au feu sans autre forme de procès. Ce dernier se constitue en majorité de personnels de l'arrière avec huit jours de formation au combat d'infanterie. L'unité de Stukas antichars du colonel Rudel intervient. À la nuit, accompagné de quelques chars récupérés dans un dépôt de Lichtenberg, le 203e Bataillon attaque en direction de Kienitz. Quarante pour cent de pertes pour un gain de 300 m ! C'est le premier d'une quarantaine (!!) d'assaut lancés durant près de deux mois pour chasser les Russes de la rive gauche. Ces attaques iront du niveau bataillonnaire au niveau divisionnaire, avec un soutien en chars et artillerie plus ou moins important.

La nouvelle du franchissement de l'Oder à 65 km de Berlin arrive le jour même dans la capitale où elle déclenche un début de panique. La radio ne disait-elle pas la veille que les troupes opposaient une forte résistance sur la ligne de la Bzura, près de… Varsovie ? Wilfred von Oven, conseiller pour la presse au ministère de la propagande, reprend dans son journal le célèbre cri des Romains apprenant l'approche d'Hannibal :

> « Staline *ante portas* ! Ce cri de terreur se répand comme une traînée de poudre à travers la capitale du Reich, après qu'on a appris ce matin que les Russes ont réussi à franchir l'Oder. Ils ont jeté une tête de pont à Kienitz, à l'ouest du fleuve, et poussent sur Wriezen avec environ cent chars[2]. Wriezen est à 60-70 km de Berlin.
>
> Entre Wriezen et Berlin, il n'y a rien. Pas de PAK, pas d'obstacles antichars, pas un seul soldat. 70 kilomètres, un tank peut les parcourir en deux heures. La centaine de chars russes annoncés peut donc sans difficultés être vers midi dans le quartier gouvernemental. Cette possibilité fait l'effet d'un électrochoc.
>
> Le ministre (Goebbels, ndla) développe une activité fiévreuse. Schach (Gauleiter adjoint de Berlin, ndla) reçoit la mission de mobiliser la première levée du *Volkssturm*. Speer promet de l'armer avec la production en cours. Le

---

1. La glace atteint 18 à 40 cm d'épaisseur. Renforcés par des fascines et de larges panneaux de bois, les passages peuvent supporter entre 5 et 8 tonnes. Bien évidemment, les Russes sont passés maîtres dans ce type d'ouvrage importé de leur froid pays.

2. Pure rumeur. Au moment où von Oven écrit, il n'y a qu'un bataillon sans armes lourdes à Kienitz, et des éléments d'un autre qui tentent de s'infiltrer vers Sophienthal, à 1 500 m de là. Quant à approcher de Wriezen, qui est à 30 km au N-O de Kienitz, il n'en sera pas question avant le… 18 avril.

général Hauenschild (commandant du district militaire de Berlin, ndla) parait. Il a amené ses officiers d'état-major et développe dans ses grandes lignes un plan de défense pour la capitale. (…)

Où trouver des soldats ? Se tient un court conseil de guerre. Le *Volkssturm* berlinois sera panaché d'aspirants et d'officiers des écoles de l'Armée dans et autour de Berlin. Cela fera la première division. On la motorisera avec des omnibus et d'autres moyens de transports municipaux.

Des milliers d'hommes et d'officiers se trouvent encore dans les écoles berlinoises de l'arme blindée. Mais où leur trouver des Panzers ? Dans les gares de la ville se trouvent de grandes quantités de chars qui attendent d'être chargés pour des points du front où ils ne peuvent plus aller. On va les rassembler. Dans les ateliers de la ville, il y en a d'autres, auxquels il ne manque que des détails comme une mitrailleuse ou l'optique (sic). Quelques coups de fil suffisent à régler ce problème. Et soudain nous voilà avec 200-300 chars lourds et canons d'assaut. Avec ça un million[1] de litres de carburant et des tas de munitions de tous calibres.

Déjà en début d'après-midi – nous n'avons toujours pas mangé – les Panzers sont prêts avec leurs équipages, un plein et leurs munitions et Speer a fait livrer 25 000 *Panzerfausts*. Le docteur (= Goebbels) se frotte les mains. “Eh bien, dit-il, maintenant les cent chars russes peuvent venir. Nous leur préparerons une chaude réception. Ce matin, ça prenait une autre tournure. (…)”

Maintenant que le plus important est fait, (…) le ministre se consacre à un problème qui l'oppresse depuis le matin. Sa famille se trouve dehors, à Lanke. Et Lanke est à mi-chemin entre les Russes et nous.

Schwägermann est envoyé avec l'auto pour prendre Madame et les six enfants plus les bagages indispensables ; puis, petit à petit, il ramènera la grand-mère, la belle-mère, les domestiques, les chiens et encore d'autres accessoires (sic) pour les mettre en sécurité.

Dans la population, il y a eu naturellement quelques désordres. Les rumeurs les plus folles naissaient alors qu'on aménageait les positions et les barrages antichars dans les rues. Chacun dit avoir vu des chars russes en d'autres endroits des faubourgs orientaux de Berlin ou au moins avoir entendu le bruit de leurs chenilles. Les caisses d'épargne et les magasins d'alimentation sont dévalisés[2]. »

Le 1er février, la 219e Brigade de la 2e Armée de tanks de la Garde du général Bogdanov tente un exercice de franchissement plus délicat, plus au sud, à Küstrin. Six chars avancent vers le confluent Warthe-Oder, gardé par la vieille citadelle plantée sur une île, l'*Oder-Insel*, et précédée, côté Warthe, par le faubourg de Neustadt. Un pont ferroviaire et un pont routier traversent les deux bras de l'Oder de part et d'autre de l'île, puis la Warthe. Un coup de main sur cette citadelle serait une affaire formidable pour Joukov. Mais il fait long feu. La garnison est sur ses gardes : quatre des six T-34 sont détruits au *Panzerfaust* sur la place du marché de Neustadt. Le reste rebrousse chemin. Résultat de cette escarmouche mal

1. Ce qui représente… 20 heures de consommation pour 200-300 chars.
2. W. Kempowski, *Das Echolot, Fuga furiosa*… 29.I-5.II 1945, p. 230-231.

montée : les soldats soviétiques devront se battre 57 jours pour s'emparer du *Warthebruch*, la coupure Warthe-Oder, de l'île et de ses quatre ponts lourds. Pendant tout ce temps, la citadelle empêchera Joukov de se donner une tête de pont cohérente sur la rive gauche de l'Oder.

Au sud de Küstrin, le 4e Corps de la Garde de la 8e Armée de Tchouikov arrive le 1er février au bord du fleuve. Le lendemain, des éléments des 35e, 47e et 79e Divisions de fusiliers de la Garde passent sur la glace sans rencontrer d'autre opposition que celle de la Luftwaffe et établissent deux petites têtes de pont, l'une dans le faubourg de Kietz, l'autre à Reitwein. Le 2 février encore, de l'infanterie mécanisée (à pied) de la 1re Armée de tanks de la Garde franchit à son tour près de Göritz. Enfin, plus au sud, entre le 2 et le 5 février, les 69e et 33e Armées amènent du monde dans cinq petites têtes de pont, quatre en aval de Fürstenberg, une en amont.

À la fin de la première semaine de février, donc, Joukov dispose de huit (très) petites têtes de pont entre Kienitz et Fürstenberg (50 kilomètres). La situation n'est satisfaisante qu'en apparence. L'ensemble des troupes passées sur la rive gauche n'atteint pas 10 000 hommes, sans aucun matériel lourd. À compter du 6 février, le dégel compromet même le passage des hommes. Les premiers ponts de bateaux (16 tonnes à Goritz, 60 tonnes à Zellin et Kinitz, plus 16 ponts légers pour l'infanterie) ne sont lancés qu'à ce moment-là. Les hommes se retrouvent dans un paysage gorgé d'eau (les tranchées ne dépassent pas 75 cm de profondeur, sous peine d'être noyées), où les seuls obstacles défensifs sont les grosses fermes et les villages. Partout, les Allemands dominent ces terres basses depuis le plateau de Lébus, qui, du haut de ses 40 à 50 mètres, donne des vues lointaines. Consciente de la gravité de ces franchissements, la 9e Armée allemande va engager tout ce qu'elle a contre les têtes de pont. La bataille, âpre, décousue, va prendre la forme d'attaques et de contre-attaques quasi quotidiennes, souvent au niveau bataillonnaire ou régimentaire.

## Priorité maximum à la défense de l'Oder

Il serait fastidieux de faire le récit des trente ou quarante assauts allemands – et d'autant de contre-attaques soviétiques – qui s'étalent jusqu'à la fin mars 1945. Quelques remarques d'ordre général replacent cette question dans notre problématique : les Russes ne pouvaient s'emparer de Berlin en février-mars.

Le 2 février, l'OKH donne priorité à l'établissement de la ligne de défense « *Nibelungen* » (qui incorpore les « forteresses » de Küstrin et de Francfort[1]), sur la rive gauche de l'Oder. Les têtes de pont soviétiques doivent être éliminées par tous les moyens par le Groupe d'Armées

1. Francfort/Oder est déclarée « forteresse » le 26 janvier. La ville est protégée par une tête de pont située sur la rive orientale. Sa garnison se compose de 30 000 hommes, 100 canons et 47 chars.

Vistule, au premier chef par la 9e Armée du général Busse. Pour faire sentir à tous l'extrême importance de la défense de l'Oder, Goebbels est à Francfort le 13 février, bientôt suivi par Ley puis Ribbentrop. Hitler, à son tour, sort de sa thébaïde et visite le P.C du CIe Corps, à Wriezen, où se trouve également le général Busse. C'est la seconde fois que cela arrive de toute la guerre ! L'effet est d'autant plus considérable que les officiers rassemblés attendent… Himmler. Ce 13 mars, le ciel est aussi bas que le moral, la ville est détruite, encombrée de réfugiés misérables, on entend au loin les salves de l'artillerie rouge. Hans Schwarz, ancien membre du Quartier-général du Führer, est présent au moment où surgit une petite colonne de véhicules…

> « Hitler descendit avec difficulté, courbé, appuyé sur une canne. Nous avions le souffle coupé. Sa visite était inattendue, son apparence était inattendue. Aucun de nous n'aurait cru cela possible, surtout l'apparence. Etait-ce là l'homme que nous avions à un moment ou à un autre vu avant le 20 juillet ? L'effroi et la pitié parcoururent les rangs, palpables malgré l'impeccable tenue du garde à vous. Les hommes présents étaient des experts, sans illusions, avec une longue expérience, accablés par le poids de ce qui avait été vécu sur le front de l'est, tous réalistes par profession. Ils étaient lourds d'inquiétude ou de scepticisme.
>
> Alors Hitler parla, penché, cassé, sa main encore obéissante tenant l'autre qui tremblait. Mais son être, ses mots, son regard étaient clairs, mesurés, calme, venus d'une sagesse et d'une affection lointaines, transcendant sa condition d'individu. (…)
>
> Nous sentions la terrible menace imminente qui pesait sur tout ce que nous avions à défendre. (…) Nous savions aussi que l'on nous avait donné tout ce qui existait encore en hommes et en matériels, et que cela était désespérément insuffisant face à ce que l'ennemi nous opposait. Entre nous et l'heure de la décision, il n'y avait plus rien que quelques jours, la régularité un peu fantasque du printemps qui ferait bientôt revenir dans son lit un petit fleuve, l'Oder, et ouvrirait alors toute grande l'écluse du destin. (…).
>
> Hitler dit ce que nous pensions. Il ne dissimula rien du danger imminent. Il dit : "C'est ici, chez vous, que tout va se décider. Vous devez le savoir. Si vous disposez de tout ce que nous possédons encore, c'est parce que moi aussi je le sais. Mais pensez bien à ce qui dépend de vous." Et il ajouta clair et net : "Il s'agit de jours, d'heures, de mètres. Nous avons encore des choses qui doivent être terminées et, quand elles seront terminées, elles changeront le destin. C'est le sens caché derrière le sens de la bataille qui vient."
>
> Devant la carte, avec les commandants, il discuta positions, armes, munitions, connaissait et dominait chaque détail des secteurs et de la structure des unités, de l'emplacement de l'artillerie. Hitler dit : "Étalez-vous en profondeur. Vous connaissez la tactique des artilleurs ennemis. Il frappera vos batteries avec son premier coup, si vous restez devant. Vous aurez besoin de ces canons lorsqu'il se précipitera dans la brèche."
>
> Suivit une discussion objective, professionnelle, alternant questions et réponses. Il n'ordonnait pas, il mettait de l'ordre. Avec une diction supérieure, calme, exprimant une pensée claire qui prenait tout en considération.

Ainsi se tenait devant nous cet homme, physiquement vieux et fatigué mais au jugement sûr, à l'esprit alerte et spontanément persuasif[1]. »

La 9e Armée dispose fin janvier-début février de peu de troupes (52 000 hommes, du *Volkssturm* à 50 %, et 190 chars). Par exemple, entre Küstrin et Francfort (40 km), on ne trouve qu'une seule unité, la Division Raegener, un amalgame de *Volkssturm*, de SS, de membres du Service du Travail. Il n'y a pas 20 blindés. Mais l'effort signalé plus haut hisse le nombre de chars affectés à la 9e Armée à 289 le 12 février et 390, le 28, sortis directement des usines et dépôts berlinois. Les contre-attaques sérieuses commencent avec l'arrivée de deux grandes unités retirées d'Alsace, la 25e *PanzGrenDiv*. et la 21e Panzer[2], placées sous l'autorité d'un nouveau Corps, le CIe (général Wilhelm Berlin). La 21e compte 29 Panthers, 18 Pz Mark IV et 15 *JagdPanzer* IV, les bataillons de grenadiers sont à 90 % de leur dotation théorique. La *Kurmark* arrive le 7 février avec 50 Panthers et 35 *Hetzer*. La 25e *PzGrenDiv* se présente le 31 janvier devant Küstrin, la 21e Panzer débarque entre le 4 et le 6 février. Les 303e et 309e I.D sont également acheminées en extrême urgence. À ce moment-là, Tchouikov n'a pas encore grand monde sur la rivière et il ne peut plus être question d'un coup de main contre Berlin.

Le plus grave souci d'Heinrici est le manque d'artillerie. Hitler trouve une solution de remplacement en ordonnant à la Luftwaffe de retirer de Berlin et d'autres villes alentour 400 batteries de FLAK. Ces 2 000 pièces sont massées le long de l'Oder, une force formidable dont les éléments motorisés sont organisés en une 23e Division de FLAK. Les servants sont presque tous des jeunes gens de 15 à 17 ans mais les chefs de pièces expérimentés dans le combat antichar sont en nombre insuffisant.

1. Hans Schwarz, *Brennpunkt FHG. Menschen un Massstäbe im Führerhauptquartier*. Buenos Aires 1950. In Gosztony, *op. cit.* p. 91-93. Ce témoignage émane bien sûr d'un nazi bon teint. Mais il montre qu'Hitler produit toujours son effet, épate toujours les rangs subalternes avec sa mémoire fabuleuse et son obsession des détails. À noter qu'en termes de perspective politico-militaire, le vieil argument percé des armes secrètes est tout ce que le Führer a à offrir à ses officiers.

2. La 21e Panzer s'est rendue célèbre avec l'*Afrika Korps*. Reconstituée en 1944 avec des Somua pris en 1940, puis rééquipée progressivement à l'allemande, elle participe à la bataille du bocage, en Normandie, sert dans les Vosges puis en Alsace en janvier 45. Réduite à 20 % de ses moyens le 21 janvier, elle est complétée à Wissenbourg à 80-90 % en un temps record mais avec des recrues de 17-18 ans ne comptant que 8 semaines d'entraînement. Le matériel alloué est flambant neuf et, de l'avis du commandant en second du 125e *Panzerinfanterieregiment* (Liebeskind, in *1986, Art of War Symposium*..., p. 646), ultramoderne, comme ces *half-tracks* Sd.Kfz.251/20, équipés d'un projecteur infrarouge UHU de 60 cm pour le combat nocturne. Autre fait étonnant, vu la situation de la *Reichsbahn*, le transport de la 21e Panzer d'Alsace à Küstrin n'a pris que 48 heures !

## Des attaques allemandes constantes

Certains points sur la rive occidentale ont vu se dérouler une bataille longue et vicieuse avec attaques et contre-attaques, corps à corps, interminables pilonnages. C'est notamment le cas des combats pour le contrôle de Reitwein (cote 81,5 m), dont la 79e Division de la Garde (Armée Tchouikov) s'est emparée par une action nocturne audacieuse. Cet éperon rocheux a vu des milliers d'hommes tomber comme on tombait aux Eparges. Les attaques allemandes sont désordonnées, souvent montées à la hâte. Trop d'attaques frontales menées par une infanterie qui s'enfonce dans la boue jusqu'aux genoux induisent des pertes terribles. Pour faire monter les hommes à l'assaut, il faut fusiller pour l'exemple. Des dizaines de pendus se balancent aux branches d'arbres sur la route entre Seelow et Küstrin, et les détachements SS affublent les malheureux de pancartes infamantes.

Les attaques continuelles des Allemands n'ont finalement pas détruit les têtes de pont soviétiques. Si elles ont empêché les forces de la 8e Armée et de la 5e Choc de gagner de la profondeur, elles n'ont pu éviter que les petites têtes de pont se soudent entre elles. Le prix à payer est terriblement élevé pour les Allemands : 35 375 tués, blessés et disparus du 1er février au 15 mars, dont 16 500 définitives[1]. C'est beaucoup alors qu'il n'y a eu aucune bataille d'envergure, rien que du grignotage. Mais les Soviétiques ont été contenus dans la plaine inondable, sous le regard constant des observateurs d'artillerie de la 9e Armée. Leurs pertes ont été substantielles. Si le 9e Corps de fusiliers de la 5e Armée de Choc ne déplore que 961 tués et blessés durant son avance de la Vistule à l'Oder (14-31 janvier), il doit décompter 3 154 hommes entre le 1er et le 10 février dans la bataille des têtes de pont et 3 023 autres jusqu'au 15 avril[2], soit 25 % de ses effectifs de départ.

La bataille de Küstrin est le point d'orgue de la construction de la tête de pont. Ainsi que le pointe Tchouikov :

> « La forteresse de Küstrin nous empêcha longtemps de rejoindre nos voisins de droite, à savoir les troupes de la 5e Armée de Choc du général Berzarine. Cette forteresse, baignée par les eaux de la Warthe et de l'Oder, était une île de pierre et de béton. Sans de lourdes frappes aériennes et d'artillerie, il était pratiquement impossible de prendre Küstrin. (…) Pour y parvenir, nous avions besoin d'une quantité suffisante d'obus de gros calibres et d'équipements de pontage. Mais, à ce moment (au début février, ndla), nous n'avions ni l'un ni l'autre[3]. »

Ainsi, faute d'artillerie et d'embarcations d'assaut, Tchouikov verra un tiers de sa 8e Armée engluée dans un siège à l'ancienne, et il en ira de même pour la 5e Armée de Choc. La forteresse est protégée par la double inondation de la Warthe et de l'Oder, qui ne laisse émerger que le sommet

1. Chiffres R. Lakowski, in *Seelower Höhen 1945*, p. 118.
2. Bokov, *Viesna pobiedy i osvobojdenia*, trad. all., p. 106.
3. Tchouikov, *The Fall of Berlin*, p. 115.

des digues, cinq routes et une voie ferrée, toutes battues par quantité d'armes. Sous le commandement du SS *Gruppenführer* Heinz Reinefarth, dix mille hommes (plus 900 du *Volkssturm*), 102 canons de campagne, 30 pièces de FLAK (8,8 cm et tubes quadruples de 2 cm), 50 mortiers, 10 *Nebelwerfer* et 87 chars et canons d'assaut repousseront une douzaine d'assauts. Jusqu'au 22 mars, un étroit couloir permet aux assiégés de garder le contact avec la 9e Armée, puis une attaque conjointe de la 5e Armée de Choc et de la 8e Armée de la Garde isole définitivement Küstrin et soude les deux têtes de pont soviétiques.

À la demande de Hitler, la 9e Armée doit aller délivrer les assiégés de Küstrin à partir de Francfort/Oder, donc de la rive est. Cette opération *Boomerang* est jugée une folie par Guderian, Heinrici et Busse. Il faudra faire passer les chars sur le pont unique de Francfort, où les observateurs de la 8e Armée de la Garde ne manqueront pas de les détecter. Le 25 mars, Heinrici va voir Hitler, prêt à mettre sa démission dans la balance. À son grand étonnement, le Führer acquiesce à un nouveau plan : un coup droit porté SUR LA RIVE OUEST, à partir de Golzow, qui doit amener à Küstrin, à 11 km. On rassemble une force considérable – 200 chars des 20e Panzer, 25e *PzGrenDiv*, *Führer-Begleit*, *Müncheberg* et 502e Bataillon SS de chars lourds (*Königstiger*) – et on la place sous le commandement du XXXIXe *Panzerkorps* (général Karl Decker). Cette opération est une des toutes dernières actions offensives allemandes de la Seconde Guerre mondiale.

Les Panzers s'élancent à l'aube du 27 mars. C'est un désastre. Il faut 5 heures pour avancer, au mieux, de 3 000 mètres, jusqu'à Gorgast. Trois divisions d'artillerie soviétiques tirent à vue sur les routes, seuls passages possibles pour les hommes et les véhicules, le reste de la vallée étant noyé sous la boue. Des corps de fermes – seuls couverts dans une plaine dénudée – partent des milliers d'obus antichars. Les mines sont partout. Les grenadiers se font massacrer par les mortiers de 120 et 150 mm, les blessés se noient dans les fossés de drainage. À lui seul, le 1er Bataillon de la division *Müncheberg* renforcé d'un groupe de combat, perd en 90 minutes, 83 tués et manquants, 336 blessés et 25 *Hetzer* sur 49 ! D'un bataillon de fusiliers de la 309e Division Döberitz, il reste 40 hommes sur 500, le commandant et les chefs de compagnie sont morts.

Au soir, les unités allemandes se replient piteusement sur leurs positions de départ, laissant 73 officiers et 1 219 hommes tués derrière eux[1]. Le major von Lösecke, commandant le 90e Régiment de *Panzergrenadieren* (20e *PzGrDiv*.), se fait surprendre par la nuit, sans avoir pu rassembler ses chars et ses grenadiers pour opérer une retraite en ordre.

> « Je ne pouvais retirer mes troupes sans les tanks, et les tanks ne pouvaient rester où ils étaient sans la protection de l'infanterie.
>
> L'aube se mit à poindre et ce que je craignais se produisit. Dès que la brume matinale fut levée, l'ennemi commença à tirer sur les tanks à l'arrêt, qui offraient des cibles faciles sur la plaine. À 11 heures commença un

1. Chiffres in Le Tissier, *Marshal Zhukov*..., p. 92.

bombardement par tous les calibres, y compris les orgues de Staline. Faute de recevoir un support de notre artillerie ou de la Luftwaffe, les soldats commencèrent à lâcher leurs positions, d'abord un par un puis par groupes. Ce fut une panique. (…) (On réussit) à remorquer des épaves des chars durant la nuit du 28-29 mars[1]. »

Heinrici, commandant le Groupe d'Armées Vistule, est fou de rage ; il s'en prend à Guderian pour ce qu'il dépeint comme un « fiasco » et un « massacre ». Hitler, lui, s'en prend à Busse, le chef de la 9e Armée, que Guderian défend bec et ongles. Le 28 mars, à 14 h 00, Guderian et Busse comparaissent devant Hitler à la Chancellerie. Guderian prend énergiquement la défense de son subordonné et l'entrevue dégénère en un énième affrontement. Mais, cette fois, Hitler met Guderian en congé. C'est la fin de sa carrière militaire[2]. Mais il ne faut pas s'y tromper, les vraies raisons du renvoi de Guderian ne sont pas militaires, ainsi que l'analyse Goebbels :

« Dans le dos du Führer, il s'est mis en contact avec diverses personnes. Et précisément avec Ribbentrop et Goering. Il n'est pas étonnant qu'il ne soit rien sorti de cela, comme il n'est pas étonnant que le Führer l'ait appris et qu'il l'ait viré. Si les généraux commencent à faire de la politique !

En ce qui me concerne, je ne doute pas de l'honnêteté de Guderian. Ce dont je dois douter, c'est de son jugement et de son habileté politiques. Comment peut-il choisir comme partenaires deux nullités pareilles[3] ? »

Le général Hans Krebs[4], 47 ans, adjoint de Guderian à Zossen, prend sa place à la tête de l'OKH. Il est un *Ostkämpfer*, ayant servi comme chef d'état-major de la 9e Armée (Groupe Centre), de janvier 1942 à septembre 1944. Sa nomination déclenche aussitôt un flot de rumeurs. Annoncerait-elle un rapprochement avec l'Union soviétique ? Krebs, russophone, passe en effet pour russophile. Il a été plusieurs années assistant puis attaché militaire du Reich à Moscou. C'est lui que Staline embrasse ostensiblement sur le quai de la gare de Moscou au temps de l'amitié germano-soviétique.

Il est à noter que l'échec allemand du 27 mars est, à petite échelle, ce qui se produira lors de la grande offensive soviétique du 16 avril. Joukov

---

1. Le Tissier, *Marshal Zhukov…*, p. 94.
2. Guderian partira aussitôt faire soigner son cœur malade à Munich puis rejoindra dans le Tyrol l'état-major de l'inspection des troupes blindées où il attendra tranquillement l'arrivée des Américains.
3. In Oven, *Mit Goebbels bis zum Ende*, vol. 2, p. 287.
4. Une anecdote montre comment Krebs est vite plongé dans l'atmosphère corrosive et irréelle où baigne le Führer. Le lendemain de sa nomination, il décide de modifier l'échelle des cartes de situation fournies par la section opérations de l'OKH. Au lieu de documents au 1:300 000, qui ne permettent de visualiser que des portions de front, il fait son premier exposé sur une carte au 1:1 000 000e, sur laquelle l'on voit d'un coup d'œil la formidable progression des ennemis de l'Allemagne à l'est et à l'ouest. Hitler pique aussitôt une rage terrible, accusant Krebs de défaitisme !

aurait pu à cette occasion comprendre qu'il est impossible d'engager des chars dans une vallée noyée où toutes les routes sont sous le feu ennemi. Cela aurait épargné des milliers de vies et une concurrence avec Koniev pour prendre Berlin, qui n'est pas la plus belle page de l'histoire des armes russes.

Pendant qu'à Berlin Hitler change pour la troisième fois le chef d'état-major de l'OKH, Tchouikov met au point les derniers détails de l'assaut de ses 35e et 82e Divisions. Finalement, le drapeau rouge flotte sur la citadelle de Küstrin le 29 mars après qu'on a approché trois batteries de 203 mm et qu'une armada de bombardiers a cogné quatre jours et quatre nuits d'affilée ! Plusieurs auteurs[1] s'accordent sur le coût du siège de Küstrin : 5 000 tués, 6 000 manquants et 9 000 blessés côté allemand, 5 000 à 6 000 tués et 12 000 à 15 000 blessés côté soviétique. Bien évidemment, ces pertes pèsent plus lourd sur la *Ostheer* que sur l'Armée rouge. Mais les forces de deux Armées soviétiques ont été distraites de Berlin durant 57 jours, donnant le temps au Groupe d'Armées Vistule d'organiser sa défense.

## 5. *Sonnenwende : offensive ratée, résultats inespérés ?*

### La création du Groupe d'Armées Vistule

Le 21 janvier 1945, dans l'espace situé au nord de la poussée de Joukov, entre l'Oder de Glogau, Stettin et la Basse-Vistule, et à la demande de Guderian, Hitler crée un nouveau Groupe d'Armées baptisé « Vistule ». Cet espace recouvre grosso modo les provinces de Poméranie (appelée, dans sa partie au-delà de l'Oder, Poméranie antérieure) et de Prusse-Occidentale. Guderian propose, d'accord avec Jodl, d'attribuer le commandement du Groupe au *Feldmarschall* von Weichs, vétéran du front russe. Hitler refuse et, à la stupéfaction du chef de l'OKH, il nomme le *Reichsführer* SS Heinrich Himmler. Ses arguments : Himmler s'est bien comporté à la tête du groupe d'Armées « Rhin supérieur » (*Oberrhein*) et, en tant que chef de la *Ersatzarmee*, il est mieux que quiconque à même de trouver les hommes et le matériel nécessaires. En réalité, il semble bien que cette nomination soit un élément d'une vaste manœuvre de Goebbels[2] visant, à terme, à faire nommer Himmler commandant en chef des Armées. Guderian demande à flanquer de l'état-major de von Weichs le nouveau commandant. Refus d'Hitler qui laisse Himmler constituer son propre état-major. Celui-ci le peuple de généraux SS, dont le *Brigade-Führer* Lammerding, soudard de la *Panzerwaffe*, excellent entraîneur d'hommes mais largement incompétent dans les tâches d'état-major.

1. Dont Le Tissier, *Marshal Zhukov...*, p. 98 et Lakowski, *Seelow 1945*, p. 44.
2. Voir son *Journal,* 23 janvier 1945, p. 686.

Himmler n'a jamais commandé une unité en campagne, encore moins un Groupe d'Armées. Du point de vue opérationnel, il se montrera au-dessous de tout, fuyant ses responsabilités. Il arrive le 23 au Q.G de Deutsche Krone dans son luxueux train personnel, le *Steiermark*. Il n'a pas de radio reliée au réseau militaire et une seule carte au 1:300 000e ! Dans un télex à Berlin, il décrit ainsi la situation :

« Il n'y a plus de front. Juste un grand trou[1]. »

Jugeant le front trop proche, il se réfugiera vite dans un P.C secondaire, sur la rive ouest de l'Oder, dans les bois de Prenzlau. Là, à 45 km de Berlin, il gérera son empire SS, consacrant deux ou trois heures par jour seulement à ses devoirs militaires.

Le 24, le Groupe Vistule se subordonne la 2e Armée (colonel-général Walter Weiss), qui prend en charge la partie est du front, entre Jastro et Elbing. Le même jour est ressuscitée une 11e Armée, dont l'état-major provient en partie des cadres SS du Groupe d'Armées *Oberrhein*. D'où son autre appellation, 11e Armée Panzer SS. Son chef, l'*Obergruppenführer* SS Felix Steiner, reçoit la responsabilité du secteur situé entre Jastro et l'Oder. Le 27 janvier, c'est au tour de la 9e Armée, commandée par Theodor Busse, d'intégrer le Groupe Vistule. Il lui revient de barrer la route de Berlin sur l'Oder, entre Francfort et Schwedt. Pour assurer cette tâche essentielle, Busse communique à Himmler que son Armée :

« dispose de 52 000 combattants (dont 26 000 membres du *Volkssturm*), 190 chars et StG., 288 tubes d'artillerie[2] ».

Himmler reçoit d'Hitler mission de raccommoder le trou entre les Groupes d'Armées Nord et Centre, de Glogau à la Vistule, sur 350 km. Il doit aussi prévenir toute percée ennemie en direction de Posen, d'une part, et de Dantzig, de l'autre, tout en empêchant l'isolement de la Prusse-Orientale. Ces missions, multiples et contradictoires dans leurs directions, sont évidemment hors de portée d'un Groupe d'Armées qui ne dispose initialement que de deux Corps SS improvisés (Ve et Ve de montagne) à trois Divisions (dont une de volontaires lettons fraîchement rassemblés), des restes de la 9e Armée, d'unités du *Volkssturm* levées de force par la Gestapo et les SS anxieux de gonfler les forces de leur maître. À ce moment, Joukov explique à Staline qu'il n'y a rien à redouter en Poméranie, et il a raison.

Dès le 25 janvier, la plupart des missions du Groupe Vistule sont déjà obsolètes. Les Russes sont à Posen et à Thorn où ils encerclent quatre divisions, ils atteignent les bouches de la Vistule, et la Prusse-Orientale se trouve retranchée du reste du Reich.

Mais la situation va changer dans la première quinzaine de février. L'OKH et les SS raclent les fonds de tiroirs et parviennent à étoffer le Groupe Vistule. De Courlande arrivent le *KG Gneisenau,* une Panzer, quatre divisions d'infanterie dont deux SS. La 9e Armée reçoit deux Panzers

1. Andreas Kunz, *Wehrmacht und Niederlage*, p. 84.
2. *Das deutsche Reich und der Zweite Weltkrieg*, vol. 10/1, p. 524.

de l'ouest et quatre divisions de formation nouvelle : *Döberitz*, *Kurmark*, *Gross-Berlin* et *30 Januar*. À la mi-février, selon Guderian, le Groupe Vistule dispose de 25 divisions dont 8 Panzers.

### L'opération *Sonnenwende* : un fiasco *(carte 19)*

L'idée de départ vient, semble-t-il, de Guderian. Dans les derniers jours de janvier, les cartes de situation de l'OKH font apparaître la position aventurée de Joukov. Les Armées de tête de son Front sont enfoncées dans le saillant formé sur l'Oder, tandis que ses deux flancs sont largement à découvert. Le 4 février, Guderian est auprès d'Hitler pour défendre sa proposition.

> « Je décidai une fois de plus de pousser Hitler à remettre l'offensive en Hongrie et à plutôt attaquer la pointe russe qui avait atteint l'Oder entre Francfort et Küstrin ; les flancs étaient encore vulnérables si on les attaquait depuis une ligne Glogau-Guben, au sud, et Pyritz-Arnswalde, au nord. J'espérais par cette action augmenter la protection de la capitale et de l'intérieur de l'Allemagne et gagner du temps pour négocier un armistice avec les puissances occidentales.
>
> Les conditions nécessaires à cette opération étaient une prompte évacuation des Balkans, de l'Italie, de la Norvège et, surtout, de la Courlande[1]. »

Passons sur les naïvetés politiques de Guderian : Hitler n'a aucune intention de négocier avec quiconque. Passons aussi sur les conditions émises : évacuer tous les fronts secondaires d'Europe pour en extraire le meilleur et le concentrer sur l'Oder demanderait six à huit semaines (sans évoquer les conséquences stratégiques), alors que chaque jour compte. Ce manque de réalisme poussé jusqu'au ridicule ressemble fort à de la gesticulation pour la « postérité », à moins qu'il ne témoigne d'une activité délirante, quasiment autiste de l'OKH, dont nous rencontrerons d'autres exemples[2]. Dans les conditions posées, la proposition de contre-offensive, qui rappelle beaucoup celle que réussit l'armée du Kaiser en août 1915, se heurte à un refus doublé d'une crise « d'une frénésie inhabituelle » : Goering doit intervenir et emmener le chef de l'OKH à l'écart. Quelques heures plus tard, même insistance de Guderian à évacuer la Courlande et scène encore plus violente. Cette fois, c'est Thomale, le chef d'état-major de Guderian, qui entraîne son patron par la vareuse pour éviter qu'il ne soit « victime d'un assaut physique ».

Finalement, Hitler réduit l'attaque en pince à un coup droit lancé uniquement à partir de la région d'Arnswalde en Poméranie. À vrai dire, il

1. Guderian, *Panzer leader*, p. 412.
2. On ne peut exclure l'hypothèse plus triviale que Guderian ait demandé le maximum pour obtenir la seule chose qu'il pouvait espérer raisonnablement, la 6e Armée Panzer SS, en route vers la Hongrie. Il a pu se sentir appuyé par une esquisse de plan que lui soumet Sepp Dietrich, chef de cette Armée, pour une attaque soutenue par des Panzers ramenés de l'ouest et poussés de la zone Guben-Crossen vers Stargard.

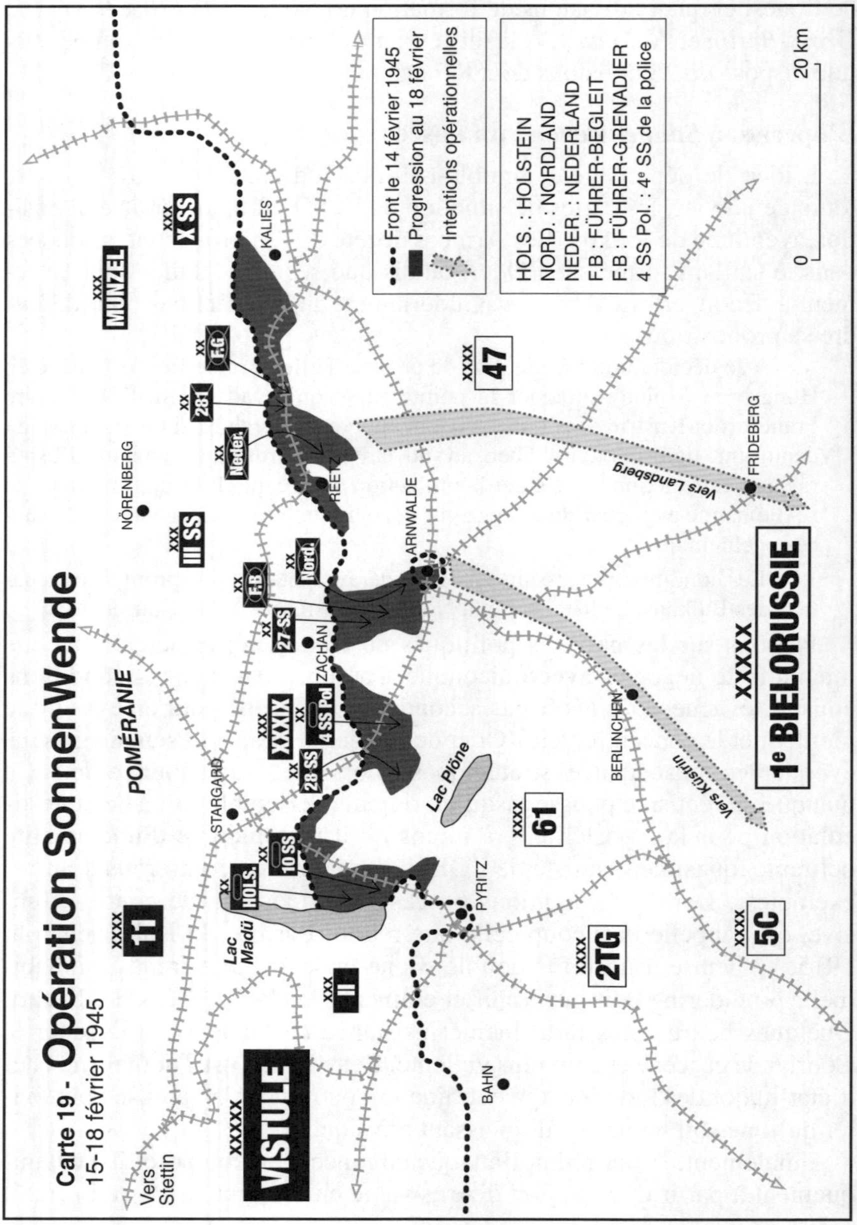


Carte 19 - Opération SonnenWende
15-18 février 1945

n'y a pas d'autre possibilité à ce moment-là. Objectif : défaire les unités russes au nord de la Warthe[1], peut-être en encercler 300 000 hommes si l'on parvient jusqu'à la citadelle de Küstrin. Guderian insiste pour que l'opération soit montée à toute vitesse pour surprendre l'adversaire. La décision d'attaque est prise par Hitler lors d'une réunion à la Chancellerie, le 13 février. Guderian demande que Walter Wenck, son adjoint, en soit chargé et que l'attaque démarre le 15 février. Après une nouvelle colère d'une violence inouïe, Hitler cède sur ces deux points.

La concentration des troupes s'opère dans la plus extrême urgence et alors même que plusieurs unités destinées à l'attaque sont sévèrement accrochées par les Soviétiques. *Sonnenwende* est donc une poussée nord-sud déclenchée à partir d'un front de 50 km sur une ligne Bahn-Pyritz-Arnswalde-Kalies. L'opération devait être commandée par le Q.G de la 3e Armée Panzer spécialement rappelé du Samland mais, celui-ci arrivant trop tard, la 11e Armée Panzer SS en gardera le contrôle. Trois groupes d'assaut sont constitués.

– À l'ouest, autour de Stargard, le XXXIXe *Panzerkorps* (lieutenant-général Martin Unrein) comprend deux Panzer (*Panzerdivision Holstein* et 10e SS), la 4e *Panzergrenadier* SS de police et la Division SS Wallonie (commandée par le Belge Léon Degrelle). Mission : forcer le passage entre les lacs Madü et Plöne, enlever Pyritz puis, si possible, progresser sur la route 112 qui file vers Küstrin.

– Au centre, près de Zachan, se trouve le centre de gravité de l'opération, autour du IIIe *Panzerkorps* SS (Lieutenant-général Karl Decker). Celui-ci regroupe deux divisions SS de Panzergrenadiers, *Nordland* (volontaires scandinaves) et *Nederland*, et la *Führer-Begleitdivision Langemarck* (volontaires flamands). Objectif : délivrer la ville d'Arsnwalde encerclée puis foncer sur Küstrin par Berlinchen et Neudamm (100 km).

– Le groupement oriental, au sud de Nörenberg, doit assurer la couverture de l'opération puis, en cas de succès, se frayer un chemin jusqu'à Landsberg sur la Warthe (80 km). Le Major-général Oskar Munzel a sous ses ordres la *Panzerjagdbrigade* (brigade de chasseurs de chars) 104, la Division *Führer-Grenadier* (issue de la *GD*) ainsi que les 163e et 281e I.D, en cours de transport.

Ce sont donc au total 10 Divisions qui sont commises, dont 7 Panzers et Panzergrenadiers, plus une brigade blindée, une de *Sturmgeschütze*, un bataillon de Tigres royaux : l'exploit n'est pas mince, vu l'état d'apoplexie des chemins de fer.

L'attaque démarre de la façon la plus étrange : une seule division s'engage au centre le 15 février. Bousculés, les fusiliers de la 47e Armée – la plus faible du 1er Front de Biélorussie – la laissent pénétrer par un étroit couloir dans Arnswalde, à 11 km de ses positions de départ. Succès

1. D'après une instruction envoyée au Groupe Vistule le 2 février, Guderian voulait faire suivre l'offensive poméranienne vers le sud, d'un second effort vers l'est, pour retrouver la liaison terrestre avec la Prusse-Orientale.

local, mais effet de surprise global gâché. Le lendemain, Steiner perd la matinée à tâter les défenses russes. L'attaque générale, lancée dans l'après-midi, gagne quelques kilomètres, Pyritz est pris. La pluie et la boue obligent les Panzers à demeurer sur les routes, où l'artillerie soviétique, renseignée par ses avions, concentre un feu meurtrier. La Luftwaffe a rassemblé dans le secteur tout ce qui n'est pas indispensable à la garde de l'Oder. Le lieutenant Günther Josten abat 5 *Sturmoviks* dans la journée du 16, une performance sans égale depuis le 12 janvier ; il atteint ainsi sa 150e victoire. Le lendemain, le major Gavril Didenko (482e I.A.P) descend 3 Fw 90 sur La-7 ; dix autres *Jabos* suivront le 18. Déjà trop éprouvée, la *Luftflotte* 6 lève bientôt le pied dans un secteur où, de toute façon, les choses tournent mal.

Dans la nuit du 16 au 17 février, en effet, le général Wenck est mis hors de combat suite à un accident de voiture : l'attaque perd le seul chef capable du secteur. Le 17, Himmler ordonne une relance des assauts, qui s'enlisent dans des champs de mines puis refluent sous une grêle d'obus antichars. Dès le 18, les Soviets contre-attaquent et contraignent l'ensemble des forces à passer sur la défensive. Joukov a réagi avec les seules 47e et 61e Armées, laissant la 2e Armée de tanks de la Garde terminer sa concentration. Au soir, Himmler arrête piteusement *Sonnenwende*, un des plus beaux fiascos allemands de la guerre. Le 19 février, Joukov lance une contre-offensive partielle[1]. Arnswalde est à nouveau encerclée et la 311e Division de fusiliers se bat pendant 24 heures au corps à corps contre les SS avant de les chasser vers le nord.

Le 21 février, Hitler prend acte de l'échec de *Sonnenwende*. Il ordonne le retrait du Q.G de la 11e Armée Panzer SS (Steiner) et l'envoie sur les arrières de l'Oder servir, selon le mot de Ziemke, « d'agence centrale de ramassage des traînards[2] ». Les troupes présentes en Poméranie-Occidentale sont dès lors regroupées sous le Q.G de la 3e Armée Panzer (colonel-général Raus). Mais, aussitôt, Hitler affaiblit ce nouveau commandement en lui ôtant, pour les envoyer sur l'Oder, au Groupe Centre, les Divisions *Führer-Begleit*, *Führer-Grenadier* et *Holstein* ; la 10e Panzer SS s'en va quant à elle renforcer le secteur de Küstrin. Ce retrait, motivé par l'inquiétude de voir les Russes foncer sur Berlin, va au contraire faciliter les nouveaux plans de ceux-ci. À la stupéfaction des Allemands, en effet, l'Armée rouge se détourne de Berlin pour nettoyer ses deux ailes, en Poméranie et en Silésie.

1. Joukov a réussi une belle opération de *maskirovka* en acheminant en secret une partie de ses forces depuis l'Oder jusqu'en Poméranie. Les troupes ont marché de nuit, par des itinéraires évitant toutes les villes, sous un parapluie de chasse interdisant tout survol de la Luftwaffe, dans un silence radio total. Les forces consacrées à *Sonnenwende* ont donc donné sur plus fort qu'elles, contrairement à ce que Guderian et Gehlen espéraient.

2. Ziemke, *Stalingrad to Berlin*, p. 448.

À la suite de Joukov[1], l'historien américain Earl F. Ziemke, ses collègues britannique (Christopher Duffy[2]) et allemand (Richard Lakowski) attribuent à l'opération *Sonnenwende* des conséquences disproportionnées à son effet militaire réel. L'avance, modérée mais réelle, des forces de la 11e Armée SS (12 km en moyenne en trois jours) aurait persuadé Joukov, la STAVKA et Staline qu'il existe un vrai danger sur l'aile droite. Si l'on suit Ziemke, les gesticulations de Himmler auraient donc eu pour effet de donner deux mois de répit à Berlin, en détournant la foudre vers les côtes de la Baltique. En réalité, nous l'avons vu, c'est un ensemble de faits, politiques et militaires, qui ont convaincu, dès avant le déclenchement de *Sonnenwende*, la direction soviétique de faire preuve de prudence. Ajoutons que Joukov a été défavorablement impressionné par l'échec de Rokossovski. Celui-ci avait en effet reçu le 8 février la mission de nettoyer la Poméranie-Orientale. Lancée le 10 février, l'offensive du 2e Front de Biélorussie n'a pu, en dix jours, progresser que de 50 à 70 km à travers la région difficile du *Tucheler Heide*, à l'ouest de la Basse-Vistule (voir p. 336).

### Le renseignement soviétique aveugle

Un dernier élément est à considérer dans l'examen des causes de l'arrêt sur l'Oder : le renseignement soviétique semble en panne sèche depuis l'entrée sur le territoire du Reich. Staline n'a plus d'informations sur ce qui se passe au-delà des lignes allemandes, ce qui peut expliquer l'exagération de la menace portée sur le flanc nord de Joukov. Les écoutes électromagnétiques semblent constituer la seule source disponible. Sur le bureau de Joukov s'accumulent les identifications d'unités : on en recense près de 150, de tous types, autour de Stargard. Il est fort possible que cette avalanche de divisions, régiments et bataillons – dont pas un n'est à effectif complet – ait contribué à grossir le danger. L'arrivée du Q.G de la 3e Armée Panzer à Stettin, également repéré par écoute électromagnétique, va aussi dans le sens de la perception des Soviétiques : l'on prend pour une Armée au complet une centaine d'officiers d'état-major et d'une demi-douzaine de petites unités d'appoint.

Un curieux incident amène à penser que, peut-être, tout n'a pas été dit sur ce sujet. À Yalta, Antonov demande aux chefs militaires occidentaux s'ils savent où se trouve la puissante 6e Armée Panzer SS. Le 12, par la voix du colonel Brinkman, les Britanniques, se fondant sur les décryptages ULTRA, mais aussi les services américains, répondent que des Panzers viennent d'arriver en Autriche, et qu'il s'agit sans doute des unités de Sepp Dietrich. Ce qui est bien le cas : Dietrich fait une pause avant de filer en Hongrie. Mais, ajoute Brinkman, les SS vont foncer vers le nord à la rencontre d'une autre pince blindée venue, elle, de Poméranie.

1. Mémoires, t. 2, p. 315.
2. C. Duffy, *Red Storm on the Reich*, p. 185.

L'historien F.H. Hinsley[1] pense qu'il s'agit d'une erreur des services de Bletchley Park. Et s'il ne s'agissait pas d'une erreur mais d'une volonté délibérée d'intoxication ? Après tout, Churchill n'est-il pas en train de reconsidérer totalement sa position face à Staline et d'engager les Américains à aller jusqu'à Berlin ? Le Premier ministre aurait-il voulu détourner Joukov et Koniev de la capitale du Reich en leur fournissant une information faussement alarmante ? Ce n'est pas exclu. Le 20 février, le général Marshall envoie le même message directement à Antonov. Staline reprochera à Roosevelt cette information fausse dans une lettre « personnelle et secrète » envoyée le 7 avril 1945 :

> « En février de cette année, le général Marshall a fait passer à l'état-major général soviétique plusieurs informations importantes par lesquelles il avertissait que les Allemands planifiaient en mars deux contre-attaques sérieuses sur l'Oder, dont l'une viendrait de Poméranie en direction de Thorn, l'autre de Morawska Ostrava en direction de Lodz. En réalité, les Allemands s'apprêtaient à lancer une opération non pas dans les secteurs cités mais tout à fait ailleurs, près du lac Balaton au sud-ouest de Budapest[2]. »

Toujours concernant la 6e Armée Panzer SS, Rolf-Dieter Müller est le seul, à notre connaissance, à relever un fait étrange[3]. Pourquoi Hitler impose-t-il à cette formation d'élite un séjour dans la région de Cottbus, au début de février, avant de la laisser poursuivre son voyage vers sa destination finale, la Hongrie ? Ce doit être pour une raison sérieuse car, au sud, les Soviets poussent durement vers le lac Balaton et les pétroles de Nagykanizsa et l'on réclame les Panthers des SS à cor et à cri. Ce n'est certes pas pour former une pince avec les formations chargées, au nord, d'exécuter l'opération *Sonnenwende* : il a refusé cette solution à Guderian. Müller penche pour un coup de bluff. Hitler aurait voulu dissuader Staline de foncer vers Berlin en faisant peser cette (fausse) menace sur son flanc gauche. D'où, peut-être, l'empressement de Staline à pousser Koniev à s'emparer de la Silésie puis d'une fraction du Brandebourg jusqu'à la Neisse.

### 6. *Les villes-forteresses : un élément de freinage*

Le 8 mars 1944, par le *Führerbefehl* N° 11, Hitler ordonne aux commandants de places fortes et aux chefs en général de ne pas rendre à l'ennemi les villes importantes du point de vue opérationnel, mais de s'y laisser enfermer. L'objectif est, d'une part, d'enlever à l'ennemi la dispo-

---

1. F.H. Hinsley, *British Intelligence*, cité dans une note de E. Mawdsley, *Thunder in the East*, p. 478.

2. In *Briefwechsel Stalins mit Churchill, Attlee, Roosevelt und Truman, 1941-1945*, Berlin est 1961.

3. In Künzel Werner, Lakowski Richard (sous la direction de), *Niederlage-Sieg-Neubeginn. Frühjahr 1945*, Eine gemeinsame Konferenz des Landkreises Märkisch-Oderland und der Brandenburgischen Landeszentrale für politische Bildung, p. 20.

sition des voies de communications majeures, d'autre part d'immobiliser le maximum de ses forces. Pour mener à bien leur défense, les commandants de ces *Festungen* reçoivent le droit de former des tribunaux de guerre et des cours martiales volantes. Le 6 février 1945, tirant les leçons du désastre de Pologne, et étant donné la pénurie d'infanterie, celle des travailleurs et la supériorité de l'adversaire en chars et en avions, le département fortifications de l'OKH recommande à son tour, plutôt que d'ériger des lignes défensives continues, qu'on renforce et tienne les villes-forteresses et les carrefours les plus importants.

Les sièges de l'an 45 ont en commun des combats d'une férocité épouvantable et une lutte poussée jusqu'à l'épuisement total des défenseurs. Nous avons déjà traité, ou nous traiterons plus loin, des sièges de Küstrin, Kolberg, Dantzig, Gottenhafen et Königsberg. Voici quelques informations sur quatre autres sièges importants : Posen, Glogau, Breslau et Graudenz. Ces neuf batailles ont immobilisé durant des semaines, voire des mois, plus d'un million de soldats soviétiques. Elles ont retardé les reconstructions de ponts, routes et voies ferrées, amenant munitions et matériels en vue de la bataille de Berlin. Au prix, il est vrai, de lourdes pertes pour la *Ostheer*, de souffrances terribles pour les populations et de destructions gigantesques.

### L'épine de Posen : deux Corps bloqués pendant un mois

Posen est encerclée par la 8^e^ Armée de Tchouikov le 25 janvier 1945. Un premier assaut à deux divisions sert de test et de leurre. Tchouikov escompte un « effet Haute-Silésie » : il laisse à l'ouest une porte de sortie aux défenseurs, pour s'éviter les désagréments d'un siège, tout en plaçant son groupe blindé en embuscade, puis fait tirer de trois côtés à la fois, pour mieux indiquer… la direction de la sortie ! Mais rien ne bouge. Seul bénéfice de l'attaque, deux forts au sud de la ville sont capturés. Un siège sera donc nécessaire et Tchouikov a d'autres chats à fouetter. Il laisse donc autour de la cité son artillerie lourde avec le 28^e^ Corps porté à quatre divisions, bientôt rejoint par le 91^e^ Corps de la 69^e^ Armée à 2 divisions en sous-effectifs, puis il file avec ses deux Corps restants vers l'Oder. La garnison allemande, commandée à partir du 28 par le colonel (puis major-général) Ernst Gonell, nazi bon teint, a un effectif compris entre 12 000 (sources allemandes) et 40 000 hommes (sources soviétiques), et doit s'établir vers 15-20 000. La seule certitude est qu'il s'agit de troupes hétéroclites (essentiellement des rampants de la Luftwaffe, de la police et du *Volkssturm*), dotées d'un faible moral, à l'exception des 2 000 aspirants d'infanterie de l'école N° 5, fanatiquement dévoués au Führer, du Groupe de combat SS Lenze (1 bataillon de *Panzergrenadieren*) et des équipages d'une demi-douzaine de chars et de 32 *Sturmgeschütze*. Tchouikov raconte avoir vu un groupe de soldats arborant un drapeau blanc se faire descendre par leurs propres officiers.

Les Russes font donner leur artillerie à fond et, au début de février, avec l'aide de milices polonaises qui connaissent bien les lieux, les défenseurs sont chassés des faubourgs, puis des 16 forts extérieurs. Le 5 février, l'aérodrome est perdu et le pont aérien se poursuit sous forme de parachutages. En un mois, Ju-52 et He-111 effectueront 200 missions de transport de munitions (257 tonnes) et de rapatriements sanitaires (500 évacués). La conquête du centre-ville se fait au prix de 14 jours de combats de rues très violents qui occasionnent de lourdes pertes dans une population polonaise de 200 000 personnes terrées dans les caves, nettoyées par les sapeurs du 41e Bataillon indépendant de lance-flammes. Les civils allemands encore présents sont l'objet des pires sévices[1] de la part des Polonais et des Russes pour une fois d'accord.

À compter du 16 février, seule résiste l'énorme citadelle du XIXe siècle, qui couronne une hauteur dominant la Warthe. Chaque matin, les Russes voient jeter par les fenêtres du château transformé en hopital les cadavres des blessés morts durant la nuit. Himmler refusant toute sortie, Gonell prend sous son bonnet de laisser partir 2 000 hommes dans la nuit du 16 au 17 février, dont une moitié peut-être parviendra, en tout petits groupes, à regagner les lignes allemandes. Ceux qui restent, pour la plupart ivres nuit et jour, voient leur moral s'effondrer ; les suicides se multiplient. Mais il faut encore près d'une semaine aux Russes pour s'emparer de la citadelle en utilisant échelles d'assaut, lance-flammes, fumigènes, chars lourds et explosifs en tous genres. Les 203 et les 280 mm tirent à bout portant sur les murailles de briques et terre épaisses de 2 mètres. Puis il faut résoudre le problème du franchissement de l'énorme douve de 10 m de large et 8 m de profondeur, qu'on comble à l'ancienne… avec des fascines ! Le 22, Gonell permet aux volontaires de tenter une sortie, puis il se tire une balle dans la tête. Les centaines d'hommes – dont beaucoup d'aspirants – qui se lancent dans la percée sont tués jusqu'au dernier. La dernière phalange des défenseurs refuse malgré tout de se rendre. Le 23, un énorme bombardement de 7 heures s'abat sur la citadelle. Juste après la chute du dernier obus, sept hommes d'un groupe de choc du 236e Régiment de fusiliers de la Garde réussissent à pénétrer dans l'immense cour intérieure par un soupirail ; ils sont bientôt rejoints par 80 de leurs camarades. Le corps à corps dure toute la nuit, les 600 derniers défenseurs affolés reculent de pièce en pièce puis capitulent à l'aube. Dépouillés de tout, souvent pieds nus, ils sont contraints de défiler des heures durant à travers les rues, sous les coups et les crachats de la population polonaise. Les 2 000 blessés laissés au château sont passés au lance-flammes.

---

1. Posen, capitale de la nouvelle province du Wartheland, est, depuis 1939, sous la direction du *Gauleiter* SS Arthur Greiser, le laboratoire de la politique de colonisation du Reich. Des centaines de milliers de Polonais sont déportés dans les pires conditions, perdant tous leurs biens, des dizaines de milliers de colons allemands prennent leur place. Les Polonais qui demeurent dans la ville sont de véritables esclaves des « maîtres » allemands. Après pareil traitement, le sort des Allemands restés en arrière en 1945 – sans doute les moins compromis, bien sûr – ne pouvait guère faire de doute.

La résistance de Posen a permis aux Allemands de détruire des installations ferroviaires majeures (6 lignes se croisent là, dont la grande artère Varsovie-Berlin), qui, tombées intactes, auraient accéléré les préparatifs de l'attaque finale vers la capitale du Reich. Pendant un mois, le gros de l'artillerie de deux Armées soviétiques a été immobilisé ainsi que 50 000 fantassins et artilleurs. Coût pour les Allemands : 15 000 à 20 000 hommes. S'agissant d'une troupe médiocre, on concluerait à un avantage à avoir tenu Posen, n'était la perte – irremplaçable – de 2 000 aspirants d'infanterie. Chez Joukov, en revanche, la chute de la ville provoque un immense soulagement : les écluses de l'approvisionnement du 1er Front de Biélorussie vont pouvoir s'ouvrir toutes grandes et inonder l'Oder des munitions et des carburants indispensables au maintien des têtes de pont.

**Glogau/Oder**

Le 12 février 1945, 3 000 habitants et 5 000 soldats (restes de la 342e I.D, pionniers, 5 bataillons de *Volkssturm*) sont enfermés par la 13e Armée soviétique (1er Front d'Ukraine) dans Glogau, ville de 33 000 habitants sise à 80 km au nord-ouest de Breslau. La petite cité, déclarée « forteresse » le 21 janvier, contrôle deux ponts importants sur l'Oder et deux autres sur « l'Oder ancien » ; six routes s'y croisent ainsi que trois voies ferrées (vers Breslau, Posen et Francfort). La petite garnison, placée sous le commandement du comte Eulenburg, tient jusqu'au 1er avril, contenant les assauts de 4 divisions soviétiques appuyées par 200 canons. L'artillerie et les combats de rues détruisent Glogau à 90 %. Le 31 mars, l'OKW accepte la capitulation, effective le lendemain. Dans la nuit, Eulenburg et 800 hommes tentent la percée. Échec sanglant : Eulenburg est tué et 50 hommes seulement parviennent à passer[1]. Le lendemain, les Russes pénètrent enfin dans la forteresse, elle aussi héritage du XIXe siècle. Les combats se soldent par 1 266 tués allemands et 1 600 prisonniers, un prix « raisonnable » pour le blocage d'un point de passage important, à mi-chemin entre Breslau et Francfort, durant 48 jours.

**Graudenz**

La 2e Armée de Choc (2e Front de Biélorussie) encercle Graudenz le 17 février. Une semaine auparavant, Hitler a déclaré la ville « forteresse ». S'y trouvent coincés 45 000 civils, *Volksdeutsche* pour la plupart, et 10 000 soldats. Ceux-ci sont surtout issus d'unités de Jeunesses Hitlériennes, dépourvues d'armes lourdes mais dotées en abondance de *Panzerfausts*... qui ne serviront pas à grand-chose, les Soviets refusant d'engager des chars dans l'affaire. La ville est protégée au nord par un ensemble de forts érigés entre 1889 et 1905 et baptisés du nom du général Courbière qui soutint un long siège contre Napoléon, en 1807. Nommé

1. Ahlfen, *Der Kampf um Schlesien*, p. 205.

commandant de la *Festung*, le major-général Fricke semble n'avoir guère quitté son P.C souterrain de toute la bataille.

Dès le premier jour du siège, une division de la 2e Armée de Choc perce les défenses sud et pénètre dans le centre. Elle en est rejetée par une contre-attaque. Le spectacle des quelques pâtés de maisons reconquis est abominable. La plupart des caves ont été nettoyées à la grenade et au lance-flammes et il ne reste qu'une bouillie carbonisée des centaines de civils qui s'y trouvaient. Dans ces conditions, les multiples appels à la reddition, l'intense propagande par haut-parleurs, n'ont aucun effet. C'est maison par maison que les Soviétiques doivent conquérir la ville. Sous l'effet des pilonnages d'artillerie et des bombardements aériens permanents, Graudenz n'est plus qu'une mer de flammes soulevant des tornades de poussières qui mettent au supplice les défenseurs privés d'eau. Au début mars, il ne reste que quelques milliers de mètres carrés aux mains des Allemands. Un dernier coup de reins de la 142e Division du colonel Sonnikov et de la 37e Division de la Garde (enlevée à la 65e Armée du général Batov) oblige le général Fricke à capituler le 6 mars avec 4 000 survivants, blessés pour la plupart. Ces 18 jours de résistance n'ont servi qu'à priver les Soviets d'un pont sur la Vistule et, surtout, à soustraire 15 000 hommes et 300 canons au 2e Front de Biélorussie déjà à court de personnel. Mais le prix payé par les Allemands – 6 000 soldats tués plus 5 000 à 10 000 civils – est effrayant.

**Breslau**

La capitale de la Silésie compte, en 1940, 625 000 habitants. Mais, épargnée par les bombardements anglo-américains, elle attire nombre de réfugiés et dépasse le million d'âmes lorsque se présentent les avant-gardes de Koniev. Longtemps hésitant, le *Gauleiter* Hanke se décide à donner l'ordre d'évacuation aux civils. Dans une atmosphère de panique, plus d'un demi-million de personnes quittent la ville par le train, en autocars et en camions. Le 21 janvier, des autos munies de haut-parleurs sillonnent les rues enneigées : « Femmes et enfants doivent immédiatement quitter la ville à pied en direction Opperau-Kanth ». Par moins 20 degrés, d'immenses convois passent l'Oder gelé, sac au dos. Parallèlement marchent les colonnes loqueteuses de prisonniers soviétiques et de déportés évacués vers l'ouest. À l'intérieur de la ville, Hanke, appuyé par Schörner, se livre à une chasse frénétique aux déserteurs, « planqués » et membres potentiels du *Volkssturm*. On pend pour l'exemple. Les façades se couvrent de slogans qui appellent à la lutte jusqu'à « la victoire finale ». Le 16 février, l'encerclement de la ville est complet.

Les défenseurs s'appuient sur une double ligne de défense hâtivement construite à partir d'août 1944 (quand la ville est déclarée « forteresse » par Hitler). Rien qui rappelle les forts de Königsberg ou de Posen mais les réseaux de barbelés et de tranchées, les nids de mitrailleuses ont été correctement pensés et réalisés. En revanche, les batteries de PAK 88 sont plantées en plein air, sous des filets de camouflage et les bunkers sont plus souvent en bois qu'en béton armé.

Le 1er février, Schörner nomme le général von Ahlfen commandant de la « forteresse » Breslau (remplacé le 8 mars par von Niehoff). Il dispose de 45 000 à 50 000 soldats issus d'une poussière d'unités, dont 15 000 membres du *Volkssturm*[1]. Malgré la brutalité des évacuations de Hanke[2], 80 000 civils demeurent dans la ville. Les vivres abondent mais les munitions manquent. À compter du 13 février, chute de Budapest, la totalité des Ju-52, He-111 et Do17 est affectée au ravitaillement de Breslau. Dans la première semaine, ces appareils consomment le quart du carburant attribué à la *Luftflotte* 6 ! C'est le signe incontestable de la priorité attribuée à la « forteresse » Breslau. Le prix du pont aérien sera élevé. La chasse soviétique abat 165 appareils. Le carnage est tel qu'il faut se rabattre en mars sur les vols de nuit et en avril sur les largages de conteneurs et de planeurs. À ce prix considérable, 1 800 tonnes d'armes, de munitions et d'équipements sont livrées.

Les défenseurs de Breslau vont se battre avec un acharnement exceptionnel, soutenus par les productions d'une distillerie de schnapps et de la fabrique Aviatik qui roule quotidiennement 600 000 cigarettes. L'usine de tracteurs FAMO réussit à assembler un train blindé hérissé de tubes PAK (8,8 cm et 3,7 cm) et FLAK (2 cm) qui donne du fil à retordre aux Soviétiques en se déplaçant sans cesse d'un point du front à l'autre. Il faut à l'infanterie rouge 10 jours pour avancer du parc sud à la place Hindenburg, soit 2 kilomètres ! Ce qui frappe, c'est la détermination du *Volkssturm*, dont l'efficacité a été proche de zéro sur le front de l'ouest, et qui, à Breslau comme à Königsberg, a rendu possible un long siège. Palpable conséquence de l'« effet Nemmersdorf » !

Pour diminuer l'efficacité des tirs d'artillerie, les Allemands brûlent préventivement des centaines d'immeubles dont les ruines – et les caves bétonnées – forment de redoutables abris. Chaque mètre de rue est miné, les égouts et canalisations murés, les milliers de wagons de l'immense gare de triage couchés et formés en un système labyrinthique. L'ensemble de la population prête la main aux défenseurs, y compris des garçonnets de 10 ans et des fillettes de 12. Les récits d'horreur répandus dans la ville par les réfugiés de Silésie et du Wartheland ne sont sans doute pas pour rien dans cette mobilisation générale.

La description des combats pour Breslau serait trop longue. Relevons cependant qu'on a reproché au général Gluzdovski son incapacité à monter des attaques concentriques et simultanées. Mais, par ailleurs, on sait

1. Soit 6 batteries de forteresses, 24 bataillons d'infanterie et 10 bataillons de construction, tous constitués de *Volkssturm* et tous dignes d'éloges d'un bout à l'autre de la bataille, notamment le 44e Bataillon dont le chef, un ancien de Verdun (!) âgé de 56 ans, recevra la croix de chevalier. In Hans Kissel, *Das deutsche Volkssturm 1944-1945*, *Wehrwissenschaftliche Rundschau*, avril 1960, 4e cahier, p. 209 et sq.

2. Hitler appréciera tellement la performance de Hanke à Breslau qu'aux dernières heures de sa vie il lui confiera la direction de la SS à la place d'Himmler.

que Koniev a refusé ses demandes répétées de moyens supplémentaires. On peut raisonnablement penser que les Soviétiques ont juste cherché à maintenir la pression sur la ville.

Il importe plus à notre propos de noter que Breslau tient jusqu'au 6 mai 1945, privant les Armées de Koniev de six routes majeures, de deux voies ferrées à grand gabarit et de cinq ponts sur l'Oder. L'importance de ce blocage ne doit cependant pas être surestimée. Koniev n'aura guère de mal à acheminer hommes et renforts pour l'offensive vers Berlin : les ponts de Steinau, Ohlau, Brieg et Oppeln ont permis de faire passer l'Oder à des centaines de milliers de tonnes de munitions. De même, la 6e Armée laissée par Koniev autour de Breslau est la plus faible de celles dont il dispose. Ses effectifs sont grossièrement égaux à ceux du général Ahlfen, si l'on y inclut le *Volkssturm*. La résistance de Breslau n'a donc pas immobilisé de gros moyens soviétiques.

Finalement, c'est la première résistance de la ville, en janvier-février, qui s'est avérée la plus utile aux Allemands. Breslau a alors rempli son rôle de brise-lame ainsi que le montrent les cartes de situation des Armées soviétiques. Le 24 janvier, la 52e Armée est encore alignée avec sa voisine de gauche, la 5e Armée de la Garde, et avec celle de droite, la 13e Armée. Mais, le 28 janvier, alors que les 5e Garde et 13e Armée ont jeté des têtes de pont au-delà de l'Oder, à Steinau et Brieg, le 48e Corps de la 52e Armée demeure bloqué à 10 kilomètres à l'est de l'Oder sur les défenses avancées de Breslau où la 269e I.D et les bataillons du *Volkssturm* profitent des positions aménagées en hâte par la population civile. Dans ses mémoires, Koniev reconnaît avoir été gêné par la nécessité de contourner la ville et de devoir diviser ses forces entre les têtes de pont de Steinau et d'Ohlau-Brieg.

Breslau, comme les autres *Festungen* de l'hiver 1945, a joué un rôle de freinage important mais à un prix énorme en vies humaines. L'historien britannique Norman Davies, spécialiste de la Pologne, estime ainsi les pertes à Breslau : 6 000 militaires tués côté allemand, 7 000 chez les Soviétiques mais 170 000 civils auraient péri !!! On peut sans trop forcer le trait voir dans la résistance de ces « forteresses » autant un dessein de propagande qu'un calcul militaire. Refuser le plus longtemps possible aux Soviétiques l'entrée dans Breslau, Posen, Dantzig, Graudenz et Königsberg permet à Goebbels d'illustrer de façon dramatique le thème de la « guerre populaire » et de la « lutte à outrance ».

# CHAPITRE 2

# *Le nettoyage des ailes*

## I. La conquête de la Poméranie et de Dantzig

La contre-offensive *Sonnenwende* achève de convaincre la STAVKA que le temps n'est pas venu de marcher sur Berlin. Au lieu du passage de l'Oder, c'est à une conversion vers le nord, vers la Baltique, que sont conviés les deux Fronts engagés dans l'opération « Poméranie-Orientale ». Sur un secteur long de 200 km, entre Oder et Vistule, onze Armées s'alignent quasiment au cordeau. D'ouest en est, le 1er Front de Biélorussie place sur son aile droite plus des trois quarts de ses forces : les 47e, 61e, 1re et 2e Armées de tanks de la Garde, 3e Choc, 1re Armée polonaise. Le 2e de Biélorussie met, lui, le gros de ses moyens sur son aile gauche : 19e, 70e, 49e, 65e, 2e Choc. Le groupement mobile ainsi réalisé est colossal, totalisant près de 2 800 blindés : deux Armées de tanks, six Corps blindés et/ou mécanisés, trois Corps de cavalerie, trois brigades blindées indépendantes, une douzaine de régiments de chars lourds et de canons automoteurs indépendants.

Les circulations allemandes se faisant d'ouest en est, l'idée opérative des Soviétiques est de tracer une série de couloirs de pénétration sud-nord qui visent à fragmenter le système défensif adverse, à lui ôter son espace de manœuvre et, finalement, à ne lui laisser de choix qu'entre l'écrasement sur la côte ou le rejet vers la Prusse encerclée et/ou au-delà de l'Oder de Stettin. L'opération est donc conçue en deux temps. Les deux Fronts cherchent d'abord la percée dans une poussée plein nord, qui vise la côte baltique entre Kolberg et Köslin. Dans la phase exploitation, les directions des deux Fronts divergeront à 180 degrés. Joukov tournera à gauche, vers le nord-ouest, avec pour objectif Stettin et les bouches de l'Oder. Rokossovski ira à droite, jetant tout vers le secteur fortifié Gotenhafen-Dantzig.

Le 13 février, Gehlen alarme l'OKH sur les nouvelles intentions soviétiques : l'ennemi s'écarte provisoirement de l'axe de Berlin et vise ses deux ailes, Poméranie et Silésie. Il avertit de la situation critique de la 2$^{e}$ Armée, déjà trop étirée sur 250 km entre Elbing et Neustettin : une poussée soviétique appuyée suffira à la couper du reste du Groupe d'Armées Vistule. Le 26, il annule en partie l'effet de son rapport précédent en estimant, sans donner de dates, que

> « (l'effort soviétique) se concentre exclusivement dans la direction décisive – vers l'ouest[1] ».

Or, à ce moment, Rokossovski sera déjà en plein effort contre la 2$^{e}$ Armée, ce qui n'ajoute rien à la réputation du chef des services de renseignements de l'OKH.

Attaqué dès le 10 février par Rokossovski, le chef de la 2$^{e}$ Armée, le colonel-général Walter Weiss, appelle au secours le 17. Impossible de défendre à la fois Elbing, assiégée, de tenir 250 km d'un front en ébullition et de préparer les défenses de la *Festung* Dantzig-Gotenhafen. Le chef des opérations du Groupe d'Armées Vistule, le colonel von Eismann, d'accord avec Guderian, propose une solution à Himmler : ramener la 2$^{e}$ Armée vers l'ouest, de façon à l'accrocher solidement à la 11$^{e}$ Armée Panzer SS (bientôt 3$^{e}$ Armée Panzer) ; à l'est, se borner à défendre le camp retranché de Dantzig-Gotenhafen. Himmler, rendu encore plus passif par l'échec en cours de *Sonnenwende*, n'ose pas transmettre à Hitler la demande de von Eismann, qui insiste. Si l'on ne raccourcit pas le front, la Poméranie est perdue, Dantzig-Gotenhafen aussi, et avec ces deux ports, la base logistique des Groupes d'Armées Nord (en Prusse) et Courlande. Dans l'état actuel des choses, martèle-t-il, il sera impossible d'arrêter les deux Armées de tanks de Joukov. Et qu'adviendra-t-il du million de réfugiés qui encombrent les routes entre Vistule et Oder ? Mais Himmler, paralysé par la peur, ne se résoudra qu'à permettre l'évacuation des 3 200 défenseurs d'Elbing.

## *1. Rokossovski isole la 2$^{e}$ Armée (24 février-3 mars 1945)*
*(Carte 20)*

Avant de parler du démarrage de Rokossovski, le 24 février, quelques mots sur son précédent effort, du 10 au 20 février. La STAVKA lui demande, par une directive[2] du 8 février, de conquérir la Poméranie en deux temps. 1. Avec son centre et son aile gauche, pousser vers le nord et parvenir en dix jours sur une ligne bouches de la Vistule-Neustettin. 2. Une fois la 19$^{e}$ Armée insérée dans le dispositif, virer plein ouest et s'emparer de toute la côte, de Dantzig à Stettin. Le plan est mou, sans idée directrice ; il sous-estime la capacité de résistance de la 2$^{e}$ Armée, ne tient aucun compte du terrain ni de la quasi-paralysie des transports qui empêche entre autres l'acheminement des obus.

1. Ziemke, *Stalingrad to Berlin*, p. 457.
2. Texte in Yarochenko, Bulanko, Sutulov, *Documents sur l'opération de Poméranie-Orientale*, VIZh, N° 3, mars 1985, p. 75-80.

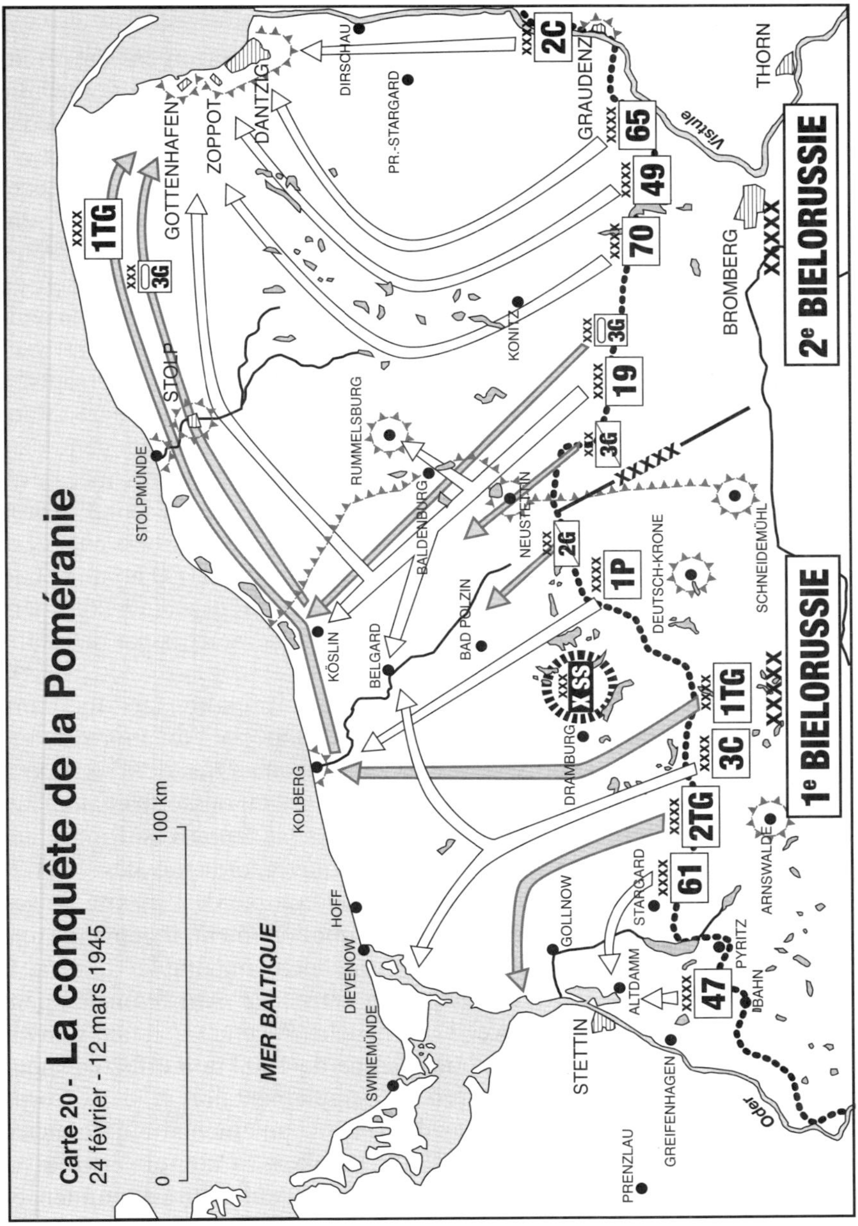
Carte 20 - La conquête de la Poméranie
24 février - 12 mars 1945
0
100 km
MER BALTIQUE
STOLPMÜNDE
STOLP
GOTTENHAFEN
ZOPPOT
DANTZIG
DIRSCHAU
PR.-STARGARD
GRAUDENZ
THORN
Vistule
BROMBERG
KONITZ
RUMMELSBURG
BALDENBURG
NEUSTETTIN
KÖSLIN
BELGARD
BAD POLZIN
DEUTSCH-KRONE
SCHNEIDEMÜHL
KOLBERG
DRAMBURG
ARNSWALDE
HOFF
DIEVENOW
SWINEMÜNDE
GOLLNOW
STARGARD
ALTDAMM
PYRITZ
BAHN
STETTIN
GREIFENHAGEN
PRENZLAU
Oder
2e BIELORUSSIE
1e BIELORUSSIE
1TG
3G
2C
65
49
70
19
2G
1P
X SS
1TG
3C
2TG
61
47

## Un premier échec (10-20 février 1945)

Rokossovski aurait bien eu besoin de densifier son effort car son offensive doit traverser la région de la *Tucheler Heide,* un champ de bataille exécrable pour l'attaquant. C'est une vaste zone de pinèdes, située à l'ouest de Graudenz. L'endroit, peu peuplé, a servi de terrain de manœuvre à l'armée de Terre, un peu comme la Champagne pouilleuse en France, et de zone d'essais pour les V2. Lacs, canaux de drainage, marais, sont omniprésents ; le redoux empoisse tout dans une boue liquide. Les routes principales, orientées est-ouest, favorisent le défenseur – qui a reçu en outre quelques renforts[1] –, et privent l'attaquant d'axes de pénétration pour son matériel roulant. C'est dans cet enfer que, le 10 février, Rokossovski jette 300 000 hommes très fatigués par un mois de combats incessants, à savoir une partie de la 2e Armée de choc, déjà occupée à assiéger Graudenz, les 65e, 49e (avec une puissante artillerie) et 70e Armée, cette dernière renforcée du 1er Corps blindé de la Garde et du 8e Corps mécanisé, tous deux en fort mauvais état. L'exploitation est laissée au seul 3e Corps de cavalerie de la Garde[2]. Vingt-six des 45 divisions de fusiliers engagées sont à 35 % ou moins de leurs moyens en personnels (3 000 hommes), le reste s'établit en moyenne à 42 % (4 000 hommes). Il n'y a que 263 chars et automoteurs en état de combattre[3], presque tous rapiécés par de multiples réparations.

Le résultat déçoit Rokossovski, sans le surprendre : en dix jours d'efforts exténuants, par un temps couvert qui empêche l'aviation d'intervenir, le 2e Front de Biélorussie ne parvient à avancer que de 15 à 70 km. La percée n'est nulle part obtenue, l'ennemi est repoussé frontalement, d'une ligne de résistance à la suivante. Toutes les tentatives d'introduction des chars se heurtent à des contre-attaques mordantes des 4e et 7e Panzers. Le 15 février, Rokossovski se rend compte de l'inanité de ses efforts. Il adresse un rapport à Moscou où, implicitement, il demande une pause pour compléter ses effectifs et un remaniement complet du plan. Il s'agit d'abord et avant tout de couper en deux la 2e Armée en frappant dans l'axe Neustettin-Köslin avec l'aile gauche. À cette fin, il faut y engager la 19e Armée (qui a encore une marche de 160 km à effectuer pour arriver sur place), une Armée fraîche supplémentaire et deux Corps blindés. Mais la STAVKA n'a pas d'Armée supplémentaire à donner à Rokossovski. Aussi s'adresse-t-elle à Joukov. Celui-ci envoie le 16 février une proposition d'attaque sur sa droite, qui pourrait commencer le 19 février avec la 2e Armée de tanks de la Garde, la 61e Armée,

1. La 32e I.D transportée de Courlande, le Q.G et les troupes de soutien du VIIe *Panzerkorps*, venu de Prusse-Orientale, qui prend le commandement des 4e et 7e Divisions Panzers.

2. Cet ordre de bataille se trouve dans *Voyenno-Istoricheskiy-Zhurnal,* n° 3, mars 1985, p. 89-90.

3. Chiffres dans Batov, *Voyenno-Istoricheskiy Zhurnal*, N° 2, février 1985, p. 14-20.

un Corps blindé, un Corps de cavalerie. Mais, quelques minutes après l'envoi du télégramme à Moscou, Joukov reçoit les premiers rapports sur l'opération *Sonnenwende*. Son aide est dès lors compromise. Le 19, l'effort solitaire de Rokossovski se fige sur une ligne Ratzebuhr (Okonek)-Konitz (Chojnice)-Mewe (Gniew). Il faut repenser la conquête de la Poméranie.

## Quatre jours de regroupement (20-23 février)

Le 19 février, Vassilevski informe Rokossovski de l'intention de Joukov de détruire le « groupement ennemi de Poméranie », avant de se tourner vers Berlin. Les deux hommes se mettent d'accord sur le plan décrit plus haut, qui met en jeu les deux ailes mitoyennes des 1^er^ et 2^e^ Fronts de Biélorussie. Dans ses mémoires, Rokossovski affirme avoir demandé à coordonner en personne cet effort commun. Nous n'avons pas trouvé trace de la réponse de Vassilevski mais il est évident qu'il s'est heurté au refus de Joukov. Celui-ci s'affirme en effet, à cause de l'opération *Sonnenwende*, hors d'état d'attaquer avant le début mars, le rassemblement de ses deux Armées de tanks partiellement privées d'essence s'avérant plus long que prévu. Rokossovski va devoir charger seul le 24 février. La STAVKA ne lui laisse donc que trois jours de répit pour se préparer.

Le 22, les renforts prévus prennent place à l'extrême gauche du dispositif[1], portant les effectifs du 2^e^ Front de Biélorussie à 560 000 hommes, dont 460 000 face à la Poméranie. Ces nouveaux moyens consistent en une seule Armée, la 19^e^, commandée par le major-général Kozlov, et en plusieurs divisions d'artillerie, dont le gros est d'ailleurs affecté à la 19^e^ Armée. Placée dans la réserve générale de la STAVKA depuis deux mois, la 19^e^ n'a connu, en 1944, que le front de Finlande, où l'intensité des combats n'a rien à voir avec ceux qui se déroulent sur le territoire du Reich. Lui est cependant attaché le 3^e^ Corps blindé de la Garde (200 chars) de l'agressif major-général Panfilov, ancien patron du G.R.U, le service du contre-espionnage militaire. Kozlov est, lui, un revenant qui traîne un énorme échec. En 1942, il était en effet commandant du Front de Crimée et donna, lors de l'attaque de Manstein[2], vers Kertch, en mai, une des pires prestations de l'histoire de l'Armée rouge. Abaissé d'un grade, puis cantonné à un commandement d'Armée sur des secteurs secondaires, Kozlov est placé en Poméranie dans une position psychologique pour le moins difficile.

À sa droite, Rokossovski récupère enfin la totalité de la 2^e^ Armée de Choc (Fedyuninski) libérée de ses tâches sur la Vistule par l'attaque prévue du 3^e^ Front de Biélorussie vers Heiligenbeil (voir plus bas).

1. La 19^e^ Armée prend la place de l'aile gauche de la 70^e^ et celle de la 3^e^ Choc de Joukov qui ripe de 120 km vers l'ouest, au sud d'Arnswalde.

2. Voir notre ouvrage chez le même éditeur, *Stalingrad, la bataille au bord du gouffre*, p. 82 et sq.

De son côté, Weiss reçoit ou attend quelques renforts (division SS Charlemagne et une division de Courlande) et, surtout, intensifie l'effort défensif. Sur l'ensemble du réseau routier (et sur les chemins principaux), les carrefours sont minés, la progression entravée par la préparation de l'abattage de milliers d'arbres (pré-sciés et minés) et par l'érection de barricades en tous genres. Des *Panzerfausts* sont dépêchés à tous les régiments. La 2e Armée compte environ une vingtaine de grandes unités, totalisant 200 000 hommes, *Volkssturm* compris. Rokossovski atteint ainsi une supériorité numérique globale de 2,3 : 1, de 2:1 pour les chars, 12:1 pour l'artillerie. Outre l'artillerie, un de ses meilleurs atouts sera, si la météo le permet, l'emploi de la 4e Armée aérienne du général Verchinine. En revanche, sa faible dotation en chars semble *a priori* le priver de gros espoirs pour la phase exploitation. Le risque est réel de voir la bataille dégénérer en un lent grignotage.

## L'odyssée du 3e Corps blindé de la Garde

Le 24 février, Rokossovski démarre, seul, l'opération Poméranie-Orientale. La concentration d'artillerie s'élève au niveau confortable de 150 tubes par km, sans compter la 4e Division de mortiers de la Garde (*Katiouchas*). Mais Rokossovski a été devancé par Weiss qui s'en est pris, le 22, à ses Armées de droite, forçant même la 49e – amputée d'un Corps – à lâcher un peu de terrain. Rokossovski est ravi de cette initiative : sa 19e Armée, qui porte le poids de l'attaque à gauche, et n'est pas inquiétée par Weiss, va affronter des lignes probablement dégarnies au profit de la gauche allemande.

À 06 h 00 heures, après 40 minutes de préparation d'artillerie, la 19e Armée s'élance avec pour objectif d'atteindre une ligne Konitz-Neustettin (Szczecinek). En quelques heures, une douzaine de points d'appui sont pris à la 32e I.D (VIIIe Corps de montagne) après de très violents combats, des percées locales sont obtenues qui, par mouvements progressifs sur les flancs, aboutissent au soir à une pénétration de 12 km de profondeur sur 20 de large. La 32e I.D a dû abandonner sa ligne de résistance le long de la ligne de chemin de fer Hammerstein (Czarne)-Konitz et s'est retirée vers le nord, dans une position favorable entre le lac Ziethener et une forêt. À droite, la 70e Armée ne peut faire mieux qu'une avancée de 4 à 6 km. Dans l'après-midi, inquiet pour le flanc gauche de Kozlov, Rokossovski lui donne la meilleure protection qui soit, le 3e Corps de cavalerie de la Garde du bouillant général Oslikovski. Le résultat de cette première journée n'est pas mauvais, compte tenu de l'absence de chars. Pour l'exploiter au mieux, Rokossovski décide d'avancer de 24 heures l'introduction de sa seule unité blindée du secteur, le 3e Corps blindé de la Garde.

Son commandant, le général Panfilov, demande et obtient de faire monter ses trois brigades de chars par les régiments de la 313e Division de fusiliers. Il sait pouvoir compter sur une météo favorable, qui va permettre à Verchichine d'engager ses escadrilles. À 11 h 00, le 25 février, les 200 chars, 4 000 fusiliers plus des unités de DCA, de canons automoteurs et de *katiouchas*, passent au travers de la 19e Armée puis attaquent la gauche de la 32e I.D, à l'ouest du lac Ziethener, cherchant à rejoindre la route de Neustettin. Panfilov tombe sur la division de SS français Charlemagne (6 500 hommes, sans armes lourdes), et sur des éléments d'une division SS lettonne, qu'il pulvérise en trois heures avec l'aide d'une nuée de chasseurs et de chasseurs-bombardiers (960 missions effectuées le 25 février). En tête, la brigade du lieutenant-colonel Nessen s'empare par surprise d'un pont qui enjambe une rivière marécageuse, puis roule à tombeau ouvert jusqu'à la gare de Schönau, à 40 km, qu'il atteint à la nuit, et où il prend un millier de prisonniers et cinquante wagons de matériel militaire. Le lendemain matin, les T-34 entrent dans Baldenburg, après avoir démoli quelques barrières antichars : la ligne de défense principale (la *Pommernstellung*) de la 2e Armée est percée de part en part. Puis Panfilov se lance à corps perdu dans la trouée, parcourant encore 40 km dans la journée, jusqu'à Pollnow, atteinte à 16 heures ! Les charges explosives, chargées d'abattre les arbres en bordure de route, ne sont nulle part actionnées, si bien que les Russes peuvent, en suivant la chaussée, se faufiler vers le nord entre lacs et forêts.

Malgré ce succès remarquable, Rokossovski s'énerve :

> « Pour la première fois de la guerre, en tant que commandant d'un Front, je me retrouvai dans la situation inconfortable de n'avoir aucune réserve à ma disposition[1]. »

Impossible, donc, d'élargir le succès. Pire, le 3e Corps blindé de la Garde est dangereusement aventuré car la 19e Armée ne le suit pas. Les 26 et 27, elle n'avance que de 25 km. Certes, il lui faut réduire les points d'appui négligés par Panfilov, mais Rokossovski juge que la cause de cette lenteur est ailleurs :

> « Kozlov perdait sans cesse la liaison avec ses unités et prenait trop tard les décisions nécessaires. Ainsi que l'avaient montré les deux jours de combats, le général n'était pas à la hauteur pour diriger une unité de la taille d'une Armée, avec tous les renforcements qui lui avaient été accordés. La situation compliquée, toujours mouvante, lui faisait perdre la tête et il se montrait incapable de maîtriser l'événement. Le conseil de guerre du Front se vit donc dans l'obligation de le dessaisir, avec l'accord du chef suprême. La direction de la 19e Armée fut confiée au général Romanovski, plus âgé, plus expérimenté et bien mieux formé[2]. »

Malgré ce changement de tête, le danger demeure pour Panfilov. Sur sa gauche, autour de Neustettin, on signale un rassemblement de forces mobiles : les premiers éléments de la *PzGrenDiv Holstein*, ainsi que l'état-major du VIIe *Panzerkorps*, dépêchés par le Groupe d'Armées Vistule qui perçoit le danger de rupture de ses liaisons terrestres avec la 2e Armée. Sans perdre une minute, Rokossovski fait part de son inquiétude à l'état-

1. Rokossovski, *Soldatskiy dolg*, p. 399.
2. Rokossovski, *Soldatskiy dolg*, p. 398.

major-général à Moscou. C'est Staline qui le rappelle. Joukov a-t-il commencé à bouger ? Rokossovski répond non et répète qu'il y a deux solutions : ou on lui envoie des chars ou Joukov doit attaquer au plus vite pour sécuriser le flanc gauche du 2e Front de Biélorussie. Staline promet d'activer Joukov et permet à Rokossovski de franchir la ligne de séparation entre les deux Fronts pour aller s'emparer de Neustettin. Il ajoute :

> « Si vos troupes parviennent à prendre la ville, on tirera un salut en votre honneur [1]. »

C'est Oslikovski qui hérite de la mission. Appuyé par deux régiments d'artillerie automotrice, des *katiouchas* et plusieurs dizaines de mission aériennes, il s'élance le 27 février, disperse le bataillon de l'*Obersturmführer* Auphan (Charlemagne) après de durs combats et s'empare de Neustettin le 28, gagnant ainsi une salve d'honneur dans le ciel de Moscou. Le même jour, ses reconnaissances rencontrent, à l'ouest de la ville, un détachement du 2e Corps de cavalerie de la Garde dépêché par Joukov pour protéger Rokossovski sur sa gauche. Malgré cette assurance, il ordonne à Panfilov de s'arrêter à Bublitz, de s'y former en hérisson et d'attendre que Romanovski ait ramené vers l'avant la 19e Armée décrochée de 40 km. Bublitz est un important carrefour routier d'où l'on peut gagner au nord-ouest Köslin, au nord-est, Stolp. C'est en poussant vers Panfilov que Romanovski reçoit dans le flanc une contre-attaque de la 7e Panzer sortie de Rummelsburg (Miastko). Un violent combat de rencontre se déroule. Les Panthers ne peuvent avancer sous les salves conjuguées des SU-100 et JSU-122, *katiouchas* et obusiers de la 19e Armée, sans compter 200 missions de *Sturmoviks*. L'effort est renouvelé, depuis l'est toujours, le 1er mars avec encore la 7e Panzer, puis, le 2, avec la 4e Division de police SS. Sans succès. Les formations de fusiliers soviétiques, bien encadrées dans un système interarmes, repoussent tous les assauts. Une nouvelle tentative, lancée de l'ouest cette fois, par la *PzDiv. Holstein*[2] (une quarantaine de Mark IV, 5 *StG.*, 9 *Marder* II et III, 2 *Hummel,* 2 *Wespe*), parvient à traverser les lignes de Romanovski et à prendre contact avec la 7e Panzer. Mais la pointe blindée, harcelée par les SU et les *Sturmoviks*, doit vite rebrousser chemin non sans laisser du matériel sur le terrain. Le 3, une attaque surprise de la 19e Armée lui donne le contrôle de Rummelsburg et met fin aux assauts allemands. Les unités de Weiss commencent à détruire leur matériel lourd, signe d'une retraite prochaine.

Ce même jour, Rokossovski permet à Panfilov de reprendre son avance vers la côte. La dernière noix à casser est Köslin, bien fortifiée sur l'*Auto-*

1. Rokossovski, *Soldatskiy dolg*, p. 400.

2. La *PzDiv. Holstein* fait partie de la quinzaine de *PzDiv.*, *PzGrenDiv* et *Panzer Ausbildung Verbände* levées entre janvier et mai 1945, et parfois dénommées « unités éphémères ». La *Holstein* a été créee en février 1945, au Danemark, à partir d'éléments issus de la 233e *PzDiv.* de réserve. Après la bataille de Poméranie, elle est intégrée le 26 mars à la 18e *Pz.Gren.Div.* Son état-major est alors chargé de créer une nouvelle unité éphémère : la PzDiv. *Clausewitz.*

*bahn* Dantzig-Stettin. Un surplus d'artillerie permet au 3e Corps blindé de la Garde de déclencher un feu brutal, qui brise le moral des 2 000 défenseurs, essentiellement SS et *Volkssturm*. Le 4 se passe en violents combats de rues. La ville tombe le 5 mars, le lieutenant-général von Zülow et son état-major se rendent avec plusieurs centaines d'hommes. Au soir, une brigade blindée parvient sur la plage de Wusseken, sur la Baltique. Panfilov fait remplir des bouteilles d'eau de mer, qu'il envoie à Rokossovski sans autre message. La 2e Armée est définitivement coupée du Groupe Vistule.

## 2. *Le coup de masse de Joukov*

L'aile gauche du Premier Front de Biélorussie démarre son offensive le 1er mars. Le temps est abominable : brouillard épais, neige fondue, boue omniprésente. Trois Armées sont commises au centre sur un front de 40 km : la 3e Choc devant (avec le 9e Corps blindé), la 1re et la 2e Armées de tanks de la Garde en arrière, en attente de leur introduction pour une exploitation en profondeur. Ce groupement possède une force colossale (200 000 hommes, 1 400 chars). À droite, la 1re Armée polonaise progressera le long de la rivière Persante. À gauche, la 47e et la 61e Armées (avec le 7e Corps de cavalerie de la Garde) viseront Altdamm, devant Stettin. Les trois quarts de l'artillerie sont mis au service de la 3e Choc et de la 61e Armée.

Le groupement central se précipite contre la jonction entre le IIIe et le Xe Corps SS, dans la région de Reetz. En quelques heures, le front est pulvérisé sur 40 km de largeur, les Armées de tanks sont aussitôt introduites et progressent en profondeur de 15 km. Le lendemain, les trois Armées avancent d'une vingtaine de kilomètres et éclatent en éventail : le front allemand est bientôt crevé sur 200 km ! La 3e Choc se sépare en deux. Sa droite se rabat vers Belgard sur les arrières du Groupe Tettau et du Xe Corps SS (lieutenant-général Krappe), pendant que la 1re Armée de tanks de la Garde file droit sur Kolberg où, sur la seule route disponible, le 11e Corps blindé de la Garde et le 8e Corps mécanisé s'offrent un formidable embouteillage. La gauche de la 3e Armée de Choc fonce vers l'île de Wollin, à l'embouchure de l'Oder, accompagnée au sud par la 2e Armée de tanks de la Garde.

Ahuri par la volatilisation de son front, le général Raus, commandant la 3e Armée Panzer, demande à Himmler et à Guderian d'autoriser le repli de ses deux éléments de gauche. Refus. Le 3 mars, le Xe Corps SS et le Groupe Tettau sont encerclés, pendant que la 1re Armée de tanks roule vers la côte à tombeau ouvert.

> « Notre attaque se développa si rapidement que les gens dans les villes vaquaient à leurs occupations au rythme normal de la vie au moment où nos tanks apparaissaient dans les rues. Avant que la population ait compris ce qui se passait, les chars avaient déjà disparu en direction du nord. Pour les chars, il n'y avait pas d'autre mission que rouler, rouler[1]. »

1. A. Kh. Babadjanian, *Dorogi Pobedy*, trad. all. *Hauptstosskraft*, p. 235.

Le 4 mars 1945, les 750 chars de Katoukov atteignent la Baltique, de part et d'autre de Kolberg, qui se trouve encerclée, bondée de 80 000 réfugiés.

La désagrégation de certaines unités allemandes devient évidente :

> « Le désarroi devenait terrible. La nuit, en grand nombre, des soldats qui avaient quitté leur formation et jeté leurs armes se joignaient aux unités encore constituées. Leurs tristes silhouettes – bâtons en main et sac au dos – quittaient les fermes isolées, s'approchaient de la troupe encore disciplinée puis disparaissaient au matin pour se tenir cachées le jour durant. (...) Sur l'Oder même se déroulaient des scènes qu'aucune plume ne peut décrire. Surtout dans le secteur de Kammin et de Dievenow se pressaient 30 000 soldats isolés et 40 000 civils au milieu de quelques unités encore en état de combattre[1]. »

Le X^e^ Corps SS se trouve dans une situation sans issue, coincé entre la 1^re^ Armée polonaise à l'est, la 3^e^ Choc à l'ouest, les chars de Katoukov au nord. Le général Günther Krappe abandonne alors le combat et ordonne le sauve-qui-peut le 5 mars. Il est fait prisonnier, comme la plupart de ses 15 000 hommes. De petits groupes parviendront à Kolberg en marchant de nuit, se nourrissant des provisions trouvées dans les débris des colonnes de réfugiés écrasées sur les bas-côtés des routes. En revanche, le groupe de 10 000 hommes mené par le général Hans Tettau (les restes de cinq divisions, dont la Panzer *Holstein*), décide de percer vers le nord-ouest. Profitant du départ de la 1^re^ Armée de tanks de la Garde vers l'est, il réussit, du 5 au 9 mars, à parcourir 100 km sur les arrières de la 3^e^ Choc, jusqu'aux petits ports de Hoff et de Horst, où il forme une tête de pont. Au passage, il emmène avec lui 40 000 réfugiés épuisés. Mais les deux ports sont vides : la *Kriegsmarine* a évacué. Dans la nuit du 10 mars, Tettau décide de percer le long des plages en direction des bouches de l'Oder. Les 20 km qui le séparent de Dievenow sont un chemin de croix parcouru sous les obus soviétiques. Sur les plages, des milliers de corps, soldats et civils, gisent au milieu des charrettes écrasées, des véhicules de combat incendiés, des chevaux tués. Les survivants atteignent enfin Dievenow le 11 mars, d'où la *Kriegsmarine* les transporte sur l'île de Wollin.

Kolberg, assiégée, sera le théâtre de scènes d'horreur pires encore. Proclamée forteresse par Hitler, la ville est défendue par un rassemblement hétéroclite de 3 300 soldats équipés de 8 chars réformés, 8 obusiers légers et 15 tubes de FLAK, le tout commandé par un vieux colonel au verbe tonnant, ancien du Sud-Ouest africain, Fullriede. Ignorant les ordres jusqu'au boutistes lancés par Himmler, Fullriede n'a d'autre objectif que d'évacuer par mer les femmes et les enfants. Des petits navires parviendront à remonter le Persante, le fleuve côtier qui arrose Kolberg, et à emmener 70 000 civils durant les 14 jours du siège. L'artillerie russe, puis les chars, détruisent méthodiquement les maisons, qui s'effondrent sur les réfugiés massés dans les rues étroites. Les enfants meurent de dysenterie

1. Thorwald, *Es begann...*, p. 316.

en masse, les suicides se comptent par centaines. La ville tient encore grâce aux 10 pièces de 10,5 cm des destroyers Z34 et Z43 qui tirent sans discontinuer, parfois à vue, sur les chars russes. Le 17, les deux destroyers et un gros torpilleur évacuent les derniers réfugiés et les 2 000 combattants survivants. Fullriede, qui refuse d'être le Nettelbeck[1] de Goebbels, est parmi ses hommes. Il laisse derrière lui une ville en flammes où se consument les cadavres de 10 000 civils.

## La réduction de la tête de pont de Stettin

À l'extrême gauche du dispositif de Joukov, nous avons laissé les 61e et 47e Armées, les deux plus faibles du 1er Front de Biélorussie, à l'attaque en direction de la capitale de la Poméranie, Stettin. Lancées à partir du 2 mars, les attaques frontales de la 47e Armée (général Perkhorovitch) se brisent sur la résistance de la 281e I.D, d'un régiment de la division SS *Nordland* et du gros de la 1re Division d'infanterie de Marine. À sa droite, la progression de la 61e Armée (Belov) se bloque après 20 km. Le IIIe *Panzerkorps* SS (germ.) tient bon et les contre-attaques de la 10e Panzer étêtent les pénétrations locales des hommes du général Belov. Mais l'affaire se joue dans le dos des formations allemandes, 50 km au nord, lorsque la 2e Armée de tanks de la Garde tourne brutalement de 90 degrés vers l'ouest. Le 5 mars, les tanks sont dans Cammin, à 10 km de la mer, sur la Dievenow, le bras oriental de l'Oder ; le grand pont de Wollin est sous le feu russe. Pour les unités situées au sud, il ne reste de possibilité de repli que par les deux ponts d'Altdamm (route nationale et autoroute) et par celui de Greifenhagen : la retraite en direction de ces ouvrages devient inévitable. Pour sa part, la 3e Armée de Choc touche aux bouches de l'Oder, là où le grand fleuve se transforme en lagon (*Stettiner Haff*) avant de contourner les îles de Wollin et Usedom.

Le 7 mars, les Allemands ont reconstitué une ligne de front sur la rive est de l'Oder, entre Gollnow, au nord, et Greifenhagen, au sud, Altdamm se trouvant à équidistance de ces deux villes. La tête de pont mesure 80 km de long, sa largeur varie de 15 à 30 km. Elle est quasi intégralement couverte de forêts, les lacs sont nombreux ; l'Oder présente un réel obstacle avec de multiples bras, des lagons, des marais renforcés d'inondations. La défense est facile pour les 45 000 hommes que le nouveau chef de la 3e Armée Panzer, Hasso von Manteuffel, a laissés sur la rive orientale du fleuve. L'idée de Manteuffel est simple : tant que la *Ostheer*

1. Durant l'été et l'automne de 1944, Veit Harlan réalise, à la demande de Goebbels, une superproduction en couleurs, qui sera le dernier film nazi. Il s'agit de reconstituer le siège de Kolberg par les troupes françaises en 1807 en mettant en évidence l'héroïsme de la population et de ses deux chefs, Joachim Nettelbeck (auquel Goebbels s'identifie) et le jeune major von Gneisenau (que les critiques rapprochent du général Schörner). Goebbels investit 8,5 millions de marks, la *Ostheer* prête des milliers d'hommes pour la figuration. La première a lieu à Berlin le 30 janvier 1945.

tiendra cette tête de pont, les Soviets seront contraints d'engager des forces contre elle, ce qui retardera d'autant leur concentration dans l'axe de Berlin. *Bremsen*, freiner, est le mot qui revient le plus dans les communiqués allemands de l'époque. La disposition du port de Stettin et la libre communication avec celui de Swinemünde, en pleine mer, sont d'autres raisons de défendre en avant de l'Oder. Il en va du ravitaillement de Dantzig, Pillau (Prusse-Orientale) et Libau (Courlande).

Hasso von Manteuffel, 48 ans, est l'antithèse de Schörner. C'est un aristocrate d'origine poméranienne, fin cavalier, issu d'une lignée de généraux et de maréchaux. Poussé dans l'ombre de Guderian, il se passionne pour les Panzers comme ses ancêtres pour la cavalerie. Arrivé commandant sur le front russe, il part colonel en Afrique en juillet 1942, revient en Russie comme major-général à la tête de la 7e Panzer en 1943, prend la *Grossdeutschland*, puis devient *General der Panzertruppe* à la tête de la 5e Armée Panzer pendant l'offensive des Ardennes, pour laquelle il montre quelque tiédeur. Nommé le 2 mars 1945 en remplacement de Raus, il est à Stettin le 10. Son arrivée marque un raidissement net de la défense. Mais, le 11, Manteuffel reçoit un ordre surréaliste : attaquer pour agrandir la tête de pont ! Aussitôt, il fait câbler à l'OKH et au Groupe d'Armées Vistule les quantités de carburant et de munitions nécessaires à l'attaque. Il faut alors bien constater en haut lieu que ces moyens n'existent plus, tout étant alors affecté en priorité à la défense de l'Oder moyen, sur l'axe de Berlin. Un rapport du 14 mars adressé au Groupe d'Armées donne l'état d'une partie des forces placées dans la tête de pont :

> « 25e PzDiv. (1 régiment sans armes) : engagée ; Pz.Div.*Schlesien* (sans capacités offensives) : engagée ; 10e SS Pz.Div. *Frundsberg* : engagée ; *Führer-Grenadier Div.* (état satisfaisant) : en voie de rassemblement ; 20e Pz.Gren.Div (Panzergrenadiers à pied) : en voie de rassemblement ; 169e I.D (1/3 engagé, 2/3 en cours d'arrivée) ; 9e Div. de chasseurs parachutistes (en cours de reconstitution, jusqu'au 23 mars, avec des effectifs épuisés et incapables d'attaquer) ; Pz.Div. *Holstein* (unités disponibles mais sans armes lourdes) ; 5e division de chasseurs (sans armes lourdes) ; 163e I.D (du Groupe Tettau, sans armes lourdes)[1]. »

Le 12 mars, Joukov fait arrêter les attaques décousues des 47e et 61e Armées. Il renvoie la 3e Armée de Choc dans l'axe de Berlin, où elle jouera un rôle de premier plan, garde les deux Armées les plus faibles et son marteau-pilon, la 2e Armée de tanks de la Garde. Ce même jour, la 8e *US Air Force* détruit la ville et le port de Swinemünde. Sept cents B-17 et B-24 larguent 1 609 tonnes de bombes, dont un tiers à fragmentation. Utilisées au-dessus d'une ville bondée de réfugiés de Poméranie, ce type de munition provoque une tuerie innommable, le bilan s'établissant entre 8 000 et 25 000 morts. Puis les bombardiers s'en prennent à la rade où s'entassent 70 navires pleins à craquer de femmes et d'enfants venus de

1. *Das deutsche Reich*..., vol. 10/1, p. 565, ndbdp.

Prusse. Sept sont coulés, dont l'*Andros*, un vapeur de 3 000 tonnes, sur lequel 570 personnes brûlent vives. Aucun appareil de la Luftwaffe n'a pu intercepter, tout étant engagé au-dessus du champ de bataille poméranien.

Le 13 mars, arrivent les quatre divisions d'artillerie de rupture demandées par Joukov, ce qui permet de concentrer dans la nuit 250 à 280 pièces par km. De plus, tous les chasseurs et les bombardiers disponibles reçoivent mission de s'en prendre au secteur d'Altdamm. Le lendemain à l'aube, après une heure de pilonnage, les *hourrah* de l'infanterie retentissent. Les fantassins soviétiques sont alors pris sous un feu violent venu des batteries côtières non détectées. Surpris par l'arrivée des gros calibres, forcés de se mettre à couvert par les tirs d'armes automatiques qui proviennent des bois, les soldats de Belov et de Perkhorovitch n'avancent que de 1 500 mètres dans la matinée. Dans l'après-midi, plusieurs percées sont refoulées par des contre-attaques de la 10e Panzer SS *Frundsberg*.

Le 15, Hitler abandonne l'idée d'attaquer les forces de Joukov pour les empêcher d'aller vers le sud. Il choisit de vidanger la 3e Armée Panzer de 40 % de ses forces pour les attribuer à la 9e Armée positionnée face à la tête de pont soviétique de Küstrin : le rapport cité plus haut liste les unités mises ainsi sur le départ. Le même jour, Joukov renvoie ses hommes à l'assaut. Cette fois, la coopération inter armes donne à fond ; Perkhorovitch et Bogdanov ont visité ensemble le champ de bataille, décidé de la zone de rupture, de la ligne d'introduction de la 2e Armée de tanks, des procédures de coopération entre fantassins et tankistes. À 6 h 00, le 15 mars, l'artillerie dévaste les lignes allemandes pendant que l'aviation s'en prend à tout ce qui bouge ou roule entre l'Oder et le front, matraquant tout particulièrement les batteries côtières. La 47e perce et avance de 5 km vers le fleuve. Le 16, Manteuffel téléphone que les régiments sont réduits à 50 hommes ! Il prévient que le retrait annoncé de la 20e *Pz.Gren.Div.*

> « représente, au moment où la bataille défensive atteint son point de crise, un risque très lourd pour le maintien de la tête de pont[1] ».

Le 17 mars, le carnage continue : canonnade, percée de l'infanterie et, le 18, introduction des Corps blindés qui ravagent l'infanterie allemande. Le lendemain, devant la menace d'une arrivée des T-34 à Altdamm, qui condamnerait à la destruction tous les défenseurs de la tête de pont, l'état-major du Groupe d'Armées Vistule communique à l'OKH qu'il faut immédiatement faire passer tout le monde sur la rive occidentale. L'évacuation se déroule dans le désordre dans la nuit du 20 mars. Le lendemain, les tanks russes entrent dans Altdamm dévastée. Le grand pont sur l'Oder a sauté. Sur la rive droite, les Russes découvrent un immense cimetière de véhicules et comptent plus de 1 000 cadavres carbonisés par les bombes d'avions.

À ce moment l'Armée rouge tient l'Oder, de la mer à Küstrin, sur 250 km de long. Ses Armées vont pouvoir s'aligner en vue de l'assaut sur

1. *Das deutsche Reich…*, vol. 10/1, p. 567.

Berlin. Le port de Stettin est inutilisable, les bouches de l'Oder se trouvant sous le feu. L'opération Poméranie-Orientale a coûté 52 303 hommes[1] au 1er Front de Biélorussie (sans les pertes polonaises), environ 58 000[2] à la 3e Armée Panzer (sans compter le *Volkssturm*).

### *3. La chute de Dantzig (5-31 mars 1945)*

**Rokossovski se tourne vers l'est** *(carte 21)*

Conformément au plan de l'opération Poméranie-Orientale, une fois sur la côte, le 2e Front de Biélorussie se tourne tout entier vers la zone fortifiée de Dantzig-Gotenhafen, à l'exception d'un Corps de la 19e Armée chargé de monter la garde vers l'ouest. Pour accéder à la zone urbaine du « couloir » de Dantzig (Gotenhafen-Zoppot-Dantzig), les troupes soviétiques doivent traverser la Poméranie-Orientale, une région rurale et forestière, dénuée d'agglomérations importantes (Stolp n'a que 50 000 habitants). Deux petits fleuves côtiers, des bois, d'importantes fortifications sur la côte mais surtout des routes encombrées par des centaines de milliers de réfugiés sont les principaux obstacles. Dans ses mémoires, Rokossovski explique sobrement pourquoi son seul impératif est alors la VITESSE et indique le moyen qu'il trouve pour en acquérir :

> « Nous voulions en finir aussi vite que possible avec l'ennemi encerclé, mais pour ça il nous fallait des unités rapides que nous n'avions pas. Cela m'amena à prier la STAVKA de (me) subordonner une des deux Armées de tanks du 1er Front de Biélorussie. Nous devions liquider rapidement l'ennemi en Poméranie-Orientale pour libérer au plus tôt les troupes en vue de l'opération décisive vers Berlin. Staline fut du même avis et me dit qu'il ordonnerait aussitôt qu'on me transfère la 1re Armée de tanks de la Garde, qui avait entretemps été introduite dans notre voisinage immédiat[3]. »

Que Staline consente à envoyer le fer de lance de Joukov à 350 km à l'est de l'Oder, pour une durée indéterminée, peut étonner. L'objectif principal n'est-il pas Berlin ? Sa décision révèle plusieurs choses.

1 – Dans la compétition pour Berlin, pour l'Allemagne entre Elbe et Oder et pour la Tchécoslovaquie, il juge que l'Armée rouge a encore de l'avance sur les Anglo-Saxons. Ceux-ci ne bordent le Rhin entre Moselle et Hollande que le 10 mars 1945.

2 – Staline n'aime pas l'idée de laisser trois Armées ou Groupes d'Armées allemands, totalisant 600 000 hommes, sur ses arrières car la marine et l'aviation soviétiques ne sont pas en mesure d'interdire le trafic sur la Baltique. Certes, la marine rouge aligne sur le papier 1 cuirassé, 2 croiseurs lourds et 12 destroyers abrités par une Armée aérienne. Mais ces unités ont beaucoup souffert des bombardements allemands de 1941-1943, du manque d'entretien et de personnel. Par ailleurs, le golfe de Finlande est toujours lourdement miné. Tout cela explique que l'on ne verra

1. Krivosheev, *Soviet casualties*…, p. 156.
2. *Das deutsche Reich*…, vol. 10/1, p. 567.
3. Rokossovski, *Soldatskiy dolg*, p. 406.

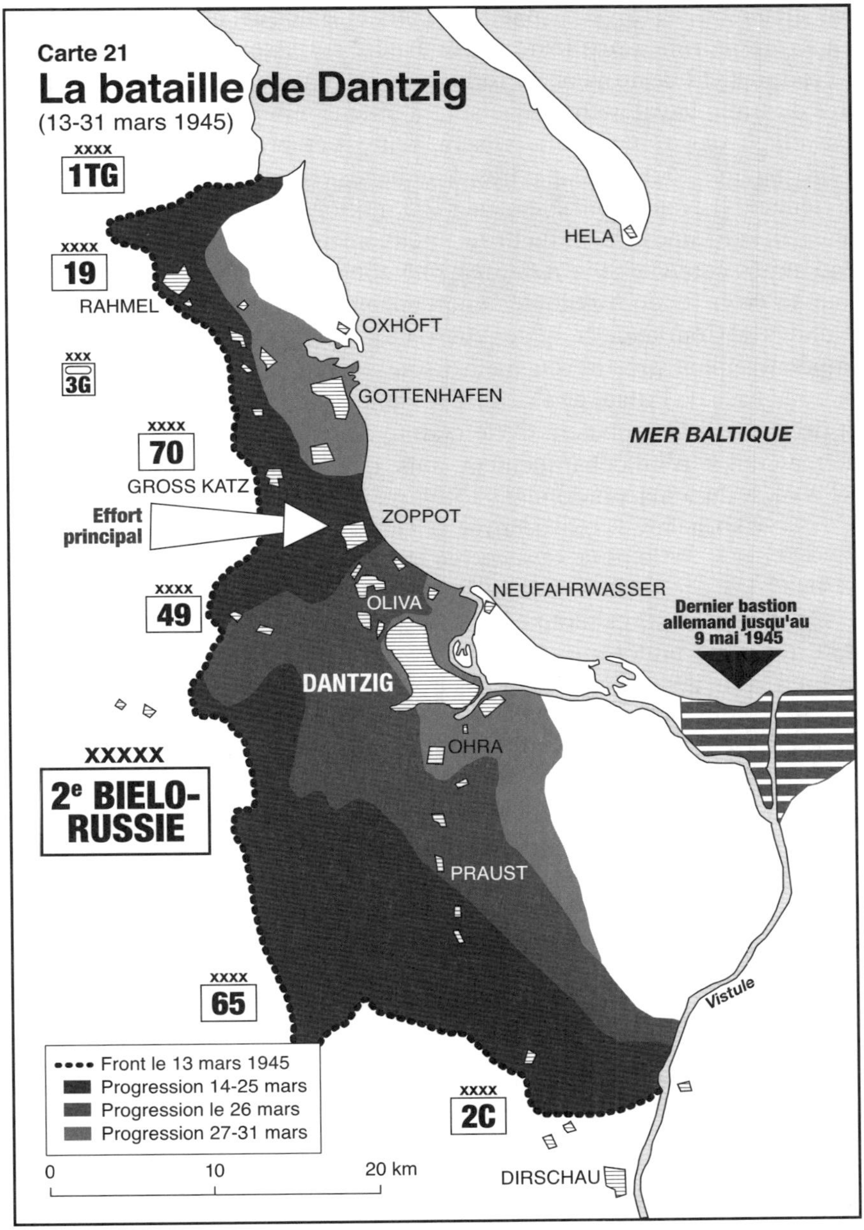

Carte 21
La bataille de Dantzig
(13-31 mars 1945)
XXXX
1TG
XXXX
19
RAHMEL
XXX
3G
XXXX
70
GROSS KATZ
Effort principal
XXXX
49
XXXXX
2e BIELO-RUSSIE
XXXX
65
XXXX
2C
HELA
OXHÖFT
GOTTENHAFEN
MER BALTIQUE
ZOPPOT
NEUFAHRWASSER
OLIVA
DANTZIG
OHRA
PRAUST
DIRSCHAU
Vistule
Dernier bastion allemand jusqu'au 9 mai 1945
Front le 13 mars 1945
Progression 14-25 mars
Progression le 26 mars
Progression 27-31 mars
0
10
20 km

pas même un destroyer[1] soviétique dans la Baltique au printemps 1945. La *Kriegsmarine* a meilleure allure avec 2 cuirassés, 2 croiseurs lourds, 3 croiseurs, 12 destroyers, 17 torpilleurs et 19 vedettes rapides. Les chiffres du trafic naval germanique sont d'ailleurs éloquents. L'opération de sauvetage des réfugiés mobilisera, entre octobre 1944 et mai 1945, 1 081 navires, dont 672 navires marchands, quasiment sans protection aérienne[2]. Ils réussiront à évacuer 2,5 millions de réfugiés au cours de plusieurs dizaines de milliers de mouvements au prix, il est vrai, de 245 unités coulées. Si la *Kriegsmarine* conserve sa liberté d'action, Staline se croit fondé à redouter une concentration ennemie par transfert d'unités de Courlande et/ou de Prusse-Orientale vers Dantzig. Il faut donc impérativement prendre ou mettre sous le feu des canons soviétiques, outre la base de Pillau, en Prusse-Orientale, (voir plus bas), celles d'Héla et de Dantzig-Gotenhafen. Cette crainte de transferts maritimes devient même crainte d'un débarquement, ainsi que le montre la directive de la STAVKA du 5 mars ordonnant à Rokossovski d'aller prendre Dantzig :

> « 3. Une fois la côte nettoyée, organiser une forte défense, en utilisant à cet effet le 3e Corps de cavalerie de la Garde et un certain nombre d'autres unités[3] ».

3 – L'autre option aurait été de faire bloquer Dantzig-Gotenhafen par de l'infanterie plutôt que de s'en emparer. Mais cela aurait immobilisé jusqu'à la fin de la guerre au moins trois des Armées de Rokossovski. Or, en 1945, après les pertes immenses subies depuis 1941, l'Armée rouge EST À COURT D'INFANTERIE et ne vit, dans ce domaine, que d'expédients.

Donner la 1re Armée de tanks de la Garde à Rokossovski est cohérent avec l'ensemble de ces préoccupations : il s'agit d'en finir au plus vite avec la Prusse. Une victoire éclair en Prusse-Occidentale permettra de ramener sur l'Oder de Stettin l'ensemble du 2e Front de Biélorussie. Dans son attaque vers Berlin, Joukov sera ainsi épaulé à droite par Rokossovski, et à gauche par Koniev.

---

1. Seuls quelques-uns des 20 sous-marins soviétiques sont actifs dont le *S-13* qui, le 30 janvier, coule le *Wilhelm Gustloff* (25 500 tonnes), au large de Gdynia (4 000 victimes civiles) et, le 13 février, le *General Steuben* (14 000 tonnes) au large de Pilau (2 000 blessés meurent noyés). Les torpilles du *L-3* sont responsables du plus grand désastre maritime de l'histoire, le naufrage du Goya (5 200 tonnes) avec 6 000 personnes à bord, le 16 avril.

2. Chiffres tirés de Heinz Schön, *Ostsee'45*, p. 648-649. La plupart des navires allemands coulés le seront par la V.V.S. Le « palmarès » de l'évacuation des réfugiés s'établit ainsi : Héla 495 810 évacués, Pillau 441 230, Gotenhafen, 406 817, Dantzig 181 310, Kolberg 128 582, Königsberg 51 000. L'opération d'évacuation – la plus importante de tous les temps – est placée sous la responsabilité du contre-amiral Konrad Engelhardt.

3. Yarochenko, Bulanko, Sutulov, VIZh, *Documents sur l'opération de Poméranie-Orientale*, N° 3, mars 1985, p. 75-80.

Pour autant, Joukov n'apprécie guère de voir partir les forces de Katoukov. Le 8 mars, jour du rattachement de l'Armée de tanks à Rokossovski, il ne peut s'empêcher d'écrire sèchement à celui-ci :

« Je porte à votre attention que vous avez à me rendre cette Armée dans l'état où elle vous arrive[1]. »

Renonçant à tout regroupement de ses forces, Rokossovski les fait converger vers Dantzig, comme elles sont. À l'est, la 2e Armée de Choc traverse la *Tucheler Heide* et s'empare de Preussische Stargard le 8 mars. Un de ses Corps longe la Vistule jusqu'à Marienburg, complétant ainsi l'encerclement de la vieille citadelle des chevaliers teutoniques. Malgré les salves du croiseur *Prinz Eugen*, la garnison évacue dans la nuit du 8 au 9 mars. Le 10, Elbing, assiégée depuis 45 jours, tombe à son tour. Dès lors, il n'y a plus aucun espoir pour les Allemands de rétablir un lien entre Prusse-Orientale et Prusse-Occidentale.

À gauche de la 2e Choc, les 65e, 49e et 70e se rabattent d'un seul mouvement vers Dantzig. L'opposition à leur marche est faible.

À l'extrême gauche, la 19e Armée et son poisson-pilote, le 3e Corps blindé de la Garde du général Panfilov, ont la plus grande distance à parcourir, 150 km. Le 6 mars, on n'avance que de 12 km. Le VIIe Corps Panzer (40 chars, 4e et 7e Divisions Panzers) mène des actions de retardement à base d'embuscades à chaque croisement important, aux abords des villes (Rügenwalde, Stolp), sur la Leba. C'est sur ce petit fleuve côtier que, le 8 mars, le général Weiss a promis d'accrocher sa défense. Mais faute de munitions, de carburant, de chars en état, le freinage n'est guère efficace. Le 7 mars, Panfilov réussit à s'emparer de deux ponts intacts sur la Lupow, qui lui livrent Stolp le lendemain. Puis, le 9 mars, les tankistes parcourent 45 km d'une seule haleine. Derrière, Romanovski essaie de garder le contact en mettant ses fantassins sur des charrettes à chevaux, des vélos, des side-cars, des autos civiles, des camions pris aux Allemands. Le 10 mars, le 40e Corps de fusiliers de la Garde s'empare de Lauenburg. Viols, destructions, incendie…

Le 9 mars, les colonnes de la 1re Armée de tanks de Katoukov abattent 120 km dans la journée et rattrapent les pointes de la 19e Armée. Le 10, les T-34 passent la Leba puis le canal de Brenkenhof, refoulant le VIIe *Panzerkorps*. Sur les routes, le spectacle de la défaite allemande s'étale : véhicules abandonnés, dépôts et ponts intacts, villes non défendues, cadavres victimes de l'aviation, immenses colonnes de réfugiés avançant au pas du cheval… Le lieutenant Hans Schaüfler, officier de transmission à la 4e Panzer, se trouve ainsi coincé sur son half-track, près de Karthaus, 33 km à l'ouest de Dantzig.

« Sur les routes et les chemins, c'était une irrémédiable pagaille. Les gens terrorisés réagissaient à peine. Les Prussiens de l'Ouest, des régions de Tuchel, Konitz, Berent, voulaient gagner Dantzig par la voie la plus directe et, refusant de croire que ce n'était plus possible, ne voulaient pas faire le

1. Rokossovski, *Soldatskiy dolg*, p. 407.

détour par Schönwalde. Les réfugiés de Prusse-Orientale, qui étaient en route depuis six semaines et avaient trouvé un peu de répit à Karthaus, tentaient de forcer le passage vers la Poméranie, parce qu'ils n'imaginaient même pas en rêve que cet itinéraire était depuis longtemps interdit par l'Armée rouge. Et les plus malheureux des malheureux, qui avaient été chassés de Poméranie par les Soviets (…), avançaient mécaniquement vers l'est, sourds à tous les autres. (…)

L'aviation soviétique les prenait en chasse. Les mères traînaient leurs enfants morts dans leurs bras. Sur les chariots, entre les biens hâtivement entassés, étaient allongés les corps déchiquetés des morts et des agonisants à côté des blessés et des malades (…) Dans leurs yeux se lisait la terreur, qui menait certains presque au bord de la folie. (…) Les avions soviétiques faisaient pleuvoir les tracts : Soldats allemands ! Cessez votre résistance ! Rendez-vous à l'Armée rouge ! Nous vous garantissons que vous serez bien traités et que vous rentrerez chez vous sitôt la guerre finie[1]. »

Dans ce chaos qui mêle civils et militaires, les officiers doivent dégainer pour rassembler les fuyards, les remettre en formations, fouiller les véhicules abandonnés pour trouver au moins des armes individuelles. À Neustadt, les Russes s'emparent de plusieurs milliers d'hommes sans armes, démoralisés. Sur la route menant à Gotenhafen, 140 soldats sont pendus aux arbres pour désertion ou pour l'exemple et resteront accrochés plusieurs jours durant, sur ordre du commandant de secteur[2]. Malgré le désordre, les unités allemandes, toutes à pied, évitent l'encerclement, ce qui est en soi un succès, à relativiser quand même puisque les tankistes soviétiques ont pour consigne formelle de ne pas se laisser accrocher par des résistances locales. Le 12 mars, le 11e Corps blindé de la Garde est sur les quais de Putzig (Puck), devant les fortifications nord de Gotenhafen (Gdynia).

## La bataille des ports

Le rouleau compresseur mis en route par Rokossovski rejette une masse de civils et de militaires vers les deux seules portes de sortie, les ports de Gotenhafen (Gdynia) et de Dantzig. Le commandant du district militaire de Dantzig, le général Specht, reçoit en une semaine environ 1 million et demi de réfugiés, 25 000 blessés et 100 000 soldats de la 2e Armée, portant la population de la zone côtière à 2,2 millions, si l'on en croit un radiogramme[3] expédié par Weiss à l'OKH le 8 mars. La *Feldgendarmerie* tente à grand peine de démêler les unités qui se pressent en cohue. Il y a là les débris de treize divisions d'infanterie[4], de trois Panzers et Panzergrenadiers (4e, 7e, éléments de la *Grossdeutschland*) et de la 4e Division SS de Police. Moyennant quelques exécutions sommaires,

1. In Hans Schaüfler, *1945 Panzer an der Weichsel*, p. 65-66.

2. Cité par Ehrenfried Schütte, WWR, *Wie die Rote Armee Hinterpommern eroberte*, p. 359.

3. *Das deutsche Reich…*, vol. 10/1, p. 559.

4. Soit les 215e, 32e, 227e, 73e, 83e, 252e, 389e, 35e, 7e, 23e, 337e I.D, 542e V.G.D et 12e Division de la Luftwaffe.

l'ordre revient et les unités, détournées des embarcadères où elles croyaient aller, sont affectées le long des 150 km que mesure le périmètre du camp retranché.

Le 13 mars, la ligne de résistance s'en va de Rahmel, sur des hauteurs boisées propices à la défense (côte 205,8), au nord de Dirschau, sur la Vistule, où les marais abondent, incluant les ports d'Oxhöft, Gotenhafen, Zoppot, Dantzig, Neufahrwasser puis le delta de la Vistule. La veille, le général Dietrich von Saucken a remplacé Weiss à la tête de la 2e Armée, rattachée par la même occasion au Groupe d'Armées Nord, le contact s'opérant par le cordon lagunaire d'Héla, Pillau et le Samland (voir carte). Hitler a chargé Saucken de garder coûte que coûte les bouches de la Vistule au Reich et la base maritime de Hela. Saucken, lui-même Prussien, se préoccupe avant tout de gagner le temps nécessaire à l'évacuation maritime des civils. À la différence de ce qui se passe en Prusse-Orientale, il impose sans difficultés son autorité au *Gauleiter* local, Albert Forster, en voie d'effondrement moral.

Impressionné par l'ampleur de la débâcle de la 2e Armée, Rokossovski croit pouvoir s'emparer des ports dans la foulée. Il monte hâtivement un assaut sans même prendre le temps de laisser arriver tous les éléments de ses Armées ; du nord au sud, la 1re Armée de tanks de la Garde, les 19e, 70e, 49e, 65e, 2e Choc. Il sous-estime l'adversaire qui reçoit maintenant carburant et munitions par les transports de la *Kriegsmarine*. Il néglige la valeur des fortifications qui se dressent devant lui. Autour de Gotenhafen, celles de l'Armée polonaise, réalisées dans les années trente, ont été remises en état. Ailleurs, les grands travaux lancés en août 1944 sont terminés à 86 %[1]. On compte trois lignes de défense, des fossés antichars, des centaines de bunkers en béton, des champs de mines, des emplacements protégés pour l'artillerie et les armes automatiques Surtout, la 2e Armée peut compter sur l'appui-feu de la *Kriegsmarine*. Les batteries côtières sont puissantes et orientables vers l'intérieur, de grosses unités circulent dans la baie. Leurs calibres écrasent par exemple le port de Putzig, contraignant la 44e Brigade blindée de Gussakovski à évacuer les lieux sous peine d'anéantissement. Durant toute la guerre, Gotenhafen a servi d'abri aux croiseurs et cuirassés de la *Kriegsmarine*. Aussi la densité de FLAK est-elle exceptionnelle. Des dizaines de pièces de 8,8 cm barrent les principaux axes et les canons doubles et quadruples de 2 cm sont versés en quantité aux unités de l'avant ; les servants sont nombreux et expérimentés, les stocks de munitions considérables. Enfin, les soldats de Saucken retrouvent le moral à constater que la noria de navires qui emmènent les réfugiés pourrait, si besoin était, aussi les évacuer vers le Reich.

Rokossovski explique à ses chefs d'Armée qu'une poche, pour être réduite, doit d'abord être fragmentée ; frapper partout à la fois n'a aucun sens, il a lui-même (mal) vécu une situation analogue devant Stalingrad. Aussi place-t-il le centre de gravité de son attaque dans le secteur le plus

1. *Das deutsche Reich*..., vol. 10/1, p. 561.

proche de la côte, entre les 49e et 70e Armées, qui ont 10 km à parcourir pour atteindre la station balnéaire de Zoppot, coupant ainsi la poche en deux. Le 14 mars, l'attaque démarre après une courte préparation d'artillerie et un assaut de la V.V.S (4e et 16e Armées aériennes) sur les aérodromes de la Luftwaffe. Puis il commence à pleuvoir sans discontinuer, la zone d'attaque se transforme en une mer de boue avec visibilité réduite à 150 m. Mauvaise surprise, aux canons soviétiques répondent les pièces lourdes des batteries côtières, celles du vieux navire de ligne *Schlesien* (4 × 280 mm et 12 × 150mm), du croiseur lourd *Prinz Eugen* (8 × 203 mm, 12 × 100 mm) et du croiseur léger *Leipzig* (9 × 150 mm) dont les silhouettes sont bien visibles sur les eaux grises de la baie ; leur feu est guidé par des officiers d'observation détachés près des commandants de division. Toutes les minutes, des bordées de 50 obus superlourds s'écrasent sur les positions soviétiques. L'avance est lente les premiers jours. Rokossovski doit faire monter des groupes interarmes (pionniers, chars, infanterie, canons automoteurs) et les envoyer à l'assaut à l'abri d'une bulle de brouillard artificiel. La lutte se poursuit sans interruption, de jour et de nuit, sauvage, marquée de violents combats rapprochés au *Panzerfaust* et au P.M. En plusieurs occasions, *Landsers* et *frontoviki* sont écrasés ensemble et indistinctement par les 203 mm du *Prinz Eugen* et les 203 mm chenillés de l'artillerie de Front. Des dizaines de T-34 flambent sous les tirs croisés des charges creuses de *Panzerfausts*, et chaque embuscade attire en retour une pluie de *katiouchas*. Les pertes allemandes sont épouvantables. SS et *Feldgendarmen* écument les villes côtières, ramassent tous les hommes en état de porter les armes, les envoient sous escorte combler les vides dans les unités combattantes et pendent par dizaines les récalcitrants avec un écriteau autour du cou : « Condamné à mort pour désertion ». Quand la première vague d'incorporés disparaît à son tour, secrétaires, boulangers, intendants, palefreniers, chauffeurs d'états-majors, prennent la place.

> « Chaque jour, les *Panzergrenadieren* recevaient un grand nombre de ces hommes sans expérience du combat. Avant que nous n'ayons retenu leur nom, ils étaient blessés ou avaient disparu[1]. »

Sans cesse, l'aviation soviétique tournoie dans le ciel, fond sur ses cibles au milieu des éclatements d'obus tirés par les centaines de pièces de FLAK. Les gains soviétiques se mesurent en centaines de mètres/jour. Des deux côtés, les hommes, souvent ivres, les yeux rougis par le manque de sommeil, rendus sourds par l'enchaînement ininterrompu des explosions, exécutent prisonniers et blessés, mutilent les corps de l'ennemi dans des accès de sauvagerie incontrôlable. L'ensemble de la zone urbaine est en ruines, les incendies succèdent aux incendies. On ne vide plus les caves où s'amoncellent les cadavres de civils : on les mure ou on les passe au lance-flammes.

1. Cité par Hans Schaüfler, *1945 Panzer an der Weichsel*, p. 85.

Après neuf fois 24 heures de cet enfer, Rokossovski ne décolère plus. On ne perce pas, le temps passe et Staline appelle chaque jour : où en est-on ? Quand allez-vous en finir ? Oubliez-vous que vous devriez déjà être sur l'Oder ? Enfin, la journée décisive finit par arriver, le 22 mars : les fusiliers de la 70e Armée et d'une partie de la 49e, appuyés par deux brigades du 11e Corps blindé de la Garde, percent jusqu'à la mer, au nord de Zoppot. La poche est coupée en deux. Mais il faut encore trois jours de combats de rues pour faire tomber la station balnéaire. Les derniers Tigres et *Jagdpanther* IV de la 4e Panzer détruisent encore une trentaine de T-34/85 avant d'être eux-mêmes démolis.

Mais le travail est loin d'être fini : Gotenhafen et Dantzig tiennent toujours. Rokossovski pousse ses troupes. Le temps presse maintenant car la compétition avec les Anglo-Saxons s'aiguise. Le 7 mars, les Américains se sont emparés du pont de Remagen ; une tête de pont puissante s'est constituée sur la rive droite du Rhin ; le 23, Montgomery franchit à son tour le fleuve à Rees et Wesel (opération *Plunder*). Le planning stratégique du Kremlin est complètement bousculé. Rokossovski apprend de Staline que, le 25 mars, la 1re Armée de tanks de la Garde lui sera retirée pour être rappelée sur l'Oder. Les centres-villes de Gotenhafen et Dantzig sont, certes, directement sous le feu de l'artillerie soviétique, mais les défenses de Gotenhafen sont sérieuses. Plusieurs dizaines de bunkers en béton abritant de la PAK 7,5 cm, des fossés antichars, proscrivent un assaut du 3e Corps blindé de la Garde ; d'énormes entrelacs de barbelés laissent mal augurer d'une affaire menée par l'infanterie épuisée de la 19e Armée. Le 24, Rokossovski adresse aux défenseurs un appel à la reddition. Quelques heures plus tard, Hitler répond à Saucken :

> « Défendre chaque mètre carré de Dantzig et de Gotenhafen revêt une importance décisive. »

Le même jour, la chance sourit aux Soviétiques.

> « Une jeune et jolie Polonaise atteignit un des petits villages non loin de Gotenhafen et se présenta à I.F. Dremov, commandant du 8e Corps mécanisé de la Garde. Elle lui remit une carte. Dremov la regarda de près et réalisa qu'il avait dans les mains un plan de la forteresse de Gotenhafen, montrant la totalité du système de feux allemand. Dremov prit le temps de réfléchir ; était-ce un coup de chance, ou une sorte de provocation fasciste ? Mélangeant des mots polonais et russes, la fille attira l'attention sur les points faibles de la forteresse et sur les secteurs qu'il se montrerait le plus avantageux d'attaquer[1]. »

Le 24, les groupes de combat de Katoukov s'infiltrent suivant les indications de la jeune résistante polonaise[2], mettent hors de combat plusieurs

1. Katoukov, *Na Ostrie Glavnovo Udara*, cité par C. Duffy, *Red Storm…*, p. 225-227.

2. Gdynia, polonaise à 95 %, est annexée au Reich en septembre 1939 après la conquête de la Pologne. 38 000 habitants polonais sont déportés sans ménagements vers le Gouvernement général. Mais plusieurs milliers d'autres y reviendront pour travailler au port et dans les usines de guerre. Il est probable que cette jeune Polonaise faisait partie de ces travailleurs forcés.

points d'appui, qui libèrent un passage pour les chars et l'infanterie. Attaqués de tous côtés, les défenseurs se battent jusqu'à la mort, tandis que la noria des navires évacuant les civils s'accentue. L'artillerie soviétique en touche plusieurs. Le 26, un terrible barrage de *katiouchas* (30 minutes sans répit !) plonge la ville dans une nuit de poussières et de cendres. Au crépuscule, les marins font sauter les dernières installations portuaires en état. Huit mille soldats et 15 000 civils rendus fous par le bombardement quittent la ville et se réfugient à 5 km au nord, sur le plateau de Oxhöft, qu'Hitler s'empresse de nommer *Festung*. Mais Saucken s'entend avec la *Kriegsmarine* pour évacuer dans la semaine tout le monde vers Hela.

Dantzig ne tiendra pas plus que Gotenhafen. L'esprit de résistance des soldats fléchit le 27 mars, lorsque la rumeur diffuse la nouvelle de la mort du chef de la 4$^{e}$ Panzer, le général Betzel, véritable animateur de la résistance. La nuit, les hommes disparaissent par centaines des unités. Le long de la *Hindenburgallee*, des dizaines de corps de soldats sont pendus sommairement aux arbres par des escadrons de SS ivres. Les pancartes accrochées à leur cou disent :

> « J'ai été pendu parce que je n'ai pas obéi à l'ordre de mon chef de transport. »
>
> « Je suis un déserteur ».
>
> « J'étais trop lâche pour combattre. »
>
> « Je suis ici pour avoir quitté mon unité sans permission[1]. »

Beaucoup des malheureux ainsi exécutés sont de jeunes auxiliaires de la FLAK (15-16 ans) pris au sortir du domicile de leurs parents où ils se sont rendus sans autorisation. Pour les derniers combattants, le climat de désespoir se fait de plus en plus oppressant.

> « Nous entendions les appels, venus des caves et des bunkers, de ceux qui étaient démoralisés et à bout de résistance : "jetez vos armes !". Elles ne menaçaient pas ces voix du désespoir, elles imploraient[2]. »

L'artillerie russe détruit méthodiquement la ville, bientôt noyée dans les flammes ; la fumée est si épaisse que des centaines de civils meurent asphyxiés dans les caves où ils ont trouvé refuge. Dans le port, les transports de munitions *Bille* et *Weser*, touchés de plein fouet, explosent, entraînant dans la destruction les dizaines d'embarcations chargées de fuyards qui se pressent autour d'eux. Les hommes refluent en désordre le long de la côte en direction de la Vistule, entraînant des milliers de civils hagards.

> « Sur des kilomètres, la route était totalement embouteillée par une masse de véhicules disposés sur quatre files – citernes d'essence, camions de munitions, voitures à chevaux, ambulances. Il était impossible de reculer ou d'avancer. Les avions de combat russes arrivaient maintenant vague après vague et jetaient leurs bombes dans cette masse inextricable et sans défense. L'enfer doit ressembler à cela. Les munitions explosèrent, et le pétrole en flammes se répandit sur les vivants, les blessés et les morts, sur les hommes et les chevaux. Cela ressemblait à un tas de ferraille tordue dans une chambre

1. Cité par Thorwald, *Es begann*..., p. 312.
2. Cité par Hans Schaüfler, *1945 Panzer an der Weichsel*, p. 97.

de cuisson géante. C'est la pire chose que j'ai vue dans toutes mes années de service actif – et j'en ai vu beaucoup[1]. »

L'artillerie navale allemande est seule à répliquer. Le 26, un obus de 280 du *Schlesien* réussit un coup direct sur le poste d'observation de la 37e Division de la Garde. Six officiers supérieurs sont tués, dont le commandant, le major-général Sabir Rakhimov, premier Ouzbek à accéder à ce grade. Mais, menacés à leur tour par les tirs soviétiques, les grosses unités allemandes quittent la baie. Dans la nuit du 27 au 28, Sauckel ordonne l'évacuation complète de Dantzig. Des colonnes loqueteuses s'ébranlent vers le delta de la Vistule. Les pionniers font sauter les digues qui protègent le bas pays. Ces inondations rendent le delta inaccessible aux troupes russes et assureront la survie de cette tête de pont jusqu'au 9 mai 1945, après l'évacuation quasi complète des civils. Par une ironie grinçante, ce dernier carré allemand sur le territoire du Reich à l'est de l'Oder aura pour centre le camp de la mort du Stutthof. Le 30 avril 1945, encore, la *Kriegsmarine* trouvera de quoi évacuer plusieurs milliers de déportés vers Flensburg, la nouvelle capitale de Dönitz. Bel exemple de l'irrationalité profonde du nazisme.

Circulant parmi les dizaines de milliers de réfugiés qui campent à la belle étoile, Hans Schaüfler, officier de la 4e Panzer, note la présence étonnante, parce que volontaire, de nombreuses capotes kaki délavées, marquées dans le dos d'un grand KG :

> « Ce qui m'a frappé c'est que, dans quasiment chaque famille paysanne de Prusse-Orientale et Occidentale, il y avait un prisonnier français. Avec prudence, il veillait sur "sa" famille et prenait garde à ce qu'elle ne se sépare pas de lui dans la cohue. La plupart du temps, ces Français étaient les seuls hommes dans les colonnes, si l'on excepte les vieillards malades. Ils s'occupaient avant tout des enfants qui s'agitaient et qui se pendaient à leur "Jean". On ne pouvait pas les manquer. La plupart d'entre eux devaient être avec « leur » famille depuis cinq ans[2]. »

Les troupes exténuées de Rokossovski sont totalement maîtresses de Dantzig le 28 mars, 8 jours après la date limite fixée par Staline. Il leur reste à rebrousser chemin vers l'ouest, 250 km à parcourir à pied jusqu'à l'Oder de Stettin, pour participer au coup de grâce, l'opération Berlin.

## II. Koniev en Silésie

Le 28 janvier 1945, Koniev fait avaliser par la STAVKA ses plans pour l'opération sur Berlin. Sa tâche principale est de couvrir l'aile gauche de Joukov, qui a la responsabilité de l'axe opératif majeur. Il lui faudra attaquer en même temps que son voisin et progresser constamment à sa hauteur pour parer à toute éventualité. Koniev devra aussi pousser, de concert avec le 4e Front ukrainien, le long d'un axe secondaire, celui de

1. Schaüfler, 1973, *Der Weg war weit…*, cité par Duffy, *Red Storm…*, p. 229.
2. Cité par Hans Schaüfler, *1945 Panzer an der Weichsel*, p. 120.

l'Elbe moyen, en direction de Dresde, d'où il sera en mesure de se porter soit à droite, vers Berlin, soit à gauche, vers la Bohême, où la 1re Armée Panzer, encore de belle allure, est à saisir. Cette offensive vers Berlin « à attelage double » exige que Koniev aligne ses Armées sur celles de Joukov. À cette fin, Koniev doit venir sur la Neisse occidentale, entre Guben et Görlitz, rivière qui coule exactement nord-sud dans le prolongement de l'Oder de Francfort. Un coup d'œil à la carte montre qu'il faut pour cela d'une part prendre – ou encercler – Breslau, d'autre part conquérir l'espace entre l'Oder et les contreforts des Sudètes.

Craignant un rétablissement allemand, Koniev opte pour une offensive brusquée, avec des forces très fatiguées, peu d'aviation et une situation tendue en termes de munitions d'artillerie. Rappelons que les têtes de ligne ferroviaire du 1er Front d'Ukraine stagnent toujours 500 km en arrière.

Ce nettoyage de l'aile gauche de l'opération vers Berlin va s'avérer plus long et plus mouvementé que prévu. On ne peut cependant lui imputer la cause du retard mis à marcher sur Berlin, puisque Joukov, de son côté, et en symétrie avec Koniev, est occupé jusqu'à la fin de mars à liquider la menace sur son flanc droit.

### *1. Opération Basse Silésie (8-24 février)* (Carte 22)

Le principal obstacle à l'avance de Koniev vers la Neisse occidentale, l'épine dans son flanc, c'est Breslau, la capitale de la Silésie. Koniev juge impossible de négliger une place d'armes de cette importance, dont il s'exagère d'ailleurs le potentiel offensif. Comme il n'est plus question de s'emparer de la ville par un coup de main, son plan vise à l'encercler par un double mouvement parti de deux têtes de pont placées au nord et au sud de l'objectif. En même temps, ses grandes unités marcheront au nord-ouest pour atteindre la Neisse occidentale. L'ordre de bataille est le suivant :

– À 30 km au sud de Breslau, deux Armées (5e Garde et 21e) et leurs deux Corps blindés d'accompagnement (31e et 4e de la Garde) sortiront de la tête de pont d'Ohlau-Brieg sur l'Oder. Ils devront battre la 17e Armée, notamment la 269e I.D, et filer derrière Breslau pour chercher le contact avec l'autre pince.

– Le centre de gravité de l'attaque est placé dans la tête de pont de Steinau, à 70 km au nord de Breslau, où Koniev a constitué un puissant groupement de quatre Armées combinées (3e Garde, 13e, 52e et 6e) et deux Armées de tanks (4e et 3e de la Garde, celle-ci revenue à fond de train de Haute-Silésie). En face, Schörner a déployé la 4e Armée Panzer, commandée par le général Gräser, rescapé du naufrage sur la Vistule. La 6e et la 52e Armées soviétiques doivent isoler Breslau en l'enveloppant par le nord. Le gros des forces, mené par les chars de Leliuchenko et de Rybalko, marchera à la Bober, un affluent de la Neisse, franchira un autre cours d'eau, la Queis, puis glissera au nord et au sud du gros massif forestier (100 km de long, 45 de large) de Lusace, qui borde la Neisse, bien connu de la Wehrmacht qui y entraînait ses troupes au combat en sous-bois. Les routes traversant la forêt sont minées et barrées d'obstacles anti-

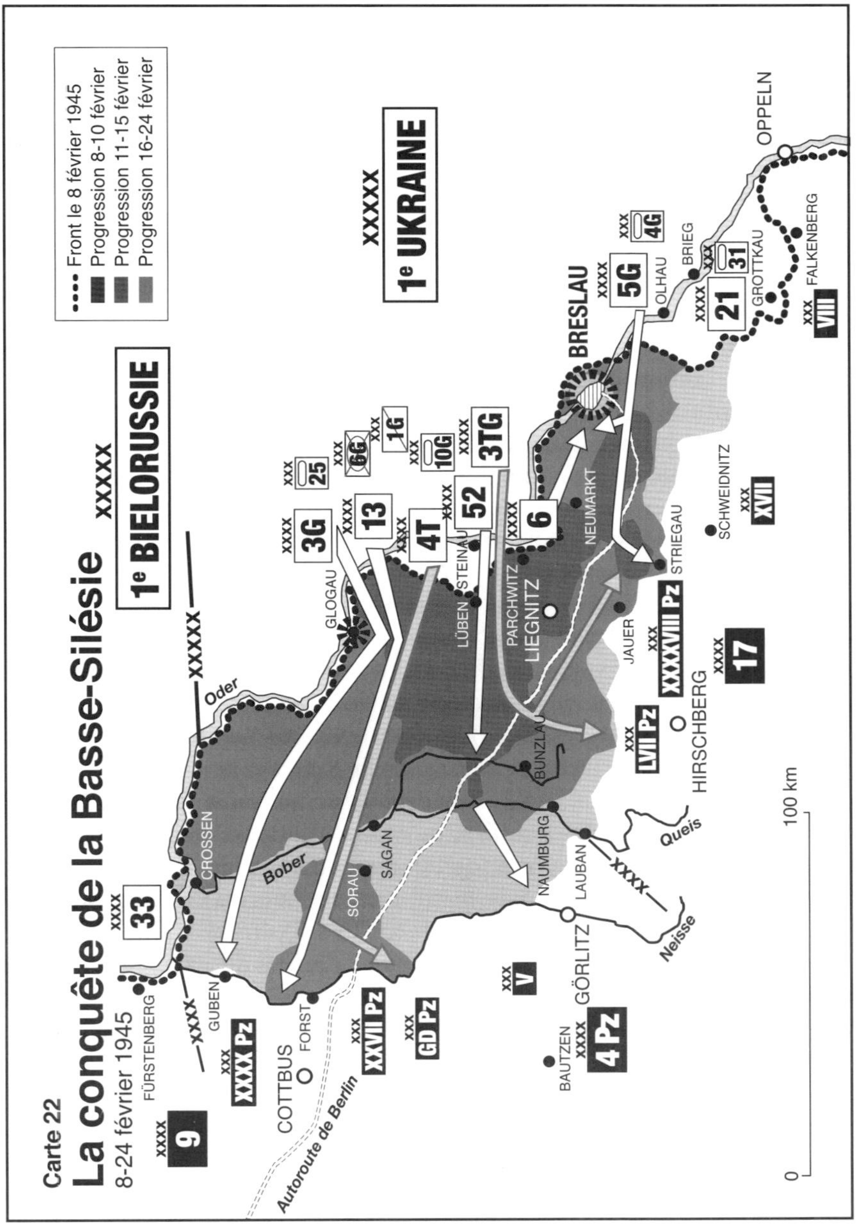
Carte 22
La conquête de la Basse-Silésie
8-24 février 1945
Front le 8 février 1945
Progression 8-10 février
Progression 11-15 février
Progression 16-24 février
1e BIELORUSSIE
1e UKRAINE
BRESLAU
OPPELN
FALKENBERG
GROTTKAU
BRIEG
OLHAU
SCHWEIDNITZ
STRIEGAU
NEUMARKT
JAUER
LIEGNITZ
PARCHWITZ
STEINAU
LÜBEN
GLOGAU
HIRSCHBERG
BUNZLAU
NAUMBURG
LAUBAN
GÖRLITZ
BAUTZEN
SAGAN
SORAU
CROSSEN
FÜRSTENBERG
GUBEN
FORST
COTTBUS
Oder
Bober
Queis
Neisse
Autoroute de Berlin
9
33
XXXX Pz
XXVII Pz
GD Pz
V
4 Pz
3G
13
4T
52
6
3TG
25
6G
1G
10G
5G
4G
21
31
VIII
XVII
XXXXVIII Pz
LVII Pz
17
0
100 km

chars. Mais, même si le personnel et l'artillerie manquent aux Allemands pour garder les obstacles, Koniev préfère ne pas engager ses chars dans ce piège potentiel où les chemins disparaissent sous la boue.

– Un troisième groupement, plus faible (59e et 60e Armées, 1er Corps de cavalerie de la Garde), sortira de la tête de pont conquise au sud-est d'Oppeln pour viser les contreforts nord des monts des Sudètes.

## Breslau encerclée, la Neisse atteinte

Le 8 février, à 5 h 10, commence une préparation d'artillerie de 50 minutes ; on ne peut faire plus long, faute d'obus. Le temps est gris, le vent fort, l'aviation parait peu. Le coup est cependant assez violent pour permettre à l'infanterie de percer sur 10-15 km. Immédiatement introduites, les deux Armées blindées progressent de 30 à 60 km. À droite, la 4e Armée de tanks prend Primkenau, à 10 km de la Bober. À gauche, la 3e Armée de tanks de la Garde arrive à la nuit dans les faubourgs de Liegnitz. La boue fait son apparition le lendemain, tandis que les unités allemandes dépassées par les chars s'accrochent au terrain dans les bois et les zones marécageuses nombreuses dans le secteur. Malgré cela, la 4e Armée de tanks parvient à passer le 9 février la Bober, et, le lendemain, la Queis, dernier obstacle avant la Neisse ; la 3e tanks de la Garde file plein ouest en direction de Bunzlau, sur la Bober, en vue au matin du 11 février, où elle manque de prendre au collet l'état-major de la 4e Armée Panzer.

Dans son rush, la 4e Armée de tanks laisse derrière elle des « chaudrons mobiles », où se débattent la *PzGrenDiv. Brandenburg,* la 20e *PzGrenDiv.* et… le XXIVe *Panzerkorps* du général Nehring ! Ces unités épuisées (surtout Nehring, qui vient d'abattre 500 km depuis la Vistule !!) se réfugient dans la forêt entre Queis et Neisse. La 13e Armée (général Puchov) ne peut suivre le rythme des chars de Leliuchenko ; elle laisse se développer un trou de 40 km. Les Dorniers de la Luftwaffe détectent ce trou et, le 13, le brutal virage à gauche des chars de Rybalko (voir plus bas). Le lendemain, Gräser ordonne aux « chaudrons mobiles » de sortir de la forêt et de couper la 4e Armée de tanks de ses arrières. L'attaque n'avancera que de 10 km en quatre jours. Mais elle freine Leliuchenko qui, après avoir établi une partie de ses troupes le long de la Neisse, retourne le reste vers le sud-est, tandis que Puchov pousse frontalement avec les dernières forces de son infanterie épuisée. Par chance pour les Soviétiques, le temps s'améliore, permettant des frappes de la V.V.S et, le 16 février, la 13e Armée recolle aux arrières de la 4e Armée de tanks. Plus de peur que de mal pour Koniev. Mais Leliuchenko a perdu l'occasion d'établir à peu de frais une tête de pont au-delà de la Neisse[1].

1. Le XXIVe *Panzerkorps* n'en a pas fini avec son errance. Libéré le 18 de l'obligation d'attaquer Leliuchenko, Nehring marchera encore trois jours à travers la forêt puis devra livrer une bataille nocturne pour passer sur la rive ouest de la Neisse, à Guben. La 16e Panzer sera envoyée à Jüterbog, au sud de Berlin, pour une remise à niveau en hommes et en matériels.

À droite de la 13^e^, la 3^e^ Armée de la Garde réalise une belle manœuvre d'éclatement. Un de ses Corps encercle la forteresse de Glogau sur l'Oder avec 4 100 défenseurs (et 7 800 civils), tandis que les deux autres filent au nord-ouest, atteignant sans encombre le confluent Oder-Bober le 15 février, puis Oder-Neisse, à Guben, le 20 février, à 110 km de leur point de départ.

Au centre, Koniev s'impatiente. Immédiatement au nord de Breslau, la 6^e^ Armée a bien percé la première ligne de défense et commencé à se rabattre vers le sud. Mais son chef, le général Glusdovski, doit éparpiller ses forces, lançant un Corps vers Liegnitz, ville de 85 000 habitants devant laquelle les chars de Rybalko n'ont fait que passer. Résultat, les deux autres Corps piétinent devant la résistance acharnée de la 269^e^ I.D et ne peuvent développer le mouvement en pince à l'ouest de Breslau. Au sud de la capitale silésienne, la 5^e^ Garde et la 21^e^ Armée n'avancent que de 12 km et ne progressent plus dès le 9 février, bloquées par la 208^e^ I.D et divers groupes de combat renforcés en chasseurs de chars.

Encore plus au sud, les 59^e^ et 60^e^ Armées sont incapables de progresser de façon significative. Le 10, Koniev leur ordonne de passer sur la défensive. Ces deux formations ont laissé leur force combative dans la bataille pour la Haute-Silésie, dix jours auparavant.

Les Allemands en profitent pour renforcer la défense de Breslau. Les 19^e^ et 8^e^ Panzer, la 254^e^ I.D, contre-attaquent violemment les pointes des forces qui cherchent à encercler la cité silésienne. À court de munitions, la 5^e^ Armée de la Garde appelle le Front au secours. Koniev vide ses réserves et expédie le 3^e^ Régiment de *katiouchas*, qui bloque net les audaces de la 8^e^ Panzer.

Koniev doit agir vite. S'il lui faut laisser trois Armées garder l'anneau de 200 km de long qui entoure Breslau sur trois côtés, il lui sera impossible de maintenir longtemps en pointe la 13^e^ Armée et la 3^e^ Garde sur la rivière Neisse. Aussi le chef du 1^er^ Front d'Ukraine se décide-t-il à tout miser sur un encerclement rapide de Breslau. Sa manœuvre est compliquée. Il ordonne à Korotejev d'étirer au maximum sa 52^e^ Armée, ce qui libère un Corps de la 6^e^ Armée. Pour donner du punch à celle-ci, il demande à Rybalko de rééditer sa manœuvre de Haute-Silésie : virage à gauche de 180 degrés pour deux de ses Corps parvenus le 11 février à Bunzlau, sur la Bober. Au sud de Breslau, la 5^e^ Armée de la Garde, qui se subordonne déjà le 4^e^ Corps blindé de la Garde, reçoit en outre le 31^e^ Corps blindé.

Le coup de reins est donné le 13 février. Précédés par les Corps blindés, les 6^e^ Armée et 5^e^ Armée de la Garde percent et se rencontrent à 25 km à l'ouest de Breslau : la ville est enfin encerclée, avec 35 000 soldats et 116 000 civils. Quelques heures avant la fermeture du sac, le général Wagner réussit, contre les ordres de Gräser, à faire échapper son artillerie par un trou de souris. Plus au sud, le *Kampfgruppe* Sachs, pris dans la nasse, laisse tout son matériel aux défenseurs de la cité et tente de forcer le passage de nuit. Les 800 hommes (sur 1 400) qui réussissent la sortie sont les derniers à quitter Breslau par voie de terre. Les immenses colonnes de réfugiés qui espéraient trouver un passage retournent sous les tirs d'artillerie dans la cité assiégée ; les corps jonchent les fossés. Une tentative de déblocage ordonnée par Schörner avec trois Panzers (20e, 8e et 19e) ne donne aucun résultat : le 15 février, l'encerclement est définitif.

Comme la garnison de Breslau ne semble guère entreprenante, Koniev laisse à la seule 6e Armée le soin du siège, qui durera jusqu'au 6 mai 1945. Le 16 février, la 3e Armée de tanks de Rybalko exécute un nouveau demi-tour, cette fois plein ouest, en direction de Lauban, sur la Neisse, rivière qu'elle atteint deux jours plus tard. Le général Ahlfen, toujours méprisant dans ses appréciations des capacités militaires de l'Armée rouge, se fend à ce sujet d'un surprenant hommage :

> « Son utilisation (de la 3e Armée de tanks de la Garde, ndla) rappelle les meilleurs moments du commandement allemand. Cette Armée engagée à l'origine à l'est de Breslau est dirigée au sud-est pour encercler la région industrielle de Haute-Silésie. Immédiatement après, marchant à nouveau vers le nord sur la rive orientale de l'Oder, elle entre dans la tête de pont de Steinau. Après qu'elle a participé à l'attaque du 8 février vers l'ouest, elle est jetée au sud-est pour donner la main aux forces arrivant sur le glacis occidental de Breslau. Cette tâche remplie, elle est à nouveau poussée vers le nord, en Basse Silésie[1]. »

## Le mémorandum du 16 février

Au vu des difficultés de sa progression et de la pugnacité de l'adversaire, Koniev adresse à la STAVKA, au huitième jour de l'opération Basse-Silésie, un ensemble de considérations sur l'état de son Front, et de recommandations sur la suite des opérations.

Les forces du 1er Front d'Ukraine sont épuisées, explique-t-il en substance. Les divisions sont toutes en dessous de 4 500 hommes, les forces blindées sont tombées de 3 648 chars et canons automoteurs (le 12 janvier) à 1 289. La V.V.S, faute de pistes en dur et de pièces détachées, ne domine plus le ciel. Du 8 au 16 février, elle n'a pu assurer que 546 sorties quotidiennes en moyenne, dont la majorité en reconnaissance[2]. À gauche, le 4e Front de Biélorussie semble incapable de la moindre action offensive. En conclusion,

> « Dans l'immédiat, le Front est hors d'état d'atteindre les objectifs initiaux et doit renoncer provisoirement à l'offensive contre Berlin. (…) (Le Front) ne pourra assurer que les missions suivantes : atteindre la Neisse, construire une tête de pont sur sa rive ouest et s'accrocher à cette ligne ; avec des Armées convenablement renforcées sur l'aile gauche, rejeter l'ennemi sur les Sudètes et prendre Breslau avec la 6e Armée[3]. »

Par téléphone, Antonov, le chef de l'état-major-général, fait savoir que le plan est avalisé par Staline. Rien d'étonnant à cela : Joukov aussi est à l'arrêt.

1. Ahlfen, *Der Kampf um Schlesien,* p. 126.
2. Koniev, *Das Jahr 45*, p. 72.
3. Koniev, *Das Jahr 45*, p. 72-73.

Mais Koniev ne parviendra pas aux modestes objectifs de substitution qu'il a proposés. Certes, la 4e Armée de tanks, la 3e Armée de la Garde et la 52e Armée sont sur la Neisse occidentale mais, à l'exception, minuscule, de Markersdorf, entre Guben et Forst, toutes les tentatives pour prendre pied sur l'autre rive échouent. Au centre, Rybalko frôle la défaite pour avoir dispersé ses trois Corps entre Bunzlau, Görlitz et Lauban. Enfin, la 6e Armée est incapable de prendre Breslau. Le 24 février, l'effort soviétique cesse sur tout le front de Silésie. Malgré son inquiétude à voir ses forces ainsi diminuer, Koniev peut se féliciter d'avoir rempli son principal objectif : aligner son aile droite sur le 1er Front de Biélorussie. Il a au passage mis la main sur la *Reichsautobahn* Forst-Breslau : les regroupements d'unités en vue de l'offensive finale vers l'axe Dresde-Berlin en seront grandement facilités.

## *2. Les contre-attaques allemandes : Lauban (2-5 mars), Striegau (9-14 mars)*

Par un télex du 25 février 1945, l'OKH fait connaître à Schörner, chef du Groupe d'Armées Centre, sa volonté de voir monter une opération de dégagement de Breslau, qui ouvrirait la voie à la restauration de la ligne de défense de l'Oder. Il est suggéré de démarrer l'affaire par la reconquête de Lauban. L'intention de Guderian est identique à celle qui soutend l'opération *Sonnenwende*, en Poméranie : frapper le flanc de l'ennemi, l'obliger à détourner ses forces et, ainsi, à renoncer dans l'immédiat à la marche sur Berlin. C'est la seule perspective qui demeure au chef de l'OKH.

### **Bataille pour une voie ferrée** *(carte 23)*

Le même jour, le général Schörner expose ses propres intentions. Il envisage aussi de lancer une contre-attaque dans le long flanc sud du 1er Front d'Ukraine. À lui aussi, Lauban, petite ville de 17 000 habitants, abandonnée en partie le 17 février par la 6e V.G.D à la 56e Brigade blindée de la Garde de Rybalko, paraît dans l'immédiat le meilleur objectif à saisir. La place doit son importance au passage d'une voie ferrée moderne (en partie électrifiée) qui, depuis Dresde, longe les contreforts des Sudètes et irrigue les arrières du Groupe d'Armées Centre jusqu'en Slovaquie. La coupure de cette ligne oblige à un détour par le réseau moins efficace de la Bohême. Schörner estime son contrôle indispensable pour effectuer les rocades des unités qui avanceront vers Breslau puis vers le cours haut et moyen de l'Oder. Aux yeux de Schörner, général politique s'il en est, l'attaque sur Lauban se justifie aussi pour des raisons d'ordre psychologique. Il faut, par une victoire obtenue à peu de frais, bien exploitée par le ministère de la Propagande, redonner confiance aux combattants et à la population civile. Schörner doit aussi redorer son blason auprès d'Hitler après la perte de la Haute-Silésie. Enfin, s'en prendre à la 3e Armée de tanks de la Garde en plein regroupement ne peut qu'aider à retarder une nouvelle offensive en direction de Görlitz et de Dresde. Schörner charge

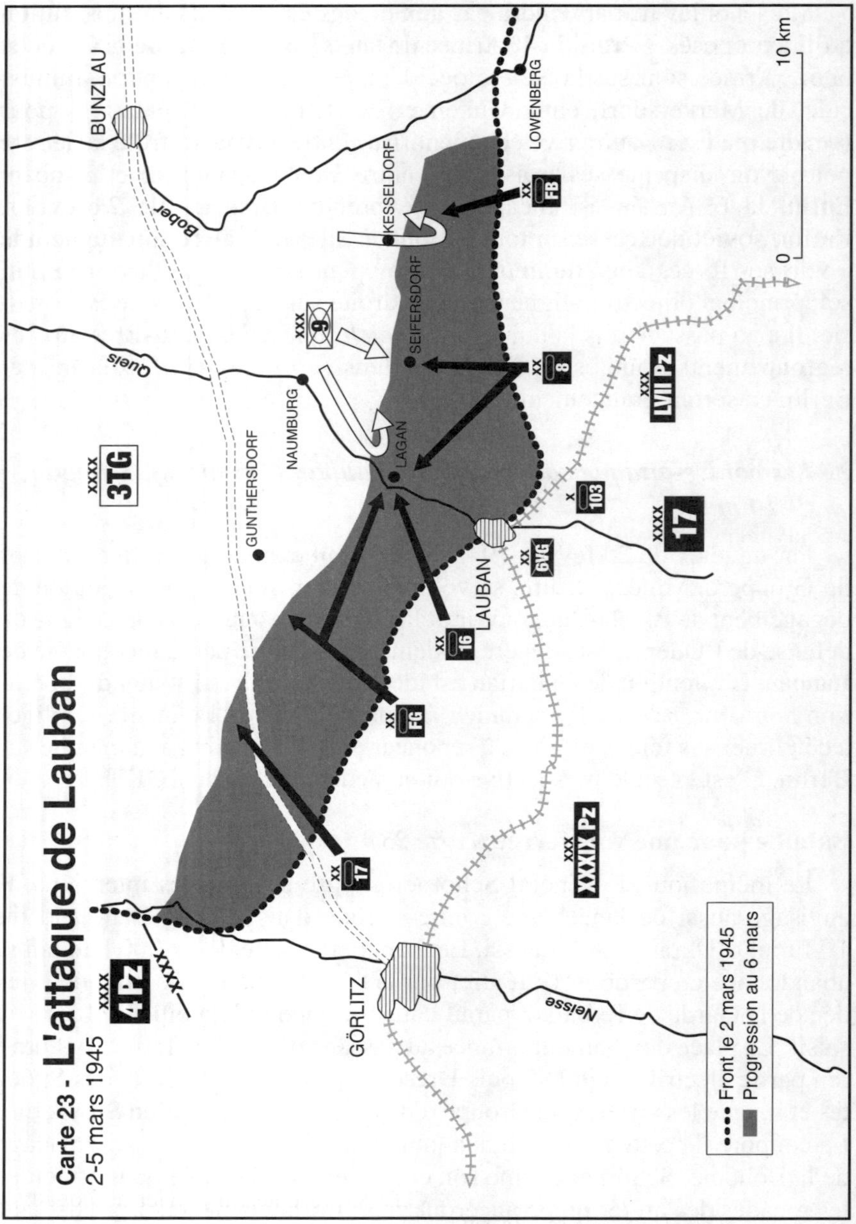
Carte 23 - L'attaque de Lauban
2-5 mars 1945
XXXX
4 Pz
XXXX
3TG
BUNZLAU
Bober
Queis
NAUMBURG
GUNTHERSDORF
LAGAN
SEIFERSDORF
KESSELDORF
LOWENBERG
XXX
9
XX
FB
XX
8
XXX
LVII Pz
X
103
XXXX
17
XX
6VG
LAUBAN
XX
16
XX
FG
XX
17
XXX
XXXIX Pz
GÖRLITZ
Neisse
0
10 km
Front le 2 mars 1945
Progression au 6 mars

Schulz, chef de la 17e Armée, de mener l'affaire à bien. Celui-ci rassemble alors un *Panzergruppe* qu'il confie au chevronné Nehring et à son état-major du XXIVe *Panzerkorps*.

Nehring renonce à prendre directement Lauban, par crainte de combats de rues où hommes et chars souffriraient de pertes qu'il ne peut se permettre. La forme convexe de la ligne de front l'amène à opter pour une attaque en pince menée par le LVIIe *Panzerkorps* (général Kirchner), à droite, et le XXXIXe *Panzerkorps* (général Decker), à gauche. Ce dernier comprend la *PzGrenDiv. Führer-Grenadier* et la 17e Panzer (colonel Kretschmer). Au centre, la 6e V.G.D[1] (général Brücker), très affaiblie, tient Lauban et ses abords immédiats pour faire de la figuration en compagnie d'une autre éclopée, la *Panzerbrigade* 103. À droite, l'autre Corps englobe la *Führer-Begleit PzGrenDiv.* (Remer, avec un bataillon de *Jagdpanthers* flambant neufs) et la 8e Panzer (Hax) ; la 16e Panzer (von Müller), reconstruite par absorption de la *PzDiv. Jüterbog,* sera disponible seulement le 5 mars. Les deux pinces doivent se rejoindre à 15 km au nord-est de la ville, à Naumburg, près de la route Görlitz-Bunzlau. L'ensemble pèse 60 000 hommes et environ 200 blindés, ce qui, en cette fin de guerre, représente un gros effort pour la *Ostheer*. Mais la plupart des chefs ont été récemment nommés et ne connaissent pas même leur état-major ; les divisions ont été remises à niveau avec des recrues insuffisamment formées ou physiquement déficientes. Enfin, les réserves en carburant imposent de limiter les déplacements d'unités.

## Un succès local

Le regroupement des unités s'opère rapidement et avec une discrétion remarquable. L'attaque démarre dans la nuit du 1er au 2 mars, avec tous les chenillés devant. La 3e Armée de tanks de la Garde est totalement surprise. Sur la gauche, Panthers, Mark IV, *Jagdpanther* et *Sturmgeschütze* avancent de quatre kilomètres en terrain découvert. Mais, au lever du jour, Rybalko a repris ses troupes en mains et la résistance s'organise. La 17e Panzer, à l'extrême gauche du dispositif bute contre l'infanterie motorisée retranchée dans les bois qui bordent la route Görlitz-Bunzlau. Les obus antichars pleuvent, le feu des canons autopropulsés est contrebattu par des tirs de *katiouchas*. À droite, la *Führer-Grenadier* rencontre

1. Décimée sur la Vistule, la 6e V.G.D se présente fin janvier à Glogau sur l'Oder avec 10 % de son effectif. Elle est remplumée à la hâte avec des bataillons du *Volkssturm* et plusieurs *Panzerjagdkommandos* (cyclistes armés de *Panzerfausts*). Le 5 février, l'unité est remise en ligne. Elle perd à nouveau les trois quarts de ses moyens lors de l'opération Basse-Silésie. Elle en est réduite à enrôler des volontaires du cru, notamment des enfants de 14 ans. Fin février, les effectifs sont une nouvelle fois complétés par un bataillon de marche, un bataillon de forteresse, un bataillon de malades de l'estomac et un autre de sourds. Début mars, la division reçoit l'appui du 1er régiment de FLAK/PAK lourde. Voir Ahlfen, *Der Kampf...*, p. 160-161.

le même problème. En fin d'après-midi, son chef, le général Mäder, est face à un dilemme. Ou il se dirige, comme prévu, vers Günthersdorf, au nord-est, au risque de lourdes pertes ; ou bien, il oblique plein est, vers Lagan, et réussit un encerclement moins rémunérateur. Il contacte Schörner pour défendre la « petite solution ». Le chef du Groupe d'Armées Centre le renvoie vers Nehring, lequel demande à Mäder et à Decker (XXXIX$^{e}$ *Panzerkorps*) de décider d'un commun accord. Bel exemple de ce qui fait la force profonde de l'Armée allemande : l'*Auftragtaktik*, que l'on pourrait traduire par commandement orienté mission. L'échelon supérieur définit l'objectif de la mission ; les échelons inférieurs sont libres d'utiliser tous moyens pour y parvenir ; concertation et discussion sont encouragées à tous les niveaux.

À droite, la *Führer-Begleit* et la 8$^{e}$ Panzer ont le même problème : la défense soviétique dans les bois au sud de Naumburg semble impénétrable. Une contre-attaque soviétique sortie de Kesselsdorf est certes écrasée par les Panthers et les *Jagdpanthers* qui tirent posément à l'arrêt : les Allemands compteront 70 épaves devant leurs positions ! Mais la densité du feu en retour empêche la progression des Panzers. Le 3, malgré le mauvais temps, des avions apparaissent des deux côtés mais une demi-douzaine de missions ne change rien à la situation au sol. Le 4 mars, les deux pinces blindées allemandes commencent à obliquer l'une vers l'autre, dans le cadre de « la petite solution ». Au soir, péniblement, la *Führer-Grenadier* atteint le cours encaissé de la rivière Queis, frontière entre la Haute-Lusace et la Silésie. Un joli mouvement de la 17$^{e}$ Panzer et de la *Führer-Grenadier* coince contre la rivière une brigade du 9$^{e}$ Corps mécanisé et lui capture 48 canons d'assaut. Une tête de pont est conquise sur la rive est, juste au sud de Lagan. Mais elle est vite perdue sous l'effet d'un assaut de T-34. Il n'empêche : la route pavée Lauban-Naumburg est maintenant sous le feu des pièces allemandes et les convois de camions et d'artillerie soviétiques écopent à plein.

Cette menace sur sa logistique contraint Rybalko, avec l'accord de Koniev, à évacuer Lauban, que les hommes de la 6$^{e}$ V.G.D occupent en totalité au prix de 54 tués. Toute la journée du 5, les forces soviétiques se retirent à toute vitesse vers le nord par la route de Naumburg. Les obus pleuvent mais le gros est sauvé. Le mérite en revient à la 53$^{e}$ Brigade blindée de la Garde (9$^{e}$ Corps mécanisé, au P.C duquel Rybalko est présent) qui lance attaque sur attaque contre la 8$^{e}$ Panzer autour de Seifersdorf, empêchant le mouvement d'enveloppement. Au soir, les Panzers des deux ailes convergent vers Lagan, sur la Queis. La poche est fermée. Mais la prise est dérisoire : 176 prisonniers ! Le 6 mars, les Allemands renoncent à progresser et le feu s'éteint peu à peu le 7.

Les chiffres des pertes soviétiques en chars sont des plus élastiques selon les auteurs. Christopher Duffy[1] donne 162 chars rouges détruits

1. Christopher Duffy, *Red Storm…*, p. 139. Ahlfen, *Der Kampf um Schlesien*, p. 164.

contre 10 Panzers. Ahlfen parle de 80 épaves au crédit de la 17e Panzer pour le seul 2 mars, et 150 pour la 8e Panzer ; il signale aussi la prise de 70 canons. Or, Koniev fait savoir à Moscou, quelques jours avant la bataille que, dans l'Armée de Rybalko, nombre de brigades n'ont plus que 15 à 20 chars. Ce qui donnerait pour l'Armée entière un total, fort plausible si l'on tient compte des efforts énormes réalisés depuis le 12 janvier, de 350 à 400 chars et canons d'assaut. Dans son histoire (en russe) de la 3e Armée de tanks de la Garde, Dimitri Shein donne 418 chars et SU au 20 février, et 255 au 7 mars. Rybalko aurait donc éprouvé 163 pertes dans l'intervalle, qui incluent cependant les violents combats autour de Görlitz. Que l'on suive Ahlfen (environ 300 engins), Duffy (162) ou Shein (100-120), l'Armée de Rybalko a reçu une correction. Dans son récit de la campagne de 1945, Koniev ne mentionne pas l'épisode de Lauban (2-8 mars), alors qu'il blâme Rybalko pour la façon désordonnée dont il a tenté de s'emparer de Görlitz vers le 20 février[1]. Peut-être a-t-il insisté là pour mieux cacher ailleurs et couvrir ainsi son subordonné. Dans un avis émis le 12 mars, la STAVKA critiquera sévèrement la conduite des opérations face à un ennemi inférieur en nombre.

Quoi qu'il en soit des chiffres, la réalité opérationnelle, elle, ne peut être travestie : pas plus que *Sonnenwende*, l'opération *Gemse* sur Lauban n'a affaibli les Soviétiques. Breslau reste hors d'atteinte des Allemands, sans parler de la ligne de l'Oder. La *Ostheer* a rassemblé ses maigres forces blindées pour un résultat qui tient plus du coup d'épingle tactique que du « dernier succès opérationnel de la Wehrmacht » chanté ici et là.

Le 8 mars, Goebbels accourt dans Lauban libéré. Une unité parachutiste lui offre un défilé sur la place du marché en ruines. Schörner se fend d'un discours sur la guerre totale JUSQU'AU DERNIER HOMME, Goebbels répond par un rappel des grandes heures de Frédéric le Grand (pour la « couleur locale », dit-il dans son journal), on rassemble des Jeunesses Hitlériennes pour des remises de Croix de fer et les caméras de la propagande enregistrent le tout. Les images[2] de SU-100 démantibulés, de T-34/85 percés, remontent le moral du Reich pour quelques jours.

Le second coup de Schörner est destiné à reprendre la petite ville de Striegau, 70 km à l'est de Lauban. La cité abrite une gare importante et commande les hauteurs remarquables de Jarischau, d'où l'on voit les feux de Breslau, à 30 km. L'attaque est déclenchée le 9 mars par la 208e I.D, appuyée par des éléments de la 31e Division SS[3]. On se bat dans la ville au corps à corps, maison par maison durant trois jours et trois nuits. À court de munitions, dans la nuit du 11 au 12, les Soviétiques s'échappent

1. Koniev, *God Pobedy*, trad. all., p. 75-77.

2. On peut voir quelques-unes de ces images sur un site hongrois : http://panzerkeil.dre.hu/egyeb/egyeb.htm

3. Il s'agit de la 31e *Grenadierdivision* de volontaires SS. Son personnel se compose en partie d'Allemands du Banat, une région à cheval entre Hongrie, Roumanie et Serbie.

de toute la vitesse de leurs véhicules lancés, tous phares allumés, à travers les rues. La bataille se concentre ensuite autour des hauteurs boueuses dominant Striegau, qui changent plusieurs fois de mains. Le 15, menés par des T-34/85, les fusiliers soviétiques tentent de reprendre la ville. Mais leur attaque est brisée par un assaut de… *Sturmoviks* ! Au soir, la bataille s'éteint sur cette méprise. Nouveau succès local, payé de 1 500 tués côté allemand.

Satisfait de ses deux offensives, Schörner décide de passer la vitesse supérieure. Il expédie par fer les quatre Panzers qui ont participé à l'affaire de Lauban avec la mission de délivrer Breslau. Mais, le 15 mars, il apprend que Koniev l'a devancé et frappe un gros coup en Haute-Silésie.

### 3. *La conquête de la Haute-Silésie (15-31 mars) (Carte 24)*

Après son avancée jusqu'à la Neisse, Koniev se retrouve avec une aile gauche très en arrière (230 km mesurés entre le méridien de Görlitz et celui d'Oppeln). L'affaire de Lauban lui a rappelé que la Wehrmacht a encore des griffes et qu'elle compte sans doute s'en servir pour lever le siège de Breslau ou, tout au moins, couper l'autoroute Görlitz-Breslau devenue l'artère logistique latérale N° 1 du 1^er^ Front d'Ukraine. Le regroupement de trois divisions Panzers (8^e^, 19^e^ et 20^e^) entre Schweidnitz et Strehlen n'est pas non plus passé inaperçu. Koniev est d'autant plus sensibilisé à ce problème des flancs que Staline l'appelle plusieurs fois de Yalta pour le mettre en garde contre un retour offensif allemand vers la Haute-Silésie[1]. Koniev le rassure et surenchérit en se faisant fort de jeter les Allemands hors du secteur de Ratibor. En 48 heures, les plans pour l'opération sont prêts et des forces motorisées transférées vers le sud.

> « Ainsi naquit l'opération Haute-Silésie. Elle était relativement limitée dans l'espace et se déroulait en même temps que les opérations des autres Fronts dans les secteurs de Königsberg, de Poméranie-Orientale, des Carpates, d'Autriche et de Hongrie. Sa durée était évaluée à 15 jours ; elle devait être conduite du 15 au 31 mars avec l'objectif de détruire le groupement ennemi entre Oppeln et Ratibor et de rectifier notre front. Ainsi voulions-nous réunir les meilleures conditions de succès pour l'offensive à venir dans la direction stratégique de Berlin[2]. »

De la butte du Rummelsberg (393 m), à 9 km au sud-est de Strehlen, les Allemands ont une vue parfaite sur l'autoroute par où, jour et nuit, tous phares allumés, passe le trafic soviétique. L'alerte est donnée à la 17^e^ Armée et à la 1^re^ Armée Panzer, la Luftwaffe confirme : Koniev concentre. L'effet de surprise ne jouera pas.

---

1. On ne peut exclure que Staline ait aussi voulu attirer des forces allemandes vers Koniev pour faciliter la progression du 4^e^ Front d'Ukraine du général Pétrov vers la rivière Vltava et Prague. Cette opération importante, lancée le 10 mars, sera malgré tout un échec.

2. Koniev, *God Pobedy*, trad. all, p. 80-81.

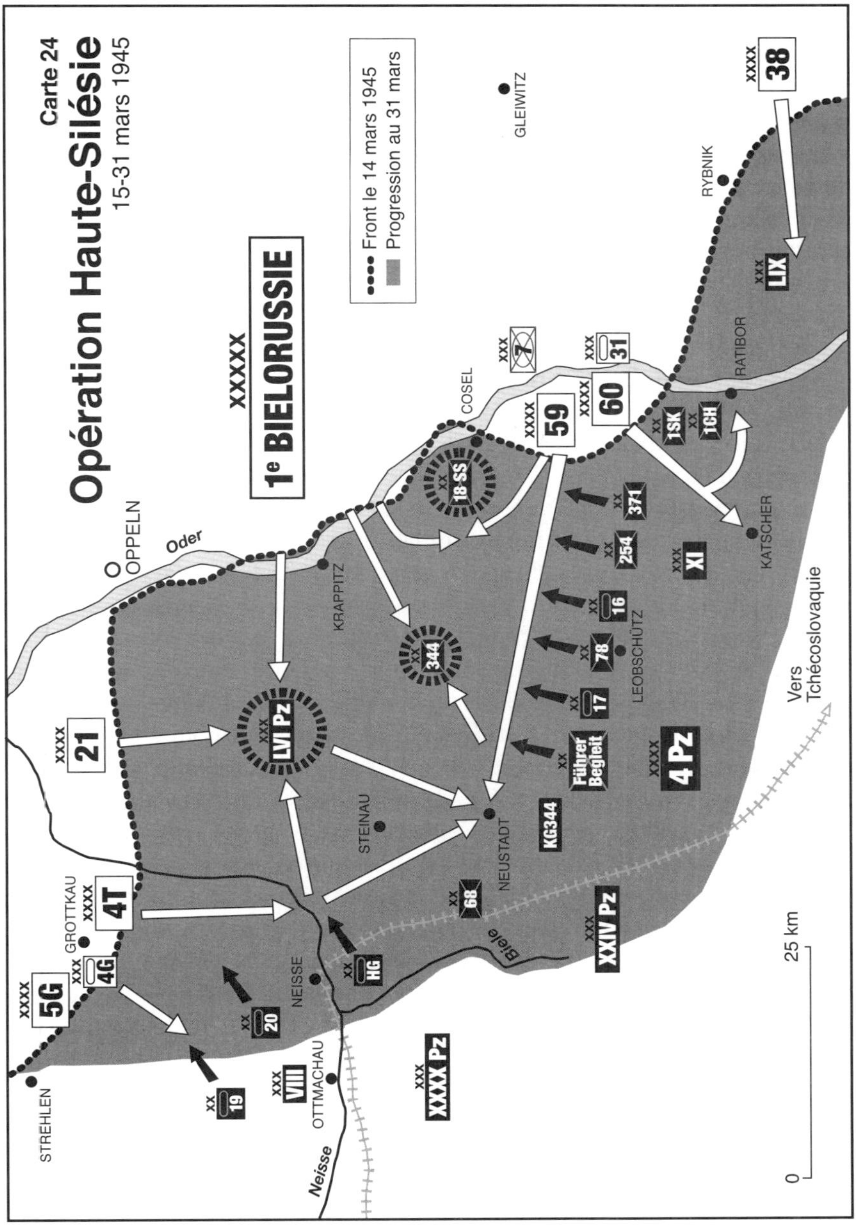
Carte 24
Opération Haute-Silésie
15-31 mars 1945
Front le 14 mars 1945
Progression au 31 mars
XXXXX
1e BIELORUSSIE
OPPELN
Oder
GLEIWITZ
RYBNIK
COSEL
RATIBOR
KRAPPITZ
KATSCHER
LEOBSCHÜTZ
STEINAU
NEUSTADT
GROTTKAU
NEISSE
OTTMACHAU
STREHLEN
Neisse
Biele
Vers
Tchécoslovaquie
XXXX
38
LIX
59
60
7
31
1SK
1CH
18-SS
371
254
16
78
17
344
XI
LVI Pz
21
Führer
Begleit
4 Pz
KG344
4T
5G
4G
68
HG
20
19
VIII
XXIV Pz
XXXX Pz
0
25 km

## Une offensive pénible

L'opération s'effectue en deux temps.

1– Deux groupements du 1er Front d'Ukraine encercleront Oppeln. La pince nord, projetée plein sud depuis l'axe Oppeln-Grottkau, est manœuvrée par un Corps de la 5e Armée de la Garde, la 21e Armée, la 4e Armée de tanks et le 4e Corps blindé de la Garde. La pince sud, sortie vers l'ouest de la tête de pont au sud de Cosel, est dévolue aux 59e et 60e Armées, épaulées par le 7e Corps mécanisé et le 31e Corps blindé.

2 – Les éléments composant la pince sud de la précédente opération auront à se coordonner avec la 38e Armée (4e Front d'Ukraine) pour nettoyer la zone de Ratibor où la 1re Armée Panzer s'est montrée récemment active. Pour réduire la tête de pont soviétique de Gross-Neukirch, en effet, à partir du 8 mars, cinq jours de combats féroces ont opposé le XIe Corps (1re division de chasseurs à ski, 97e chasseurs, 8e Panzer) à la 60e Armée.

Le 15 mars, la 21e Armée commence sa préparation d'artillerie. Après trois quarts d'heure, le général Gussev fait tout arrêter et lance ses bataillons d'assaut. Les premières lignes de tranchées sont conquises sans difficultés majeures, et les brigades blindées de Leliuchenko s'ébranlent. Koniev approuve cette introduction précoce de la 4e Armée de tanks : il escompte un encerclement rapide des forces allemandes[1]. Gussev est le premier à se rendre compte de son erreur. Faute de temps pour effectuer des reconnaissances, il a en effet mal estimé la profondeur de la défense adverse, et sa préparation d'artillerie tronquée n'a pas entamé véritablement le dispositif allemand. La boue est partout, et là où elle n'est pas, les mines interdisent le passage. Les T-34/85 et les *Staline* sont donc contraints d'emprunter la principale route pavée Grottkau-Neisse et le réseau secondaire empoissé par le dégel entre les rivières Steinau et Neisse orientale. Ce parcours obligé nécessite de faire sauter une trentaine de points d'appui aménagés dans les villages, aux carrefours, près des ponts.

La même scène se répétera dix, vingt fois. La colonne de chars approche d'un bourg à vive allure. Elle est prise à partie par des pièces de FLAK lourde 8,8 cm et 7,5 cm bien camouflées, non détectées par l'aviation rouge. Des chars flambent. Mais les coups de départ ont permis un repérage des canons. Les mortiers de 120 de l'infanterie motorisée les musellent. Les chars repartent de l'avant, s'approchent de la première barrière antichar. Plusieurs éclairs blancs, des gerbes d'étincelles, *Panzerfaust* ! Encore plusieurs engins détruits. Il faut avancer les *katiouchas*, qui réduisent l'entrée du bourg en cendres et la colonne repart. Mais, parvenue au centre, les charges creuses fusent des caves, des fenêtres, des toits ! Les chars rebroussent chemin, et l'artillerie finit son travail. Le premier jour, la 21e Armée et la 4e Armée de tanks avancent en

1. À lire la longue justification de Koniev sur ce qui est un point mineur d'une attaque secondaire, on se met à douter de la justesse de son plan opérationnel. Mais il est certain que la précipitation mise à lancer l'opération Haute-Silésie n'était pas de nature à minimiser les pertes.

accordéon de 8 km sur un front de 8 km. Le LVIe *Panzerkorps* (168e I.D, 20e SS – volontaires estoniens) recule pied à pied.

Même scénario pour la branche sud. Pour progresser de 10 km face au XIe Corps (K.G. des 344e et 371e I.D, 18e SS *PzGrenDiv. Horst Wessel*), le 7e Corps mécanisé doit sacrifier le quart de ses chars, le 31e Corps blindé, le tiers, d'après Koniev lui-même ! Soit, au bas mot, 80 engins. Si une bonne partie de ce score est à porter au crédit du bataillon de *Sturmgeschütze* du capitaine Lederer, la vraie surprise est ailleurs :

> « (...) pour la première fois dans cette guerre, nos unités blindées ont cogné dans une défense équipée de *Panzerfausts*. Dans le combat contre ces armes, nous n'avions encore aucune expérience[1]. »

L'affirmation n'est pas tout à fait exacte. En réalité, depuis six mois, les tankistes soviétiques connaissent les nouvelles armes antichars portatives. Et ils ont trouvé des parades lorsque le combat se déroule en espaces découverts : les chars s'entourent d'une ceinture de SU-76 et SU-85, qui tient l'infanterie ennemie à distance. Le problème posé est en réalité celui du combat en zone construite. Là aussi la parade existe, sur un plan tactique, ainsi qu'en témoigne le colonel Dragunski (55e Brigade blindée), mais elle sacrifie la vitesse des chars à leur sécurité.

> « Les expériences des premiers jours de combat sur le territoire allemand nous obligèrent à changer de tactique (pour contrer les *Panzerfausts*). Approchions-nous d'une localité que les fusiliers sautaient à bas des chars, se déployaient en tirailleurs, passaient les rues au peigne fin et nettoyaient les nids de résistance de l'ennemi[2]. »

L'antidote au *Panzerfaust*, c'est donc ni plus ni moins que l'infanterie. Malgré les *Panzerfausts,* Koniev n'entend pas trop ralentir l'effort : son objectif est autant de protéger l'aile gauche de son Front en Silésie que de ne pas perdre de temps, Staline commençant à s'inquiéter du retard pris à marcher sur Berlin. Chaque division poursuit donc l'assaut dans la nuit du 15 au 16 mars, grâce à des bataillons spécialement entraînés à ce type de combat. On approche les points d'appui au plus près, on aveugle l'ennemi avec des projecteurs de DCA. Les SU-85, les pièces de 76 mm tirent en trajectoire rectiligne. Puis c'est le combat de rues. Une demi-douzaine de villages est ainsi enlevée.

À l'aube du 16 mars, les Allemands contre-attaquent. Curieusement, leur cible est le Corps de fusiliers de Baklanov (5e Armée de la Garde) et le 4e Corps blindé de la Garde (Polubojarov), situés à l'extrême-droite du dispositif de Koniev. L'effort de la 10e *PzGrenDiv*, des 19e et 20e Panzer, vient mourir le long de la Neisse orientale sur une terrible défense antichar. Pendant que les Allemands gaspillent leurs forces et s'enferrent, la 21e Armée de Gussev et la 59e de Korovnikov progressent de 10 km le 16 puis le 17 mars. Le 18, les deux avant-gardes se rencontrent à Neustadt, prise le lendemain. Vingt mille hommes des 168e, 344e I.D, 20e SS et

1. Koniev, *God Pobedy*, trad. all. p. 86.
2. D.A. Dragunski, *Godi v Bronie*, p. 245.

18e SS *PzGrenDiv*, sont pris dans la nasse. Leur sort dépendra des réactions de leur chef. Si le général Jolasse parvient à faire percer la moitié de sa 344e I.D – accompagnée de milliers de civils – le gros des autres unités finit par se rendre après avoir détruit ses armes lourdes. Les Russes comptent plus de 10 000 prisonniers.

Encore une fois, le général Schulz, commandant la 17e Armée, doit raccommoder un front éventré. Le manque d'infanterie le contraint à employer la réserve blindée du Groupe d'Armées Centre. Les 19 et 20 mars, la Panzer parachutiste *Hermann Goering*, au sud de Neisse, puis la 20e Panzer, font face à la 21e Armée et à la 4e Armée de tanks. Les velléités de contre-attaque sont vite oubliées au bénéfice d'une défensive d'autant plus nécessaire que les chars soviétiques sont en mesure de les tourner et de pousser jusqu'à Ziegenhals (16 km à l'ouest), coupant ainsi l'artère ferroviaire vitale de la 1re Armée Panzer. Un *Kampfgruppe*[1] improvisé détruit une douzaine de T-34 en reconnaissance, et laisse le temps à la *Hermann Göring* de s'établir. Mais Koniev n'a pas l'intention de poursuivre plus loin. Il se contente d'assurer la prise de Neisse (le 24 mars), qui met sous le feu de ses canons la grande voie ferrée Dresde-région industrielle de Moravie.

## La chute de Ratibor

Pour s'emparer du dernier centre industriel silésien – Ratibor –, Koniev lance le 20 mars la 60e Armée de Kourochkine à l'assaut à partir du nord, accompagnée de deux Corps blindés. L'assaut se perd rapidement en une multitude d'actions de détails contre des villages fortifiés. Toutes les routes sont lourdement minées, l'infanterie est dans la boue jusqu'aux genoux. Le 22 mars, la météo s'améliore. Une centaine de *Sturmoviks* tient l'air plusieurs heures, tandis que Koniev détache deux Corps blindés et mécanisés de la 4e Armée de tanks. On avance de huit kilomètres. Puis le tempo retombe. Les Russes grignotent village par village, colline par colline. On fait venir deux divisions d'artillerie de rupture. Les carrefours, les bourgs sont réduits en cendres mais le XIe Corps se défend toujours avec acharnement : aucun signe de fléchissement à la 1re Division de chasseurs à ski, la 97e chasseurs, la 8e Panzer (très affaiblie) et même la 78e Division du *Volkssturm*. En l'air, le VIIIe *Fliegerkorps* donne tout ce qu'il a. Dans la nuit du 21, par exemple, 45 Stukas s'en prennent aux colonnes de Koniev. Le lendemain, 11 Henschel Hs-129 et 77 FW-190 des SG-9 et SG-4 prennent le relais. Dix-sept chars et 15 véhicules sont détruits mais un Hs-129 et 6 Fw-190 sont abattus, contre 4 chasseurs soviétiques. Le 22 mars, 14 avions allemands sont encore détruits, et 7 le 23. Le 24, jour de gloire pour la Luftwaffe : 33 appareils soviétiques au tapis, pas une

1. Il s'agit du *Kampfgruppe* du colonel Capelle : 2 bat. d'infanterie, 2 bat. de construction, le bat. de reconnaissance de la *Hermann Goering*, 1 comp. de pionniers motorisés, un Groupe de FLAK 8,8, 2 *Wespe*.

perte. Mais, le 26, le capitaine Hans Schalanda (933 missions de combat), expert de la SG-1, meurt en combat face à un La-9 non identifié.

Le 24 février, l'attaque du général Moskalenko (38e Armée, 4e Front d'Ukraine) s'ébranle à partir de la rivière Ruda (Rybnik-Sohrau) dans la direction générale de la Porte morave (Mährische Ostrau, Ostrava en tchèque). Rybnik tombe, Loslau est atteint. L'encerclement de l'aile gauche de la 1re Armée Panzer se dessine. Le 29 et le 30, Koniev lâche tout le support aérien possible – notamment le 108e GshAP équipé du tout nouveau Il-10 – et concentre les 17e et 25e Divisions d'artillerie de rupture dans le secteur de Ratibor. Les obus de 203 mm, les bombes de 250 et de 500 kg pleuvent sur les positions du LIXe Corps. Le 31, les 15e et 60e Corps de la 60e Armée lancent l'assaut contre Ratibor. Le dernier centre industriel silésien, peuplé de 50 000 habitants, la ville natale du grand poète romantique Eichendorff, tombe en 4 heures. En longues colonnes poursuivies par l'aviation rouge, les troupes allemandes, accompagnées des inévitables « trecks » de réfugiés, se réfugient 30 km vers le sud-ouest, derrière la coupure de l'Oppa. Après 78 jours d'une lutte intense, le calme s'installe sur tout le front de Koniev, de Guben aux contreforts tchèques.

Du 12 au 24 janvier 1945, le 1er Front d'Ukraine a avancé de 350 km vers l'ouest. Puis, du 25 janvier au 31 mars, la progression est tombée à 100 km. Les violentes batailles menées sur l'Oder de Breslau, dans la zone industrielle de Haute-Silésie, en Basse-Silésie puis à nouveau en Haute-Silésie, ont donc accordé près de deux mois de répit au régime nazi, de concert avec la résistance en Prusse et en Poméranie. Au prix de 100 000 à 150 000 pertes[1] pour le Groupe d'Armées Centre et d'un nombre indéterminé de civils. Si l'on suit les calculs du colonel-général Krivosheev[2], Koniev aurait eu 53 799 pertes définitives durant ces opérations, soit un coût deux fois plus élevé que celui qu'il a payé pour l'opération Vistule-Oder et qu'il paiera pour avancer jusqu'à Berlin. Ses Corps blindés sont aussi au bout du rouleau. Par exemple, selon Alexandre Smirnov[3], chef d'état-major de la 1007e Brigade blindée, le 31e Corps blindé perd 162 chars (dont 64 irréparables) sur 246 entre le 12 janvier et la fin mars.

## III. La conquête de la Prusse-Orientale

Après une retraite éprouvante durant la première semaine de février, les forces allemandes de Prusse-Orientale se trouvent acculées à la côte et coupées en trois morceaux. Les 200 000 hommes de la 4e Armée sont

1. Notre estimation, d'après les données parcellaires fournies par Lakowski, *Der Zusamenbruch der deutsche Verteidigung…*, in *Das deutsche Reich und der Zweite Weltkrieg*, vol. 10/1.
2. Krivosheev, *Soviet casualties…*, p.153, 158 et 184.
3. *Red Army officers speak*, p. 35.

retranchés dans le secteur d'Heiligenbeil ; 50 000 soldats ont réussi à gagner l'abri des forts de Königsberg ; 100 000 autres protègent, dans la péninsule du Samland, l'accès au port de Pillau, par où passe tout le ravitaillement. Staline presse Tcherniakhovski d'en finir et demande « une liquidation dans la foulée et avant le 25 février[1] ». Dans une réunion qu'il tient début février avec Tcherniakhovski, Bagramian, patron du 1er Front de la Baltique, se montre sceptique sur ce programme qui ne lui laisse pas même le temps d'un regroupement. Ses forces ont besoin de souffler. La 11e Garde n'a plus que 57 000 hommes, la 39e Armée 52 000, la 43e est tombée à 27 000, soit, pour l'ensemble, un fléchissement de 45 %. Le lieutenant-général Boutkov, commandant le 1er Corps blindé, se compte 33 chars en état.

Le nombre n'est pas tout. Les mémoires des chefs soviétiques ne soufflent mot de l'affaissement général de la discipline. La troupe échappe à ses chefs, occupée qu'elle est à piller et violer à grande échelle. Certains cadres s'abandonnent à leur tour. Des documents tombés le 19 février aux mains des Allemands montrent des officiers sujets à l'alcoolisme, des véhicules d'état-majors chargés non de munitions ou de vivres mais de pianos, de tapis, de poêles, de vélos, de machines à coudre, de portes et de fenêtres arrachées aux maisons. On lit notamment un ordre du 7 février qui met aux arrêts pour ivresse un lieutenant-colonel Landsov, chef d'état-major du 950e régiment de fusiliers, et adresse un sévère rappel à l'ordre à son supérieur, le colonel Zubtchenkov. Le port d'uniformes allemands est interdit à la troupe (!), les civils, notamment les femmes, réduites en esclavage sexuel, doivent être évacués sans délai dans une bande de 20 km derrière le front[2].

Face à cette situation, quel est l'état des forces allemandes ? Sont-elles encore capables de se battre ? Tcherniakhovski doit admettre que

> « l'ennemi, malgré de lourdes pertes, défend durement chaque secteur ; il s'est retiré relativement en bon ordre et le Groupe d'Armées Nord tient toujours la troupe en main[3] ».

La confirmation de ce jugement, celle de la faiblesse relative des Soviétiques, arrivent, cinglantes, le 7 février.

Alors que les unités de la 39e Armée soviétique avancent, dispersées et visiblement au bout de leur rouleau, vers la côte du Samland, le XXVIIIe Corps (général Gollnick), ramené de Memel, et constitué de deux divisions fraîches, les 58e et 93e I.D, passe à l'attaque à partir de Cranz, en direction du sud-ouest. Quatre jours de violents combats lui permettent de reprendre Thierenberg et de tendre la main aux divisions épuisées de la 3e Armée Panzer, recroquevillées autour de Fischhausen (551e et 548e V.G.D, 95e I.D). La 39e Armée, sonnée par ce coup imprévu, abandonne la partie occidentale de la péninsule avec des pertes.

1. Bagramian, *So schritten wir zum Sieg*, p. 434.
2. Lasch, *So fiel Königsberg*, p. 69.
3. Bagramian, *So schritten wir zum Sieg*, p. 436-437.

Rebaptisé Détachement d'Armée Samland[1], le XXVIIIe Corps (548e V.G.D, 58e et 93e I.D) relance son effort le 19 février, en direction de Königsberg, avec l'intention de rejoindre la ville encerclée. Deux jours d'une lutte féroce se soldent par une maigre avance, de 2 à 4 km. C'est le général Lasch, commandant la place de Königsberg, qui débloque la situation. En grand secret, et en prenant tous les risques, il masse au nord-ouest toutes ses forces pour l'assaut, la 1re I.D, la 5e Panzer[2] (colonel Herzog), le puissant 505e Bataillon de chars lourds équipés de 30 Tigres II et la 561e V.G.D. Sans que les Soviétiques s'en rendent compte, il fait relever ces formations par un rideau d'unités de la police et du *Volkssturm*. Les ateliers de la ville ont réussi à remettre en état une quarantaine de chars ; les bataillons de *Panzergrenadieren*, comme les régiments de la 1re I.D, sont complétés par des Jeunesses Hitlériennes de 15 à 17 ans, originaires de Prusse-Orientale, survoltées par le spectacle misérable des interminables convois de réfugiés. À 5 h 30 du matin, alors que les grosses unités de la *Kriegsmarine* déversent un déluge d'obus sur les positions soviétiques, les trois divisions se jettent sur la 39e Armée. La ville de Metgethen est le théâtre d'une bataille acharnée. Il faut quatre heures pour s'emparer de l'école de jeunes filles, un bâtiment massif, défendue par de la PAK et des lance-flammes à déclenchement automatique ; puis on s'étripe au corps à corps dans les étages, les couloirs, les caves, le gymnase. Les jeunes soldats inexpérimentés de la 1re I.D meurent par centaines mais, au soir, les Allemands demeurent maîtres du champ de bataille. Poussant vers le nord-ouest durant toute la nuit, la 5e Panzer parvient, dans l'après-midi du 20 février, à rejoindre à la gare de Vowayen la 58e I.D venue du Samland. Les contre-attaques de la 39e Armée sont stoppées net par les salves des 150 d'un destroyer remorqué dans l'estuaire de la Pregel. La liaison routière et ferroviaire Königsberg-Pillau est restaurée : le premier siège est levé.

Le 18 février, le colonel-général Ivan Danilovitch Tcherniakhovski[3] est grièvement blessé à la poitrine par un éclat d'obus, près de Mehlsack ; aucun des quatre autres passagers de sa jeep n'a été touché. Il meurt peu après, à 39 ans, dans les bras de Gorbatov, chef de la 3e Armée. Il est le troisième commandant de Front à mourir au combat, après Kirponos (1941) et Vatoutine (1944). La conjonction de cette disparition avec la

1. Ce réaménagement est nécessité par le transport, le 8 février, de l'état-major de la 3e Armée Panzer en Poméranie.

2. Un témoignage (in *1986, Art of War Symposium…*, p. 407) du major Baumann, artilleur à la 5e Panzer, donne cette unité à 100 % de ses moyens grâce aux fournitures de l'arsenal de Königsberg. Le major note que son bataillon d'obusiers de 105 mm dépasse même de 50 % sa dotation normale. Sur son axe d'attaque, le Détachement d'Armée Samland a donc bénéficié d'une nette supériorité en moyens blindés.

3. En son honneur, la ville d'Insterburg porte, aujourd'hui encore, le nom de Tcherniakhovsk.

levée du siège de Königsberg placent Staline devant un choix : ou renforcer les deux Fronts engagés pour parvenir au plus vite à l'écrasement de toutes les forces allemandes en Prusse-Orientale, ou fondre les deux Fronts en un seul et accorder plus de temps à la liquidation. La première solution est exclue : tous les renforts vont à Joukov et Koniev. La seconde permet au moins de transférer dans l'infanterie 25 000 hommes des services non combattants. Mais elle exige la nomination d'un homme à l'autorité incontestable : le maréchal Vassilevski (le chef d'état-major de Tcherniakhovski, l'excellent colonel-général Pokrovski, reste en place).

Déchargé pour l'occasion de sa fonction de chef de l'état-major-général de l'Armée rouge (le GSHKA, cédé à son protégé Antonov), Vassilevski prend au débotté le commandement du 3e Front de Biélorussie le 21 février. C'est la première fois qu'il occupe cette fonction, dont il sait par ailleurs, depuis l'été 1944, qu'il l'abandonnera pour aller commander l'offensive de Mandchourie contre le Japon[1]. Conformément à l'ordre de Staline, il dissout le 1er Front de la Baltique et intègre ses forces au 3e Front de Biélorussie sous la dénomination de Groupe du Samland ; le colonel-général Bagramian est nommé commandant de ce Groupe sous l'autorité de Vassilevski.

Après avoir constaté l'état de fatigue de ses troupes, Vassilevski, toujours méthodique, décide de laisser souffler son monde en passant sur la défensive et de procéder à un regroupement général ; l'encadrement politique est prié de ramener la discipline avec la dernière vigueur. L'ordre de Staline de détruire les forces allemandes « dans la foulée et avant le 25 février » est bien caduc.

> « N'oublions pas une lapalissade de l'art opératif, explique Vassilevski à Bagramian : on ne peut pas être partout plus fort que l'adversaire. Pour ça, il faudrait avoir une supériorité plus nette. Mais cela n'a rien à voir avec l'art de la guerre. Notre tâche doit être de construire, avec une supériorité globale faible, une supériorité écrasante dans les directions où nous voulons en finir avec l'ennemi. Cela signifie que nous devons en terminer par morceaux avec le Groupe d'Armées Nord. Nous attaquerons d'abord le groupement d'Heiligenbeil, puis ceux de Königsberg et de la péninsule du Samland[2]. »

## 1. La destruction de la 4e Armée : un Stalingrad prussien *(carte 25)*

Le général Müller, commandant la 4e Armée, dispose, nominalement, de 24 divisions, appartenant aux VIe, XXe, XXVIe, LVe Corps, aux VIIe et XXXXIe *Panzerkorps*, ainsi qu'au *Fallschirmpanzerkorps Hermann Goering*. Mais la plupart de ces unités ne valent pas plus qu'un *KG* de niveau régimentaire, à l'exception de la 24e Panzer, de la Division parachutiste *Hermann-Goering* et de la *PzGrenDiv Grossdeutschland*. Au large, guidés par des observateurs au sol munis de radio, les 280 mm des

1. Pour épargner l'amour-propre du maréchal, Staline adoucira ce qui peut paraître comme un abaissement en le nommant membre de la STAVKA.
2. Bagramian, *So schritten wir zum Sieg*, p. 441.

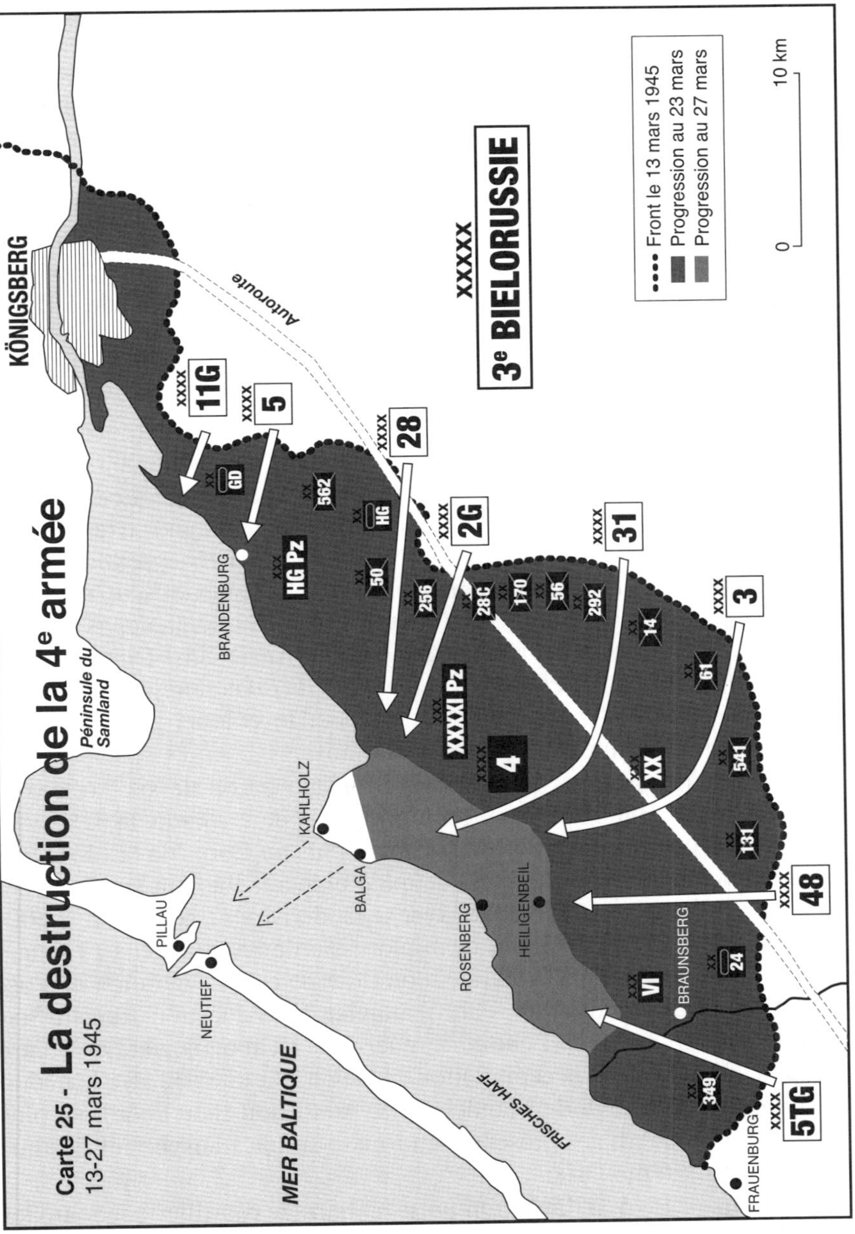


Carte 25 - La destruction de la 4e armée
13-27 mars 1945

croiseurs *Lützow* et *Admiral Scheer* fournissent l'appui feu dans un rayon de 35 km. Les Allemands tiennent un front de 70 km de long, sur 20 de profondeur maximum, qui court de l'est de Frauenburg à Königsberg, *via* Braunsberg, Eisenberg et Brandenburg. Heiligenbeil, 20 000 habitants, est à 5 km du petit port de Rosenberg, sur le Frisches Haff. Les colonnes de réfugiés se pressent encore et toujours vers Pillau, en traversant la lagune à pied par six itinéraires balisés. Mais, amincie par le redoux à partir du 3 mars, la glace devient de plus en plus dangereuse, entraînant des centaines de malheureux dans la mort.

Quelques jours avant l'assaut soviétique, Rendulic demande à Hitler l'évacuation de la 4e Armée par Rosenberg où, par hasard, se trouve accumulé un important matériel de franchissement (bacs, canots d'assauts, bateaux à moteur, radeaux pneumatiques...). À Pillau existe aussi une flottille de barges remorquées à grande capacité, qui permettraient même d'enlever le matériel lourd. Refus d'Hitler : la troupe reste où elle est et se bat jusqu'au bout. En l'absence d'explication officielle à ce véto, on peut avancer qu'Hitler a craint que ce Dunkerque allemand se termine en désastre sur le fin cordon littoral du Nehrung, où la *Kriegsmarine* n'est pas en mesure d'enlever rapidement 200 000 hommes et leur matériel. Peut-être estime-t-il que ces forces, de toute façon, ne seraient pas à temps à pied d'œuvre pour prendre part à la bataille finale sur l'Oder. Autant, dans ces conditions, qu'elles jouent leur rôle de diversion jusqu'au bout. Le 12, Rendulic est renvoyé en Courlande, le colonel-général Weiss prend la responsabilité de l'Armée condamnée.

Vassilevski concentre pour l'assaut tout ou partie de six Armées et une Armée aérienne : la 5e Armée, la 28e, la 2e de la Garde, la 31e, la 3e, la 48e et la 5e Armée de tanks de la Garde, plus un Corps de la 11e Garde emprunté à Bagramian. Staline, occupé à préparer l'assaut sur Berlin, a refusé tout renfort. C'est donc avec des divisions réduites à 2 500-3 500 hommes que le 3e Front de Biélorussie devra attaquer le 13 mars par un temps exécrable. L'aviation, point fort de la concentration de Vassilevski, ne peut prendre l'air. Faut-il annuler ? Pas question, tranche Staline. À Yalta, il a obtenu l'entrée en guerre de l'Union soviétique contre le Japon 90 jours après la capitulation du Reich. Vassilevski sera le maître d'œuvre de l'offensive de Mandchourie. Aussi doit-il se libérer au plus vite et plusieurs Armées présentes en Prusse seront transportées dès que possible en Extrême-Orient.

Le 13 mars 1945, à l'aube, un puissant barrage d'artillerie laboure les positions allemandes durant deux heures. Les deux axes de poussée sont à l'est, pour couper la 4e Armée de Königsberg, et à l'ouest, dans l'axe Heiligenbeil-Rosenberg. À l'ouest, la 131e I.D est mise en lambeaux, contrainte de reculer, entraînant ses voisines. Sans cesse, on remplit les compagnies de combat avec les secrétaires, les cuisiniers, les comptables, chair à canon sans formation, engloutie en quelques heures. Moyennant ce bain de sang, le mouvement de repli est lent, le front demeure cohérent. À l'est, les deux divisions du 36e Corps de la Garde (11e Armée de la

Garde) du général Kochevoï assaillent la *Grossdeutschland,* qui n'a plus que 30 chars en état. Faute de blindés et en l'absence des *Sturmoviks*, les Gardes font la chasse aux Panzers avec des canons d'assaut SU-85 ou cherchent le combat rapproché pour coller sur les blindages des mines à charge creuse. La route côtière est rapidement coupée mais, pour résister aux contre-attaques de l'ennemi qui tient coûte que coûte à garder une issue de secours vers Königsberg, Vassilevski fait prélever une nouvelle division (4 000 hommes...) sur la 11e Armée de la Garde. Ce n'est que le 16 mars que la *GD* perd ses derniers Tigres et abandonne toute velléité de retour offensif : le lien terrestre avec Königsberg est alors définitivement rompu. Brandenburg est abandonnée le 17 mars. Les pionniers font sauter un gros dépôt de munitions pour ne pas le laisser aux Russes, précisément au moment où les munitions commencent à manquer.

Puis le temps se met au beau. Des centaines de chasseurs-bombardiers prennent à partie les unités à la roquette, à la bombe au phosphore, au canon et à la mitrailleuse. Le 18, les 1re et 3e Armées aériennes sont capables d'opérer 2 520 missions, sans parler des centaines d'autres exécutées par la K.B.F. (les forces de la flotte baltique) et par la 18e Armée aérienne (bombardement à long rayon d'action). La Luftwaffe n'est pas absente, ainsi qu'en témoigne, le 25 mars, au-dessus de Pillau, Roger Sauvage, l'as aux 16 victoires de l'escadrille Normandie-Niémen.

> « Les Focke, qui ne montraient guère leur nez depuis trois semaines, ont repris toute leur arrogance. Comme par hasard, nous ne sommes pas en nombre. D'où les adversaires tirent-ils ces centaines et ces centaines d'avions qui obscurcissent le ciel de Pillau[1] ? »

Puis, à propos de la route qui court sur le *Frische Nehrung*

> « Je vous ai parlé de cette chaussée, de cette langue de terre de 500 m de large – parfois moins, représentez-vous la presqu'île de Quiberon – qui file vers Dantzig. Le carnage sur cette route ! Elle est devenue naturellement le centre d'attraction de nos bombardiers ; mais tout ce que les Allemands ont pu posséder ou possèdent de FLAK et de chasseurs en Prusse-Orientale s'est aussi concentré sur ce point, et fait une hécatombe inouïe de P-2, de *Sturmoviks* et de ces nouveaux *Airacobras* américains qui foncent sur Pillau et le Frisches Haff. (...) Vous admettrez que ce n'est pas une oasis que ce ciel-là[2]. »

Malgré la vivacité des *Focke-Wulf* et des *Messerschmitt*, la pression est irrésistible, les unités en ruines reculent pied à pied vers la côte. Une compagnie, un bataillon, appuyé par un tube de 8,8 cm ou une paire de *Panzerjäger*, tente, ici et là, de freiner l'adversaire. Mais tout est démembré et détruit par les salves de *katiouchas* concentrées. Bientôt l'espace manque, il faut dynamiter des milliers de véhicules, de canons, de matériels lourds. Braunsberg est abandonnée le 20 mars après des corps à corps sauvages où les Soviétiques emploient plus de cent lance-flammes. Le 21, Hitler accepte que l'on transporte vers le Nehrung les états-majors sans troupes,

1. Roger Sauvage, *Un du Normandie-Niemen*, p. 312-313.
2. *Idem*, p. 315.

les membres de l'Organisation Todt, les prisonniers et travailleurs étrangers. 4 000 blessés suivront.

Le chef d'état-major du VI^e Corps, le colonel Freiherr von Ledebur, s'envole pour Berlin et demande à Hitler l'autorisation d'évacuer la 4^e Armée par le port de Rosenberg. Neuvième tentative et neuvième refus. Sur le front, l'heure de l'effondrement approche. Les hommes sont devenus apathiques, on s'endort à son poste, on recule sans ordres, on s'abstient de tirer sur les « commandos Steiglitz » de communistes allemands exhortant à la reddition. À Heiligenbeil, devenu un gigantesque hôpital, la lutte dure quatre jours dans les ruines des deux églises, de l'hôtel de ville et de la gare. Après huit raids aériens, il ne reste rien de la cité. Une neuvième attaque, menée au phosphore, brise la résistance des défenseurs. Un témoin rapporte :

> « Toute la ville était une mer de flammes, qu'on ne pouvait traverser qu'en roussissant son uniforme, le manteau en caoutchouc racorni par la chaleur[1]. »

L'avant-dernier acte se joue sous le soleil dans et autour du petit port de Rosenberg. Sur un espace minuscule s'accumulent 120 000 hommes, un matériel immense, plus de 5 000 véhicules en tout genre, des milliers de chevaux. Partout errent les malades, les hommes en état de choc, les blessés, les déserteurs qui se comptent maintenant par milliers. Sous un soleil printanier, canons et *katiouchas* font mouche à tout coup dans cette masse qui piétine en attendant des bateaux qui ne viennent pas, le ciel bourdonne sans cesse des piqués d'avions, des passages en strafing. Des milliers de cadavres se décomposent, répandant une odeur abominable sur tout le secteur. Dans ce chaos, la *Grossdeutschland*, la 24^e Panzer et la 102^e I.D sont à peu près les seules unités à conserver leur cohésion, à empêcher les Russes d'approcher trop près du port.

Enfin, Hitler, le 25 mars, consent à faire évacuer les survivants, mais « après les chars, les canons d'assaut, l'artillerie et les matériels spéciaux ». Il est trop tard, tout le matériel sera perdu. Ce jour-là, en effet, la V.V.S joue le scénario de l'apocalypse. Cinq mille missions sont menées, chaque *Sturmovik* décollant trois fois en une noria ininterrompue, si bien que le ciel ne désemplit pas. Les équipements de la 4^e Armée brûlent nuit et jour dans un enfer de métal tordu, de caoutchouc fondu, de corps martyrisés. Dans les nuits du 26 et du 27 mars, une armada de petits bateaux vient finalement embarquer les rescapés hébétés en divers points de la côte, à Balga et Kahlholz ; le 29, à la faveur d'un épais brouillard, des barges recueillent des éléments de l'arrière-garde. À 6 h 30, le dernier convoi s'éloigne avec 2 530 combattants, 2 830 blessés et 3 300 *Hiwis*[2] et volontaires étrangers. Les chiffres soviétiques situent

---

1. Dieckert et Grossmann, *Der Kampf um Ostpreussen*, p. 147.
2. Les *Hilfswillige* ou *Hiwis* sont les auxiliaires russes qui servent dans toutes les unités de la *Ostheer*. En 1943, on comptait 400 000 *Hiwis* affectés aux tâches de ravitaillement, de construction, d'intendance, que la chute des effectifs ne permet plus aux Allemands d'assurer eux-mêmes.

les pertes de la 4$^{e}$ Armée à 93 000 tués et 46 448 prisonniers. Si ces chiffres sont exacts, ce qui est probable[1], on peut estimer à 50 000 le nombre de ceux qui ont pu sortir de l'abominable chaudron de Heiligenbeil.

## 2. *La bataille de Königsberg* (carte 26)

Vassilevski a chargé Bagramian, commandant du Groupe Samland, de régler la question de Königsberg. L'Arménien Ivan Khristoforovitch Bagramian est le seul non slave, avec Tcherniakhovski (qui est juif), à avoir occupé la fonction de commandant de Front. Repéré pour son talent précoce à l'académie de l'état-major-général, il entre dans la « clientèle » de Timochenko, cavalier comme lui. Après avoir échappé à l'encerclement mortel de Kiev en septembre 1941, il devient chef d'état-major de la Direction du Sud-Ouest sous l'autorité de Timochenko. Il partage la disgrâce de celui-ci après le désastre de Kharkov en mai 1942 ; il est rétrogradé chef d'Armée. Il se montre si talentueux à la tête de la 11$^{e}$ Garde que Staline lui confie le 1$^{er}$ Front de la Baltique en novembre 1943. Bagramian est de la douzaine des meilleurs chefs de l'Armée rouge et, dans l'après-guerre, il apportera une contribution non négligeable à la codification des règles de l'art opératif.

En recevant mission de prendre Königsberg, Bagramian sait que la moitié nord de la Prusse-Orientale sera arrachée à l'Allemagne et incluse dans l'Union soviétique. La ville est désignée par les journaux civils et militaires, comme « l'antre du militarisme prussien », le foyer d'origine de « l'impérialisme grand-allemand », une sorte de fusil pointé depuis sept siècles contre les peuples slaves. Churchill lui-même, dans une lettre à Staline datée du 20 février 1945, déclare sans ambages que les sacrifices consentis par les Russes en 1914 (!) ont légué aux Soviétiques un droit moral sur Königsberg et sa région. Le général soviétique n'a donc aucune raison de ménager Königsberg. La ville, qui comptait 372 000 habitants en 1939, est une des plus belles d'Allemagne. Elle regorge des souvenirs de la maison des Hohenzollern – comme le château royal – dont on voit mal ce qu'ils deviendraient dans le cadre de la soviétisation annoncée. Peut-être la volonté de faire *tabula rasa* explique-t-elle le formidable acharnement de l'artillerie et de l'aviation rouges sur la cité d'Emmanuel Kant. En tout cas, ce que vont vivre les habitants sera pire que ce que vivront les Berlinois trois semaines plus tard.

### Une forteresse surestimée

Bagramian affronte un problème nouveau pour l'Armée rouge, et redouté : comment prendre une forteresse d'assaut ? À Moscou, Königsberg a en effet la réputation d'être défendue par une série impressionnante d'ouvrages. C'est là le résultat conjugué de l'échec de 1914 et de la

1. Pour le seul XX$^{e}$ Corps, le colonel Binder relève 40 000 pertes sur 50 000 disponibles au 12 février ! In *1986, Art of War Symposium*..., p. 431.

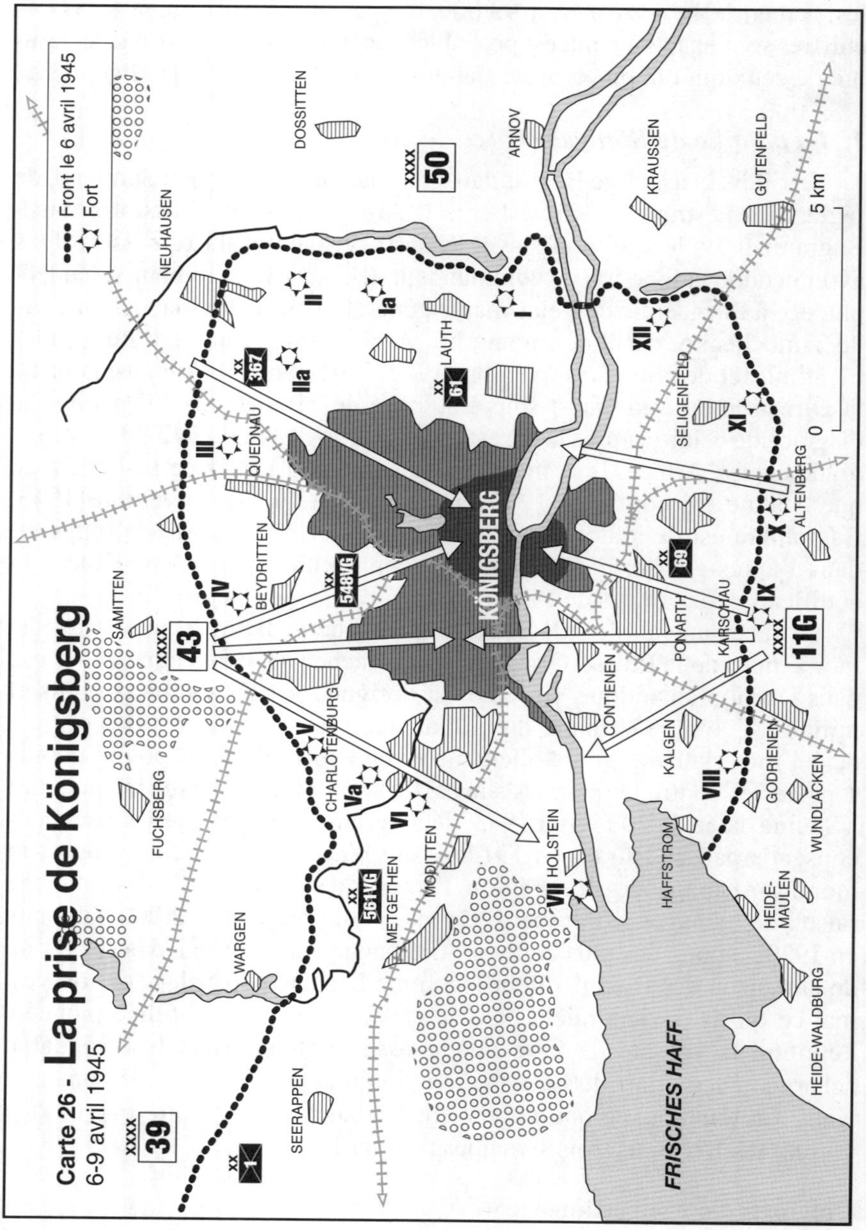
Carte 26 - La prise de Königsberg
6-9 avril 1945
Front le 6 avril 1945
Fort
KÖNIGSBERG
FRISCHES HAFF
NEUHAUSEN
DOSSITTEN
ARNOV
KRAUSSEN
GUTENFELD
SELIGENFELD
ALTENBERG
LAUTH
QUEDNAU
BEYDRITTEN
SAMITTEN
FUCHSBERG
CHARLOTENBURG
METGETHEN
MODITTEN
WARGEN
SEERAPPEN
HOLSTEIN
CONTIENEN
PONARTH
KARSCHAU
KALGEN
GODRIENEN
WUNDLACKEN
HAFFSTROM
HEIDE-MAULEN
HEIDE-WALDBURG
39
43
50
11G
1
367
61
548VG
561VG
69
I
Ia
II
IIa
III
IV
V
Va
VI
VII
VIII
IX
X
XI
XII
0
5 km

propagande nazie. De plus, les Soviétiques attribuent à la ville 130 000 défenseurs, chiffre très surévalué. D'après le général Lasch[1], commandant la place, il y aurait dans les murs entre 90 000 et 130 000 civils (110 000 semblant le chiffre probable), 15 000 travailleurs étrangers, 30 000 à 35 000 membres de la Wehrmacht plus 8 000 hommes du *Volkssturm*. Si l'on en croit le chef allemand, donc, il y aurait au plus 43 000 soldats dans la cité. Ce chiffre est réévalué par Richard Lakowski[2] à 52 800 hommes, dont les deux tiers peuvent être considérés comme combattants. À cela s'ajoutent un millier de canons de tous calibres, une quarantaine de *StG.* et de chasseurs de chars (*Panzerjägerkompanie* 1 001) et 13 Tigres II (Bataillon 505, major Förster).

Königsberg s'abrite derrière une quadruple enceinte, dont chacune est de médiocre valeur. La première, improvisée en janvier 1945, couvre le centre-ville. Elle consiste en une suite d'immeubles aux ouvertures murées, mis en communication par les caves, avec postes de tirs aménagés. Certains de ces bâtiments sont transformés en points fortifiés avec nids de MG, positions de PAK et de mortiers, comme la caserne de la Place du Tambour, la gare du Nord, les carrefours importants. La deuxième enceinte, la plus ancienne, achevée en 1873, développe 11 kilomètres. Discontinue, elle s'appuie sur une vingtaine de portes (moellons et briques) et de bastions, sur des fragments de murailles avec glacis ; certaines zones sont tendues d'inondations. La troisième ligne est un chapelet de 53 km de périmètre sur lequel s'égrènent 12 forts qui forment la ligne de résistance principale. Chaque fort « voit » ses deux voisins à 3-4 km. Élevés à la fin du XIXe siècle, ce sont des hexagones irréguliers longs de 360 m, larges de 180 m, solidement bâtis en briques durcies[3] ; ils contiennent des casemates, s'entourent d'un énorme fossé (20-25 m de large, 7-10 m de profondeur) mis en eau et sont précédés d'un fossé antichar continu (6-10 m). Ces ouvrages abritent une artillerie orientable (12 à 25 pièces), de la PAK, des MG. Mais les canons proviennent des stocks de capture (français, notamment) pour lesquels peu de munitions sont disponibles. Les possibilités d'observation sont réduites, de même la capacité d'hébergement (de 150 à 200 hommes). Ne disposant que d'une entrée, les forts sont de ce fait de vrais pièges pour leur garnison. Enfin, deux à cinq kilomètres en avant de la ligne des forts, une position a été aménagée durant l'automne 1944 (fossés antichars, mines, bunkers bétonnés, tranchées, barbelés, etc.). Mais sa trop grande longueur ne permet pas de lui attribuer la densité d'armes automatiques et de pièces antichars nécessaires. Tous les axes menant au centre sont barrés par des obstacles antichars à fermeture électrique, d'épaisses barricades de pavés

1. Lasch, *So Fiel Königsberg*, p. 116.
2. Lakowksi in *Das deutsche Reich…*, vol. 10/1, p. 547.
3. Bagramian indique que les forts 5 et 5a encaisseront chacun 500 à 600 obus de 203 et 280 mm sans pouvoir être considérés comme détruits ! In *So schritten wir zum Sieg*, p. 446.

avec armature ferrée ainsi que par des mines antivéhicules et antipersonnels.

Paradoxalement, une des meilleures défenses de Königsberg lui a été fournie par la R.A.F. En deux raids (26-27 et 29-30 août 1944), plusieurs centaines de Halifax détruisent près de la moitié des immeubles (tuant 3 400 personnes). Ces ruines offrent aux défenseurs les meilleurs couverts et un réel abri contre les obus et les bombes. En revanche, l'appareil industriel n'a pas souffert des bombes anglaises. Usines, chantiers navals et ateliers tournent à plein régime ; ils fabriquent des munitions pour l'infanterie, la marine, l'artillerie et les chars, les détonateurs étant parachutés par la Luftwaffe. On livre 7 000 à 8 000 mines artisanales en bois PAR JOUR et 100 000 mines antichars seront fabriquées en trois mois, les explosifs étant pris sur les énormes stocks de la marine accumulés dans le Samland.

Le général Otto Lasch commande la forteresse. Il a fait toute la campagne de Russie à la tête d'un régiment puis de plusieurs divisions, tous levés en Prusse-Orientale. Il séjourne brièvement en France en septembre 1944 pour sortir des griffes alliées le LXIVe Corps stationné à Bordeaux puis, le 15 octobre, il est nommé commandant de la 1re région militaire (Königsberg). Le 28 janvier, dans l'affolement qui précède le premier encerclement de la ville par les forces de Tcherniakhovski, il est propulsé commandant de la « forteresse » Königsberg. Il s'attend alors à voir les Russes atteindre le vieux château royal en quelques heures. Il interprète leur refus de tenter le coup de main comme une surestimation de la place. Lasch saisit la chance que les Soviétiques laissent passer. Il parvient à renforcer les cinq divisions battues qui ont trouvé refuge dans la ville en leur incorporant trente mille (!!) isolés[1] cachés dans les caves, parmi les civils, mais aussi des pompiers, des marins, des policiers, des Jeunesses Hitlériennes, des membres de l'Organisation Todt, du Service du travail du Reich, des rampants de la Luftwaffe. Plusieurs milliers de *Panzerfausts* sont livrés en première ligne.

Lasch est impuissant à contrer le *Gauleiter* Koch, qui refuse l'évacuation de la population, mobilise plusieurs milliers d'hommes pour édifier, sans consulter l'Armée, des barricades inutiles, se fait aménager un P.C bétonné – où il ne paraîtra plus après le 4 avril – et une piste de décollage pour son *Fieseler Storch*. Koch ne commet aucun excès de pouvoir : Hitler a, comme à plaisir, multiplié les compétences des *Gauleiter*, qui peuvent même s'immiscer dans la production et la répartition des armements, contrôler les personnels militaires, arrêter et punir ceux qui sont en situation irrégulière. Lasch ne peut aussi empêcher Rendulic, chef du Groupe d'Armées Nord, de lui enlever 70 tubes de FLAK lourde pour renforcer la défense antichar du Samland, des unités de pionniers et des centaines de tonnes de munitions, expédiées en pure perte à la 4e Armée. Ecoeuré,

1. Ce chiffre étonnant est donné par Lasch lui-même (*So fiel Königsberg*, p. 58) qui affirme n'avoir fait fusiller que les déserteurs pris en vêtements civils.

le 16 mars, il demande à Weiss, successeur de Rendulic, de le relever de son commandement. Le 25, sur ordre de Berlin, Weiss ampute la défense de Königsberg de ses deux meilleures divisions, la 5e Panzer et la 1re I.D En échange, il donne la faible 548e V.G.D (général Sudau). Ainsi que Lasch le confessera,

> « J'étais au bout de ce que je pouvais faire et ma confiance dans la capacité de résistance de la forteresse était tombée à zéro[1]. »

Weiss promet d'affecter Lasch ailleurs. De même consent-il à faire évacuer vers Königsberg une partie des forces de la 4e Armée enfermée dans le chaudron de Heiligenbeil. Mais Weiss est bientôt muté ailleurs, le Groupe d'Armées Nord dissous. À sa place, Lasch voit débarquer Müller, qui prend le 2 avril Königsberg et le Samland sous la coupe de l'état-major de feu la 4e Armée. Aussitôt, les rapports s'avèrent exécrables. Müller refuse de rendre la 5e Panzer et la 1re I.D, qu'il positionne là où il se dit certain de voir attaquer le Russe, dans le Samland, sur l'axe de Pillau. Lasch défend en vain l'idée que Königsberg est le prochain objectif du 3e Front de Biélorussie. Nuit et jour, ses avant-postes voient arriver les colonnes russes, tous phares allumés, s'édifier les positions d'artillerie, s'opérer les groupements blindés. Une forteresse héritée du XIXe siècle, un chef sans illusions, des défenseurs privés de leurs meilleurs éléments : Bagramian peut envisager l'avenir avec sérénité.

**Le sérieux des Soviétiques**

Pour Bagramian, le combat urbain a un visage, celui de Stalingrad. Comme tous les chefs soviétiques, il redoute de se laisser entraîner dans une lutte interminable et coûteuse. Au moins se sait-il mieux armé pour la lutte urbaine que les Allemands. Il profite en effet de l'expérience de la 62e Armée à Stalingrad à travers une institution particulière de l'Armée rouge, créée en novembre 1942, la « Section pour l'exploitation de l'expérience du combat ». Intégré à la Direction d'Histoire militaire, ce bureau est le grand éducateur théorique de l'Armée soviétique. C'est lui qui rassemble et analyse toutes les expériences vécues pendant la guerre. Il en tire les leçons qui permettront d'améliorer les performances de l'Armée. Ces leçons prennent la forme d'instructions aux cadres ; elles sont largement diffusées par le biais d'études, de bulletins, de collections d'analyses opérationnelles et de documents pratiques (cartes, diagrammes, horaires, etc.).

Dès la fin de février, Bagramian presse ses services de mettre le Groupe Samland à l'école de la guerre urbaine. Le premier obstacle à surmonter est la difficulté à s'orienter dans une ville en ruines, quasiment privée de points remarquables et noyée dans la fumée et la poussière. Un gros effort de photographie aérienne débouche sur la confection en un temps record de cartes renseignées des forts, fossés antichars, champs de

1. Lasch, *So fiel Königsberg*, p. 79.

mines, tranchées, etc. ; chaque bloc d'immeuble ou monument particulier reçoit un numéro suivi des coordonnées nécessaires à l'artillerie et l'aviation. Plusieurs modèles réduits de la ville à l'échelle 1:3 000 sont confectionnés pour la conduite des exercices et les chefs sont priés de mémoriser les itinéraires qu'ils devront emprunter, repérer les aires de regroupement, les points de franchissement, etc. Les officiers politiques se mettent en quête des soldats qui ont participé aux combats de Stalingrad et leur font accomplir des tournées d'explication dans les unités sur les thèmes : « comment se comporter dans un combat de rue ? », « comment se mène un assaut contre un immeuble ? », « progresser par les caves », « comment utiliser les toits », etc.

Un article[1] écrit en octobre 1945 par le général Galitsky, commandant la 11e Garde, nous permet de connaître en détail la préparation de son Armée. Nombre des décisions prises viennent en droite ligne des trouvailles faites par le général Tchouikov à Stalingrad[2]. Sur les arrières du Groupe Samland, plusieurs petits bourgs sont transformés en laboratoires et en terrains de manœuvre spécialisés. Division par division, régiment par régiment, on y passe pour y apprendre les bases du combat urbain, ses mille et une chausse-trappes. Comment s'orienter, s'infiltrer, prendre un immeuble défendu, circuler à travers les sous-sols ; comment assurer l'appui-feu mutuel, appeler l'aviation ou l'artillerie, franchir un canal ou une rivière ; comment détruire un blockhaus, neutraliser un fort, repérer un sniper… Voici quelques-unes des mesures prises par Galitsky, commandant la 11e Garde, et Beloborodov, chef de la 43e Armée, les deux fers de lance de l'attaque, pour reconfigurer leurs Armées en vue de la lutte urbaine.

– Régiments et bataillons sont reformatés. La formation de base devient l'unité d'assaut, mise le plus souvent au format d'une compagnie de 50 à 60 hommes, triés sur le volet, équipés de grenades (6 par homme), de pistolets mitrailleurs Sudaev Modèle 1943 PPS pour le combat rapproché, de fusils à lunette, de mitrailleuses légères Degtarev DPM 7,62 mm modèle 1944, de lance-flammes. Elle est accompagnée d'une ou deux pièces de 45 mm (avec munitions antichars, à fragmentation et fumigènes), de deux canons de 76 mm Zis-3, d'un obusier de 122 mm, d'un ou deux tanks ou canons d'assaut, d'une section de mitrailleuses lourdes (Goriunov SG-43), d'une section de sapeurs et d'une section de quatre mortiers de 81 mm. Chaque unité d'assaut s'articule en un groupe d'attaque (20-26 hommes, mitrailleuses, lance-flammes portables + une section de pionniers) qui enlève l'ouvrage ou le bâtiment, un groupe de consolidation (8-10 hommes, mitrailleuses lourdes, un ou deux canons + une section de sapeurs), un groupe feu (artillerie, mortiers, chars et

1. *Voennyi vestnik*, octobre 1945.
2. Voir notre *Stalingrad, la bataille au bord du gouffre*, Economica, p. 243-260.

canons d'assaut) et un groupe de réserve (10-15 hommes, mitrailleuses lourdes, un ou deux canons).

– Comme on le voit ci-dessus, l'artillerie divisionnaire n'est pas rassemblée en murs de feu tirant en trajectoires courbes. Elle est décentralisée au niveau de chaque bataillon, s'emploie en tir direct à courte distance, y compris pour les grosses pièces comme l'excellent obusier ML-20 de 152 mm. Des « groupes spéciaux de destruction » sont constitués en groupant 4 à 6 pièces de 203 mm M.1931 (B-4) montées sur chenilles qui percent n'importe quoi avec leurs obus de 100 kg à haute puissance explosive. Bien entendu, l'artillerie de Corps et d'Armée demeure à disposition pour « traiter » globalement une zone précise.

– Les chars sont employés en trois échelons. Le premier, intégré à l'unité d'assaut, consiste en une ou deux machines lourdes (des JS-2 et/ou JSU-152) se couvrant mutuellement. Elles SUIVENT l'infanterie et leur protection rapprochée est assurée en permanence par deux sapeurs et quatre fantassins armés de pistolets mitrailleurs. Le deuxième échelon tient en une compagnie ou un bataillon de T-34/85 utilisé en appui-feu et/ou transport d'infanterie sur les zones dégagées (boulevards, parcs, etc.). Le troisième échelon, dépendant du Corps ou de l'Armée, n'intervient que pour assurer des manœuvres larges (flanquement, débordement) en zone péri-urbaine.

– La proportion de sapeurs au sein des Armées est triplée lors de l'assaut contre Königsberg. Bagramian[1] donne présentes le 7 avril dix brigades de pionniers, trois de pionniers d'assaut, deux de pionniers motorisés et une brigade de pontonniers, en plus des unités normalement présentes dans les divisions et les Corps. À quoi s'ajoutent 40 (!) compagnies de lance-flammes. On trouve à tous les échelons des spécialistes porteurs de charges de démolition, de poêles à frire de déminage, de charges creuses, de mines antichars, torpilles Bengalore, pots fumigènes, grappins, bouteilles incendiaires et suffocantes, moyens de franchissement, etc.

– L'aviation, comme l'artillerie, a une tâche générale d'« ameublissement » des défenses ennemies et une tâche d'intervention au sol directement dans les combats. Chaque unité d'assaut incorpore une section de spécialistes de la signalisation, dans le but d'éviter les erreurs de cible. Au niveau du bataillon ou du régiment, un officier de liaison du V.V.S reçoit les demandes des unités d'assaut et les transmet directement par radio aux appareils déjà en l'air ou encore sur aérodrome. Cette liaison air-sol directe, inventée par la Luftwaffe durant la guerre d'Espagne, est une nouveauté dans l'Armée rouge ; elle est rendue possible par les livraisons américaines de matériels de transmission modernes.

1. Chiffres in Bagramian, *So schritten wir zum Sieg*, p. 453.

## Plan et moyens

Bagramian se donne cinq jours pour prendre la ville. Il choisit une attaque en pince venant à la fois du nord-ouest (43e Armée, général Beloborodov) et du sud (11e Armée de la Garde, général Galitzky). Les deux forces se rejoindront au nord du fleuve Pregel, en lisière du centre-ville. À l'est, la 50e Armée aura deux tâches à accomplir. Deux de ses Corps (81e et 124e), massés sur seulement 3,5 km, joindront leurs efforts à ceux de la 43e Armée ; le dernier Corps (69e), étalé sur 25 km, se contentera d'immobiliser les forces allemandes qui lui font face. Péniblement, en incorporant des convalescents et quelques personnels des services, les effectifs des divisions sont portés à 3 000-3 600 hommes, véritable étiage, inférieur de 50 % aux niveaux atteints dans les Armées de Joukov et de Koniev. Au total, 137 000 assaillants[1] affronteront les 50 000 défenseurs. En dehors de la ville, vers l'ouest, la 39e Armée et deux nouvelles Armées revenues du chaudron de Heiligenbeil – la 5e (Krylov) et la 2e de la Garde (Tchantchibadzé) – mèneront un assaut général pour clouer les forces allemandes rassemblées dans la péninsule du Samland.

Bagramian n'a que peu de chars – moins de 250. En revanche, il peut compter sur une nombreuse artillerie (5 000 pièces) dont des canons super lourds de 305 mm préposés à la destruction des forts. Mais l'aspect le plus original de l'assaut sur Königsberg est l'extraordinaire concentration aérienne mise à disposition par Vassilevski. Pas moins de trois Armées – 1re (général Krioukine), 3e (général Papivine) et 18e (bombardement à long rayon d'action, maréchal Golovanov) – plus le groupement de la flotte baltique (KBF, général Samochine) et deux Corps de chasseurs-bombardiers tirés des réserves de la STAVKA. Soit 2 444 appareils[2] : 1 124 bombardiers (dont 192 petits biplans PO-2), 830 chasseurs, 470 *Sturmoviks* et 20 torpilleurs. La coordination de cette masse sur un petit espace est si compliquée que le commandant en chef de toute l'aviation soviétique, le maréchal Alexandre Novikov, vient superviser en personne.

Novikov et Bagramian se sont entendus pour écraser la ligne des forts, les axes de pénétration des groupes d'assaut, les défenses de la Pregel, les aérodromes, sous une pluie de bombes et d'obus déversés dans la semaine qui précède le jour J. Mais la météo en décide autrement. Boue, pluie, grêle, neige fondue, brouillard, interdisent les décollages et diminuent l'efficacité de l'artillerie. Or, le plan de conquête en cinq jours de Bagramian est entièrement basé sur l'hypothèse que les principaux obstacles, notamment les forts, auront été préalablement dégagés. Que faire ?

> « Vassilevski appela Staline et lui rapporta la situation.
>
> "Le commandant suprême pousse à faire au plus vite, dit-il après avoir terminé sa conversation. L'opération sur Berlin est imminente". Encore une fois il regarda le ciel chargé de nuages et se décida alors : "nous devons y aller"[3]. »

1. Chiffres in Bagramian, *So schritten wir zum Sieg*, p. 460.
2. Chiffres in Bagramian, *So schritten wir zum Sieg*, p. 445.
3. Bagramian, *So schritten wir zum Sieg*, p. 458.

Après un ultime report de 24 heures, l'attaque est fixée au 6 avril 1945.

## Le 6 avril

La pluie cesse au soir du 5 avril. Aussitôt, Novikov lâche deux divisions de petits biplans PO-2, qui ont pour effet principal d'empêcher l'adversaire de dormir. Une centaine de bimoteurs prennent l'air et s'en prennent aux axes de pénétration prévus pour les deux Armées assaillantes. En revanche, les bombardiers lourds de Golovanov sont incapables de trouver leurs objectifs. À 2 heures du matin, les reconnaissances en force démarrent. À la 43e Armée (54e Corps, 343e Division), le major Mogiliov s'empare en trente minutes du « petit fort » du faubourg de Charlottenburg. Les défenseurs, surpris, affolés par les explosions de charges creuses, n'ont pas vu l'assaillant approcher ses échelles et pénétrer dans la cour intérieure. Aussitôt, le commandant de division dépêche dans la brèche un régiment complet qui s'enfonce de 1,5 kilomètre le long de la voie ferrée vers Cranz. Dans le secteur de la 50e Armée, un groupe de communistes[1] allemands en uniformes de la Wehrmacht repère les passages à travers les champs de mines avec l'aide des *Landsers* qui les prennent pour des égarés. Ils font des prisonniers à la 367e I.D et permettent aux régiments soviétiques d'avancer de 1 000 m leurs lignes de départ.

Le 6 avril, à 9 h 30 au sud, à 10 h 30 au nord, l'enfer se déchaîne. Toute la gamme des tubes tournés dans l'Oural entre dans la danse : 76, 107, 122, 152, 203, 210, 280, 305 mm, mortiers de 82, 120 mm et 160 mm, tubes de DCA de 37, 76 et 85 mm, canons automoteurs de 76, 85, 122, 152, *katiouchas* de 82, 132 et 300 mm. Le concassage dure deux heures. À 7 km du centre, Bagramian sent la terre trembler sous ses pieds. Vitres, canalisations, tympans, tout explose ; en quelques instants, le jardin botanique est transformé en une zone lunaire, les centaines d'arbres ont disparu, soufflés comme une poignée d'allumettes. Dans la ville, soldats et civils terrorisés sont réfugiés dans les caves à moitié inondées et sans lumière, les immeubles s'effondrent par centaines sur les chevaux et les véhicules abandonnés dans les rues. La totalité du réseau téléphonique est détruit, les unités allemandes seront réduites à communiquer par estafettes. Les tranchées sont éventrées, les trous d'hommes nivelés, des sections entières enterrées, les dépôts de munitions sautent de toutes parts. Dix minutes avant la fin, les canons soviétiques lâchent des bordées d'obus fumigènes qui, mêlés à la poussière soulevée par les innombrables explosions, plongent la ville dans un crépuscule étouffant. Nombre des soldats allemands récemment incorporés, non habitués à ce traitement, s'effondrent nerveusement : certains s'enfuient, d'autres sombrent dans l'apathie.

1. Fin mars déjà, un groupe issu du Comité pour une Allemagne libre réussit à s'introduire jusqu'au P.C de la 561e V.G.D, à y tuer du monde et à regagner les lignes russes avec une vingtaine de prisonniers.

À 11 heures, précédés de 20 minutes par les sapeurs qui déblaient et déminent, 104 groupes d'assaut issus de trois Armées et de huit Corps se ruent en avant, protégés par le brouillard artificiel. Au sud, les trois Corps de Galitzky attaquent sur un front de 8 km entre le fort VIII et le fort X (déjà tombé le 31 janvier). Au centre, le 16e Corps du général Guriev réussit une percée de 3 km jusqu'au faubourg de Ponarth, dont il s'empare. Sa tâche a été facilitée par l'absence de fort dans son axe de progression, l'ouvrage N° IX s'étant fait sauter avec toute sa garnison le 30 janvier, lors du premier siège. Guriev, qui commandait la 39e Division de la Garde à Stalingrad, voit avec satisfaction la progression de ses hommes se faire comme à l'exercice. Les premières tranchées, ravagées par l'artillerie, sont enlevées en quelques minutes. Une ceinture de MG sous béton est aveuglée par les tirs directs des tubes des canons antichars de 45 mm puis réduits à la grenade et à la bouteille incendiaire. Les immeubles à quatre étages bordant la route de Ponarth sont attaqués dans les règles de l'art. Les feux de mitrailleuses se concentrent sur les étages supérieurs pour contraindre les soldats de la 69e I.D à se mettre à couvert, ce qui permet aux groupes d'assaut de pénétrer dans les caves du premier bâtiment. Pendant que le groupe N° 1 se poste au rez-de-chaussée, le groupe 2 dynamite le mur mitoyen et pénètre à son tour dans les caves pour se placer lui aussi au bas de l'escalier. Puis, au signal donné par le chef de bataillon, les tubes d'artillerie, mis à la hausse maximum, font feu sur toutes les ouvertures supérieures. Chaque obus de 203 mm chenillé enlève la moitié d'un étage. Affolés, les défenseurs refluent vers le bas, où ils sont abattus ou faits prisonniers par les groupes d'assaut en embuscade.

À droite, le 8e Corps progresse bien aussi et parvient à la gare de Rosenau, s'alignant ainsi sur les hommes de Guriev. Menacé d'être pris en sandwich, un régiment de la 69e I.D reflue vers le centre ; des tirs d'enfilade tuent ou blessent un quart de l'effectif. À gauche, en revanche, le fort N° VIII résiste toute la journée. Cerné, pris à partie par 200 tubes cognant à tir tendu, il tombe en début de soirée. Au soir, Galitzky fait savoir à Bagramian qu'il a pris 20 points fortifiés et 45 blocs d'habitation.

Au nord-ouest, sur un front de 8 km, les trois Corps de la 43e Armée et deux de la 50e Armée avancent de 2 500 m, plus difficilement. Les groupes d'assaut du 13e Corps de fusiliers de la Garde (général Lopatine) sont bloqués par les tirs du fort N° V, de même qu'à sa gauche le 81e Corps (50e Armée) souffre devant les énormes fossés du fort N° IV. À la faveur de nuées artificielles, les groupes d'assaut parviennent à contourner les ouvrages et à s'en prendre à la ligne de défense qui s'appuie sur eux. Un régiment bloque le fort et assiste un bataillon de JSU-122 qui pilonne systématiquement casemates, entrées et coffres de contrescarpe. À 14 h 00, à la faveur d'une éclaircie, 200 *Sturmoviks* traitent les superstructures à la bombe et à la roquette. Mais, au soir, une partie de l'artillerie allemande continue à tirer. Derrière l'ouvrage, la progression est lente. Les *Panzerfausts* de la 548e V.G.D et du régiment 1143

(561e V.G.D) détruisent plusieurs JS-2. Les canons soviétiques doivent s'avancer en pleine rue pour vider leurs casiers sur tout ce qui ressemble à un poste de tir ; les immeubles s'effondrent les uns après les autres. Les Gardes nettoient les caves au lance-flammes et à la grenade. Ici, on se bat au corps à corps dans les étages, souvent au milieu de l'incendie allumé par l'essence enflammée ; là, plusieurs mines entraînent sous les décombres assaillants et défenseurs. Dans le secteur de la 50e Armée, l'immeuble de la radio est pris. Les hommes du général Oserov comptent 300 cadavres allemands dans les escaliers, dont beaucoup piétinés lors d'une panique. Le drapeau rouge est hissé en haut du mât de 50 m. Aucune des contre-offensives allemandes ne parvient à reprendre le terrain perdu, malgré l'apparition du bataillon de *StG.* de la 5e Panzer. Repérée par les artilleurs, l'unité essuie un terrible tir d'interdiction qui la force à rebrousser chemin. Au soir, des dizaines de Yaks apparaissent dans un ciel éclairé d'incendies. On mitraille tout ce qui passe dans les rues, véhicules des pompiers, camions de munitions, convois de blessés, femmes qui vont chercher de l'eau. Mais, malgré cette activité d'avant crépuscule, sur les 4 000 sorties planifiées par les hommes de Novikov, moins de 1 000 ont pu être menées jusqu'au bout.

Durant la nuit, alors que des milliers de réfugiés traumatisés se pressent de quitter la ville par la route de Pillau, Bagramian décide de poursuivre l'effort. Des groupes d'assaut franchissent le fossé antichar principal et établissent une tête de pont à l'abri d'un rideau d'artillerie. Les groupes s'infiltrent, attaquent les arrières puis se dispersent dans les immeubles, attendant l'attaque générale à l'aube. Plusieurs points fortifiés sont pris par dynamitage de l'enceinte extérieure, suivi d'un violent assaut à la grenade et au couteau mené à la lueur des lance-flammes. Sur toute la ligne de front, des centaines de haut-parleurs exhortent les soldats à la reddition puis diffusent ironiquement des marches militaires allemandes.

### Le 7 avril

Le lendemain à l'aube, le ciel est complètement dégagé. Vagues après vagues, les appareils du 11e Corps de chasseurs attaquent les aérodromes de la Luftwaffe puis une centaine de *Sturmoviks* s'en prend aux positions de la FLAK. À 10 heures, Novikov juge qu'il peut lâcher en toute sécurité trois vagues de 82 bombardiers bimoteurs TU-2 (2 tonnes de bombes à 521 km/h) qui matraquent les positions des divisions allemandes du Samland. Au même moment, les 5 000 canons, réinstallés durant la nuit, ouvrent un feu concentré devant les axes d'attaque de la 43e Armée et de la 11e Armée de la Garde. Bagramian demande que la pression sur les défenseurs ne soit pas relâchée. Non sans difficultés, le maréchal Novikov parvient à convaincre Golovanov de lancer à 13 heures 516 bombardiers medium Iliouchine Il-4 à long rayon d'action, accompagnés par 125 chasseurs Yaks 9 et La-5 et 300 *Sturmoviks*. 550 tonnes de bombes ruinent plusieurs points fortifiés et des dizaines d'immeubles placés sur les axes principaux. Sous l'effet de la chaleur dégagée par les incendies, des milliers de tonnes de poussières se forment en colonnes ascendantes, plusieurs dépôts de munitions sautent, dans les caves privées d'oxygène, on meurt asphyxié par paquets de cent. À 15 heures, c'est au tour du 5e Corps de chasseurs-bombardiers de s'acharner sur les défenses de la 548e V.G.D. Cinq mille sorties dans la journée !

Sous cet infernal carrousel, les troupes au sol progressent. Difficilement au nord, où l'on gagne entre 500 et 1 500 m selon les secteurs, de façon spectaculaire au sud. Le fort N° 5, isolé depuis la veille, soumis à un matraquage d'artillerie incessant, résiste encore. À 15 heures, une escouade de sapeurs s'approche de l'enceinte par l'arrière sous un terrible feu de mitrailleuses. À l'aide de cordes, un sergent et trois hommes parviennent à accumuler dans une mine hâtivement creusée plusieurs centaines de kilos d'explosif puissant. Une formidable explosion ouvre une brèche étroite. Profitant de l'affolement des défenseurs, un groupe d'assaut de la 235e Division se rue dans la cour de l'ouvrage, met en batterie un canon de 45 mm qui tire des charges creuses contre la porte blindée. Puis c'est une lutte sauvage à la grenade dans les couloirs. Au crépuscule, les 100 derniers défenseurs se rendent.

La 11e Armée de la Garde parvient, sur toute la longueur de son front, à avancer de 2 à 2,5 km. Le 36e Corps cherche à traverser le « jardin humide », sur la basse Pregel, mais le général Lasch ordonne d'ouvrir les vannes de protection et, en dehors des chaussées surélevées, tout est inondé. Les Russes s'arrêtent – sauf dans le secteur portuaire, promptement enlevé, mais les unités en retraite de la 69e I.D et du *Volkssturm*, piégées, sont contraintes d'emprunter les chaussées au vu et au su de leurs adversaires. Mitrailleuses, mortiers, artillerie, Yaks, en font un grand carnage. Le gros du 36e Corps se dirige alors vers la droite et pénètre dans le dédale de voies ferrées qui précède la gare principale. Durant quatre heures, JS-2 et SU-85 donnent la chasse aux fantassins de la 69e I.D appuyés par des *StG.* et des pièces de 8,8 cm PAK. La résistance se poursuit sur les quais et dans les bâtiments de la gare, avant d'être brisée par les piqués ininterrompus des *Sturmoviks*.

Le 8e Corps, à droite, prend le carrefour de Rosenau méthodiquement détruit par les obusiers chenillés de 203 mm puis vient à bout du bastion Pregel qui commande le bras sud du fleuve, dit « vieille Pregel ». Le *KG* Schuberth (SS et police) est anéanti quasiment jusqu'au dernier homme. Poussant leur avantage, les groupes d'assaut soviétiques passent la « vieille Pregel » puis profitent de la nuit pour aménager des positions sur la rive sud de la Pregel proprement dite.

Au centre, le 16e Corps du général Guriev entre à Haberberg, la partie du centre-ville qui se trouve au sud du fleuve. L'habitat est dense, la population civile nombreuse. Immeuble après immeuble, avec une vitesse étonnante dans ce type de combat, les Gardes parviennent à avancer de 500 mètres. Tout point dur est traité par un déluge d'obus et/ou de roquettes lâchées par les *Sturmoviks* qui semblent ne jamais quitter le ciel. Au soir, en dehors du quartier de Haberberg, les Allemands ont lâché tous leurs points d'appui et se sont réfugiés sur la rive nord de la Pregel, après avoir fait sauter tous les ponts.

Le général Lasch, inquiet de voir les 548e et 561e V.G.D quitter leurs positions, demande une intervention de la 5e Panzer. Il faut coûte que coûte garder ouvertes la route et la voie ferrée vers Pillau, même si toutes deux sont déjà sous le feu de l'artillerie soviétique : c'est la seule issue par où pourraient s'échapper la population et la garnison. Mais, mise sous pression dans le Samland par l'attaque de la 2e Armée de la Garde, des 5e et 39e Armées, la 5e Panzer ne peut envoyer qu'un groupe blindé. Lasch n'a plus d'espoir qu'en une évacuation, qu'il sait impossible par ordre du Führer. La nouvelle ligne de résistance principale, le long de la Pregel, ne pourra être tenue. Une bonne partie de l'artillerie est demeurée sur l'autre rive et, de la 69e I.D, il ne reste que des lambeaux.

Durant la nuit, pour briser le moral des défenseurs, Novikov fait lancer 569 tonnes de bombes, dont un certain nombre au phosphore. Le ciel se fait blanc durant quelques minutes, cent incendies s'allument. Femmes, enfants, vieillards, déserteurs et planqués s'enfuient au hasard des rues, où les rattrapent les deuxième et troisième vagues de bombardiers. Encore une fois, d'immenses volutes de poussières brûlantes s'élèvent dans le ciel. Dans les rues, les *Landsers* affolés se replient en trébuchant sur des centaines de cadavres carbonisés. Roger Sauvage, pilote de l'escadrille Normandie-Niemen qui se bat dans le secteur, constate la persistance de ce phénomène à 30 km au sud-ouest de la cité prussienne.

> « Le tunnel, c'est cette caverne bizarre qui s'est formée sous la voûte – de près de 2 000 mètres d'épaisseur – voûte faite des fumées rougeoyantes que le vent rabat à l'ouest de Königsberg. Il y règne une chaleur de four, une odeur de brûlé et de mort.
>
> Un avion ne s'engage pas là-dessous sans que son pilote imagine le vestibule de l'enfer. (…)
>
> Les Soviétiques doivent posséder d'inépuisables forces en réserve. Le ciel est une volière. Des avions de tous les types y tissent des trajectoires entrecroisées, en essaims dont le nombre et la densité dépassent toute imagination (…). Douarre dénombre 143 passages en trois minutes[1]. »

## Le 8 avril

À 8 heures, 500 appareils de tous types déversent bombes, balles et roquettes sur les positions des divisions allemandes exténuées. En voulant s'interposer avec le groupe de chasse 51, le lieutenant Wilhelm Hübner (62 victoires) est abattu à bord de son Me109 Bf., et sept de ses camarades suivront en quelques minutes. À 9 h 00, l'artillerie renouvelle son déluge explosif puis, une heure après, les trois Armées repartent à l'assaut. À l'ouest, le fort N° VI est isolé (il tombera dans l'après-midi) : la 43e Armée à la voie libre vers l'embouchure de la Pregel. Le 13e Corps de la Garde (général Lopatine) se fraie lentement un chemin à travers la proche

1. R. Sauvage, *Un du Normandie-Niémen*, p. 331-333.

banlieue, direction sud-est. Les groupes d'assaut doivent détruire un à un les nids de M.G., les snipers, les isolés armés d'un *Panzerfaust.*

Mais la tâche importante de la journée est dévolue à la 11e Armée de la Garde : il lui faut franchir la Pregel. Au-dessus d'elle, plusieurs centaines de mission, parmi les 6 000 exécutées ce jour-là, dressent un cordon de fer empêchant la moindre unité allemande d'entrer ou de sortir du secteur des quais. À gauche, la 16e Division de la Garde protège par un feu d'enfer l'approche de ses groupes d'assaut. Sans transition, aux obus explosifs succèdent les éclatements d'obus fumigènes sur une largeur d'un kilomètre, pour tenir l'ennemi dans l'ignorance du point exact de franchissement. À 11 h 30, les sapeurs mettent les pneumatiques à l'eau, une minute suffit pour traverser les 80 mètres du fleuve ; près du chantier naval, les véhicules amphibies (les « DUKW[1] » six-roues de la *General Motors*) se relaient en noria ; ailleurs, les sections traversent à l'aide de vessies gonflables individuelles ; des tyroliennes font passer armes individuelles et munitions. Les tirs allemands, gênés par la fumée, sont imprécis. La rive nord est surélevée d'une promenade en brique de 5 mètres. Échelles, grappins, sont lancés. Les fumigènes se dissipent, les puissants canons des automoteurs JSU-122 font aussitôt feu à tir tendu sur les toits et étages supérieurs, forçant l'ennemi à descendre. Dans le même mouvement, usines, chantiers ou immeubles au bord de l'eau sont pris d'assaut, une tête de pont se constitue en hérisson, constamment encagée par les tirs de mortiers de 120 mm qui interdisent toute contre-attaque. Une résistance trop forte provoque l'appel immédiat à l'aviation, qui tient sans arrêt cent appareils en l'air. Utilisant toutes sortes de matériaux, les sapeurs lancent des passerelles pour l'infanterie. On dynamite les quais pour faciliter embarquements et débarquements. Un pont de 2 tonnes suivra dans l'heure, puis un pont de 60 tonnes dans la nuit. En 45 minutes, le 40e Régiment de la 16e Division de la Garde au complet a traversé la Pregel ! Un peu plus à l'est, le cours d'eau est sauté en quelques instants par le 33e Régiment de la Garde en utilisant les superstructures émergées d'un pont de chemin de fer mal détruit. En revanche, dans le centre-ville, les franchissements du 8e Corps de la Garde échouent sous l'effet de violentes contre-attaques.

Emportée par son élan, la 16e Division parcourt les 500 m qui la sépare de la voie ferrée qui file vers Pillau. Les points d'appui allemands tombent les uns après les autres, les compagnies laminées de la 561e V.G.D fuient vers l'ouest, vers le Samland, loin de la ville. Les premiers drapeaux blancs apparaissent. La traversée de la rivière a entamé le moral des défenseurs. À 14 h 30, Bagramian apprend la nouvelle : la 16e Division de la Garde de la 11e Armée de la Garde a fait sa jonction avec la 24e Division de la 43e Armée : les défenseurs de Königsberg sont encerclés. Dans l'après-midi, la résistance s'effondre dans tout le quart nord-ouest de la ville. La ligne de front suit maintenant les deux tiers de

1. L'Union soviétique a reçu 586 de ces engins dans le cadre du prêt-bail.

la dernière ceinture de défense, celle du centre-ville historique. C'est là que les plus durs combats sont à craindre, d'autant plus que sur cet espace étroit, les bombardiers ne pourront plus intervenir en masse. Aussi Vassilevski adresse-t-il une offre de reddition aux défenseurs.

Le général Lasch ne répond pas à l'offre mais il sent la bataille lui échapper. Il n'a plus de liaisons assurées, les stocks de munitions sont bas, la ville est un mouroir de masse, un tas de ruines où l'on circule à grand peine. En désespoir de cause, il demande à Müller d'autoriser une sortie vers l'ouest, sur le modèle de celle qui, le 19 février, avait réussi à lever le premier siège. En d'autres termes, il faut jeter toutes les unités dans l'affaire, et ne garder qu'un rideau de *Volkssturm* face aux Russes. Refus de Müller qui, à 20 h 00, fait connaître ses ordres : Königsberg doit être défendue, telle est la mission principale. Quelques éléments de choc pourront néanmoins pousser vers l'ouest tandis qu'à l'extérieur la 561$^{e}$ V.G.D et la 5$^{e}$ Panzer tenteront de délivrer les défenseurs.

**Le 9 avril**

Durant la nuit, hâtivement, Lasch rassemble des débris des 61$^{e}$ et 367$^{e}$ I.D et de la 548$^{e}$ V.G.D et les place sous les ordres du général Sudau. Les derniers *StG.*, une dizaine de tubes FLAK 2 cm quadruple sur automoteur, sont de la partie. Un appel intempestif des autorités nazies, le bouche à oreille, ont rassemblé derrière les soldats plusieurs dizaines de milliers de civils morts de fatigue mais terrorisés à l'idée de tomber aux mains des Soviets. Alertée par le bruit, l'artillerie de Bagramian arrose les abords ouest de la ville. Le général Sudau, commandant la 548$^{e}$ V.G.D, est tué en même temps que des centaines de civils dont on retrouvera des fragments épars dans les buissons du jardin botanique. À 23 heures, en profitant de l'obscurité, les dernières troupes à capacité offensive doivent commencer à pousser vers l'ouest de part et d'autre de la voie ferrée vers Pillau. Mais, sous la pleine lune, personne ne reconnaît le paysage. Là où il y avait une route, une voie ferrée, des immeubles, un jardin botanique, on ne voit qu'un immense champ de ruines et de cendres qui brillent sous la pleine lune. De larges cratères remplis d'eau rendent la progression quasi impossible. Dix salves de *katiouchas* s'abattent soudain. C'est l'affolement, un immense embouteillage se forme, dans lequel l'artillerie soviétique laboure, soulevant les *StG.* de 20 tonnes comme des fétus de paille. Enfin, à 2 h 00, les bataillons de tête s'ébranlent. Un feu terrible s'abat de toutes parts : les Russes ont anticipé la sortie. À 5 h 00, c'est fini. Tout le monde a fait demi-tour. Seule une centaine d'hommes a réussi, à la faveur de la confusion et quasiment à la baïonnette, à rejoindre l'avant-garde de la 5$^{e}$ Panzer qui, de son côté, a avancé de… 1 500 mètres en laissant beaucoup de matériel sur le carreau. À l'aube, la division reflue sous les assauts d'une aviation que plus rien ne vient gêner.

À l'aube, *Sturmoviks*, Pe-2, Tu-2, Yer-2, déversent encore une fois leurs cargaisons de bombes (4 400 tonnes en 4 jours !) sur les ruines accumulées à certains endroits en collines de 20 mètres de haut. À 9 h 00, une violente préparation d'artillerie donne le signal de l'hallali. La 11e Armée de la Garde, les 43e et 50e Armées lancent des assauts concentriques. La résistance allemande reste ferme durant la matinée. Il faut se battre à fond pour prendre le théâtre, ainsi que le rapporte le général Galitzky.

> « L'unité d'assaut (commandée par le lieutenant-colonel Krivich, ndla) reçoit la mission d'occuper le bâtiment du théâtre de Königsberg. Quand l'unité approcha, les canons de 45 mm et l'artillerie de campagne ouvrirent le feu sur les fenêtres des étages inférieurs depuis des positions situées près du bâtiment. L'artillerie divisionnaire détruisit les murs des niveaux inférieurs avec des obus antichars, tandis que les canons de 122 mm des chars et des automoteurs tiraient sur les étages du haut, forçant l'ennemi à descendre. Le pilonnage dura 10 à 20 minutes. L'infanterie utilisa ce temps pour occuper ses positions avancées, à 50-100 m de l'objectif. Les sapeurs réussirent à ménager des passages à travers obstacles et barricades.
>
> Après le barrage d'artillerie, l'infanterie se rua en avant, pénétra partout par les fenêtres, les portes et les brèches dans les murs, après y avoir jeté une pluie de grenades, et détruisit la garnison des premières pièces.
>
> Un des groupes d'assaut qui était passé par le jardin attenant au théâtre dynamita plusieurs portes et fit irruption dans le bâtiment par l'arrière. À la suite de quoi, avançant l'un vers l'autre, les deux groupes nettoyèrent les pièces les unes après les autres, démolissant une paroi pour passer dans la pièce à côté, non sans y avoir jeté un chapelet de grenades ou y avoir introduit le museau d'un lance-flammes, obligeant l'ennemi à se rendre ou à fuir dans une autre pièce.
>
> De cette manière, les groupes d'assaut réussirent à nettoyer complètement le rez-de-chaussée du théâtre en moins d'une heure, tuant 200 soldats, en capturant 250.
>
> Après cela, les unités commencèrent à nettoyer les étages supérieurs et les greniers. Ici, les lance-flammes jouèrent le premier rôle. Couverts par les tirs des mitraillettes, ils montaient les escaliers en projetant un long jet de liquide froid suivi d'un bref jet enflammé qui mit le feu partout, obligeant l'ennemi à jeter ses armes[1]. »

Dans l'après-midi, la résistance des forces allemandes se défait en une série de combats isolés. Lasch ne contrôle plus rien.

> « En maints endroits, avoue-t-il, les femmes désespérées essayaient d'arracher leurs armes aux soldats et d'accrocher des lambeaux de drap blanc aux fenêtres, pour mettre une fin à l'horreur[2]. »

La Pregel est franchie partout, le vieux château, résidence des princes-électeurs, lieu du premier couronnement d'un roi de Prusse, est pris, on détruit les munitions. En fin d'après-midi, les derniers défenseurs sont acculés dans six poches minuscules, se réduisant à un bastion ou à quelques rues ; plusieurs officiers se suicident. Le général Lasch se résout à faire ce que Paulus n'avait pas osé à Stalingrad : capituler, malgré la tentative désespérée de quelques nazis de le démettre et de continuer le combat. Le

1. *Fighting for a city*, Galitsky, p. 25-26.
2. Lasch, *So fiel Königsberg*, p. 103.

feu cesse à 1 heure du matin, le 10 avril 1945. Environ 30 000 hommes, dont 1 800 officiers, partent en longues colonnes vers l'est. Un officier raconte les premières heures d'une captivité qui, pour la plupart, va durer 10 ans.

« Les maisons brûlaient, fumaient. Meubles capitonnés, instruments de musique, ustensiles de cuisine, tableaux, porcelaine, tout était ou avait été jeté par les fenêtres. Des autos criblées de balles gisaient entre des carcasses fumantes de chars, effets et équipements militaires traînaient partout. Au milieu de tout cela, des Russes ivres titubaient, tiraient dans tous les sens, essayaient d'enfourcher des vélos, tombaient et, inconscients, restaient à saigner dans le caniveau. Des femmes et des jeunes filles en pleurs ou qui se défendaient étaient traînées dans les maisons, les enfants appelaient leurs parents. Il ne fallait pas regarder. Nous marchions. S'offraient à nous des scènes indescriptibles. Les fossés étaient pleins de cadavres, qui montraient les traces de tortures et de viols inimaginables. Des enfants morts gisaient en masse, aux arbres se balançaient des pendus, oreilles coupées, énucléés, les femmes allemandes étaient conduites dans les deux directions, des Russes ivres se battaient pour une nonne, une vieille femme était assise sur la chaussée, les deux jambes broyées par un véhicule. Les fermes brûlaient, le mobilier était dans la rue, le bétail divaguait, on le tuait sans discernement et on laissait là les carcasses. Des Allemands sans défense se précipitaient vers nous. Nous ne pouvions les aider. Les femmes sortaient des maisons, les mains ouvertes en signe de prière, le Russe les chassait et leur tirait dessus si elles ne revenaient pas sur le champ. C'était horrible. Nous n'aurions pu penser pareille chose.

Pas un de nous n'avait pu garder ses bottes, beaucoup allaient pieds nus. Les blessés abandonnés sans soins gémissaient de douleur. La faim et la soif torturaient horriblement la plupart d'entre nous. De toutes parts, des soldats russes entraient dans notre colonne. À l'un ils prenaient son manteau, à l'autre sa casquette, à un troisième sa serviette avec ses misérables possessions. Chacun voulait quelque chose. “Uri, uri !” demandaient-ils, nous étions livrés sans défense à cette engeance pillarde[1]. »

Les Soviétiques estiment les pertes civiles allemandes à 25 000 et celles des militaires à 42 000. On ignore quelle part des 127 000 soldats rouges tués et disparus durant la campagne de Prusse-orientale sont tombés à Königsberg.

Juste après la capitulation, Vassilevski se fait présenter les généraux prisonniers. À la question, « de quels chefs soviétiques avez-vous entendu parler ? », il a la stupéfaction d'entendre répondre : Boudienny, Vorochilov et Timochenko. Soit les maréchaux montrés par les actualités cinématographiques du *Deutsche Wochenschau* en septembre 1939, lors de la rencontre des deux Armées en Pologne. Des hommes qui les avaient constamment battus depuis Stalingrad, des Joukov, Vassilevski, Koniev, Rokossovski, Vatoutine, Tcherniakhovski, Tolboukhine, Eremenko, et bien d'autres, les officiers allemands ne savaient rien, pas même leurs noms[2] ! Ignorance

1. Lasch, *So fiel Königsberg*, p. 115-116.
2. L'anecdote est dans Bagramian, *So schritten wir zum Sieg*, p. 485.

symptomatique du mépris dans lequel le haut-commandement tient son adversaire et qui contraste avec l'étude soigneuse de leurs homologues à laquelle se livrent les Soviétiques. De la masse bolchevisée, anonyme, grise et fanatisée, aucun chef digne de ce nom ne peut sortir puisqu'on ne lui prête par *a priori* raciste aucune capacité spécifique, aucune personnalité et, partant, aucun point fort ou faible qui mérite d'être étudié. De ce point de vue, la défaite de la Wehrmacht est aussi une défaite intellectuelle de première grandeur.

### 3. *La conquête du Samland* (carte 27)

Immédiatement après la chute de Königsberg, Vassilevski repositionne le 3ᵉ Front de Biélorussie dans la péninsule du Samland. Bien sûr, la victoire ne peut plus lui échapper : les forces allemandes sont isolées à 450 km de la ligne de front de Stettin, et leur survie ne tient qu'aux quais du port de Pillau. L'enjeu est strictement temporel : Staline demande à Vassilevski d'en finir au plus vite avec la dernière force organisée en Prusse-Orientale puis de revenir à Moscou où l'attend une nouvelle mission, la préparation de l'invasion de la Mandchourie. D'où la hâte mise à attaquer, sans accorder aux Armées la moindre pause.

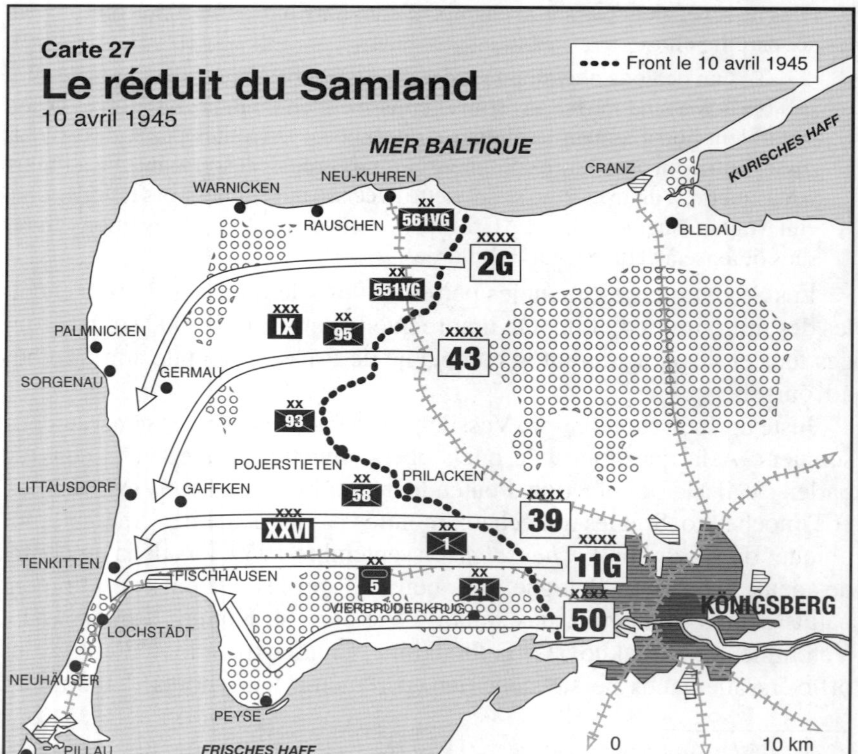

## Les ordres de bataille

Les dernières forces allemandes sont entassées dans la péninsule du Samland, sur 500 $km^2$ de sables et de pinèdes. Sur les côtés nord et ouest de la péninsule, la Baltique ; au sud, les eaux du *Frisches Haff*. À la pointe sud-ouest, une langue de terre de 12 km de long sur 1,5 à 3 km de large mène au port de Pillau. Le 11 avril, le général Dietrich von Saucken (originaire du Samland) prend le commandement de l'ensemble pompeusement baptisé Armée de Prusse-Orientale[1] ; Müller est parti, rappelé à Berlin dans des conditions humiliantes[2].

Les forces de Saucken consistent en 7 I.D, une Panzer, la 18e Division de FLAK, une poussière d'unités de la police, de la Marine, de la Luftwaffe et du *Volkssturm*. Il y a une trentaine d'avions de combat disponibles. Entre Pillau et Tenkitten, des batteries côtières de la marine peuvent fournir un solide appui-feu. Du nord au sud du front, long d'à peine trente kilomètres, s'alignent la 551e V.G.D, la 561e V.G.D, les 95e, 93e, 58e, 1er et 21e I.D. En réserve, la 5e Panzer, à laquelle s'est incorporé un reste de la *Grossdeutschland* échappé d'Heiligenbeil. Toutes ces divisions sont fort fatiguées par trois mois d'efforts incessants. Leurs effectifs ont été regonflés par l'incorporation de 15 000 isolés échappés de l'enfer d'Heiligenbeil. On peut douter que ces hommes amènent avec eux une forte volonté de combattre, notamment dans les 551e et 561e V.G.D. Quant aux milliers de marins et de rampants de la Luftwaffe incorporés, ils n'ont jamais vu le feu et n'ont reçu aucune formation d'infanterie. Dans ces conditions, sur les 100 000 hommes présents, il n'y a pas plus de 15 000 véritables *Ostkämpfers*.

Le gros des travaux de défense a porté sur la protection des approches de Pillau[3] et de la péninsule de Peyse ; ailleurs, on retrouve la classique triple ligne, chaque ligne étant subdivisée en trois systèmes de tranchées précédées d'un fossé antichar, renforcées de bunkers semi-enterrés en bois et terre. La péninsule de Peyse abrite, dans les bois et sous terre, un immense arsenal de la *Kriegsmarine* (torpilles, mines, explosifs). Pillau, 12 000 habitants avant-guerre, est le seul port important à disposition de

1. Cette Armée étend son autorité sur toutes les poches tenues par feu le Groupe d'Armées Nord : Héla, la basse Vistule, le Samland, le Nehrung.

2. Le Gauleiter Koch apprend avant Müller la capitulation du général Lasch à Königsberg. Avec le coup d'œil acéré du courtisan dénué de tout scrupule et doté d'un talent immense pour le mensonge et la dissimulation, il télégraphie à Hitler : « *Le commandant de Königsberg, Lasch, a profité de mon absence momentanée de la forteresse pour capituler lâchement. Je continue le combat dans le Samland et sur le Nehrung.* » Stupéfait par cette capitulation dont il ne sait rien, Müller est aussitôt mis à la retraite après qu'a été agité contre lui un projet de procès.

3. La défense du port de Pillau, de sa forteresse et de ses approches nord jusqu'au verrou de Tinkitten est confiée au général Chill, assisté de l'état-major du LVe Corps. L'aérodrome et le port pour hydravions de Neutief sont aussi de son ressort.

Saucken. Tout son approvisionnement entre par là, tous les blessés et les réfugiés sortent par là. Plusieurs bombardements ont ruiné la ville à 95 %. La *Kriegsmarine* continue à évacuer 3 000 personnes par jour mais, au 1er avril, il reste 80 000 réfugiés à la belle étoile.

Les Soviétiques alignent cinq Armées. Du nord au sud, la 2e Armée de la Garde, les 43e, 39e et 5e Armées ; la 11e Armée de la Garde est tenue en second échelon. Après trois mois d'une lutte terrible, ces formations sont en mauvais état. Les divisions sont tombées, en moyenne, à 2 500 hommes[1] et l'ensemble des forces n'excède pas 170 000 hommes. Le centre de gravité de l'attaque est au sud, le long de la voie ferrée Königsberg-Fischhausen, avec les 5e et la 39e Armées (11e Garde derrière elles) renforcées en chars et en artillerie. Objectif : le rivage de la Baltique au nord de Tenkitten, de façon à isoler Pillau du reste des forces allemandes, les privant ainsi de tout espoir de retraite. Dans la partie nord de la péninsule, la 2e Armée de la Garde et la 43e doivent aussi marcher à la Baltique puis se rabattre vers le sud, coupant les forces centrales de Saucken d'un accès à la mer. La concentration d'artillerie est encore une fois marquée par le nombre extraordinaire des pièces et la générosité de leur dotation en obus. La flotte de la Baltique (« Bannière rouge ») apportera son aide, notamment par ses avions, appuyés par les 1re et 3e Armées aériennes.

Le 11 avril, Vassilevski présente à Saucken une offre de reddition et fait connaître par tract à ses troupes la situation désespérée du Reich. Sans réponse. Le 13 au matin, le chef du 3e Front de Biélorussie ordonne sèchement :

> « Attaquer l'ennemi et l'exterminer[2]. »

## La percée vers la Baltique

À 8 h 00, le barrage d'artillerie débute, appuyé par les bombardements de 500 avions de tous types. Une heure après, les longs *hurrah* s'élèvent des pinèdes dans lesquelles les troupes soviétiques se tiennent dissimulées. Le combat, dira Bagramian dans ses mémoires, est aussi dur que partout ailleurs en Prusse-Orientale depuis trois mois. Il faut se battre à fond pour chaque point d'appui. La résistance est particulièrement âpre devant les 5e et 39e Armées : Saucken a bien deviné le *Schwerpunkt* russe. Sur la route Königsberg-Pillau, à Vierbrüderkrug, la 319e Division doit monter six fois à l'assaut. Il faut lancer des JS-2 et des SU-85, établir sur la route une vingtaine de tubes de 76 et de 122 mm employés en tirs directs pour s'emparer du village et en chasser le régiment 45 de la 21e I.D. La moitié de l'effectif reste sur le carreau avec son chef, le lieutenant-colonel von Reuter. Deux autres commandants de régiments tombent dans les environs (régiments 43

1. Depuis février 1943, la division d'infanterie soviétique possède un effectif théorique de 9 435 hommes (10 670 pour une division de la Garde). In Glantz, *Colossus reborn*, p. 180-181.
2. Bagramian, *So schritten wir zum Sieg*, p. 490.

et 22). Au cours du combat de Vierbrüderkrug, Alexandre Kosmodemianski est tué à bord de son canon d'assaut. Toute la presse soviétique en fera sa une. Ce lieutenant était le frère de la jeune fille la plus célèbre du pays, Zoya Kosmodemianskaïa, assassinée dans l'hiver 1941 par les Allemands et devenue le symbole de la résistance nationale. Au soir, la progression soviétique dans le sud se limite à 3-5 km mais la ligne de résistance principale est perdue pour les Allemands.

Le lendemain, 14 avril, les attaques reprennent, furieuses. Mais les 5^e^ et 39^e^ Armées, au centre, continuent de piétiner. C'est sur les ailes que tout se décide. Au nord, la 561^e^ V.G.D (général Verhein) craque et recule en désordre de 15 km, imitée au sud par la 551^e^ V.G.D, qui lâche 10 km en abandonnant de l'équipement. Une intervention de la 5^e^ Panzer n'y change rien. Attaqués de toutes parts par les Yaks et les *Sturmoviks*, ses sous-unités sont dans l'incapacité de se rassembler. La V.V.S n'a plus d'opposition à craindre : le dernier chasseur de la JG 51 a été abattu le 12 avec son pilote, le capitaine Günther Schack. À la nuit, Vassilevski renforce ces succès en portant sur ces points deux brigades de chars, deux régiments de canons automoteurs et des pionniers. À l'aube une nouvelle attaque de la 2^e^ Garde, appuyé cette fois par une masse d'avions d'assaut, transforme le repli de la 551^e^ V.G.D en une fuite éperdue, qui communique la panique à sa voisine, la 95^e^ I.D, dont le chef, le général Lang, a été tué la veille. Saucken parvient à stabiliser encore une fois son front en introduisant de nouvelles unités reconstruites après le désastre d'Heiligenbeil, la 32^e^ I.D au nord, la 28^e^ Chasseurs au sud, toutes deux du niveau d'un *KG* régimentaire. Mais la nouvelle ligne ne tient pas six heures sous l'effroyable déluge lâché par les centaines d'avions à étoile rouge qui patientent en tournoyant avant de pouvoir plonger à leur tour.

La discipline s'affaisse à vue d'œil. La 5^e^ Panzer, as de la *Panzerwaffe*, prise dans la masse des fantassins battus, a ordre d'aller au sud vers Tenkitten pour barrer la péninsule de Pillau. Mais son nouveau chef, le colonel Herzog, décide, sans en aviser ses supérieurs, de rejoindre sa base logistique à Peyse, au sud-est. Sans vergogne, il cisaille les itinéraires des colonnes en retraite. On voit un colonel et quatre autres officiers arrêter un camion de blessés, débarquer tout le monde et déguerpir avec le véhicule ! Pour se jeter plus vite… dans la gueule du loup. Car les Russes sont déjà dans le dos de la 5^e^ Panzer. En effet, un débarquement surprise de la 24^e^ Division de fusiliers rouges à Peyse a facilité l'avance de la 43^e^ Armée vers Fischhausen, réduite en cendres par l'aviation, où deux mille cadavres encombrent la morgue. La vingtaine de chars de la 5^e^ Panzer encore en état arrive dans les bois autour de Peyse, où sont encerclées la 1^re^ et la 21^e^ I.D. On ignore le détail de l'action mais il semble qu'une partie des troupes ait conçu le projet insensé de percer vers l'est et de regagner les lignes allemandes sur l'Oder. Un trajet de 450 km ! Rassemblés dans les bois, les candidats à l'anabase sont écrasés par des milliers de *katiouchas* qui provoquent un grand incendie. Le colonel Herzog ordonne le sauve-qui-peut. Les trois unités disparaissent corps et biens, au milieu de milliers de véhicules et de canons mis hors d'usage. Quelques centaines d'hommes parviennent à s'échapper par la mer sur des canots à moteur. Les Russes font au bas mot 12 000 prisonniers, dont le chef de la 5e Panzer.

Devant la menace d'encerclement qui se dessine, Saucken donne l'ordre de retraite aux divisions qui font face aux 5e et 39e Armées. Les unités battues[1] se pressent en désordre vers Pillau, embouteillant l'unique route, mitraillée en permanence par les Yaks, hachée par les bombes de 250 kg des *Sturmoviks*. Les isolés, les déserteurs se comptent par milliers, les blessés sont laissés sur les bas-côtés. Une masse d'armes, de véhicules et d'équipements est abandonnée, les énormes dépôts de la *Kriegsmarine* tombent intacts aux mains des Russes. La débâcle est totale. Avec l'aide de barrages tendus par les SS, Saucken ne peut récupérer que quelques unités et les dispose sur les lignes de défense qui barrent l'étroite langue de terre menant à Pillau : un reliquat de *Grossdeutschland*, de 93e et de 1re I.D, la 32e I.D au complet avec 80 canons, la 170e I.D tout juste arrivée de Kahlberg, plus au sud sur le Nehrung. Le reste se précipite en une cohue indescriptible vers Pillau, accompagné par des milliers de civils paniqués.

## La bataille pour Pillau

Pillau est une des principales bases d'entraînement des sous-mariniers[2]. À ce titre, le port dispose d'une FLAK lourde considérable et de fortifications importantes, encore augmentées du côté terrestre à partir de l'été 1944. La péninsule est barrée au nord par deux lignes de défense, les « verrous de Tinkitten A et B », immédiatement suivis par un profond fossé antichar I. Cet ensemble peut compter, côté Baltique, sur les pièces de FLAK de la batterie de la Croix de Saint-Adalbert, côté lagune par celles (8,8 cm) de Lochstädt. Deux kilomètres plus au sud, au milieu des collines couvertes de pinèdes, se trouve le fossé antichar II, rempli d'eau de mer. Encore trois kilomètres plus loin, le « verrou de Neuhäuser », appuyé sur le fossé antichar III et les canons de 10,5 et de 12,8 cm de deux batteries de FLAK également sous béton. La ville de Pillau elle-même est protégée par une ligne défensive serrée et les différents P.C peuvent s'abriter dans les profondes casemates de la vieille citadelle qui garde la passe menant à la haute mer. Au nord de la citadelle, une batterie de trois pièces de marine modernes de 15 cm (« Plantage ») et une autre de quatre tubes de FLAK de 10,5 cm peuvent tirer tous azimuts, sans parler de la PAK 7,5 cm appartenant à la Luftwaffe plus une soixantaine d'obusiers rescapés du chaudron d'Heiligenbeil. Dans le port lui-même, deux autres batteries de FLAK 10,5 cm montent la garde. De l'autre côté de la passe, près

1. L'ensemble des unités est subordonné au IXe Corps, tandis que le XXVIe, devenu inutile, est évacué vers l'Oder.

2. Navires-école, navires-cibles et U-Boot des 21e et 26e flotilles ont été évacués le 25 janvier 1945 vers Hela, Swinemunde et Lübeck.

du village de Neutief, trois batteries pointent leurs tubes : une batterie de marine (4 × 15 cm), et deux de FLAK lourde (4 × 10,5 cm et 4 × 12,8 cm). Mais cette profusion de pièces n'a que quelques milliers de coups en magasin.

La bataille commence mal pour les Allemands. Le 16 avril, les 5e et 39e Armées soviétiques s'emparent de Fischhausen et, profitant de leur élan et de la confusion qui règne chez l'ennemi, emportent les deux « verrous de Tenkitten ». Saucken parvient in extremis à les arrêter devant le fossé antichar I avec les débris d'unités restées disciplinées. Une enquête rapide montrera que la plupart des bataillons installés sur les verrous, privés de communication avec leurs divisions, ont abandonné leurs positions sans combattre ou se sont rendus. Dans son rapport de situation à l'OKH, Saucken indique :

> « Les groupes éclatés des divisions combattent mal et ne peuvent être maintenus sur place par leurs officiers que sous la menace des armes. Les pertes en officiers s'expliquent par cette situation ; quatre commandants de divisions tués en 24 heures. Artillerie perdue à 90 %[1]. »

Mais, coincées devant le fossé antichar, les troupes soviétiques sont prises entre les feux des deux batteries de FLAK lourde situées à ses extrémités. Tenter un passage en force serait suicidaire. Bagramian décide alors d'une pause dans le combat d'infanterie. Les éléments des 5e et 39e Armées sont relevés par la 11e Armée de la Garde du général Galitsky, assisté de Bagramian lui-même. La tâche d'écraser les défenses est laissée à l'artillerie et à l'aviation. Méthodiquement, carré par carré, l'étroite péninsule est labourée jour et nuit. Les *Landsers* subissent des pertes terribles, la pinède s'embrase, les multiples dépôts de munitions explosent les uns après les autres. Le 18 avril, les observateurs allemands comptent 3 000 appareils en l'air ! Le trafic maritime doit complètement s'interrompre, plusieurs navires sont coulés, de puissants projecteurs éclairent le port de Pillau, faisant surgir de l'eau les silhouettes d'épaves en tous genres. Dans la ville elle-même, privée d'eau et d'électricité, on meurt en masse sous l'effet des bombes incendiaires.

Le 20 avril, Galitsky fait tâter les défenses allemandes. Dès que les feux ennemis se dévoilent, les fusiliers se retirent et appellent l'artillerie. À la nuit, trois bataillons parviennent à passer le fossé et mettent en fuite les défenseurs dont aucun ne prévient l'équipage de la batterie de la Croix Saint Adalbert. Les Soviétiques encerclent l'ouvrage et le submergent. Au même moment, à l'autre bout du fossé antichar, un assaut blindé parvient aussi à neutraliser les canons de 8,8 cm de l'ouvrage de Lochstädt. L'assaut général démarre le 21 avril. La progression est d'abord lente, contenue par les contre-attaques désespérées de la 58e I.D et de la *Grossdeutschland*. La pluie empêche l'entrée en action de la V.V.S. Mais, le 22, le beau temps revient et avec lui les nuées de *Sturmoviks*. Le fossé antichar I est abandonné et l'on recule de 2 km jusqu'au fossé II, mais la posi-

1. WWR, 1963, 7, *Der Endkampf um den Seebrückenkopf Pillau*…, p. 478.

tion ne tient pas une heure. Les pionniers soviétiques aménagent plusieurs passages, chars et canons automoteurs parcourent rapidement les 3 km qui les séparent du verrou de Neuhäuser où les restes des 32e, 23e, 58e, 21e et *Grossdeutschland* s'arc-boutent. Ce même jour, tout ce qui n'est pas indispensable à la défense est évacué vers le Frische Nehrung. On fait sauter les citernes de mazout pour sous-marins et les énormes magasins à mines et torpilles ainsi qu'un gigantesque dépôt de vivres. Les détonations, les incendies, l'évacuation prématurée de la police, déclenchent d'affreuses paniques. On s'entre-tue pour une place sur les ferrys, les barcasses, les bacs, qui traversent la passe large de 600 m. Les Soviets choisissent ce moment pour lâcher plusieurs centaines de bombes incendiaires. Une mer de flammes submerge à nouveau la ville.

Le 23 avril, Galitsky produit un nouvel effort. Les JS-2 et les JSU-122 sont devant et tirent à 500 mètres. Mais les ouvrages en béton obturés par des volets articulés en acier résistent aux coups et des feux de flanquement venus des bois marécageux gênent l'approche de l'infanterie. Les batteries côtières de Neuhaüser et Kamstigall tirent sans discontinuer Les ingénieurs de la *Kriegsmarine* qui ont fortifié les abords de Pillau en 1939 ont bien travaillé. Au prix de lourdes pertes, des sections de pionniers soviétiques parviennent à tourner les obstacles et à fourrer des charges de forte puissance sous les embases sablonneuses des ouvrages.

Le même jour, le *Gauleiter* Koch se sauve avec deux brise-glaces tenus sous pression à Pillau. Il refuse[1] de prendre à bord quelques-uns des 8 000 réfugiés qui pourrissent encore sur les quais.

Le 24 avril, la 11e Garde passe le dernier fossé antichar et vient border la ligne de défense extérieure de Pillau. Toute la force des 1re et 3e Armées aériennes s'abat encore une fois sur la petite ville. 2 000 sorties dans la journée ! « Un véritable enfer », juge Bagramian qui en a pourtant vu beaucoup depuis 1941. Pas un immeuble ne reste debout, l'incendie est partout, sans cesse alimenté depuis 72 heures. Les unités de la *Kriegsmarine* répliquent en vidant leurs stocks d'obus sur les hommes de Galitsky. Le général Guriev, commandant du 16e Corps, est tué lors d'un bombardement. Il avait réchappé dix fois de la mort durant la bataille de Stalingrad et avait coutume de dire que tout le reste serait du rab… Les fusiliers s'infiltrent sur l'aile droite, dans le secteur du régiment de grenadiers 277, qui lâche pied. Seule la batterie de Kamstigall contient encore la progression soviétique. Mais, à 19 h 00, munitions épuisées, l'équipage fait sauter les pièces. Durant la nuit, les fusiliers rouges se répandent dans la zone portuaire où les charges à retardement de la *Kriegsmarine* détruisent les installations les unes après les autres. La ligne cède aussi au centre, où un

1. On retrouve Koch à Copenhague en *feldgrau* sous une fausse identité. Il n'est reconnu qu'en 1949 et livré par les Britanniques à la Pologne, qui refuse de l'extrader vers l'URSS (Koch avait été *Reichskommissar* en Ukraine) et le condamne à mort. Pour des raisons demeurées inexpliquées, les Polonais n'exécutent pas la sentence. Koch meurt en prison en 1986.

parti de JS-2 écrase le régiment de grenadiers 412 et s'en va investir les environs de la batterie côtière de Plantage.

L'assaut final est donné le 25 avril. Pillau tombe dans la journée : la ville n'est que ruines, les quais sont détruits, huit mille cadavres en *feldgrau* jonchent les rues[1]. Les T-34 prennent sous leur feu le torpilleur *Adler* et le pétrolier *Kolk,* les deux derniers navires à quitter Pillau. 30 000 hommes de Saucken parviennent à passer par bac les 600 mètres de la passe qui sépare Pillau du Frische Nehrung, mais les *Feldgendarmen* doivent faire usage de leurs armes pour empêcher les hommes valides de piétiner les blessés ou de les jeter à la mer. Les premiers obus soviétiques déclenchent une panique indescriptible. Des centaines d'hommes se jettent à l'eau et se noient, emportés par le courant. Les équipages de trois vedettes blindées doivent ouvrir le feu sur les fantassins qui veulent les prendre d'assaut. Dans ce chaos général, la 5e Division de la Garde traverse à son tour la passe presque incognito et prend pied sur le *Frische Nehrung*. Dans la nuit du 26 avril, un régiment de fusiliers-marins débarque à la faveur d'un banc de brume sur les arrières allemands, enfermant 8 000 hommes dans le bourg de Neutief. Un ponton amène quelques T-34 qui lancent l'assaut de nuit. Les défenseurs auront 2 000 tués et 6 000 prisonniers. Jugées à l'aune des six années de guerre précédentes, les pertes allemandes sont extraordinairement élevées : 25 000 tués et 30 000 prisonniers en dix jours, plus de la moitié des effectifs. Le 27 avril, Vassilevski est rappelé à Moscou. Bagramian prend le commandement du 3e Front de Biélorussie. Il reçoit de son prédécesseur un ordre encore jamais entendu depuis le 22 juin 1941 :

> « Ta tâche est de liquider ce qu'il reste des forces allemandes du Samland, et au plus vite. Veille à ce que ce soit fait avec les pertes les plus réduites possibles. C'EST LE PLUS IMPORTANT[2]. »

Bagramian s'acquittera de cette mission avec zèle. Il laissera l'artillerie de la 48e Armée, ramenée de Königsberg, harceler les dernières troupes de Saucken, sans vraiment chercher à les détruire. Le 9 mai 1945, à 10 heures, il recueillera la capitulation du général Saucken et de ses 30 000 hommes demeurés sur le Frische Nehrung.

### Bilan de l'Opération Prusse-Orientale

Les Soviétiques ont détruit deux Armées allemandes (4e Armée et 3e Armée Panzer), fait au moins 200 000 tués et autant de prisonniers et pris la base navale de Pillau. Mais la campagne a duré 103 jours !! Cent trois jours d'une des pires boucheries de l'histoire militaire, cent trois jours d'incendies, de pillages et de bombardements incessants qui laissent une contrée ruinée et vidée de 90 % de sa population. Il faut remonter à la guerre de Trente ans pour trouver un tableau d'une aussi noire désolation. La prise de Königsberg reste comme un des pires exemples (avec celle de

1. Chiffres in Heinz Schön, *Ostsee 45*, p. 494-495.
2. Bagramian, *So schritten wir…*, p. 498.

Grozny 1995-1996) d'exécution militaire, de crémation complète et réfléchie. Les pertes soviétiques sont très lourdes : 126 464 tués et disparus, 458 314 blessés et malades[1], 3 525 chars et canons automoteurs, 1 450 avions. Le jeu en valait-il la chandelle ? On peut en douter. Après la percée de Tcherniakhovski, le 20 janvier, et le quasi-encerclement de Königsberg, rien n'empêchait les Soviétiques de passer sur la défensive, déléguant à l'aviation le soin de harceler les forces allemandes. Certes, les Allemands auraient sans doute procédé à quelques transferts par mer d'unités vers Stettin, voire Danzig. Mais, d'une part, Hitler n'aurait pas consenti à d'importants retraits, d'autre part la *Kriegsmarine* aurait dû prendre sur le fret réservé aux civils, sachant que la poche dans laquelle la 3e Armée Panzer et de la 4e Armée auraient été enfermées n'aurait pu nourrir deux millions de réfugiés. Si ces deux Armées furent capables de bien se défendre, il semble peu probable qu'elles auraient eu les moyens, notamment en carburant, de monter la moindre offensive d'envergure. Mais Staline en a décidé autrement. L'absence de marine rouge en Baltique et, surtout, la volonté de procéder à un nettoyage ethnique de la province ont alimenté son désir permanent d'offensive.

1. Krivosheev, *Soviet casualties*..., p. 155 et 263.

## Troisième Partie

# *Na Berlin*[1] !

*« Une dernière mission incombe maintenant à l'Armée rouge : achever, avec les Armées de nos alliés, la destruction de l'armée germano-fasciste, tuer la bête fasciste dans son repaire et faire flotter sur Berlin la bannière de la victoire »*

J. Staline, discours pour l'anniversaire
de la révolution d'octobre, 7 novembre 1944.

*« Je bois à votre santé en pensant à nos soldats qui ont dû parcourir toute la route jusqu'à Berlin pour voir les résultats de votre travail. »*

Toast du maréchal Joukov aux officiers
d'aviation Spaatz et Tedder, le 9 mai 1945,
quelques heures après la signature
de la capitulation de l'Allemagne[2].

1. *Na Berlin* (à Berlin) et *Wpered na Berlin* (en avant vers Berlin) sont les deux inscriptions que l'on trouve le plus souvent sur les véhicules soviétiques en 1945.

2. *Voyenno-istoricheskiy Zhurnal*, 1987/N° 7. Notes de K. Simonov pour une biographie de G.K. Joukov.

Des livres sur la bataille *de* Berlin, il s'en est écrit des centaines. Mais beaucoup moins sur la bataille *pour* Berlin, livrée sur l'Oder, entre le 16 et le 20 avril 1945, à soixante-cinq kilomètres du bunker de Hitler. Pourtant, militairement parlant, cet assaut le long du fleuve revêt une importance plus grande que la prise de la capitale du Reich. Pourquoi cette différence de traitement entre deux événements par ailleurs si étroitement liés ? Chez les auteurs occidentaux, la présence de Hitler, l'ambiance Crépuscule des Dieux, le drame vécu par les deux millions de civils piégés, offrent de « magnifiques » ingrédients pour un traitement dramatique des combats urbains. Côté allemand, l'éclairage porté sur les onze jours d'affrontement dans la capitale, notamment sur les viols, permet d'endosser le rôle de victime et d'abaisser l'adversaire. La percée sur l'Oder, elle, demeure dans l'ombre, particulièrement chez les Soviétiques. Cette bataille, gagnée par l'Armée rouge, ressemble aux autres grandes opérations de 1944 et 1945 par la puissance phénoménale des moyens engagés : sur un front de 300 km, 2 millions d'hommes, 6 250 chars, 41 600 canons et lance-roquettes multiples, 7 500 avions. Mais – et c'est la raison du silence soviétique – l'assaut sur l'Oder voit l'Armée rouge trébucher 48 heures durant devant les hauteurs de Seelow. Elle offre de ce fait aux Allemands une occasion inespérée de faire bonne figure dans le dernier baroud. Pour gagner cette ultime bataille, Staline, à son habitude, utilise les moyens les plus rudes et les moins scrupuleux : il trompe ses alliés, il joue de l'orgueil de ses maréchaux pour les soumettre à l'aiguillon de la concurrence, il impose à la planification de l'attaque une urgence telle qu'elle cause la mort inutile de milliers de soldats soviétiques. Mais, pour Staline, à quelque chose malheur est bon : ce sang versé sans compter, dans les pays baltes, en Pologne, en Allemagne orientale, dans les Balkans et enfin à Berlin, vaut acte de légitime propriété.

# CHAPITRE 1

# *Une bataille peut en cacher une autre*

Militairement jouée d'avance, la bataille de Berlin en dit en revanche beaucoup sur le système de commandement stalinien, sur les rapports entre alliés et sur les tentatives allemandes pour sauver l'Allemagne centrale de la destruction. Il ne faudrait pas en déduire qu'il s'agit de combats d'opérette. En 16 jours d'affrontements d'une violence cataclysmique, l'Armée rouge a brûlé QUATRE FOIS PLUS DE MUNITIONS[1] que durant les 28 jours de l'opération Vistule-Oder !

## I. Prendre ou ne pas prendre Berlin

Dès 1941, Staline sait ce qu'il veut : Berlin. Et plus la guerre dure, plus les sacrifices soviétiques augmentent, plus ce but lui semble politiquement et symboliquement désirable. Il en va de même pour la majorité des hommes et des officiers de l'Armée rouge : après tant de sang et d'énergie dépensés pour battre la Wehrmacht, peu d'entre eux sont disposés à laisser à d'autres le soin de prendre la ville. Les Occidentaux ne se posent pas la question en des termes aussi passionnels. Envisageant la future bataille d'Allemagne, en mai 1944, le *Combined Chiefs of Staff* définit la mission d'Eisenhower, commandant en chef des forces alliées en Europe de l'Ouest, sous une forme restrictive : n'est en effet évoquée qu'une

> « attaque finale sous la forme d'un double enveloppement de la Ruhr, en plaçant le centre de gravité à gauche[2] ».

De Berlin, il n'est pas question. Entre septembre 1944 et avril 1945, les aléas de la situation militaire compliquent considérablement la question. En alimentant la méfiance de Staline, les tergiversations des Anglo-Saxons vont précipiter une « course pour Berlin ».

---

1. Col. V.D. Zelenskiy, *Voyenno-Istoricheskiy Zhurnal*, N° 4, avril 1985, p. 41.
2. Eisenhower, *Crusade in Europe*, p. 228-229.

### *1. Les plans anglo-américains*

Reprenons succinctement la chronologie des opérations menées par les Alliés à l'ouest de l'Allemagne. Car c'est elle qui conditionne dans une large mesure les plans soviétiques, elle qu'il faut garder à l'esprit pour comprendre l'attitude, parfois déconcertante, d'Eisenhower.

#### **L'effondrement de la Wehrmacht à l'ouest** *(carte 28)*

Le 8 février 1945, avec près de trois mois d'avance sur les prévisions du général Gehlen, deux Groupes d'Armées (21e, sous Montgomery, 12e, sous Bradley), attaquent de Nimègue au Luxembourg sur un front de 270 km. Après un mois de très durs combats, les Armées de Rundstedt sont repoussées derrière le Rhin et la Moselle. Hitler a précédemment interdit tous préparatifs défensifs sur la rive droite des deux cours d'eau. Il a en outre retiré au Groupe d'Armées B de Model un tiers de ses forces, les plus mobiles, pour les expédier sur l'Oder et, surtout, en Hongrie. Aussi la ligne de résistance est-elle si faible que le moindre incident peut en compromettre l'intégrité.

L'incident survient le 7 mars, lorsqu'un parti de la 9e Division blindée US s'empare par surprise du pont Ludendorff à Remagen, au sud de Bonn : le Rhin, dernière ligne de défense de Rundstedt, est sauté. Au nord de Duisburg, une autre tête de pont est conquise avec un luxe inouï de moyens par le 21e groupe d'Armées. Au sud, la 7e Armée US (6e Groupe d'Armées) démolit les formations du Groupe d'Armées G, conquiert la Sarre et facilite une percée de la 3e Armée de Patton qui avance en trombe jusqu'au Rhin, franchi le 22 mars près d'Oppenheim. La Wehrmacht se délite : 300 000 prisonniers et 60 000 pertes en un mois.

Le 28 mars, c'est l'hallali. Les trois Groupes d'Armées anglo-saxons, avec la participation de onze divisions françaises, se répandent dans la plaine à l'est du Rhin. Francfort tombe le lendemain. Ce jour-là, Koniev lance son attaque contre Ratibor en Silésie et Rokossovski entre à peine dans Dantzig. Le gros du Groupe d'Armées B, interdit de retraite par Hitler, est encerclé dans la Ruhr le 1er avril ; ses 300 000 hommes se rendront le 17. Le 4 avril, la Weser est atteinte ou franchie, Gotha occupée. Berlin n'est plus qu'à 220 km des avant-gardes des 9e et 1re Armées US. Les villes se rendent parfois sur un simple coup de téléphone, les drapeaux blancs s'étalent aux fenêtres, les troupes américaines avancent en colonnes et tirent de moins en moins, sauf dans le Harz, où elles doivent s'employer pour encercler 30 000 hommes de la 11e Armée, décidés à se défendre.

Le 12 avril 1945, la 2e Division blindée (9e Armée), après une marche de 90 km en 24 heures, atteint l'Elbe et se saisit d'une petite tête de pont sur la rive orientale près de Schönebeck, à 6 km au sud de Magdebourg : Berlin est à 110 km par la route. Tout l'axe central de la défense ouest de l'armée allemande a donc cédé. De Duisburg à Magdeburg, la 9e Armée US a parcouru 330 kilomètres en 18 jours. Au sud, à Grimma, les Américains atteignent la Mulde. Elbe et Mulde forment la ligne de rencontre sur laquelle les trois grands Alliés se sont accordés.

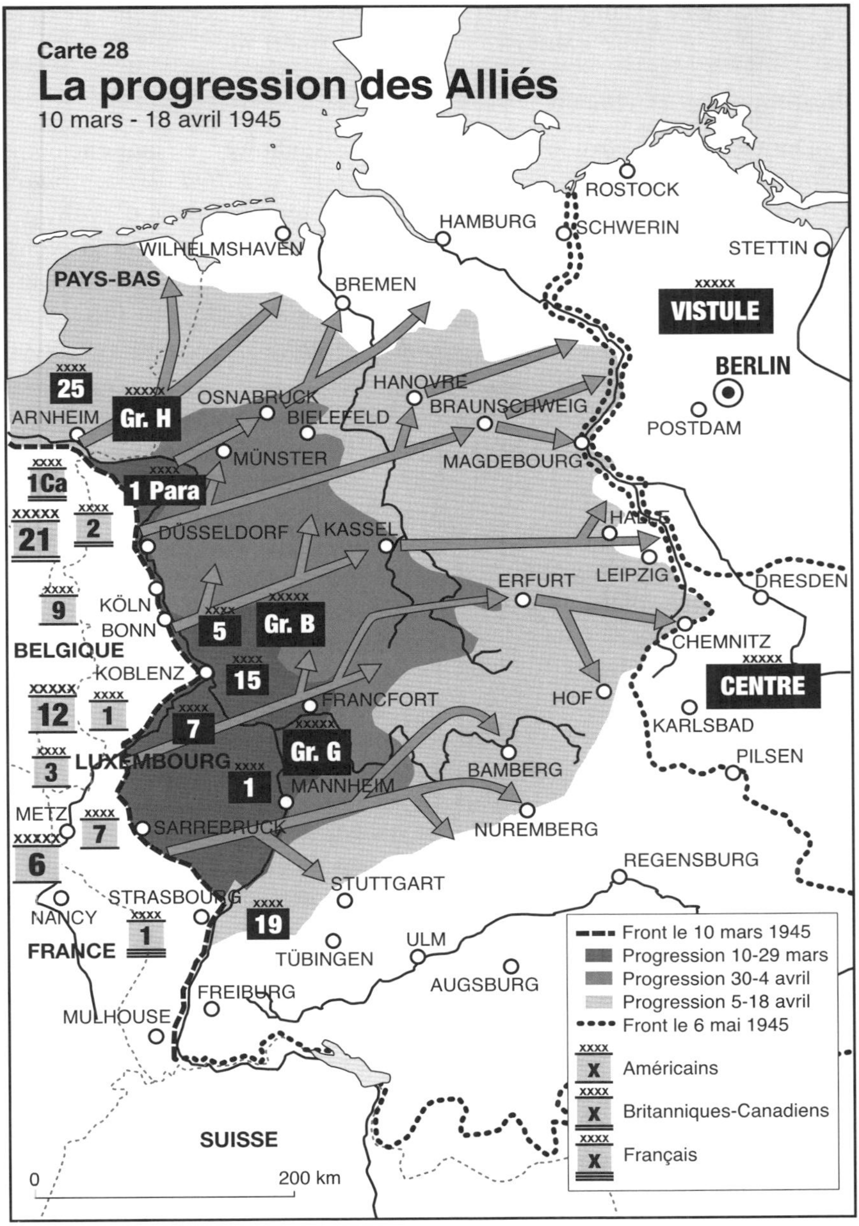
Carte 28
La progression des Alliés
10 mars - 18 avril 1945
ROSTOCK
HAMBURG
SCHWERIN
STETTIN
WILHELMSHAVEN
PAYS-BAS
BREMEN
VISTULE
BERLIN
POSTDAM
HANOVRE
BRAUNSCHWEIG
OSNABRUCK
BIELEFELD
25
Gr. H
ARNHEIM
MÜNSTER
MAGDEBOURG
1Ca
1 Para
21
2
DÜSSELDORF
KASSEL
HALLE
LEIPZIG
DRESDEN
ERFURT
9
KÖLN
BONN
5
Gr. B
CHEMNITZ
BELGIQUE
KOBLENZ
15
CENTRE
12
1
7
FRANCFORT
HOF
KARLSBAD
Gr. G
3
LUXEMBOURG
1
MANNHEIM
BAMBERG
PILSEN
METZ
7
SARREBRUCK
NUREMBERG
6
REGENSBURG
STRASBOURG
STUTTGART
NANCY
1
19
FRANCE
TÜBINGEN
ULM
AUGSBURG
FREIBURG
MULHOUSE
SUISSE
0
200 km
Front le 10 mars 1945
Progression 10-29 mars
Progression 30-4 avril
Progression 5-18 avril
Front le 6 mai 1945
Américains
Britanniques-Canadiens
Français

Cette avance éclair des Américains provoque un tremblement de terre à Moscou et une crise entre Britanniques et Américains.

**Eisenhower et Berlin**

Durant la guerre froide et encore après, Eisenhower, en tant que commandant du SHAEF (*Supreme Headquarters of Allied Expeditionary Forces*), a essuyé des volées de bois vert. On lui a reproché d'avoir, par aveuglement politique, laissé les Soviétiques s'emparer de Berlin (voire de Prague et de Vienne), alors que la 9e Armée américaine était en mesure d'y pénétrer la première. En 1981, encore, l'historien quasi officiel de l'armée des États-Unis, Russel F. Weigley, reprend l'accusation dans un ouvrage[1] qui fait grand bruit.

Eisenhower a-t-il vraiment manqué Berlin par aveuglement ou indécision ? Notre réponse à cette question est nette : en ne se lançant pas vers Berlin, Eisenhower applique *consciemment et délibérément* une stratégie élaborée à Washington par le président des États-Unis et par le général George Marshall, chef de l'état-major de l'*US Army* et principal conseiller militaire de Roosevelt. Cette stratégie, dans laquelle entrent des considérations militaires mais surtout politiques, ne discerne aucun avantage à s'emparer de la capitale du Reich, ne voit dans cette prise rien qui corresponde aux buts de guerre fondamentaux des États-Unis. Formulée dès la conférence de Téhéran par Roosevelt[2], elle tient en deux points :

– Assurer AU PLUS VITE et AU MOINDRE COÛT HUMAIN la défaite de l'Allemagne nazie. Ce qui permettra de transférer dans le Pacifique une grande partie des forces engagées en Europe, la défaite finale du Japon n'étant pas, à ce moment, envisagée avant 1946-1947.

– Reconduire dans l'après-guerre l'alliance avec les Soviétiques pour bâtir un nouvel ordre international, de concert avec la Chine et le Royaume-Uni. En aucun cas, ne se laisser entraîner à un acte d'hostilité envers Staline. Et ce, d'autant plus que les États-Unis pensent avoir besoin de l'Armée rouge pour faire plier le Japon et qu'ils n'envisagent nullement de laisser des effectifs militaires importants en Europe après la victoire. Ajoutons qu'à la fin de 1944, la cote de l'Union soviétique est au plus haut dans l'opinion publique américaine, qui n'aurait ni compris ni suivi un acte d'hostilité à propos de l'Europe centrale.

La tradition américaine de subordination du militaire au politique ne laisse d'autre choix à Eisenhower que de conformer la marche des Armées alliées à ces deux buts. Ajoutons que durant l'hiver 44-45, Eisenhower,

---

1. Russel F. Weigley, *Eisenhower's Lieutenants, The campaign of France and Germany*, Bloomington, 1981.

2. Le 19 novembre 1943, à bord de l'*Iowa* en route vers Le Caire où il doit rencontrer Tchang-Kai-Chek, Roosevelt place encore Berlin dans la ligne de mire des troupes américaines. Mais il ne fait aucun doute que, dans son esprit et dès ce moment, cet objectif est totalement subordonné au maintien des meilleures relations possibles avec les Soviets.

comme Staline, intègre à ses plans deux données purement fantasmagoriques gracieusement offertes par la propagande de Goebbels : empêcher l'introduction sur le champ de bataille d'armes secrètes, rendre impossible la constitution d'un réduit nazi dans les Alpes. Ces deux données influent directement sur les plans de la 9e Armée, qui devra réduire le massif du Harz, où se concentrent les usines souterraines de V-2 défendues par la 11e Armée allemande, et sur ceux du 6e Groupe d'Armées qui devra obliquer plein sud, vers les Alpes, où l'on ne trouvera aucune trace du fameux « réduit[1] ».

La troisième série de faits dont Eisenhower doit tenir compte est le maintien d'une coalition solide avec les Britanniques, indispensable en prévision de l'occupation de l'Allemagne. Eisenhower pourrait cependant imposer sa vision sans trop de mal : les troupes américaines représentent 75 % des personnels et près de 80 % des moyens aériens engagés. Mais, en bon diplomate, il sait l'importance des formes, des apparences, des compromis qui sauvegardent l'amour-propre d'une grande puissance sur le déclin.

Or, la coalition va être secouée par Churchill[2] qui n'a pas la même vision de l'après-guerre que Roosevelt. L'écart ira croissant à partir de février 1945. Le chef britannique met en avant le « contrat moral » signé en 1939 avec la Pologne, dont il voudrait qu'elle puisse décider elle-même de son destin. Il s'inquiète avant les Américains des visées hégémoniques de Staline sur l'Europe centrale et balkanique, sur Trieste et l'Italie. La détestation dont Montgomery est l'objet parmi les chefs américains est un problème supplémentaire pour Eisenhower. La vanité du *Field-marshall* n'a, il faut bien en convenir, d'égale que la modestie de ses résultats sur le terrain, en Normandie, à Arnhem, sur la Meuse, sur le Rhin puis sur la Weser. Sans cesse et sans la moindre gêne, il tente d'attirer la gloire sur lui et sur les armes britanniques, en proposant des plans colossaux, et fait preuve en toute chose d'une incroyable lenteur. Eisenhower ne lui accorde plus de crédit militaire mais doit néanmoins tenir compte de ses réclamations.

1. Citons cet acte de contrition de Bradley (*A Soldier's Story*, p. 536) : « Ce n'est qu'après la fin de la campagne que nous avons appris que ce réduit existait surtout dans l'imagination de quelques nazis fanatiques. Cette affaire grossit dans de telles proportions que je suis encore étonné que nous l'ayons avalée avec tant d'innocence. Mais tant qu'elle persistait, cette légende du réduit était une menace trop inquiétante pour être ignorée, et de ce fait elle a modelé notre pensée tactique durant les dernières semaines de la guerre. »

2. En décembre 1944, encore, Churchill se réjouit de la présence des Russes en Prusse-Orientale pour y casser « le cœur du militarisme » et se satisfait de voir les Britanniques dans la Ruhr, « le cœur de l'industrie lourde ». Le 1er juillet précédent, écrivant à Staline pour le féliciter du succès de l'opération *Bagration,* le Premier ministre espère que l'Armée rouge écrasera ce qui s'oppose à elle entre Minsk « et Varsovie, et, après, Berlin. »

Enfin, le quatrième facteur[1] qui pèse sur Eisenhower est une inconnue… gigantesque. Quelles sont les intentions des Soviétiques ? Veulent-ils, oui ou non, prendre Berlin ? La désinformation opérée par Staline joue ici à plein. Dans le doute, Eisenhower doit faire preuve d'une prudence de loup face à un Staline dont il connaît l'immense méfiance. Il fait aussi montre d'une crainte évidente de voir troupes américaines et soviétiques en venir aux mains si elles entrent en contact dans une zone non précisément délimitée.

La tâche d'Eisenhower est de combiner tous ces facteurs, souvent divergents, en une stratégie cohérente, faite de compromis variables dans le temps. Ceux-ci ont pu donner le sentiment d'une errance de sa pensée alors que cette variabilité résulte des modifications rapides des circonstances. Eisenhower a réussi à concrétiser la vision de son patron, Roosevelt, et à achever la Seconde Guerre mondiale sans en démarrer une troisième. Peut-on lui contester d'avoir été, de ce point de vue, un bon stratège ?

## Des déclarations louvoyantes

Depuis le printemps 1944, Anglo-Saxons et Soviétiques sont arrivés à un accord sur le découpage du Reich en trois zones d'occupation, Berlin se situant sans ambiguïté dans la zone soviétique[2]. Roosevelt donne néanmoins Berlin comme but opérationnel final à Eisenhower. Mais, à la veille du débarquement, le SHAEF juge peu probable d'arriver sur la Spree avant les Russes, la campagne de France promettant d'être longue et coûteuse. La percée d'Avranches, puis la poursuite jusqu'à la ligne Siegfried, changent la donne, surtout dans l'esprit de Montgomery. Le 10 septembre 1944, il rencontre Eisenhower dans Bruxelles tout juste libérée et lui expose son plan : son Groupe d'Armées doit avancer, par une offensive foudroyante, tout droit jusqu'à Berlin, meilleure façon de provoquer le choc psychologique qui jettera le Reich à bas. Par souci de conciliation, Eisenhower écrit à Monty, cinq jours plus tard :

> « Il n'y a pas de doute que nous devons concentrer nos efforts sur une avance rapide vers Berlin[3]. »

---

1. Pour être complet, ajoutons qu'Eisenhower ne croit pas possible de soutenir logistiquement une poussée vers Berlin, sans interrompre les fournitures au reste des forces alliées.

2. Le découpage des zones a suivi les recommandations de l'*European Advisory Commission*, qui siège à Lancaster House, à Londres, de décembre 43 à août 45. Curieusement, les affrontements sur la définition des zones n'ont pas lieu entre l'ambassadeur soviétique à Londres, Fedor Gusev, et les occidentaux, mais entre l'Anglais Strang et l'Américain Winant, chacun des deux voulant contrôler les ports allemands de la mer du Nord. Localiser Berlin AU CENTRE de la zone soviétique est une proposition britannique faite aux Soviets, sans même en informer les Américains ! Roosevelt souhaitait faire aller la zone américaine d'occupation jusqu'à Berlin mais il doit s'incliner devant la coalition Churchill-Staline. En revanche, le découpage de Berlin en zones est une idée de Gusev, qui satisfait tout le monde puisque, jusqu'en avril 1945, personne ne peut dire qui va prendre Berlin.

3. In Weigley, *Eisenhower's Lieutenants*, p. 347.

Tout en donnant en apparence satisfaction aux Anglais, le 22 septembre, à Versailles, « Ike » annonce officiellement aux forces alliées que leur objectif immédiat est d'encercler la Ruhr : le Groupe d'Armées de Monty recevra le centre de gravité de cet effort. Pour Berlin, qui demeure, affirme-t-il, l'objectif principal, on verra après.

En octobre, Ike revoit encore à la baisse son jugement sur Monty. Le désastre de *Market Garden* (le passage du Rhin en Hollande), la pitoyable performance des blindés britanniques, leur incapacité à empêcher une infanterie allemande à vélo de bloquer Anvers, contrastent si fort avec les prouesses de la 3e Armée de Patton que Ike doute très fort de la méthode expéditive prônée par Monty pour arriver à Berlin. D'une façon générale, le poids des Britanniques ne cesse de diminuer dans l'esprit de Ike et dans la réalité des rapports de force, ainsi que le note Sir Alan Brooke dans son journal, le 18 novembre 1944 :

> « Winston déteste avoir à abandonner la position de partenaire dominant qu'il occupait au départ. Ceci a pour résultat que, de temps à autre, il avance des propositions stratégiques dont il sait qu'elles sont peu sensées, uniquement pour contrarier les Américains. »

Malgré les doutes sérieux qu'il nourrit sur le plan de Montgomery, le 20 novembre, Eisenhower demande au général Lewis Brereton, commandant la 1re Armée aéroportée alliée, de préparer un assaut sur Berlin. L'affaire des Ardennes chassera cette question loin dans les préoccupations d'Eisenhower, même si, officiellement, la ville demeure le but opérationnel ultime.

Profitant des ennuis américains dans les Ardennes – dont il cache mal qu'ils lui procurent une joie mauvaise – Montgomery revient à la charge et demande à commander la dernière grande bataille, la poussée vers Berlin. Dans son journal (2 janvier 45), Brooke note :

> « Il proposait des stratégies basées sur l'assurance qu'elles permettraient aux troupes britanniques de rester en pleine lumière, si nécessaire aux dépens des Américains. »

Les demandes de Montgomery sont exorbitantes : il veut, pour cette bataille, les 1re et 9e Armées américaines, soit 24 divisions et la quasi-totalité des moyens logistiques du Corps expéditionnaire. Cette pression du maréchal britannique se combine avec une manœuvre de Churchill. Le 31 janvier 1945, à Malte, au cours d'une réunion de préparation à la conférence de Yalta, le Premier ministre propose un changement brutal de stratégie. Il demande avec énergie que l'on contienne les Soviets le plus près possible de leurs frontières et que l'on aille occuper le maximum de territoire vers l'est, dont Berlin. Eisenhower refuse poliment et fait remarquer que les Russes sont sur l'Oder, à 60 km de Berlin, alors que les Armées britanniques et américaines piétinent encore la rive gauche du Rhin, à 400 km de la ville. De fait, Berlin s'éloigne dans l'esprit d'Eisenhower qui, durant le mois de février et de mars, se trouve confronté à une nouvelle et énorme tâche. À la demande du ministère de la Guerre et de Marshall, Ike doit planifier le transfert vers le Japon d'une grosse partie des presque trois millions d'Américains présents en Europe (61 divisions, plus les services). Au début d'avril, un Q.G spécial sera institué à cet effet, qui absorbera une part croissante de l'énergie du patron du Corps expéditionnaire.

## Le tournant de Remagen

La situation sur le terrain change brutalement le 7 mars avec la prise dù pont Ludendorff à Remagen. Eisenhower autorise aussitôt Bradley à renforcer la tête de pont mais ne lui permet pas de se lancer en avant. Avec prudence et habité de nombreuses arrière-pensées, il attend que Patton se soit emparé d'une seconde tête de pont, près d'Oppenheim, entre Worms et Mayence, pour autoriser, le 21 mars, les unités de Remagen à pousser vers l'est. Les performances de Bradley et de celles de Patton contrastent violemment avec la lenteur exaspérante de Montgomery. Alors qu'il aurait pu passer le Rhin dès le début mars, le *field-marshall* monte une colossale opération *Plunder*, disproportionnée aux très faibles forces allemandes. Le fleuve est franchi dans la nuit du 23 au 24 mars puis, avec un luxe de précautions, les Britanniques avancent de... 20 km en quatre jours. Ike a vu juste : Monty ne saurait pas aller à Berlin rapidement. La suite le prouvera amplement : Hambourg ne tombe que le 3 mai et, pour passer l'Elbe en direction de Wismar, le Britannique demande l'assistance d'un Corps américain !

Remagen et Oppenheim ont changé la donne. Il n'y a plus deux plans face à face : celui de Monty – avance directe vers Berlin par Hanovre – et celui de Ike – repousser les Allemands sur un très large front, comme Foch en 1918. Un troisième plan apparaît, 100 % américain, élaboré par Ike et Bradley à l'occasion d'une semaine de « vacances » passée près de Cannes. C'est là, selon le général Gavin[1], que les deux hommes dessinent les grandes lignes de ce qui devient le « plan Bradley », Pour finir la guerre au plus vite et au moindre coût – les deux objectifs de Roosevelt – et sitôt l'encerclement de Model réalisé dans la Ruhr, le 12e Groupe d'Armées ira couper le Reich en deux par le milieu, Bradley cherchera vers Leipzig-Dresde la jonction avec les Soviétiques. Les deux ailes ne resteront pas inactives. Au sud, le 6e Groupe d'Armées de Devers (23 divisions dont 11 françaises) foncera en Bavière jusqu'au Tyrol, pour empêcher un transfert des unités placées en Allemagne centrale vers les Alpes et les monts de Bohême où, selon les services de renseignement, se constituerait le « réduit national-socialiste ». L'autre poussée, laissée au 21e Groupe d'Armées de Montgomery (18 divisions), a pour objectif Lubeck, par où les Soviétiques pourraient menacer les détroits danois. Dans ce cadre, Berlin cesse d'être un objectif de premier ordre.

Le plan est accueilli avec enthousiasme par Patton, Hodges et Simpson, plus tard soutenu chaudement par Marshall. Mais il n'est pas com-

1. Gavin, *On to Berlin*, p. 276.

muniqué aux Britanniques. Aussi Monty ne comprend pas pourquoi, le 21 mars, Eisenhower lui enlève la 9e Armée de Simpson et la subordonne au Groupe de Bradley. *Le field-marshall* proteste de ce déplacement du centre de gravité allié et fait remontrance de la difficulté qu'il aura à atteindre Berlin avec les seules forces britanniques et canadiennes. Lors d'une rencontre avec Monty à son Q.G le 24 mars, Ike et Bradley dévoilent leurs batteries mais laissent planer le doute sur Berlin. Même profil bas le lendemain avec Churchill et Brooke : Ike élude, temporise… alors qu'il a déjà renoncé à la capitale du Reich.

## Le message à Staline

Le 28 mars 1945, Eisenhower franchit le dernier pas, les masques tombent d'une manière spectaculaire. Sans en référer à personne, par le biais du général John Deane, chef de la mission militaire américaine à Moscou, Ike transmet le « plan Bradley » à Staline.

« Message personnel du général Eisenhower au maréchal Staline :

> Mes très prochaines opérations ont pour objectif d'encercler et détruire les forces ennemies défendant la Ruhr, et d'isoler cette région du reste de l'Allemagne. (…)
>
> J'estime que cette phase des opérations sera terminée fin avril, ou plus tôt, et ma tâche suivante sera de diviser le reste des forces ennemies en faisant jonction avec vos forces.
>
> Le meilleur axe pour cette jonction serait, en ce qui concerne mes forces, Erfurt-Leipzig-Dresde (…) En outre, dès que la situation le permettra, une avance secondaire sera réalisée pour rechercher une autre jonction avec vous dans la région de Regensburg, empêchant ainsi une consolidation de la résistance allemande dans un réduit en Allemagne du sud.
>
> Avant de fixer complètement mes plans, je pense très important qu'ils soient coordonnés aussi étroitement que possible avec vos prévisions en matière de directions et de délais. Pourriez-vous me dire, dans ces conditions, quelles sont vos intentions et faites-moi savoir si les opérations esquissées dans ce message sont conformes à vos propres opérations. (…) »

Aucune mention de Berlin ! L'abandon de la capitale comme objectif américain est implicite. En revanche, dans un câble du 31 mars au *Combined Chiefs of Staff*, Ike se fait explicite :

> « Berlin en tant que zone stratégique a perdu beaucoup de son importance maintenant qu'elle est détruite et nous avons des informations selon lesquelles les organismes de gouvernement déménagent vers Erfurt-Leipzig. De plus, Berlin est si près du front russe que, dès qu'ils recommenceront à bouger, ils y arriveront en quelques jours. »

Churchill pique une colère[1] monstre en apprenant l'existence de cette lettre à Staline et envoie aussitôt un télégramme à Roosevelt où il insiste :

1. Outre le fond, Churchill condamne le procédé : Eisenhower, commandant d'un théâtre d'opérations, n'a pas à prendre de décisions stratégico-politiques et encore moins à les communiquer directement à un chef d'état. Ce à quoi Ike réplique qu'il s'adresse non à Staline chef d'état, mais à Staline chef militaire…

il faut prendre Berlin, sans quoi « à l'avenir des difficultés significatives pourraient surgir avec les Russes ». Le même jour, il écrit à Ike :

« Si la résistance ennemie faiblit, comme vous semblez vous y attendre et ce qui sera sans doute vérifié, pourquoi ne traverserions-nous pas l'Elbe et ne pousserions-nous pas le plus loin possible vers l'est ? Cela a une portée politique importante, l'armée russe semble certaine d'entrer à Vienne et de submerger l'Autriche. Si nous leur abandonnons délibérément Berlin, alors même que la ville est à notre portée, ce double événement peut renforcer leur conviction, déjà apparente, qu'ils ont tout fait[1]. »

Ike répond indirectement au Premier ministre britannique en envoyant à Montgomery, le 31 mars, un télégramme assez sec :

« Vous aurez remarqué que je ne fais plus mention de Berlin. Cet endroit n'est pour moi qu'un concept géographique et je n'ai jamais eu pour lui le moindre intérêt[2]. »

Quelques jours auparavant, Ike a formulé sa théorie des « deux cœurs » : l'Allemagne a un cœur industriel, la Ruhr et un cœur politique, Berlin, qui dépend du premier. En s'emparant de la Ruhr, on condamne irrémédiablement le second cœur à l'arrêt par attrition. Conclusion : le boulot important se fait dans la Ruhr.

Mais Churchill ne baisse pas encore les bras. Le 1er avril il envoie un télégramme à Roosevelt pour le convaincre d'intervenir auprès d'Eisenhower :

« Rien comme la chute de Berlin n'exercerait une aussi forte impression psychologique et ne ferait apparaître un plus profond désespoir sur les forces allemandes qui résistent encore. Pour le peuple allemand, ce serait le signe le plus convaincant de la défaite. (...) C'est pourquoi je considère que d'un point de vue politique nous devons avancer aussi loin que possible en Allemagne, et dans l'éventualité où Berlin viendrait à se trouver à notre portée, nous en emparer décidément[3]. »

Churchill sent bien que les Américains resteront sur leurs positions mais il ne décolère pas à propos des Balkans et de la Pologne « bolchevisés sous peu ». Le 2 avril, il envoie un télégramme surréaliste à Eisenhower :

« Il me serait pénible de savoir que quelque chose dans mon dernier message ait pu vous perturber ou, pire, vous blesser. Je voulais seulement dire que l'arrivée du 21e Groupe d'Armées sur l'Elbe dans des conditions de dispersion telles qu'il s'en trouverait condamné à l'inaction nous rapporterait beaucoup moins que ce que nous avons espéré, à savoir entrer dans Berlin côte à côte avec nos camarades américains (...) Je suis cependant encore plus pénétré de l'importance d'entrer en Pologne, qui pourrait bien s'ouvrir à nous (...). J'estime de la plus haute importance que nous allions serrer la main aux Russes le plus loin possible à l'est[4]. »

---

1. In *Seelower Höhen 1945*, Grenville, p. 36.
2. In *Mémoires* de Bernard Montgomery, cité par Gellermann, p. 62.
3. W. Kimball (ed.), *Churchill and Roosevelt : The complete correspondence*, Vol. III, p. 605.
4. In *Seelower Höhen 1945*, Grenville, p. 37.

Churchill sachant pertinemment que l'Armée rouge tient le cours de l'Oder et que, par conséquent, tout le territoire polonais se trouve déjà derrière elle, peut-on penser qu'il envisage de FORCER Staline à évacuer la Pologne ? Non bien sûr. Cette lettre n'a pas, sans doute, d'autre objectif que de rappeler à Ike – en des termes churchilliens, c'est-à-dire outranciers – qu'il convient d'aller AU MOINS jusqu'à Berlin. Remâchant sa rancune, le vieux lion bougonne dans plusieurs de ses lettres : si l'on avait donné TOUS les moyens à Monty en septembre 1944, Britanniques et Américains auraient peut-être pu aller jusqu'à la Vistule.

Peu importe finalement si, le 1er avril, puis le 6 et le 8, le patron du SHAEF mentionne encore Berlin parmi ses objectifs[1] : ces déclarations n'ont d'autre but que d'apaiser Churchill et Monty. Pour s'assurer de l'appui de Washington face aux remontrances de Churchill, Eisenhower câble le 7 avril au général Marshall :

> « Je suis le premier à admettre que l'on mène une guerre en vue d'atteindre des buts politiques. Et si les chefs d'états-majors alliés devaient décider que les efforts alliés pour prendre Berlin pèsent plus lourd que les simples considérations militaires sur le champ de bataille, alors c'est avec plaisir que je changerais mes plans et mes réflexions pour conduire cette entreprise à son terme[2]. »

Mais Marshall n'en fera rien. La décision d'Eisenhower lui semble correspondre au programme de Roosevelt. Seul celui-ci aurait pu trancher et lancer Ike vers Berlin. Mais, depuis le 30 mars, Roosevelt n'est plus à la Maison Blanche et agonise à Warm Springs, en Géorgie. Il y meurt le 12 avril. Le vice-président Truman, tenu en dehors de tout, ne peut prendre pareille décision, que Marshall ne lui soumet d'ailleurs pas, pas plus que le Secrétaire d'État Stettinius, qui n'est tenu au courant de rien. Aussi la décision finale d'aller ou pas à Berlin appartient-elle aux militaires, Marshall et Eisenhower. Sur le terrain, Simpson, qui a conquis une tête de pont près de Magdebourg, à 110 km de la capitale du Reich, piaffe et se dit absolument certain de prendre la ville avec la seule 9e Armée. Impressionné par la faiblesse de la résistance allemande, Bradley, à son tour, reconsidère l'option Berlin. Mais la détermination d'Eisenhower est sans failles : le 14 avril, il interdit au commandant de la 9e Armée d'aller plus loin. Et il répète fermement son triple objectif : Leipzig et Dresde (pour

1. Le 6 avril, Ike écrit à Monty : « En ce qui concerne Berlin, je suis tout disposé à admettre sa signification politique et psychologique mais de plus grande importance sera la localisation des troupes allemandes en relation avec Berlin. C'est sur elles que je vais concentrer mon attention. Naturellement, si se présente l'opportunité de capturer Berlin à moindre prix, je la prendrai. (...). Bien sûr, si Bradley est mis en retard et que vous vous sentez assez fort pour pousser avant lui vers l'Elbe, ce sera une bonne chose », in L. Mosley, *Marshall : Hero for our times*, New York 1982, Hearst Books, p. 324. Ici perce l'ironie de Ike vis-à-vis de Monty : personne n'a jamais vu le *Field-Marshall* prendre le moindre risque sur un champ de bataille !

2. In *Seelower Höhen 1945*, Mierzejewski, p. 18.

Bradley), le Danemark, Hambourg et Kiel (pour Monty), le réduit alpin (pour Devers). Sur l'Elbe, on ne bouge plus et on attend les Russes !

> « Je fus terriblement désappointé quand la 9e Armée s'arrêta sur l'Elbe et quand notre poussée vers Berlin fut annulée. Mon plan consistait à lancer de nuit vers l'autoroute la 2e Division blindée accompagnée par une division d'infanterie montée sur camions puis, de là, gagner Berlin à toute vitesse. Avec seulement 110 km à parcourir, nous aurions pu être dans la capitale à l'aube du lendemain. Le reste de l'Armée aurait suivi. Mon erreur a été de ne pas avoir fait ça immédiatement après avoir franchi l'Elbe (ndla le 13 avril). Je fus complètement surpris et dépité quand Bradley m'ordonna d'arrêter et de me retirer de la rive est de l'Elbe. Je crois vraiment que la 9e Armée pouvait capturer Berlin avec de faibles pertes bien avant que les Russes y soient[1]. »

Faibles pertes ? À l'époque, Bradley en a jugé autrement en communiquant son estimation à Eisenhower : 100 000 pertes pour prendre Berlin. Ce chiffre exorbitant renforce bien entendu Eisenhower dans sa décision :

> « C'est un prix beaucoup trop élevé pour une affaire de prestige, particulièrement si l'on tient compte du fait que nous devrons le rétrocéder à d'autres[2]. »

Ce souci de la vie de ses soldats n'est pas feint. Au moment de l'encerclement de Model dans la Ruhr, Ike avait déjà publié une instruction interdisant de donner l'assaut aux villes. Trop coûteux, avait-il estimé. Mieux vaut repousser lentement les Allemands, les user par la faim et les bombardements. Mais l'essentiel de la motivation d'Eisenhower est ailleurs : traduire dans les faits la stratégie de Roosevelt. À savoir, ne pas aggraver la méfiance déjà vive de Staline, ne pas risquer un choc frontal entre l'*US Army* et l'Armée rouge. Berlin est le prix de cette stratégie et si critique il doit y avoir, elle doit s'adresser à Roosevelt, et non à Ike.

## Les Anglo-Saxons pouvaient-ils prendre Berlin ?

L'uchronie est un genre difficile à manier, parce qu'elle consiste à marier le feu et l'eau, à savoir l'imagination avec les données historiques les plus solides. S'agissant des armées américaine et soviétique de la Seconde Guerre mondiale, nul n'est mieux placé que le Colonel David Glantz pour tenter un *What if* ? Il l'a fait en 2006 dans un petit opuscule malheureusement non publié, qui s'intitule : *On to Berlin : The allied advance on Hitler's lair, april 1945*.

Le point de départ de l'uchronie est politique. Le 13 avril, Truman, président depuis quelques heures, prend connaissance des réactions de plus en plus irritées de Roosevelt, durant le dernier mois de sa vie, face aux violations des accords de Yalta opérées par Staline en Pologne et en Roumanie. Pressé par Churchill de montrer les dents aux Soviets afin de pouvoir aborder l'après-guerre en meilleure position, Truman accepte l'idée d'aller saisir Berlin sous le nez de l'Armée rouge. Il en donne

1. Weigley, *Eisenhower's Lieutenants*, Indiana University Press, 1981, p. 698-699.

2. In *Seelower Höhen 1945*, Rzheshevski, p. 65-66.

l'ordre le 15 avril à un Eisenhower pressé de faire la même chose depuis plusieurs jours par Patton, commandant de la 3e Armée, et par Simpson, son homologue de la 9e.

Glantz commence par examiner si Bradley, patron du 12e Groupe d'Armées, a sous la main les forces disponibles. En tout, il dispose des 43 divisions des 9e, 1re et 3e Armées. Dix-huit sont occupées à assiéger la Ruhr, cinq autres maintiennent le cordon serré autour des restes de la 11e Armée allemande enfermée dans le Harz. Glantz calcule que, sans mettre ces autres missions en péril, Bradley peut récupérer 10 grandes unités sous trois à sept jours et les adjoindre aux vingt qu'il a sous la main. Mais ces 30 grandes unités sont distribuées le long d'un front de 400 km, du sud de Wittenberge à Chemnitz, en Thuringe. En affirmant qu'elles auraient été prêtes à attaquer en 24 heures selon de nouveaux itinéraires tous orientés vers le nord-est, il nous semble que Glantz fait preuve d'un optimisme immodéré, les bases logistiques américaines se situant encore de l'autre côté du Rhin.

Glantz fait converger les deux Corps de la 9e Armée et un Corps de la 1re Armée vers Berlin : le 13e (avec la 5e D.B.), soutenu et suivi par le 8e Corps britannique, arrive *via* Stendal et Rathenow, dans les banlieues ouest de la capitale ; le 19e Corps (avec la 2e D.B.), sorti de Barby, par Neulitz et Belzig, vise Potsdam. Le 7e Corps de la 1re Armée (+ 3e D.B.) passe par Dessau et Treuenbrietzen, et gagne le coin sud-est de Berlin. Le 5e Corps avec la 9e D.B. (1re Armée) prend Torgau puis Gross Köris et occupe les passages à travers la Spreewald, notamment Baruth et Halbe, pour empêcher tout débouché de Joukov. Enfin, le 20e Corps (6e D.B.) de la 3e Armée, par Dresde et Hoyerswerda, s'en va prendre Cottbus au nez et à la barbe de Koniev, lui barrant l'accès à l'autoroute Berlin-Breslau. L'ensemble de ce programme doit être réalisé en 72 heures.

Les forces envisagées par Glantz rassemblent environ 400 000 hommes, dont cinq divisions blindées, soit environ un millier de chars et de chasseurs de chars. Le départ de l'opération est fixé au 16 avril, c'est-à-dire exactement au moment où Joukov et Koniev entament leur offensive sur l'Oder avec 2 millions d'hommes et 6 000 chars. Rien n'est dit de la couverture aérienne américaine dont on peut supposer qu'elle sera assurée largement même si l'éloignement des terrains ne permet pas d'envisager une situation aussi confortable que celle rencontrée en Normandie en juillet 44 ou sur le Rhin en mars 45.

Sans nous attarder sur les divers mouvements envisagés par Glantz, concentrons-nous sur ses différentes hypothèses et résultats.

– Les forces américaines ne rencontrent qu'une faible résistance. L'hypothèse est fort probable, bien appuyée sur les témoignages des combattants allemands de l'époque qui, dans leur majorité, rêvent d'être prisonniers de l'*US Army*. En revanche, à mesure que les troupes américaines progressent dans Berlin, elles sont susceptibles de voir croître l'opposition des unités de SS et de Jeunesse Hitlérienne.

– Staline tiendrait dans sa manche trois unités de réserve dont l'histoire soviétique ne souffle mot et dont Glantz soupçonne fortement l'existence dans son *What if*. Il ne s'agit pas ici des trois Armées combinées placées en réserve des Fronts : la 3e à la disposition de Joukov, les 28e et 31e au bon vouloir de Koniev. Glantz évoque trois puissantes Armées de tanks, dont la première, bien connue, est la 5e Armée de la Garde (général Sinenko) qui, selon les Soviétiques, se serait trouvée à Dantzig, mais que les écoutes électromagnétiques allemandes situent derrière l'aile gauche de Rokossovski. Les deux autres sont toutes nouvelles, jamais montées en ligne : la 7e Armée de tanks (maréchal des blindés Rotmistrov) et la 8e Armée de tanks (colonel-général Rodin). Ces deux unités sont détectées avec un bon degré de certitude par le FHO de Gehlen alors qu'elles sont en formation à l'été 1944 en Ukraine occidentale. Glantz ajoute un élément de preuve indirecte de leur présence en 1945 : on voit brusquement apparaître ces deux formations – sous la dénomination d'Armées mécanisées – dans l'ordre de bataille soviétique au début de 1946, la 7e dans le district militaire de Biélorussie, la 8e dans le district militaire des Carpates. Il est donc fort probable, selon l'auteur américain, qu'elles aient fait partie de ces réserves secrètes que Staline a toujours gardées par devers lui. Dans son uchronie, Glantz suppose que Staline les a positionnées, la 7e derrière Joukov, la 8e derrière Koniev, au titre d'assurance ultime contre une entreprise occidentale.

– Les Soviétiques n'hésitent pas à larguer plusieurs brigades de parachutistes sous le nez des avant-gardes américaines pour bloquer les carrefours routiers les plus importants. Il n'est pas fait usage des armes, sauf pour riposter à des tirs américains, mais ordre est donné de ne pas bouger quoi qu'il arrive pour retarder la progression des colonnes américaines. D'une façon générale, ni les Américains ni les Russes ne se tirent dessus ; ils essaient seulement par tous les moyens de se contourner, de se feinter, de se bloquer. Staline, qui veut participer à la campagne contre le Japon et dont la prudence est un des traits de caractère, ne tient pas plus que ses alliés à déclencher un conflit. Alors qu'il en a les moyens : selon Glantz, les trois Armées de tanks de réserve auraient suffi, si elles avaient été engagées, pour ramener les Américains sur la ligne Magdebourg-Leipzig-Chemnitz.

– En cumulant ses hypothèses, Glantz concède les deux tiers de Berlin aux Américains (tout le sud de la Spree) et envisage que les chefs alliés, pour des raisons psychologiques, aient laissé Joukov s'emparer du quartier gouvernemental, notamment du *Führerbunker*.

– De la même façon, Glantz donne aux Alliés la possession de tout le Mecklenburg jusqu'à l'Oder, à l'exception de la tête de pont prise par Rokossovski entre le 20 et le 24 avril, ainsi que toute la Saxe (Dresde) et la Tchécoslovaquie occidentale jusqu'aux environs de Prague.

Bien entendu, on peut gloser à l'infini sur ce scénario fiction. Il a le mérite de montrer que les Occidentaux avaient les moyens militaires de manifester, sur le terrain, leur volonté de résister à l'hégémonie que Staline entendait instaurer sur les pays et les régions occupés par son armée. Dans le scénario imaginé par David Glantz, qui est gagnant ? Sans nul doute les Allemands du Mecklenburg et de Saxe, en partie ceux de Berlin ainsi que ceux qui vivaient dans les Sudètes, dont l'expulsion n'aurait sans doute pas été possible, en tout cas pas dans les conditions dans lesquelles elle s'est déroulée. Mais la question centrale demeure : en quoi la prise des deux tiers de Berlin par Bradley aurait-elle influé sur la guerre froide ? L'aurait-elle reculée, atténuée, empêchée ? Si l'on pense, vieille thèse conservatrice, que la guerre froide a pour origine la « faiblesse » des Occidentaux, notamment de Roosevelt et d'Eisenhower, on peut admettre que Staline aurait peut-être changé de politique. Si, au contraire, on se range parmi ceux qui croient que l'administration Truman et Churchill sont les vrais accoucheurs de la Guerre froide, alors on peut soutenir que, se sentant encore plus menacé par l'intervention de ses puissants ex-alliés, le régime stalinien aurait réagi, comme il l'a toujours fait, par un durcissement. La guerre froide n'en aurait été que plus dangereuse, et plus rude la condition des peuples qui vivaient dans la sphère soviétique.

### *2. Staline lance la « course pour Berlin »*

Dès 1943, au moins, Staline sait ce qu'il veut : constituer un vaste glacis défensif à l'ouest de l'URSS, en plaçant sous son contrôle politique, direct ou indirect, les Pays baltes, la Pologne, les Balkans orientaux, la Hongrie, si possible la Tchécoslovaquie et l'Allemagne[1]. En décembre 1943, lors de la conférence de Téhéran, il se ligue avec Roosevelt contre Churchill, ce qui lui permet de faire écarter la stratégie méditerranéenne et balkanique du Britannique, au profit de la « stratégie directe » des Américains (débarquement en France et poussée vers la Ruhr). Le dictateur soviétique a donc les mains libres dans les Balkans, où il pouvait craindre qu'un débarquement anglo-saxon en Yougoslavie ne vienne, par une poussée sud-nord, lui couper les routes de Budapest, Vienne et Berlin.

### Berlin, l'objectif N° 1 de Staline

En revanche, du même coup qui les écarte de sa route sud, Staline met lui-même les Occidentaux en lice pour arriver à Berlin par la grande plaine du nord (Bruxelles-Cologne-Hanovre) ou par le centre du Reich (Francfort-Elbe de Magdebourg). Pour autant, il n'entend pas leur laisser l'avantage d'entrer les premiers dans la capitale du Reich. À la différence des Anglo-saxons, Staline n'a jamais douté que la prise de Berlin désignerait aux yeux du monde le vrai vainqueur de la guerre en Europe, pour des raisons stratégico-politiques (qui contrôle Berlin contrôle l'Allemagne) et morales. Nous avons vu plus haut qu'après quelques hésitations, dès octobre 1944, il définit la route la plus directe vers l'Allemagne comme « la zone décisive d'opérations » de l'Armée rouge. Le plan élaboré par

1. Le débat des historiens sur les véritables intentions de Staline en Europe orientale et centrale est loin d'être clos : voulait-il établir des gouvernements de « Front populaire » ? Des démocraties populaires ? Visait-il une « finlandisation » de l'Allemagne toute entière plutôt que la soviétisation de son tiers oriental ?

l'état-major général prévoit la chute de Berlin quarante-cinq jours après le début de la grande offensive d'hiver, soit à la fin février 1945.

Mais le comportement de la Wehrmacht va changer peu à peu la donne. Le 31 janvier, l'Armée rouge est sur l'Oder, à 65 km de Berlin, les Anglo-Saxons, toujours derrière le Rhin. Constatant cette avance, Staline joue la prudence et décide de liquider les forces de la *Ostheer* demeurées sur ses flancs en Silésie, Prusse et Poméranie. Mais cela demande beaucoup plus de temps que prévu. Le 7 mars, Joukov voit le Commandant suprême à sa villa de Kunstevo[1]. Le dictateur lui parle de Yalta, dont il trouve les résultats positifs, et lui dit avoir demandé aux Alliés, lors de la conférence… de presser le pas : ne sont-ils pas encore à 500 km de Berlin ? ! Puis, après ce petit aveu de forfanterie, Staline envoie Joukov « voir les projets pour l'offensive de Berlin » avec Antonov. Le lendemain soir, Antonov fait un exposé sur les options devant le Comité d'État à la Défense. Le commandant suprême approuve, demande que l'on prépare soigneusement l'opération. Rien ne semble presser.

Mais, le 28 mars, coup de tonnerre : les Américains défoncent définitivement la résistance allemande sur la rive droite du Rhin ! Il n'y a plus rien devant eux. À ce moment, les deux tiers des forces soviétiques sont encore éparpillées, coincées dans des combats acharnés pour Königsberg, Dantzig, Ratibor, Küstrin. Le temps se met d'un coup à jouer contre Staline. À noter que Joukov avait pressenti cette situation en demandant, en août 1944, sans pouvoir convaincre, de mettre le paquet contre la Prusse-Orientale. À partir de ce balcon, avec la Baltique à sa droite, le maréchal se faisait fort d'aller à Berlin en six semaines. La résistance en Prusse en février-mars 1945 allongera ce délai à 14 semaines.

Durant le mois de mars 1945, la colère et l'inquiétude montent peu à peu chez Staline, sa paranoïa s'aiguise. Pourquoi, en Italie, les services secrets américains d'Allen Dulles ont-ils des conversations avec l'*Obergruppenführer SS* Karl Wolff, conversations dont les Soviétiques sont écartés ? Que penser des tentatives de prises de contact de Goering, de celles de Ribbentrop ou de Himmler, toutes adressées à l'ouest ? Il constate amèrement que les Allemands se rendent en masse[2] à l'ouest et combattent jusqu'à la mort à l'est pour des villages dont « ils ont autant besoin qu'un homme mort d'un cataplasme[3] », selon son expression[4]. Les Alliés ne vont-ils pas profiter de ce vide pour entrer dans Berlin, le fusil à la

1. Joukov, *Mémoires*, t. 2, p. 326-328.

2. Les redditions s'accéléreront entre le 1er et le 16 avril : les Alliés comptabiliseront 755 753 prisonniers !

3. In *Seelower Höhen 1945*, Erickson, p. 61.

4. Goebbels s'attriste aussi de cette situation. Dans son journal (5 mars 1945), il écrit : « (…) la population de nos régions de l'ouest, conquises par les Anglo-Américains, se comporte envers eux de façon relativement favorable. Je ne m'étais pas réellement attendu à cela. En particulier, j'aurais pensé que le *Volkssturm* se battrait mieux qu'il n'a fait en réalité. »

bretelle ? Pourquoi ne le feraient-ils pas ? Dans une lettre à Roosevelt, le 3 avril, il dévoile brutalement le fond de sa pensée :

> « En ce qui concerne mes collègues militaires, sur la base d'informations en leur possession, ils sont certains que des négociations ont eu lieu et qu'elles se sont conclues par un accord avec les Allemands, au terme duquel le commandant allemand sur le front ouest, le maréchal Kesselring, doit ouvrir son front aux troupes anglo-américaines et les laisser progresser vers l'est, Britanniques et Américains ayant promis en échange d'alléger les termes de l'armistice. (...) Je constate qu'il en résulte certains avantages pour les troupes anglo-américaines (...), en voyant qu'elles avancent au cœur de l'Allemagne sans rencontrer presque aucune résistance ; mais pourquoi cacher cela aux Russes, et pourquoi ne pas avoir prévenu les Russes, leurs alliés ?[1] »

Roosevelt répond sur un ton outragé :

> « Franchement, je ne peux éviter d'éprouver un vif ressentiment à l'égard de vos informateurs, quels qu'ils soient, pour avoir présenté mes actions et celles de mes collaborateurs sous un jour aussi vil[2]. »

Mais la religion de Staline est faite : les Alliés le trompent comme il les trompe, ils veulent Berlin. Pour leur couper l'herbe sous le pied, il décide de mettre Joukov et Koniev à la fois en concurrence avec les Alliés et en concurrence entre eux (voir plus bas) pour arriver à Berlin. Ce qui revient à imposer aux chefs et à la troupe un stress terrible, une contrainte de temps insupportable en termes de planification opérationnelle et, *in fine*, des pertes inutiles. Car Staline surinvestit la signification symbolique de la prise de Berlin. L'Armée rouge jouit déjà d'un prestige moral[3] immense parmi les peuples alliés : l'arrivée au Reichstag n'ajouterait pas grand-chose à cette gloire. Quant à sa participation à l'occupation de Berlin, elle est garantie, quoi qu'il arrive, par les accords de Yalta. Rien, dans l'ordre militaire, ne pousse réellement à prendre la ville de vive force. Si bien que la compétition avec les Alliés dont Staline fait son obsession est, disons-le avec l'historien Kar-Heinz Frieser, « de nature purement imaginaire[4] ».

Face à ses alliés, Staline joue la carte de la désinformation, en partie parce qu'il soupçonne qu'on veut le tromper. Au message d'Eisenhower du 28 mars, il répond qu'il est entièrement d'accord pour une jonction avec les Américains dans la région Erfurt-Dresde-Leipzig, qui, dit-il, est la zone de poussée principale des forces soviétiques (mensonge n° 1) ;

1. In Ziemke, *Stalingrad to Berlin*, p. 469.
2. W.D. Miscamble, *From Roosevelt to Truman*, Cambridge University Press, 2007, p. 78.
3. En 1945, et longtemps après, les crimes de guerre ne ternissent en rien l'image de l'Armée rouge en Occident. Ces crimes sont vus soit comme des inventions de Goebbels, qui agite cet épouvantail depuis trop longtemps, soit comme de malheureux dérapages dûs à l'excitation du combat. L'opinion mondiale, traumatisée par les premières images des camps de la mort, n'est pas prête à reconnaître que les Allemands aussi ont pu être des victimes.
4. In *Seelower Höhen 1945*, Frieser, p. 131.

l'attaque démarrera dans la seconde moitié de mai (mensonge n° 2) ; Berlin, dit-il,

> « a perdu son ancienne importance stratégique. Le haut-commandement soviétique prévoit par conséquent de n'allouer que des forces secondaires dans cette direction. »

Mensonge n° 3 !

Les Anglo-Américains ne soupçonneront la tromperie que par les écoutes du trafic radio du Groupe d'Armées Vistule ! Dans la semaine du 9 au 16 avril, Staline est assailli de rumeurs et de contre-rumeurs de complots, de négociations séparées, de coups fourrés allemands ou occidentaux. La mort de Roosevelt, le 12 avril, ne fait qu'ajouter à sa perplexité. Le président Truman, qui a eu par le passé des déclarations antisoviétiques, l'inquiète : va-t-il poursuivre la politique d'entente de son prédécesseur ? Ne va-t-il pas saisir l'occasion d'aller à Berlin ? La veille de l'attaque générale du 16 avril, Staline annonce à l'ambassadeur américain Averell Harriman que les Russes « planifient » une reprise immédiate de leur attaque vers Berlin. Mais, à quelques heures du déclenchement de la préparation d'artillerie sur l'Oder, le dictateur soviétique ne peut s'empêcher de poursuivre l'intoxication en ajoutant que son centre de gravité est… sur la Neisse, en direction de Dresde.

En 1948, au cours d'une conversation avec Walter Bedell Smith, l'ambassadeur américain à Moscou, Staline protestera de sa bonne foi et proposera même au diplomate de l'accompagner aux archives militaires : Berlin était bien, soutient-il, un objectif secondaire. Pour preuve, ajoute-t-il, seul Joukov avait à s'occuper de la capture de la ville ; ce n'est qu'avec les difficultés rencontrées à Seelow que Koniev entrera dans la danse. Certes, il est vrai que, si Joukov avait réussi à aller dans les temps à Berlin, Koniev serait resté sur son axe est-ouest, où il avait assez à faire. Mais il est impossible d'affirmer sérieusement que Berlin n'a pas été l'objectif principal. Pourquoi alors le 1er Front de Biélorussie concentre-t-il le gros des forces soviétiques ? Pourquoi le contraindre à une coûteuse poussée directe vers la capitale ? Pourquoi avoir tant pressé les préparatifs ? Pourquoi ne pas avoir supporté les 48 heures de retard de Joukov et détourné Koniev vers le nord ? Pourquoi avoir même ordonné à Rokossovski de laisser tomber la Baltique et de filer au sud assister Joukov dans la prise de la capitale d'Hitler ? À l'évidence, Berlin est l'objectif suprême et Staline est prêt à y mettre le prix.

## La réunion au Kremlin, 1er avril *(carte 29)*

Fin mars 1945, Staline convoque à Moscou Joukov et Koniev, « aussitôt qu'apparurent les premiers symptômes que les Alliés avaient des desseins sur la ville », ainsi que l'explicite Chtemenko[1], le chef de la direction des opérations à l'état-major général. Joukov arrive le premier, le 29, le jour de la chute de Küstrin, qui lui arrache un soupir de soulagement. Il a

1. Chtemenko, *The Soviet general Staff…*, p. 319.

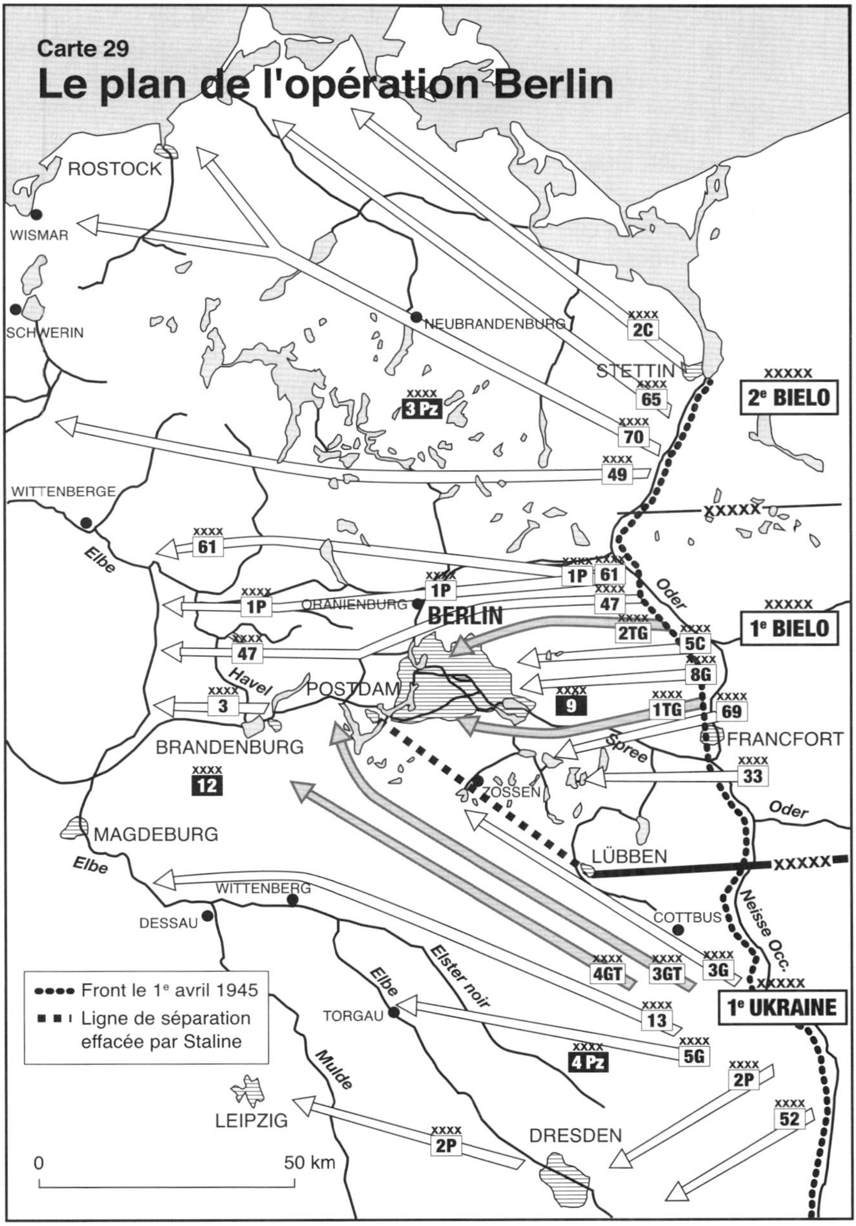
Carte 29
Le plan de l'opération Berlin
ROSTOCK
WISMAR
SCHWERIN
NEUBRANDENBURG
STETTIN
2C
65
70
49
3 Pz
2e BIELO
WITTENBERGE
Elbe
61
1P
61
47
ORANIENBURG
BERLIN
2TG
5C
1e BIELO
Oder
47
8G
Havel
POSTDAM
9
3
1TG
69
FRANCFORT
Spree
BRANDENBURG
12
33
ZOSSEN
Oder
MAGDEBURG
LÜBBEN
Elbe
WITTENBERG
COTTBUS
Neisse Occ.
DESSAU
Elster noir
4GT
3GT
3G
1e UKRAINE
Front le 1e avril 1945
Ligne de séparation effacée par Staline
Elbe
13
TORGAU
5G
4 Pz
Mulde
2P
52
LEIPZIG
2P
DRESDEN
0
50 km

sur lui le plan élaboré par le 1er Front de Biélorussie pour prendre Berlin. Il voit Staline dans la soirée, seul à seul. Le dictateur lui tend la main sans mot dire. Après un long silence, les yeux mi-clos, le Chef suprême lâche :

> « À l'ouest, le front allemand s'est définitivement écroulé, et apparemment les Hitlériens ne veulent pas prendre de mesures pour arrêter la progression des troupes alliées. » Puis, il demande : « Quand nos troupes peuvent-elles attaquer ? »
>
> « Pas plus tard que dans deux semaines », répond Joukov. (...) Mais le 2e Front de Biélorussie sera retardé par la réduction définitive de l'ennemi dans la région de Dantzig et de Gdynia. »
>
> « Eh bien, dit Staline, il faudra commencer l'opération sans attendre Rokossovski[1]. »

Après avoir montré à Joukov une lettre « émanant d'un de nos amis étrangers », où il est question de tractations entre « agents hitlériens et représentants officiels des Alliés », Staline laisse 48 heures au maréchal pour régler avec Antonov, le chef de l'état-major général, les détails de l'offensive du 1er Front de Biélorussie. Ce sera une formalité : le lendemain, le plan est intégré tel quel au plan général de la dernière offensive de la guerre.

Le 31 mars, Koniev arrive à son tour. Il s'en va d'abord à l'état-major général faire une scène à propos de la ligne de démarcation entre son Front et celui de Joukov. Chtemenko hausse les épaules, explique que la décision sur ce point appartient à Staline. Le dimanche de Pâques 1er avril 1945, Joukov est à nouveau convoqué, avec Koniev cette fois, dans le bureau du chef suprême, au Kremlin. La réunion va durer cinq heures. Sous les portraits de Souvorov et Koutouzov les attendent déjà les membres du GKO, plus Antonov et Chtemenko. Staline a sa tête des mauvais jours. Il lance sèchement à Chtemenko : « Lisez le telex ». Chtemenko rend compte d'un document où il est question d'une puissante concentration anglo-américaine, sous le commandement de Montgomery, « destinée à prendre Berlin avant les Soviétiques[2]. »

À peine Chtemenko s'est-il tu que Staline enchaîne par une question provocante :

> « *Tak kto zhe budet brat Berlin, my ili soyuzniki* ? Alors, maintenant, qui va prendre Berlin, nous ou les Alliés ? »

Koniev répond le premier :

> « Nous prendrons Berlin et avant les Alliés[3] ! »

Puis, ajoute Koniev dans ses mémoires, Joukov déclare qu'il est aussi prêt. Mais, dans ses propres souvenirs, le commandant du 1er Front de

1. Joukov, *Mémoires*, t. 2, p. 333.
2. Ces détails proviennent du récit de Koniev, in *Das Jahr Fünfundvierzig*, p. 93-94. Ce plan signé Montgomery est probablement arrivé sous les yeux de la mission soviétique accréditée au Q. G d'Eisenhower, mission qui ignore sans doute que le plan a été rejeté.
3. Koniev, *Das Jahr Fünfundvierzig*, p. 94.

Biélorussie ne rapporte ni la question de Staline ni la réponse de Koniev. Il préfère insister sur le flou opérationnel qui entoure l'offensive vers Berlin. Depuis le 4 février, en effet, l'état-major général de l'Armée rouge se trouve dans une situation embrouillée. À cette date, Staline a pris deux décisions contradictoires, qui gênent la planification de Chtemenko.

La première est de laisser au seul 1er Front de Biélorussie le soin de prendre Berlin. Joukov recommande même par écrit, le 26 janvier, de fixer la limite que Koniev ne doit pas dépasser sur une ligne Gründberg-Guben-Lübben (sur l'autoroute Berlin-Breslau), soit 60 km au sud de la capitale. Mais, par une seconde décision, qui suit une demande de Koniev en date du 27 janvier, Staline accepte de voir le 1er Front d'Ukraine coopérer à la prise de Berlin. Chtemenko commente :

> « C'était une évidente absurdité. D'une part, la décision du maréchal Koniev d'attaquer Berlin avait été confirmée, pendant que, d'autre part, on traçait une ligne de démarcation qui l'en empêchait. Tout ce sur quoi nous pouvions compter, c'était qu'il y avait encore loin jusqu'à Berlin et que nous serions capables de remédier à ce quiproquo avec le temps[1]. »

Que Chtemenko joue le naïf ou qu'il ait vraiment cru à un quiproquo est secondaire. En réalité, c'est à dessein que Staline brouille les cartes et jette Koniev dans les pattes de Joukov pour rabaisser ce dernier et lui faire sentir le poids de sa main.

Revenons à la réunion du 1er avril. En quelques phrases, Staline donne la date du 16 avril, au plus tard, pour déclencher l'offensive finale. Antonov demande alors la parole, ainsi que le raconte Chtemenko :

> « Le chef de l'état-major général considéra comme nécessaire d'attirer l'attention du Chef suprême encore une fois sur la ligne de démarcation entre les deux Fronts. Il fut fortement souligné que cette ligne excluait virtuellement les Armées du 1er Front d'Ukraine d'une participation directe au combat pour Berlin, et que cela rendrait difficile l'exécution de l'opération dans les délais accordés. Le maréchal Koniev parla dans le même sens, argumentant en faveur d'une poussée de ses forces, particulièrement des Armées de tanks, en direction des banlieues sud-ouest de Berlin[2]. »

Chtemenko désigne alors sur la carte la ligne fixée par Joukov lui-même, trois mois auparavant, mais tracée seulement jusqu'à Lübben. Comme il est d'usage dans toute opération, Chtemenko a prolongé cette ligne plus loin vers l'ouest, jusqu'à Potsdam, afin de clarifier les attributions de chacun, ce qui interdit à Koniev d'entrer dans Berlin. Mais Staline en décide autrement :

> « Selon le plan original, c'est le 1er Front de Biélorussie qui devait prendre Berlin. Même si la direction d'attaque de l'aile droite du 1er Front d'Ukraine – où je devais placer mes gros – courait immédiatement au sud de la ville, personne ne pouvait prévoir quelles surprises pouvaient survenir dans la direction principale (celle de Joukov, ndla) et à quelles corrections elles pouvaient conduire. C'est pourquoi je tenais pour absolument possible qu'une

1. Chtemenko, *The soviet general Staff at war*, p. 308.
2. Chtemenko, *The soviet general Staff at war*, p. 320.

attaque réussie de mon aile droite nous place dans la situation d'administrer un coup majeur contre Berlin à partir du sud. Mais je tenais pour prématuré d'en parler, même si j'avais l'impression que Staline avait déjà cette variante en tête. Cette impression se renforça lorsque Staline prit un crayon à papier et se mit à hachurer le trait de séparation entre le Front de Joukov et le mien. Il interrompit la ligne à Lübben. Il l'interrompit et ne la prolongea pas. Bien que tout cela se fît sans commentaires, je pensai que le maréchal Joukov y reconnut aussi une certaine intention. La ligne de séparation des deux Fronts s'interrompait à peu près à l'endroit où nous devions arriver au troisième jour d'opérations. Pour la suite (manifestement selon la situation), de façon implicite, se dégagerait une initiative de la part des directions de Fronts.

Pour moi en tout cas, l'interruption de la ligne à Lübben signifiait qu'une poussée vers Berlin à partir du sud dépendrait de la vitesse à laquelle je percerai les lignes ennemies et serai en mesure d'exploiter. Il est possible que ce geste de Staline ait constitué un appel à une compétition entre les deux Fronts. C'est vraisemblable, surtout si l'on se remet en tête ce que Berlin signifiait alors pour nous et avec quelle passion, du soldat au général, nous désirions voir la ville de nos yeux et la conquérir avec la force de nos armes[1]. »

Chtemenko corrobore en ajoutant que, un peu plus tard, Staline lâche tout à trac :

« Que le premier des deux qui perce prenne Berlin[2]. »

La directive de la STAVKA N° 41060, signée le 3 avril par Staline et Antonov et définissant les tâches du 1er Front d'Ukraine, ne dit mot de la variante suggérée par Staline à Koniev[3] (évoquée par Chtemenko dans ses mémoires comme une « alternative additionnelle » et confirmée par Joukov[4]) : une participation de son aile droite – notamment de la 3e Armée de tanks de la Garde – à la prise de Berlin. Apparemment, selon l'historien russe Oleg Rzheshevski, cette variante aurait été évoquée verbalement entre Koniev, Joukov et Staline mais rien n'aurait été arrêté, comme Joukov le regrettera dans ses mémoires (version 1992) :

« Avec cette variante, la préparation et la conduite de l'opération auraient été plus compliquées mais la coopération générale des forces et des moyens aurait été de fait plus simple, (…) particulièrement lors de la prise de la ville elle-même. Elle aurait donné lieu à moins de frictions et d'imprécisions en tout genre. »

Durant la bataille, ces frictions, ces imprécisions, mettront les Armées de Koniev et de Joukov au bord de l'affrontement armé, ainsi que nous le verrons plus loin.

---

1. Koniev, 45, p. 97-98.
2. Chtemenko, *The soviet general Staff at war*, p. 320. Il est le seul à fournir cette information.
3. Dans ses mémoires (t. 2, p. 335), Joukov met un point d'honneur à expliquer que Koniev n'a rien suggéré et que c'est Staline qui lui a prescrit : « En cas de résistance acharnée de l'ennemi aux abords est de Berlin et de retard possible dans l'offensive du 1er Front de Biélorussie, le 1er Front d'Ukraine doit être prêt à attaquer Berlin par le sud avec ses Armées blindées. »
4. Joukov, *Mémoires*, t. 2, p. 335.

Retenons néanmoins les grandes lignes de l'offensive, telles que l'état-major général les communique à Joukov, Koniev et Rokossovski, entre le 1er et le 6 avril.

– 1er Front de Biélorussie. Devra capturer Berlin et atteindre l'Elbe avant la fin d'avril. L'assaut principal débouche de la tête de pont de Küstrin. Après la percée, les 1re et 2e Armées de tanks de la Garde s'en vont cerner la ville par l'est et le sud-est pour la première, le nord-est et le nord pour la seconde.

– 1er Front d'Ukraine. Défaire le groupement ennemi dans la région de Cottbus, atteindre la ligne Beelitz-Wittenberg (à 150 km de l'Oder) le 22-24 avril, en restant 60 km au sud de Berlin, puis aller jusqu'à l'Elbe de Dresde.

– 2e Front de Biélorussie. Ne participe pas directement à la prise de la capitale mais protège le flanc droit de l'opération. Doit détruire la 3e Armée Panzer autour de Stettin puis filer le plus loin possible vers l'ouest.

L'opération Vistule-Oder sert visiblement de modèle à l'opération Berlin. Trois Fronts sont lancés droit devant, menés par quatre Armées de tanks introduites à J + 1, après obtention de la percée. En ce qui concerne le Front principal, celui de Joukov, c'est faire fi des défenses élevées sur les hauteurs de Seelow par la 9e Armée allemande, défenses dont Joukov aurait dû voir que la nature les rendait sensiblement plus fortes que celles établies sur les berges de la Vistule. La progression de ces Armées sur chenilles est estimée à 80-120 km en quatre jours, ce qui suppose un rythme presque aussi rapide que dans le cas de l'opération Vistule-Oder, alors que la région immédiatement à l'est de Berlin est plus difficile pour les tanks que le charodrome polonais.

Ce plan aurait pu, en faisant preuve d'imagination, être réaliste, si Joukov, pressé par le temps, n'avait choisi des options frontales coûteuses en sang et en matériel, qui vont donner à la dernière bataille une autre physionomie que celle prévue par l'état-major général de l'Armée rouge.

Voici, résumées dans un tableau, les forces mises à la disposition des trois maréchaux pour la dernière offensive de la guerre et la plus importante bataille jamais menée sur le sol allemand.

**Forces des 1er et 2e Fronts de Biélorussie et du 1er Front d'Ukraine au début de l'opération Berlin**

| | 2e Front de Biélorussie | 1er Front de Biélorussie | 1er Front d'Ukraine | Totaux |
|---|---|---|---|---|
| Effectifs | 314 000 | 768 100 | 511 700 | 1 593 800 (2 500 000 avec services arrière) |
| Tanks | 644 | 1 795 | 1 388 | 3 827 |
| Canons autom. | 307 | 1 360 | 667 | 2 334 |

**Forces des 1er et 2e Fronts de Biélorussie et du 1er Front d'Ukraine au début de l'opération Berlin *(Suite)***

| | 2e Front de Biélorussie | 1er Front de Biélorussie | 1er Front d'Ukraine | Totaux |
|---|---|---|---|---|
| PAK | 770 | 2 306 | 1 444 | 4 520 |
| Canons de campagne (+ de 76 mm) | 3 172 | 7 442 | 5 040 | 15 654 |
| Mortiers (+ de 82 mm) | 2 770 | 7 186 | 5 225 | 15 181 |
| Lance-roquettes multiples | 807 | 1 531 | 917 | 3 255 |
| DCA | 801 | 1 665 | 945 | 3 411 |
| Véhicules motorisés | 21 846 | 44 332 | 29 205 | 95 383 |
| Avions | 1 360 | 3 988 | 2 148 | 7 496 |
| Dont chasseurs | 602 | 1 567 | 1 106 | 3 275 |
| Sturmoviks | 449 | 731 | 529 | 1 709 |
| bombardiers | 283 | 1 562 | 422 | 2 267 |

*Source Berlinskaia operatsiia v tsifrak*, VIZh, 1965-4, p. 81.

## II. Le plus mauvais Joukov

Dans la bataille de l'Oder, les rapports de force bruts donnent un avantage énorme à l'Armée rouge. Mais il est en partie contrebalancé par un terrain entièrement favorable au défenseur sur les premiers quinze kilomètres, par l'impossibilité où sont les Soviétiques de dissimuler leurs préparatifs – une fois n'est pas coutume – et par une méconnaissance quasi totale du dispositif adverse (positions, choix tactiques, systèmes de feux). Ces désavantages vont se trouver potentialisés par la pression psychologique que Staline applique sur Joukov.

### *1. Un maréchal dans le collimateur*

On se tromperait en supposant qu'il existe une quelconque connivence de camarades de guerre entre Staline et Joukov. Même si, après l'été 1941, le reclus du Kremlin ne fait plus fusiller ses généraux, il n'en maintient pas moins autour d'eux, comme autour de tous les Soviétiques, un climat de peur, une surveillance policière de chaque instant. Y compris à l'égard de Joukov ou de Vassilevski, on ne relève chez Staline rien qui ressemble à de la loyauté, de la confiance ou de la reconnaissance. Au contraire, plus un général se montre brillant et populaire, plus souvent il approche le bureau du chef suprême, plus la méfiance de celui-ci s'accroît. Joukov court plus de dangers en 1945 qu'en 1941. Le paradoxe n'est qu'apparent. Le péril est passé, le chef n'a plus autant besoin de l'homme qui a sauvé Leningrad et Moscou. Au contraire, le soldat qui fut témoin de tant d'erreurs militaires devient dangereux alors que montent dans la propagande les louanges à la gloire du « généralissime », du « seul vainqueur du Reich », du « plus grand capitaine de guerre russe depuis Koutouzov » : Staline.

Joukov, commandant suprême adjoint depuis l'été 1942, est cantonné par Staline aux questions opérationnelles inhérentes à la fonction de représentant de la STAVKA auprès des Fronts. Il ne participe pas aux réflexions de grande stratégie, n'est pas consulté sur les problèmes d'organisation du commandement et ne sait rien de la question cruciale des réserves. S'il réussit durant toute la guerre à maintenir une relative liberté de parole, il demeure constamment sous surveillance. Dès 1942, Viktor Abakoumov, bras droit de Béria et futur chef du SMERSH, lui cherche noise ; il arrête le général Golouchkevitch, ancien chef des opérations de Joukov au Front de l'Ouest, l'interroge des jours durant sur son ex-patron, tente de l'amener à une dénonciation quelconque. En vain : Golouchkevitch paiera son silence d'une condamnation à dix ans de camp. Abakoumov ne lâchera plus jamais Joukov, dont il répète à Béria et Staline qu'il est potentiellement aussi dangereux que Toukhatchevski en son temps.

Les relations de Joukov avec Staline s'aigrissent en septembre 1944, à propos de Varsovie. Staline et Molotov veulent déborder la capitale polonaise par le nord, Joukov, lui, plaide avec chaleur pour un arrêt de toute opération offensive. « Pourquoi s'arrêter devant un ennemi battu ? », s'étonne Molotov, qui répète une phrase prononcée quelques minutes auparavant par Staline. « Il est loin d'être battu », réplique sèchement Joukov. Dans la 10e édition de ses mémoires[1], Joukov livre des informations qui montrent à quel point sa situation devient dangereuse. Béria est également présent à la réunion où l'on débat de Varsovie et, suite à l'échange avec Molotov, il multiplie les remarques sarcastiques à l'encontre du maréchal. Notamment cette phrase glaçante : « *eto brat, mozhet plokho konchit'sya* », « ce frère-là pourrait bien mal finir… ». Rokossovski, qui sait de quoi il parle, avertit Joukov que Beria chauffe Staline contre lui.

Quelques jours plus tard, Joukov est démis de son poste d'envoyé spécial de la STAVKA et placé à la tête du 1er Front de Biélorussie (à la place de Rokossovski, dont l'amitié avec Joukov en prendra un coup), alors que tous ses collègues s'attendent à le voir diriger l'Opération Berlin, comme il avait déjà si souvent dirigé des entreprises multi-Fronts. Ses responsabilités sont ainsi restreintes, mais tout de même pas autant qu'on l'a écrit. Car se voir confier un Front d'un million d'hommes, sur l'axe du *glavny udar*, l'effort principal et final vers Berlin, n'est pas la pire des humiliations. Quoi qu'il en soit de ses sentiments véritables, Joukov ne bronche

1. *In Seelower Höhen 1945*, Erickson, p. 96.

pas et manifeste la même obéissance absolue envers Staline que celle qu'il exige de ses subordonnés.

Quelques jours plus tard, Staline pousse l'avertissement plus loin. Il charge Boulganine, commissaire adjoint à la Défense, de « trouver quelque chose » contre Joukov. La trouvaille de Boulganine se réduit à un numéro du bulletin de l'état-major général, où il « découvre » deux instructions sur l'usage de l'artillerie, émises par Voronov et contresignées par Joukov, sans en avoir référé à la STAVKA, c'est-à-dire à Staline. Cette affaire ridiculement mineure aboutit à une enquête, une réprimande à l'encontre de Joukov votée par le bureau politique du Parti communiste et un rappel humiliant de Staline « à montrer plus de circonspection dans les affaires sérieuses ».

À l'évidence, en cette fin de guerre, Staline reprend en main la direction de l'armée et son chef le plus populaire.

Staline décide néanmoins en février 1945 que Joukov sera le conquérant de Berlin. Pourquoi l'avoir choisi s'il cherche par ailleurs à réduire sa popularité ? Staline sait que la prise de Berlin sera une chaude affaire ; il exagère même la difficulté de l'opération, comparant Berlin 45 avec Moscou 41. Il lui faut un chef dur, craint et respecté à la fois, capable de remplir la mission dans les pires conditions : c'est le portrait de Joukov. Mais Staline prend aussitôt toutes dispositions pour placer la bataille finale sous le signe d'une course avec Koniev. Le calcul est sans risques : si Joukov prend Berlin très vite, ce sera sous l'aiguillon de Koniev ; si Koniev s'empare de la capitale, c'en sera fini de la réputation militaire de Joukov.

### La rivalité de deux grands chefs

Les rapports entre Joukov et Koniev ont pourtant commencé sous d'autres auspices. En 1941, Koniev commande la 19e Armée lorsque celle-ci ne parvient pas à empêcher la chute de Vitebsk, malgré des contre-attaques désespérées. Placé à la tête du Front Ouest, en octobre, il voit cinq de ses six Armées totalement détruites lors de l'encerclement géant de Viazma-Briansk, la plus grande défaite soviétique de la guerre. Joukov le remplace et le blâme pour de « sérieuses erreurs de calcul ». Il semble que Staline ait alors voulu faire fusiller Koniev et que Joukov ait suggéré de lui laisser plutôt reprendre l'homme en mains en en faisant son adjoint. Mais cela n'est pas clairement établi, selon Erickson[1]. En décembre, Koniev, commandant du Front de Kalinine, se comporte brillamment lors de la contre-offensive devant Moscou. Son supérieur, Joukov, l'en félicite, mais le rapprochement entre les deux hommes n'a pas lieu. Joukov, c'est son habitude, a dû exiger de Koniev une obéissance cadavérique. Sans doute se ressemblent-ils trop, ces deux forces de la nature, également emportés, bourrés d'énergie, impitoyables et ne reculant

1. In Erickson, *The Road to Stalingrad*, p. 221.

devant aucun sacrifice pour parvenir au résultat. Koniev jalouse Joukov, qu'il pense inférieur à lui du point de vue opérationnel. Il se juge aussi meilleur communiste, lui qui fut d'abord commissaire politique avant d'entrer à l'académie Frounzé.

Staline renifle tout de suite l'opposition des deux hommes et envenime leurs rapports à toute occasion. À Joukov, il confère des honneurs que s'il ne peut faire autrement ; à Koniev, il accorde de l'avancement sans raison particulière de le faire. L'historien Boris Nicolaevski résume ainsi le jeu de Staline :

> « il maintenait la balance égale entre « l'indispensable organisateur de la victoire » et son encore plus indispensable contrepoids politique[1]. »

À propos de Berlin, Staline jette littéralement les deux hommes à la gorge l'un de l'autre, crée volontairement une situation de confusion et d'urgence, et porte ainsi la responsabilité finale des pertes inutiles des dernières semaines de combat. En reprenant la main sur ses maréchaux, Staline revient en 1945 à ses pratiques de l'an 1941. Mais peu lui importe : il utilisera le sang versé pour légitimer sa main mise sur la moitié de l'Europe. C'est pour cela que toute ville d'importance, qu'elle soit en Pologne, en Hongrie ou n'importe où dans la sphère soviétique, aura droit au monument aux morts de l'Armée rouge, massif, le plus souvent précédé par un char placé sur un socle. Tous les citoyens de l'ancien bloc de l'est s'en souviennent : ces monuments valaient titres de propriété[2].

Quelques mois après la victoire, une nouvelle bouffée paranoïaque de Staline ravagera les rangs des vainqueurs de 1945. Des noms disparaîtront brutalement des communiqués, des hommes seront relégués loin de tout à des postes subalternes, d'autres partiront au GOULAG. Même Hitler n'a pas traité ainsi ses généraux. Sur tous ceux qui l'ont servi si bien durant la guerre, le généralissime Staline – second à porter ce titre dans l'histoire russe, après… Souvorov – laissera déverser ignominies et indignités contre leur personne et leurs capacités. En 1950, encore, Novikov, le sauveur de la V.V.S, sera arrêté avec l'amiral Kouznetsov, le maréchal Koulik fusillé avec une demi-douzaine d'officiers généraux.

Joukov, lui, sera rattrapé par Abakoumov. En novembre 1945, le chef du SMERSH débarque sans crier gare au P.C de Joukov, dans la zone soviétique d'occupation de Berlin. Il arrête plusieurs collaborateurs du maréchal qui, averti, coince Abakoumov dans une pièce, l'oblige à relâcher les officiers et le renvoie à Moscou avec quelques paroles bien senties. Quelques semaines après, lors d'une réunion à laquelle Joukov n'est

---

1. Boris Nicolaevski, *Power and the soviet Elite*, cité par Chaney, *Zhukov*, p. 307.

2. La « cyber attaque » montée au printemps 2007 par des nationalistes russes contre l'économie et l'administration de l'Estonie a pour point de départ le déménagement de la statue de bronze du soldat soviétique (et de l'ossuaire attenant), érigée en plein cœur de Tallinn. Des deux côtés, le symbole reste fort, 65 ans après la fin de la guerre.

pas présent, Staline accuse le maréchal de diminuer le rôle de la STAVKA et de grandir le sien dans la victoire. Tous les présents parlent à l'unisson : on affûte les couteaux… Joukov sent renaître autour de lui le climat angoissant[1] qu'il a connu en 1937 et 1938. En juin 1946, il est convoqué devant le Conseil militaire principal, présidé par Staline. Présents : Beria, Boulganine, Koniev, Sokolovski, Rokossovski, Chtemenko, Rybalko, Golikov. On lit une lettre du maréchal Novikov dénonçant Joukov pour des propos insultants proférés contre Staline à plusieurs reprises durant la guerre. Le malheureux Novikov, torturé par Abakoumov durant 14 jours, a signé n'importe quoi. Les maréchaux présents – y compris Koniev[2], qui s'est montré honnête et courageux en la circonstance – plaident pour leur collègue (sauf Golikov, qui l'enfonce) mais Staline tranche : Joukov est destitué de son poste de commandant en chef des forces terrestres et relégué à la tête du… district militaire d'Odessa. En décembre 1947, il est exclu du Comité central du parti. Abakoumov ne désarme pas ; il torture abominablement Téléguine, ancien collaborateur de Joukov au 1er Front de Biélorussie, pour en obtenir une dénonciation. Mais Téléguine ne lâche rien et part pour 25 ans de camp à régime sévère. Abakoumov n'obtiendra qu'une nouvelle mutation de Joukov, dans l'Oural. En mai 1948, la *Pravda* ne mentionne même pas le nom de l'ancien chef du 1er Front de Biélorussie à l'occasion du troisième anniversaire de la prise de Berlin.

## 2. *Un mauvais plan*

Joukov est pris à contre-pied par la décision annoncée brusquement par Staline le 1er avril. Dans la 10e édition de ses mémoires[3], on lit qu'il se trouve à Moscou le 7 ou le 8 mars et va voir Staline en compagnie d'Antonov pour discuter du plan d'attaque vers Berlin. Les trois hommes se déclarent d'accord, vu les opérations de nettoyage aux deux ailes, sur une offensive démarrant AU PLUS TÔT fin avril début mai. Ces estimations reflètent l'incertitude qui prévaut sur la date à laquelle finira la guerre. À Yalta, chefs anglais et américains estiment que le conflit en Europe sera terminé le 1er juillet 1945 au plus tôt, le 31 décembre au plus tard. Antonov se déclare d'accord avec cette estimation.

---

1. Dans une interview accordée à l'écrivain Simonov en octobre 1950 et révélée en 1987, Joukov déclare que les "documents" devant mener à son arrestation et à son exécution étaient déjà rassemblés en 1938. Il ne dût la vie sauve qu'à son envoi en Extrême-Orient, suggéré à Staline par Vorochilov. Seule la brillante victoire qu'il remporte à Khalkhin-Gol lui rend quelque espérance de vie. In *Voïenno-Istoricheskyi Zhurnal*, 6, juin 1987.

2. En 1972, alors que Joukov est malade et isolé, Koniev ira le voir, présenter ses excuses pour sa conduite passée et demandera une réconciliation. Joukov prendra son vieux camarade dans ses bras et acceptera avec joie.

3. Joukov, *Vospominaniia i razmyshleniia*, 10e édition, Moscou, 1990, vol. 3, p. 213.

En janvier 1945, Joukov livre à Antonov le fond de sa pensée : plutôt que d'attaquer Berlin d'est en ouest, le plus sage serait d'aller encercler la ville EN LA DÉBORDANT PAR LE NORD. On éviterait ainsi d'avoir à s'aventurer dans les marais de l'Oder sous les falaises menaçantes qui bordent la *Reichstrasse* 1. Un plan précis est élaboré sur cette base conjointement par Joukov et Antonov-Chtemenko.

Ces deux éléments basiques de l'offensive – date et mouvement principal – sont balayés le 1er avril par la décision de Staline. La plus extrême urgence va dès lors présider aux décisions de Joukov.

Le 21 mars, les Armées de droite de Joukov entrent dans Altdamm, sur le bas Oder. Le 26 mars, la 1re Armée de tanks de la Garde, prêtée à Rokossovski, est rappelée de Gotenhafen et dirigée sur l'Oder. Le 29 mars, la 8e Armée de Tchouikov et la 5e Armée de Choc de Berzarine s'emparent enfin de Küstrin, permettant la soudure des deux têtes de pont gagnées sur la rive ouest de l'Oder. Ces dates sont à rapprocher de celle du 16 avril, lancement de l'offensive vers Berlin. Bon an mal an, Joukov dispose donc de quinze jours pour regrouper ses Armées après leur relève par le 2e Front de Biélorussie, les approvisionner, leur attribuer les matériels et les personnels de remplacement, faire établir des plans détaillés aux niveaux des Armées, des Corps, divisions, régiments..., acheminer 20 000 canons sur leurs emplacements, approcher les dépôts de carburant, de munitions, sonder les défenses ennemies, aider à aménager les 290 aérodromes demandés par le maréchal de l'aviation Novikov[1]... Si l'on inclut les Fronts de Koniev et de Rokossovski, au 1er avril, l'Armée rouge doit repositionner 29 Armées (2 millions d'hommes !), dont 15 à des distances comprises entre 100 et 350 km, et trois entre 350 et 530 km, le tout avec un réseau ferré détruit en grande partie. Il n'existe pas, à notre connaissance, dans toute l'histoire militaire, de mouvements de cette ampleur réalisés en 15 jours.

La première réunion entre Joukov, ses chefs d'Armées et de Corps, se tient du 5 au 7 avril, à son Q.G du château de Tamsel, près de Landsberg. D'entrée, le maréchal place ses subordonnés dans la situation de stress où Staline l'a lui-même plongé, ainsi que le rapporte le général Babadjanian, commandant du 11e Corps blindé de la Garde (1re Armée de tanks de la Garde), qui assiste à la scène.

1. Pour Joukov, le regroupement signifie qu'il faut acheminer la 3e Armée depuis Königsberg (530-600 km), la 1re Armée de tanks de la Garde depuis Gotenhafen (400 km). Koniev doit récupérer depuis la Prusse-Orientale les 28e et 31e Armées qui ont, l'une, 700-800 km à faire, l'autre, 600-775 km. Quant à Rokossovski, c'est 86 % de ses forces d'infanterie et 96 % de son artillerie (19, 65e, 49e, 70e Armée, 2e Armée de Choc, plus quatre Corps blindés ou mécanisés) qui doivent se déplacer de 300 à 400 km vers l'ouest. Certains Corps, qui vont à pied, arriveront épuisés sur l'Oder. Ce regroupement massif, effectué entre 3 et 12 jours selon les formations et avec peu de liaisons ferroviaires, est un véritable tour de force.

« Joukov nous dit qu'il venait de chez Staline : (...) l'opération sur Berlin devait commencer plus tôt que prévue.

Le maréchal garda le silence un moment et nous éclaira sur les raisons de cette décision : nos alliés (...) planifient une attaque sur Dresde et Leipzig et il nous est permis de supposer qu'ils veulent atteindre Berlin avant nous. Cela se passera sous le prétexte de venir nous aider. Notre Q.G a aussi appris qu'ils préparent en toute hâte deux divisions de parachutistes pour les lâcher sur Berlin. (...) Cela oblige la STAVKA à faire vite, résuma Joukov. Vous apprendrez plus tard la date exacte de l'attaque[1]. »

On montre ensuite des photos aériennes de la zone entre l'Oder et Berlin, on assiste à des conférences, on mène quelques *Kriegspiele*, une maquette de la cité avec quartiers et bâtiments numérotés est présentée. À ce moment, Joukov joue encore une fois avec ses subordonnés au même jeu que Staline a joué avec lui :

« S'il vous plaît, regardez attentivement l'objet N° 105 » Le maréchal nous montra du bout de sa baguette un gros rectangle. « C'est le Reichstag. Qui l'atteindra le premier ? Katoukov ? Tchouikov ? Peut-être Bogdanov ou Berzarine ? » Sans attendre de réponse, il continua : « et ce numéro 106, là, c'est la chancellerie du Reich[2]. »

Le commandant de la 1re Armée de tanks de la Garde, Katoukov, et son subordonné Babadjanian font la grimace :

« Un coup d'œil à la carte et à la maquette montrait que, sur un tel terrain, nous ne serions pas capables de répéter une variante de pénétration profonde comme celle que nous avions réussie entre Vistule et Oder. Les conditions requises pour une large manœuvre de tanks étaient absentes. Nous pourrions avancer mais seulement pas à pas, nous devrions grignoter un chemin à travers les défenses ennemies au prix de combats sanglants, longs et acharnés[3]. »

« Quelques-uns des généraux présents font clairement remarquer au commandant du Front que la ligne de défense principale de l'adversaire court sur les hauteurs de Seelow. En conséquence de quoi, il faudra concentrer le feu de l'artillerie et les frappes aériennes sur ces hauteurs. Malheureusement, leur avis ne fut pas pris en considération[4]. »

Tchouikov est au premier rang des sceptiques : la vallée inondée de l'Oder n'est pas la plaine polonaise glacée... Mais Joukov n'écoute pas. Ses directives finales n'atteignent les Armées que le 12 avril, deux jours avant les reconnaissances en force, quatre jours avant le début de l'attaque ! Les commandants ont trente-six heures pour soumettre leurs propres plans à la direction du Front. Les chefs de divisions ne sont mis, verbalement, au courant que le 13 avril, les commandants de régiments, le 14, les chefs d'unités de rang inférieur... deux heures avant l'assaut !! Si bien que l'on peut être certain qu'aucune mission précise n'a pu être

1. A. Kh. Babadjanian, *Dorogi Pobedy*, trad. all. *Hauptstosskraft*, p. 243.
2. A. Kh. Babadjanian, *Dorogi Pobedy*, trad. all. *Hauptstosskraft*, p. 244-245.
3. Katoukov, *An der Spitze des Hauptstosses*, p. 386.
4. A. Kh. Babadjanian, *Dorogi Pobedy*, trad. all. *Hauptstosskraft*, p. 246.

assignée aux officiers subalternes. Chaque unité, serrée sur un espace trop réduit, ne peut aller que tout droit, découvrant au fur et à mesure les obstacles, les plans de feux, les cheminements possibles. L'improvisation chaotique, que l'on croyait disparue depuis l'été 1942, réapparaît sur le champ de la dernière bataille.

Jamais, depuis 1941, un Front n'a eu aussi peu de temps pour se préparer à une offensive majeure[1]. L'opération *Uranus* (encerclement de Paulus à Stalingrad) s'est montée sur deux mois et demi ; les contre-offensives au nord et au sud de Koursk (*Koutouzov* et *Rumiantsev*, juillet-août 43), sur trois mois ; Vistule-Oder, sur dix semaines, *Bagration*, sur huit. La logistique est un cauchemar, le renseignement maigre et la nature d'un Joukov, surmené et stressé, resurgit avec force : brutalité et entêtement devront suppléer à une planification déficiente.

Que Joukov accepte de telles conditions opérationnelles n'est pas si étonnant. Staline le pique des deux fers en l'appelant chaque jour par téléphone HF, et Koniev le talonne. Mais lui-même sous-estime l'ennemi et croit que, comme sur la Vistule, le feu de l'artillerie anéantira le gros des moyens adverses et démoralisera le reste.

Le choix d'un assaut frontal à partir de la tête de pont, face aux crêtes de Seelow, n'est pas le plus judicieux : Heinrici l'attend précisément là. Renoncer à utiliser la tête de pont pour l'attaque principale, traverser plutôt l'Oder de vive force 50 km au nord (axe d'Eberswalde) et 50 km au sud de Küstrin (axe de Luckenwalde), était certain de réussir, moyennant les mesures de *maskirovka* habituelle et vu la supériorité écrasante des Soviétiques. Mais attaquer au nord pose un problème : Rokossovski ne sera pas en mesure, estime Joukov, d'entrer dans la danse avant le 20 avril, et ne pourra faire sentir son poids à l'ouest du fleuve avant le 23-24. Par conséquent, durant cinq à sept jours, une attaque vers Eberswalde présenterait son flanc aux entreprises de la 3e Armée Panzer. Joukov refuse de courir ce risque alors que ses forces seront en cours de franchissement. Mais ces deux solutions – il y en a d'autres –, parce qu'elles nécessitent le lancement d'au moins six ponts de 60 tonnes et 12 ponts de 8 à 20 tonnes, auraient demandé au moins deux semaines de préparatifs supplémentaires et 4 à 5 jours de plus pour atteindre Berlin. Nous avons vu que, pour Staline, il ne peut en être question. Opéré aux extrémités du secteur tenu par le 1er Front de Biélorussie, un possible double encerclement aurait dû en outre, pour réussir, intégrer pleinement le 2e Front de Biélorussie et le 1er Front ukrainien, ce dont Joukov ne semble pas avoir très envie.

De la même façon, une fois décidé l'assaut à partir de la tête de pont, pourquoi avoir choisi de situer l'effort principal au centre, c'est-à-dire dans l'axe de Küstrin ? Pourquoi, même, avoir serré 90 % des moyens

1. Pour l'historiographie soviétique, le « temps de préparation » s'entend entre la signature de la directive par la STAVKA et le jour du déclenchement de l'attaque.

entre les canaux Hohenzollern et Finow au nord, et le canal Friedrich-Wilhelm au sud ? Il était possible de tenter quelque chose au nord de la tête de pont, dans le secteur de la 47e Armée et de la 1re Armée polonaise, comme la suite le prouvera : au moins, si le terrain n'est pas meilleur, aurait-on pu éviter les gros de Busse. Mais la réponse à cette question est encore dictée par le calendrier : Joukov attaque au centre parce qu'il veut pouvoir mettre ses Armées de tanks au plus vite sur la *Reichsstrasse* N° 1, l'excellente route pavée à gros débit (9 m de large) qui mène directement à Berlin.

Le plan de Joukov est brutal, sans finesse aucune. Les quatre Armées massées dans la tête de pont de Küstrin – 47e, 3e Choc, 5e Choc, 8e Garde – s'emparent des hauteurs de Seelow en 24 heures. Pour surprendre l'ennemi, on attaque à la nuit, deux heures avant le lever du soleil, et l'on éblouit le défenseur, en même temps qu'on montre la voie à l'attaquant, en allumant d'un coup 143 puissants projecteurs de DCA venus de Moscou. Une démonstration est organisée à l'arrière en présence des commandants d'Armées, dont Joukov dit dans ses mémoires qu'ils sont favorablement impressionnés par l'idée, ce que Tchouikov confirme. L'arrivée de l'infanterie sur la ligne Letschin-Gusow-Seelow-Dolgelin (2e zone de défense) donnera le signal d'introduction des deux Armées de tanks, qui, après une préparation d'artillerie de 20 minutes et une fois le verrou de Müncheberg tiré (3e ligne de défense), s'en iront du plus vite qu'elles peuvent aborder les banlieues de Berlin (J + 4, soit une progression de 55 à 65 km en quatre jours), pénétrer vers le centre (J + 5), encercler la ville (J + 6) par un mouvement en tenaille fort classique. La 2e Armée de tanks de la Garde investira la métropole par le nord-est et le nord, la 1re de la Garde bouclera l'est et le sud-est. Chaque Armée blindée bénéficiera du soutien exclusif de deux Corps aériens et d'une ou deux divisions supplémentaires de *Sturmoviks*.

Au nord, l'opération est couverte par des franchissements de l'Oder opérés de vive force par la 61e Armée et la 1re Armée polonaise, qui pousseront ensuite vers Eberswalde (40 km du fleuve) et Oranienburg (80 km) puis, avec la 47e Armée, jusqu'à l'Elbe (J + 11). Au sud, la 69e s'assure que les forces de la garnison de Francfort ne bougent pas ; la 33e Armée sortira de sa propre tête de pont et s'en ira, avec le 2e Corps de cavalerie par l'autoroute, vers Fürstenwalde (35 km de Francfort) et Potsdam-Brandenburg (150 km). Si tout va bien, Berlin-ville sera atteinte à J + 5 (21 avril), l'Elbe à J + 15, soit le 1er mai. Cette date serait une formidable aubaine pour la propagande. Dans le monde entier, chaque année, les défilés de travailleurs célébreraient, qu'ils le veuillent ou non, et la fête du travail et la victoire de la glorieuse Armée rouge sur le Reich nazi…

## 3. *L'ordre de bataille* (carte 30)

Le 1er Front de Biélorussie dispose de onze Armées et d'un grand nombre d'unités indépendantes. C'est lui qui capte le gros des moyens (50 %) mis à disposition par la STAVKA pour atteindre l'Elbe. Son front

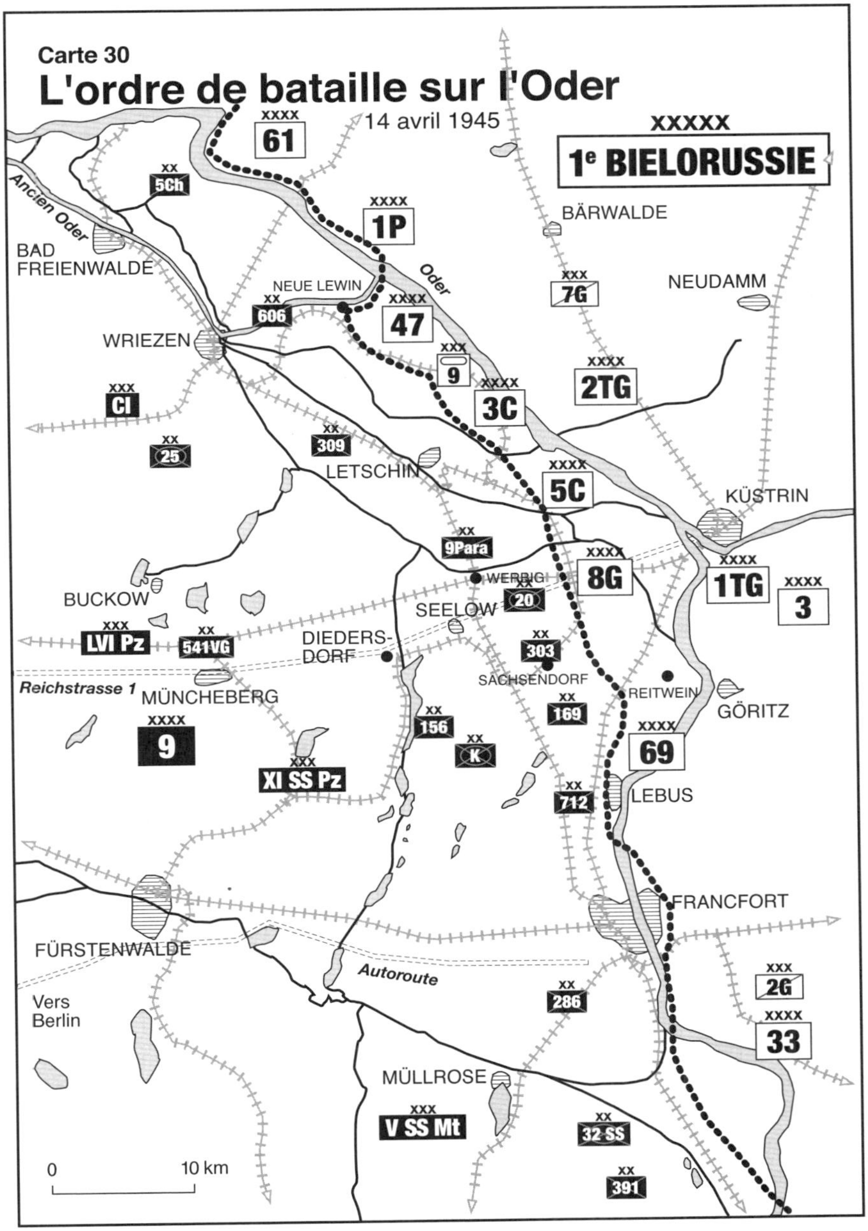
Carte 30
L'ordre de bataille sur l'Oder
14 avril 1945
XXXXX
1e BIELORUSSIE
XXXX 61
XXXX 1P
XXXX 47
XXX 9
XXXX 3C
XXXX 5C
XXXX 2TG
XXX 7G
XXXX 8G
XXXX 1TG
XXXX 3
XXXX 69
XXX 2G
XXXX 33
XX 5Ch
XX 606
XXX CI
XX 25
XX 309
XX 9Para
XX 20
XXX LVI Pz
XX 541VG
XX 303
XX 169
XX 156
XX K
XXXX 9
XXX XI SS Pz
XX 712
XX 286
XXX V SS Mt
XX 32 SS
XX 391
Ancien Oder
Oder
BAD FREIENWALDE
NEUE LEWIN
WRIEZEN
BÄRWALDE
NEUDAMM
LETSCHIN
KÜSTRIN
WERBIG
SEELOW
BUCKOW
DIEDERSDORF
SACHSENDORF
REITWEIN
GÖRITZ
Reichstrasse 1
MÜNCHEBERG
LEBUS
FRANCFORT
FÜRSTENWALDE
Autoroute
Vers Berlin
MÜLLROSE
0
10 km

s'allonge sur 90 km, entre le canal Spree-Oder, au nord, et le canal Havel-Oder, au sud. Quatre Armées sont placées en première ligne pour obtenir la percée décisive dans le secteur central Wriezen-Seelow, qui mesure 30 km de long. On trouve, du nord au sud[1] :

– La 47e Armée (lieutenant-général Perkhorovitch) masse 8 de ses 9 divisions (trois Corps : 87e, 125e et 129e) dans la tête de pont, dont 5 en première vague, appuyées par un régiment de chars lourds, une brigade et deux régiments de canons automoteurs. Il y a, venus des réserves de la STAVKA ou de celles du Front, 1 360 canons et 122 lanceurs de *katiouchas* en soutien, soit, si l'on ajoute les moyens propres de l'Armée, 345 pièces ou lanceurs au kilomètre ! Le secteur d'attaque va du confluent Oder-Ancien Oder jusqu'au bourg de Gross Neuendorf, soit 9 km.

– La 3e Armée de Choc (colonel-général Kouznetsov) compte 9 divisions (7e et 79e Corps, 12e Corps de la Garde), un régiment de chars lourds, un régiment de chars, deux brigades et deux régiments de canons d'assaut. Dans la tête de pont, le 9e Corps blindé (major-général Vedeniev, 197 chars et canons automoteurs) attend pour l'exploitation de la percée. La STAVKA a alloué 1 369 pièces et 227 lanceurs de *katiouchas*, soit 266 tubes/km. Le secteur tenu va de Gross Neuendorf à Sophienthal (9 km).

– La 5e Armée de Choc (colonel-général Berzarine) aligne neuf divisions (9e Corps, 26e et 32e Corps) entre est de Letschin et Golzow (11 km). Berzarine s'est débrouillé pour tasser, outre ses 60 000 hommes dont 50 compagnies de pionniers, deux régiments blindés lourds, une brigade blindée, un régiment blindé, trois brigades et deux régiments de canons automoteurs (ce qui fait déjà 360 engins de combat chenillés), plus la totalité du 12e Corps blindé (de la 2e Armée de tanks de la Garde, 200 chars de plus), 1 824 canons et 361 lanceurs, donnant 312 tubes/km.

– La 8e Armée de la Garde (colonel-général Tchouikov) attaquera avec ses trois Corps (9 divisions : 4e, 28e et 29e Corps de la Garde) en première ligne, entre Golzow et Podelzig (11 km). L'appui consiste en une brigade plus un régiment blindé lourd, deux régiments blindés, deux brigades et trois régiments de canons automoteurs, 1 911 tubes d'artillerie et 368 lance-roquettes (326 pièces/km). Comme pour la 5e Choc, les blindés d'accompagnement sont si nombreux (près de 400) que chaque bataillon se déploie avec une compagnie de chars ou une batterie de canons automoteurs, si bien que chaque section d'infanterie bénéficiera d'un blindé pour s'abriter ou se déplacer. Tchouikov se voit aussi subordonner directement le 9e Corps d'aviation d'assaut.

La 5e Armée de Choc et la 8e Armée de la Garde portent le centre de gravité de tout l'effort de Joukov.

L'opération est flanc-gardée au nord par la 61e Armée et la 1re Armée polonaise (général Poplawski), au sud par les 69e et 33e Armées.

– La 61e Armée (Belov) a trois Corps (9e Garde, 80e et 89e) à 3 divisions chacun. Soutien par trois bataillons d'artillerie autopropulsée.

1. O.B. tiré de Lakowski, *Seelow 1945*, p. 194-197.

– 1re Armée polonaise (Poplawski) : 5 divisions d'infanterie (1, 2, 3, 4, 6), plus la 1re Brigade de cavalerie *Varsovie*.

– 69e Armée (Kolpaktchi) : 8 divisions réparties en trois Corps (25e, 61e et 91e), deux divisions indépendantes, quatre régiments d'artillerie autopropulsée.

– 33e Armée (Zvetaïev) : 9 divisions pour 3 Corps (16e, 38e, 62e), une division indépendante, le 2e Corps de cavalerie de la Garde, une brigade et deux régiments d'artillerie autopropulsée, un régiment blindé.

Se tiennent prêtes à l'exploitation la 2e Armée de tanks de la Garde du général Bogdanov (714 chars et canons automoteurs), derrière la 5e Armée de Choc, et la 1re Armée de tanks de la Garde du général Katoukov (709 chars et canons automoteurs, 700 canons, 44 lanceurs multiples, 45 000 hommes), sur les talons de la 8e Armée de la Garde. En second échelon, à 20 km à l'est de Küstrin, la 3e Armée. En réserve de Front, le 7e Corps de cavalerie de la Garde (3 divisions de cavalerie, un régiment mécanisé, un régiment d'artillerie autopropulsée).

Outre la 16e Armée aérienne qui lui est attachée, le 1er Front de Biélorussie peut compter sur les 800 bombardiers lourds de la 18e Armée aérienne ainsi que sur plusieurs Corps et divisions aériens sortis des réserves de la STAVKA, sans oublier les 200 appareils de l'Armée de l'Air polonaise. En outre, durant les trois premiers jours de l'offensive, Joukov reçoit aussi des moyens de la 4e Armée aérienne (attachée au 2e Front de Biélorussie) et de l'aviation de la Flotte de la Baltique. Le total monte à 4 188 appareils de combat (1 567 chasseurs, 1 562 bombardiers, 731 *Sturmoviks*). L'ampleur de la concentration aérienne est telle que le maréchal Novikov vient en personne coordonner les moyens sur l'ensemble du théâtre Oder-Neisse (y compris, donc, les moyens alloués à Koniev), à partir du Q.G de la 16e Armée aérienne, à Ludwigsruh (20 km N-E Küstrin). Les 290 aérodromes sont implantés, selon l'autonomie des appareils, depuis Posen jusqu'à 15 km de l'Oder.

S'il dispose maintenant d'excellents aérodromes en dur ou durcis par des plaques d'acier, Novikov craint en revanche un embouteillage massif des cieux. Pour la première fois dans l'histoire militaire soviétique, tout le trafic sera contrôlé par radio (avec lien entre réseau téléphonique et réseau radio) et suivi par radars (2 centres pour les Corps, 1 pour l'Armée). Les fréquences attribuées à chaque unité sont si proches les unes des autres que les pilotes ont ordre de se placer en mode réception et de n'émettre qu'en cas d'extrême urgence. Un radar à longue portée est spécialement affecté à la surveillance des vols anglo-américains et les pilotes ont été entraînés à reconnaître les Typhoons et autres Mustangs[1].

Les rapports de force[2] sont les suivants : 7:1 pour l'infanterie, 6:1 pour les chars (à raison de 1 489 chars rouges en soutien d'infanterie et 1 570 embrigadés dans les deux Armées de tanks), 11:1 pour l'artillerie, 10,6:1

1. Interview du maréchal Rudenko, in *VIZh*, N° 4, avril 1985, p. 13.
2. Lakowski, *Seelow 1945*, p. 69.

pour l'aviation. Il est à noter que, malgré l'empilement des moyens, Joukov arrive à des rapports de force du même ordre que ceux qui jouent en faveur de Rokossovski et de Koniev, puisque Heinrici a placé le gros de ses forces face à lui.

Sur le terrain, les forces soviétiques atteignent des densités jamais vues sur aucun champ de bataille de la Seconde Guerre mondiale. Une Armée attaque sur un front de 5 à 9 km, un Corps 2 à 3 km, une division 1 à 2. Un régiment reçoit en moyenne un secteur de 700 à 1 200 m, et même moins de 600 m à la 8e Armée de la Garde. Cela laisse si peu de place que les bataillons et les compagnies se déploient sur trois échelons. Dans la première phase de l'attaque, on compte 30 chars et canon d'assaut par km, et 100 par km après introduction des deux Armées de tanks derrière la 8e Armée de la Garde et la 5e Armée de Choc. On relève aussi 300 canons au km sur les axes d'attaque principaux, non comptés 1 500 lance-roquettes multiples. Jamais, dans aucune bataille, on n'a vu un tel rassemblement de forces, une telle puissance de feu, sur un espace si réduit[1]. Au point qu'il est légitime de parler de concentration EXCESSIVE. Comment faire passer 70 000 véhicules par une vingtaine de routes seulement, à travers une vallée à moitié inondée, minée à raison de 2000 engins au kilomètre, barrée de centaines de canaux, fossés, bras morts, au pied d'une ligne de crêtes de 45-60 m d'altitude, truffée de canons ? Le front d'attaque est si étroit, la topographie telle, que le mouvement tournant est impossible, la manœuvre impensable, l'assaut frontal la règle obligée. Cet assaut, faute d'espace, devra prendre la forme de vagues successives d'hommes et de chars, vagues dont l'importance est limitée par l'exiguïté même du champ de bataille. Si bien qu'à tout moment les Allemands n'auront jamais en face d'eux la totalité des moyens soviétiques mais un nombre réduit, contraint d'avancer en colonnes à très petite vitesse.

Enfin, la fixation de la zone de départ des deux Armées de tanks sur la ligne Letschin-Gusow-Seelow-Dolgelin-Alt Mahlisch prouve que les Soviétiques ne connaissent pas le dispositif allemand. Car cette ligne se situe au cœur de la position *Hardenburg*, exactement là où sont rassemblés les moyens de contre-attaque des Panzers, les champs de mines, les points fortifiés. Visiblement, les reconnaissances aériennes ont manqué d'efficacité, d'autant que le plafond nuageux est resté bas dans la semaine précédant l'attaque.

### 4. *Des préparatifs gigantesques... impossibles à cacher*

Le miracle logistique réalisé par les unités arrière de l'Armée rouge tient en deux nombres : 2 semaines de préparation au lieu de 12 et plus habituellement. C'est le temps accordé pour monter la dernière offensive

1. Fidèle à sa tradition d'exaltation statistique, la littérature soviétique calcule, pour la tête de pont, 1 282 hommes, 28 canons et mortiers, 7 chars, 4 lance-roquettes et 85 véhicules par kilomètre carré !

de la guerre au colonel-général Mikhaïl Malinine, le chef d'état-major du 1er Front de Biélorussie, au général Antipenko, chef des services arrière, à Kormilizine, patron du service des essences, et au maréchal de l'artillerie Iakovlev.

Du point de vue des personnels, les fonds de tiroirs sont raclés comme jamais. Les vides au sein des unités sont comblés par des prisonniers à peine libérés, certains en mauvaise condition physique. À la va-vite, on transforme en fantassins des hommes des services arrière. Des unités arrivent de Prusse-Orientale par avion, une première dans l'Armée rouge. Le responsable politique du Front, Téléguine, veille à ce que des communistes soient présents dans chaque unité d'assaut. Il sait que les soldats, épuisés, en proie à une grave crise morale, dont témoignent leurs exactions, ne sont plus aussi enclins à risquer leur vie si près de la fin de la guerre. Comme tous les officiers politiques, le 14 avril, Téléguine a noté le brutal changement de cap opéré dans la *Pravda*. Pour la première fois, les appels à la haine et à la vengeance de Ehrenburg sont critiqués. On réunit les troupes pour leur expliquer qu'elles viennent libérer les Allemands de l'oppression nazie et non pas leur faire payer indistinctement quatre ans de crimes ou assouvir des vengeances personnelles. Pour renforcer moral et discipline, Téléguine décide d'une mesure extraordinaire : chaque bataillon, chaque régiment montera à l'assaut derrière son étendard déployé ! Auparavant, chaque homme aura juré sur le drapeau d'accomplir son devoir. Mieux accueillie par la troupe est la distribution de drapeaux rouges « pour le Reichstag », destinés à être plantés sur le bâtiment qui, aux yeux des Soviets, symbolise le régime nazi.

La construction des ponts sur l'Oder et la Warthe – démarrée vers le 15-20 mars – est la priorité absolue ; on lui affecte 46 bataillons, soit près de 20 000 hommes qui travailleront jour et nuit, souvent sous le feu de l'artillerie et de la Luftwaffe. Le pont de Göritz sera détruit 20 fois et 20 fois reconstruit, la construction de l'ouvrage de Zellin coûte la vie à 201 sapeurs[1]. Les deux ponts ferroviaires sur l'Oder et la Warthe, à Küstrin, seront détruits par la Luftwaffe dans la nuit du 18 avril ; il faudra 8 jours de travail ininterrompu à la 29e Brigade ferroviaire pour reconstruire. Vingt-six ponts seront lancés au total, dont vingt et un pour la tête de pont de Küstrin : huit de 60 tonnes, trois de 30 tonnes, huit de 16 tonnes, deux de 10 tonnes et moins. Les eaux de l'Oder étant très hautes en ce printemps, les ouvrages sont construits de digue à digue, sur des longueurs comprises entre 500 et 1 107 m. Quarante bacs sont en outre mis en service. Avec cette passion bien soviétique des statistiques, le général Antipenko[2], chef des services arrières du 1er Front de Biélorussie, indique que, par les bacs et les ponts, 600 000 personnes sont entrées et sorties de la tête de pont de Küstrin, mais aussi 1 671 188 véhicules motorisés, 400 000 véhicules hippomobiles, 200 000 tonnes de munitions, 150 000 tonnes de carburants, plus de 300 000 tonnes de ravitaillement et de

1. Antipenko, *In der Hauptrichtung*, p. 279.
2. Antipenko, *In der Hauptrichtung*, p. 278.

fourrage ! Pour protéger les ponts des mines larguées par la Luftwaffe en amont, on fait acheminer par eau et par chemin de fer les 90 navires de la flottille du Dniepr (navires blindés, de déminage, pontons de DCA, remorqueurs…).

Par un véritable tour de force, fin mars, le chemin de fer arrive, à l'écartement russe, de Varsovie jusqu'aux environs de Francfort/Oder, *via* Posen (24 à 30 trains/jour) et, à l'écartement occidental, de Deblin à Küstrin, par Lodz, Bromberg, Schneidemühl, Landsberg (24 trains/jour). Les trains se succèdent nuit et jour à une cadence hallucinante. La seule consommation d'artillerie du 16 avril – 1,15 million d'obus et 50 000 roquettes – exige 2 382 wagons !! Mais, malgré les prouesses des services arrière, Joukov ne démarre la bataille qu'avec 2 à 2,5 allocations de combat en munitions, de quoi tenir 3 à 4 jours de bataille intense, soit 2 à 3 fois moins que pour l'opération Vistule-Oder. « Le seul cas de ce genre dans toute l'histoire de la Grande Guerre patriotique », selon Malinine[1]. D'après Antipenko, c'est la raison du raccourcissement de la préparation d'artillerie du 16 avril, de 1 heure à 30 minutes. Sans cette mesure d'économie, ajoute le chef des services arrière, l'assaut sur Berlin n'aurait pu être lancé avec toute la force souhaitée. Faut-il y voir une des sources des difficultés à venir ?

L'effort de construction est aussi impressionnant. 194 bataillons y sont commis. Quatre routes à grand débit sont retapées et réservées au Front de Joukov depuis la Vistule. Vingt-cinq itinéraires d'approche vers la tête de pont sont aménagés, dont beaucoup sous filets de camouflage. Dix routes sont expressément tracées pour acheminer les deux Armées de tanks jusque sur la rive ouest de l'Oder. Les chars d'accompagnement passent dans la tête de pont à partir de la nuit du 11 et jusqu'au 15 avril ; l'on fait couvrir le bruit des moteurs par des tirs d'artillerie et le fleuve est noyé jusqu'à midi dans un brouillard artificiel.

Dans l'*Oderbruch* proprement dit, la situation est désespérante. La zone est un ancien marécage drainé et endigué sur ordre de Frédéric le Grand, au XVIIIe siècle. Mais une partie des digues a sauté, si bien que les champs sont inondés ou tellement boueux qu'aucun véhicule ne peut s'y aventurer. Deux mois de combats intenses ont laissé des dizaines de milliers de cratères emplis d'eau parfois sur 4 à 5 m de profondeur. Les mines sont partout, allemandes ou soviétiques, on ne sait plus. Les sapeurs en retirent 70 000 pour tracer les 340 chemins d'approche pour l'infanterie et ses moyens d'accompagnement. Comme il y a peu de couverts, on bâtit 5 000 abris individuels – des huttes de claies recouvertes de boue – pour les chars et autres véhicules, sans parler de la préparation de 14 000 positions d'artillerie, de mitrailleuses, de mortiers, des dizaines de milliers de mètres carrés de filets de camouflage placés au-dessus des 44 332 camions affectés au Front…

Malgré toutes ces mesures, une fois n'est pas coutume, rien de l'activité soviétique n'échappe aux Allemands.

1. Antipenko, *In der Hauptrichtung*, p. 282.

« L'ennemi tenait les hauteurs dominantes des crêtes de Seelow, ce qui lui permettait de garder en permanence sous observation la totalité de la vallée dans laquelle nous nous concentrions ; nous n'avons pas respecté les règles de dissimulation durant notre mise en place pour notre offensive générale.

Même la nuit, il était impossible d'acheminer les troupes jusqu'à leurs positions de départ, sans être repéré, notamment pour les chars et l'artillerie. L'obscurité était percée par les rayons des projecteurs placés sur les hauteurs de Seelow – ils s'allumaient automatiquement, balayaient la vallée, s'éteignaient, se rallumaient brusquement à un endroit puis à un autre. Ils étaient sans doute contrôlés d'un seul point, soigneusement enterré. Et quand les projecteurs s'éteignaient, c'était au tour des fusées éclairantes lâchées par avions d'illuminer la vallée de telle sorte que l'ennemi pouvait y voir comme dans la paume de sa main. Nous jouions au chat et à la souris et nous retenions de tirer sur les projecteurs. L'artillerie avait ordre de se taire pour ne pas se révéler, jusqu'au dernier moment.

Le camouflage était rendu difficile parce que les arbres n'avaient pas encore de feuilles, et creuser était impossible à cause des inondations de printemps et de l'affleurement de la nappe souterraine. Vous n'aviez qu'à retourner un peu de terre à la baïonnette, et le trou se remplissait aussitôt d'une eau boueuse.

Ainsi la préparation de notre offensive, je crois, n'avait pas de secret pour l'ennemi[1]. »

Si les Allemands voient tout, en revanche, les Soviétiques ne savent rien. Jamais, depuis le 22 juin 1941, ils n'ont à ce point été dépourvus d'informations sur le dispositif ennemi. Le général Batov (65e Armée) le dit clairement dans ses mémoires :

« On nous ordonna de nous concentrer à toute vitesse mais le plus grand flou régnait sur la façon dont les Allemands s'étaient retranchés, sur l'emplacement de leurs points d'appui, leurs moyens et leurs plans de feux, les réserves qu'ils pouvaient conserver à l'arrière. Le temps pressait mais nous étions aveugles comme des taupes[2]. »

## *Maskirovka* pour rien

Comme pour toutes leurs opérations depuis *Uranus*, les Soviétiques s'accordent des moyens importants pour essayer de tromper l'ennemi sur leurs intentions véritables. Deux faux groupements offensifs sont créés, l'un entre Stettin et Gartz, dans le secteur du 2e Front de Biélorussie, l'autre à 55 km au sud de Francfort, dans le coude de l'Oder, face au segment Fürstenberg-Guben. Tous les « trucs » habituels sont utilisés pour faire vivre ces fausses concentrations, qui doivent donner aux Allemands l'impression d'une large attaque en pince vers Berlin : faux trafics radio, ferroviaire et routier, simulacres de déplacements de troupes, fausses positions d'artillerie, chars en bois et toile, points de passage imaginaires aménagés vers et sur l'Oder, raids de reconnaissance répétés, pseudo tirs

1. Tchouikov, *The Fall of Berlin*, p. 144.
2. Batov, Pavel, *Von der Wolga zu Oder*, Berlin-est 1965, p. 380.

de réglage d'artillerie, fausses nouvelles disséminées parmi la population allemande demeurée sur les arrières, etc. On distribue même de faux journaux annonçant le remplacement de Joukov par Sokolovski à la tête du 1er Front de Biélorussie, pour donner l'impression que l'effort majeur est reporté ailleurs.

Tout est fait dans les règles de l'art. Mais en vain, car ni Busse ni Heinrici ne tombent dans le panneau. Certes, l'arrivée de la 3e Armée passe inaperçue des services de Gehlen jusqu'au 19 avril[1]. Mais c'est le seul succès, et de peu d'importance. Pour le reste, les Allemands ont identifié les principales formations du 1er Front de Biélorussie. Le demi-million d'hommes, les 2 655 chars et canons d'assaut, les 8 983 canons et 1 401 *katiouchas* entassés dans la tête de pont de Küstrin sont impossibles à camoufler. Pas un mètre de route libre, pas un bosquet sans dépôt d'obus, pas un are sans tranchée ou abri :

> « Ce petit bout de terre était tellement bourré de troupes et de matériels que les soldats dans les tranchées ne pouvaient que se tenir debout serrés les uns contre les autres. Il semblait qu'il n'y eut pas un mètre carré de terre qu'ils n'aient retourné à la pelle. (…) Les soldats disaient : si on laisse tomber une aiguille là-dedans, elle atterrira soit sur un homme soit sur un char[2]. »

Hitler pourrait investir encore plus de moyens dans l'axe de Berlin. Il pourrait les prendre au Groupe d'Armées Centre encore bien doté en Panzers et artillerie. Mais, comme il le dit à Heinrici le 6 avril : le Russe va attaquer au sud, vers Dresde et Prague. L'assaut sur Berlin n'est qu'une puissante diversion. C'est seul qu'il se trompe. De cette erreur de jugement, on ne peut créditer une quelconque opération de *maskirovka*.

## III. Heinrici et Busse, maîtres en défense

Le Reich réussit en avril 1945 une manière d'exploit en convoquant sur l'Oder et la Neisse occidentale 85 divisions (un million d'hommes) alors qu'il ne maintient qu'une petite vingtaine de groupes de combat divisionnaires face aux Alliés occidentaux. Certes, ces unités sont faites de bric et de broc mais elles conservent un équipement important, notamment une énorme FLAK détournée du ciel berlinois, un personnel motivé, rassuré par la distribution massive de *Panzerfausts*, et un terrain – boisé et urbanisé – tout à l'avantage de la défense. Paradoxalement, le raccourcissement du front va permettre à la *Ostheer* de peupler deux à trois lignes de défense successives, ce qui n'avait jamais été possible en Russie les années précédentes. Les percées blindées rouges seront d'autant plus compliquées qu'elles devront être précédées de plusieurs opérations de rupture et n'auront que peu d'espace pour se déployer et manœuvrer : 20 km seulement entre les premiers faubourgs berlinois et les dernières défenses de l'Oder.

---

1. In Glantz, *Soviet military deception*, p. 535.
2. Bokov, *Viesna pobiedy i osvobojdenia*, trad. all., p. 158-159, 153.

Le 27 janvier 1945, la 9e Armée, commandée par le général Busse, est rattachée au Groupe d'Armées Vistule alors sous la conduite d'Himmler. Sa mission est simple : tenir la ligne de l'Oder dans l'axe de Berlin. Busse se battra durant tout février et tout mars pour réduire les têtes de pont soviétiques sur la rive gauche. En vain. La situation semble si désespérée que l'on verra le 3 mars le général Gehlen remettre fort sérieusement à Guderian la note suivante :

> « Entre 1866 et 1939, de nombreux incendies de forêts avaient eu lieu dans la zone des combats actuels, et nos dossiers contenaient tous les renseignements relatifs à ces catastrophes. Je proposai donc de trouver le moyen de mettre le feu à environ 650 kilomètres de forêts presque ininterrompues, s'étendant en particulier de Görlitz à Guben. Les forêts de pins se prêtaient idéalement à ce genre d'opération, surtout après une longue sécheresse, avec un vent relativement fort comme il en souffle fin avril ou en août. Tous les grands incendies de forêts, expliquai-je, ont montré qu'à partir du moment où ils sont déclenchés, il est à peu près impossible de les arrêter sans déployer d'énormes efforts. Par conséquent, pour anéantir le matériel et le personnel de l'ennemi, il faudrait mettre le feu de telle façon qu'il se trouve entièrement encerclé par l'incendie. (...). D'après nos calculs, on pourrait monter une telle opération avec des moyens relativement modestes : environ 360 sorties de bombardiers, lâchant des bombes incendiaires sur environ 200 km de front. Je sollicitais donc un ordre du Führer pour préparer une telle opération, mais jamais je n'entendis parler de mon rapport[1]. »

Heinrici, le nouveau patron de Busse, n'attend rien de ce genre de lubies. Il bataille pour obtenir de Hitler l'arrêt des attaques sur l'Oder, qui saignent la 9e Armée depuis le début février. Finalement, l'échec à lever le siège de Küstrin et la chute de la place, le 29 mars, signent le passage à une stricte défensive. Dès lors, les énergies se tendent en prévision de l'offensive soviétique d'avril dont tout annonce qu'elle sera de dimensions titanesques. Il faut reconnaître qu'en un peu moins de trois semaines, Heinrici et Busse concentrent, en hommes comme en matériels, tout ce que le Reich agonisant peut encore offrir. Ils réussissent à préparer une défense dont la qualité, compte tenu des circonstances, est remarquable. Les deux hommes livrent, au chant du cygne, une belle synthèse des réflexions sur la défensive menée par l'armée allemande entre 1916 et 1918, et depuis 1943.

## *1. Les forces de la 9e Armée*

### Deux hommes clés

Avec Walther Wenck (voir plus loin), Gotthard Heinrici fait figure de dernier grand chef de la *Ostheer*. Prussien de Gumbinnen où il naît en 1886, Heinrici s'engage à 19 ans dans l'armée du Kaiser. La Première Guerre mondiale le trouve lieutenant au 95e Régiment d'infanterie de Thuringe, avec lequel il se bat jusqu'en 1916. Gazé, il finit la guerre capitaine après

1. Gehlen, *L'organisation Gehlen*, Mémoires. p. 103-104.

avoir occupé divers postes dans des états-majors divisionnaires. Il entre dans la *Reichswehr* en 1919, enseigne la tactique d'infanterie, puis sa carrière s'emballe avec le réarmement décidé par Hitler. En 1937, lieutenant-général, il commande une division d'infanterie, puis un Corps durant la campagne de France et les six premiers mois de Barbarossa (XXXXIII^e^, à la 4^e^ puis 2^e^ Armée, et enfin à la 2^e^ Armée Panzer). Petit, distant, hargneux (ses hommes le surnomment le « nain empoisonné »), sa réputation s'établit devant Moscou durant le terrible hiver 1941-1942. Son franc-parler (à Kluge : « allez-vous nous traiter comme les Russes traitent leurs unités encerclées ? »), sa clairvoyance (dès décembre, il prévient du risque d'effondrement du secteur centre), lui valent de prendre le commandement de la 4^e^ Armée. L'historien spécialiste des combats de l'hiver 41, Earl Ziemke, affirme qu'on doit à son calme, sa vista, ses connaissances en matière défensive, rares dans la *Ostheer* d'alors, la survie de son Armée dans les pires conditions qui soient. Sans doute Heinrici doit-il aussi à sa réputation de « défenseur-né » la relative stagnation de sa carrière. C'est à l'insistance de von Kluge qu'il doit d'être fait colonel-général en janvier 43 mais il garde la 4^e^ Armée pendant trente mois, jusqu'en juillet 44. Le désastre essuyé par le Groupe d'Armées Sud-Ukraine explique qu'il soit appelé, le 16 août 1944, à la tête de la 1^re^ Armée Panzer, où le rôle de pivot défensif en Slovaquie lui convient à merveille. Jusqu'en mars 1945, il contient sans peine le faible 4^e^ Front d'Ukraine. Hitler lui confie le Groupe d'Armées Vistule le 20 mars 1945 (Eberhard Kinzel, chef d'état-major), en remplacement d'Himmler, et à la demande de Guderian.

Theodor Busse, natif de Francfort/Oder, s'engage à 18 ans au 12^e^ Régiment de grenadiers, en 1915. Blessé, plusieurs fois décoré, il vit de près l'horreur des tranchées, comme sous-officier d'infanterie puis lieutenant. Costaud, courageux, d'origine plébéienne, il possède le profil qui ravit Hitler. Les possibilités limitées de la *Reichswehr*, son absence de relations haut placées, le laissent capitaine en 1933. Il doit, comme beaucoup d'autres officiers, sa carrière au Führer. Lieutenant-colonel en 1939, il occupe divers postes d'organisation au ministère de la guerre puis à l'OKH. Le 25 octobre 1940, il est nommé chef des opérations à l'état-major de la nouvelle 11^e^ Armée, levée pour l'opération *Barbarossa*. Il s'y trouve toujours lorsque Manstein en prend le commandement en septembre 1941. Dès lors, sa carrière est liée à celle du futur *Feldmarschall*, qui le tient en très haute estime. Il vit avec lui les deux campagnes de Crimée, la bataille du lac Ladoga (septembre 1942), le suit d'abord comme chef des opérations à l'état-major du Groupe Don[1], puis en tant que chef d'état-major au Groupe d'Armées Sud (jusqu'en mars 44), où il gagne ses galons de major – puis de lieutenant-général, et enfin au Groupe Nord-Ukraine (mars-juillet 44). Le départ de Manstein provoque le verse-

1. Dans ses mémoires (*Lost victories*, p. 361), Manstein affirme que c'est à l'insistance de Busse qu'il n'a pas donné sa démission lors de l'interminable combat mené contre Hitler à propos du sort de Stalingrad.

ment de Busse dans la réserve OKH à la disposition du Führer. Il en sort pour prendre brièvement le commandement de la 121e I.D puis du 1er Corps en Courlande. Sur la recommandation de Guderian, Hitler lui confie le fantôme de la 9e Armée le 20 janvier 1945 (avec Hölz comme chef d'état-major).

### *Schwerpunkt* sur l'*Oderbruch*

Le 28 janvier, Busse dispose de deux Corps (XXXXe Panzer et Xe SS) groupant 52 000 hommes, dont 50 % de troupes issues du *Volkssturm*, 190 chars et canons d'assaut, 288 tubes d'artillerie. Malgré les renforts d'origines variées et de valeurs très inégales qui arrivent de tous les points du Reich encore accessibles à l'organisation militaire, les offensives contre les têtes de pont entraînent des pertes si lourdes – 35 375 hommes, du 1er février au 15 mars – que les effectifs de l'Armée ne remontent pas : 50 516 hommes répartis en trois Corps (Ve de montagne, XIe SS *Panzerkorps*, CIe) au 17 mars. Avec le passage à la défensive (30 mars) et l'arrivée de nouvelles unités, les effectifs bondissent à 90 845 combattants. L'augmentation est encore plus sensible pour les blindés (569, dont 489 immédiatement disponibles) et l'artillerie (2 625 tubes dont 695 de FLAK). La 4e *Fliegerdivision* assure la présence de 300 appareils mais les temps de vol devront aller décroissant par manque de carburant.

Busse et son supérieur, Heinrici, devinent aisément où se place le centre de gravité de l'attaque soviétique : dans la zone de l'*Oderbruch*, au débouché de la tête de pont de Küstrin, où, malgré les mesures de *maskirovka*, le 1er Front de Biélorussie ne peut dissimuler ses préparatifs. Aussi Heinrici décide-t-il de déshabiller le Groupe d'Armées Vistule au profit de la 9e Armée. Le Groupe doit défendre 330 km, entre la Baltique et le confluent Oder-Neisse, la 9e Armée prend en charge 138 km, entre Oderberg et le confluent Oder-Neisse. À son tour, Busse concentre 80 % de ses moyens sur son aile gauche, c'est-à-dire sur les 70 km de l'*Oderbruch*, de Oderberg à Francfort.

Sur les 104 162 combattants à sa disposition, Heinrici en accorde 74 703 à la 9e Armée ! C'est dire si l'autre composante du Groupe, la 3e Armée Panzer, est mise à la portion congrue avec seulement 27 595 combattants. Mais ce décompte ne recense que les soldats de la *Ostheer* proprement dits. En réalité, le Groupe Vistule a dans ses tableaux d'effectifs 385 268 hommes. Ceux-ci se décomposent en 104 162 combattants, 158 000 hommes des services arrière (dont une partie est enrolable en ligne), 123 451 personnels de la Luftwaffe, de la SS, du *Volkssturm*, de la *Kriegsmarine*, des unités à l'entraînement, plusieurs bataillons de Jeunesse Hitlérienne. Même si ces catégories ne possèdent, le plus souvent, ni l'entraînement ni l'équipement des *Landsers* de la *Ostheer*, elles aident à combler les vides, à rassembler des réserves, à constituer des bouchons sur les arrières. Selon Busse, les effectifs réellement employables en première ligne sont de 100 000 hommes environ.

Le pari de Heinrici est donc clair : c'est Busse qui doit arrêter le gros des forces soviétiques. D'où 372 hommes au kilomètre à la 9e Armée

(724 hommes, si l'on tient compte de la totalité des moyens engageables), 243,5 à la 3e Armée Panzer. Les deux tiers des Panzers (512 sur 754 opérationnels, avec une réserve de 73 réparables à temps), les trois quarts de l'artillerie de campagne vont à Busse (890 tubes sur 1 524) ainsi que le meilleur de la FLAK.

La situation de la Luftwaffe est beaucoup plus critique. Certes, elle a réussi, une manière d'exploit, à concentrer à l'est 3 000 (dont 700 en Hongrie) appareils en état de marche, neufs pour la plupart, et plusieurs centaines de pilotes dont une quarantaine d'experts à plus de 40 victoires. Mais le manque de carburant oblige à démanteler beaucoup de formations, six groupes de chasses (JG) à la *Luftflotte* 6, par exemple. Le 12 avril, le très expérimenté général Martin Fiebig prend le commandement d'une nouvelle structure, le *Luftwaffenkommando Nordost,* affecté au soutien du Groupe d'Armées Vistule. Elle a dans ses tableaux de « bons pour voler » 1 433 appareils : 622 chasseurs, 451 avions d'assaut, 125 bombardiers, 157 machines de reconnaissance, 78 avions de surveillance maritime[1].

Face à Koniev, au sud, le *Luftflotte* 6 compte 791 appareils (306 chasseurs, 339 avions d'assaut).

Le centre de gravité de Fiebig est donc nettement face à la tête de pont de Küstrin. Mais les réserves en carburant ne permettent de faire voler que 300 appareils par jour sur les 2 224 cités. En revanche, tout appareil et tout pilote abattus sont immédiatement remplacés si bien que, jusqu'aux environs du 24 avril, il y aura toujours 300 appareils au combat.

## L'ordre de bataille[2] de la 9e Armée le 15 avril 1945

Du nord au sud :

– CIe Corps (général Berlin, puis Sixt. PC au château d'Harnekop, près de Wriezen). Cette formation se compose des :

- 309e Division *Gross Berlin* (Major-général Voigtsberger), 5 926 hommes. Bonne unité constituée le 1er février 1945 à partir d'éléments du régiment de « garde de Berlin *Grossdeutschland* », de régiments de la Luftwaffe à l'entraînement et de plusieurs centaines d'élèves-officiers.
- 606e I.D (général Rosskopf), 5 495 hommes. Une unité fragile, faite de bric et de broc (police, *Volkssturm*, remplacements, un bataillon de travailleurs…).
- 5e Division de Chasseurs (général Sixt), 4 970 personnels. Solide unité, recomplétée avec du *Volkssturm*, des rampants de la Luftwaffe et de la police.
- En réserve : 25e *PzDiv.,* (lieutenant-général Burmeister), renforcée de la 111e Brigade (entraînement) de *Sturmgeschütze*. Environ 70 blindés au total.

1. Chiffres donnés par Bergström, *Bagration to Berlin*, p. 117.
2. Chiffres in Lakowski, *Seelower Höhen 1945*, p. 123, états du 8 avril 45.

- *Kampfgruppe* « Mille et une nuits » (*Sturmbannführer* Blancbois). Il s'agit là d'un patchwork bizarre d'unités bien armées : 560e Bataillon SS de chasseurs de chars (45 *Hetzer*), quatre compagnies de *Sturmgeschütze* (24 pièces), le bataillon blindé de reconnaissance de l'Organisation Todt (8 FLAK quadruples chenillés, des *Sturmgeschütze*, de la PAK 7,5 tractée...), une compagnie de parachutistes SS (600e Bataillon).

– LVIe *Panzerkorps* (général de l'artillerie Helmuth Weidling). Le Corps rejoint la 9e Armée seulement le 12 avril et prend le commandement de trois unités du XIe *Panzerkorps* SS, surdimensionné, le 15 à 15 h 30, soit douze heures avant l'attaque soviétique !! Équipements de transmission insuffisants. PC à Wald Sieversdorf (nord de Müncheberg).

- 9e Division parachutiste (général Bruno Bräuer), 6 758 hommes, 8 *Jagdpanzer,* 38 *Hetzer.*
- 20e *Panzergrenadierdivision* (général Scholze), 4 848 hommes, 13 Mark IV, 16 *Jagdpanzer* IV. Unité très éprouvée lors des combats de mars dans l'*Oderburch*. Renforcée par des marins de Kiel.
- *Müncheberg PzDiv.* (Major-général Mummert), 1 986 hommes, 41 chars (dont 21 Panthers et 10 Tigres I) et chasseurs de chars (10 *Jagdpanzer* IV) rassemblés dans le Pz. Abt. *Kummersdorf.* Effectifs complétés par de la Jeunesse hitlérienne, des cadets de Potsdam, des SS de la *Leibstandarte.* À noter que des Tigres du 2e Bataillon blindé sont dotés d'équipements nocturnes à infrarouge, une innovation remarquable.
- Brigade de chasseurs de chars 920 *Döberitz* (en réserve derrière la ville de Seelow), 700 hommes, 17 *Sturmgeschütz* III, 7 Mark IV.

– XIe SS *Panzerkorps*[1] (*Obergruppenführer* Matthias Kleinheisterkamp). PC à Heinersdorf (7 km, SE Müncheberg).

- 303e I.D *Döberitz* (général Hübner). Environ 5 500 hommes. Appuyée par le 1er Bataillon du 26e Régiment de FLAK (16 pièces, dont 12 de 8,8 cm) composé de lycéens de 16 ans incorporés fin mars et entraînés... une semaine.
- 169e I.D (lieutenant-général Radziej), 5 965 hommes. Une des dernières « vieilles » divisions de la *Ostheer*, qui s'est battue en Finlande entre 41 et 44 et a fait la retraite vers la Norvège.
- 712e I.D (major-général von Siegroth), 4 882 hommes.
- En réserve : *Panzergrenadierdivision Kurmak* (général Langkeit), 4 350 hommes, 25 Panthers et 25 *Hetzer*, plus le terrible 502e Bataillon de chars lourds SS du *Sturmbannführer* Kurt Hartrampf avec 30 Tigres II.

Le XIe SS *Panzerkorps* défend un secteur de 37 km avec des moyens importants : 449 tubes de campagne, 240 blindés, 30 000 hommes. Comme le gros de la FLAK lui a été attribué, on arrive à une densité de

1. On trouve parfois dans la littérature sur le sujet XIe *SS Korps* au lieu de XIe SS *Panzerkorps.* De même Ve Corps SS au lieu de Ve Corps SS de montagne.

4,5 tubes par 100 m de front ! Pour comparaison, le CI[e] Corps bénéficie de 0,7 tube, le Ve Corps SS de montagne de 1,6 tubes par cent mètres[1].

– Ve Corps SS de montagne (*SS-Obergruppenführer* Jeckeln). PC à Müllrose, 10 km S.O. Francfort.

- 286e I.D (lieutenant-général von Rohde). Consiste en 6 bataillons de grenadiers dont plusieurs ne sont que du *Volkssturm* ou des unités de la police berlinoise, de faible valeur. Elle est soutenue par de bonnes unités, le 32e Bataillon SS de chasseurs de chars, les *Kampfgruppe* Krauss (cyclistes avec *Panzerfausts*) et Schöttle (PAK 7,5 cm et *Sturmgeschütze*).
- 391e Division de sécurité (lieutenant-général Sieckenius), 4 537 hommes. Faible unité avec des cadets de Potsdam et du *Volkssturm* âgé.
- 32e *SS-Division 30 Januar* (*Standartenführer* Kempin), 6 703 personnels.
- Division *Raegner*, effectif de 3 950.

En réserve, 561e Bataillon SS de chasseurs de chars (21 *Hetzer*).

– *Festung* de Francfort/Oder (colonel Ernst Biehler), 13 945 hommes. Passée sous la 9e Armée seulement le 10 avril.

– En réserve d'Armée : la faible 156e I.D (général von Rekowski), l'État-major de la 541e V.G.D (commande les brigades de chasseurs de chars sur la ligne *Wotan*), les 404e (colonel Bartels), 406e (colonel Adams) et 408e (colonel Vogt) *Volksartilleriekorps*[2]. À quoi s'ajoutent un bataillon d'artillerie lourde sur voie ferrée et la puissante 23e Division de FLAK dont les 82 batteries se répartissent entre cinq régiments entièrement motorisés. Le gros du support d'artillerie (1 222 canons sur 2 625) va aux LVIe *Panzerkorps* et XIe SS *Panzerkorps*. Enfin, plusieurs unités indépendantes joueront un rôle non négligeable : deux brigades de chasseurs de chars, « D » (pour *Dorn*) et « P » (pour *Pirat*), le Bataillon 303 de FLAK Panzer, le 2e Bataillon de chasseurs de chars, le 56e Bataillon SS de chasseurs de chars, le 105e Bataillon SS de *Sturmgeschütze*.

En réserve OKW : 18e *Panzergrenadierdivision* (major-général Rauch), 6 000 hommes, 25 *half-tracks*, 27 Mark IV, 19 *Hetzers* et 8 *Jagdpanzers*.

---

1. Chiffres tirés de Lakowski, *Seelow 1945*, p. 57. Il n'est malheureusement pas possible de donner des chiffres sérieux sur la densité d'armes dans le secteur du LVIe *Panzerkorps*, puisque celui-ci n'est installé que le 15 avril, avec mission de défendre le secteur clé de part et d'autre de la *Reichsstrasse* 1. Ce qui signifie qu'une partie des moyens généraux du XIe *Panzerkorps SS* lui sont attribués.

2. Selon Lakowski (*Seelow 1945*, p. 206), un « Corps d'artillerie du peuple » se compose d'un bataillon de 18 obusiers de 10,5 cm, d'un bataillon de 8 pièces de 10 cm, un autre de 8 obusiers de 12,2 cm, un quatrième de 8 obusiers de 15,5 cm, une batterie de 4 pièces de 17 cm et deux batteries groupant 8 mortiers lourds de 21 cm. Soit 54 tubes moyens et lourds.

En réserve de Groupe d'Armées : le III^e^ *SS-Panzerkorps (Germ.)* commandé par l'*Obergruppenführer* Keppler, avec la 11^e^ Division de *PzGren* volontaires SS *Nordland* (*(Brigadeführer* Krukenberg) et la 23^e^ *PzGren-Div de* volontaires SS *Nederland (Brigadeführer* Wagner).

Si, sur le papier, l'effort consenti au profit de Busse semble consistant, il ne doit pas trop faire illusion. Les unités rassemblées sont bien loin d'avoir la qualité de celles de 1943, encore moins de 1940. Elles sont, pour la plupart, de constitution récente. Elles résultent d'un collage d'éléments très hétérogènes. Le manque d'officiers est criant dans les états-majors, mais il est moins grave que le manque de sous-officiers expérimentés parmi la troupe. La pénurie de munitions d'artillerie, et plus encore de carburant, se fait sentir. Il n'y a d'obus que pour 2,5 jours de combat intense.

Les unités diffèrent beaucoup par les niveaux de formation et d'entraînement de la troupe, son âge moyen, son état physique, son armement. La 9^e^ Division parachutiste, formée en février 45, est une unité exceptionnelle. Ses 6 758 hommes possèdent une expérience sans égale. Le 25^e^ Régiment, par exemple, s'est aguerri dans les terribles combats de Poméranie au sein du III^e^ *SS-Panzerkorps*. Le 1^er^ bataillon vient des commandos d'Otto Skorzeny, spécialiste des coups tordus, à l'instar des hommes de l'unité spéciale *Brandenburg* (2^e^ Bataillon). En revanche, la 606^e^ I.D, commandée par le major-général Rosskopf, sous un état-major autrichien, recense dans ses trois régiments une étrange collection de sous-unités venues du 1^er^ bataillon de la Garde SS (*Leibstandarte* A.H.), d'un fond de dépôt de la 3^e^ Panzer, d'un bataillon de police de Brème, de bataillons raflés dans les dépôts de Potsdam, Brandenburg et Spandau.

## 2. *Le plan défensif de Heinrici et de Busse*

Theodor Busse, comme son patron Heinrici, s'est fait un nom dans la *Ostheer* comme spécialiste de la défense. Il n'est pas de ceux qui sous-estiment l'adversaire, qu'il connaît et combat depuis bientôt quatre ans. Comme un de ses adjoints, le lieutenant-colonel von Haacke, l'écrit le 1^er^ février dans le journal de guerre de la 9^e^ Armée :

> « Ce serait une erreur fatale de croire que l'armée russe est une horde de sauvages ignorant des choses militaires, mal formés, renâclant au combat ou sans intérêt pour lui, qu'une poignée de combattants allemands de l'est suffiraient à tenir en respect et à battre, fussent-ils des milliers[1]. »

Que certains, dans la *Ostheer,* en soient, en 1945, à rappeler ces évidences, ne plaide pas en faveur de la lucidité de l'encadrement allemand en général.

Heinrici se donne des objectifs à sa portée. Il connaît sa pénurie en carburant et munitions d'artillerie. Il constate l'absence de réserves dignes de ce nom, la faiblesse, en qualité et quantité, de la plupart de ses unités,

1. In Lakowski, *Seelower Höhe 1945*, p. 125.

l'impossibilité de lâcher du terrain, faute d'espace stratégique. Une fois la percée soviétique réalisée, ses unités n'auront plus aucune possibilité de se regrouper et son Armée sera inévitablement tronçonnée puis détruite. La seule chose qu'il puisse gagner, c'est du temps.

Du temps pour quoi faire ? Les témoignages d'après-guerre de Busse, d'Heinrici et de Wenck, les trois hommes qui jouent un rôle clé en avril 1945, ne laissent guère de doutes sur le sens qu'ils donnent à leur combat : *Im Osten dichtmachen, im Westen aufmachen !* À l'est, on ferme, à l'ouest, on ouvre ! Tenir les Soviétiques en échec obligerait les Anglo-Américains à franchir l'Elbe et à prendre Berlin, ce qui épargnerait aux soldats allemands la captivité en URSS et aux civils un Nemmersdorf à l'échelle de 2 millions d'habitants.

> « Le sens du dernier combat résidait dans notre volonté de ne pas laisser les Soviets mettre un pied sur notre sol et de protéger les Allemands de la cruauté asiatique. Mais, malgré la meilleure bonne volonté de tous, le commandement de l'Armée était bien conscient que ses forces ne pouvaient suffire que durant un temps limité. Il était ainsi contraint de s'enquérir auprès des plus hautes autorités de leurs intentions quant aux moyens de sortir de cette situation désespérée. Hitler s'enfermait dans le silence. La direction de l'Armée (Busse et son état-major, ndla) croyait pouvoir conclure de certains propos de Goebbels, qui était venu nous voir à grand peine sur le front le 13 mars, que des tractations diplomatiques étaient en cours. Aussi l'Armée est-elle allée au combat avec la devise : et si les chars américains et britanniques arrivent sur nos arrières pendant que nous empêchons le Russe d'avancer d'un pas, eh bien nous aurons accompli notre devoir envers notre peuple, notre conscience et l'histoire[1]. »

Quoi qu'il en soit des visées politiques de Busse et de Heinrici, leur souci immédiat est d'obliger les Soviétiques à une coûteuse bataille d'attrition sur l'Oder, qui retarderait percée et exploitation. De concert avec Busse, Heinrici étudie soigneusement l'offensive soviétique sur la Vistule et en tire des dispositions éclairantes pour la conduite de la bataille de l'Oder. Certaines sont exposées dans une « Instruction pour la conduite du combat » du 21 mars (*Kampfführung in der Grosskampf HKL*), d'autres feront l'objet d'addenda, une troisième catégorie provient de la réflexion propre de Busse, et le tout est amendé par Hitler. Voici l'essentiel de ces dispositions.

1. Le système défensif doit s'étaler au maximum en profondeur, jusqu'à 40 km. Malgré les pénuries, une densité correcte en armes et en personnels peut être obtenue en jouant sur le fait que la longueur de front à défendre est inférieure à celles qu'on trouvait sur la Vistule en janvier. Si von Lüttwitz avait alors une 9e Armée à 57 800 combattants pour tenir 222 km (260/km), si Gräser, à la 4e Armée Panzer, en comptait 50 000 répartis sur 187 km (267/km), Busse en a 100 000 sur 138 km (724/km). La zone précise de l'attaque soviétique principale étant connue à l'avance

1. In Thedor Busse, *Die letzte Schlacht der 9.Armee*, in *Wehrwissenschaftliche Rundschau*, 5 (1955), p. 157.

(les 70 km de l'*Oderbruch*) avec une quasi-certitude, le XI$^{e}$ *Panzerkorps* SS, situé dans l'axe de cette attaque, alignera même 1 000 combattants par km.

2. La clé de la victoire soviétique sur la Vistule a tenu à la frappe massive de l'artillerie. Cette fois, il convient d'évacuer à 80 % la première ligne dès qu'est acquise la certitude de l'imminence de l'attaque. Busse et ses chefs de Corps se tiennent en communication quasi constante avec Heinrici. Ils lui font remonter toute information sur le comportement des Russes afin de fournir à leur chef les moyens de déterminer la date exacte de l'assaut et lui permettre d'obtenir du Führer EN QUELQUES MINUTES l'ordre d'évacuation, qui doit être lancé avant 22 h 00. Tout l'entraînement de l'infanterie doit donner aux hommes et à leurs chefs le temps de gagner la seconde ligne de défense, sans bruit, dans l'ordre, par des itinéraires balisés et avec tout le matériel.

3. Pour éviter la répétition du drame du XXIV$^{e}$ *Panzerkorps* de Nehring, il faut placer hors de portée de l'artillerie la réserve blindée et antichar, soit à 20 à 25 km du front, la ligne de crêtes de Seelow fournissant l'écran protecteur qui a manqué sur la Vistule. La coordination entre armes lourdes est LA priorité : artillerie, PAK, Panzer, *Jagdpanzer* et *Sturmgeschützen* restent en contact radio et le chef de Corps doit veiller à ce que toutes ces armes donnent ensemble en cas de percée ennemie.

4. Faute de terrain où reculer, il faut écraser dans l'œuf toute percée d'infanterie et/ou d'unités de chars d'accompagnement dans les minutes où elle survient. Des contre-attaques de Panzers et de *Jagdpanzer* rempliront cet office, l'ennemi ayant été préalablement affaibli par l'effet des *Panzerfausts* utilisés sans limite de quantité. L'objectif n° 1 est d'empêcher l'ennemi d'introduire ses Armées de tanks sur le champ de bataille ou de l'obliger à le faire dans les plus mauvaises conditions. Comme il est impensable qu'il lâche ses Corps blindés dans la plaine inondable (ce qu'il fera pourtant !!), il faut le priver de l'accès aux hauteurs de Seelow, quel qu'en soit le coût. Perdre Seelow, explique Heinrici, c'est perdre la bataille !

5. L'ennemi ne doit pas pouvoir attaquer sur un large front, où sa supériorité jouerait à fond. Il faut l'obliger à emprunter d'étroits couloirs où il sera détruit par l'artillerie, les *Panzerfausts* et des embuscades de chars lourds. Par chance, le terrain gorgé d'eau et miné en abondance obligera les Soviets à suivre les routes empierrées (et parfois surélevées) et rien qu'elles, véritables pièges bordés de profonds fossés de drainage. Champs de mines et fossés antichars doivent aussi aider à canaliser les chars rouges vers des zones en entonnoir, au fond desquelles l'attendent les armes antichars.

6. Le problème de l'artillerie est essentiel selon Heinrici qui adresse à ce sujet à Busse une instruction spéciale le 31 mars. Il faut la placer à l'abri des tirs de contre-batterie soviétiques. D'où une répartition des pièces (y compris la FLAK) dans la profondeur, à 8-10 km de la première ligne de défense, un programme poussé de camouflage et de construction

de fausses positions (à raison de « deux fausses pour une vraie »), une dispersion affirmée des batteries, dont beaucoup seront placées à contre-pente au début de la bataille.

Hitler suit de très près les dispositions défensives prises par Heinrici. Le 4, puis le 6 avril, il convoque le chef du Groupe Vistule et, durant quatre heures, il revoit avec lui, kilomètre par kilomètre, batterie par batterie (!), l'ensemble des défenses de l'Oder. Il accepte même l'idée d'un retrait préventif de la première ligne pour échapper au feu soviétique. Puis Heinrici reprend la parole :

> « J'informai Hitler que la première ligne du front entre Eberswalde et Francfort/Oder était solidemment tenue mais que les réserves en infanterie manquaient. Je lui montrai en quelques chiffres qu'il serait au bout de quelques jours impossible de remplacer les pertes. Je le prévins que nous ne pourrions prélever des forces d'autres secteurs du front entre Stettin et Eberswalde. Aussi la bataille ne pouvait-elle avoir pour nous une issue heureuse car les forces allemandes seraient épuisées après quelques jours de combat.
>
> Il s'ensuivit un profond silence. Nul ne disait mot. Contre les chiffres, il n'y avait rien à faire. Sans ouvrir la bouche, Hitler promena son regard sur l'assistance. Alors, Goering, qui se tenait près de moi, prit la parole. « Mon Führer, je mets à votre disposition 100 000 hommes. Ils seront là dans quelques jours ; puis Himmler se leva et offrit 25 000 SS. Dönitz donna 12 000 de ses marins. Là-dessus, Jüttner jeta sur la table plusieurs formations de l'Armée de remplacement. « Cela fait 150 000 hommes, dit Hitler, soit 12 divisions : ça devrait suffire. » Je répliquai : sur le papier, cela suffit, mais ces hommes n'appartiennent à aucune formation et n'ont aucune idée de la façon dont l'infanterie mène un combat défensif[1]. »

Finalement, Heinrici aura… 30 000 hommes, peu ou pas du tout formés et souvent sans armes individuelles. Parmi les meilleurs dans ce troisième choix, le V$^{e}$ Corps SS de montagne recevra 2 100 hommes de la III$^{e}$ Région militaire, le XI$^{e}$ Corps SS en aura 2300, 2 700 recrues de la Luftwaffe iront au CI$^{e}$ Corps, 4 000 marins partiront combler les trous un peu partout le long de l'Oder.

### Un champ de bataille cloisonné *(carte 31)*

L'ensemble de ces préceptes et dispositions donne corps à un champ de bataille remarquablement organisé, avec l'aide d'une topographie toute en faveur de la défense. En s'appuyant sur le schéma ci-joint, on distingue trois zones, positionnées en profondeur, où doit jouer la défense élastique (*flexible Verteidung*) et ce que les Allemands appellent depuis la Première Guerre mondiale le *Grosskampfverfahren*, la procédure de grand combat.

La première zone défensive, dite HKL (*Hauptkampflinie*, ligne de combat principale) occupe la zone inondable de l'*Oderbruch*, à une distance moyenne de 9 km du fleuve, et sur 8 km de profondeur jusqu'au pied des hauteurs. Elle serre deux ou trois lignes de défense successives, faites de

1. Heinrici, *Abwehrvorbereitungen*, in Peter Gosztony, *op. cit.*, p. 153-154.

Carte 31

## Les trois zones défensives de la 9<sup>e</sup> A

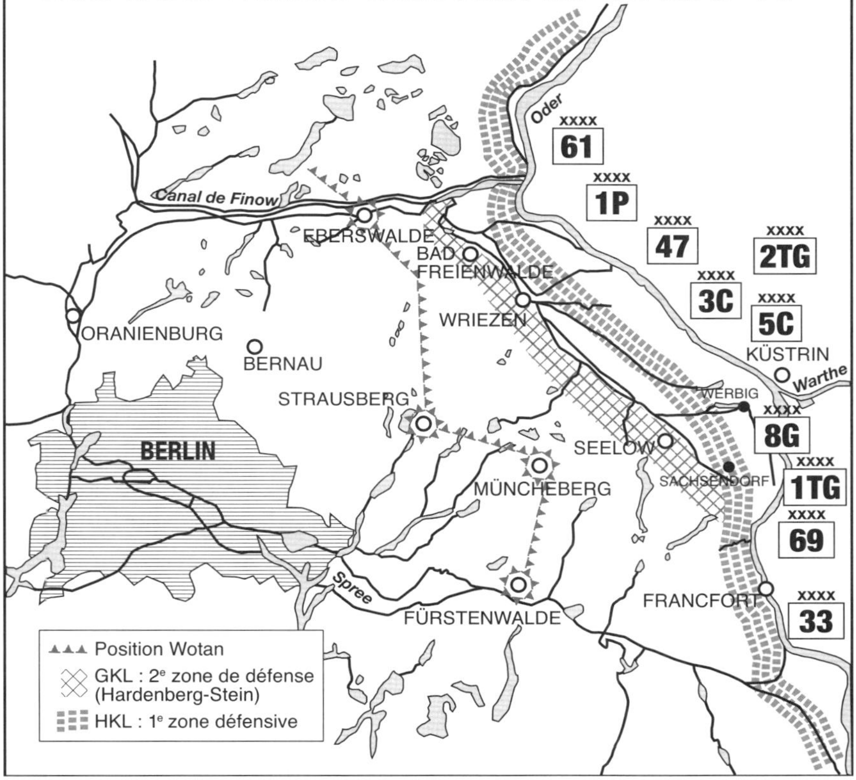


## Coupe dans les lignes allemandes

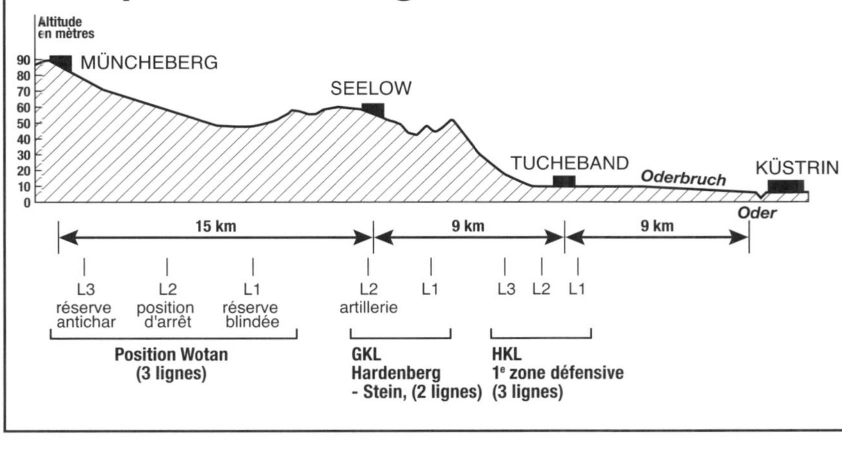

trous d'hommes, de nids de mitrailleuses sous bunkers de terre recouverts de roches, les meurtrières affleurant le sol. Avec les tranchées de liaison qui forment quadrillage, elle interconnecte – et le principe vaut pour toutes les lignes – une centaine de bourgs, villages, fermes, installations industrielles, qui sont les points forts du système. La ligne la plus à l'avant est précédée d'un vaste champ de mines très dense (2 000 au kilomètre !) intercalant engins antipersonnels et antichars. Au signal donné, cette première ligne sera évacuée, à l'exception du personnel d'une centaine de bunkers (au total, 20 à 25 % du personnel) et de quelques villages fortifiés, et la troupe gagnera ses positions sur la troisième ligne ainsi que sur la 1^re^ ligne de la deuxième zone défensive. La 2^e^ ligne (Neu Tucheband-Letschin-Neu Lewin) est évacuée en partie après la première et à l'ultime moment mais doit être réoccupée sitôt le barrage d'artillerie terminé. Les trois lignes s'appuient, dès qu'elles le peuvent, sur des cours d'eau (canaux de drainage, bras morts de l'Oder), des fossés antichars (3 m × 3,5 m), des digues, des voies ferrées surélevées ; les routes, si elles sont barrées d'obstacles antichars, forment aussi un bon élément de défense car elles sont toujours bordées de profonds fossés de drainage qui empêchent les véhicules de faire demi-tour. À noter que le grand fossé de drainage nord-sud (*Hauptgraben*, sur la 2^e^ ligne) a été retaillé à la pelleteuse pour former un formidable obstacle (pentes à 70 degrés).

Le véritable combat doit commencer sur la 3^e^ ligne de la première zone, qui joint les villages de Lebus-Sachsendorf-Werbig. À noter que la présence de la nappe fluviatile de l'Oder à 50 cm de profondeur ainsi que le manque de temps et de matériaux ont empêché les Allemands de procéder dans la vallée à des travaux spectaculaires, à l'exception d'un bon fossé antichar. Mais à quelque chose malheur est bon, les reconnaissances aériennes soviétiques ne discerneront pas l'existence de la troisième ligne, pas plus que de la deuxième zone défensive. La surprise sera d'autant plus sanglante que cette troisième ligne a reçu une bonne partie des moyens antichars lourds (23^e^ Division de FLAK) et des mines. Enfin, l'ouverture de deux barrages[1] en amont (Ottmachau et Bobertal Dam), le 21 mars, a relâché des dizaines de millions de mètres cubes d'eau, relevé le niveau de l'Oder de 32 cm et fait affleurer pendant quinze jours la nappe dans tout l'*Oderbruch*, transformant la zone en un bourbier innommable.

La deuxième zone défensive (GKL, *Grosskampflinie*, ligne de grand combat) est considérée par Heinrici comme le cœur de la défense. Elle est large de 5 à 8 km et consiste en deux ou trois lignes successives. La première ligne, baptisée position *Hardenberg*, court, du sud au nord, le

1. Heinrici a caressé quelque temps l'idée de dynamiter la grande retenue d'Ottmachau pour créer une vague qui détruirait l'ensemble des ponts soviétiques. Mais il y renonce devant la noyade probable de dizaines de milliers de civils et de soldats allemands. Avec Schörner, il opte pour un relâchement progressif des eaux, de façon à maintenir l'Oderbruch le plus longtemps possible à l'état de marécage.

long de la rivière Schlaube, sur la ligne des hauteurs de Seelow, le long de l'Ancien Oder. Ainsi que l'écrit Busse, il faudra tout sacrifier pour sa conservation :

> « Notre contre-attaque blindée trouvera sa meilleure chance de succès si elle se déclenche immédiatement derrière les hauteurs (...). Elle devra être menée quoi qu'il advienne, avant que l'ennemi ne puisse solidement tenir les crêtes, parce que ces crêtes formeront la base de départ de ses tanks. De leur possession ou de leur perte dépend le sort de la bataille à venir[1]. »

Les routes qui montent raide vers les hauteurs de Seelow sont minées, barrées, battues par des dizaines de tubes FLAK-PAK 8,8 cm. Rien ne peut échapper aux observateurs d'artillerie et les canons peuvent tirer en contrebas à pleine portée. L'artillerie de campagne est installée à contre-pente, derrière la crête et pourra épuiser ses (rares) munitions sans trop craindre le feu en retour. L'infanterie trouve dans cette zone accidentée l'abri de kilomètres de tranchées, souvent sous bois, et de positions à contre-pente. Les villes, les villages, les fermes sont remodelés en points fortifiés défendant tous azimuts : Müllrose, Biegen, Karzig, Libbenichen, Dolgelin, Seelow, Werbig, Alt Rosenthal, Alt Friedland, Wriezen.

Quatre à cinq kilomètres en arrière, sur le plateau, la ligne *Stein*, plus décousue, s'appuie en partie sur une chaîne de petits lacs, des bois, des bourgs fortifiés (Liezen, Diedersdorf, Alt Rosenthal).

La troisième zone défensive – dite position *Wotan* – s'étale sur 15 km de largeur, sur un plateau qui monte doucement de la cote 50 (ville de Seelow) à la cote 90 (ville de Müncheberg). Elle consiste essentiellement en petites villes fortifiées (Fürstenwalde, Müncheberg, Buckow, Strausberg, Eberswalde), peuplées de troupes de second choix (Jeunesses hitlériennes, *Volkssturm* âgé, marins, personnels de la Luftwaffe, unités de police, de douane, de pompiers, service du Travail...) mais armées en surabondance de *Panzerfausts*. On trouve en rase campagne quelques fossés et barrières antichars, ces dernières du type dents de dragon. C'est sur ce plateau, devant la position *Wotan*, que les unités mobiles de contre-attaque (chars, chasseurs de chars, canons d'assaut) sont soigneusement camouflées et d'où elles doivent s'élancer pour détruire les blindés d'accompagnement de l'infanterie rouge et les Corps des Armées de tanks qui auraient percé jusque-là. Là aussi que se répartissent une bonne partie des moyens antichars lourds (PAK/FLAK 8,8 cm, PAK 7,5 cm), groupés en « positions d'arrêt (*Riegelstellung*). Au-delà de la position *Wotan*, à 40 km des premières lignes, à part quelques escouades chargées d'actionner les charges de démolition des ponts, il n'y a plus rien jusqu'à Berlin et jusqu'à l'Elbe.

## Des hommes motivés et... contraints

Il est difficile de cerner la volonté de combattre et les motivations des soldats de la 9e Armée, parce que cette formation est, avec la 12e, la plus hété-

1. Busse, *Die Letzte Schlacht der 9 Armee*, p. 158.

roclite de l'histoire de l'Armée allemande. Là où les vieux *Landsers* sont encore présents (20e et 25e *PzGrenDiv.*), l'esprit de corps et de camaraderie demeure un ciment puissant. Pour les soldats issus de la Luftwaffe ou de la marine, les choses ne semblent pas aller de soi, tout au moins pour les hommes originaires de l'ouest de l'Allemagne, zones déjà occupées ou sur le point d'être occupées par les Alliés. Tous issus du Brandebourg, de Poméranie ou de Berlin, les vieux du *Volkssturm* ont devant les yeux les images de Nemmersdorf et dans les oreilles les récits terrifiants des réfugiés de l'est qui encombrent toutes les villes de l'arrière. Ils se battront. Les Jeunesses Hitlériennes, comme les jeunes officiers, sont les plus sensibles à la propagande du régime, qui parle toujours de « combat final », de « victoire imminente ». À coup sûr, la présence d'Hitler à Berlin leur donne du cœur au ventre. Les plus désespérés semblent être les soldats originaires des provinces orientales perdues dont un rapport interne à la 9e Armée (14 mars 1945) décrit qu'

> « ils ne savent plus maintenant pour qui ils doivent se battre. Leur région d'origine (la Prusse-Orientale) étant occupée, ils n'ont plus aucun contact avec leurs familles et se montrent enclins à s'adonner à la boisson [1] ».

Comme chez les Soviétiques, l'état alcoolique semble recherché par nombre de combattants, à la fois facteur d'apathie, anesthésiant moral et excitant pour le combat. Les travaux récents des historiens allemands, notamment d'Andreas Kunz, montrent que la répression a une part importante dans le maintien des hommes sur le front. Dans un télex du 7 février 1945, Keitel, obsédé, comme Hitler et tous ses généraux, par les révoltes de soldats de l'automne 1918, appelle les commandos de chasse motorisés (*Feldjägerkommandos*), institués en Russie sur ordre d'Hitler au début de 1944, à se montrer d'une dureté impitoyable contre les déserteurs, les lâches, les planqués et les tire-au-flanc. Contre eux, les cours martiales prononceront les peines les plus sévères. Si nécessaire, le commando procédera lui-même à l'exécution sur le champ et sans autre forme de procès. Les arrières de la 9e Armée sont ainsi écumées par le *Feldjägerkommando* N° 3, commandé par les *SS Brigadeführer* Fiedler et Gudewill. Busse, d'accord avec le département national-socialiste (*Abteilung NS-Führung*) de son état-major, fait savoir que les noms des exécutés doivent être publiés dans les journaux civils et militaires. C'est ainsi que l'aspirant Günter Führling, rejoignant la Division 303 sur l'Oder, croise des dizaines de pendus avec des écriteaux autour du cou :

> « J'ai été pendu parce que je suis trop lâche pour défendre la capitale du Reich. » « J'ai été pendu parce que je suis un défaitiste. » « J'ai été pendu parce que je n'ai pas cru le Führer. » « J'étais un déserteur, c'est pour cela que je ne verrai pas le tournant du destin[2]. »

Les victimes se comptent par centaines. Sur sa fin, la Wehrmacht nazifiée adopte les méthodes de l'Armée rouge stalinienne. Le 8 mars 1945, Hitler ira jusqu'à copier un ordre célèbre de Staline, en faisant savoir que :

---

1. Kunz, *Wehrmacht und Niederlage*, p. 271.
2. Führling, *Endkampf an der Oderfront*, p. 96.

> « tout soldat interné dans un camp de prisonniers, sans avoir été blessé ou sans avoir combattu, de façon démontrable, jusqu'à la dernière extrémité, engage la responsabilité de sa parenté[1] ».

Concrètement, tout concours ou secours de l'État sera refusé à ces familles.

Dans son maître ouvrage, *La Wehrmacht et la défaite*, publié en Allemagne en 2007, Andreas Kunz tord le cou du mythe de « la Wehrmacht dont la capacité de combat serait restée intacte jusqu'au bout ». Il analyse finement la décomposition de l'organisme militaire, l'absence totale de rationalité militaire et politique dans les derniers combats, l'effondrement du potentiel humain et matériel, l'omniprésence de la propagande et de la coercition. La démotorisation des unités, la quasi-disparition de la Luftwaffe, des transmissions et du renseignement, font perdre à la Wehrmacht la capacité à mener une guerre moderne. On ne demande plus aux soldats qu'une obéissance cadavérique, l'encadrement n'a plus à réfléchir mais à appliquer partout et toujours le *Haltbefehl*. Le régime nazi s'achète quelques mois, quelques semaines, puis quelques jours de survie en payant avec la vie de centaines de milliers d'hommes : l'activité militaire n'a plus d'autre raison d'être.

Tout cela est dans Kunz, et tout cela est vrai, sans l'ombre d'un doute. Mais ce que disent les témoignages soviétiques ne peut non plus être ignoré : les unités de la *Ostheer*, sans valoir bien sûr celles de 1941-43, montrent de l'acharnement au combat jusqu'à la mort d'Hitler, que ce soit sur la Neisse, devant l'*Oderbruch*, à Berlin et, dans une moindre mesure, en Poméranie. Les civils eux-mêmes, à l'est toujours, n'ont pas manifesté la lassitude qui avait tellement frappé en 1918. L'effet Nemmersdorf donne ici à plein. Comme Hitler en URSS en 1941, Staline a gaspillé en 1944-1945 une carte politique majeure. Aurait-il tenu fermement ses troupes et ses propagandistes, qu'il aurait avancé la fin de la guerre de plusieurs mois et épargné des MILLIONS de vies, tant allemandes que soviétiques. Quant à savoir si Staline encourage les exactions, s'il connaît vraiment leur ampleur, s'il n'est pas tout simplement débordé par la soif de vengeance de ses soldats, ces questions, les historiens ne les ont toujours pas tranchées.

1. *Id.*

# CHAPITRE 2

# *La bataille sur l'Oder*

Revenons quelques instants à la thèse de Rolf-Dieter Müller, développée pages 47 et suivantes. Pourquoi Guderian, puis après son renvoi, les généraux proches de lui, Heinrici en premier lieu, ont-ils finalement mené la bataille pour l'Oder ? L'objectif n'était-il pas de se retirer vers l'ouest, pour se rendre aux Américains ? Certes. Mais les Américains se sont arrêtés sur l'Elbe et sur la Mulde, respectant à la lettre leurs accords avec Staline : ils n'ont pas poussé la porte qu'on leur laissait ouverte. C'est précisément cet arrêt qui rend inévitable la bataille sur l'Oder, que l'OKH ne voulait pas. Au moins, Guderian a-t-il la satisfaction de voir que le renforcement de cette ligne au détriment du front ouest – en février et mars 1945 – contribue largement à faciliter l'avance américaine et britannique et à épargner l'*Innerdeutschland* entre Rhin et Elbe. Hitler, totalement impliqué dans la dernière bataille, aura-t-il le combat à mort dont il rêve ? Non : pas plus à Seelow qu'à Kolberg, à Königsberg que sur la Vistule, les *Landsers* ne mourront jusqu'au dernier pour jouer l'acte ultime du drame dont le Führer a cru régler la mise en scène. La seule question importante, du point de vue allemand, n'est pas de savoir si les Soviets perceront la ligne de l'Oder. Mais de savoir si, la percée obtenue, l'Armée rouge laissera s'échapper vers l'ouest le million de soldats enterrés entre Stettin et Cottbus. Pour autant, tout n'est pas écrit d'avance et la surprise sera mauvaise pour les Soviétiques : l'ultime bataille se révélera extraordinairement sanglante.

## I. La surprise de Seelow

L'OKH, Heinrici et Busse attendent l'offensive pour le 13 avril. Le 9, les ordres de préparation des destructions dans la zone de l'Armée sont expédiés. Le 13, les observateurs confirment que ce sera pour le lendemain et l'ordre d'évacuation partielle de la première ligne est donné. En réalité, le 14 avril, à 6 h 40, les Armées du 1er Front de Biélorussie ne déclenchent pas leur offensive mais, comme à l'accoutumée, des reconnaissances en force. Il s'agit de vérifier le degré d'occupation des deux premières lignes par les Allemands, de découvrir les plans de feux, les points faibles, les limites entre unités et de déminer le plus loin possible. Joukov, qui se doute de l'intention de manœuvre en retrait des Allemands, entend par la puissance des moyens engagés retenir leurs forces dans les premières lignes pour en faire la proie de son artillerie.

Les reconnaissances se déroulent sur les deux journées du 14 et du 15 avril et mettent en jeu environ deux bataillons par division de premier échelon, soit onze bataillons à la 47e Armée, six à la 3e Choc, douze à la 5e Choc, neuf à la 8e Garde, neuf compagnies aux 69e et 33e Armées. Chaque bataillon est soutenu par une compagnie du génie, une compagnie de chars lourds JS-2 ou de T-34/85, une batterie d'automoteurs moyens ou lourds (SU-85, SU-100, ISU-122) et un groupe d'artillerie constitué spécialement pour l'occasion. Joukov feint d'accorder beaucoup d'importance aux reconnaissances sur ses deux ailes (47e et 33/69e Armées) pour amener les Allemands à dégarnir leur centre. Il en sera pour ses frais.

Dans la nuit, le génie, appuyé par des équipes de maîtres-chiens spécialisés, démine 87 passages dans les champs de pièges allemands. Puis, après une préparation d'artillerie de dix à quinze minutes, les bataillons de la 5e Armée de Choc tâtent les défenses de la 9e Division parachutiste, découvrent que la première ligne de tranchées a été évacuée dans la nuit. Mais dès qu'on dépasse cette ligne, le feu ennemi se déclenche, vigoureux. Il faut une heure de pilonnage supplémentaire et l'assaut de 80 chars, pour prendre le bourg de Zechin. L'effort de la 8e Garde est encore plus violent entre Golzow et Alt Tucheband. Au moins 5 000 hommes appuyés par 65 chars et deux *Polk* de *Sturmoviks* poussent entre la *Reichsstrasse* 1 et la voie ferrée. De violents combats étalés sur 24 heures aboutissent à l'encerclement et à la destruction d'un bataillon du 90e *PzGrenReg*. (20e *PzGrenDiv)*. La ville de Golzow, le bourg d'Alt Tucheband, portant bien fortifiés, doivent être abandonnés par les Allemands. Le LVIe *Panzerkorps* est contraint d'envoyer en pompier 2 000 hommes et 35 chars de la *PzDiv*. Müncheberg[1] et le XIe *Panzerkorps* SS dépêche en contre-attaque la *Kurmak* pour briser une percée vers Seelow. Au sud, entre Lebus, Podelzig et Sachsendorf, tout le terrain gagné est repris par une violente contre-attaque allemande.

Le résultat de ces deux jours de reconnaissance est maigre. Certes, Tchouikov (8e Garde) et Berzarine (5e Choc) se sont donnés un peu d'air en conquérant une bande de terrain de 2-3 km de profondeur sur 10 de

1. Une conversation téléphonique du 14 avril entre le LVIe *Panzerkorps* et la 9e Armée nous apprend que la 20e *PzGrenDiv*. « n'est plus en état de supporter une attaque de plus ». Après 12 heures de combats de reconnaissance ! C'est dire si cette unité, constamment sur le front de l'est depuis sa formation en juillet 43, n'est plus que l'ombre d'elle-même.

large. Mais les batteries allemandes ne se sont pas dévoilées ; le support est venu de la Luftwaffe et des canons automoteurs, non de l'artillerie de campagne ou de la FLAK lourde dont les Russes ne savent toujours pas où elles sont disposées. L'ensemble du système défensif allemand, à l'exception de la première ligne, demeure inconnu. Une centaine de chars rouges a été mise hors de combat (les trois quarts seront récupérés dans les 72 heures) et les équipages signalent qu'ils offrent des cibles magnifiques sur les chaussées surélevées. Tchouikov, avec son instinct de bête de guerre, renifle un piège. La réaction des Allemands a été moins vigoureuse qu'à l'accoutumée. Les nouvelles positions occupées par ses troupes sont exactement connues de l'ennemi, qui illumine toutes les nuits la vallée de ses projecteurs. Où sont les gros de Busse ? Le 15, un prisonnier lui déclare avec insolence :

> « Votre offensive du 14 n'est pas l'offensive principale. C'est seulement une reconnaissance. Et vous lancerez la véritable affaire seulement dans deux ou trois jours[1]. »

Mais le plus important résultat de ces journées, si Tchouikov le subodore, Joukov l'ignore : Heinrici va actionner son piège. Le 14 au soir, il a hésité : est-ce déjà la grande offensive ou bien les Russes cherchent-ils seulement à élargir leur tête de pont ? L'analyse des rapports de la 9e Armée ne lui laisse pas de doute : l'effort est trop faible pour une attaque générale, les réserves absentes. Heinrici construit peu à peu un puzzle, plus avec de minuscules informations, qu'avec les rapports des observateurs de la Luftwaffe et de l'artillerie, dont il sait combien les Soviets savent les tromper. Ces micro-indicateurs, il les a pêchés lui-même sur la ligne de front, en discutant avec les officiers subalternes. On lui signale ainsi que les secteurs tenus par les divisions rouges se rétrécissent (par observation des itinéraires des sentinelles) ; que les soldats portent tous le casque lourd et non le calot ; que des rations supplémentaires de vodka ont été distribuées. Dans l'après-midi du 15 avril, on prend près de Küstrin un prisonnier qui affirme qu'une offensive géante doit commencer le lendemain. À 17 heures, le chef du Groupe d'Armées Vistule prend enfin ses risques, il téléphone à Hitler et se dit certain de la date de l'attaque : le 16 avril à l'aube[2]. Il demande à actionner son plan d'abandon des deux premières lignes. Hitler accepte dans la soirée. L'ordre part à 22 h 45. À minuit, les premières compagnies font mouvement vers l'arrière en silence. Il faut faire vite : le jour se lève à 5 h 30, heure allemande.

---

1. Tchouikov, *The Fall of Berlin*, p. 143.
2. Busse, lui, a d'abord cru que l'attaque aurait lieu le 15 avril. Mais Heinrici a jugé ses éléments d'information insuffisants et rappelé que les reconnaissances soviétiques, lorsqu'elles ne donnent pas les résultats escomptés, sont parfois reconduites. Heureuse décision pour la *Ostheer* ! Si Busse avait évacué dans la nuit du 14 au 15, les bataillons soviétiques auraient pu avancer de 4 à 5 km supplémentaires dès le 15, voire atteindre le pied des hauteurs de Seelow. La physionomie de la bataille en aurait été complètement bouleversée.

Le 15 avril, dans un ordre du jour, Hitler s'adresse à ses *Ostkämpfers*, ses combattants de l'est.

« Soldats du front de l'est !

Pour la dernière fois, nos ennemis mortels, les judéo-bolcheviks, ont rassemblé leurs forces massives pour une attaque. Ils ont l'intention de détruire l'Allemagne et d'exterminer notre peuple. Nombre d'entre vous, soldats de l'est, savez le sort qui attend toutes les femmes et les enfants allemands ; les vieillards et les enfants seront assassinés, les femmes et les jeunes filles transformées en putains de chambrée, et le reste partira pour la Sibérie. (…)

Cette fois, les Bolcheviks connaîtront le vieux destin de l'Asie, ce qui signifie qu'ils saigneront à mort devant la capitale du Reich allemand.

Quiconque manque à son devoir se comporte comme un traître à notre peuple. (…) Avant tout, soyez sur vos gardes contre ces officiers et soldats traîtres qui, pour préserver leurs vies pitoyables, combattent contre nous à la solde des Russes, peut-être même sous l'uniforme allemand. Toute personne vous ordonnant la retraite, à moins que vous ne la connaissiez personnellement, sera immédiatement arrêtée et, si nécessaire, exécutée sur le champ, quel que soit son grade. (…)

Berlin reste allemand, Vienne redeviendra allemande et l'Europe ne sera jamais russe.

Formez-vous en confréries jurées pour défendre, non le concept vide de patrie, mais vos maisons, vos femmes, vos enfants et, avec eux, votre futur.

En ces heures, toute la nation allemande vous regarde, mes guerriers de l'est, et espère seulement en votre résolution, en votre fanatisme, en vos armes et, sous vos chefs, l'assaut bolchevik sera noyé dans un bain de sang.

En ce moment, où le destin a enlevé de la surface de la Terre le plus grand criminel de guerre de tous les temps[1], se décide le tournant de la guerre. »

En face, dans la nuit du 16 avril, deux heures avant l'attaque générale, les officiers lisent aux hommes une courte proclamation de Joukov :

« Camarades combattants ! L'heure est venue d'asséner à l'ennemi le dernier coup et notre Patrie sera pour toujours délivrée du danger d'agression fasciste.

L'heure est venue de délivrer ceux de nos pères et de nos mères, de nos frères et de nos sœurs, de nos femmes et de nos enfants, qui se trouvent encore enchaînés dans l'esclavage fasciste.

L'heure est venue de faire le bilan effrayant de la guerre et de punir les criminels. (…) Avec nos victoires, avec notre sang, nous avons gagné le droit de prendre Berlin et d'entrer les premiers dans la ville. Nous prononcerons le sévère jugement de notre peuple contre les occupants allemands… D'un coup rapide et grâce à un assaut héroïque, nous prendrons Berlin, car ce n'est pas la première fois que des soldats russes conquièrent cette ville…

Pour notre Patrie soviétique ! En avant jusqu'à Berlin[2] ! »

---

1. Dans le délire hitlérien, la mort de Roosevelt, le 12 avril, est le premier signe de la Providence, analogue à la mort de la tsarine Elisabeth, en 1761. Conclusion implicite : il y aura un miracle pour le Troisième Reich comme pour la maison de Brandebourg.

2. Bokov, *Viesna pobiedy i osvobojdenia*, trad. all., p. 159.

## *1. Dans la boue de la vallée : 16 avril 1945*

Des deux côtés, l'anxiété des soldats est à son sommet ; aggravée de désespoir chez les *Landsers* qui ont conscience de constituer le dernier rempart ; troublée par l'excitation de la victoire et la peur de mourir si près de la fin, du côté des *Frontoviki*. Le commissaire politique Bokov rapporte l'extrême gravité des visages lors des cérémonies du salut au drapeau, la certitude partagée par tous que les Allemands se battront jusqu'au bout pour défendre leur capitale.

> « Chacun a pris son voisin dans ses bras en silence et a échangé avec lui les adresses des parents. Nous nous sommes jurés sur nos armes de ne jamais abandonner les familles de ceux qui tomberaient[1]. »

### La préparation d'artillerie

Joukov a amassé derrière ses Armées 14 628 canons et mortiers de calibres supérieurs à 76 mm et 1 531 lance-roquettes multiples. Outre le barrage initial, les unités d'artillerie auront à soutenir l'assaut d'infanterie puis à faciliter l'introduction des Armées de tanks. Tous les tubes, sauf à la 69^e^ Armée, sont concentrés dans la tête de pont, ce qui donne un entassement d'armes, d'obus et d'artilleurs proprement inimaginable. Audessus de leurs têtes tourne en permanence la chasse de la 16^e^ Armée aérienne. Chaque commandant de régiment pourra appeler devant lui les tirs du groupe régimentaire (60-80 pièces), chaque commandant de division ceux du groupe d'artillerie divisionnaire (130-140 tubes, plus 3 à 4 bataillons de *katiouchas*). Le groupe d'artillerie de Corps peut compter sur 80-120 canons, celui du groupe d'artillerie d'Armée tient à sa disposition 250 pièces. Une Armée comptant 3 régiments par division, trois divisions par Corps et trois Corps, en prenant la valeur moyenne, on obtient environ 2 150 pièces en dotation propre par Armée. À quoi s'ajoute l'artillerie tirée des réserves du Front ou de celles de la STAVKA (1 360 pièces à la 47^e^ Armée, 1 911 à la 8^e^ Garde), qui font entre 3 500 et 4 000 canons et lanceurs PAR ARMÉE ! À raison de secteurs de 10-14 km par Armée, les densités retrouvent, et dépassent sur le secteur central, les niveaux de l'opération Vistule-Oder, soit entre 266 et 345 tubes/km. Ajoutons, et ce n'est pas rien, qu'à la 5^e^ Armée de Choc, par exemple, on compte 38 lanceurs BM-31-12 PAR KILOMÈTRE : soit une fusée lourde disponible par carré de 20 mètres, sur 200 m de profondeur.

Les batteries s'alignent par calibres à des distances comprises entre 1 et 7 km de la ligne de front. Elles peuvent toucher des cibles entre 1,5 et 16 km.

Le plan de feu du colonel-général Kazakov, approuvé le 8 par Joukov, prévoit un tir surprise de 10 minutes sur la première ligne allemande, deux heures avant l'aube, suivi de 10 minutes de tir systématique carré par carré, puis à nouveau 10 minutes concentrées sur les lignes avant et

1. Bokov, *Viesna pobiedy i osvobojdenia*, trad. all., p. 160-161.

enfin 30 minutes de tirs sur cibles précises en profondeur (10-12 km). L'assaut d'infanterie sera accompagné, sur les deux premiers kilomètres, par un double barrage roulant, espacé de 1 000 m, et avançant avec elle, à 150-200 m en avant des hommes ; puis, sur les deux kilomètres suivants, par un barrage roulant unique. Toutes les pièces participent à ces feux, y compris celles des canons automoteurs, des chars en ligne, de la DCA, de la PAK et de la flottille du Dniepr. Ce programme général sera adapté à chaque Armée en particulier selon la nature de la mission. Au total, si l'on compte tous les tubes, quelle que soit leur nature, les auteurs soviétiques arrivent à 40 000 pièces : la plus grosse puissance de feu jamais vue durant toute la guerre.

À minuit (heure allemande), le 16 avril, alors que les compagnies allemandes se retirent des deux premières lignes, 330 petits bombardiers de nuit Po-2 commencent leur travail de harcèlement. À 02 h 20, les chefs de bataillon et leurs officiers prennent connaissance de leurs objectifs du jour. À 03 h 45, Joukov débarque au poste d'observation de Tchouikov, près de Reitwein[1], au bout d'un éperon rocheux (cote 81.5) qui domine l'*Oderbruch* de 70 m. Le Lion de Stalingrad cache mal son irritation à avoir son supérieur sur le dos. Il commence à peine à parler au commandant du Front qu'il doit s'interrompre : trois fusées rouges montent dans le ciel. Aussitôt, Tchouikov a la bouche fermée et les sinus bouchés par une onde de choc alors que l'horloge marque 4 h 00[2], les tympans agressés par des hurlements atroces, ceux de 2 000 lanceurs lâchant simultanément 30 000 *katiouchas*.

> « L'obscurité qui précède l'aube semble s'ouvrir en deux et disparaître en un instant. Toute la vallée de l'Oder tangue : 40 000 canons viennent d'ouvrir le feu. 40 000 ! Dans la tête de pont, il faisait clair comme en plein jour. Une avalanche de feu descendit sur les hauteurs de Seelow. La terre se cabra puis s'éleva en ce qui semblait un mur compact atteignant le ciel lui-même. Sur l'horizon, là-bas, il faisait toujours nuit ; ici, à l'est, l'aube s'était abattue en feu[3]. »

Dans la ville de Seelow, le sous-lieutenant Tams (20e *PzGrenDiv.*), 21 ans, se réveille en sursaut.

> « On aurait dit que l'aube venait de se lever d'un coup, puis elle disparut aussitôt. Toute la vallée de l'Oder trembla. Dans la tête de pont, il faisait clair comme en plein jour. L'ouragan de feu atteignit les hauteurs de Seelow. J'eus

1. Si un Otto Skorzeny avait su qu'à 6 km des lignes allemandes se trouvaient Joukov et Tchouikov, on peut imaginer qu'il aurait tenté une des opérations commandos qui l'ont rendu célèbre. Mais Tchouikov lui-même ne savait pas que Joukov allait venir…

2. Il n'est pas simple de s'y retrouver dans les horaires qui varient souvent d'un auteur à l'autre. Les mémorialistes russes donnent toujours l'heure de Moscou (en avance de 2 heures sur celle de Berlin). Mais il faut tenir compte de l'heure d'été (du 1er avril au 6 octobre), introduite dans le Reich en 1940 qui met Berlin à H-1 par rapport à Moscou.

3. Tchouikov, *The fall of Berlin*, p. 146.

l'impression que la terre s'élevait dans le ciel tel un mur épais. Autour de nous tout commença à danser, à trembler, à tomber. (...) Nous fûmes bientôt couverts de sable, de saleté et de débris de verre. Aucun d'entre nous n'avait jamais rien vécu de pareil et n'aurait cru pareille chose possible. Il n'y avait pas d'échappatoire. On avait l'impression que chaque mètre carré allait être labouré. Après deux ou trois heures, le feu cessa soudain. Avec précaution, nous risquâmes un œil vers la vallée, et ce que nous vîmes nous glaça le sang. Aussi loin qu'on pouvait voir dans la lumière grise de l'aube, c'était une vague de tanks lourds. L'air était plein du bruit des moteurs et des chenilles des chars. Comme la première file approchait, nous en vîmes une seconde derrière et puis des hordes de fantassins au pas de course[1]. »

Le soldat Gerhard Tillery (1234e Régiment, 309e I.D *Berlin*) se trouve dans les tranchées de l'*Oderbruch* lorsque le barrage se déclenche.

« Alerte ! Tous à vos postes de combat ! J'atteignis les tranchées, sautant de trou d'obus en trou d'obus sous un feu terrible. La terre était retournée systématiquement, un cratère recouvrant l'autre. Les tranchées souffraient et commençaient à s'effondrer. (...) Je sautai dans un cratère frais sachant, comme tout soldat, qu'un obus ne tombe jamais deux fois au même endroit. Les minutes duraient des heures. (...) Des hommes s'enfuyaient en courant de la ligne de front, en état de choc et sans armes. Soufflant et tremblant, ils nous criaient : « Ivan arrive ! » Bien peu survécurent au bombardement des premières lignes et furent capables de fuir Ivan, qui était sur leurs talons. On ne pouvait pas les voir à cause de la brume qui limitait la vision à 10 mètres, mais on pouvait les entendre. Les Hourrahs s'amplifiaient[2]... »

À Berlin, à 70 km de là, la population est réveillée par le grondement sourd qui vient de l'est. Les verres tremblent sur les tables, tombent et se cassent. Les Berlinois ne dormaient guère car, à 22 h 34, le soir précédent, 200 bombardiers lourds de la RAF étaient venus bombarder en trois vagues. Les bombes au phosphore de cette 378e alarme aérienne de la guerre avaient allumé un incendie énorme qui avait teinté le ciel d'ombres orangées, un spectacle étrange perçu par les *Landsers* depuis leurs trous dans l'*Oderbruch*. La fin de l'alerte est donnée seulement à 2 h 00. Et, deux heures plus tard à peine, depuis les étages élevés des immeubles, les Berlinois voient, à l'orient, une longue bande rouge déchirer le ciel, comme si toutes les forêts du Brandebourg s'étaient mises à brûler en même temps. La peur s'installe dans tous les cœurs : ce qui vient, sait-on, sera pire que l'*US Air Force* et la RAF réunies.

L'efficacité du barrage a été certaine sur les deux premières lignes. Il n'en reste pas grand-chose. Gerd Wagner, chef de section à la 10e Compagnie du 27e Régiment de parachutiste est surpris par le feu alors qu'il se replie vers la troisième ligne. En quelques secondes, dix de ses hommes sont tués. Aussi loin que le regard porte, les fermes et les villages brûlent. D'immenses nuages – terre, fer, poussière, débris en tous genres – s'élèvent du champ de bataille. Les *Landsers* se recroquevillent au fond de

1. Le Tissier, *With our Backs to Berlin*, p. 115-116.
2. Le Tissier, *With our Backs to Berlin*, p. 46.

leurs trous en priant. Mais, au-delà de la deuxième ligne, les artilleurs soviétiques ont largement tapé à l'aveuglette et dans le vide. Dans ses mémoires, le général Kazakov reconnaît, par exemple que ses observations par avion et ballon ont identifié 185 positions de canons et mortiers. Mais, si l'on compte les fausses positions, il y en a plus de 1 000 en face ! Cette situation contraste avec le repérage quasi exhaustif des batteries réalisé lors de l'opération Vistule-Oder.

La densité d'obus est telle que le sol devient lunaire, parsemé, comme à Verdun, de dizaines de milliers de cratères à touche-touche, qui se remplissent d'eau instantanément. Comment le génie soviétique pourra-t-il faire face à ce nouveau défi, lui qui a déjà la tâche écrasante de ponter, par exemple dans le secteur de la 8e Armée, dix canaux de drainage importants plus deux fossés antichars, sur moins de 5 000 m ?

Mais, dans l'immédiat, le pire n'est pas là. À 04 h 20, en effet, 143 projecteurs de DCA, espacés de 150-200 m, et tenus 400 m derrière les tranchées d'avant, s'allument brutalement. Joukov espère recréer ainsi des conditions diurnes, permettant une avancée rapide des fantassins, et un effet de choc psychologique sur l'adversaire. Le résultat s'avère calamiteux, comme l'explique sans ambages le général Tchouikov :

> « Le plan d'attaque fut exécuté strictement, à la lettre, mais les conditions réelles apportèrent des imprévus de leur cru. Les rayons des projecteurs s'en vinrent cogner sur un rideau solide de fumées de poudres, de poussières et de terre. Ils purent le pénétrer de 150-200 m, pas plus. Comme dit précédemment, l'attaque commença avant l'aube, dans l'obscurité, qui aurait dû être levée par les projecteurs. Mais, de mon P.C, sur la cote 81.5, à quelques centaines de mètres en avant de la ligne des projecteurs, nous ne pouvions rien voir du champ de bataille. On pouvait seulement deviner ce qui se passait aux éclatements d'obus. Puis les nuages de fumées des poudres avalèrent aussi notre colline. Les projecteurs n'aidèrent pas les troupes à avancer. Les lumières étaient périodiquement allumées et éteintes, et les hommes qui avançaient avaient l'impression que des obstacles se matérialisaient soudain devant eux ; ils se trouvèrent désorientés. L'œil humain n'est pas fait pour s'adapter aux brusques alternances de lumière et d'obscurité. (...) Il se retrouve aveuglé. Pour cette raison, les projecteurs ne jouèrent pas le rôle prévu par le père de cette idée, le maréchal Joukov. Au lieu d'aider, ils devinrent un véritable handicap. En plusieurs secteurs, les troupes s'arrêtèrent devant les cours d'eau ou les canaux qui coulent dans la vallée de l'Oder, attendant que la lumière du jour leur montre clairement ce qu'était l'obstacle qu'ils avaient à traverser[1]. »

Ajoutons que, découpés sur le fond lumineux créent par les projecteurs, les chars d'accompagnement et les fantassins forment des cibles idéales. Les appels désespérés de commandants de régiments et de divisions à éteindre les lumières ne sont pas entendus. Puis un vent fort se met à hacher le mur de poussières et de fumées en tourbillons rendus encore plus déroutants pour les troupes au sol. La visibilité ne dépasse pas

1. Tchouikov, *The fall of Berlin*, p. 146-147.

10 mètres ! Ainsi, la confusion s'installe dès les premières minutes de l'assaut, alors que s'abat, 150 m en avant, le double barrage roulant de l'artillerie. Au même moment, 1 000 bombardiers de tous types de la 16e Armée aérienne cherchent en vain des cibles au sol, qui, vu du ciel, ressemble à un immense moutonnement de nuages gris bruns. Plus efficaces sont les raids des 743 bombardiers lourds de la 18e Armée aérienne qui s'en prennent aux bourgs de Letschin, Langsow, Seelow, Dolgelin, avec 924 tonnes de bombes explosives, au phosphore et à retardement. Ils font sauter un train de 17 wagons de munitions en gare de Fürstenwald, une perte grave de 7 000 obus de gros calibres pour la 9e Armée. Trois pièces de 280 mm sur rail sont aussi démolies.

Juste avant l'assaut, alors que le canon tonne encore, 35 bataillons du génie (!) et un régiment de chars de déminage s'avancent pour réaliser leur besogne ingrate. Souvent à plat ventre, au milieu des explosions, les pionniers dégagent 6 à 7 passages par secteur bataillonnaire de 6 à 10 m de large et 2 ou 3 passages plus larges (15-30 m) pour les chars d'accompagnement. Puis il faut tester et marquer les 340 chemins ainsi percés, les reporter sur cartes et communiquer immédiatement les coordonnées aux chefs des unités d'assaut[1].

Examinons maintenant la progression soviétique, secteur par secteur.

**Secteur nord : 6e Armée et 1re Armée polonaise** *(carte 32)*

Sur 25 km de berges, au sud de Schwedt, la 61e Armée se borne à effectuer des attaques de diversion, poussant par canots pneumatiques quelques compagnies de son 80e Corps de fusiliers sur la digue ouest de l'Oder. Près de sa jonction avec la 1re Armée polonaise, elle fournit un effort plus conséquent : deux bataillons du 89e Corps traversent le fleuve de part et d'autre du pont routier et ferroviaire placé entre Hohenwutzen et Neu Glietzen, sous le feu du solide 56e Régiment de la 5e Division de chasseurs. Les Allemands, qui revendiquent la destruction de 41 embarcations d'assaut, rejettent un des deux bataillons dans l'eau et contiennent le second sur la lisière orientale de Neu Glietzen. L'assaut soviétique ne donne donc rien.

Il y avait pourtant quelque chose à tenter dans ce secteur, si Joukov avait disposé de plus de temps. Une division avec un soutien d'artillerie convenable aurait pu s'emparer du bourg de Neuenhagen, qui n'est qu'à 6 km de la ville de Bad Freienwalde, sise sur l'Ancien Oder, au pied du plateau de Barnim. De cette petite ville de cure, dont les approches sont nettement moins bien défendues que les hauteurs de Seelow, Berlin, *via* Bernau, n'est plus qu'à 57 km par une bonne route sans obstacles naturels autres que quelques bois. Busse aurait été pris à contre-pied.

Au sud de la 61e Armée, la 1re Armée polonaise attaque à 04 h 15. La 2e Division d'infanterie lance un régiment au-delà de l'Oder, face à Neu Lietzegöricke, tandis que les deux autres régiments attaquent à sa rencontre

1. Ces détails sont dans Proshlyakov, VIZh N° 3, mars 1986, p. 41-46.

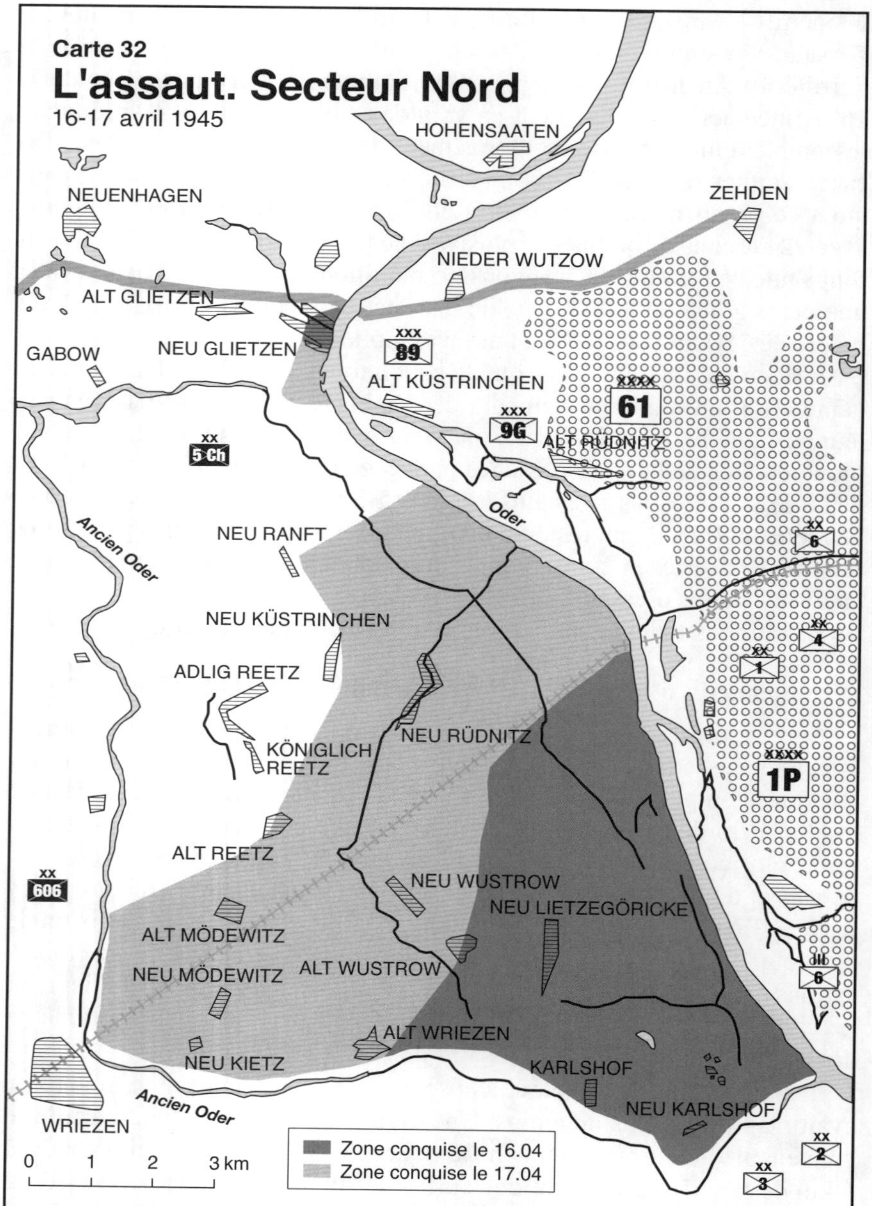
Carte 32
L'assaut. Secteur Nord
16-17 avril 1945
HOHENSAATEN
NEUENHAGEN
ZEHDEN
NIEDER WUTZOW
ALT GLIETZEN
GABOW
NEU GLIETZEN
XXX 89
ALT KÜSTRINCHEN
XXXX 61
XXX 9G
ALT RÜDNITZ
XX 5 Ch
Oder
Ancien Oder
NEU RANFT
XX 6
NEU KÜSTRINCHEN
XX 4
XX 1
ADLIG REETZ
NEU RÜDNITZ
KÖNIGLICH REETZ
XXXX 1P
ALT REETZ
XX 606
NEU WUSTROW
NEU LIETZEGÖRICKE
ALT MÖDEWITZ
NEU MÖDEWITZ
ALT WUSTROW
III 6
ALT WRIEZEN
NEU KIETZ
KARLSHOF
NEU KARLSHOF
WRIEZEN
Ancien Oder
0 1 2 3 km
Zone conquise le 16.04
Zone conquise le 17.04
XX 2
XX 3

à partir de la tête de pont de la 47e Armée. Au nord de cette action, la 1re Division, transportée par les *DUKW* du 274e Bataillon soviétique de véhicules amphibies, réussit à conquérir deux petites têtes de pont sur la rive ouest de l'Oder, juste au sud de la voie ferrée Wriezen-Godkow. Dans les douze heures qui suivent, de violents combats opposent les deux unités polonaises à la 606e I.D et au 75e Régiment de la 28e Chasseurs. Les avions soviétiques mitraillent tout ce qui se hasarde sur les routes. À 18 heures, la 3e Division polonaise passe l'Oder à son tour. Avec l'aide du 4e Régiment blindé et du 13e Régiment de canons automoteurs, l'assaut reprend juste avant le crépuscule. Plusieurs batteries allemandes sont écrasées ; à Alt Wustrow, une section de la 606e I.D se rend, alors que le Groupe de combat Sparrer (28e Chasseurs) réussit à rejeter les Polonais de la moitié du bourg. À la nuit, les hommes de Poplawski sont maîtres d'une tête de pont triangulaire grossièrement équilatérale, de 7 km de côté. Le gain aurait pu être bien supérieur si, à droite, la 61e Armée avait pu fournir un effort conséquent. La 606e I.D donnant déjà des signes de fatigue, le CIe Corps lui dépêche de sa réserve la 111e Brigade de *Sturmgeschütze* (trois *Sturm.* III avec canon de 7,5 cm, neuf avec l'obusier de 10,5 cm, cinq *Jagdpanzer* IV).

**Secteur de la 47e Armée et de la 3e Armée de Choc** *(carte 33)*

La 47e Armée serre 8 de ses 9 divisions juste au sud du confluent Oder-Ancien Oder. Son objectif du jour est la ligne Wriezen-Kunersdorf, à 12 km du fleuve et 9 km de la ligne de départ. La tâche est rude car, sur les 9 000 m à parcourir, se trouvent un talus de chemin de fer, deux routes surélevées et six lignes d'eau, dont quatre canaux de drainage majeurs, plus le bras de l'Ancien Oder où se trouve Wriezen. Chacun de ces obstacles offre aux Allemands une bonne ligne d'arrêt avec nids d'armes automatiques et pièces antichars embusquées.

Les premiers 1 500 m sont parcourus sans difficultés : l'artillerie a tout anéanti. Les difficultés commencent lorsqu'il faut franchir le fossé de Posedin (4 m de large) entre Neu Lewin et est de Klein Neuendorf. Au lever du jour, les trois divisions du 129e Corps de fusiliers s'élancent, abritées derrière deux régiments de SU-76. À la faveur d'une brève concentration d'artillerie, elles s'emparent du village d'Alt Lewin. Plusieurs SU-76 restent embourbés dans le fossé, d'autres sont tirés à 800 m par des 8,8 cm du 292e Bataillon de FLAK de l'Armée de Terre (de la 25e *PzGrenDiv.*) Une demi-heure plus tard, le 1er SS-Bataillon de la Garde et le 4e SS-Bataillon de sécurité de la Police chassent les Russes de leur conquête. Le village changera quatre fois de mains, jusqu'à ce que les *Sturmoviks*, à force de piqués, obligent la FLAK à se replier ou à se saboter. Au nord, le 77e Corps, abrité derrière des JS-2, prend Neu Lewin puis Beauregard, pendant qu'une vingtaine de chars du 125e Corps s'avancent sur la route depuis Alt Lewin. La 606e I.D donne des signes nets d'épuisement. Wriezen n'est plus qu'à 4 km.

En urgence, le CIe Corps envoie des réserves pour combler le trou. Le *Kampfgruppe* « Mille et une nuits » (*Sturmbannführer* Blancbois) se

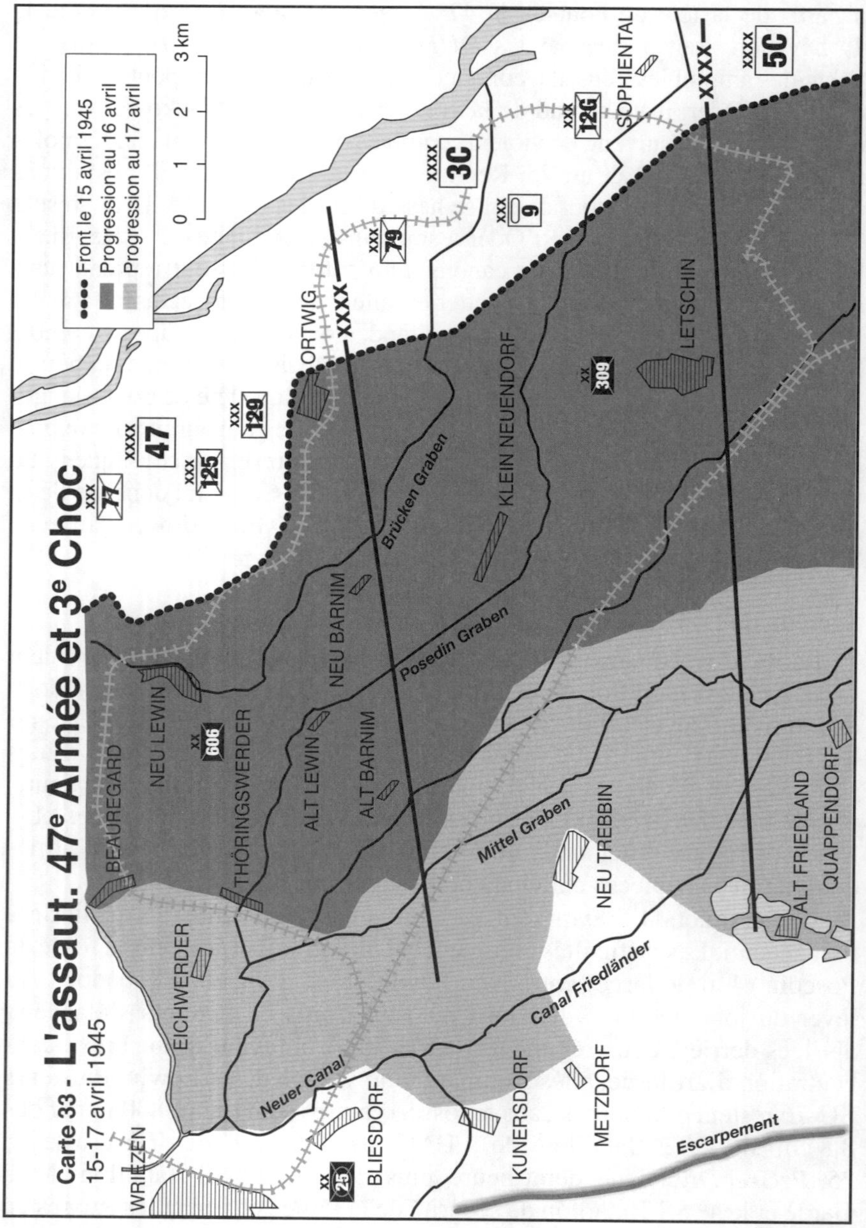

Carte 33 - L'assaut. 47e Armée et 3e Choc
15-17 avril 1945

déploie devant Wriezen et détache son puissant 560e Bataillon SS de chasseurs de chars dont les 45 *Hetzer* détruisent une douzaine de T-34 aventurés jusqu'à Eichwerder. Des compagnies du Service du travail sont hâtivement jetées derrière le *Mittel Graben* (fossé du milieu) et le talus ferroviaire au nord. Hitler ordonne directement à la 25e *PzGrenDiv.* de prendre position au sud-ouest de Wriezen, qu'il est impératif de conserver. Au soir, les troupes du général Perkhorovitch s'arrêtent, épuisées. Elles ont avancé de 9 km, réalisant la meilleure performance du 1er Front de Biélorussie. L'objectif du jour n'est pas atteint mais la 606e I.D, laminée, n'a déjà plus de capacités de combat et l'ennemi a dû engager sa réserve.

La 3e Armée de Choc n'attaque réellement la 309e I.D *Berlin* que vers 05 h 30. Le 79e Corps saute assez facilement le fossé de Brücksee mais reste coincé près de huit heures derrière celui de Posadin. Au sud, deux divisions du 12e Corps de la Garde, appuyées par le 9e Corps blindé, se battent pour la petite ville fortifiée de Letschin. Une dizaine de chars sont immobilisés par deux pièces de 7,5 cm PAK bien placées. Il faut engager la division tenue en réserve et faire donner l'artillerie pour prendre la ville, vers midi. Les hommes du 652e Régiment réussissent à s'extraire et gagnent l'abri de la voie ferrée qui court à l'ouest de Letschin, où débute une lutte de six heures. Parmi eux, Friedhelm Schöneck :

> « En fin d'après-midi, nos positions derrière le talus de la voie ferrée étaient intenables. Les munitions étaient presque épuisées. Nous étions là, avant-poste oublié. Il n'était pas question de structure de commandement, chacun se battait seul pour lui-même, sans tâches ni ordres. Nous voulions survivre ! D'où l'ordre est venu, aucun de nous ne pourrait le dire. Nous nous sommes levés et nous avons quitté cette position[1]. »

À la nuit, tout continue. On se bat à la lueur des fusées éclairantes pour une ferme, pour un bout de voie ferrée, pour sauter un fossé. Mais, après une avance moyenne de 8 km, les Russes sont incapables d'aller plus loin. Le génie est en retard, les routes sont détruites par le pilonnage d'artillerie, les munitions arrivent à dos d'homme. On meurt de soif au milieu des épaves carbonisées, des cadavres à moitié immergés dans les mares de boue omniprésentes. Perekhovitch donne 900 prisonniers dans son rapport quotidien et affirme avoir détruit la 309e I.D à 60 %.

### Secteur de la 5e Armée de Choc *(carte 34)*

Avec l'Armée de Berzarine, nous entrons dans le secteur clé de l'attaque de Joukov, juste au nord de la ligne ferroviaire Berlin-Küstrin. Au nord, le 26e Corps de fusiliers de la Garde (major-général Firtsov) se présente avec deux divisions en premier échelon (266e et 94e Garde) et une en second échelon (89e Garde). À sa gauche, le 32e Corps de la Garde (lieutenant-général Zherebine) adopte la même disposition (60e Garde et 295e devant, 416e en réserve d'Armée). Au sud, mitoyen de la 8e Armée

1. Le Tissier, *Zhukov at the Oder*, p. 169.

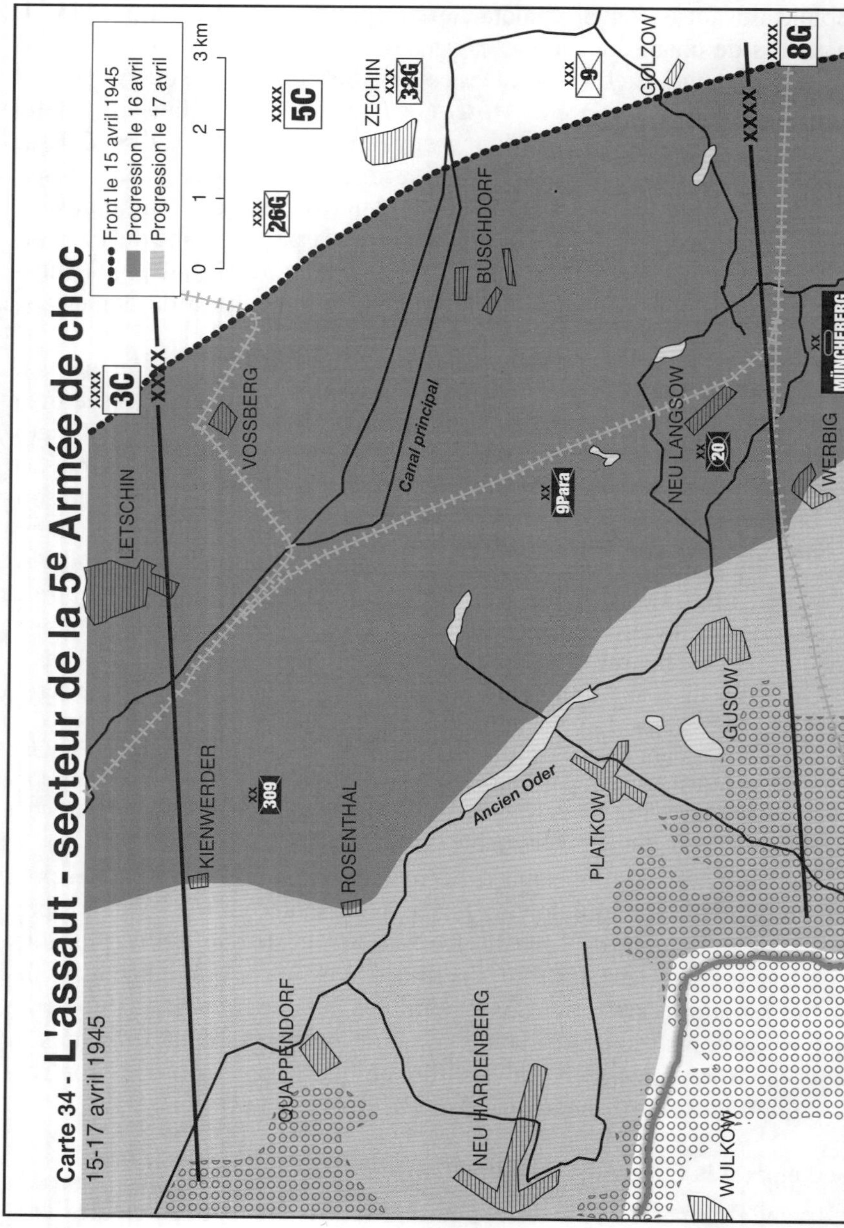


**Carte 34 - L'assaut - secteur de la 5e Armée de choc**
15-17 avril 1945

de la Garde, le 9e Corps (lieutenant-général Rossly), dont les 230e et 301e D.I sont mises devant, la 248e en second échelon.

La 94e Garde avance de 500 m puis est plaquée au sol par des tirs venus de la sucrerie de Vossberg, où s'est retranché le 1er Bataillon du 652e Régiment (309e I.D). En faisant déclencher un tir de barrage comprenant des fumigènes, les Gardes parviennent à franchir successivement la voie ferrée, la route Letschin-Zechin et un canal d'évacuation. Les voici sur les arrières du bâtiment massif. Les MG aboient de tous côtés. Les automoteurs lourds JSU-122 visent les fenêtres à demi-murées. Un T-34 s'avance hardiment dans la cour. *Panzerfaust* ! Coup au but, mais le pilote a le temps de défoncer un mur. Une compagnie s'engouffre derrière lui en jetant des grenades, on amène un lance-flammes. À midi, tous les défenseurs sont tués. On hisse le drapeau rouge sur le bâtiment mais le 1006e Régiment a perdu 20 % de ses effectifs.

À droite de la sucrerie, le bourg de Letschin, détruit à 100 %, est dans le secteur de la 3e Armée de Choc mais la défense allemande est si tenace que Berzarine jette dans le combat un régiment de la 94e Garde. Les pièces de 8,8 cm tirent cinq T-34 à 400 m et empêchent l'approche des autres. Il faut remonter un assaut d'infanterie couplée à une frappe d'artillerie précise pour chasser les défenseurs vers l'ouest.

Au centre du dispositif de la 5e Armée de Choc, le 32e Corps conquiert facilement une première ligne de tranchées mais se heurte très vite à des tirs meurtriers venus de Buschdorf. La 60e Division de la Garde est coincée derrière le canal principal et ne peut lever la tête. Impossible même de ramasser les blessés ou de remorquer les canons d'assaut déchenillés. À 10 h 00, un assaut direct de la 295e Division approche à 200 m du bourg mais se fait chasser par une contre-attaque surprise du 25e Régiment de paras appuyés par des *Sturmgeschütze*. Le feu allemand, guidé par les observateurs placés sur les hauteurs de Seelow est terriblement précis. Le chef de Corps doit faire appel, *via* son officier de liaison, au 198e ShAD. Alertés les premiers, neuf *Sturmoviks* commandés par le capitaine Sorokin piquent pendant 10 minutes sur les batteries. Lorsqu'ils sont rejoints par l'ensemble de la *Diviziya*, les 60 appareils se mettent à tournoyer puis à piquer à tour de rôle en crachant dans un carrousel effroyable bombes de 100 kg, roquettes RS-132, obus de 23 mm et balles de 7,62. Le feu allemand cesse, alors qu'à terre donnent les obusiers régimentaires et un bataillon de *katiouchas* qui dressent un mur de feu impassable. Puis un régiment de réserve vient relancer l'assaut soviétique, qui emporte vers midi les positions des 25e et 26e Régiments de parachutistes. Les hommes du général Bräuer reculent de 1 500 m en empruntant trois chemins repérés dans un vaste champ de mines et se rétablissent derrière le talus de la voie ferrée, haut d'un mètre, qui forme la troisième et dernière ligne de la première zone de défense.

À 16 h 00, Zherebine, commandant du 32e Corps, fait procéder à une nouvelle préparation d'artillerie étoffée d'un terrible tir de saturation par mortiers de 120 mm. Onze compagnies de pionniers ont dix minutes pour déminer des voies d'accès. Puis les 295e et 60e Divisions de la Garde montent à l'assaut de la voie ferrée, appuyées par le 89e Régiment de JS-2 et le 396e Régiment de la Garde d'automoteurs lourds (JSU-152). Les charges creuses des *Panzerfausts* fusent, les tubes FLAK aboient sèchement, des compagnies de fusiliers rouges, affolées par le feu, s'égarent parmi les mines. Au bout de deux heures, les paras, épuisés, lâchent la voie ferrée et se réfugient en désordre sur la ligne 1 de la position *Hardenberg*, derrière l'Oder Ancien. Les fossés, les rails, les tranchées, les champs de mines sont couverts de cadavres ou d'agonisants, en vert-de-gris ou en brun. On compte trente carcasses fumantes de T-34, JS-2 et JSU-152.

À la gauche de la 5e Choc, le 9e Corps (lieutenant-général Rossly) réussit le meilleur parcours du jour. Partie des abords de Golzow sous un épais manteau de fumigènes, la 301e Division du colonel Antonov marche vers Neu Langsow lorsqu'elle est prise de flanc par des tirs venus d'une unité de la *Müncheberg*, dans le secteur de la 8e Armée. À l'évidence, Tchouikov est en retard. Rossly doit placer sa 248e Division le long du canal de Langsow pour protéger la progression du colonel Antonov. Une manœuvre habile de ce dernier, combinant assaut frontal de blindés et infiltrations d'infanterie par le nord, à travers la voie ferrée, oblige le 90e *PzGrenReg.* (20e *PzGrenDiv.*) et le 8e *Panzerbataillon* à abandonner le bourg sous peine d'encerclement.

Les deux unités allemandes se réfugient dans le bourg et la gare de marchandises de Werbig, un avant-poste de la position *Hardenberg*. L'endroit est une véritable forteresse protégée par l'Ancien Oder et un enchevêtrement de digues et de voies ferrées en talus. Les seuls accès sont des routes qui percent les talus par des tunnels étroits. Rossly convoque les artilleries régimentaires, divisionnaires et de Corps, lâche plusieurs centaines de katiouchas, mais le premier assaut échoue. Les compagnies de fusiliers se font hacher par les MG au débouché des tunnels. Une seconde préparation d'artillerie est ordonnée et, sous couvert des obus, la 220e Brigade blindée entre dans la gare, non sans avoir laissé plusieurs engins dans les tunnels. Elle tombe sous un déluge de feu lâché par le train blindé *Berlin*, qui consiste en cinq wagons plats portant dix Tigres incapables de se mouvoir mais aux tubes toujours meurtriers. Des dizaines de T-34 sont en feu mais les tirs des survivants obligent le train à décamper vers Ludwiglust. La gare est prise par les fusiliers soviétiques, puis reprise par les *Panzergrenadieren* et reprise enfin, vers 11 h 30, par un essaim de JS-2 qui écrasent canons de FLAK et tranchées. Les restes d'un bataillon du 90e *PzGrenReg.* sont encerclés et se rendent. La plupart des hommes sont exécutés sur le champ, blessés compris. Exténués après 4 heures de combats ininterrompus, les hommes de la 301e Division arrêtent leur progression aux lisières de Werbig et Gusow. Juste au-dessus de leurs têtes s'élèvent les hauteurs de Seelow, d'où provient un feu dissuasif.

Au soir, Berzarine tire le bilan de cette journée. Son Armée a emporté la totalité de la première zone défensive allemande et se tient en lisière des hauteurs de Seelow. L'avance moyenne se monte à 10 km. Mais les pertes ont été trop lourdes. Bokov, présent au débriefing, résume les manques constatés :

« Certains commandants ne manœuvrent pas activement. Au lieu d'encercler les points fortifiés et de laisser le second échelon les liquider, ils se laissent entraîner dans des assauts frontaux coûteux, qui ralentissent le rythme de l'offensive.

Il est vrai que les reconnaissances n'ont pas démasqué la totalité des systèmes de feux ennemis et c'est pour cela que nos préparations d'artillerie n'ont pu faire taire leurs canons (...). Par manque de moyens techniques, les pionniers n'ont (pu assurer les franchissements), si bien que les chars et l'artillerie mobile ont décroché de l'infanterie et ont retardé l'introduction du second échelon[1]. »

## Secteur de la 8e Armée de la Garde *(carte 35)*

Pour l'Armée de Tchouikov, la journée sera amère et marquée d'une décision mal avisée. L'objectif fixé est la ligne Alt Rosenthal-Neuentempel-Lietzen, qui correspond à la position *Stein* des Allemands, 4 kilomètres à l'ouest de Seelow, sur le plateau. Ce qui suppose que l'on se soit emparé des hauteurs en début d'après-midi.

Tout semble bien commencer. Le double barrage roulant d'artillerie détruit efficacement la première ligne de résistance allemande, d'ailleurs largement évacuée par les 300e et 301e Régiments de la 303e I.D. Les trois Corps de la Garde avancent lentement de 2 km, le 4e au nord, le 29e au centre, le 28e au sud. Les hommes s'abritent derrière six régiments de tanks, dont deux de JS-2, et quatre régiments de canons autopropulsés, dont deux lourds. À l'annonce que les tranchées sont quasi vides, Tchouikov suspecte à nouveau un piège. Puis, vers 05 h 00, un nouveau barrage roulant permet de pousser encore de 1,5 km, les abords du village de Sachsendorf livrent très peu de cadavres *feldgrau*, les régiments de la *Müncheberg*, de la 20e *PzGrenDiv*. et de la 303e I.D offrent une faible résistance. Le fossé principal (*Haupt Graben*) est alors bordé presque entièrement du nord au sud, sur 11 km, vers 7 heures. Depuis la *Reichsstrasse* 1, les fusiliers du 4e Corps de la Garde sont à 3 km de la ville de Seelow, à 2 km du pied de la crête. Mais les fantassins sont seuls devant l'obstacle. Les machines sont restées 1 500 m derrière, à tenter de passer les multiples canaux et fossés. Une partie de l'artillerie est en cours de déménagement pour appuyer de plus près l'assaut aux crêtes, le reste doit cesser ses tirs selon les horaires prescrits. L'assaut est donc déjà dissocié. Aussi les soldats doivent-ils se coucher sous les tirs de mitrailleuses et la grêle d'obus de mortiers qui s'abat sur eux de trois côtés. À 9 h 00, enfin, les machines arrivent : T-34/85 et 76, JS-2, SU-76, SU-85 et 152, JSU-122 se pressent en cohue devant l'obstacle. Les quatre ponts enjambant le canal principal sont détruits, et celui-ci, gonflé des eaux printanières, est large de 6 à 10 m,

1. Bokov, *Viesna pobiedy i osvobojdenia*, trad. all., p. 169.

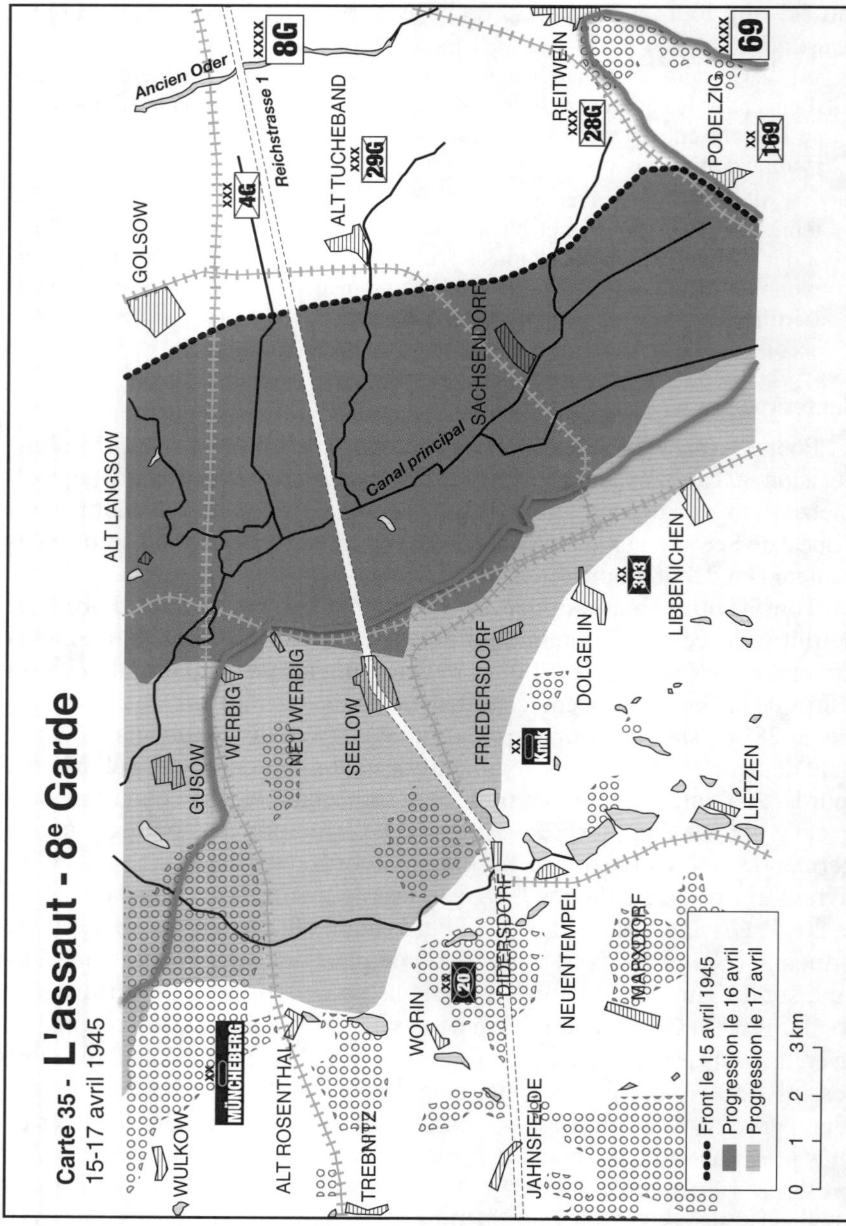
Carte 35 - L'assaut - 8e Garde
15-17 avril 1945
Ancien Oder
8G
69
Reichstrasse 1
GOLSOW
4G
ALT TUCHEBAND
29G
REITWEIN
28G
PODELZIG
169
ALT LANGSOW
SACHSENDORF
Canal principal
GUSOW
WERBIG
NEU WERBIG
SEELOW
FRIEDERSDORF
DOLGELIN
LIBBENICHEN
303
Kmk
LIETZEN
WULKOW
MÜNCHEBERG
ALT ROSENTHAL
TREBNITZ
WORIN
20
DIEDERSDORF
NEUENTEMPEL
MARXDORF
JAHNSFELDE
Front le 15 avril 1945
Progression le 16 avril
Progression le 17 avril
0 1 2 3 km

profond de 3-4 m dont un bon mètre de boue : impassable. Les commandants de régiments pestent et appellent les pontonniers, qui sont en retard.

Soudain, des centaines d'obus de tous calibres s'abattent sur cette concentration d'hommes et de machines entièrement à découvert. Le lieutenant-général Kruse vient de déclencher les tirs concentrés des 404e et 408e *Volksartilleriekorps*, dont les positions sont quasiment intactes. Aux voix de ces pièces se joignent celles des artilleries de la 303e I.D, de la *Müncheberg*, de la 20e *PzGrenDiv.* et de la *Kurmark*. Tanks et canons automoteurs flambent comme des torches, pendant que l'infanterie montée reflue pour se mettre à couvert. Au même moment, alors que se dissipent brume matinale et nuage de poussière soulevé par la préparation d'artillerie, une soixantaine de tubes FLAK/PAK 8,8 cm dissimulés sur les pentes ouvrent le feu en tirs tendus à pleine portée. Nouveaux coups au but. Coincés sur une route bondée, les T-34 et les JS-2 repartent en marche arrière ; des tourelles explosent, les chars s'éperonnent, certains se risquent sur les terres gorgées d'eau et déchenillent sur les mines omniprésentes.

Venue de Gusow, au nord, la 245e Brigade de *Sturmgeschütze* du capitaine Jaschke détruit dix chars placés en colonne le long de la voie ferrée. Au centre, le 1er Bataillon blindé de la *Müncheberg* (capitaine Zobel) déploie 10 Panthers et 10 Tigres en échelon refusé de part et d'autre de la *Reichsstrasse* 1, juste derrière le fossé. Ses équipages sont expérimentés, les casiers à obus sont pleins, la marche d'approche se fait sous le couvert de la brume. À 08 h 00, les 88 et les 75 commencent à cracher. À 1 000 m, on fait mouche à 90 %. Vingt coups au but ! Follement, les Russes reviendront plusieurs fois tenter de chasser les tueurs de Zobel. Il leur en coûtera 50 à 60 engins, pour 4 Panzers perdus. Mais, pris à partie par les *Sturmoviks* et l'artillerie soviétique qui s'acharne le long du canal principal, Zobel doit se retirer sur les hauts de Seelow.

L'infanterie soviétique ne reste pas clouée sur place, d'autant plus que, faute d'obus, Kruse doit faire taire ses canons assez vite. Avec des moyens de fortune – planches, branches, cordes ou simplement à la nage – le bataillon du capitaine Chusovskoi (57e Division du général Zaliziuk, un ancien de Stalingrad) passe le canal principal vers midi puis le grand fossé antichar rempli d'eau qui baigne le pied des hauteurs devant la troisième ligne de défense. Malgré des tirs nourris d'armes automatiques, les Gardes réussissent à s'infiltrer à travers bois, à la faveur d'un bombardement aérien. Apercevant les hommes en capote brune à 200 m devant lui, le lieutenant Tam fait sauter le pont qui permet à la route principale d'enjamber la voie ferrée. Des soldats allemands, visiblement à bout, se replient en désordre, criant que la gare de Seelow (500 m au sud de la ville) grouille d'Ivans. Tam tente de les reformer en compagnie de combat pour tenir les rues latérales qui mènent à la barricade antichar qu'il a la charge de défendre et qui bloque la route N° 1. Le jeune lieutenant fait contre-attaquer, on en vient au corps à corps dans la grand-rue. Finalement, les fantassins de Chusovskoi se replient, mais la compagnie Tam se compte 30 % de pertes. Quant aux fuyards venus de l'*Oderbruch*, ils s'évaporeront à la faveur de l'obscurité.

À la droite de la 8e Armée de la garde, la 47e Division de la Garde, étendard déployé, passe cinq fossés, dont le canal principal, avec un cran admirable sous la mitraille. À 11 h 30, les grenadiers du 90e *PzGrenReg*. sont chassés de la digue de Neu Werbig et refluent en désordre sur les pentes boisées. Mais l'élan des hommes du général Chugaiev vient se briser sur la résistance acharnée des parachutistes (27e Régiment) qui tiennent le hameau de Werbig.

Au sud du secteur dévolu à la 8e Armée, un bataillon de la 23e Division de FLAK est embusqué sur la route Sachsendorf-Dolgelin. Le canonnier Hans Hansen raconte l'enfer :

> « Le barrage n'avait été qu'un avant-goût de l'horreur à venir. L'acte suivant fut joué par les avions d'attaque au sol russes qui, comme des ombres irréelles, se jetaient à travers les nuages tourbillonnant de fumée et de poussière et crachaient la mort et la destruction sur tout ce qui bougeait encore. Une vague après l'autre attaquait nos positions. Nous nous battions avec une furie obstinée qui provenait en partie de notre peur et nous arrivâmes à en abattre un (…).
>
> L'acte suivant : nous voilà maintenant sous le bombardement des mortiers et des orgues de Staline. L'infanterie en ligne devant nous retraite. Soit suite à des ordres, ou bien les soldats ont simplement décidé de le faire d'eux-mêmes, nous ne savions pas. (…) L'infanterie russe arriva rapidement. Leurs mitrailleuses commencèrent à hacher une rangée de buissons. La situation était précaire. Nous aussi avons reçu l'ordre de nous retirer. Nous avons dû abandonner nos pièces car nous n'avions aucune chance de pouvoir les remorquer[1]. »

Un kilomètre en arrière, les canonniers, les restes de l'infanterie de la 303e I.D, se replient sur la crête de Seelow, derrière la tranchée dans laquelle court la ligne de chemin de fer Seelow-Dolgelin. Les obus de mortiers de 120 mm pleuvent, on entend les Hourrah des Gardes du 28e Corps qui parviennent à prendre pied à leur tour sur la crête, s'emparent de la gare de Dolgelin et en chassent l'état-major de la 303e I.D. Plusieurs attaques sont brisées avec l'aide des chars de la *Kurmark* accourus en soutien.

C'est alors que plusieurs dizaines de T-34 venus de Sachsendorf prennent à leur tour la route de Dolgelin. Ils passent le fossé principal sur un pont de bois branlant lancé à la hâte et s'engagent sur la route étroite en pente très raide qui monte sur le plateau, vers la gare. Sur ce tronçon de route long de 2 km, les tanks, qui progressent à 5 km/h, exposent leurs flancs aux dizaines de pièces antichars dissimulées au pied des hauteurs, sur la 3e ligne de défense. Deux dizaines de chars sont touchés, certains brûlent, mais les carcasses forment une haie protectrice qui permet aux autres de progresser. Arrivés sur la crête, les chars se heurtent à un puissant obstacle qui les oblige à tourner vers le nord, tout au bord de la crête,

1. Hans Hansen in Le Tissier, *Marshal Zhukov*…, p. 181.

en direction de Friedersdorf. Leurs flancs à découvert, ils sont engagés à 800 m par les Tigres du 502e Bataillon SS de chars lourds. En quelques minutes, onze chars russes sont frappés, pour deux Panzers, et les survivants redescendent vers l'*Oderbruch* où ils vont tomber… sur l'enfer.

« À midi, les troupes de la 8e Armée de la Garde avaient percé les deux premières lignes de l'ennemi et approchaient la troisième. Mais nous ne pûmes nous en emparer aussitôt. Les collines de Seelow sont si escarpées que les chars et les automoteurs ne parvenaient pas à grimper la côte, et devaient chercher une pente plus douce. Ils la trouvèrent sur la route qui court entre Seelow, Friedersdorf et Dolgelin, mais les nazis avaient placé là des points fortifiés que nous ne pouvions museler ou prendre sans l'appui précis et puissant de l'artillerie. Notre artillerie commença alors à déménager sur de nouvelles positions, plus proches des hauteurs de Seelow.

J'envoyai un ordre : à 14 h 00, après 20 minutes de barrage, Seelow, Friedersdorf et Dolgelin seraient attaquées et les hauteurs prises. Je n'avais aucun doute quant au succès de cette attaque, mais à ce moment intervinrent des forces sur lesquelles je n'avais aucun contrôle.

Le commandant du Front, présent à mon poste d'observation, décida d'accélérer le processus de percée et de conquête des hauteurs, en lançant dans la bataille la 1re Armée blindée de la Garde de Katoukov. Je lui demandai de ne pas faire ça, car notre Armée avait les moyens de remplir sa mission et proposai de ne pas interférer avec le plan général de l'offensive mais de le mener au contraire systématiquement à bien. Je considérais que tant que l'Armée n'avait pas escaladé les hauteurs de Seelow, les formations de chars ne devaient pas entrer dans la bataille ; elles n'arriveraient pas à remplir la tâche, n'accéléreraient pas la vitesse de l'avance. Mais le maréchal Joukov n'était pas du genre à retirer un ordre déjà donné[1].

Et à partir de midi[2], les colonnes de chars des trois Corps commencèrent à faire mouvement le long des quelques routes déjà complètement embouteillées par les troupes de la 8e Armée. Les tanks rendirent le trafic encore pire, s'empêtrant dans les colonnes de camions et de tracteurs, ruinant le mouvement de l'artillerie. Les unités de l'avant parvinrent à conserver quelque liberté de manœuvre, mais les réserves de nos divisions, Corps et Armée furent paralysées. Elles furent obligées de quitter les routes et de se déplacer, ou plutôt de ramper, sur le sol traître et poisseux de la vallée, à travers cours d'eau et canaux[3]. »

---

1. Dans ses mémoires, Joukov affirme avoir demandé conseil et accord à ses commandants d'Armées. L'historien allemand Wilhelm Tiecke pense que c'est Staline qui a donné l'ordre. Mais, alors, pourquoi, après la mort de Staline, lorsqu'il écrit ses mémoires, Joukov ne l'a-t-il pas dit ? Par ailleurs, les témoignages de Tchouikov, Katoukov, Babadjanian, convergent vers une initiative brutale de Joukov.

2. En réalité, l'ordre de Joukov est expédié aux deux Armées de tanks à 14 h 30. Comme leurs gros se trouvent sur la rive orientale de l'Oder, les brigades de tête n'ont pu arriver au milieu de l'*Oderbruch* que vers 16 h 30. Heureusement, la nuit tombe à 18 h 00…

3. Tchouikov, *The Fall of Berlin*, p. 150-151.

L'intrusion brutale de Joukov révèle encore une fois le stress qui a dû être le sien ce 16 avril. C'est sans doute la première fois depuis le 22 juin 1941 que ce grand soldat est trahi par ses nerfs. À 13 heures, il appelle Staline et lui rapporte la situation difficile de ses troupes, qui n'ont pu encore emporter les hauteurs de Seelow. Staline ne réagit pas à ces mots et se contente de dire que Koniev, lui, a percé sur la Neisse « et progresse sans rencontrer de difficultés particulières » et qu'il pousse déjà au-delà. À ce moment, c'est le Joukov brutal, dédaigneux des pertes qui réapparaît, l'homme qui compte plus sur le poids d'acier, sur la force brute, sur le nombre des hommes, que sur la mission bien définie, bien renseignée, où le mouvement, l'initiative, l'usage précis du feu, font « plus que force ni courage ». Jeter 1 400 engins blindés dans une plaine boueuse, sans débouchés autres que quelques routes étroites grimpant à huit, dix voire douze pour cent une muraille de 40 mètres battue par des centaines de tubes antichars, prendre cette initiative qui contredit toute l'expérience[1] accumulée par les Russes en trois ans et demi de guerre, on ne peut expliquer cela que par une paralysie temporaire de l'intelligence à mettre sur le compte de la rage, de la frustration, du dépit et… du peu de valeur accordée à la vie des soldats.

Le défilé des centaines de blindés de Katoukov sur de misérables routes déjà jalonnées de dizaines de carcasses incendiées, n'a d'autre effet que de faire monter les pertes sous le bombardement des obusiers du général Kruse. On voit les T-34/85, pressés de se frayer un chemin, jeter dans le fossé les tracteurs d'artillerie de Tchouikov qui montent en ligne ! Les 270 engins du 12^e^ Corps blindé se mêlent de façon inextricable aux 65 machines de la 47^e^ brigade blindée. Tout le monde s'arrête à découvert dans un immense nuage de gaz d'échappement, les trappes s'ouvrent, on s'injurie, se menace… Certaines colonnes tentent de faire demi-tour mais leur mouvement ajoute au chaos général. Des tanks tombent dans les fossés taillés à 45 degrés et s'enfoncent dans la boue jusqu'aux deux tiers. On rapporte des cas où les chars roulent sur leur propre infanterie pour échapper aux tirs. La destruction des Corps aurait pu être complète si la progression de l'infanterie sur la crête n'avait, vers 14 h 30, au moment où Katoukov reçoit l'ordre d'attaque, déjà privé les Allemands de vues directes sur la vallée, à l'exception de la partie sud, vers Libbenichen, d'où les 8,8 cm ravagent les brigades du 8^e^ Corps mécanisé de la Garde.

Cela aurait pu être pire si la Luftwaffe avait paru ! Mais le temps est mauvais jusqu'à midi et le champ de bataille, couvert de fumée et de poussière, ne se prête guère aux attaques de précision. Les Soviétiques maintiennent les bombardements sur les hauteurs de Seelow, tandis que Fiebig envoie quelques experts en maraude. Ainsi, 30 à 40 *Boston*, de retour de mission, sont surpris par l'adjudant Paul Berndt (I/JG 11), et un équipier, qui en abat 3 en 3 minutes. Au-dessus de Letschin, le capitaine Serguei

1. L'engagement prématuré des chars a été une des plaies de l'Armée rouge en 1942 et 1943. Joukov lui-même a déjà commis cette erreur à Rjev, en novembre-décembre 1942.

Morgunov (15e I.A.P) élimine 3 Fw-190, portant son score sur Yak-3 à 36. Un peu au sud, les as de la 176e G.I.A.P descendent 16 autres chasseurs-bombardiers au cours d'une dizaine de combats. La mêlée terrestre est d'une telle violence que les troupes ne se rendent pas compte de l'importance des combats aériens. La Luftwaffe réussit à accomplir 891 missions de combat, dont environ 600 pour les forces de Fiebig… face aux 5 342 sorties de la 16e Armée aérienne. Les Allemands revendiquent 125 victoires – surtout des bombardiers – dans la journée, les Russes à peu près autant. Mais l'essentiel, aux yeux du maréchal Novikov, demeure l'étanchéité du parapluie déployé au-dessus des deux Armées de tanks : on ne rapporte aucune destruction de char par *Focke-Wulfe* ou *Stuka*. Comme l'avouera Tchouikov : « l'aviation a sauvé cette journée ». Il aurait pu ajouter l'artillerie qui a craché sur la 9e Armée 1 236 000 obus, soit 100 000 tonnes de métal[1] !! Au soir du 16 avril, la 8e Armée se cramponne par les dents sur les pentes et les premières crêtes de Seelow. Dans la vallée de l'*Oderbruch*, des centaines d'épaves fumantes, désarticulées, tourelles arrachées, chenilles défaites, témoignent de l'échec de Joukov.

### Secteur sud (69e et 33e Armées) (*Carte 36*)

La 69e Armée, à la gauche de Tchouikov, s'élance depuis l'extrémité est de l'éperon de Reitwein. Les Allemands ayant évacué leur première ligne dans la nuit, les fusiliers des 25e et 61e Corps avancent sans trop de peine sur 2 km, s'emparant du hameau de Podelzig. Deux divisions du 25e Corps repoussent ensuite la 169e I.D, attaquée sans répit par des nuées de *Sturmoviks,* plus loin vers l'ouest, réussissent une percée sur 5 km jusqu'aux lisières de Libbenichen et encerclent un bataillon dans Mallnow. Mais la 69e Armée a très peu de chars, si bien que son chef, le général Kolpakchi, n'a pas grand-chose à jeter en exploitation. Aussi, lorsqu'une vingtaine de T-34 sont allumés par les *Panzerfausts* du 1235e Régiment de la division *Kurmark* venue au son du canon, il se retrouve les mains vides. Dans l'après-midi, une contre-attaque de la 169e I.D, vétéran de la *Ostheer*, ramène les Soviétiques à Mallnow.

Au centre, à l'extrémité sud de la tête de pont, le 61e Corps pousse le long de la route Lebus-Dolgelin. Un bataillon de la 732e I.D perd pied et les fusiliers soviétiques suivent jusqu'à Schönfliess, à 3 km de leurs positions de départ. Mais le LVIe *Panzerkorps* réagit vite à la menace. Il expédie en pompier un bataillon de cadets de la *Kurmark* et une compagnie de 10 Tigres II du 502e Bataillon de chars lourds SS, le tout placé sous les ordres du major-général von Siegroth. L'arrivée des monstres de 62 tonnes, par un ravin broussailleux, cause une panique au sein de la 41e Division de fusiliers, qui n'a rien pour percer un blindage avant de 180 mm. Mais les Tigres s'embourbent rapidement, se contentant de donner leur appui-feu à la contre-attaque des cadets de la *Kurmark*. En fin d'après-

1. Joukov, *Mémoires*, t. 2, p. 354.

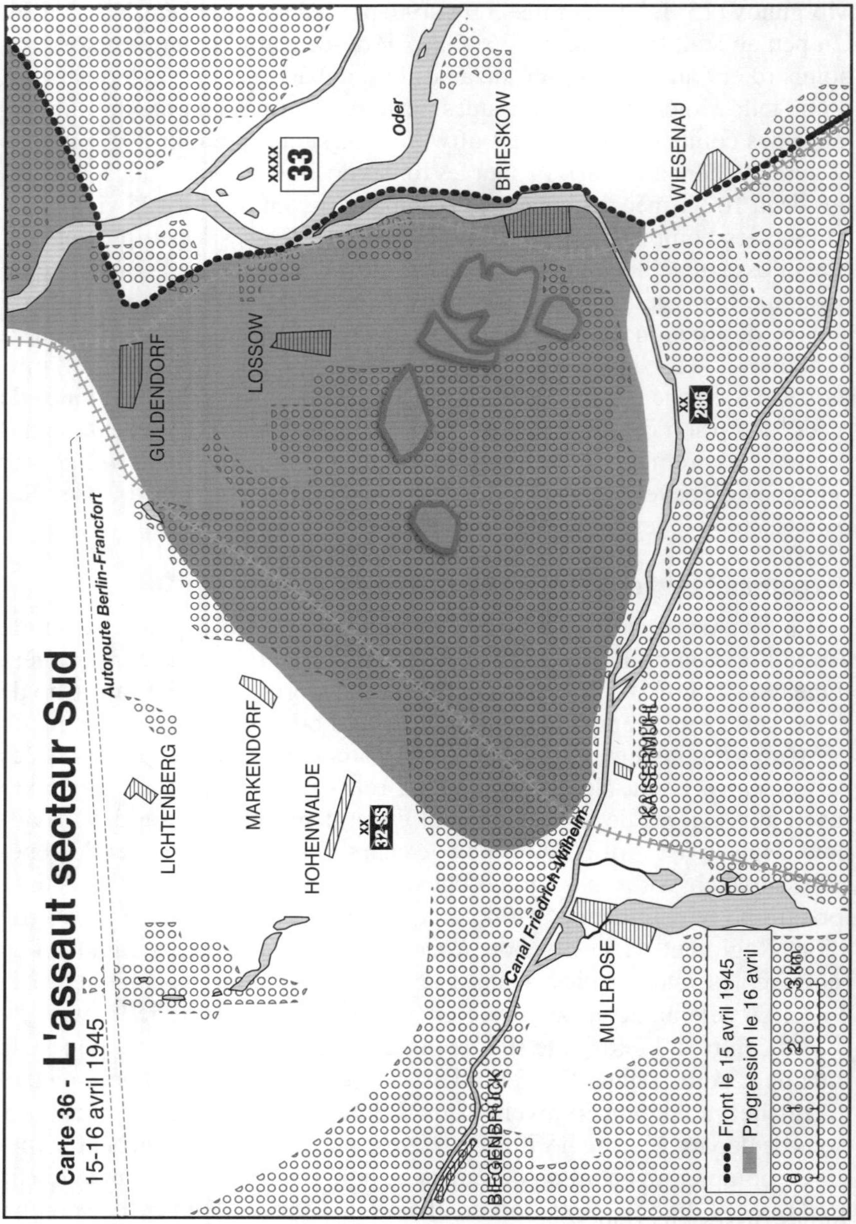


Carte 36 - **L'assaut secteur Sud**
15-16 avril 1945

midi, après de furieux combats, la ligne de défense se stabilise le long de la voie ferrée nord-sud.

Au total, la 69e réussit le gain le plus modeste des Armées engagées (4 km). Mais l'on ne peut s'empêcher de penser que Joukov a manqué quelque chose dans ce secteur d'aile, à l'instar de celui de la 61e Armée au nord. Dès 06 h 00, en effet, avec l'avance de la 8e Armée au nord et la prise de Podelzig par la 69e, les Russes contrôlent la route qui vient de Manschnow, sur l'Oder, et qui grimpe sur le plateau, par une pente acceptable, précisément à Podelzig. La route s'en va ensuite sur Lebus, également aux mains des Soviétiques, où elle rejoint la rocade nord-sud qui court jusqu'à Liezen, à 12 km. Les sapeurs auraient eu le temps de déminer et au moins un des Corps de la 1re Armée de tanks de la Garde aurait pu être introduit là. Toute la défense allemande aurait été prise à revers. Mais le discernement de Joukov semble avoir été aboli par la remarque vicieuse de Staline : Koniev a percé « sans difficultés particulières ».

Les Soviets s'abstiennent d'attaquer la tête de pont allemande de Francfort, estimant qu'elle tombera comme un fruit mûr après la conquête des hauteurs de Seelow. En revanche, la 33e Armée doit passer à l'offensive au sud de la ville, au confluent Oder-canal Friedrich-Wilhelm (canal Oder-Spree). Ses bases de départ sont, d'une part, une tête de pont minuscule devant le village de Guldendorf, d'autre part la zone située à l'est du canal, face à Brieskow. Le terrain est très difficile, couvert de forêt au nord et au sud du canal qui est un obstacle formidable. Le général Svetaev n'a que six divisions en premier échelon, soit moins de 20 000 hommes, un seul régiment de chars et deux de SU-76. Il place ses gros dans la tête de pont et compte sur le barrage d'artillerie pour briser la résistance de la 286e I.D (lieutenant-général von Roden).

Les choses se passent bien au début. Entamée par l'artillerie, la 286e I.D plie très vite, abandonnant les villages de Lossow et Brieskow. Hardiment, Svetaev lance ses fantassins et ses quelques blindés à travers la forêt. Ceux-ci débouchent vers 16 h 00 devant la deuxième ligne de défense, 6 km à l'ouest, le long de la route 87. Deux compagnies et quelques SU-76 percent même jusqu'à l'autoroute Berlin-Francfort, près de Lichtenberg. Entre Markendorf et Hohenwalde, la ligne est tenue par les *Hetzer* et les *Sturmgeschütze* du 32e Bataillon SS de chasseurs de chars, appuyés par deux compagnies d'infanterie. Un barrage d'artillerie suivi d'un assaut de *Sturmoviks* cause de lourdes pertes aux SS, bientôt abordés par une cinquantaine de soldats en *feldgrau* qui semblent refluer des lignes russes en criant « ne tirez pas camarades ». Une fois au milieu des SS, ces soldats, qui sont en fait des « troupes de Seydlitz », commencent à tirailler, causant une grande confusion. Seuls les tirs concentrés des canons d'assaut contiennent l'attaque lancée au même moment par les Russes. Au soir, l'arrivée par le sud d'un régiment de la 32e *SS-Division 30 Januar*, et par le nord, de la réserve de la 286e I.D, permet de repousser les Soviets à bonne distance de l'autoroute.

## Bilan de la première journée

Busse peut être globalement satisfait de la tenue de ses troupes mais légitimement inquiet pour la suite. Le chef des opérations de Heinrici, le colonel Eismann, envoie un rapport de situation à l'OKH, qui résume la pensée du chef de la 9e Armée :

« La grande attaque contre la 9e Armée, impliquant une lutte acharnée, s'est développée en une situation extrêmement tendue sur trois points :

1-Sud de Francfort. 2-SE de Seelow. 3-E/NE de Wriezen.

La situation générale est la suivante :

Bien que la 9e Armée ait engagé le gros de ses réserves dans des contre-attaques immédiates pour éjecter l'ennemi des points de percée, la ligne de combat principal n'a pas tenu dans sa totalité. Des réserves, seule la 25e *PzGrenDiv*. peut encore être engagée, et la façon dont le combat s'est développé laisse prévoir que nous aurons à l'utiliser pour une contre-attaque.

Le Groupe d'Armées a demandé qu'on place la 18e *PzGrenDiv*. en support de la 9e Armée. Le Groupe d'Armées a décidé de placer cette division dans la zone à l'est de Müncheberg cette nuit pour empêcher l'ennemi de percer à Seelow[1]. »

Deux points noirs pour la 9e Armée : l'engagement prématuré de la quasi-totalité de ses réserves, les pertes très élevées subies par les unités d'infanterie. En prévision du lendemain, l'OKW est contraint de lâcher sa réserve, la 18e *PzGrenDiv*, qui quitte Joachimsthal vers 19 h 00 pour Buckow-Müncheberg.

Mais, en comparaison, le dépit de Joukov doit être immense. Il est tombé dans le piège tendu par Heinrici. Il a gaspillé son barrage d'artillerie sur des positions vides ou presque. Son idée de projecteurs est un fiasco, sa décision d'introduire les deux Armée de tanks de la Garde, un désastre. Ses pertes sont affligeantes, en hommes comme en chars. On ne pouvait faire pire. Au soir, Joukov appelle Staline par téléphone H.F. et lui annonce que les hauteurs de Seelow ne seront pas en sa possession avant le lendemain soir.

« Cette fois, J. Staline ne me parla pas sur un ton aussi calme que celui qu'il avait eu dans la journée.

– Vous avez eu tort d'engager la 1re Armée blindée dans le secteur de la 8e Armée de la Garde, et non là où la STAVKA l'avait demandé. Puis il ajouta : Êtes-vous sûr que demain vous vous serez emparé de la ligne de Seelow ?

M'efforçant d'être calme, je répondis :

– Demain, 17 avril, en fin de journée, sur la ligne de Seelow, la défense sera enfoncée. (…)

– Nous pensons ordonner à Koniev de porter les Armées de Rybalko et de Leliouchenko sur Berlin par le sud, tandis que Rokossovski devra accélérer son franchissement et attaquer également en débordant Berlin par le nord, dit J. Staline.

1. Le Tissier, *Marshal Joukov at the Oder*, p. 189-190.

– Les Armées blindées de Koniev ont toute possibilité de progresser rapidement, et il convient de les diriger sur Berlin ; quant à Rokossovski, il ne pourra pas commencer son offensive avant le 23 avril, étant retardé par le franchissement de l'Oder.

– Au revoir, me dit assez sèchement J. Staline en guise de réponse, et il raccrocha[1]. »

Staline ne reparlera plus à Joukov durant deux jours, signe de son mécontentement. Mais il publie, le 18 avril, la nouvelle directive de la STAVKA modifiant les missions de Koniev et de Rokossovski. Le premier doit, avec la 3e Armée blindée de la Garde, attaquer Berlin par le sud en passant par Zossen et, avec la 4e Armée blindée de la Garde, pousser jusqu'à Potsdam. Rokossovksi, lui, doit accélérer le franchissement de l'Oder et envoyer son aile gauche vers le nord de Berlin. La course pour la capitale du Reich tourne donc au détriment de Joukov. Notons cependant que l'inquiétude de Staline quant au planning de Joukov est réelle ; elle ne se réduit pas à attiser la rivalité Joukov-Koniev : sinon, pourquoi appeler aussi Rokossovski à la rescousse ? Cet ordre au 2e Front de Biélorussie sera contre-mandé le 25 avril. On peut aussi penser que Staline lâche les Armées de Koniev vers Berlin lorsqu'il devient plus clair qu'Hitler va se battre dans sa capitale plutôt que dans les Alpes austro-bavaroises.

En situation « normale », lorsqu'une formation A éprouve les pires difficultés à percer et, qu'un peu plus loin, une formation B y réussit, on peut espérer que la logique militaire, le calcul gains-coûts ou, tout simplement, le respect de la vie des soldats, amèneraient les chefs à suspendre l'offensive A pour aller renforcer l'offensive B. Les Soviétiques, Koniev notamment, ont déjà opéré ce genre de roque au cours de plusieurs opérations. C'est Staline qui propose cette solution raisonnable à Koniev le 17 avril : « que diriez-vous si les deux Armées de tanks de Joukov traversaient la Neisse dans votre secteur ? » Mais Koniev se récrie, annonçant un désordre gigantesque. Le chef suprême n'insiste pas. Il ne peut que constater la détente du mécanisme concurrentiel qu'il a lui-même armé.

## 2. *La conquête des hauteurs : 17 avril 1945*

Dans la nuit, 255 Il-4 s'en prennent aux colonnes allemandes qui montent vers le front. Puis 458 bombardiers des 16e et 18e Armées aériennes dévastent une vingtaine d'aérodromes ainsi que les P.C d'unités. L'attaque terrestre est relancée partout à 6 h 00, au lever du jour.

### Secteur nord : 61e Armée et 1re Armée polonaise

La 61e Armée renforce sa tête de pont de Neu Glietzen en y faisant passer deux régiments à l'abri d'un barrage d'artillerie et d'un écran fumigène. Une centaine d'hommes du 8e Bataillon pénal laissent leur vie dans l'opération de franchissement. Une autre traversée, un peu au sud, ne sert qu'à établir une minuscule tête de pont. Mais, malgré son incapacité à

1. Joukov, *Mémoires*, t. 2, p. 357-358.

progresser, la 61e Armée retient par son action sur le fleuve le gros des effectifs de la 5e Division de Chasseurs. Or, au sud, l'effondrement de la 606e I.D, dont le chef, qui se croit encerclé, attend passivement l'arrivée des Russes, place les Chasseurs du général Sixt dans une position délicate. Car il leur faut aussi faire face maintenant aux Polonais qui ont introduit une division fraîche, la 6e. Les forces de celle-ci et un appui durable des *Sturmoviks* leur permettent de doubler la taille de leur tête de pont à l'intérieur du coude de l'Ancien Oder. En tentant de les empêcher deux compagnies de chasseurs sont taillées en pièces et plusieurs *Sturmgeschütze* doivent être abandonnés, enlisés dans les fossés de drainage. La rive sise juste en face de Wriezen est occupée. De là, les Polonais peuvent observer la progression très difficile de la 47e Armée.

**Secteur de la 47e Armée et de la 3e Armée de Choc**

L'effondrement de la 606e I.D oblige le CIe Corps à boucher le trou, entre Wriezen et Kunersdorf, avec des unités envoyées par Heinrici, et issues des 25e (35e *Pz.Gren.Reg.*) et 18e *Pz.Gren.Div.* (118e *Pz.Gren.Reg.*). À l'aube, soutenu par une puissante aviation, le 125e Corps s'élance de Thöringswerder et progresse de 3 km. Puis l'infanterie s'arrête sur le bord du *Neuer canal*, à 800 m des premières maisons de Wriezen, d'où parvient un feu nourri. La ville est en feu, Pe-2 et *Sturmoviks* s'acharnent sur les ruines mais sans pouvoir faire taire tankistes et mitrailleurs. Tout passage des T-34 est impossible : on signale derrière Wriezen les Panthers du 5e *Panzerregiment* (25e *Pz.Gren.Div.*) et du village de Bliesdorf on entend partir les claquements secs des pièces de 8,8 cm. Vers midi, le génie soviétique réussit à jeter deux ponts sur le canal et les T-34 s'engouffrent vers Bliesdorf, à 400 m. Mais, entre les ruines, l'*Untersturmführer* Kirk a dissimulé une dizaine de *Hetzer* du 560e bataillon SS de chasseurs de chars. Une trentaine d'engins à l'étoile rouge sont détruits et l'infanterie russe n'ira pas plus loin. Malgré une débauche d'artillerie et une domination aérienne absolue, les 38 000 combattants de la 47e Armée n'ont donc réussi qu'à grignoter une bande de terrain large de 2 000 à 4 000 mètres.

La 3e Armée de Choc ne fait pas mieux. Deux barrages d'artillerie facilitent une avance de 5 km aux premières lueurs du jour puis tout s'enraye progressivement. À grand-peine, on parvient à franchir le canal *Friedlande*r mais, encore une fois, les chars du 9e Corps (2e Armée de tanks de la Garde) sont incapables d'exploiter parce que le 221e Bataillon de pionniers du capitaine Chemeliev ne peut être partout à la fois. En 48 heures, ses 150 hommes épuisés ont lancé plus d'une trentaine d'ouvrages et maintenant le bois manque. Résultat, l'avance du 129e Corps est bloquée dans l'après-midi, à Kunersdorf et Metzdorf, par le 119e *Panzerregiment* (25e *Pz.Gren.Div.*).

Au centre, les combats font rage toute la journée dans l'axe du village de Neu Trebbin. Après 2 500 m d'une progression qui prend deux heures tant le paysage est bouleversé, le 79e Corps est bloqué devant le tas de ruines où se sont retranchés les restes des 4e et 5e Régiments d'entraînement de la Luftwaffe et le 125e Bataillon blindé de reconnaissance. Ces 2 000 hommes sont appuyés à droite et à gauche par les dix *Hetzer* du 25e Bataillon de chasseurs de chars, deux bataillons du 119e *Panzerregiment* et des éléments de *FLAK.* Des milliers d'obus et de bombes s'abattent sur les arrières de Neu Trebbin. Plusieurs fois, les officiers soviétiques, fouaillés par le chef d'Armée (auquel Joukov téléphone toutes les demi-heures…), relancent les régiments à l'assaut. Mais le feu des MG 42 reste vivace, il faut baisser la tête. Les SU-76 se tiennent en arrière : plusieurs ont déjà été touchés par les pièces de FLAK 8,8 cm. L'aviation intervient, en réduit une ou deux au silence, et les Gardes rouges se relèvent en entendant le vrombissement des moteurs des T-34 d'accompagnement. On progresse de quelques centaines de mètres sur la route. *Panzerfaust* ! Des charges creuses fusent des deux côtés. Plusieurs chars s'immobilisent, les autres font demi-tour. L'infanterie s'égaye dans les champs. Comme les Allemands, souvent à moins de 100 m d'eux, les Gardes se tiennent à couvert dans les fossés, dans l'eau glacée jusqu'à la taille. Et cela continue durant dix heures ! Les snipers rouges abattent tout ce qui bouge, les *Hetzer* allument tout ce qui porte une tourelle. Les hommes ont les yeux rougis de fatigue : ils n'ont pas fermé l'œil depuis 48 heures. On meurt de soif. Au crépuscule, une infiltration russe est signalée au cimetière, une autre au moulin. On en vient au corps à corps dans le village, sur fond de haut-parleurs exhortant à la reddition. Deux *Hetzer* sont en feu, des JS-2 entrent dans la rue principale. Ils sont détruits au *Panzerfaust.* À l'aube, les Allemands tiennent toujours le village. En comptant les survivants, on s'aperçoit que 100 % des effectifs du 125e Bataillon blindé de reconnaissance (25e *Pz.Gren.Div.*) ont été tués.

### Secteur de la 5e Armée de Choc

L'Armée de Berzarine réalise encore une fois la meilleure performance de la journée. La danse commence à 05 h 00 avec 20 minutes d'un barrage très concentré sur les lignes de la 9e Division parachutiste. Au nord, le 26e Corps de la Garde s'élance alors que les obus pleuvent encore. Les hommes du colonel Griniov (1028e Régiment, 266e D.I.) se jettent dans l'eau noire de l'Ancien Oder avec des radeaux pneumatiques, à cheval sur des bidons, accrochés à des planches. Une section de parachutistes est anéantie au corps à corps, deux autres s'enfuient, poursuivies jusqu'au village de Quappendorf, à 2 km, où le 288e Régiment de la Garde capture 180 paras du régiment d'entraînement. Griniov entre le premier dans Neu Hardenberg, à 8 km de son point de départ ; il est tué peu après. La rue centrale est prise en enfilade par des SU-85, tandis que des JS-2 viennent mitrailler par les côtés les paras du 28e Régiment en fuite vers la deuxième position de résistance, sur les hauteurs boisées. Dans ce bourg se croisent la rocade Seelow-Wriezen et la route qui file sur le plateau boisé et humide de la Märkische Schweitz.

Mais le 12e Corps blindé de la Garde (2e Armée de tanks) ne peut suivre et exploiter aussitôt, encore une fois faute de moyens de franchissement. Il lui faut faire un détour, cisailler les arrières du 9e Corps, piétiner sur 7 km à travers un paysage lunaire, passer l'Ancien Oder à Platkow, pour revenir par la route jusqu'à Neu Hardenberg. Mais le moment favorable est passé. Déjà, des unités de la 18e *Pz.Gren.Div.* arrivent pour boucher le trou laissé par la 9e Division parachutiste en voie de désintégration. Le temps que les T-34 repèrent la montée à travers bois par la route Neu Hardenberg-Wulkow (qui passe de l'altitude 9 à 64 en 1 500 m), les hommes des premières compagnies des 30e et 51e *Pz.Gren.Reg.* sont allongés, *Panzerfaust* à l'épaule, de part et d'autre de l'entrée du village de Wulkow. Des hauteurs, les pièces de 8,8, qui voient aussi loin qu'il est possible, font déjà mouche à 2 000 m. Les T-34 ne s'engagent pas sur la pente et attendent sagement que l'infanterie vienne les aider à monter sur le plateau. Au soir, les chars n'ont toujours pas bougé.

Au centre, la 295e Division du 32e Corps et la 301e du 9e Corps mettent la demi-journée à s'emparer de Platkow, sur l'Ancien Oder. Il faut approcher six batteries de 76 mm pour démolir le village en tirs directs et contraindre la poignée de survivants du 26e Régiment de parachutistes à se réfugier dans les bois de Wulkow où Heinrici vient de dépêcher les *Panzergrenadieren* de la 18e.

Au sud du secteur, le 9e Corps du général Rosly réussit à encercler Gusow, où le 2e Bataillon du 27e Régiment de parachutistes est quasiment anéanti. Sans perdre une minute, Rosly lance vers Platkow la 301e Division appuyée par des éléments du 11e Corps blindé. Le village tombe : la position *Stein*, dernière ligne de la *GKL*, est tournée par le nord. Aussitôt, le 11e Corps blindé de la Garde emballe ses moteurs et, en suivant le talus de chemin de fer, réussit à se hisser sur le plateau vers vingt heures. Tchouikov, aussitôt prévenu, comprend que sa situation va se débloquer.

### Secteur de la 8e Armée de la Garde

Le 11e Corps franchit la limite fixée entre 5e Armée de Choc et 8e Armée et se présente, sans tirer un obus pour jouer de l'effet de surprise, sur les arrières du 90e *Pz.Reg.Gren.* (20e *Pz.Div.Gr.*), qui tient la ligne de crête entre Werbig et Seelow. L'apparition soudaine des T-34, jointe à un intense pilonnage d'artillerie, provoque un début de panique chez les grenadiers. Les liaisons radio sont coupées, plusieurs *half-tracks* sautent. Les trois bataillons refluent, sous la protection des canons d'assaut, vers le bourg de Görlsdorf, sur la ligne *Stein,* 4 km à l'ouest de Seelow. Plusieurs sections disparaissent corps et biens durant la retraite. Arrivés à midi, les *Panzergrenadieren* sont cueillis par un terrible barrage d'artillerie où se mêlent gros calibres, mortiers de 120 et *Katiouchas* (Tchouikov a récupéré tous les canons lourds de la 69e Armée). Il y a des dizaines de tués. À peine le silence est-il revenu que l'on entend le cri « tanks ! tanks sur l'arrière ! » Nouvelle panique, enrayée par les officiers Mauser au poing. Finalement, à coups de *Panzerfaust*, 300 hommes (sur 1 400 !) réussissent à bloquer dans les bois au nord de Worin le rush des T-34 vers la *Reichsstrasse* 1.

À Seelow, déjà tournée, la situation devient rapidement intenable. Au matin, Tchouikov a demandé la concentration d'un millier de canons sur le bourg lui-même et ses alentours immédiats, notamment sur la pente qui fait face à l'est. La 57e Division du général Zalizyuk mène l'assaut à partir de 8 heures. Après un bond de 300 m, les fusiliers du 172e Régiment se retrouvent bloqués devant un large fossé antichar plein d'eau, dernier obstacle avant la pente. Coincés dans la cohue qui règne sur les arrières, les pontonniers sont introuvables. Le chef du 1er Bataillon, le capitaine Chusovkoi, se jette à l'eau, imité par ses 150 Sibériens qui passent accrochés à tout ce qui flotte. Un système de cordes montées en va et vient permet le passage des mortiers et des mitrailleuses. Les obus soviétiques, qui explosent à 150 m, représentent la menace la plus dangereuse en même temps que la seule protection. À 11 h 30, les hommes grimpent au pas de course, détruisent deux nids de mitrailleuses à la grenade, passent le fossé de la ligne ferroviaire et se jettent dans les premières maisons de Seelow, du côté de la gare. Après avoir subi deux heures de bombardement, le 76e *Pz.Gren.Reg.* doit abandonner la ville alors que les T-34 attachés à la 8e Armée y entrent par le nord. L'infiltration des Russes semble avoir été facilitée par la disparition en pleine nuit d'une unité SS rescapée du siège de Küstrin, mais « physiquement et mentalement épuisée[1] », et de deux compagnies du *Volkssturm*. Le commandant du régiment, le colonel Stammerjohann, est tué. Avec les débris du régiment, on forme un *Kampfgruppe* Rosenke qui prend position derrière le talus de la voie ferrée longeant la crête. Un nouvel assaut des *Sturmoviks* oblige les survivants à se réfugier trois kilomètres à l'ouest, à Diedersdorf, une excellente position *Stein* entre un bois et une zone inondée, par où la *Reichsstrasse* 1 et la voie ferrée filent vers Müncheberg. Mais le moral des *Panzergrenadieren* est brisé. La compagnie la plus forte compte… treize hommes. Le sous-lieutenant Tams relève 90 % de pertes dans sa compagnie en 27 heures de combat !

> « Une dépression s'abattit sur nous alors que nous retraitions, battus et épuisés, à travers la campagne. La force écrasante jetée contre nous nous avait brisé la colonne vertébrale. Notre régiment avait cessé d'exister. C'est la première fois que je fis l'expérience d'une telle perte de confiance parmi nos troupes, alors que nous reconnaissions notre impuissance face au rouleau compresseur qui déboulait de l'est[2]. »

Les *Panzergrenadieren* trouvent sur la position *Stein*, à Diedersdorf, deux pièces de 8,8 cm bien camouflées sous bois, avec des vues dégagées, et quelques terribles *Jagdtiger* du 502e Bataillon blindé lourd SS. Les T-34 se présentent sur la route au crépuscule, espérant passer de nuit. Mais une dizaine de tubes aboient sèchement ; sept chars sont touchés. Le

1. Témoignage de Karl-Hermann Tams, in Le Tissier, *With our Backs to Berlin*, p. 117.
2. Témoignage de Karl-Hermann Tams, in Le Tissier, *With our Backs to Berlin*, p. 122.

11e Corps blindé se replie prudemment sur la route et dans les bois alentours où il attendra carburant et munitions.

À la gauche du dispositif de Tchouikov, les 28e et 29e Corps de fusiliers de la Garde sont toujours au pied des hauteurs, dans la vallée. Deux divisions du 29e, suivis d'éléments du 11e Corps blindé de la Garde, tirent de toutes leurs armes sur les défenseurs du hameau de Ludwiglust. L'endroit est impassable. Un chemin pavé très raide grimpe au milieu des bois puis sous un pont ferroviaire dont les arches forment une sorte de tunnel. L'ensemble est fortifié. On ne sait trop comment les Soviets s'y sont pris mais ils parviennent, vers 07 h 00, à prendre pied sur le plateau, face au village de Friedersdorf. Mais l'endroit est défendu par six Tigres II du 502e SS-Bataillon de chars lourds, appuyé par quatre tubes de FLAK quadruple de 20 mm. Un feu terrible s'abat sur les Gardes, qui se retrouvent coincés au bord du plateau, incapables d'avancer. À 14 heures, à la demande de Tchouikov, un barrage concentré de 45 mn dévaste une zone de 6 km × 2 km, entre Friedersdorf, Dolgelin et Libbenichen. Sous ce feu d'enfer, les restes de la 303e I.D *Döberitz* et du 1er *PzReg.* de la *Kurmark* doivent reculer de 1 500 m en laissant une traînée de sang derrière elles. Une contre-attaque en fin d'après-midi, appuyée par les *Königstigers* des SS, ramène le front sur les lisières est de Dolgelin et Libbenichen. Mais, toute la nuit, les Allemands entendent distinctement les masses de chars (du 8e Corps mécanisé de la Garde) et d'infanterie russes qui grimpent sur le plateau par la brèche Seelow-Friedersdorf.

Au sud, ni la 69e ni la 33e Armées ne sont capables d'engranger de gains notables. Toutes les pénétrations sont bloquées par les unités lourdes en réserve de Corps, le 502e Bataillon SS de chars lourds et le 561e Bataillon SS de chasseurs de chars.

Dans la nuit du 17 au 18, la Luftwaffe reprend ses missions suicides[1] contre les ponts de l'Oder. La veille, les *Focke Wulfe* n'ont guère eu de succès mais l'aspirant Ernst Beichl s'est jeté avec son avion et une bombe de 500 kg contre le pont de bateaux de Zellin, l'incendiant sur 50 mètres. Le lendemain, trente sorties suicide entraînent, selon le communiqué de la Luftwaffe, la destruction de 17 points de passage, dont les deux ponts ferroviaires de Küstrin (confirmé par les Russes), mis hors d'usage pour une semaine.

### Bilan de la deuxième journée

Joukov n'a pas de quoi pavoiser. Son adjoint Teleguine est même carrément dépressif, comme le note le général Babadjanian[2] qui le rencontre au soir du 17 avril. La ligne de crêtes est certes tombée sous les assauts de la 5e Choc et de la 8e Garde, entre Alt Friedland et Libbenichen, de part

1. Les missions suicides sont une idée du général Deichmann, commandant le 1er *Fliegerkorps* qui lance, le 14 avril un appel solennel à ses pilotes. Il y a 27 volontaires.

2. A. Kh. Babadjanian, *Dorogi Pobedy*, trad. all. *Hauptstosskraft*, p. 246.

et d'autre de la *Reichsstrasse* 1, soit une déchirure irrattrapable de 24 km, qui menace de séparer le LVIe *Panzerkorps* du XIe *Panzerkorps* SS. Si le 1er Front de Biélorussie a mis un pied sur le plateau, la percée décisive vers Müncheberg n'est toujours pas réalisée. Hors, selon le plan initial, les Armées de tanks devraient se trouver sur une ligne Eberswalde-Fürstenwalde, 30 kilomètres à l'ouest, au-delà des dernières défenses allemandes. L'aviation, gênée par les mauvaises conditions atmosphériques, n'a pu fournir que 800 sorties, si l'on excepte l'activité des escadrilles de Po-2. Les pertes terrestres sont aussi élevées que la veille. Le Groupe d'Armées Vistule revendique 721 véhicules blindés soviétiques détruits en 48 heures. Ce chiffre représente le quart de la dotation du Front ; il n'est pas forcément exagéré. Comme cela est de règle lorsqu'ils avancent, les Soviets pourront récupérer en 48 heures entre le tiers et la moitié des engins touchés, un autre tiers est envoyé en atelier pour réparations lourdes, un quart peut être considéré comme perte définitive. En attendant, le 11e Corps blindé de la Garde et le 8e Corps mécanisé de la Garde mettent la nuit à profit pour se concentrer au nord et au sud de la trouée de Seelow.

Heinrici veut utiliser les forces conjointes des 18e et 25e *PzGrenDiv.* pour contre-attaquer les Russes en avant de Müncheberg. Hitler en décide autrement et positionne la première sur la direction de Seelow, la seconde derrière Wriezen. Busse demande désespérément des Panzers pour contrer la percée blindée qui s'annonce. Hitler, d'abord réticent, accepte, dans la nuit du 17 au 18, de lâcher tout ce qu'il lui reste : les SS *PzGren-Div. Nordland* (avec le 503e Bataillon SS de Tigres royaux) et *Nederland*, les brigades de chasseurs de chars *Pirat* et *Dorn*, remplies de Jeunesses hitlériennes. Toutes sont retirées à la 3e Armée Panzer, que Rokossovski n'a pas encore attaquée, et expédiées, la première au LVIe *Panzerkorps*, la seconde au XIe *Panzerkorps* SS. En outre, une dizaine de bataillons d'urgence (à 50 % de la Jeunesse Hitlérienne) sont enlevés par bus de Berlin et acheminés dans la région de Müncheberg.

À minuit, les deux divisions SS, stationnées dans la région d'Eberswalde, prennent la direction du sud. Il y a 55-60 km à parcourir par de petites routes mais les ponts détruits par la V.V.S, le trafic militaire et civil intense, le manque de carburant, expliquent l'arrivée des SS près de Müncheberg au petit matin seulement et par petits paquets. Des deux unités, la *Nordland*[1] (*Gruppenführer* Ziegler), sévèrement étrillée en Poméranie, est la moins faible avec 3 000 combattants, 24 *Sturmgeschütze* et 10 *Jagdpanzer* IV. Un punch terrible lui est néanmoins donné par le

1. Composée des 11 SS *PzReg.*, 11 SS *Hermann von Salza Pz. Abt* (bataillon), *SS. Pz. Abt.503* (Bataillon de Tigres II), 23 SS *Norge PzGrenReg* (volontaires norvégiens), 24 SS *Danmark PzGrenReg* (volontaires danois), 11 SS bataillon de reconnaissance blindée, 11 SS FLAK Bataillon, 11 SS Bataillon de pionniers, 11 SS Bataillon de chasseurs de chars, 11 SS Bataillon de *Sturmgeschütze,* 11 SS Régiment d'artillerie. La grande majorité des personnels sont allemands et non pas scandinaves.

bataillon lourd SS 503 (*SS.Pz.Abt.503,* intégré à la *Pz.Abt.Hermann von Salza*), l'unité qui, malgré sa brève période de vie, quatre mois, compte le plus grand nombre de coups au but par jour de toute la guerre. Son chef, le *Sturmbannführer* Herzig, mène au combat 12 *Königstigers*, couverts par une demi-douzaine de FLAK quadruple 20 mm sous casemate et sur affût chenillé de 22 tonnes *Wirbelwind*. Ces deux armes, chacune dans leur catégorie, sont sans équivalent dans les armées de l'époque.

La division *Nederland* est en réalité un *Kampfgruppe* d'un millier d'hommes composé du 48ᵉ *SS General Seyffarth PzGrenReg* avec ses armes lourdes (*Sturmgeschütze, Jagdpanzer*).

Dans l'immédiat, Busse est surtout préoccupé par la progression de Koniev dans le secteur de la 4ᵉ Armée Panzer (Groupe d'Armées Centre), sur sa lointaine aile sud. Avec l'appui d'Heinrici, il tente d'obtenir un retrait de son Armée, avant qu'elle ne soit enveloppée. Mais Hitler ne veut rien savoir, avance qu'une contre-attaque est en cours contre Koniev et exige que la 9ᵉ maintienne ses positions partout et les reprenne, si nécessaire, par des contre-attaques[1]. Le découplage s'amorce entre les vues de Hitler et celles des deux généraux. Le premier veut garder Berlin en se battant dans les rues, les seconds désirent sauver le Groupe d'Armées Vistule de la captivité en Union Soviétique.

### 3. *Le point culminant de la bataille : 18 avril 1945* (*carte 37*)

Le temps s'est mis au beau. La Luftwaffe fournit un gros effort pour gêner le bombardement soviétique. Elle revendique, sur l'ensemble du front est, Hongrie exceptée, 169 victoires ce jour-là, ce qui restera son meilleur score. Deux as soviétiques sont abattus et tués : le capitaine Ivan Landik (*La-7*, 16 victoires en solo) et le lieutenant Piotr Guchyok (*Airacobra,* 18 victoires). Les pertes allemandes ne sont pas connues avec précision mais elles devraient largement dépasser la centaine, le 6ᵉ GIAK seul, dans le secteur de Koniev, étant crédité de 56 victoires. Au-dessus des troupes de Joukov, Yevseyev et Popkov sont crédités de 2 victoires dans la journée, Brodsky, Kalachnikov, Tkachenko, Tuzhilin et Glinka (49ᵉ victoire), de 3, Morgunov, de 4 et Yerchov abat 5 Fw-190 en deux sorties.

### Secteur nord : Polonais, 47ᵉ Armée, 3ᵉ Armée de Choc

La 1ʳᵉ Armée polonaise passe la journée à nettoyer la rive nord de l'Ancien Oder : 24 heures de combat pour prendre quatre villages et une demi-douzaine de hameaux ! Dans les prés inondés, le combat d'infanterie est un calvaire. Déplacer une pièce, un véhicule demande l'appoint permanent de la traction humaine. Et pourtant, l'allant des troupes de Poplawski est, de l'avis même des Soviétiques, remarquable. Mais ils doivent compter avec des contre-attaques rageuses de la 5ᵉ Division de Chasseurs – et du 1ᵉʳ Bataillon SS de la Garde –, qui reprend deux fois le village de Neu

1. In Busse, *Die Letzte Schlacht der 9 Armee*, p. 165.

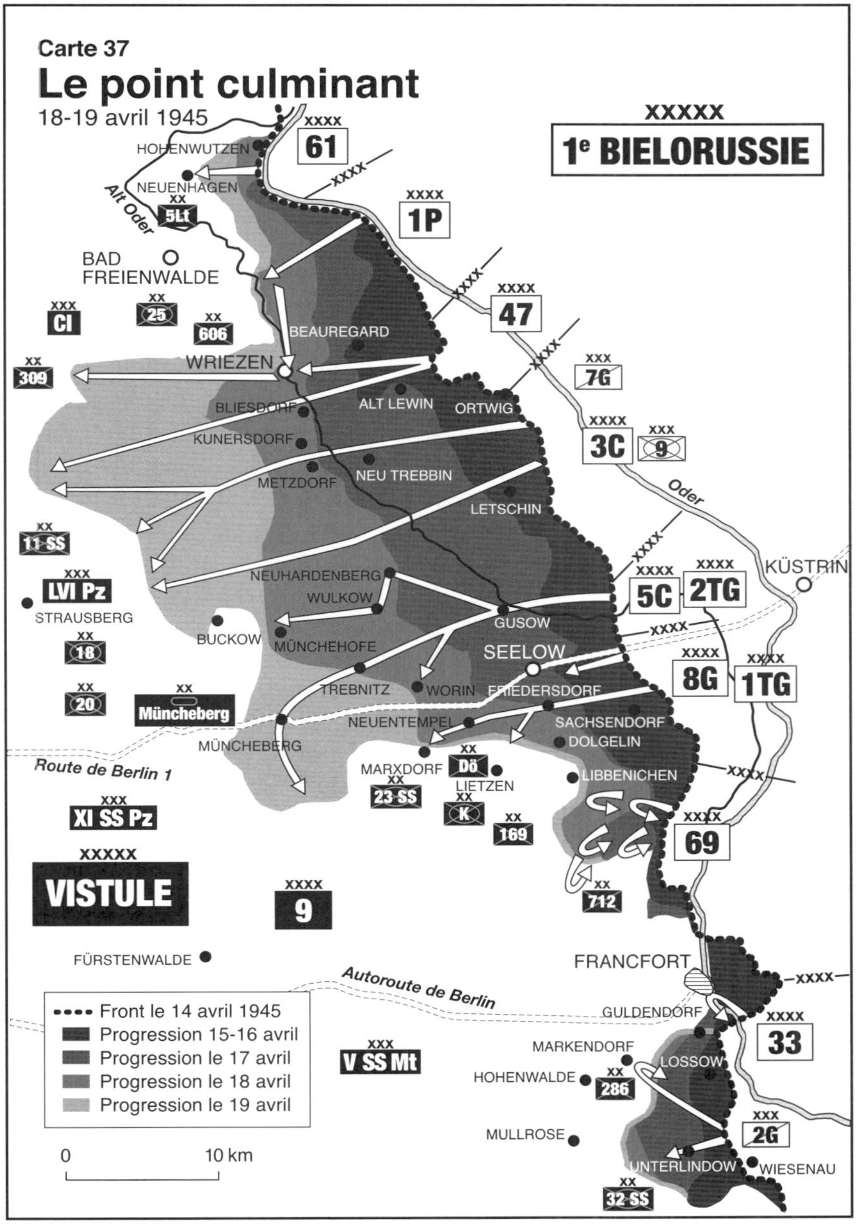
Carte 37
Le point culminant
18-19 avril 1945
XXXXX
1e BIELORUSSIE
XXXX 61
XXXX 1P
XXXX 47
XXX 7G
XXXX 3C
XXX 9
XXXX 5C
XXXX 2TG
XXXX 8G
XXXX 1TG
XXXX 69
XXXX 33
XXX 2G
Oder
Alt Oder
KÜSTRIN
HOHENWUTZEN
NEUENHAGEN
XX 5Lt
BAD FREIENWALDE
XXX CI
XX 25
XX 606
XX 309
BEAUREGARD
WRIEZEN
BLIESDORF
ALT LEWIN
ORTWIG
KUNERSDORF
METZDORF
NEU TREBBIN
LETSCHIN
XX 11 SS
XXX LVI Pz
STRAUSBERG
NEUHARDENBERG
WULKOW
GUSOW
BUCKOW
MÜNCHEHOFE
SEELOW
XX 18
XX 20
XX Müncheberg
TREBNITZ
WORIN
FRIEDERSDORF
NEUENTEMPEL
SACHSENDORF
DOLGELIN
MÜNCHEBERG
Route de Berlin 1
MARXDORF
XX Dö
LIETZEN
LIBBENICHEN
XX 23 SS
XX K
XX 169
XXX XI SS Pz
XXXXX VISTULE
XXXX 9
XX 712
FÜRSTENWALDE
FRANCFORT
Autoroute de Berlin
GULDENDORF
MARKENDORF
LOSSOW
HOHENWALDE
XX 286
XXX V SS Mt
MULLROSE
UNTERLINDOW
WIESENAU
XX 32 SS
Front le 14 avril 1945
Progression 15-16 avril
Progression le 17 avril
Progression le 18 avril
Progression le 19 avril
0
10 km

Küstrinchen, avant d'en être deux fois chassée par un roulement de *katiouchas*. Au soir, les Allemands doivent se retirer sous peine d'anéantissement. Le feu d'artillerie leur interdisant de se rétablir derrière la digue est ou sur la berge ouest de l'Ancien Oder, ils gagnent à la faveur de l'obscurité les positions hautes de la ligne *Wotan*. Inquiet d'avoir à prendre les crêtes d'assaut, Poplawski reçoit alors une bonne nouvelle de son voisin.

En effet, au sud, la 47e Armée débloque la situation en s'emparant de Wriezen dans la soirée après de féroces combats : un des piliers de la défense de la 9e Armée s'effondre. À l'exception de 200 hommes encerclés dans la malterie, les restes accablés du 35e *PzGrenReg.* se retirent vers le village de Biesdorf, où, à 4 h 00, le 1er Bataillon est saisi par surprise par la 328e Division de fusiliers et anéanti.

Au sud de Wriezen, les *Hetzers* du 560e Bataillon de chasseurs de chars SS se battent toute la journée mais doivent se retirer à la nuit de 5 km vers l'ouest. Le 119e *PzGrenReg.* tente de s'accrocher à la ligne de défense devant Kunersdorf (canal de *Friedlander*), d'où il est repoussé par le 79e Corps de la 3e Armée de Choc qui parvient à grimper sur la crête. Son commandant, exécutant strictement les ordres du Führer, ordonne de contre-attaquer pour restaurer la position. Les grenadiers tombent dans un terrible barrage d'artillerie et regagnent leur point de départ en désordre. La position *Hardenberg* est perdue. Pressé au nord par la 3e Armée de Choc, le 119e essaie de s'en tirer en faisant dresser un écran fumigène. Mais l'artillerie ne reçoit pas l'ordre à temps et la retraite donne lieu à de lourdes pertes sous l'assaut des T-34 et des SU-85 qui envahissent le plateau à l'ouest de Wriezen. Le reliquat exsangue du régiment se retrouve à 8 km de son point de départ, à Frankenfelde.

Un peu au sud, les 150e et 171e Divisions de fusiliers réussissent à leur tour à rompre la position *Hardenberg* à Metzdorf. Protégées par un barrage roulant remarquablement précis, elles escaladent l'escarpement et avancent de 5 km, jusqu'aux villages de Möglin et de Batzlow, où s'est positionné le fantôme de la 309e I.D. Son 1234e Régiment *Potsdam* compte 34 hommes en ligne sur 1 200 recensés 48 heures auparavant, tout le reste étant tué, blessé ou disparu[1] ! Sur leur gauche, la 2e Armée de tanks de la Garde déploie ses brigades pendant la nuit. Devant elle, la route nord vers Berlin (à 59 km de Batzlow) file, par Prötzel et Bernau, à travers un plateau ondulé qui laisse à gauche l'obstacle redouté de la Märkische Schweitz, une région de bois et de lacs cauchemardesque pour les chars.

Plus au sud, avec une ténacité qui force l'admiration, la poussière d'unités groupées autour du 652e Régiment de grenadiers continue à tenir tout le jour Neu Trebbin, dans l'*Oderbruch*, alors que les Soviétiques sont déjà 10 km dans leur dos, sur le plateau. À l'aube du 19, enfin, l'ordre de décrochage est donné. Abandonnant tout le matériel dont de précieux *Hetzers* devant le fossé *Mittel-Graben* (10 m de large), les hommes fuient

1. Témoignage de Gehrard Tillery, in Le Tissier, *With our Backs to Berlin*, p. 49.

vers l'ouest poursuivis par un barrage roulant, rattrapés et hachés sous les chenilles des T-34. Les survivants se dispersent au pied des crêtes pour tenter leur chance individuellement. Ils croisent de crânes Jeunesses Hitlériennes de 15-16 ans qui contre-attaquent dans l'autre sens depuis Gottesgabe, pour se faire rejeter aussitôt avec d'énormes pertes. Arrivés sur la crête, les isolés qui ont une arme sont arrêtés par les barrages de *Felgendarmerie*, reformées en compagnies et renvoyés aussitôt en ligne.

### Secteur centre : 5ᵉ Armée de Choc et 8ᵉ Armée de la Garde

Dans cette zone clé, le 18 janvier est un moment de confusion, de combats de chars nombreux et décousus, sur un plateau ondulé et en partie boisé, où les Allemands réussissent quelques embuscades d'anthologie. Les deux Armées de tanks soviétiques, mêlées à des unités d'infanterie de la 5ᵉ Armée de Choc et de la 8ᵉ Armée de la Garde, se précipitent vers Müncheberg, qui est la porte de sortie de ce plateau vers Berlin. Le mouvement se fait en éventail. Du nord accourent des unités de la 2ᵉ Armée de tanks de la Garde, par les routes venant du secteur de la 5ᵉ Armée de Choc (Batzlow-Reichenberg, Karlsdorf-Hermersdorf, Neu Hardenberg-Wulkow). De l'ouest, la 1ʳᵉ Armée de tanks de la Garde, précédant la 8ᵉ Armée de la Garde, attaque au nord de la *Reichsstrasse* 1 sur un front d'une quinzaine de km.

La Luftwaffe essaie de se joindre à la lutte en envoyant un paquet de 35 avions d'assaut contre les colonnes de chars. Mais les appareils sont détectés par les radars de la 16ᵉ Armée aérienne qui dirige contre eux 24 chasseurs déjà sur zone. Arrivés 1 000 m au-dessus des Fw-190, les Yak-9 se laissent tomber, semant la confusion parmi les Allemands, dont quatre appareils sont abattus. Le reste fait demi-tour. Deux des victoires vont au lieutenant Ivan Kouznetzov, qui abat encore 2 Fw 190 dans l'après-midi. Six autres victoires font monter son compteur à 26, le 23 avril.

Le 11ᵉ *SS Panzerregiment* de l'*Obersturmbannführer* Kausch arrive dans la nuit sur le secteur, en avant-garde de la Division *Nordland.* Kausch prend contact avec les bataillons de paras réfugiés dans les bois au sud-est de Reichenberg et décide d'aller sur leur gauche s'embusquer derrière un repli de terrain qui surplombe la route de Reichenberg à Buckow. Curieusement, Kausch a formaté son unité sur le modèle soviétique, en petits groupes de combat rassemblant deux compagnies d'infanterie lourdement armées autour d'un ou deux Tigres-II et de 4 ou 5 chasseurs de chars. À peine, les positions sont-elles prises que l'on entend un vacarme de moteurs diesel : une colonne de chars russes sort de la forêt. Les groupes de combat SS passent alors de l'autre côté du vallonnement et aperçoivent les Soviets défilant de flanc à 1 000 m d'eux. En une vingtaine de minutes, 70 T-34 restent sur le carreau, soit une brigade complète !

Pendant ce temps, les premières compagnies du régiment SS *Norge* arrivent dans les bois au nord-est de Buckow pour se faire cueillir aussitôt par des tirs de mortiers et d'artillerie très violents. À leur droite, le 11ᵉ Bataillon SS de reconnaissance vient aider les paras de la 9ᵉ à tenir devant le village clé de Wulkov, sur la route de Neu Hardenberg. Mais, là aussi, l'unité tombe dans un barrage d'artillerie infernal qui tue du monde, dont le colonel Menke (27e Régiment de parachutistes). On se replie en hâte dans le village, puis derrière, à mesure que s'allongent les tirs. Ce faisant, de l'espace est laissé aux Soviets pour tourner, à droite comme à gauche, les deux bataillons de la 18e *PzGrenDiv*. Il n'y a pas d'autre choix que de reculer dans la direction générale de Müncheberg. Enfin, un bataillon du régiment SS *Danemark* se fait aussi cueillir à froid en arrivant dans le village de Hemersdorf. On se replie en hâte vers Obersdorf, au sud.

Face à la 8e Armée de la Garde, des éléments mêlés de la *Kurmark*, *Müncheberg* et 90e *PzGrenDiv.* s'arc-boutent autour de la *Reichsstrasse* 1. Dès le matin, une contre-attaque appuyée par des *Focke-Wulfe* d'appui au sol débouche par surprise de Diedersdorf et malmène une brigade avancée de la 1re Armée de tanks, obligeant Tchouikov à envoyer en pompier sa réserve, la 39e Division de fusiliers de la Garde. Mais déjà, derrière Diedersdorf, une autre brigade approche par le nord du carrefour de Jahnsfelde. Appelé en pompier pour reprendre coûte que coûte le village de Trebnitz, le capitaine Zobel (1er Bataillon du *PzReg Müncheberg*) choisit de se placer en position défensive sur le passage à niveau à l'est du village. Aussitôt, la brigade blindée rouge se présente en colonne. Elle est exterminée aux deux tiers. Mais, une heure après, un déluge d'obus contraint Zobel à regagner Müncheberg en hâte.

Malgré plusieurs succès tactiques, les unités allemandes, trop faibles, manquant désespérément d'infanterie et d'artillerie, doivent céder toujours plus de terrain. L'arrivée de la 5e Armée de Choc à Trebnitz condamne les unités en position plus à l'est, le long de la *Reichsstrasse* 1 à reculer. Elles le font dans l'après-midi après avoir bloqué six heures durant la progression du 8e Corps mécanisé de la Garde et seulement après que Tchouikov a réengagé sa division de réserve et Joukov donné le 3e Corps de cavalerie de la Garde.

Au sud, la 69e Armée ne progresse guère. Elle se borne à exercer une pression continue sur les 169e et 712e I.D. La progression des Armées de Joukov au nord, celle du 1er Front d'Ukraine au sud, oblige à évacuer la tête de pont et la ville de Francfort/Oder, après avoir fait sauter le pont.

À Berlin, Hitler fait demander fébrilement au général Thomale, chef d'état-major de l'inspection générale des troupes blindées, combien de matériels peuvent être envoyés vers le Groupe d'Armées Vistule. En raclant jusqu'à l'os usines et dépôts, on trouve une douzaine de Mark IV, une quinzaine de Panthers, 20 chasseurs des chars, 14 half-tracks et une douzaine d'*Hummel*. Aucun de ces matériels blindés n'aura le temps de parvenir aux troupes. Ils resteront pour la plupart à Berlin, où ils participeront à la dernière bataille.

**Bilan de la troisième journée**

Les forces soviétiques ont nettement progressé, enlevant la deuxième – et principale – zone défensive (*GKL*) dans sa totalité. Mais le temps de l'exploitation n'est pas encore venu et les pertes sont toujours élevées (le Groupe d'Armées Vistule revendique 157 chars détruits ce 18 avril). En l'air, la V.V.S, qui a réalisé 4 032 sorties pour le compte du 1er Front de Biélorussie, réduit ses pertes à une centaine pour la journée, contre 151 côté allemand.

Au soir, Joukov, de plus en plus irrité par le retard qui s'accumule, tenu au courant de la progression rapide de Koniev, réagit par une série d'ordres confus. Il y souffle un air de récrimination contre les généraux d'Armées auxquels il demande d'organiser la coopération entre Armées combinées et Armées de tanks en échangeant des officiers de liaison à tous les niveaux. Dans un des ouvrages qu'il écrit après-guerre, Tchouikov réagit vertement :

> « Il était impossible de faire entrer dans les faits en quelques heures la recommandation de coordonner les Armées combinées et les Armées de tanks. (Cet ordre) signifiait, au fond, que tout devait être complètement revu. Ce travail aurait dû être accompli par le Q.G du Front quand l'opération était encore au stade de la planification, quand il y avait du temps pour ça. Et le point principal de savoir ce que les Armées de tanks avaient à faire demeurait non résolu : devaient-elles opérer indépendamment, exécutant les ordres du commandant de Front, ou devaient-elles être attachées, comme arme de support, aux Armées combinées ? Attribuer la responsabilité de la coordination aux commandants d'Armée à un moment critique de l'opération signifiait simplement abdiquer sa propre responsabilité et la laisser porter par d'autres. »

## *4. La décision : 19 avril 1945*

La mauvaise visibilité fait chuter l'activité aérienne mais pas les pertes de la Luftwaffe qui se montent encore à 112 appareils en 24 heures. Les avions soviétiques parviennent à neutraliser les aérodromes situés à l'est de la ligne Prenzlau-Berlin, détruisant une douzaine d'appareils au sol, dont deux 2 Me 262 (JG 7) à réaction. À l'instar des troupes au sol, la Luftwaffe approche de la limite de rupture.

### Secteur nord : Polonais, 47e Armée, 3e Armée de Choc

Plutôt que de lancer l'assaut à la position *Wotan* bien aménagée sur les crêtes, dans la nuit, le général Poplawski fait passer le gros de son Armée (3e, 4e, 6e D.I., 1er Corps blindé polonais) à travers les ruines fumantes de Wriezen et gagne par les bois le plateau au nord de Biesdorf. Il prend ainsi à revers les défenses de la 5e Chasseurs, dont les régiments se retirent vers Bad Freienwalde, à 10 km au nord de Wriezen, hors de portée du CIe Corps, qui se trouve ainsi coupé en deux. Au soir, le Q.G du CIe Corps et les restes épuisés de la 5e Chasseurs retraitent encore plus loin, vers Eberswalde, à l'abri derrière le canal de Finow. Ce Corps n'est plus dès lors partie prenante de la bataille pour Berlin ; il sert à masquer le flanc sud de la 3e Armée Panzer de Manteuffel (à laquelle il est d'ailleurs rattaché le 22), attaquée le lendemain par Rokossovski. Pour les Polonais, en revanche, la route de la banlieue nord de Berlin est ouverte.

Heinrici tente malgré tout de colmater le flanc ouvert de la 3e Armée Panzer. Il utilise l'état-major du IIIe *Panzerkorps* (Germ.) de l'*Obergrup-*

*penführer* Felix Steiner, qui commande la réserve placée derrière Manteuffel. Ordre lui est donné de filer à Eberswalde, de prendre les restes du CI^e Corps et de la 25^e *PzGrenDiv.* sous son commandement et de les étirer le long du canal de Finow pour empêcher les Soviets de prendre Manteuffel à revers. Steiner reçoit aussi la 45^e Division SS de grenadiers de la police, la 3^e Division navale appelée de Swinemünde, des éléments de la Luftwaffe (12 000 à 15 000 hommes), des pompiers, des policiers, du *Volkssturm*, bref la litanie habituelle et bigarrée qui fait l'ordinaire de la Wehrmacht en cette fin de guerre. Dans l'immédiat, Steiner doit faire face à l'allongement constant de son flanc, les Soviétiques avançant de 20 km par jour vers l'ouest.

Juste au sud, la 47^e Armée poursuit les éléments décimés de la 25^e *PzGrenDiv.* à travers le plateau, où les pelotons de *Feldgendarmerie* parviennent à rendre leur sang-froid aux *Landsers*. Après une avance de 10 km, les Soviets s'arrêtent à l'orée de la forêt à l'ouest de la ligne Biesdorf-Haselberg-Harnekop. La 3^e Armée de Choc avance, elle de 15 km et menace l'important carrefour routier de Prötzel d'où le 9^e Corps blindé et le 1^er Corps mécanisé (2^e Armée de tanks de la Garde) pourraient aller ravager les arrières de la 9^e Armée. Des éléments blindés de la 11^e Division SS *Nordland* parviennent à endiguer le flot quelques heures mais doivent, à leur tour, se replier vers l'ouest, dans la direction de Strausberg. L'historien Wilhelm Tieke a recueilli un témoignage étonnant à propos de la défense de Prötzel. L'équipage d'un Panther immobilisé est en train de tenter de redémarrer lorsqu'il aperçoit une immense colonne de véhicules soviétiques s'avançant vers lui. En dix minutes, le char lâche 25 obus qui touchent 20 chars soviétiques, le vingt-sixième obus servant à saboter la machine.

### Secteur centre : 5^e Armée de Choc et 8^e Armée de la Garde

Le troisième des Corps de la 2^e Armée de tanks, le 12^e de la Garde, s'est rassemblé durant la nuit dans le bourg de Ringenwald. À l'aube, il prend la route de Reichenberg, en cours d'attaque par la 26^e Division de fusiliers de la Garde. Puis le major-général Teltakov déploie ses engins de part et d'autre de la route. Bien lui en a pris car le 23^e SS *PzGrenReg. Norge* a préparé une embuscade au *Panzerfaust* devant le village de Pritzhagen. Teltakov est immédiatement averti et fait « traiter » le village par son artillerie autopropulsée. Les SS refluent dans la forêt. Teltakov fait alors bombarder les cimes des pins, créant des milliers d'éclats meurtriers qui chassent le *Norge* plus loin vers le sud-ouest, à Bollersdorf, où un *Königstiger* montre sa silhouette dissuasive. Mais les tankistes russes débordent par la droite et Bollersdorf tombe en soirée, signant une avance de 10 km, sans trop de pertes cette fois. À gauche de Teltakov, le 9^e Corps de fusiliers met le feu à la forêt, dispersant le 24^e *SS PzGrenReg. Danmark*, qui se réfugie dans le bourg de Buckow.

Dans la journée, Berzarine regroupe ses trois Corps et les lance vers l'ouest. Or, c'est dans le secteur Batzlow-Reichenberg, à cheval entre 3^e Armée de Choc et 5^e Armée de Choc, que se produit enfin la percée des chars. Côte à côte, le 12$^{e}$ Corps blindé de la Garde et le 1$^{er}$ Corps mécanisé (2$^{e}$ Armée de tanks de la Garde) traversent la dernière ligne de défense allemande, pendant qu'une nuée de *Sturmoviks* tient en respect le 11$^{e}$ *SS Panzerregiment*. On avance sans trop de difficultés de 9 km à travers bois et champs. À droite, le 26$^{e}$ Corps progresse jusqu'aux lisières du carrefour routier de Prötzel. Au centre, le 32$^{e}$ Corps s'empare de Grunow, où il trouve un gros dépôt d'essence intact. À gauche, la ville de Buckow, l'autre position clé de la ligne *Wotan*, est prise par une attaque concentrique des régiments des 301$^{e}$ et 248$^{e}$ Divisions (9$^{e}$ Corps), appuyée par 200 canons et 50 lance-*katiouchas*. Au soir, les Soviétiques notent une baisse générale de la résistance sur cet axe.

Dans le secteur de Tchouikov, la 1$^{re}$ Armée de tanks converge vers Müncheberg. Le 11$^{e}$ Corps blindé de la Garde pousse difficilement de Trebnitz aux lisières de Müncheberg (6 km), contenu pas à pas par un bataillon blindé de la *Müncheberg*, des éléments de la 20$^{e}$ *PzGrenDiv*, des paras isolés de la 9$^{e}$, le bataillon de reconnaissance de la 11$^{e}$ *SS PzDiv*. Des mines et un fossé antichar rendent difficile toute manœuvre par les flancs. Le 8$^{e}$ Corps mécanisé de la Garde progresse aussi péniblement par la *Reichsstrasse* 1 mais ses gros parviennent à se rassembler devant Müncheberg vers 16 h 00 avec le 11$^{e}$ Corps blindé. Cherchant à contourner l'obstacle, une des brigades mécanisées se jette à gauche par la route de Jahnsfelde à Heinesdorf et repère le 3$^{e}$ Bataillon du 18$^{e}$ Régiment d'artillerie en plein mouvement. Mais les tirs d'artillerie préviennent les Allemands, qui se mettent hâtivement en position. Au cours d'un combat terrible de deux heures, le bataillon est exterminé mais l'on compte des dizaines de blindés rouges touchés. À droite, une autre brigade qui veut pousser sur Maxdorf bute sur un *Königstiger* bien camouflé qui détruit 12 engins et retient toute la colonne durant deux heures. Maxdorf tombe mais les Soviets sont aussitôt chassés du bourg par une contre-attaque surprise d'un groupe de combat SS de la *Nederland*. L'unité russe perd encore plusieurs heures à rassembler son artillerie, détruire le bourg, déminer et passer.

Mais l'essentiel se passe à Müncheberg, le point fort de la dernière ligne défensive dont dispose Busse, la position *Wotan*. À 18 h 00, le 11$^{e}$ Corps blindé de la Garde attaque la ville depuis la route d'Obersdorf. Au sud-est, le 8$^{e}$ Corps mécanisé de la Garde réussit à percer la dernière ligne de défense et à avancer jusqu'aux environs d'Eggersdorf. Enfin, du nord et du nord-ouest, la 82$^{e}$ Division de fusiliers de la Garde s'infiltre dans les bois et pénètre dans la ville par un secteur non défendu. Les combats de rues durent plusieurs heures mais, à minuit, les Russes sont maîtres de Müncheberg. Ils comptent 400 cadavres allemands et 27 épaves de véhicules blindés. À la sortie de la ville, une colonne de 150 véhicules, réservoirs à sec, est prise intacte. À la gare, Tchouikov se saisit de 150 wagons chargés de matériel militaire. Sur des wagons plats, plusieurs Panthers à peine sortis d'usine, sans leur peinture de camouflage. Deux heures plus tard, on signale déjà un parti de T-34 à 20 km de là, près de Fürstenwalde, sur l'autoroute Francfort-Berlin, vers où des autobus municipaux ont jeté cinq bataillons de *Volkssturm* et trois bataillons de la 15e *Waffen SS-Grenadier-Division* sans armes lourdes. Mais ce n'est pas dans cette direction que va s'engager la 1re Armée de tanks de la Garde : elle fonce droit vers l'ouest par la *Reichsstrasse* 1. Le LVIe *Panzerkorps* se trouve séparé du XIe SS-*Panzerkorps* par un trou de 15 kilomètres et il n'y a plus rien pour raccommoder. Pour Joukov, la course avec Koniev prend son vrai départ.

Au sud de l'action principale, la 69e Armée ne réussit guère à avancer. Mais elle bloque efficacement les restes très fatigués des 303e, 169e, 712e, 286e I.D, 32e *SS 30 Januar*, 319e Division de sécurité et divers groupes de combat. La détérioration de la situation au nord amène Busse à envisager un ordre de retraite, 30 km vers l'ouest, pour tenter d'établir une ligne de résistance sur la Spree. Comme cela condamne ces forces à rester en dehors de la bataille pour Berlin, Hitler refuse. Ce faisant, en les laissant trop longtemps sur l'Oder, il les condamne à l'encerclement et à l'anéantissement.

**Bilan du quatrième jour**

Dans la nuit du 19 au 20 avril 1945, la bataille de l'Oder est terminée. Les Soviétiques ont réussi à surmonter la dernière défense organisée. En quatre jours, ils ont avancé de 30 km sur un front de 70 km. La 9e Armée, toutes réserves consumées, n'est plus qu'un agglomérat d'unités désorganisées qui fuient vers l'ouest, seul le LVIe *Panzerkorps* garde sa cohésion. Elle compte 12 000 morts en quatre jours, plus 10 000 prisonniers. Pour comparaison, c'est quatre fois plus de tués que n'en a eus la 6e Armée de Paulus dans les combats de Stalingrad entre le 13 septembre et le 18 novembre 1942 ! Si l'on en croit Krivosheev, le 1er Front de Biélorussie a perdu 37 610 tués (plus 2 825 Polonais) dans l'opération Berlin, y compris dans les combats pour la ville elle-même. Ce qui laisserait environ 27 000 tués, estimation basse selon certains d'historiens[1] mais trop haute, selon d'autres, pour la seule bataille de l'Oder[2]. Le monument aux morts de Seelow, bâti par la RDA, parle des restes de 33 000 soldats soviétiques, chiffre sans doute plus près de la vérité selon Le Tissier, mais on ne peut exclure qu'y reposent des hommes tombés dans Berlin ou dans les combats contre la 9e Armée de Busse. À ces pertes humaines s'ajoutent, d'après le Groupe d'Armées Vistule, la mise hors de combat de 743 chars et canons automoteurs, la dotation complète d'une Armée de tanks !

Il n'est pas dans notre intention de réduire la stature du maréchal Joukov, dont nous pensons qu'il pourrait prétendre au titre de plus important capitaine du XXe siècle pour avoir, par son énergie, sa détermination, sa vision, sauvé, à l'automne 1941, l'Union soviétique du chaos, l'Armée rouge de l'abandon, infligé à Hitler aux portes de Moscou sa première et,

1. Le Tissier, par exemple, croit possible que Joukov ait perdu 70 000 tués. In *Zhukov at the Oder*, p. 240. Mais il ne donne aucun fait ou argument.
2. Krivosheev, *Soviet Casualties*…, p. 159.

peut-être, sa plus importante défaite. Mais il faut convenir qu'il donne devant les hauteurs de Seelow sa pire prestation de la guerre, si l'on excepte l'opération Mars[1]. Récapitulons les erreurs commises par Joukov, dont beaucoup proviennent d'une reconduction mécanique sur l'Oder de l'opération menée quatre mois plus tôt sur la Vistule.

1. Le choix d'un assaut frontal dans une zone impossible pour les chars et l'infanterie.

Alors que se présente l'option d'un renforcement des deux ailes – surtout celle du nord[2] – où de bons résultats pouvaient être rapidement obtenus. Or, ce plan B existe. C'est Joukov lui-même qui l'a soutenu devant la STAVKA en mars 1945 ! Il proposait un assaut en deux temps. Un : constitution d'une tête de pont dans la région de Schwedt ; parallèlement, prise de Francfort/Oder et élargissement de cette seconde tête de pont. Deux : assaut en pince contre Berlin par le nord et le sud. Mais Staline refuse au motif que les préparatifs seraient trop longs. Staline préfère le plan A, plus rapide dans son exécution. Quelques jours plus tard, lorsqu'il saisit pleinement la hâte extrême de Staline, Joukov apporte une modification de taille au plan A tel que la STAVKA l'a avalisé. Alors qu'il avait prévu d'envoyer vers le nord de Berlin ses DEUX Armées de tanks, introduites derrière les 3e et 5e Armées de Choc, il change brusquement d'avis. Que faire, se demande-t-il, si l'on ne peut emporter les hauteurs de Seelow ? Joukov décide alors que ce sera à ses deux Armées blindées de compléter la percée dans ce secteur. C'est la raison pour laquelle il substitue à l'enveloppement asymétrique par une aile un double enveloppement en expédiant Katoukov sur les arrières de la 8e Armée de la Garde avec mission de foncer vers la banlieue sud. Cette modification l'oblige à resserrer 1 500 chars et 20 000 véhicules au centre, de part et d'autre de la *Reichsstrasse* 1. Staline acquiesce mais il reprochera amèrement à Joukov d'avoir fait en dernière minute ce choix d'un coup unique au centre.

2. L'effort de reconnaissance aérienne a été très pauvre, sans commune mesure avec le travail sérieux accompli pour l'opération Vistule-Oder.

Résultat : la deuxième ligne de défense (hauteurs de seelow) est mal connue, la troisième, quasi inconnue. Les reconnaissances terrestres n'ont pas été, quant à elles, capables de dévoiler les plans de feux ennemis.

---

1. L'opération *Mars* devait, à l'automne 1942, anéantir la 9e Armée (déjà !) allemande dans le saillant de Rjev avec des forces supérieures à celles réunies pour l'encerclement de la 6e Armée à Stalingrad. Elle aboutit à un fiasco retentissant, 100 000 tués, 250 000 blessés, pour un gain territorial dérisoire.

2. L'éperon de Reitwein est aux mains des Soviétiques depuis mars. Certes, il est étroit (4 km à sa base) et fermé par le village fortifié de Podelzig. Mais il a l'immense avantage d'être situé au-dessus des hauteurs de Seelow. Une poussée à cet endroit aurait peut-être mérité l'attention de Joukov ; elle aurait pu prendre de flanc la défense de Seelow. Cependant, comme il n'y a qu'une seule route qui monte sur l'éperon, ce n'est pas par là que les Soviétiques pouvaient introduire leurs deux Armées blindées.

3. L'excès de confiance accordée aux effets de la préparation d'artillerie alors que le dispositif ennemi est très mal connu.

4. Le refus d'avoir imaginé que Busse puisse, avec ses unités de bric et de broc, mener un retrait partiel de ses régiments quelques heures avant l'assaut.

5. La concentration excessive d'hommes et de matériels dans une vallée très peu carrossable, placée sous le regard direct de l'ennemi. Ce point nous semble capital. Les opérations menées par l'Armée rouge depuis Stalingrad se caractérisent par des concentrations croissantes d'hommes, de munitions, de matériels comme si, pour les chefs soviétiques, la quantité pouvait toujours se changer en qualité. Or, à Seelow, le saut quantitatif encore enregistré dans la tête de pont de Küstrin se traduit par une dégradation des performances : cette fois, la quantité supplémentaire a engendré MOINS de qualité. Faute d'espace où manœuvrer, les compagnies, les bataillons, les régiments, les divisions, ne pouvaient que foncer droit en priant pour que l'artillerie ait tout démoli en face. Faute d'espace encore – en largeur comme en profondeur – la collaboration interarmes a été impossible. À des dizaines de reprises, l'infanterie a dû attaquer seule, sans artillerie chenillée ni chars, sans sapeurs, tout ce monde étant coincé dans des embouteillages d'anthologie. Joukov est ainsi parvenu à ce point, pensé par Clausewitz, où « l'attaquant est menacé non seulement par l'épée du défenseur mais par la violence de ses propres efforts ».

6. L'idée saugrenue d'utiliser des projecteurs.

7. L'engagement prématuré et dans les pires conditions des deux Armées de tanks alors que la percée n'est pas encore obtenue, que RIEN – fréquences radio, officiers de liaison, *Kriegspiele* préparatoires, lignes logistiques – n'a été prévu pour faire coopérer les Armées combinées et les tankistes. Lors d'une conférence tenue à Potsdam du 9 au 12 avril 1946, Téléguine, l'adjoint politique de Joukov, reconnaît sans ambages :

> « Oui, nous avions prévu que nous aurions des pertes en chars. Mais, même si nous en avions perdu la moitié, nous savions qu'avec les 2 000 engins restant, nous arriverions quand même à Berlin, et que cela suffirait à prendre la ville[1]. »

8. La préférence pour les attaques frontales d'infanterie, alors que celle-ci ne peut plus se permettre de pertes. D'où un affaiblissement des Armées combinées qui explique l'emploi des Armées de tanks dans les combats de rues de Berlin, tâche pour laquelle elles ne sont vraiment pas faites.

Dans ses mémoires, Joukov reconnaîtra à demi-mot ses erreurs :

> « D'erreur, il n'y en avait pas. Néanmoins il faut reconnaître que nous avions commis une faute qui prolongea d'un à deux jours la bataille pour la rupture de la zone tactique.

1. Cité par Kurt Arlt, *Die rote Armee vor Berlin,* in *Niederlage-Sieg-Neubeginn, Eine gemeinsame Konferenz des Landkreises Märkisch-Oderland…*, p. 33.

En préparant l'opération, nous avions un peu sous-estimé la difficulté du terrain dans la région des hauteurs de Seelow (...). À vrai dire, pour préparer l'opération de Berlin, nous avions disposé d'un temps extrêmement limité, mais cela ne peut servir d'excuse.

Je dois avant tout prendre sur moi la responsabilité de cette étude imparfaite de la question.

Maintenant, après des années, en repensant au plan de l'opération de Berlin, j'en suis venu à la conclusion que la défaite du groupement ennemi et la prise de la ville auraient pu être effectuées un peu autrement. (...)

Il aurait fallu charger d'emblée, et à titre obligatoire, deux Fronts de la prise de Berlin : le 1er Front de Biélorussie et le 1er Front d'Ukraine et fixer la ligne de séparation entre les deux de la manière suivante : Francfort/Oder-Fürstenwalde-centre de Berlin. Dans cette variante, le groupement principal du 1er Front de Biélorussie pouvait attaquer dans un secteur plus étroit et aussi en débordant Berlin par le nord-est, le nord et le nord-ouest. Le 1er Front d'Ukraine aurait attaqué avec son groupement principal sur Berlin par le plus court chemin, en l'enveloppant par le sud, le sud-ouest et l'ouest.

Certes une autre variante était possible : confier la prise de Berlin au 1er Front de Biélorussie, et à lui seul, après avoir renforcé son aile gauche avec au moins deux Armées interarmes (combinées, ndla) et deux Armées blindées, une Armée d'aviation et les unités correspondantes d'artillerie et du génie.

Dans cette variante, la préparation de l'opération aurait été un peu plus délicate ainsi que sa direction, mais la coopération générale des moyens dans la destruction du groupement ennemi de Berlin en aurait été considérablement simplifiée, en particulier lors de la prise de la ville elle-même. Il y aurait eu beaucoup moins de frictions et d'ambiguïtés[1]. »

## II. La percée modèle de Koniev

Le 1er Front d'Ukraine s'étale largement sur 390 kilomètres, des Carpates au confluent Oder-Neisse. En concentrant le gros de ses moyens sur 34 km, il parvient à obtenir des rapports de force plus favorables que ceux de Joukov : 8:1 pour les hommes, 9,6:1 pour les chars, 10,6:1 pour l'artillerie. Mais ce n'est pas la raison du magnifique succès de Koniev. Son opposant, la 4e Armée Panzer, est le parent pauvre du dernier effort de la *Ostheer*.

### *1. Plan et ordre de bataille soviétiques* (*carte 38*)

La directive de la STAVKA, signée le 3 avril par Staline et Antonov, trace les grandes lignes de la mission de Koniev :

« 1. Préparer et mener une attaque visant à détruire la concentration ennemie dans la région de Cottbus et au sud de Berlin. Au plus tard à J + 10-12, occuper la ligne Beelitz-Wittenberg et plus loin en amont de l'Elbe jusqu'à Dresde puis, après la prise de Berlin, continuer l'attaque vers Leipzig.

1. Joukov, *Mémoires*, t. 2, p. 359-361.

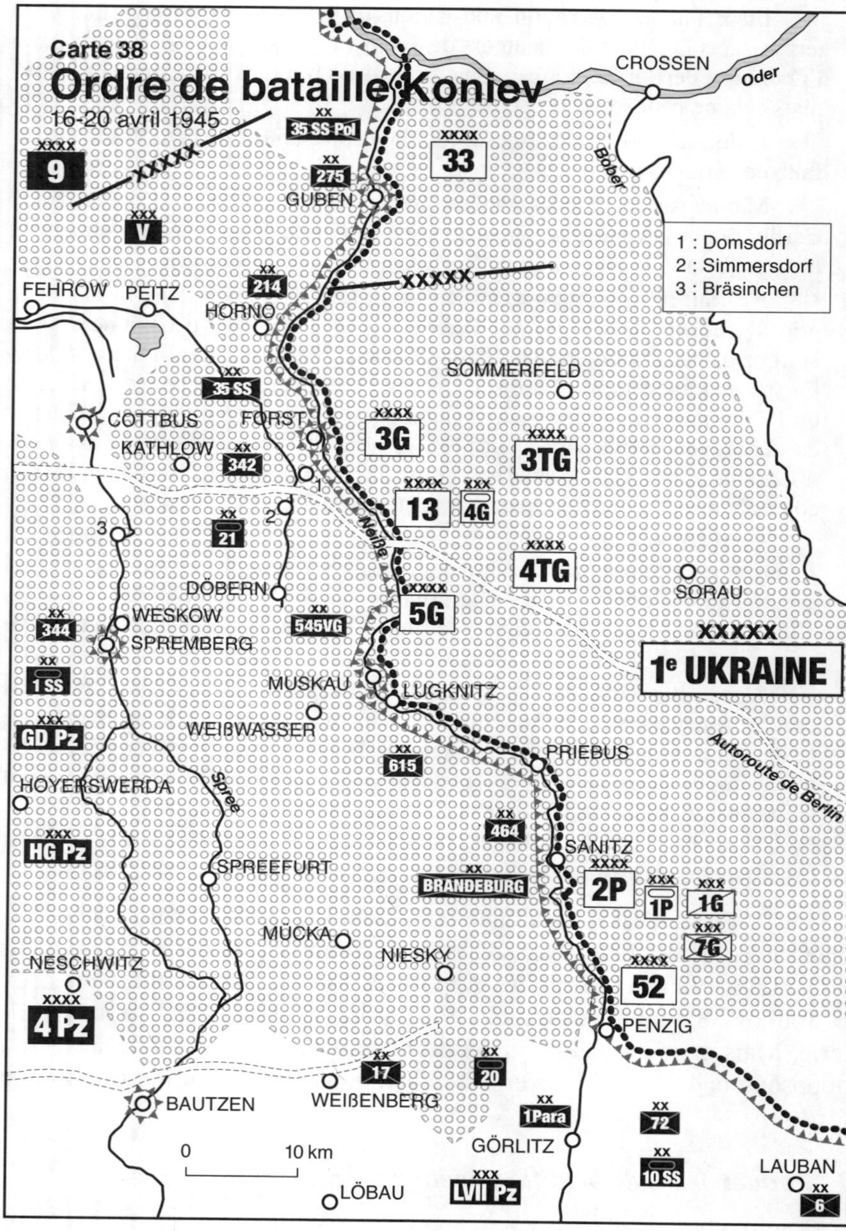
Carte 38
Ordre de bataille Koniev
16-20 avril 1945
1 : Domsdorf
2 : Simmersdorf
3 : Bräsinchen
CROSSEN
Oder
Bober
GUBEN
FEHROW
PEITZ
HORNO
SOMMERFELD
COTTBUS
FORST
KATHLOW
DÖBERN
WESKOW
SPREMBERG
MUSKAU
LUGKNITZ
WEIßWASSER
Neiße
SORAU
1e UKRAINE
Autoroute de Berlin
PRIEBUS
HOYERSWERDA
Spree
SANITZ
SPREEFURT
MÜCKA
NIESKY
NESCHWITZ
PENZIG
BAUTZEN
WEIßENBERG
GÖRLITZ
LAUBAN
LÖBAU
0
10 km
9
V
35 SS-Pol
275
33
214
35 SS
3G
3TG
342
13
4G
21
4TG
5G
344
545VG
1 SS
GD Pz
615
464
HG Pz
BRANDEBURG
2P
1P
1G
7G
52
4 Pz
17
20
1Para
72
10 SS
LVII Pz
6

2. Administrer le coup principal depuis la région de Triebel en direction générale Spremberg-Beelitz avec 5 Armées combinées, 2 Armées de tanks et 6 divisions d'artillerie de rupture (...).

3. Sécuriser le flanc sud de la poussée principale avec la 2e Armée polonaise et une partie de la 52e Armée depuis Kohlfurt en direction générale de Bautzen-Dresde. (...)

5. Passer à une défensive mordante sur l'aile gauche du Front et garder un œil dans la direction de Breslau. (...)[1] »

## Le plan de Koniev modifié *in extremis*

Le maréchal analyse froidement la situation. S'il veut participer à la bataille pour le Reichstag, il doit battre Joukov de vitesse. Avant toute chose, il lui faut prendre des dispositions qui lui permettent, à tout instant, de se jeter sur Berlin. Aussi dévoile-t-il sa pensée dans une directive au 1er Front d'Ukraine en date du 8 avril.

> « J'ajoutai alors à la deuxième phrase du premier point de la directive de la STAVKA ces quelques mots : se mettre en situation de participer à la prise de Berlin avec les forces disponibles sur l'aile droite du Front[2]. »

Dans un ordre adressé à Rybalko, commandant la 3e Armée de tanks de la Garde, Koniev précise un peu plus « ce qu'il a lu dans les yeux de Staline » :

> « Au cinquième jour d'opérations, prendre Trebbin (20 km au S-O de Berlin, ndla), Zauchwitz, Treuenbrietzen, Luckenwalde (...). Se préparer alors à aller vers Berlin avec un Corps blindé renforcé et une division de fusiliers de la 3e Armée de la Garde[3]. »

Mais tout sera affaire de vitesse. Où Koniev peut-il gagner du temps sur Joukov ? Comme il dispose, au-delà de la Spree, de plus d'espace que son rival, il pourra y manœuvrer ses Armées de tanks pour les engager dans la profondeur du système ennemi. Il y a là un avantage certain, qui ne doit pas être annulé par des retards liés à la percée. Certes, le 1er Front d'Ukraine n'a pas les hauteurs de Seelow à vaincre mais pour autant sa tâche n'est pas des plus faciles. Car les forces de Koniev doivent, en 48 heures, percer trois zones défensives tout en surmontant trois difficultés naturelles consécutives : passer la Neisse (50 m de large) en force, construire des têtes de pont, aménager en quelques heures des dizaines de points de passage, puis traverser une zone de pinèdes de 30 km de large, passer la Spree (80 m) dont la berge occidentale est fortifiée avant de déboucher enfin devant le couloir de Cottbus par où passe l'*Autobahn* Berlin-Breslau. À noter, dans la colonne des conditions favorables, que la Neisse, comme la Spree, ne sont plus dans leurs plus hautes eaux et que la forêt dissimule en partie l'ampleur des préparatifs soviétiques.

1. Koniev, *1945*, p. 103.
2. Koniev, *1945*, p. 104.
3. Koniev, *1945*, p. 105.

La percée sera obtenue sur un front de 27 km entre Forst et Muskau (51 km si l'on tient compte de l'attaque secondaire au sud) par l'assaut conjugué de trois Armées combinées. Du nord au sud :

– La 3$^{e}$ de la Garde (Gordov). Tient le secteur Gross Gastrose-Klein Bademeusel. Trois Corps (21$^{e}$, 76$^{e}$, 121$^{e}$) pour 9 divisions, appuyés par un régiment de chars, un régiment de chasseurs de chars, deux régiments d'artillerie autopropulsée. Derrière, le 25$^{e}$ Corps blindé au grand complet.

– La 13$^{e}$ Armée de la Garde (Puchov), de Klein Bademeusel à Gross Särchen, à trois Corps (24$^{e}$, 27$^{e}$, 102$^{e}$) à 8 divisions, appuyés par une brigade et deux régiments de chasseurs de chars, un régiment blindé, quatre régiments d'artillerie autopropulsée.

– La 5$^{e}$ Armée de la Garde (Chadov), de Gross Särchen à Sagar. Trois Corps (32$^{e}$, 33$^{e}$, 34$^{e}$ de la Garde) à 9 divisions, plus une brigade de chasseurs de chars, deux régiments blindés, trois régiments d'artillerie autopropulsée. Le 4$^{e}$ Corps blindé de la Garde se tient prêt pour une première exploitation.

Dans le plan avalisé par la STAVKA, l'introduction des deux Armées de tanks est prévue à J + 2, après conquête de la rive gauche de la Spree par les Armées combinées. La 3$^{e}$ Armée de tanks (Rybalko) entrera en lice dans le secteur de la 3$^{e}$ Armée de la Garde, la 4$^{e}$ Armée de tanks (Leliuchenko) dans celui de la 5$^{e}$ Armée de la Garde. À J + 6, les avant-gardes blindées devront être sur la ligne Brandenburg-Dessau, soit à 80 km de leur point d'introduction. Comme souvent, les chefs soviétiques s'opposent sur le meilleur moment d'introduire les Armées de tanks dans la profondeur. Leliuchenko propose, pour gagner du temps, d'engager les chars dès qu'une tête de pont sera consolidée sur la rive occidentale de la Neisse. Sokolovski, chef d'état-major du Front, fait la moue. Mais il a déjà la tête à son déménagement auprès de Joukov. En remplacement, Koniev touche Petrov, récemment relevé par Staline du commandement du 4$^{e}$ Front d'Ukraine. Petrov s'oppose violemment à l'idée de Leliuchenko : pas un char devant tant qu'on n'est pas à l'ouest de la Spree ! L'Armée blindée, explique-t-il à Leliuchenko, est un instrument opératif : c'est folie que de vouloir l'user dans une tâche de percée qui, elle, est du niveau tactique. Koniev tranche en faveur de la solution rapide et fait endosser par Moscou, 48 heures avant l'attaque, un changement drastique du plan initial. Les brigades de tête des Armées de tanks participeront, aux côtés de l'infanterie, à la percée de la zone défensive allemande. Puis, seules, elles s'en iront passer la Spree. Attention, prévient Koniev : pas un élément de pontage ne doit être utilisé sur la Neisse, tout sera réservé à la Spree.

Au sud de cette action principale, la 2$^{e}$ Armée polonaise du général Swierczewski rassemble 5 divisions d'infanterie, une brigade blindée et cinq régiments blindés indépendants et le 1$^{er}$ Corps blindé polonais (à 3 brigades blindées). À sa gauche, les 9 divisions de la 52$^{e}$ Armée commandée par Korotejev, musclée du 7$^{e}$ Corps mécanisé de la Garde. Ces deux Armées auront à gagner Bautzen puis Dresde à partir de la zone Rothenburg-Penzig (front de 15 km). À J + 10 ou 12, les gros du Front devront être sur l'Elbe.

Koniev dispose de 511 700 combattants, soit la moitié des effectifs présents au sein de son Front lors de l'opération Vistule-Oder. La différence, outre les pertes occasionnées par trois mois de combats (environ 200 000 hommes), s'explique par le maintien de quatre Armées en dehors de l'opération Berlin : la 6e monte la garde devant Breslau, les 59e et 21e sont étirées en Haute-Silésie devant le bassin industriel morave et font la jonction avec le 4e Front d'Ukraine à qui est en outre cédée la 60e Armée. Staline met à disposition les 28e et 31e Armées mais, venant de Prusse-Orientale, elles ne pourront participer à la percée. Le nombre de chars s'élève à 1 388, plus 667 automoteurs. Six divisions d'artillerie de rupture sont allouées, ainsi qu'une Armée aérienne (la 2e du général Krassovski), avec 2 148 appareils garés sur 82 aérodromes. La concentration est opérée de façon à laisser à chaque Armée la responsabilité de 8 à 10 km, à chaque Corps, 3 kilomètres, à chaque division, 1 km. On compte 270 bouches à feu au kilomètre dans les zones de rupture. Chacune des Armées de tanks dispose d'unités aériennes pour son usage exclusif. Les forces de Rybalko ont ainsi en permanence à portée de radio le 2e Corps de la Garde d'attaque au sol, le 4e Corps de bombardement plus une division prise au 2e Corps de chasseurs.

Le principal problème posé à Koniev est l'absence de toute tête de pont sur la rive gauche de la Neisse. Le handicap est d'autant plus sérieux que la rive occidentale de la rivière domine l'autre rive de 30 mètres. Pour réussir le passage des 70 000 hommes du premier échelon d'attaque, deux moyens sont envisagés. Là où Joukov donne une courte préparation d'artillerie (25 minutes), Koniev entend tout écraser par 155 minutes de feu (même situation que sur la Vistule). Et alors que Joukov veut créer un choc psychologique et aveugler par des projecteurs, Koniev planifie un « assaut fumigène » gigantesque. Ajoutons qu'il n'est pas moins pressé par le temps que Joukov : le 1er avril, le gros de la 4e Armée de tanks, de l'aviation et un tiers de l'artillerie se trouvent encore près de Ratibor, à 200 km au sud.

L'offensive de Koniev est dessinée de telle façon qu'il aille s'immiscer dans la bataille pour Berlin. C'est la raison pour laquelle ses deux Armées de tanks sont à droite, la meilleure à l'extérieur (celle de Rybalko). C'est aussi pour cela que les tankistes auront à marcher O/N-O, s'écartant de 45 degrés de la marche des Armées combinées, de façon à être en mesure, au moment où arrivera l'ordre – ce dont Koniev ne doute pas – d'obliquer encore de 45 degrés, plein nord, vers la capitale. Un indice montre un Koniev lui aussi mis sous pression par sa course avec Joukov. La veille de l'assaut, en effet, le maréchal avance de 24 heures l'introduction de ses Armées de tanks (J + 1), comme il avait fait sur la Vistule. En toute hâte, les états-majors doivent reprendre cartes, horaires et diagrammes. À l'évidence, Koniev craint que les Allemands aient le temps de se retirer de la Neisse et d'aller s'établir derrière la Spree. Il lui faudrait alors monter un second assaut en règle, ce qui ferait perdre 48 heures à l'ensemble de l'opération et compromettrait l'arrivée à

Berlin, surtout au cas où Joukov percerait vite. Rybalko et Leliuchenko auront donc à conquérir eux-mêmes des têtes de pont au-delà de la Spree.

## 2. Gehlen et Schörner dans l'erreur

Koniev se livre aux mêmes tentatives que Joukov pour dissimuler ses préparatifs, avec des techniques déjà éprouvées. En revanche, à la différence de son rival, il parvient à cacher une partie de son regroupement, le terrain étant moins défavorable que dans l'*Oderburch*. Le FHO ne « voit » pas un gros morceau, la 3e Armée de tanks de la Garde, et situe la 5e Armée de la Garde, 100 km au sud-est de sa position réelle[1]. S'agissant des deux formations les plus importantes du 1er Front d'Ukraine, la carte de situation de Gehlen[2] ne donne à Schörner, commandant le Groupe d'Armées Centre, aucune indication sur un éventuel centre de gravité soviétique.

Or, Schörner a pour mission première de garder ce qui reste de Silésie et, surtout, de tenir fermée la porte morave qui donne accès à la dernière zone industrielle à la disposition du Reich. C'est d'autant plus vital que diverses conversations avec Himmler et Bormann lui laissent penser que le Protectorat de Bohême-Moravie pourrait devenir le bastion de la dernière résistance du Reich. Ses soucis vont donc en priorité à sa droite et à son centre. S'agissant de la 4e Armée Panzer, sa gauche, il déclare sa défense « bien organisée », la renforce dans la région de Görlitz en y établissant la 10e *SS-PzDiv. Frundsberg* et affirme à Hitler « qu'un succès ennemi lui semble exclu[3] », dans cette zone.

La 4e Armée Panzer a bâti une zone de défense profonde de 20 à 40 km, articulée en trois bandes nord-sud. La zone principale (*HKL*) court le long de la Neisse et s'étend sur 10 km de profondeur. On compte trois doubles lignes de conception classique (points d'appui reliés par tranchées) espacées de 3 km, les champs de mines sont omniprésents (mais insuffisamment denses), les chemins forestiers barrés, des milliers d'arbres prêts à l'abattage. Tous les villages, les bourgs, les villes sont mis en état de défense, à l'instar des trois têtes de pont conservées sur la rive orientale de la Neisse à Guben, Forst et Muskau. Puis, 10 km à l'ouest, vient une deuxième zone de défense, plus lâche, de Görlitz à Peitz en passant par Weisswasser : elle rejoint les défenses de la 9e Armée à Müllrose. Et enfin, une troisième zone, non achevée, suit le cours de la Spree, entre Bautzen, Spremberg et Cottbus, trois pivots, eux, fort habilement préparés. Le

1. In Glantz, *Soviet Military Deception*, p. 537.
2. Ces estimations de Gehlen datent d'avant le 9 avril. Ce jour-là, en effet, Hitler le relève de son poste (confié au lieutenant-colonel Wessel) suite à un rapport sur les concentrations soviétiques sur l'Oder qualifié de « document absolument idiot et défaitiste ». Gehlen réussit à gagner les Alpes, où il se rendra aux Américains avec deux camions bourrés d'archives du FHO. Ces documents assureront sa situation auprès de la CIA et, plus tard, à la tête des services secrets ouest-allemands.
3. Lakowski, *Das deutsche Reich…*, p. 644.

département Fortifications de l'OKH juge la jonction Groupe Vistule-Groupe Centre, mal défendue. L'aile nord de la 4e Armée Panzer lui paraît

> « encore relativement faible. La raison en est que le Groupe d'Armées Centre a mis le gros de ses moyens de construction dans la région Görlitz-Bautzen et plus au sud[1] ».

Toutes les unités sont renflouées avec du *Volkssturm*, notamment de la Jeunesse Hitlérienne, placé sous le commandement du général Andrae, ancien de la Luftwaffe, qui s'efforce, durant tout le mois de mars, d'en faire un instrument militaire utilisable. Non sans succès. Les derniers dépôts, les cours d'usines, les ateliers de réparation, sont passés au peigne fin et le général Gräser, commandant la 4e Armée Panzer, peut vaille que vaille maintenir une certaine puissance de feu. Mais insolubles demeurent la faiblesse de la Luftwaffe et la maigreur des stocks de munitions. Gräser n'ayant que quatre jours de consommation devant lui, il ne peut ignorer que sa résistance ne peut, au mieux, excéder cette durée.

La 4e Armée Panzer se place ainsi :

Au sud, entre Bober et Neisse, les 6e (général Brücker) et 17e I.D (Sachsenheimer, « miraculé » de la Vistule) avec la 72e I.D (Hohn) à Görlitz. Entre sud-Muskau et nord-Forst, le LVIIe *Panzerkorps* met en ligne la 36e Division de grenadiers *Waffen-SS* (Dirlewanger[2]), la 214e I.D (von Kirchbar), la 545e V.G.D, la 615e Division « spéciale » (z.b.V.) et la *PzGren-Div. Brandenburg*. À sa gauche, de part et d'autre de Guben, le Ve Corps comprend la 35e Division de police SS (colonel Rüdiger Pipkorn), la 275e (Schmidt), la 342e I.D (général Nickel). La 4e Armée Panzer tient en réserve la 21e Panzer (sud de Cottbus, lieutenant-général Marcks), la 1re *SS PzDiv. Leibstandarte* (Spremberg), fort mal en point, et la 10e *SS Panzer Frundsberg* (Lauban, von Treuenfeld). Soit 200 000 hommes en comptant le *Volkssturm* et environ 400 chars et canons d'assaut. Ce qui assure aux Soviets un rapport de forces général de 2,5:1 en effectifs, 5:1 en chars, mais de l'ordre du triple de ces valeurs dans la zone d'attaque Forst-Muskau

Hitler, l'OKH et Schörner sont persuadés que, dans la zone Görlitz-Guben, Koniev ne va lancer que des attaques de diversion. Sa véritable intention viserait l'axe Görlitz-Liegnitz (où le FHO localise faussement la 3e Armée de tanks de la Garde), soit un coup nord-sud dirigé vers la Tchécoslovaquie[3] (route de Prague par la trouée de Liberec). Étrange aveuglement alors que la concentration russe de part et d'autre de l'auto-

1. *Idem*, p. 645.

2. Célèbre pour la cruauté dont il fait preuve tant en Russie que durant l'insurrection de Varsovie, Oskar Dirlewanger rassemble dans cette division 6 000 hommes, pour la plupart soldats de la SS et de la Wehrmacht condamnés à de lourdes peines, mais aussi prisonniers politiques et criminels endurcis sortis de camps de concentration, plus une centaine d'élèves officiers SS.

3. Le journal quotidien de l'OKW note encore à l'entrée 13 avril : « l'ennemi a construit trois *Schwerpunkte* entre Bunzlau et Triebel », donc toujours centré sur Görlitz.

route, entre Forst et Muskau, est reconnue et annoncée comme terminée le 12 avril par le général Gräser. Néanmoins, ce même jour, la *PzDiv.* parachutiste *Hermann Goering* est appelée de la 17ᵉ Armée et envoyée vers Spremberg, en réserve de Groupe d'Armées.

### *3. Une percée exemplaire* (carte 39)

Dans la nuit du 15 au 16 avril 1945, Koniev s'installe au P.C du général Pukhov, commandant la 13ᵉ Armée, à quelques centaines de mètres de la Neisse. À 5 h 10, l'artillerie se déchaîne. Pendant 40 minutes, cinq mille tubes, aux ordres du général Korolkov, martèlent les abords immédiats de la rivière, sur une bande d'un kilomètre de large de façon à faire taire toutes les armes automatiques et les nids de mortiers. À 5 h 45, des dizaines d'avions répandent un épais nuage fumigène, renouvelé toutes les 20 minutes. Le masquage s'opère sur la quasi-totalité du front (310 km ! alors que la percée ne concerne que 27 km) de façon à laisser les Allemands dans l'incertitude sur les points de franchissement. Par chance, un vent faible (0,5 m/s.) fait lentement dériver les nappes vers la rive ouest. À 5 h 50, les premiers échelons de la 3ᵉ Armée de la Garde, de la 13ᵉ Armée et de la 5ᵉ Garde passent la rivière juchés sur des *DUKW* américains, des barques à rames, des radeaux, des canots motorisés ; on tire de quoi monter en quelques minutes les premiers ponts de bateaux. En une heure tout le monde est passé, alors que sifflent au-dessus des têtes les dizaines de milliers d'obus destinés à museler l'artillerie allemande (phase 2 de la préparation. Durée 60 minutes), détruire ses points d'observation, ses liaisons. Les villes les plus proches du front, Forst, Kaune et Muskau, sont détruites par 203 Pe-2 des 4ᵉ et 6ᵉ G.B.A.K. 27 équipages de bombardement d'élite matraquent les P.C d'unités repérés sur photos.

Sur la rive allemande, la confusion règne. Les artilleurs tirent au hasard dans le brouillard. La visibilité est quasi nulle sur plusieurs kilomètres, non seulement à cause des fumigènes mais aussi du fait de la poussière soulevée par le bombardement et de la fumée des gigantesques incendies que ceux-ci ont allumés. Car la pinède brûle. Un océan de flammes chasse plusieurs bataillons de leurs positions, dévore les câbles téléphoniques, fait sauter prématurément les mines. Très vite, les régiments soviétiques conquièrent des têtes de pont de plusieurs kilomètres de large sur 2-3 km de profondeur. À 6 h 50, la phase 3 de la préparation d'artillerie se déchaîne : 45 minutes contre les concentrations d'hommes et de véhicules signalées par l'aviation. Une partie des tubes (457 à la 13ᵉ Armée par exemple) est rassemblée en groupes spéciaux chargés de détruire en tirs directs champs de barbelés et bunkers repérés par l'infanterie. À 7 h 00, la première ligne de tranchées est entièrement enlevée, la deuxième pénétrée en plusieurs endroits. Derrière les fusiliers, les compagnies de pionniers multiplient les ponts de bateaux (prêts en 20 minutes), les ponts pour l'infanterie (50 minutes), les ponts de 30 tonnes (2 heures) et ceux de 60 tonnes (4-6 heures). Mais, dès les premières minutes, des bacs, voire de simples radeaux tirés à la corde, permettent

Carte 39
La percée de Koniev
16-18 avril 1945
9
33
Oder
1e BIELORUSSIE
35 SS Pol
275
GUBEN
LÜBBEN
V
FEHROW
PEITZ
214
HORNO
LÜBBENAU
35 SS
1e UKRAINE
CALAU
COTTBUS
FORST
342
KATHLOW
3G
21
3TG
4 Pz
4G
4TG
Neiße
DREBKAU
DÖBERN
13
WESKOW
Autoroute de Berlin
344
SPREMBERG
545VG
1 SS
5G
SENFTENBERG
HG Pz
MUSKAU
LUGKNITZ
GD Pz
WEIßWASSER
HOYERSWERDA
Spree
1P
615
464
1 : Domsdorf
2 : Simmersdorf
3 : Bräsinchen
4 : Neuhausen
BRANDEBURG
SANITZ
2P
SPREEFURT
7G
MÜCKA
NIESKY
52
NESCHWITZ
KAMENZ
1G
10 SS
72
PENZIG
17
1Para
PULSNITZ
20
BAUTZEN
WEIßENBERG
LVII Pz
GÖRLITZ
Front le 16 avril 1945
Progression au soir du 16 avril
Progression 17-18 avril
0
10 km
LÖBAU

d'envoyer sur l'autre rive les pièces antichars de 45 et de 57 mm, les canons de 76 mm, les mortiers lourds, les premiers T-34. À 11 heures, on compte 133 points de passage en opération !

Sur le flanc gauche, l'artillerie allemande donne tout ce qu'elle a. Koniev délègue le problème à deux Corps d'aviation d'assaut. 185 *Sturmoviks,* 25 Il-10 et 115 chasseurs écrasent les batteries sous les roquettes et les bombes à fragmentation.

Au soir du 16 avril, la tête de pont mesure 29 km de large et l'on a avancé de 13 km : la totalité de la première zone défensive est tombée, la deuxième est entamée à Döbern par la 13e Armée, la 3e Armée de la Garde et le 25e Corps blindé se battent dans et autour de Forst où les *Panzerfausts* affrontent les JSU-152 qui détruisent la ville pierre par pierre. L'on est déjà à mi-chemin de la Spree. Dans le secteur sud, la 2e Armée polonaise et la 52e Armée réussissent aussi leurs franchissements mais plusieurs contre-attaques allemandes limitent l'avance à 6-10 km. Ces deux formations donnent dans le gros des forces de Schörner.

Les divisions décimées de la 4e Armée Panzer se replient en bon ordre sur la deuxième zone défensive. Le général Gräser fait donner sa réserve, la 21e Panzer, dans la région Dommsdorf-Simmersdorf, sur la droite de Koniev, dans l'espoir de rejeter les Soviétiques de l'autre côté de la Neisse avant qu'ils soient trop forts. Mais Koniev a fait passer dès 11 heures les brigades de tête des deux Armées de tanks, renforcées de canons automoteurs. Les bois, les incendies, les interventions des *Sturmoviks* empêchent les Panzers de von Hülsen de se déployer de façon cohérente. Aussi l'introduction de la 21e *PzDiv.* n'a d'autre résultat que de lui faire de lourdes pertes. En revanche, au nord, les contre-attaques de la 342e I.D et de la 36e Division de grenadiers Waffen-SS, au sud celle de la 615e appuyée par des *Hetzer* et quelques *Jagdtiger* empêchent les Soviétiques d'élargir le front de leur attaque. Koniev décide d'ignorer ces menaces sur ses flancs et de privilégier la progression en profondeur : dans la nuit du 16 au 17 avril, les deux Armées de tanks passent la Neisse. Sur leurs talons, 3 000 camions bourrés d'essence, de munitions, de matériels de pontage.

### Un gué sur la Spree

Le 17 avril, les avant-gardes de la 13e Armée, au centre, et de la 5e de la Garde, au sud, percent la deuxième zone de défense et atteignent la Spree en fin de journée. Les gros repoussent des contre-offensives rageuses sur leurs flancs et maintiennent des forces sur leurs arrières, au milieu de la forêt en flammes, où des bataillons allemands encerclés continuent à faire le coup de feu. Koniev a de quoi être satisfait. Contrairement à Joukov, il a réussi à percer les deux principales zones défensives de l'ennemi sans engager le second échelon des Armées combinées ni les deux Armées de tanks, à l'exception des brigades de tête. Aussi, toute la journée du 17, les immenses colonnes de Rybalko et de Leliuchenko s'écoulent à travers la forêt en direction de la Spree. La seule difficulté est d'éviter aux véhicules bourrés de carburant et de munitions de passer trop près des incendies qui consument la pinède. La *Luftflotte* 6 ne parvient à ramasser que trois missions d'attaque au sol, groupant entre 12 et 24 appareils. Mais ceux-ci, pris à partie par le 6e GIAK, essuient une sévère défaite. 56 avions allemands sont abattus dans la journée. Le Major Ivan Kozhedub, sur La-7, descend à cette occasion deux Fw 190, devenant le plus grand as allié de la guerre avec 62 victoires.

Au soir du 17, les restes des divisions d'infanterie épuisées du général Gräser passent la Spree pour prendre possession de la dernière zone de défense. Sur leurs talons, parfois à quelques centaines de mètres, les avant-gardes de Rybalko progressent aussi vite que le leur permettent les compagnies du génie qui déminent routes et chemins, déplacent les barrières antichars, enlèvent les arbres abattus par centaines. Koniev rejoint Rybalko sur la rive est du fleuve qui arrose Berlin 150 km au N-O. Il note que le tir ennemi est sporadique et mal dirigé, indice que les plans de feux ne sont pas encore déterminés. Vite, il faut passer de l'autre côté sans attendre les équipages de ponts. Par chance, quinze cents mètres au nord, à Bräsinchen, on découvre un gué. Le premier T-34 s'engage. Un mètre d'eau, 1,5 m, 2 m… Les 80 mètres de largeur de la Spree sont traversés en une minute. Trois heures plus tard, alors que le premier pont n'est pas encore achevé, les brigades de tête sont de l'autre côté. Au sud, Leliuchenko donne contre une rive bien défendue. Il appelle Koniev, qui lui parle du gué. La 4e Armée de tanks déplace ses colonnes de 10 km vers le nord et trouve elle aussi un gué praticable. Ce crochet à 90 degrés de plusieurs centaines d'engins s'effectue sans anicroche.

Les Armées combinées des deux ailes sont en retard. Si la 13e Armée de Pukhov commence à franchir la Spree à l'aube du 18 avril, Gordov s'empêtre dans des combats acharnés devant Cottbus et Chadov encaisse de méchantes contre-attaques sorties de Spremberg qu'il déborde en établissant une large tête de pont sur la Spree au sud de la ville.

### Staline au téléphone

Dans la soirée du 17 avril, Staline appelle Koniev.

« – Chez Joukov pour l'instant, ça avance lentement. Il a encore à percer la zone défensive. Staline fit une pause. En silence, j'attendais la suite.

– Que diriez-vous si les Armées de tanks de Joukov faisaient demi-tour et venaient profiter de votre percée pour aller vers Berlin ?

– Cela prendrait beaucoup de temps et conduirait à un grand désordre, camarade Staline. (…) Puis je précisai à Staline, carte en mains, la direction qu'allaient prendre mes deux Armées de tanks. Comme point d'orientation, j'indiquai Zossen, une petite ville à 25 km de Berlin. (…)

– Savez-vous que l'OKH se trouve à Zossen ?

– Oui.

– Alors très bien. Je suis d'accord. Faites tourner vos Armées de tanks vers Berlin[1]. »

1. Koniev, *1945*, p. 124-125.

Aussitôt, Koniev rédige les directives pour Rybalko et Leliuchenko, expédiées à 02 h 47 le 18 avril.

« En exécution d'un ordre du commandement suprême, j'ordonne :

1. Au commandant de la 3e Armée de tanks de la Garde : forcer la Spree dans la nuit du 17 au 18 avril et pousser au plus vite dans la direction générale Vetschau-Golssen-Baruth-Teltow-sud de Berlin, où il faudra être dans la nuit du 20 au 21 avril.

2. Au commandant de la 4e Armée de tanks : forcer la Spree dans la nuit du 17 au 18 avril et pousser au plus vite dans la direction générale Drebkau-Calau-Dahme-Luckenwalde. (...) L'Armée doit prendre dans la nuit du 21 avril Potsdam et le S-O de Berlin.

3. Dans la direction principale, pousser hardiment toutes forces concentrées. Contourner villes et bourgs importants, éviter les combats frontaux, trop longs. Chacun doit avoir présent à l'esprit que le succès des Armées de tanks dépend de la hardiesse de la manœuvre et de la vitesse d'exécution[1]. »

Le 17 avril, Gräser et Schörner ont compris, avec retard, que la poussée principale de Koniev se situe entre Forst et Muskau et qu'elle vise Cottbus et la direction générale N-O. À Gräser, Schörner demande de tenir les deux pivots de Cottbus et de Spremberg et d'empêcher les Russes de progresser au-delà de la Spree. Mais le 18 avril, après avoir jeté leurs deux Armées au complet au-delà de la Spree, Ryblako et Leliuchenko avancent en quelques heures de 15 km pour le premier, de 25 pour le second. La ville de Drebkau est en vue. Ce même jour, alors qu'Hitler se berce de l'espoir de voir les tanks soviétiques « s'embourber », Schörner échafaude un plan. Il s'agirait, par une contre-attaque sur le flanc sud, de couper les deux Armées de tanks de leurs arrières puis de les réduire par une guerilla menée par « des brigades de *Sturmgeschütze* et des commandos de chasseurs de chars[2] ». Au sud, ordre est donné à la 20e Panzer, à la Panzer parachutiste *Hermann Goering* et à la 17e I.D de sectionner à la base la tête de pont des Polonais et de la 52e Armée, tandis que la Panzer *Brandenburg* reconquerra la position *Mathilde*. Mais ce plan est un rêve : l'on ne voit pas ces quatre unités, sans couverture aérienne ni stocks d'essence, parcourir 70 km sur les arrières des Soviétiques et atteindre Forst, signant ainsi l'encerclement espéré.

## Une ruée irrésistible *(carte 40)*

Les forces de « guérilla » évoquées par Schörner n'existent pas. Tout ce qu'on parvient à jeter, c'est le groupe de combat Moltke, qui s'accroche à Luckau, important carrefour sur la route de la 4e Armée de tanks : 250 hommes et huit Panthers venus du camp de Wünsdorf se battent durant deux heures ; puis les 20 survivants, constatant qu'ils sont tournés, se retirent vers le nord sur le seul char en état de rouler. En revanche, rien n'empêche Rybalko d'abattre 30 km dans la journée du 19, en marchant parallèlement à l'*Autobahn* Berlin-Breslau et d'entrer dans Düben. Au

1. Koniev, *1945*, p. 127-128.
2. Lakowski, *Das Deutsche Reich...*, vol. 10/1, p. 648.

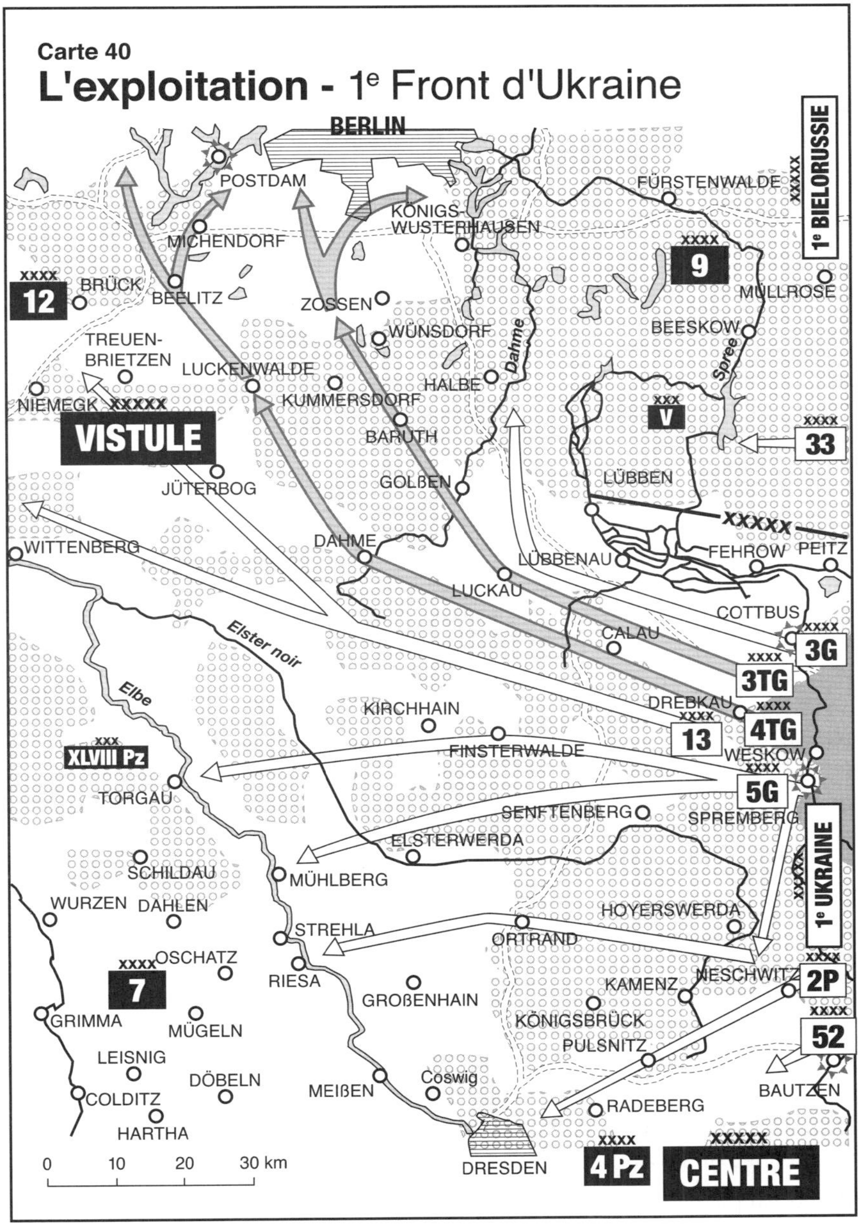

**Carte 40**

**L'exploitation - 1e Front d'Ukraine**

soir du 20, les tankistes de la Garde sont à Wünsdorf, d'où Heinrici a déménagé son état-major, puis à Zossen : le centre de commandement ultramoderne de l'OKH a été évacué au dernier moment. Les Soviétiques trouvent le centre de télécommunications intact, prêt à fonctionner à leur avantage : les telex tombent, les téléphones sonnent et des *Ivan* ivres décrochent pour répondre à des généraux allemands abasourdis. Rybalko doit néanmoins combattre des bataillons de pionniers, des élèves officiers de la Luftwaffe, un bataillon d'instruction des blindés, une demi-brigade de *Sturmgeschütze*, qui lui détruisent la brigade de tête du 6ᵉ Corps blindé de la Garde tombée en panne d'essence. Dans la nuit, la 4ᵉ Armée de tanks est déjà devant Luckenwalde, où une division de la dernière minute (levée le 31 mars !), appartenant à la toute nouvelle 12ᵉ Armée (voir page 538), la *Friedrich Ludwig Jahn*[1], offre une résistance ferme. Mais toute communication entre le Groupe d'Armées Vistule et le Groupe d'Armées Centre est dorénavant coupée.

La 4ᵉ Armée Panzer elle-même s'est fragmentée en trois morceaux : sa partie nord est encerclée avec l'aile droite de la 9ᵉ Armée dans le « chaudron de Halbe[2] » ; sa partie centrale s'est désintégrée devant les chars de Rybalko et de Leliuchenko et la 13ᵉ Armée de Pukhov. Seule sa partie sud demeure active, grâce à l'engagement du *Panzerkorps Gross Deuschland*, qui tente d'exécuter le « plan Schörner » à partir de Bautzen-Görlitz. Le 18 avril, la *Hermann Goering* avance de 15 km, démolit 65 engins et arrête la progression de la 52ᵉ Armée et des Polonais. Mais l'artillerie et les *Sturmoviks* la contraignent vite à se mettre en défense. Le 19, une embuscade du *Panzerregiment* de la *HG* inflige une humiliation à la toute nouvelle armée polonaise, non loin de Kodersdorf.

> « Les 17 *Panthers* commandés par le lieutenant-colonel Rossmann se camouflent parfaitement le long d'un ruisseau. Déjà repéré, le 1ᵉʳ Corps blindé polonais avance en formation de paix vers Kodersdorf. Pas un obus n'est tiré avant que le char de tête soit arrivé à 50 m. L'effet est dévastateur. Chaque coup porte. En 20 minutes, 43 chars sont détruits, le reste arbore le drapeau blanc. Nous héritons de 12 chars intacts, dont trois ou quatre JS-2 qui, quelques heures plus tard, repeints à nos couleurs, seront employés à poursuivre l'attaque[3]. »

Le 20 avril, encore, le *PzKorps GD* repart à l'assaut avec les 17ᵉ et 72ᵉ I.D. On avance de 20 km vers le nord, Niesky, encerclée, est délivrée, la *Brandenburg* reprend Weissenberg le 22, la 20ᵉ Panzer et la *HG* entrent à nouveau dans Bautzen après 72 heures de combat. Cette semaine de

1. Sous le commandement du colonel Klein, cette unité utilise des officiers et sous-officiers de la 251ᵉ I.D pour encadrer 7 500 hommes du Service du travail du Reich.

2. Pour décharger Rybalko de la tâche d'encercler ces débris, Koniev fait acheminer par 2 000 camions la 28ᵉ Armée du général Lutchinski dans la zone Baruth-Zossen.

3. Von Ahlfen, *Der Kampf um Schlesien*, p. 207-208.

succès permet à la *Luftflotte* 6 de rédiger dans son journal de guerre le dernier bulletin de victoire de l'Armée allemande :

« Dans les combats de la 4e Armée Panzer, du 20 au 26 avril, la 94e Division de fusiliers soviétiques a été écrasée, le 7e Corps mécanisé de la Garde, le 1er Corps blindé polonais, la 16e Brigade blindée, les 5e, 6e et 8e Divisions polonaises, la 254e Division soviétique, sévèrement battues. 355 chars ennemis ont été détruits, 320 canons de tous types démolis ou capturés, l'ennemi a eu 7 000 tués et 8 00 prisonniers[1]. »

Mais ce coup de dent ne sert à rien ; il ne peut avoir aucun effet sur l'ensemble de la manœuvre de Koniev, qui s'en préoccupe si peu qu'il charge son chef d'état-major, Petrov, de surveiller ce secteur pendant que lui-même file vers Zossen. En fait, le groupement sud de Koniev – 52e Armée et 2e Armée polonaise – a exactement rempli la fonction pour laquelle il a été rassemblé : encaisser les contre-attaques des forces de Schörner, dont Koniev sait qu'elles se trouvent au sud de Görlitz. Spremberg, écrasée par quatre divisions d'artillerie de rupture (1 110 canons et 140 *katiouchas* !), tombe le 20 avril aux mains de la 5e Armée de la Garde, Cottbus[2], le 22, après six jours de siège par la 3e Armée de la Garde. Schörner n'est pas dupe. Dès le 20 avril, il prévient Hitler qu'au vu de l'effondrement de la gauche et du centre de la 4e Armée Panzer, il ne lui reste plus qu'à prévoir un recul pour ses autres Armées[3] qui protègent la Tchécoslovaquie.

Car, bien entendu, l'essentiel se joue au nord, dans le périmètre délimité par le *Ring* – l'autoroute périphérique extérieure de Berlin – et les deux autoroutes Berlin-Leipzig à l'ouest et Berlin-Breslau, à l'est. Dans la nuit du 21 au 22 avril, la brigade de tête de Rybalko franchit le *Ring* à Ahrensdorf et pousse jusqu'à Stahndorf, à 1 500 du quartier de Teltow. Dans la nuit, Koniev dirige à marches forcées (36 heures pour parcourir 150-200 km depuis Spremberg) vers Rybalko le 10e Corps d'artillerie de rupture (lieutenant-général Kochuchov), plus la 25e Division d'artillerie de rupture, la 23e Division de DCA – toutes unités motorisées à 100 % – et le 2e Corps aérien de chasse. Les combats pour la ville doivent commencer le lendemain.

La 4e Armée de tanks, après avoir contourné ou fait sauter les bouchons de Dahme, Jüterbog[4] et Luckenwalde, est le 22 avril à Saarmund,

---

1. Von Ahlfen, *Der Kampf um Schlesien*, p. 209.

2. Koniev relève (*1945*, p. 152) que Gordov ne fait que 1 700 prisonniers, ce qui est fort peu dans une ville assiégée, à côté de milliers de morts, preuve de l'étonnante détermination des 342e, 214e et 275e I.D.

3. La 17e Armée (Haute-Silésie, Bohême-Moravie), la 1re Armée Panzer (Bohême centrale), la 7e Armée (Danube-Alpes).

4. Un violent combat oppose durant 24 heures la 11e Brigade mécanisée de la Garde (5e Corps mécanisé de la Garde, Armée Leliuchenko) à la Division *Jahn* autour et dans la ville de garnison de Jüterbog. La *Jahn* réussit à se retirer vers le nord le 23 avril mais en laissant la moitié de son infanterie, presque toute l'artillerie et son chef, le colonel Klein, fait prisonnier. Sur l'aérodrome, les Soviets capturent 144 appareils, 362 moteurs neufs, 3 000 bombes de gros calibres et, le plus précieux, plusieurs bi-réacteurs aussitôt acheminés vers Moscou.

sur le *Ring*, à Beeelitz et Treuenbrietzen. À sa gauche, la 13e Armée n'arrive devant Wittenberge que le 26. La veille, la 5e Armée de la Garde a fait sa jonction avec la 69e Division d'infanterie américaine (1re Armée) à Torgau, tandis que le 1er Corps de cavalerie de la Garde touche aussi à l'Elbe, à Riesa. Le Reich est coupé en deux par le milieu.

## III. Rokossovski et la fin de la 3e Armée Panzer

### *1. Une Armée faible, un obstacle formidable* (*carte 41*)

Concernant le 2e Front de Biélorussie, les instructions de la STAVKA sont simples : attaquer la 3e Armée Panzer de part et d'autre de Stettin, déboucher en terrain libre à J + 5, séparer la 3e Armée Panzer de la 9e Armée, l'acculer à la mer et la détruire, atteindre la ligne Wismar-Wittenberge sur l'Elbe à J + 12/15. Cette directive est amendée le 17 lorsqu'il apparaît que Joukov ne réussit pas à percer devant Seelow : Rokossovski doit alors se préparer à aller vers le sud-ouest participer à l'encerclement de Berlin. Mais cet ordre est rapporté le 21.

Rokossovski a plusieurs problèmes à surmonter. Le premier, c'est de parvenir à regrouper ses forces dans les délais extraordinairement courts accordés par la STAVKA. 86 % de son infanterie, 70 % de ses blindés, 96 % de son artillerie se trouvent, le 4 avril encore, non loin de Königsberg. Les 19e, 65e, 70e, 49e et 2e Armée de Choc parcourent 250 à 360 km pour arriver sur l'Oder au nord ou au sud de Stettin. La 65e Armée de Batov, par exemple, quitte Dantzig le 6 avril. Ses Corps ont 300 km à avaler pour arriver au sud d'Altdamm. C'est fort court, fait remarquer Batov, l'offensive étant fixée au 20. Rokossovski fait alors tout ce qu'il peut pour accélérer le mouvement. Le matériel lourd part par rail ; 500 camions alloués par le Front permettent d'organiser une noria qui soulage les hommes ; mais le gros des Corps d'infanterie fera la moitié du chemin à pied. Pour dissimuler le regroupement, on ne marche que de nuit, on se camoufle le jour. Les quatre Corps rapides ne seront en place que le 17 avril, la 4e Armée aérienne de Verchichine achève de concentrer ses appareils le 19, veille de l'attaque. Comme pour Joukov et Koniev, les reconnaissances aériennes et terrestres sont rares, et l'on manque par conséquent d'informations sur le système défensif de l'ennemi.

Le deuxième problème de Rokossovski, c'est l'Oder, qu'il faut franchir en force. De Schwedt à Stettin, le fleuve se dédouble en un bras oriental et un bras occidental, chacun de 150 à 240 m de large, souvent précédés de marécages, et reliés entre eux par une multitude de chenaux, d'étangs, de marais ; l'ensemble n'a jamais moins de 5-6 km de largeur. « Deux fois le Dniepr et, entre les deux, le Pripet », selon le mot des soldats du général Batov. Au nord de Stettin, l'estuaire s'élargit à 10 km – c'est le *Dammscher See* – puis se rétrécit à 5 km avant de former un immense lagon, le *Stettiner Haff*. Par malheur pour les Russes, la rive ouest domine la rive est. Comment, dans ces conditions, assurer un barrage d'artillerie efficace, sans vues directes, sachant que, passées les

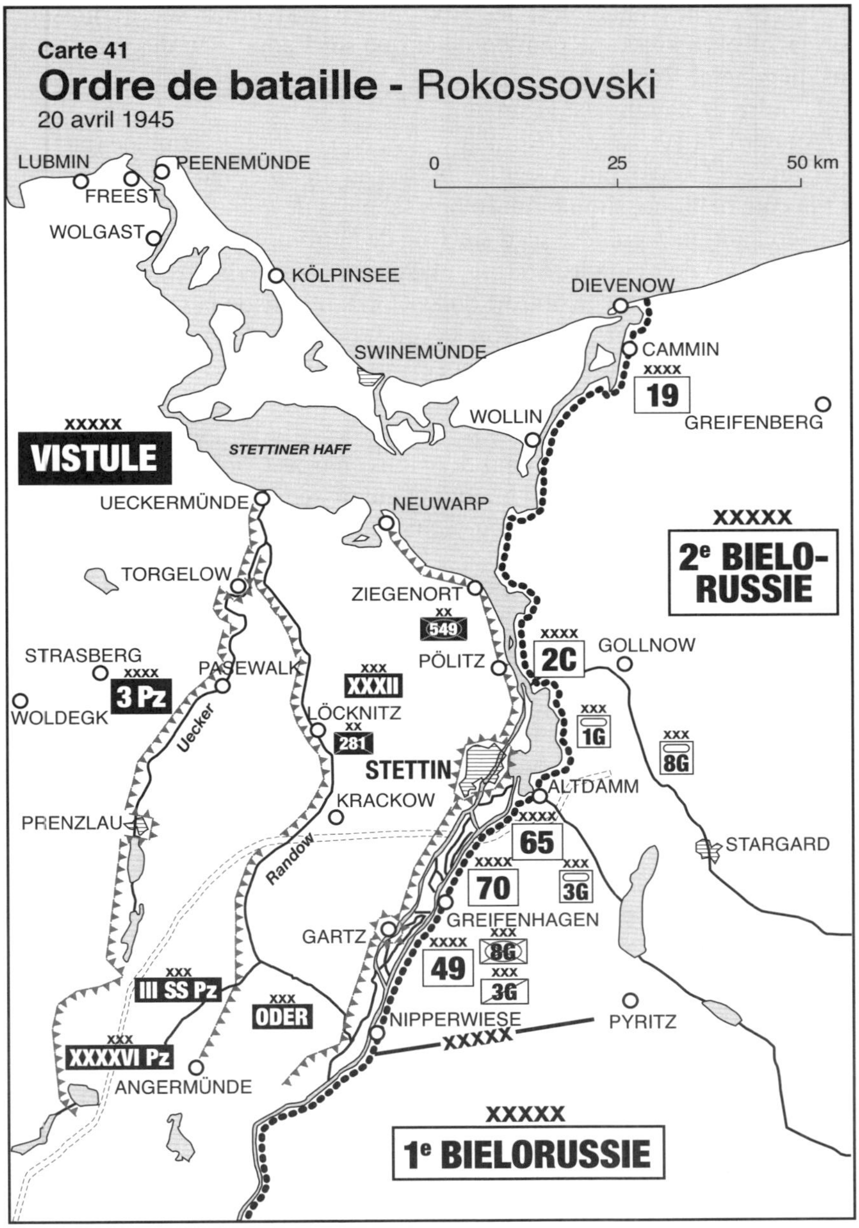

Carte 41
**Ordre de bataille** - Rokossovski
20 avril 1945

premières lignes ennemies, les trois quarts des tubes seront hors de portée ? Rokossovski ne peut compter que sur l'appui-feu des 1 360 avions du général Verchichine.

L'ordre de bataille est le suivant.

Au nord, la 19e Armée (Romanovski), non encore rassemblée (attaque avec un seul Corps), fait la sentinelle face au *Stettiner Haff* ; elle doit garder la côte baltique, simuler un franchissement de grande ampleur tout en ne cherchant qu'à prendre pied sur l'île de Wollin. La 2e Armée de Choc (Fediuninski) doit prendre Stettin ; elle n'a que six divisions (deux Corps) mais peut compter sur le renfort du 8e Corps blindé de la Garde.

Le centre de gravité de l'effort se situe sur les 47 km qui séparent sud-Altdamm de nord-Schwedt, avec un effort particulier entre l'autoroute et Garz, tenu, côté allemand, par le Corps *Oder*. Sur ce segment sont rassemblées :

– la 65e Armée (Batov), neuf divisions en trois Corps (18e, 46e, 105e), renforcées de deux régiments blindés et quatre régiments d'artillerie autopropulsée. En arrière, prêt à l'exploitation, le 1er Corps blindé de la Garde (Panov).

– La 70e Armée (Popov) à 9 divisions (trois Corps : 47e, 96e, 114e), une brigade blindée, trois régiments d'artillerie autopropulsée.

– La 49e Armée (Grichine) à trois divisions, une brigade blindée, 4 régiments d'artillerie autopropulsée. En arrière, le 8e Corps mécanisé.

En réserve de Front, le 3e Corps de cavalerie de la Garde, derrière la gauche de la 49e Armée.

L'ensemble pèse 314 000 hommes, 644 chars, 307 automoteurs, 3 172 canons de campagne (7 519 avec les mortiers et les petits calibres) plus 807 lanceurs de *katiouchas*. Ce qui donne, comparées aux deux autres Fronts, des densités très inférieures en artillerie (150 pièces/km) et en chars. La 4e Armée aérienne (général Verchichine) dispose de 449 avions d'assaut, 602 chasseurs, 203 bombardiers.

Pour améliorer ses positions de départ, Rokossovski tente de s'assurer de l'espace entre les deux bras de l'Oder et de gagner des têtes de pont sur la rive occidentale. Les reconnaissances démarrent le 16 avril et se poursuivent jusqu'au 19. La surprise est mauvaise, le terrain pire que prévu : tout est inondé, les hommes, qui ont déjà de l'eau jusqu'au ventre, sont en outre surpris par une vague de mascaret poussée par la marée jusqu'à Schwedt. De violents combats amphibies (on se bat sur des barques, des chambres à air, des caisses de bois !) permettent de conquérir l'entre deux bras dans les secteurs des 65e (Sydowsaue, Greifenhagen) et 49e (Schwedt) mais la 70e Armée n'arrive à rien.

## La 3e Armée Panzer

Le général von Manteuffel dispose de trois Corps d'Armée. Du nord au sud, à la date[1] du 11 avril 1945 :

1. O.B. in Lakowski, *Seelow 1945*.

– Le XXXII^e (général Schack) se place au nord de l'autoroute Berlin-Stettin : Groupe Voigt (divisionnaire), 549^e V.G.D (Jank), troupes de la *Festung* Stettin (sept régiments variés, général Brühl), 281^e I.D (Ortner).

– Le Corps *Oder*, de l'autoroute à Garz : 610^e Division spéciale (z.b.V.), Groupe Klosseck (cinq bataillons).

– Le XXXXVI^e *Panzerkorps* (Général Gareis), du sud de Garz au canal Hohenzollern : 547^e V.G.D (Fronhöfer) et 1^re Division d'infanterie de marine (Bleckwenn).

On trouve aussi dans le secteur de la 3^e Armée Panzer une poussière d'unités avec des statuts divers : l'unité d'école des blindés *Ostsee* (1 bat. blindé, 2 régiments de *PzGren.*, 2 bat. de *PzGren.*, 1 bat. de pionniers motorisés), les restes de la 27^e *SS-Grenadier Division Langemarck (Standartenführer* Thomas Müller*)* et de la 28^e *SS-Grenadier Division Wallonie (Standartenführer* Léon Degrelle), de la 33^e Division SS *Charlemagne,* la 1^re Division du Service du travail du Reich *Schlageter,* la 15^e division de grenadiers SS (lettons).

La Luftwaffe appuie avec la faible 1^er *Fliegerdivision* : *schlacht-Geschwader* 1 (Focke-wulfe 190) et *Jagd-Geschwader* 1 (Bf-109).

Au total, pour garder 170 km, 105 000 hommes, 220 chars et canons d'assaut, 1 850 canons et *Nebelwerfer*. La FLAK[1] ajoute la puissance de feu de 6 régiments dont 2 motorisés, soit environ 150 pièces, pour moitié des 8,8 cm.

La défense repose sur des travaux de fortifications groupés en trois zones. La première, excellente, baptisée position *Nibelung*, court sur les hauteurs de la rive ouest qui dominent toute la vallée de l'Oder. Vingt à trente kilomètres en arrière, nous retrouvons la position *Wotan*. Elle s'établit derrière une rivière qui coule nord-sud, le Randow, d'Angermünde au *Stettiner Haff* en passant par les positions clé de Schmölln et Löcknitz. Mais seules quelques portions sont réellement terminées. Enfin, la troisième zone défensive suit le cours d'un fleuve côtier, l'Uecker – dont le Randow est un affluent –, un chapelet de lacs et la lisière d'épaisses forêts. On ne trouve de positions aménagées que dans le segment nord, Torgelow-Ueckermünde, mais aussi devant les deux villes clés de Pasewalk et Prenzlau. Plus en arrière, seuls les villes-carrefours comme Neubrandenburg ou Neustrelitz sont mises en état de défense.

La mission de von Manteuffel est simple et terrible : interdire le passage de l'Oder au 2^e Front de Biélorussie.

## 2. *La bataille du bas-Oder* (*carte 42*)

Dans la nuit du 19 au 20, la 4^e Armée aérienne bombarde les positions allemandes sur une profondeur de 30 km. Biplans Po-2, bimoteurs Pe-2, Il-2, réalisent 1 085 sorties. Mais ces actions nocturnes ne semblent pas

1. Manteuffel dispose du II^e *Flak-korps* au complet, avec la 27^e Division de FLAK et le Groupe de FLAK Gerhard.

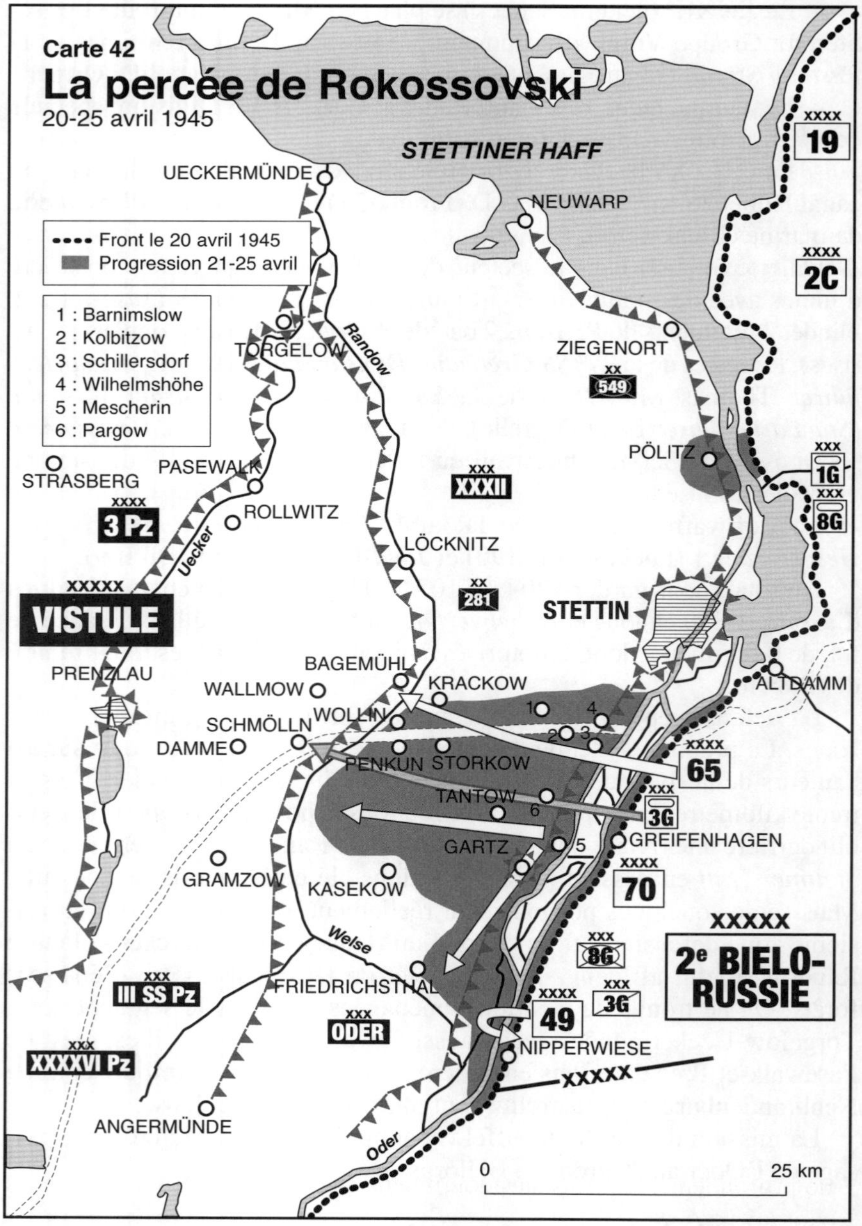
Carte 42
La percée de Rokossovski
20-25 avril 1945
Front le 20 avril 1945
Progression 21-25 avril
1 : Barnimslow
2 : Kolbitzow
3 : Schillersdorf
4 : Wilhelmshöhe
5 : Mescherin
6 : Pargow
STETTINER HAFF
UECKERMÜNDE
NEUWARP
ZIEGENORT
TORGELOW
Randow
PÖLITZ
STRASBERG
PASEWALK
ROLLWITZ
LÖCKNITZ
Uecker
STETTIN
PRENZLAU
BAGEMÜHL
WALLMOW
KRACKOW
ALTDAMM
SCHMÖLLN
WOLLIN
DAMME
PENKUN
STORKOW
TANTOW
GREIFENHAGEN
GARTZ
GRAMZOW
KASEKOW
Welse
FRIEDRICHSTHAL
NIPPERWIESE
ANGERMÜNDE
Oder
XXXX 19
XXXX 2C
XXX 1G
XXX 8G
XX 549
XXX XXXII
XXXX 3 Pz
XX 281
XXXXX VISTULE
XXXX 65
XXX 3G
XXXX 70
XXXXX 2e BIELO-RUSSIE
XXX 8G
XXX 3G
XXXX 49
XXX III SS Pz
XXX ODER
XXX XXXXVI Pz
XXXXX
0
25 km

avoir beaucoup handicapé les hommes de Manteuffel. À 5 h 30, la 65e Armée de Batov commence une préparation d'artillerie de 60 minutes ; les 70e et 49e Armées démarrent une heure plus tard et pilonnent pendant 45 minutes la première ceinture défensive. Avant la fin des tirs, les compagnies d'assaut approchent barques, engins amphibies et pontons puis le franchissement débute sous la protection de 2 000 obus fumigènes. La vallée étant brumeuse, seuls des *Sturmoviks* solitaires ou en couple, sans protection de chasse, piquent sur les nids de MG et les batteries d'artillerie.

## La déception du 20 avril

Le soldat NikolaÏ Litvine observe le va-et-vient des pontonniers sur l'Oder depuis le matin :

> « Notre attaque commence à l'aube du 20 avril, lorsque nos éléments d'assaut tracent leur chemin à travers l'Oder occidental sur une flotte de petits bateaux et de radeaux pneumatiques. De brefs mais violents combats éclatent le long de la berge, tandis que nos unités essaient de gagner assez d'espace pour amener tanks et artillerie. Vers 8 h 00, (avec la marée, ndla), les eaux commencent à se retirer des îles. Il devient possible de faire traverser des soldats, des approvisionnements et de l'artillerie (...). La traversée se fait avec des pontons et des bacs à moteurs. Les bacs remorquent de trois à cinq radeaux chacun, chargés de canons à tir direct avec leurs munitions. Chaque embarcation fait quatre à cinq voyages et, à 10 h 00, une force suffisante est rassemblée sur la rive ouest pour lancer l'attaque. Vers 10 h 30, nos gros calibres restés sur la rive est pilonnent pendant 15 minutes. Juste avant la fin du bombardement, les soldats sortent des couverts et avancent derrière un barrage roulant. À 11 h 00, la première ligne ennemie est entre nos mains[1]. »

Au prix de sanglants combats, à 8 h 30, Batov parvient à s'assurer d'une petite tête de pont sous le tablier du pont autoroutier, à Wilhelmshöhe. 638 embarcations de tous types lui permettent d'amener l'équivalent d'un régiment et demi, qui conquiert la première ligne de tranchées aux dépens des compagnies hétéroclites rassemblées dans la 610e I.D (policiers SS hongrois, slovaques, croates, *Volksdeutsche*). À 9 h 00, la brume se lève et les pièces de FLAK (3,7 cm, 8,8 cm) coulent plusieurs embarcations. Néanmoins, à 9 h 30, la 37e Division de la Garde est au complet et se jette sur le 8e régiment de police SS (1re Brigade de police SS[2]), qui recule dans un désordre complet. La tête de pont atteint 4 km de long sur 2 de profondeur. Les passages continuent. À 11 h 15, Batov fait savoir à Rokossovski que cinq divisions sont à pied d'œuvre. Un nouveau coup de reins anéantit un bataillon de remplacement SS, dont le commandant se

1. N. Litvine, *800 days on the eastern front*, p. 137.
2. Le chef du Corps *Oder* est l'*Obergruppenführer* et général de la police SS von dem Bach-Zelewski. La panique de ses unités, sa faible prestation personnelle, amènent son limogeage au cours de la bataille. Von dem Bach-Zelewski semble avoir été nettement moins à l'aise face aux fusiliers de Batov que face aux dizaines de milliers de civils soviétiques et polonais qu'il a fait exécuter entre 41 et 44.

tire une balle dans la tête. On avance vers l'ouest de 5 km, Kolbitzow est occupé, Pomellen en vue. La percée de la première ligne de défense semble acquise vers 13 h 00. À ce moment, les pontonniers du général Blagoslavov ont assemblé deux bacs de 16 tonnes[1] qui amèneront avant la nuit 50 pièces de 45 mm, 70 mortiers de 82 et de 120 mm et 15 SU-76.

Mais Manteuffel fait alors donner une partie de sa réserve, le bataillon Demulder de la division SS *Langemarck,* le bataillon Derrickx de la SS Wallonie, la 210e *Panzerbrigade* (36 engins dont 11 *Panther et Tiger*). Dans les six heures qui suivent, vingt (!) attaques allemandes, impliquant aussi des éléments de la 281e I.D, réduisent des trois quarts les dimensions de la tête de pont. L'intervention des *Sturmoviks* et la tombée de la nuit sauvent in extremis les hommes de Batov. Rokossovski, qui est venu dès 14 h 00 sur la rive ouest, promet à son chef d'Armée d'engager dès que possible le Corps blindé *Don* et évoque l'idée de faire passer la 2e Armée de Choc derrière la 65e, par la même tête de pont. En attendant, les fusiliers de Batov se recroquevillent dans une tête de pont de 4 km de long sur 800 m de large au sud de l'autoroute et une autre de 1,5 km sur 500 m au nord.

La 70e Armée du général Popov a pris pied sur la rive ouest, non loin de Greifenhagen. Il y a quatre points de débarquement. En deux endroits, c'est l'échec. On n'arrive à constituer que deux minuscules têtes de pont. Douze bataillons sont à pied d'œuvre à 8 heures. Mais un feu d'enfer cloue les fusiliers derrière la digue. Depuis Tantow, l'artillerie allemande fait pleuvoir les obus sur la tête de pont, sur les pionniers qui s'échinent à faire passer les bacs, sur les DUKW amphibies qui font sans cesse l'aller-retour et dont plusieurs sont touchés de plein fouet. Popov appelle son artillerie mais elle se déclare impuissante, Tantow est hors de portée. Quant aux 45 et aux 57 mm arrivés par bacs, ils ont fort à faire avec les seize (!) contre-attaques de la 27e Division SS, appuyée par des *Sturmgeschütze*. Finalement, l'officier de liaison de la V.V.S arrive à joindre la 260e Division d'avions d'attaque au sol. Vingt-deux Il-2 tournent au-dessus des hommes de Popov, attendant l'éclaircie. À 14 heures, les nuages se déchirent, le dépôt de munitions des batteries allemandes est repéré et détruit, les canons se taisent bientôt. Mais l'assaut aussitôt lancé se brise sur les tirs d'armes automatiques et les 75 mm des canons d'assaut. Popov doit se contenter de deux mouchoirs de poche de 800 m de large sur 500 de profondeur. Là encore, c'est la 4e Armée aérienne qui sauve la situation. Le tiers des 3 260 missions du jour sert à bloquer les contre-attaques mordantes des SS, qui laissent plusieurs centaines de cadavres devant les trous d'hommes de la 70e Armée. La Luftwaffe ne parvient à faire décoller que 69 avions, dont 10 sont abattus.

Dans le secteur de Grichine, l'échec est cuisant. La 49e Armée ne parvient pas à débarquer. Et pourtant, c'est à Grichine que Rokossovski a

1. In Rokossovski, *Soldatskiy dolg*, trad. all., p. 432.

donné le plus de moyens, dans la mesure où il doit coopérer avec l'aile droite de Joukov. Le maréchal somme Grichine de s'expliquer :

« L'erreur principale venait de la mauvaise reconnaissance de l'Armée. (Malgré les photos aériennes), elle avait pris pour le bras occidental un des nombreux chenaux qui encombrent l'espace entre les deux bras principaux. C'est sur ce chenal défendu par de faibles forces que la préparation d'artillerie a cogné. Lorsque l'infanterie eut pris pied sur la berge du chenal, elle comprit son erreur, approcha la rive ouest, tomba dans un feu dévastateur et ne put traverser. Grichine prit toutes les mesures pour lancer un nouvel assaut et me pria de lui permettre de l'exécuter le lendemain 21 avril. Comme une annulation de l'opération aurait permis à l'ennemi d'enlever des forces de ce secteur pour les envoyer là où nous avions eu plus de succès, j'ordonnai au commandant de la 49e Armée de recommencer à l'aube[1]. »

Le bilan de la journée est maigre pour les Soviétiques. Visiblement peu confiant sur l'issue des efforts de Grichine, Rokossovski fait étudier par son état-major l'attribution des moyens de la 49e Armée aux 65e et 70e. La journée du lendemain le confortera dans l'idée que son centre de gravité doit passer de l'aile gauche à l'aile droite.

### Le 21 avril : les Soviétiques acculés

La nuit du 20 au 21 est agitée. Les bombardiers soviétiques décollent par vague de 100 et pilonnent la rive ouest pendant des heures. Des missions suicides de la Luftwaffe tentent, en vain, de torpiller les ponts légers lancés par le génie soviétique. Des mines dérivantes sont lâchées, des nageurs de combat tentent leur chance. Les balles traçantes, les fusées lumineuses, les tirs de harcèlement empêchent les combattants des deux bords de prendre du repos. Rokossovski envoie à Batov les deux bataillons de pontonniers motorisés qu'il destinait à Grichine. Manteuffel fait approcher le maximum de moyens : le 1er Bataillon de chasseurs de chars (4 *Sturmgeschütze* III, 12 *Sturmgeschütze* IV), une compagnie de reconnaissance blindée de la *SS Polizei*, deux bataillons d'artillerie lourde, le 1098e Régiment de grenadiers (de la 549e V.G.D). Le chef de la 3e Armée Panzer a fort bien compris qu'il faut rejeter les Soviétiques à l'eau dans la journée tant qu'ils sont à l'étroit sur leurs bouts de plage, avant que leurs moyens supérieurs ne fassent la différence.

À l'aube, Batov lance l'assaut avec la douzaine de T-34 qu'il a reçus par bac. Cinq sont détruits par le peloton de trois *Sturmgeschütze* du capitaine Kramer, eux-mêmes mis hors de combat par le feu en retour. Au nord du pont autoroutier, les fusiliers avancent de 1 500 m, jusqu'à la *Reichsstrasse* 2 puis se couchent devant de terribles tirs croisés de tubes quadruples de FLAK 2 cm. Au sud de l'ouvrage, Flamands et Wallons SS, pour une fois unis, reprennent le village de Schöningen mais sont incapables d'entrer dans Schillersdorf. Le bataillon wallon Derrickx ne compte plus que 130 hommes, contre 600 la veille. Le bataillon Oehms (division *Langemarck*) laisse un tiers de son

1. Rokossovski, *Soldatskiy dolg*, trad. all., p. 436.

effectif pour arriver à Wilhelmshöhe, d'où il doit se retirer sous de terribles feux de mortiers de 120 mm, qui lui coûtent un second tiers de son effectif. La tête de pont est jonchée de cadavres, et, au soir, l'on est revenu au statu quo de la veille. Mais ni Manteuffel ni Batov ne renoncent. Dans la nuit, le chef de la 3e Armée Panzer achemine la 1re Division d'infanterie de marine du major-général Bleckwenn (3 régiments d'infanterie, 1 d'artillerie, 1 bataillon de chasseurs de chars), qui ne sera pas sur site avant 24 heures. Batov dispose maintenant sur le bras oriental de l'Oder d'un pont de 30 tonnes et d'un de 50 tonnes, sur le bras occidental d'un bac de 50 tonnes, de deux de 16 tonnes. Il fait passer la totalité des régiments de fusiliers de son Armée, une brigade de chasseurs de chars et un régiment de mortiers. Mais Rokossovski demande un élargissement de la tête de pont avant de faire passer des moyens lourds.

La 70e Armée de Popov est toujours à la peine. Impossible de bouger sous les tirs de l'artillerie allemande. Les débarquements se font aussi sous le feu ennemi, si bien que les deux minuscules têtes de pont sont incapables de se souder.

Chez Grichine, les fusiliers prennent pied sur la rive occidentale de l'Oder mais se font enfermer dans une minuscule tête de pont d'où ils ne peuvent déboucher. Chasseurs et *Sturmoviks* se relaient tout le jour pour éviter un désastre.

Finalement, pour les Soviétiques, la journée du 21 ressemble à celle du 20. Toujours rien de décisif. Staline se fait glacial au téléphone.

Cette résistance de la 3e Armée Panzer amène Hitler et Krebs, le chef d'état-major de l'OKH, à rêver à une attaque de cette Armée en direction de Berlin, attaque qui prendrait les forces de Joukov de flanc. Le *Führerbefehl* qui suit (« libérer des forces pour une attaque vers le sud ») aurait pu arracher un sourire à Manteuffel, n'était la situation désespérée de ses hommes.

### Les 22, 23, 24 avril : la position *Nibelungen* abandonnée

Sous un ciel pluvieux où les avions ne paraissent plus guère, les Allemands (549e V.G.D, 281e I.D) repartent à l'assaut contre la 65e Armée de Batov. Quinze fois de suite ! Si bien que les fusiliers ne peuvent que se défendre jusqu'à 16 h 00, s'accrochant par les ongles à leurs quelques kilomètres carrés. Puis tout bascule. Une éclaircie ramène en force la 4e Armée aérienne, une contre-attaque surprise repousse les Allemands jusqu'aux lisières de Kolbitzow et Hohenzahden, au prix de 22 T-34. La *Reichsstrasse* 2 est coupée, de même la ligne ferroviaire Angermünde-Stettin.

La surprise vient de la 70e Armée. Durant la nuit, Popov jette un régiment dans la petite tête de pont de Mescherin. À l'aube, un commando de 150 fusiliers sort silencieusement de ses lignes, parcourt 1 km et s'empare d'un petit-bois d'où les Allemands tenaient sous un feu constant les digues d'accostage derrière les têtes de pont. Du coup, mis à l'abri des obus, les pontonniers finissent d'assembler les 13 points de passage prévus : neuf bataillons et, enfin, une division d'artillerie passent aussitôt. Emportés par leur élan, les hommes de Popov poussent de 3 km vers l'ouest, approchant le carrefour routier de Tantow. Les deux têtes de pont sont soudées et l'on s'est donné un peu d'air vers le nord, l'est et le sud. Le *Kampfgruppe* Wellmann (unités de la Panzer *Holstein* et de la *Langemarck*) est battu et tronçonné.

Rokossovski dispose maintenant de deux têtes de pont qui totalisent 24 km de large et 2-4 km de profondeur. La bonne nouvelle de la nuit, c'est la mise à disposition d'un pont (mi-pilotis mi-bateaux) continu de la rive gauche à la rive droite de l'Oder. D'autres moyens vont pouvoir affluer. Deux Corps de la 2^e^ Armée de Choc (Fediuninski) reçoivent l'ordre de se mettre en route pour passer dans la tête de pont de Batov, tandis que les 180 chars du 3^e^ Corps blindé de la Garde entrent dans celle de Popov.

Le 23 avril, les Allemands arrivent au bout de leurs réserves et de leurs forces. Si Batov ne gagne qu'un à deux kilomètres, les T-34 mis à disposition de Popov démolissent les défenses à Pargow et poussent de 4 km jusqu'à Tantow. Au sud, Grichine, que l'on n'attendait plus, brise l'échine du 49^e^ Régiment SS et prend Friedrichstahl, à 5 km du fleuve. Von Manteuffel est contraint d'engager là ses ultimes moyens, la 1^re^ Division d'infanterie de marine. Mais celle-ci vient à pied, faute de camions, et se fait mitrailler sans cesse par la chasse soviétique. Peu habitués à marcher, alourdis par le transport des munitions, les marins prennent un retard considérable. Le 24, l'unité est complètement dispersée et plusieurs de ses bataillons, cueillis en pleine nature par les T-34, se font sévèrement écharper.

Le 24, sentant la défense de la 281^e^ I.D flotter, Batov attaque et gagne encore trois kilomètres dans toutes les directions. Les faubourgs sud de Stettin sont à portée de mitrailleuses. Ce flottement est à rapprocher d'un incident consigné dans l'histoire de la division :

> « La troupe qui, jusque-là, et comme si souvent, ne s'occupait que de remplir ses missions, fut surprise par un ordre du jour diffusé à tous les échelons. Il disait que les troupes allemandes avaient cessé le feu sur le front ouest et s'étaient entendues avec l'adversaire occidental pour se tourner ensemble contre l'ennemi, le bolchevisme. Cette nouvelle déchargea les hommes de la terrible pression qui s'exerçait sur eux. Ainsi, à la dernière minute, le destin de l'Allemagne allait tourner au mieux. Le soulagement fut cependant de courte durée. Très vite parvint en effet un contre-ordre qui dénonçait le premier comme faux et irresponsable et réaffirma la continuation de la lutte sur tous les fronts. Il n'est pas étonnant que, dès cet instant, le désespoir prit la place de la volonté de combattre et paralysa à l'évidence l'esprit de résistance[1]. »

Texte intéressant qui expose le ressort interne du *Landser* et situe sa rupture au tournant du 24 avril.

Au centre, Popov obtient enfin la percée qui effondre la première zone défensive, la ligne *Nibelungen*. Une brigade du 3^e^ Corps blindé de la

1. Tieke, *Das Ende zwischen Oder und Elbe*, p. 263-264.

Garde, passant sur les restes de la 27$^{e}$ Division SS, avance de 7 km vers l'ouest, jusqu'à la ligne Petershagen-Schönfeld-Rosow : des batteries d'artillerie sont détruites, des colonnes de ravitaillement incendiées. Au sud, un régiment de fusiliers rouges fait la jonction avec la tête de pont de Grichine, anéantissant le 1$^{er}$ bataillon du 49$^{e}$ Régiment SS. Pas de prisonniers ! Au soir du 24 avril, la tête de pont s'allonge d'un seul tenant sur 35 km et s'est élargie à 10-15 km. Ainsi que le dit Rokossovski dans ses mémoires : « le plus dur était fait ». À 19 h 00, Manteuffel tire de la situation une conclusion logique : pour poursuivre la lutte un peu plus longtemps, il faut reculer toutes les unités sur une ligne intermédiaire, quelques kilomètres devant la ligne *Wotan*, qui court dans la vallée du Randow. Du nord au sud, les restes décimés des 549$^{e}$, 281$^{e}$, 610$^{e}$, du *Kampfgruppe* Wellmann (diverses unités SS), de la 1$^{re}$ Division d'infanterie de marine, de la 547$^{e}$ V.G.D et d'une poussière d'unités de soutien s'alignent sur un arc de cercle de 50 km entre Stettin, Karow, Wollin, Schmölln, Wartin, Kasekow, Friedrichsthal. Pendant ce temps, le 3$^{e}$ Corps blindé de la Garde (général Panfilov) et le 1$^{er}$ Corps blindé de la Garde *Don* (général Panov) achèvent de passer l'Oder.

### 25-26 avril : le repli sur la ligne *Wotan* et la percée

Au matin du 25, le front s'embrase d'un bout à l'autre. Deux mille canons et lance-roquettes pilonnent les positions allemandes pendant 50 minutes, tandis que toute la 4$^{e}$ Armée aérienne prend l'air, frappant sur 50 km de profondeur tout ce qui roule ou marche. Au sud, Grichine perce jusqu'à la forêt de Forst. Au centre le 3$^{e}$ Corps blindé de la Garde prend Wartin, jette un parti de fusiliers de l'autre côté du Randow, parti qui atteint l'autoroute. Ce coup de pointe menace par l'arrière le bourg fortifié de Schmölln tenu par 800 hommes, 30 canons de FLAK et 14 *Hetzers*, appartenant à six unités différentes (!). Attaquées de deux côtés, les unités de FLAK brûlent leurs munitions en pure perte, abandonnent leurs pièces et s'enfuient vers l'ouest, sans s'occuper de faire sauter le pont autoroutier. Au soir, Schmölln est occupée par les Russes, la ligne *Wotan* percée en son centre sur 7 km. Le rapport du Groupe Vistule à l'OKH cite l'incident :

> « Les unités de fortune rassemblées dans ce secteur n'ont plus ni moral ni volonté de résistance. (…) L'engagement toujours plus violent de l'aviation ennemie fait baisser toujours plus le moral et restreint quasiment jusqu'à zéro tout mouvement d'hommes et d'armes sur le champ de bataille[1]. »

Au nord, la 65$^{e}$ Armée de Batov perce à midi entre Krakow et Wollin. Les fusiliers, emportés par l'ivresse de la victoire, poursuivent leur effort durant la nuit, franchissent la rivière après avoir détruit trois *Jagdpanzer* surpris et établissent une tête de pont à Bagemühl. Les pionniers lancent aussitôt deux ponts lourds qui seront prêts dès le matin. Dans la nuit, Manteuffel donne l'ordre de repli général derrière la ligne *Wotan*, déjà percée en deux endroits. Stettin est évacuée quelques heures avant

1. Tieke, *Das Ende zwischen Oder und Elbe*, p. 267.

l'encerclement. D'énormes quantités de munitions sont détruites. Les explosions attirent les feux soviétiques, et une grande partie de la ville brûle. Soldats et réfugiés fuient vers l'ouest au plus vite.

Le 26 avril 1945, la 3ᵉ Armée Panzer s'écroule. Des unités lâchent leurs positions et fuient vers Pasewalk. La psychose de novembre 1918 s'empare de Manteuffel qui ordonne : en présence d'unités qui abandonnent sans combat leurs positions,

> « toutes les armes lourdes placées à l'arrière, FLAK et artillerie, devront tirer directement dans le tas[1] ».

On verra le chef de l'OKW, Keitel, tenter d'arrêter, bâton de *Feldmarschall* en main, le troupeau des fuyards. À ses vociférations outragées ne répondent que des regards mornes et apathiques[2]. À Schmölln, la dernière résistance s'éteint vers 11 h 00, et le 3ᵉ Corps blindé de la Garde, précédant la 70ᵉ Armée, avance en une heure de 15 km jusqu'à Drense, en avant de l'Uecker, troisième et dernière ligne de défense. Depuis le matin, Prenzlau est bombardé sans cesse par des dizaines d'avions et d'immenses colonnes de réfugiés en sortent par toutes les routes. Dans une cohue générale, avec les derniers camions disponibles, le CIᵉ Corps (9ᵉ Armée) envoie d'Eberswalde le 7ᵉ Régiment de *Panzergrenadieren* SS et un bataillon de la 4ᵉ Division SS de police. Ceux-ci sont jetés littéralement devant les chars de Panfilov. Six heures d'une bataille du désespoir menée au *Panzerfaust* ne peuvent empêcher les T-34 d'être devant Prenzlau à 17 heures. Des éléments de la division *Langemarck* défendent la ville quelques heures puis se joignent à la retraite générale. À pied, à cheval, sur des bœufs, en voiture, sur des charrettes tirées par des tracteurs d'artillerie, tout ce qui reste du XXXXVIᵉ *Panzerkorps* se rue vers l'ouest sans plus obéir à aucun ordre. Aux *Landsers* se joignent 10 000 prisonniers sortis du grand *Stalag* de Prenzlau et 50 000 civils. Le même soir, au nord, Batov s'empare de l'autre pilier de la ligne de l'Uecker, Pasewalk, et la retraite du XXXIIᵉ Corps prend aussi l'allure d'une fuite éperdue. Durant la nuit, tous phares allumés, les Corps blindés soviétiques avancent de 30 km sans rencontrer de résistance, sans autre souci que les mines et les routes barrées.

Toute résistance est d'autant plus impossible que le chaos règne à la tête de l'Armée. Depuis le 25 avril, Berlin est totalement encerclé, le Reich coupé en deux. Hitler a prévu cette situation et donné, dans la partie nord du Reich, pleins pouvoirs au Grand Amiral Dönitz. Celui-ci et les états-majors situés en dehors de Berlin (par exemple le Groupe d'Armées Vistule, dont dépend Manteuffel) ne pensent plus qu'à laisser avancer Américains et Britanniques le plus loin possible et/ou à soustraire le maximum de troupes aux camps de prisonniers soviétiques. En revanche, Hitler, Keitel et Jodl, au nom de l'OKW, lancent des ordres appelant à jeter tous les moyens disponibles pour délivrer la capitale du Reich. Mais

1. Kunz, *Wehrmacht und Niederlage*, p. 286.
2. In Keitel, *Erinnerungen*, p. 341.

ordre et contre-ordres n'ont plus guère d'effets sur une 3e Armée Panzer en pleine dissolution. Pas plus que le refus de Manteuffel de remplacer Heinrici lorsque celui-ci est limogé le 28 avril.

Le 27 avril, Manteuffel tient une réunion téléphonique édifiante avec von Trotha, chef d'état-major du Groupe Vistule :

> « Complète désagrégation des unités *Langemarck*, Wallonie, 1re Division d'infanterie de marine et totalité des bataillons de FLAK qui, toutes, ont perdu leurs armes, avec ou sans excuses. Ce que j'ai vu aujourd'hui, je ne l'avais pas vu depuis 1918. (...) Je vais faire un point pour le colonel-général Jodl, auquel il pourra s'accrocher pour retenir ces messieurs. Il faudra des mois, des années, pour méditer les idioties qu'il a encore l'intention de faire. Ce n'est plus une façon de mener la nation ce qu'on fait là. Ce doit être traité par la direction politique, les soldats ont déjà parlé. Les meilleurs officiers se mettront encore à la tête des combats ici et là, mais ce ne peut pas être ça le sens du combat. Ce sera encore les plus courageux qui se feront tuer, et toute la racaille fichera le camp vers l'ouest[1]. »

La suite de l'histoire est celle d'une poursuite (à l'exception du nettoyage pénible des îles : Wolin, Usedom, Rügen, Bornholm[2]) qui, en une semaine, conduit les Russes à travers le Neu Brandeburg jusqu'à Wismar *(carte 43)*. La faible vitesse moyenne des Corps de Rokossovski (20 km/jour) s'explique sans doute par le relâchement de la discipline, déjà noté en janvier-février. Toutes les villes, tous les bourgs, tous les villages sont en feu, suite à des tirs ou au cours des pillages géants perpétrés par l'Armée rouge. En cinq jours, 300 à 400 civils sont tués, dont bon nombre sont des femmes massacrées après avoir été violées[3]. Le 3 mai, Panfilov rencontre les avant-gardes de la 2e Armée britannique. Le lendemain, les 70e et 49e Armées, accompagnées du 8e Corps mécanisé et du 3e Corps de la cavalerie de la Garde, atteignent l'Elbe de Wittenberge. À Wismar, Montgomery a organisé une petite sauterie pour célébrer la jonction avec cet « allié » dont il se défie tant. L'immense Rokossovski doit se pencher pour serrer longuement la main du *field-marshall*, qui ne lui est pas inférieur que par la taille.

---

1. Kunz, *Wehrmacht und Niederlage*, p. 285-86.
2. Les Britanniques poussent des cris d'orfraie lorsque deux divisions de la 19e Armée débarquent sur l'île danoise de Bornholm. Les Soviétiques y font 12 000 prisonniers, pour beaucoup venus de Hela et de Courlande, et saisissent un gros matériel.
3. In Lakowski, *Das deutsche Reich...*, vol. 10/1, p. 656.

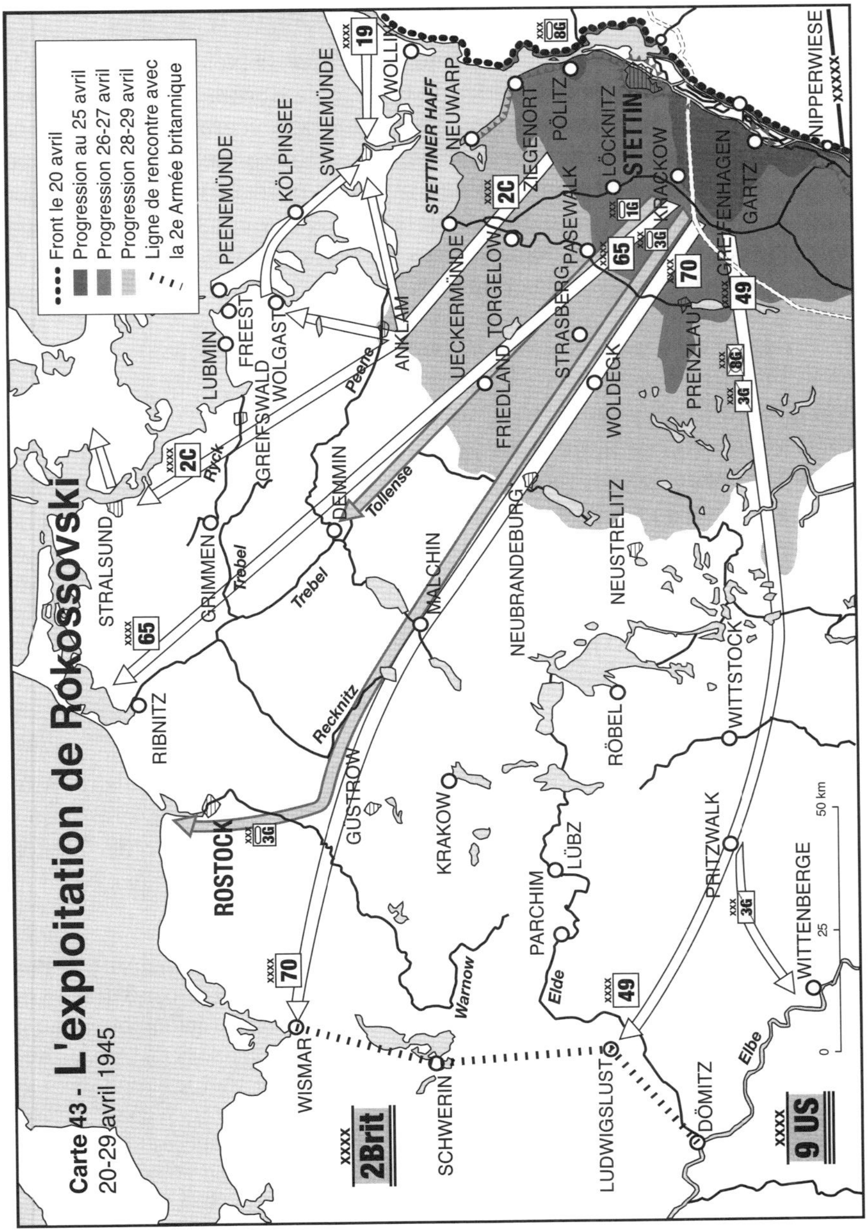
Carte 43 - L'exploitation de Rokossovski
20-29 avril 1945
Front le 20 avril
Progression au 25 avril
Progression 26-27 avril
Progression 28-29 avril
Ligne de rencontre avec la 2e Armée britannique
STETTIN
STETTINER HAFF
ROSTOCK
WISMAR
SCHWERIN
LUDWIGSLUST
DÖMITZ
WITTENBERGE
PRITZWALK
WITTSTOCK
RÖBEL
NEUSTRELITZ
NEUBRANDENBURG
PARCHIM
LÜBZ
KRAKOW
GUSTROW
MALCHIN
DEMMIN
GRIMMEN
STRALSUND
RIBNITZ
GREIFSWALD
WOLGAST
LUBMIN
FREEST
PEENEMÜNDE
KÖLPINSEE
SWINEMÜNDE
WOLLIN
ANKLAM
UECKERMÜNDE
TORGELOW
FRIEDLAND
STRASBERG
WOLDECK
PASEWALK
PRENZLAU
NEUWARP
ZIEGENORT
PÖLITZ
LÖCKNITZ
KRACKOW
GREIFENHAGEN
GARTZ
NIPPERWIESE
Elbe
Elde
Warnow
Recknitz
Trebel
Tollense
Peene
Ryck
19
2C
65
70
49
1G
3G
8G
2Brit
9 US
0
25
50 km

## IV. L'odyssée de la 12e Armée ; le drame de la 9e

Après la rupture du front allemand sur l'Oder, la Neisse et la Spree, de Stettin à Spremberg, et sans parler de la prise de Berlin, les derniers combats importants entre Allemands et Soviétiques concernent la 12e Armée du général Walther Wenck[1] et la 9e Armée de Busse. Le caractère spectaculaire de ces affrontements et l'aggravation consécutive de la méfiance entre Staline et les Américains méritent que nous y consacrions quelques pages. Il est cependant à noter que ces événements sont, faute d'archives importantes, les moins bien connus de cette période.

### *1. La 12e Armée, la dernière illusion de Hitler*

Le 8 avril 1945, suite à un *Führerbefehl*, le Haut-commandement du théâtre occidental (*OB West*) se voit attribuer une nouvelle formation, la 12e Armée, confiée deux jours plus tôt au général des troupes blindées Walther Wenck. Remis de son grave accident d'auto du mois de février, Wenck se rend à Dessau-Rosslau (où il bénéficie de l'excellent central de télécommunications de l'école des pionniers), au confluent de l'Elbe et de la Mulde, pour y prendre possession de son commandement.

#### La plus jeune des Armées

Arrêtons-nous un peu sur la formation de l'Armée, typique de cette fin de guerre. On est frappé à la fois par son caractère hétéroclite et par la capacité d'improvisation de la Wehrmacht alors que le chaos se répand dans l'ensemble du système militaire. La plupart des personnels d'encadrement viennent de Prusse-Orientale, après la destruction de leurs unités d'origine. C'est notamment le cas du gros de l'état-major de Wenck peuplé d'officiers affectés précédemment au Groupe d'Armées Nord et

---

1. Né en 1900, fils d'officier, Wenck est trop jeune pour participer à la Première Guerre mondiale. Après avoir combattu en 1919 dans le corps franc von Oven, il entre dans la *Reichswehr*. En 1928, lieutenant au 9e d'infanterie, il fait la connaissance de Guderian. Ensemble, au moyen de chars en tôle et en bois, ils font l'apprentissage des formations tactiques de blindés. Guderian le prend dès lors sous son aile. Chef des opérations à l'état-major de la 1re Panzer, Wenck retrouve son mentor en Pologne, lors de la percée de Sedan puis durant les six premiers mois de Barbarossa. Toujours au poste de chef des opérations, il prend successivement en charge le LVIIe *Panzerkorps* (3.09-26.11.42), la 3e Armée roumaine (26.11-27.12.42), le détachement d'Armée Hollidt (27.12.42-11.03.43) et la 1re Armée Panzer (11.03.43-24.03.44) où Manstein apprécie la rigueur de son jugement. Wenck est au Groupe d'Armées Sud-Ukraine (24.03-22.07.44), sous Schörner, lorsque Guderian le rappelle près de lui à l'OKH. La confiance d'Heinz le rapide est telle que, le 23 juillet 44, il nomme Wenck à la tête du *Stab Oberkommando des Heeres*, ce qui place sous sa responsabilité, outre le département opérations, l'organisation globale de l'OKH et le FHO de Gehlen. Wenck est alors idéalement placé pour saisir l'inéluctabilité de la débâcle allemande et mettre à leur juste place Keitel, Jodl et Hitler.

rapatriés par la *Kriegsmarine* de Hela à Swinemunde. La troupe est exceptionnellement jeune, le Service du Travail du Reich et la Jeunesse Hitlérienne ayant été largement mis à contribution, de même que les personnels des écoles d'instruction de toutes armes. La Wehrmacht dévore là sa propre substance, sa capacité à se régénérer.

La 12e Armée reçoit quatre Corps en dotation, avec les unités suivantes :

– Le XXe Corps. État-major[1] rapatrié de Prusse-Orientale. Q.G à Treuenbrietzen. Commandé par le général de cavalerie Koehler. On tire des écoles, de l'Armée de réserve ou directement de l'OKW, les unités de cartographie, de gendarmerie, de transmissions et du train (70 véhicules) nécessaires au fonctionnement du Corps. Quatre divisions d'infanterie sont affectées au XXe Corps :

- I.D *Theodor Körner* (général Frankewitz). Cette unité naît le 4 avril 1945 d'un ordre donné par l'OKW le 30 mars visant à former trois nouvelles divisions à partir des unités du Service du Travail du Reich. Celui-ci enrôle tous les jeunes gens et jeunes filles de 18 ans dans une sorte de pré-service militaire de six mois. Trois régiments sont constitués, soutenus par une artillerie réduite, une compagnie de transmission (au lieu d'un bataillon) et une compagnie de chasseurs de chars à vélo, équipés de *Panzerfausts*, au lieu d'un bataillon de *Hetzers*. Comme sa sœur, la *Ludwig Jahn* I.D, la *Körner* reçoit 3 500 jeunes gens, ce qui en fait l'unité la plus jeune de l'armée de Terre. L'effectif total tourne autour de 5 000 hommes, l'état-major provient de la 215e I.D détruite en Prusse-Orientale, l'encadrement du régiment d'instruction de la *Döberitz* et des cadets de l'école de guerre de Metz. Divers spécialistes sont récupérés parmi les convalescents et les permissionnaires mis dans l'incapacité de rejoindre leur unité. La *Körner* combat sous l'uniforme du Service du travail du Reich, faute d'autre chose.
- I.D *Ulrich von Hutten* (lieutenant-général Engel). État-major et encadrement proviennent des restes de la 18e V.G.D, des 56e et 190e I.D. La troupe est formée d'artilleurs sans canons du *Volksartilleriekorps* 412, de personnels administratifs de la région militaire. De Magdebourg arrivent par chalands 28 canons de 7,5 cm, des cargaisons de *Panzerfausts, Panzerschrecks*, M.G. 42, mortiers de 8 et de 12 cm. Est adjoint le 3e Bataillon de chasseurs de chars avec dix automitrailleuses lourdes, dix half-tracks, 30 chars (type inconnu). La division aligne au total 5 000 hommes.

1. Relevons ici une habitude particulière de la Wehrmacht. Les états-majors de Corps d'Armée ou d'Armées sortis de la réserve gardent leurs noms indépendamment de la nature des unités qui leur sont subordonnées. C'est ainsi que le Ve Corps SS de montagne ne commande qu'à une seule unité SS et à aucune unité de montagne. De la même façon, le XIe *Panzerkorps* SS est constitué d'unités d'infanterie et non de Panzers.

- I.D *Scharnhorst* (Colonel Borgmann, puis lieutenant-général Götz). L'état-major et le train proviennent des débris des I.D 340 et 167. Quatre-vingt pour cent des effectifs sont des élèves officiers et sous-officiers, des personnels de la Luftwaffe qui amènent avec eux de la FLAK (2 cm double et quadruple, mitrailleuses lourdes). Sept *Hetzers* forment la compagnie de chasseurs de chars. Les dernières usines d'armement (Skoda à Pilsen) livrent 12 canons d'infanterie neufs.
- I.D *Schill* (major Müller). Issue du *Kampfgruppe* Müller, lui-même constitué avec les personnels de l'école de *Sturmgeschütze* de Burg. 8 000 à 10 000 hommes.

– Le XXXXI^e^ *Panzerkorps* (lieutenant-général Holste). État-major et bataillon de transmission rapatriés de Prusse-Orientale. Le Corps est dans la réserve du Groupe d'Armées Vistule, puis versé à la 12^e^ Armée le 22 avril. Lui sont subordonnés :

- Le groupe divisionnaire von Hake : deux régiments bricolés avec un bataillon de FLAK venu de Hanovre, un bataillon de remplacement de Stendal, le personnel de l'école de dressage des chiens estafettes (!) de Rathenow.
- Un régiment de la 199^e^ I.D venu d'Oslo.
- La division spéciale des armes secrètes (*V-Waffen*) : 6 000 hommes ayant participé à l'élaboration, la gestion et la protection des usines de V-2.
- La 1^re^ Brigade antichar de la Jeunesse Hitlérienne[1] (2 500 jeunes de 15-17 ans).
- Le bataillon de reconnaissance blindé 115.
- La brigade de chasseurs de chars *Hermann Goering*.

– Le XXXIX^e^ *Panzerkorps* (lieutenant-général Arndt). Formé de la PzDiv. *Clausewitz*, de la 84^e^ I.D et de la division d'infanterie *Schlageter*, le Corps est sévèrement battu par les Américains lorsqu'il tente, à la mi-avril, de délivrer la 11^e^ Armée encerclée dans le Harz. Ses restes sont affectés à la 12^e^ Armée le 21 avril. Il est renforcé par deux régiments de la garnison de Hambourg, ce qui amène le XXXIX^e^ *Panzerkorps* à peine au niveau d'une division d'infanterie.

– Le XXXXVIII^e^ *Panzerkorps* (von Edelsheim) est à peine plus fort et encore plus hétéroclite : la 14^e^ Division de FLAK (1 000 tubes de tous

1. La 1^re^ *Panzervernichtungbrigade Hitlerjugend* appartient à la troisième levée du *Volkssturm* de la région de Dresde. Tout l'encadrement est national-socialiste, la troupe constituée de jeunes de 15 à 17 ans. L'uniforme est couleur olive et, si les sous-officiers issus de la Wehrmacht gardent leur tenue, les officiers, venus de la *Heer* et de la Luftwaffe, revêtent l'uniforme et les insignes de la Jeunesse Hitlérienne. Le commandant de la brigade est Arthur Axmann, le grand maître de la Jeunesse du Reich. L'unité a d'abord (brillamment) servi sur les arrières de la 9^e^ Armée en unité antichar volante (16-20 avril) puis contre les Armées de Rokossovski au nord d'Oranienburg (23-26 avril), avant d'être rattachée le 27 avril à la 12^e^ Armée.

calibres disséminés entre Leuna et Merseburg, et incapables de se mouvoir pour la plupart) ; 4 000 hommes de la garnison de Halle avec des pièces de 8,8 cm ; huit bataillons venus de Leipzig : *Volkssturm*, chauffeurs en formation. À quoi s'ajoutent un pot-pourri de convalescents, permissionnaires, instructeurs, rampants de la Luftwaffe... dont la moitié ne peut être équipée en armes d'infanterie.

Combattront également avec la 12e Armée :

- La division d'infanterie *Friedrich Ludwig Jahn* (colonel Klein puis Weller). Un rapport[1] du 13 avril liste les insuffisances de cette unité levée parmi les effectifs du Service du travail du Reich. Formation trop courte des sous-officiers et des servants d'armes lourdes ; manque de téléphones et de radios (55 %) ; pénurie de moyens de transports (50 %, camions, *Kubelwagen* et motos), de casques (20 %), d'outils de tranchée (100 %), de poches à munitions (50 %), d'instruments de cuisine (45 %), d'instruments optiques (55 %). Manquent 2 951 fusils sur une dotation nécessaire de 3 779, 327 pistolets sur 1 227, 126 MG légères sur 396, 12 MG lourdes sur 62. En revanche, l'unité a son compte exact de vélos (1 445) et de *Panzerfausts* (2 700).
- La division d'infanterie *Potsdam* (colonel Lorenz). Environ 5 000 hommes tirés des diverses écoles d'armes, une vingtaine de tubes de 10,5 cm.
- Les unités du Corps-franc[2] *Adolf Hitler*. Levée à l'appel du Führer parmi les membres du parti nazi, cette unité cycliste, qui comprend 10 % de femmes, est un nom fantaisiste qui désigne une unité du *Volkssturm* formée à Munster et Döberitz. Elle ne possède qu'un armement léger (*Panzerfaust, Sturmgewehr* et grenades).
- La Brigade de *Sturmgeschütze* 1 170 refond les restes de diverses unités de canons d'assaut. Forte de 600 hommes, elle reçoit de l'usine de Berlin-Spandau 31 StG.III à canon long de 7,5 cm. La Brigade de *Sturmgeschütze* 243 reçoit de la fabrique berlinoise Alkett 35 canons d'assaut, dont deux tiers de StG.III 7,5 cm et un tiers avec obusier de 10,5 cm.

La 12e Armée manque d'uniformes, de chevaux, pour ne rien dire des camions (la division *Körner* reçoit 100 *Volkswagen* pour transporter ses munitions !). En revanche, elle a des vivres, des munitions et du carburant[3] en quantités suffisantes, car Wenck découvre sur les canaux de

1. Lakowski, *Seelow 1945*, p. 206-207.
2. L'idée est avancée une nuit de février par un Docteur Ley exalté qui promet « quarante mille combattants fanatiques » « pour tenir le Rhin supérieur et les passes de la Forêt noire » (Guderian, *Panzer leader*, p. 420). Deux mille hommes, inaptes pour la plupart, se présenteront...
3. Les *Sturmgeschütze* utilisent dans de nombreuses unités, pas seulement à la 12e Armée, de l'essence avion additionnée de gazole pour abaisser l'indice d'octane.

Magdebourg des centaines de péniches chargées, dissimulées à l'aviation alliée et visiblement « oubliées » par l'OKW.

**Wenck contre les Américains**

La première mission de l'Armée Wenck est d'aller délivrer les Armées de Model assiégées dans la Ruhr. L'affaire devait se monter avec la 11e Armée mais elle tombe à l'eau lorsque cette formation est enfermée dans le Harz par la 9e Armée américaine.

Puis Wenck reçoit la charge de défendre contre les Américains la ligne de l'Elbe et de son affluent occidental, la Mulde. Face à lui, le gros de la 9e Armée U.S. de Simpson (rattachée au 12e Groupe d'Armées le 4 avril) qui a reçu l'ordre avec deux divisions blindées (2e et 5e) et quatre divisions d'infanterie (83e, 102e, 30e, 84e) d'atteindre l'Elbe et d'y saisir une tête de pont en vue « de se préparer à continuer l'avance sur Berlin ou vers le nord-est ». Le fleuve est atteint vers Schönebeck dans la nuit du 12 au 13 avril 1945 par la 2e Division blindée mais, comme tous les ponts ont sauté, on se contente de faire passer deux bataillons d'infanterie sur des bacs. Le lendemain, la 83e Division se saisit d'une seconde tête de pont, vers Barby.

À ce moment, Simpson ne sait pas encore qu'Eisenhower a renoncé à marcher sur Berlin. Une mauvaise surprise l'attend. Le capitaine Erich Rieger, commandant le 1er Bataillon du 1er Régiment de grenadiers de la division *Scharnhorst*, reçoit en effet l'ordre de liquider la tête de pont face à Schönebeck. Dans un élan remarquable, avec l'aide de huit *Sturmgeschütze*, Riegel réussit en deux heures d'un combat violent à chasser les deux bataillons américains, à détruire le pont de dinghies au *Panzerfaust* et à prendre 220 prisonniers. La première mission de la 12e Armée se traduit donc par un succès local, mais sans grande signification car cette tête de pont devait de toute façon être évacuée par les Américains qui n'y voyaient aucune possibilité d'y faire passer des blindés.

En revanche, l'assaut contre l'autre tête de pont, face à Barby, est un échec. Les Américains y ont acheminé chars et artillerie et une passerelle d'infanterie est prête au soir du 13 avril (baptisée « Pont Truman-Porte d'entrée vers Berlin »). Wenck n'insiste pas et se contente d'en faire garder le périmètre par la *Scharnhorst*. Mais la tête de pont de Barby perd sa signification opérationnelle le 15, lorsque Simpson apprend de son chef, Omar Bradley, que l'on n'ira pas à Berlin.

Les 9e, 1re et 3e Armées U.S. reçoivent une autre mission : aller border l'Elbe entre Torgau et Dresde. Ce qui représente une avance de 100 km vers l'est aux dépens de la 12e Armée et de sa voisine de gauche, la 7e, à partir des positions acquises sur l'Elster de Gera atteint le 12 avril par les 1re et 3e Armées. La progression américaine, dans une région très urbanisée, coupée de rivières d'orientation sud-nord, se fait à allure modérée. La résistance allemande est variable, parfois forte (cinq jours de combats violents pour Halle), parfois faible (à Leipzig, le chef de la police, Grolman négocie une reddition le 20 avril). Wenck se contente de plier son Corps de gauche, le XXXXVIIIe *Panzerkorps*, devant la poussée des

Américains et conserve le gros de ses forces sur l'Elbe et la Mulde[1], derrière laquelle il se replie complètement le 22 avril.

L'attention de Wenck se fixe ailleurs, sur une menace mortelle. Dès le 18 avril, en effet, les cinq Armées de Koniev surgissent sur la Spree, 110 km sur les arrières de la 12e Armée. L'ordre de l'OKW du 20 avril maintient cependant la priorité à la lutte contre les Américains mais demande à Wenck de faire glisser toutes ses réserves sur l'aile gauche vers Jüterbog où la division *Jahn* est déjà engagée par le 5e Corps mécanisé de la Garde (Armée Leliuchenko).

**Le demi-tour vers l'est** *(carte 44)*

À compter du 19 avril, date de la percée de Joukov, Hitler et l'OKW savent Berlin condamné à l'encerclement. Le 22 avril, l'encerclement est réalisé aux trois-quarts : le 7e Corps de cavalerie de la Garde (1er Front de Biélorussie) est à Velten, au nord-ouest de la ville, le 7e Corps blindé de la Garde (1er Front d'Ukraine) est à Stahnsdorf, au sud-ouest. Les deux pinces sont à 32 km à vol d'oiseau l'une de l'autre. Ce jour-là, à 19 h 00, au cours d'une conférence dramatique, alors que les premiers obus soviétiques tombent sur les quartiers périphériques, Hitler reconnaît publiquement pour la première fois que la guerre est perdue ; il anticipe la coupure en deux du Reich en confiant les pleins pouvoirs civils et militaires au maréchal Kesselring pour la partie sud, au Grand amiral Dönitz pour la partie nord ; il annonce son intention de demeurer à Berlin quoi qu'il arrive, avec Krebs, Bormann et Goebbels priés d'en faire autant ; il révèle sa volonté de se suicider si les Russes devaient l'emporter. Dès lors, la rupture de l'encerclement de Berlin devient le but prioritaire de Keitel et de Jodl.

Le plan Jodl, approuvé par Hitler lors de cette conférence, consiste en une double attaque :

– au sud, l'aile gauche de la 12e Armée va droit vers l'est à la rencontre de la 9e Armée en retraite, coupe les arrières des deux Armées de tanks de Koniev et les détruit ;

– au nord, le XXXXIe *Panzerkorps* attaque de conserve avec le Corps Steiner[2] à partir d'Oranienburg direction sud (Frohnau) et coupe les pointes de Joukov.

---

1. La défense de la rivière Mulde par la division *Hutten* cause leurs dernières lourdes pertes aux troupes américaines. La 3e Division blindée, notamment, perd plusieurs dizaines de chars autour de Bitterfeld devant les *Panzerjagdkommandos* de jeunes Hitlériens à vélos passés maîtres dans le maniement du *Panzerfaust.*

2. Steiner, *SS-Obergruppenführer* et *General des Waffen-SS*, dit haut et fort, en mars 45, devant Himmler, Goering, Heinrici et Dönitz, que la guerre est militairement perdue. Un peu plus tard, il ira voir le *Feldmarschall* von Blomberg à Wiessee pour lui demander de capituler au plus vite devant les Occidentaux, lui, Steiner, se faisant fort d'arrêter Hitler *manu militari.* Chargé par celui-ci, avec trois divisions en guenilles, d'attaquer Joukov par le nord de Berlin, Steiner n'en fera rien.

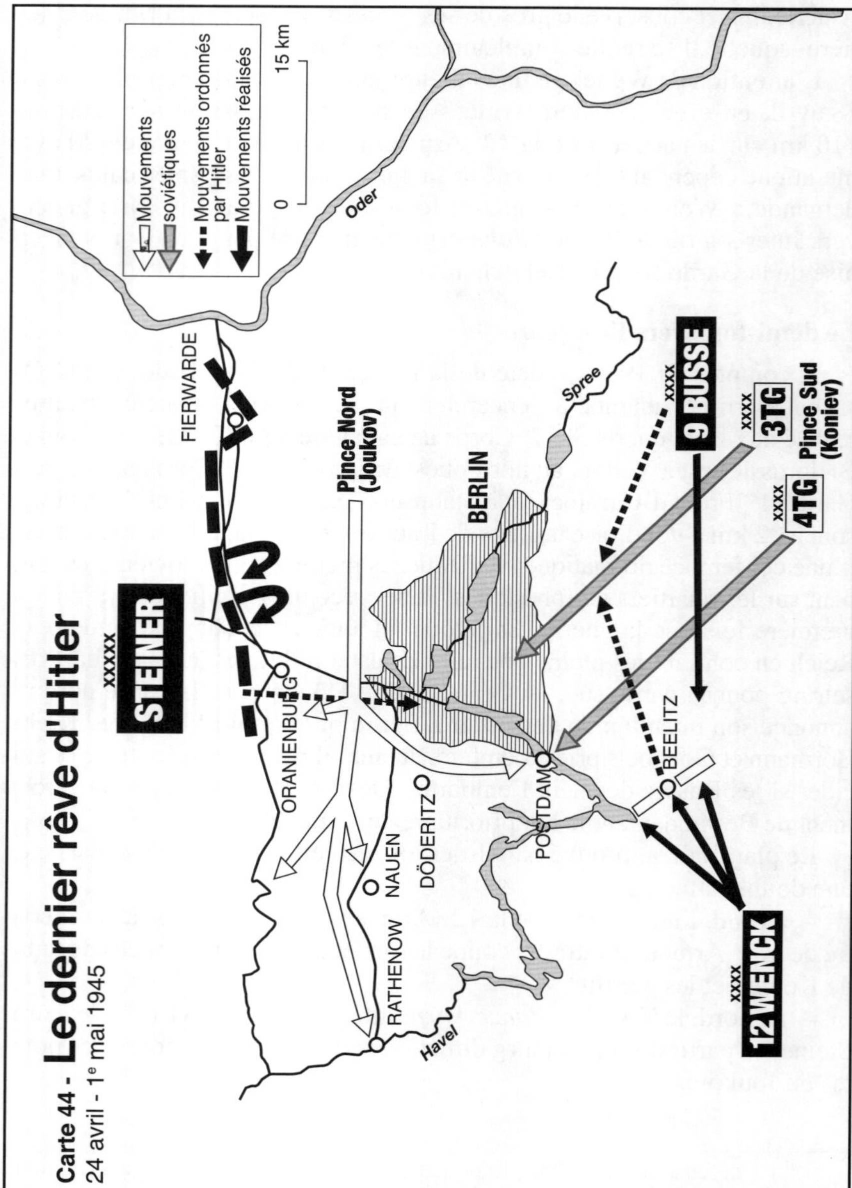


**Carte 44 - Le dernier rêve d'Hitler**
24 avril - 1e mai 1945

Ce plan totalement irréaliste se traduit néanmoins par une volte-face complète de la 12e Armée. Ordre est donné à Wenck de mettre immédiatement son XXe Corps en marche vers l'est et d'atteindre la ligne Wittenberg-Treuenbrietzen-Beelitz. Puis d'attaquer de façon à faire la jonction avec la 9e Armée qui, le 22-23 avril, se trouve encerclée dans la région lacustre de la Dahme, vers Märkisch-Buchholz, à 75 km de Treuenbrietzen. À 17 h 20, Busse, commandant la 9e Armée, reçoit l'ordre d'attaque vers l'ouest à la rencontre de Wenck.

Wenck reçoit une seconde mission. Les XXXIXe et XXXXIe *Panzerkorps* auront, en collaboration avec les éléments du Groupe d'Armées Vistule présents entre Spandau et Oranienburg, à empêcher les Soviets de passer la Havel puis, à compter du 25 avril, date de l'encerclement total de Berlin, à délivrer les 20 000 hommes coincés à Potsdam.

Comme les Soviets atteignent l'Elbe à Pretzsch (23 km au nord de Torgau) dans la nuit du 23 au 24, Wenck replie son XXXXVIIIe *Panzerkorps* de 100 km vers le nord par les bacs de Coswig, à 14 km à l'ouest de Wittenberg. Cette formation, faible et disparate, aura à garder le flanc sud de l'Armée. Pour empêcher les Soviets de la frapper de flanc durant sa marche, Wenck fait transporter dans la nuit du 23 au 24 avril deux régiments de la Division *Hutten*, avec les *Sturmgeschütze* de la *Pz.Jgd.Abt.*3, par des véhicules réquisitionnés aux dépens des usines et des services du parti nazi en cours d'évacuation. Il lance ces éléments par surprise dans Wittenberg tout juste occupée par le 27e Corps de fusiliers (13e Armée). Surpris, les Russes sont jetés hors de la ville. En siphonnant tous les véhicules civils, la *Pz.Jgd.Abt.*3 parvient à récolter 40 000 litres d'essence pour ses engins et pousse son avantage de 15 km le lendemain. Il faudra deux jours aux fusiliers soviétiques pour reprendre le terrain perdu et Wittenberg, évacuée par Wenck dans la nuit du 26-27 avril. À cette date, la Division *Hutten* est déjà en route vers Bruck pour participer à la grande attaque vers l'est et le XXXXVIIIe *Panzerkorps* est solidement retranché.

Ces divers mouvements de la 12e Armée sont étonnants à deux titres :

– ils ne provoquent aucune réaction chez les Américains qui ne lèvent pas le petit doigt pour poursuivre dans le secteur de la 9e Armée et se contentent, à la 1re Armée, d'avancer de 25 km de la Mulde à Torgau où s'opère, le 25 avril, la jonction avec le 34e Corps de la Garde (5e Armée de la Garde). Le simple engagement du XXIXe *Tactical Air Command* au-dessus du XXe Corps aurait rendu impossible tout mouvement vers l'est.

– On ne note, parmi les unités hétéroclites de Wenck, aucune désertion, aucune reddition aux Américains. La chose aurait pourtant été facile dans une situation de décrochage nocturne des unités, et alors que chaque soldat sait qu'il va affronter l'Armée rouge dans un combat à mort.

## La mutinerie de Wenck

Au cas où Wenck n'aurait pas compris ce qu'on attend de lui, Keitel vient le voir en personne à son Q.G près de Wiesenburg (60 km S-O de Potsdam), le 23 avril, à 1 heure du matin :

« Libérez Berlin ! Allez-y avec toutes les forces disponibles. Faites votre jonction avec la 9e Armée. Tirez le Führer de là. Son destin est le destin de l'Allemagne. Vous avez dans la main, vous, Wenck, le pouvoir de sauver l'Allemagne[1]. »

Après cette exhortation, Keitel remet en mains propres à Wenck le *Führerbefehl* :

« Sans égards pour la défense de l'Elbe entre Magdebourg et Dessau ni pour celle de la Mulde entre Dessau et Grimma, un groupe d'assaut d'au moins trois divisions doit se concentrer à l'ouest et au sud-ouest de Treuenbrietzen avec la mission de frapper les forces russes qui attaquent Potsdam et les faubourgs sud de Berlin, le long d'une ligne Jüterbog-Brück vers Zossen et Teltow. (…) La 9e Armée a ordre de tenir la ligne Cottbus-Peitz-Beeskow et, si nécessaire, de se replier sur Lübbenau-Schwielochsee afin de pouvoir libérer des forces en vue d'une attaque vers Baruth. »

Méfiant, Keitel[2] attend que Wenck dépêche ses ordres, dont il veut ramener une copie à Hitler et il insiste pour aller remettre lui-même l'ordre d'attaque au général Koehler, commandant le XXe Corps. Puis il rentre à Berlin et voit Hitler en présence de Jodl et de Krebs. Le Führer demande si Busse et Wenck sont déjà en contact, Krebs affirme que Wenck est déjà en train d'attaquer… Keitel, qui sait que Wenck ne peut rien faire avant le 26 avril, se tait pour ne pas dissiper l'euphorie qui saisit l'assemblée…

Après le départ de Keitel, Wenck fait une contre-proposition. Plutôt que d'aller se mettre dans la gueule du loup en attaquant vers la 9e Armée à travers le 1er Front d'Ukraine, Busse pourrait percer plein sud, vers le Groupe d'Armées de Schörner. Quant à la 12e Armée, mieux vaudrait la faire marcher au nord, la grouper devant Rathenow et l'employer à ouvrir un couloir jusqu'à Spandau. Le mouvement prendrait deux jours mais l'on pourrait attaquer avec les forces du XXXXIe *Panzerkorps* et celles que Manteuffel pourrait libérer. Par ce couloir, troupes et civils piégés dans Berlin pourraient s'extraire et gagner l'ouest, à l'abri derrière la barrière des lacs de la Havel.

1. Wenck, *Berlin war nicht mehr zu retten*, in Gellermann, p. 81.
2. Après avoir vu Wenck, Keitel apprend que Manteuffel, à son tour, a mis sa 3e Armée Panzer en retraite en violation du *Führerbefehl* du 21 avril. Il ordonne à Manteuffel et à son supérieur, Heinrici, de venir le rejoindre à un croisement isolé près de Neubrandenburg. Craignant pour la vie de Manteuffel, son chef d'état-major, Müller-Hildebrand, se tient non loin, prêt à intervenir. Keitel traite les deux hommes de lâches et de traîtres, rend Heinrici responsable du désastre de l'Oder et lui lance : « si vous aviez fait fusiller quelques milliers de déserteurs, on n'en serait pas là ! » Glacial, Heinrici se tourne vers le commandant en chef de l'OKW et, lui désignant les longues colonnes de soldats blessés, dormant debout, qui se traînent sur la route : « si vous voulez tirer sur ceux-là, eh bien je vous en prie, allez-y. » Deux jours plus tard, le 29 avril, Keitel démet Heinrici de son commandement, le propose à Manteuffel qui refuse, appelle Kurt Student qui se dit empêché. La patate chaude échoit finalement à von Tippelskirsch qui conduira les ruines de la 3e Armée Panzer jusqu'aux camps de prisonniers des Britanniques.

Ce plan Wenck est refusé par l'OKW. En revanche, Jodl et Keitel acceptent celui, plus limité, du XX<sup>e</sup> Corps : à partir de Belzig, au sud-ouest, attaquer vers Potsdam puis Wannsee et Berlin. L'affaire peut être déclenchée dès le lendemain.

Mais Wenck n'est plus disposé à obéir à Hitler ou à Keitel. Second de Guderian à l'OKH, il est totalement acquis aux idées de son ancien supérieur. Comme lui, il n'entend pas mener bataille dans l'*Innerdeutschland*, mais aider au sauvetage de la *Ostheer*. Il conçoit clairement qu'il n'a plus qu'un choix à faire, être prisonnier des Américains ou des Soviétiques. Après discussion avec son état-major, il se donne pour seul objectif de sauver le maximum de vies allemandes, d'aider le maximum d'Allemands à échapper aux Soviets. À savoir les milliers de blessés qui se trouvent dans les hôpitaux du secteur, les soldats de la 9e Armée s'ils arrivent à percer, les 20 000 hommes du Corps Reymann enfermés dans Potsdam, les dizaines de milliers de réfugiés à qui sera donné le temps de passer l'Elbe. La dernière offensive allemande de la guerre sera déclenchée à l'aube du 26 avril, dans la désobéissance ; elle est aussi la première qui ne vise pas à prolonger la survie du Troisième Reich.

## *2. Le chaudron mobile de la 9e Armée*

### La retraite vers le sud-ouest : 19-20 avril

La situation de la 9e Armée, nous l'avons vu plus haut, se détériore brutalement le 19 avril. Son aile gauche, le CIe Corps, est rejetée vers le nord, où elle sera intégrée le 21 avril à la 3e Armée Panzer sous Manteuffel.

Son centre, le LVIe *Panzerkorps* et le XIe *Panzerkorps* SS, a tendance à éclater en deux sous la poussée de Tchouikov. Aussi Busse décide-t-il d'orienter le recul du LVIe *Panzerkorps* vers le sud-ouest, entre Erkner et Fürstenwalde, derrière la Spree, de façon à le maintenir attaché au Corps SS lors du passage de la rivière et durant la manœuvre en retraite le long des banlieues sud de Berlin. Il menace le chef de Corps, le colonel-général Weidling, de le faire fusiller s'il ne remplit pas cette mission capitale pour la 9e Armée. Car, à aucun moment, Busse, pas plus qu'Heinrici, n'envisage de faire participer une de ses formations aux combats de rues dans la capitale. Pour lui, la bataille décisive a été livrée sur l'Oder et perdue. Sa seule préoccupation est de maintenir la cohésion de son Armée pour lui éviter la destruction et la captivité chez les Soviets.

L'aile droite de la 9e Armée est formée par les 12 000 hommes de la garnison de Francfort/Oder et le Ve Corps SS de montagne. Comme l'avancée des deux Armées de tanks de Koniev a isolé dans la région de Guben le Ve Corps de la 4e Armée Panzer et la 21e *PzDiv.*, ces deux formations sont rattachées à l'Armée Busse le 19 avril au soir. Aussitôt, le général ordonne au Ve Corps de s'étirer au maximum vers le nord-ouest, de Lübben à Halbe, à l'abri derrière les marais de la Spree, et à la 21e Panzer de patrouiller entre Halbe et Königs Wusterhausen. Mais il faudra 48 heures pour exécuter l'ordre car les divisions soviétiques pressent partout et les désengagements sont difficiles.

Rybalko est perplexe. Il ne parcourt que 30 km le 19 avril, quand son collègue de gauche, Leliuchenko, en abat 50. Le patron de la 3e Armée de tanks de la Garde manifeste une crainte excessive pour ses flancs car il ne sait rien des forces allemandes qui se trouvent au-delà de la Spree. Personne, chez Joukov, chez Koniev, ou à la STAVKA, n'a prévu qu'une Armée allemande puisse se réfugier dans la forêt de Spreewald. Aussi perd-il du temps à déposer des bouchons d'infanterie mécanisée sur les passages de la Spree (à Lübben notamment). Koniev pique alors un coup de sang et envoie ce message révélé par Joukov (!) dans ses mémoires :

> « Camarade Rybalko, vous progressez de nouveau en boudin. Une brigade se bat et toute l'Armée est arrêtée. Je vous ordonne de dépasser la ligne Baruth-Luckenwalde à travers le marais (de la rivière Dahme, ndla) et en formations déployées. Rendre compte de l'exécution. Signé Koniev[1]. »

Fouetté par son supérieur, Rybalko se désintéresse de la 9e Armée de Busse et parcourt 60 km dans la journée en direction de Berlin. Baruth tombe dans l'après-midi et la brigade de tête arrive vers cinq heures non loin de Zossen. Deux heures auparavant, les camions de l'OKW et de l'OKH[2] ont emporté les personnels d'état-major mais sans pouvoir détruire équipements et documents, dont les Soviétiques s'emparent. Mais Busse a des soucis autrement graves. Ce 20 avril, Hitler décide, avec l'accord d'Heinrici, mais sans celui de Busse, d'enlever à la 9e Armée le LVIe *Panzerkorps*, qui sera jeté dans Berlin[3]. Comme Busse mais pour la raison inverse, Hitler menace Weidling, le commandant du LVIe *Panzerkorps*, du peloton d'exécution s'il s'obstine à vouloir lier le destin de ses 20 000 hommes à celui de la 9e Armée. Sommé le 23 à 18 h 00 au *Führerbunker*, Weidling se soumet. Une énorme déchirure apparaît alors sur le flanc nord de Busse, vers Fürstenwalde, où la 69e Armée soviétique menace le XIe *Panzerkorps* SS d'enveloppement. Busse précipite dans le trou les restes des *PzGrenDiv Kurmark* et *Nederland,* ainsi que la 32e SS-Division *30 Janvier*.

## L'encerclement : 21-22 avril *(carte 45)*

Le 21 au matin, venue en urgence de la lointaine Prusse-Orientale, la 28e Armée du lieutenant-général Luchinsky entame son déploiement dans les bois à l'ouest de Baruth. Sa mission est de combler le trou entre la 3e Armée de la Garde, toujours aux prises avec le Ve Corps à Cottbus,

1. Joukov, *Mémoires*, vol. 2, p. 362.
2. Jodl et l'OKW emménagent à Krampnitz, 5 km au nord de Potsdam, et l'OKH non loin de là, à l'académie de la Luftwaffe de Gatow. Mais Krebs, chef d'état-major de l'OKH, s'installe dans le bunker souterrain d'Hitler.
3. En fait, Hitler confie le 20 avril la défense de la ville à l'ensemble de la 9e Armée mais Busse se défile, arguant de l'impossibilité pour trois de ses quatre Corps de rejoindre. L'ordre est annulé et la seule ressource à portée, le LVIe *Panzerkorps*, est appelé dans la capitale. L'état-major du général Weidling traversera la Spree et la branche sud du canal de Teltow dans la nuit du 23 avril et entrera dans la ville par le faubourg de Rudow, non loin de Köpenick.

Carte 45

## L'éclatement et l'encerclement d'une partie de la 9e Armée et de la 4e Armée Pz

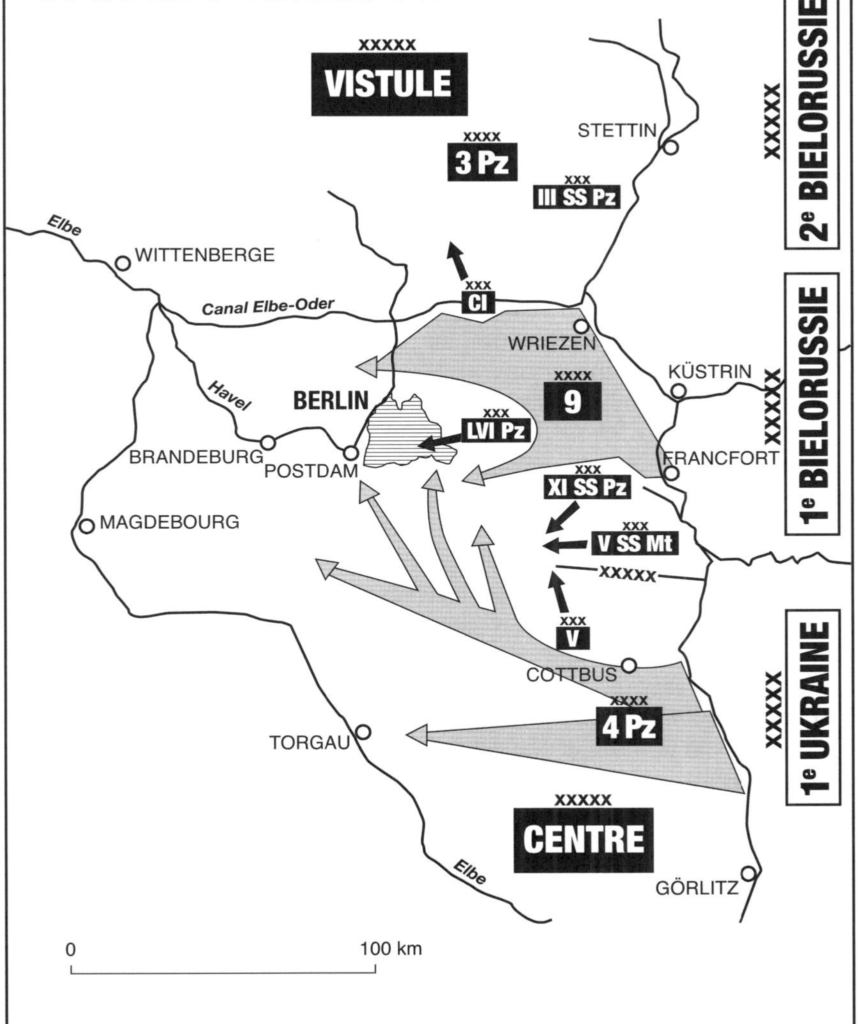

et l'Armée de Rybalko en marche sur Berlin. Pour l'instant, Luchinksy se contente d'occuper avec une division la ville de Baruth, seul point de sortie sud des marais qui bordent la forêt de Spreewald. Le reste de son Armée (moins la 61ᵉ Division de la Garde cédée à Rybalko) prendra position, face à l'est, deux jours plus tard entre Zossen et Baruth, verrouillant la voie de retraite de la 9ᵉ Armée. Si elle veut survivre, l'Armée de Busse devra forcer la sortie. Comme la 3ᵉ Armée de tanks de la Garde arrive à Königs Wusterhausen ce même 21 avril, et que la 8ᵉ Armée de la Garde de Tchouikov progresse de l'autre côté des lacs qui ceinturent la ville au sud-est, la trappe est entièrement close ce 21 avril.

Dans la soirée, Heinrici transmet à Busse un ordre d'Hitler lui enjoignant de tenir le périmètre Cottbus-Fürstenberg (sur l'Oder !)-Müllrose (sur le canal Oder-Spree)-Fürstenwalde et de le prolonger jusqu'à Königs Wusterhausen. Ce qui représente un front de 250 km pour 150 000 hommes, dont 60 000 combattants. Le lendemain, un nouvel ordre du Führer exige de Busse qu'il prépare une attaque vers le sud pour couper les pointes avancées de Koniev. Réaction du général :

> « L'Armée ne tint aucun compte de cet ordre inexécutable et prit la décision de préparer, même sans ordres, une attaque de son groupe sud, y compris le Vᵉ Corps, VERS L'OUEST[1]. »

Ces lignes, écrites dix ans après les faits, ne traduisent pas complètement l'attitude de Busse, bien plus ambiguë et marquée d'une soumission certaine au Führer. Le 21 avril, son chef, Heinrici le couvre pourtant en exigeant de Hitler une retraite immédiate de la 9ᵉ Armée vers l'ouest[2]. Mais, le même jour, Busse reçoit la réponse directement de Hitler :

> « Un recul de toute unité quelle qu'elle soit en direction de l'ouest est interdit. Les officiers qui ne se conformeraient pas strictement à cet ordre devront être saisis et sur le champ passés par les armes. Vous-même êtes responsable sur votre tête de l'exécution de cet ordre. Du succès de votre mission, dépend le destin de la capitale du Reich. »

Busse n'a pas pris à temps les mesures permettant à son Armée de décrocher. Dès le 20, il sait que Koniev arrive dans son dos, mais il laisse néanmoins des unités en pointe sur l'Oder et ne rassemble pas ses chars vers l'ouest. Paralysé par sa fidélité au Führer et ses devoirs vis-à-vis de ses hommes, il verra son autorité décliner très vite parmi ses chefs de Corps, notamment chez les SS. Dans la poche, la situation s'aggrave d'heure en heure. Le maréchal Novikov mobilise plusieurs centaines de bombardiers des 2ᵉ, 16ᵉ et 18ᵉ Armées aériennes et fait pilonner sans interruption les villes, les routes, les carrefours. La chasse russe attaque sans opposition d'immenses colonnes de réfugiés mêlées inextricablement aux services arrière de l'Armée. Busse ne voit qu'une issue : lâcher ses positions à l'est et essayer de faire glisser l'ensemble de la poche vers l'ouest, en évitant sa

1. Busse, *Die Letzte Schlacht…*, p. 166.
2. Ce qui lui vaudra de perdre sur le champ son chef d'état-major, Kinzel, remplacé par un farouche nazi, le major-général von Trotha.

désagrégation. Comme Nehring sur la Vistule, il va tenter de déplacer le chaudron mobile dans lequel est enfermée son Armée. Il donne des ordres pour que, le lendemain (il aura l'accord de Krebs), soit abandonné l'Oder et la Neisse, les unités des V$^{e}$ Corps et V$^{e}$ Corps SS de montagne ramenées en deux bonds derrière le canal Oder-Spree au nord, et la ligne Beeskow-Straupitz, à l'est. Ainsi réduit de moitié, le périmètre de la poche devrait permettre de libérer les forces nécessaires à une percée vers l'ouest.

Au nord, la 69$^{e}$ Armée soviétique frappe à coups redoublés sur la 32$^{e}$ Division SS, retranchée sur 25 km derrière le canal Oder-Spree. Face à l'ouest, la 21$^{e}$ Panzer bénéficie d'un chapelet de lacs cernés de forêts épaisses entre Königs Wusterhausen et Halbe. Aucune surprise ne peut venir de ce côté. D'autant plus que les hommes du général von Hülsen voient, à cinq kilomètres, les files de camions et de canons du 1$^{er}$ Front d'Ukraine passer sur l'autoroute Berlin-Breslau, sans s'occuper d'eux. Busse fait néanmoins mettre en état de défense la ville de Märkisch Buchholtz, carrefour routier vital en cas de sortie vers l'ouest.

Le 22, Koniev et Joukov, sur injonction de la STAVKA visiblement plus inquiète qu'eux, prennent des mesures pour liquider la 9$^{e}$ Armée. Koniev lance la 3$^{e}$ Armée de la Garde non vers Berlin comme prévu, mais vers Lübbenau, le long de l'autoroute, de façon à rejoindre la 28$^{e}$ Armée qui monte la garde plus au nord. C'est son intérêt : les 15 000 camions qui ravitaillent son effort contre Berlin roulent nuit et jour sur cette artère. De son côté, Joukov introduit sa seule Armée de second échelon, la 3$^{e}$, à la droite de la 69$^{e}$, et lui ordonne d'attaquer vers Königs Wusterhausen, de façon à obliger Busse à aller vers le sud-ouest et non vers l'ouest. Le 2$^{e}$ Corps de cavalerie de la Garde doit foncer plein sud jusqu'à Leibsch (un raid de 30 km à travers la forêt) et ainsi couper Busse de Märkisch Buchholtz pour le rejeter vers le sud. À sa gauche, les 69$^{e}$ et 33$^{e}$ Armées doivent marcher au sud-ouest dans l'espace compris entre le lac de Scharmützelsee et la Spree.

Le gros de l'effort contre la 9$^{e}$ Armée est donc fourni par Joukov. L'orientation qu'il donne à sa 3$^{e}$ Armée est pour le moins curieuse. En la jetant vers Königs Wusterhausen, il l'envoie cogner contre le flanc droit du 1$^{er}$ Front d'Ukraine en train de préparer son attaque contre les faubourgs sud de Berlin. Une telle décision ne peut s'expliquer que d'une seule façon : Joukov ne sait pas où est Koniev ce 22 avril. Il ne le saura que le 24, à 6 h 00 du matin, lorsqu'une division du 28$^{e}$ Corps de Tchouikov tombera nez à nez, près de l'aéroport de Schönefeld, avec une brigade de l'Armée de Rybalko !

### La contraction de la poche : 23-25 avril *(carte 46)*

À 13 h 00, Busse reçoit enfin du groupe d'Armées Vistule l'autorisation de se replier vers l'ouest, décision qu'il avait déjà largement anticipée. Dans la soirée, au téléphone, Heinrici lui donne pleins pouvoirs et l'assure que « son vieil ami Wenck va le tirer de là[1] ». À ce moment, le

1. Gellermann, *Die Armee Wenck...*, p. 90.

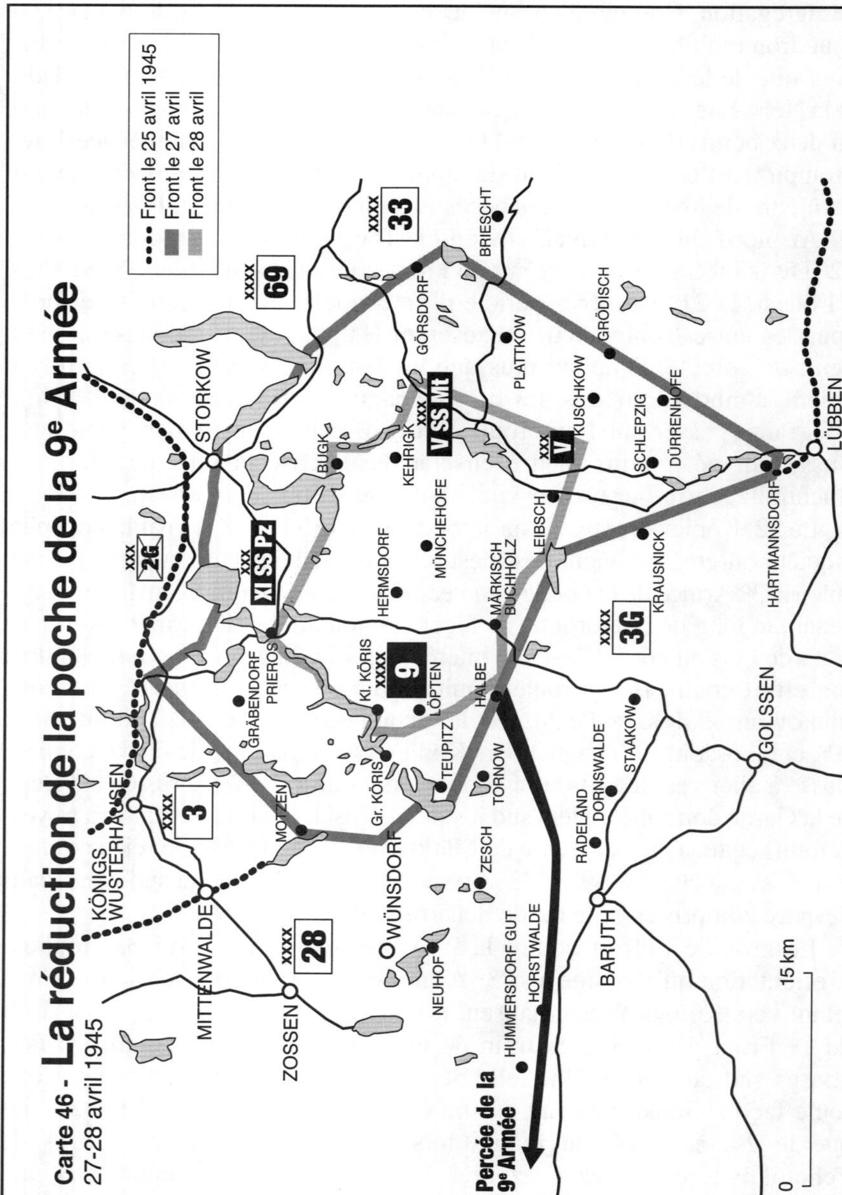

Carte 46 - La réduction de la poche de la 9e Armée
27-28 avril 1945

front est et nord-est de la 9e Armée est en plein recul de plus de 30 km jusqu'à la ligne Burg-Butzen-lac de Schwielochsee-Spree de Beeskow-Brück. Le Ve Corps prend en charge la partie ouest, entre Königs Wusterhausen et Burg, le Ve Corps SS de montagne l'est, entre Burg et Brück. Le décrochage n'est pas trop difficile. La région est un patchwork de lacs et de forêts denses, avec des routes étroites faciles à barrer, où quelques pièces de 8,8 cm et de *Sturmgeschütze* bloquent efficacement une division soviétique. D'autre part, les patrouilles de la 21e Panzer indiquent que la face ouest de la poche (80 km de long) n'est pas fortement tenue par le Russe. Koniev n'a tout simplement plus assez de forces pour prendre Berlin, tenir en respect Schörner au sud, aller jusqu'aux Américains sur l'Elbe et écraser la 9e Armée. Busse aurait pu aller plus vite en besogne, lâcher au nord et à l'est dès le 21 avril et, surtout, accepter d'abandonner le secteur le plus proche de la capitale, autour de Königs Wusterhausen, où il encaisse ses plus lourdes pertes. Mais Busse n'est pas Wenck. Il ne peut se résoudre à désobéir ouvertement à Hitler et essaie de conformer la disposition de ses forces à l'attaque de dégagement de la ville du plan Jodl.

Finalement, le plus difficile à gérer est l'ordre à l'intérieur de la poche. Il n'y a plus assez de munitions et d'essence[1]. On commence à abandonner des véhicules, on ne sait plus quoi faire des blessés. Toutes les routes sont congestionnées par les files de réfugiés. Le moral flanche dans certaines unités, y compris les meilleures. Ainsi, dans la nuit du 24 au 25 avril, la 21e Panzer, pressée par la 28e Armée, doit reculer de 8 km vers l'est en direction de Prieros. Mais, incapable de supporter l'idée de voir la percée s'éloigner d'autant, le 155e Régiment blindé d'artillerie *Tannenberger* réquisitionne de force du carburant appartenant au 21e bataillon de reconnaissance et décide de percer, seul, vers le nord-ouest, sans prévenir personne[2]. Le sort de cette unité demeure inconnu à ce jour. Brand, le commandant du 21e bataillon de reconnaissance, rapporte le délitement de la discipline.

> « La résistance venait seulement des Panzers, des SS et, au début, des garnisons des villes. Il n'y avait plus de direction opérationnelle au-dessus de la division. Les unités commandées par des officiers impopulaires fichaient le camp. On n'exécutait plus les condamnations à mort. (...) Il en résultait un incroyable chaos : des disputes, aucun sommeil, pas de ravitaillement, de l'eau contaminée pour toute boisson, des pertes astronomiques, un encerclement de plus en plus étroit, des attaques aériennes féroces, des bombardements d'artillerie massifs. Durant cette période, le moral dégringolait dans ma propre unité. Le chef d'état-major, le major Renner, avait décampé. Les chefs d'unité prenaient le contrôle. Les généraux n'exerçaient plus leur autorité[3]. »

1. Selon le quartier-maître du Groupe d'Armées Vistule, la Luftwaffe aurait chargé 75 tonnes destinées à être parachutées à la 9e Armée. On ignore quelle proportion est arrivée réellement aux hommes de Busse, pour la plupart invisibles dans les bois.
2. Incident rapporté par Le Tissier, in *Slaughter at Halbe*, p. 74.
3. Le Tissier, *Slaughter at Halbe*, p. 74-75.

Le 25 avril, le flanc nord recule encore de 10 km, sur la ligne des lacs, entre Wolzig et Bad Saarow. Il n'y a plus de front nettement identifiable. Les Russes s'infiltrent partout, les bouchons lâchent les uns après les autres sous les assauts concentriques des trois Armées de Joukov (3^e^, 69^e^ et 33^e^) et de la 3^e^ Armée de la Garde de Koniev. L'on se bat dans les villages, aux sorties des forêts, sur les digues des lacs. Des milliers de cadavres de soldats et de civils s'entassent dans les fossés, le long des routes et des chemins forestiers mitraillés en permanence par l'aviation de Novikov. Des compagnies de 20 hommes, sans un seul officier, contre-attaquent de leur propre chef pour bloquer une percée puis s'évanouissent sans laisser de traces. Des hommes exténués se suicident.

La poche prend ce 25 avril grossièrement l'allure d'un trapèze de 30 km de côté, de 20 km de petite base et 50 km de grande base. Le flot s'écoule, de plus en plus canalisé, par deux « gouttières » centrales, partant, l'une de Storkow, au nord, l'autre de Beeskow, au nord-est, et aboutissant toutes deux au pont qui enjambe la rivière Dahme, à Märkisch-Buchholz.

Entre Märkisch-Buchholz et Halbe, dans tous les bois alentours, s'accumulent les restes épuisés du XI^e^ SS *Panzerkorps*, du V^e^ Corps, du V^e^ Corps SS de montagne, de la garnison de Francfort, éléments mêlés de 14 divisions et d'une cinquantaine d'unités indépendantes. Environ 150 000 militaires, dont 50 000 combattants et 10 000 membres du *Volkssturm*, un millier de tubes d'artillerie de tous types, 2 000 véhicules, 150 à 200 chars, *Sturmgeschütze* et half-tracks. Au milieu d'eux, des dizaines de milliers de civils venus du Brandebourg et du nord de la Silésie, du Wartheland et de l'*Oderbruch*, des unités de pompiers, de policiers, des garde-forestiers, des prisonniers de guerre, des déportés, des travailleurs forcés.

Bien sûr, Koniev suit heure par heure le déplacement de cette masse d'hommes et d'équipements. Il compte sur son artillerie pour empêcher la percée et dépêche à la 3^e^ Armée de la Garde le gros du 1^er^ Corps d'artillerie de rupture de la Garde. Si l'on y ajoute les groupes d'artillerie des divisions et des Corps, les bois qui entourent le triangle Halbe-Markisch Buchholz-Briesen abritent au moins 2 000 pièces et lance-roquettes, dont les 203 mm de la 98^e^ Brigade d'obusiers lourds. Les batteries sont protégées par des champs de mines et des obstacles antichars. De la PAK est disposée tout le long de l'autoroute. Au nord de Lübben, le 2^e^ Corps blindé est tenu en réserve, une division attend d'être appelée de Teupitz.

### La première tentative de percée

Busse décide de tenter la percée dans la soirée du 25 avril. Il ignore ce qu'il a face à lui, faute d'essence pour mener des reconnaissances. Sa concentration n'est pas terminée mais la situation est tellement dramatique qu'il décide sur un coup de dés. Il assemble deux groupes de combat. Le premier, le groupe du colonel von Luck, commandant du 125^e^ *PzGrenReg* (21^e^ Panzer), ramasse peut-être 800 grenadiers et une cinquantaine d'engins blindés, dont une dizaine de Panthers du 22^e^ *PzReg* et autant de *Hetzers*.

Von Luck partira de Halbe et, par des chemins forestiers, traversera l'autoroute pour aller attaquer Baruth (16 km), où il trouvera des routes pour aller vers Jüterbog ou Luckenwalde. Au sud, le second groupe, mené par le *Standartenführer* SS Pipkorn, s'en ira de l'ouest de Schlepzig, poussera jusqu'à Krausnick par la route, franchira la voie ferrée à Brand, l'autoroute à Staakow et convergera vers Baruth à travers bois et champs. Soit 30 km à vol d'oiseau pour le millier d'hommes issus de la 35e Division de grenadiers SS de police et la vingtaine de chars et de canons d'assaut de la 10e SS Panzer *Frundsberg*.

Parti à 20 h 00, von Luck parvient sans encombres majeurs devant Baruth à minuit. Alors que les chars sortent des bois, un terrible feu s'abat sur les Allemands depuis les premières maisons et le talus de chemin de fer. Plusieurs JS-2 enterrés font pleuvoir du 122 mm, tandis que claquent une vingtaine de tubes Zis 76 mm. Plusieurs chars explosent, les grenadiers sont fauchés par les mitrailleuses tandis que le ciel s'illumine de dizaines de fusées éclairantes. Juste à ce moment, quelques Panthers du groupe Pipkorn apparaissent à l'est. Ils sont les seuls survivants du groupe qui s'est fait écraser et refouler par la 329e Division de fusiliers entre Krausnick et l'autoroute. Von Luck opère un mouvement d'enveloppement mais l'attaque simultanée des deux groupes se brise sur la défense intraitable de la 395e Division de fusiliers du général Onoprienko (24e Corps, 13e Armée).

Von Luck contacte Busse par radio et lui fait valoir que l'arrivée de l'aube amènera des nuées de *Sturmoviks*, condamnant son entreprise à l'échec. Busse lui ordonne de rester où il est, de se mettre en défense et d'attendre le reste de l'Armée. Mais von Luck[1] désobéit et permet à ses hommes de tenter leur chance vers l'ouest. Lui-même retourne dans la poche avec Pipkorn mais, en cours de route, il est capturé, son compagnon, tué. Nombre d'hommes du groupe Luck subiront le même sort, à l'exception de quelques centaines d'entre eux demeurés dans les bois autour de Baruth et qui ont refusé d'abandonner les milliers de civils littéralement collés aux unités de combat.

1. Dans son mémoire sur la 9e Armée, paru en 1955, Busse chargera lourdement von Luck et ses officiers (sans donner de noms, qu'il dit avoir oubliés), les accusant d'avoir décampé sans attendre l'infanterie qui, seule, pouvait maintenir le couloir ouvert. En réalité, il semble que Busse porte la plus grande part de l'échec de la percée, montée trop vite, sans repérages, sans réserves de munitions ni d'essence (Busse n'a pas autorisé von Luck à en emporter) et, surtout, sans avoir organisé la liaison entre les deux KG et l'infanterie, qui en effet n'a pas suivi… faute d'ordres ! À la décharge de Busse, ses conditions de travail sont épouvantables : il vit sur les routes, harcelé par l'aviation, réduit à communiquer par estafettes. Il faut néanmoins admettre qu'il n'a montré ni l'énergie ni la résolution politique de Wenck. Il demeure semblable à 99 % des officiers supérieurs de la Wehrmacht : liés à Hitler par leur carrière, subissant son ascendant, partageant sa crainte de voir les événements révolutionnaires de l'automne 1918 se reproduire.

Le 26, les Soviets donnent l'assaut au château de Baruth où sont retranchés des SS du groupe Pipkorn mais aussi des centaines de soldats isolés qui ont suivi sans ordres les deux groupes de combat. Les Allemands sont chassés vers les bois au-dessus desquels un Ju-52, bourré de munitions et de *Panzerfausts*, est abattu par la DCA soviétique. Puis l'artillerie et 500 missions des 1$^{er}$ et 2$^{e}$ Corps d'aviation d'assaut de la Garde (2$^{e}$ Armée aérienne) ravagent la forêt sur des kilomètres alentours. Au soir, la percée est liquidée, les Soviétiques comptent 5 000 prisonniers. Dans la forêt, on marche littéralement sur les cadavres de soldats, de civils et de chevaux.

### *3. L'attaque de la 12$^{e}$ Armée ; la « percée » de Busse* (carte 47)

Dans la nuit du 25 au 26 avril, les groupes de combat de l'Armée Wenck gagnent leurs positions de départ. La Division *Hutten* est entre Belzig et Brück, à sa droite, la *Scharnhorst*, puis la *Körner* devant Niemegk. La Division *Schill* est placée en solo à l'extrême-gauche, au sud-ouest de Lehnin. Contrairement à l'ordre d'Hitler, Wenck ne dirige pas ses troupes plein est mais nord-est, dans la direction de Potsdam. Wenck espérait surprendre les Soviets mais, le 23 avril, Hitler a fait pleuvoir sur Berlin et sur les soldats de la 12$^{e}$ Armée un tract qui en appelle à l'élan des hommes :

> « Soldats de l'Armée Wenck !
>
> Un ordre d'une portée immense vous a sortis de vos positions face à l'ennemi occidental et vous a mis en marche direction est. Votre mission est claire : Berlin reste allemand (…). Votre Führer vous a appelés et vous êtes accourus à l'assaut comme au vieux temps des victoires. Berlin vous attend, Berlin vous désire de tout son cœur. »

Et, le même jour, par une dépêche, le ministère de la propagande apprend au monde entier que le Führer appelle l'Armée Wenck à lui ! Koniev sait donc à quoi s'en tenir mais il ignore où et quand. Visiblement absorbé par les combats dans Berlin, il n'accorde pas une importance majeure à cette attaque qu'il anticipe en direction de Jüterbog. Si bien que la 12$^{e}$ Armée ne va pas donner sur les positions du 5$^{e}$ Corps mécanisé de la Garde (major-général Yermankov, Armée Leliuchenko) ni sur celles de la 13$^{e}$ Armée, toutes deux mises en alerte entre Treuenbrietzen et Wittenberg. Luckenwalde et Jüterbog, notamment, sont mises en état de défense tous azimuts, la première par la 117$^{e}$ Division (102$^{e}$ Corps), la seconde par la 280$^{e}$ Division (27$^{e}$ Corps), deux unités de la 13$^{e}$ Armée, renforcées de régiments antichars. La disposition de Koniev reflète sa volonté de placer ses forces en position centrale pour engager soit la 12$^{e}$ soit la 9$^{e}$ Armée ; elle témoigne aussi du fait que le 1$^{er}$ Front d'Ukraine, trop sollicité, n'a plus de réserves. Si bien que le choc administré par Wenck va être absorbé par le 6$^{e}$ Corps mécanisé de la Garde (colonel Puthkariev, Armée Leliuchenko), étiré sur 30 km et dont les gros font face au nord, vers Potsdam. Pour garder son flanc sud, Puthkariev n'a laissé que la 35$^{e}$ Brigade mécanisée de la Garde, qui est à 50 % de ses moyens.

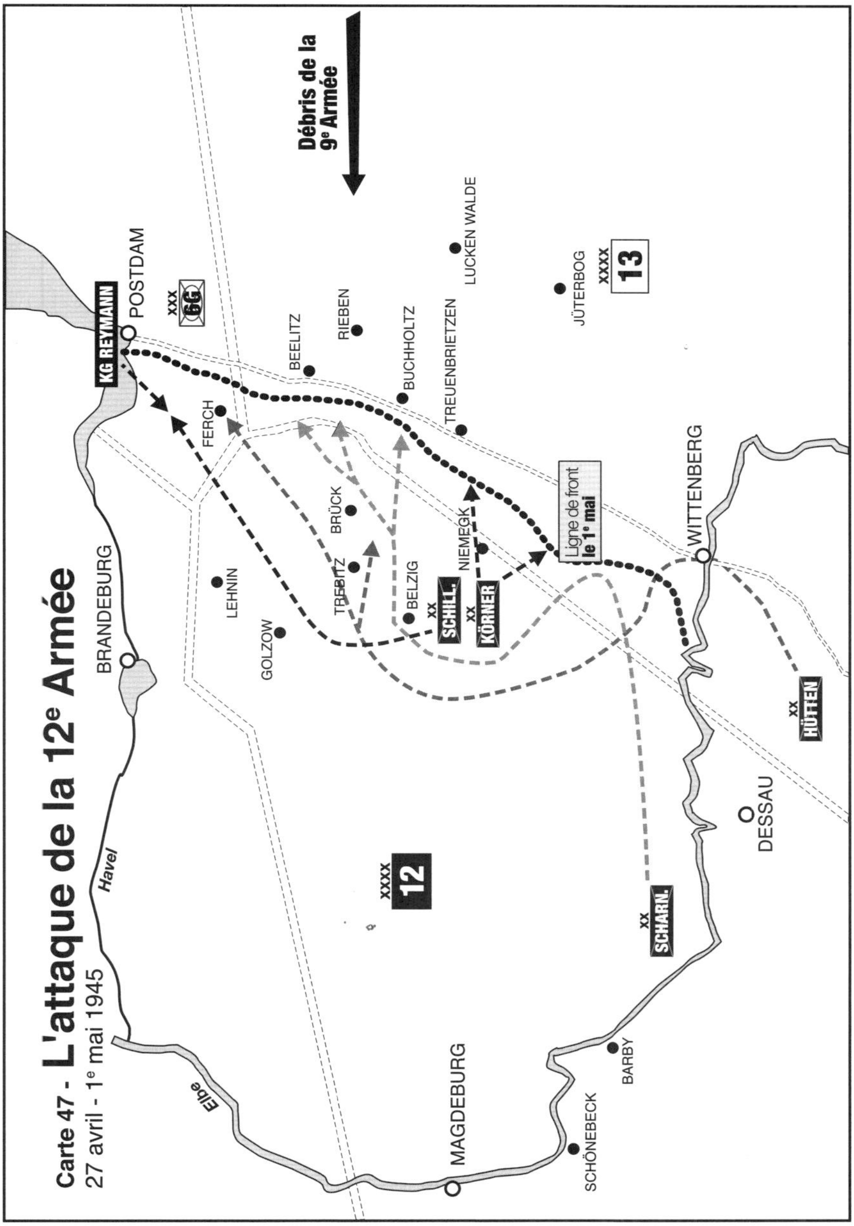


**Carte 47 - L'attaque de la 12e Armée**
27 avril - 1e mai 1945

### Des succès locaux

La Division *Hutten* démarre la première en direction de Beelitz. Elle s'est formée en coin, les chars devant, les *Hetzers* et les *Sturmgeschütze* échelonnés sur les côtés. Une reconnaissance renforcée d'une dizaine de puissants engins à roues (*Sd.Kfz*.234/4, 8 roues avec canon de 7,5 cm long) accompagnés d'une compagnie montée sur *half-tracks* et d'une compagnie motocycliste s'engage sur la route de Trebitz qui vient donner dans une... reconnaissance soviétique. Un bref mais violent combat élimine l'adversaire et l'ensemble de la division entre dans Trebitz où l'on détruit une colonne de ravitaillement et l'on saisit un atelier de réparations. L'on avance avec précaution jusqu'à Rottstock puis la *Hutten* file à travers champs jusqu'à Brück et Neudendorf atteints vers midi. On a parcouru 18 km et Beelitz, l'objectif, est à 14 km et l'on n'a pas vu beaucoup d'*Ivan*.

La *Scharnhorst* s'élance de Belzig et pousse plein est. L'autoroute Berlin-Leipzig est coupée dans l'après-midi, les avant-gardes arrivent au soir devant Buchholtz, à 22 km du point de départ. Mais il faut s'arrêter et passer en défensive, tant sont rageuses les contre-attaques d'une brigade du 5e Corps mécanisé de la Garde accourue du sud au son du canon. L'artillerie, les chasseurs de chars du major-général Yermankov étrillent la Brigade de *Sturmgeschütze* 1170, qui perd 17 engins sur 31, et ses approvisionnements. Au sud, la Division Körner, fort abîmée les jours précédents, s'empare de Niemegk et vient caler devant les Gardes mécanisés 10 km à l'ouest de son objectif, Treuenbrietzen.

Côté allemand, la journée du 27 avril se passe à repousser les contre-attaques soviétiques et à se défendre contre les unités isolées dans les bois qui attaquent sur les arrières. La *Hutten* parvient jusqu'à l'hôpital de Beelitz où l'on délivre 3 000 blessés, le personnel médical allemand et des représentants de la Croix-Rouge internationale. Wenck réquisitionne tout ce qui roule pour transporter les plus gravement atteints, le reste se met en marche en direction de la tête de pont de Barby, où les Américains les acceptent. Au soir du 28, les trois divisions sont parvenues sur une ligne Nichel-Reesdorf-Ferch, approximativement parallèle à l'autoroute et à la nationale Wittenberg-Beelitz et située entre elles. L'avance a été de 20 km en moyenne et ne peut plus être poursuivie. Maintenant, il faut tenir les positions et espérer que la 9e Armée puisse percer et parcourir les 45 km qui la séparent de la 12e Armée.

Le 27 toujours, la Division *Schill*, arrive à Golzow d'où elle lance immédiatement l'attaque vers Potsdam, épaulée par la *Hutten*. On bouscule un régiment soviétique, on traverse la forêt de Lehnin et on tombe, à l'aube, sur six JS-2 en faction au grand croisement autoroutier à l'ouest de Ferch. Il s'en est fallu de quelques mètres que les *Sturmgeschütze* de la Brigade 243 n'entrent dans le champ de tir des énormes tubes de 122 mm. Le lieutenant-général Gerhard Engel (il fut durant six ans aide de camp Wehrmacht auprès d'Hitler), 39 ans, qui marche à la tête de la Division *Hutten*, a la chance de posséder des équipages expérimentés, qui connaissent la parade.

« Comme chaque arme, le JS-2 a ses faiblesses. Il est trop lourd et donc peu agile. En plus, après chaque tir, il lui faut beaucoup de temps pour préparer le nouvel obus. C'est à ce moment qu'on peut venir à bout de ces colosses. Nous lançons en avant nos *Sturmgeschütze* très mobiles. Ils s'approchent à couvert, se montrent un peu pour faire tirer l'adversaire puis s'avancent brusquement pour tirer. Les équipages expérimentés placent leurs obus entre la tourelle et le châssis et la plupart du temps la tourelle se bloque. Ensuite encore quelques obus dans les chenilles et, en général, l'équipage russe évacue. C'est ainsi qu'à Ferch nous avons tiré six JS-2 sans une seule perte[1]. »

Mais, ce 28 avril, les deux divisions allemandes n'ont aucun espoir d'aller plus loin car l'artillerie soviétique les prend à parti. Mais l'essentiel est fait : le 6e Corps mécanisé de la Garde est coupé de ses arrières et rejeté vers l'ouest ; sa pression sur Potsdam s'en trouve considérablement réduite. Un radiogramme de Wenck demande au général Reymann de percer aussitôt. Le temps presse car, le même jour, au nord de Potsdam, la 175e Division de fusiliers (47e Armée, 1er Front de Biélorussie), accompagnée de deux brigades blindées, a réussi une percée et se rue vers le centre de la ville. Le 29 avril, avec l'énergie du désespoir, les 15 000 hommes de Reymann percent à Glindow et parcourent, à pied, en barque, sur des radeaux gonflables, les 5 kilomètres qui les séparent de Ferch avant de filer vers l'Elbe *via* Golzow. Les fusiliers rouges sont sur leurs talons, un matériel considérable est abandonné.

Wenck a alors rempli son programme, à l'exception d'un point : sauver ce qui peut l'être de la 9e Armée.

## La 9e Armée comprimée

Dans la nuit du 25 au 26 avril, Koniev prend des mesures pour empêcher la percée de la 9e Armée. Les 149e et 253e Division de fusiliers (120e et 21e Corps de la 3e Armée de la Garde) prennent en charge le secteur Teupitz-Lübbenau (35 km couverts de bois, c'est beaucoup) et le 3e Corps de fusiliers de la Garde (3 divisions) de la 28e Armée couvre Baruth. Les deux Armées de tanks dépêchent chacune une brigade blindée de leur réserve. Koniev parvient à établir un triple cordon face aux débouchés attendus de la 9e Armée, mais l'infanterie manque et il compte surtout sur l'artillerie et l'aviation. Mais il est déjà évident que l'échec de la percée du 25 avril va rendre plus difficile une autre tentative.

Il semble qu'il y ait eu une nouvelle percée, dans la nuit du 26 au 27 avril. Faute de documents, on n'en sait pas grand-chose, sinon qu'il n'est pas sûr que Busse l'ait ordonnée et qu'elle s'est terminée dans un bain de sang face aux canons du 203e Régiment d'obusiers de la Garde.

Le 27 avril, à l'aube, la poche est inondée d'appels à la reddition par tracts et haut-parleurs. Sans effet. Mille cinq cents appareils de tous types prennent l'air et martèlent durant deux heures routes, carrefours, bourgs, villages, fermes, rejetant des dizaines de milliers de soldats et de civils

1. Tieke, *Das Ende zwischen Oder und Elbe*, p. 330.

dans les bois, détruisant d'immenses files de véhicules coincés pare-chocs contre pare-chocs. Puis le 1er Front de Biélorussie passe à l'attaque. Au nord-ouest, la 3e Armée rejette les fragments d'unités (*Kurmark*, 32e SS Division) qui lui font face au-delà de la ligne des lacs de Prieros puis s'emparent de Gross Köris et de Teupitz. Au nord, le 2e Corps de cavalerie de la Garde fait reculer de 10 km le XIe *Panzerkorps* SS et parvient à encercler 10 000 à 14 000 soldats dans une poche de 20 km à Prieros.

> « Il y avait aussi 20 000 civils avec leurs troupeaux et toutes sortes d'ustensiles domestiques ; il y avait des familles, des femmes avec enfants, certains à pied, d'autres sur des charrettes tirées par des chevaux ou des charrettes à bras. Tout cela était sous un feu d'artillerie et de mortiers continuel et sous des attaques aériennes qui touchaient quelque chose à chaque coup. Les conditions dans cette poche étaient atroces. Soldats, civils, enfants, femmes et véhicules tournaient en rond, essayant d'échapper au feu comme un mille-pattes géant qui se mordrait la queue. Des officiers, des soldats, des civils avec leurs familles, des groupes entiers d'Allemands se suicidaient. Je regardai ce spectacle, anéanti, stupéfait et impuissant[1]. »

Au nord-est et à l'est, les attaques de la 69e et de la 33e Armée ramènent le Ve Corps SS de montagne et le Ve Corps de part et d'autre du lac de Schwieloch. Les unités allemandes épuisées ne peuvent que reculer, en opérant des destructions de retardement. Sous un ciel bourdonnant d'avions, on se traîne le long de routes où s'alignent des milliers de véhicules détruits ou abandonnés. Personne n'enterre les morts qui se comptent par milliers, parmi lesquels beaucoup de femmes et d'enfants. Les redditions (10 000 prisonniers le 27), les mutineries (notamment chez les SS, qui savent le sort qui les attend), les folles tentatives de percée menées par de petits groupes, se multiplient.

Au sud, les Russes tentent de fermer la porte de sortie. Märkisch Buchholz, Teupitz, Halbe sont pris et repris plusieurs fois des deux côtés. On se bat au corps à corps avec une sauvagerie sans limites. À une des entrées de Halbe, derrière une barrière antichar, de hautes piles de cadavres, couches d'hommes et de chevaux alternées, compactés sous les chenilles des chars, disent la rage désespérée des unités allemandes à sortir de la poche[2]. Teupitz et Halbe demeurent finalement aux mains des Soviétiques. Au soir du 27 avril, la poche mesure 30 km de long sur 18 de large. Tous les hommes valides et les matériels en état sont désormais accumulés dans les bois dans le triangle Halbe-Märkisch Buchholz-Klein Köris.

Dans la soirée, Busse reçoit par radio un ordre de Jodl rappelant que

> « Le Führer a ordonné une attaque concentrique des 9e et 12e Armées non seulement pour sauver la 9e Armée mais avant tout pour servir à sauver Berlin[3] »…

Il n'y aura aucune réponse.

1. Témoignage du *Hauptsturmführer* Krauss, in Lakowski et Stich, *Der Kessel von Halbe*, p. 104-105.
2. Le Tissier, *Slaughter at Halbe*, p. 125.
3. Gellermann, *Die Armee Wenck…*, p. 92.

## La percée du 28 avril

Busse ne contrôle plus grand-chose ni grand monde, pas même ses chefs de Corps, comme le général SS Kleinheisterkamp, commandant le XI^e^ SS *Panzerkorps*, qui tente sa chance au matin par la clairière de Teurow, au sud de Halbe, avec une vingtaine de chars et un millier d'hommes de cinq ou six divisions différentes. Les 300 tubes de la 1^re^ Division d'artillerie de rupture de la Garde empêchent tout passage, quinze Panzers sont mis hors de combat puis tout se désagrège. Des groupes d'hommes paniqués se suicident en chargeant les nids de mitrailleuses, on déserte, on fuit dans toutes les directions ; les Russes font 3 000 prisonniers. Busse semble indécis, dépassé par le désastre, incapable d'ordonner ni de sévir contre ceux qui attaquent sans ordres, diminuant ainsi les chances d'un assaut d'ensemble. Ce sont les officiers de la Waffen-SS – les seuls à commander encore à des unités constituées – qui le somment d'agir. En contactant les chefs du XI^e^ *Panzerkorps* SS qui sont dans les environs immédiats, Busse tient une dernière conférence dans une maison forestière à Hammer, au nord-est de Halbe. Il n'y a pas de cartes, pas d'informations sur l'ennemi. Comme l'on est sans nouvelles du V^e^ Corps et du V^e^ Corps SS de montagne, Busse accepte de tenter le coup avec les unités survivantes du seul XI^e^ SS *Panzerkorps*. On mettra devant les blindés. L'on passera par la chatière de Halbe, qu'il faudra enlever de vive force aux Soviets. Certains témoignages, tel celui du *Standartenführer* Hans Kempin[1] (32^e^ Division SS), semblent indiquer que Busse ne sait toujours pas s'il faut aller vers Berlin (et donc obéir à Hitler) ou vers l'Elbe (et refuser d'obéir). Dans la réalité, le choix est imposé par la topographie et les forces à disposition : l'on se dirigera vers le nord-ouest en évitant les marais de Baruth, d'où les *Königstigers* de 60 tonnes ne pourraient sortir, et l'on profitera du couvert de la forêt qui va, sans interruption, du sud de Teupitz jusqu'aux environs de Beelitz. Début de l'attaque : 18 h 00.

Kleinheisterkamp, chargé de monter l'affaire, dispose (mais les auteurs s'opposent sur ce point, tant les témoignages sont contradictoires) des 14 *Königstigers* du 502^e^ bataillon blindé lourd SS (commandé par le *Sturmbannführer* Hartrampf), d'une dizaine de *Panthers,* de 40 à 50 half-tracks, d'une douzaine d'*Hetzers* de la *Kurmark.* Plus quelques *Sturmgeschütze,* au moins un *Wirbling* FLAK 4 × 2 cm, des mortiers lourds. Le nombre de fantassins est inconnu. On ne peut plus parler de division ou de régiment mais seulement d'une masse d'unités de petite taille – pas plus de 30 à 40 hommes – regroupées autour d'un sous-officier ou d'un officier subalterne. Kleinheisterkamp divise ces moyens en deux groupes, nord et sud, attaquant de part et d'autre de Halbe. Dans le groupe sud, on note la présence des Q.G de l'Armée (avec Busse dans un half-track), du XI^e^ SS *Panzerkorps*, de la division *Kurmark.* Les restes de la 21^e^ Panzer couvriront la percée vers le nord-ouest, les SS de la 32^e^ Divisions *30-Jan-*

1. Lakowski et Stich, *Der Kessel von Halbe 1945*, p. 182-183.

*vier* (avec le 32e bataillon SS de chasseurs de chars), feront la même chose vers l'est et serviront d'arrière-garde. Des centaines de véhicules sont détruits pour en récupérer l'essence et réduire l'engorgement général. Le plus inquiétant est la foule qui se presse sur tous les chemins forestiers et le long de la route 179 littéralement jonchée de cadavres. Ils sont des dizaines de milliers, soldats armés mais isolés, soldats sans armes, sous-officiers et officiers aux galons soigneusement décousus, officiers d'état-major avec voiture et chauffeur, Jeunesses Hitlériennes, vieux du *Volkssturm*, membres de la Luftwaffe, du Service du Travail, nazis locaux, vieillards, femmes, enfants, malades, blessés (au moins 6 000 !), prisonniers de guerre français, belges, serbes, italiens, russes, polonais… Par chance, le plafond nuageux est bas : l'aviation soviétique reste sur ses terrains.

À 18 h 00, les derniers canons du régiment d'artillerie de la *Kurmark* envoient leurs derniers obus vers Halbe. Puis l'on détruit les pièces… et rien ne se passe. Le groupe sud ne démarre qu'à 18 h 30, et les Russes ont eu le temps de se remettre. On progresse lentement sur les chemins sablonneux, car la seule route qui mène de l'est vers Halbe est sous un feu constant. Mais bientôt les chemins eux-mêmes sont violemment bombardés. Déborder le bourg au nord des étangs ou au sud, par Teurow, s'avère difficile par une nuit d'un noir d'encre. Si bien que les deux groupes d'assaut perdent leur route et convergent en partie vers Halbe. Les premiers Panzers entrent dans la rue principale à 21 h 00 et viennent cogner contre un obstacle formé de deux palissades de troncs d'arbres séparées par des mètres cubes de sable. Impassable. Un énorme embouteillage se forme.

L'enfer se déclenche d'un coup. Des JS-2 embusqués derrière la barricade tirent à bout portant tandis que des centaines de canons et de mortiers arrosent la partie est du bourg. Obus explosifs, obus phosphore, antichars, antipersonnels, explosent à raison de 1 000 par minute. La ville prend feu. Les corps de centaines de soldats et de civils agglutinés derrière les engins de combat sont projetés en tous sens. Morts et blessés sont écrasés par les chars qui tentent de repartir en marche arrière. Les premiers *Königstigers* explosent, d'autres prennent par les rues latérales ou de la PAK cachée dans les rez-de-chaussée les détruit par derrière. Le phosphore met les vêtements et les cheveux en flammes. Les fantassins russes sont cachés dans les caves, sous les toits, dans le clocher de l'église d'où ils tirent sans arrêt. On ne distingue plus ami ni ennemi, le chaos est complet, chaque section, chaque compagnie, combat pour elle-même. À un prix immense – 4 000 à 5 000 morts selon Lakowski et Stich – l'on parvient à se frayer malgré tout un chemin vers l'ouest mais sous un feu constant.

Au nord et au sud de Halbe, les deux groupes prévus par Kleinheisterkamp – rejoints par une partie de ceux qui ont échappé au massacre de Halbe – parviennent à franchir la voie de chemin de fer. Les tirs de l'artillerie russe sont ininterrompus. L'aspirant Günter Führling raconte ce qu'il voit près de la gare :

« Le bruit du combat s'amplifia, alors que nous approchions du talus de la voie ferrée qui menait de ma ville, Forst, (...) à Berlin. Combien de fois l'avais-je pris pour regagner mon internat ! Nous devions traverser. Le talus était battu par des armes automatiques (...). Nous n'avions plus besoin de ramper par-dessus le talus, nous pouvions le franchir simplement courbés car tellement de soldats étaient tombés ici qu'ils nous offraient une sorte de barrage, large et haut, qui nous protégeait des balles des deux côtés. Il n'y avait aucun signe de vie dans ces tas – ils étaient littéralement criblés de balles[1]. »

Au cœur de la nuit, plusieurs milliers d'hommes et quelques centaines d'engins parviennent à franchir l'autoroute Berlin-Breslau, qui tranche la forêt à 4 km de Halbe. L'artillerie soviétique pilonne les premiers arbres du côté est, tuant encore des masses humaines, qui essaient de franchir le ruban d'asphalte pendant les rares accalmies. Les premiers chars et *half-tracks* qui traversent sont détruits à 200 m par des SU-85 mais, à la faveur de l'obscurité, l'on passe quand même, au prix de pertes encore une fois terribles, en trois points différents, sur un front de 5 km de part et d'autre de Halbe. Dix jours après ces événements, le correspondant de guerre Constantin Simonov passe en jeep dans ce secteur.

« Un peu avant d'atteindre le *Ring* de Berlin, j'eus droit à un spectacle que je n'oublierai certainement jamais. Dans cette zone, l'autoroute est étroitement encagée sur les deux côtés par des bois épais, qui étaient coupés en deux par une saignée dont on ne voyait pas le bout.

(...) En face de nous, Berlin, sur notre droite, la saignée complètement bloquée par des piles de chars, d'autos, de half-tracks, de camions, de véhicules spécialisés, d'ambulances, tous littéralement entassés les uns sur les autres, à l'envers. Apparemment, en voulant faire demi-tour et s'échapper, ces véhicules avaient couché des centaines d'arbres.

Et au milieu de ce chaos de fer, de bois, d'armes, de bagages, de papiers, gisaient des choses brûlées et noircies que je ne pouvais identifier, une masse de corps mutilés. Ce carnage s'étendait tout au long de l'autoroute, aussi loin que le regard portait. Tout autour dans les bois, il y avait des cadavres, des cadavres et toujours plus de cadavres, les corps de ceux qui sont tombés en courant sous le feu. Des morts et, comme je le vis ensuite, quelques vivants parmi eux. Ils étaient blessés, étendus sous des couvertures ou sous un pardessus, assis contre un arbre, certains bandés, d'autres saignants mais pas encore bandés. C'était sur le côté droit de l'autoroute. (...)

C'était le même spectacle du côté gauche, une partie de la colonne allemande avait été détruite de ce côté-là. Encore, et aussi loin qu'on pouvait voir, c'était un carnage de véhicules retournés, écrasés, brûlés. Et encore des morts et des blessés. Un officier me dit rapidement que toute une immense colonne s'était trouvée juste sous le feu de plusieurs régiments d'artillerie lourde et de quelques régiments de *Katiouchas*. (...)

Nous avons quitté cette scène d'horreur et après quelques kilomètres nous avons croisé un convoi de cinq ou six ambulances. Apparemment quelqu'un de notre bataillon médical avait demandé des renforts, mais en

1. Führling, *Endkampf an der Oderfront*, p. 123-124.

considérant l'échelle de ce massacre, ces véhicules n'étaient qu'une goutte d'eau dans l'océan[1]. »

## 29 avril-1er mai : derrière les lignes de Koniev

D'autres percées ont mal tourné. Celles tentées par les Ve et Ve Corps SS de montagne se sont terminées par un anéantissement le long de la Dahme et dans les bois de Märkisch Buchholz.

Mais les trois percées – peut-être convient-il de parler plutôt d'infiltrations – opérées à travers et de part et d'autre de Halbe réussissent à former un seul chaudron mobile qui prend la route de l'ouest. Marchant sans cesse de jour et de nuit, constamment décimés par les combats de rencontre et l'épuisement, les échappés sont repérés autour de Wunder, 18 km à l'ouest de Halbe, le 29 au soir, puis devant la voie ferrée Luckenwalde-Berlin le 30. Le contact avec la Division *Scharnhorst* est pris le 1er mai, aux environs de Rieben, vers 3 h 00 du matin. Les survivants ont parcouru 60 km intégralement sous bois, par les sentiers et les chemins coupe-feu, perdant la totalité de leurs matériels, abandonnant malades et blessés. Plusieurs sous-groupes, égarés, ont moins de chance, comme ces 5 000 hommes pris par la 117e Division de la Garde, près de Luckenwalde.

Ceux qui parviennent chez Wenck, dont le général Busse, ont dû leur salut à la résilience des *Königstigers*, toujours en pointe, dont les moteurs voraces ont été remplis avec les réservoirs des autres véhicules, abandonnés les uns après les autres ; le dernier (sur quatorze) est détruit le 1er mai à 1 000 m des lignes de la 12e Armée. Kleinheisterkamp est tué avec son état-major dans l'explosion de son véhicule de commandement touché par un obus antichar. Les Soviétiques ne semblent pas avoir mené vigoureusement la poursuite. Il est vrai que l'objectif est de peu d'importance et que, comme noté en d'autres points du front, les soldats soviétiques ne semblent pas pressés de risquer leur peau à quelques heures de la fin de la guerre. Beaucoup d'unités sont occupées à préparer les festivités du 1er mai, les routes sont bondées de véhicules du 1er Front d'Ukraine filant vers le sud pour participer à l'opération Prague, tandis qu'arrivent du nord les Armées dépêchées par Joukov.

Mais les survivants de la 9e Armée doivent peut-être leur chance à Wenck. D'après Gellermann[2], il aurait fait soigneusement écouter les Soviétiques – dont on peut imaginer que la discrétion radio s'était affaiblie – et réussi à dresser un ordre de bataille précis de leurs forces, notamment des points de jonction entre unités. Ce qui expliquerait que les hommes de Busse aient pu percer et, ensuite, éviter les bouchons posés par Koniev.

Combien ont percé à Halbe dans cette terrible nuit du 28 avril ? Les rares spécialistes de la question (Tieke, Lakowski, Le Tissier) ne sont pas d'accord entre eux, et leurs chiffres ne sont pas non plus ceux des Soviétiques. Entre 10 000 et 30 000 hommes, soldats et civils, auraient rejoint

1. Simonov, *Journal de guerre*, p. 105.
2. Gellermann, *Die Armee Wenck…*, p. 123.

l'Armée Wenck. De 13 000 à 20 000 des échappés du 28 avril seraient tombés aux mains des Russes, 5 000 à 10 000 auraient été tués durant leur anabase. Dans la poche que les Soviétiques referment dès le 29 avril, la 9e Armée laisse au bas mot 40 000 morts et 100 000 prisonniers. Günter Führling, qui a vécu ce drame et mené sa contre-enquête, pense que les chiffres soviétiques sont plus près de la vérité : 60 000 tués et 120 000 prisonniers, à peine 3 000 à 4 000 survivants parvenant chez Wenck. Ces chiffres sont cohérents, d'une part avec le nombre de soldats désarmés par les Américains derrière l'Elbe, d'autre part avec les nombreux témoignages allemands qui parlent d'un défilé ininterrompu de prisonniers, marchant durant 48 heures sur l'autoroute de Breslau, groupés par paquets de mille. Les exhumations d'ossements témoignent aussi d'un nombre terrifiant de victimes. Il ne s'agit donc pas d'une percée au sens militaire, mais d'une fuite qui a un coût humain astronomique, équivalant à plus de la moitié des pertes allemandes à Stalingrad. Cela semble peu douteux : Busse, comme Nehring avec son chaudron mobile, ont beaucoup gonflé le résultat de leur action militaire dans les relations qu'ils en ont faites dans les années 50. Ils se mettent ainsi à l'unisson de leurs pairs dans la construction de la légende de la Wehrmacht et, accessoirement, se crédibilisent aux yeux des Américains qui, surtout dans le cas de Busse, leur confieront des responsabilités au sein de la Bundeswehr.

### La fin de la 12e Armée

Wenck donne le signal de la retraite dans la nuit du 1er au 2 mai 1945. Par bonds nocturnes successifs, les divisions se replient vers l'Elbe, en direction du pont ferroviaire de Tangermünde. Effondré dans sa partie centrale, on peut l'emprunter seulement sur des passerelles de fortune. Environ 25 000 soldats en armes, 40 000 hommes en unités constituées et 6 000 blessés se rendent ainsi à la 9e Armée américaine. Le général Simpson décide de n'accepter aucun civil. Mais les Russes attaquent si fort que, malgré un déluge de fusées blanches, les Américains ont trois blessés et un tué du fait des tirs de T-34. Simpson fait alors reculer ses hommes de 3 km, ce qui permet à la 12e Armée de prendre le contrôle du pont à ses deux extrémités et de faire passer entre 100 000 (selon les Américains) et 300 000 civils (selon Wenck, qui a intérêt à exagérer le résultat de sa mission humanitaire). Il y aura donc des combats jusqu'à la dernière minute pour protéger la tête de pont. La défection soudaine de la division du colonel von Gaudecker (*V-Waffen Division*), pressée de se rendre, manque tout compromettre et seul le sacrifice des très jeunes recrues d'un régiment de grenadiers de la Division *Hutten* permet de tenir 24 heures de plus. Le passage lui-même s'effectue dans un chaos engendré par les cris de « Les Russes ! Les Russes ! ». Une atmosphère de panique hystérique saisit alors la foule comprimée sur les abords du pont détruit. Des centaines d'hommes meurent noyés, écrasés, étouffés sous les piétinements.

Le 8 mai, un des camps de prisonniers gardés par la 9e Armée américaine sera cerné sur ordre du général William L. Simpson. Plusieurs milliers d'hommes des 9e et 12e Armée, ainsi que de la garnison de Potsdam, en seront extraits pour être livrés aux Soviétiques. On compte plusieurs centaines de suicides sous l'œil impassible des sentinelles américaines.

Finalement, le « programme Guderian-Speer » (voir plus haut la thèse de R.-D. Müller) a-t-il été rempli ? Oui, en grande partie. Les combats terrestres laissent largement intacte l'*Innerdeutschland* entre Rhin et Elbe, mais aussi, dans une moindre mesure, entre Elbe et Oder. Des 3,3 millions d'hommes qui composent la *Ostheer*, 1,8 million réussissent le grand repli ver l'Elbe et la reddition aux Américains ou aux Britanniques. La seule anicroche véritable au programme Guderian-Speer de liquidation de la guerre, si l'on suit la thèse de Rolf-Dieter Müller, c'est la bataille pour Berlin. Personne n'en voulait dans le camp allemand, sauf Hitler, qui choisit sa capitale pour tombeau et pour décor du dernier acte de ce combat final que la *Ostheer* lui a refusé en abandonnant l'Oder puis en laissant la *Reichshauptstadt* et le Führer à leur sort.

CHAPITRE 3

# *Forteresse Berlin*

*« Oui, nous avons pris Berlin. Mais avions-nous besoin d'y arriver en passant par Stalingrad*[1] *? » (Un officier soviétique, 8 mai 1945).*

Raconter la bataille de Berlin a déjà été fait de nombreuses fois. De très bons ouvrages sont parus, qui décrivent les combats de rues, les souffrances de la population, les derniers jours d'Hitler. Citons ceux, déjà anciens, du colonel Rocolle, d'Andrew Tully, un des premiers reporters américains à entrer dans Berlin, du journaliste du *Spiegel* Erich Kuby, de Cornelius Ryan, de Peter Gosztony, plus récemment, de Richard Lakowski, Tony Le Tissier, Antony Beevor, A. Stephan Hamilton... Ces ouvrages diffèrent les uns des autres par le nombre, la fraîcheur et l'origine des témoignages recueillis. Mais, du point de vue militaire, tous s'appuient sur un nombre restreint de sources : une notice de 20 pages du général Weidling rédigée en captivité en Union Soviétique, les mémoires des grands chefs soviétiques (Joukov, Koniev, Tchouikov), les ordres de bataille publiés dans les revues militaires russes. Côté allemand, les journaux de guerre des unités ont été perdus, à supposer qu'ils aient été tenus, et l'on doit se contenter de témoignages épars et souvent peu utilisables.

Le lecteur ne trouvera pas, dans les pages qui suivent, une description fouillée de la bataille. Nous préférons opter pour un exposé portant l'éclairage sur les combats vus du côté soviétique, en plaçant particulièrement l'accent sur la compétition entre Koniev et Joukov. Suivront quelques remarques et questionnements.

1. Cité in *Seelower Höhen 1945*, Erickson, p. 62.

## I. Les grandes phases de la bataille

### 20 avril : Joukov lance l'exploitation *(carte 48)*

En fin d'après-midi, Koniev apprend que Joukov a enfin percé la totalité des défenses élevées par la 9e Armée et acquis pour ses unités blindées la liberté opérationnelle. À 19 h 40, il expédie l'ordre suivant à ses deux chefs d'Armées blindées, Rybalko et Leliuchenko :

> « Les troupes du maréchal Joukov sont arrivées à 10 km à l'est de Berlin. J'ordonne que vous entriez ce soir même les premiers dans Berlin. Tenez-moi informé de l'exécution. Koniev, Krainiukov[1]. »

À 21 h 50, Katoukov et Bogdanov, patrons des 1re et 2e Armées de tanks de la Garde reçoivent ce télex de Joukov :

> « La 1re [la 2e] Armée de tanks de la Garde reçoit la mission historique d'entrer la première dans Berlin et d'y hisser la bannière de la victoire. Je prends personnellement en charge l'exécution et l'organisation. Envoyez la meilleure brigade de chaque Corps vers Berlin et assignez-leur la mission d'être, coûte que coûte, aux lisières de Berlin le 21 avril à 4 h 00. J'entends recevoir alors un rapport immédiat afin de pouvoir annoncer l'événement au camarade Staline et le faire publier par la presse. Signé : Joukov, Téléguine[2]. »

Aucun de ces deux ordres n'est réaliste – aucune unité ne peut être à Berlin ce soir-là ni le soir suivant – mais la course au Reichstag est bel et bien entrée dans une phase aiguë.

Le retard et les pertes occasionnés par la bataille sur l'Oder obligent Joukov à réviser son plan pour prendre Berlin. La 1re Armée de tanks de la Garde et la 8e Armée de la Garde iront droit jusqu'à Berlin-Lichtenberg par la *Reichsstrasse* 1 puis envoient sur leur gauche, par-dessus la Spree et la Dahme, des forces pour encercler tout le sud de la ville jusqu'à la Havel. La 2e Armée de tanks de la Garde est scindée en trois. Le 9e Corps blindé accompagne, de conserve avec le 7e Corps de cavalerie de la Garde, la 47e Armée qui doit longer la ville par le nord et aller la bloquer à l'ouest en se positionnant derrière la Havel, de Tegel à Potsdam. Le 1er Corps mécanisé et le 12e Corps blindé de la Garde éclaireront la marche des 3e et 5e Armées de Choc. La 3e Choc prendra en charge le secteur nord-est de la capitale, la 5e Choc le secteur est. Les trois Corps blindés se rassembleront alors à nouveau au sein de leur unité mère pour se positionner au nord et participer, comme les Armées combinées, à la bataille de grignotage vers le centre. Enfin, les 69e et 33e Armées ont pour mission d'encercler et détruire les restes de la 9e Armée en retraite vers le sud-ouest.

Le 20 avril, la 9e Armée commence à se désagréger. Sur la *Reichsstrasse* 1, sur des kilomètres, les véhicules du LVIe *Panzerkorps*, les colonnes du train en désarroi se mêlent aux charrettes des réfugiés qui affluent de toutes les fermes, les villages et les villes. On roule pare-chocs

1. Oleg Rzheshevski, in *Seelower Höhen 1945*, p. 70.
2. A. Kh. Babadjanian, *Dorogi Pobedy*, trad. all. *Hauptstosskraft*, p. 248-249.

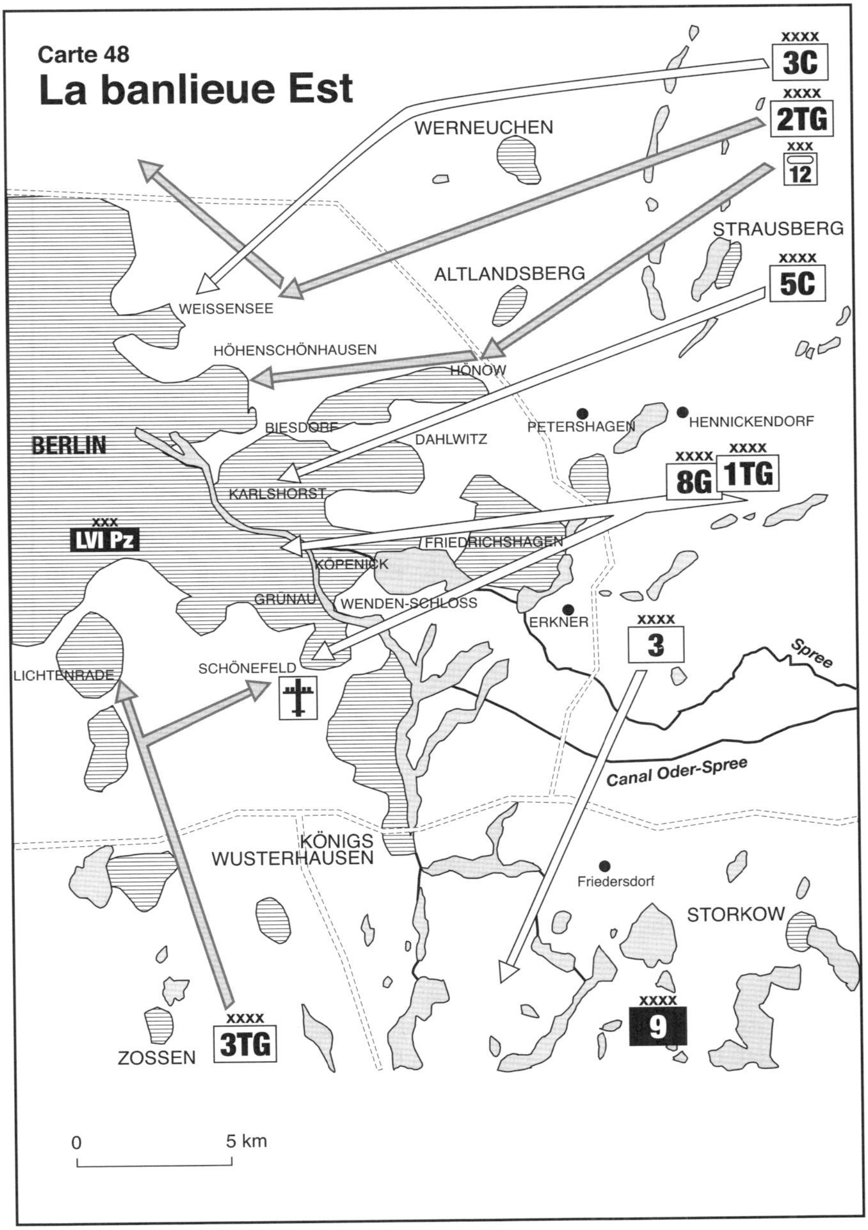


Carte 48
**La banlieue Est**

contre pare-chocs. Les isolés se comptent par milliers, cherchant leur unité, épuisés au-delà de tout. Le soldat Gehrard Tillery est parmi eux :

> « Nous n'avions pas dormi depuis presque une semaine. (...). Nous ne nous étions ni rasés ni lavés, nous ressemblions plus à des vagabonds qu'à des soldats. Nos uniformes étaient durcis de boue et mes cheveux n'avaient pas été coupés depuis des semaines. Les expériences des derniers jours étaient gravées sur nos visages. Nous étions blêmes, les joues creuses avec des cercles noirs sous les yeux. Quand je me vis dans un miroir, je fus choqué par mon apparence. Je n'avais vraiment pas l'air d'avoir 19 ans[1]. »

Les régiments n'ont plus que la valeur d'une compagnie et tentent de freiner les chars soviétiques par des bouchons posés aux entrées des localités.

> « Les plus jeunes restaient derrière, armés de *Panzerfausts* pour démolir les tanks russes (...) à quatre-cinq mètres de distance. Quand ils réussissaient, ils revenaient avec des visages heureux et prenaient de nouveaux *Panzerfausts*. Presque tous portaient des chemises brunes, des culottes courtes et un casque trop grand pour eux[2]. »

Le 20 avril, le 26e Corps de la 5e Armée de Choc et le 12e Corps blindé de la Garde avancent de 12 km et atteignent les lisières de Wesendahl. Le *Ring* de Berlin est à 16 km. La progression a été gênée par l'assaut de 60 Fw 190 qui s'en prennent aux *Sturmoviks* et *Airacobras* d'accompagnement. Cinq Focke-Wulfe sont abattus, mais le capitaine Filatov, 21 victoires, est tué. Ce jour-là, la *Luftflotte* 6 perd encore 90 appareils. Le lendemain, le chiffre tombera à 11, signalant l'effondrement brutal du nombre de missions et l'entrée de la Luftwaffe dans la phase d'agonie. Tchouikov indique dans ses mémoires que cette journée du 20 n'a pas été une promenade. Sur tout le front de son Armée, les bataillons doivent se faufiler entre des lacs, mais ces passages sont lourdement minés. La présence d'une seule mitrailleuse oblige à réaliser de longs contournements par les bois. Il faut sans cesse rappeler aux soldats soviétiques de ne pas toucher aux cadavres, ni aux vélos ou motos abandonnés, pas plus qu'aux boutiques dans les bourgs : presque tout est piégé.

Au soir, le 32e Corps arrive aux entrées de Strausberg, la principale base arrière de la 9e Armée. Les deux grands carrefours au nord et à l'est de la ville sont bloqués. C'est le résultat d'une initiative du général Reymann, premier organisateur de la défense de Berlin, qui a fait dresser un ensemble de grosses barricades le long des principaux carrefours sur les dix routes majeures menant à Berlin par l'est et le sud, dont Königs Wusterhausen, Erkner, Strausberg, Bernau. Les blocages sont défendus par du *Volkssturm* armé de mitrailleuses, de *Panzerfausts*, de quelques pièces antichars lourdes. Ce système très lâche a reçu le nom pompeux de ligne de défense avancée de Berlin. Mais, à Strausberg comme ailleurs, ces défenses sont facilement tournées par les détachements avancés des

1. In Le Tissier, *With our Backs to Berlin*, p. 53.
2. *Idem.*

brigades blindées soviétiques. Pris à revers en pleine nuit par des fusiliers portés de trois divisions, les défenseurs de Strausberg sont tués ou chassés vers les bois qui entourent la ville sur deux côtés.

C'est cependant sur l'aile droite que le 1er Front de Biélorussie avance le plus vite, profitant du rejet du CIe Corps vers le nord. La 47e Armée de Perekhovitch et la 3e Choc de Kouznetsov débordent en effet largement Berlin par le nord. Au soir du 20 avril, les avant-gardes sont déjà en vue de Bernau, se plaçant ainsi en avance de 15 km sur les Armées de Berzarine et de Tchouikov.

**21 avril : l'enveloppement par le nord** *(carte 49)*

Durant la nuit, 737 bombardiers des 16e et 18e Armées aériennes attaquent les quartiers est et sud-est de la ville. Les incendies se comptent par centaines. À l'aube, le 9e Corps blindé (2e Armée de tanks de la Garde) s'empare par surprise du carrefour autoroutier *Stettiner Dreieck*. Au nord, il bouscule et chasse vers le nord le 7e Régiment SS, franchit l'*Autobahn* Berlin-Stettin et s'avance jusqu'à Wandlitz : Oranienburg est à 17 km devant. Pendant ce temps, le 12e Corps blindé de la Garde, après avoir balayé à Hönow une contre-attaque menée par une douzaine de chars, pénètre de 3 km dans les faubourgs nord-est de Berlin, au cœur des quartiers de pavillons et de jardins ouvriers de Hohenschönhausen et de Lichtenberg, où il est rejoint par le 32e Corps de fusiliers de la 5e Armée de Choc. Officiellement, cependant, le chef de bataillon Deikin et ses hommes (266e Division, 26e Corps de la Garde) sont les premiers à entrer sur le territoire du *Gross Berlin*, ce qui vaudra à Berzarine, suivant une vieille tradition russe, l'honneur de devenir le premier commandant de la place de Berlin. Le premier drapeau rouge est accroché ce même jour au clocher de l'église de Marzahn par le major Alexeiev (1008e Régiment). La « ligne de défense extérieure » de la ville est crevée. Longue de 100 km, elle n'est garnie que de compagnies du *Volkssturm* qui n'ont guère que le fossé antichar du *Nordgraben* pour s'abriter et les barricades de tramways sur les grands axes, omniprésentes durant la bataille. Quelques centaines d'obus suffisent à disperser les défenseurs et l'obstacle est rapidement ponté. À dix heures, plusieurs batteries de 280 mm prennent position derrière un remblai de chemin de fer et, à 11 h 30, les premiers obus tombent sur le centre de Berlin. Au soir, les patrouilles soviétiques vont tâter l'anneau intérieur de défense de la ville, qui suit la ligne du *S-Bahn*, le chemin de fer municipal. Longue de 50 km, cette ligne constitue un véritable obstacle par l'enfilade de gares, d'ateliers, de dépôts, de tranchées ferroviaires profondes, de talus abrupts précédés d'un glacis battu par des pièces de FLAK 8,8 cm et de PAK 7,5 cm.

Le long de la *Reichsstrasse* 1, la 1re Armée de tanks et la 8e Armée de la Garde parviennent sur un front de 20 kilomètres jusqu'au *Ring* oriental, au nord d'Erkner. Sur ordre de Joukov, Tchouikov infléchit sa marche vers le sud-ouest, vers le grand carrefour de Königs Wusterhausen pour couper la route de la Berlin à la 9e Armée. En se poussant ainsi vers le sud,

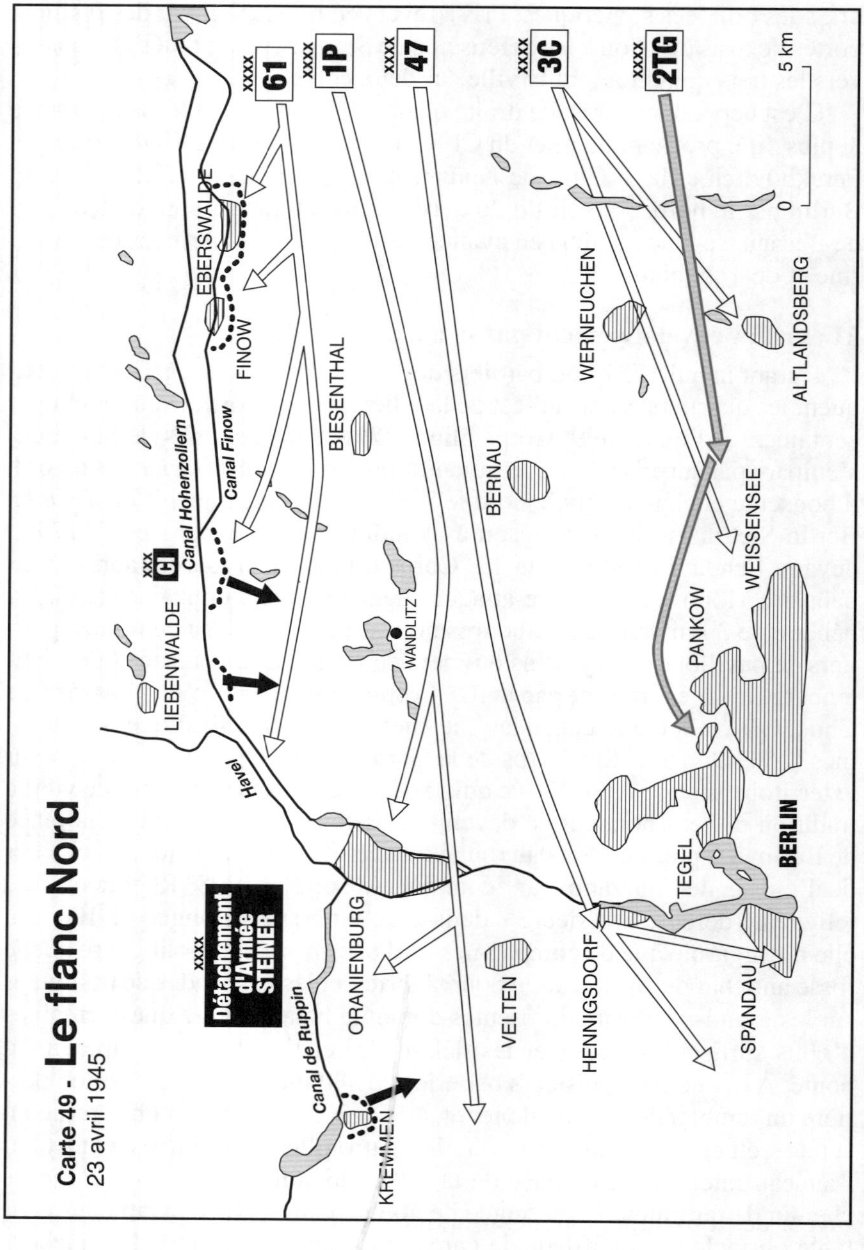


**Carte 49 - Le flanc Nord**
23 avril 1945

la 8e Armée laisse à sa droite une place dans le dispositif de bataille à la 1re Armée de tanks de la Garde, dont les chars lourds commencent à rouler sur la *Frankfurterchaussee*, continuation de la *Reichsstrasse* 1.

**22 avril : l'arrivée de Koniev**

Au nord, la 2e Armée de tanks de la Garde continue à envelopper la ville en progressant de 17 km de part et d'autre du *Ring*. La 1re Armée polonaise arrive devant Oranienburg, bien protégé par l'obstacle de la Havel. Le flanc droit de la pénétration soviétique est gardé par la 61e Armée, qui marche sur la rive sud de la ligne des canaux. Sur la rive nord, Heinrici colmate avec ce qu'il a : des bataillons de *Sturmgeschütze*, des éléments épars de la 25e *PzGrenDiv*, de la 4e Division SS de police, de la 3e Division navale, toutes unités rassemblées dans le détachement d'Armée Steiner. Au soir, Polonais et unités de la 61e Division tentent le passage en force de la Havel au nord et au sud d'Oranienburg. À la surprise de Joukov, c'est la 47e Armée qui se saisit sans trop de casse du pont de Hennigsdorf, 13 km au sud d'Oranienburg. Aussitôt, une brigade blindée et le 7e Corps de cavalerie de la Garde sont lancés plein ouest.

Au nord-est, la 3e Armée de choc demeure devant la ligne de défense du *S-Bahn* et se prépare aux combats du lendemain.

À la gauche de la précédente, la 5e Armée de Choc du général Berzarine réussit une belle progression de près de 4 km. Elle franchit la ligne du *S-Bahn* durant la nuit puis la *Frankfurterallee*, traverse le quartier de Friedrichshain et jette le gros des 26e et 32e Corps contre la gare de Silésie. Joukov avait prévenu que ce serait un gros morceau. Deux puissants bunkers de béton protègent l'accès aux voies ; les talus sont hérissés de rails enfoncés dans la terre pour faire obstacle aux chars ; des dizaines de nids de mitrailleuses se cachent dans un dédale de wagons incendiés. Attaques et contre-attaques se succèdent sans discontinuer pendant 24 heures. À l'aube du 23, la gare est tombée. Mais les fusiliers, exténués par tant d'efforts, n'ont pas la force de parcourir les 150 m qui les séparent de la Spree.

Au sud-est, Tchouikov ne mord pas encore dans le tissu urbain. Freiné par les forêts et les lacs abondants dans cette zone, gêné par le LVIe *Panzerkorps* qui veut retrouver le contact avec sa formation mère, la 9e Armée, la 8e de la Garde parvient au soir sur une ligne Dahlwitz-Wendenschloss. Un régiment de la 88e Division de la Garde parvient, à la faveur de l'obscurité, à franchir la Spree puis la Dahme et à s'emparer à l'aube de Grunau et Falkenberg. Outre 39 engins amphibies, les hommes ont traversé à la voile, à l'aviron et en hors-bord, tous engins pris aux clubs nautiques locaux.

Les deux Armées blindées de Koniev réussissent ce 22 avril une progression spectaculaire qui leur permet de border le sud de la métropole. À gauche, Leliuchenko pousse ses brigades jusqu'aux studios de cinéma de Babelsberg, à trois kilomètres de Potsdam. Les pointes du 1er Front de Biélorussie sont à 30 km au nord. À droite du dispositif de Koniev, les 6e et 7e Corps blindés de la Garde de Rybalko passent le *Ring* et atteignent le canal de Teltow entre Teltow et Stahnsdorf. Tandis que l'artillerie s'en prend aux unités du *Volkssturm*, on attend les pontonniers qui peinent à suivre l'allure. À droite, le 9e Corps mécanisé pousse le long des grands axes à travers les banlieues de Lichtenrade, Marienfeld et Lankwitz, également en direction du canal de Teltow, qui, avec la ligne du *S Bahn* distante de 800 m, forme un double obstacle bien défendu. On libère un *Stalag*, dont les prisonniers russes, après avoir reçu une arme et un peu de nourriture, sont immédiatement incorporés et jetés dans l'action. De ce côté, la 8e Armée de Tchouikov n'est plus qu'à 6 km à vol d'oiseau. Koniev accorde à Rybalko la journée du 23 pour border le canal et préparer les franchissements. Il renforce les troupes mécanisées avec une division de fusiliers de la 28e Armée, le 10e Corps d'artillerie, la 25e Division d'artillerie de rupture, la 23e Division de DCA. Les chasseurs du 2e Corps prévoient un millier de missions de soutien. Au-delà, en suivant une ligne radiale du *S Bahn*, Koniev n'est plus qu'à 13 km du *Reichstag*. Il se hâte d'en informer Staline à 22 heures par télégramme.

> « À Moscou, au camarade Staline, personnel.
>
> 1. Les brigades de tête de la 3e Armée de tanks de la Garde de Rybalko sont entrées dans la partie sud de Berlin et, à 17 h 30, menaient bataille pour Teltow et le centre de Lankwitz.
>
> 2. La 4e Armée de tanks de la Garde de Leliuchenko – son 10e Corps – mène la bataille dans la région de Saramund (10 km sud-est de Potsdam).
>
> Koniev[1]. »

Dans la nuit, des éléments du LVIe *Panzerkorps* (20e Panzer) viennent renforcer la défense du canal de Teltow.

### 23 avril : la ligne du *S-Bahn* crevée

Au nord, le 9e Corps blindé de la Garde (2e Armée de tanks) s'écarte un peu de l'agglomération et prend le carrefour de Nauen, à 23 km du pont de Hennigsdorf, son point de départ. Vers l'intérieur, le 25e Corps de la 47e Armée, épaulé par deux brigades mécanisées, arrive à Döberitz et voit déjà dans ses jumelles Spandau et l'aéroport de Gatow. On se bat sporadiquement dans un décor de jardinets et de maisons de week-end, où les Russes ont toutes possibilités d'infiltration. Des partis du 7e Corps de Cavalerie de la Garde battent le couloir d'une douzaine de kilomètres de large, en direction de Brandenburg, qui demeure la dernière voie de communication de Berlin vers l'ouest. Un de ces partis, aperçu non loin de Potsdam, provoque le déménagement en catastrophe de l'OKW qui venait juste de s'installer à Krampnitz. À l'aile gauche de la 2e Armée de tanks, le 12e Corps de la Garde entame une poussée radiale et prend Rosenthal grâce à l'action conjuguée de l'artillerie et de l'infanterie

1. O.A. Rzheshevsky, *The Race for Berlin*, The Journal of Slavic Military Studies, 1995, n° 3, p. 573.

mécanisée qui nettoient 1 500 m d'avenue en direction de Reinickendorf. Mais, à la nuit, on vient buter sur la ceinture défensive du *S-Bahn* d'où provient un feu nourri.

À gauche des tankistes, la 3e Armée de Choc vient également border la ligne du *S-Bahn*, entre Niederschönhausen et Pankow, imitée par sa voisine, la 5e Armée de Choc, dont le 9e Corps prend Karlshorst et son école du génie. Les patrouilles signalent, de l'autre côté de la tranchée du *S-Bahn*, la présence de parachutistes de la 9e Division (LVIe *Panzerkorps*). Un peu au nord, le 32e Corps, épuisé par les combats de la gare de Silésie, se bat dans l'écheveau de voies ferrées qui court le long de la Spree.

Tchouikov refait progressivement son retard. Il serre ses trois Corps sur la Spree et entame un violent combat à Köpenick. Par chance pour lui, un bataillon de la 39e Division de la Garde repère un pont routier intact et mal gardé. Une compagnie fait passer de nuit deux commandos sur la berge sud, qui éliminent la garde en quelques instants. Les mines sont désamorcées et la division commence à passer avec tanks et artillerie. Un peu au nord, en direction d'Adlershof, une action similaire donne à Tchouikov le contrôle du pont du *S-Bahn*. La garnison de Köpenick se rend au matin du 24.

Les progrès de la journée amènent Joukov à hasarder une offre de capitulation, qui demeure sans réponse. Mais ordre est donné aux officiers politiques d'intensifier la propagande. Un émetteur radio de la 5e Armée de Choc diffusera 1 400 fois : il donne les bulletins du bureau d'informations soviétique et passe en boucle des interviews de prisonniers et d'habitants appelant à cesser le combat. Pour fidéliser soldats et familles allemands, le speaker égrène les noms des tués et des prisonniers recensés le jour précédent. Des centaines de milliers de tracts sont lancés par avions. On infiltre des prisonniers retournés ou des membres du Parti communiste allemand pour inciter à la désertion. Le général Bokov[1], dont c'est une des spécialités, donne quelques chiffres : entre le 22 avril et le 1er mai, 783 Allemands, dont 218 ex-prisonniers, sont infiltrés sur les arrières ennemis. Ils ramènent avec eux 3 025 hommes, dont 936 membres du V*olkssturm*. Si ces chiffres valent pour l'ensemble de la bataille, ils sont plausibles, mais ils le sont moins si Bokov affiche les résultats obtenus par la seule 5e Armée de Choc.

### 24 avril : la jonction Joukov-Koniev *(carte 50)*

À 4 h 20, la 3e Armée de tanks de Rybalko déclenche son attaque contre le canal de Teltow. La danse commence avec un raid de 205 Pe-2, couverts par des nuées de Yaks qui abattent 6 intercepteurs, dont 3 pour le major Ichenko (1er GIAP). L'artillerie est au complet (3 000 canons et mortiers pour un front de 3 000 mètres !!) mais la majorité des divisions

1. Bokov, *Vesna pobiedyi i osvobojdenia*, trad. all., p. 205.

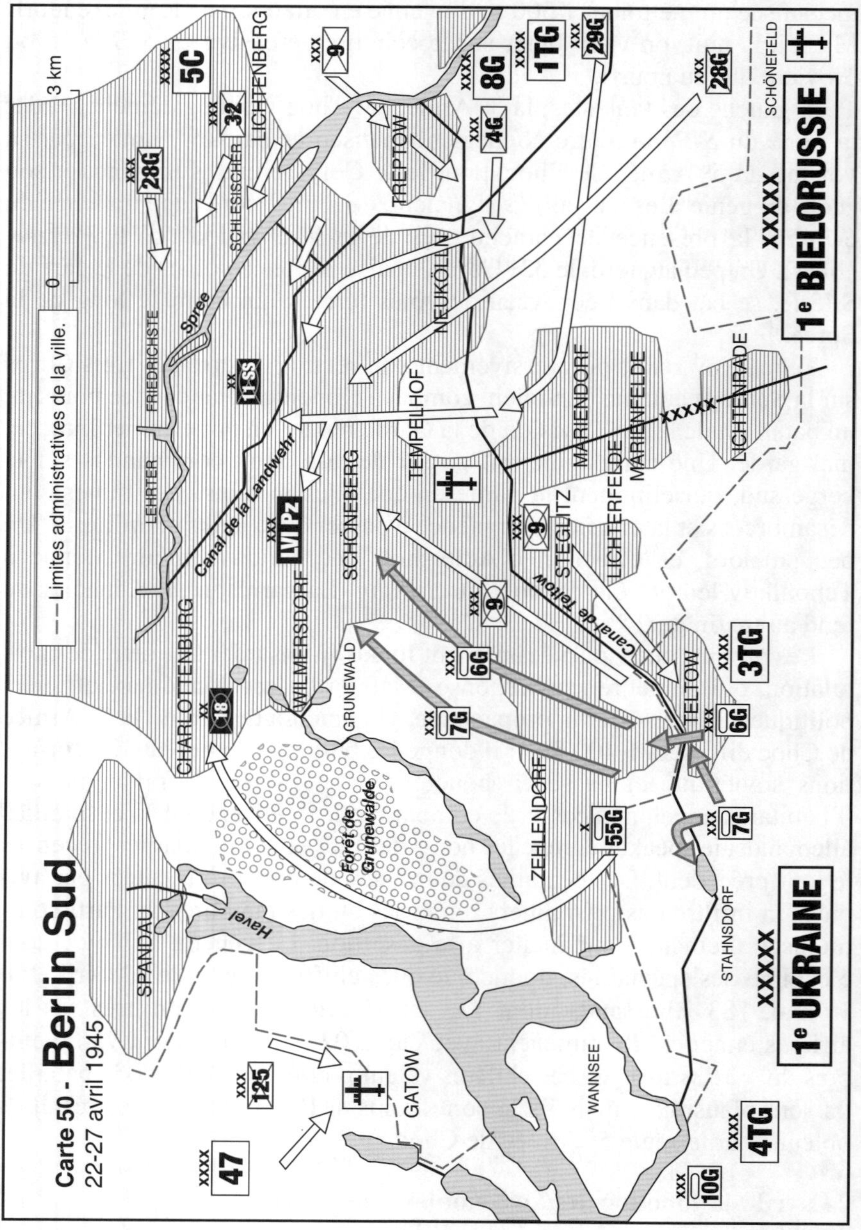
Carte 50 - Berlin Sud
22-27 avril 1945
Limites administratives de la ville.
0
3 km
1e BIELORUSSIE
1e UKRAINE
XXXXX
5C
8G
1TG
29G
28G
32
9
4G
47
125
4TG
10G
3TG
6G
7G
55G
LVI Pz
11 SS
18
SPANDAU
CHARLOTTENBURG
WILMERSDORF
SCHÖNEBERG
TEMPELHOF
NEUKÖLLN
TREPTOW
LICHTENBERG
SCHLESISCHER
FRIEDRICHSTE
LEHRTER
Spree
Canal de la Landwehr
Canal de Teltow
GRUNEWALD
Forêt de Grunewalde
Havel
GATOW
WANNSEE
ZEHLENDORF
STEGLITZ
LICHTERFELDE
MARIENDORF
MARIENFELDE
LICHTENRADE
TELTOW
STAHNSDORF
SCHÖNEFELD

de la 28e Armée sont bloquées 30 km au sud, à guetter les tentatives de percée de la 9e Armée du côté de Halbe. Après 55 minutes d'un bombardement que le général Dragunski juge « sans précédent, même à Sandomierz[1] », sur le flanc droit, à Lankwitz, le 9e Corps mécanisé et la 61e Division de fusiliers parviennent à traverser. La ville est en flammes sur un front de 5 km de large et 1 km de profondeur. Mais, vers 7 h 00, une contre-attaque de la 20e *PzGrenDiv* appuyée par des chars élimine la tête de pont où les Soviétiques laissent de nombreux tués et des prisonniers. Au centre, à Teltow, les fusiliers du 6e Corps blindé de la Garde parviennent à franchir l'obstacle à l'abri d'un rideau fumigène en utilisant un pont routier mal démoli. Deux Panthers sont détruits en combat rapproché, pendant que passe la 48e Division de fusiliers de la Garde. La tête de pont s'élargit péniblement jusqu'à 11 h 00, lorsque le premier pont lourd est achevé. Aussitôt, chars et artillerie s'engouffrent et, sous un rideau de *katiouchas*, on progresse de 2 500 m jusqu'à la tranchée du *S-Bahn*, à Zehlendorf. À gauche de cette action, le 7e Corps blindé de la Garde parvient à établir une petite tête de pont mais se heurte à une opposition féroce. L'artillerie allemande touche le pont de plein fouet au moment où passent les premiers SU-76, laissant les fusiliers seuls au milieu de tirs croisés venant de tous les immeubles, dont la plupart sont en train de brûler. Koniev, qui dirige l'opération en personne, renonce à se maintenir sur ce point et expédie tous ses Corps – même la droite de la 4e Armée de tanks – à travers le pont de Teltow. Submergée, la 20e *PzGrenDiv* se replie vers l'ouest, près du lac de Wannsee : marginalisée, elle ne sera pas de la bataille pour le centre.

À l'ouest, la 4e Armée de tanks (10e Corps blindé de la Garde) prend difficilement les faubourgs sud de Potsdam mais doit s'arrêter devant la Havel dont tous les ponts ont sauté. À l'extrême ouest, le 6e Corps mécanisé de la Garde s'étire sur 30 km, avec Brandenburg en ligne de mire.

Au nord, le Groupe Steiner, dont Hitler attend qu'il délivre Berlin, lance sept bataillons de l'autre côté du canal de Hohenzollern, surprend la 61e Armée avec l'aide de quelques avions et la repousse de 6 km vers le sud. Mais les fusiliers se reprennent et ramènent les soldats de Steiner sur leurs positions de départ avant la nuit. La Luftwaffe s'en prend aussi aux longues files de véhicules de la 47e Armée qui vont vers l'ouest. Mais la chasse soviétique, appelée par les officiers de liaison, intervient rapidement et abat sept appareils. La 47e lance alors des attaques contre Spandau et l'aéroport de Gatow (125e Corps) mais la défense, appuyée par de nombreuses pièces de FLAK, est si féroce que les gains se comptent en centaines de mètres. À Ketzin, vers où convergent les troupes des 1er Fronts de Biélorussie et d'Ukraine, la garnison de Berlin reçoit son

1. Dragunski, *Godi v Bronie*, trad. all., p. 276. Ajoutons que le barrage s'accompagne d'un assaut des 400 bombardiers et *Sturmoviks* du général Riasanov, commandant du 1er Corps d'aviation d'assaut de la Garde.

dernier renfort par voie terrestre : les 350 volontaires de la Division SS *Charlemagne*, menés par le *Brigadeführer* Gustav Krukenberg.

Le 12e Corps blindé de la Garde (2e Armée de tanks) parvient sous le couvert des bois à approcher le canal Hohenzollern. Son programme est chargé. Outre le premier canal, il lui faut prendre d'assaut le quartier industriel de Siemensstadt puis la Spree. Le canal est franchi et les brigades blindées entrent dans Siemensstadt mais une vingtaine d'engins blindés sont détruits par *Panzerfausts*. Faute d'infanterie, les tankistes doivent s'arrêter. À gauche, le 79e Corps de la 3e Armée de Choc parvient aussi à border le canal Hohenzollern mais ne peut franchir, couché par les tirs de flanquement venus de la zone portuaire. Le 12e Corps de fusiliers de la Garde entre pour sa part dans le vieux quartier ouvrier de Wedding où il se fraye à grand peine un passage à travers les énormes immeubles d'habitation. Pour prendre le nœud ferroviaire de la station de *S-Bahn* Wedding, il faut concentrer les tirs de 500 pièces qui détruisent tout avec méthode. Mais, à droite, la tour de FLAK du parc Humboldt, impavide sous les centaines d'impacts, oblige les fusiliers du major-général Filatov à éviter la zone. Encore à droite, le 7e Corps de fusiliers est plus heureux : il perce la ligne de défense du *S-Bahn* dans le quartier de *Prenzlauer Berg* et pousse de 800 m le long de la *Prenzlauer Allee* au bout de laquelle, à 2 km, se dresse l'*Alexander Platz*.

La 5e Armée de Choc (26e Corps) continue sa progression le long du grand axe est-ouest, la *Frankfurter Allee*, mais les feux croisés sont si nourris qu'il faut détruire les immeubles un par un en approchant à 400 m les pièces chenillées de 203 mm. Le 32e Corps, au centre, parvient à s'emparer d'un pont sur la Spree mais seuls les fusiliers peuvent l'emprunter. On construit une tête de pont qui, faute de blindés, ne peut se développer sous les tirs allemands qui viennent de trois côtés, la gare de Varsovie n'étant pas encore complètement nettoyée. Le Corps de gauche (le 9e), qui a franchi la ligne du *S Bahn* durant la nuit, se présente devant la Spree, large de 200 m à cet endroit. Il reçoit l'appui de la flottille du Dniepr venue de la Warthe par convoi routier. À 1 h 00, c'est l'assaut. Protégés par les pièces d'une dizaine de petits bateaux, les marins remorquent des pontons assemblés dans la matinée. Sous le feu de la *SS-PzGrenDiv Nordland*, 16 000 hommes, 100 canons et 27 chars passent la Spree à Pläntewald, nettoient le parc de Treptow et, dans l'après-midi, le quartier alentour au sud du *Landwehr Kanal*. Une contre-attaque allemande est déclenchée. Durant trois heures, une douzaine de Panthers et de *Sturmgeschütze* et un bataillon SS se lancent courageusement à l'assaut du parc. Mais le commandant de la 301e Division, le général Antonov, a avec lui la vingtaine de JS-2 du 92e Régiment de chars lourds, qui font un massacre. Avec ce Corps de l'autre côté de la rivière, le général Berzarine, commandant la 5e Armée de Choc, va pouvoir décoincer son 32e Corps qui laisse du sang sur les rails du *S-Bahn* du côté de la rue de Varsovie.

La surprise du jour vient de la 8e Armée et de la 1re Armée de tanks qui lui est dorénavant subordonnée, formant ainsi le groupement le plus puissant de Joukov. Au matin, les troupes de Tchouikov entrent en contact avec celles de Rybalko sur l'aéroport de Schönefeld dans la proche banlieue sud : Tchouikov transmet l'information au Front sans commentaires. L'encerclement de Berlin à l'est et au sud est donc scellé, de même qu'est complètement bouclée la 9e Armée de Busse. Mais, en soirée, alors que ses Corps poussent jusqu'au canal de Teltow et au quartier de Rudow, avalant 1 500 m vers l'ouest, Tchouikov reçoit un coup de téléphone de Joukov qui le jette dans un abîme d'étonnement :

> « J'avais à peine décroché que j'entendis cette question :
>
> – De quelle source tenez-vous que les troupes du maréchal Koniev sont arrivées à Berlin par le sud ?
>
> – Des unités de la gauche du 28e Corps ont pris contact à 6 h 00 avec la 3e Armée de tanks de Rybalko près de l'aérodrome de Schönefeld.
>
> – Qui les a vus ? Qui vous l'a dit ?
>
> – Le commandant du Corps, le général Ryzhov.
>
> Après un silence, Joukov demanda que j'envoie une équipe d'officiers fiables en plusieurs points au sud de la ville et au sud du *Ring*, afin de savoir précisément quelles unités du 1er Front d'Ukraine sont arrivées à Berlin par le sud, quand elles ont atteint le *Ring* et quelles sont leurs missions.
>
> Pourquoi le commandant du Front voulait-il connaître ces détails ? Qu'était-ce, de la méfiance ? À l'évidence, oui.
>
> Je fus néanmoins obligé d'envoyer trois officiers exécuter les ordres reçus[1]. »

Cette étonnante conversation jette une lumière crue sur la dissimulation dont Staline fait preuve face aux chefs de Fronts. Il n'informe à aucun moment Joukov sur la progression de Koniev, alors que c'est son rôle puisqu'il est coordinateur de l'opération. Depuis deux jours, les troupes de Rybalko et celles de Tchouikov étaient à portée de canon l'une de l'autre, sans rien en savoir ! Le maréchal Novikov, chef de toute l'aviation, a sans doute reçu de Staline l'ordre de se taire. Par ses reconnaissances, il sait forcément où est Koniev. La rage de Joukov ne connait plus de bornes[2]. La course au *Reichstag* commence. Staline peut encore l'arrêter. Mais, dans la nuit, il fait connaître la nouvelle limite entre les deux Fronts : Lübben-Teupitz-Mittenwalde-Mariendorf-Gare d'Anhalt. Si ce point est le dernier indiqué sur le télex de Staline, c'est qu'il laisse, si l'on prolonge la ligne vers le nord-est, le Reichstag dans le secteur de Koniev. Mais, la ligne n'étant pas prolongée, Joukov peut encore espérer y parvenir.

1. Tchouikov, *The Fall of Berlin*, p. 169-170.
2. Dans son plan initial Joukov a pris soin d'assigner à la 33e Armée la mission de garder la ligne Königs Wusterhausen-Brandenburg, le long du *Ring* berlinois, à seule fin d'empêcher les unités de Koniev de s'approcher de la capitale. C'est le retard pris sur l'Oder qui a empêché cette opération. Joukov n'a plus d'autre solution que de tenter la même chose au cours des combats de rues, mais au risque d'échanges fratricides.

La 16e Armée aérienne a étendu un parapluie impénétrable au-dessus de la ville. Cinq tentatives de pénétration allemande se soldent par 36 victoires russes contre 3 pertes. Dans la nuit, encore une fois, 111 bombardiers de la 18e Armée aérienne « traitent » les quartiers centraux où les ruines s'accumulent au-delà de l'imaginable.

**25 avril : la ville encerclée** *(carte 51)*

À 1 h 00 du matin, Malinine, chef d'état-major de Joukov, envoie ce télégramme radio au major-général Konstantinov, commandant le 7e Corps de cavalerie de la Garde :

> « Objet : continuation de la poussée dans le but de s'emparer de Brandenburg avant le 1er Front ukrainien.
>
> Le 6e Corps mécanisé du 1er Front ukrainien approche de la ville de Brandenburg par le sud-est. Le commandant du Front ordonne : envoyer immédiatement une division de cavalerie avec une brigade blindée vers le sud avec la mission de prendre Brandenburg avant l'entrée du 6e Corps mécanisé au matin du 25 avril. Nous faisons savoir au commandant de la 2e Armée de tanks de la Garde qu'il a à mettre à votre disposition à Schwanebeck une brigade blindée située à Nauen. Le gros du Corps poursuivra son effort vers Rathenow[1]. »

À cette date, Joukov ne le sait pas encore, le 6e Corps mécanisé de l'Armée Leliuchenko est déjà entré dans Brandenburg, une ville importante située à 40 km à l'ouest de Berlin, et Koniev l'a appris à Staline à 1 h 00 du matin. Mais l'étonnant dans ce télégramme de Joukov est qu'il révèle que le maréchal se sent en compétition avec Koniev sur tous les points, pas seulement pour arriver au Reichstag, et qu'il n'hésite pas à modifier les missions de ses unités en fonction des informations qui lui parviennent sur la progression de son rival.

Au matin du 25, la 328e Division (47e Armée) fait sa jonction avec la 65e Brigade blindée (4e Armée de Tanks) près de Ketzin, sur la Havel : Berlin est complètement encerclé. Une nouvelle phase de la bataille commence, inaugurée par l'opération aérienne *Salut*[2]. Le maréchal Novikov frappe à coups redoublés tant que l'ennemi possède encore suffisamment de profondeur pour éviter les pertes amies. Neuf cents bombardiers de la 16e Armée aérienne matraquent pendant une heure les infrastructures de la ville : installations de distribution d'eau, principaux collecteurs d'égouts, centraux téléphoniques, centrales électriques, usines de guerre, points fortifiés, dépôts de munitions. Au soir, 400 Il-4 de la 18e Armée aérienne prennent le relais. Le lendemain soir, les mêmes s'en prendront aux quartiers centraux.

Dans la nuit, Joukov réfléchit à la situation créée par l'apparition des forces de Koniev. Il joue alors un coup qui va lui rendre l'avantage. Remarquons d'abord qu'il a des forces à suffisance. Les 130 000 hommes et 1 000 chars des 8e Armée de la Garde et 1re Armée de tanks devaient à

1. Oleg Rzheshevski, *Seelower Höhen 1945*, p. 71.
2. *Voyenno-istoricheskiy zhurnal*, n° 4, avril 1985, p. 17.

**Carte 51**

## L'encerclement complet par l'Ouest

28 avril 1945

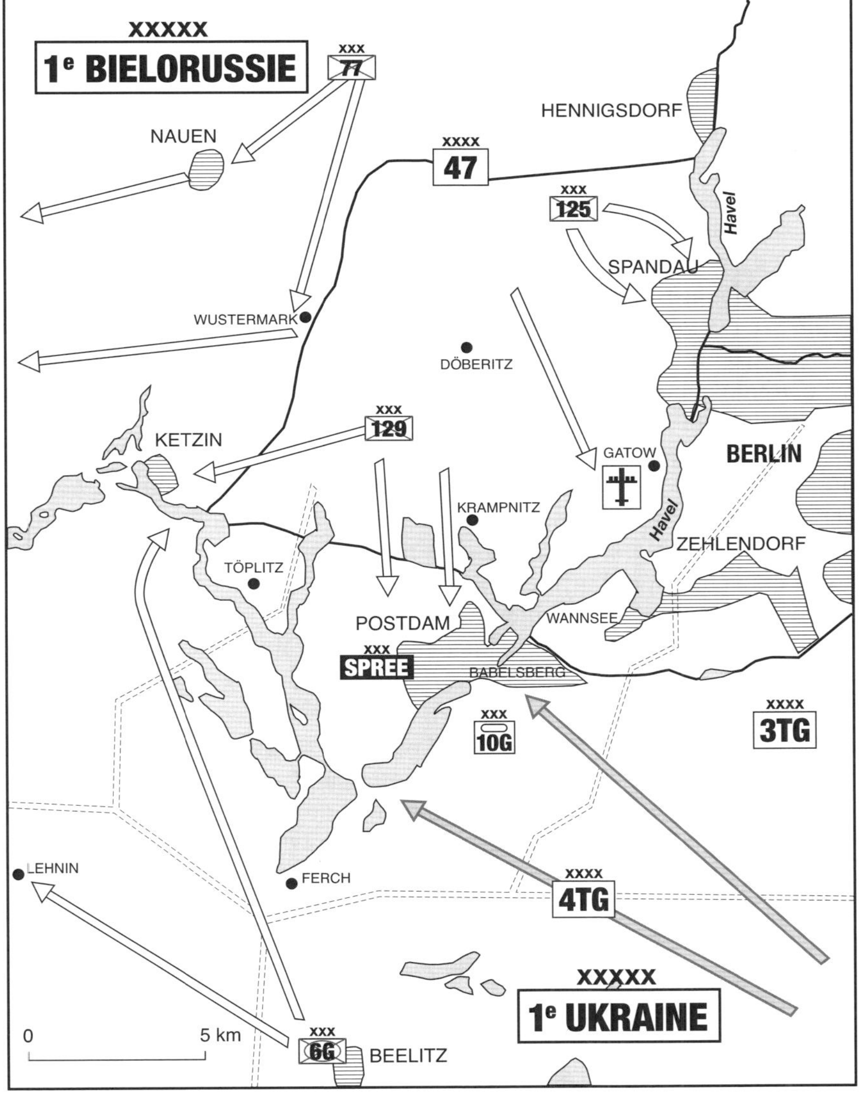

l'origine couvrir tout le sud de Berlin. La présence de Koniev au sud rend disponible ce poing de fer. Mais vers où l'orienter ? Deux solutions : ou bien respecter la ligne tracée par Staline, ce qui signifie faire tourner les forces de Tchouikov de 90 degrés vers le nord et marcher parallèlement à Koniev. Ou, tout simplement, lui couper la route pour le rejeter vers l'ouest sur une trajectoire laissant le *Reichstag* à sa droite, hors de portée. C'est la seconde solution que choisit Joukov : les Corps de la 8e Armée marcheront vers Mariendorf pour couper la route 96 et passer le canal de Teltow au sud de l'aéroport de Tempelhof.

De cette compétition, Tchouikov ne souffle mot dans ses mémoires, écrits au début des années 1960. À cette époque très hostile à Joukov, il ne désire sans doute pas s'associer aux manœuvres du maréchal. Mais, à l'époque, qu'a-t-il pensé de sa mission croc-en-jambe ? La réponse est dans le zèle qu'il met à pousser ses troupes dont le 25 avril est la journée la plus véloce. Après un bombardement de 50 minutes par 3 000 tubes, les trois Corps en ligne avancent de trois et même quatre kilomètres dans le tissu urbain encore pas trop dense de Mariendorf et de Britz. Un nouveau bombardement incendie les quartiers situés au bord du canal de Teltow. Le détachement du lieutenant Nesterenko (39e Division de la Garde) profite de l'écran de fumée pour s'emparer d'un immeuble, d'où il découvre un pont mal détruit mais couvert par plusieurs mitrailleuses installées dans un immeuble situé sur la rive nord. Nestorenko appelle une très brève concentration d'artillerie sur l'immeuble, qui permet à une section de franchir le pont et d'aller faire taire les M.G. Sans discontinuer, Tchouikov fait passer par ce point les 39e et 79e Divisions de la Garde. On avance encore de 1 000 m, on traverse le talus du *S-Bahn* sous la protection d'un peloton de JS-2, et l'on arrive devant l'aéroport de Tempelhof. La 39e le contourne par l'ouest, la 79e par l'est, tandis que les défenses sud et l'ensemble des pistes sont prises à partie par l'artillerie et par deux brigades de chars. On se bat toute la nuit sur les trois côtés. Les Allemands ont enterré une dizaine de chars, tous les tubes de la Luftwaffe sont mis en mode terrestre, des escouades de Jeunesses Hitlériennes à vélo cherchent le combat au *Panzerfaust* tandis que le gros de la *Müncheberg* fait donner une dizaine de *Hetzers* et de *Sturmgeschütze* ainsi que plusieurs tubes de PAK 7,5 cm. Pendant l'après-midi, la soirée et la nuit, Tchouikov fait déverser des centaines de tonnes d'obus sur les défenseurs allemands qui ont des pertes épouvantables. Au matin, un bataillon occupe la gare *S-Bahn* de Papestrasse, sur le chemin… qu'aurait dû emprunter Koniev ! Il est vite rejoint par le 29e Corps de la Garde et le 8e Corps mécanisé de la Garde : Rybalko ne passera pas par là… C'est à ce point qu'on perçoit les conséquences de l'échec de la veille. En ne pouvant prendre pied à Lankwitz, le 9e Corps mécanisé de Rybalko et la 61e Division de fusiliers ont dû se déplacer de 2 km vers l'ouest, perdre plusieurs heures au passage du pont de Teltow puis se frayer un chemin vers l'est à travers Zehlendorf, Steglitz et Lichterfelde. Ce faisant, ces unités ont libéré l'espace où Joukov va s'engouffrer.

Pour autant, Koniev ne renonce pas. Le Corps de gauche de Rybalko, le 7e Garde du général Novikov, fait un beau parcours de 4 à 5 km, facilité par un tissu urbain très lâche, des bois et des jardins très nombreux. Mené par la 55e Brigade de la Garde, il nettoie l'ouest du faubourg de Lichterfelde et la totalité de celui de Zehlendorf, franchit la chaussée de Potsdam, atteint l'autoroute de pénétration Avus et les lacs de la petite ceinture ouest, pousse enfin jusqu'à Dahlem. Mais le gros de l'artillerie est à droite pour aider le 6e Corps blindé de la Garde (général Mitrovanov), au centre, et, surtout, le 9e Corps mécanisé à droite. Cette formation essuie un bombardement par des avions... soviétiques dont Koniev, dans ses mémoires, dit qu'il ne fut pas possible de déterminer à quel Front ils appartenaient ! Dans l'après-midi, un télex de Moscou modifie légèrement la ligne de séparation entre Koniev et Joukov, en la déplaçant de 600 m à gauche, ce qui oblige des éléments du 9e Corps mécanisé à abandonner à Tchouikov une zone conquise à l'est de cette ligne. Koniev peut encore prendre le *Reichstag* mais Staline semble, par cette décision, accorder un avantage à Joukov.

Au nord, deux des trois Corps de la 2e Armée de tanks sont pris dans de terribles combats pour nettoyer Siemensstadt. Le 25, on avance de 400 mètres ; le 26, de 600 mètres ; le 27, après un barrage d'artillerie monstrueux, de 800 mètres ! Et ce n'est que le 28 avril que la Spree est bordée face au quartier de Ruhleben.

La 3e Armée de Choc parvient bien à passer le canal Hohenzollern à Plotzensee sous le couvert d'une averse de *katiouchas* mais le 79e Corps se retrouve aussitôt face à un nouvel obstacle, le canal de Westhafen dont l'unique pont vers Moabit a sauté. Les soldats ne peuvent s'engager sur les poutrelles arrachées que par paquets de cinq, et sont fauchés par les mitrailleuses embusquées derrière le talus du *S-Bahn*. En attendant la nuit, on fait donner l'artillerie sans répit avec ordre de tout raser, entrepôts, immeubles, stations de *S-Bahn*... Un kilomètre à l'est, le 12e Corps de la Garde prend bien le pont de la Fennstrasse, qui donne accès à Moabit par le nord-est mais les tirs de la tour de FLAK du parc Humboldt gênent considérablement l'approche de l'artillerie et des chars. Les combats contre la 9e Division parachutiste sur *Invalidenstrasse* pratiquent un grignotage coûteux. En revanche, le Corps le plus à l'est, le 7e, poursuit son avance le long de la *Prenzlauerallee* et arrive sur le bord oriental de l'*Alexanderplatz* : le secteur Z, la *Zitadelle*, est atteint pour la première fois. Le danger est grand de voir les fusiliers sauter la Spree et avancer, par *Unter den Liden*, vers le quartier gouvernemental. Aussi le général Weidling n'hésite-t-il pas à lancer en contre-attaque sa maigre réserve, les Panthers et les Tigres royaux de la *Müncheberg*, accompagnés par un bataillon d'infanterie. Mais un barrage roulant s'abat sur la place, clouant les Panzers dont plusieurs explosent.

Du côté de la 5e Armée de Choc, le 26e Corps se montre le plus actif. Il avance à grande douleur vers l'*Alexanderplatz*, d'où provient un feu d'enfer. Le général Firtsov essaie de déborder par la gauche. La place

Bülow tombe et l'on plante le drapeau rouge sur l'ancien immeuble du Comité central du KPD, le parti communiste allemand. Le chef d'Armée, Berzarine, voit ses objectifs précisés par Joukov : le 26e Corps prendra l'*Alexanderplatz* puis ira vers le Reichstag ; le 32e gardera en ligne de mire l'avenue *Unter der Linden* et la porte de Brandebourg ; le 9e Corps progressera le long de la Spree, pour protéger l'aile droite de la 8e Armée de la Garde. À noter qu'en nettoyant la zone du parc de Treptow, le 9e Corps tombe sur un petit camp de fortune où s'entassent des citoyens soviétiques évacués à marches forcés de camps de concentration de Silésie. Le 23 et le 24 avril, deux camps semblables avaient déjà été libérés. Pour durcir la volonté de combat des hommes, des visites aux détenus squelettiques sont organisées.

L'activité aérienne plonge un peu plus côté allemand. Quelques dizaines d'appareils seulement s'opposent aux 1 368 sorties de la 16e Armée aérienne (14 victoires allemandes, 20 pertes). L'expert antichar Eric Peter est tué, mais il est vengé par l'étourdissant succès de Günther Josten (IV/JG 51) qui abat sept appareils soviétiques, portant son total à 178 !

**26 avril : Tchouikov franchit la limite** *(carte 52)*

Dans le secteur de la 3e Armée de Choc, le 79e Corps doit s'y reprendre à deux fois pour traverser enfin le canal de Westhafen, avec de fortes pertes. À son tour, la gare *S-Bahn* de la *Beusselstrasse* est emportée au prix de violents corps à corps, une division s'enfonce dans Moabit où elle tombe sur… 1 200 prisonniers de guerre soviétiques aussitôt incorporés. Au soir, on se bat sur la rive de la Spree d'où les artilleurs aperçoivent les frondaisons du Tiergarten.

L'aile droite de la 5e Armée de Choc demeure engluée autour de l'*Alexanderplatz*. En revanche, le 9e Corps prend la gare de Görlitz, après 24 heures de combats terribles, et avance de 2 km au sud de la Spree, pénétrant dans Kreuzberg par l'est.

Tchouikov réalise un nouveau bond. L'aéroport de Tempelhof est entièrement nettoyé à midi, le canal de la Landwehr bordé ainsi que le district de Kreuzberg. Du haut du parc de Viktoria, les pièces de 203 mm tirent à vue sur la gare d'Anhalt distante de 1 500 m. Mais le fait marquant est la marche du 28e Corps de la Garde et du 34e Régiment de chars lourds vers le nord-ouest. La zone des voies ferrées menant aux gares d'Anhalt et de Potsdam est franchie, le parc Heinrich von Kleist, sur la *Potsdamerstrasse,* investi. Un parti de JS-2 atteint l'église des Douze Apôtres, 1 000 m à l'ouest de la limite tracée par Staline entre Koniev et Joukov ! Tchouikov a-t-il reçu de son supérieur notification de cette limite ? On l'ignore. Quoi qu'il en soit, le 9e Corps mécanisé du général Suchov (Armée Rybalko), capté dans Schöneberg par des combats immeuble par immeuble, ne sait pas que les troupes du 1er Front de Biélorussie sont maintenant DEVANT lui.

À la gauche de Koniev, la 55e Brigade de la Garde s'enfonce dans la forêt de Grunewald, atteint la Havel, vient couper la *Heerstrasse* à son

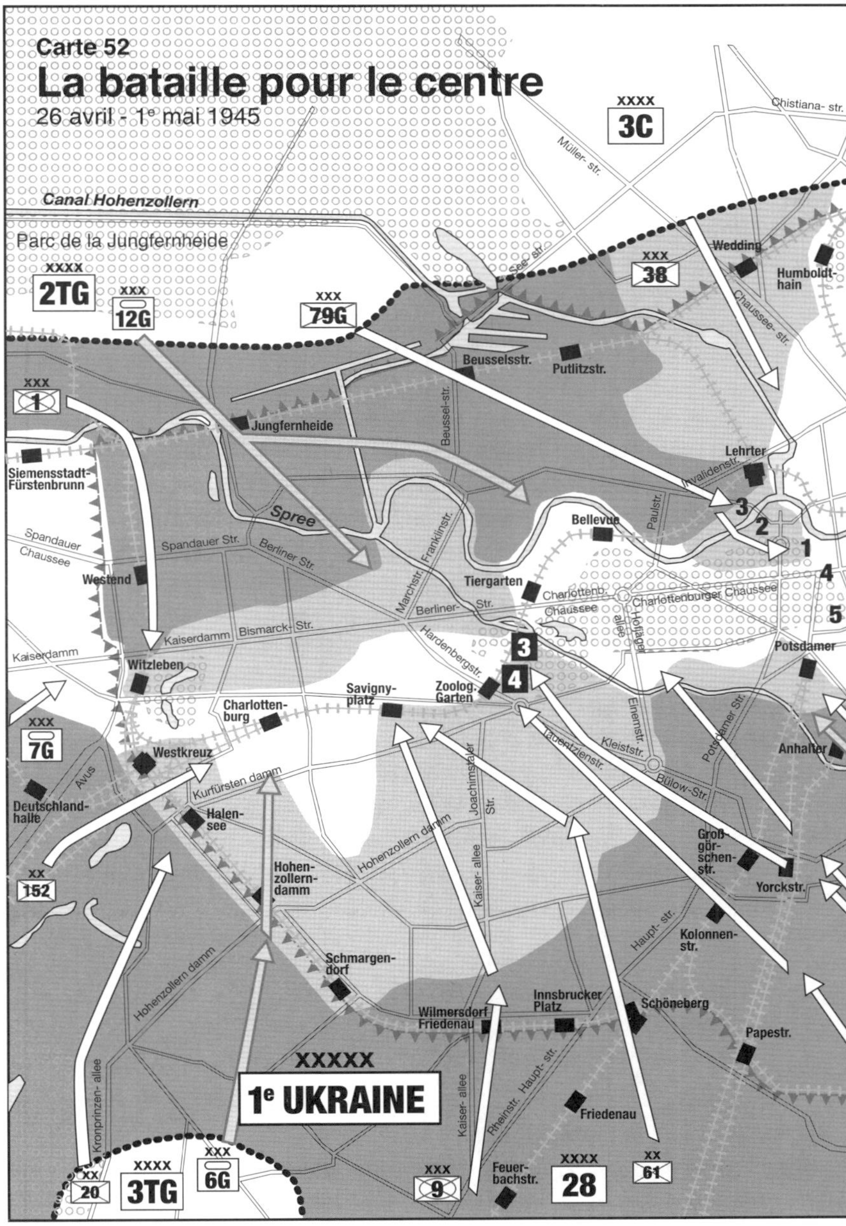

Carte 52
La bataille pour le centre
26 avril - 1e mai 1945
Canal Hohenzollern
Parc de la Jungfernheide
XXXX
2TG
XXX
12G
XXX
79G
XXX
38
XXXX
3C
XXX
1
XXX
7G
XX
152
XX
20
XXXX
3TG
XXX
6G
XXXXX
1e UKRAINE
XXX
9
XXXX
28
XX
61
Wedding
Humboldt-hain
Beusselsstr.
Putlitzstr.
Jungfernheide
Siemensstadt-Fürstenbrunn
Lehrter
Bellevue
Westend
Tiergarten
Potsdamer
Witzleben
Charlotten-burg
Savigny-platz
Zoolog. Garten
Westkreuz
Deutschland-halle
Halen-see
Hohen-zollern-damm
Schmargen-dorf
Wilmersdorf Friedenau
Innsbrucker Platz
Schöneberg
Papestr.
Friedenau
Feuer-bachstr.
Anhalter
Groß-gör-schen-str.
Yorckstr.
Kolonnen-str.
Spree
Spandauer Chaussee
Spandauer Str.
Berliner Str.
Kaiserdamm
Bismarck-Str.
Hardenbergstr.
Berliner-Str.
Charlottenb. Chaussee
Charlottenburger Chaussee
Hofjäger allee
Einemstr.
Kleiststr.
Tauentzienstr.
Bülow-Str.
Potsdamer Str.
Kurfürsten damm
Hohenzollern damm
Joachimstaler Str.
Kaiser- allee
Haupt- str.
Rheinstr. Haupt- str.
Kronprinzen- allee
Avus
Chistiana- str.
Müller- str.
See str.
Chaussee- str.
Invalidenstr.
Paulstr.
Beussel-str.
Franklinstr.
Marchstr.
1
2
3
4
5

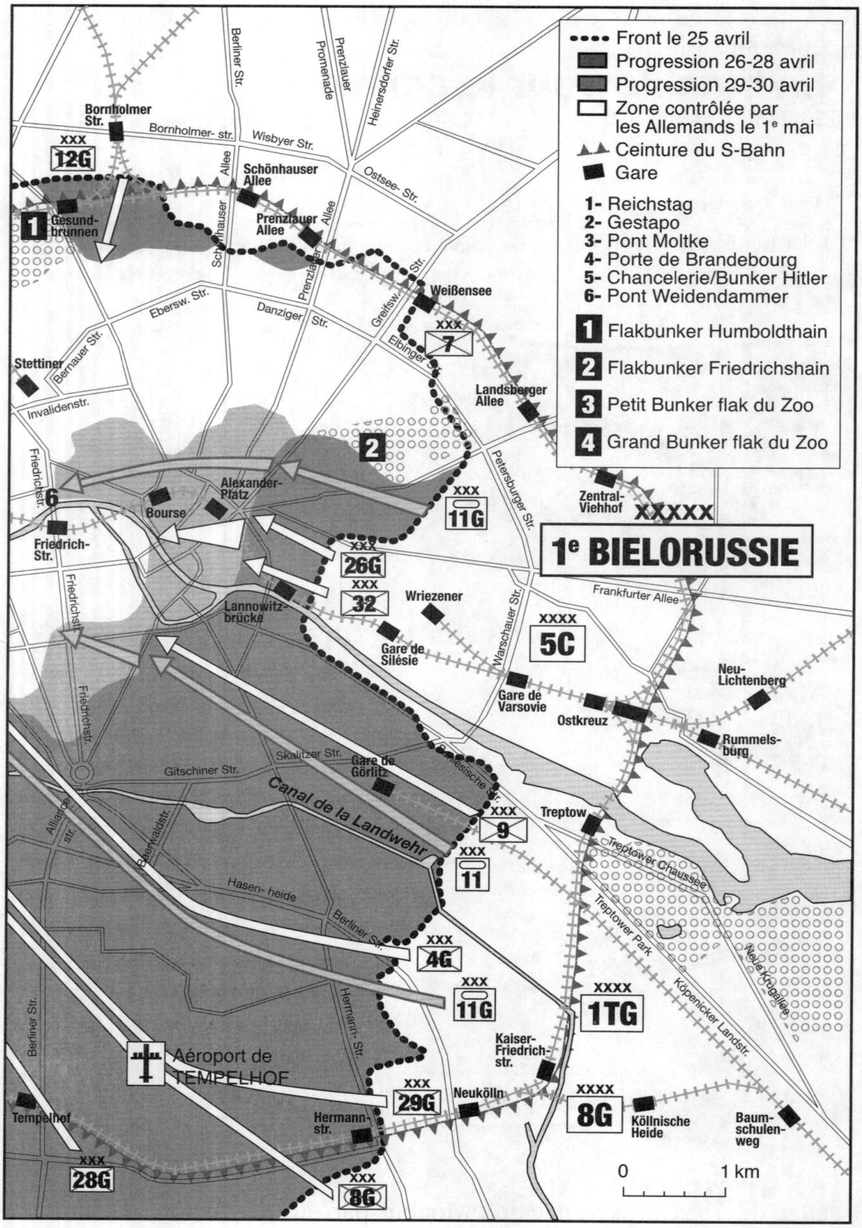
Front le 25 avril
Progression 26-28 avril
Progression 29-30 avril
Zone contrôlée par les Allemands le 1e mai
Ceinture du S-Bahn
Gare
1- Reichstag
2- Gestapo
3- Pont Moltke
4- Porte de Brandebourg
5- Chancelerie/Bunker Hitler
6- Pont Weidendammer
1 Flakbunker Humboldthain
2 Flakbunker Friedrichshain
3 Petit Bunker flak du Zoo
4 Grand Bunker flak du Zoo
1e BIELORUSSIE
Bornholmer Str.
Schönhauser Allee
Prenzlauer Allee
Gesundbrunnen
Weißensee
Stettiner
Landsberger Allee
Alexander-Platz
Bourse
Friedrich-Str.
Zentral-Viehhof
Lannowitzbrücke
Wriezener
Gare de Silésie
Gare de Varsovie
Ostkreuz
Neu-Lichtenberg
Rummelsburg
Gare de Görlitz
Treptow
Canal de la Landwehr
Kaiser-Friedrich-str.
Neukölln
Köllnische Heide
Baumschulenweg
Hermannstr.
Tempelhof
Aéroport de TEMPELHOF
12G
7
11G
26G
32
5C
9
11
4G
1TG
29G
8G
28G
0 1 km

extrémité – le grand axe ouest-est de la ville – et commence à remonter lentement la large avenue en direction de l'ouest.

L'activité aérienne baisse. Les nuages bas, la fumée des incendies, font tomber l'activité de la 16e Armée aérienne à 1 244 sorties, puis 809 le 27 et 93 le 28 avril.

## 27 avril : Tchouikov devant le dernier obstacle

À l'ouest et au nord-ouest de la ville, les Soviétiques progressent partout. L'aéroport de Gatow tombe, Siemensstadt est entièrement nettoyée, la Spree bordée, y compris à Moabit où le 79e Corps (3e Armée de Choc) marche vers la gare de Lehrter dans l'intention de participer à la bataille pour le *Reichstag*. La 55e Brigade blindée de la Garde (7e Corps de Rybalko) remonte la *Heerstrasse* sous des feux croisés, écrase de tous ses tubes plusieurs immeubles défendus, atteint la *Wihelmstrasse*, progresse encore de deux kilomètres vers l'est, encercle le stade olympique et tourne brusquement vers le nord. C'est là, dans Spandau, qu'elle fait sa jonction, à midi, avec la 35e Brigade du 1er Corps mécanisé de Bogdanov (1er Front de Biélorussie). Elle crée par là même une petite poche où sont encerclées plusieurs centaines de SS et de *Volkssturm*.

Au nord, les deux Corps de gauche de la 3e Armée de Choc (7e et 12e) demeurent contenus par la 9e parachutiste autour de la gare de Stettin. Le front de la 5e Armée de Choc au nord de la Spree (32e et 26e Corps : *Alexanderplatz*-gare de Silésie) s'est fragmenté en une série de combats sans liens entre eux, de poches qui apparaissent et disparaissent en quelques heures. De l'autre côté de la Spree, le 9e Corps avance de 500 mètres à travers Kreuzberg, atteignant la *Moritzplatz*. La 301e Division du général Antonov parvient à la place Belle Alliance.

Tchouikov a réussi son coup. Au soir du 27, à l'exception de quelques poches, ses Corps sont alignés sur la rive sud du canal de la Landwehr, jusqu'à la *Budapesterstrasse*, où de féroces combats se déroulent autour du pont Cornélius. À l'extrême gauche de la 8e Armée, un bataillon de T-34 a même réussi à s'infiltrer dans l'enceinte du zoo. Tchouikov, depuis son P.C près de Tempelhof, commence à préparer le dernier acte, le franchissement du canal de la Landwehr, qu'il planifie pour le surlendemain.

Koniev ne peut plus espérer attaquer le Reichstag par le sud. Par l'ouest, il ne reste qu'un trou de 1 500 m, entre les troupes de Tchouikov et celles du 79e Corps venues de Moabit, par où le 1er Front d'Ukraine pourrait venir s'immiscer dans le combat final. Mais c'est maintenant fort improbable car la moitié des troupes de Rybalko sont coincées autour de la *Fehrbelliner Platz* et n'avancent plus d'un pouce.

## 28 avril : Koniev mis hors course

À l'ouest, la jonction entre les deux Fronts a libéré la 2e Armée de tanks de Bogdanov mais ses Corps ne réalisent pas grand-chose d'autre que de passer la Spree et venir s'aligner le long d'un gros embranchement ferroviaire, face à Charlottenburg. Le 79e Corps de la 3e Armée de Choc pousse toujours vers la gare de Lehrter le long de Alt Moabit. Dans l'après-midi, les fusiliers aperçoivent droit devant, à 1000-1200 m, l'objectif : le Reichstag ! Le chef de Corps, le général Pervertkine, vient se rendre compte en personne et encourage ses hommes. Au soir, la gare de Lehrter tombe après deux heures d'un corps à corps sauvage : les fusiliers soviétiques survoltés empoignent des SS animés par l'énergie du désespoir. De petits groupes d'hommes à moitié ivres, privés de munitions, s'étripent à la baïonnette, au sabre, à la pelle de tranchée et même à coups de pierres ! Pervetkine s'installe dans les bâtiments ruinés de la douane avec, en ligne de mire, le prochain objectif, le pont Moltke, qui traverse la Spree, à 500 m du *Reichstag*. Durant la nuit, les officiers politiques rameutent les 150e et 171e Divisions. Mais, à gauche de Pervertkine, le 12e Corps de la Garde demeure 500-700 m en retard, sur *Invalidenstrasse* ; à sa droite, les Allemands tiennent toujours la gare de marchandises.

Entre *Invalidenstrasse* et l'*Alexanderplatz*, les progrès des 7e et 12e Corps (3e Armée de Choc) et ceux du 26e Corps (5e Armée de Choc) ont été de l'ordre de 300/400 mètres par jour la veille et l'avant-veille ! Ce dernier Corps a mis 36 heures à s'emparer de l'énorme immeuble de la police. Encore a-t-il fallu faire intervenir la 2e Division d'artillerie de rupture, et toute l'artillerie de Corps, qui ont transformé le quartier en zone lunaire. Voici, à titre d'exemple de la férocité des combats la description de la dernière attaque contre l'immeuble de la police, due au général Bokov[1]. Pour donner une idée de l'ampleur de la tâche des Soviétiques, cet immeuble n'est qu'un des 400 « objets » remarquables de la ville portés sur la maquette de Joukov (le Reichstag étant l'objet 105).

« L'assaut commence le 28 avril et dure toute la nuit suivante.

Il est précédé d'une terrible préparation assénée par le 322e Bataillon indépendant d'artillerie super lourde du lieutenant-colonel Dorochkine. Puis les soldats s'élancent de plusieurs côtés.

Un des premiers à pénétrer dans l'immeuble est le groupe d'assaut du 2e Bataillon du major Ielsakov. Presque en même temps claquent les pistolets mitrailleurs et des volées de grenades partent vers les fenêtres des étages inférieurs. Ça, c'était le travail des groupes Novikov et Vovtchenko. Quelques minutes plus tard, le bataillon de la Garde du major Demtchenko, Héros de l'Union soviétique, fait aussi irruption. Enfin, d'un autre côté arrive le bataillon du capitaine Novochatko.

Les combats se déroulent dans les escaliers, les corridors et les innombrables pièces. Il faut se battre durement pour chaque mètre.

L'aile de la prison offrait à l'ennemi d'excellentes possibilités de défense. Il utilisait les fenêtres des cellules comme embrasures de tir, les entrées étaient barricadées. Pour attaquer cette zone, il a d'abord fallu conquérir les cours. Le lieutenant Kanski et les soldats de son groupe cherchaient le meilleur moyen d'entrer dans l'aile de la prison. Ils choisirent une section de mur aveugle. Après plusieurs essais, ils parvinrent à ouvrir à l'explosif une brèche d'un mètre cinquante. Les hommes se sont rués au rez-de-chaussée. Le lieutenant

1. Bokov, *Vesna pobiedyi i osvobojdenia*, trad. all., p. 262-264.

Kanski, géologue dans le civil, a disposé ses hommes sur un large espace, les SS, pris à revers, se défendaient comme des forcenés. Les hommes de Kanski avançaient très lentement. Sans cesse, ils étaient bloqués par les grilles de fer qui isolent les différentes sections de la prison. Cellule par cellule, section par section, il fallut tout passer au peigne fin. Dans plusieurs cellules, nos hommes tombèrent sur des Allemands morts attachés à leur mitrailleuse lourde.

Sans cesse, les compagnies attaquent. Enfin la résistance faiblit, des drapeaux blancs jaillissent des sous-sols. Les hommes ont combattu plus de 24 heures. Ils ont compté 1 200 cadavres de soldats et de SS. Le 29 avril, à 15 h 00, l'immeuble était à nous. (...) Pour autant, nous ne pouvions toujours pas pénétrer sur l'*Alexanderplatz*. (...) Encore une fois, nos artilleurs se mirent en vedette. Encore une fois, l'ennemi allait sentir la puissance de feu de notre "dieu de la guerre" ».

Le 32e Corps (5e Choc) réussit à prendre pied sur la *Fischerinsel*, l'île sur la Spree qui groupe la cathédrale et le château royal. Le 9e Corps, arrivé au bout du quartier de Kreuzberg, écrase sous le feu le *Spittelmarkt* et entame une lente progression le long de la magnifique *Leipzigerstrasse*, au bout de laquelle, à 1 500 m, se trouve le bunker d'Hitler. Mais le général Antonov, commandant la 301e Division de fusiliers, qui a pris la *Belleallianceplatz* la veille, a une mauvaise surprise :

« Au matin du 28 avril, les divisions de fusiliers de la 8e Armée de la Garde violèrent la ligne de démarcation entre elle et la 5e Armée de Choc le long du Landwehr canal qu'elles traversèrent pour avancer sur la place de Belle Alliance à travers les flancs et les arrières de la 5e Armée de Choc. J'ordonnai au commandant de la compagnie de reconnaissance de bloquer toutes les intersections de rues pour empêcher le mélange de nos unités avec celles de la 8e Armée, puis je rapportai la situation à mon supérieur, le commandant du 9e Corps, le lieutenant-général Rosly. Dix-quinze minutes plus tard, il était à mon P.C. Dans une jeep, nous filâmes immédiatement à Belle Alliance. Rosly, toujours calme, sembla cette fois s'alarmer. Après avoir réfléchi, il me dit : Vladimir Semonovitch, allons-nous vraiment retraverser le *Landwehrkanal* ?... Ne laissez pas se mélanger vos unités avec celles des Gardes et continuez l'offensive le long de la Wilhelmstrasse et de la Saarlandstrasse, nous prendrons d'assaut le bloc d'immeubles du siège de la Gestapo, du ministère de la Luftwaffe et de la chancellerie[1]. »

L'incident témoigne du comportement arrogant de Tchouikov, lui aussi prêt à tout pour parvenir au Reichstag. Il obtiendra d'ailleurs de Joukov, le 30 avril, une rectification à son avantage des limites entre son Armée et la 5e Choc.

Du côté de Koniev, depuis deux jours, de gros préparatifs sont réalisés pour enfin traverser Schöneberg et Wilmersdorf et approcher le canal de la Landwehr. Le gros de la 3e Armée de tanks s'aligne sur 3 000 mètres entre la Fehrbelliner Platz et la Potsdamer Strasse. L'objectif est à 2 500 m au nord. Aussi extraordinaire que cela puisse paraître, Koniev ignore que la moitié est du secteur qu'il s'apprête à conquérir est depuis

1. V.S. Antonov, *Voyenno-istoricheskiy zhurnal*, n° 7, juillet 1987, p. 35 et sq.

la veille dans les mains de Tchouikov. Où l'on a confirmation de l'absence totale de coordination de la part de Staline et de l'interruption de toute communication entre les deux Fronts, du moins quant à la situation sur le terrain. Bien que Joukov, Koniev et Tchouikov n'en soufflent mot dans leurs mémoires (le passage aurait de toute façon sauté à la censure), la moitié de la violente préparation d'artillerie de Rybalko est forcément tombée sur la tête des fusiliers de la 8e Armée ! Ce n'est qu'au milieu de la matinée que Koniev réalise la situation. On imagine sa fureur. À midi, Rybalko reçoit l'ordre de transférer le 9e Corps mécanisé et la 61e Division de fusiliers de la Garde, de l'aile droite à l'aile gauche. Le remaniement de tout son dispositif de bataille fait perdre à Koniev 24 heures de plus et, du même coup, la course pour le Reichstag. À 20 h 45, pour la première fois depuis le début des opérations contre Berlin, Koniev s'adresse directement à Joukov par télex :

« Objet : changement de l'axe de poussée de la 8e Armée de la Garde et de la 1re Armée blindée de la Garde.

Aujourd'hui, 28 avril, le flanc droit des troupes des camarades Rybalko et Leliuchenko a atteint la station Angel (vraie ligne de séparation des Fronts), (…) et le flanc gauche se bat pour Wilmersdorf et le lac Halensee. Selon un rapport du camarade Rybalko, les Armées des camarades Tchouikov et Katoukov ont reçu du 1er Front de Biélorussie la mission de pousser vers le nord-ouest le long de la rive sud du canal de la Landwehr, par suite de quoi elles cisailleront les unités du 1er Front ukrainien en marche vers le nord. Je vous prie de prendre les dispositions pour modifier l'axe de progression des Armées des camarades Tchouikov et Katoukov. Merci de faire connaître ces dispositions.

Signé : Koniev, Krainiukov, Petrov[1]. »

Joukov ne daigne pas répondre à son collègue et fait, à 22 h 00, le rapport suivant à Staline.

« (…) 2. J'ai décidé de couper en deux le groupement ennemi enfermé dans Berlin afin de pouvoir anéantir séparément ce qui demeurera du troupeau des défenseurs, et pour cela j'ai décidé d'une poussée en direction du sud-est de la 2e Armée blindée de la Garde et du flanc droit de la 3e Armée de Choc ainsi que d'une poussée en direction du nord-ouest de la 8e Armée de la Garde et de la 1re Armée de tanks de la Garde. Selon la situation du 28 avril à 19 h 00, ces deux poussées venant à la rencontre l'une de l'autre ne sont plus éloignées que de 500 m et vont bientôt faire leur jonction.

3. Deux divisions de fusiliers de la 28e Armée et une brigade motorisée de la 3e Armée blindée du 1er Front d'Ukraine, obéissant à un ordre de Koniev, ont poussé le long de la voie ferrée vers le nord en venant des environs de la station Palestrasse et ont débouché sur les arrières des unités de la 8e Armée de la Garde et de la 1re Armée de tanks de la Garde. La poussée des troupes de Koniev dans le dos de la 8e Armée de la Garde et de la 1re Armée de tanks de la Garde a conduit à un grand désordre et à un mélange des unités, qui ont rendu particulièrement difficile la conduite du combat. Une nouvelle poussée dans la même direction peut amener à une confusion et des difficultés

1. In Oleg Rzheshevski, *Seelower Höhen 1945*, p. 73.

de contrôle encore plus grandes. Je vous prie par la présente d'établir une limite entre les troupes des deux Fronts, ou plutôt de m'autoriser à écarter de Berlin les troupes du 1er Front d'Ukraine.

Signé Joukov, Teléguine, Malinine[1]. »

Avant que ce télégramme arrive au Kremlin, Staline, qui suit tout heure par heure, a déjà décidé. Il est temps d'arrêter la course, qui devient dangereuse au point de compromettre une conclusion rapide des combats. À 21 h 20, la STAVKA fait savoir aux deux maréchaux qu'ils sont dorénavant séparés par une nouvelle ligne « station Tempelhof-place Victoria Louise-station Savigny-station Charlottenburg-station Westkreuz ». Koniev est éjecté de la zone du Tiergarten, ses troupes doivent reculer vers l'ouest. Koniev s'incline mais a du mal à faire avaler la pilule à un Rybalko dont une unité est arrivée à la gare du zoo. Joukov reste seul en lice pour le Reichstag.

Au soir du 28 avril, Weidling n'occupe plus qu'une poche en forme de soucoupe, longue de 7 500 m, large de 2 800. En six jours, Tchouikov comme Rybalko ont avancé de 23 km, du *Ring* au canal de la Landwehr.

### 29 avril : la bataille des ponts

La Luftwaffe se paie un baroud d'honneur en réalisant 346 sorties (1 603 pour la 16e Armée aérienne) au-dessus de Berlin. Sans résultats et à un coût énorme : 2 victoires... 46 pertes. La situation est si tragiquement désespérée que de jeunes pilotes tentent d'éperonner les La et les Yaks, comportement qui fut celui des Soviétiques aux heures sombres.

Deux opérations de franchissement se déroulent à 2 000 m l'une de l'autre. Elles ont même but : pénétrer dans le Tiergarten, un quartier entouré sur trois côtés par la Spree et le canal de la Landwehr, où se concentre le Reichstag, la Chancellerie du Reich, les ministères, tous bâtiments massifs, encore debout malgré les bombardements.

Au nord, le 79e Corps du général Pervertkine, 3e Armée de Choc, doit passer par un seul point, le pont Moltke, qui enjambe la Spree à 500 m du Reichstag ; au sud, la 8e Armée de Tchouikov est massée le long du canal de Landwehr ; elle doit franchir puis parcourir 1 500 m dans le quartier du Tiergarten. La compétition pour le Reichstag se cantonne donc maintenant à l'intérieur du 1er Front de Biélorussie. Pour autant, Joukov n'a pas fini de courir. Staline a demandé expressément que le drapeau rouge soit hissé sur le Reichstag pour la fête du 1er mai.

Le 79e Corps a une tâche formidable à remplir. La Spree, large de 50 m, est bordée de quais en pierre hauts de 3 m, et d'une ligne d'immeubles détruits abritant quantité de *Panzerfausts* et d'armes automatiques : à droite, le quartier diplomatique, à gauche le ministère prussien de l'Intérieur. Un seul pont traverse à cet endroit, le pont Moltke, en pierres massives, miné, formidablement barricadé aux deux bouts et complètement embroussaillé de

1. *Idem*, p. 73-74.

barbelés. À l'arrière, la zone qui mène au Reichstag est un chantier, parsemé de puits profonds, cisaillé par un large fossé antichar rempli d'eau, quadrillé de bunkers et de tranchées. Sur la droite, le grand parc du Tiergarten abrite les positions de mortiers et d'artillerie. L'ensemble est lourdement miné. Le Reichstag lui-même est transformé en forteresse : fenêtres et portes murées, nids de mitrailleuses au ras des trottoirs et sur le dôme.

Pervertkine ne peut compter sur l'aviation. Par crainte de toucher des soldats soviétiques, Novikov a interdit les missions d'attaque. L'assaut sera lancé par surprise, de nuit, par deux bataillons tirés des 150$^{e}$ et 171$^{e}$ Divisions, soit un millier d'hommes appuyés par des chars, des SU-76, un bataillon de lance-flammes. En face, pas moins de 5 000 hommes, SS, marins, *Volkssturm*, parachutistes.

À minuit, des centaines de pièces à tirs directs sont approchées de la rive et elles déclenchent un feu d'enfer pendant que 200 mortiers de 120 mm saturent l'ensemble de la zone opposée. Un bataillon s'avance derrière un bulldozer et commence à déblayer la première barricade. Des dizaines d'hommes sont touchés par des tirs d'enfilade venus des zones de la rive nord non encore nettoyées. Des contre-attaques débouchent de quatre points différents pour essayer de repousser les assaillants mais elles reçoivent aussitôt une pluie d'obus de mortiers de 120 mm et doivent reculer, laissant de nombreux tués sur le terrain. Alors que la seconde barricade est en cours de déblaiement, le pont saute mais la moitié du tablier demeure en place, laissant un passage de 4 mètres. Vers 2 h 00, les deux divisions sont sur la rive sud, se frayant un passage à travers les immeubles, de cave en cave. Vers 7 h 00, après dix minutes de bombardement, l'assaut est relancé contre l'immeuble massif du ministère de l'Intérieur de Prusse, défendu avec acharnement par des SS. À son grand désappointement, Pervertkine verra ses fusiliers perdre une journée entière pour nettoyer ce seul immeuble, qui bloque tout passage vers le Reichstag.

Tchouikov a massé ses trois corps sur environ 2 500 m, le long du Landwehr canal entre deux points situés, l'un à gauche, à la hauteur de la Bendlerstrasse, l'autre à droite, en face de la place Belle-Alliance. Des dix ponts, un seul reste entier, sur la *Potsdamer Platz*, mais il est lourdement miné et, bien entendu, défendu par plusieurs centaines d'armes de tous types. Tchouikov se réserve la direction des opérations sur ce point, espérant capturer l'ouvrage pour y faire passer les chars et l'artillerie chenillée dont les canons à tirs tendus vont lui être indispensables au-delà. Deux tunnels ferroviaires passent sous la Spree mais des patrouilles révèlent que tout est bloqué. La forme en arc de cercle du canal assure les assaillants qu'ils seront pris par des tirs de flanquement, principal souci de Tchouikov.

À midi, trois mille pièces ouvrent le feu. Le barrage dure une heure mais, ainsi que le dit Tchouikov : massées dans des rues étroites, les pièces ne touchent que ce qui se trouve devant elles ; elles n'ont aucune prise sur les recoins, les caches, les angles morts si nombreux en milieu urbain, ni sur les rues latérales. Tchouikov essaie de compenser par une accumulation de mortiers qui tirent sans discontinuer durant l'assaut. Celui-ci débute sous un rideau de fumée. Les fusiliers traversent puis se tapissent dans les décombres, attendant les chars. Dès que le premier se présente sur le pont de la Potsdamer Strasse, il est touché par un obus de 8,8 cm. Un Tigre est enterré jusqu'à la tourelle à 300 m du débouché du pont. Un second T-34 explose. Les fusiliers du 220e Régiment de la Garde ont alors l'idée de couvrir de chiffons enflammés un troisième engin qui s'engage sur l'ouvrage. Le croyant touché, les Allemands hésitent. Un peloton de chars en profite pour passer à pleine vitesse et un des T-34 s'en va cheniller le canon du Tigre. Il faut une heure pour sécuriser les alentours immédiats du pont. Quatre autres petites têtes de pont sont conquises sur la rive nord du canal, surtout à droite, dans le secteur du 29e Corps de la Garde.

Toute la journée, sans répit, les fusiliers poussent à travers le quartier d'habitation qui borde au sud le parc du Tiergarten. En fin d'après-midi, les combats se déroulent en lisière du parc et, contournant la gare, les Russes sont sur la *Potsdamerplatz* : la chancellerie est à 400 mètres.

À la 5e Armée de Choc, le 9e Corps du général Rosly continue son parcours victorieux, un des plus réussis de la bataille. Dès l'aube, la 301e Division (général Antonov) se jette contre un gros morceau, le bloc d'immeubles de la Gestapo (Prinz-Albrecht-Strasse), aux murs de pierres épais de 1,5 m. Des groupes mobiles formés à partir des trois régiments encerclent le quartier puis, sur trois côtés, on fait donner à bout portant plusieurs batteries d'obusiers chenillés de 203 mm. Des dizaines de mitrailleuses montées dans les étages élevés des immeubles alentours arrosent toutes les embrasures découpées dans les fenêtres murées du bâtiment. Aux premières brèches, les bataillons des capitaines Davydov et Nurmagombetov pénètrent dans l'édifice obscur où au PM, à la grenade et au couteau, les fusiliers s'étripent avec les SS et les policiers de la garnison. Il faut quatre heures pour hisser enfin le drapeau rouge sur le toit du bâtiment.

### 30 avril : le drapeau rouge sur le Reichstag

Le 79e Corps avance mètre par mètre vers le Reichstag. À 4 h 00, les 150e et 171e Divisions parviennent aux abords de la *Königsplatz*, après avoir difficilement conquis l'énorme immeuble du ministère de l'intérieur de Prusse. Mais le débouché sur la place se passe mal. Un feu violent provient des ruines de l'opéra Kroll, les balles traçantes déchirent l'air en tout sens. Les fusiliers reculent, laissant des dizaines de tués. À 11 h 30, l'attaque reprend après la traditionnelle préparation d'artillerie qui ne fait que labourer l'immense champ de ruines. Contre-attaque des SS qui laissent à leur tour de nombreux cadavres sur le pavé. À 13 h 00, Pervertkine relance après 30 minutes de barrage. Nouvel échec : cette fois, la tour de FLAK du zoo est entrée dans la danse. Les obus de 12,8 cm éclatent sans répit, transformant la place en champ de mort. Il faut attendre la nuit. À 18 h 00, les fusiliers repartent en avant, protégés par une haie de chars.

Les 200 derniers mètres se font au pas de charge, tandis que les T-34 explosent en tous sens. Une compagnie se présente devant l'entrée principale, murée. Deux mortiers placés à l'horizontale fraient un passage. Les hommes se ruent à l'intérieur où règne une obscurité totale. Tandis que s'engagent de terribles combats à bout portant, deux sergents parviennent à planter le drapeau rouge sur une corniche regardant vers l'arrière du bâtiment. Il est 22 h 50.

Partout ailleurs, on avance, mais la résistance ne faiblit pas. Par exemple, la 5e Armée de Choc prend ce jour-là le ministère de l'Air et celui des finances avec autant de peine qu'il lui en a fallu la veille pour s'emparer de l'immeuble de la Gestapo.

À 15 h 30, Hitler et Eva Braun se suicident. Les régiments de Tchouikov et de Berzarine sont alors à 200 m de la Chancellerie. À minuit, le combat d'infanterie cesse, sauf dans le Reichstag[1] où les 674e et 756e Régiments de la 150e Division continuent une impitoyable lutte en aveugle : les 1 500 défenseurs encore en vie déposeront les armes seulement le 2 mai à 13 h 00. Les Russes commencent à fêter bruyamment le 1er mai. Des groupes de soldats allemands profitent de l'ivresse générale pour tenter de s'enfuir vers l'ouest.

## 1er mai : les négociations de la dernière heure

Le national-socialisme, qui vit ses derniers instants, voit alors une décantation s'opérer selon une ligne de fracture repérable en son sein depuis 1921. Une tendance « droitière », incarnée par Himmler et Goering, a cherché en vain, entre le 20 et le 23 avril, à présenter une offre de capitulation aux seules puissances occidentales. Échec total et désaveu d'Hitler. Le successeur du Führer, le *Reichspräsident* Dönitz, suit la même politique en croyant signer à Reims face aux seuls Anglo-saxons ; mais il lui faudra répéter la signature à Berlin, le 9 mai, face à Joukov. Goebbels, lui, retrouve son inclination « gauchiste » des débuts du mouvement nazi et se souvient que, dans les années 20, il avait plaidé pour une alliance avec l'URSS. Hitler, par testament, l'a fait chancelier du Reich. Goebbels joue la carte inverse de celle de Goering, Himmler et Dönitz. Il envoie Krebs, dernier chef d'état-major de l'OKH et ancien attaché militaire à Moscou, rencontrer Tchouikov pour lui proposer une capitulation séparée. C'est son dernier coup de poker.

---

1. Le mémorial soviétique, bâti non loin après les combats, contient les restes de 2 200 soldats. S'agit-il des pertes des trois régiments engagés au Reichstag (deux à l'intérieur et un à l'extérieur), comme on le lit parfois ? Ces trois unités, fortes d'environ 1 500 hommes chacune à la date du 28 avril, ont dû arriver très éprouvées sur la Königsplatz. En admettant qu'elles aient eu encore 1 000 hommes valides chacune, cela ferait un taux de tués de 73 %. C'est excessif. Il est plus logique de penser que les Soviétiques ont aussi enterré dans le mémorial des soldats venant de la 8e Armée de la Garde, qui se battait à 300 m du Reichstag.

À 03 h 50, le général Krebs arrive au P.C de Tchouikov. Joukov, mis au courant, envoie son chef d'état-major, Sokolovski, mener les conversations et fait réveiller Staline à Kuntsevo. Krebs annonce la mort de Hitler (Staline sera ainsi le premier adversaire du Reich à en être informé, et ce avant Dönitz), communique la liste des ministres du nouveau gouvernement Goebbels et propose l'établissement de pourparlers de paix avec les seuls Soviétiques. Après dix heures de discussions, les Soviets font savoir qu'ils sont prêts à reconnaître Goebbels comme chef du gouvernement mais qu'il ne saurait être question d'une capitulation séparée. Après avoir informé Dönitz de la mort de Hitler (29 heures après l'événement), Goebbels tire la conclusion de son échec : il se suicide avec toute sa famille à 18 h 00, imité par Krebs. Depuis 16 h 30, sur ordre exprès de Staline, les troupes soviétiques sont reparties à l'assaut dans tous les secteurs. La gare de la *Potsdamerstrasse*, l'église du mémorial Kaiser Wilhelm tombent, le zoo est encerclé. Le 9e Corps de la 5e Armée de Choc cerne la chancellerie puis ses trois divisions (301e, 248e et 230e) se fraient un chemin vers le bunker d'Hitler. Dans les jardins, les fusiliers connaissent une dernière frayeur : un assaut d'une immense meute de chiens SS porteurs de mines[1], suivis de vagues hurlantes d'hommes ivres, au bord de la folie ! À la nuit, après avoir nettoyé l'édifice à la grenade antichar et planté le drapeau, les Russes reprennent leurs libations. De nouveaux groupes de soldats allemands tentent leur chance vers l'ouest. La défense étant sur le point de s'effondrer totalement, à 22 h 40, le général Weidling fait savoir par radio à Tchouikov qu'il lui envoie un officier. Celui-ci, le colonel von Dufving, se présente le 2 mai à 1 h 50 au pont de la Bismarckstrasse et annonce aux Soviétiques que son supérieur est prêt à se rendre immédiatement. À ce moment-là, la porte de Brandenburg est exactement le lieu où se croisent les limites des trois Armées qui ont le plus contribué à la bataille : la 3e Armée de Choc (colonel-général Kouznetzov), la 5e Armée de Choc (colonel-général Berzarine) et la 8e Armée de la Garde (colonel-général Tchouikov).

Les derniers combats aériens se déroulent à dix contre un. Sept Fw 190 sont abattus, sans pertes soviétiques. Le capitaine Yachine empoche in extremis ses 25e et 26e victoires.

## 2 mai : la reddition

À 4 h 00, Weidling se présente dans le secteur de la 47e Division de la Garde. Il répond à quelques questions du général Sokolovski envoyé à nouveau par Joukov et s'assoit pour rédiger son dernier ordre :

> « Le 30 avril, le Führer auquel nous avons tous prêté serment d'allégeance nous a abandonnés en se suicidant. Fidèles au Führer, vous, soldats allemands, étiez prêts à continuer la bataille de Berlin, alors même que les munitions s'épuisaient et que la situation générale enlevait tout sens à la prolongation de votre résistance.

1. Détail dans Bokov, *Vesna pobiedyi i osvobojdenia,* trd. all., p. 283.

J'ordonne maintenant que soit mis immédiatement fin à toute résistance. Chaque heure de combat supplémentaire ajoute aux terribles souffrances de la population et des blessés. En accord avec le haut commandement des forces soviétiques, je vous appelle à cesser le combat.

Signé : Weidling, général de l'artillerie, ancien commandant de la zone de défense de Berlin. »

Enregistré, l'appel est diffusé par haut-parleurs dans tous les quartiers de la ville en même temps que le Dr Fritzsche, vice-ministre de la propagande, s'adresse à la radio aux troupes allemandes pour les inciter à se rendre. Prévu pour 13 heures le cessez-le-feu n'est effectif qu'à 17 h 00, heure allemande. Une immense colonne de prisonniers – 134 000, selon les Soviets – prend la direction de l'est.

Le soir, l'ordre du jour de Staline associe dans un même salut les troupes du 1er Front de Biélorussie et celles du 1er Front d'Ukraine. Au nom de la patrie, les « héros » des deux formations reçoivent à égalité le salut de Moscou aux vainqueurs : 24 salves tirées par 324 canons.

## II. Remarques et comparaisons

### Stalingrad, Budapest, Vienne, Berlin : comparaisons

La bataille de Berlin a fait couler de tels flots d'encre, elle a tant focalisé l'attention, qu'il semble nécessaire de la remettre en perspective, en termes militaires et humains, dans l'ensemble de la guerre germano-soviétique. Le tableau ci-dessous résume quelques caractéristiques de sept grandes batailles ou sièges urbains : Leningrad, Stalingrad, Königsberg, Breslau, Budapest, Vienne et Berlin.

Dans ce tableau, la bataille de Berlin n'apparaît remarquable ni par la durée des opérations ni par le nombre des victimes civiles et militaires. Il est étonnant de constater que la prise de Vienne n'a pas, proportionnellement au nombre de jours de bataille, été moins meurtrière pour les deux camps ; elle l'a été bien plus si l'on considère que les forces investies valent seulement un tiers de celles qui attaquent Berlin. Le seul record que détient Berlin est celui du nombre des combattants engagés (90 000 Allemands, environ 400 000 Soviétiques), qui laisse percevoir une grande intensité des combats. Le chiffre des tués civils est cependant grevé d'une grande incertitude, les évaluations allant du simple au quadruple et plus (22 000 à 100 000), sans qu'il soit possible de trancher encore aujourd'hui.

### Fallait-il se battre dans Berlin ?

Pour Guderian, Heinrici, Busse, Wenck et le général Weidling, commandant le LVIe *Panzerkorps*, la réponse est clairement *nein*. Ainsi que Weidling l'exprime avec force au général Krebs, dernier chef de l'OKH :

« Berlin ne peut être défendu que sur l'Oder ! Si cette défense échoue, Berlin doit être déclaré ville ouverte[1] ! »

1. Weidling, *Der Endkampf…*, p. 45.

| | Durée (en jours) | Pertes civiles/militaires | Nb total de combattants |
|---|---|---|---|
| Budapest[a] | 102 | 40 000/120 000 | 135 000 |
| Königsberg[b] | 71 | 25 000/50 000 ? | 190 000 |
| Breslau | 85 | 170 000/13 000 | 100 000 |
| Stalingrad[c] | 163 | 50 000 ?/300 000 | 200 000 |
| Leningrad[d] | 900 | 1 100 000 ?/ 250 000 ? | 500 000 |
| Vienne[e] | 8 | 4 000 ?/37 000 ? | 200 000 |
| Berlin | 11 | 30 000 ?/50 000 ? | 500 000 |

a. Source : Krisztian Ungvary, *Die Schlacht um Budapest*, 1999.
b. Source : Erickson, *The Road to Berlin*, p. 547.
c. Ne sont comptés que les effectifs combattants des 6ᵉ Armée et 4ᵉ Armée Panzer, des 62ᵉ et 64ᵉ (en partie) Armées soviétiques. De même, les pertes ne concernent que ces formations. Si l'on inclut dans les chiffres l'ensemble des personnels impliqués dans l'opération *Uranus*, dans la tentative allemande de dégagement et dans la liquidation de la poche elle-même, on dépasse largement 1,2 million de combattants et 1 million de tués.
d. Source : Harrison Salisbury, *Les 900 jours*, Albin Michel 1970.
e. Sources : *Das deutsche Reich und der Zweite Weltkrieg*, vol. 8 ; Karl Vocelka, *Geschichte Osterreichs*.

Weidling retrouve les mots de Weygand parlant de Paris après la percée allemande sur l'Aisne et la Somme… Berlin ville ouverte aurait eu l'avantage d'épargner la population civile, constituée de femmes et d'enfants aux deux tiers, mais cette option se justifie aussi pleinement pour des raisons militaires : les effectifs, les munitions[1] ne suffisent pas à organiser une résistance prolongée semblable à celle qu'ont offerte les Soviétiques à Stalingrad. Cette résistance n'aurait d'ailleurs aucun sens, puisque, à la différence de la ville sur la Volga, le corps de bataille capable de délivrer la ville encerclée n'existe plus ; toute unité au combat dans Berlin est donc condamnée à la destruction ou à la captivité.

1. Il est difficile de savoir si, oui ou non, les unités allemandes ont manqué de munitions. Les chefs s'en plaignent mais les témoignages n'en font guère état. Il y avait trois dépôts géants, l'un à la *Jungfernheide* près de Siemensstadt, l'autre à Grunewald, le troisième près de Tempelhof. À l'approche des Russes, les deux tiers du premier dépôt furent déménagés vers les deux autres qui seront perdus, respectivement, le 24 et le 25 avril. On ignore s'il a été possible d'en déménager une partie. Le 26, un groupe de Me-109 larguera 10 tonnes de munitions sur le Tiergarten et deux Ju-52 se poseront avec 3 tonnes de munitions antichars. Il faut aussi compter avec les milliers de wagons coincés dans les gares berlinoises dont Goebbels dit (Journal, 14 mars 1945) y avoir trouvé « une quantité énorme d'armements et de munitions ».

C'est Hitler et Goebbels qui décident que Berlin sera défendu, en posant devant Weidling l'égalité : chute de Berlin = fin de la guerre = fin de l'Allemagne. Si l'on analyse les décisions prises dans le *Führerbunker*, on arrive à la conclusion que Hitler a hésité à faire ce choix. Le 18 avril, il y a en tout et pour tout 12 000 policiers, dans la ville, quelques milliers de pompiers, de la FLAK, le Régiment de la Garde *Grossdeutschland* et, surtout, 5 000 Jeunesses Hitlériennes[1] et 30 bataillons du *Volkssturm*, soit environ 20 000 hommes des dernières levées. Or, à la demande de Busse, Hitler accepte de voir partir vers l'Oder, le 18, un bataillon du *Volkssturm*, le 19, dix bataillons (on ne lui en demandait que quatre…) expédiés en bus et taxis, ainsi que toute la FLAK du régiment de la *Grossdeutschland*, le 20, une brigade de chasseurs de chars de la Jeunesse Hitlérienne et encore de la FLAK. Dans son journal, l'adjoint de Goebbels, von Oven, note :

> « Hitler a décidé de renforcer le front de l'Oder. Les dés sont jetés. Si l'ennemi ne peut être stoppé devant Berlin, la capitale du Reich tombera plus ou moins sans combats[2]. »

Il s'en est fallu de peu que Berlin demeure sans garnison. Car Hitler ne prend la décision de se battre dans la ville que le 20 avril, jour de son anniversaire, lorsqu'il déclare qu'il n'ira ni à Berchtesgaden – où tout est prêt pour l'accueillir – ni au nouveau P.C secret construit à la hâte à Jonastal en Thuringe ; le 22, à 19 h 00, lors de la dernière conférence générale, il annonce qu'il prend le commandement direct de la garnison de Berlin. Et c'est in extremis, ce même jour, que Krebs réussit à prendre le contrôle du LVI^e^ *Panzerkorps* qui voulait retraiter vers Busse. Obligé de rentrer dans la capitale, le général Weidling devient, avec ses 20 000 hommes et une quarantaine de chars et canons d'assaut, la colonne vertébrale de la bataille de Berlin.

En revanche, côté soviétique, aucune voix ne s'élève contre la prise de vive force de la capitale. Les mémoires des chefs soviétiques expliquent que la prise de Berlin seule donne un sens aux immenses sacrifices consentis par l'Union soviétique depuis le 22 juin 1941. Cela se discute d'autant moins que Hitler est présent dans la ville. Pour les Soviétiques, comme pour leurs alliés d'ailleurs, l'éradication du national-socialisme, but officiel de la guerre, ne peut être obtenue que par la capture ou la mort du Führer. Le maréchal d'aviation Novikov reçoit des instructions spéciales de Staline de ne laisser sortir aucun appareil de Berlin, au cas où s'y trouverait un chef nazi. Les intercepteurs du général Savistski ne quittent

1. L'image ressassée, et souvent juste, de Jeunesses Hitlériennes défendant avec cran, *Panzerfaust* à l'épaule, ne doit pas masquer la réalité : beaucoup de jeunes, paniqués, lâchent leurs positions aux premiers hurrahs des soldats russes. Par ailleurs, Axmann a toutes les peines du monde à rassembler quelques milliers d'adolescents. L'immense majorité est cachée par leur famille ou vit à l'état sauvage au sein de bandes qui écument les ruines.

2. Cité par P. Gosztony, *Der Kampf um Berlin…*, p. 188.

plus le ciel de toute la bataille ; la nuit, ils sont relayés par des Yaks-9 adaptés à ce type de mission. Quand, le 27 janvier, le général Rudenko, commandant de la 16e Armée aérienne, apprend de ses reconnaissances que les Allemands aménagent une piste sur l'avenue du Tiergarten, il envoie aussitôt huit Pe-2 et huit *Sturmoviks* détruire la surface roulante. La mission sera renouvelée plusieurs fois par jour jusqu'au 2 mai[1].

Les Soviétiques auraient pu se contenter de la solution adoptée par les Allemands à Leningrad : maintenir un blocus serré (total, celui-là, à la différence de Leningrad) et faire bombarder sans trêve par l'aviation et l'artillerie. Il n'est pas évident que la résistance eut été plus longue que les dix-onze jours qu'a duré la bataille. L'Armée rouge se serait épargnée quelques dizaines de milliers de victimes supplémentaires. Mais Staline s'exprime clairement à plusieurs reprises sur le sujet : il veut pouvoir inviter ses Alliés dans une ville CONQUISE par ses troupes. La bataille de Berlin naît donc des volontés conjuguées de Staline et d'Hitler. Il est à cet égard extraordinaire de relever que, le 30 avril en début de soirée, soit quatre heures après l'événement, le maréchal Staline est le seul homme au monde en dehors du *Führerbunker* à savoir qu'Hitler est mort. C'est Goebbels qui lui fait envoyer un message radio[2], alors que Dönitz lui-même, successeur du Führer, n'est pas encore prévenu ! Bien entendu, le ministre de la Propagande du Reich fait ce geste étrange pour accompagner une ultime et dérisoire manœuvre politique : demander un cessez-le-feu aux Soviétiques, préludant à une capitulation entre leurs seules mains.

### Un champ de bataille tout à l'avantage du défenseur

Berlin est, en 1939 la troisième ville d'Europe par sa population, 4,3 millions d'habitants, plus que la Suisse de l'époque. Au moment où arrivent les Russes, environ 2,7 millions de personnes y vivent, dont 381 000 travailleurs étrangers (chiffres[3] de juin 44). Le « Grand Berlin », dans ses limites de 1920, a une surface de 549 kilomètres carrés (5 fois plus que Paris intra-muros), mesure 37 km du nord au sud et 45 km d'est en ouest. La moitié de cette surface consiste en lacs et en espace verts. Sa puissance économique est supérieure à celle de la Belgique, et représente 16,5 % du PNB du Reich, ce qui se traduit par un entassement d'usines de guerre et de quartiers ouvriers (Spandau, Moabit, Siemensstadt...), des dépôts de carburants, de matériels et de munitions, des installations portuaires et ferroviaires d'une superficie considérable, répartis un peu partout. Si Stalingrad comptait environ deux douzaines d'usines de grande et moyenne importance, le Berlin de 1945 en compte cinquante fois plus. Stalingrad abritait 100 km de voies ferrées, Berlin, 4 000 km...

Berlin est sillonné par plus de 220 km de canaux et de rivière (à elle seule, la Spree traverse la ville en diagonale sur 50 km), qui forment les

1. *Voyenno-istoricheskiy zhurnal*, n° 4, avril 1985, p. 16.
2. Weidling, *Der Endkampf...*, p. 171.
3. Chiffres in *Seelower Höhen 1945*, Demps, p. 146-155.

obstacles les plus sérieux à la progression d'une Armée. Cela pose, pour les défenseurs, le problème des 483 ponts recensés. Les militaires veulent les faire sauter en fonction de la situation militaire ; Albert Speer s'y oppose en arguant que les conduites d'eau, de gaz, d'électricité, de téléphone empruntent également ces ouvrages. Finalement, on estime qu'un quart des ponts sera dynamité, le reste barricadé. Côté soviétique, si l'on sait dès avant l'attaque que l'élément liquide est important dans le *Gross Berlin*, on n'en a pas moins été surpris par le quadrillage de lacs, rivières et canaux. Les cartes semblent ne pas avoir reflété la réalité sur ce point[1].

289 attaques aériennes anglo-américaines ont lâché 45 517 tonnes de bombes qui ont détruit 300 000 appartements. Il y a dans la ville des centaines de milliers de mètres cubes de décombres qui offrent de formidables opportunités à la défense, notamment dans le district central (détruit à 78 %) et dans le quartier du Tiergarten (48 %). Dès 1940, avec les premières incursions de la RAF, Hitler donne l'ordre de construire trois énormes tours[2] de FLAK en béton armé, au zoo ainsi que dans les parcs Humboldt et Frédéric. Mais l'on compte aussi une centaine d'autres abris sous un mètre de béton, quasiment indestructibles. Durant toute la guerre, des milliers de caves ont été renforcées par des injections de béton armé, des poutres métalliques et dotées de portes en acier pour en faire des abris antiaériens solides. Plusieurs kilomètres de galeries de métro ont aussi été renforcés. Les troupes allemandes ne manqueront pas de moyens pour se mettre à l'abri du feu d'artillerie.

La quantité d'obstacles augmente à mesure que l'on progresse vers le centre, plus densément construit. Mécaniquement, le rétrécissement du périmètre se traduit aussi par un accroissement de la densité des défenseurs. Sur la maquette qu'il présente à ses généraux le 7 avril, Joukov a fait repérer 400 « objets » (le Reichstag porte le N° 105), dont on peut penser que les Allemands les ont fortifiés : bâtiments publics et gouvernementaux, gares, grands immeubles dominant un quartier ou un bloc, carrefours, ponts, centrale électrique ou de distribution d'eau, grand magasin, etc. L'estimation soviétique n'était pas si loin de la vérité : les soldats devront se battre pour TROIS CENTS de ces « objets » transformés en forteresse !

---

1. Remarque de Gehrard L. Weinberg, in *Soldiers in the City*, Michael Desch, oct. 2001, SSI, p. 23.

2. La tour du zoo est un monstre de béton armé haut de 40 mètres, avec des épaisseurs de béton atteignant deux mètres. Aucune bombe, aucun obus ne peut l'entamer. Le 5e étage abrite la garnison de 100 hommes, qui sert quatre paires de tubes de 12,8 cm guidés par radar, quatre 3,7 cm, quatre pièces quadruples de 2 cm flanquées chacune d'un tube de 2 cm supplémentaire. Le 4e étage abrite un hôpital, le 3e sert de réserve aux trésors évacués des musées berlinois, les étages inférieurs abritant 15 000 personnes et un émetteur de la radio nationale. Autonome en eau, énergie et nourriture, la tour du zoo peut soutenir un siège de plusieurs mois.

Combien Berlin a-t-il de défenseurs ? Le général Reymann estime qu'il dispose au 20 avril, tous types d'unités confondus, de 125 000 hommes. Les sources soviétiques parlent de 300 000 hommes. Le Tissier est plus circonspect : environ 60 000 hommes. Erich Kuby[1] comptabilise 41 253 appelés plus 52 841 hommes disponibles dans un délai de six heures après le déclenchement du plan *Clausewitz*, soit 94 094 défenseurs. Une enquête de l'hebdomadaire *Der Spiegel* réalisée à la fin des années 1960 estime les effectifs à 44 630 soldats, 42 531 membres du *Volkssturm*, 3 532 Jeunes Hitlériens et divers. Au total : 90 693 hommes. Tous ces auteurs sont d'accord pour dire que les 20 000 hommes du LVI^e^ *Panzerkorps* (18^e^ et 20^e^ *PzGrenDiv*, SS-*PzGrenDiv Nordland*, *Müncheberg PzDiv*, 9^e^ Division parachutiste) sont, de loin, le meilleur élément d'un ensemble disparate. C'est cette formation qui, seule, explique que la résistance ait duré 11 jours.

Face à cela, les Soviétiques alignent environ 300 000 combattants de toutes armes. Ce qui donne un rapport de 3 à 3,5 : 1 en faveur de l'assaillant. C'est loin d'être exorbitant. Après leur désastreuse attaque contre Grozny, en 1995, les Russes admettront qu'il faut 6:1 pour espérer l'emporter en zone urbaine sans trop de pertes. Le nombre des fantassins des deux Fronts ne doit pas dépasser 180 000 hommes.

Du côté des matériels, les défenseurs disposent d'environ une centaine de canons de campagne et de plus de 300 tubes de FLAK, dont les trois quarts consistent en 8,8 cm placés à l'horizontale, sans parler des canons des trois tours en béton. Le LVI^e^ *Panzerkorps* amène avec lui environ une centaine de tanks, canons autopropulsés et half-tracks. Les usines continuent de sortir des matériels tant qu'il y a du courant électrique dans la ville (jusqu'au 23). Ainsi, le 20 avril, Hitler fait demander le résultat de la production du jour aux services du général Thomale. La réponse arrive bientôt, très précise. Chez Alkett, 13 *Sturmgeschütze* et un Hummel prêts le 21 avril. Pour le 22, 6 Panthers chez Daimler-Benz et 9 *Jagdpanthers* chez NBA[2].

## L'anarchie du commandement

Les opérations dans et autour de Berlin se ressentent des luttes intestines qui traversent le Troisième Reich et ses forces armées, luttes qui s'exacerbent avec son agonie. Les chefs militaires valsent en fonction des interventions des uns et des autres. Ainsi, la défense de la ville incombe jusqu'au 1^er^ février 1945 à la III^e^ Région militaire (III^e^ Corps de remplacement), elle-même subordonnée à l'Armée de remplacement, c'est-à-dire à Himmler. Le 2 février, Hitler déclare que la capitale est une forteresse (*Festung*), ce qui fait du chef du III^e^ Corps de remplacement, le général Ritter von Hauenschild, le responsable de la zone de défense de Berlin. Hauenschild est remercié et remplacé le 7 mars par le lieutenant-général

1. Erich Kuby, *Les Russes à Berlin*, p. 97.
2. Cité par M. Messerschmidt, *Ende des dritten Reiches...*, p. 250.

Helmuth Reymann (Reifor, chef d'état-major), directement subordonné à Hitler. Si Reymann ne trouve rien d'autre que quelques fossés antichars, ce n'est pas tant dû à un quelconque laxisme de son prédécesseur qu'à la répugnance d'Hitler à envisager la défense de sa capitale. Si bien que Reymann est laissé sans ordres. Mais non sans problèmes à résoudre. Le premier étant celui de ses rapports avec Goebbels, *Gauleiter* de Berlin et Commissaire à la Défense du Reich, qui s'investit de la responsabilité de défendre *sa* ville. Reymann s'épuisera à lutter contre les initiatives – ou la passivité totale – de Goebbels et des innombrables responsables locaux du *Volkssturm*, du parti nazi, du Service du travail du Reich, de la Jeunesse Hitlérienne, etc. Rien n'est décidé concernant l'évacuation de la population civile ; aucune troupe n'est affectée en propre à la défense.

Finalement, Goebbels obtient d'Hitler le renvoi de Reymann, le 22 avril 1945, au moment où s'engage la bataille. Il est remplacé par le colonel Kaether, chef de l'état-major national-socialiste de l'armée, bombardé aussitôt lieutenant-général. Kaether est viré deux jours plus tard, rétrogradé colonel et remplacé par le général Weidling, commandant du LVI^e^ *Panzerkorps* ! Mais Weidling doit laisser la défense du quartier gouvernemental (secteur Z) au *SS-Brigadeführer* Mohnke (avec le *Führerbunker* et la Chancellerie), qui rapporte seulement à Hitler.

Durant la préparation de la défense de la ville, comme durant la bataille, les conflits de compétence sont innombrables.

Du point de vue tactique, si Weidling dirige théoriquement la bataille, en réalité chaque unité est plus ou moins abandonnée à elle-même, dès lors qu'elle n'appartient pas au LVI^e^ Corps. Le téléphone est hors service, il n'y a pas de radios disponibles pour les unités *ad hoc*, celles qui fonctionnent n'ont pas les caractéristiques permettant leur emploi en milieu urbain. Aussi la coordination entre secteurs et unités est-elle faible, la confusion générale. Aucune contre-attaque combinée n'est possible. Chaque groupe se bat pour sa peau. Aussi la tentation de n'en faire qu'à sa tête est-elle grande. Ainsi, le 22 avril, le *Gruppenführer* Ziegler[1] décide-t-il, sans ordres, de replier les pionniers de la Division *Nordland* vers la Havel, pour y préparer l'arrivée et la percée de la division vers l'ouest !

Côté soviétique, le contrôle des unités est aussi un problème, comme l'avoue le général Dragunski :

> « Dans la ville détruite, il y avait tout ou partie de dix Armées combinées ou blindées, un grand nombre de Corps d'artillerie, de chars, de troupes mécanisées, de fusiliers, des centaines de régiments de toutes armes, 6 000 chars et environ 40 000 canons, lance-roquettes et mortiers lourds. Cette monstrueuse concentration d'hommes et de matériels rendait vraiment difficile le contrôle des troupes. Les lignes de séparation entre unités ne pouvaient pas vraiment être respectées et nous n'avions quasiment pas de liberté de mouvement. Ce désordre, l'adversaire aurait pu aisément l'utiliser contre nous. En dépit de tout cela, nous ne voulions retirer aucune unité car il fallait conclure les derniers combats.

1. Il sera relevé de son commandement et remplacé par Krukenberg.

(...) On nous ordonna de retirer la brigade du métro Savignyplatz, parce que les axes de progression et les lignes de séparation avaient encore changé. (...) Le lendemain (28 avril, ndla), le Q.G nous annonça encore un changement de limites entre les Fronts. Notre Corps devait abandonner son secteur et reculer à l'ouest de la gare de Charlottenburg. (...) Mais nos fusiliers et nos tankistes combattaient toujours aux côtés de Lutchinski (commandant la 28e Armée, ndla) dans l'ancien secteur. (...) C'est seulement durant la nuit, alors que les fascistes reprenaient leur souffle, qu'il nous fut possible de réduire le désordre qui sévissait dans nos rangs. Dans mon coin se trouvaient des chars de la 2e Armée de tanks de la Garde de Bogdanov, des gars de la 28e Division de la 28e Armée. Nos chars se trouvaient dans le secteur réservé au 1er Front de Biélorussie et nous cherchions partout nos fusiliers. Seules les brigades d'artillerie et les unités de Corps envoyées en renfort se trouvaient là où elles devaient être. Le lieutenant-colonel Chalunov les tenait bien en mains.

Toute la nuit, les officiers de l'état-major, de la section politique et des services arrière cherchèrent nos unités. C'est seulement au matin que nous avons pu les rassembler et entamer le retrait[1]. »

Pour les Soviétiques, les difficultés d'orientation sont nombreuses. Plusieurs bataillons blindés tombent dans des embuscades, faute de cartes à jour ou par incapacité à identifier tel ou tel tas de ruines. Les compas des chars fonctionnent mal, le champ magnétique étant perturbé par les masses de métaux gisant dans les rues. Mais le pire est sans doute la hâte qui a présidé à la bataille. Contrairement à ce qu'affirment plusieurs mémorialistes (Joukov, Bokov), les hommes n'ont pas reçu de formation au combat urbain. Ceux qui étaient à Stalingrad sont morts, et Tchouikov, qui fut leur chef, n'a jamais connu, depuis le 12 janvier, un instant de répit pour retirer ses unités du front et les préparer à une nouvelle forme de guerre. La hâte aussi explique l'absence de coordination entre Armées combinées et Corps blindés. On voit partout des colonnes de T-34 et de JS-2 avancer sans couverture d'infanterie sur les flancs, sans reconnaissances. Les chars sont maniés comme une artillerie mobile ou comme des béliers alors que, à moitié aveugles, ils ont un besoin vital des yeux de l'infanterie dans le monde à trois dimensions du combat urbain (verticalité forte, horizontalité faible, avec une forte composante souterraine). Même l'action des Corps d'infanterie entre eux semble avoir été mal coordonnée. À la 5e Armée de Choc, le général Rosly, chef du 9e Corps, mène le combat comme il l'entend, une fois seul au sud de la Spree, même s'il rend des comptes à Berzarine[2]. De même, à la 3e Armée de Choc, le 79e Corps paraît avoir mené la course au *Reichstag* de façon relativement autonome. Plusieurs fois, pour avoir été trop en pointe, il a subi de lourdes pertes du fait de tirs de flanquement. Cet émiettement des actions, cette

1. Dragunski, *Godi v Bronie*, trad. all., p. 308-315.

2. À partir du 22 avril, on voit assez peu Berzarine à son P.C. Il se consacre à sa nouvelle et lourde charge de commandant de la garnison de Berlin, en outre responsable du redémarrage de la vie dans les parties de la ville déjà occupées.

autonomisation croissante des unités sont deux traits déjà relevés à Stalingrad par les deux camps.

Pour autant, tout indique que Tchouikov, Berzarine et Kouznetsov ont toujours pu passer leurs ordres aux Corps et ceux-ci aux divisions, grâce à un gros effort en matière de transmissions. Chaque P.C d'Armée est doublé avec tout son équipement de télécom, de façon à permettre au commandant d'être plus mobile et mieux joignable. Ces P.C sont équipés de deux lignes télégraphiques et d'une ligne téléphonique H.F qui les relient directement au Front *et* à l'état-major général à Moscou ; un central permet les switchs vers et entre les Corps, les divisions et les Armées adjacentes. Les P.C de Fronts disposent de trois artères redondantes avec la STAVKA (téléscripteur, radio-téléphone, télégraphe morse). En revanche, sous le niveau divisionnaire, seul le téléphone de campagne fonctionne.

Les incendies, les effondrements d'immeubles, semblent avoir largement perturbé ce bel ensemble, au point qu'il a fallu reprendre tout le câblage en pleine bataille en le faisant passer exclusivement par le réseau des caves et des égouts. Les radios de l'époque, surtout en milieu urbain, souffrent de lourdes interférences et d'une absorption excessive de l'énergie des ondes par les bâtiments. En rehaussant les mâts, en choisissant des endroits dégagés, les équipes de transmission ont maintenu vaille que vaille les liens essentiels mais il semble bien, comme indiqué plus haut, que les groupes d'assaut aient dû compter surtout sur les estafettes et les fusées.

**Les groupes de choc**

À Berlin comme à Stalingrad, la bataille est finalement l'affaire de petits groupes. Tchouikov, qui a sans aucun doute la plus grosse expérience du combat urbain au monde à l'époque, a fait circuler tracts, brochures et consignes à ses unités ; des vétérans de Stalingrad ont tenu des meetings et participé à des séances d'instruction, à la 8$^{e}$ Armée mais aussi à la 5$^{e}$ Choc. Plusieurs témoignages montrent qu'en effet, sur le terrain, et au moins pour les deux Armées combinées citées, les bataillons de fusiliers ont établi des groupes de choc sur ordre du commandant de régiment. Si leur nombre varie en fonction de la nature des objectifs à attaquer, il semble y avoir eu deux à trois groupes de choc par bataillon. Le noyau du groupe est une unité régulière (à la différence de Stalingrad), compagnie ou section, flanquée de deux ou trois tanks ou automoteurs, deux canons antichars, deux canons de l'artillerie divisionnaire, une section du génie de combat, une section mêlant lance-flammes et spécialistes des fumigènes. Environ un tiers des effectifs consiste en soldats du génie, ce qui ne s'était pas vu à Stalingrad où les pionniers étaient une denrée rare. Le chef du groupe d'assaut est usuellement le commandant de la compagnie, son adjoint un officier du génie. Par natures éphémères, ces groupes ont opté pour des organisations fort variables. Cependant, on y reconnaît souvent des structures prenant en charge les quatre fonctions suivantes :

– Un sous-groupe de reconnaissance et de déblaiement. Constitué d'une section du génie, il détecte et démine, cisaille, ponte, abrite (sous des filets de camouflage verticaux), les chemins d'accès vers l'objectif. Avec des charges portatives de 5-10 kg, les hommes du génie ménagent des passages continus entre immeubles (souvent par les caves) en dynamitant les murs.

– Un sous-groupe d'appui-feu (artilleurs et fantassins) repère et occupe les positions pour snipers, armes automatiques, fusils antichars, automoteurs et pièces d'artillerie (45, 76 mm mais aussi 122 et 152 mm, plus du 203 mm chenillé) utilisées en tirs directs. À lui de museler les nids de mitrailleuses, d'empêcher les tireurs au *Panzerfaust* de se mettre en position, etc.

– Un sous-groupe d'assaut mêle infanterie et génie, combine le feu des P-M et des mitrailleuses légères, des lance-flammes (portée 40-60 m), torpilles bangalore, sacoches explosives, charges creuses, ampoules de thermite, bouteilles incendiaires et mines, grenades défensives et antichars, sacs de sable, *Panzerfausts* (récupérés par dizaines de milliers durant l'offensive Vistule-Oder)… C'est lui qui force l'obstacle et le nettoie. Lui sont affectés les hommes les plus expérimentés, les plus robustes, l'épreuve étant terrifiante du point de vue physique et nerveux. On note que certaines sections sont équipées de vestes en acier, de sabres courts et de pelles à manche court, bien aiguisées.

– Un P.C avec les deux officiers responsables, un opérateur radio, des estafettes, des spécialistes des fusées de signalisation, deux ou trois mitrailleurs et éventuellement une section de réserve, plus des brancardiers.

Laissons le colonel Petrov, spécialiste de l'histoire du combat urbain, décrire un assaut type[1] :

> « Pour s'emparer d'un nid de mitrailleuses au bas d'un immeuble, les groupes avançaient avec l'ensemble de la ligne d'infanterie dans la direction de l'objectif. Sous le couvert de l'artillerie, les hommes du sous-groupe d'assaut rampaient, effectuaient des bonds très courts, ou approchaient à l'abri d'un blindé ou couchés sur un travois équipé de plaques de tôle jusqu'à parvenir à 100-150 m de l'objectif. Ils portaient avec eux des torpilles bengalore, des charges creuses, des sacoches explosives et des sacs de sable. Le sous-groupe d'appui-feu déclenchait alors un feu intense sur tous les points de tirs qui flanc-gardaient l'obstacle, puis les troupes chimiques s'employaient à lancer grenades et charges à fort pouvoir fumigène, de façon à encager, devant et sur les côtés, le sous-groupe d'assaut. La section du génie s'efforçait dans le même temps d'établir un passage parmi les décombres. Puis, soudain, le sous-groupe d'assaut se ruait sur la tranchée qui habituellement protégeait l'objectif et la nettoyait à la grenade, la mitraillette et la bayonnette. Simultanément, utilisant les passages déblayés, les tanks et canons automoteurs assommaient le nid de mitrailleuses de coups directs jusqu'à venir se coller devant le museau des mitrailleuses. Le sous-groupe d'assaut s'élançait alors une seconde fois, passait derrière le char, bouchait l'embrasure avec des sacs de sable puis collait ses charges creuses sur le pourtour de l'embrasure. L'intérieur était liquidé à la grenade, au fumigène et au lance-flammes. »

1. B.N. Petrov, *Opérations des groupes de choc dans l'assaut et la capture de lignes fortifiées et de villes*, Voyenno-istoricheskiy Zhurnal N° 2, février 1986, p. 19.

Toujours amateurs de statistiques, les Soviets comptabilisent, au seul 1er Front de Biélorussie, le travail réalisé par les unités du génie durant toute la bataille. Ces hommes, qui ont subi les plus fortes pertes, ont pratiqué 1 500 ouvertures dans les murs et les toits ; ils ont fait sauter 159 points fortifiés, ouvert 1 000 passages à travers les barricades de rues, réalisé 47 coupures des tunnels du métro, saisi intacts et déminé 47 ponts, arrangé 15 passages pour navettes fluviales et 6 ponts flottants, reconstruit 35 ponts détruits. Après la bataille, toutes les unités du génie restent sur place pour rendre la circulation possible dans la capitale où elles localisent et neutralisent 11 000 mines, 4 000 bombes et 600 000 obus piégés. Avant d'accueillir les signataires de l'acte de capitulation finale, à l'école du génie de Karlshorst, la 1re Brigade motorisée du génie de la Garde ausculte entièrement le bâtiment et le trouve lourdement piégé.

### Quatre Armées de tanks dans une ville

Tous les analystes de la bataille ont critiqué non seulement la tactique des formations blindées soviétiques mais leur introduction même sur un champ de bataille urbain. Cette décision de Joukov, à n'en pas douter, a été génératrice de lourdes pertes. Mais, dans les conditions où il était placé, le maréchal pouvait-il faire autrement ?

La situation en avril 1945 est compliquée. Joukov et Koniev doivent encercler la 9e Armée et la détruire dans la Spreewald. Le premier affecte à cette tâche les trois plus faibles de ses Armées combinées, les 69e, 33e et 3e, le second, la 3e Armée de la Garde et le gros de la 28e Armée. En fait d'infanterie, pour prendre Berlin, il reste à Joukov les 47e et 61e Armées, les 3e et 5e Armées de Choc, la 8e Armée de la Garde. La 47e doit aller encercler la ville par l'ouest, au-delà de la ceinture des forêts et des lacs, et marcher sur Brandenburg ; la 61e est indispensable pour garder le flanc nord contre toute tentative venue de la 3e Armée Panzer ou du Groupe Steiner. Il ne reste donc, pour la bataille intra-muros, que les trois meilleures, les 3e et 5e Armées de Choc, la 8e Garde. À la date du 16 avril, elles comptent 180 000 hommes, dont 90 000 fantassins au grand maximum (27 divisions). Après les terribles combats de Seelow – dont elles sont les principales animatrices – il ne doit pas leur rester plus de 50-60 000 piétons. Pour tenir un front d'attaque de 60 km en milieu urbain (à la date du 22 avril), cela fait entre 800 et 1 000 combattants au kilomètre. À Stalingrad, Tchouikov comme Paulus, avaient à leur disposition 2 000 à 3 000 hommes au kilomètre.

Chez Koniev, le problème est encore plus grave. Ses Armées s'étendent sur 200 kilomètres, entre Görlitz et Wittenberge. Elles doivent faire face au sud (Groupe d'Armées Schörner), à l'est (9e Armée), à l'ouest (Armée Wenck) et au nord (Berlin). Pour aider les tankistes de Rybalko, il ne lui reste qu'un Corps de la 28e Armée (à 3 divisions) et, pour soutenir ceux de Leliuchenko, la 350e Division de fusiliers. Soit 12 000 fantassins pour un front urbain de 20 km. Dans le même esprit, Joukov ne peut accorder qu'une division d'infanterie en soutien (la 1re polonaise) à l'Armée blindée de Bogdanov.

Cette situation s'explique en partie par la compétition entre les deux maréchaux. Il eut été plus sage d'affecter la 3e Armée de tanks de la Garde et la 4e Armée de tanks à contrer Schörner et Wenck et libérer trois voire quatre Armées combinées pour mener la bataille de Berlin. Mais, une fois qu'il a lancé ses tankistes vers la capitale, Koniev ne peut plus les faire relever, sous peine de se faire coiffer par Joukov. Situation absurde au possible.

Le problème de Joukov et de Koniev, vu les circonstances imposées par Staline, est donc simple : ils n'ont pas assez d'infanterie. Ce n'est pas nouveau : cette question est, depuis le début de 1944, le premier souci de la STAVKA. C'est pourquoi l'on verra les unités enrôler tous les prisonniers de guerre et travailleurs forcés soviétiques qu'elles trouveront sur leur chemin, dès lors qu'ils sont capables de tenir une arme. Un tankiste de Leliuchenko, le lieutenant Evgueni Bessonov[1], révèle ainsi qu'à la fin des combats son bataillon est formé à 90 % d'anciens prisonniers de guerre ! Un autre tankiste, le colonel Dragunski, expose son problème d'infanterie portée :

> « À la fin du jour, les préparatifs pour forcer le canal (de Teltow, ndla) étaient achevés. Comme nous escomptions de pénibles combats, nous avions réparti les fusiliers entre les compagnies de chars et bâti des groupes d'assaut avec des hommes de l'infanterie motorisée (sur camions, ndla), de la compagnie de commandement, des compagnies de pionniers et de reconnaissance. Ils avaient à chasser l'ennemi de ses cachettes dans les greniers, les maisons et les caves. Chaque char reçut 5 à 6 hommes (au lieu de 20 à 30 habituellement, ndla). Mais il m'apparut clairement que ces mesures seraient toujours insuffisantes. Avant comme après, l'infanterie manquait. Pour les combats de rues, nous avions absolument besoin d'elle. Mais où la trouver ? Je demandai à voir le chef d'état-major et le responsable de la section politique. « Pourquoi n'utiliserions-nous pas comme fusiliers les équipages qui ont perdu leurs chars ? »
>
> Mes camarades approuvèrent et les tankistes ne refusèrent pas. Armés des P.M et des mitrailleuses récupérées sur les épaves, ils rejoignirent les groupes d'assaut. À cela, on ajouta les spécialistes de la maintenance, les secrétaires et les hommes des unités de ravitaillement[2]. »

Joukov et Koniev n'ont donc pas trouvé d'autre solution que d'affecter quatre Armées de tanks aux combats urbains. Les chefs d'unités, à tous les niveaux, dressés depuis deux ans aux grandes chevauchées sur les charodromes d'Ukraine et de Pologne, se sont trouvés perdus. Les règles opératoires des chars en milieu urbain ont pourtant été élaborées par la Direction de l'histoire militaire (Section pour l'exploitation de l'expérience de la guerre) au sein de l'État-major général. L'expérience de Breslau a même été couchée par écrit dans une directive adressée le 11 mars 1945 aux troupes de la 6e Armée qui attaquent la capitale silésienne. Elle reprenait en partie un texte plus général du 20 février 1945 envoyé aux

1. Bessonov, *Tank rider : into the Reich with the Red Army*, Greenhill books, London, 2003, p. 230.
2. Dragunski, *Godi v Bronie*, trad. all., p. 274-275.

forces blindées et mécanisées du 1er Front de Biélorussie, dont voici un extrait :

« Directive pour l'organisation et la conduite du combat dans les villes allemandes.

(…)

Les tanks et les canons autopropulsés seront surtout utilisés au sein de groupes d'assaut (une section d'infanterie renforcée ou une compagnie) et de détachements d'assaut (un bataillon d'infanterie renforcé). On allouera 2-3 tanks ou canons autopropulsés à chaque groupe d'assaut et une compagnie de tanks ou canons autopropulsés à chaque détachement d'assaut.

Les tanks et canons autopropulsés opérant avec un groupe ou un détachement d'assaut doivent avancer AVEC le groupe (ou le détachement), en le soutenant de leur feu depuis une position acquise dans la rue. (…) Il faut prêter une attention particulière aux concentrations d'armes automatiques. La distance entre les tanks et canons autopropulsés avançant le long d'une rue doit être telle que l'on puisse protéger le char de tête des jets de grenades et de cocktails Molotov et de la destruction par *Panzerfaust*. La distance normale doit être de 75-100 m. En aucune circonstance, tanks et canons autopropulsés ne devront avancer pare-chocs contre pare-chocs. Si un char avance sur le côté gauche de la rue en tirant sur les maisons situées à droite, alors tous les autres avanceront par le côté gauche. Toutes les trappes doivent être fermées.

Les immeubles de taille moyenne et les barricades occupés par l'ennemi doivent être détruits par le feu des tanks et canons autopropulsés (76 et 85 mm). Pour les obstacles plus gros, les tanks et canons autopropulsés lourds seront employés (JS-2, JSU-122, JSU-152). Les chars lance-flammes, soutenus par l'artillerie et les tanks, seront employés à nettoyer les points fortifiés de leur garnison.

Dans les combats de rues, l'observation et la reconnaissance soigneuses des objectifs sont d'une importance décisive. À partir de là, les commandants de tous niveaux consacreront TOUS LEURS EFFORTS à réaliser la coopération la plus étroite avec l'infanterie.

Dans l'organisation de cette coopération, la question de l'identification des cibles, celles des positions atteintes par l'infanterie seront soigneusement réglées (par) des moyens tels que des fusées de couleur, des balles traçantes, des estafettes…

Chaque tank et canon autopropulsé doit être renforcé d'un groupe spécial de 4-5 hommes avec des armes semi-automatiques pour protéger en permanence le véhicule des tireurs de *Panzerfausts* et les détruire [1]. »

Tout est dit, ou presque. Mais, sans entraînement interarmes, ces prescriptions ne valent pas grand-chose. Les chefs de Corps en ont-ils même été informés ? En attendant, les fautes tactiques les plus élémentaires sont relevées par tous les participants à la bataille. Il faudra quatre à cinq jours pour que les unités blindées – pas toutes – trouvent le chemin de la coopération avec l'infanterie. En fin de bataille, l'on verra de plus en plus souvent les équipages prendre des mesures anti-*Panzerfausts* : ressorts de

1. A. Hill, *The great patriotic War…*, p. 257-258.

matelas, sacs de sable, pièces de tôle boulonnées, grillages, tous dispositifs destinés à provoquer l'explosion prématurée de la charge creuse. Mais ces mesures sont tardives et partielles.

Les pertes ont été terribles, causées, selon Bokov[1], à 75 % par les *Panzerfausts*[2]. Le colonel-général Krivosheev donne 1 997 chars et canons autopropulsés définitivement perdus par Joukov et Koniev durant l'Opération Berlin (16 avril-8 mai 1945), soit 87 pertes quotidiennes. Des indications soviétiques (voir p. 615) donnent 30 à 40 chenillés éliminés chaque jour dans les rues de Berlin. Soit, si l'on applique le ratio de 3 chars touchés mais réparés pour 1 perte définitive, 120 à 160 engins mis hors de combat toutes les 24 heures – l'équivalent d'un Corps !

L'exemple du 12^e^ Corps de tanks de la Garde est édifiant à cet égard. Son chef, le général Chevtchenko, l'emploie à ouvrir le chemin à la 5^e^ Armée de Choc le 20 et le 21 avril. Puis il le déploie sur un arc de cercle de 7 km entre Ahrensfeld et Hönow, sans attendre l'infanterie de Berzarine, et pousse vers le centre. Les pertes ont dû être si épouvantables ce jour-là que, le lendemain, Berzarine renvoie le Corps sur les arrières de la 3^e^ Armée de Choc (le 11^e^ Corps est appelé à sa place). Puis, de toute la bataille, on entend plus parler des chars de Chevtchenko, lui-même si démoralisé qu'il est remplacé le 26 par le général Salminov et rétrogradé commandant adjoint du 9^e^ Corps blindé de la Garde, décision rarissime à ce stade de la guerre.

Quarante ans après les faits, le colonel-général Potapov, spécialiste des blindés, reconnaîtra enfin officiellement dans un article technique le mauvais usage des tanks dans l'opération Berlin :

> « En analysant l'expérience de l'emploi offensif d'Armées de tanks dans une grande ville, on peut conclure que, même en les renforçant avec des formations d'infanterie, elles souffrent de lourdes pertes et elles sont privées de leurs deux qualités majeures, la manœuvrabilité et l'effet de choc. Un pareil usage ne pouvait à l'époque se justifier que par un seul fait : l'opération sur Berlin était la dernière de la guerre et il fallait prendre la capitale du Reich nazi au plus vite et quel qu'en soit le prix[3]. »

## Rôle massif de l'artillerie et de l'aviation

Avec trop peu d'infanterie et trop d'unités de chars mal adaptées, Joukov compense en faisant donner à fond les trois atouts majeurs dont il dispose : le génie, l'aviation, l'artillerie.

---

1. Bokov, *Vesna pobiedyi i osvobojdenia,* trad. all., p. 280.

2. Le tir au *Panzerfaust* semble avoir été à Berlin une spécialité de la Jeunesse hitlérienne. Leur grand chef, Arthur Axmann, a veillé à les entraîner à cet effet à partir du début mars. Il lèvera un régiment spécial chargé de garder les ponts sur la Havel et une « Brigade Axmann » à bicyclette vue lors des combats de Strausberg.

3. Y.M. Potapov, col. gen., *L'emploi des Armées de tanks dans l'opération Berlin, VIZh,* N° 4, avril 1985, p. 23.

Après le dernier raid de l'*US Air Force,* le matin du 21 avril, le ciel de Berlin appartient à la V.V.S. Raison de plus pour trouver étonnantes les pertes soviétiques (officielles) dans l'Opération Oder-Elbe : 917 avions de combat, à comparer aux 820 soustraits aux effectifs durant *Bagration* et aux 340 pour Vistule-Oder. On ne sait quelle proportion a été perdue au-dessus de Berlin. On serait tenté *a priori* de porter ces pertes au crédit de la FLAK, particulièrement dense sur l'Oder et dans la ville de Berlin. Mais une interview donnée en 1985 par le maréchal de l'aviation Rudenko[1] (ex-patron de la 16e Armée aérienne) rend un autre son de cloche. Rudenko avoue que, du 16 au 23-24 avril, il y a eu de nombreux engagements aériens avec la Luftwaffe, alors que presque tous les historiens soulignent l'inexistence de celle-ci. Ainsi, les 18 et 19 avril, Rudenko doit employer les Corps aériens des généraux Savitskiy et Didnev, plus la division Zimine, pour contrer l'assaut de plusieurs centaines d'appareils à croix gammée. Au cours de 312 engagements, ces 48 heures se soldent par 173 Allemands et 108 Soviétiques au tapis !

Rudenko a toutes les peines du monde à ne pas atteindre ses propres soldats, tant la visibilité est mauvaise : la ville est en flammes, des colonnes de fumée et de cendres montent jusqu'à 2 000 m d'altitude et, souvent, il n'y a pas cent mètres entre les positions des deux camps. Les objectifs, renseignés par les observateurs d'aviation placés auprès des chefs de Corps et d'Armée, sont communiqués par radio aux formations. Deux centres de guidage équipés de radars (un centre Nord auprès de la 5e Armée de Choc, un centre Sud auprès de la 8e Garde) prennent ensuite en charge les appareils. À l'approche de la zone de frappe, des équipes spéciales montées sur les toits amènent les avions au-dessus des cibles grâce à des radios et des fusées de couleur. À mesure que le tissu urbain se densifie et que le front s'émiette, l'aviation soviétique réalisera de moins en moins de missions d'appui au sol ; elle fera juste de la présence en rase-mottes « pour le moral ». Elle se rabattra sur la destruction systématique des usines électriques, des systèmes d'égouts, des canalisations d'eau, des centraux téléphoniques et des dépôts de munitions. Le 25 avril, avec l'opération Salut, 1 500 bombardiers inaugureront (contre les quartiers centraux) le bombardement en tapis, encore inconnu de la V.V.S.

Un chiffre résume la participation de l'artillerie à la victoire soviétique. En cinq ans, les Anglo-Saxons ont jeté 45 517 tonnes de bombes sur la capitale. En dix jours, canons et *katioucha*s en déverseront 40 000 tonnes ! Joukov a, pour son seul usage, 14 500 tubes de tous types. Les Russes ont bien adapté leur artillerie au combat de rues. Ils démontent les rampes de *katiouchas* pour les installer sur les toits d'immeubles, où le champ de tir est plus large, ou directement sur le pavé, pour saper la base d'un édifice. Leur meilleure arme, c'est l'obusier chenillé de 203 mm, qui travaille toujours en équipe avec deux canons légers. Ceux-ci, mis en place à la main en quelques secondes, tirent à cadence rapide plusieurs obus fumigènes sur

1. Rudenko, VIZh, N° 4, avril 1985, p. 15.

l'objectif, ce qui permet l'approche du monstre à 400 m, parfois moins. En un ou deux obus, l'objectif est pulvérisé. Tout au long de la bataille, on relève des concentrations terrifiantes : 500 tubes alignés sur 1 000 m le long d'*Unter der Linden*, le 29 avril. 300 tubes dirigés contre le seul ministère de l'Air pilonnent l'immeuble durant 120 minutes, lui expédiant 4 000 obus ! L'effet est tel que sur 130 prisonniers pris dans les caves, 17 sont devenus fous[1]. Les tubes de DCA, sans emploi aérien, sont aussi commis en masse auprès des groupes d'assaut ; leur cible privilégiée, les étages supérieurs des immeubles dont de nombreuses photos montrent qu'ils sont criblés d'impacts au point de former une sorte de peau d'orange.

**Pourquoi le Reichstag ?**

Voici une petite énigme non résolue. Pourquoi avoir choisi l'objet N° 105, le bâtiment du Reichstag, pour objectif suprême de la bataille et symbole de la victoire ? Et ce, dès août 1943, après la bataille de Koursk ? Politiquement, le choix est pour le moins étrange. Malgré toutes les déconvenues qu'a connues la démocratie dans l'Allemagne des années 1871-1933, c'est malgré tout au Reichstag qu'elle a vécu ses plus belles heures, sous la République de Weimar, qui y a situé son Parlement. S'il s'agissait de désigner un symbole du nazisme, la Chancellerie du Reich ou le bunker du Führer, voire l'immeuble de la gestapo, convenaient mieux. S'il s'agissait de punir les auteurs de l'agression du 22 juin 1941, le siège de l'OKH à Zossen était bien indiqué.

Le fronton du Reichstag s'orne d'une dédicace de Guillaume II, *Dem deutschen Volk* (Au Peuple Allemand), faite au nom de l'Union sacrée en 1916 : les Soviets visaient-ils donc la défaite du peuple allemand comme tel ? Mais c'est contradictoire avec toute leur propagande de l'an 1945 qui sépare les Allemands des nazis.

Peut-on voir dans le choix de Staline une référence à l'incendie criminel du bâtiment (mars 1933), dont les nazis ont accusé les communistes, alors qu'ils en étaient les auteurs ? Aucun texte, à notre connaissance, ne va dans ce sens.

Faut-il discerner dans ce choix la volonté de détruire le symbole de l'unité allemande ? Mais, en 1945, la politique allemande de Staline est loin d'être arrêtée. Il envisage encore toutes les options : démembrement, coupure en deux, en quatre, unification et neutralisation, etc.

Et si, plus simplement, le Reichstag était le seul bâtiment berlinois à pouvoir physiquement incarner la victoire ? Les photos aériennes de l'époque montrent combien il est visible de loin, à la différence de la Chancellerie. Il est isolé au bord de la Spree, à deux pas du quartier gouvernemental. Ses dimensions sont sans équivalent dans l'architecture de la ville : 137 m de long, 103 m de large, 75 m de hauteur. De ce point de vue, il convient bien à la mise en scène de la victoire, imaginée et préparée

1. Cité par Chris Bellamy, *Absolute War,* p. 662.

des mois à l'avance au Kremlin. Il fallait désigner un point dont la prise signifierait sans ambiguïté au monde QUI a terrassé le nazisme, QUI a gagné par le sang la Seconde Guerre mondiale.

Pour être sûr que tous les symboles soient bien visibles, les officiers politiques ont doté chacune des neuf divisions de la 3e Armée de Choc d'un drapeau soviétique spécialement adapté : la faucille et le marteau sont au moins deux fois plus grands qu'en réalité. Les deux sergents « vainqueurs » de la course ont été désignés à l'avance : Mikhail Yegorov et Meliton Kantaryia (150e Division, major-général Chatilov), le choix se portant sur un duo « soviétique », un Russe et un Géorgien. Après la bataille, Joukov recevra 20 revendications de soldats, affirmant avoir été les premiers au Reichstag ! L'affaire durera jusqu'à Boris Yeltsine, en 2005, qui inclut dans le lot des « premiers » un certain Mikhail Minin. Dans l'après-midi du 30 avril, des aviateurs du 115e Régiment de chasse jettent une première banderole rouge de 6 m de large portant l'inscription *Pobieda* (victoire). À 21 h 00, un groupe d'artilleurs mené par le capitaine Makov hissent un drapeau rouge sur la statue de la déesse victoire sur la façade du bâtiment et le font savoir à leurs supérieurs par radio. À 21 h 15, la compagnie du lieutenant Sorokhin les imite. Kantaria et Yegorov n'arrivent qu'à 22 h 50 avec la bannière N° 5, de la 150e Division, escortés par des communistes et des komsomols. Le 2 mai, le photographe de l'agence Tass, Evguenei Khaldei[1], « cherche » le bon symbole pour la victoire, à l'image de celui mis en scène par Joe Rosenthal à Iwo Jima. Il fait un premier essai à l'aéroport de Tempelhof, devant une aigle impériale ; une deuxième sur les célèbres chevaux de la porte de Brandebourg. C'est la troisième scène, sur la façade du Reichstag, qui sera sélectionnée par son rédacteur en chef, Palgounov, et qui fera le tour du monde.

### Les motivations des combattants

Côté allemand, le moteur de la bataille est un mélange détonnant de peur, de haine et de désespoir. Peur d'être pris par les Soviétiques. Peur d'être pendu par les escouades de SS qui continuent les exécutions durant toute la bataille. Haine d'un ennemi qui fait en sorte que l'on entende chaque nuit les cris des femmes violées. La propagande a joué son rôle, bien entendu. La ville est couverte de slogans appelant à la lutte, les journaux, qui paraissent jusqu'au 28 avril, ne sont qu'évocations de ce que serait la vie sous les Soviets. Les rumeurs, plus ou moins manipulées par les services de Goebbels, jouent un rôle de premier plan. Par exemple, ces tracts répandus – comme par erreur – sur la ville et adressés aux combattants de l'Armée Wenck mis en route soi-disant pour délivrer la capitale. De nom-

1. Khaldei racontera des années plus tard qu'il a amené avec lui trois drapeaux cousus hâtivement par un ami moscovite, Israël Kichitser. Mais il semble bien que la bannière qui figure sur *la* photo soit celle de la 150e Division, déménagée pour l'occasion du sommet du bâtiment vers un point inférieur sur la façade et permettant de cadrer la rue en contrebas.

breux témoignages font état de fausses nouvelles qui, le temps d'une journée ou de quelques heures, redonnent du cœur au ventre aux défenseurs. Une mystérieuse arme nouvelle va anéantir les chars soviétiques ! Un Groupe d'Armées arrive par le nord, annonce radio-Hambourg, et un faux reporter commente le défilé des machines flambant neuves ! Un membre de la division *Müncheberg* connait un instant de joie :

> « À 11 h 00, « L » revient du ministère de la Propagande, les yeux brillants, avec une nouvelle fiable provenant directement du Secrétaire d'État Naumann. Il y a eu des négociations avec les Alliés occidentaux. Nous devrons faire des sacrifices mais les Alliés occidentaux ne vont pas rester les bras croisés à regarder les Russes prendre Berlin. Notre moral remonte en flèche. « L » dit qu'il est absolument certain que nous n'aurons pas à combattre pendant plus de 24 heures, 48 heures au maximum[1]. »

Ces bobards sont d'autant mieux crus que Berlin n'a plus de liens avec l'extérieur. Le téléphone est coupé, les émetteurs radios détruits ou occupés. Rares sont les foyers équipés d'un récepteur capable de capter directement radio-Hambourg, par exemple.

Côté soviétique, il faut répondre à la fois à la dissolution de la discipline et à l'affaiblissement naturel de la volonté de prendre des risques à la fin de la guerre, ainsi que le reconnaît le colonel Dragunski :

> « Tous voulaient être de l'assaut contre Berlin. Je les comprenais. Mais l'être humain reste un être humain et je craignais que, chez chacun, la pulsion d'autoconservation ne prenne le dessus. Qui voudrait perdre la vie juste au moment de cette victoire que nous sentions si proche ? Les gars pouvaient éviter les risques et la force offensive ferait défaut. Dans pareille situation, le travail de persuasion ne suffit pas, ce qui devient nécessaire c'est l'exemple personnel du commandant, des communistes et des Komsomols[2].
>
> Dans les terribles années 1941 et 42, ces problèmes n'existaient pas. Dans les combats d'alors, chacun avait peu d'espoir de survivre. On se jetait dans le combat, on pensait à la victoire, alors même qu'on n'était pas persuadé de la voir. Combien de fois ai-je vu des combattants aller à une mort certaine pour un petit bout de terre ? C'est de ces petits succès minuscules qu'a dépendu le succès de la patrie prise dans l'étau mortel du fascisme.
>
> À cette époque couraient parmi les soldats du front ces mots : on ne peut mourir deux fois et personne n'échappe à la première. Il y avait du vrai là-dedans. En dépit du courage personnel et de la haine de l'ennemi, ces mots disaient le doute de pouvoir survivre à cette guerre. »

Tchouikov dit la même chose :

> « Au cours de la préparation de l'assaut final contre le Tiergarten, notre attention se porta principalement sur la meilleure répartition possible des communistes et des komsomols (parmi les unités). (...)
>
> Il nous fallait répondre à cette question qui n'était pas simple : l'élan combatif de la troupe s'était-il dissipé ? Le dernier combat promettait d'être sauvage et sanglant. Tous le comprenaient bien, des officiers au dernier des

1. Cité par Le Tissier, *The Battle of Berlin*, p. 130.
2. Dragunski, *Godi v Bronie*, trad. all., p. 275.

soldats. Mais, dans le combat de rues, le commandant de régiment pas plus que le commandant de division ne peut voir les dispositions de la troupe comme il le fait en espace libre. Ici, pas de tranchées, pas de hauteurs d'où l'on peut observer. Les soldats s'abritent dans les caves, derrière les murs des arrière-cours, dans des rues closes, derrière des ruines. Qui nous garantit qu'au signal régiments et bataillons se lèveront pour attaquer ?

Il y avait, il y a et il y aura une garantie ! Les officiers, les communistes, les komsomols et leur exemple personnel[1]. »

Une des réponses – classique – des directions de Fronts et d'Armées tient en effet dans le renforcement du rôle du Parti communiste. Une puissante campagne de recrutement est lancée à partir de mars 1945. Au seul 1er Front de Biélorussie, elle enregistre 17 000 demandes d'adhésion, dont 2 000 en un seul jour, le 15 avril, veille de l'assaut. Joukov met le poids de son autorité dans ce qui apparaît comme une tentative pour élargir le noyau fiable de chaque unité[2]. Dans chaque compagnie, on parvient ainsi à disposer d'un groupe de 8 à 20 membres du parti ou stagiaires. Ces hommes pensent déjà à l'après-guerre ; ils reconnaissent par là que le régime a fait la preuve de sa solidité et ils préparent leur retour à la vie civile dans les meilleures conditions. Devenir communiste, c'est aussi la certitude qu'en cas de malheur, la famille sera informée puis aidée par l'État.

De nombreux témoignages font état de scènes massives d'ébriété parmi les unités de l'avant et de l'arrière, durant toute la bataille. Les soldats ont saisi d'énormes quantités d'alcool dans les distilleries et chez les particuliers. L'alcool calme l'angoisse d'une mort stupide, si près de la fin, et excite l'impatience des hommes à entrer dans une ville mythifiée à force d'être haïe. Pour un certain nombre, nul doute que la promesse d'un pillage géant fait office d'aiguillon. Les viols ont continué mais les meurtres ont semblé, durant la bataille, bien moins nombreux qu'en Prusse ou en Poméranie. Est-ce l'effet de la reprise en main demandée par Staline ? Ou bien la chute brutale du niveau de violence, de peur et de haine à l'issue de la dernière bataille ?

## Comment juger la performance des Soviétiques ?

L'Opération Berlin a coûté officiellement à Joukov 37 610 tués et disparus, 27 580 à Koniev et 13 070 à Rokossovski. Rapporté au nombre de

---

1. Tchouikov, *The Fall of Berlin*, p. 199.
2. Le général Beloborodov, commandant la 43e Armée, donne un exemple précis à propos des 2e et 3e Fronts de Biélorussie. Dans un article publié par le *Voyenno-Istoritcheskiy Zhurnal* (décembre 1984, p. 10), il donne au 1er janvier 1945, 668 000 communistes et komsomols pour un total de 1 669 000 hommes, soit 40 %. Cette proportion très élevée suffit à démonter l'argument parfois invoqué par les Soviétiques pour expliquer les relâchements de la discipline : le sous-encadrement idéologique !! En d'autres termes, les communistes ont certainement violé et pillé à peu près autant que leurs camarades non encartés, même s'il est vrai que les commissaires politiques ont, selon de multiples témoignages d'origine allemande, en général donné le bon exemple.

combattants de chacun des trois Fronts, c'est Koniev qui a le pourcentage de pertes le plus élevé. En termes de pertes quotidiennes (tués, disparus, blessés, malades), l'opération, avec 15 325, est une des plus sanglantes de la guerre, surpassée seulement par les carnages de l'an 41 et la retraite vers le Don de juillet 1942. Les pertes allemandes ne sont pas connues avec précision mais elles sont sans nul doute bien supérieures, dans le temps et l'espace considérés, à celles de l'Armée rouge. Erickson place à un demi-million le nombre de tués, militaires des deux camps et civils, pour l'ensemble de l'opération.

Rappelons que l'Opération Berlin ne concerne pas que la bataille de Berlin : elle couvre toute la zone entre Oder et Elbe, du 16 avril au 8 mai 1945. Y est donc incluse la bataille pour les hauteurs de Seelow. Nous ne disposons pas de chiffres permettant de situer les pertes soviétiques dans Berlin même, en dehors des comptages dans les cimetières de la ville dont Pierre Rocolle a écrit qu'ils avouent 13 000 tués[1]. Ce nombre n'est pas absurde si on le met en face des 65 190 tués des 1^er^ Fronts de Biélorussie et d'Ukraine donnés par Krivosheev pour toute l'opération Oder-Elbe. Mais ce dernier chiffre est-il fiable ? Faut-il plutôt croire le colonel-général Gorbatov, commandant la 3^e^ Armée, qui a parlé de 200 000 tués, soit trois fois l'estimation officielle[2] ? Il est aujourd'hui encore impossible de trancher en l'état actuel des sources et le témoignage du seul Gorbatov, même s'il instille le doute, ne peut suffire à invalider le travail de recherche du colonel Krivochéev jugé convaincant par nombre de spécialistes de l'Armée rouge, dont David Glantz.

**Les pertes soviétiques, Allemagne et Pologne, 1945**

| **Opérations** | | **Vistule-Oder** | **Prusse Orientale** | **Poméranie Prusse-Occid.** | **Berlin** | **Totaux** |
|---|---|---|---|---|---|---|
| Personnel | Effectifs | 2 203 600 | 1 669 100 | 996 100 | 2 062 100 | |
| | Pertes définitives | 43 476 | 126 464 | 55 315 | 81 116 | 306 371 |
| | Pertes totales | 194 191 | 584 778 | 234 360 | 361 367 | 1 374 696 |
| | Pertes/jour d'opération | 8 443 | 9 803 | 4 427 | 15 702 | |
| Equipements | Tanks et canons autoprop. | 1 267 | 3 525 | 1 027 | 1 997 | 7 816 |
| | Avions | 343 | 1 450 | 1 073 | 917 | 3 783 |

*Source* Krivosheev, *Soviet casualties and combat losses*, p. 152-158, 263

1. Pierre Rocolle, *Le sac de Berlin*, p. 178.
2. Cité par Kurt Arlt, *Die rote Armee vor Berlin*, in *Niederlage-Sieg-Neubeginn, Eine gemeinsame Konferenz des Landkreises Märkisch-Oderland…*, p. 35.

Trois cent mille combattants soviétiques conquièrent en dix jours, au prix de 13 000 tués, une métropole géante défendue par 90 000 hommes : quel jugement porter sur cette performance ? David Glantz[1] juge positivement le résultat des Soviétiques. Les leçons de Stalingrad n'ont pas, d'après lui, été perdues, et Tchouikov a sans doute été le principal passeur de ce point de vue. La synergie infanterie-artillerie-génie a bien fonctionné, permettant la prise d'assaut de 300 blocs d'immeubles en moins d'une semaine, performance dont Paulus est resté loin à Stalingrad. Glantz, mais aussi l'historien russe Rzheshevsky[2], estiment par ailleurs que la mise en concurrence entre Joukov et Koniev a donné son tempo à la bataille et qu'elle a finalement accéléré le succès soviétique.

D'autres auteurs ne partagent pas ce point de vue. Hamilton juge déplorable l'emploi des Corps blindés. Mais, pour formuler ce jugement, sur quels chiffres s'appuyer ? Les Soviétiques reconnaissent franchement 727 chars perdus par le 1^er^ Front de Biélorussie durant la bataille de rupture entre le 16 et le 19 avril. Mais, si l'Armée de Katoukov se compte 406 engins mis hors de combat (sur 706) du 16 avril au 2 mai, elle ne reconnaît « que » 104 pertes dans les rues de Berlin, dont une moitié définitive[3]. Ce qui, à supposer des pertes équivalentes dans les autres formations, donnerait environ 300 à 400 véhicules définitivement détruits en dix jours. Ce n'est pas si monstrueux qu'Hamilton le suggère sur la foi de témoignages de combattants allemands, qu'on ne peut s'empêcher de trouver « gonflés ». Par ailleurs, l'auteur américain considère excessif et finalement contre-productif l'emploi de l'artillerie, qui crée plus d'obstacles qu'elle n'en lève. Mais pourquoi les Soviétiques, qui manquent terriblement d'infanterie, se seraient-ils passés de leur arme principale ? D'ailleurs, à l'exception des *katiouchas*, la moitié des explosifs a été utilisée en tirs directs, ce qui est de bonne pratique en milieu urbain. L'absence de coordination entre les Armées russes semble aussi à Hamilton un point très faible de la prestation soviétique. Il est vrai que Joukov est peu intervenu, laissant chaque Armée avancer pour elle-même. Mais il a tout de même constamment veillé, à l'exception du cas de la 8^e^ Armée, à éviter les tirs amis.

Si l'on se tourne vers d'autres batailles urbaines, on voit que les comparaisons sont difficiles à établir. Les Américains comptent, par exemple, 1 000 tués en 19 jours de combat pour prendre Aix-la-Chapelle (progression moyenne quotidienne : 200 m). C'est beaucoup de sang et surtout beaucoup de temps pour une ville 40 fois plus petite que Berlin. Plus significative sans doute est la performance de Paulus qui laisse environ 5 000 tués entre le 13 septembre et le 18 novembre 1942 dans la conquête de 80 % de la ville de Stalingrad. Au moment où se livre la bataille de Berlin, les troupes américaines débarquent à Okinawa. L'affaire leur

1. D. Glantz, *When Titans clashed*.
2. O. A. Rzheshevsky, *The Race for Berlin*, The Journal of Slavic Military Studies, 1995, N° 3, p. 578.
3. Id. Note 20, p. 374.

coûtera 8 000 tués pour l'*US Army* et le Corps des *Marines*, face à 100 000 Japonais, du 1er avril au 23 juin. Le gros de la bataille s'est livré sur un territoire deux fois plus grand que celui du *Gross Berlin*, mais lui aussi truffé de cachettes et défendu farouchement. Ces derniers chiffres sont moins au désavantage de Koniev et de Joukov. Mais ils désignent aussi le principal facteur létal du côté soviétique : la hâte d'en finir à n'importe quel prix. La 6e Armée de Paulus avance de 5 000 mètres en 65 jours (77 m/jour), les sept divisions américaines du général Buckner de 16 000 m en 60 jours (266 m/jour), les Soviétiques de 20 000 m en 10 jours (2 000 m/jour)… Quel que soit le jugement porté, il semble impossible de refuser une chose à l'Armée rouge : aucune autre armée au monde n'aurait pu, à résistance égale de l'adversaire, réaliser ce qu'elle a réalisé à Berlin.

# ÉPILOGUE :
# LA SECONDE MORT DE LA WEHRMACHT

La fin de la Seconde Guerre mondiale en Europe possède une caractéristique rare dans l'histoire militaire : elle ne survient qu'avec l'anéantissement complet d'un des protagonistes. Point de négociations, pas de demande d'armistice, rien que la bataille, jusqu'au suicide du chef forcé dans sa tanière. La volonté d'Hitler – et non pas l'exigence anglo-saxonne d'*Inconditional Surrender* – est la cause de cette prolongation inutile (en gros, d'août 44 à mai 45) qui a entraîné la mort de 5 à 6 millions d'Européens[1]. D'Hitler seul ? Non. Pas plus qu'il n'est seul à déclencher l'attaque contre la Pologne ou contre l'Union soviétique, il n'est seul à exhorter son peuple au suicide. Quarante ans de recherche historique aboutissent à un constat simple mais qui a bien du mal à entrer dans les esprits : les chefs de la Wehrmacht sont coresponsables. Leur faillite morale et professionnelle est complète. Ils sacrifient en 1944-1945 des millions d'Allemands non pas pour respecter leur serment au Führer – leurs devanciers de 1918, encore plus fortement liés au Kaiser, ont démontré que ce prétexte est ridicule – mais pour prolonger la vie d'un régime qui les a comblés, dont ils partagent la vision du monde et la responsabilité de crimes massifs. La Wehrmacht est aussi nazie que l'Armée rouge est communiste. Aveuglés par un complexe de supériorité délirant, les chefs de la Wehrmacht se sont montrés incapables de protéger leur peuple, incapables de mettre fin à la guerre, comme ils se sont montrés incapables de rivaliser avec la pensée stratégico-opérative des Soviétiques. Leur échec

1. Soit environ 2 millions de civils allemands fuyant l'Armée rouge ou déportés vers l'est (ce chiffre est en cours de révision à la baisse parmi les auteurs allemands), 1,7 million de combattants de la Wehrmacht, 100 000 victimes allemandes des bombardements anglo-américains, au moins 1 million de déportés raciaux et politiques, 500 000 soldats alliés.

est sans appel, leur responsabilité entière et pas une des excuses qu'ils avanceront par la suite ne soutient l'analyse.

Du point de vue militaire, l'Armée rouge, atteint en 1945 un haut degré d'efficacité. Les pertes infligées à la *Ostheer* sont proprement terrifiantes (1,5 million de tués entre juin 44 et mai 45, selon Rüdiger Overmans, et 4 millions de blessés) et, finalement, plus que la résistance allemande, c'est la défaillance de la logistique, l'affaiblissement de la discipline et les caprices de la météo qui empêchent Joukov de jeter à bas le Troisième Reich dès le mois de février. Les maux traditionnels de la *Ostheer* n'ont fait qu'accélérer sa déroute : carence du renseignement, myopie opérative et stratégique, sous-estimation chronique de l'adversaire, concurrence entre services… Quel que soit le rapport des forces, l'opération Vistule-Oder fait figure d'énorme succès : 300 à 600 km de progression en trois semaines et en plein hiver. Peu d'armées l'ont fait. La résistance de Busse sur les hauteurs de Seelow n'a pas plus d'importance que celle des Armées de Weygand, sur la Somme et l'Aisne, en juin 1940. Dans les secteurs d'attaque, les unités françaises ont, elles aussi, lutté à 5 contre 1 pour l'infanterie, 7 contre 1 pour l'aviation et 8 contre 1 pour les blindés. Sur l'Oder comme sur le canal de l'Ailette, le résultat est le même : l'adversaire perd 48 heures, rien de plus. De même, la prise de la métropole berlinoise en dix jours ne peut être considérée autrement que comme une affaire rondement menée.

L'ampleur de la performance militaire des Soviétiques sera saluée comme il se doit par les contemporains. Puis, en quelques années, elle devient l'objet d'un déni complet. C'est le résultat d'un tour de passe-passe historique opéré dans l'après-guerre par certains anciens chefs de l'armée allemande. Les mêmes réussissent à s'exonérer de la coresponsabilité de la catastrophe allemande, de la mort de six millions de Juifs et d'environ 20 autres millions de civils européens, soviétiques à 80 %. L'ampleur de ce double escamotage, militaire et politico-moral, est un des faits marquants de l'après-guerre. Du point de vue de l'histoire militaire et des jugements qu'elle sous-tend, ses conséquences se font toujours sentir.

Relevons d'abord qu'en matière de falsification, cette armée n'en est pas à son coup d'essai. En 1918, déjà, en compagnie des partis de droite, elle invente, pour réaffirmer l'invincibilité des armes teutonnes, la « légende du coup de poignard dans le dos » : l'arrière, travaillé par le défaitisme et le bolchévisme, aurait trahi le front « héroïque ». En 1945, il est difficile de nier la réalité d'une défaite militaire totale, et aucun mouvement révolutionnaire n'est venu, à quelque moment que ce soit, gêner les opérations ou saper le moral des combattants. Néanmoins, va se mettre en place une « mystique de la Wehrmacht », destinée à sauver la virilité et l'orgueil national après une catastrophe sans pareille. Cette mystique ne peut s'installer qu'en rabaissant les capacités militaires de l'adversaire principal, l'Armée rouge. L'étonnant est que les anciens ennemis occidentaux du Reich aient avalé cet énorme hameçon qui, par ricochet, a faussé leur perception du conflit et celle de leur propre capacité militaire.

Rien, en 1945 et 1946, lorsque se tient le tribunal de Nuremberg, ne laisse supposer un tel retournement. Keitel et Jodl sont pendus. Robert H. Jackson, le premier procureur américain, entend mettre en accusation « l'état-major général » (OKW + OKH) comme principal centre responsable de la guerre et des crimes massifs qui l'ont marquée. D'importantes enquêtes sont lancées qui aboutiront, en 1947, au procès de 19 maréchaux et généraux, parmi lesquels List, Rendulic, Speidel, Lanz, Leeb, Küchler, Hoth, Reinhardt, Hollidt, Warlimont. Trois ans plus tard, le décor a entièrement changé. La guerre froide a fait des anciens alliés soviétiques des ennemis du camp occidental et des anciens ennemis allemands des alliés, amis et clients. Les crimes de guerre nazis sont oubliés, les généraux emprisonnés relâchés les uns après les autres, y compris les pires SS, tel Martin Sandberger, commandant du *Einsatzgruppe* 1a. Ce retournement d'alliance spectaculaire s'accompagne d'une réhabilitation morale de la Wehrmacht et d'une réécriture radicale de l'histoire du conflit germano-soviétique. L'homme qui initie cette réécriture et pose les conditions de cette réhabilitation s'appelle Franz Halder.

Le colonel-général Halder est chef de l'état-major général de l'armée de Terre (OKH) entre 1938 et septembre 1942. Hitler le congédie pour divergences de vues puis le fait interner dans divers camps de concentration après le complot du 20 juillet 1944, où il n'est pour rien. Pour autant, Halder n'est pas le technicien naïf qu'il se plaît à décrire à ses geôliers américains. Il est au contraire au tout premier rang des hommes qui ont préparé l'attaque contre l'Union soviétique, devancé les souhaits du Führer et balayé les objections. Il a obligeamment relayé auprès de ses collègues les intentions exterminatrices d'Hitler et endossé sans ciller le décret « Barbarossa » qui exonère de poursuites les soldats allemands violant les lois de la guerre. En 1948, il s'apprête à rendre compte de ses agissements devant la cour de justice de Munich lorsque les Américains volent à son secours. En échange d'un arrêt des poursuites, Halder prend la tête d'un groupe d'officiers de la *Ostheer* dorénavant employés par la Division historique de l'armée des États-Unis. Les Américains donnent mission à l'ancien chef d'état-major de l'OKH de récolter le maximum d'informations sur cette Armée rouge qu'ils ne connaissent pas, son équipement, ses méthodes et doctrines, son système d'encadrement militaire et idéologique, ses habitudes de combat. De 1948 à 1961, à Königstein puis à Karlsruhe, Halder fait rédiger 2 500 manuscrits par 700 anciens officiers supérieurs de la *Ostheer*, véritable synthèse des connaissances alors disponibles sur l'Armée soviétique.

Halder fait passer dans son travail un certain nombre d'assertions qui vont rapidement former le socle d'opinions communes des cadres américains et britanniques sur l'armée soviétique.

1. La *Ostheer* a échoué en Russie, par ordre d'importance, du fait du dilettantisme d'Hitler, des rigueurs du climat, de la masse inépuisable d'hommes lancés au feu par les Soviets, des livraisons de matériels américains.

2. Du point de vue opérationnel, dans la guerre mobile particulièrement, mais aussi en défense, la *Ostheer* a constamment dominé son adversaire. Doctrine, encadrement, matériel, professionnalisme et esprit de sacrifice de la troupe, se sont hissés à un niveau tel que la fraction de la Wehrmacht qui s'est battue à l'est peut être considérée comme la meilleure armée de toutes les histoires.

3. Le Russe est un combattant inférieur dans la guerre moderne du fait même de ses caractéristiques biologiques et psychologiques. Ses chefs disposent d'un savoir faire expéditif, limité et stéréotypé, se montrent timorés dans l'offensive, peu capables d'appliquer à la bataille le concept interarmes. Le style du commandement est rigide, sans imagination, purement coercitif.

Pendant 20 ans, Halder, grâce à une prodigieuse activité de lobbying, va injecter ses idées à l'armée des États-Unis, puis à celles de l'OTAN, en premier lieu à la jeune *Bundeswehr*. La glorification de la Wehrmacht bénéficie du scandale provoqué par la parution du livre *Men against Fire* en 1947. Son auteur, S.L.A Marschall, Brigadier-général devenu chroniqueur militaire, y affirme, sur la foi de centaines d'interviews menés auprès de vétérans, que, durant les combats de 1944-45, seul un quart des G.I auraient utilisé leur arme. Le contraste ne peut être plus violent avec les affirmations de Halder, selon qui la *Kampfkraft* – la capacité de combat – de l'infanterie et des blindés de la *Ostheer* serait restée intacte jusqu'à la dernière heure. On sait aujourd'hui, après analyse des carnets de Marschall, que sa méthode manquait de la rigueur la plus élémentaire. Quant à l'affirmation de Halder, elle faisait silence sur le rôle croissant de la répression militaire à partir de juillet 1944, les nombreux signes de dissolution apparus après le déclenchement de l'offensive soviétique sur la Vistule et l'importance de « l'effet Nemmersdorf ».

Mais les années 50 ne sont pas à l'analyse critique. Halder poursuit son travail de persuasion en prononçant d'innombrables discours, en diffusant ses manuscrits dans les académies militaires aux États-Unis, en Grande-Bretagne, en République fédérale, en recyclant les anciens de la *Ostheer* en conférenciers sur les bases américaines. Il est nommé membre associé de l'Institut naval des États-Unis et reçoit la plus haute distinction conférable à un étranger, le *Meritorious Civilian Service Award* (1961). Son influence est telle qu'il est commissionné en 1952 pour critiquer le *Field Manual* 100-5, événement inouï avant comme après. Son action est relayée par les mémoires de Guderian (parus en 1952) puis par ceux de Manstein (traduction anglaise en 1958), immenses succès de librairie qui font des deux hommes les icônes de la supériorité militaire germanique et des parangons de morale. Avec l'aide de ces deux poids lourds, le slogan préféré de Halder se mue en dogme indiscutable : sans Hitler, la *Ostheer* aurait battu l'Armée rouge. Plus discrète mais non moins efficace est l'action de Reinhardt Gehlen, ex-patron du FHO, et d'Adolf Heusinger, ancien chef des Opérations de l'OKH, tous deux à la tête des services secrets ouest-allemands.

Des historiens et théoriciens influents et respectés comme le Britannique Liddell Hart[1], mais aussi le général Matthew Ridgeway et Eisenhower lui-même, se font les relais de Halder auprès des spécialistes militaires et de l'encadrement. Arrêtons-nous un instant sur le couple Liddell Hart Guderian, magnifique exemple de manœuvre dans la guerre des idées.

La *Blitzkrieg* est une recette tactique, largement dérivée de la reflexion menée en 14-18 sur l'infiltration et le groupe d'assaut autonome. Elle n'est en aucun cas une doctrine articulée et aucun général allemand ne l'a jamais définie. À la demande de Liddell Hart, Guderian s'y essaie en 1949 mais n'accouche que d'un inventaire non raisonné de caractéristiques disparates. Avec les victoires retentissantes de 1939-1941, et avec l'assentiment des vaincus, la *Blitzkrieg* devient un mythe, sans que personne ne sache réellement ce qu'elle recouvre. L'analyse de la correspondance entre Liddell Hart et Guderian (1947-1950) montre de façon irréfutable que les deux hommes ont passé un marché tacite. Liddell Hart s'est attribué l'invention du mot *Blitzkrieg* (*Lightning war*) et en a couvert ses propres idées sur la guerre mobile. Il a expressément demandé à Guderian de le citer comme sa source d'inspiration théorique (avec J.F.C Fuller) dans les années trente. Par retour de service, Liddell Hart a placé Guderian (et Manstein) au Panthéon des praticiens de la *Blitzkrieg* et renforcé la nature quasi magique du concept. Il a légitimé le récit fantaisiste de Guderian sur la genèse de la *Panzerwaffe*. Heinz le rapide se campe en effet dans ses mémoires en innovateur solitaire face à la clique réactionnaire du grand État-major, Ludwig Beck en tête. S'il reconnaît à Liddell Hart une influence qui n'a jamais existé, il escamote les énormes efforts de modernisation de la *Reichswehr*, ceux de Beck et de la Direction des troupes motorisées après 1933. Surtout, il évacue complètement l'intense coopération militaire menée secrètement entre l'Armée rouge et la *Reichswehr*, de 1922 à 1933. Il ne s'agit pas seulement de prêts de matériels et de manœuvres communes, mais bel et bien d'emprunts germaniques aux reflexions opératives menées par les Soviétiques. L'ouvrage de M.J Kurtzinski, *Tactique des unités rapides*[2], traduit et publié en Allemagne en 1935, a peut-être été un des relais de cette influence doctrinale, influence devenue taboue dans l'après-guerre. Ce chapitre de l'histoire militaire reste entièrement à écrire.

Véhiculée par Halder, Liddell Hart, Guderian et Manstein, l'influence germanique sur l'*US Army* devient si forte que son haut commandement tente de s'inspirer directement du concept de « défense mobile », cher à Manstein, pour préparer ses troupes à un assaut soviétique (*Field-Manual*

---

1. B.H Liddell Hart, *On the other side of the Hill* (titre américain *The german Generals talk*), 1948.
2. M.J. Kurtzinski, *Taktik schneller Verbände. Russische Ansichten über die Verwendung motorisierter und mechanisierte Einheiten*, Ludwig Boggenreiter Verlag (Gebundene Ausgabe - 1. Januar 1935).

17-100 de 1949). La tentative fait long feu. La médiocre prestation de l'armée de Terre en Corée renforce le complexe américain et alourdit encore les références à la Wehrmacht. La quasi-dissolution des unités combattantes durant la guerre du Vietnam amène de même les chefs du Pentagone à tenter d'acclimater chez les cadres l'*Auftragtaktik* et à insuffler à la troupe la solidarité des « groupes primaires » de combattants découverts au sein des unités de la *Heer* par les sociologues Shils et Janowitz (*Field Manual* 100-5 de 1982). En mai 1980 encore, on verra deux vieillards, les généraux Balck et von Mellenthin, promenés comme des reliques d'états-majors en états-majors par le général William DePuy, patron du *Training and Doctrine Command* (TRADOC). Pour suivre Simon Naveh, en mettant ses pas dans ceux de la Wehrmacht, l'*U.S Army* se retrouve avec une « doctrine tactique incohérente et étroitement technique[1] », tandis que son savoir-faire opérationnel (la manœuvre des grandes unités) atteint le point zéro.

Cette hypervalorisation de la *Ostheer* et la dépréciation de l'Armée rouge qui lui est connexe percolent dans les années 1960 jusqu'au grand public. Les maisons d'éditions américaines traduisent et publient à tour de bras les souvenirs d'anciens *Ostkämpfers* et assimilés comme Rudel, Paul Carrel, Alexander Stahlberg, Hans von Luck, Günter Koschorrek[2]... Tous font vibrer le public par l'évocation romantique des super combattants de l'est, professionnels impeccables, héros désintéressés d'une cause perdue. Dans les années 1970-1980, la vogue des *wargames* ira dans le même sens. Depuis 1995, des centaines de sites Internet perpétuent le mythe de la *Ostheer* (pour ne rien dire de celui de la *Waffen-SS*), magnifient sa performance et minorent toujours celle de l'Armée rouge. Malgré les ouvrages savants de John Erickson, dans les années 1970, qui restituent le point de vue soviétique, les armées de l'OTAN reprennent à leur compte le jugement des anciens de la *Ostheer* : l'art soviétique de la guerre est brutal, dépourvu de finesse et d'imagination. Bref, il est tout sauf un art. Il est proprement extraordinaire de constater que les mémoires des généraux rouges, qui paraissent à partir de 1960, sont ENTIÈREMENT rejetés comme pure propagande, alors que les écrits de Manstein ou de Guderian sont pris pour paroles d'Évangiles. De ce point de vue, la Guerre froide est une étonnante période d'aveuglement.

Si l'on considère l'opération Vistule-Oder, on n'y trouvera pas, en effet, de solutions tactiques élégantes, à la Hoth ou à la Guderian, mis à part l'opération d'encerclement différé de la région industrielle de Haute-Silésie. Ce n'est pas parce que les chefs soviétiques en sont incapables, mais parce que, dans l'art opératif, les demandes essentielles sont celles de la surprise (elle-même née de ces deux éminentes spécialités russes

1. S. Naveh, *In Pursuit of Military excellence*, p. 251.

2. Hans-Ulrich Rudel, *Pilote de Stuka* ; Paul Carrel, *Barbarossa* et *Opération Terre brûlée* ; Alexander Stahlberg, *Bounden Duty. The Memoirs of a german Officer* ; Hans von Luck, *Panzer Commander* ; Günter Koschorrek, *Blood Red Snow*.

*Maskirovka* et *Razvedka*), du choc et de la vitesse. Or, surprise et vitesse ne sont guère compatibles avec des entrechats compliqués. Le choix des Soviets est clair et cohérent : la guerre se gagne par accumulation de victoires opératives, pas par accumulation de succès tactiques. Une opération peut réussir malgré des revers tactiques, en revanche un échec opératif peut se révéler irrattrapable. Inutile, donc, d'épuiser sa force en arabesques à la Manstein, il faut trancher dans la profondeur et se concentrer sur l'objectif préalablement défini comme point nodal du système adverse. Dès la fin 1942, la compétence et la flexibilité opératives des Armées et des Front soviétiques font plus que compenser l'excellence tactique germanique. Malgré l'intelligence d'un Manstein, d'un Hoth ou d'un Nehring, malgré une technologie à la pointe, la *Ostheer* ne peut plus que reculer pour différer l'anéantissement.

Si des hommes ont pensé la guerre moderne, ce sont bien ceux qui ont enseigné et étudié dans les écoles de Moscou et de Kazan. L'effort de réflexion doctrinale, l'analyse et la diffusion massives de l'expérience accumulée sont le fait de l'Armée rouge, pas de la Wehrmacht. La nature de la guerre moderne, malgré les errances et les décisions absurdes d'un Staline – bien plus graves que celles d'Hitler – est réellement comprise par les Frounzé, Toukhatchevski, Isserson, Triandafillov, puis par leurs disciples praticiens, Joukov, Koniev, Rokossovski, Vassilevski, Bagramian, Antonov, Chtemenko, Chapochnikov, Eremenko, Tcherniakhovski, Vatoutine…

Après une éclipse due au développement massif des armes nucléaires, l'art opératif soviétique connaît une seconde floraison à partir de 1973. On recommence à publier, critiquer, amender les ouvrages classiques des années trente. L'armée de Brejnev se dote de moyens de communication modernes, de troupes parachutées et héliportées, de formations d'infanterie mécanisées à 100 %, qui lui assurent vraiment la conduite de la bataille en profondeur. La *mobilnost*, recherchée avidement en 1945 mais jamais vraiment atteinte, est enfin là. Quand l'armée des États-Unis se trouve confrontée, dans les années 70, à la perspective d'un retour des grandes opérations blindées sur le théâtre Centre-Europe, elle mesure l'infériorité tragique des forces de l'OTAN. Elle se réfugie pour un temps derrière son gros bâton nucléaire puis se tourne, mais sans plus y croire, vers les vieilles recettes rassemblées par Halder trente ans plus tôt. En réalité, le ver est dans le fruit et le mépris hérité de la *Ostheer* n'est plus de mise. Dix ans d'une réflexion intense amènent à renouveler la doctrine, ou, plutôt, à doter les forces armées de leur première véritable doctrine opérative. Sans complexes, on va la chercher là où elle est, chez son inventeur, l'ennemi communiste. Les années 1980 sont marquées par l'entrée triomphale des œuvres majeures soviétiques, traduites sous les auspices du *Soviet Army Studies Office* de Fort Leavenworth (Kansas), avant tout *The Nature of Operations of Modern Armies* de Triandafillov. Le *Field Manual* de 1986 (dit de l'*Airland Battle*) intègre enfin l'approche systémique au champ des opérations à grande échelle. Avec voracité, les cerveaux du TRADOC se jettent sur Vistule-Oder, sur *Bagration*, sur l'offensive de Mandchourie, et en découvrent la puissante architecture théorique. De même, c'est vers cette expérience soviétique que se tournera l'armée britannique lorsqu'elle aura, en janvier 1991, à affronter le problème, pour elle nouveau, de briser les défenses fixes des Irakiens. Selon Christopher Duffy, *senior lecturer* à l'Académie militaire royale de Sandhurst :

> « Dans la réalité du combat (24-28 février), la 1re Division blindée britannique se comporta comme une Armée de tanks ou un Corps blindé soviétique en 1945, exploitant à travers le trou ouvert dans les défenses (irakiennes) par la 1re Division américaine d'infanterie mécanisée[1]. »

La formidable erreur de jugement provoquée par les manipulations de Halder est enfin corrigée. Après quarante années de visions caricaturales, qui ont laissé des traces profondes dans le grand public. Mais dans les armées américaine et britannique, au moins, la Wehrmacht est morte une seconde fois.

1. Duffy, *Red Storm…*, p. 301.

# BIBLIOGRAPHIE

Les ouvrages et articles ci-dessous énumérés représentent une partie des sources secondaires utilisées par l'auteur.

– **Ahlfen**, Generalmajor Hans von, *Der Kampf um Schlesien, 1944-1945*, Motorbuch Verlag, Stuttgart, 1963. Bourré de morgue et de parti-pris, sans parler d'un mépris des Russes qui touche au ridicule, cet ouvrage d'un des acteurs des combats (Ahlfen a commandé la *Festung* Breslau) demeure cependant indispensable à qui veut comprendre les dures batailles livrées par Koniev en Silésie. Cartes, détails techniques, ordres de bataille minutieux, dizaines d'interviews de vétérans allemands, aujourd'hui tous disparus, font la valeur de ce travail maintenant ancien mais non dépassé.

– **Antipenko**, N.A., lieutenant-général, *In der Hauptrichtung*, Militärverlag der DDR, Berlin, 1973. Un livre rare par son sujet : l'organisation et le fonctionnement concret des services arrière de l'Armée rouge. Antipenko était responsable des arrières du 1<sup>er</sup> Front de Biélorussie. Il raconte le travail inouï fourni par les 250 000 hommes chargés de nourrir, armer, transporter, habiller, soigner… les combattants, à travers toute la Grande Guerre patriotique.

– **Armstrong**, Richard N., *Red Army Legacies. Essays on forces, capabilities and personalities*, Schiffer, 1995. Le colonel Armstrong, ancien du renseignement américain, est un des meilleurs spécialistes des forces blindées soviétiques et un bon connaisseur de l'art opératif. Cet ouvrage regroupe onze essais sur différentes facettes de l'Armée rouge : parachutistes, utilisation des Corps blindés, méthodes de renseignement, etc.

– **Arnhold**, Paul, *Der gnadenlose Weg, von der Weichsel nach Breslau, 12 Januar-15 Februar 1945*, blic+bild Verlag, 1966. Ce livre de souvenirs du chef des pionniers du LVI<sup>e</sup> *Panzerkorps* vaut surtout pour les 60 premières pages qui offrent un bon témoignage sur l'assaut soviétique du 14 janvier et sur la désagrégation de la 9$^{e}$ Armée. La suite raconte l'anabase d'un petit groupe de soldats allemands – parmi lesquels, l'auteur – qui marchent 500 km à pied, de la tête de pont de Baranov à Breslau. On s'effraie de l'intensité de la peur, du mépris et de la haine que se portent les combattants des deux camps. Aucun geste chevaleresque ou généreux, pas la moindre pitié, décidément, la guerre germano-soviétique n'a pas été un conflit comme un autre.

– ***1986, Art of War Symposium. From the Vistula to the Oder : soviet offensive Operations. October 1944-March 1945***, Center for Land Warfare US Army War College, 19-23 may 1986. La transcription des actes de ce colloque international organisé par l'*US Army* vaut surtout pour trois choses : la collection de cartes des progressions quotidiennes des Armées soviétiques durant l'opération Vistule-Oder ; les témoignages de vétérans soviétiques et allemands ; les diagrammes de marche des brigades et Corps blindés soviétiques. À ces divers titres, aucune étude sérieuse des dernières offensives soviétiques ne saurait se dispenser de ces 700 pages.

– **Babadjanian**, A.C., maréchal des troupes blindées, *Hauptstosskraft*, 1985, Berlin, Militärverlag der DDR. Les mémoires de guerre du commandant du 11$^{e}$ Corps blindé de la Garde (1$^{re}$ Armée de tanks de la Garde). Pour notre sujet, est intéressante la partie racontant la longue chevauchée du Corps à travers la Pologne, sa participation à la conquête de la Poméranie et à celle de Gdynia-Dantzig. Décevant sur la bataille de l'Oder et Berlin, où l'auteur a dû se sentir… en terrain miné.

– **Bagramian**, Maréchal de l'Union soviétique, I.Ch., *So schritten wir zum Sieg,* Militärverlag der D.D.R, 1984. 1$^{re}$ édition, en russe, Moscou, 1977. Les mémoires de guerre de Bagramian traduits par les éditions de la *Volksarmee* de la RDA. Peu utilisés, ces mémoires sont parmi les plus intéressants et les mieux écrits que nous ont laissés les grands chefs de l'Armée rouge. Au-delà de la rhétorique communiste, Bagramian s'y montre plutôt honnête quant aux faits et ses analyses témoignent de réelles qualités de penseur militaire.

– **Barnett**, Correlli, (Sous la direction de), *Hitler's generals*, 1989, Weidenfeld and Nicholson, London. Cet ouvrage réalisé par quelques-uns des meilleurs connaisseurs de la Wehrmacht (Ziemke, Görlitz, Kenneth Macksey, Klaus-Jürgen Müller) rassemble de très bonnes notices biographiques sur 26 des généraux qui ont servi le Troisième Reich. L'ensemble est passionnant et atterrant. Comment est-il possible de trouver si peu de conscience morale et de sens des responsabilités politiques au milieu d'une telle profusion de talents militaires ?

– **Bellamy**, Chris, *Absolute War, Soviet Russia in the Second World War*, Pan Books, London, 2007. Le dernier ouvrage général, à ce jour, sur le conflit germano-soviétique, dû au directeur du *Security Studies Institute* de l'Université de Cranfield et élève de John Erickson. Seules les 70 dernières pages touchent le sujet du présent ouvrage.

– **Bergström**, Christer, *Bagration to Berlin. The final air battles in the East : 1944-1945.* Classic Publications, 2008. Un des rares ouvrages documentés sur les deux dernières années de la guerre aérienne à l'est. Le Suédois Bergström s'impose comme le spécialiste de la question. Remarquables photographies.

– **Bokov**, FJ, lieutenant-général, *Viesna pobiedy i osvobojdenia*, trad. all. *Frühjahr des Sieges und der Befreiung*, Berlin, Militärverlag der DDR, 1979. Membre du Conseil militaire (= commissaire politique) de la 5e Armée de Choc, Bokov livre des mémoires intéressants pour qui veut comprendre l'importance, et l'omniprésence, de l'encadrement politique dans l'Armée rouge. Ses récits de l'Opération Vistule-Oder et, surtout, de la bataille de l'*Oderbruch* sont intéressants. Peu fiable sur les dates.

– **Chtemenko**, S.M., général, *The soviet general Staff at war, 1941/1945*, 2001, University Press of the Pacific, Honolulu, Hawaï. Ces mémoires du chef des opérations de l'état-major général sont précieux à partir de mai 1943, date de sa nomination aux côtés d'Antonov. Non pas que Chtemenko soit un esprit critique, bien loin de là. Il est avant tout un communiste orthodoxe, un carriériste qui ne veut pas faire de vagues et un technicien peu porté à regarder ailleurs que sur ses cartes. Mais il livre quantité d'informations de première main sur l'organisation du travail de l'état-major, ainsi que sur certaines réunions clés dont il a été témoin au Kremlin.

– **Dieckert**, major, et **Grossmann**, général, *Der Kampf um Ostpreussen*, Gräfe und Unzer Verlag München, 1965. Si les ouvrages soviétiques sont difficiles à lire à cause de l'idéologie communiste qui s'y étale, celui-ci leur fait une âpre concurrence. Il est un plaidoyer pour la vaillante et digne Wehrmacht, la meilleure armée du monde en butte à la bêtise nazie d'une part, à la bestialité soviétique d'autre part. L'Armée rouge est caricaturée à l'extrême : une masse fanatisée, dénuée de savoir-faire militaire, ne comptant que sur le nombre et les fournitures américaines... Si on le prend avec des pincettes, l'ouvrage reste cependant intéressant du point de vue des intentions allemandes, des mouvements d'unités, des pertes, de la chronologie des combats.

– **Dragunski**, David Abramovitch, *Godi v Bronie,* Moscou, traduction allemande *Jahre im Panzer*, Militärverlag der DDR, Berlin 1980. Les souvenirs de guerre du chef de la 55e Brigade blindée de Garde (3e Armée de tanks de la Garde). Passe trop vite sur l'année 1945 mais des notations intéressantes sur Koniev, Rybalko et quelques épisodes de l'opération Vistule-Oder. D'une mauvaise foi accablante sont les passages sur le comportement de l'Armée rouge envers les civils allemands.

– **Duffy**, Christopher, *Red storm on the Reich, The soviet march on Germany, 1945*, 1993, Da Capo Press. Un très bon ouvrage, synthétique et enlevé, sur l'opération Vistule-Oder, écrit par un *Senior lecturer* à l'Académie militaire royale de Sandhurst. Le dernier chapitre a fait scandale. Il rend en effet un hommage appuyé aux chefs de la *Ostheer* et reprend ni plus ni moins la thèse de Goebbels selon laquelle la Wehrmacht menait, à l'est, une « guerre juste » face à la barbarie de l'Armée rouge. En fin d'ouvrages, 100 pages d'appendices techniques intéressants.

– **Führling**, Günter G., *Endkampf an der Oderfront. Erinnerung an Halbe*, Langen Müller, 10e édition 2004. Les souvenirs (critiques) d'un jeune aspirant de la Division *Döberitz* qui a vu de près l'enfer de Halbe.

– **Galitsky**, Général K., *Fighting for a city (based on experiences during the Red Army's assault on the city and fortress of Königsberg, 6-9 april 1945)*. Paru dans *Voennyi vestnik*, octobre 1945, traduit du russe par D. Glantz. Article technique assez aride écrit par le commandant de la 11e Armée de la Garde. Bonne description des défenses de Königsberg. Analyse fouillée de l'effort d'adaptation à la guerre urbaine réalisé par les Armées de Bagramian.

– **Gavin**, James M., *On to Berlin, Battles of an Airborn Commander 1943-1946*, The Viking Press, New York, 1978. Les soixantes dernières pages de ce livre de souvenirs du commandant de la 82e Airborn offrent une des meilleures synthèses sur la question compliquée de Berlin. Dans l'analyse de l'abandon de la ville comme objectif militaire, Gavin appuie beaucoup sur le rejet de Montgomery par tout l'establishment militaire américain ainsi que sur la carence totale du Département d'État.

– **Gehlen**, Reinhard, *L'organisation Gehlen, Mémoires*, éditions Fayard et Presses de la Cité, 1972. Ces mémoires du chef du service « armées étrangères de l'Est » (FHO) à l'OKH sont malheureusement tronqués dans l'édition britannique établie par David Irving, et traduite en français. Le report à l'édition allemande originale s'impose si l'on veut connaître, entre autres, les techniques employées par Gehlen, qui lui vaudront après guerre la protection intéressée des États-Unis.

– **Gellermann**, Günther W., *Die Armee Wenck-Hitlers letzte Hoffnung*, Bernard&Graefe, 3e édition, Bonn, 1997. Rassemble brièvement les documents essentiels (et peu nombreux) concernant les 30 jours qu'a duré la vie de la 12e Armée.

– **Glantz**, David M., **House**, Jonathan, *When Titans clashed. How the Red Army stopped Hitler*, Birlinn Limited, 2 000. Le plus synthétique des livres du duo Glantz-House. Très utile pour placer les batailles de l'an 45 en perspective dans l'ensemble du conflit germano-soviétique.

– **Glantz**, David, *Red Army officers speak*. Polycopié communiqué par l'auteur, s.d. Une collection d'interviews d'officiers soviétiques vétérans de la Grande Guerre patriotique. Réalisés au milieu des années 1980, ces entretiens sont de qualité inégale. Les erreurs de dates, de lieux, d'unités, sont nombreuses. Aux souvenirs proprement dits se mêlent des considérations manifestement tirées des souvenirs des grands chefs soviétiques, Koniev et Joukov. Malgré ces défauts, Glantz a réalisé là un véritable sauvetage de mémoire. Des trente interviewés, aucun n'est encore de ce monde.

– **Glantz**, David M, *Colossus reborn, The Red Army at war, 1941-1943*, University Press of Kansas, 2005. Déclasse tous les travaux antérieurs sur la reconstruction des forces armées soviétiques après les désastres de 1941.

– **Glantz**, David, *Soviet military deception in the Second World War*, Frank Cass, 1989. La bible pour qui veut comprendre les techniques de *maskirovka* et connaître, dans le détail, les opérations qui ont le mieux fonctionné. De nombreuses cartes mettent en vis-à-vis les positions réelles des formations soviétiques et ce qu'en perçoit le FHO du général Gehlen. Après la lecture des 630 pages, l'on ne peut qu'être convaincu de la supériorité absolue des Soviets dans ce domaine clé de l'art de la guerre.

– **Glantz**, David, *What if? On to Berlin : the allied Advance on Hitler's lair, april 1945*, 2006, sans éditeur. Une uchronie – peu courante chez Glantz. Scénario : le 12e Groupe d'Armées de Bradley lance une attaque vers Berlin le 16 avril…

– **Goebbels**, Joseph, *Journal 1943-1945*, Tallandier, 2005. Malheureusement, cette édition française, fort tronquée, ne couvre guère l'année 1945 (à peine 10 % du volume). Il faut donc, pour profiter de cet ouvrage majeur, se tourner vers les éditions complètes en langues anglaise et allemande (29 volumes !).

– **Gosztony**, Peter, *Der Kampf um Berlin in Augenzeugenberichten*, Karl Rauch Verlag, 1970, Düsseldorf. Cet historien suisse a recueilli de nombreux témoignages et lu tout ce qui, à son époque, avait paru sur la bataille de Berlin. Malgré son âge, cet ouvrage demeure une perle.

– **Guderian**, général Heinz, *Panzer leader*, Da Capo Press, 2002. Incontournable pour comprendre l'action du dernier patron de l'OKH. Fourmille de détails sur les réunions tenues avec Hitler entre janvier et mars 1945. Mais à considérer avec un maximum de distance critique. Guderian est un des premiers responsables des clichés, mensonges et erreurs qui encombrent l'histoire du conflit germano-soviétique.

– **Gunter** Georg, *Letzter Lorbeer*, Oberschlesischer Heimatverlag Dülmen, 6e édition 1986. Né à Ratibor, l'auteur est un historien « régionaliste », spécialiste de la Silésie. On trouve dans son ouvrage de très nombreux témoignages de combattants sur les batailles peu connues qui se succèdent entre janvier et mai 1945 en Silésie.

– **Hamilton**, Stephan, *Bloody Streets, The soviet assault on Berlin, April 1945*, Helion & Company Ltd, West Midlands, 2008. L'auteur, ancien officier de renseignement de l'*US Army* et historien, livre un ouvrage très documenté sur le détail des combats devant et dans Berlin. Ce travail de Bénédictin – qui doit beaucoup aux dossiers de Cornelius Ryan – est gâché par le refrain lancinant sur la supériorité de la Wehrmacht et par une myopie évidente. Car enfin, dans l'*Oderbruch*, malgré ses bévues, Joukov ne perd que 48 heures ! En aucun cas, ce revers tactique ne permet de minorer la performance soviétique globale. De même, si l'Armée rouge laisse beaucoup de ferrailles dans les rues de Berlin, peut-on sérieusement affirmer que prendre la capitale du Reich en dix jours est une bien piètre performance ? À noter dans cet ouvrage une magnifique collection de photos.

– **Joukov**, Maréchal G., *Mémoires, tome 2, de Stalingrad à Berlin, 1942-1946,* Les Grandes études contemporaines, Fayard, 1970. Incontournables, les mémoires de Joukov ont eu un destin éditorial difficile. Au cours de dix éditions successives, le texte a subi des altérations parfois importantes. Le lecteur français devra se contenter de cette version parfaitement orthodoxe.

– **Kempowski**, Walter, *Das Echolot, Fuga Furiosa, Ein kollektives Tagebuch*, btb-Verlag, 2004. Ce collage de milliers de témoignages des deux camps est un tour de force et un chef-d'œuvre. Au lecteur germaniste, il offre un véritable voyage dans le temps, une immersion dans l'enfer de l'hiver 1945, grâce à une multitude de points de vue : chefs nazis, *Landsers*, *Frontoviki*, déportés, civils en fuite, gens de lettres, adolescents et vieillards, communistes allemands, etc.

– **Kipp**, Dr. Jacob W., *Mass, Mobility and the Red Army's Road to Operational Art, 1918-1936*, Foreign Military Studies Office, Fort Leavenworth, Kansas, 1988. Un article remarquable sur la genèse de l'art opératif soviétique et ses principaux animateurs.

– **Koniev**, Maréchal Ivan, *God Pobedy*, Moscou 1966, trad. all, *Das Jahr 1945*, Berlin-Est, 1969. Indispensable par la masse d'informations données mais, comme toujours, à manier avec des pincettes. Communiste et stalinien pur jus, Koniev n'en est pas moins un des plus remarquables chefs militaires de toute la Seconde Guerre mondiale. À la différence de Joukov, il a réalisé un parcours sans faute durant la dernière année. Ce qu'il met un malin plaisir à relever…

– **Kunz**, Andreas, *Wehrmacht und Niederlage, Die bewaffnete Macht in der Endphase der nationalsozialistischen Herrschaft 1944 bis 1945*, Schriftenreihe des Militärgeschichtlichen Forschungamtes, R. Oldenburg Verlag, München, 2007. La plus récente des études sur la fin de la guerre en Allemagne. Malgré le manque de sources, l'auteur analyse finement les modifications internes du régime nazi, ses rapports avec la force armée et, surtout, la désintégration progressive des structures et du moral des forces de la Wehrmacht. Kunz s'évertue à détruire le mythe de la « Wehrmacht qui s'est battue magnifiquement jusqu'au bout » et montre l'ampleur de la répression qui s'abat sur la troupe à partir de l'été 44.

– **Künzel** Werner, Lakowski, Richard (sous la direction de), *Niederlage-Sieg-Neubeginn. Frühjahr 1945*, Eine gemeinsame Konferenz des Landkreises Märkisch-Oderland und der Brandenburgischen Landeszentrale für politische Bildung, Seelow, 31.1.2005. Texte d'une conférence donnée par d'éminents spécialistes allemands de la fin du conflit, à l'occasion du 60e anniversaire des combats devant Berlin.

– **Lakowski**, *Seelow 1945, Die Entscheidungsschlacht an der Oder*, Brandenburgisches Verlaghaus, 5e édition, 2005. Un guide touristique sur la bataille de Seelow par le meilleur spécialiste. Ordres de bataille, cartes, photos des paysages, sont précieux.

– **Lasch**, Général, *So fiel Königsberg*, Gräfe und Unzer Verlag, München, 3e édition, 1961. Un petit ouvrage qui est un plaidoyer *pro domo* du commandant de la place de Königsberg. Utile pour les témoignages de combattants, les cartes, les ordres de bataille.

– **Le Tissier**, Tony, *Marshal Joukov at the Oder*, Sutton Publishing, 2008. LE spécialiste anglo-saxon de la bataille de Berlin. Gouverneur britannique de la prison alliée de Spandau, Le Tissier a passé 20 ans à étudier dans le détail les combats d'avril 1945. Il a eu accès à de nombreux mémoires de témoins et d'acteurs allemands non publiés, et déclassifiés après la chute du mur. En revanche, la partie soviétique s'appuie sur les documents publiés dans les années 1960-1980 par les éditions militaires de la RDA, mais dont beaucoup étaient déjà disponibles en Occident.

– **Le Tissier**, Tony, *With our Backs to Berlin, The german Army in retreat 1945*, Sutton Publishing, 2005. Une collection de douze témoignages de combattants allemands recueillis ou retrouvés par le grand spécialiste de la bataille sur l'Oder.

– **Le Tissier**, Tony, *Slaughter at Halbe, The destruction of Hitler's 9th Army*, Sutton Publishing, 2005. Synthèse complète et agréable à lire des travaux savants (notamment ceux de Lakowski et Stich) consacrés à l'agonie de la 9e Armée. Mais le point fort de l'ouvrage demeure les remarquables témoignages de survivants que Le Tissier a patiemment rassemblés durant vingt ans.

– **Le Tissier**, Tony, *The Battle of Berlin*, Tempus Publishing, Stroud, 2007. La première édition de cet ouvrage date de 1997. C'est, en 200 pages, la meilleure synthèse actuelle en langue anglaise.

– **Litvine**, Nikolai, *800 days on the eastern front*, University Press of Kansas, 2007. Depuis quelques années, des éditeurs spécialisés américains sortent des traductions de mémoires de simples soldats de l'Armée rouge. Ils sont presque tous intéressants. Celui-ci donne des informations sur les opérations du 2e Front de Biélorussie en Prusse-Occidentale et en Poméranie. Litvine est arrêté en 1946 et condamné à quatre ans de camp en Extrême-Orient pour possession d'un pistolet allemand ! Mais, comme 99 % des anciens de la Grande Guerre patriotique, le soldat Litvine n'arrive pas à dire la vérité sur les crimes de l'Armée rouge.

– **Macksey**, Kenneth, *Why the Germans lose at war*, Greenhill Books, London, 1996. Un petit livre alerte et roboratif, écrit par le biographe de Guderian et Kesselring. En suivant l'histoire du Grand état-major prussien depuis Scharnhorst jusqu'à Guderian, Macksey essaie de cerner les défaillances morales et intellectuelles les plus profondes du commandement prusso-allemand dans les deux guerres mondiales.

– **Macksey**, Kenneth, *Guderian, Panzer General*, Greenhill Books, London, nouvelle édition augmentée 2003. Une des meilleures biographies du dernier vrai patron de l'OKH par un historien de grand talent qui a eu accès à des documents familiaux inédits.

– **Mawdsley**, Evan, *Thunder in the East*, Hodder Arnold, London, 2007 (1re édition en 2005). Professeur d'histoire internationale à l'Université de Glasgow, l'auteur est le meilleur spécialiste britannique de l'histoire russe. Le récit des opérations manque de chair mais tous les problèmes historiques sont posés d'une façon claire et souvent nouvelle.

– **Magenheimer**, Heinz, *Abwehrschlacht an der Weichsel 1945*, Verlag Rombach Freiburg, 1986. L'ouvrage de référence sur la défense allemande le long de la Vistule, écrit par un historien autrichien de renom.

L'étude se place du point de vue allemand et analyse particulièrement les données fournies par le FHO de Reinhard Gehlen au Groupe d'Armées A. Excellent O.B. Bonne analyse de la situation stratégique du Reich.

– **Martin**, Bernd, *Die deutsche Kapitulation : Versuch einer Bilanz des Zweiten Weltkrieges*. Tirage spécial de l'Université Albert-Ludwigs de Fribourg, d'après un texte de 1995. Remarquable synthèse sur les derniers jours du Reich. Martin, l'un des meilleurs spécialistes allemands du conflit, ouvre des aperçus lointains sur les suites de la double capitulation des 7 et 9 mai 1945.

– **Merridale**, Catherine, *Ivan's War, Life and Death in the Red Army, 1939-1945*, Picador, New York, 2007. Le portrait poignant et sans concessions des *Frontoviki*, dressé à partir de 200 interviews recueillies dans la région de Koursk à la fin des années 1990. Un livre unique en son genre.

– **Messerschmidt**, Manfred, *Die Wehrmacht : Vom Realitätsverlust zum Selbstbetrug, in Ende des dritten Reiches – Ende des zweiten Weltkrieges. Eine perspektive Rückschau*, Piper, München-Zürich, 1995. Une analyse de l'incapacité des généraux allemands à arrêter le cours désastreux de la guerre.

– **Naveh**, Shimon, *In pursuit of military Excellence*, Frank Cass, London-New York, 2004 (1re publication en 1997). *Lecturer* au département d'histoire à l'Université de Tel Aviv, Naveh, qui est aussi *Senior Fellow* du *Cummings Center for Russian and East European Studies,* est un des plus fins connaisseurs de l'art opératif soviétique. Ardu, touffu, hypersynthétique, cet ouvrage se livre à une critique rigoureuse de la pensée militaire occidentale – de Clausewitz à la *Blitzkrieg* – et en dévoile l'incohérence profonde. Il suit la naissance et le développement de l'art opératif en URSS entre 1920 et 1937, et produit une analyse magistrale de son contenu (sans jamais cacher son admiration pour ce « monument intellectuel »). Les deux derniers chapitres retracent la filiation entre la doctrine américaine de l'*Airland Battle* et les travaux du groupe réuni par le maréchal Toukhatchevski.

– **Nawratil**, Heinz, *Le livre noir de l'expulsion. L'épuration ethnique des Allemands en Europe centrale et orientale, 1945-1948*, 2001, Saint-Genis Laval, éditions Akribeia. Traduction française de la 4e édition refondue (1999) d'un livre qui dresse le constat épouvantable de ce qu'a été l'épuration ethnique des *Volksdeutsche* et *Ostdeutsche*. La lecture en est à la limite du soutenable. Il aurait cependant été bienvenu de sous-titrer l'ouvrage la CONTRE-ÉPURATION ETHNIQUE des Allemands car les faits évoqués ne se comprennent qu'à la lumière de ce que fut la politique nazie dans ces mêmes territoires.

– **Nehring**, Walter K., *Der « Wandernde Kessel », zwischen Kielce und Glogau vom 12.bis 22.Januar 1945*, p. 144-156, in *Deutsches Soldatenjahrbuch* 1976, Schild Verlag, München. Indispensable pour comprendre l'anabase du XXIVe *Panzerkorps* vue à travers le regard de son chef. Mais, écrit 30 ans après les faits, sans journaux de marche, ce récit n'est pas sans contradictions ni mauvaise foi. Il ramène tout au XXIV<sup>e</sup> PzK., qui ne fut qu'une des unités prise dans cette longue fuite à travers la Pologne. Il esquive le problème des pertes – colossales, n'en doutons pas – et va jusqu'à laisser entendre que près de 100 000 hommes auraient atteint l'Oder, ce qui est tout bonnement impossible lorsque l'on sait, par les sources OKH, que la plupart des unités menées par Nehring seront reconstituées quasiment à partir de rien en février 1945.

– **Roberts**, Geoffrey, *Stalin's wars, from World War to Cold War, 1939-1953*, Yale University Press, New Haven and London, 2006. L'auteur, professeur d'Histoire à l'Université de Cork, est un spécialiste de l'Union soviétique durant la Seconde Guerre mondiale. L'ouvrage éclaire, sur une cinquantaine de pages, l'arrière-plan politique des grandes offensives de 1945, de façon sobre et souvent nouvelle. Remarquable est l'effort constant fait pour entrer dans les raisons de Staline, sans présupposer qu'il ait systématiquement fait preuve de la pire duplicité.

– **Rokossovski**, maréchal de l'Union soviétique, Konstantin Konstantinovitch, *Soldatskiy dolg*, trad. all., *Soldaten Pflicht*, Militärverlag der DDR, Berlin, 1971. La plus décevante des biographies des grands chefs soviétiques, toute en langue de bois et sans grand relief. Sans doute reflète-t-elle en partie la personnalité du maréchal, homme réservé et poli, fort peu loquace, très proche des souffrances du soldat. On aurait aimé connaître son sentiment sur les terribles mois de tortures qui ont suivi son arrestation durant les grandes purges, savoir son opinion sur Staline chef de guerre, l'écouter sur les débats qui ont précédé Stalingrad et Koursk. Mais on en est pour ses frais. C'est d'autant plus frustrant que Rokossovski est, de l'avis même des Allemands, le plus doué, en tout cas le plus fin, des chefs de l'Armée rouge.

– **Rosanow**, German, *Poslednie dni Gitlera*, Moscou 1963, trad. all. *Das Ende des Dritten Reiches*, Berlin-est, 1965. Donne la vision soviétique du dernier mois de la guerre. Intéressant pour toucher du doigt la paranoïa du régime soviétique quant aux tentatives nazies de paix séparée.

– **Sauvage**, Roger, *Un du Normandie-Niémen*, 1959, Éditions J'ai Lu. Quel excellent livre de guerre ! Sauvage, qui compte 16 victoires, raconte avec vivacité et truculence le quotidien de la centaine de pilotes français qui ont passé jusqu'à deux ans aux côtés de la V.V.S. Le dernier tiers du livre se rapporte à l'offensive de Prusse-Orientale, et l'on y vérifie que la Luftwaffe est restée un adversaire dangereux jusqu'à la chute de Königsberg.

– **Sharp**, Charles C., *Soviet Armor Tactics in World War II*, George Nafziger, 1999. Travail pointu d'analyse du manuel de combat soviétique pour les petites unités de tanks (1944).

– **Schaüfler**, Hans, *1945 Panzer an der Weichsel, Soldaten der letzten Stunde*, 1979, Motorbuch Verlag, Stuttgart. L'auteur, lieutenant de transmissions à la 4<sup>e</sup> Panzer, donne des détails intéressants sur les combats de la basse-Vistule, fin janvier-début février 1945, ainsi que sur la chute de Dantzig. Si la majorité des récits visent, comme à l'accoutumée, à illustrer la supériorité tactique de la *Panzerwaffe* et l'abnégation des *Landsers*, on trouve aussi des notations assez rares sur le net fléchissement du moral d'une partie de la troupe à partir de la fin janvier 1945.

– **Schiefer**, Joachim, *Historischer Atlas zum Kriegsende 1945, zwischen Berlin und dem Erzgebirge*, Sax-Verlag Beucha, 3e édition, 2006. Précieux atlas des opérations militaires entre Elbe, Spree et Eger, en 1945.

– **Schön**, Heinz, *Ostsee'45, Menschen, Schiffe, Schicksale*, 3e édition 1985, Motorbuch Verlag, Stuttgart. La bible sur la question de l'évacuation des réfugiés par mer. 700 pages bourrées de chiffres, de témoignages, d'histoires de mer, de catastrophes sans pareils et d'une réalisation qui force l'admiration : l'évacuation de 2,5 millions d'Allemands de l'est à partir des ports de la Baltique orientale et centrale.

– ***Seelower Höhen 1945***, préface de Roland G. Förster, *Militärgeschichtliches Forschungamt*, Mittler, 1998. Contributions d'une douzaine de spécialistes de l'histoire de la Seconde Guerre mondiale. Il est assez peu question de la bataille des hauteurs de Seelow, mais on trouve des pages intéressantes pour notre sujet sous les plumes de John Erickson, Jürgen Förster, Richard Lakowski et Oleg Rzheshevski.

– **Tchouikov**, Marshal Vassili I., *The Fall of Berlin*, Holt, Rinehart and Winston, New York Chicago San Francisco, 1970. D'abord publiée en 1964 à Moscou dans la revue *Octobre*, cette deuxième partie des souvenirs du commandant de la 8e Armée de la Garde est bien entendu indispensable à la compréhension des batailles de l'an 45. L'homme, soldat magnifique comparable à un Ney, est insupportable par son égocentrisme (si on le suit, il a été la principale source d'innovation tactique dans l'Armée rouge) et son hostilité systématique à Joukov. Néanmoins, son récit fourmille de détails et de notations prises sur le vif, qui le rendent alerte de bout en bout. Attention à ne pas choisir l'édition de 1973, moins polémique à l'égard de Joukov, ou celle de 1980, débarrassée de toute aspérité.

– **Thorwald**, Jürgen, *Es begann an der Weichsel*, 1959, im Bertelsmann Lesering. Heinz Bongartz de son vrai nom, l'auteur a fait paraître cet ouvrage pour la première fois en 1949. Il rencontre un immense succès. Son livre, dépassé du point de vue de l'histoire militaire, reste un document de valeur par la masse d'interviews qu'il rassemble quatre ans à peine après les événements. Il est centré sur le drame des millions d'Allemands qui fuient l'avance de l'Armée rouge. Dans une veine typique des années 50, ce livre illustre à chaque page ou presque les atrocités soviétiques, insiste sur l'irresponsabilité criminelle des autorités nazies vis-à-vis de la population et présente le peuple allemand comme la principale victime de la guerre (!).

– **Tieke**, Wilhelm, *Der Kampf um Berlin 1945*, Motorbuch Verlag, Stuttgart 1994. Tieke est un des plus prolifiques et des plus populaires écrivains militaires allemands et un monument d'érudition. Mais son ouvrage a un défaut majeur : il n'est écrit que du point de vue allemand. Pour le reste, on y trouve une richissime collection de récits de combats, le plus souvent au niveau régimentaire et en dessous.

– **Triandafillov**, Vladimir Kiriakovich, *The Nature of Operations of Modern Armies*, édité et présenté par Jacob. W. Kipp, Routledge 1994. Un livre court et dense, très technique, mais encore bien lisible de nos jours, et certainement indispensable à qui veut comprendre l'art opératif soviétique. Une des difficultés de cet ouvrage tient à la traduction des concepts russes en anglais américain, qui impose un obstacle supplémentaire au lecteur français. À cet effet, Jacob Kipp a muni l'ouvrage d'un glossaire qui mérite à lui seul un détour.

# PRINCIPAUX ARTICLES UTILISÉS


**Journal of Slavic Military review**

– **O. A Rzheshevsky**, *The Race for Berlin*, 1995, vol. 8, N° 3 (septembre), pp. 566-579.

**Politics & Society**

– **Jeffrey Burds**, *Sexual violence in Europe in World War II*, 2009, vol. 37, N° 1, mars 2009, pp. 35-74.

**Wehrwissenschaftliche Rundschau**

– **Eike Middeldorf**, *Die Abwehrschlacht am Weichselbrückenkopf Baranow*, Heft 4, avril 1953, pp. 187-203.

– **Wilhelm Willemer**, *Kämpfe des XXVII.A.K, Anfang Februar 45 bei Graudenz,* mai 1953, Heft 5, pp. 248-255.

– **Theodor Busse**, *Die letzte Schlacht der 9. Armee*, mai 1955, pp. 145-168.

– **Hans Kissel**, *Der deutsche Volkssturm 1944-45*, avril 1960, Heft 4, pp. 209-223.

– (D'après l'ouvrage du capitaine de corvette **Rudolf Kabath**), 1963, 7, *Der Endkampf um den Seebrückenkopf Pillau, 25 Januar bis 26 April 1945*, pp. 472-483.

– **Helmut Weidling**, *Der Endkampf in Berlin (23.4-2.5.1945),* 12 : 1-3 (1962), pp. 40-52 et 169-174.

**War in History**

– **Alastair Noble**, *The Phantom Barrier : Ostwallbau 1944-45*, 2001 ; 8 ; pp. 442-467.

**Voyenno-istoricheskiy Zhurnal**

– **M. Zlatkovski**, *Utilisation des obstacles du génie en temps de guerre*, N° 2, février 1982, pp. 25-32.

– **A. Krupchenko**, *Expériences relatives au support technique des groupes mobiles en temps de guerre*, N° 6, juin 1982.

– **V. Syropyatov**, *Expérience dans la réparation du matériel blindé en temps de guerre*, N° 7, juillet 1982.

– **Col. R. Portugalskiy**, *Contrôle et commande des divisions en situation de poursuite de l'ennemi durant la Grande Guerre patriotique*, N° 12, décembre 1983.

– **A. Belobodorov**, *De quelques traits caractéristiques de l'opération de Prusse-Orientale*, N° 12, décembre 1984, pp. 3-12.

– **A. Yefimov**, *Emploi de l'aviation dans une opération rapide à grande profondeur*, N° 1, janvier 1985, pp. 21-29.

– **G. Peredelskiy** et **G. Korochilov**, *L'artillerie durant l'opération Vistule-Oder*, N° 1, janvier 1985, pp. 29-34.

– **Col. V. Syropyatov**, *De certaines questions ayant trait au support technique des chars au cours de l'opération Vistule-Oder*, N° 1, janvier 1985, pp. 44-49.

– **Col. Gen. Kolibernov**, *Traits caractéristiques du soutien des troupes par le génie durant l'opération Vistule-Oder*, N° 1, janvier 1985, pp. 38-43.

– **Gén. A. I. Matveiev**, *Emploi de l'artillerie dans l'opération Berlin*, N° 4, avril 1985, p. 24-28.

– **Maréchal Rudenko**, *Interview sur l'opération Berlin*, N° 4, avril 1985.

– **P. Batov**, *Sur le 40e anniversaire de l'opération de Poméranie-Orientale*, N° 2, février 1985, pp. 14-20.

– **Yarochenko**, **Bulanko**, **Sutulov**, *Documents sur l'opération de Poméranie-Orientale*, N° 3, mars 1985, pp. 75-80.

– **Y. M. Potapov**, col. gén., *L'emploi des Armées de tanks dans l'opération Berlin,* N° 4, avril 1985, pp. 20-23.

– **V. A. Chernukhine**, *Méthodes de soutien d'artillerie en offensive durant la Seconde Guerre mondiale*, N° 10, octobre 1985, pp. 76-82.

– **B. N. Petrov**, *Opérations des groupes de choc dans l'assaut et la capture de lignes fortifiées et de villes*, N° 2, février 1986, pp. 19.

– **A. I. Proshlyakov**, col. gén., *Le soutien du 1er Front de Biélorussie par le génie,* N° 3, mars 1986, pp. 41-46.

– **A. M. Sokolov**, *Renforcer, élargir les têtes de pont durant l'opération Vistule-Oder,* N° 4, avril 1986, pp. 36-42.

– **A. N. Yefimov**, *Emploi des formations aériennes au profit des groupes mobiles de Front engagés dans la profondeur opérative*, N° 8, août 1986, pp. 1-8.

– **V. S. Antonov** (301e Division de fusiliers), *Souvenirs de la bataille de Berlin,* N° 7, juillet 1987, pp. 35-40.

– **V. A. Vavenko**, *Coopération des Armées de tanks avec les forces des Armées combinées*, N° 1, janvier 1988, pp. 26-82.

# LISTE DES CARTES

# TABLE DES MATIÈRES

TROISIÈME PARTIE

**NA BERLIN !**

## Campagnes & Stratégies

LE JUTLAND (1916). La plus formidable bataille navale de tous les temps, 2e éd., François-Emmanuel Brézet.

YORKTOWN (1781). La France offre l'indépendance à l'Amérique, Raymond Bourgerie, Pierre Lesouef.

CONTRE-GUERILLA EN ESPAGNE (1808-1814). Suchet pacifie l'Aragon, Jean-Louis Reynaud.

LA BATAILLE D'ANGLETERRE (1940). La bataille aérienne décisive de l'Histoire, Patrick Facon.

DENAIN (1712). Louis XIV sauve sa mise, Gérard Lesage.

L'AMIRAL DE RUYTER AU COMBAT (1607-1676). Le Zélandais qui fit trembler l'Angleterre, Hubert Granier.

BULGNEVILLE (1431). L'État bourguignon prend pied en Lorraine, Bertrand Schnerb.

BEVEZIERS (1690). La France prend la maîtrise de la Manche, Jean Meyer.

LA CAMPAGNE DE BIRMANIE (1942-1945). L'armée des Indes défait les Japonais, Pierre Lesouef.

LA NOCHE TRISTE (1520). La dernière victoire du Peuple du Soleil, Paul Hosotte.

LE SIÈGE DE MEXICO (1521). La mort du Cinquième Soleil, Paul Hosotte.

MAGENTA ET SOLFERINO (1859). Napoléon III et le rêve italien, Raymond Bourgerie.

LA GUERRE DE VENDÉE (1793-1796), Yves Gras.

MERS EL-KEBIR (1940). La rupture franco-britannique, Hervé Coutau-Bégarie, Claude Huan.

PALIKAO (1860). Le sac du Palais d'Été et la prise de Pékin, Raymond Bourgerie, Pierre Lesouef.

VENISE ET LA PORTE OTTOMANE (1453-1566). Un siècle de relations vénéto-ottomanes de la prise de Constantinople à la mort de Soliman, Marie F. Viallon.

LA BATAILLE DE L'ATLANTIQUE (1939-1945). La victoire logistique et celle du renseignement, clés de la victoire des armes, 2e éd., Guy Malbosc.

FONTENOY (1745). Louis XV, arbitre de l'Europe, 2e éd., Jean-Pierre Bois.

LA CAMPAGNE DU MEXIQUE (1862-1867). La fin de l'hégémonie européenne en Amérique du Nord, Jean Avenel.

LA BATAILLE DE GETTYSBURG (1864). Le tournant de la guerre de Sécession, Lee Kennett.

LA BATAILLE DE MALPLAQUET (1709). L'effondrement de la France évité, 2e éd. André Corvisier.

L'ARMÉE DE L'AIR DANS LA TOURMENTE. La bataille de France (1939-1940), 2e réimp., Patrick Facon.

La Guerre des Boxers (1900-1901). Tseu-Hi évite le pire, Raymond Bourgerie, Perre Lesouef.

L'Arme blindée française. Tome 1 : Mai-juin 1940 ! Les blindés français dans la tourmente – Tome 2 : 1940-1945 ! Dans le fracas des batailles, 2e éd., Gérard Saint-Martin.

L'Affaire du Rio de La Plata (1838-1852), Jean-David Avenel.

L'armée de l'Air des années noires. Vichy 1940-1944, Claude d'Abzac-Epezy.

La Bataille d'Aboukir (1798). Nelson contrarie la stratégie de Bonaparte, Michèle Battesti.

Suffren dans l'océan Indien (1781-1783). L'empire des Indes à la portée du roi de France, Claude des Presles.

La Guerre du Kippour d'octobre 1973. Une nouvelle donne militaire au Proche-Orient, Pierre Razoux.

Nasan (1952-1953). La victoire oubliée, Jacques Favreau, Nicolas Dufour.

Les Flottilles côtières de Pierre Le Grand à Napoléon. De la Baltique à la Manche. Maurice Dupont.

La fin d'un empire. Les derniers jours de l'Isle de France et de l'Isle Bonaparte, Roger Lepelley.

En mai 1940, fallait-il entrer en Belgique ?, 2e éd., Bruno Chaix.

Interventions alliées pendant la guerre civile russe (1918-1920), 2e éd., Jean-David Avenel.

La bataille navale des « Cardinaux » (20 novembre 1759), Guy Le Moing.

De gengis Khan à Qoubilaï Khan. La grande chevauchée mongole, 2e éd., Dominique Farale.

La bataille de Lépante (1571), 2e éd., Henri Pigaillem.

Les erreurs stratégiques du IIIe Reich pendant la Deuxième Guerre mondiale, 3e éd., Bernard Schnetzler.

Les erreurs stratégiques pendant la Première Guerre mondiale, 3e éd., Bernard Schnetzler.

Salamine et les guerres médiques (480 avant Jésus-Christ), Henri Pigaillem.

L'indépendance des pays de la Baltique (1918-1920), Jean-David Avenel et Pierre Giudicelli.

La guerre des Six Jours (5-10 juin 1967). Du mythe à la réalité, 2e éd., Pierre Razoux.

La bataille des monts Nementcha (Algérie 1954-1962). Un cas concret de guerre subversive et contre-subversive, Dominique Farale.

Dakar 1940. La bataille fratricide, Hervé Coutau-Bégarie et Claude Huan.

Blenheim 1704. Le prince Eugène et Marlborough contre la France, Henri Pigaillem.

1914. Une Europe se joue sur la Marne, Patrick Garreau.

Antietam. Le jour le plus sanglant de la guerre de Sécession, Frédéric Naulet.

La première guerre aérienne, 1914-1918, Lee Kennett.

Hoa Binh (novembre 1951-février 1952). De Lattre attaque en Indochine, Philippe Fouquet-Lapar.

Louis XIV à la conquête des Pays-Bas espagnols. La guerre oubliée (1678-1684), Bertrand Jeanmougin.

L'ARMÉE DE L'AIR DE LA VICTOIRE (1942-1945), Patrick Facon.

LA CONFÉDÉRATION SUDISTE, 1861-1865. Mythes et réalités, Serge Noirsain.

LA BÉRÉZINA. Une victoire militaire, Fernand Beaucour, Jean Tabeur, Lidia Ivtchenko.

JEANNE D'ARC. La politique par d'autres moyens, Jean Cluzel.

LES ERREURS STRATÉGIQUES DES GAULOIS FACE À CÉSAR, Philippe Richardot.

LA GUERRE HISPANO-AMÉRICAINE DE 1898. La naissance de l'impérialisme américain, Jean-David Avenel.

LES PLAINES D'ABRAHAM. Québec 1759-1760. L'adieu à la Nouvelle-France ?, Gérard Saint-Martin.

LA DÉFAITE FRANÇAISE : UN DÉSASTRE ÉVITABLE. Tome 1 : Le 16 mai 1940, il fallait rester en Belgique – Tome 2 : Le 16 juin 1940, Non à l'Armistice !, 2e éd., Jacques Belle.

LA RUSSIE ET LES TURCO-MONGOLS. 15 siècles de guerre, Dominique Farale.

EYLAU (8 février 1807). La campagne de Pologne, des boues du Pultusk aux neiges d'Eylau, Frédéric Naulet.

FRIEDLAND (14 juin 1807). La campagne de Pologne, de Danzig aux rives du Niémen, Frédéric Naulet.

LA GUERRE RUSSO-TURQUE (1768-1774) ET LA DÉFENSE DES DARDANELLES. L'extraordinaire mission du baron de Tott, Ferenc Toth.

KOURSK, LES QUARANTE JOURS QUI ONT RUINÉ LA WEHRMACHT (5 juillet-20 août 1943), 2e éd., Jean Lopez.

LES TURCS FACE À L'OCCIDENT. Des origines aux Seldjoukides, Dominique Farale.

L'INDÉPENDANCE DES PROVINCES UNIES. Cent ans de sièges et de guerres (1559-1659), Kees Schulten.

LA CONQUÊTE MUSULMANE DE L'ÉGYPTE. (639-646), Louis Chagnon.

STALINGRAD. La bataille au bord du gouffre, Jean Lopez.

DÉFENSES ET SIÈGES DE PARIS (1814-1914), Marie-France Sardain.

PARIS CONTRE LA PROVINCE ! Les guerres de l'Ouest, 1792-1796, Jean Tabeur.

LA TURQUIE OTTOMANE ET L'EUROPE. Du XIVe siècle à nos jours, Dominique Farale.

MORAT (1476). L'indépendance des cantons suisses, 2e éd., Pierre Streit.

ROMMEL ET LA STRATÉGIE DE L'AXE EN MÉDITERRANÉE (février 1941-mai 1943), Vincent Arbarétier.

LES BATAILLES DÉCISIVES DE L'HISTOIRE DE FRANCE, Gérard Blier.

WATERLOO (1815). La double incertitude, Kees Schulten.

WAGRAM (5 ET 6 JUILLET 1809). Le canon tonne sur les bords du Danube, Frédéric Naulet.

MOHACS (1526). Soliman le Magnifique prend pied en Europe centrale, Janos B. Szabo et Ferenc Toth.

LA PROVINCE CONTRE PARIS ! Les barricades du peuple, 1848-1871, Jean Tabeur.

BERLIN. Les offensives géantes de l'Armée rouge – Vistule-Oder-Elbe (12 janvier-9 mai 1945), Jean Lopez.

LA FIN DE LA CAMPAGNE DE FRANCE. Les combats oubliés des Armées du Centre (15 juin-25 juin 1940), Gilles Ragache.

TANNENBERG (1914). Sacrifice russe pour la France ?, Pierre Rigoux.

JUIN 1940. La guerre des Alpes, Frédéric Le Moal et Max Schiavon.

LES PRISONNIERS DE GUERRE FRANÇAIS. Enjeux militaires et stratégiques (1914-1918 et 1940-1945), Evelyne Gayme.

LE SIÈGE DE L'ALCAZAR DE TOLÈDE (JUIN-SEPTEMBRE 1936), Alain Huetz de Lemps.

LES DÉBARQUEMENTS EN ANGLETERRE. De César à Hitler, Général Gilbert Forray.

DE VALMY À JEMAPPES (1792). Les premières victoires de la Révolution, Gérard Lesage.

LA PREMIÈRE CAMPAGNE D'ITALIE (2 AVRIL 1796-10 DÉCEMBRE 1797). La naissance d'un Aigle, Gérard Bouan.

LA GUERRE DES RUSSES ET DES AUTRICHIENS CONTRE L'EMPIRE OTTOMAN (1736-1739), Ferenc Toth.

LE CHAUDRON DE TCHERKASSY-KORSUN. Et la bataille pour le Dniepr (septembre 1943-février 1944), Jean Lopez.

L'OPÉRATION TORCH ET LA TUNISIE. De Casablanca à Tunis et au-delà (novembre 1942-septembre 1943). Six jours perdus, six mois de bataille, Jacques Belle.

LES GUERRES INDIENNES DU TEXAS ET DU NOUVEAU-MEXIQUE, 1825-1875, Serge Noirsain.

L'ARMISTICE DE JUIN 1940. Faute ou nécessité ?, Philippe Ricalens et Jacques Poyer (sous la direction de).

SARAGOSSE (1808-1809). « La guerre au couteau », Jean Tabeur.

NOVARE (1513). Dernière victoire des fantassins suisses, Olivier Bangerter.

LA SAINTE LIGUE ET LA GUERRE FRANCO-ANGLAISE (1512-1514), Guy Le Moing.

L'ÉCOLE DE LA GUERRE : SEDAN 1940. Ou la faillite du système de commandement français, Vincent Arbarétier.

L'OFFENSIVE BLINDÉE ALLIÉE D'ABBEVILLE. 27 mai-4 juin 1940, Henri de Wailly.

LE PLAN SCHLIEFFEN. Un mois de guerre – Deux siècles de controverses, Pierre-Yves Hénin.

LA BATAILLE DE CHERONÉE, Jean-Nicolas Corvisier.

LES GRANDS SIÈGES DE L'HISTOIRE DE FRANCE, Gérard Blier.

ANNÉE DE GLOIRE DE LA RUSSIE 1812, Alexandre Droban.

LA BATAILLE NAVALE DE L'ÉCLUSE (24 juin 1340), Guy Le Moing.

LE BLOCUS DE LENINGRAD. Souvenirs d'enfance (1941-1944), Ilya Glazounov.

GUERRE DE SYRIE (juin-juillet 1941). Bataille de Damour, Jacques Favreau.

LA BATAILLE DES FRONTIÈRES. Joffre attaque au centre. 22-26 août 1914, Jean-Claude Delhez.

FLANDRES 1793. Les soldats de l'an II repoussent l'invasion, Gérard Lesage.

DARDANELLES (1915). Une stratégie en échec, Pierre Rigoux.

LA CAMPAGNE DE LOUIS-PHILIPPE AU MAROC 1844, Jean-Pierre Bois.

OPÉRATION BAGRATION. La revanche de Staline (été 1944), Jean Lopez.

LA DÉFAITE OTTOMANE (1683). Le début de la reconquête hongroise, Philippe Roy et Ferenc Tóth.

LEIPZIG (16-19 octobre 1813). La fin du rêve de Napoléon et de l'Empire français, Frédéric Naulet.

LA FRANCE ESPIONNE LE MONDE (1914-1919). Les exploits des briseurs de code, Jean-Claude Delhez.

L'OUTRE-MER FRANÇAIS DANS LA GUERRE (1939-1945), Gilles Ragache.

LES OPÉRATIONS GERMANO-SOVIÉTIQUES DANS LE CAUCASE (1942-1943), Boris Laurent.

NAPOLÉON PERD L'EUROPE (JANVIER-AVRIL 1814), Gérard Bouan.

LA CONQUÊTE DE LA NORVÈGE 1940. La première opération interarmées de l'histoire, Vincent Arbarétier.

L'EMPIRE ITALIEN (1885-1945), Jean-David Avenel et Ciro Paoletti.

LA GUERRE FINNO-SOVIÉTIQUE (novembre 1939-mars 1940), Louis Clerc.

PORT-ARTHUR (8 février 1904-5 janvier 1905), Bruno Birolli.

LA CHUTE DU SECOND EMPIRE – Reichshoffen, Sedan, Metz, Jean Tabeur.

ARNHEM 1944 – Un pont trop loin ?, Pierre Streit.

LA GUERRE SOVIÉTIQUE EN AFGHANISTAN, Philippe Sidos.

LA CAMPAGNE DE TUNISIE. Le retour de la France au combat (1942-1943), Jacques Favreau.

LA CAMPAGNE DU RHIN. Les Alliés entrent en Allemagne (janvier-mai 1945), 2$^{e}$ éd., Daniel Feldmann et Cédric Mas.

LA GUERRE DU CHACO. Bolivie – Paraguay (1932-1935), Thierry Noël.

LES PORTS DE GUERRE FRANÇAIS, Gérard Blier.

LA GUERRE DE SUCCESSION D'AUTRICHE (1741-1748). Louis XV et le déclin de la France, Fadi El Hage.

LA PREMIÈRE INVASION DU PORTUGAL PAR L'ARMÉE NAPOLÉONIENNE (1807-1808), Natalia Griffon de Pleineville.

LA BATAILLE DE LA BOYNE (11 juillet 1690). Louis XIV contre Guillaume d'Orange, Jean Tabeur.

L'ASSAUT CONTRE LES FORTS DE LIÈGE (1914), Jean-Claude Delhez.

LA CAMPAGNE DE VIRGINIE DE GRANT (1864), Sylvain Ferreira.

LA COURSE AU RHIN. Pourquoi la guerre ne s'est pas finie à Noël (25 juillet-15 décembre 1944), Nicolas Aubin.

LES KAMIKAZÉS JAPONAIS DANS LA GUERRE DU PACIFIQUE (1944-1945), Christian Kessler.

IÉNA ET AUERSTEDT. La Prusse humiliée (14 octobre 1806), Frédéric Naulet.

LA FRANCE SOUS LES BOMBES ALLEMANDES, ANGLAISES, AMÉRICAINES (19'à-1945), Gilles Ragache.

Imprimé en Macédoine, 2020